2018年7月26日至27日，人力资源社会保障部党组书记、部长张纪南主持召开部年中务虚会并讲话。

2018年11月29日至30日，人力资源社会保障部党组书记、部长张纪南带队赴江苏省调研就业、社会保障、人才队伍建设、人社扶贫等工作。

2018年9月6日至7日，人力资源社会保障部党组书记、部长、扶贫工作领导小组组长张纪南带队赴山西省天镇县调研考察扶贫工作。

2018年7月8日至12日，人力资源社会保障部部长张纪南出访德国。其间，参加李克强总理与德国总理默克尔在柏林共同主持的中德第五轮政府磋商，与德国劳动和社会事务部部长胡贝图斯·海尔共同签署《中华人民共和国政府和德意志联邦共和国政府关于青年实习交流计划的联合意向声明》，并就人口老龄化、促进青年就业以及数字经济转型对劳动世界未来的影响等进行对口磋商。

2018 年 7 月 26 日，中央纪委国家监委驻人力资源社会保障部纪检监察组组长、人力资源社会保障部党组成员耿文清出席部年中务虚会并讲话。

2018 年 9 月 28 日，中央纪委国家监委驻人力资源社会保障部纪检监察组组长、人力资源社会保障部党组成员耿文清在四川省广元市劳动人事争议仲裁机构调研。

2018 年 4 月 4 日，人力资源社会保障部党组成员、副部长邱小平出席国家协调劳动关系三方会议第二十三次会议并讲话。

2018 年 5 月 23 日，人力资源社会保障部党组成员、副部长邱小平在山东省济南市农民工综合服务中心调研行风建设情况。

2018 年 11 月 7 日，人力资源社会保障部党组成员、副部长汤涛出席在天津召开的京津冀人社事业协同发展第二次部省（市）联席会并讲话。

2018 年 5 月 11 日，人力资源社会保障部党组成员、副部长汤涛在湖北省恩施州调研乡镇服务平台建设情况。

2018 年 8 月 23 日，人力资源社会保障部党组成员、副部长游钧出席在贵州省贵阳市召开的全国社会保险局长会议和全国社会保险基金监管工作座谈会并讲话。

2018 年 11 月 14 日，人力资源社会保障部党组成员、副部长游钧在广东省惠州市调研社保经办服务工作。

2018 年 10 月 15 日，第三届“中国创翼”创业创新大赛颁奖式和闭幕式在河南省郑州市举行，人力资源社会保障部党组成员、副部长张义珍主持闭幕式。

2018 年 12 月 8 日，人力资源社会保障部党组成员、副部长张义珍在四川省凉山州开展就业扶贫专题调研。

2018 年 4 月 24 日，全国专业技术人才工作座谈会在浙江省温州市召开。

2018 年 5 月 8 日，人力资源社会保障部部长张纪南与安徽省省长李国英在合肥签署《共同推进安徽技工大省建设备忘录》。

2018 年 6 月 12 日，人力资源社会保障部部长张纪南出席“2018 年中国技能大赛——第 45 届世界技能大赛全国选拔赛”开幕式并致辞。

2018 年 7 月 3 日，人力资源社会保障部召开人社系统行风建设电视电话会议。

2018 年 7 月 23 日，全国养老保险工作座谈会在辽宁省大连市召开。

2018 年 9 月 14 日，国务院第一督查组组长、国务院机关党组副书记、国务院副秘书长丁学东率督查组到人力资源社会保障部，督促检查党中央、国务院重大决策部署和政策措施的落实情况，主持召开实地督查工作衔接会。

2018 年 9 月 21 日，人力资源社会保障部部长张纪南会见意大利副总理兼经济发展、劳动与社会政策部部长路易吉・迪・马约一行。

2018 年 9 月 26 日，人力资源社会保障部召开全国人力资源社会保障扶贫工作电视电话会议。

2018 年 10 月 18 日，人力资源社会保障部召开中央第十巡视组对部党组开展脱贫攻坚专项巡视工作动员会议。

2018 年 10 月 26 日，人力资源社会保障部召开警示教育大会。

2018 年 11 月 9 日，人力资源社会保障部会同国家解决企业工资拖欠问题部际联席会议成员单位召开 2019 年春节前保障农民工工资支付工作视频会议。

2018 年 11 月 9 日，人力资源社会保障部部长张纪南与海南省省长沈晓明在北京签署《共同推进海南省人力资源和社会保障事业改革与发展合作协议》。

2018 年 12 月 8 日，全国就业工作暨推进就业扶贫提高劳务组织化程度座谈会在四川省凉山州召开。

2018 年 12 月 28 日至 29 日，全国人力资源和社会保障工作会议暨人社扶贫工作座谈会在北京召开。

中国人力资源和社会保障
年　鉴
（文献卷）

CHINA HUMAN RESOURCES AND SOCIAL
SECURITY YEARBOOK

2019

中国劳动社会保障出版社
中国人事出版社

图书在版编目（CIP）数据

中国人力资源和社会保障年鉴. 2019：文献卷，工作卷/人力资源和社会保障部组织编写. -- 北京：中国劳动社会保障出版社：中国人事出版社，2019

ISBN 978-7-5167-4294-5

Ⅰ.①中…　Ⅱ.①人…　Ⅲ.①人力资源管理-中国-2019-年鉴②社会保障-中国-2019-年鉴　Ⅳ.①F249.21-54②D632.1-54

中国版本图书馆 CIP 数据核字(2019)第 278642 号

中国劳动社会保障出版社
中　国　人　事　出　版　社 出版发行

（北京市惠新东街 1 号　邮政编码：100029）

*

北京新华印刷有限公司印刷装订　　新华书店经销

880 毫米×1230 毫米　16 开本　53 印张　1 彩色印张　1292 千字

2019 年 12 月第 1 版　　2019 年 12 月第 1 次印刷

定价：498.00 元

读者服务部电话：（010）64929211/84209101/64921644

营销中心电话：（010）64962347

出版社网址：http://www.class.com.cn

《中国人力资源和社会保障年鉴》
编辑委员会成员

《中国人力资源和社会保障年鉴》
编辑部成员

编 辑 说 明

一、《中国人力资源和社会保障年鉴（2019）》是关于人力资源和社会保障工作的专业性史料工具书。本年鉴收录了2018年度我国人力资源社会保障工作重要文献、资料和数据，记录了2018年度我国人力资源社会保障事业发展概况，客观反映了人力资源社会保障工作改革发展成就、经验以及今后需要继续研究解决的问题。本年鉴是对党政机关领导干部和各部门工作人员、人力资源社会保障系统工作者、企业领导和人力资源管理者，以及人力资源社会保障科研理论工作者有价值的参考用书和工具书。

二、本年鉴分文献卷、工作卷两卷。文献卷包括人力资源和社会保障重要文献、人力资源和社会保障大事记。工作卷包括人力资源和社会保障工作概览、全国人力资源和社会保障工作、地方人力资源和社会保障工作、人力资源和社会保障统计资料。

三、本年鉴中，全国人力资源和社会保障工作分为27个部分：就业工作、人力资源市场建设与管理、职业能力建设、专业技术人才工作、事业单位人事管理、城镇职工养老保险、失业保险、工伤保险、城乡居民基本养老保险、社会保险经办管理、中央国家机关事业单位养老保险经办管理、社会保险基金监管、劳动关系、劳动人事争议调解仲裁、机关事业单位工资福利离退休工作、农民工工作和发展家庭服务业促进就业工作、法治建设、劳动保障监察、规划统计、信息化建设、科学研究、干部教育培训与系统行风窗口单位建设和评比表彰情况、行风建设、人力资源社会保障扶贫工作、新闻宣传政务信息报刊与出版、国际及与港澳台地区交流合作、社团活动；地方人力资源和社会保障工作 47 篇。

《中国人力资源和社会保障年鉴（2019）》的编辑出版是在全国人力资源社会保障系统的共同努力下完成的。在此，向所有参加编辑出版工作的领导和同志表示衷心的感谢。

《中国人力资源和社会保障年鉴》编辑部

2019 年 10 月

目　录

文献卷

人力资源和社会保障重要文献

一、党和国家领导人关于人力资源和社会保障工作的活动和讲话

二、人力资源和社会保障部领导的讲话

三、重要文件

（一）中共中央、全国人大常委会、国务院文件

（三）联合发文

人力资源和社会保障大事记

工作卷

人力资源和社会保障工作概览

全国人力资源和社会保障工作

地方人力资源和社会保障工作

人力资源和社会保障统计资料

文献卷

人力资源和社会保障重要文献

一、党和国家领导人关于人力资源和社会保障工作的活动和讲话

国家主席习近平发表二〇一八年新年贺词（节选）

2018年是全面贯彻中共十九大精神的开局之年。中共十九大描绘了我国发展今后30多年的美好蓝图。九层之台，起于累土。要把这个蓝图变为现实，必须不驰于空想、不骛于虚声，一步一个脚印，踏踏实实干好工作。

2018年，我们将迎来改革开放40周年。改革开放是当代中国发展进步的必由之路，是实现中国梦的必由之路。我们要以庆祝改革开放40周年为契机，逢山开路，遇水架桥，将改革进行到底。

到2020年我国现行标准下农村贫困人口实现脱贫，是我们的庄严承诺。一诺千金。到2020年只有3年的时间，全社会要行动起来，尽锐出战，精准施策，不断夺取新胜利。3年后如期打赢脱贫攻坚战，这在中华民族几千年历史发展上将是首次整体消除绝对贫困现象，让我们一起来完成这项对中华民族、对整个人类都具有重大意义的伟业。

我们伟大的发展成就由人民创造，应该由人民共享。我了解人民群众最关心的就是教育、就业、收入、社保、医疗、养老、居住、环境等方面的事情，大家有许多收获，也有不少操心事、烦心事。我们的民生工作还有不少不如人意的地方，这就要求我们增强使命感和责任感，把为人民造福的事情真正办好办实。各级党委、政府和干部要把老百姓的安危冷暖时刻放在心上，以造福人民为最大政绩，想群众之所想，急群众之所急，让人民生活更加幸福美满。（新华社北京2017年12月31日电）

习近平致全国个体劳动者第五次代表大会的贺信（节选）

我国个体私营经济是改革开放的产物。40年来，在党和国家鼓励、支持、引导方针政策指引下，个体私营经济在稳定增长、促进创新、增加就业、改善民生等方面发挥了重要作用。当前，中国特色社会主义进入新时代。深化供给侧结构性改革，实施区域协调发展战略，发展实体经济，推进精准扶贫，对个体私营经济发展提出了新的更高的要求。广大个体私营企业经营者要认真学习贯彻党的十九大精神，弘扬企业家精神，发挥企业家作用，坚守实体经济，落实高质量发展，在全面建成小康社会、全面建设社会主义现代化国家新征程中作出新的更大贡献。（新华社北京2018年1月22日电）

习近平在打好精准脱贫攻坚战座谈会上强调
提高脱贫质量聚焦深贫地区
扎扎实实把脱贫攻坚战推向前进（节选）

打好脱贫攻坚战是党的十九大提出的三大攻坚战之一，对如期全面建成小康社会、实现我们党第一个百年奋斗目标具有十分重要的意义。要清醒认识把握打赢脱贫攻坚战面临任务的艰巨性，清醒认识把握实践中存在的突出问题和解决这些问题的紧迫性，不放松、不停顿、不懈怠，提高脱贫质量，聚焦深贫地区，扎扎实实把脱贫攻坚战推向前进。

我们加强党对脱贫攻坚工作的全面领导，建立各负其责、各司其职的责任体系，精准识别、精准脱贫的工作体系，上下联动、统一协调的政策体系，保障资金、强化人力的投入体系，因地制宜、因村因户因人施策的帮扶体系，广泛参与、合力攻坚的社会动员体系，多渠道全方位的监督体系和最严格的考核评估体系，形成了中国特色脱贫攻坚制度体系，为脱贫攻坚提供了有力制度保障，为全球减贫事业贡献了中国智慧、中国方案。

脱贫攻坚面临的困难挑战依然巨大，需要解决的突出问题依然不少。今后 3 年要实现脱贫 3 000 多万人，压力不小，难度不小，而且越往后遇到的越是难啃的硬骨头。脱贫攻坚工作中的形式主义、官僚主义、弄虚作假、急躁和厌战情绪以及消极腐败现象仍然存在，有的还很严重。行百里者半九十。必须再接再厉，发扬连续作战作风，做好应对和战胜各种困难挑战的准备。

全面打好脱贫攻坚战，要按照党中央统一部署，把提高脱贫质量放在首位，聚焦深度贫困地区，扎实推进各项工作。

打赢脱贫攻坚战，中华民族千百年来存在的绝对贫困问题，将在我们这一代人的手里历史性地得到解决。这是我们人生之大幸。让我们共同努力，一起来完成这项对中华民族、对整个人类都具有重大意义的伟业。只要全党全国各族人民齐心协力、顽强奋斗，脱贫攻坚战一定能够打好打赢。（新华社成都 2018 年 2 月 14 日电）

习近平：发展是第一要务，人才是第一资源，创新是第一动力（节选）

习近平总书记在2018年全国两会参加广东代表团的审议时强调，发展是第一要务，人才是第一资源，创新是第一动力。中国如果不走创新驱动道路，新旧动能不能顺利转换，是不可能真正强大起来的，只能是大而不强。强起来靠创新，创新靠人才。人才政策、创新机制都是下一步改革的重点。

外来工子女教育问题带有普遍性。我们现在推动城镇化建设，千方百计让进城务工人员能够在城市稳定地工作生活，孩子能进城的随着进城，解决留守问题。同时，也要让留在农村的老年人在乡村振兴战略中找到归宿。总书记指出，家庭人伦等值得珍惜的东西，在城镇化过程中，在农民进城的大迁徙中受到了冲击。这个冲击不可避免，但在这个过程中不能泯灭良知人性。我们制定政策要设身处地为进城务工人员着想，把当前最需要照顾的、扶持的方面搞好。人民群众在什么方面感觉到不幸福、不快乐、不满意，我们就要在那些方面下功夫。（新华网北京2018年3月7日电）

习近平：要把家政业做实做好，办成爱心工程（节选）

习近平总书记在2018年全国两会参加山东代表团的审议时指出，在我国目前发展阶段，家政业像“阳光大姐”这个名字一样是朝阳产业，既满足了农村进城务工人员的就业需求，也满足了城市家庭育儿养老的现实需求，要把这个互利共赢的工作做实做好，办成爱心工程。（新华网北京2018年3月8日电）

习近平在中国科学院第十九次院士大会、中国工程院第十四次院士大会上的讲话（节选）

牢固确立人才引领发展的战略地位，全面聚集人才，着力夯实创新发展人才基础。功以才成，业由才广。世上一切事物中人是最可宝贵的，一切创新成果都是人做出来的。硬实力、软实力，归根到底要靠人才实力。全部科技史都证明，谁拥有了一流创新人才、拥有了一流科学家，谁就能在科技创新中占据优势。当前，我国高水平创新人才仍然不足，特别是科技领军人才匮乏。人才评价制度不合理，唯论文、唯职称、唯学历的现象仍然严重，名目繁多的评审评价让科技工作者应接不暇，人才“帽子”满天飞，人才管理制度还不适应科技创新要求、不符合科技创新规律。要创新人才评价机制，建立健全以创新能力、质量、贡献为导向的科技人才评价体系，形成并实施有利于科技人才潜心研究和创新的评价制度。要注重个人评价和团队评价相结合，尊重和认可团队所有参与者的实际贡献。要完善科技奖励制度，让优秀科技创新人才得到合理回报，释放各类人才创新活力。要通过改革，改变以静态评价结果给人才贴上“永久牌”标签的做法，改变片面将论文、专利、资金数量作为人才评价标准的做法，不能让繁文缛节把科学家的手脚捆死了，不能让无穷的报表和审批把科学家的精力耽误了！

创新之道，唯在得人。得人之要，必广其途以储之。要营造良好创新环境，加快形成有利于人才成长的培养机制、有利于人尽其才的使用机制、有利于竞相成长各展其能的激励机制、有利于各类人才脱颖而出的竞争机制，培植好人才成长的沃土，让人才根系更加发达，一茬接一茬茁壮成长。要尊重人才成长规律，解决人才队伍结构性矛盾，构建完备的人才梯次结构，培养造就一大批具有国际水平的战略科技人才、科技领军人才、青年科技人才和创新团队。要加强人才投入，优化人才政策，营造有利于创新创业的政策环境，构建有效的引才用才机制，形成天下英才聚神州、万类霜天竞自由的创新局面！（新华社北京 2018 年 5 月 28 日电）

习近平对脱贫攻坚工作作出重要指示强调真抓实干埋头苦干万众一心夺取脱贫攻坚战全面胜利（节选）

打赢脱贫攻坚战，对全面建成小康社会、实现“两个一百年”奋斗目标具有十分重要的意义。行百里者半九十。各级党委和政府要把打赢脱贫攻坚战作为重大政治任务，强化中央统筹、省负总责、市县抓落实的管理体制，强化党政一把手负总责的领导责任制，明确责任、尽锐出战、狠抓实效。要坚持党中央确定的脱贫攻坚目标和扶贫标准，贯彻精准扶贫精准脱贫基本方略，既不急躁蛮干，也不消极拖延，既不降低标准，也不吊高胃口，确保焦点不散、靶心不变。要聚焦深度贫困地区和特殊贫困群体，确保不漏一村不落一人。要深化东西部扶贫协作和党政机关定点扶贫，调动社会各界参与脱贫攻坚积极性，实现政府、市场、社会互动和行业扶贫、专项扶贫、社会扶贫联动。（新华社北京 2018 年 6 月 11 日电）

习近平在全国组织工作会议上的重要讲话（节选）

千秋基业，人才为本。要加快实施人才强国战略，确立人才引领发展的战略地位，努力建设一支矢志爱国奉献、勇于创新创造的优秀人才队伍。要深化人才发展体制机制改革，最大限度把广大人才的报国情怀、奋斗精神、创造活力激发出来。要完善人才培养机制，改进人才评价机制，创新人才流动机制，健全人才激励机制。要实行更加积极、更加开放、更加有效的人才引进政策，聚天下英才而用之。要广泛宣传表彰爱国报国、为党和人民事业作出突出贡献的优秀人才，在知识分子和广大人才中大力弘扬爱国奉献精神。（新华社北京 2018 年 7 月 4 日电）

习近平主持召开民营企业座谈会并发表重要讲话（节选）

公有制为主体、多种所有制经济共同发展的基本经济制度，是中国特色社会主义制度的重要组成部分，也是完善社会主义市场经济体制的必然要求。非公有制经济在我国经济社会发展中的地位和作用没有变，我们毫不动摇鼓励、支持、引导非公有制经济发展的方针政策没有变，我们致力于为非公有制经济发展营造良好环境和提供更多机会的方针政策没有变。在全面建成小康社会、进而全面建设社会主义现代化国家的新征程中，我国民营经济只能壮大、不能弱化，而且要走向更加广阔舞台。

我国非公有制经济，是改革开放以来在党的方针政策指引下发展起来的。党的十一届三中全会以后，我们党破除所有制问题上的传统观念束缚，为非公有制经济发展打开了大门。40年来，我国民营经济已经成为推动我国发展不可或缺的力量，成为创业就业的主要领域、技术创新的重要主体、国家税收的重要来源，为我国社会主义市场经济发展、政府职能转变、农村富余劳动力转移、国际市场开拓等发挥了重要作用。长期以来，广大民营企业家以敢为人先的创新意识、锲而不舍的奋斗精神，组织带领千百万劳动者奋发努力、艰苦创业、不断创新。我国经济发展能够创造中国奇迹，民营经济功不可没。

在我国经济发展进程中，要不断为民营经济营造更好发展环境，帮助民营经济解决发展中的困难，变压力为动力，让民营经济创新源泉充分涌流，让民营经济创造活力充分迸发。当前要抓好6个方面政策举措落实。一是减轻企业税费负担。二是解决民营企业融资难融资贵问题。三是营造公平竞争环境。四是完善政策执行方式。五是构建亲清新型政商关系。六是保护企业家人身和财产安全。（新华社北京2018年11月1日电）

李克强在第十三届全国人民代表大会第一次会议上作政府工作报告（节选）

今年发展主要预期目标是：国内生产总值增长6.5%左右；居民消费价格涨幅3%左右；城镇新增就业1 100万人以上，城镇调查失业率5.5%以内，城镇登记失业率4.5%以内；居民收入增长和经济增长基本同步；进出口稳中向好，国际收支基本平衡；单位国内生产总值能耗下降3%以上，主要污染物排放量继续下降；供给侧结构性改革取得实质性进展，宏观杠杆率保持基本稳定，各类风险有序有效防控。

上述主要预期目标，考虑了决胜全面建成小康社会需要，符合我国经济已由高速增长阶段转向高质量发展阶段实际。从经济基本面和就业吸纳能力看，6.5%左右的增速可以实现比较充分的就业。城镇调查失业率涵盖农民工等城镇常住人口，今年首次把这一指标作为预期目标，以更全面反映就业状况，更好体现共享发展要求。

大幅降低企业非税负担。进一步清理规范行政事业性收费，调低部分政府性基金征收标准。继续阶段性降低企业“五险一金”缴费比例。

促进大众创业、万众创新上水平。我国拥有世界上规模最大的人力人才资源，这是创新发展的最大“富矿”。要提供全方位创新创业服务，推进“双创”示范基地建设，鼓励大企业、高校和科研院所等开放创新资源，发展平台经济、共享经济，形成线上线下结合、产学研用协同、大中小企业融合的创新创业格局，打造“双创”升级版。设立国家融资担保基金，支持优质创新型企业上市融资，将创业投资、天使投资税收优惠政策试点范围扩大到全国。深化人才发展体制改革，推动人力资源自由有序流动，支持企业提高技术工人待遇，加大高技能人才激励，鼓励海外留学人员回国创新创业，拓宽外国人才来华绿色通道。集众智汇众力，一定能跑出中国创新“加速度”。

推进社会体制改革。深化养老保险制度改革，建立企业职工基本养老保险基金中央调剂制度。深化公立医院综合改革，协调推进医疗价格、人事薪酬、药品流通、医保支付改革，提高医疗卫生服务质量，下大力气解决群众看病就医难题。深入推进教育、文化、体育等改革，充分释放社会领域巨大发展潜力。

着力促进就业创业。加强全方位公共就业服务，大规模开展职业技能培训，运用“互联网+”发展新就业形态。今年高校毕业生820多万人，再创历史新高，要促进多渠道就业，支持以创业带动就业。扎实做好退役军人安置、管理和保障工作。加大对残疾人等就业困难人员援助力度。扩大农民工就业，全面治理拖欠工资问题。要健全劳动关系协商机制，消除性别和身份歧视，使更加公平、更加充分的就业成为我国发展的突出亮点。

稳步提高居民收入水平。继续提高退休人员基本养老金和城乡居民基础养老金。合理调整社会最低工资标准。完善机关事业单位工资和津补贴制度，向艰苦地区、特殊岗位倾斜。提高个人所得税起征点，增加子女教育、大病医疗等专项费用扣除，合理减负，鼓励人民群众通过劳动增加收入、迈向富裕。（中国政府网，2018年3月5日）

李克强在国家科学技术奖励大会上的讲话（节选）

科技创新最重要的因素是人，必须充分调动科研人员积极性创造性。关键是深化科技体制改革，建立健全有效的创新激励与保障机制。改革开放带来了科学的春天。今年恰逢改革开放40周年。我们要以此为契机，加大包括科技体制改革在内的全面深化改革力度。切实落实科研机构和高校科研自主权，赋予创新团队和领军人才更大的人财物支配权、技术路线决策权。进一步完善以增加知识价值为导向的分配政策，深化薪酬制度、科技奖励制度等改革，落实科技成果“三权”下放、股权期权激励等政策，完善人才评价、培养使用、合理流动等机制，真正让有贡献的科技人员名利双收，经济上有实惠、工作上有奔头、社会上受尊敬。要简除繁苛，制定方便简约、行之有效的规则，让科研人员少一些羁绊束缚和杂事干扰，多一些时间去自由探索。基础科学研究一般周期长、不确定因素多、出成果慢，对甘于寂寞、埋头从事基础科学研究的科研人员，要高看一眼、厚爱一分，不断完善稳定支持的工作和生活保障机制，使他们心无旁骛、专心科研。我国有世界上最大规模的科技队伍，应该也一定能够涌现更多的国际领先创新成果，产生更多的世界级科技大师、领军人才，走在世界科技创新前列。

创新造福人民，也是全体人民的共同事业。我国有9亿多劳动力，有1.7亿多受过高等教育或具有专业技能，每年大中专毕业生1 300多万。这是我国最为重要的创新资源和发展优势。要着眼提升创新供给能力和效率，推动大众创业万众创新上水平，更为有效地集众智汇众力。要完善政策措施，使各类创新创业主体享有良好服务、公平机会和法律保障。鼓励大企业、科研院所打造创新资源开放共享平台，推动国家重大科研基础设施、科学数据和仪器设备向社会开放。加强知识产权保护，严厉打击侵权行为，使创新者的合法权益得到有力保护。倡导创新创业文化，弘扬创新创造精神、企业家精神、工匠精神，让尊重劳动、尊重知识、尊重人才、尊重创造蔚然成风。（新华社北京2018年1月8日电）

在十三届全国人大一次会议记者会上李克强答中外记者问（节选）

就业成效是要由人民群众来评判的，如果有失业也是掩盖不住的。

过去5年，中国经济运行保持在合理区间，其中一个很大的亮点就是实现了6 600多万城镇新增就业，保持了比较充分的就业。就业对于一个家庭来说是天大的事。没有一个人就业，一个家庭就毫无生气。如果大学生毕业就失业，就没有希望。所以我们要将心比心，各级政府及其工作人员，都要把就业放在心上，扛在肩上。今年政府工作报告首次把城镇调查失业率列入预期目标，就是为了更加充分地反映城乡就业状况，也可以说这是自加压力。

我们今年城镇实际新成长劳动力有1 500万到1 600万，我们定的目标是至少要保证新增1 100万人就业，但方向是1 300万人以上，前几年我们都做到了，今年也没有理由不做到。与此同时，我们还有2.8亿农民工，他们在城市化进程中盖起大楼、铺通大道，为中国发展立下了汗马功劳。促进农民工就业也是新型城镇化的重要内容，进城务工农民都是通过打工来增加他们的收入，今年至少还要新增三四百万农村转移劳动力，对此，我们要责无旁贷地为农民工创造稳定的就业机会。

今年的高校毕业生达820万，是历史新高，还有近500万中专毕业生，加上近百万复转军人和去产能转岗职工，必须努力保障他们的就业，绝不允许有零就业家庭出现。这就需要我们进一步拓展就业岗位，特别是培育新动能。过去几年，新动能在增加就业岗位当中可以说做出了重要贡献。我们要通过多方面的努力保障比较充分的就业，这实际上也能够更多地创造财富。大家想想看，13亿多人口，8亿多劳动力，如果能够实现比较充分的就业，创造的财富是不可估量的，也会给世界市场带来惊喜。

保证养老金足额发放、按时领取，这是我们必须做到的。的确，有个别省份去年养老金收不抵支。我到一些老工业基地去调研，特别是今年两会下团，我首先问的是养老金能不能够及时足额发放。个别省份发放养老金之所以有困难，和当地经济下行压力较大、财政减收有关，他们已经采取盘活处置国有资产、调整财政支出结构等来保证及时足额发放。当然，中央财政也给了一定的帮助。

不可否认，可能还会有一些省份养老金在总体上会出现一些困难，但从全国范围来讲，我们保证养老金按时足额发放是有能力的。去年末企业职工养老保险基金的结余是4.1万亿元，当年也是收大于支。我们还有养老金的战略储备，就是社会保障基金拥有的资金在增加，去年达1.8万亿元，完全可以保证全国范围内养老金按时足额发放。

当然，我们还要推进这个领域的相关改革，像今年我们将实施养老金基金调剂制度，中央收取3%进行统筹调剂，以后比例还会有所提高，以弥补有些省养老金可能会发生的不足。同时，我们还会通过划拨国有资产收益来增加社保基金的总量，不仅使它安全，而且要拓展盈利空间，这些都是保证老有所养的“定盘星”，大家对未来应该充满信心。为什么这么说？因为如果我们不能做到这一点，老人辛苦了一辈子还不能老有所养，那后来人就会失去信心。

不能把老年人当作负担，“夕阳红”还是一个产业。很多老人可以做他们力所能及的事情。当然，这绝不是推卸我们必须保证老有所养的责任。

我们以习近平新时代中国特色社会主义思想为指导，很重要的就是要贯彻以人民为中心的发展思想，人民政府工作的出发点和落脚点就是保障和改善民生，我们就是要保障基本民生，破除民生痛点，增加优质资源，惠及更多人民群众。（中国政府网，2018 年 3 月 20 日）

李克强对全国普通高等学校毕业生就业创业工作电视电话会议作出重要批示

全国普通高等学校毕业生就业创业工作电视电话会议5月24日在京召开。中共中央政治局常委、国务院总理李克强作出重要批示。批示指出：促进高校毕业生就业创业，关系基本民生，也是加快创新型国家建设的重要支撑。今年高校毕业生人数再创新高，达820万人，促进就业任务更为繁重。各地区、各部门要以习近平新时代中国特色社会主义思想为指导，认真贯彻党中央、国务院决策部署，把落实好就业优先战略和积极就业政策放在突出位置，认真细致地做好就业创业服务，大力拓宽毕业生就业渠道。进一步深化“放管服”改革，通过营造更好营商环境，打造大众创业、万众创新升级版，促进新产业新业态等新动能加快成长，创造更多适应毕业生特点和成才需要的管理型、智能型、技术型高质量就业岗位，充分释放他们的创新潜能和创造活力。各方面形成合力，千方百计保持高校毕业生就业水平总体稳定，为促进高质量发展和民生改善作出更大贡献。（新华社北京2018年5月24日电）

李克强在两院院士大会上作经济社会发展形势报告（节选）

人力人才资源是中国发展的最大优势。要坚持就业优先，优化就业创业服务，扎实做好高校毕业生、农民工等重点群体就业工作。我国庞大的就业人口是发展的巨大动力，要广开就业渠道，让他们各得其所、各展其长。坚持教育优先，保持教育投入稳定增加，突出抓好义务教育，提高职业教育水平和高校质量，鼓励终身学习，培养适应高质量发展要求的科研、技能人才和产业工人等，提升人力资本素质。（新华社北京 2018 年 5 月 30 日电）

李克强对企业职工基本养老保险基金中央调剂制度贯彻实施工作会议作出重要批示

企业职工基本养老保险基金中央调剂制度贯彻实施工作会议6月11日在京召开。中共中央政治局常委、国务院总理李克强作出重要批示。批示指出：建立企业职工基本养老保险基金中央调剂制度，对于增强基本养老保险制度可持续性、均衡地区间养老保险基金负担、促进实现广大人民群众基本养老保险权益公平共享具有重要意义。各地区、各部门要以习近平新时代中国特色社会主义思想为指导，认真贯彻党中央、国务院决策部署，统一思想认识，坚持从全局出发，加强统筹协调，切实做好中央调剂基金筹集、拨付、管理等工作，健全考核奖惩机制，确保中央调剂制度顺利平稳实施。各地区要切实履行基本养老金发放的主体责任，进一步加强收支管理，加快完善省级统筹制度，通过盘活存量资金、划转部分国有资本等充实社保基金，确保基本养老金按时足额发放，有效防范和化解支付风险。有关部门要与各方面密切配合，形成合力，不断完善基金中央调剂制度，推进养老保险全国统筹，努力为人民群众提供更高质量、更有效率、更加公平、更可持续的养老保障。（新华社北京2018年6月11日电）

李克强在全国深化“放管服”改革转变政府职能电视电话会议上的讲话（节选）

“放管服”改革激发了市场活力，对稳增长保就业发挥了关键支撑作用。过去五年，我们大幅削减行政审批事项、企业投资核准项目，彻底终结非行政许可审批，全面改革商事制度；同时大幅减税降费，由点到面推开营改增，出台中小微企业税收优惠政策，取消、停征、减免1 100多项中央和省级政府行政事业性收费，推动降低用能、物流、电信等成本，累计减轻市场主体负担超过3万亿元。简政减税减费并举，有效降低了制度性交易成本和生产经营成本，不仅促进了已有市场主体的发展，更重要的是催生了大量新的市场主体。五年多来，各类市场主体数量增加近80%，目前已经超过1亿户，其中企业3 100多万户，实际上很多个体工商户也在朝着企业化方向发展。市场主体增多且日益活跃，有力支撑了经济运行保持在合理区间，特别是创造了大量就业岗位，五年城镇新增就业6 600万人以上，每年都超过1 300万人，目前城镇调查失业率和登记失业率都降到了多年来最低水平。就业是民生之本、发展之基，有就业就能创造社会财富，就能增加收入，就能带来新的消费和投资，从而推动经济社会发展形成良性循环。

“放管服”改革带动了创业创新热潮，加快了新旧动能接续转换和经济结构优化升级。我们在简政放权的同时，加强和创新事中事后监管，对新兴产业实行包容审慎监管，为其成长留下充分空间。“放管服”改革与大众创业、万众创新和“互联网+”紧密结合，激发了亿万人民群众的创业创新潜能，促进了新技术、新产业、新业态、新模式蓬勃发展，深刻改变着社会的生产方式、人们的工作和生活方式。近年来，战略性新兴产业、高技术产业年均增长10%以上，网上购物、物流快递等以三年翻一番的速度增长。同时，许多传统产业也在改造提升中焕发出新的生机。目前，新动能对经济增长的贡献率超过三分之一、对城镇新增就业的贡献率超过三分之二，消费对经济增长贡献率达到60%左右，服务业已占国民经济半壁江山，经济结构呈现加快优化升级的良好态势。

为大众创业、万众创新营造良好生态。着力消除障碍、搭建平台，为创业创新提供精准到位的服务。要建设好“双创”示范基地，支持众创空间提升品质，更多提供投资融资、市场开拓、政策咨询等服务，为创新型中小企业成长壮大创造条件，打造“双创”升级版。这也有利于扩大就业。今后一个时期，我国就业压力仍然很大，有大量新成长劳动力需要就业，今年高校毕业生就有820万人。政府要实施积极的就业政策，加强全方位公共就业服务，促进多渠道就业，其中相当一部分要通过“双创”来实现就业。现在不少大型制造业企业也在开展多种方式的“双创”。比如，有的企业依托工业互联网等平台，整合内部外部、线上线下资源，发展个性化、定制化设计和生产，满足用户多样化需求。有的民营企业优化组织结构和生产经营机制，搭建开放式的众创、众包、众扶、众筹等平台，职工既是员工，又是小微企业的老板和股东，打造了“企业平台化、员工创客化、用户个性化”模式，带动和服务了几百家小微企业，提高了企业生产效率和效益。要推动大中小企业、科研机构、社会创客融通创新，促进资源互补、智慧叠加，缩短创新周期，提高创新成果转化效率。要加强就业和技能服务，完善对新就业形态的支持措施，打造“双创”升级版。（中国政府网，2018 年 6 月 28 日）

李克强在第十二届夏季达沃斯论坛开幕式上的致辞（节选）

在新产业革命中壮大世界经济发展新动能，就要力促融通创新和发展。新产业革命孕育着无限的希望，自然科学、社会科学、人文艺术等从来没有像今天这样可以深度交织，不同行业、不同企业、不同人群从来没有像今天这样可以深度借力。人工智能集合涵盖了数学算法、仿生科学、传感技术、伦理道德等诸多领域。电子商务也是融通创新和发展的典型，大企业搭建交易平台，中小微企业和商户入驻，对接供给需求两端，联接制造商贸两头，创造了大量新业态、新模式、新就业。我们要顺势而为，推进“互联网＋”广泛应用，消除制约要素优化组合的障碍，搭建更多跨领域、跨主体的创新平台，为新动能壮大打开更广空间。

中国在培育壮大经济发展新动能方面进行了积极探索。过去几年，面对世界经济低迷和国内经济下行压力，中国坚持不搞“大水漫灌”式强刺激，而是深入贯彻新发展理念，锐意改革创新，紧紧抓住新产业革命机遇，充分发挥人力人才资源、市场规模等优势，着力培育壮大新动能，推动新旧动能加快接续转换。经过努力，新动能成长取得了超出预期的成效，对稳定经济增长、调整经济结构、扩大社会就业发挥了关键支撑作用。

我们大力推进简政减税减费，极大激发了市场活力。针对企业投资经营和群众创业办事门槛多、手续繁、成本高等问题，我们大幅削减各类行政审批事项，改革商事制度，率先大幅减税降费，特别是分步骤全面推开营改增，有效降低了制度性交易成本和企业生产经营成本，促进了营商环境优化和企业提质增效。过去五年，中国各类市场主体增加近80%，目前已超过1亿户，新增市场主体活跃度保持在70%左右。这不仅促进了新动能加快成长，而且创造了大量就业岗位，城镇每年新增就业超过1 300万人。有就业就有收入，就能带来新的消费和投资，从而推动经济发展良性循环。

我们鼓励大众创业万众创新，有效释放了社会创造力。中国有近9亿劳动者，受过高等教育或具有各类专业技能的有1.7亿多人，每年还有大学毕业生800多万人、中专毕业生近500万人，他们之中蕴藏着巨大的创造潜能。我们健全制度安排，制定支持政策，培育良好的创业创新生态。完善创业创新服务体系，鼓励大学生、返乡农民工等创业，以创业带动就业。改革科技管理体制，赋予科研人员更多成果所有权和收益权。发挥企业创新主体作用，对企业增加研发投入实行普惠性支持政策。打造开放共享的创新平台，推动大中小企业、科研院所、高校和创客融通创新，提高创新效率、缩短创新进程。过去五年，中国有效发明专利拥有量增加了2倍，年度技术交易额翻了一番。前不久，世界知识产权组织等机构发布2018年全球创新指数排名，中国列第17位，较2013年上升了18位。

木欣欣以向荣，泉涓涓而始流。中国聚众智、汇众力，成为全球创业创新的热土，新动能正在撑起经济发展的新天地。高技术产业、先进制造业领跑工业发展，服务业新业态新模式层出不穷，产业结构升级步入快车道。网上零售额年均增长30%以上，信息消费、绿色消费等新兴消费快速增长，消费对经济增长贡献率超过60%。目前，中国的经济结构和增长格局已经发生重大转变，新动能对经济增长的贡献率超过三分之一、对城镇新增就业的贡献率超过三分之二，这为经济持续健康发展奠定了坚实基础。

大家都很关注当前国际形势下中国经济发展和政策取向。今年上半年中国经济增长6.8%，连续12个季度稳定运行在6.7%～6.9%的中高速区间。前8个月，全国城镇新增就业超过1 000万人，城镇调查失业率稳定在5%左右、为历史较低水平。新设企业平均每天超过1.8万户，规模以上工业企业利润保持两位数增长。总体看，中国经济继续保持稳中向好发展态势，发展新动能在持续成长，基本面是健康的。

营造稳定可预期的宏观环境，是保持经济平稳运行的重要前提。中国过去没有搞、现在也不会搞“大水漫灌”式强刺激。我们将继续创新和完善宏观调控，保持宏观政策基本取向不变，注重预调微调，确保经济运行在合理区间。对于中国这样一个人口大国而言，稳就业是头等大事，要继续作为经济运行合理区间的下限，切实予以保障。我们将着力完善就业优先的政策体系，健全就业促进和保障机制，加强全方位公共就业服务，努力实现更加公平、更加充分的就业。积极的财政政策将更加积极，在扩内需和调结构上发挥更大作用，继续推进减税降费。稳健的货币政策松紧有度，稳定宏观杠杆率，保持流动性合理充裕，疏通货币政策传导渠道，引导资金更多投向实体经济，着力解决中小微企业融资难融资贵问题。近期，人民币汇率走势出现一定幅度波动，有人认为是中国有意为之，这是不符合实际的，因为人民币汇率单向贬值对中国弊多利少。中国坚持市场化的汇率改革方向，不仅不会搞竞争性贬值，还要为汇率稳定创造条件。中国经济基本面稳健、国际收支平衡、外汇储备充裕，人民币汇率完全能够在合理均衡水平上保持基本稳定。（新华社天津2018年9月19日电）

韩正出席企业职工基本养老保险基金中央调剂制度贯彻实施工作会议并讲话

企业职工基本养老保险基金中央调剂制度贯彻实施工作会议6月11日在京召开。中共中央政治局常委、国务院副总理韩正出席会议并讲话，中共中央政治局委员、国务院副总理胡春华主持。

韩正表示，建立企业职工基本养老保险基金中央调剂制度，是实现养老保险全国统筹的重要举措。习近平总书记主持召开中央全面深化改革委员会第二次会议并发表重要讲话，强调要从我国基本国情和养老保险制度建设实际出发，在不增加社会整体负担和不提高养老保险缴费比例的基础上，通过建立企业职工基本养老保险基金中央调剂制度，合理均衡地区间基金负担，实现基金安全可持续，实现财政负担可控，确保各地养老金按时足额发放。我们要按照习近平总书记重要讲话精神和李克强总理批示要求，实施好企业职工基本养老保险基金中央调剂制度，有力有序推进养老保险全国统筹。

韩正强调，要依法做好基本养老保险费征收工作，扩大制度覆盖面，提高征缴率，夯实缴费基数，增强中央调剂基金制度可持续性。要加快推进省级基本养老保险基金统收统支，2020年全面实现省级统筹，为养老保险全国统筹打好基础。要扎实做好中央调剂基金管理工作，强化基金预算严肃性和硬约束，确保基金专款专用。要认真做好基金缺口弥补工作，加大财政支持力度，确保全国退休职工按时足额领取养老金。

韩正表示，各地区、各部门要深入学习贯彻习近平新时代中国特色社会主义思想和党的十九大精神，全面贯彻落实《中华人民共和国社会保险法》，加强组织领导，健全保障措施，确保企业职工基本养老保险基金中央调剂制度顺利实施，为决胜全面建成小康社会、夺取新时代中国特色社会主义伟大胜利作出新的贡献。（新华社北京2018年6月11日电）

孙春兰在天津调研并出席职业教育有关活动时强调办好新时代职业教育培养高素质技术技能人才（节选）

中共中央政治局委员、国务院副总理孙春兰6日至7日在天津调研职业教育工作，并出席2018年全国职业教育活动周启动仪式暨全国职业院校技能大赛开幕式。她强调，要坚持以习近平新时代中国特色社会主义思想为指导，认真贯彻党中央、国务院决策部署，加快构建现代职业教育体系，培养更多高素质技术技能人才，为建设现代化经济体系、加快实体经济发展、推动产业转型升级、促进就业创业、增进民生福祉提供有力支撑。

她指出，推动经济高质量发展，加快发展先进制造业和现代服务业，助力精准扶贫，为青年提供更多人生出彩的机会，迫切需要发展高质量职业教育。要坚持服务发展、促进就业的办学方向，围绕培养社会主义建设者和接班人的根本使命，完善人才培养体系，深化产教融合、校企合作，建设一批高水平职业院校和专业，提升人才培养质量。加强“双师型”教师队伍建设，打通校企人才双向交流渠道，吸引更多具有深厚理论知识和丰富实践能力的人才到职业院校任教。加快形成多元办学格局，统筹财政、税收、土地等政策，为企业兴办职业教育降成本、清障碍，激发社会力量参与职业教育的内生动力。加强职业教育标准体系建设，探索完善国家资历框架，推动学历、学位与职业资格及其他学习成果互认衔接。健全人才评价体系，畅通人才成长“立交桥”，广泛宣传技术技能人才的劳动成果和价值，推动提升他们的地位待遇，营造劳动光荣、技能宝贵、创造伟大的良好社会氛围。

孙春兰勉励广大职业院校学生志存高远、脚踏实地、苦练本领，干一行、爱一行、精一行，弘扬劳模精神和工匠精神，用精湛技艺书写精彩人生，展现新时代技术技能人才的良好风采。（新华社天津2018年5月7日电）

孙春兰在第四届中国“互联网+”大学生创新创业大赛闭幕式上强调 积极投身创新创业实践 把激昂的青春梦融入伟大的中国梦

中共中央政治局委员、国务院副总理孙春兰15日在厦门大学出席第四届中国“互联网+”大学生创新创业大赛闭幕式，转达习近平总书记对参加大赛和“青年红色筑梦之旅”活动全体同学的亲切问候。

孙春兰指出，中国“互联网+”大学生创新创业大赛是全国“双创”活动周的重要活动。本届赛事265万学生参赛、创历史新高，来自47个国家和地区600多支团队同台竞技，1 000多家企业和投资机构支持参与大赛，70万大学生参加“青年红色筑梦之旅”活动，涌现出一大批优秀创新创业项目。她希望广大青年学生认真学习习近平总书记在全国教育大会上的重要讲话精神，坚定理想信念，扎根中国大地，在创新创业中增长智慧才干，在艰苦奋斗中锤炼意志品质，用创新创业的生动实践汇聚起民族复兴的强大力量。

孙春兰强调，各地各部门和高校要深入贯彻全国教育大会精神，认真落实党中央、国务院的决策部署，顺应国家未来发展和产业转型方向，把创新创业教育融入素质教育各环节、人才培养全过程，完善科教结合、产教融合、校企合作协同育人机制，着力培养学生的创新精神和实践能力，以创新引领创业、以创业带动就业，不断提升教育服务经济社会发展的能力和成效。（新华社厦门2018年10月15日电）

胡春华在脱贫攻坚工作专题会议上强调 深入贯彻习近平扶贫思想 坚决打好精准脱贫攻坚战

中共中央政治局委员、国务院副总理胡春华19日召开会议，学习传达习近平总书记关于脱贫攻坚的重要讲话精神，研究关于打好精准脱贫攻坚战三年行动的指导意见，部署脱贫攻坚落实工作。他强调，要深入学习贯彻习近平扶贫思想，切实增强“四个意识”，不折不扣落实好党中央、国务院决策部署，把脱贫任务分解到年、精准到人，确保一年一个新进展，三年圆满完成攻坚任务。

胡春华强调，脱贫攻坚战进入最后攻坚阶段，要咬定总攻目标，落细攻击点位。聚焦“三区三州”等深度贫困地区，统筹帮扶资源集中攻坚。产业扶贫要立足资源禀赋和市场需求，加强市场营销。就业扶贫要做好劳务输出供需对接，增加护林员等公益岗位。易地扶贫搬迁要严格执行住房建设标准，强化产业配套和就业安置。东西部扶贫协作要细化量化年度任务。社会保障兜底要落实好低保、养老保险等政策。要加强扶贫扶志，激发贫困群众脱贫内生动力。

胡春华强调，要打造过硬的脱贫攻坚队伍，充实一线帮扶力量，分级分类组织好扶贫干部培训。要细化实化各项支持保障措施，确保与攻坚战要求相适应。要完善督战机制，督导各地加大攻坚力度，落实问题整改。要加强扶贫领域作风建设，强化扶贫资金监管，坚决查处违纪违法行为。（新华社北京2018年4月19日电）

胡春华出席就业工作座谈会并讲话

就业工作座谈会17日在北京召开。中共中央政治局委员、国务院副总理胡春华出席会议并讲话。他强调，要以习近平新时代中国特色社会主义思想为指导，增强对当前稳就业重要性的认识，按照党中央、国务院决策部署，扎扎实实做好各项就业工作，确保就业大局稳定。

胡春华指出，当前我国就业总体平稳，但一些苗头性、倾向性问题进一步显现，对就业形势的严峻性、复杂性决不能掉以轻心。要未雨绸缪，突出重点，强化保障，有效应对，以实际行动增强企业和全社会的信心。各地要勇于担当，主动作为，抓紧制定稳就业的综合措施，加大稳岗就业力度，以创新创业带动更多就业，全力做好就业帮扶和服务，兜住就业底线、促进社会和谐稳定。有关部门要密切跟踪形势变化，结合自身职能，加强宏观调控和政策支持，为稳就业作出积极贡献。（新华社北京2018年9月17日电）

胡春华在中央单位定点扶贫工作推进会上强调 切实在坚决打赢脱贫攻坚战上作表率

中央单位定点扶贫工作推进会17日在京召开，学习贯彻习近平总书记关于扶贫的重要论述，签署2018年定点扶贫责任书，安排部署下一阶段重点工作。中共中央政治局委员、国务院扶贫开发领导小组组长胡春华出席会议并讲话。他强调，要深入贯彻习近平总书记对中央单位定点扶贫工作的重要指示精神，按照党中央、国务院决策部署，切实把握新形势、适应新要求，推动定点扶贫工作再上新台阶，为坚决打赢脱贫攻坚战作出新的更大贡献。

胡春华指出，在脱贫攻坚进入最后攻坚阶段的新形势下，务实推进定点扶贫，必须明确目标要求，强化任务落实。要选派得力干部，加大投入力度，广泛组织动员社会力量参与脱贫攻坚。要突出产业和就业扶贫，引导企业到定点扶贫县发展产业、带动就业，促进稳定脱贫、提高脱贫质量。要指导帮助定点扶贫县理清发展思路，制定脱贫攻坚规划和年度减贫计划，培育基层队伍，夯实脱贫攻坚基层基础。

胡春华强调，中央单位要把定点扶贫作为一项重大政治任务，健全工作机制，不折不扣落实好帮扶承诺，切实发挥示范引领作用。要严格开展考核监督，确保定点扶贫取得实效。要坚持发挥单位、行业优势与立足贫困地区实际相结合，积极创新帮扶举措，丰富定点扶贫工作内容。（新华社北京2018年9月17日电）

胡春华出席第三届“中国创翼”创业创新大赛闭幕式（节选）

第三届“中国创翼”创业创新大赛全国选拔赛和决赛15日在郑州闭幕，中共中央政治局委员、国务院副总理胡春华出席闭幕式并致辞。他强调，要以供给侧结构性改革为主线，深入实施创新驱动发展战略，推进“双创”不断向纵深发展，促进更高质量和更充分就业。

胡春华指出，党中央、国务院高度重视创业创新工作。党的十八大以来，在以习近平同志为核心的党中央坚强领导下，我们坚持实施创新驱动发展战略，大力推动大众创业万众创新，创业创新正展现出蓬勃的生命力。作为全国大众创业万众创新活动周的重要内容，“中国创翼”创业创新大赛为创业者搭建了展现才华、对接项目的舞台，搭建起梦想转化为现实的桥梁。

胡春华强调，要按照党的十九大关于加快建设创新型国家的要求，坚持以供给侧结构性改革为主线，加强国家创新体系建设，优化创业创新环境，加大财税支持力度，进一步提升孵化基地和众创空间的服务水平，推进创业创新不断迈上新水平，为扩大就业提供有力支撑。社会组织、服务平台、投资机构、新闻媒体等要积极参与，弘扬创业创新文化，营造有利于创业创新的氛围。青年是国家的未来，是创业创新的希望，要抓住全球新一轮科技革命孕育兴起的历史机遇，踊跃投身创业创新实践，不辜负时代召唤，不辜负青春年华。（新华社郑州2018年10月15日电）

二、人力资源和社会保障部领导的讲话

提高站位　奋发有为
努力开创新时代就业创业工作新局面

——在全国就业创业工作电视电话会议上的讲话

张纪南

（2018年4月26日）

这次全国就业创业工作电视电话会议的主要任务是，深入贯彻党的十九大精神，以习近平新时代中国特色社会主义思想为指导，落实中央经济工作会议和政府工作报告责任分工要求，交流经验，分析形势，部署全年就业创业工作，确保完成各项目标任务，确保就业局势总体稳定，为促进经济社会发展做出新贡献。下面，我讲三点意见。

一、深刻领会习近平总书记关于就业工作的重要论述

习近平总书记高度重视就业问题，在许多重要场合、多个重要会议反复强调要做好就业工作，提出一系列新思想新观点新论断，系统阐释了做好就业工作的丰富内涵，深刻分析了就业工作是什么、为什么、怎么干，科学回答了做好就业工作的一系列理论和实践问题。总书记的重要论述，站在党和国家事业发展的高度，具有很强的政治性、思想性、针对性、指导性，为做好就业工作指明了方向，提供了根本遵循。我们必须深刻领会总书记关于就业工作重要论述的核心要义、基本内涵、思想方法和工作要求，坚定不移地贯彻到就业工作全过程。

（一）深刻领会总书记关于就业工作意义的重要论述，把促进就业作为重大政治任务，进一步增强做好工作的使命感、责任感、紧迫感。习近平总书记指出，就业是民生之本，是最大的民生工程、民心工程、根基工程。人有恒业，方能有恒心。就业是社会稳定的重要保障，如果就业问题处理不好，就会造成严重社会问题。就业状况是衡量经济发展速度合理性的重要基准，稳住就业能够为改革发展提供充足的回旋空间。总书记强调，解决好就业问题，是党和政府义不容辞的责任，要从全局高度重视就业问题，把就业工作摆到突出位置，切实把这个民生头等大事抓好。这些重要论述，从经济、社会、政治多个维度，深刻阐释了就业工作在党和国家事业全局中的基础性、战略性地位和作用，体现了以人民为中心、把人民放在心中最高位置的价值追求，体现了深厚的为民情怀和强烈的使命担当。我们必须把就业工作作为一项重大政治责任，充分认识就业工作的极端重要性，坚持民生为本、就业为根，毫不动摇地把促进就业工作放在心上、扛在肩上。

（二）深刻领会总书记关于就业工作基本

规律的重要论述，实现促进就业和经济发展良性互动，正确处理政府与市场的关系，增强做好工作的前瞻性、主动性、协调性。习近平总书记指出，没有一定增长不足以支撑就业，解决就业问题根本要靠发展，把经济发展蛋糕做大，把就业蛋糕做大。总书记强调，必须加强经济政策和就业政策的协调，着力增强经济发展创造就业的能力。在加快创新驱动发展战略的过程中，要处理好创新和就业的关系，把握好科技创新和稳定就业的平衡点。总书记强调，一个健康向上的民族，就应该鼓励劳动、鼓励就业、鼓励靠自己的努力养活家庭，服务社会，贡献国家。政府不能包打天下，要更好发挥市场在促进就业中的作用，引导和鼓励广大群众通过勤劳致富改善生活，人人尽责、人人享有。各级党委和政府要创造更多就业岗位，通过社会政策托底等多种渠道帮助就业困难人员。这些重要论述，体现了对经济社会包容性发展规律的深刻把握，体现了对我国就业历史发展和当代实践的深刻总结，体现了效率与公平的有机统一。我们必须统筹抓好经济社会发展和促进就业工作，坚持劳动者自主就业、市场调节就业、政府促进就业和鼓励创业方针，推动实现更高质量和更充分就业。

（三）深刻领会总书记关于就业工作重点任务的重要论述，围绕突出问题、聚焦重点群体，全力稳住就业大局。习近平总书记指出，高校毕业生是国家宝贵的人才资源，要做好以高校毕业生为重点的青年就业工作。化解过剩产能也会导致部分职工下岗失业，要做好职工安置工作，确保职工有安置、社会可承受、民生有保障。一人就业，全家脱贫，增加就业是最有效最直接的脱贫方式。要加大劳务协作，促进转移就业，鼓励就地就近就业。要落实和完善援助措施，帮助就业困难人员尽快就业，确保零就业家庭动态“清零”。加强对灵活就业、新就业形态的扶持，鼓励各类市场主体吸纳就业，千方百计增加就业岗位。这些重要论述，立足于我国的基本国情和发展的阶段性特征，体现了抓主要矛盾和矛盾主要方面的辩证思维和科学方法。我们必须采取更加有效的举措、更加有力的工作，精准发力、靶向施策，让有就业能力和就业意愿的劳动者都能实现就业。

（四）深刻领会总书记关于就业工作基本要求的重要论述，加强政策协同，创新工作举措，全方位推进，尽心竭力把就业工作抓紧抓实抓好。习近平总书记指出，各级党委和政府要关心和爱护广大劳动群众，坚持就业优先战略，实施更加积极的就业政策，切实把党和国家相关政策措施落实到位。总书记强调，要广泛开展大众创业、万众创新，鼓励创业带动就业。推行终身职业技能培训制度，提高职业培训质量，增强就业人员技能，培养宏大的高素质劳动者大军。要破除妨碍劳动力、人才社会性流动的体制机制弊端，维护劳动者平等就业权利，努力让劳动者实现体面劳动，全面发展。要加强政府公共就业服务能力，为劳动者提供及时便捷的服务。准备好应对可能出现的结构性失业预案，坚决守住社会稳定底线。这些重要论述，既有必须长期坚持的重大战略和政策取向，又有实现就业目标的关键环节和基本路径，体现了抓工作的系统思维、战略思维、底线思维。我们必须立足实际、脚踏实地，一件接着一件办、一年接着一年干，全力以赴落实好各项要求，扎扎实实做好相关工作。

二、准确把握就业工作面临的形势任务

党的十八大以来，党和国家事业取得历史性成就，就业工作也取得显著成效。城镇新增就业年均超过 1 300 万人，城镇失业率保持在较低水平，高校毕业生、农民工、去产能职工等重点群体就业稳定，就业扶贫取得积极进展。就业局势稳中向好，成为民生改善的坚实基础、经济发展的基本支撑、社会稳定的“压舱石”。今年一季度就业工作开局良好。城镇新增就业保持高位增长，达到 330 万人；失业率稳步回落，城镇登记失业率、城镇调查失业率均低于去年同期；市场用工需求旺盛，重点

群体就业稳中有增。这些成绩的取得，根本在于以习近平同志为核心的党中央坚强领导，在于习近平新时代中国特色社会主义思想科学指引。同时，也受益于宏观经济企稳向好、政策服务全力保障，离不开各级党委政府的高度重视、各有关部门的通力协作，离不开人社系统特别是就业战线同志们的拼搏奉献。这些都为做好新时代就业工作奠定了坚实基础，创造了有利条件。

今年是全面贯彻党的十九大精神的开局之年，是改革开放 40 周年，是决胜全面建成小康社会、实施“十三五”规划承上启下的关键一年。党中央、国务院对做好今年就业工作已经作出部署，明确了就业目标任务和要求。总的看，既要全面完成目标、力争更好结果，又要稳定重点群体、防范失业风险，还要制定实施重大改革举措、推进体制机制突破，任务非常繁重。同时，就业形势依然严峻复杂。新成长劳动力处于高位，就业总量压力长期存在；招工难和就业难并存，结构性矛盾更加突出；部分群体就业困难，需要采取更为精准的措施。特别是国际贸易保护主义抬头、各国宏观经济政策走势分化，国内结构性改革、技术进步等，都将对就业产生传导效应，影响不断加深。这些都充分说明，今年就业走势在总体平稳的同时，也会稳中有忧、稳中有难，我们要增强忧患意识，加强对形势的分析研判，未雨绸缪，切实做到心中有数、脑中有策、手中有方。这里，我重点讲三个问题。

（一）关于以高校毕业生为重点的青年就业问题。青年就业一直是世界性难题。2018 届高校毕业生有 820 万人，规模创历史新高。再加上还有 50 万左右留学人员回国就业，压力持续加大。与此同时，企业对高校毕业生的招聘意愿没有明显改善，岗位需求与毕业生求职期望偏离度较大，供给高企与有效需求不足的矛盾突出。今年还需特别注意，高校毕业生就业市场的新情况可能加剧青年失业风险。一方面，贸易摩擦可能导致经济波动，还可能对高端制造带来持续影响，毕业生偏好的知识型、技术型就业机会将更为紧俏。另一方面，各地引才政策加快出炉，部分城市或将出现毕业生加快集聚情况，导致今年毕业季个别地方的劳动力市场出现供求逆转。这些都对做好今年高校毕业生就业工作提出新的更高要求。必须强化责任，工作要再主动，服务要再加力，尽最大努力实现对未就业毕业生服务全覆盖、对困难毕业生政策全兜底。

（二）关于就业扶贫问题。脱贫攻坚是中央确定的重大政治任务。做好就业扶贫工作，不仅政治性强，也是人社工作的重点，是我们的主业。近年来，各级人社部门大力实施就业扶贫，累计已有 619 万贫困劳动力实现就业增收，但任务依然艰巨繁重。一方面，促进就业压力大。贫困劳动力中有劳动能力、未实现就业的还有近 1 000 万人。他们中有些就业意愿低，有些受教育程度低，“三区三州”等深度贫困地区的劳动者还面临就业门路窄的困难，帮扶压力很大。另一方面，稳定就业难度大。已就业人员中，灵活就业占 39%。劳动者就业不稳定，收入不稳定，不仅面临失业风险，也对带动脱贫贡献不充分。同时，就业扶贫中还存在劳务组织化程度低等问题。按照中央关于就业扶贫的总体要求，今年要再促进 100 万贫困劳动力实现就业，还要啃硬骨头。我们要切实把就业扶贫摆在就业工作突出位置，聚焦重点、担当作为，力争促进更多贫困劳动者就业增收，确保零就业贫困户至少一人实现就业。

（三）关于贸易摩擦对就业的影响问题。关税增加，将影响商品价格，影响产品竞争力，最终波及就业。这必须引起高度重视，充分预判风险挑战。在面上，贸易摩擦将改变劳动力市场供求状况，导致城镇新增就业减少。在点上，相关行业将受到影响，涉及劳动者数量也会较多；从群体看，长期从事普工岗位的农民工仍会率先受到冲击，而高校毕业生等有知识、有技能劳动者也可能成为减员对象，毕业生需求会进一步压缩；从地域看，长三角、珠三角等要先行应对，中西部劳务输出大省也要有充分准备。各地要全面开展形势预判，做好就业常规统计监测和就业形势分析，加强对重点地区、重点企业和重点群体的定点监测。要制定详尽预案，帮助更多劳动者转岗不下岗、失业后尽快就业，最大限度缩短失业周期。

三、确保就业各项工作任务落到实处

在新的历史起点上，就业工作必须接力探索、接续奋斗。各级人社部门要以习近平新时代中国特色社会主义思想为指导，坚持以人民为中心的发展思想，以实现更高质量和更充分就业为总体目标，强责任、抓落实、求实效，尽最大努力，下最大功夫，争取最好结果，全面完成今年就业目标任务。

（一）提高政治站位。解决好就业问题，让老百姓过上好日子，是践行不忘初心的历史使命和全心全意为人民服务根本宗旨的体现，关系党的执政基础。作为重要的民生部门，做好就业工作，既是根本职责所在，也检验着人社部门的政治意识和政治担当。各级人社部门要更加善于从政治上看问题，自觉从政治上去考量，坚持在大局下行动。要牢固树立“四个意识”，坚决同以习近平同志为核心的党中央保持高度一致，坚决维护党中央权威和集中统一领导，确保新时代就业工作的正确政治方向。要深刻领会习近平总书记关于就业工作的重要论述，适应就业工作新特点新任务新要求，不断完善思路举措和方式方法，不折不扣把党中央决策部署落到实处，更好担负起最大民生的神圣使命，做到既为一域争光，更为全局添彩。

（二）抓责任促落实。促进就业是政府的法定职责，也是国家宏观调控的重要指标。要知责明责能担责，坚持目标导向，把完成就业目标任务作为硬约束，夯实责任，狠抓落实。要健全目标责任制。构建责任明晰、措施有效、保障有力的落实机制，逐项逐级分解落实就业目标任务，传导压力和责任，一级抓一级，层层抓落实。要细化落实举措。部里围绕落实就业目标任务，专门制定了工作方案，近日即将下发。各地要结合实际抓紧制定实施举措，对标重点任务，把工作台账点清楚，把战术打法弄明白，把握好不同时段工作的时、度、效，列出清单，挂图作战，一项一项抓好落实。要加强考核监督。健全以督查抓落实机制，紧盯工作进展慢、困难问题多、矛盾突出尖锐的地区、行业和群体，加强督查、调研和调度，加强过程监管和跟踪问效，既督促目标任务落实，又推动解决实际问题。要切实发挥考核评估的指挥棒作用，敢于负责、敢于较真、敢于碰硬、敢于得罪人。

（三）抓重点兜底线。抓住重点才能带动面上工作。这既是工作方法，也是工作理念，更是稳定大局的关键。要统筹推进就业创业各领域工作，与此同时，要始终扭住重点难点，着力突破。要稳住重点群体。重中之重是紧盯高校毕业生等青年群体、去产能职工安置、贫困劳动力就业脱贫。强化责任担当，加强精准帮扶，把工作做细致、做扎实、做到位，让在就业创业上需要帮助的群众都得到帮助，在生活上需要保障的群众都得到保障，最终稳定重点群体就业水平和就业局势。要破解改革难题。党的十九大确定了畅通劳动者社会性流动、推进全方位公共就业服务两项改革任务。既要注意稳中求进，充分考虑各方面情况；也要打破思维定式，有针对性地解决问题，确保改革举措如期完成。要尊重群众首创精神，充分听取民意，凝聚各方面智慧和力量，协同推动改革。各地也要积极探索，大胆实践，主动献计献策。要防范就业风险。始终把防范就业风险作为重大责任，预防和应对并重，把情况考虑充分，把困难问题估计充分，把措施准备充分，想全、想细、想到万一。下好先手棋，打好主动仗，努力避免失业率急速攀升，避免发生影响社会稳定的重大群体性事件。

（四）抓作风求实效。良好的作风是推进工作落实的重要保障。要坚持实事求是，一切从实际出发，勤勉尽责、干事创业。要紧贴实际。制定就业政策、出台意见办法，都要紧贴中央精神，紧贴群众需求，紧贴基层工作，接好天线、接实地气。要真抓实干。坚持问题导向，针对影响群众就业创业的堵点痛点难点，查找问题、直面问题、聚焦问题、掬根问题，把问题分分类、排排队、摆摆位，拿出务实管用的新招、实招、硬招、绝招，因时、因地、因人去解决问题。要提高执行能力，加强专业素质、专业精神培养，创新工作理念和方法，造就一批就业创业专门家。要务求实效。拿出“燕子垒窝”的韧劲、“蚂蚁啃骨”的钻劲、“老牛爬坡”的牛劲，埋头苦干，把政策落实、就业服务等各项工作抓深入、抓具体、抓实在，力戒形式主义、官僚主义。工作推进中，还要持之以恒正风肃纪，坚持严早、严小、严预防，聚焦就业政策审批、补贴发放以及资金项目使用管理等关键领域，健全监督约束机制，从严从实加强队伍管理。

（五）抓统筹聚合力。做好就业工作是一项系统工程，要强化一盘棋观念，善于借势借机借力，最大限度调动各方积极性。要积极争取党委政府重视和部门支持，充分发挥就业工作联席会议制度协调机制作用，在重大政策出台、重大危机应对、重点任务完成过程中，更好凝聚共识，形成工作合力。各级人社部门要始终把就业工作摆在突出位置，主要负责同志亲自抓，分管负责同志具体抓，科学统筹力量，采取得力措施，全力以赴推动就业各项工作。就业、培训、劳动关系、社会保险各领域要各司其职、各负其责，围绕高质量就业、风险化解，主动谋划，把工作拧成一股绳。

做好就业工作责任重大、使命光荣。我们要更加紧密地团结在以习近平同志为核心的党中央周围，深入贯彻党的十九大精神，以高度的政治责任感和强烈的担当精神，锐意进取、苦干实干，奋力谱写新时代就业事业新篇章，为决胜全面建成小康社会做出新的更大贡献！

坚持把人民放在心中最高位置 全面加强人社系统行风建设

——在人社系统行风建设电视电话会议上的讲话

张纪南

（2018年7月3日）

行风建设事关践行以人民为中心的发展思想，事关党中央、国务院决策部署的贯彻落实，事关人社事业的持续健康发展。加强系统行风建设，是部党组根据中央的要求，深入研究、通盘考虑作出的重要决定。今天的会议，就是全面动员部署加强人社系统行风建设工作。刚才，浙江、四川、湖北三个省人社厅和部社保中心的同志作了发言，所介绍的典型经验、创新做法及改进措施，都值得各地各单位深入思考、学习借鉴。下面，我讲三点意见。

一、切实增强对加强系统行风建设必要性、紧迫性和战略性的认识

行风是系统干部队伍作风的集中反映，也是党风在行业工作中的具体体现。抓行风，能够整体推进系统党风、政风、作风建设。党的十八大以来，以习近平同志为核心的党中央以作风建设为切入点和着力点从严管党治党。党的十九大后，总书记又对形式主义、官僚主义新表现作出重要批示，强调作风建设永远在路上。这些充分表明以习近平同志为核心的党中央坚定不移全面从严治党、持之以恒正风肃纪的鲜明态度和坚定决心。十九届三中全会对深化转职能、转方式、转作风，提高效率效能提出了明确要求。国务院把转变政府职能作为“当头炮、先手棋”，连年召开会议进行部署，上周四又召开电视电话会议，李克强总理专门部署了当前和今后一个时期的“放管服”工作。近期，中办、国办联合印发了优化审批服务的文件，国办也印发了“互联网＋政务服务”等有关通知。我们必须进一步提高政治站位，充分认识加强行风建设的重要意义，紧贴中央要求，紧贴部门实际，紧贴群众需要，扎实推动人社系统行风建设，不断增强人民群众的获得感幸福感。

第一，要充分认识到，加强系统行风建设是推进全面从严治党、加快转变政府职能、促进人社事业改革发展的必然要求。习近平总书记强调，党的作风就是党的形象。党的作风建设始终是摆在我们面前的一项重大而紧迫的任务，抓作风建设一丝都不能放松、一刻都不能停顿。要抓住要害和关键，集中解决形式主义、官僚主义、享乐主义和奢靡之风问题。只要真管真严、敢管敢严，党风建设就没有什么解决不了的问题。这些重要论述，深刻阐明了加强党风作风建设的极端重要性，为我们加强

行风建设提供了根本遵循和行动指南。

加强系统行风建设，也是深化转职能、转方式、转作风的具体行动。中央提出，要加大转变政府职能和简政放权力度，以更快更好方便企业和群众办事创业为导向，推动审批服务理念、制度、作风全方位深层次变革，着力打造“宽进、快办、严管、便民、公开”的审批服务模式，最大限度减少企业和群众跑政府的次数，不断优化办事创业环境。同时，明确了推进工作的基本原则、主要任务和工作要求。中央释放的信号非常强烈，就是要给企业社会放权，就是要方便群众办事。这是一场从理念到体制的深刻变革，也是一场刀刃向内的自我革命。人社部门要增强政治敏锐性，主动对标中央要求，解放思想、转变观念，深化改革、积极作为。

人社工作与人民利益紧密相连，与群众生产生活关系密切。加强系统行风建设，改进人社公共服务，是持续推进人社事业改革发展、促进各项政策落实落地的重要基础。进入新时代，人民群众美好生活需要的内涵不断丰富、层次不断提升，人社事业改革发展面临一系列新任务新要求。无论是推动实现更高质量和更充分的就业，全面建成多层次社会保障体系，构建和谐劳动关系，还是形成合理有序的工资收入分配格局，培养知识型、技能型、创新型劳动者大军，加强人才队伍建设，都还有许多重点、难点、焦点问题需要破解，改革攻坚和持续发展的任务非常繁重。我们必须立足新的历史方位和社会主要矛盾变化，以扎实的作风、优良的行风，不断改革创新，健全公共服务，使党和国家相关民生政策真正落实到百姓身上，让人民群众更多更好共享改革发展成果。

第二，要充分认识到，加强系统行风建设是改进人社部门为民服务、提升服务品质的迫切需要。近年来，各级人社部门按照中央的决策部署，切实转变作风，取得积极成效。但也要清醒地认识到，行风建设犹如逆水行舟，不进则退。在为民服务方面，这些年吃拿卡要等问题减少了，但与中央更快更好方便企业和群众办事创业的要求相比，与群众对优质高效公共服务的期盼相比，我们还有不少差距，形式主义、官僚主义及其新表现仍不同程度地存在，不适应、不会为、不作为等问题时有发生。最近，反映出诸多问题，主要体现为“长”“多”“缺”。一是“长”，办事排队长、时间长。国办督查暗访列出了窗口排队长的单位，其中就有人社部门。一些地方办理事项程序复杂，个别事项设置了十几个环节，全程跑下来短则几个月，长则大半年，个别情况甚至几年都办不下来。二是“多”，跑腿多、证明多。一些地方由于办理事项不集中，数据信息不共享，办事指南不清晰，一次性告知责任不履行，导致企业和群众在不同部门、不同窗口间来回跑。烦扰群众的各种奇葩证明、循环证明、重复证明等问题仍然存在。三是“缺”，管理上、纪律上、服务上缺位、不到位。有的人社基层窗口管理不严，上班上岗纪律松弛。服务不周到、不主动，便民设施不配套、不方便，群众体验感差。

虽然这些问题不是普遍性的，但严重影响人民群众获得感幸福感。特别是个别极端事件隔三岔五“冒泡”，冲击社会认知底线。我们要从深层次、源头上、根本上去思考、去解决。从当前中央对优化服务的要求看，可以说标准越来越高、越来越严、越来越人性化，对照来看，我们服务水平的差距还比较大，必须切实增强解决问题、改进作风的紧迫感。

第三，要充分认识到，加强系统行风建设是巩固党的执政基础、推动经济发展方式转变、提高干部队伍素质的重要载体。民心是最大的政治，民生连着民心。人民拥护和支持，是我们党执政的最牢固根基。人社部门肩负着惠民生的重要责任，行风建设抓得好，老百姓的获得感幸福感就强，对党和政府的信任度满意度就高。工作做得不到位，社会面上的影响就比较大，任其发展下去，就会像一堵无形的墙，把我们党和人民群众隔开。所以说，我们的工作不仅是业务工作，更是政治工作。只有行风建设抓好了，才能进一步密切党和群众的血肉联系，使人民群众更多感受到党和政府的关怀，从而更好地巩固我们党执政的群众基础。

加强行风建设，通过人社部门的简政放权、放管结合、优化服务，有利于降低制度性交易成本，进一步优化营商环境，促进经济平稳健康发展，为推动高质量发展提供有力支撑。我国经济正处在质量变革、效率变革、动力变革的关键时期，必须加快完善社会主义市场经济体制，重塑政府与市场的关系，增加市场活力，激发内生动力和社会创造力。这些都对优化创新创业环境、健全统一规范灵活的劳动力市场、提升社保服务便捷性、深化职业资格和职称制度改革、深化人才发展体制机制改革等提出了新的更高要求。所以，推进人社行风建设，提高人社工作质量，对促进市场主体发展、优化经济结构具有基础性的作用。

加强行风建设，还是人社部门各级党组织抓班子带队伍的重要抓手。当前，人社领域行风建设中存在的突出问题，除了我们工作上的原因、各种复杂因素的影响外，也反映出一些地方班子建设、队伍建设还存在薄弱环节，一些干部自身素质不适应新形势、新任务的要求。通过加强行风建设，有利于增强干部职工的党性观念、宗旨意识、政治能力，有利于提升干部队伍的专业能力和专业素养，也有利于强化班子的整体建设，这是人社系统一项基础性工作。

因此，抓行风建设不是简单地应一时之需，而是有其长远性、战略性意义。加强行风建设，是政治建设的内在要求，是业务建设的有力支撑，是服务国家经济建设的重要途径，牵一发而动全身，既管当前，又管长远。从某种程度上讲，是做好当前和今后一段时期人社工作的一个战略支点，是推动各项工作的重要载体，是破解人社领域一系列重大问题的一把金钥匙。因此，系统上下必须统一思想，提高认识，真正以人民群众利益为重，以人民群众期盼为念，切实把行风建设抓好抓紧抓实。

二、准确把握人社系统行风建设的目标任务

近日，部里印发了进一步加强系统行风建设的工作方案，提出“正行风、树新风，打造群众满意的人社服务”的总体要求，强调坚持以思想为引领，以信息化为支撑，抓住清权、减权、晒权、制权四个环节，治痛点、疏堵点，规范标准流程，提高能力素质，考核督查倒逼，切实增强群众幸福感获得感。为此，明确了今后三年分阶段目标任务和工作举措。今年，重点是提高认识，梳理清单，清理证明，转变作风。明年，重点是推进办理事项标准化信息化，实现“一站式”办理和“一窗通办”，培树一批先进典型。到2020年底，全面实现“马上办、网上办、就近办、一次办”，形成体制机制，显著提高群众满意度。我们要按照中央要求，以更实举措深化“放管服”改革，以简政放权放出活力和动力，以创新监管管出公平和正义，以优化服务服出便捷和品质，实现行风建设的良好开局。

第一，要扎实抓好学习教育，进一步增强全系统干部职工行动自觉和思想警醒。这是行风建设的先导。一是要学出自觉。通过学习，学出为民服务的自觉，学出为党分忧的自觉。要结合本单位实际，精心制定学习方案，把学习纳入“不忘初心、牢记使命”主题教育，深入理解总书记把人民群众放在心中最高位置的思想，采取多种形式，提高学习针对性实效性。要把自己摆进去、把工作摆进去、把问题摆进去，将心比心、设身处地深入思考“为什么、怎么做”，增强做好工作、为民服务的思想自觉和行动自觉。二是要学出实效。通过学习，既着力解决宗旨意识不牢固、使命感不强等突出问题，又着力弥补服务群众的知识弱项、能力短板、经验盲区，形成人人重视行风、处处体现行风的良好局面。要努力把学习成果转化为过硬的能力和作风，更好跟上时代节拍，担当时代重任。

第二，要全面深入摸查梳理，切实做到人

社系统对外办理事项底数清、情况明。这是加强行风建设的基础。离开这个基础，行风建设就是在沙土上盖大楼。一要全面摸排，不留死角。要对系统和部本级对外办理事项进行彻底摸底，把真的找出来、把假的剔出去，确保真实、准确、完整、规范。特别要强调，摸底排查应该是全口径的，无论是行政审批、许可等事项，还是对个人、对单位、对部门、对特定群体的办理事项，都要一项一项摸清楚。要勇于亮家底、抖包袱，把所有办理事项全都亮出来，绝不能有小算盘、小九九、自留地。二要深入梳理，追本溯源。底子摸清后，还要一项一项认真梳理，从源头上捯根，与实际情况比对。要认真查找政策法规依据，凡没有依据、自我授权的，一律取消、绝不含糊。所依据的法律法规条款已经过时的，也要积极研究推动修改、清理。

第三，要切实精简流程、优化服务，让群众办事更加透明高效、舒心顺心。这是加强行风建设的关键。行风建设好与坏，有没有实效，最终要看老百姓有没有获得感，有没有舒适感。面向老百姓的事、面向企业的事，必须删繁就简、规范优化，体现为民导向。一要在事项和流程上做好“减法”。要按照能整合的坚决整合、能简化的坚决简化、能减掉的坚决减掉的原则，抓紧列出对外办理事项目录清单，做到清晰细化、一目了然，并向社会公开，到太阳底下“晒一晒”，方便老百姓办事。要着力简化办事程序，压缩办事时间，以老百姓办好“一件事”为标准，主动换位思考，充分听取意见，优化再造流程，推广容缺办理等方式，真正减环节、减材料、减时限、减费用。同时，要按照中央“六个一律取消”等要求，持续开展“减证便民”行动，从源头上彻底清除无谓证明。特别是可以通过信息系统或数据共享解决的，就决不能再折腾老百姓。二要在监管和服务上做好“加法”。简政放权，不是简单地一放了之，而是要放管结合、放管并重。管得到位、管得更好，才能放得更开。要从以往忙于事前审批的惯性中跳出来，建立健全事中事后监管体系，推进“双随机、一公开”，从“严进宽管”真正转向“宽进严管”。前门要方便群众，后边也要“断后”。今后要加大对骗保等行为的打击力度，形成震慑。同时还要进一步优化服务，创新服务方式，推进集成服务、“一窗通办”，推广预约服务、延时服务、上门服务等措施。要注重窗口建设，加强一线人员管理和教育培训，改善服务态度，把基层窗口打造成群众满意的服务之家。

第四，要提升信息化水平，推动人社对外办理事项更加方便快捷。这是加强行风建设的支撑。行风建设既有思想意识、工作作风的问题，也有技术支撑、科技手段的问题。互联网、大数据已经深度融入我国经济社会发展，改变了人们的生产生活方式，也为政务服务插上了便捷高效的翅膀。要抓紧制定信息化、标准化建设的工作目标，加快推动“互联网＋人社”行动计划落地实施。一要建好用好平台。依托大数据、云计算等技术，加快构建全流程一体化的人社服务信息化平台，把群众最关心的事项放到网上办理。要拓宽网上办事广度和深度，深度开发各类便民应用，提高服务的智能化。二要推动数据共享共用。打破信息孤岛、数据烟囱，首先要推动人社系统内部跨层级、跨地区、跨业务的互联互通，实现“一次采集、一库管理、多方使用、即调即用”。同时，要抓紧跟相关部门配套，通过信息资源共享、业务无缝对接，让数据多跑路、群众少跑腿。

第五，要充分发挥监督检查“利器”作用，确保行风建设不变形不走样，真正取得实效。这是加强行风建设的保障。抓而不实等于没抓，查而不究等于没查。监督检查要较真碰硬，真正发现问题，有力推动解决问题。一要加强明察暗访。对各级经办服务窗口，部里每年至少开展两次明察暗访，聚焦群众诟病的事项，以服务对象的身份，走流程、摸实情、找堵点，真察真访。二要开展专项监督。部属各单位要切实履行好行风建设的主体责任，驻部纪检监察机构每年要对行风建设至少开展两次专项监督，加大日常监督和教育惩治力度，做到主体责任和监督责任同向发力。三要畅通举报投诉渠道。充分发挥12333热线、门户网站等作用，完善增强相关功能，设立专线专区，做到有诉必应、有举必查、查必有果、纠必到位。还要充分发挥群众监督、媒体监督的作用。四要加强考评问责。部里将制定考核评价办法，细化指标任务，对部属各单位和地方人社厅局进行考核，考核结果将作为评优评先和内部通报的重要依据。对行风问题比较突出的单位，及时进行约谈；对那些手续繁琐、效率低下、无谓证明等问题，坚决纠正；对给系统行风抹黑的负面典型，特别是吃拿卡要等行为，坚决揪住不放，严查严办。这里特别要强调，对近年来已经出现的典型案例，各单位要引起足够的警醒。同一类问题，第一次犯是警示通报，如果还不吸取教训，一错再错、一犯再犯，那就必须严肃问责。

三、抓常抓长确保系统行风建设各项任务落到实处

加强行风建设是一项系统工程，复杂而艰巨。做好这项工作，是对全系统上下责任担当和能力作风的重大考验。各级人社部门务必提高政治站位，牢固树立“四个意识”，在“严、实、长、责”上下功夫，严字当头、实字托底、长抓不懈、落实责任，见物见人见细节，驰而不息抓紧抓好、抓出成效。

第一，要强化责任、勇于担当，把行风建设责任牢牢扛在肩上、抓在手里、落到实处。部里专门成立了领导小组，我任组长，文清同志任副组长，其他党组同志都是成员，并抽调精干力量组建了专班，明确责任分工。各地也可参照部里做法，建立相应工作机制，压实责任，勇于担当，切实做到敢于负责、敢于较真、敢于碰硬、敢于得罪人。

第二，要突出问题导向，从细处入手，向实处发力，发现问题、正视问题、掏根问题、较真问题、解决问题。行风建设就是要奔着问题去，发现问题、正视问题，举一反三倒逼解决问题。要掏根问题，找准问题的根源，从源头上想办法解决问题。要把老百姓盼的、急的、忧的、怨的问题找准，把工作中的矛盾、短板、弱项找准，分门别类对症下药。要拿出务实管用的实招硬招，标本兼治、纠建并举，对突出问题、关键问题不仅要咬住不放，还要咬下一块“肉”来，彻底解决。要严小严早严预防，对苗头性、倾向性问题要“小题大做”、防微杜渐。

第三，要以抓铁有痕、踏石留印的劲头，锲而不舍、持续用力，久久为功、善作善成。行风问题具有反复性，如果不长期抓、持续抓，过一阵就又会反弹。因此，行风建设不能搞一阵风、大呼隆，要抓常抓长，形成常态，保持长效。不仅要盯住突出问题重点整治、及时整改立见实效，更要着眼长远统筹规划、建章立制。要加强督促检查，持续用力，一锤接着一锤敲，一步一个脚印向前推进。

第四，要创新方式方法、健全有效机制，把行风建设抓深入、抓具体、抓实在。要善于借势借机借力，借中央加强作风建设、深化“放管服”改革之势，借落实中央领导同志重要批示、抓住个别事件整改之机，借社会和媒体监督、相关部门合作之力，扎实做好我们的工作。要主动运用信息化手段统领各项工作，提升服务效能。要尊重基层首创精神，鼓励各地因地制宜，创造各具特色、有效管用的“土特产”“一招鲜”，加强相互交流、学习借鉴。需要强调的是，加强行风建设，决不能搞盆景、搞花架子、做表面文章，一定要实事求是、真抓实干，出实招、见实效、解决实际问题。

第五，要夯实基层基础，打通“毛细血管”，进一步提高基层干部队伍能力素质。要加快构建简约高效的基层管理体制，推动人社领域治理重心下移。加强基层人社服务平台建设，健全服务网点，完善配套设施，加大投入力度，使老百姓就地就近享受人社服务。基层一线窗口干部职工直接面对群众、服务群众，任务重、压力大，待遇不高、“出口”不宽，工作很辛苦、很不容易。要坚持严管和厚爱结

合，加强教育培训，做好思想政治工作，加强职业保障，加大评选表彰、考核评优倾斜力度，关爱干部职工身心健康，想方设法主动为他们排忧解难，引导大家更好地为民服务。

第六，要强化宣传引导，既发挥先进典型示范引领作用，也发挥负面典型警示震慑作用，广泛凝聚共识，营造良好氛围。要紧密结合不同阶段的工作特点和任务要求，主动加强策划，科学设置议题，着力体现时度效，制定有针对性的宣传工作方案。要坚持正面宣传为主，宣传先进典型经验和做法，加大总结推广力度，形成比学赶帮超的工作格局。对出现的问题和负面典型，绝不护短、绝不遮丑，该点名的点名，该曝光的曝光，加大惩治、通报和警示力度，有力倒逼推动深层次问题的解决。

行风建设没有终点，为民服务永无止境。我们要更加紧密地团结在以习近平同志为核心的党中央周围，不忘初心，牢记使命，以永远在路上的恒心和韧劲，以刀刃向内的勇气和决心，正行风、树新风，用心打造群众满意的人社服务，坚决打好行风建设攻坚战，为更好保障和改善民生做出新的更大贡献！

提高政治站位　强化责任担当
全力做好春节前治欠保支工作

——在2019年春节前保障农民工工资支付工作视频会议上的讲话

张纪南

（2018年11月9日）

这次会议的主要任务是，深入学习贯彻习近平总书记关于保障农民工工资支付工作的重要指示批示精神，落实中央政治局会议要求，部署2019年春节前保障农民工工资支付工作。刚才，财政部、住房城乡建设部负责同志结合部门职责，分别作了工作部署、提出工作要求，各地要认真贯彻落实。湖北省和广西壮族自治区负责同志就本地区治欠保支工作进展和下一步工作打算作了发言，讲得都很好，各地要相互学习借鉴。下面，我代表解决企业工资拖欠问题部际联席会议，讲三点意见。

一、深入学习贯彻习近平总书记关于解决拖欠农民工工资问题的重要指示批示精神，清醒认识当前面临的复杂严峻形势，切实增强做好工作的使命感责任感紧迫感

拖欠农民工工资问题，由来已久，情况复杂，屡治屡发，有的因欠薪引发的极端事件甚至冲击社会底线。保障农民工劳动报酬权益，关系到人民群众的切身利益，关系到社会和谐稳定，关系到党和政府的形象，是实现社会公平正义的必然要求，是践行立党为公、执政为民的具体体现。习近平总书记高度重视解决拖欠农民工工资问题，多次作出重要指示批示，充分体现了我们党坚持人民主体地位、把人民放在心中最高位置的根本立场和全心全意为人民服务的根本宗旨，是我们做好治欠保支工作的强大动力和根本遵循。10月31日，中央政治局召开会议，分析研究当前经济形势，部署当前经济工作。会议明确要求，要扎实做好年末各项工作，特别要保障农民工工资及时足额发放，确保社会大局稳定。我们必须深入学习领会习近平总书记的重要指示批示精神，认真落实中央政治局会议要求，自觉把思想和行动统一到中央的决策部署上来，带着对农民工群体的真挚感情，真正把保障农民工劳动报酬权益的工作责任落实到位，切实维护好广大农民工的合法权益。

近年来，各地区、各有关部门认真贯彻落实党中央、国务院决策部署，严格落实监管责任，加强保障工资支付制度建设，加大执法检查力度。特别是今年以来，在已有基础上，进一步加大工作力度，实施省级政府考核，实行“黑名单”管理和联合惩戒，首次开展夏季专项督查，治欠保支工作取得了新的明显成效。今年前三季度，全国各级劳动保障监察机构共查处工资类违法案件 6.5 万余件，同比下降 38%，为 131.3 万余名劳动者追发工资待遇 130 亿元，分别同比下降 43%和 32.5%，没有发生因欠薪引发重大群体性事件或极端事件。但是，也必须清醒认识到，我们面临的形势依然复杂严峻，被欠薪农民工数量仍然庞大，形成欠薪的深层次问题仍未得到根本解决，欠薪问题仍然是民生领域的短板弱项，仍然是群众反映强烈的突出问题，治欠保支工作任务依然十分艰巨繁重。总体上看，工程建设领域欠薪顽疾仍未有效解决，建筑市场秩序不规范的问题比较普遍，由此导致拖欠工程款问题和欠薪问题交织叠加。同时，随着当前国内外经济发展环境的变化，一些新的欠薪风险点逐步显现，带来一系列新情况新问题。比较突出的有三个方面：一是受中美经贸摩擦等因素的影响，制造业保障工资支付压力加大。特别是东南沿海地区外贸型加工制造业发展面临的不确定性因素日益增加，由此引发的欠薪问题已呈增多之势。二是一些地方政府超财力搞建设，政府投资工程项目欠款问题依然比较突出，存在较大欠薪隐患。三是部分共享经济、平台经济等新兴服务业态经营状况起伏较大，工资支付纠纷时有发生。

面对复杂严峻的形势，要实现到 2020 年农民工工资基本无拖欠的目标，我们还有大量工作要做。当前，年关将至，工程建设领域将迎来工程款、工资款的结算高峰，欠薪问题也进入易发期、多发期。做好治欠保支工作，功夫要下在平时，及早做、常态做，关键节点更要集中发力。现在就到了关键时候。我们必须切实增强做好工作的使命感责任感紧迫感，采取超常规措施，出实招、出硬招、出狠招，把春节前治欠保支工作作为一项极端重要的民生工作抓实、抓紧、抓好。

二、明确任务、突出重点，深入开展春节前农民工工资支付情况专项检查

日前，部际联席会议已就专项检查下发通知、作出部署。这项工作，已开展了十多年。与往年相比，今年的专项检查，动手早、时间长。主要考虑是，当前引发农民工工资拖欠的不确定不稳定因素日益增多、复杂多变，新旧问题交织，工作难度加大，及早部署，做好春节前治欠保支工作尤为关键。我们必须强化责任担当，精心组织、周密安排，精准发力、用心操作，有案必查、有欠必清，切实维护好广大农民工劳动报酬权益，确保不发生因欠薪导致的大规模群体性事件和极端事件，让辛苦一年的农民工能够拿到工钱，高高兴兴回家过年。

第一，突出工作重点。此次专项检查，重点是两个层面：从行业领域看，要着力检查工程建设领域和劳动密集型加工制造、餐饮服务等行业，特别是要把政府投资工程项目作为重中之重。从检查内容看，除了检查用人单位按时足额支付农民工工资情况外，还要检查这些年来实施的保障工资支付有关制度安排和政策措施的落实情况。可以说，检查既针对行业企业等用工主体，也针对各级政府的相关部门。这些重点也是工作中的难点和关键，要紧紧扭住不放，切实抓出成效。

第二，全面排查隐患。这是专项检查能否取得实效的重要基础。要集中组织力量，加大对重点行业、企业的欠薪问题和欠薪隐患排查力度，从细处着手、向实处发力，全面及时、准确到位，做到底数清、情况明，不留死角。对其他行业的企业工资支付情况也要加强监控，及时发现欠薪隐患。同时，进一步畅通举报投诉渠道，及时受理拖欠农民工工资的举报投诉案件。对发现的欠薪问题和欠薪隐患，以及受理的举报投诉案件等，要建立工作台账，剖析原因，提出对策，督促企业限期整改，做到问题不解决就不销账。

第三，限时解决问题。专项检查的目的，就是要及时有效地解决和整改问题。对地方政府投资工程项目因拖欠工程款导致欠薪的，有关地方政府要在今年年底前优先全部清偿。对非政府投资工程项目欠薪问题，要督促企业落实工资支付的直接责任。对因违法发包、转包或拖欠工程款导致欠薪的，要责成建设单位或

施工总承包企业承担清偿或垫付责任。其他企业发生的欠薪问题，要责令企业在 2019 年春节前限期解决。对一时难以落实清偿资金或企业主逃匿的，要按照有关要求，帮助农民工解决生活困难。要紧紧抓住突出问题，拿出务实管用的实招硬招，限时加以解决。

第四，强化违法惩戒。这是遏制欠薪的重要手段。要依法严厉查处拖欠工资行为，对责令限期改正逾期不改的，要按上限从重给予处罚。对恶意欠薪涉嫌犯罪的，人力资源社会保障部门要尽快调查核实，及时移送公安机关，依法追究其刑事责任。今年部里已多次公开曝光多批次典型欠薪案件，发布拖欠农民工工资“黑名单”50 件。一些地方也开展了相应的工作，社会反响良好。专项检查期间，要进一步加大典型欠薪案件社会公布频次，重大案件随时公布。要严格落实欠薪失信联合惩戒机制，对存在严重拖欠农民工工资违法失信行为的用人单位及相关责任人，及时纳入“黑名单”管理，由相关部门实施联合惩戒，使其“一处违法、处处受限”，保持对欠薪违法行为的高压震慑态势。这里我再次强调，各地区都要建立相应的工作机制，哪个地方曝光多，说明哪个地方的工作抓得实、有成效，要表扬。

第五，做好应急处置。加强应急处置，防范因欠薪问题引发重大群体性事件或冲击社会底线的极端事件，是做好治欠保支工作必须坚守的底线。要牢固树立风险防控意识，健全欠薪应急处置机制，完善工作预案，明确处置措施和责任分工。出现因欠薪引发的群体性事件或极端事件，要在当地党委、政府的统一领导下，迅速启动应急预案，及时查明情况，督促企业尽快解决欠薪问题，第一时间向社会通报情况，防止事态蔓延扩大，确保社会稳定。

三、齐心协力、攻坚克难，确保治欠保支工作落到实处

做好治欠保支工作，是党和政府应尽的责任。各地区、各有关部门要进一步提高政治站位，切实加强组织领导，严格落实工作责任，确保完成各项目标任务。

第一，要强化政治担当。做好治欠保支工作，事关我们党执政的群众基础，事关党和政府的威信，具有很强的政治性。要深刻认识治欠保支工作的极端重要性，把工作抓得紧不紧，作为检验党员干部政治站位高不高、“两个维护”践行得好不好、“四个意识”强不强、和人民群众感情深不深，关键时候能不能贴得紧、跟得上、使上劲的一条重要政治标准。我们必须进一步增强政治意识，强化政治责任和政治担当，以更坚决的态度、更管用的举措、更扎实的作风，全力做好治欠保支工作。

第二，要压实工作责任。治欠保支是一项系统工程，既要强化一盘棋观念，又要按照属地管理、分级负责、谁主管谁负责的原则，层层压实责任。各级人力资源社会保障部门要主动加强组织协调和督促检查，加大监察执法力度。住房城乡建设、交通运输、水利等行业主管部门，要切实履行监管职能，进一步规范工程建设领域市场秩序，有效治理工程款拖欠行为，研究提出本行业、本领域治理欠薪问题的硬措施、硬办法，从源头上预防发生欠薪问题。发展改革、财政等部门要加强投资项目管理，加快资金拨付，下大力气解决政府投资工程项目欠款欠薪问题。其他有关部门也要根据职责分工，积极做好工作。各地要落实属地监管责任，省负总责、市县具体负责，健全治理欠薪目标责任制度。要加强部门协调配合，促进上下工作联动，强化推进工作合力，形成齐抓共管、综合治理的工作格局。

第三，要加强督查问责。专项检查期间，部际联席会议成员单位将组成督查组，对工作进展缓慢、欠薪问题突出的地区开展重点督查，对重大典型欠薪案件实施挂牌督办，确保事事有回音、件件有着落。各地也要紧盯欠薪治理工作中的突出矛盾，健全督查工作机制，加强工作调度、过程跟踪，推动目标任务落实。要切实发挥问责的“利器”作用，严肃工作纪律，敢于负责、敢于较真、敢于碰硬、敢于得罪人，对治欠保支工作中发现的监管责任

不落实、组织工作不到位的有关单位和个人，要依法依规严肃问责。在此，我特别强调，问责只会越来越严。对政府投资工程项目拖欠工程款导致欠薪的，要严格追究责任。对重大欠薪案件，要实行责任倒查、一查到底。

第四，要发挥考核作用。今年年初，部际联席会议组织开展了首次省级政府治欠保支工作考核，并对三个评为C级的省区政府负责同志进行了约谈，督促限期整改。总体看，这次考核达到了预期效果，起到了激励先进、鞭策后进的作用，也确实发现个别地区和领域还存在一些突出问题。在总结去年工作基础上，部际联席会议进一步完善了今年的考核细则，加大对落实部门责任、属地责任以及信用惩戒等方面工作的考核力度，增加了分值权重。今年的工作考核将在春节后启动。最终考核结果，将通报各地、抄送中央有关部门，约谈被评为C级的省份，并将适时向社会公布，接受社会监督。对于部际联席会议各成员单位推进治欠保支工作情况，也将采取适当方式听取地方意见，在此基础上开展效果评估，整体考核结果都将向党中央、国务院报告。

第五，要创新方式方法。面对新形势新任务新要求，必须在切实抓好工作落实的基础上，突出工作重点，查找问题、直面问题、聚焦问题、掬根问题，想方设法解决问题，紧密结合各地各部门实际，创新各项政策措施，创新开展工作的方式方法。要及时向当地党委、政府把情况汇报清楚、把问题和困难说明白、把建议提到点子上，纳入重要议事日程。要尊重基层和群众的首创精神，善于发现基层的“土特产”“一招鲜”，加以总结、提炼，上升为政策措施，在面上推广。

第六，要加强舆论引导。年底年初，社会各界和新闻媒体对拖欠农民工工资问题高度关注。要紧密结合专项检查不同阶段的工作特点和任务要求，主动加强策划，着力体现时度效，制定有针对性的宣传工作方案。要坚持正面宣传为主，加强亮点宣传，充分展示治欠保支工作采取的措施和取得的成效，积极营造关心关爱农民工、保障农民工劳动报酬权益的良好氛围。要采取多种形式，引导广大农民工依法理性维护自己的合法权益。要加强舆论引导，主动回应社会关切，防止形成恶意炒作。对媒体反映的欠薪问题，要及时核实情况，及时加以解决。对“黑名单”和欠薪违法案件，要形成强大的舆论压力，让恶意欠薪者一处失信、处处受限。

做好治欠保支工作，是党中央、国务院赋予我们的重要职责。我们要以高度负责的态度、扎实过硬的作风、真抓实干的精神，全力以赴做好农民工工资支付情况专项检查工作。

凝心聚力　全力以赴
坚决打赢打好人社扶贫攻坚战

——在全国人力资源社会保障扶贫工作座谈会上的讲话

张纪南

（2018 年 12 月 29 日）

这次会议的主要任务是，深入学习领会习近平总书记关于脱贫攻坚的重要指示批示精神，认真贯彻落实党中央的重大战略部署，对标对表“攻坚”的要求，对人社扶贫工作进行再动员再部署。刚才，贵州、云南、新疆三个省区交流经验做法，分析存在的突出问题，提出了意见建议，听后很受启发，希望大家相互学习、相互借鉴，有关情况和建议要吸收到下一步推进工作之中。下面，我讲三点意见。

一、深刻认识脱贫攻坚的极端重要性和艰巨性，以时不我待、只争朝夕的精神，切实增强打赢脱贫攻坚战的使命感责任感紧迫感

第一，深刻认识中央关于攻城拔寨打赢脱贫攻坚战的部署要求。党的十九大将脱贫攻坚作为全面建成小康社会必须打好的“三大攻坚战”之一，摆到更加突出的位置，作出新的重大部署，提出新的更高要求。近一段时间，习近平总书记先后在一系列重要会议、重要场合，就打赢脱贫攻坚战作出重要指示批示。2018 年 2 月，总书记在成都主持召开打好精准脱贫攻坚战座谈会，明确了今后 3 年脱贫攻坚战的 8 项重点工作。3 月，主持召开中央政治局常委会议和中央政治局会议，听取省级党委和政府扶贫开发工作成效考核情况汇报，审定考核结果，明确工作要求。4 月，主持召开中央财经委员会第一次会议，进一步强调要实现脱贫攻坚战“两个确保”的总攻目标。5 月，再次主持召开中央政治局常委会议和中央政治局会议，审议通过打赢脱贫攻坚战三年行动的意见，进一步明确了脱贫攻坚的时间表、路线图。6 月，对脱贫攻坚作出重要指示，强调脱贫攻坚时间紧、任务重，必须真抓实干、埋头苦干。10 月 17 日，在第五个国家扶贫日到来之际，再次作出重要指示，强调脱贫攻坚越到紧要关头，越要坚定必胜的信念，越要有一鼓作气攻城拔寨的决心。在刚刚结束的中央经济工作会议上，强调脱贫攻坚只剩两年时间，必须一鼓作气、乘势而上，确保如期实现。今年以来，李克强总理和国务院分管领导同志对脱贫攻坚也多次作出指示批示。相继召开全国脱贫攻坚表彰大会、打赢脱贫攻坚战三年行动电视电话会议等，研究部署脱贫攻坚工作。这些都充分表明，脱贫攻坚进入冲刺阶段，总书记高位推进、响鼓重锤，中央紧锣密鼓、强力部署，目标具体、要求明确。我们要深入学习贯彻习近平总书记重要指示批示精神，坚决落实党中央、国务院决策部署，贴得紧、跟得上，将脱贫攻坚作为重大政治任务，切实抓紧抓好，把党的好政策和总书记的亲切关怀传递给每一个贫困人员，切实增强贫困群众的获得感、幸福感、安全感。

第二，深刻认识打赢脱贫攻坚战冲刺阶段工作的艰巨性紧迫性。改革开放40年来，在党中央的坚强领导下，我国7.4亿农村贫困人口成功脱贫，对全球减贫事业的贡献率超过70%，创造了世界减贫史的奇迹。特别是党的十八大以来，以习近平同志为核心的党中央，把脱贫攻坚工作作为全面建成小康社会的底线任务和标志性指标，以前所未有的力度推进脱贫攻坚，年均减少农村贫困人口超过1 300万人，为实现“两个一百年”奋斗目标打下了坚实基础。但是也必须清醒认识到，脱贫攻坚从取得决定性进展到取得全面胜利，仍然面临很多困难和挑战。还没有解决区域性整体贫困的地区，绝大多数是深度贫困地区，经济社会发展条件较差，产业发展基础薄弱，贫困发生率高。加之剩下的贫困人口很多是特殊贫困群体，文化程度低，劳动技能缺乏，内生动力不足，就业帮扶难度很大。因病、因残致贫比重高，社会保障兜底基本生活的压力也很大。这都是经过多轮帮扶仍没有啃下来的硬骨头，都是难中之难、坚中之坚，也是打赢脱贫攻坚战的关键所在。我们必须深刻认识完成脱贫攻坚任务的艰巨性、紧迫性，以更加昂扬的斗志、更加有效的举措、更加有力的工作，快马加鞭、蹄疾步稳，积极主动推进扶贫工作取得新的更大成效。

第三，深刻认识人社扶贫工作助力打赢脱贫攻坚战的使命任务。消除贫困、改善民生，逐步实现共同富裕，是社会主义的本质要求，是我们党的重要使命，充分体现了我们党把人民放在心中最高位置的价值追求。人力资源社会保障部门是重要的民生部门，与人民群众切身利益紧密相连，在脱贫攻坚中具有不可替代的重要作用。增加就业是最有效最直接的脱贫方式，一人就业、全家脱贫，有就业就有收入，就可以改善生活，长期稳定就业就能彻底改变家庭贫困面貌，有效解决贫困代际传递问题。贫困人员要实现稳定就业，一个重要的基础就是掌握一技之长，提升劳动能力，这样脱贫增收的功效最持久。社会保障对于劳动能力弱的老、病、残等贫困人员，具有保障基本生活的兜底功能。贫困地区发展也离不开人才支撑。必须充分认识到，打赢脱贫攻坚战既是一项重大政治任务，也与我们的主要业务高度融合，我们有责任、有空间，更要有作为。中央打赢脱贫攻坚战三年行动的指导意见对今后几年工作作出了全面部署，确定了任务分工。我部承担的就业扶贫、技能扶贫、社保扶贫3项牵头任务和11项参与任务，中央明确了具体指标，提出了明确要求。对标中央的任务和要求，部里已经作出了工作部署，目标是明确的，路径是清晰的。我们必须切实扛起攻坚责任，立足职能职责，体现工作特色，真抓实干、齐心协力、尽锐出战，坚决攻克最后堡垒，为如期打赢脱贫攻坚战做出积极贡献。

二、清醒认识人社扶贫工作中存在的突出问题和薄弱环节，抓重点、补短板、强弱项，进一步加强和改进工作

党的十八大以来，各级人社部门认真贯彻落实中央决策部署，不断健全扶贫组织领导体制，制定实施了一系列政策举措，层层压实工作责任，不断加大工作力度，就业扶贫增收入、技能扶贫强素质、社保扶贫保生活的成效逐步显现。2017年以来，全国累计960万贫困劳动力实现就业增收。贫困劳动力接受职业技能培训358万人次，技工院校招收建档立卡贫困家庭子女15.6万人。2018年前三季度，为2 053万贫困人员代缴城乡居民养老保险费。这些都为脱贫攻坚打下了坚实基础。成绩的取得，是大家共同努力、扎实工作的结果。各级人社部门特别是扶贫工作任务较重的省区、奋战在扶贫一线的基层干部，勇于担当、攻坚克难，兢兢业业、无私奉献，做了大量工作，展现了艰苦奋斗、连续作战的过硬作风，树立了良好的形象。

总体来看，人社领域扶贫工作的组织框架、政策体系都已经建立起来。现在脱贫攻坚进入最后的关键时期，从各方面反映的情况看，人社扶贫面临的困难和矛盾还很多，工作中还有不少短板和弱项。今年，中央首次开展了脱贫攻坚工作专项巡视，我部和 13 个省份接受了巡视。在巡视过程中，部里和地方对人社扶贫工作存在的突出问题进行了认真梳理，中央巡视组也提出了许多中肯的意见。归纳起来，主要集中在“攻坚”意识不强、“精准”差距不小、“尽锐出战”不到位、能力作风也有待增强等方面。

第一，对脱贫攻坚政治责任的认识有待进一步提高。脱贫攻坚事关民生福祉、事关党的执政基础、事关国家长治久安，充分体现了中国特色社会主义制度优越性，在党和国家工作大局中具有非常重要的地位。坚决助力打赢脱贫攻坚战，是人社部门的重大政治责任和光荣使命。有的地区、单位对此认识还不到位，把扶贫仅仅作为一项日常业务，循规蹈矩、按部就班，也没有组织精干力量推动落实。有的对人社扶贫定位把握不准，推动扶贫的主动性、积极性还不够高，做得还不够到位。这些都是政治站位不高、缺乏政治敏锐性的表现。

第二，政策措施的针对性有效性有待增强。政策措施的质量在很大程度上影响扶贫的效果。按照中央统筹、省负总责、市县抓落实的要求，推进人社扶贫，部里的主要职责就是要加强对全系统扶贫工作的组织领导，特别是要做好政策的制定工作，确保政策供给。省厅也要在当地党委、政府的领导下，因地制宜完善相应的配套政策。从目前来看，各级人社部门出台的扶贫政策还是比较多的，也下了不少功夫，但总体上这些政策的针对性有效性还需要进一步增强。有的重大政策比较散，不同业务之间协同配合不够，缺少聚合效应。普惠性政策较多，灵活性不足，专门针对深度贫困地区的特惠、倾斜性政策明显不够，个性化、特色化、差别化不突出。同时，有些政策缺乏跟踪问效和适时评估，一些地区和单位对政策执行中的突出问题掌握不够，不能及时调整完善。这些问题，基层反映强烈，感觉到有的政策措施还不解渴，有的也不够接地气。

第三，抓落实的工作力度还需要进一步加大。做好脱贫攻坚工作，就得拿出“攻坚”的样子，就得集中火力，抓铁有痕、踏石留印。在这方面，我们还有许多不足。对扶贫工作的指导、协调、督办、宣传等还不到位，习惯于靠发文件、开会议来推动工作、落实责任。一些地区因地制宜抓落实办法也不多，扶贫政策效果没有得到充分发挥。在推动东西部劳务协作方面，一些东部地区人社部门虽然也组织提供了就业岗位，但没有认真分析贫困地区劳动力的就业能力、就业意愿等实际需求，想方设法、多种渠道落实岗位对接做得不够；有的劳动力输出地人社部门还是老办法老路子，在开展劳务协作中只是简单地“广而告之”，对贫困人员的思想宣传、组织发动、感情沟通等做得也不够耐心细致。少数地区还没有落实为农村贫困居民代缴城乡居民养老保险费的政策，部分贫困居民未能参保享受待遇。基层人社公共服务平台建设缺少统筹规划，一些深度贫困地区没有得到相应的政策支持，人社信息化水平较低，对贫困人口的情况掌握不精准，服务还不够到位，一定程度上影响了扶贫政策的落实落地。这些问题提醒我们，脱贫攻坚必须脚踏实地、一项一项一抓到底。

第四，工作作风还需要进一步改进。致富不致富，关键看干部。基层干部是推动脱贫攻坚取得胜利的主力军。长期以来，人社部门一些同志习惯于做城市工作，与单位和职工打交道多，和农民交往少，做农村工作总体上缺乏经验，能力也有不足。个别干部对群众感情淡薄，不愿下到田间地头摸情况，缺乏与贫困人员拉家常谈心的热情，对实际情况知之甚少，调查不多、研究不深，制定的政策往往不接地气，不适应贫困地区、贫困人员的需求和期望。有的同志长期坐办公室，工作拖沓、遇事推责，对扶贫政策不学习、不研究，把“按程序办事”“按职能办事”“按规矩办事”当作口头禅。有的干部怕出错、怕担责，落实政策规定不结合贫困地区、贫困人员的实际情况，机械地理解、僵化地执行，要么政策落实不到位，要么执行效果不理想。一些地区为贫困人员提供服务时，办事环节多、跑腿多、证明多，增加了群众的负担。这些都是形式主义、官僚主义在人社扶贫领域中的突出表现，必须引起我们的高度重视。

一个问题就是一面镜子。看不到问题是最大的问题，回避问题是最大的失职。我们必须奔着问题去、跟着问题走，从领导关注的重点问题出发，从工作中存在的突出问题出发，从群众反映强烈的焦点问题出发，把认识和化解矛盾作为攻坚的着力点，把解决一个个问题的过程转化为促进贫困人员脱贫增收的过程。

三、进一步提高政治站位，压实攻坚责任，确保人社扶贫攻坚任务落到实处

到 2020 年打赢脱贫攻坚战只剩两年时间。行百里者半九十。我们必须进一步强化脱贫攻坚的领导责任，牢固树立“四个意识”，坚决做到“两个维护”，切实把脱贫攻坚重大职责刻在心上、扛在肩上、抓在手上，以更大的力度和更扎实的作风，带着使命、带着责任、带着感情，全力以赴做好人社扶贫工作。

一要在认识上再提高。打赢脱贫攻坚战是全面建成小康社会的底线目标，全面建成小康社会要求坚决不能留下绝对贫困这个短板。时间紧迫、形势逼人。要持续深入学习领会习近平总书记关于扶贫工作的重要论述和指示批示精神，认识提上去、行动跟上去、工作顶上去。要深刻认识人社扶贫事关脱贫攻坚大局，切实把思想和行动统一到中央的决策部署上来，统一到“攻坚”“精准”的工作要求上来，切实解决认识上的“温差”，用实干把中央的要求落到实处。中央巡视组近期将向部里和相关省份反馈巡视意见，我们要坚决贯彻落实好巡视整改要求，以高度的政治自觉、强烈的政治担当、强力的攻坚意志，把握时间节点，倒排工作进度，抓实问题整改，确保如期完成人社扶贫任务。

二要在攻坚上再发力。深度贫困地区、特殊贫困群体是脱贫攻坚的重点，也是难点和短板。要健全工作机制，进一步加强与深度贫困地区的工作对接，广泛深入开展调查研究，确保扶贫政策上接天线、下接地气，实现无缝对接。要加强工作指导，及时帮助基层研究解决工作中出现的新情况新问题。要采取超常规的举措，按照新增脱贫攻坚资金、项目、举措主要用于深度贫困地区的要求，进一步加大就业补助等专项资金的转移支付力度，在职业技能培训、社会保障、人才人事等工作和基层公共服务平台建设等方面，继续向深度贫困地区倾斜。要注重扶贫与扶志扶智相结合，多采用生产奖补、劳务补助、以工代赈等办法，用身边的脱贫典型事例激励贫困人员自力更生、艰苦奋斗，激发他们依靠自身劳动脱贫的内生动力。

三要在精准上再聚焦。精准扶贫精准脱贫是推进脱贫攻坚的基本方略，必须在巩固已有扶贫成果基础上，更加聚焦“精准”，把提升脱贫质量放在更加突出的位置，因村因户因人精准施策，做到“一把钥匙开一把锁”。对于强劳力壮劳力，要准确掌握就业能力、就业意愿，加强个性化的就业服务，增强与就业岗位的匹配效率，促进就地就近就业和转移就业，提高就业的稳定性。对于弱劳力半劳力，要加强公益性岗位需求测算，积极开发岗位，明确岗位要求和工作标准，为他们参与力所能及的劳动提供帮助，确保真正有需要的贫困人员能够获得就业岗位。要切实掌握贫困劳动力技能需求、培训愿望、接受程度以及参加培训的特殊困难，采取多种形式灵活多样地组织开展职业技能培训，增强针对性实效性，形成品牌。要进一步加强数据比对和共享，尽快将建档立卡贫困人员按政策纳入养老保险，有针对性地做好失业保险、工伤保险、保障工资支付等工作。部属相关单位和各地要一项一项梳理现有的扶贫政策，对政策的精准性、针对性、有效性、可操作性开展评估，充分听取基层的意见建议，及时调整和完善相关政策措施，提高政策的含金量和实施效果。同时，要健全人社扶贫长效机制，统筹当前和长远，保持扶贫政策的延续性、稳定性。统筹贫困户与非贫困户，防止出现“悬崖效应”。统筹脱贫攻坚与实施乡村振兴战略，在乡村振兴普惠基础上巩固精准脱贫成效。

四要在责任上再压实。推进脱贫攻坚，关键是要明确责任、压实责任。要进一步加强人社扶贫的组织领导，落实各级党组织攻坚主体责任，把完成人社扶贫工作目标任务作为硬约束，强化工作部署。部党组建立了包省指导推动人社扶贫工作机制，进一步明确了责任分工，党组成员在抓好分管领域扶贫工作的同时，要指导、推动地方全面落实人社扶贫工作任务，形成条块结合、点面并重的人社扶贫工作格局。各地厅局也需要细化分解任务，重心下移、力量下沉，层层落实责任。要健全考核机制，紧盯工作进展慢、困难问题多、矛盾突出的地区和单位，加强督察调度、过程跟踪和问责问效，把督导和抽查相结合，推动目标任务落实。

五要在作风上再深化。作风建设永远在路上，稍一放松就会反弹，必须紧盯不放、寸步不让、深挖不止。要把脱贫攻坚作为对全系统干部的一次重大考验，进一步锤炼过硬作风。要不断增强宗旨意识，增进与人民群众的血肉联系和深厚感情，积累做好农村农民工作特别是贫困人员工作的经验，提升专业能力、专业精神、专业素养。要深入开展人社扶贫领域作风问题专项治理，紧盯人社扶贫领域的腐败和作风问题，力戒形式主义、官僚主义，以作风的全面提振，为打赢脱贫攻坚战提供坚强保证。这里我再次强调，扶贫工作做得不够，可以继续努力。但是弄虚作假，就必须严厉查处、严肃问责。各级人社干部要真正沉下去，多一些“深蹲”，多出实招、下实功、求实效。要按照“尽锐出战”的要求，选派能力强、素质高、敢于担当的优秀干部承担扶贫任务，打造过硬的脱贫攻坚队伍。要抓住问题不松手，实打实、硬碰硬，确保扶贫工作务实、脱贫过程扎实、脱贫结果真实，切实把扶贫举措落实到每一个贫困地区、每一个贫困群众。

打赢脱贫攻坚战任务艰巨、时间紧迫、责任重大。我们要更加紧密地团结在以习近平同志为核心的党中央周围，以更坚强的决心、更明确的思路、更精准的举措和更务实的作风，坚定信心、顽强奋斗，为夺取脱贫攻坚战全面胜利贡献积极力量。

提高政治站位　忠诚履职尽责
为新时代人社事业健康发展保驾护航

——在全国人社系统2018年全面从严治党暨党风廉政建设工作座谈会上的讲话

耿文清

（2018年4月21日）

这次会议是在党的十九大之后召开的第一次全国人社系统全面从严治党和党风廉政建设工作座谈会，也是今年人社部门部分机构和职能调整开始之际召开的一次会议，很及时、很重要，也很有成效。昨天，义珍同志就人社系统全面从严治党和党风廉政建设工作进行了总结，部署了工作，提出了要求，我都赞成。各位与会同志回去后要及时向厅（局）党组报告，并抓好贯彻落实。大家的意见建议，有些我们会尽快加以吸收，有些我们会进一步认真研究，并及时向中央纪委国家监委和部党组进行汇报。下面，我再讲三个方面的意见。

一、深入学习贯彻习近平新时代中国特色社会主义思想，充分认识当前人社系统党风廉政建设面临的形势

习近平新时代中国特色社会主义思想，是党的十九大的灵魂所在，已被写入党章和宪法，并被确立为我们党和国家长期坚持的指导思想。我们要认真学习深刻领悟习近平总书记系列重要讲话精神，做习近平新时代中国特色社会主义思想的忠实信仰者、有效传播者和坚定执行者。一要带头提高政治站位、强化工作担当，不断增强“四个意识”，坚定“四个自信”，坚决维护习近平同志在党中央、全党的核心地位，坚决维护党中央权威和集中统一领导；二要充分认识人社工作的政治属性，做到观察分析形势把握政治因素，筹划推动工作落实政治要求，处理解决问题防范政治风险；三要时刻对标对表，将党的十九大的决策部署细化为各单位各部门的具体行动，努力抓好保障和改善民生各项工作，不断增强人民的获得感幸福感安全感。

党的十八大以来，各级人社部门在以习近平同志为核心的党中央坚强领导下，扎实工作、砥砺奋进，人社事业改革发展取得了可喜成就，全面从严治党和党风廉政建设得到了长足进展。这些成绩的取得，根本在党中央的坚强领导，根源自习近平新时代中国特色社会主义思想的科学指引，主要靠主体责任和监督责任的同向发力，得益于监督执纪“四种形态”的正确应用，体现在抓“关键少数”和管“绝大多数”的有机统一。我们必须继续在坚持中深化，在深化中发展。

目前，人社系统全面从严治党和党风廉政建设还存在不少短板，业务风险和廉政风险相互交织的现象还比较突出，反腐败斗争形势依然严峻复杂。无论是人社系统还是部本级，全面从严治党和党风廉政建设的压力仍然很大：许多违纪问题依然时有发生，特别是违反中央八项规定精神的问题仍旧禁而不绝，个别党员干部政治上不清醒不自觉，拒腐防变的思想根基还不牢固；“四风”隐患犹存，特别是一些形式主义、官僚主义方面的问题仍然比较严重；有些单位或部门层层落实责任不力，或多或少存在“温水青蛙”式的麻痹思想，甚至出现了个别干部“监守自盗”的重大问题；部分党员干部对权力认识存有偏差，总觉得自己手里没什么行政审批权了、权力小了，而事实上还有许多自由裁量权和寻租空间；等等。这些必须引起我们高度重视，在今后的工作中切实加以解决。

二、坚持目标导向问题导向效果导向有机统一，扎实做好各项工作

义珍同志对今年的全面从严治党和党风廉政建设已经作了具体部署，大家一定要采取切实有效的工作措施，确保圆满完成今年的各项任务。在此基础上，我再强调五点。

（一）严守政治纪律和政治规矩，确保党的十九大确定的各项民生政策和全面从严治党要求不折不扣落实。把党的十九大各项重大战略部署落到实处，是各级党组织当前最重要的政治任务，也是纪检监察机关履职尽责的根本着力点。各级人社部门要牢牢把握全面贯彻落实党的十九大精神这条主线，着眼党和国家工作大局，紧紧围绕保障和改善民生，推动党的十九大重大决策部署实化细化、层层落实。纪检监察机关要认真履行监督检查职责，严肃查处各行其是、各自为政，有令不行、有禁不止行为，严肃查处上有政策、下有对策，虚伪应付、实不作为问题，保证党中央各项决策部署落地生根。

（二）明确职责定位，做好监督这一基础性工作。纪委和监委的职责既有区别，又有一致性，但都归根于坚持党对反腐败工作的统一领导，更好地推进全面从严治党、党风廉政建设和反腐败斗争。纪委和监委的职责都有监督的内容，在双重职责中都是打头的，而严格监督本身就是保持惩治腐败高压态势的重要组成部分，重要性不言而喻。目前各地在做好监督方面也下了不少功夫，积累了一些好的经验，但总体来说实招硬招不够多，甚至有些同志还认为抓监督吃力不讨好，不愿去监督、不会去监督，监督成为当前工作的短板。我们贯彻转职能、转方式、转作风的要求，不能简单地将纪委监委理解为办案机关，聚焦主责主业不等于聚焦办案，更不能只是“喝茶看报、等着举报”，而一定要扭转“以办案论英雄”的思维定式，充分发挥主观能动性，切实将监督职责担负起来，既看住“树木”，又管好“森林”。监督要坚持严管和厚爱相统一，要把“好同志”和“阶下囚”之间的宽广地带监管起来。监督要在深化“四种形态”第一种形态上下功夫，经常抓、抓经常，既要跟陌生人“红脸”，还要跟自己熟悉的甚至有感情的人“红脸”；既要跟一般干部“红脸”，还要跟履行主体责任和监督责任的领导干部“红脸”。监督要全方位、近距离、可视化，多发现一些潜在性、苗头性的问题，抓早抓小，或进行防范，或及时拉一把，避免干部出现问题或者出现更大的问题。

（三）抓好机构改革各项工作，保证工作平稳过渡。这轮机构改革，涉及人社部门机构、职能和人员的调整较大，各级人社部门要切实履行好主体责任，充分认识党和国家机构改革的重大意义，不断强化思想教育，严格遵守政治、组织、编制、人事、财经、保密等各项纪律，坚决落实中央八项规定精神和部党组九项规定，及时发现改革中出现的任何苗头性、倾向性问题，防止部分干部因思想波动而出现违规违纪问题。各级派驻纪检监察机构要按照中央纪委通知要求，在机构改革中充分发挥监督保障作用，想全想细想万一，对出现的违纪行为进行严肃查处严厉问责。

（四）抓好作风建设，促使中央八项规定精神化为行动自觉。“奢靡之始，危亡之渐。”不正之风离我们越近，群众就离我们越远。作风建设关系重大，事关党的形象，事关党的执政基础。2017 年，全国查处违反中央八项规定精神问题 5.1 万起，其中党的十九大后查处的就有 1.32 万起，占 25.9%，充分反映出“四风”问题仍然易发多发。我们要继续发扬钉钉子精神，坚持把作风建设往深里抓实里做。抓具体，从一件一件“小事”抓起，抓一个成一个；补短板，重点惩治形式主义、官僚主义的问题；防反弹，扭住不放、寸步不让，在巩固拓展深化上下功夫。要让制度、纪律成为带电的“高压线”，使党员干部心有所畏、言有所戒、行有所止。对被审查对象存在“四风”问题的，要先于其他线索进行查处和通报。

（五）紧盯重点领域，严防重大违纪问题的发生。“物必先腐，而后虫生。”在“两金一试”和扶贫工作为代表的领域，廉政风险依然突出，重大违纪违法问题还时有发生。比如，目前就业补助资金规模每年约850 亿元，资金安全运行要求高，监督管理难度大，职业培训补贴更是资金违规问题传统多发领域，骗取套取、贪污受贿、利益输送等风险依然突出。

此外，我重点强调一下扶贫工作。贯彻落实党的十九大决策部署，打赢脱贫攻坚关键一役，各级纪检监察机关和人社部门都肩负重大的历史使命和政治责任。中央纪委去年 12 月印发了关于 2018 年至 2020 年开展扶贫领域腐败和作风问题专项治理的工作方案，部里也在今年 2 月印发了扶贫领域作风问题专项治理实施方案，并将 2018 年作为扶贫攻坚作风建设年。4 月 9 日，部党组还专题研究部署相关工作。大家一定要按照职责分工，不断深化标本兼治。除坚决查处“动奶酪”的各类违纪行为外，还要紧盯扶贫工作中的形式主义、官僚主义问题，对那些将精准扶贫变为诸如“精心填本”“精心制表”“捏造盆景”等华而不实的问题也要严肃处理。

三、不断加强自身建设，打造政治过硬本领高强的干部队伍

打铁必须自身硬。我们要时刻牢记和践行习近平总书记的殷殷嘱托，以高度政治自觉、思想自觉、行动自觉，做到忠诚坚定、担当尽责、遵纪守法、清正廉洁，扎实做好自身队伍建设，决不辜负党和人民的重托。

（一）牢固树立政治意识，认真学习习近平总书记关于深化国家监察体制改革的重要论述，切实把思想和行动统一到党中央决策部署上来。深化国家监察体制改革，是以习近平同志为核心的党中央作出的重大决策部署，是涉及政治权力、政治体制、政治关系的重大调整，既是一项社会革命，也是我们党和国家的一场自我革命。我们要充分认识到深化国家监察体制改革的重大意义、根本目的、总体目标和主要任务，牢牢把握根本点和基本点，坚持党对反腐败工作的集中统一领导，坚持对所有行使公权力的公职人员监察全覆盖。要充分认识到，深化国家监察体制改革是实现海晏河清、朗朗乾坤政治生态的应有之义，是一项重大的创制性改革，实现了由监督“狭义”政府向监督“广义”政府的重大转变，构建了横向到边、纵向到底的监督体系。要牢固树立“四个意识”，坚定“四个自信”，坚决拥护改革，积极参与改革，广泛宣传改革。

（二）不断增强学习本领，立足做纪法皆通的“专才”。“立身百行，以学为基。”我们要按照党中央部署和习近平总书记关于“全党来一个大学习”的重要指示精神，认真学习党章党规党纪，认真学习宪法、监察法等法律法规，既把握纪委、监委的共通点，又严格把握边界，统筹用好“两把尺子”，不断提高监督执纪问责的能力，不断提高用法治思维、法治方式正风反腐的水平。特别是针对当前国家监察体制改革的新任务新要求，大家都面临着本领不足、本领恐慌、本领落后的问题。我们要按照新党章和深化纪检监察体制改革要求，以宪法修正案和监察法颁布实施为契机，全力做

好角色适应和知识储备。

（三）大兴调查研究之风，扑下“身”更要沉下“心”。正确决策需要调查研究，贯彻决策也需要调查研究。我们要密切结合人社业务工作特点，时时对照党的十九大提出的新任务新要求，深入分析当前工作中存在的痛点、堵点、难点。要做“显”绩，更要做“潜”绩，科学分工、通力协作，不断加大横向沟通和纵向交流力度，构建上下联动、互通有无的有效机制。要牢固树立互联网思维，结合推进“互联网＋人社”建设，善于从大数据中发现端倪、找出规律，不断创新监督执纪新模式。要多深入基层一线，多向基层和群众“取经”，摸清真实情况、掌握第一手材料，加大“调”的力度，强化“研”的深度，在确保人社事业“大餐”色、香、味俱全的同时，更要做得“干净”“卫生”。

（四）完善内部机制，不断规范权力运行。执纪者必先守纪，律人者必先律己。自身廉洁过硬是我们执纪执法最大的底气、硬气。纪检监察机关是“纪律部队”，同时我们的所有工作也是在“放大镜”下开展的，必须建立权力、责任、义务、担当相统一的科学制度和工作机制，守住政治生命线，守住廉洁自律底线，让我们的党员干部习惯在监督和制约下开展工作。各人社厅（局）党组要积极支持派驻纪检监察组的工作，派驻纪检监察组也要担负起协助党组推进全面从严治党的政治责任，并与机关党委（纪委）加强沟通协调，相互支持，密切配合，形成合力。各级派驻纪检监察组还要把巡视移交和上级纪委监委交办的问题线索作为工作的重中之重，抓紧查办，及时向有关部门请示报告。

同志们，中国特色社会主义进入新时代，全面从严治党面临新的更高要求。我们要坚决维护习近平总书记的领导核心地位，将主体责任和监督责任拧成一股绳，以逢山开路、遇水搭桥，迎难而上、敢闯敢为的精神，对存在的隐患和问题做到精准发现、精准惩处、精准施治，共同答好人社工作这份“子卷”，为推动新时代人社事业改革发展提供坚如磐石的政治保证和纪律保证。

在人社系统行风建设电视电话会议上的总结讲话

耿文清

（2018 年 7 月 3 日）

刚才，纪南同志的讲话，深刻阐述了加强系统行风建设的必要性、紧迫性和战略性，深入分析了存在的突出问题，明确了目标任务，并对抓好各项工作落实提出了要求。讲话政治站位高、问题点得准、方向思路清、措施要求实，具有很强的政治性、指导性、针对性和操作性，为“正行风、树新风，打造群众满意的人社服务”指明了方向。下面，我就抓好会议精神的贯彻落实，提四点要求。

一要抓紧传达贯彻。会后，要立即行动起来，认真组织学习此次会议精神，深刻领会、准确把握纪南同志讲话的精神实质和工作要求。要将讲话原原本本地传达到每一个基层单位和每一位干部职工，切实把思想统一到讲话要求上来，把行动统一到部里对行风建设的部署上来。要将行风建设作为当前和今后一个时期推进人社事业改革发展的载体，列入重要议事日程。要按照会议要求，紧密结合实际，查摆问题、找准差距，制定本地区、本单位加强行风建设的具体方案。各省人社厅局、部属各单位要将学习贯彻本次会议精神和推进行风建设工作的进展情况，及时报部行风办。

二要突出工作重点。要按照统一部署，坚持目标导向、问题导向，以制定事项清单为牛鼻子，以优化流程为关键，以信息化建设为引擎，统筹推进行风建设各项工作。各地要按照部里的清单，主动对标对表，制定本地清单，对超出的事项，要有明确的政策法规依据，没有依据的，尽快清理。要抓紧梳理对外办理事项的经办流程，推动服务标准化、规范化。要抓紧清理证明材料，地方要立即行动，把没有法律法规依据的全面取消，对需要部里协调的，及时向部里报告。各地要大胆创新，探索实践，创造可复制、可推广的经验。部里将在总结地方做法的基础上，深入分析研究，推出一批典型做法，供各地借鉴参考。要大力推动“互联网＋人社”行动计划，充分运用大数据、移动应用、人工智能等手段，加快推进数字人社、智慧人社进程，以标准化信息化带动人社服务精准化、便捷化。

三要把握时间节点。今年的行风建设工作，任务已经确定，一环紧扣一环，必须有条不紊、压茬推进。7 月底前，要采取多种形式，抓好集中学习、交流研讨，部属各单位和各省人社厅局要将学习情况向部里报告。9 月底前，要在摸清底数、实情的基础上，按照部里的要求，完成对外办理事项清单的制定工作，并将情况报部里。10 月底前，要完成事项清单、办事流程对外公布工作。要按照国务院要求，完成证明材料清理工作。部里将加强调度，对进度慢的，要通过多种形式督促指导。

四要强化监督责任。加强行风建设，落实主体责任与监督责任必须相向而行、形成合力。各级派驻纪检监察部门要牢牢把握聚焦监督第一职责、提高监督效能这一基本任务，充分发挥近距离、全天候、常态化的优势，延伸日常监督触角，加大对行风建设的日常监督力度。对出现严重问题的，要约谈单位主要负责人；对不作为乱作为的，坚决查处，真正起到问责一人、教育一片的震慑作用，切实推进系统行风建设取得实效。

同志们，新时代要有新气象，更要有新作为。我们要自觉提升政治站位和工作境界，振奋精神、扎实工作，努力开创人社系统行风建设新局面。

在发展家庭服务业促进就业部际联席会议第十次全体会议上的讲话

邱小平

（2018年2月23日）

我受部际联席会议召集人、人力资源社会保障部尹蔚民部长委托，就五年来发展家庭服务业促进就业工作情况以及今后的工作，讲两点意见。

一、五年来发展家庭服务业促进就业工作取得明显成效

党的十八大以来，发展家庭服务业促进就业部际联席会议各成员单位、各地区深入贯彻习近平总书记视察济南农民工综合服务中心时作出的“家政服务大有可为，要坚持诚信为本，提高职业化水平”重要指示精神，全面贯彻落实党中央、国务院决策部署，坚持围绕“增加服务供给、提高服务质量”中心任务，努力推动家庭服务业不断取得了新的发展。

（一）政策措施逐步完善。围绕落实《国务院办公厅关于发展家庭服务业的指导意见》，有关成员单位陆续出台了促进家庭服务业发展的政策文件，将家庭服务业发展列入相关发展规划。财政部、国家税务总局出台文件，在对员工制家政服务企业免征营业税的基础上，结合营改增试点实行免征增值税政策。部际联席会议办公室会同各成员单位持续组织开展“千户百强”家庭服务企业（单位）创建活动，推动家庭服务企业发展壮大。同时，推动中心城市家庭服务体系建设，实施全国家政服务劳务对接扶贫行动，扩大家政服务供给。商务部开展“百城万村”家政扶贫行动，鼓励企业开展家政扶贫。发展改革、民政、商务等部门投入专门资金，加强家庭服务信息平台建设，开展居家和社区养老服务改革试点。各地也加大了促进家庭服务业发展工作力度，不少地区结合实际，制定实施税费减免、就业服务、社保补贴、商业保险补贴、免费或优惠提供经营场所等政策措施。一些地方还通过设立专项资金等，加大了支持家庭服务业发展的资金投入。

（二）行业规范化建设逐步加强。2014年，部际联席会议各成员单位联合印发实施《关于开展家庭服务业规范化职业化建设的通知》，对“两化”建设进行了全面部署。商务部制定施行《家庭服务业管理暂行办法》，规范企业经营行为，监督企业依法经营，探索推进家庭服务诚信建设，研究建立违法企业和从业人员失信惩戒机制。人力资源社会保障部指导全国家政服务标准化技术委员会开展家政服务国家标准制定修订工作，目前共计发布了11项国家标准。全国妇联积极推动地方建立巾帼家政服务企业协会。各地地级以上城市基本建立了行业协会，行业自我服务和自律等作用逐步发挥。一些地区积极探索加强行业监管，上海市

实行家政服务实名制登记、福州市实行家政服务二维码管理，取得了明显成效。

（三）从业人员职业化建设逐步加强。人力资源社会保障部组织实施农民工职业技能培训“春潮行动”，五年来培训农民工 4 781 万人次，其中家庭服务从业人员占了很大比例。全国妇联联合人力资源社会保障部实施巾帼家政服务专项培训工程、开展全国巾帼家政职业大赛，五年累计培训家政服务从业人员 300 万人次。部际联席会议办公室推动发展家政服务职业教育，组织制定修订高等职业学校家政服务专业教学标准，目前全国已有 20 余所职业院校、24 所技工院校开设了家政服务专业。人力资源社会保障部、商务部推动家庭服务企业、服务员、家庭之间签订服务协议，全国总工会、共青团中央等单位积极开展家庭服务从业人员权益维护工作。山东等地还探索建立了家政服务纠纷协调和仲裁机制。

（四）工作机制逐步健全。从国家到各省（区、市）以及大部分地级市都建立了发展家庭服务业促进就业联席会议制度，基本形成了工作体系。五年来，部际联席会议先后召开了 5 次全体会议，认真学习贯彻党中央、国务院领导同志有关指示批示精神，制定印发年度工作要点，研究部署发展家庭服务业各项工作。办公室积极发挥具体协调作用，各成员单位各司其职，认真履责，较好地完成了相关任务。地方各级工作协调机构也充分发挥统筹协调、指导推动和督促检查作用，形成了促进家庭服务业发展的工作合力。

总体上看，经过部际联席会议各成员单位和各地区五年来的共同努力，家庭服务业行业规模逐步扩大，家庭服务企业和从业人员不断增多，家庭服务质量逐步提升。一批家庭服务企业已在新三板上市，互联网与家庭服务业融合步伐逐步加快。据有关机构调查测算，2016 年全国家政服务营业收入达到 3 498 亿元，从业人员达到 2 542 万人，分别比上年增长 26％和 9.3％。五年来，各成员单位对部际联席会议办公室的工作给予了大力支持，为发展家庭服务业促进就业作出了积极贡献，借此机会向大家表示衷心感谢！

二、努力做好 2018 年发展家庭服务业促进就业工作

党的十九大报告提出，我国发展已进入新时代，社会主要矛盾已转化为人民日益增长的美好生活需要和不平衡不充分的发展之间的矛盾；经济已由高速增长阶段转向高质量发展阶段，正处在转变发展方式、优化经济结构、转换增长动力的攻关期，建设现代化经济体系是跨越关口的迫切要求和我国发展的战略目标。这对发展家庭服务业来说，既是前所未有的机遇，也是巨大的挑战。可以说，发展家庭服务业工作在过去五年已经大有作为，今后一个时期仍然大有可为。同时，应该看到，按照《国务院办公厅关于发展家庭服务业的指导意见》提出的发展目标，到 2020 年，惠及城乡居民的家庭服务体系比较健全，能够基本满足家庭的服务需求，总体发展水平与全面建成小康社会的要求相适应。从现在到 2020 年只剩三年时间，任务相当艰巨。主要体现在：在服务供给数量方面，随着人口老龄化、城镇化、家务劳动社会化程度的加深，家庭服务供不应求矛盾进一步加剧；在服务供给内容方面，随着二孩政策的逐步实施、中高收入阶层需求的升级，婴幼儿照护、儿童早期教育、家政管家等新的服务需求不断产生，需要进一步拓展服务领域；在服务供给质量方面，随着家庭对优质服务需求的不断提高，长期存在的家庭服务质量不高、好的家政服务员难求的矛盾更加突出；在企业经营模式方面，随着家庭服务从业人员权利诉求逐步提高、“互联网＋”向家庭服务领域延伸、人工智能家政服务的快速发展，传统的家庭服务经营方式面临新的挑战。

面对新时代的新形势、新任务，我们要以习近平新时代中国特色社会主义思想为指导，全面贯彻党的十九大精神，深入贯彻中央经济工作会议精神，继续围绕“增加服务供给、提高服务质量”中心任务，立足深化供给侧结构性改革，以中心城市为重点，着力落实和完善扶持家庭服务企业发展的政策措施，着力推动家庭服务企业转变经营方式，着力加强家庭服务行业规范化建设，着力加强家庭服务从业人员职业化建设，不断满足居民家庭对美好生活的需要。

2018年是贯彻落实党的十九大精神的开局之年，是改革开放四十周年，也是决胜全面建成小康社会的关键一年，做好发展家庭服务业促进就业工作意义重大。要重点做好以下几个方面工作：

一是落实和完善扶持家庭服务企业发展的政策措施。要继续加大对家庭服务设施建设的投资力度，带动更多社会资本参与家庭服务业设施建设。针对非员工制家政服务没有享受到税收优惠政策的问题，研究扩大财税优惠政策的覆盖面。继续深化“千户百强”家庭服务企业（单位）创建活动，做好创建成果宣传展示工作，鼓励支持家庭服务企业向专业化、规模化和网络化发展，培育一批品牌企业。加强公共就业服务，引导、帮助更多劳动者特别是农村妇女到家庭服务领域就业。

这里我要特别强调深化家政服务劳务对接扶贫行动。实践证明，全国家政服务劳务对接扶贫行动和“百城万村”家政扶贫试点工作，对增加家政服务有效供给、促进农村贫困劳动力就业、带动建档立卡贫困人口精准脱贫具有非常重要的意义，是一举多得的重要举措。要督促指导各地狠抓对接协议的落实，聚焦家政服务劳务对接扶贫行动目标，把转移了多少建档立卡贫困劳动力稳定从事家政服务工作、增加了多少家政服务员供给、带动了多少贫困人口脱贫作为衡量行动成效的主要指标。要切实加强对接扶贫工作的组织领导，健全工作机制，明确责任分工，强化落实落地，解决对接过程中遇到的问题，确保对接扶贫工作取得实实在在的成效。

二是积极推进家庭服务企业转变经营方式。要积极引导家庭服务企业按照现代服务业发展要求，由单纯注重服务数量向增加数量与提高质量并重转变，由粗放式服务向精细化服务转变，由同质化服务向多层次、个性化服务转变。坚持市场在资源配置中的决定性作用，进一步优化发展环境，激发家庭服务企业的市场活力和创新动力。支持家庭服务企业充分利用互联网及人工智能等现代技术，加快转变经营方式。加强家庭服务企业创新经营服务的经验交流和宣传推广，发挥先进典型的示范引领作用。

三是大力加强家庭服务行业规范化建设。要强化行业市场监管，组织开展家庭服务市场专项检查，加大对不正当竞争、乱发证、滥发证、虚假宣传、无照经营等违法违规行为的查处力度。推进家庭服务行业诚信体系建设，建立家政服务员跟踪和评价制度、信用记录管理制度、失信惩戒公示制度等诚信制度，建立家政服务员档案数据库。进一步加强家政服务标准制定修订工作，推进家政服务标准的宣传和实施。按照中央有关行业协会改革的要求，推动加强家庭服务行业组织建设，充分发挥行业协会的服务、协调和自律作用。

四是强化家庭服务从业人员职业化建设。要加大家庭服务职业培训力度，拓宽培训渠道，创新培训方式，努力扩大培训规模，提升培训质量。注重发挥工青妇组织在培训工作中的独特优势和重要作用。继续实施“春潮行动”和巾帼家政服务专项培训工程，大力开展家政服务员、育婴员、养老护理员等从业人员的职业技能培训。研究落实家政服务员职业培训补贴政策。加强家庭服务职业培训示范基地建设，推动职业院校家政服务和养老服务专业教学改革，提升职业培训能力。加强家政服务员劳动保障权益维护工作，推动家庭服务企业依法为员工制家政服务员缴纳社会保险，引导非员工制家政服务员以灵活就业人员或城乡居民身份参保。研究推动家政服务企业参加职业责任险。

五是进一步完善工作协调机制。发展家庭服务业工作涉及面广，需要部际联席会议各成员单位既各司其职又密切配合。要健全工作协调机制，进一步明确各成员单位的职能职责，完善工作制度，更好形成发展家庭服务业的合力。部际联席会议办公室要改进工作方法，进一步加强与各成员单位的沟通联系，支持成员单位积极履职，共同推动家庭服务业实现新发展。要大力加强调查研究，着力解决阻碍行业发展的重点难点问题。要继续加强家庭服务业统计工作，不断完善家庭服务业专项统计调查制度，探索科学可靠的统计方法，为分析家庭服务业发展形势、完善政策措施提供支撑。

同志们，发展家庭服务业事关经济社会发展大局，事关人民群众美好生活需要，是一项利国利民、一举数得的事业。让我们以党的十九大精神为指引，团结协作、攻坚克难、久久为功，扎扎实实做好各项工作，努力推动发展家庭服务业促进就业工作取得新的更大的成绩。

在全国农民工工作暨家庭服务业工作办公室主任座谈会上的讲话

邱小平

（2018 年 4 月 12 日）

这次会议的主要任务是，以习近平新时代中国特色社会主义思想为指导，深入学习贯彻党的十九大和中央经济工作会议、中央农村工作会议精神，落实今年全国两会精神，按照国务院农民工工作领导小组第六次全体会议、发展家庭服务业促进就业部际联席会议第十次全体会议工作部署，总结党的十八大以来的农民工工作和家庭服务业工作，分析新形势新任务，安排部署 2018 年重点工作。下面，我讲三点意见。

一、充分肯定党的十八大以来两项工作取得的成就

党的十八大以来的五年，是农民工工作和发展家庭服务业工作取得重大进展的五年。各地区、各有关部门认真贯彻落实党中央、国务院决策部署，紧紧围绕党和国家工作大局，砥砺奋进、开拓创新，两项工作扎实推进，取得了新的显著成就。

（一）为农民工服务工作成绩显著。

一是工作格局和政策体系基本形成。国务院和县级以上地方各级人民政府相继成立农民工工作领导小组，把农民工工作纳入经济社会发展总体规划和政府目标考核内容，形成了各级政府、有关部门齐抓共管、分工协作的良好局面。国务院农民工工作领导小组不断加强农民工工作顶层设计，报请印发了《国务院关于进一步做好为农民工服务工作的意见》等重要文件，对有序推进农民工市民化等重大任务作出了全面部署，各地也出台了一系列配套政策，农民工市民化政策体系逐步完善。

二是农民工就业规模持续扩大。各地区、各有关部门始终把促进农民工就业创业放在首位，努力织好农民工就业与大学生就业“经纬线”。建立健全覆盖城乡的公共就业服务体系，每年组织“春风行动”促进农民工与用人单位对接。大力开发农民工就业岗位，多措并举支持农民工返乡创业。大力开展农民工职业技能培训，五年累计培训农民工超过 1 亿人次。通过多渠道促进农民工就业，2017 年全国农民工总量达到 2.87 亿人，比 2012 年增加 2 391 万人，年均增长率达到 1.8%。

三是农民工劳动权益得到更好保障。出台实施全面治理拖欠农民工工资问题的意见，建立健全农民工实名制管理、工资支付专用账户、工资保证金等制度，定期开展专项执法检查和工作督查，落实属地监管责任，被拖欠工资的农民工比重由 2013 年的 1%下降到 2017 年的 0.5%。稳慎调整最低工资标准，农民工月均收入从 2012 年的 2 290 元增加到 2017 年

的 3 485 元，年均增长 8.8%。大力实施全民参保计划，截至 2017 年底，农民工参加职工基本养老保险 6 202 万人、职工基本医疗保险 6 225 万人、工伤保险 7 807 万人、失业保险 4 897 万人，分别比 2012 年底增长 36.5%、24.6%、8.8%、81.2%。持续开展“打非治危”专项行动，农民工职业安全健康权益得到较好维护。

四是面向农民工的城镇基本公共服务供给不断扩大。深化基本公共服务供给制度改革，将持有居住证人口纳入保障范围。落实“两为主”“两纳入”政策，约 1 400 万名农民工随迁子女实现“两免一补”资金和生均公用经费基准定额资金可携带，随迁子女在公办学校接受义务教育的比例保持在 80%以上。30 个省（区、市）和新疆生产建设兵团普遍落实随迁子女在输入地高考政策，五年来在输入地参加高考人数累计达到 41 万人。积极推进基本公共卫生服务均等化，农民工享受健康教育、孕产妇保健等服务水平不断提升。积极把农民工纳入当地住房保障范围，多渠道改善农民工居住条件。积极将农民工纳入常住地公共文化服务体系，大力开展示范性文化活动。

五是农民工进城落户渠道更加畅通。深入贯彻进一步推进户籍制度改革的意见，31 个省（区、市）和新疆生产建设兵团印发了具体实施意见，普遍放宽了农民工进城落户条件。制定并落实支持农业转移人口市民化的“人地钱”挂钩政策，建立农业转移人口市民化奖励机制，2017 年仅中央财政就下拨奖励资金 200 亿元，比 2016 年增长 1 倍。通过综合施策，全国户籍人口城镇化率从 2012 年的 35.3%增长到 2017 年的 42.35%，8 000 多万农业转移人口成为城镇居民。

六是农民工社会融合逐步加强。积极推荐农民工当选各级党代表、人大代表和政协委员。农民工加入工会人数从 2012 年的约 1 亿人增加到 2017 年的 1.4 亿人，全国总工会和北京等 10 个省（区、市）总工会配备了农民工兼职副主席。大力开展有针对性的新市民培训。开展“合力监护、相伴成长”关爱保护专项行动，为 76 万名无人监护留守儿童落实监护责任人，帮助 1.6 万名失辍学儿童返校复学。召开全国优秀农民工和农民工工作先进集体表彰大会，表彰了 981 名优秀农民工和 100 个农民工工作先进集体。截至目前，共有 275 名农民工当选全国劳动模范，862 名农民工荣获全国五一劳动奖章。各地结合实际开展本地区优秀农民工评选表彰活动，营造了全社会关心关爱农民工的良好氛围。

（二）家庭服务业得到快速发展。

一是支持产业发展的政策措施逐步完善。落实《国务院办公厅关于发展家庭服务业的指导意见》，将促进家庭服务业发展列入相关发展规划。财政部等部门在对员工制家政服务企业免征营业税的基础上，结合营改增试点实行免征增值税政策。部际联席会议办公室持续组织开展“千户百强”家庭服务企业（单位）创建活动。各成员单位联合开展全国家政服务劳务对接扶贫行动和“百城万村”家政扶贫行动，助推农村贫困人员精准脱贫。发改委牵头开展家政服务提质扩容行动。民政部等部门投入专门资金，开展居家和社区养老服务改革试点。各地也加大了促进家庭服务业发展工作力度，制定实施税费减免、就业服务、社保补贴等政策措施。

二是行业规范化建设力度逐步加大。印发《关于开展家庭服务业规范化职业化建设的通知》，推动家庭服务规范化建设深入开展。商务部制定《家庭服务业管理暂行办法》，指导各地规范企业经营行为，监督企业依法经营，探索加强诚信建设。全国家政服务标准化技术委员会共计发布 11 项国家标准。全国地级以上城市基本建立了行业协会，自我服务和自律作用逐步发挥。

三是从业人员职业化建设逐步加强。大力实施农民工职业技能培训“春潮行动”，将家庭服务从业人员纳入培训范围，培训规模逐步扩大。实施巾帼家政服务专项培训工程，开展全国巾帼家政职业大赛，五年累计培训家政服务从业人员300万人次。推动发展家政服务职业教育，组织制修订高等职业学校家政服务专业教学标准，目前全国已有20余所职业院校、24所技工院校开设了家政服务专业。

五年来，家庭服务业行业规模逐步扩大，家庭服务企业和从业人员不断增多，家庭服务质量逐步提升。据有关调查测算，2016年全国家政服务营业收入达到3 498亿元，从业人员达到2 542万人，分别比上年增长26%和9.3%。

二、准确把握新时代两项工作面临的新形势新要求

党的十九大把习近平新时代中国特色社会主义思想确立为党必须长期坚持的指导思想，作出了中国特色社会主义进入了新时代、我国社会主要矛盾已经转化、我国经济已由高速增长阶段转向高质量发展阶段等重大政治论断，制定了决胜全面建成小康社会、夺取新时代中国特色社会主义伟大胜利的宏伟蓝图和行动纲领。站在新的历史方位，我们必须深入学习贯彻习近平新时代中国特色社会主义思想和党的十九大精神，深刻领会新思想对两项工作提出的新要求，科学研判新矛盾对两项工作的深刻影响，深入分析新阶段对两项工作明确的新任务，充分认识新征程给两项工作带来的机遇和挑战。

（一）坚持以人民为中心的发展思想对两项工作提出了新要求。当前，拖欠农民工工资的现象仍然时有发生，不依法参加社会保险、工伤职业病多发等问题仍然比较突出，农民工随迁子女在输入地平等接受教育仍然存在较大困难，在农村的留守儿童、留守妇女、留守老人还面临生活失助、情感失落等问题。随着人口老龄化进程不断加快、“普遍两孩”政策全面落实，城乡居民尤其是中心城市居民对家庭服务的需求数量和质量快速增长，家庭服务供不应求、供不适求的矛盾日益突出。对这些问题，必须站在以人民为中心的政治高度，研究采取更加有力有效的措施予以解决，进一步维护好农民工权益，促进和规范家庭服务业发展。

（二）新时代我国社会主要矛盾的变化对两项工作提出了新要求。目前，农民工的发展与广大农民工不断增长的美好生活需要还很不适应，不平衡、不充分发展的矛盾日益突出。家庭服务业发展也与人民日益提高的生活需求不相适应。必须立足我国基本国情和发展的阶段性特征，紧扣社会主要矛盾变化，以人民对美好生活的需要为追求，努力做好新时代各项为农民工服务工作，着力解决农民工发展中的问题，让广大农民工更多更公平享有改革发展成果。同时，努力做好新时代发展家庭服务业工作，更好满足人民不断提高的生活要求。

（三）建设现代化经济体系对两项工作提出了新要求。目前，农民工的职业技能水平总体上仍然偏低，农民工市民化的步伐仍然偏慢，农民工进城就业和返乡创业方面还存在一些亟待解决的问题。家庭服务业作为朝阳产业，与加快发展现代服务业的要求相比，在经营模式、用工方式、服务标准等方面还有较大差距。必须站在服务经济发展新阶段、建设现代化经济体系的高度，加大农民工职业技能培训和促进农民工就业创业工作力度，加快推进农民工市民化，着力推动家庭服务企业转变经营管理模式。

（四）全面建设社会主义现代化国家新征程对两项工作提出了新要求。没有农民工的市民化，就没有国家的现代化，加快推进农民工市民化是一项历史性的战略任务。同时，实现社会主义现代化，要求产业结构现代化、服务业现代化，发展家庭服务业面临繁重任务。必须顺应时代脉搏，站在推进实现社会主义现代化的高度，努力做好新时代的农民工工作和发展家庭服务业工作。

三、认真落实2018年的两项工作任务

做好2018年两项工作的总体要求是：以习近平新时代中国特色社会主义思想为指导，全面贯彻党的十九大和中央经济工作会议、中央农村工作会议精神，认真落实政府工作报告

相关部署，坚持以人民为中心的发展思想，坚持稳中求进工作总基调，坚持新发展理念，按照高质量发展的要求，大力推进为农民工服务工作和发展家庭服务业工作，采取切实有效措施解决目前存在的突出问题，推动两项工作取得新的进展。

（一）围绕加快推进农民工市民化目标，努力开创农民工工作新局面。

一是着力稳定和扩大农民工就业创业。要坚持统筹城乡就业，注重解决就业结构性矛盾。引导农民工有序外出就业、鼓励农民工就地就近转移就业，大力发展服务业特别是家庭服务业和中小微企业，开发适合农民工的就业岗位。运用财政支持、创投引导等扶持政策，加大对农民工返乡创业支持力度。大规模开展农民工职业技能培训，完善农民工职业技能培训项目管理，加大对农民工培训资金投入，加快培育具有专业技能和工匠精神的高素质劳动者和技术技能人才。

二是着力维护农民工劳动保障权益。要针对拖欠农民工工资问题，加强系统治理、源头治理、依法治理、综合治理，进一步夯实属地监管责任，力争到2020年实现农民工工资基本无拖欠。督促用人单位与农民工依法签订并履行劳动合同。推动农民工参与工资集体协商，促进农民工工资水平合理增长。落实全民参保计划，把1亿多名农民工尚未参加城镇职工基本养老保险问题作为全民参保计划的重点内容予以推进。

三是着力推动农民工逐步实现平等享受城镇基本公共服务和在城镇落户。要加大转移支付同农业转移人口市民化挂钩力度。进一步推动各地实行以居住证为主要依据的随迁子女入学政策，扩大城镇教育资源供给，保障随迁子女平等接受学前教育、义务教育和参加中高考的权利。合理确定城镇建设用地规模，建立健全多主体供给、多渠道保障、租购并举的住房制度。进一步落实户籍制度改革意见和推进1亿非户籍人口在城镇落户方案，推动有条件有意愿的农民工及随迁家属落户。探索建立农村“三权”维护和依法自愿有偿退出机制。

四是着力促进农民工社会融合。要完善相关法律，保障农民工依法享有民主政治权利。加强农民工中的党工团组织建设，拓宽农民工参与企业民主管理渠道。积极推动农民工与城市居民相互交融、相互交往、相互交流、相互帮助，不断提高农民工对城市的认同感和归属感。因地制宜开展新市民培训，提高农民工综合素质和融入城市的能力。积极引导企业、社区加强对农民工的人文关怀和帮扶服务。进一步做好关爱农村“三留守”工作。

（二）围绕增加服务供给、提高服务质量目标，努力推进家庭服务业工作新发展。

一是着力落实和完善扶持家庭服务企业发展的政策措施。要加大对家庭服务设施建设的投资力度，带动更多社会资本参与家庭服务业设施建设。加快研究非员工制家政服务税收优惠政策问题，进一步扩大财税优惠政策的覆盖面。继续开展“千户百强”家庭服务企业（单位）成果展示活动，培育一批品牌企业。深化家政服务劳务对接扶贫行动，督促指导各地落实对接协议。

二是着力推进家庭服务企业转变经营方式。要进一步优化发展环境，激发家庭服务企业的市场活力和创新动力。发挥互联网等现代技术优势，引导家庭服务企业加快转变经营方式。支持家庭服务企业由单纯注重服务数量向增加数量与提高质量并重转变，由粗放式服务向精细化服务转变，由同质化服务向多层次、个性化服务转变，由一个家政服务员为一个家庭服务向多个家政服务员为多个家庭提供专业细分服务转变，由传统线下经营方式向线上线下融合经营方式转变。加强家庭服务企业创新经营服务的经验交流和宣传推广。

三是着力加强家庭服务行业规范化建设。要积极推进家庭服务行业诚信体系建设，建立家政服务员跟踪和评价制度、信用记录管理制度、失信惩戒公示制度等诚信制度，建立家政服务员档案数据库。强化行业市场监管，组织开展家庭服务市场专项检查，加大对不正当竞争、乱发证等违法违规行为的查处力度。进一步加强家政服务标准制修订工作。推动加强家庭服务行业组织建设，充分发挥行业协会的服务、协调和自律作用。

四是着力强化家庭服务从业人员职业化建设。要加大家庭服务职业培训力度，创新培训方式，提升培训质量。研究落实家政服务员职业培训补贴政策。加强家庭服务职业培训基地建设，推动职业院校家政服务和养老服务专业教学改革。加强家政服务员劳动保障权益维护工作，推动家庭服务企业依法为员工制家政服务员缴纳社会保险，引导非员工制家政服务员以灵活就业人员或城乡居民身份参保。研究推动家政服务企业参加职业责任险。

同志们，做好新时代两项工作任务艰巨、责任重大，必须进一步加强组织领导，更好形成工作合力。一要加强工作谋划，突破工作难点。各地区要按照本次会议部署，周密研究、细致谋划，针对当前的难点问题，找准推进工作的坐标，明确各项工作时间表和路线图，有序有力推进工作。二要加强统筹协调，形成工作合力。各级农民工办和家服办要切实加强与成员单位的联系，进一步健全工作协调机制，推动各成员单位共同做好两项工作。三要加强督促检查，促进工作落实。要进一步创新方式方法，加强和改进对各市县的工作督察，梳理问题清单并要求整改。四要加强调查研究，解决实际问题。要着眼于新的实践，扑下身子、沉到一线开展调查研究，切实把两项工作情况摸清楚，为科学决策打下坚实基础。

突出人才评价　全面深化改革
努力开创专业技术人才工作新局面

——在全国专业技术人才工作座谈会上的讲话

汤　涛

（2018 年 4 月 24 日）

今天，我们召开全国专业技术人才工作座谈会，主要任务是深入学习贯彻习近平新时代中国特色社会主义思想及党的十九大和十九届二中、三中全会精神，突出人才评价改革主题，交流经验做法，分析形势任务，部署今年重点工作。

党的十八大以来，我们坚决贯彻落实党中央、国务院决策部署，不断改革创新专业技术人才工作理念、发展方式、管理机制，改革从点到面全力突破，与经济社会全方位融合，破解了许多难题，办成了许多大事，实现了与党和国家事业发展的同频共振，为各项事业改革发展提供了有力人才支撑。五年来，专业技术人才队伍快速发展、规模日益壮大，截至 2015 年底，专业技术人才总量达 7 328.1 万人，占全国人才队伍总数的 43.8%，比 2010 年增长 32%。体制机制改革取得重大突破，分类推进人才评价机制改革、深化职称制度改革、改革完善博士后制度等关键性改革举措相继出台实施，圆满完成减少 70%职业资格许可认定工作任务并公布实施 140 项国家职业资格目录，不断健全留学回国人员工作、创业、服务“三位一体”政策体系，制定实施专业技术人员继续教育规定，全面加强基层专业技术人才队伍建设。实施重大人才工程成效显著，高层次人才培养引进、团结引领力度不断加大，队伍整体实力、创新能力稳步攀升，人才成长和发挥作用环境日益优化。各地区、各部门落实中央改革部署，主动作为、大胆创新、锐意改革，紧扣实际出台了一大批特色鲜明的“人才新政”，进一步激发释放人才创新创业创造活力，推动广大专业技术人才成为引领支撑发展的重要骨干力量。

下面，我讲三点意见。

一、以习近平新时代中国特色社会主义思想指引专业技术人才工作新发展

（一）深刻把握党的十九大关于人才的新定位，切实增强做好人才工作的责任感、使命感。党的十九大报告将坚定实施人才强国战略作为决胜全面建成小康社会的重大战略，作出了“人才是实现民族振兴、赢得国际竞争主动的战略资源”的重要论断。党的十九大从历史和国际两个维度，把人才确立为战略资源，并与“为中国人民谋幸福，为中华民族谋复兴”的初心和使命联系在一起，这是对人才重要内

涵和地位作用的新定位、新提升，凸显了人才在党和国家事业全局中的地位更加重要，指明了人才工作肩负的责任更加重大、使命更加崇高。这就要求我们站位要更高，格局要更大，谋划要更远，思路要更宽，切实把人才资源置于优先开发的战略位置，自觉把专业技术人才工作放到进行伟大斗争、建设伟大工程、推进伟大事业、实现伟大梦想中去定位、去谋划、去推进，在围绕中心、服务大局上聚焦，在深化改革、狠抓落实上发力，为实现民族复兴打牢人才根基、赢得国际竞争筑牢人才优势。

（二）深刻把握我国社会主要矛盾变化对专业技术人才工作的深远影响，始终坚持以人民为中心的发展思想。进入新时代，我国社会主要矛盾已经转化为人民日益增长的美好生活需要和不平衡不充分发展之间的矛盾。这一矛盾变化是根本性、全局性的，对专业技术人才工作的影响也是广泛而深刻的。目前，我国专业技术人才队伍整体水平还不能很好地适应发展需要，大而不强问题依然突出，高层次领军人才匮乏，人才资源区域和产业分布失衡，基层和非公领域人才队伍基础薄弱，人才发展不平衡不充分的矛盾还比较突出。从实践情况看，哪些领域发展不充分，哪里人才就短缺；哪些地区发展不平衡，哪里人才工作就有短板。这就要求我们必须紧扣社会主要矛盾变化，坚持以人民为中心的发展思想，加快推进专业技术人才资源整体协调开发，调整人才结构，补齐人才短板，促进人才在城乡、区域、产业、行业之间合理分布、优化配置，为实现经济社会各方面平衡充分发展、满足人民日益增长的美好生活需要提供有力人才支撑。

（三）深刻把握经济发展新阶段对专业技术人才工作的新要求，促进人才工作与现代化经济体系深度融合。针对我国经济已由高速增长阶段转向高质量发展阶段的新形势，党的十九大提出要“建设现代化经济体系，着力加快建设实体经济、科技创新、现代金融、人力资源协同发展的产业体系”。习近平总书记在今年两会上强调“发展是第一要务，人才是第一资源，创新是第一动力”“强起来靠创新，创新靠人才”。这进一步揭示了人才引领创新、创新驱动发展、发展实现复兴的内在联系，明确了人才是构建现代化经济体系的核心要素。但当前专业技术人才工作对新旧动能转换的驱动力还不够强劲，人才政策与产业政策、金融政策等协同发力不够。这就要求我们必须按照高质量发展要求，不断创新工作方式方法，更加紧密对接国家重大战略、重大科技专项和战略性新兴产业发展规划，同步谋划人才规划，促进人才与技术、资本等生产要素有机融合，提高全要素生产率，推动形成现代经济发展的新动能、新机制、新增长点。

（四）深刻把握全面深化改革的总体要求，着力破除人才发展体制机制障碍。全面深化改革是推动事业发展的不竭动力，是提升治理能力和治理水平的根本途径。近年来，我们坚决贯彻落实中央部署要求，着力深化改革，出台实施了一批具有标志性、关键性的改革方案，专业技术人才领域改革主体框架基本确立。但总体来看，改革任务还没有完全落实到位，人才评价、使用、激励等机制还不科学不完善，人才管理还存在简单化、一刀切的方式，市场机制的决定性作用发挥不够充分，用人主体自主权落实不够，人才发展体制机制仍然存在短板。同时，党的十九大和十九届三中全会对全面深化改革、提高政府效能提出了新任务新要求，许多任务都与人才工作直接相关。这就要求我们必须坚定改革定力，思想再解放，改革再深化，在巩固落实已有改革成果的基础上，进一步拓展改革广度和深度，着力打通人才评价、激励、流动、发挥作用中的体制机制障碍，加快构建运行高效的人才治理体系，积极创造人尽其才、才尽其用的制度环境。

（五）深刻把握国际人才竞争新趋势，聚天下英才而用之。当前，我国参与国际人才竞争挑战和机遇并存。一方面，随着新一轮科技革命和产业变革的不断深入，许多国家纷纷通过立法修法、调整政策、放宽国籍和移民门槛、提供巨额经费支持等，在全球范围内抢夺优秀人才。一些西方国家保护主义加剧，将阻挠引进核心关键技术人才作为“围堵”中国、阻碍中国发展的重要措施，采取多种方式对高层次专家进行阻拦。另一方面，我国综合国力持续增强，新一轮对外开放浪潮正在加速形成，加上国际上一些地区持续动荡，我国对海外高端人才的吸引力不断增强。面对这一新趋势，我们要抢抓机遇，树立全球视野和战略眼光，积极研究应对方案，制定实施更加积极、更加开放、更加有效的人才政策，不断推出引才新举措，构筑引才新优势，吸引更多海外高层次人才来华回国创新创业。

二、以更加昂扬的姿态开启专业技术人才工作改革发展新征程

（一）增强改革定力，全面推动人才体制机制改革落地见效。一是全面落实人才评价机制改革。要坚决落实中央部署要求，充分发挥人才评价“指挥棒”作用，分类推进人才评价机制改革，建立符合不同人才成长规律和实际特点的评价机制。全面落实深化职称制度改革任务，加快主体职称系列改革步伐，制定完善各项配套政策，尽快使各项改革措施落地到位，加快建立设置合理、评价科学、管理规范的职称制度。改革完善职业资格制度，实行国家职业资格目录清单管理，建立目录动态调整机制，加强事中事后监管。二是创新灵活高效的用人机制。要深入实施事业单位人事管理条例，进一步完善聘用合同制度、岗位管理制度和公开招聘制度，鼓励支持事业单位专业技术人员创新创业，加快建立符合不同事业单位特点、更为灵活管用的用人制度。同时，还要适应非公领域人才数量增长迅速的新趋势，进一步完善符合非公领域人才特点的管理服务机制，保障他们平等参与、平等享受人才工程项目和各项支持政策，调动各类人才创新创业积极性主动性。三是完善合理顺畅的流动机制。坚持发挥市场机制决定性作用和更好发挥政府作用相结合，破除妨碍人才社会性流动的体制机制弊端，加快构建统一开放的人才市场体系，建立区域发展、产业发展与人才需求匹配机制，支持科研人员在高校、科研院所和企业之间双向流动，积极引导人才向基层一线和艰苦地区流动，促进专业技术人才资源合理流动、优化配置。四是建立体现人才价值的激励机制。坚持精神激励和物质激励相结合，健全专业技术人才表彰奖励制度，完善按要素分配的体制机制，落实科技成果转化收益分配规定，健全高层次人才激励政策，实行项目工资、协议工资和股权期权激励等多种分配形式，让人才创新创业得到合理回报，以市场价值回报人才价值。五是推进专业技术人才工作法制化建设。全面总结专业技术人才事业发展和改革经验成效，加快推动人力资源开发、职称评审管理、职业资格管理等法律法规立法进程，落实事业单位人事管理、专业技术人员继续教育等条例规定，提升专业技术人才管理科学化制度化水平，依法保障促进专业技术人才发展。

（二）突出“高精尖缺”，加快建设符合创新发展需求的高素质人才队伍。一是加快培养引进一批创新型领军人才。坚持以经济社会发展需求为导向，积极围绕创新链、产业链、科技链打造人才链，配合实施“千人计划”“万人计划”，更高质量实施政府特殊津贴、百千万人才工程、留学回国人员等重点人才工程计划，进一步优化人选结构，提升人选质量，着力培养引进一批战略科技人才、领军人才和高水平创新团队。要创新培养引进、发挥作用、评价激励等政策措施，对创新型领军人才作出针对性安排，赋予他们更大的人财物支配权，更好发挥他们在创新发展中的“头雁”效应。二是加大青年创新人才培养支持力度。在瞄准顶尖人才的同时，要更加关注有潜质的青年后备人才，加大重大人才政策、重大人才工程对青年人才支持力度，鼓励设立青年专项，建立对青年人才的普惠性支持措施，促进更多优秀青年人才脱颖而出。要以博士后制度为抓手，进一步改进完善管理制度，加强流动站工作站建设，严格招收培养出站管理，充分发挥设站

单位主体作用和合作导师主导作用，加大国内外学术交流力度，促进博士后与重大科研计划、重大工程项目、重点高校师资队伍建设相结合，将博士后制度打造成为吸引、培养青年创新人才的重要渠道。三是强基层，补短板。脱贫攻坚不仅要从项目、资金、政策上扶，也要从人才、智力、技术上扶，见物更要见人。要深入实施加强基层专业技术人才队伍建设的意见，加大评价、激励、流动等政策倾斜力度，着力提升基层人才待遇和职业发展空间，培养一批扎根基层的高素质人才队伍。深入开展万名专家服务基层等活动，发挥高层次人才智力优势、技术优势、信息优势，帮助群众致富，服务改善民生。四是注重人才与项目相结合。要聚焦国家重大战略、重点产业、重大科技专项和地方经济社会重点领域，更好实施各类人才培养引进工程，加强央地衔接配套，加强与产业部门协同，推动人才发展与经济社会发展相互促进、相得益彰。

（三）着力强化服务，全面提升专业技术人才管理水平。一是更好发挥政府人才综合管理职能作用。要坚持党管人才原则，在党管人才工作格局中，找准政府人才工作定位，充分发挥人社部门政策优势、队伍建设优势、服务优势，加强政府人才工作总体设计和规划，重点在制定人才政策法规、改革人才管理制度、构建人才服务体系、以高层次人才为重点加强人才队伍建设等方面，履行好综合管理职责，不断提高服务保障水平。要主动与组织部门密切配合，积极争取指导支持，加强与政府部门横向协作和系统纵向沟通，形成上下联动、左右互动、全国“一盘棋”的工作机制。二是进一步转变政府职能。要正确处理政府与市场、用人主体的关系，按照“于法周延、于事简便”的原则，持续推进人才领域“放管服”改革，在人才评价、使用、流动等方面赋予用人单位必要的自主权，减少审批事项，简化优化流程，减轻人才负担，调动各类创新主体积极性。三是为人才创新创业提供优质服务。要更新服务理念，创新服务方式，加快构建人才公共服务体系，大力推行“互联网＋人才公共服务”，依托“金保工程”等人社领域公共服务平台，加强现有各类人才信息系统改造升级，推动平台共建、资源共享、信息互通、服务互联，使更多事项在网上办理。加强“千人计划”等服务窗口建设，构建一站式、一体化服务平台，让各类人才办事“只进一扇门”“最多跑一次”。健全联系服务专家制度，打造提升以“一园两站两基地”为主体的高层次人才服务平台，发挥各类服务组织作用，全力支持人才潜心干事创业。此外，要加强宣传工作，深入宣传人才工作成效和优秀人才先进事迹，努力营造良好的政策环境和发展环境，使优秀人才见贤思齐、近悦远来。

三、扎实做好 2018 年重点工作

（一）着力分类推进人才评价机制改革。一是准确把握《关于分类推进人才评价机制改革的指导意见》（以下简称《意见》）主要精神。《意见》作为第一个针对人才评价机制改革的综合性文件，提出了一系列针对性指导意见。在评价标准方面，强调突出品德、能力、业绩评价导向，以职业属性和岗位要求为基础，分类建立科学合理、各有侧重的评价标准。要合理设置论文等评价指标，针对不同领域、不同类型人才特点，分类施策，精准评价，避免“一刀切”“一把尺子量到底”。在评价方式方面，重点是建立以同行评价为基础的业内评价机制，科学设置评价考核周期，深入推进“三评”（项目评审、人才评价、机构评估）改革，支持人才潜心研究、长期积累。在评价管理服务方面，关键是转变政府职能，发挥用人单位自主性和主导作用，健全社会化市场化管理服务体系。在重点领域方面，要结合我国人才队伍实际情况，加快推进科技、哲学社会科学、教育、医疗卫生、技术技能等行业领域人才评价改革，加大向企业、基层一线和青年人才倾斜激励力度。对这些重点任务和要求，我们要深刻领会贯通，结合实际贯彻落实。二是落实任务分工。为压实行业部门改革

主体责任，我们会同中组部制定印发了《意见》任务分工方案，共梳理出4个方面27条重点任务，涉及17个部门和单位。各有关部门将根据责任分工，细化改革举措，分类完善配套改革政策。三是推动改革落实落地。《意见》的定位是指导性、方向性文件，重点是要结合职称制度、职业资格制度、人才工程计划等各类评价改革，将《意见》的重要指导思想、重点改革举措落到实处。

（二）持续深化职称制度和职业资格制度改革。一是加快推进分系列改革。要加快节奏、加大力度，争取在涉及人数多、社会关注度高的工程、经济、会计、卫生、高校教师、科学研究等系列重点突破，成熟一个推出一个，确保在2020年之前完成所有系列改革任务。各系列改革牵头部门要进一步强化责任担当，加快工作进度，按时拿出高质量改革方案，不拖后腿。二是完善配套政策。抓紧制定出台职称评审管理规定、职称评审信息化建设方案等配套政策，切实提高职称评审科学化、规范化水平，为落实好各项改革举措提供制度保障。三是狠抓创新落实。各地要根据部里统一安排和各自实施意见，进一步制定完善各自配套政策，创新完善评价标准和评价办法，建立完善管理服务体系，促进评价与使用相衔接，加强放管结合，均衡推进各项改革，确保今年在政策落地上再向前迈一大步。

要继续完善职业资格制度。进一步巩固减少规范职业资格许可和认定成果，落实国家职业资格目录管理制度，持续清理“上岗证”“准入证”，查处“挂证”等不法行为，切实把职业资格管住管好，发挥其职业规范和引领作用。同时，要狠抓资格考试风险防控。各地各部门要进一步强化忧患意识，未雨绸缪，从完善管理制度、提高技术水平、协调各方合力打击等多个层面综合施策，主动预防化解，确保不发生泄密、大规模作弊等恶性事件。对发生考试安全问题的地方和部门要倒查责任，依法依规予以问责。

（三）更高质量加强高层次人才选拔培养。今年重点是做好享受政府特殊津贴人员推荐选拔工作。政府特殊津贴制度是党中央、国务院培养造就、激励引领高层次人才的一项重要制度安排。2011年，党中央、国务院决定继续实行政府特殊津贴制度以来，我们不断改进完善选拔推荐机制，人选质量不断提升。在2017年新增选的两院院士中，政府特殊津贴专家占95.3%。今年的人选推荐选拔工作，要在总体稳定的基础上，进一步向重点产业领域、基层一线和非公单位高层次人才倾斜，真正把党中央、国务院对高层次人才的关心关爱落到实处，激励他们立足岗位做出更大贡献。同时要注重发挥高层次人才服务国家重大战略的作用。近年来，我们会同有关部门举办了百千万人才工程创新讲坛，起到很好作用。今年将继续会同工信部、中科院等，在工业互联网、人工智能等领域举办高层次讲坛，交流思想、激发智慧、对接产业。各地也可采取类似做法，加大高端人才与经济社会发展融合互动的力度。

（四）着力破解留学人员回国创新创业难题。目前，我国已有313.2万名留学人员选择回国发展。为更好解决留学回国人员创新创业面临的突出难题，按照李克强总理重要批示精神，我们牵头协调25个部门，4次研究起草报告上报国务院，提出具体解决措施，推动部分工作取得阶段性进展。4月4日，国务院常务会专门研究确定进一步支持留学回国人员创新创业措施。4月17日，我部召开留学回国人员部际联席会议，研究部署落实工作。下一步，要以此为重要契机，充分发挥部际联席会议牵头作用，深度破解留学回国人员永居落户、创业融资、商标注册、企业出口资质、科技成果转化等突出难题，狠抓优惠政策的配套落实，建立更加普惠式的服务保障体系，全方位支持留学回国人员创新创业。要坚持精准引才、靶向引才和柔性引才，更大力度实施留学回国人员创新创业启动支持计划，完善符合国际惯例的引才政策体系，不断拓宽吸引海外人才和智力渠道，逐步形成国际人才竞争制度优势。

（五）做大做强博士后创新人才支持计划。为贯彻落实《国务院办公厅关于改革完善博士后制度的意见》，2016年我们推出博士后创新人才支持计划，目的就是着眼于提升未来我国科技竞争力，留住一批本土优秀博士毕业生在国内从事博士后研究工作。虽然时间不长，但“博新计划”实施成效已初步显现。据不完全统计，在2016年首批支持的200名博士后中，已有72人获得国家自然科学基金等科研项目，发表SCI和EI论文374篇，申请国内专利63项。今年，要继续把这项打基础、立长远的计划做大做强，进一步扩大资助名额，增加到400名；进一步丰富资助领域，资助一级学科由22个增加至28个，优先资助人工智能、数字经济、工业互联网等新兴战略领域；进一步放宽申报条件，优化服务保障，加强考核跟踪，力争为国家培养、储备、留住更多高层次青年创新型人才。各地和各设站单位要加强政策配套，在科研经费、住房、津贴补助、职称评定、学术交流、职业发展等方面给予更大支持。

（六）全面加强专业技术人才能力建设。要按照党的十九大“办好继续教育，加快建设学习型社会，大力提高国民素质”的部署要求，以实施专业技术人才知识更新工程为龙头，加大经济社会发展重点领域急需紧缺人才培养培训力度，全面提升专业技术人才整体素质。专业技术人才知识更新工程是国家12个重大人才工程之一，已经列入国家“十三五”规划。工程实施以来，累计培养培训了927万名高层次急需紧缺人才，建成了140个国家级继续教育基地，年均带动全国参加继续教育超过5 000万人次，推动形成了跨地区、跨部门、跨领域的继续教育新机制，有效缓解了经济社会发展重点领域人才短缺问题。下一步，要继续将实施工程作为提升专业技术人才能力的重要抓手，健全完善面向全体专业技术人才的继续教育制度，扩大培训规模，提升培训质量，加强网络学习平台和继续教育基地建设，以工程的实施引领专业技术人才继续教育广泛深入开展。

同志们，中国特色社会主义进入新时代，这是人才地位和作用更加凸显的时代，也是人才工作者大显身手的时代。我们要更加紧密地团结在以习近平同志为核心的党中央周围，坚持党对人才工作的领导，强化本领危机意识和责任担当意识，加强学习，苦练内功，以专业素养、专业能力和专业精神，努力开启专业技术人才事业发展新征程，为决胜全面建成小康社会做出新的更大贡献！

企校合作　同心协力 全面推进企业新型学徒制工作

——在全面推行企业新型学徒制工作电视电话会上的讲话

汤　涛

（2018 年 11 月 21 日）

这次会议的主要任务是，以习近平新时代中国特色社会主义思想为指导，深入贯彻党中央、国务院关于职业技能培训和技能人才队伍建设的重要决策部署，全面部署推进企业新型学徒制工作。刚才，山东、河南、重庆、徐工集团、首钢技师学院 5 家单位分别从不同角度介绍了企业新型学徒制试点工作经验，措施具体，亮点纷呈，听完以后，很受启发，希望大家相互学习借鉴。今天我们把中央企业人力资源部负责同志组织到主会场，把各省、市、县人力资源社会保障部门相关同志和技工院校负责人组织到分会场，目的就是要广泛宣传、全力发动、共同努力，把新型学徒制在全国普遍推开。下面，我讲四点意见。

一、充分认识全面推行企业新型学徒制的重要意义

党中央、国务院高度重视职业技能培训工作，党的十九大发出了大规模开展职业技能培训，建设知识型、技能型、创新型劳动者大军的动员令，党的十八届五中全会将推行企业新型学徒制确定为重点改革任务，《国民经济和社会发展第十三个五年规划纲要》提出实施企业新型学徒制培训。今年 5 月，国务院印发《关于推行终身职业技能培训制度的意见》（国发〔2018〕11 号），对全面推行企业新型学徒制作出部署安排。为贯彻落实党中央、国务院决策要求，我部与财政部在总结前两批试点工作的基础上，今年 10 月共同制定印发了《关于全面推行企业新型学徒制的意见》（以下简称《意见》），在全国普遍推开这一制度，并明确了相应的任务目标。在全面深化改革、加快完善社会主义市场经济体制、建设现代经济体系的进程中，我国经济发展和就业工作都面临着技能人才短缺的现实问题。因此，对于全面推行企业新型学徒制，大家务必高度重视，充分认识其重要意义。

（一）全面推行企业新型学徒制，是职业培训工作主动适应经济高质量发展和供给侧结构性改革的重大举措。我国经济已由高速增长阶段转向高质量发展阶段。转变发展方式、优化经济结构、转换增长动力对劳动者素质提出更高要求。深化供给侧结构性改革，建设现代化经济体系，需要培养更多高技能人才来支撑。与此同时，劳动者技能水平与岗位需求不匹配的结构性就业矛盾依然突出。习近平总书

记明确指出，必须更加重视教育和职业培训，加大人力资本投资，推动中小企业发展，帮助广大劳动者更好适应创新带来的市场变化和创业就业条件变化。企业新型学徒制培训正是契合了经济社会发展和促进就业要求，进一步拓展职业培训领域，创新职业培训模式，从而为高质量发展和供给侧改革提供技能人才支撑。

（二）全面推行企业新型学徒制，是符合人才成长规律、对我国技能人才培养模式的重大创新。学徒制在我国历史悠久，师傅带徒的工匠技术传承方式一直是我国技术工人培养的主要制度，在新中国建设中也发挥了重要作用。近年来，英美等发达国家探索建立新型学徒制度，收到良好效果。人力资源社会保障部、财政部从2015年开始探索推动试点工作，试点表明，新型学徒制在传统的企业师傅带徒这一模式基础上，引入了职业教育培训机构协同开展培训，并由政府进行激励推动，给予政策支持和财政补贴，是政府推动校企合作、产教融合的行之有效的创新举措，具有强大的生机和活力。在总结我国历史经验、最新实践探索和国外先进经验基础上，在企业普遍推行“招工即招生、入企即入校、企校双师联合培养”的新型学徒制，有利于形成政府、企业和培训机构发挥各自优势、协同推进人才培养的良好工作格局。

（三）全面推行企业新型学徒制，是支持企业发挥主体作用、提高培训针对性有效性的培训制度重大变革。职业培训一直存在着两个重点难点问题，一是培训的针对性有效性不强问题。这里面有培训质量方面的问题，但更关键的，是培训内容与岗位需求联系不够紧密、培训与就业脱节方面的问题。二是企业的主体作用发挥不够问题。体现为一些企业开展职工培训的自觉意识、责任意识、投入意识不强。解决这些难题，需要更好围绕就业需求和岗位需求开展职业培训，需要将职业培训的工作重点向岗位技能提升培训倾斜，需要将就业技能培训的重点向订单定向培训倾斜。建立企业新型学徒制度，可以强化就业导向，充分发挥企业主体作用，使职工培训切实围绕企业生产实际和岗位需求开展，有效提高职业培训的针对性有效性，保障培训质量和效果。

总之，我们要切实提高思想认识，把企业新型学徒制作为新时代技能人才培养模式的制度创新，作为职业培训改革的重要抓手，增强责任感和使命感，全力予以推进。

二、认真总结企业新型学徒制试点经验

2015年和2016年，我部会同财政部先后在22个省（区、市）开展两批企业新型学徒制试点工作，试点企业约200家，培养新型学徒制企业职工约2万人，涉及机械、化工、电气、汽修、数控、焊接等近百个工种。通过试点，我们实现了检验政策、积累经验、研究问题的预期目的，为全面推行企业新型学徒制奠定了良好工作基础。

（一）试点工作成效明显，为全面推行企业新型学徒制提供了实践支撑。一是新型学徒管理制度基本形成。大部分试点地区人力资源社会保障部门在部发文件基础上，进一步细化政策措施，健全包括师资管理、考核评价、督促检查、意见反馈、质量评估等内容的制度体系。试点企业和培训机构不断完善学徒管理制度，签署学徒协议、建立学徒学籍档案、明确师徒待遇、完善教学体系和教学管理体系、明确考核标准等。二是深化校企融合模式基本成型。企业与合作教育培训机构共同制订教学计划、设置培训课程，共同组建优质培训教学团队开展培训。培训地点是“车间＋教室”，使技能人才素质更贴近生产实际，减少技能人才适应岗位时间，人才培养见效快，节约成本。三是创新方式缓解工学矛盾。针对一线岗位分散、时间分散等工学矛盾特别突出的问题，部分地区采取跟岗教学模式开展理论培训。部分地区运用互联网技术，开发手机学习App进行线上教学。采取弹性学制和学分制管理办法，通过半工半读、工学交替、实施学分互认等，促进学徒工学两不误。四是为技能人才创造晋级机会。大部分试点企业都制定了对员工

的技能提升激励措施，将技能人员的技能等级和工资薪酬、晋职晋级等挂钩，提高学徒学习培训积极性。五是促进企业生产效率有效提升。企业员工职业素养和职业技能的提升，有效缓解了企业技能人才紧缺的状况，提高了生产效率和产品质量，为企业发展提供了有力技能人才支撑。试点实践证明，企业新型学徒制符合企业需求、符合我国技能人才队伍建设工作实际。

（二）试点工作有序推进，为全面推行企业新型学徒制积累了经验。一是工作方案要细化。试点中各地成立工作小组，深入调研，科学论证，充分吸收行业企业意见，制定详细工作方案，合理确定试点单位和试点专业，加强规划设计、资源配置、经费保障、督导评估。二是过程管理要规范。各地在校企双方签订培养协议、学籍管理、教学管理、质量监督等方面进行政策创新的同时，注重加强规范管理。部分地区建立省、市人力资源社会保障部门、试点企业和院校督导体系，对试点工作进行督导检查。三是评估考核要加强。各地为提高培训质量，在试点企业建立了效果评估机制，对合作试点企业、院校、导师和学徒进行逐一考核。企业与学校共同对学徒的学习表现与成绩、技能实操水平及岗位绩效进行评价，保证培养进度与质量。四是激励政策要给力。一些企业制定带徒津贴和师徒双奖激励政策。根据学徒出勤情况、考试成绩，可给予学徒培养经历证明、一次性奖励等；师傅可享受带徒津贴、优秀教学奖励、与薪酬体系挂钩等待遇。

（三）试点中发现的问题，需要在下一步工作中有针对性地加以解决。通过试点我们发现了一些问题。一是企业积极性参差不齐。部分企业重业绩重经营，没有看到技能人才培养对企业核心竞争力提升的长远价值；一些中小型企业在技能人才培养方面还缺乏手段、平台和长远规划；还有许多企业由于生产任务紧、企业与院校距离远、参训人员需要牺牲休息时间等客观原因，参加企业新型学徒制的积极性不高，也有少数学员会中途放弃。二是技工院校培训能力有待加强。许多院校由于体制机制方面存在问题，师资数量有限，实训实操设备落后，导致课程设置、人才培养效果等都不能满足企业需求。三是缺乏规范的技能培训标准。参加企业新型学徒制培训的职工，培训后取得职业资格证书（或职业技能等级证书、专项职业能力证书、培训合格证书），企业可以领取一定标准的职业培训补贴。但实践中，企业许多技能岗位职业（工种）不在国家职业资格目录中，也尚未制定技能规范标准，基层对培训合格证书的发放主体和管理要求等缺乏操作性具体政策，影响了企业参与学徒培训的积极性。四是财政补贴政策不够完善。财政补贴政策要求“先支后补、按年度事后结算”，并且补贴资金支付到企业，事实上造成合作的培训机构全额垫付培训费用，并且需要至少一年多时间才能从企业拿到费用，影响培训质量和效果。针对这些问题，我们两部都进行了认真研究，在《意见》中提出了有针对性的政策措施，努力为全面推行这一制度清除障碍，但要真正解决这些问题，仍需要各地坚持问题导向，不断结合实际探索创新。

三、准确把握《意见》的基本精神和主要内容

《意见》是全面推行企业新型学徒制的总体部署和工作准则，各级人力资源社会保障部门和各类企业要重点把握好以下三个方面的内容。

（一）准确把握《意见》的总体思路。一是把握工作导向。要服务就业和经济社会发展，适应培育壮大新动能、产业转型升级和现代企业发展需要，大力推进技能人才培养工作，深化产教融合、校企合作，创新中国特色技能人才培养模式。二是做好顶层设计。要进一步发挥企业主体作用，按照政府引导、企业为主、院校参与、企校合作的原则，做好“招工即招生、入企即入校、企校双师联合培养”为主要内容的企业新型学徒制操作层面的政策设计。三是明确工作目标。从今年起到 2020

年底，我们要努力形成政府激励推动、企业加大投入、培训机构积极参与、劳动者踊跃参加的职业技能培训新格局。2019年、2020年各培训25万名学徒；2021年起，继续加大工作力度，力争年培训50万名学徒。这个任务很重，能否完成要靠我们的工作实践来回答。

（二）准确把握《意见》的培养对象、目标和模式。一是在培养对象上，学徒培训以与企业签订一年以上劳动合同的技能岗位新招用和转岗等人员为培养对象，企业可结合生产实际自主确定培养对象。政策设计初衷就是拓展企业技能岗位招用人员来源，即使招收对象本身无技能基础，也可以通过学徒制实现技能岗位就业，促进转岗人员企业内流动。这可以缓解技能人才供求矛盾，促进新生代农民工就业，促进劳动者稳就业减少失业。二是在培养目标上，以符合企业岗位需求的中、高级技术工人为主，培养期限为1～2年，特殊情况可延长到3年。客观上促进企业与学徒签订中长期劳动合同、提高工资待遇，实现劳动者稳定就业和高质量就业。三是在培养模式上，采取“企校双制、工学一体”的培养模式，即由企业与教育培训机构采取企校双师带徒、工学交替培养等模式共同培养学徒。以企业为主导确定具体培养任务。在企业主要通过企业导师带徒方式，在培训机构主要采取工学一体化教学培训方式。目的就是充分发挥企业和院校的长处，实现师资优势互补，培养“全能型”学徒。鼓励支持有条件的企业自主对学徒进行技能评价，由企业主导串联起学徒培养各个环节，确定培养目标任务、选择培训机构、确定评价方式，使企业在技能人才培养、使用、评价等环节的主体作用得到保障和发挥。四是在弹性学制和学分制上，承担学徒培训任务的培训机构，要结合企业生产和学徒工作生活实际，采取弹性学制，实行学分制管理。鼓励和支持学徒利用业余时间分阶段完成学业，目的就是提高学习效率，实现“车间＋教室”的灵活培训方式，解决工学矛盾问题。

（三）准确把握《意见》的投入机制和补贴政策。在企业投入方面。一是工资。学徒在学习培训期间，企业应当按照劳动合同法的规定支付工资，且工资不得低于企业所在地最低工资标准。二是校企合作培训费用。由企业按照与培训机构签订的合作协议向培训机构支付学徒培训费用，所需资金从企业职工教育经费中列支。三是导师带徒津贴。承担带徒任务的企业导师享受导师带徒津贴，津贴标准由企业确定，津贴由企业承担。四是企业内培训费用。企业对学徒开展在岗培训、业务研修等企业内部发生的费用，符合有关政策规定的，可从企业职工教育经费中列支。

在政府财政补贴政策方面。人力资源社会保障部门、财政部门要对开展学徒培训的企业按规定给予职业培训补贴，补贴资金从就业补助资金列支。补贴标准由各省（区、市）人力资源社会保障部门会同省级财政部门确定，学徒每人每年的补贴标准原则上不低于4 000元，各地可根据经济发展、培训成本、物价指数等情况逐步提高。培训中先预支不超过50％的补贴资金，培训任务完成后及时拨付其余补贴资金。这是政府激励政策的集中体现，同时为各地开展工作预留了政策空间，也解决了培训机构垫付资金问题，是学徒培训政策的重大制度性创新。

四、同心协力共同推进企业新型学徒制工作

（一）要加强组织领导。各地区、各有关部门、有关企业要进一步提高认识，增强责任感和紧迫感，把推行企业新型学徒制作为当前人力资源社会保障工作的重点内容，认真组织实施。要建立人力资源社会保障、财政部门牵头，国资等相关部门密切配合、协同推进的工作机制。各省（区、市）人力资源社会保障部门要研究制定贯彻落实《意见》的工作方案，要结合实际确定年度工作计划和量化指标，要明确任务，细化分工，具体到人，落实责任。人力资源社会保障部门要会同财政部门加大工作督导力度，建立与企业、院校的联系制度，加强工作指导，统筹推进工作。

（二）要做好宣传发动。企业新型学徒制工作不同于以往的培训工作，政策涉及的几个相关主体中，政府更多承担的是政策设计和服务保障工作，企业要在其中担纲主角，发挥主体作用。企业、院校、劳动者能否充分了解新型学徒政策、踊跃参与其中，是工作成败的关键。各级政府人力资源社会保障部门要跳出以往政策宣传中逐级传达文件、系统内部循环、企业和社会知之甚少的窠臼，把宣传发动工作作为重中之重，下大力气，做真功夫，做细工作。一是开展普遍宣传。要创新宣传方式，采取答记者问、政策解读等群众喜闻乐见的方式，充分运用各类报纸、网络、公众号等新闻媒体，通过日常宣传与集中宣传相结合的方式，强化典型示范，突出导向作用，大力宣传好的做法经验，深入开展宣传活动，扩大企业新型学徒制培训的社会知晓度和影响力。二是开展重点宣讲。部里统一印制了张贴画和政策宣传折页，将分发到各省（区、市）人力资源社会保障部门，各地也可以根据实际需要加印。要开展宣传工作进企业、进社区、进院校工作，采取政策宣讲、举办培训班、分发张贴画和宣传折页等形式，对政策的重点内容、对企业和劳动者的利好消息等进行集中宣传。三是开展政策咨询。各级人力资源社会保障部门要明确专人承担政策解读任务，要将工作联系人联系方式同步向社会公布，方便企业、院校、劳动者咨询政策，了解工作程序和要求。通过宣传发动，充分调动企业、院校、劳动者的积极性。

（三）要健全政策措施。下一步，部里将编印企业新型学徒制工作指南，汇总试点工作中的做法经验、制度创新和协议样式，为各地全面推行学徒制提供参考和借鉴。各地人力资源社会保障部门要按照《意见》的要求和当地实际，健全完善政策措施。一是制定具体操作办法，加强顶层设计，统筹全省工作，确定工作程序，明确备案审核主体，为各地开展工作提供遵循。同时，要注意与脱贫攻坚等工作紧密衔接，将建档立卡贫困人口特别是“三区三州”深度贫困地区的劳动力作为新型学徒的重要来源，让他们能够通过技能提升增加收入、摆脱贫困。二是完善督导评估办法，健全督导机制，确保企业新型学徒制培训持续健康发展。三是制定各类专项政策。要结合学徒培养实际，制定教学管理、学分管理、质量评价、培训考核、补贴申领等制度，把政策措施做细做实。要在学徒培养过程中，探索推进弹性学制、国家基本职业培训包、“互联网＋职业培训”、一体化课程教学等培养培训模式。四是落实补贴政策。严格按照有关规定执行企业新型学徒职业培训补贴和职业技能鉴定补贴政策，落实补贴资金；加大投入，调整就业补助资金支出结构，逐步提高职业培训支出比重；指导企业按照有关法律法规足额提取职工教育培训经费，增加企业新型学徒制培训经费投入。

（四）要精心组织实施。会后，各地要马上启动企业新型学徒制工作，确保2019年全面推开。一是开展审核备案。各地要根据属地管理原则，由当地人力资源社会保障部门对新型学徒培训实行备案审核，对中央企业、国有企业、民营企业等要一视同仁落实政策。二是强化信息管理。在源头上启动信息管理工作，实施学徒培训实名制信息管理，指导企业建立培训台账，详细记录参训人员基础信息和培训过程，人力资源社会保障部门汇总学徒培训工作信息并建立数据库。三是强化服务保障。各级人力资源社会保障部门要建立目录清单管理制度，形成参与企业新型学徒制的企业目录、培训机构目录，并进行动态调整。明年部里将召开现场推进会，调度督办工作。

同志们，推行企业新型学徒制是当前人力资源社会保障工作的一件大事，对我们围绕中心、服务大局、深入改革、促进发展具有重要意义和作用。我们要抓住机遇，扎实工作，不断创新，努力把工作做细、做实、做好，让企业、院校、劳动者真正受益，为促进就业和经济社会发展做出新的更大的贡献！

学习贯彻十九大精神　聚焦精准脱贫攻坚
扎实推进社会保险扶贫工作落细落实

——在全国社会保险扶贫工作推进暨经验交流会上的讲话

游　钧

（2018 年 1 月 25 日）

新年伊始，我们在四川凉山召开全国社会保险扶贫工作推进暨经验交流会，这是在党的十九大胜利召开之后，在中央经济工作会议、全国扶贫开发工作会议以及全国人力资源社会保障工作会议召开之后，党中央对打好精准脱贫攻坚战进行全面部署的背景之下，人社系统为推进社会保险扶贫工作召开的首次全国性会议，表明人社系统坚决贯彻落实中央关于打赢脱贫攻坚战的决心、信心。

我昨天去了布拖县实地调研，今天又听了凉山州的经验介绍，感受很深。凉山州树立了“精准扶贫、社保同行”理念，开辟了悬崖村社保助力扶贫新模式，构筑了建档立卡贫困人员“三重医疗保障”网，出台实施了建档立卡贫困户综合社会保障政策，与全国人民一道跑步奔小康，这些经验值得学习借鉴。下面，我就人社系统全面推进社会保险扶贫工作再讲几点意见。

一、提高政治站位，充分认识做好社会保险扶贫工作的重要意义

脱贫攻坚，是习近平新时代中国特色社会主义思想的必然要求和生动实践，是我们党政治优势、宗旨初心、自觉自信的鲜明体现，是中国特色社会主义制度优越性的极大彰显，是党带领全国人民创造的又一“中国奇迹”，是中华民族发展史、社会主义发展史、人类社会发展史上的伟大壮举。

总书记强调：没有贫困地区的小康，没有贫困人口的脱贫，就没有全面建成小康社会。脱贫攻坚是当代中国共产党人不忘初心、牢记使命的鲜明体现，是坚持以人民为中心发展思想的生动实践。土地革命时期，我们党领导人民打土豪、分田地，为的是让劳苦大众摆脱剥削和压迫；战争年代，无数共产党人前赴后继、流血牺牲，为的是民族独立、人民解放；社会主义建设时期，党带领人民艰苦创业，为的是百姓过上好日子、创造新生活；改革开放新时期，我们进行新的伟大革命、伟大事业，为的是中国人民实现从站起来到富起来的历史性跨越。今天，我们党吹响了脱贫攻坚的冲锋号，为之奋斗的依然是人民对美好生活的向往。社保战线同志一定要深刻领会脱贫攻坚的重要性严肃性，提高政治站位，强化责任担当。

（一）要认识到社保扶贫是贯彻落实党中

央打赢脱贫攻坚战决策部署的重要举措。2016年以来，我部先后6次召开部党组会和部务会专题研究人社扶贫工作，并印发《关于在打赢脱贫攻坚战中做好人力资源社会保障扶贫工作的意见》，就人社领域扶贫作出部署。2017年6月，习近平总书记在山西太原主持召开深度贫困地区脱贫攻坚座谈会，强调指出脱贫攻坚本来就是一场硬仗，深度贫困地区脱贫攻坚更是这场硬仗中的硬仗，必须给予更加集中的支持，采取更加有效的举措，开展更加有力的工作；要求高度重视因病致贫、因病返贫问题，尽快消除深度贫困地区“支出型贫困”。在此背景下，部党组要求我们坚决贯彻习近平总书记重要指示精神，聚焦深度贫困人口，强化精准发力，专门研究提出社会保险扶贫的有效政策措施。按照部党组要求，我们积极协调财政部、国务院扶贫办，深入调查研究，反复讨论会商，广泛征求意见，决定在人力资源社会保障扶贫的总体部署下，就做好社会保险扶贫工作作出专门部署，会同财政部、国务院扶贫办联合出台社会保险扶贫文件。这是人社领域聚焦精准扶贫的又一个实际行动，是推进社会保险扶贫的专题部署，是助力打赢脱贫攻坚战的重要举措。

（二）要认识到社保扶贫是进一步织密扎牢社会保障“安全网”的重要内容。按照中央“五个一批”的扶贫路径，社会保障要兜底一批。党的十九大报告也明确提出按照兜底线、织密网、建机制的要求加强社会保障体系建设。社会保障兜底主要是指发挥城乡低保的兜底作用。同时也强调要加快完善城乡居民基本养老保险制度，逐步提高保障水平；加强医疗保险和医疗救助，保障贫困人口享有基本医疗卫生服务。目前，低保对象的管理更加动态精准，兜底的保障效果也更加显现。但脱贫攻坚任务仍然艰巨，城乡居民养老保险、城乡居民医疗保险在扶贫开发中的作用还需进一步发挥。由于城乡居民养老保险主要覆盖低收入人群，其经济条件较差，缴费能力偏弱，尤其是建档立卡贫困人口、低保对象、特困人员等群体，经济更困难。对他们实施差异化、有倾斜的帮扶政策，减轻参保缴费负担，将他们纳入参保范围，使其按规定享受一份稳定的养老保障，能极大助力精准脱贫。针对贫困人员医疗费用负担重的实际，在稳定基本医保待遇水平的基础上，通过大病保险倾斜性政策降低个人负担；对贫困人员中因病因伤致贫返贫患者，通过加强基本医保、大病保险和医疗救助的有效衔接以及工伤保险制度保障，提高其受益水平，同样助力精准脱贫。同时，对贫困劳动力，帮助他们按规定参加工伤保险、失业保险、生育保险，能有效防止因工伤、失业、生育等陷入贫困。如此，社会保障“安全网”才会越织越密，社会发展的“稳定器”效果才会充分显现。

（三）要认识到社保扶贫是提升社会保险工作科学化、精细化水平的重要途径。精准扶贫精准脱贫是扶贫开发工作坚持的基本方略。社会保险扶贫具体到参保个体，更要遵循这个基本方略。首要任务就是要立足职能职责，针对扶贫对象特点和需求，通过差异化、精细化政策支持，将精准识别的贫困人员纳入社会保险特别是基本养老保险、基本医疗保险，做到应保尽保。其次就是要立足职能职责，按规定将其他未参保或断保人员纳入社会保险，通过制度性保障防止其陷入贫困。这就要求我们进一步提升社会保险扶贫工作的科学化、精细化水平，全面准确摸清贫困人口及其他社会成员的参保和待遇发放情况，以社会保险扶贫的精准、高效、优质，来全面提升社会保险各项工作的科学化、精细化水平。

二、总结经验成效，进一步坚定做好社会保险扶贫工作的信心决心

会上12个单位的典型发言，既有省级层面，又有地市和县级层面；既有养老、医疗、工伤、失业等扶贫政策，又有经办管理、信息支撑等保障措施；既有经验体会，又有问题建议；既有文字材料，又有图像演示。全方位反映了社保领域的扶贫进展和成效。

（一）服务大局的思想认识进一步提升。各地认真学习《人力资源社会保障部　财政部　国务院扶贫办关于切实做好社会保险扶贫工作的意见》（人社部发〔2017〕59号，以下简称59号文件）精神，把社会保险扶贫作为服务中央扶贫大局的有力举措来抓，作为人社扶贫的重要内容摆位。目前已有23个省份出台社会保险扶贫文件，所有省份均落实贫困人口参加医疗保险补助政策，27个省份制定大病保险向贫困人员倾斜政策（普遍降低起付线40%～60%，提高报销比例5%～20%），享受代缴城乡居民养老保险费的贫困人员人数超过1 515万人，享受城乡居民养老保险待遇的贫困老人超过1 681万人。

（二）精准扶贫的政策措施不断完善。在落实59号文件的基础上，各地还制定了一些含金量较高的社会保险扶贫政策措施。总体上是覆盖对象更准、受益水平更高、助力脱贫效果更好。比如云南省介绍的“一确保、四倾斜、一站式”医保扶贫综合措施，山西省建立的“三保险、三救助”医疗保障帮扶制度等。

（三）实践探索的有效做法日益丰富。各地结合实际，创造出许多好经验好做法。比如，四川省采取组织领导与经费保障相结合、地域特点与队伍建设相结合、政策宣传与民族习俗相结合等措施，精准推进少数民族贫困人员参保。贵州省以农民工为主体，通过抓制度建设、抓部门协调、抓服务管理、抓政策宣传，筑牢因工伤致贫返贫防线。重庆市提升信息化支撑能力，实现医保与民政救助、扶贫资助等“一站式”结算。

在看到成绩的同时，也要看到目前社会保险扶贫工作与明确的目标任务还有不少差距。一是部分地区贫困人口参保底数不准。主要是没有建立起与扶贫、民政等部门的信息共享机制及贫困人口参加社会保险的动态管理台账。从调度情况看，有的地方还不能准确统计建档立卡未标注脱贫的贫困人口、低保对象、特困人员等困难群体人数，不能精准地掌握其参保与待遇保障情况。二是部分地区助力脱贫的正确方向把握不准。有的对社会保障兜底和社会保险助力扶贫的功能定位不分，对保障制度综合衔接或部门协调认识不足；有的只是简单地以文件落实文件，缺乏深入调查；有的盲目提高保障标准，对贫困户作出脱离实际的承诺，像看病不排队不要钱等，不仅过度透支财力、不可持续，而且产生了贫困户与非贫困户的“悬崖效应”，引发新的不公。三是部分地区扶贫政策落细落实不够。主要是对社会保险扶贫工作行动不力、责任不清、分工不明、协调不畅、调度不实，存在某种程度的口号扶贫、数字扶贫等现象。这些问题需要各地高度重视，按照问题导向和目标导向，一个问题一个问题解决，一项工作接着一项工作推进。

三、聚焦深度贫困，扎实推进社会保险扶贫工作落细落实

党的十九大强调“要重点攻克深度贫困地区脱贫任务”。去年9月，中办、国办下发支持深度贫困地区脱贫攻坚实施意见。做好社会保险扶贫工作，一定要聚焦深度贫困地区、聚焦特殊贫困群体，扎实推进社会保险扶贫工作落细落实。

（一）尽快出台扶贫文件。目前全国还有9个省份未出台社保扶贫文件。本次参会的24个省份是国务院扶贫办确定有深度贫困县、乡、村的省份，其中仍有5个省份未出台文件。各地人社部门要抓紧时间，主动协调相关部门加强调查研究，明确人群范围、保障项目和功能定位，合理地确定保障标准，制定具有本地特色的社会保险扶贫政策。2018年上半年，社会保险扶贫政策要在所有县级行政区落地见效，并做好与相关政策的衔接。

（二）推进深度贫困人员应保尽保。人力资源社会保障部和国务院扶贫办要建立信息共享机制，定期开展建档立卡贫困人口与全国社会保险参保人员数据信息比对，全面掌握贫困人口的参保信息。基层人社部门要主动与当地扶贫办、民政部门沟通，获取建档立卡贫困人口、低保对象、特困人员等困难群体基本信

息，并深入乡镇（社区）、行政村进一步核实。对符合参保条件的贫困人员，各地社保机构要积极主动开展参保登记及代缴保费等经办服务工作，尽快将其纳入社会保险覆盖范围。

（三）落实社会保险补助资金。贫困人员能否参保，资金到位是关键。要联合出台社会保险扶贫文件，得到财政部门大力支持。从23个省份出台的社会保险扶贫文件看，绝大部分地区城乡居民养老保险代缴保费由县级财政承担。各地人社部门尤其是县级人社部门要主动与财政部门沟通，按照核定的贫困人员名单，配合财政部门及时做好社会保险补助资金的预算安排和分配下达，确保按时足额拨付到位。

（四）增强深度贫困地区经办能力。以“三区三州”为代表的深度贫困地区基础条件薄弱，基层经办能力不足。各地要按照59号文件要求抓好落实。要在培训上支持，通过“送培训到基层”、以会代训等方式，让贫困地区工作人员学习先进地区的好做法，提高他们的服务水平。要强化信息平台支撑能力，部里将启动部级社会保险扶贫信息化工作平台搭建，为各地提供建档立卡贫困人员的基础信息。

（五）全力抓好医保扶贫工作落实。要聚焦因病致贫返贫人员，按照“基本医保应保尽保、大病保险精准支付、医疗救助兜底保障”的基本思路，重点围绕深度贫困地区、特殊贫困人口，着力解决影响其生活的住院大病和门诊慢病医疗费用经济风险。2018年，初步确定居民医保财政补助增加40元，其中20元用于大病保险，有条件的地方可以探索取消大病保险起付线等措施。要重视做好贫困人员的医疗保险服务工作，依托基本医保信息平台，实现基本医保、大病保险、医疗救助“一站式”即时结算，切实减轻贫困患者垫资压力。

（六）加强社保扶贫工作调度。部相关单位每季度调度1次，调度情况每季度汇总分析后进行通报。各级人社部门要建立综合管理台账，做好人员标识，动态掌握建档立卡贫困人口、低保对象、特困人员等困难群体的参保和待遇发放情况，配合部里做好调度工作。

（七）开展社保扶贫领域作风问题专项治理。2018年是人社扶贫攻坚作风建设年，要在全国人社扶贫领域开展作风问题专项治理。重点治理“四个意识”不强、责任落实不到位、工作措施不精准、资金管理使用不规范、工作作风不扎实、考核监督从严要求不够等问题。各地要提高思想认识，落实工作责任，认真组织实施。

做好社会保险扶贫工作责任重大，使命光荣。我们要以习近平新时代中国特色社会主义思想为指导，深入贯彻党的十九大精神，凝心聚力、锐意进取，真抓实干、奋发有为，为打赢脱贫攻坚战贡献人社力量。

加快完善新时代职工养老保险制度

——在全国养老保险工作座谈会上的讲话

游　钧

（2018年7月23日）

这次全国养老保险工作座谈会的主要任务是：以习近平新时代中国特色社会主义思想为指导，全面贯彻落实党的十九大和十九届二中、三中全会精神，总结近年来养老保险工作，分析面临的形势，以实施养老保险基金中央调剂制度为重点，加快推进省级统筹，为尽快实现养老保险全国统筹打下牢固基础，推动中国特色养老保险制度更加公平更可持续发展。下面我讲三个问题。

一、充分肯定近年来养老保险工作的显著成绩

党的十八大以来，以习近平同志为核心的党中央对加强社会保障体系建设和开展养老保险顶层设计、深化养老保险制度改革作出一系列部署，提出明确要求，指明了工作方向。系统上下认真贯彻党中央、国务院决策部署和部党组“抓重点、抓改革、抓风险防控、促公共服务能力提升”的工作要求，攻坚克难，砥砺奋进，职工养老保险事业有了新的重大发展。一是养老保险顶层设计工作圆满完成。2013年以来，我部会同财政等部门研究起草了《改革和完善基本养老保险制度总体方案》，完成了养老保险制度改革顶层设计，具体措施按照区分轻重缓急、把握出台时机、成熟一项实施一项的要求，积极稳妥实施。其中，机关事业单位养老保险制度改革、全民参保登记计划、基本养老保险基金投资运营、统一个人账户记账利率等改革措施已经开始实施，划转部分国有资本充实社保基金实施方案、基金中央调剂制度已经出台，正在组织实施。其他改革措施将陆续推出。二是基金中央调剂制度已经确立。中央全面深化改革委员会第二次会议审议通过企业职工基本养老保险基金中央调剂制度方案，国务院印发建立基金中央调剂制度的通知（国发〔2018〕18号），并召开专题会议部署实施，基金中央调剂制度正式出台。三是机关事业单位养老保险制度改革有序推进。目前，全国32个省份（含新疆生产建设兵团）全部开展了基金征缴和待遇发放工作，已有29个省份启动了中央驻地方单位参保工作，改革实施工作总体平稳。四是省级统筹进一步规范。目前，全国32个省份（含新疆生产建设兵团）全部建立了省级统筹制度，约三分之一的省份实现了基金统收统支，其他省份也以省级预算管理或调剂形式，加强了省内基金统筹共济。五是待遇水平继续提高。连续14年提高企业退休人员基本养老金水平，并从2016年起同步调整机关事业单位退休人员基本养老金。六是多层次养老保险有了新的发

展。修订出台了《企业年金办法》，进一步完善了企业年金相关政策。机关事业单位养老保险制度改革后，普遍建立了职业年金。同时着手研究养老保险第三支柱政策框架，选择上海、福建和苏州工业园区开展个人税收递延型商业养老保险试点。

今年是我国改革开放 40 周年。40 年来，养老保险制度从无到有，范围从少到多，待遇从低到高，从国有企业改革的配套措施逐步发展到经济社会的一项基本制度，进而成为国家治理体系和治理能力现代化的重要内容，有力地支持了国有企业改革和经济结构调整，在化解市场风险、促进公平竞争、保护职工权益、维护社会稳定等方面都发挥了重要作用。30 多年养老保险制度改革的经验值得总结和继承：一是正确把握基本养老保险本质属性，着力体现社会公平。着力保障和改善民生、不断增强人民福祉始终是我们党和政府工作的重点。基本养老保险是最重要的社会保障制度，是再分配的重要途径，要坚持再分配更加注重公平的原则，保障基本生活，体现社会公平。二是坚持立足国情，坚定不移走中国特色养老保险道路。社会统筹与个人账户相结合的基本养老保险制度，是从实际出发、实事求是探索建立的，明确了国家、单位、个人三方共担的责任，较好地体现了权利与义务相对应、公平与效率相结合，实践证明是符合我国国情的唯一正确选择。三是坚持问题导向，在解决突出矛盾中不断推进制度建设。我国的改革采取的是渐进式改革。在这个大背景下，养老改革始终坚持服务中心、服从大局，根据经济社会发展需要，针对阻碍企业改革、经济发展和影响社会稳定的突出矛盾，及时研究解决问题，明确相关政策，在逐个解决问题中实现制度的不断完善。四是自下而上与自上而下相结合完善政策。这是由我国经济社会发展阶段性特点决定的。在过去地区之间相对封闭、各地之间发展不平衡的情况下，主要采取自下而上、鼓励基层探索、逐步形成统一政策的办法。随着全国统一的要素市场不断发育完善，劳动力跨地区流动频繁，对在全国范围内统一养老保险政策提出更为迫切的要求。自上而下统一规范政策是养老保险制度改革进入高级阶段的重要标志，是更深层次的改革。五是政策、经办、信息、监督四位一体同步推进。基本养老金与本人缴费年限、缴费水平和退休早晚紧密挂钩，多缴多得、长缴多得、晚退多得，体现参保缴费激励约束机制。严格加强基金管理，不断完善经办管理规程，加快推进专业化、规范化、信息化建设，社会保险逐渐成为品牌。30 多年来，全系统同志勇于解放思想，敢于大胆实践，与时俱进，改革创新，直面问题，不回避矛盾，敢于担当，不断开创工作新局面，这是养老保险事业发展的最大精神财富。

二、准确把握新时代养老保险面临的新形势、新机遇和新要求

党的十九大作出了我国社会主要矛盾已发生重大变化和中国特色社会主义进入新时代的重大政治判断。新型工业化、农村城镇化快速推进，人均寿命不断延长，受教育年限不断增加，中等收入人群和高素质劳动者比重不断提高，对更加公平更可持续社会保障提出了更高的要求和新的期待，养老保险制度也面临不平衡不充分的矛盾。当前主要是不平衡的结构性矛盾，长期看主要是不充分的可持性问题。

党的十九大报告对完善城镇职工基本养老保险制度、尽快实现养老保险全国统筹作出部署，顶层设计绘就了养老保险制度改革的路线图、时间表。我们要继承和发扬过去 30 多年历代社保人敢闯敢干的改革精神，坚定不移地贯彻落实党中央、国务院决策部署，狠抓机遇，迎接挑战，新时代要有新作为。

一是要提高政治站位，把坚持以人民为中心的思想落到实处。养老保险事关人民群众最关心最直接最现实利益问题，事关经济发展、社会稳定和国家长治久安。我们要从确保党长

期执政的高度，准确把握功能定位，发挥养老保险在稳定人心、稳定预期、稳定社会和调节收入分配、缩小收入差距、促进社会公平等方面的重要作用，使人民获得感、幸福感、安全感更加充实、更有保障、更可持续。

二是要深刻把握规律，把尽力而为、量力而行的要求落到实处。习近平总书记强调指出，做好民生工作，要坚持尽力而为、量力而行，要努力做，但不要好高骛远、寅吃卯粮，坚决反对民粹主义和福利主义。改革和完善养老保险制度必须从国情和实际出发，积极稳妥推进。

三是要突出工作重点，把党的十九大明确的社会保障发展目标落到实处。要按照兜底线、织密网、建机制的要求，全面建成覆盖全民、城乡统筹、权责清晰、保障适度、可持续的多层次社会保障体系。为此，要如期兑现全民覆盖的政治承诺，统筹推进城乡发展；按照权责清晰的要求，健全对个人、单位、地方三个方面的激励约束机制；厘清中央和地方责任，尽快实现养老保险全国统筹；要建立基本养老保险、企业（职业）年金、个人储蓄性养老保险和商业养老保险相结合的多层次体系；根据物价变动和职工工资增长情况，健全基本养老金合理调整机制；完善应对人口老龄化、实现制度可持续的政策措施。

三、全力以赴抓好今年的养老保险工作

（一）组织实施好基金中央调剂制度。我部正在会同财政部抓紧制定相关配套政策，一是出台具体实施办法，尽快下达2018年下半年资金上解下拨指标，确保三季度启动资金缴拨工作。二是建立健全考核奖惩机制。各地要进一步统一思想、提高认识，切实采取措施，贯彻落实好18号文件，既要确保按时足额上解资金，又要确保基本养老金按时足额发放。

（二）确保2020年基金省级统收统支。按照国务院关于2020年全面实现基金统收统支的省级统筹的要求，我部将会同财政部进一步细化省级统筹标准，制订具体的工作计划，加强工作调度和督导，确保按时完成任务。各地要认真全面梳理本地区省级统筹进展情况和存在的问题，对照两部提出的省级统筹标准和工作计划，研究提出本省份完善省级统筹的工作思路，制定完善省级统筹的工作方案，明确时间表和路线图，探索建立基金缺口责任分担机制，确保2020年前实现全省统一费率、基金统收统支。

（三）切实防范化解基金运行风险。去年中央经济工作会议对防范化解养老金支付潜在风险提出明确要求。我部会同财政部研究起草了建立防范化解养老保险基金潜在风险运行机制的指导意见，进一步修改后正式下发。各地要高度重视防范化解基金运行风险工作，加强本地区基金运行精算分析，切实落实省级政府弥补资金缺口主体责任，通过完善省级统筹、加强基金收支管理、多渠道筹集资金等措施确保当期发放。

（四）推动机关事业单位养老保险制度改革全面实施到位。按全面实施到位的三个标志来衡量，将应参保人群纳入实现参保缴费和由社保机构发放退休人员待遇这两个目标已经基本实现，目前最大问题是多数省份尚未实现按新办法计发待遇。为此，必须坚守从制度上实现公平的初衷，以高度的责任感和强烈的担当精神，科学严谨地做好待遇平稳衔接工作。

（五）统筹兼顾，做好今年的各项养老保险工作。一是落实人力资源社会保障部、财政部《关于进一步加强企业职工基本养老保险基金收支管理的通知》（人社部发〔2016〕132号）要求，严格进行规范整改。二是加强特殊工种提前退休管理，遏制非正常特殊工种提前退休行为。三是合理控制遗属待遇水平。

当前，我们正处在养老保险制度改革的关键时期，改革出动力，改革出活力，养老保险制度的根本出路在于改革。过去30年，我们通过改革，成功地实现了体制转轨，从无到有

建立了与社会主义市场经济体制相适应的养老保险制度。迈入新时代，面临新机遇，面对新矛盾，我们更要有新的作为，高举改革大旗，知难而进，迎难而上，攻坚克难，不断前进。全系统的干部职工都做改革的闯将，在以习近平同志为核心的党中央正确领导下，以习近平新时代中国特色社会主义思想为指导，同心合力，共同开创新时代养老保险事业新局面。

改革创新　真抓实干
确保完成就业目标任务

——在全国就业创业工作电视电话会议上的讲话

张义珍

（2018 年 4 月 26 日）

为确保完成目标任务，做好全年工作，部里制定了 2018 年就业工作方案，已经部务会审议通过，将于近日印发。请各地结合实际，认真抓好贯彻落实。下面，我再作一些具体部署安排。

今年就业工作主要任务是，确保就业目标全面完成、就业大局总体稳定、就业质量稳步提升。具体目标包括：一是实现国民经济和社会发展目标。全国城镇新增就业 1 100 万人以上，全国城镇调查失业率 5.5%以内，全国城镇登记失业率 4.5%以内。其中，城镇新增就业要瞄准 1 300 万人以上的更高目标，为贯彻党的十九大精神开好局起好步，同时也兑现政府的庄严承诺。调查失业率首次纳入宏观调控目标并公开发布，既能更全面反映经济运行和就业状况，也是对就业工作的有力检验。二是保障重点群体就业稳定。2018 届高校毕业生年底就业水平保持高位，新增帮扶 100 万建档立卡贫困劳动力就业增收，争取去产能职工安置任务全面完成。三是推动改革任务完成。制定出台畅通劳动者社会性流动和全方位公共就业创业服务两项改革举措，还要制定应对就业风险的政策措施。

综合分析，完成全年目标任务有许多积极因素，党中央、国务院对就业工作高度重视，经济总体稳定向好，改革创新红利持续释放，就业政策服务体系较为完备。但当前国内外形势依然错综复杂，面对贸易摩擦带来的变数、结构性矛盾凸显的难题、劳动力总量仍处高位的压力，高质量完成全年任务，仍需付出艰苦努力。各地要认真贯彻党中央、国务院决策部署，按照部党组和纪南同志要求，把促进就业作为重要政治责任，主动作为，务实求进，供需发力、创业引领、服务推进，促改革、稳重点、防风险，扎实做好就业各项工作。重点要抓好六个方面。

一、创造更多高质量就业机会

就业扩量提质，根本要靠经济发展，关键是深入实施就业优先战略和积极就业政策。各地要结合实际推动落实，促进经济发展与扩大就业良性互动。一是坚持实施就业优先战略。建立高质量就业评价体系，推动地方党委政府把高质量就业纳入高质量发展指标体系、政绩考核体系，建立责任机制，落实资金和项目保障，增加高质量就业机会。主动参与当地经济社会发展规划、结构调整和产业政策制定，建立实体经济、科技创新、现代金融与人力资源协同发展机制，增强经济发展拉动就业能力。建立重大政策、重大投资对就业影响评估机制，推动就业岗位与人力资源有效衔接。二是落实完善积极就业政策。研究制定培育新动能促进就业政策，完善适应新就业形态发展的劳动用工和社会保障政策，助力新动能发展扩大就业。深化就业领域改革，制定破除妨碍劳动者社会性流动体制机制弊端的意见，完善公平就业制度，努力消除性别和身份歧视，使人人都能获得公平机会和展示舞台。同时，狠抓政策落实，建立全国一体化宣传平台，开展重点群体就业创业税收政策评估，确保政策全面落实兑现。三是构建和谐劳动关系。深入开展和谐劳动关系创建活动，全面实行劳动合同制度，推进集体协商集体合同制度建设，使劳动者共享经济社会发展成果。加大劳动保障监察力度，推进企业守法诚信等级评价和失信惩戒制度建设，治理拖欠农民工工资问题，完善劳动人事争议多元处理机制。全面实施全民参保计划，稳步提高社会保障水平。

二、打造创业带动就业升级版

创业是就业之源，也是培育新动能的重要孵化器。各地要把握创新型国家建设新机遇，以更宽视野、更有力举措，打造创业带动就业工作升级版。一是抓政策升级。聚焦降成本，落实好阶段性降低社保费率政策；聚焦简政放权，进一步深化人社领域资质资格和行政审批改革；聚焦融资难题，落实好创业担保贷款扩大覆盖面、降低审核标准等政策，推动设立重点群体就业创业基金，全面实施一次性创业补贴试点。二是抓培训升级。打造“马兰花中国创业培训”品牌，针对创业不同群体、不同阶段、不同领域，开展更具针对性的创业培训。同时，实施重点领域创业带头人培养计划，培育一批创业“领头羊”。三是抓服务升级。实施创业服务能力提升计划，普遍设立创业服务窗口，明确服务标准，增强公共就业服务机构创业服务功能。健全政府购买社会服务机制，高标准建设创业孵化基地和园区，努力提供低成本场地支持和综合配套服务。打造“中国创翼”大赛等品牌活动，营造良好创业氛围。在此过程中，加大政策和服务资源倾斜力度，着力促进高校毕业生、返乡农民工、留学回国人员等重点群体创业。

三、推进职业培训转型

职业培训是破解结构性就业矛盾、提升就业质量的重要途径。各地要对接现代化经济体系建设，下大力气加强职业培训，加快建设知识型、技能型、创新型劳动者大军。一是扩大覆盖范围。上周召开的国务院常务会议，研究确定了推行终身职业技能培训制度的政策措施。要以落实国务院政策文件为契机，以促进就业创业为目标，面向城乡全体劳动者提供普惠性、均等化、贯穿学习和职业生涯全过程的技能培训。要突出抓好新成长劳动力、去产能职工、贫困劳动力等重点群体职业培训，及时把受贸易摩擦影响劳动者纳入培训范围。要加快整建制购买培训项目政策落实，推动培训入企入校入村，努力扩大培训规模。二是提升培训质量。全面推行职业培训包制度，适应不同领域、不同层次培训需求，开发优质课程，开展特色培训，推广“互联网＋职业培训”新模式。加强政策引导，鼓励更多优质民办培训机构参与培训服务。三是加强职业精神培养。将职业素养、工匠精神融入职业培训、企业文化建设各环节，大力培养劳动者爱岗敬业、精益求精、勇于创新的职业精神，弘扬劳动光荣的时代风尚，使“幸福都是奋斗出来的”成为价值追求。

四、加强全方位就业服务

促进劳动力供需高效对接，是实现就业增长、减少摩擦失业的关键举措。各地要瞄准劳动者需求，把握市场规律，调动各方提供服务积极性。一是构建全方位公共就业服务体系。研究制定专门意见，健全覆盖全民、贯穿全程、辐射全域、便捷高效的公共就业创业服务体系。开展“公共就业服务，我有话想说”建议征集活动，了解掌握制约就业服务发展的关键问题。实施基层公共就业服务能力保障计划，推广“最多跑一次”等便民举措，推动“互联网＋职业指导”，创新开展就业服务专项品牌活动。二是加强人力资源市场建设。推动出台和落实好人力资源市场条例，制定网络招聘管理规定等配套规章。强化市场监管，严厉打击非法职介、性别歧视等侵害劳动者权益行为。实施人力资源服务业发展行动计划、西部和东北地区人力资源市场建设援助计划，开展“互联网＋人力资源服务”行动和“一带一路”人力资源服务行动。

五、精准促进重点群体就业

稳住了重点群体，就稳住了就业大局。当前要突出抓好三大群体就业创业工作。一是对高校毕业生就业要强化责任。重点是实施好就业创业促进计划和基层成长计划。要抓紧对接信息，加强与教育部门沟通协调，争取在7月离校季尽早获取毕业生信息，同时落实报到和走访等渠道，全面核实未就业毕业生实名信息。要提高服务效率，加大专项就业服务活动频次，延长活动时间，并将就业指导、精准对接贯穿始终。启动青年就业启航计划，加强青年就业见习，建设一批高质量见习基地，引导长期失业青年积极融入市场，在就业创业中实现人生价值。二是对去产能职工安置要积极稳妥。近期，去产能部际联席会议召开了全国电视电话会，部署做好今年去产能工作，要求各地继续将职工安置作为重中之重，抓紧确定去产能企业信息，尽快对接人社部门进行职工信息摸排。部里也即将印发职工安置工作文件以及统计工作通知。今年职工安置任务依然艰巨复杂，各地要强化责任担当，与相关部门加强沟通，坚持职工安置与去产能工作早研究、同部署、先解决，全力预防影响社会稳定的重大群体性事件。要做到人员底数清，重点加大对民营企业分流安置情况的摸排核实；就业帮扶细，重点落实对分流失业人员的职业介绍、技能培训、就业服务等帮扶举措；矛盾处置实，密切关注分流安置中的风险点，尽最大努力把矛盾化解在萌芽状态。三是对就业扶贫要深度聚焦。近期，部党组召开两次会议，专题研究部署做好人社领域扶贫工作。各地要切实把就业扶贫摆在就业工作突出位置，因户因人精准施策，重点突出深度贫困地区，重点解决劳务组织化程度低的问题，促进更多贫困劳动者就业增收，确保零就业贫困户至少一人实现就业。要聚焦深度贫困地区和有劳动能力的贫困劳动力，建设扶贫车间、卫星工厂吸纳一批，征集爱心企业帮扶一批，运用公益性岗位托底一批，稳定居家灵活就业增收一批，特别要开展有组织劳务协作转移就业一批。此外，还要统筹做好就业困难人员等群体就业工作，确保零就业家庭动态清零。

六、全力防范就业风险

面对复杂形势和不确定因素，各地要强化底线思维，始终把防范就业风险作为重大责任，努力避免失业率急剧攀升，避免发生影响社会稳定的重大群体性事件。一是加强形势监测。建立应急报告制度，实行重点企业用工情况半月报告，试行登记失业情况和农村劳动力转移就业月度报告，扩大重点城市就业形势月度监测范围。与此同时，还要做好各项常规统计监测和形势研判，加强就业失业、重大劳动争议、社会保险参保缴费以及市场大数据等情况的比对分析，建立多维度就业风险监测机制。二是完善应对举措。坚持积极预防和全力帮扶并重，制定详细应对措施，明确应急政策、创新举措和重大专项活动，搞好资金测算，上下对表，形成一揽子应对就业风险的政策措施，做到随时应对、随时出招。三是充分发挥失业保险作用。推动出台和落实好修订后的失业保险条例，研究完善相关配套政策。开展失业保险援企稳岗护航行动，对不裁员少裁员的企业及时核发稳岗补贴。落实技能提升补贴政策，实施展翅行动，提高劳动者就业能力。四是健全工作机制。依托就业工作联席会议机制，强化组织领导。此外，要坚持正确舆论导向，及时主动发声，客观解读就业形势，积极回应社会关切，牢牢把握工作主动权。

民生为本、就业为根，完成全年目标任务、确保就业大局稳定，是重大政治责任。各地人社部门和部内各单位要积极作为，改革创新，真抓实干，为圆满完成就业目标、保持就业形势稳定做出积极努力。

在贯彻实施《人力资源市场暂行条例》全国电视电话会议上的讲话

张义珍

（2018年9月13日）

今天会议的主要任务是以习近平新时代中国特色社会主义思想为指导，深入贯彻党的十九大精神，按照国务院部署要求，就《人力资源市场暂行条例》（以下简称《条例》）的贯彻实施工作进行部署。下面，我讲三点意见。

一、充分认识《条例》颁布实施的重大意义

党的十八大提出，加快建立统一规范灵活的人力资源市场。党的十九大提出，要以完善要素市场化配置为重点，清理废除妨碍统一市场和公平竞争的各种规定和做法。习近平总书记对人力资源市场建设作出了一系列重要论述，主要有四个方面。一是强调要坚持社会主义市场经济改革方向，加快完善社会主义市场经济体制，使市场在资源配置中起决定性作用和更好发挥政府作用。二是强调要建设统一开放、竞争有序的市场体系，实现市场准入畅通、市场开放有序、市场竞争充分、市场秩序规范。三是提出要更好发挥市场在促进就业中的作用，鼓励创业带动就业；要坚持就业优先战略和积极就业政策，实现更高质量和更充分就业。四是提出要创新人才流动机制，打破户籍、身份、学历、人事关系等制约，促进城乡、区域、行业和不同所有制之间人才协调发展；要破除妨碍劳动力、人才社会性流动的体制机制弊端，让人才能够实现有序顺畅流动。

制定出台《条例》是中央深改委确定的全面深化改革急需的重大改革事项，列入了中央深改委工作要点和国务院立法工作一类计划，中央《关于深化人才发展体制机制改革的意见》等也提出了明确要求。各级人社部门要充分认识制定出台《条例》的重大意义。

（一）有利于进一步健全完善社会主义市场经济体系。人力资源市场与资本、技术、土地等要素市场一样，是社会主义市场经济体系的重要组成部分。《条例》出台前，各地人社部门和市场主体普遍反映，人力资源市场依据部门规章进行规范，立法层级、法律效力与经济社会发展对人力资源市场的要求不相适应，迫切需要制定国务院行政法规。《条例》通过立法确认市场整合改革成果，建立统一的管理制度和规范，推动形成统一的人力资源市场体系，有利于发挥市场在人力资源配置中的决定性作用，更好发挥政府作用，在人力资源市场领域形成与社会主义市场经济体制要求相适应的法规制度体系。

（二）有利于进一步发挥市场在促进就业创业中的作用。改革开放以来，我国人力资源市场建设取得明显成效，已经成为促进就业创业的重要力量，是高校毕业生、农民工等重点

群体实现就业创业的主要载体。李克强总理强调，要依靠市场力量，根据市场需求，落实好积极就业政策。胡春华副总理指出，现在各地基本都建成了人力资源市场，促进就业的效果明显，要总结经验，进一步办好。《条例》进一步细化了就业促进法相关规定，将市场促进就业创业作为立法目的之一，规定了劳动者、用人单位、人力资源服务机构在人力资源市场活动中的权利义务和基本行为规范，明确了政府部门宏观调控和监督管理制度，为营造公平竞争的就业环境、更好发挥市场在促进就业创业中的作用提供了法制保障。

（三）有利于促进人力资源顺畅有序流动。改革开放以来，人力资源流动已经实现了从统包统配的计划分配向市场化配置的根本性转变。但人力资源流动配置机制尚不健全，妨碍人力资源顺畅流动的体制机制性弊端尚未根除，无序流动的问题仍然存在。《条例》明确规定，国家建立政府宏观调控、市场公平竞争、单位自主用人、个人自主择业、人力资源服务机构诚信服务的人力资源流动配置机制，并对完善人力资源市场供求、价格和竞争机制，破除户籍、地域、身份等体制机制弊端，开发利用国际国内人力资源等作出规定，为进一步促进人力资源顺畅有序流动提供了法制保障。

（四）有利于进一步推动人力资源市场改革发展。近年来，人力资源市场在迅猛发展的同时，还存在一些迫切需要解决的问题：一是人力资源市场分别依据原人事部、原劳动保障部有关人才市场、劳动力市场的规章进行管理，不利于统一的人力资源市场建设；二是政府对人力资源市场的培育责任不够明确，力度有待加大，人力资源市场发展不充分不平衡；三是开展人力资源服务需要取得主管部门的许可过多，不利于进一步释放市场活力；四是人力资源市场事中事后监管还跟不上“放管服”改革要求，存在“黑中介”、虚假招聘等现象，侵害了用人单位和求职者的合法权益。《条例》坚持问题导向和目标导向，巩固了人力资源市场整合改革成果，明确了政府责任，简化优化了审批事项，规范了市场活动，强化了监督管理，加大了对违法违规行为的惩处力度，为建设统一规范、竞争有序的人力资源市场提供了法制保障。

二、准确把握《条例》的基本精神和主要内容

《条例》是做好新时代人力资源市场建设工作的基本依据和准则，各级人社部门要重点把握好以下五个方面的内容。

（一）准确把握《条例》立法的基本思路。一是充分发挥市场在人力资源配置中的决定性作用，顺应建立统一开放、竞争有序的人力资源市场要求，巩固人才市场与劳动力市场整合的改革成果，对公共人力资源服务机构和经营性人力资源服务机构进行规范。二是更好发挥政府作用，强化政府培育人力资源市场的职责，明确市场活动规范，加强事中事后监管，确保市场活力与秩序。三是落实“放管服”改革要求，按照就业促进法的规定，明确规定职业中介活动为行政许可事项，对其他人力资源服务业务实行备案管理。四是细化就业促进法有关规定，对其中的原则性规定加以细化实化具体化，进一步增强制度的可操作性。五是着眼于解决基本问题，重点围绕市场体系的统一性、市场要素的流动性、市场运行的规范性、市场主体的公平性、市场监管的强制性等我国人力资源市场建设中的基础性根本性问题，作出了明确规定。

（二）准确把握《条例》的适用范围和市场管理体制。关于《条例》适用范围，一是从适用主体看，涵盖了人力资源市场所有的主体，规范了用人单位、劳动者、人力资源服务机构、政府监管部门在求职、招聘、人力资源服务以及市场监管活动中的基本权利义务关系。二是从适用行为看，《条例》是我国人力资源市场管理领域的一般法，普遍适用于我国境内劳动者求职、用人单位招聘和人力资源服务机构提供人力资源服务等活动。国家机关和事业单位招录人员等特殊人力资源市场的求职、招聘和人力资源服务活动，优先适用公务员法、事业单位人事管理条例等法律法规。三是从适用市场活动领域看，《条例》主要对求职、招聘以及人力资源服务等外部人力资源市场活动进行规范，对于劳动合同的订立、变更、履行、解除、工资等内部人力资源市场活动，由劳动合同法、劳动法等法律法规进行规范。

关于人力资源市场管理体制，一是规定了国务院人社部门的职责。国务院人力资源社会保障行政部门负责全国人力资源市场的统筹规划和综合管理工作。二是规定了地方人社部门的职责。县级以上地方人民政府人力资源社会保障行政部门负责本行政区域人力资源市场的管理工作。三是规定了政府相关部门的职责。县级以上地方人民政府发展改革等部门在各自职责范围内做好人力资源市场的管理工作。四是规定了行业协会的职责。人力资源服务行业协会应当依照法律法规、规章及其章程的规定，促进行业公平竞争。人力资源市场管理工作涉及很多部门，要妥善处理好综合管理与分工负责的关系，发挥各级人社部门综合管理的牵头作用，统筹协调相关部门，形成促进市场健康发展的整体合力。

（三）准确把握政府培育和发展人力资源市场的职责定位。一是加强市场培育，国家建立健全统一开放、竞争有序的人力资源市场体系，发挥市场在人力资源配置中的决定性作用；设专章对政府培育人力资源市场职责进行了规定。二是加强市场监管，人力资源社会保障行政部门应当按照国家有关规定，对公共人力资源服务机构进行监督管理，对经营性人力资源服务机构进行监督检查。三是优化流动配置，国家健全完善人力资源流动配置机制，引导和促进人力资源在机关、企业、事业单位、社会组织之间以及不同地区之间合理流动，任何地方和单位不得违反国家规定设置限制流动的条件。四是鼓励政府购买服务，国家通过政府购买服务等方式支持经营性人力资源服务机构提供公益性人力资源服务，鼓励社会力量参与人力资源市场建设。准确把握《条例》关于政府培育和发展人力资源市场的职责定位，对于构建功能完善、机制健全、运行有序、服务规范的人力资源市场体系，落实党的十九大提出的建设人力资源协同发展的产业体系，在人力资本服务等领域培育新增长点、形成新动能的要求，更好发挥政府作用，推动人力资源市场创新发展，具有重要意义。

（四）准确把握《条例》落实“放管服”改革的基本要求。一是营造公平竞争环境，人力资源社会保障行政部门应当加强人力资源市场监管，维护市场秩序，保障公平竞争。二是提供免费公共服务，公共人力资源服务机构应当免费提供八项服务，国家通过政府购买服务等方式促进公共服务供给多元化。三是减少行政许可事项，最大限度缩减行政许可范围，对经营性人力资源服务机构从事职业中介活动的，应当取得人力资源服务许可证；开展其他人力资源服务的，按规定向人力资源社会保障行政部门备案。四是创新事中事后监管，实行“双随机、一公开”抽查制度和年度报告公示制度，注重运用信息公示、诚信建设、国家标准、行业自律等事中事后监管手段，构建职责法定、信用约束、协同监管、社会共治的监管格局。综合考虑维护劳动者合法权益和确保国家人才信息安全的需要，参照国际通行做法，《条例》在缩减行政审批范围的同时，保留了对职业中介活动的行政许可，既贯彻了“放管服”改革要求，做到便民利民、服务高效，又体现了科学设置准入条件、优化市场管理的立法宗旨。

（五）准确把握《条例》设定的人力资源市场活动规范。一是明确市场主体权利义务，赋予劳动者和用人单位两个市场主体平等的法律地位，明确规定了劳动者和用人单位在求职招聘过程中的权利义务。二是促进就业公平、防止就业歧视，用人单位招聘劳动者和人力资源服务机构提供招聘服务，应当向求职者提供平等的就业机会和公平的就业条件，不得实施就业歧视。三是明确服务活动规范，对人力资源服务机构的服务活动设定了行为规范，明确了禁止行为。四是明确法律责任，对不同市场主体的违法行为，规定了不同的法律责任，强化了监管执法依据。贯彻落实好《条例》的这些规定，就能更好规范人力资源市场活动，更好维护人力资源市场秩序，更好保护劳动者、用人单位、人力资源服务机构的合法权益。

三、切实做好《条例》贯彻实施工作

（一）切实加强对《条例》贯彻实施工作的组织领导。各级人力资源社会保障部门要加强贯彻实施《条例》的组织领导，主要领导同志要亲自抓，要研究制定贯彻落实《条例》的工作方案，明确任务，细化分工，落实责任。要积极主动与发展改革、公安、财政、商务、税务、市场监管等部门沟通联系，构建齐抓共管、整体推进的工作格局。

（二）深入开展《条例》的学习培训宣传工作。各级人力资源社会保障部门要全面理解《条例》的立法背景、主要依据、适用范围、总体思路和基本原则，准确把握《条例》的总体框架、主要内容、市场主体的权利义务。要加强对《条例》的宣传解读，为《条例》的顺利施行营造良好氛围。要加强对《条例》的培训工作，以人社系统干部特别是人力资源市场建设和管理工作人员为重点，抓好集中培训。

（三）抓紧完善《条例》的配套政策法规体系。各级人力资源社会保障部门要对照《条例》规定，认真梳理本地区已经出台的人力资源市场政策法规，与《条例》规定不一致的要及时修订，相抵触的要按程序废止。要结合实际，适时出台地方性法规，研究制定配套规章，确保各项工作有法可依。

（四）以贯彻实施《条例》为契机，进一步推动人力资源市场建设与管理工作。各级人力资源社会保障部门要按照《条例》要求，坚持公共服务与市场化服务协调发展，人力资源市场法规体系、服务体系、监管体系、调控体系建设同步推进。加强事中事后监管，坚决打击人力资源市场违法违规行为，研究制定发挥市场作用促进人才顺畅有序流动的政策文件，健全人力资源良性流动机制，优化人力资源流动配置。要完善促进人力资源服务业发展的政策体系，实施人力资源服务业发展行动计划，推动人力资源市场创新发展。

做好《条例》贯彻实施工作任务艰巨、责任重大。我们要以习近平新时代中国特色社会主义思想为指导，深入贯彻党的十九大精神，以高度的政治责任感和强烈的担当精神，认真贯彻落实好《条例》，为更好推进新时代就业创业和高质量发展做出新的更大贡献！

三、重 要 文 件

（一）中共中央、全国人大常委会、国务院文件

中共中央　国务院关于打赢脱贫攻坚战三年行动的指导意见

党的十八大以来，以习近平同志为核心的党中央把脱贫攻坚工作纳入“五位一体”总体布局和“四个全面”战略布局，作为实现第一个百年奋斗目标的重点任务，作出一系列重大部署和安排，全面打响脱贫攻坚战。过去5年，我们采取超常规举措，以前所未有的力度推进脱贫攻坚，农村贫困人口显著减少，贫困发生率持续下降，解决区域性整体贫困迈出坚实步伐，贫困地区农民生产生活条件显著改善，贫困群众获得感显著增强，脱贫攻坚取得决定性进展，创造了我国减贫史上的最好成绩。过去5年，我们充分发挥政治优势和制度优势，构筑了全社会扶贫的强大合力，建立了中国特色的脱贫攻坚制度体系，为全球减贫事业贡献了中国智慧和中国方案，谱写了人类反贫困史上的辉煌篇章。

党的十九大明确把精准脱贫作为决胜全面建成小康社会必须打好的三大攻坚战之一，作出了新的部署。从脱贫攻坚任务看，未来3年，还有3 000万左右农村贫困人口需要脱贫，其中因病、因残致贫比例居高不下，在剩余3年时间内完成脱贫目标，任务十分艰巨。特别是西藏、四省藏区、南疆四地州和四川凉山州、云南怒江州、甘肃临夏州（以下简称“三区三州”）等深度贫困地区，不仅贫困发生率高、贫困程度深，而且基础条件薄弱、致贫原因复杂、发展严重滞后、公共服务不足，脱贫难度更大。从脱贫攻坚工作看，形式主义、官僚主义、弄虚作假、急躁和厌战情绪以及消极腐败现象仍然存在，有的还很严重，影响脱贫攻坚有效推进。必须清醒地把握打赢脱贫攻坚战的困难和挑战，切实增强责任感和紧迫感，一鼓作气、尽锐出战、精准施策，以更有力的行动、更扎实的工作，集中力量攻克贫困的难中之难、坚中之坚，确保坚决打赢脱贫这场对如期全面建成小康社会、实现第一个百年奋斗目标具有决定性意义的攻坚战。

按照党的十九大关于打赢脱贫攻坚战总体部署，根据各地区各部门贯彻落实《中共中央　国务院关于打赢脱贫攻坚战的决定》的进展和实践中存在的突出问题，现就完善顶层设计、强化政策措施、加强统筹协调，推动脱贫攻坚工作更加有效开展，制定以下指导意见。

一、全面把握打赢脱贫攻坚战三年行动的总体要求

（一）指导思想

全面贯彻党的十九大和十九届二中、三中全会精神，以习近平新时代中国特色社会主义思想为指导，充分发挥政治优势和制度优势，坚持精准扶贫精准脱贫基本方略，坚持中央统筹、省负总责、市县抓落实的工作机制，坚持大扶贫工作格局，坚持脱贫攻坚目标和现行扶贫标准，聚焦深度贫困地区和特殊贫困群体，突出问题导向，优化政策供给，下足绣花功夫，着力激发贫困人口内生动力，着力夯实贫困人口稳定脱贫基础，着力加强扶贫领域作风建设，切实提高贫困人口获得感，确保到2020年贫困地区和贫困群众同全国一道进入全面小康社会，为实施乡村振兴战略打好基础。

（二）任务目标

到2020年，巩固脱贫成果，通过发展生产脱贫一批，易地搬迁脱贫一批，生态补偿脱贫一批，发展教育脱贫一批，社会保障兜底一批，因地制宜综合施策，确保现行标准下农村贫困人口实现脱贫，消除绝对贫困；确保贫困县全部摘帽，解决区域性整体贫困。实现贫困地区农民人均可支配收入增长幅度高于全国平均水平。实现贫困地区基本公共服务主要领域指标接近全国平均水平，主要有：贫困地区具备条件的乡镇和建制村通硬化路，贫困村全部实现通动力电，全面解决贫困人口住房和饮水安全问题，贫困村达到人居环境干净整洁的基本要求，切实解决义务教育学生因贫失学辍学问题，基本养老保险和基本医疗保险、大病保险实现贫困人口全覆盖，最低生活保障实现应保尽保。集中连片特困地区和革命老区、民族地区、边疆地区发展环境明显改善，深度贫困地区如期完成全面脱贫任务。

（三）工作要求

坚持严格执行现行扶贫标准。严格按照"两不愁、三保障"要求，确保贫困人口不愁吃、不愁穿；保障贫困家庭孩子接受九年义务教育，确保有学上、上得起学；保障贫困人口基本医疗需求，确保大病和慢性病得到有效救治和保障；保障贫困人口基本居住条件，确保住上安全住房。要量力而行，既不能降低标准，也不能擅自拔高标准、提不切实际的目标，避免陷入"福利陷阱"，防止产生贫困村和非贫困村、贫困户和非贫困户待遇的"悬崖效应"，留下后遗症。

坚持精准扶贫精准脱贫基本方略。做到扶持对象精准、项目安排精准、资金使用精准、措施到户精准、因村派人（第一书记）精准、脱贫成效精准，因地制宜、从实际出发，解决好扶持谁、谁来扶、怎么扶、如何退问题，做到扶真贫、真扶贫，脱真贫、真脱贫。

坚持把提高脱贫质量放在首位。牢固树立正确政绩观，不急功近利，不好高骛远，更加注重帮扶的长期效果，夯实稳定脱贫、逐步致富的基础。要合理确定脱贫时序，不搞层层加码，不赶时间进度、搞冲刺，不搞拖延耽误，确保脱贫攻坚成果经得起历史和实践检验。

坚持扶贫同扶志扶智相结合。正确处理外部帮扶和贫困群众自身努力的关系，强化脱贫光荣导向，更加注重培养贫困群众依靠自力更生实现脱贫致富的意识，更加注重提高贫困地区和贫困人口自我发展能力。

坚持开发式扶贫和保障性扶贫相统筹。把开发式扶贫作为脱贫基本途径，针对致贫原因和贫困人口结构，加强和完善保障性扶贫措施，造血输血协同，发挥两种方式的综合脱贫效应。

坚持脱贫攻坚与锤炼作风、锻炼队伍相统一。把脱贫攻坚战场作为培养干部的重要阵地，强化基层帮扶力量，密切党同人民群众血肉联系，提高干部干事创业本领，培养了解国情和农村实际的干部队伍。

坚持调动全社会扶贫积极性。充分发挥政府和社会两方面力量作用，强化政府责任，引导市场、社会协同发力，构建专项扶贫、行业扶贫、社会扶贫互为补充的大扶贫格局。

二、集中力量支持深度贫困地区脱贫攻坚

（一）着力改善深度贫困地区发展条件

推进深度贫困地区交通建设攻坚，加快实施深度贫困地区具备条件的建制村通硬化路工程。加快实施深度贫困地区农村饮水安全巩固提升工程。加快深度贫困地区小型水利工程建设，推进深度贫困地区在建重大水利工程建设进度。推进深度贫困地区农村电网建设攻坚，实现农网动力电全覆盖。加强"三区三州"电网建设，加快解决网架结构薄弱、供电质量偏低等问题。加大深度贫困地区互联网基础设施建设投资力度，加快实现深度贫困地区贫困村网络全覆盖。推进深度贫困地区整合资金、统一规划、统筹实施农村土地综合整治和高标准农田建设。推进西藏、四省藏区、新疆南疆退耕还林还草、退牧还草工程。加快岩溶地区石漠化综合治理、西藏生态安全屏障、青海三江源生态保护、祁连山生态保护和综合治理等重

点工程建设。实施贫困村提升工程。

（二）着力解决深度贫困地区群众特殊困难

全面实施“三区三州”健康扶贫攻坚行动，重点做好包虫病、艾滋病、大骨节病、结核病等疾病综合防治。加强禁毒脱贫工作，分级分类落实禁毒脱贫举措。采取特殊措施和手段推动人口较少民族贫困人口精准脱贫。全面落实边民补助、住房保障等守边固边政策，改善抵边一线乡村交通、饮水等条件，启动实施抵边村寨电网升级改造攻坚计划，加快推进边境村镇宽带网络建设。稳妥推进新疆南疆土地清理再分配改革，建立土地经营与贫困户直接挂钩的利益分配机制。

（三）着力加大深度贫困地区政策倾斜力度

中央财政进一步增加对深度贫困地区专项扶贫资金、教育医疗保障等转移支付，加大重点生态功能区转移支付、农村危房改造补助资金、中央预算内投资、车购税收入补助地方资金、县级基本财力保障机制奖补资金等对深度贫困地区的倾斜力度，增加安排深度贫困地区一般债券限额。规范扶贫领域融资，依法发行地方政府债券，加大深度贫困地区扶贫投入。新增金融资金优先满足深度贫困地区，新增金融服务优先布局深度贫困地区，对深度贫困地区发放的精准扶贫贷款实行差异化贷款利率。保障深度贫困地区产业发展、基础设施建设、易地扶贫搬迁、民生发展等用地，对土地利用规划计划指标不足部分由中央协同所在省份解决。深度贫困地区开展城乡建设用地增减挂钩可不受指标规模限制，建立深度贫困地区城乡建设用地增减挂钩节余指标跨省域调剂使用机制。深度贫困地区建设用地涉及农用地转用和土地征收的，依法加快审批。在援藏援疆援青工作中，进一步加大对“三区三州”等深度贫困地区干部选派倾斜支持力度。

三、强化到村到户到人精准帮扶举措

（一）加大产业扶贫力度

深入实施贫困地区特色产业提升工程，因地制宜加快发展对贫困户增收带动作用明显的种植养殖业、林草业、农产品加工业、特色手工业、休闲农业和乡村旅游，积极培育和推广有市场、有品牌、有效益的特色产品。将贫困地区特色农业项目优先列入优势特色农业提质增效行动计划，加大扶持力度，建设一批特色种植养殖基地和良种繁育基地。支持有条件的贫困县创办一二三产业融合发展扶贫产业园。组织国家级龙头企业与贫困县合作创建绿色食品、有机农产品原料标准化基地。实施中药材产业扶贫行动计划，鼓励中医药企业到贫困地区建设中药材基地。多渠道拓宽农产品营销渠道，推动批发市场、电商企业、大型超市等市场主体与贫困村建立长期稳定的产销关系，支持供销、邮政及各类企业把服务网点延伸到贫困村，推广以购代捐的扶贫模式，组织开展贫困地区农产品定向直供直销学校、医院、机关食堂和交易市场活动。加快推进“快递下乡”工程，完善贫困地区农村物流配送体系，加强特色优势农产品生产基地冷链设施建设。推动邮政与快递、交通运输企业在农村地区扩展合作范围、合作领域和服务内容。完善新型农业经营主体与贫困户联动发展的利益联结机制，推广股份合作、订单帮扶、生产托管等有效做法，实现贫困户与现代农业发展有机衔接。建立贫困户产业发展指导员制度，明确到户帮扶干部承担产业发展指导职责，帮助贫困户协调解决生产经营中的问题。鼓励各地通过政府购买服务方式向贫困户提供便利高效的农业社会化服务。实施电商扶贫，优先在贫困县建设农村电子商务服务站点。继续实施电子商务进农村综合示范项目。动员大型电商企业和电商强县对口帮扶贫困县，推进电商扶贫网络频道建设。积极推动贫困地区农村资源变资产、资金变股金、农民变股东改革，制订实施贫困地区集体经济薄弱村发展提升计划，通过盘活集体资源、入股或参股、量化资产收益等渠道增加集体经济收入。在条件适宜地区，以贫困村村级光伏电站建设为重点，有序推进光伏扶贫。

支持贫困县整合财政涉农资金发展特色产业。鼓励地方从实际出发利用扶贫资金发展短期难见效、未来能够持续发挥效益的产业。规范和推动资产收益扶贫工作，确保贫困户获得稳定收益。将产业扶贫纳入贫困县扶贫成效考核和党政一把手离任审计，引导各地发展长期稳定的脱贫产业项目。

（二）全力推进就业扶贫

实施就业扶贫行动计划，推动就业意愿、就业技能与就业岗位精准对接，提高劳务组织化程度和就业脱贫覆盖面。鼓励贫困地区发展生态友好型劳动密集型产业，通过岗位补贴、场租补贴、贷款支持等方式，扶持企业在贫困乡村发展一批扶贫车间，吸纳贫困家庭劳动力就近就业。推进贫困县农民工创业园建设，加大创业担保贷款、创业服务力度，推动创业带动就业。鼓励开发多种形式的公益岗位，通过以工代赈、以奖代补、劳务补助等方式，动员更多贫困群众参与小型基础设施、农村人居环境整治等项目建设，吸纳贫困家庭劳动力参与保洁、治安、护路、管水、扶残助残、养老护理等，增加劳务收入。深入推进扶贫劳务协作，加强劳务输出服务工作，在外出劳动力就业较多的城市建立服务机构，提高劳务对接的组织化程度和就业质量。东部地区要组织企业到西部地区建设产业园区，吸纳贫困人口稳定就业。西部地区要组织贫困人口到东部地区就业。实施家政和护工服务劳务对接扶贫行动，打造贫困地区家政和护工服务品牌，完善家政和护工就业保障机制。实施技能脱贫专项行动，统筹整合各类培训资源，组织有就业培训意愿的贫困家庭劳动力参加劳动预备制培训、岗前培训、订单培训和岗位技能提升培训，按规定落实职业培训补贴政策。推进职业教育东西协作行动，实现东西部职业院校结对帮扶全覆盖，深入实施技能脱贫千校行动，支持东部地区职业院校招收对口帮扶的西部地区贫困家庭学生，帮助有在东部地区就业意愿的毕业生实现就业。在人口集中和产业发展需要的贫困地区办好一批中等职业学校（含技工学校），建设一批职业技能实习实训基地。

（三）深入推动易地扶贫搬迁

全面落实国家易地扶贫搬迁政策要求和规范标准，结合推进新型城镇化，进一步提高集中安置比例，稳妥推进分散安置并强化跟踪监管，完善安置区配套基础设施和公共服务设施，严守贫困户住房建设面积和自筹资金底线，统筹各项扶贫和保障措施，确保完成剩余390万左右贫困人口搬迁建设任务，确保搬迁一户、稳定脱贫一户。按照以岗定搬、以业定迁原则，加强后续产业发展和转移就业工作，确保贫困搬迁家庭至少1个劳动力实现稳定就业。在自然条件和发展环境异常恶劣地区，结合行政村规划布局调整，鼓励实施整村整组搬迁。今后3年集中力量完成“十三五”规划的建档立卡贫困人口搬迁任务，确保具备搬迁安置条件的贫困人口应搬尽搬，逐步实施同步搬迁。对目前不具备搬迁安置条件的贫困人口，优先解决其“两不愁、三保障”问题，今后可结合实施乡村振兴战略压茬推进，通过实施生态宜居搬迁和有助于稳定脱贫、逐步致富的其他形式搬迁，继续稳步推进。加强安置区社区管理和服务，切实做好搬迁群众户口迁移、上学就医、社会保障、心理疏导等接续服务工作，引导搬迁群众培养良好生活习惯，尽快融入新环境新社区。强化易地扶贫搬迁督促检查，确保高质量完成易地扶贫搬迁目标任务。

（四）加强生态扶贫

创新生态扶贫机制，加大贫困地区生态保护修复力度，实现生态改善和脱贫双赢。推进生态保护扶贫行动，到2020年在有劳动能力的贫困人口中新增选聘生态护林员、草管员岗位40万个。加大对贫困地区天然林保护工程建设支持力度。探索天然林、集体公益林托管，推广“合作社＋管护＋贫困户”模式，吸纳贫困人口参与管护。建设生态扶贫专业合作社（队），吸纳贫困人口参与防沙治沙、石漠化治理、防护林建设和储备林营造。推进贫困地区低产低效林提质增效工程。加大贫困地区新一轮退耕还林还草支持力度，将新增退耕还林还草任务向贫困地区倾斜，在确保省级耕地保有量和基本农田保护任务前提下，将25度以上坡耕地、重要水源地15～25度坡耕地、陡坡梯田、严重石漠化耕地、严重污染耕地、移民搬迁撂荒耕地纳入新一轮退耕还林还草工程范围，对符合退耕政策的贫困村、贫困户实现全覆盖。结合建立国家公园体制，多渠道筹措资金，对生态核心区内的居民实施生态搬迁，带动贫困群众脱贫。深化贫困地区集体林权制度改革，鼓励贫困人口将林地经营权入股造林合作社，增加贫困人口资产性收入。完善横向生态保护补偿机制，让保护生态的贫困县、贫困村、贫困户更多受益。鼓励纳入碳排放权交易市场的重点排放单位购买贫困地区林业碳汇。

（五）着力实施教育脱贫攻坚行动

以保障义务教育为核心，全面落实教育扶贫政策，进一步降低贫困地区特别是深度贫困地区、民族地区义务教育辍学率，稳步提升贫困地区义务教育质量。强化义务教育控辍保学联保联控责任，在辍学高发区“一县一策”制定工作方案，实施贫困学生台账化精准控辍，确保贫困家庭适龄学生不因贫失学辍学。全面推进贫困地区义务教育薄弱学校改造工作，重点加强乡镇寄宿制学校和乡村小规模学校建设，确保所有义务教育学校达到基本办学条件。实施好农村义务教育学生营养改善计划。在贫困地区优先实施教育信息化2.0行动计划，加强学校网络教学环境建设，共享优质教育资源。改善贫困地区乡村教师待遇，落实教师生活补助政策，均衡配置城乡教师资源。加大贫困地区教师特岗计划实施力度，深入推进义务教育阶段教师校长交流轮岗和对口帮扶工作，国培计划、公费师范生培养、中小学教师信息技术应用能力提升工程等重点支持贫困地区。鼓励通过公益捐赠等方式，设立贫困地区优秀教师奖励基金，用于表彰长期扎根基层的优秀乡村教师。健全覆盖各级各类教育的资助政策体系，学生资助政策实现应助尽助。加大贫困地区推广普及国家通用语言文字工作力度。开展民族地区学前儿童学习普通话行动。

（六）深入实施健康扶贫工程

将贫困人口全部纳入城乡居民基本医疗保险、大病保险和医疗救助保障范围。落实贫困人口参加城乡居民基本医疗保险个人缴费财政补贴政策，实施扶贫医疗救助。切实降低贫困人口就医负担，在严格费用管控、确定诊疗方案、确定单病种收费标准、规范转诊和集中定点救治的基础上，对城乡居民基本医疗保险和大病保险支付后自负费用仍有困难的患者，加大医疗救助和其他保障政策的帮扶力度。全面落实农村贫困人口县域内定点医疗机构住院治疗先诊疗后付费，在定点医院设立综合服务窗口，实现各项医疗保障政策“一站式”信息交换和即时结算。在贫困地区加快推进县乡村三级卫生服务标准化建设，确保每个贫困县建好1～2所县级公立医院（含中医院），加强贫困地区乡镇卫生院和村卫生室能力建设。深入实施医院对口帮扶，全国963家三级医院与832个贫困县的1 180家县级医院结对帮扶，为贫困县医院配置远程医疗设施设备，全面建成从三级医院到县医院互联互通的远程医疗服务网络。贫困地区每个乡镇卫生院至少设立1个全科医生特岗。支持地方免费培养农村高职（专科）医学生，经助理全科医生培训合格后，补充到贫困地区村卫生室和乡镇卫生院。贫困地区可在现有编制总量内直接面向人才市场选拔录用医技人员，选拔录用时优先考虑当地医疗卫生事业紧缺人才。全面实施贫困地区县乡村医疗卫生机构一体化管理，构建三级联动的医疗服务和健康管理平台，为贫困群众提供基本健康服务。加强对贫困地区慢性病、常见病的防治，开展专项行动，降低因病致贫返贫风险。开展地方病和重大传染病攻坚行动，实施预防、筛查、治疗、康复、管理的全过程综合防治。贫困地区妇女宫颈癌、乳腺癌检查和儿童营养改善、新生儿疾病筛查项目扩大到所有贫困县。开展和规范家庭医生（乡村医生）签约服务，落实签约服务政策，优先为妇幼、老人、残疾人等重点人群开展健康服务和慢性病综合防控，做好高血压、糖尿病、结核病、严重精神障碍等慢性病规范管理。实施贫困地区健康促进三年行动计划。将脱贫攻坚与落实生育政策紧密结合，倡导优生优育，利用基层计划生育服务力量，加强出生缺陷综合防治宣传教育。

（七）加快推进农村危房改造

允许各省（自治区、直辖市）根据国务院主管部门制定的原则，结合各自实际推广简便易行的危房鉴定程序，规范对象认定程序，建立危房台账并实施精准管理，改造一户、销档一户，确保完成建档立卡贫困户等4类重点对象危房改造任务。明确农村危房改造基本安全要求，保证正常使用安全和基本使用功能。因地制宜推广农房加固改造，在危房改造任务较重的省份开展农房加固改造示范，结合地方实际推广现代生土农房等改良型传统民居，鼓励通过闲置农房置换或长期租赁等方式，兜底解决特殊贫困群体基本住房安全问题。落实各级补助资金，完善分类分级补助标准。加强补助资金使用管理和监督检查，支付给农户的资金要及时足额直接拨付到户。建立完善危房改造信息公示制度。

（八）强化综合保障性扶贫

统筹各类保障措施，建立以社会保险、社会救助、社会福利制度为主体，以社会帮扶、社工助力为辅助的综合保障体系，为完全丧失劳动能力和部分丧失劳动能力且无法依靠产业就业帮扶脱贫的贫困人口提供兜底保障。完善城乡居民基本养老保险制度，对符合条件的贫困人口由地方政府代缴城乡居民养老保险费。继续实施社会服务兜底工程，加快建设为老年人、残疾人、精神障碍患者等特殊群体提供服务的设施。鼓励各地通过互助养老、设立孝善基金等途径，创新家庭养老方式。加快建立贫困家庭“三留守”关爱服务体系，落实家庭赡养、监护照料法定义务，探索建立信息台账和定期探访制度。完善农村低保制度，健全低保对象认定方法，将完全丧失劳动能力和部分丧失劳动能力且无法依靠产业就业帮扶脱贫的贫困人口纳入低保范围。对地广人稀的贫困地区适度降低国家救灾应急响应启动条件。加大临时救助力度，及时将符合条件的返贫人口纳入救助范围。

（九）开展贫困残疾人脱贫行动

将符合条件的建档立卡贫困残疾人纳入农村低保和城乡医疗救助范围。完善困难残疾人生活补贴和重度残疾人护理补贴制度，有条件的地方逐步扩大政策覆盖面。深入实施“福康工程”等残疾人精准康复服务项目，优先为贫困家庭有康复需求的残疾人提供基本康复服务和辅助器具适配服务。对16周岁以上有长期照料护理需求的贫困重度残疾人，符合特困人员救助供养条件的纳入特困人员救助供养；不符合救助供养条件的，鼓励地方通过政府补贴、购买服务、设立公益岗位、集中托养等多种方式，为贫困重度残疾人提供集中照料或日间照料、邻里照护服务。逐步推进农村贫困重度残疾人家庭无障碍改造。实施第二期特殊教育提升计划，帮助贫困家庭残疾儿童多种形式接受义务教育，加快发展非义务教育阶段特殊教育。资产收益扶贫项目要优先安排贫困残疾人家庭。

（十）开展扶贫扶志行动

加强教育引导，开展扶志教育活动，创办脱贫攻坚“农民夜校”“讲习所”等，加强思想、文化、道德、法律、感恩教育，弘扬自尊、自爱、自强精神，防止政策养懒汉、助长不劳而获和“等靠要”等不良习气。加大以工代赈实施力度，动员更多贫困群众投工投劳。推广以表现换积分、以积分换物品的“爱心公益超市”等自助式帮扶做法，实现社会爱心捐赠与贫困群众个性化需求的精准对接。鼓励各地总结推广脱贫典型，宣传表彰自强不息、自力更生脱贫致富的先进事迹和先进典型，用身边人身边事示范带动贫困群众。大力开展移风易俗活动，选树一批文明村镇和星级文明户，推广“星级评比”等做法，引导贫困村修订完善村规民约，发挥村民议事会、道德评议会、红白理事会、禁毒禁赌会等群众组织作用，坚持自治、法治、德治相结合，教育引导贫困群众弘扬传统美德、树立文明新风。加强对高额彩礼、薄养厚葬、子女不赡养老人等问题的专项治理。深入推进文化扶贫工作，提升贫困群众的公共文化服务获得感。把扶贫领域诚信纳入国家信用监管体系，将不履行赡养义务、虚报冒领扶贫资金、严重违反公序良俗等行为人列入失信人员名单。

四、加快补齐贫困地区基础设施短板

（一）加快实施交通扶贫行动

在贫困地区加快建成外通内联、通村畅乡、客车到村、安全便捷的交通运输网络。尽快实现具备条件的乡镇、建制村通硬化路。以示范县为载体，推进贫困地区“四好农村路”建设。扩大农村客运覆盖范围，到 2020 年实现具备条件的建制村通客车目标。加快贫困地区农村公路安全生命防护工程建设，基本完成乡道及以上行政等级公路安全隐患治理。推进窄路基路面农村公路合理加宽改造和危桥改造。改造建设一批贫困乡村旅游路、产业路、资源路，优先改善自然人文、少数民族特色村寨和风情小镇等旅游景点景区交通设施。加大成品油税费改革转移支付用于贫困地区农村公路养护力度。推进国家铁路网、国家高速公路网连接贫困地区项目建设，加快贫困地区普通国省道改造和支线机场、通用机场、内河航道建设。

（二）大力推进水利扶贫行动

加快实施贫困地区农村饮水安全巩固提升工程，落实工程建设和管护责任，强化水源保护和水质保障，因地制宜加强供水工程建设与改造，显著提高农村集中供水率、自来水普及率、供水保证率和水质达标率，到 2020 年全面解决贫困人口饮水安全问题。加快贫困地区大中型灌区续建配套与节水改造、小型农田水利工程建设，实现灌溉水源、灌排骨干工程与田间工程协调配套。切实加强贫困地区防洪工程建设和运行管理。继续推进贫困地区水土保持和水生态建设工程。

（三）大力实施电力和网络扶贫行动

实施贫困地区农网改造升级，加强电力基础设施建设，建立贫困地区电力普遍服务监测评价体系，引导电网企业做好贫困地区农村电力建设管理和供电服务，到 2020 年实现大电网延伸覆盖至全部县城。大力推进贫困地区农村可再生能源开发利用。

深入实施网络扶贫行动，统筹推进网络覆盖、农村电商、网络扶智、信息服务、网络公益 5 大工程向纵深发展，创新“互联网＋”扶贫模式。完善电信普遍服务补偿机制，引导基础电信企业加大投资力度，实现 90％以上贫困村宽带网络覆盖。鼓励基础电信企业针对贫困地区和贫困群众推出资费优惠举措，鼓励企业开发有助精准脱贫的移动应用软件、智能终端。

（四）大力推进贫困地区农村人居环境整治

开展贫困地区农村人居环境整治三年行动，因地制宜确定贫困地区村庄人居环境整治目标，重点推进农村生活垃圾治理、卫生厕所改造。开展贫困地区农村生活垃圾治理专项行动，有条件的地方探索建立村庄保洁制度。因地制宜普及不同类型的卫生厕所，同步开展厕所粪污治理。有条件的地方逐步开展生活污水治理。加快推进通村组道路建设，基本解决村内道路泥泞、村民出行不便等问题。

五、加强精准脱贫攻坚行动支撑保障

（一）强化财政投入保障

坚持增加政府扶贫投入与提高资金使用效益并重，健全与脱贫攻坚任务相适应的投入保障机制，支持贫困地区围绕现行脱贫目标，尽快补齐脱贫攻坚短板。加大财政专项扶贫资金和教育、医疗保障等转移支付支持力度。规范扶贫领域融资，增强扶贫投入能力，疏堵并举防范化解扶贫领域融资风险。进一步加强资金整合，赋予贫困县更充分的资源配置权，确保整合资金围绕脱贫攻坚项目精准使用，提高使用效率和效益。全面加强各类扶贫资金项目绩效管理，落实资金使用者的绩效主体责任，明确绩效目标，加强执行监控，强化评价结果运用，提高扶贫资金使用效益。建立县级脱贫攻坚项目库，健全公告公示制度。加强扶贫资金项目常态化监管，强化主管部门监管责任，确保扶贫资金尤其是到户到人的资金落到实处。

（二）加大金融扶贫支持力度

加强扶贫再贷款使用管理，优化运用扶贫再贷款发放贷款定价机制，引导金融机构合理合规增加对带动贫困户就业的企业和贫困户生产经营的信贷投放。加强金融精准扶贫服务。支持国家开发银行和中国农业发展银行进一步发挥好扶贫金融事业部的作用，支持中国农业银行、中国邮政储蓄银行、农村信用社、村镇银行等金融机构增加扶贫信贷投放，推动大中型商业银行完善普惠金融事业部体制机制。创新产业扶贫信贷产品和模式，建立健全金融支持产业发展与带动贫困户脱贫的挂钩机制和扶持政策。规范扶贫小额信贷发放，在风险可控前提下可办理无还本续贷业务，对确因非主观因素不能到期偿还贷款的贫困户可协助其办理贷款展期业务。加强扶贫信贷风险防范，支持贫困地区完善风险补偿机制。推进贫困地区信用体系建设。支持贫困地区金融服务站建设，推广电子支付方式，逐步实现基础金融服务不出村。支持贫困地区开发特色农业险种，开展扶贫小额贷款保证保险等业务，探索发展价格保险、产值保险、“保险＋期货”等新型险种。扩大贫困地区涉农保险保障范围，开发物流仓储、设施农业、“互联网＋”等险种。鼓励上市公司、证券公司等市场主体依法依规设立或参与市场化运作的贫困地区产业投资基金和扶贫公益基金。贫困地区企业首次公开发行股票、在全国中小企业股份转让系统挂牌、发行公司债券等按规定实行“绿色通道”政策。

（三）加强土地政策支持

支持贫困地区编制村级土地利用规划，挖掘土地优化利用脱贫的潜力。贫困地区建设用地符合土地利用总体规划修改条件的，按规定及时审查批复。新增建设用地计划、增减挂钩节余指标调剂计划、工矿废弃地复垦利用计划向贫困地区倾斜。脱贫攻坚期内，国家每年对集中连片特困地区、国家扶贫开发工作重点县专项安排一定数量新增建设用地计划。贫困地区建设用地增减挂钩节余指标和工矿废弃地复垦利用节余指标，允许在省域内调剂使用。建立土地整治和高标准农田建设等新增耕地指标跨省域调剂机制。贫困地区符合条件的补充和改造耕地项目，优先用于跨省域补充耕地国家统筹，所得收益通过支出预算用于支持脱贫攻坚。优先安排贫困地区土地整治项目和高标准农田建设补助资金，指导和督促贫困地区完善县级土地整治规划。

（四）实施人才和科技扶贫计划

深入实施边远贫困地区、边疆民族地区、革命老区人才支持计划，扩大急需紧缺专业技术人才选派培养规模。贫困地区在县乡公务员考试录用中，从大学生村官、“三支一扶”等人员中定向招录公务员，从贫困地区优秀村干部中招录乡镇公务员。

动员全社会科技力量投入脱贫攻坚主战场，开展科技精准帮扶行动。以县为单位建立产业扶贫技术专家组，各类涉农院校和科研院所组建产业扶贫技术团队，重点为贫困村、贫困户提供技术服务。支持有条件的贫困县建设农业科技园和星创天地等载体，展示和推广农业先进科技成果。在贫困地区全面实施农技推广特聘计划，从农村乡土专家、种养能手等一线服务人员招聘一批特聘农技员，由县级政府聘为贫困村科技扶贫带头人。加强贫困村创业致富带头人培育培养，提升创业项目带贫减贫效果。建立科技特派员与贫困村结对服务关系，实现科技特派员对贫困村科技服务和创业带动全覆盖。

六、动员全社会力量参与脱贫攻坚

（一）加大东西部扶贫协作和对口支援力度

把人才支持、市场对接、劳务协作、资金支持等作为协作重点，深化东西部扶贫协作，推进携手奔小康行动贫困县全覆盖，并向贫困村延伸。强化东西部扶贫协作责任落实，加强组织协调、工作指导和督导检查，建立扶贫协作台账制度，每年对账考核。优化结对协作关系，实化细化县之间、乡镇之间、行政村之间结对帮扶措施，推广“闽宁示范村”模式。突出产业帮扶，鼓励合作建设承接产业转移的基地，引导企业精准结对帮扶。突出劳务协作，有组织地开展人岗对接，提高协作规模和质量。突出人才支援，加大力度推进干部双向挂职、人才双向交流，提高干部人才支持和培训培养精准性。突出资金支持，切实加强资金监管，确保东西部扶贫协作资金精准使用。将帮扶贫困残疾人脱贫纳入东西部扶贫协作范围。

实施好“十三五”对口支援新疆、西藏和四省藏区经济社会发展规划，严格落实中央确定的80%以上资金用于保障和改善民生、用于县及县以下基层的要求，进一步聚焦脱贫攻坚的重点和难点，确保更多资金、项目和工作精力投向贫困人口。

（二）深入开展定点扶贫工作

落实定点扶贫工作责任，把定点扶贫县脱贫工作纳入本单位工作重点，加强工作力量，出台具体帮扶措施。定点扶贫单位主要负责同志要承担第一责任人职责，定期研究帮扶工作。强化定点扶贫牵头单位责任。加强对定点扶贫县脱贫攻坚工作指导，督促落实脱贫主体责任。把定点扶贫县作为转变作风、调查研究的基地，通过解剖麻雀，总结定点扶贫县脱贫经验，完善本部门扶贫政策，推动脱贫攻坚工作。选派优秀中青年干部、后备干部到贫困地区挂职，落实艰苦地区挂职干部生活补助政策。

（三）扎实做好军队帮扶工作

加强军地脱贫攻坚工作协调，驻地部队要积极承担帮扶任务，参与扶贫行动，广泛开展扶贫济困活动。接续做好“八一爱民学校”援建工作，组织开展多种形式的结对助学活动。组织军队系统医院对口帮扶贫困县县级医院，深入贫困村送医送药、巡诊治病。帮助革命老区加强红色资源开发，培育壮大红色旅游产业，带动贫困人口脱贫。帮助培育退役军人和民兵预备役人员脱贫致富带头人。

（四）激励各类企业、社会组织扶贫

落实国有企业精准扶贫责任，通过发展产业、对接市场、安置就业等多种方式帮助贫困户脱贫。深入推进“万企帮万村”精准扶贫行动，引导民营企业积极开展产业扶贫、就业扶贫、公益扶贫，鼓励有条件的大型民营企业通过设立扶贫产业投资基金等方式参与脱贫攻坚。持续开展“光彩行”活动，提高精准扶贫成效。

支持社会组织参与脱贫攻坚，加快建立社会组织帮扶项目与贫困地区需求信息对接机制，确保贫困人口发展需求与社会帮扶有效对接。鼓励引导社会各界使用贫困地区产品和服务，推动贫困地区和贫困户融入大市场。实施全国性社会组织参与“三区三州”深度贫困地区脱贫攻坚行动。实施社会工作“专业人才服务三区计划”、“服务机构牵手计划”、“教育对口扶贫计划”，为贫困人口提供生计发展、能力提升、心理支持等专业服务。加强对社会组织扶贫的引导和管理，优化环境、整合力量、创新方式，提高扶贫效能。落实社会扶贫资金所得税税前扣除政策。

（五）大力开展扶贫志愿服务活动

动员组织各类志愿服务团队、社会各界爱心人士开展扶贫志愿服务。实施社会工作专业人才服务贫困地区系列行动计划，支持引导专业社会工作和志愿服务力量积极参与精准扶贫。推进扶贫志愿服务制度化，建立扶贫志愿服务人员库，鼓励国家机关、企事业单位、人民团体、社会组织等组建常态化、专业化服务团队。制定落实扶贫志愿服务支持政策。

七、夯实精准扶贫精准脱贫基础性工作

（一）强化扶贫信息的精准和共享

进一步加强建档立卡工作，提高精准识别质量，完善动态管理机制，做到“脱贫即出、返贫即入”。剔除不合条件的人口，及时纳入符合条件但遗漏在外的贫困人口和返贫人口，确保应扶尽扶。抓紧完善扶贫开发大数据平

台，通过端口对接、数据交换等方式，实现户籍、教育、健康、就业、社会保险、住房、银行、农村低保、残疾人等信息与贫困人口建档立卡信息有效对接。完善贫困人口统计监测体系，为脱贫攻坚提供科学依据。加强贫困人口建档立卡数据和农村贫困统计监测数据衔接，逐步形成指标统一、项目规范的贫困监测体系。强化扶贫开发大数据平台共享使用，拓展扶贫数据系统服务功能，为脱贫攻坚决策和工作指导等提供可靠手段和支撑。建立脱贫成效巩固提升监测机制，对脱贫户实施跟踪和动态监测，及时了解其生产生活情况。按照国家信息安全标准构建扶贫开发信息安全防护体系，确保系统和数据安全。开展建档立卡专项评估检查。

（二）健全贫困退出机制

严格执行贫困退出标准和程序，规范贫困县、贫困村、贫困人口退出组织实施工作。指导地方修订完善扶贫工作考核评估指标和贫困县验收指标，对超出“两不愁、三保障”标准的指标，予以剔除或不作为硬性指标，取消行业部门与扶贫无关的搭车任务。改进贫困县退出专项评估检查，由各省（自治区、直辖市）统一组织，因地制宜制定符合贫困地区实际的检查方案，并对退出贫困县的质量负责。中央结合脱贫攻坚督查巡查工作，对贫困县退出进行抽查。脱贫攻坚期内扶贫政策保持稳定，贫困县、贫困村、贫困户退出后，相关政策保持一段时间。

（三）开展国家脱贫攻坚普查

2020年至2021年初对脱贫摘帽县进行一次普查，全面了解贫困人口脱贫实现情况。普查工作由国务院统一部署实施，重点围绕脱贫结果的真实性和准确性，调查贫困人口“两不愁、三保障”实现情况、获得帮扶情况、贫困人口参与脱贫攻坚项目情况等。地方各级党委和政府要认真配合做好普查工作。

八、加强和改善党对脱贫攻坚工作的领导

（一）进一步落实脱贫攻坚责任制

强化中央统筹、省负总责、市县抓落实的工作机制。中央统筹，重在做好顶层设计，在政策、资金等方面为地方创造条件，加强脱贫效果监管；省负总责，重在把党中央大政方针转化为实施方案，加强指导和督导，促进工作落实；市县抓落实，重在从当地实际出发推动脱贫攻坚各项政策措施落地生根。各级党委和政府要把打赢脱贫攻坚战作为重大政治任务，增强政治担当、责任担当和行动自觉，层层传导压力，建立落实台账，压实脱贫责任，加大问责问效力度。健全脱贫攻坚工作机制，脱贫攻坚任务重的省（自治区、直辖市）党委和政府每季度至少专题研究一次脱贫攻坚工作，贫困县党委和政府每月至少专题研究一次脱贫攻坚工作。贫困县党政正职每个月至少要有5个工作日用于扶贫。实施五级书记遍访贫困对象行动，省（自治区、直辖市）党委书记遍访贫困县，市（地、州、盟）党委书记遍访脱贫攻坚任务重的乡镇，县（市、区、旗）党委书记遍访贫困村，乡镇党委书记和村党组织书记遍访贫困户。以遍访贫困对象行动带头转变作风，接地气、查实情，了解贫困群体实际需求，掌握第一手资料，发现突出矛盾，解决突出问题。

（二）压实中央部门扶贫责任

党中央、国务院各相关部门单位要按照中央脱贫攻坚系列重大决策部署要求制定完善配套政策举措，实化细化三年行动方案，并抓好组织实施工作。国务院扶贫开发领导小组要分解落实各地区脱贫目标任务，实化细化脱贫具体举措，分解到年、落实到人。国务院扶贫开发领导小组成员单位每年向中央报告本部门本单位脱贫攻坚工作情况。脱贫攻坚期内，国务院扶贫开发领导小组成员以及部门扶贫干部、定点扶贫干部要按政策规定保持稳定，不能胜任的要及时调整。

（三）完善脱贫攻坚考核监督评估机制

进一步完善扶贫考核评估工作，充分体现省负总责原则，切实解决基层疲于迎评迎检问题。改进对省级党委和政府扶贫开发工作成效

第三方评估方式，缩小范围，简化程序，精简内容，重点评估“两不愁、三保障”实现情况，提高考核评估质量和水平。改进省市两级对县及县以下扶贫工作考核，原则上每年对县的考核不超过2次，加强对县委书记的工作考核，注重发挥考核的正向激励作用。未经省里批准，市级以下不得开展第三方评估。改进约谈省级领导的方式，开展常态化约谈，随时发现问题随时约谈。完善监督机制，国务院扶贫开发领导小组每年组织脱贫攻坚督查巡查，纪检监察机关和审计、扶贫等部门按照职能开展监督工作。充分发挥人大、政协、民主党派监督作用。

（四）建强贫困村党组织

深入推进抓党建促脱贫攻坚，全面强化贫困地区农村基层党组织领导核心地位，切实提升贫困村党组织的组织力。防止封建家族势力、地方黑恶势力、违法违规宗教活动侵蚀基层政权，干扰破坏村务。大力整顿贫困村软弱涣散党组织，以县为单位组织摸排，逐村分析研判，坚决撤换不胜任、不合格、不尽职的村党组织书记。重点从外出务工经商创业人员、大学生村官、本村致富能手中选配，本村没有合适人员的，从县乡机关公职人员中派任。建立健全回引本土大学生、高校培养培训、县乡统筹招聘机制，为每个贫困村储备1至2名后备干部。加大在贫困村青年农民、外出务工青年中发展党员力度。支持党员创办领办脱贫致富项目，完善贫困村党员结对帮扶机制。全面落实贫困村“两委”联席会议、“四议两公开”和村务监督等工作制度。派强用好第一书记和驻村工作队，从县以上党政机关选派过硬的优秀干部参加驻村帮扶。加强考核和工作指导，对不适应的及时召回调整。派出单位要严格落实项目、资金、责任捆绑要求，加大保障支持力度。强化贫困地区农村基层党建工作责任落实，将抓党建促脱贫攻坚情况作为县乡党委书记抓基层党建工作述职评议考核的重点内容。对不够重视贫困村党组织建设、措施不力的地方，上级党组织要及时约谈提醒相关责任人，后果严重的要问责追责。

（五）培养锻炼过硬的脱贫攻坚干部队伍

保持贫困县党政正职稳定，确需调整的，必须符合中央规定，对于不能胜任的要及时撤换，对于弄虚作假的要坚决问责。实施全国脱贫攻坚全面培训，落实分级培训责任，保证贫困地区主要负责同志和扶贫系统干部轮训一遍。对县级以上领导干部，重点是通过培训提高思想认识，引导树立正确政绩观，掌握精准脱贫方法论，提升研究攻坚问题、解决攻坚难题能力。对基层干部，重点是通过采取案例教学、现场教学等实战培训方法，提高实战能力，增强精准扶贫工作本领。加大对贫困村干部培训力度，每年对村党组织书记集中轮训一次，突出需求导向和实战化训练，着重提高落实党的扶贫政策、团结带领贫困群众脱贫致富的本领。加强对扶贫挂职干部跟踪管理和具体指导，采取“挂包结合”等方式，落实保障支持措施，激励干部人在心在、履职尽责。加强对脱贫一线干部的关爱激励，注重在脱贫攻坚一线考察识别干部，对如期完成任务且表现突出的贫困县党政正职应予以重用，对在脱贫攻坚中工作出色、表现优秀的扶贫干部、基层干部注重提拔使用。对奋战在脱贫攻坚一线的县乡干部要落实好津补贴、周转房等政策，改善工作条件。对在脱贫攻坚中因公牺牲的干部和基层党员的家属及时给予抚恤，长期帮扶慰问。全面落实贫困村干部报酬待遇和正常离任村干部生活补贴。

（六）营造良好舆论氛围

深入宣传习近平总书记关于扶贫工作的重要论述，宣传党中央关于精准扶贫精准脱贫的重大决策部署，宣传脱贫攻坚典型经验，宣传脱贫攻坚取得的伟大成就，为打赢脱贫攻坚战注入强大精神动力。组织广播电视、报纸杂志等媒体推出一批脱贫攻坚重点新闻报道。积极利用网站、微博、微信、移动客户端等新媒体平台开展宣传推广。推出一批反映扶贫脱贫感人事迹的优秀文艺作品，加大扶贫题材文化产品和服务的供给。继续开展全国脱贫攻坚奖和全国脱贫攻坚模范评选表彰，选树脱贫攻坚先进典型。按程序设立脱贫攻坚组织创新奖，鼓励各地从实际出发开展脱贫攻坚工作创新。每年组织报告团，分区域巡回宣讲脱贫先进典型。讲好中国脱贫攻坚故事，反映中国为全球减贫事业作出的重大贡献。加强减贫领域国际交流与合作，帮助受援国建好国际扶贫示范村，为全球减贫事业贡献中国方案。适时对脱贫攻坚精神进行总结。

（七）开展扶贫领域腐败和作风问题专项治理

把作风建设贯穿脱贫攻坚全过程，集中力量解决扶贫领域“四个意识”不强、责任落实不到位、工作措施不精准、资金管理使用不规范、工作作风不扎实、考核评估不严不实等突出问题，确保取得明显成效。改进调查研究，深入基层、深入群众，多层次、多方位、多渠道调查了解实际情况，注重发现并解决问题，力戒“走过场”。注重工作实效，减轻基层工作负担，减少村级填表报数，精简会议文件，让基层干部把精力放在办实事上。严格扶贫资金审计，加强扶贫事务公开。严肃查处贪污挪用、截留私分、虚报冒领、强占掠夺等行为。依纪依法坚决查处贯彻党中央脱贫攻坚决策部署不坚决不到位、弄虚作假问题，主体责任、监督责任和职能部门监管职责不落实问题，坚决纠正脱贫攻坚工作中的形式主义、官僚主义。把扶贫领域腐败和作风问题作为巡视巡察工作重点。中央巡视机构组织开展扶贫领域专项巡视。加强警示教育工作，集中曝光各级纪检监察机关查处的扶贫领域典型案例。

（八）做好脱贫攻坚风险防范工作

防范产业扶贫市场风险，防止产业项目盲目跟风、一刀切导致失败造成损失，各地要对扶贫主导产业面临的技术和市场等风险进行评估，制定防范和处置风险的应对措施。防范扶贫小额贷款还贷风险，纠正户贷企用、违规用款等问题。防范加重地方政府债务风险，防止地方政府以脱贫攻坚名义盲目举债，防止金融机构借支持脱贫攻坚名义违法违规提供融资，坚决遏制地方政府隐性债务增量。

（九）统筹衔接脱贫攻坚与乡村振兴

脱贫攻坚期内，贫困地区乡村振兴主要任务是脱贫攻坚。乡村振兴相关支持政策要优先向贫困地区倾斜，补齐基础设施和基本公共服务短板，以乡村振兴巩固脱贫成果。抓紧研究制定2020年后减贫战略。研究推进扶贫开发立法。

2018年6月15日

中共中央办公厅　国务院办公厅印发《关于分类推进人才评价机制改革的指导意见》

［新华社北京2月26日电　近日，中共中央办公厅、国务院办公厅印发了《关于分类推进人才评价机制改革的指导意见》，并发出通知，要求各地区各部门结合实际认真贯彻落实。］

人才评价是人才发展体制机制的重要组成部分，是人才资源开发管理和使用的前提。建立科学的人才分类评价机制，对于树立正确用人导向、激励引导人才职业发展、调动人才创新创业积极性、加快建设人才强国具有重要作用。当前，我国人才评价机制仍存在分类评价不足、评价标准单一、评价手段趋同、评价社会化程度不高、用人主体自主权落实不够等突出问题，亟须通过深化改革加以解决。为深入贯彻落实《中共中央印发〈关于深化人才发展体制机制改革的意见〉的通知》，创新人才评价机制，发挥人才评价指挥棒作用，现就分类推进人才评价机制改革提出如下意见。

一、总体要求和基本原则

（一）总体要求。全面贯彻党的十九大精神，以习近平新时代中国特色社会主义思想为指导，认真落实党中央、国务院决策部署，按照统筹推进“五位一体”总体布局和协调推进“四个全面”战略布局要求，落实新发展理念，围绕实施人才强国战略和创新驱动发展战略，以科学分类为基础，以激发人才创新创业活力为目的，加快形成导向明确、精准科学、规范有序、竞争择优的科学化社会化市场化人才评价机制，建立与中国特色社会主义制度相适应的人才评价制度，努力形成人人渴望成才、人人努力成才、人人皆可成才、人人尽展其才的良好局面，使优秀人才脱颖而出。

（二）基本原则。

——坚持党管人才原则。充分发挥党的思想政治优势、组织优势、密切联系群众优势，进一步加强党对人才评价工作的领导，将改革完善人才评价机制作为人才工作的重要内容，在全社会大兴识才爱才敬才用才容才聚才之风，把各方面优秀人才集聚到党和人民的伟大奋斗中来。

——坚持服务发展。围绕经济社会发展和人才发展需求，充分发挥人才评价正向激励作用，推动多出人才、出好人才，最大限度激发和释放人才创新创业活力，促进人才发展与经济社会发展深度融合。

——坚持科学公正。遵循人才成长规律，突出品德、能力和业绩评价导向，分类建立体现不同职业、不同岗位、不同层次人才特点的评价机制，科学客观公正评价人才，让各类人才价值得到充分尊重和体现。

——坚持改革创新。围绕用好用活人才，着力破除思想障碍和制度藩篱，加快转变政府职能，保障落实用人主体自主权，发挥政府、市场、专业组织、用人单位等多元评价主体作用，营造有利于人才成长和发挥作用的评价制度环境。

二、分类健全人才评价标准

（三）实行分类评价。以职业属性和岗位

要求为基础，健全科学的人才分类评价体系。根据不同职业、不同岗位、不同层次人才特点和职责，坚持共通性与特殊性、水平业绩与发展潜力、定性与定量评价相结合，分类建立健全涵盖品德、知识、能力、业绩和贡献等要素，科学合理、各有侧重的人才评价标准。加快新兴职业领域人才评价标准开发工作。建立评价标准动态更新调整机制。

（四）突出品德评价。坚持德才兼备，把品德作为人才评价的首要内容，加强对人才科学精神、职业道德、从业操守等评价考核，倡导诚实守信，强化社会责任，抵制心浮气躁、急功近利等不良风气，从严治理弄虚作假和学术不端行为。完善人才评价诚信体系，建立诚信守诺、失信行为记录和惩戒制度。探索建立基于道德操守和诚信情况的评价退出机制。

（五）科学设置评价标准。坚持凭能力、实绩、贡献评价人才，克服唯学历、唯资历、唯论文等倾向，注重考察各类人才的专业性、创新性和履责绩效、创新成果、实际贡献。着力解决评价标准"一刀切"问题，合理设置和使用论文、专著、影响因子等评价指标，实行差别化评价，鼓励人才在不同领域、不同岗位作出贡献、追求卓越。

三、改进和创新人才评价方式

（六）创新多元评价方式。按照社会和业内认可的要求，建立以同行评价为基础的业内评价机制，注重引入市场评价和社会评价，发挥多元评价主体作用。基础研究人才以同行学术评价为主，加强国际同行评价。应用研究和技术开发人才突出市场评价，由用户、市场和专家等相关第三方评价。哲学社会科学人才评价重在同行认可和社会效益。丰富评价手段，科学灵活采用考试、评审、考评结合、考核认定、个人述职、面试答辩、实践操作、业绩展示等不同方式，提高评价的针对性和精准性。

（七）科学设置人才评价周期。遵循不同类型人才成长发展规律，科学合理设置评价考核周期，注重过程评价和结果评价、短期评价和长期评价相结合，克服评价考核过于频繁的倾向。探索实施聘期评价制度。突出中长期目标导向，适当延长基础研究人才、青年人才等评价考核周期，鼓励持续研究和长期积累。

（八）畅通人才评价渠道。进一步打破户籍、地域、所有制、身份、人事关系等限制，依托具备条件的行业协会、专业学会、公共人才服务机构等，畅通非公有制经济组织、社会组织和新兴职业等领域人才申报评价渠道。对引进的海外高层次人才和急需紧缺人才，建立评价绿色通道。完善外籍人才、港澳台人才申报评价办法。

（九）促进人才评价和项目评审、机构评估有机衔接。按照既出成果、又出人才的要求，在各类工程项目、科技计划、机构平台等评审评估中加强人才评价，完善在重大科研、工程项目实施、急难险重工作中评价、识别人才机制。深入推进项目评审、人才评价、机构评估改革，树立正确评价导向，进一步精简整合、取消下放、优化布局评审事项，简化评审环节，改进评审方式，减轻人才负担。避免简单通过各类人才计划头衔评价人才。加强评价结果共享，避免多头、频繁、重复评价人才。

四、加快推进重点领域人才评价改革

（十）改革科技人才评价制度。围绕建设创新型国家和世界科技强国目标，结合科技体制改革，建立健全以科研诚信为基础，以创新能力、质量、贡献、绩效为导向的科技人才评价体系。对主要从事基础研究的人才，着重评价其提出和解决重大科学问题的原创能力、成果的科学价值、学术水平和影响等。对主要从事应用研究和技术开发的人才，着重评价其技术创新与集成能力、取得的自主知识产权和重大技术突破、成果转化、对产业发展的实际贡献等。对从事社会公益研究、科技管理服务和实验技术的人才，重在评价考核工作绩效，引导其提高服务水平和技术支持能力。

实行代表性成果评价，突出评价研究成果质量、原创价值和对经济社会发展实际贡献。

改变片面将论文、专利、项目、经费数量等与科技人才评价直接挂钩的做法，建立并实施有利于科技人才潜心研究和创新的评价制度。

注重个人评价与团队评价相结合。适应科技协同创新和跨学科、跨领域发展等特点，进一步完善科技创新团队评价办法，实行以合作解决重大科技问题为重点的整体性评价。对创新团队负责人以把握研究发展方向、学术造诣水平、组织协调和团队建设等为评价重点。尊重认可团队所有参与者的实际贡献，杜绝无实质贡献的虚假挂名。

（十一）科学评价哲学社会科学和文化艺术人才。坚持马克思主义指导地位、为人民做学问的研究立场、以人民为中心的创作导向，注重政治标准和学术标准、继承性和民族性、原创性和时代性、系统性和专业性相统一，建立健全中国特色的哲学社会科学和文化艺术人才评价体系，推进中国特色哲学社会科学学科体系、学术体系、话语体系建设，推出更多无愧于民族、无愧于时代的文艺精品。

根据人文科学、社会科学、文化艺术等不同学科领域，理论研究、应用对策研究、艺术表演创作等不同类型，对其人才实行分类评价。对主要从事理论研究的人才，重点评价其在推动理论创新、传承文明、学科建设等方面的能力贡献。对主要从事应用对策研究的人才，重点评价其围绕统筹推进“五位一体”总体布局和协调推进“四个全面”战略布局，为党和政府决策提供服务支撑的能力业绩。对主要从事艺术表演创作的人才，重点评价其在艺术表演、作品创作、满足人民精神文化需求等方面的能力业绩。突出成果的研究质量、内容创新和社会效益，推行理论文章、决策咨询研究报告、建言献策成果、优秀网络文章、艺术创作作品等与论文、专著等效评价。

（十二）健全教育人才评价体系。坚持立德树人，把教书育人作为教育人才评价的核心内容。深化高校教师评价制度改革，坚持社会主义办学方向，坚持思想政治素质和业务能力双重考察、全面考核和突出重点相结合，注重对师德师风、教育教学、科学研究、社会服务、专业发展的综合评价。坚持分类指导和分层次评价相结合，根据不同类型高校、不同岗位教师的职责特点，分类分层次分学科设置评价内容和评价方式。突出教育教学业绩评价，将人才培养中心任务落到实处，要求所有教师都必须承担教育教学工作，建立健全教学工作量评价标准，落实教授为本专科生授课制度，加强教学质量和课堂教学纪律考核。

适应现代职业教育发展需要，按照兼备专业理论知识和技能操作实践能力的要求，完善职业院校（含技工院校）“双师型”教师评价标准，吸纳行业、企业作为评价参与主体，重点评价其职业素养、专业教学能力和生产一线实践经验。

适应中小学素质教育和课程改革新要求，建立充分体现中小学教师岗位特点的评价标准，重点评价其教育教学方法、教书育人工作业绩和一线实践经历。严禁简单用学生升学率和考试成绩评价中小学教师。

（十三）改进医疗卫生人才评价制度。强化医疗卫生人才临床实践能力评价，完善涵盖医德医风、临床实践、科研带教、公共卫生服务等要素的评价指标体系，合理确定不同医疗卫生机构、不同专业岗位人才评价重点。对主要从事临床工作的人才，重点考察其临床医疗医技水平、实践操作能力和工作业绩，引入临床病历、诊治方案等作为评价依据。对主要从事科研工作的人才，重点考察其创新能力业绩，突出创新成果的转化应用能力。对主要从事疾病预防控制等的公共卫生人才，重点考察其流行病学调查、传染病疫情和突发公共卫生事件处置、疾病及危害因素监测与评价等能力。

建立符合全科医生岗位特点的评价机制，考核其掌握全科医学基本理论知识、常见病多发病诊疗、预防保健和提供基本公共卫生服务的能力，将签约居民数量、接诊量、服务质量、群众满意度作为重要评价因素。

按照强基层、保基本及分级诊疗要求，建

立更加注重临床水平、服务质量、工作业绩的基层医疗卫生人才评价机制，鼓励医疗卫生人才服务基层，更好满足基层人民群众健康需求。

（十四）创新技术技能人才评价制度。适应工程技术专业化、标准化程度高、通用性强等特点，分专业领域建立健全工程技术人才评价标准，着力解决评价标准过于追求学术化问题，重点评价其掌握必备专业理论知识和解决工程技术难题、技术创造发明、技术推广应用、工程项目设计、工艺流程标准开发等实际能力和业绩。探索推动工程师国际互认，提高工程教育质量和工程技术人才职业化、国际化水平。

健全以职业能力为导向、以工作业绩为重点、注重职业道德和知识水平的技能人才评价体系。加快构建国家职业标准、行业企业工种岗位要求、专项职业能力考核规范等多层次职业标准。完善职业资格评价、职业技能等级认定、专项职业能力考核等多元化评价方式，做好评价结果有机衔接。坚持职业标准和岗位要求、职业能力考核和工作业绩评价、专业评价和企业认可相结合的原则，对技术技能型人才突出实际操作能力和解决关键生产技术难题要求，对知识技能型人才突出掌握运用理论知识指导生产实践、创造性开展工作要求，对复合技能型人才突出掌握多项技能、从事多工种多岗位复杂工作要求，引导鼓励技能人才培育精益求精的工匠精神。

（十五）完善面向企业、基层一线和青年人才的评价机制。建立与产业发展需求、经济结构相适应的企业人才评价机制，突出创新创业实践能力，推动企业自主创新能力提升。对业绩贡献突出的优秀企业家、经营管理人才、高层次创新创业人才，可放宽学历、资历、年限等申报条件。健全以市场和出资人认可为重要标准的企业经营管理人才评价体系，突出对经营业绩和综合素质的考核。建立社会化的职业经理人评价制度。

创新基层人才评价激励机制。对长期在基层一线和艰苦边远地区工作的人才，加大爱岗敬业表现、实际工作业绩、工作年限等评价权重，着力拓展基层人才职业发展空间。健全以职业农民为主体的农村实用人才评价制度，完善教育培训、认定评价管理、政策扶持“三位一体”的制度体系。完善社会工作专业人才职业水平评价制度，加强社会工作者职业化管理与激励保障，提升社会治理和社会服务现代化水平。

完善青年人才评价激励措施。破除论资排辈、重显绩不重潜力等陈旧观念，重点遴选支持一批有较大发展潜力、有真才实学、堪当重任的优秀青年人才。加大各类科技、教育、人才工程项目对青年人才支持力度，鼓励设立青年专项，促进优秀青年人才脱颖而出。探索建立优秀青年人才举荐制度。

五、健全完善人才评价管理服务制度

（十六）保障和落实用人单位自主权。尊重用人单位主导作用，支持用人单位结合自身功能定位和发展方向评价人才，促进人才评价与培养、使用、激励等相衔接。合理界定和下放人才评价权限，推动具备条件的高校、科研院所、医院、文化机构、大型企业、国家实验室、新型研发机构及其他人才智力密集单位自主开展评价聘用（任）工作。防止人才评价行政化、“官本位”倾向，充分发挥学术委员会等作用。对开展自主评价的单位，人才管理部门不再进行资格审批，通过完善信用机制、第三方评估、检查抽查等方式加强事中事后监管。

（十七）健全市场化、社会化的管理服务体系。进一步明确政府、市场、用人主体在人才评价中的职能定位，建立权责清晰、管理科学、协调高效的人才评价管理体制。推动人才管理部门转变职能、简政放权，强化政府人才评价宏观管理、政策法规制定、公共服务、监督保障等职能，减少审批事项和微观管理。发挥市场、社会等多元评价主体作用，积极培育发展各类人才评价社会组织和专业机构，逐步有序承接政府转移的人才评价职能。建立人才评价机构综合评估、动态调整机制。

（十八）优化公平公正的评价环境。加强人才评价法治建设，健全完善规章制度，提高评价质量和公信力，维护人才合法权益。严格规范评价程序，建立健全申报、审核、公示、反馈、申诉、巡查、举报、回溯等制度。加强评价专家数据库建设和资源共享，建立随机、回避、轮换的专家遴选机制，优化专家来源和结构，强化业内代表性。建立评价专家责任和信誉制度，实施退出和问责机制。强化人才评价综合治理，依法清理规范各类人才评价活动和发证、收费等事项，加强考试环境治理，落实考试安全主体责任。加强人才评价文化建设，提倡开展平等包容的学术批评、学术争论，保障不同学术观点的充分讨论，营造求真务实、鼓励创新、宽容失败的评价氛围和环境。

各地区各部门要坚持党管人才原则，切实加强党委和政府对改革完善人才评价机制的统一领导，党委组织部门要牵头抓总，有关部门要各司其职、密切配合，发挥社会力量重要作用，认真抓好组织落实。要深入调查研究，结合实际制定具体实施方案，加强分类指导，强化督促检查，确保改革任务落地见效。军队可根据本意见，结合实际建立健全军队人才评价机制。要坚持分类推进、先行试点、稳步实施，及时研究解决改革中遇到的新情况新问题。要加强政策解读和舆论引导，积极回应社会关切，为分类推进人才评价机制改革营造良好氛围。

中共中央办公厅　国务院办公厅印发《关于提高技术工人待遇的意见》

［新华社北京 3 月 22 日电　近日，中共中央办公厅、国务院办公厅印发了《关于提高技术工人待遇的意见》，并发出通知，要求各地区各部门结合实际认真贯彻落实。］

为落实《新时期产业工人队伍建设改革方案》，创新技能导向的激励机制，进一步鼓励辛勤劳动、诚实劳动、创造性劳动，增强生产服务一线岗位对劳动者吸引力，建设知识型、技能型、创新型劳动者大军，营造劳动光荣的社会风尚和精益求精的敬业风气，现就提高技术工人待遇提出如下意见。

一、指导思想

全面贯彻党的十九大精神，以习近平新时代中国特色社会主义思想为指导，紧紧围绕统筹推进“五位一体”总体布局和协调推进“四个全面”战略布局，牢固树立和贯彻落实新发展理念，坚持以人民为中心的发展思想，坚持全心全意依靠工人阶级的方针，充分发挥政府、企业、社会的协同作用，完善技术工人培养、评价、使用、激励、保障等措施，实现技高者多得、多劳者多得，增强技术工人获得感、自豪感、荣誉感，激发技术工人积极性、主动性、创造性，为实施人才强国战略和创新驱动发展战略，实现“两个一百年”奋斗目标、实现中华民族伟大复兴的中国梦，提供坚实的人才保障。

二、基本原则

——加强领导，形成合力。坚持党管人才原则，充分发挥市场在资源配置中的决定性作用，更好发挥政府作用，进一步增强企业主体作用、工会监督作用、群团组织动员作用和社会支持作用，完善多方参与的工作体系，形成齐抓共促的工作格局。

——重点突破，多措并举。以为国家作出突出贡献的高技能领军人才为重点支持对象，着力提高技术工人收入水平，完善工资正常增长机制，拓宽收入渠道，加大培养培训力度，强化评价使用激励，优化社会环境，全面改善技术工人待遇水平。

——立足当前，着眼长远。加强政策引导，着力改变技术工人社会地位偏低现状，促进广大技术工人爱岗敬业；坚持长期稳定支持，不断营造良好社会氛围，让全体技术工人焕发劳动热情，释放创造潜能，创造更加美好的生活。

三、突出“高精尖缺”导向，大力提高高技能领军人才待遇水平

（一）全面加强对高技能领军人才的服务保障。对为国家经济发展和重大战略实施作出突出贡献，具有高超技艺技能和一流业绩水平，并长期坚守在生产服务一线岗位工作的高技能领军人才，全面采取措施，切实加强服务保障和提高待遇水平。高技能领军人才包括获得全国劳动模范、全国五一劳动奖章、中华技能大奖、全国技术能手等荣誉以及享受省级以上政府特殊津贴的人员，或各省（自治区、直辖市）政府认定的“高精尖缺”高技能人才。各地要设立高技能领军人才服务窗口，负责协调

落实相关待遇政策，并结合实际制定支持政策。

（二）提高高技能领军人才的政治待遇。探索实行高技能领军人才在工会等群团组织中挂职和兼职，纳入党委联系专家范围。鼓励行业主管部门、群团组织、行业协会、企业及社会各方面力量，以多种方式对高技能领军人才进行特殊奖励。定期组织高技能领军人才国情研修考察、面向社会进行咨询服务等活动。鼓励企业吸纳高技能领军人才参与经营管理决策，适当提高其在职工代表大会中的比例。

（三）提高高技能领军人才的经济待遇。鼓励企业为高技能领军人才制定职业发展规划和年资（年功）工资制度，科学评价技能水平和业绩贡献，合理确定年资起加点和工资级差。试行高技能领军人才年薪制和股权期权激励，鼓励各类企业设立特聘岗位津贴、带徒津贴等，参照高级管理人员标准落实经济待遇。对于参与国家科技计划项目的高技能领军人才，鼓励所在单位根据其在项目中的实际贡献给予绩效奖励。落实中央财政科研项目资金管理等政策，制定间接费用统筹使用内部管理办法，对高技能领军人才进行绩效奖励，提高高技能领军人才创新创造的积极性。对于解决重大工艺技术难题和重大质量问题、技术创新成果获得省部级以上奖项、“师带徒”业绩突出的，取消学历、年限等限制，破格晋升技术等级。

（四）提高高技能领军人才的社会待遇。鼓励各地根据实际情况，研究探索对高技能领军人才在购（租）住房、安家补贴、子女接受义务教育等方面的支持政策，通过提供人才公寓和发放房租补贴等方式，解决引进高技能领军人才的住房问题。实施积分落户的城市，要重点考虑高技能领军人才落户需求并放宽落户条件限制。对经济结构调整中出现困难的企业，要保障高技能领军人才稳定就业，对他们的配偶、子女有就业愿望但未就业的，由有关部门积极提供职业指导和就业前培训，推荐就业岗位。

（五）发挥高技能领军人才在技术创新等方面的重要作用。鼓励高技能领军人才更多参与国家科研项目，开展科技攻关活动。增加高技能领军人才参与全国创新争先奖等奖项的推荐名额。支持高技能领军人才参加创新成果评选、展示和创业创新等活动，切实保护高技能领军人才的知识产权和技术创新成果转化权益。支持高技能领军人才参与所在企业（地区、集团、行业组织）的职工教育培训，在制定人才发展规划、高技能人才选拔、职称（技能等级）评审或认定、教学实践等工作中发挥骨干作用。多渠道组织高技能领军人才参与国际大型工业展、国际发明展等海外交流活动，海外交流活动可按程序报批列入政府出国培训团组计划。宣传高技能领军人才先进事迹，开展先进操作法总结、命名，推广绝招、绝技、绝活，制作教育纪录片，树立宣传典型。

四、实施工资激励计划，提高技术工人收入水平

（一）完善符合技术工人特点的企业工资分配制度。指导企业深化工资分配制度改革，建立基于岗位价值、能力素质、业绩贡献的工资分配机制，强化工资收入分配的技能价值激励导向。鼓励企业在工资结构中设置体现技术技能价值的工资单元，或对关键技术岗位、关键工序和紧缺急需的技术工人实行协议工资、项目工资、年薪制等分配形式，提高技术工人工资待遇。鼓励企业建立针对技术工人的补助性津贴制度，提高技术工人津贴水平。

（二）建立企业技术工人工资正常增长机制。推动企业建立健全反映劳动力市场供求关系和企业经济效益的工资决定及正常增长机制，积极推进工资集体协商，引导企业科学确定技术工人工资水平并实现合理增长。国有企业工资总额分配要向高技能人才倾斜，高技能人才人均工资增幅应不低于本单位管理人员人均工资增幅。

（三）探索技术工人长效激励机制。制定企业技术工人技能要素和创新成果按贡献参与分配的办法，推动技术工人享受促进科技成果转化的有关政策。鼓励企业对高技能人才实行技术创新成果入股、岗位分红等激励方式，促进长期稳定提高技术工人收入水平。

五、构建技能形成与提升体系，支持技术工人凭技能提高待遇

（一）加强终身职业技能培训。适应产业结构转型升级趋势，大力弘扬劳模精神和工匠精神，根据劳动者不同就业阶段特点，加强职业素质培养，开展就业技能培训、岗位技能提升培训、创业创新培训，着力缓解就业结构性矛盾。充分发挥企业在技术工人培训中的主体作用，引导企业结合生产经营和技术创新需要，制定技术工人培养规划和培训制度，发挥工会支持、监督和共青团动员、组织作用，确保企业职工教育培训资金落实到位，并向一线技术工人倾斜。加大政府支持力度，按规定对参加职业培训的技术工人提供职业培训补贴和职业技能鉴定补贴。发挥失业保险基金支持参保职工提升职业技能作用，按规定为参保职工提供技能提升补贴。探索“互联网＋”远程职业培训新模式。

（二）深入实施高技能人才振兴计划。紧密结合先进制造业、战略性新兴产业、现代服务业发展需要，重点实施高技能人才培训基地、技师培训等项目，推动具备条件的行业企业建立首席技师制度，加大技能大师工作室、劳模和工匠人才创新工作室、职工创新工作室、青创先锋工作室等建设力度。企业可从职工教育经费中列支相关工作室专项经费，支持高技能人才“师带徒”。

（三）加大校企合作培养技术工人力度。充分发挥国民教育对技术工人成长发展的支撑作用，促进职业院校（含技工院校）、本科高校与企业充分合作，改革人才培养模式，提高应用型和技术技能型人才培养培训能力。积极发展职工培训和学历继续教育。提高职业教育质量，促进产教融合。完善职业教育“文化素质＋职业技能”的考试招生方式。支持职业院校（含技工院校）、本科高校与企业共同开发教学资源和培训项目。统筹规范现代学徒制和企业新型学徒制。逐步扩大高等职业院校招收有实践经历人员的比例。鼓励企业、职业院校（含技工院校）、本科高校、职业培训机构合作建设现代化产业人才培养培训基地（中心），健全企业参与校企合作的成本补偿等政策，培养符合企业岗位需求的技术工人。鼓励各地根据实际打造具备实践经验的高素质职业教育师资队伍。

六、强化评价使用激励工作，畅通技术工人成长成才通道

（一）完善技术工人评价工作。健全技术工人评价选拔制度，突破年龄、学历、资历、身份等限制，促进优秀技术工人脱颖而出。完善职业技能等级认定政策，引导和支持企业自主开展技能评价并落实待遇。鼓励企业增加技术工人的技能等级层次，拓宽技术工人晋升通道，探索设立技能专家、首席技师、特级技师等岗位。

（二）加大劳动和技能竞赛培养选拔技术工人工作力度。制定出台全国职业技能竞赛管理办法，围绕重大战略、重大工程、重大项目、重点产业，组织开展劳动和技能竞赛。建立以企业岗位练兵和技术比武为基础、以国家和行业竞赛为主体、国内竞赛与国际竞赛相衔接的职业技能竞赛体系。积极参与世界技能大赛，对优秀选手给予奖励和荣誉激励。支持工会、共青团、妇联等群团组织、行业协会在职业技能竞赛工作中积极发挥作用。

（三）完善技术工人平等享受待遇政策。建立职业资格、职业技能等级与相应职称比照认定制度，制定高技能人才参加工程技术人才职称评审或认定的政策。鼓励企业对在聘的高级工、技师、高级技师在学习进修、岗位聘任、职务职级晋升等方面，比照相应层级工程技术人员享受同等待遇。

（四）落实好技术工人休息休假权利。落实《职工带薪年休假条例》和《企业职工带薪年休假实施办法》，加强劳动执法监察，确保技术工人休息休假权利。建立优秀技术工人休疗养制度，定期组织、分级实施休疗养活动。

（五）广泛宣传技术工人劳动成果和创造价值。大力弘扬工匠精神，组织形式多样的宣传活动，展示优秀技术工人风采。鼓励各地区各部门大力开展技术工人表彰活动。做好“五一”国际劳动节、世界青年技能日、职业教育活动周、高技能人才评选表彰等集中宣传工作，继续办好“技能中国行”、“中国大能手”等品牌活动和“大国工匠”系列专题宣传，引导社会各界创作更多反映技术工人时代风貌的优秀文艺作品，营造劳动光荣、技能宝贵、创造伟大的社会氛围，使技术工人获得更多职业荣誉感，不断提高技术工人社会地位。

七、加强组织领导

各地区各部门要充分认识提高技术工人待遇的重大意义，列入重要议事日程，持续推动技术工人待遇水平的提高，对成熟有效的做法要及时上升为法规政策。建立多方协调机制，人力资源社会保障部门要加强统筹协调，发展改革、教育、科技、工业和信息化、公安、财政、住房城乡建设、文化、国资、税务、外专等有关部门和工会、共青团、妇联、科协等群团组织要各尽其职、紧密配合。各有关部门要深入调查研究，加强工作指导和对技术工人的教育管理，广泛听取各类企业、行业协会、技术工人、社会公众的意见，密切跟踪技术工人待遇政策落实情况，加强督查检查，认真总结经验，推动各项政策措施落到实处。国有企业要带头落实本意见明确的各项政策措施。推动非国有企业结合实际，进一步完善提高技术工人待遇水平的措施。

中共中央办公厅　国务院办公厅印发《关于深化项目评审、人才评价、机构评估改革的意见》

[新华社北京 7 月 3 日电　近日，中共中央办公厅、国务院办公厅印发了《关于深化项目评审、人才评价、机构评估改革的意见》，并发出通知，要求各地区各部门结合实际认真贯彻落实。]

项目评审、人才评价、机构评估（以下简称“三评”）改革是推进科技评价制度改革的重要举措。为全面贯彻党的十九大精神，落实全国科技创新大会部署和《国家创新驱动发展战略纲要》要求，深入推进“三评”改革，进一步优化科研项目评审管理机制、改进科技人才评价方式、完善科研机构评估制度、加强监督评估和科研诚信体系建设，现提出如下意见。

一、总体要求

（一）指导思想。全面贯彻党的十九大和十九届二中、三中全会精神，以习近平新时代中国特色社会主义思想为指导，按照党中央、国务院决策部署，坚定实施创新驱动发展战略，深化科技体制改革，以激发科研人员的积极性创造性为核心，以构建科学、规范、高效、诚信的科技评价体系为目标，以改革科研项目评审、人才评价、机构评估为关键，统筹自然科学和哲学社会科学等不同学科门类，推进分类评价制度建设，发挥好评价指挥棒和风向标作用，营造潜心研究、追求卓越、风清气正的科研环境，形成中国特色科技评价体系，为提升我国科技创新能力、加快建设创新型国家和世界科技强国提供有力的制度保障。

（二）基本原则。

——坚持尊重规律。遵循科技人才发展和科研规律，科学设立评价目标、指标、方法，引导科研人员潜心研究、追求卓越。加强顶层设计，统筹和精简“三评”工作，简化优化流程，为科研人员和机构松绑减负，并形成长效机制。

——坚持问题导向。聚焦“三评”工作中存在的突出问题，从破除体制机制障碍入手，找准突破口，更加注重质量、贡献、绩效，树立正确评价导向，增强针对性，突出实招硬招，提高改革的含金量和实效性。

——坚持分类评价。针对自然科学、哲学社会科学、军事科学等不同学科门类特点，建立分类评价指标体系和评价程序规范。基础前沿研究突出原创导向，以同行评议为主；社会公益性研究突出需求导向，以行业用户和社会评价为主；应用技术开发和成果转化评价突出企业主体、市场导向，以用户评价、第三方评价和市场绩效为主。

——坚持客观公正。客观、真实、准确反映不同评价对象的实际情况，推行同行评价，引入国际评价，进一步提高科技评价活动的公开性和开放性，保证评价工作的独立性和公正性，确保评价结果的科学性和客观性。

（三）主要目标。“十三五”期间，在优化“三评”工作布局、减少“三评”项目数量、改进评价机制、提高质量效率等方面实现更大突破，基本形成适应创新驱动发展要求、符合科技创新规律、突出质量贡献绩效导向的分类评价体系，科技资源配置更加高效，科研机构和科研人员创新创业潜能活力竞相迸发，科技创新和供给能力大幅提升，科技进步对经济社会发展作出更大贡献。

二、优化科研项目评审管理

（一）完善项目指南编制和发布机制。国家科技计划项目指南编制工作应采取有效方式充分吸收相关部门、行业、地方以及产业界、科技社团、社会公众共同参与。项目指南内容要广泛吸纳各方意见，更好体现国家意志、反映各方需求，有条件的可在网上公开征求意见并进行审核评估，提高指南的科学性。项目体量应大小适中，目标集中明确，合理设置课题及参加单位数量，确保下设各课题任务紧密关联形成有机整体，避免拼凑组团和执行中的碎片化。各类国家科技计划逐步实行年度指南定期发布制度。自然科学类项目指南应关注重大原创性、颠覆性、交叉学科创新等。哲学社会科学类项目指南应注重研究的政治方向、学术创新、社会效益、实践价值等。

项目指南应根据分类原则明确不同类型项目的组织实施方式。国家科技计划项目一般采取公开竞争的方式择优遴选承担单位。对具有明确国家目标、技术路线清晰、组织程度较高、优势承担单位集中的重大科技项目，可采取定向择优或定向委托等方式确定承担单位；对于企业牵头的技术创新项目，应对企业的资质、技术创新能力和财务情况提出明确要求，鼓励企业共同投入并组织实施。深入实施军民融合发展战略，加快建设军民融合创新体系，推动重大科技项目军地一体论证和实施。

（二）保证项目评审公开公平公正。建立公正、科学、明确的项目评审工作规则，并在评审前公布。按照不同立项方式，采取相应的评审程序和方法，同一轮次实行同一种评审方法，避免评审结果出现歧义。推行视频评审、电话录音、评审结果反馈、立项公示等措施，实现评审全过程的可申诉、可查询、可追溯。允许项目申报人在评审前提出回避单位及个人。建立项目负责人科研背景核查制度，对立项公示期间存在异议的项目负责人开展科研业绩、经历、诚信情况调查，确保符合项目要求。不同类别国家科技计划应根据实际情况，在项目申报和评审中，综合考虑负责人和团队实际能力以及项目要求，不把发表论文、获得专利、荣誉性头衔、承担项目、获奖等情况作为限制性条件。探索建立对重大原创性、颠覆性、交叉学科创新项目等的非常规评审机制。保密项目评审管理按国家科技保密有关规定执行。

（三）完善评审专家选取使用。进一步推动建设集中统一、标准规范、安全可靠、开放共享的国家科技专家库，及时补充高层次专家，细化专家领域和研究方向，更好地满足项目评审要求。完善国家科技专家库入库标准和评审专家遴选规范，明确推荐单位在专家推荐和管理等方面的权责，强化推荐单位对专家信息的审核把关责任，建立专家入库信息定期更新机制。根据项目类型特点，合理确定评审专家遴选条件和专家组组成原则，原则上应主要选取活跃在科研一线、真懂此行此项的专家参与评审，充分考虑其专业水平和知识结构。与产业应用结合紧密的项目，还应选取活跃在生产一线的专家参与评审。建立完善评审专家的诚信记录、动态调整、责任追究制度，严格规范专家评审行为。完善专家轮换、随机抽取、回避、公示等相关制度，对公示期间存在异议的专家开展背景经历调查，确保专家选取使用科学、公正。初评环节实施小同行评议，在部分前沿与基础科学等领域逐步按适当比例引入国际同行评议。项目管理专业机构应加强对评审专家名单抽取和保密的管理，进一步推进专家抽取和使用岗位分离。开展会议评审的，原则上应在评审前公布评审专家名单；开展通讯评审的，应在评审结束前对评审专家名单严格保密，有条件的应在评审结束后向社会公布。

评审专家要强化学术自律，学术共同体要加强学术监督。

（四）提高项目评审质量和效率。合理确定专家的评审项目数、总时长等工作量，会议评审前及时组织专家审阅申报材料，确保专家充分了解申报项目情况；合理确定项目汇报和质询答辩时间。项目负责人原则上应亲自汇报答辩，不在项目申报团队内的人员不得参与答辩。进一步优化预算评估工作，只针对拟立项的项目开展预算评估，规范和优化预算评估专家的遴选、评估方法，提高评估质量，及时反馈评估结果。

（五）严格项目成果评价验收。项目承担单位对本单位科研成果管理负主体责任，要组织对本单位科研人员拟公布的成果进行真实性审查。行业主管部门对所属科研单位的科研成果每年要按一定比例进行抽查。非涉密的国家科技计划项目成果验收前，应在遵守知识产权保护法律法规的前提下，纳入国家科技报告系统，向社会公开，接受监督。项目管理专业机构应按照规定时限和程序组织开展国家科技计划项目验收，严格依据任务书确定的目标、指标和验收工作标准规范进行考核评价。有明确应用要求的，在项目验收后不定期组织对成果应用情况的现场抽查、后评估。

（六）加强国家科技计划绩效评估。针对科技计划整体情况组织开展绩效评估，重点评估计划目标完成、管理、产出、效果、影响等绩效。绩效评估通过公开竞争等方式择优委托第三方开展，以独立、专业、负责为基本要求，充分发挥第三方评估机构作用，根据需要引入国际评估。加强对第三方评估机构的规范和监督，逐步建立第三方评估机构评估结果负责制和信用评价机制。

（七）落实国家科技奖励改革方案。改革现行由政府下达指标、科技人员申报、单位推荐的方式，实行由专家学者、组织机构、相关部门提名的制度。提名者承担推荐、答辩、异议答复等责任，对相关材料的真实性和准确性负责。实行定标定额评审制度，自然科学奖、技术发明奖、科技进步奖实行按等级标准提名、独立评审表决的机制，一等奖评审落选项目不再降格参评二等奖。提高奖励工作的公开透明度，向全社会公开评奖规则、流程、指标数量，全程公示自然科学奖、技术发明奖、科技进步奖候选项目及其提名者。

三、改进科技人才评价方式

（一）统筹科技人才计划。加强部门、地方的协调，建立人才项目申报查重及处理机制，防止人才申报违规行为，避免多个类似人才项目同时支持同一人才。指导部门、地方针对不同支持对象科学设置科技人才计划，优化人才计划结构。

（二）科学设立人才评价指标。突出品德、能力、业绩导向，克服唯论文、唯职称、唯学历、唯奖项倾向，推行代表作评价制度，注重标志性成果的质量、贡献、影响。把学科领域活跃度和影响力、重要学术组织或期刊任职、研发成果原创性、成果转化效益、科技服务满意度等作为重要评价指标。在对社会公益性研究、应用技术开发等类型科研人才的评价中，SCI（科学引文索引）和核心期刊论文发表数量、论文引用榜单和影响因子排名等仅作为评价参考。注重个人评价与团队评价相结合，尊重和认可团队所有参与者的实际贡献。引进海外人才要加强对其海外教育和科研经历的调查验证，不把教育、工作背景简单等同于科研水平。注重发挥同行评议机制在人才评价过程中的作用。探索对特殊人才采取特殊评价标准。对承担国防重大工程任务的人才可采用针对性评价措施，对国防科技涉密领域人才评价开辟特殊通道。

（三）树立正确的人才评价使用导向。坚持正确价值导向，不把人才荣誉性称号作为承担各类国家科技计划项目、获得国家科技奖励、职称评定、岗位聘用、薪酬待遇确定的限制性条件，使人才称号回归学术性、荣誉性本质，避免与物质利益简单、直接挂钩。鼓励人才合理流动，引导人才良性竞争和有序流动，探索人才共享机制。中西部、东北老工业基地及欠发达地区的科研人员因政策倾斜因素获得的国家级人才称号、人才项目等支持，在支持周期内原则上不得跟随人员向东部、发达地区流转。合理发挥市场机制作用，逐步建立高层次人才流动的培养补偿机制。

（四）强化用人单位人才评价主体地位。坚持评用结合，支持用人单位健全科技人才评价组织管理，根据单位实际建立人才分类评价指标体系，突出岗位履职评价，完善内部监督机制，使人才发展与单位使命更好协调统一。按照深化职称制度改革方向要求，分类完善职称评价标准，不将论文、外语、专利、计算机水平作为应用型人才、基层一线人才职称评审的限制性条件。落实职称评审权限下放改革措施，支持符合条件的高校、科研院所、医院、大型企业等单位自主开展职称评审。选择部分国家临床医学研究中心试点开展临床医生科研评价改革工作。不简单以学术头衔、人才称号确定薪酬待遇、配置学术资源。

（五）加大对优秀人才和团队的稳定支持力度。国家实验室等的全职科研人员及团队不参与申请除国家人才计划之外的竞争性科研经费，由中央财政给予中长期目标导向的持续稳定经费支持。推动中央部委所属高校、科研院所完善基本科研业务费的内部管理机制，切实加强对青年科研人员的倾斜支持。

四、完善科研机构评估制度

（一）实行章程管理。推动中央级科研事业单位制定实施章程，确立章程在单位管理运行中的基础性制度地位，实现“一院（所）一章程”和依章程管理。章程要明确规定单位的宗旨目标、功能定位、业务范围、领导体制、运行管理机制等，确保机构运行各项事务有章可循。

（二）落实法人自主权。中央级科研事业单位主管部门要加快推进政事分开、管办分离，赋予科研事业单位充分自主权，对章程明确赋予科研事业单位管理权限的事务，由单位自主独立决策、科学有效管理，少干预或不干预。坚持权责一致原则，细化自主权的行使规则与监督制度，明确重大管理决策事项的基本规则、决策程序、监督机制、责任机制，形成完善的内控机制，保障科研事业单位依法合规管理运行。切实发挥单位党委（党组）把方向、管大局、保落实的重要作用，坚决防止党的领导弱化、党的建设缺失。

（三）建立中长期绩效评价制度。根据科研机构从事的科研活动类型，分类建立相应的评价指标和评价方式，避免简单以高层次人才数量评价科研事业单位。建立综合评价与年度抽查评价相结合的中央级科研事业单位绩效评价长效机制。以5年为评价周期，对科研事业单位开展综合评价，涵盖职责定位、科技产出、创新效益等方面。5年期间，每年按一定比例，聚焦年度绩效完成情况等重点方面，开展年度抽查评价。加强绩效评价结果与科研管理机制的衔接，充分发挥绩效评价的激励约束作用，在科技创新政策规划制定、财政拨款、国家科技计划项目承担、国家级科技人才推荐、国家科技创新基地建设、学科专业设置、研究生和博士后招收、科研事业单位领导人员考核评价、科研事业单位人事管理、绩效工资总量核定等工作中，将绩效评价结果作为重要依据。按照程序办理科研事业单位编制调整事项时，应参考绩效评价结果。

（四）完善国家科技创新基地评价考核体系。根据优化整合后的各类国家科技创新基地功能定位、任务目标、运行机制等不同特点，确定合理的评价方式和标准。科学与工程研究类基地重点评价原始创新能力、国际科学前沿竞争力、满足国家重大需求的能力；技术创新与成果转化类基地重点评价行业共性关键技术研发、成果转化应用能力、对行业技术进步的带动作用；基础支撑与条件保障类基地重点评价科技创新条件资源支撑保障和服务能力。对各类基地的评价要有利于人才队伍建设、能力提升和可持续发展。建立与评价结果挂钩的动态管理机制，坚持优胜劣汰、有进有出，实现国家科技创新基地建设运行的良性循环。

五、加强监督评估和科研诚信体系建设

（一）建立覆盖“三评”全过程的监督评估机制。将监督和评估嵌入“三评”活动事前、事中、事后全过程，确保科学、规范、高效。事前，实行诚信承诺制度，申报人员、评审专家、工作人员均应签订诚信承诺书，明确行为规范并划定负面行为的底线。事中，实行重点监督和随机抽查相结合，强化重点环节监督，加强对各类主体履职尽责和任务完成情况的监督评估。事后，强化绩效评估和动态调整，按照合同（委托书、协议书）约定开展绩效评估，评估结果作为对相关主体今后监督管理和动态调整的重要参考。建立学术期刊预警监测制度，定期发布学术期刊预警名单和黑名单。加强与纪检监察机关等的信息沟通，自觉接受监督。

（二）加强科研诚信建设。对科研不端行为零容忍，完善调查核实、公开公示、惩戒处理等制度。建设完善严重失信行为记录信息系统，对纳入系统的严重失信行为责任主体实行“一票否决”，一定期限、一定范围内禁止其获得政府奖励和申报政府科技项目等。推进科研信用与其他社会领域诚信信息共享，实施联合惩戒。逐步建立科研领域守信激励机制。将诚信监管关口前移，推动高校、科研院所、医院等单位建立完善学术管理制度，对科研人员学术成长轨迹和学术水平进行跟踪评价，加强对科研人员和青年学生的科研诚信教育，引导其树立正确的科研价值观，潜心科研、淡泊名利。强化导师对学生发表论文的主要内容和研究数据的真实性及实验的可重复性等的审核把关。引导学术共同体建立符合本领域特点的科研诚信规范。

六、加强组织实施，确保政策措施落地见效

（一）加强组织领导。国家科技体制改革和创新体系建设领导小组负责“三评”改革工作的组织领导和统筹协调。各有关部门要根据职责分工，细化任务举措，加强协调配合，抓好本领域“三评”改革的组织实施。各地区要结合实际制定具体方案，推进本地区“三评”改革工作。

（二）强化责任担当。各相关评价主体要强化责任意识，敢于担当，切实推进“三评”改革政策措施落实落地。各有关部门要深化“放管服”改革，进一步减少“三评”项目数量，加强监管，优化服务。各项目管理专业机构要切实履行监督管理职责，各法人单位、学（协）会要完善内部管理，广大科研人员要强化学术自律。各方面要齐心协力，共同营造良好科研环境。

（三）加大推进力度。加强政府部门、用人单位、学术共同体、第三方评估机构等各类评价主体间的相互配合和协同联动，强化“三评”之间的统筹协调。强化政策解读和宣传引导，加强对科研单位干部教育培训，提升科研管理水平，让广大科研人员知晓、掌握、用好改革政策。持续跟踪调研，加强总结评估，及时推广先进经验，发现和解决问题。加强督查督办，推动“三评”改革政策措施落实和动态完善，形成长效机制。

（四）开展试点示范。对一些关联度高、探索性强、暂时不具备全面推行条件的改革举措，可以结合实际情况选择部分地方和单位先期开展试点。鼓励试点地方和单位大胆探索实践，发挥示范突破和带动作用。对基层因地制宜的改革要探索建立容错纠错机制，激发改革动力，保护改革积极性。

全国人民代表大会常务委员会关于修改《中华人民共和国劳动法》等七部法律的决定

（2018年12月29日第十三届全国人民代表大会常务委员会第七次会议通过）

第十三届全国人民代表大会常务委员会第七次会议决定：

一、对《中华人民共和国劳动法》作出修改

（一）将第十五条第二款中的“必须依照国家有关规定，履行审批手续”修改为“必须遵守国家有关规定”。

（二）将第六十九条中的“由经过政府批准的考核鉴定机构”修改为“由经备案的考核鉴定机构”。

（三）将第九十四条中的“工商行政管理部门”修改为“市场监督管理部门”。

二、对《中华人民共和国老年人权益保障法》作出修改

（一）删去第四十三条。

（二）将第四十四条改为第四十三条，修改为：“设立公益性养老机构，应当依法办理相应的登记。

“设立经营性养老机构，应当在市场监督管理部门办理登记。

“养老机构登记后即可开展服务活动，并向县级以上人民政府民政部门备案。”

（三）增加一条，作为第四十四条：“地方各级人民政府加强对本行政区域养老机构管理工作的领导，建立养老机构综合监管制度。

“县级以上人民政府民政部门负责养老机构的指导、监督和管理，其他有关部门依照职责分工对养老机构实施监督。”

（四）增加一条，作为第四十五条：“县级以上人民政府民政部门依法履行监督检查职责，可以采取下列措施：

“（一）向养老机构和个人了解情况；

“（二）进入涉嫌违法的养老机构进行现场检查；

“（三）查阅或者复制有关合同、票据、账簿及其他有关资料；

“（四）发现养老机构存在可能危及人身健康和生命财产安全风险的，责令限期改正，逾期不改正的，责令停业整顿。

“县级以上人民政府民政部门调查养老机构涉嫌违法的行为，应当遵守《中华人民共和国行政强制法》和其他有关法律、行政法规的规定。”

（五）删去第七十八条。

三、对《中华人民共和国环境噪声污染防治法》作出修改

（一）将第六条、第十条第一款、第十一

条、第十三条第二款、第十五条、第十七条第三款、第二十条、第二十一条第一款、第二十四条第一款、第二十九条、第四十二条、第四十九条、第五十条、第五十一条、第五十二条第二款、第五十五条、第五十六条、第五十九条、第六十条第二款、第六十一条第二款中的“环境保护行政主管部门”修改为“生态环境主管部门”。

（二）将第十四条第二款中的“经原审批环境影响报告书的环境保护行政主管部门验收”修改为“按照国家规定的标准和程序进行验收”。

（三）将第四十三条第一款中的“工商行政管理部门”修改为“市场监督管理部门”。

（四）将第四十八条中的“由批准该建设项目的环境影响报告书的环境保护行政主管部门责令停止生产或者使用，可以并处罚款”修改为“由县级以上生态环境主管部门责令限期改正，并对单位和个人处以罚款；造成重大环境污染或者生态破坏的，责令停止生产或者使用，或者报经有批准权的人民政府批准，责令关闭”。

四、对《中华人民共和国环境影响评价法》作出修改

（一）将第六条第二款、第九条、第十三条、第十六条第三款、第十七条第二款、第二十二条第一款、第二十三条、第三十一条、第三十四条中的“环境保护行政主管部门”修改为“生态环境主管部门”。

（二）将第十九条修改为：“建设单位可以委托技术单位对其建设项目开展环境影响评价，编制建设项目环境影响报告书、环境影响报告表；建设单位具备环境影响评价技术能力的，可以自行对其建设项目开展环境影响评价，编制建设项目环境影响报告书、环境影响报告表。

“编制建设项目环境影响报告书、环境影响报告表应当遵守国家有关环境影响评价标准、技术规范等规定。

“国务院生态环境主管部门应当制定建设项目环境影响报告书、环境影响报告表编制的能力建设指南和监管办法。

“接受委托为建设单位编制建设项目环境影响报告书、环境影响报告表的技术单位，不得与负责审批建设项目环境影响报告书、环境影响报告表的生态环境主管部门或者其他有关审批部门存在任何利益关系。”

（三）将第二十条修改为：“建设单位应当对建设项目环境影响报告书、环境影响报告表的内容和结论负责，接受委托编制建设项目环境影响报告书、环境影响报告表的技术单位对其编制的建设项目环境影响报告书、环境影响报告表承担相应责任。

“设区的市级以上人民政府生态环境主管部门应当加强对建设项目环境影响报告书、环境影响报告表编制单位的监督管理和质量考核。

“负责审批建设项目环境影响报告书、环境影响报告表的生态环境主管部门应当将编制单位、编制主持人和主要编制人员的相关违法信息记入社会诚信档案，并纳入全国信用信息共享平台和国家企业信用信息公示系统向社会公布。

“任何单位和个人不得为建设单位指定编制建设项目环境影响报告书、环境影响报告表的技术单位。”

（四）将第二十八条修改为：“生态环境主管部门应当对建设项目投入生产或者使用后所产生的环境影响进行跟踪检查，对造成严重环境污染或者生态破坏的，应当查清原因、查明责任。对属于建设项目环境影响报告书、环境影响报告表存在基础资料明显不实，内容存在重大缺陷、遗漏或者虚假，环境影响评价结论不正确或者不合理等严重质量问题的，依照本法第三十二条的规定追究建设单位及其相关责任人员和接受委托编制建设项目环境影响报告书、环境影响报告表的技术单位及其相关人员的法律责任；属于审批部门工作人员失职、渎职，对依法不应批准的建设项目环境影响报告书、环境影响报告表予以批准的，依照本法第三十四条的规定追究其法律责任。”

（五）将第三十二条修改为：“建设项目环境影响报告书、环境影响报告表存在基础资料明显不实，内容存在重大缺陷、遗漏或者虚假，环境影响评价结论不正确或者不合理等严重质量问题的，由设区的市级以上人民政府生态环境主管部门对建设单位处五十万元以上二百万元以下的罚款，并对建设单位的法定代表人、主要负责人、直接负责的主管人员和其他直接责任人员，处五万元以上二十万元以下的罚款。

“接受委托编制建设项目环境影响报告书、环境影响报告表的技术单位违反国家有关环境影响评价标准和技术规范等规定，致使其编制的建设项目环境影响报告书、环境影响报告表存在基础资料明显不实，内容存在重大缺陷、遗漏或者虚假，环境影响评价结论不正确或者不合理等严重质量问题的，由设区的市级以上人民政府生态环境主管部门对技术单位处所收费用三倍以上五倍以下的罚款；情节严重的，禁止从事环境影响报告书、环境影响报告表编制工作；有违法所得的，没收违法所得。

“编制单位有本条第一款、第二款规定的违法行为的，编制主持人和主要编制人员五年内禁止从事环境影响报告书、环境影响报告表编制工作；构成犯罪的，依法追究刑事责任，并终身禁止从事环境影响报告书、环境影响报告表编制工作。”

五、对《中华人民共和国民办教育促进法》作出修改

（一）将第二十六条第二款中的“经政府批准的职业技能鉴定机构”修改为“经备案的职业技能鉴定机构”。

（二）将第六十四条中的“工商行政管理”修改为“市场监督管理”。

六、对《中华人民共和国民用航空法》作出修改

（一）将第六十二条修改为：“国务院民用航空主管部门规定的对公众开放的民用机场应当取得机场使用许可证，方可开放使用。其他民用机场应当按照国务院民用航空主管部门的规定进行备案。

“申请取得机场使用许可证，应当具备下列条件，并按照国家规定经验收合格：

“（一）具备与其运营业务相适应的飞行区、航站区、工作区以及服务设施和人员；

“（二）具备能够保障飞行安全的空中交通管制、通信导航、气象等设施和人员；

“（三）具备符合国家规定的安全保卫条件；

“（四）具备处理特殊情况的应急计划以及相应的设施和人员；

“（五）具备国务院民用航空主管部门规定的其他条件。

“国际机场还应当具备国际通航条件，设立海关和其他口岸检查机关。”

（二）删去第一百零三条中的“检疫”。

（三）在第二百一十三条后增加一条，作为第二百一十四条：“国务院、中央军事委员会对无人驾驶航空器的管理另有规定的，从其规定。”

七、对《中华人民共和国职业病防治法》作出修改

（一）删去第二条第三款、第九条、第十五条、第二十九条第二款、第三十五条第一款、第六十七条、第八十二条中的“安全生产监督管理部门”，第十六条第三款中的“会同国务院安全生产监督管理部门”，第五十条中的“和安全生产监督管理部门”。

（二）将第十六条、第十七条第四款、第十八条第四款、第二十六条、第二十七条、第三十七条第一款、第四十七条、第四十八条、第六十三条、第六十四条、第七十条、第七十一条、第七十二条、第七十三条、第七十五条、第七十七条中的“安全生产监督管理部门”修改为“卫生行政部门”；将第六十一条第一款中的“民政部门”修改为“医疗保障、民政部门”；将第六十九条中的“安全生产监

督管理部门和卫生行政部门依据职责分工”修改为“卫生行政部门”。

（三）将第四十三条第一款修改为：“职业病诊断应当由取得《医疗机构执业许可证》的医疗卫生机构承担。卫生行政部门应当加强对职业病诊断工作的规范管理，具体管理办法由国务院卫生行政部门制定。”

第二款修改为：“承担职业病诊断的医疗卫生机构还应当具备下列条件：

“（一）具有与开展职业病诊断相适应的医疗卫生技术人员；

“（二）具有与开展职业病诊断相适应的仪器、设备；

“（三）具有健全的职业病诊断质量管理制度。”

（四）将第七十九条修改为：“未取得职业卫生技术服务资质认可擅自从事职业卫生技术服务的，由卫生行政部门责令立即停止违法行为，没收违法所得；违法所得五千元以上的，并处违法所得二倍以上十倍以下的罚款；没有违法所得或者违法所得不足五千元的，并处五千元以上五万元以下的罚款；情节严重的，对直接负责的主管人员和其他直接责任人员，依法给予降级、撤职或者开除的处分。”

（五）将第八十条修改为：“从事职业卫生技术服务的机构和承担职业病诊断的医疗卫生机构违反本法规定，有下列行为之一的，由卫生行政部门责令立即停止违法行为，给予警告，没收违法所得；违法所得五千元以上的，并处违法所得二倍以上五倍以下的罚款；没有违法所得或者违法所得不足五千元的，并处五千元以上二万元以下的罚款；情节严重的，由原认可或者登记机关取消其相应的资格；对直接负责的主管人员和其他直接责任人员，依法给予降级、撤职或者开除的处分；构成犯罪的，依法追究刑事责任：

“（一）超出资质认可或者诊疗项目登记范围从事职业卫生技术服务或者职业病诊断的；

“（二）不按照本法规定履行法定职责的；

“（三）出具虚假证明文件的。”

本决定自公布之日起施行。

《中华人民共和国劳动法》《中华人民共和国老年人权益保障法》《中华人民共和国环境噪声污染防治法》《中华人民共和国环境影响评价法》《中华人民共和国民办教育促进法》《中华人民共和国民用航空法》《中华人民共和国职业病防治法》根据本决定作相应修改，重新公布。

全国人民代表大会常务委员会关于修改《中华人民共和国社会保险法》的决定

（2018年12月29日第十三届全国人民代表大会常务委员会第七次会议通过）

第十三届全国人民代表大会常务委员会第七次会议决定对《中华人民共和国社会保险法》作如下修改：

一、将第五十七条中的“工商行政管理部门”修改为“市场监督管理部门”。

二、将第六十四条第一款中的“各项社会保险基金按照社会保险险种分别建账，分账核算，执行国家统一的会计制度”修改为“除基本医疗保险基金与生育保险基金合并建账及核算外，其他各项社会保险基金按照社会保险险种分别建账，分账核算。社会保险基金执行国家统一的会计制度”。

三、将第六十六条中的“社会保险基金预算按照社会保险项目分别编制”修改为“除基本医疗保险基金与生育保险基金预算合并编制外，其他社会保险基金预算按照社会保险项目分别编制”。

本决定自公布之日起施行。

《中华人民共和国社会保险法》根据本决定作相应修改，重新公布。

人力资源市场暂行条例

（经2018年5月2日国务院第7次常务会议通过
2018年6月29日国务院令第700号公布
自2018年10月1日起施行）

第一章 总 则

第一条 为了规范人力资源市场活动，促进人力资源合理流动和优化配置，促进就业创业，根据《中华人民共和国就业促进法》和有关法律，制定本条例。

第二条 在中华人民共和国境内通过人力资源市场求职、招聘和开展人力资源服务，适用本条例。

法律、行政法规和国务院规定对求职、招聘和开展人力资源服务另有规定的，从其规定。

第三条 通过人力资源市场求职、招聘和开展人力资源服务，应当遵循合法、公平、诚实信用的原则。

第四条 国务院人力资源社会保障行政部门负责全国人力资源市场的统筹规划和综合管理工作。

县级以上地方人民政府人力资源社会保障行政部门负责本行政区域人力资源市场的管理工作。

县级以上人民政府发展改革、教育、公安、财政、商务、税务、市场监督管理等有关部门在各自职责范围内做好人力资源市场的管理工作。

第五条 国家加强人力资源服务标准化建设，发挥人力资源服务标准在行业引导、服务规范、市场监管等方面的作用。

第六条 人力资源服务行业协会应当依照法律、法规、规章及其章程的规定，制定行业自律规范，推进行业诚信建设，提高服务质量，对会员的人力资源服务活动进行指导、监督，依法维护会员合法权益，反映会员诉求，促进行业公平竞争。

第二章 人力资源市场培育

第七条 国家建立统一开放、竞争有序的人力资源市场体系，发挥市场在人力资源配置中的决定性作用，健全人力资源开发机制，激发人力资源创新创造创业活力，促进人力资源市场繁荣发展。

第八条 国家建立政府宏观调控、市场公平竞争、单位自主用人、个人自主择业、人力资源服务机构诚信服务的人力资源流动配置机制，促进人力资源自由有序流动。

第九条 县级以上人民政府应当将人力资源市场建设纳入国民经济和社会发展规划，运用区域、产业、土地等政策，推进人力资源市场建设，发展专业性、行业性人力资源市场，鼓励并规范高端人力资源服务等业态发展，提高人力资源服务业发展水平。

国家鼓励社会力量参与人力资源市场建设。

第十条 县级以上人民政府建立覆盖城乡

和各行业的人力资源市场供求信息系统，完善市场信息发布制度，为求职、招聘提供服务。

第十一条 国家引导和促进人力资源在机关、企业、事业单位、社会组织之间以及不同地区之间合理流动。任何地方和单位不得违反国家规定在户籍、地域、身份等方面设置限制人力资源流动的条件。

第十二条 人力资源社会保障行政部门应当加强人力资源市场监管，维护市场秩序，保障公平竞争。

第十三条 国家鼓励开展平等、互利的人力资源国际合作与交流，充分开发利用国际国内人力资源。

第三章 人力资源服务机构

第十四条 本条例所称人力资源服务机构，包括公共人力资源服务机构和经营性人力资源服务机构。

公共人力资源服务机构，是指县级以上人民政府设立的公共就业和人才服务机构。

经营性人力资源服务机构，是指依法设立的从事人力资源服务经营活动的机构。

第十五条 公共人力资源服务机构提供下列服务，不得收费：

（一）人力资源供求、市场工资指导价位、职业培训等信息发布；

（二）职业介绍、职业指导和创业开业指导；

（三）就业创业和人才政策法规咨询；

（四）对就业困难人员实施就业援助；

（五）办理就业登记、失业登记等事务；

（六）办理高等学校、中等职业学校、技工学校毕业生接收手续；

（七）流动人员人事档案管理；

（八）县级以上人民政府确定的其他服务。

第十六条 公共人力资源服务机构应当加强信息化建设，不断提高服务质量和效率。

公共人力资源服务经费纳入政府预算。人力资源社会保障行政部门应当依法加强公共人力资源服务经费管理。

第十七条 国家通过政府购买服务等方式支持经营性人力资源服务机构提供公益性人力资源服务。

第十八条 经营性人力资源服务机构从事职业中介活动的，应当依法向人力资源社会保障行政部门申请行政许可，取得人力资源服务许可证。

经营性人力资源服务机构开展人力资源供求信息的收集和发布、就业和创业指导、人力资源管理咨询、人力资源测评、人力资源培训、承接人力资源服务外包等人力资源服务业务的，应当自开展业务之日起 15 日内向人力资源社会保障行政部门备案。

经营性人力资源服务机构从事劳务派遣业务的，执行国家有关劳务派遣的规定。

第十九条 人力资源社会保障行政部门应当自收到经营性人力资源服务机构从事职业中介活动的申请之日起 20 日内依法作出行政许可决定。符合条件的，颁发人力资源服务许可证；不符合条件的，作出不予批准的书面决定并说明理由。

第二十条 经营性人力资源服务机构设立分支机构的，应当自工商登记办理完毕之日起 15 日内，书面报告分支机构所在地人力资源社会保障行政部门。

第二十一条 经营性人力资源服务机构变更名称、住所、法定代表人或者终止经营活动的，应当自工商变更登记或者注销登记办理完毕之日起 15 日内，书面报告人力资源社会保障行政部门。

第二十二条 人力资源社会保障行政部门应当及时向社会公布取得行政许可或者经过备案的经营性人力资源服务机构名单及其变更、延续等情况。

第四章 人力资源市场活动规范

第二十三条 个人求职，应当如实提供本人基本信息以及与应聘岗位相关的知识、技能、工作经历等情况。

第二十四条 用人单位发布或者向人力资

源服务机构提供的单位基本情况、招聘人数、招聘条件、工作内容、工作地点、基本劳动报酬等招聘信息，应当真实、合法，不得含有民族、种族、性别、宗教信仰等方面的歧视性内容。

用人单位自主招用人员，需要建立劳动关系的，应当依法与劳动者订立劳动合同，并按照国家有关规定办理社会保险等相关手续。

第二十五条 人力资源流动，应当遵守法律、法规对服务期、从业限制、保密等方面的规定。

第二十六条 人力资源服务机构接受用人单位委托招聘人员，应当要求用人单位提供招聘简章、营业执照或者有关部门批准设立的文件、经办人的身份证件、用人单位的委托证明，并对所提供材料的真实性、合法性进行审查。

第二十七条 人力资源服务机构接受用人单位委托招聘人员或者开展其他人力资源服务，不得采取欺诈、暴力、胁迫或者其他不正当手段，不得以招聘为名牟取不正当利益，不得介绍单位或者个人从事违法活动。

第二十八条 人力资源服务机构举办现场招聘会，应当制定组织实施办法、应急预案和安全保卫工作方案，核实参加招聘会的招聘单位及其招聘简章的真实性、合法性，提前将招聘会信息向社会公布，并对招聘中的各项活动进行管理。

举办大型现场招聘会，应当符合《大型群众性活动安全管理条例》等法律法规的规定。

第二十九条 人力资源服务机构发布人力资源供求信息，应当建立健全信息发布审查和投诉处理机制，确保发布的信息真实、合法、有效。

人力资源服务机构在业务活动中收集用人单位和个人信息的，不得泄露或者违法使用所知悉的商业秘密和个人信息。

第三十条 经营性人力资源服务机构接受用人单位委托提供人力资源服务外包的，不得改变用人单位与个人的劳动关系，不得与用人单位串通侵害个人的合法权益。

第三十一条 人力资源服务机构通过互联网提供人力资源服务的，应当遵守本条例和国家有关网络安全、互联网信息服务管理的规定。

第三十二条 经营性人力资源服务机构应当在服务场所明示下列事项，并接受人力资源社会保障行政部门和市场监督管理、价格等主管部门的监督检查：

（一）营业执照；

（二）服务项目；

（三）收费标准；

（四）监督机关和监督电话。

从事职业中介活动的，还应当在服务场所明示人力资源服务许可证。

第三十三条 人力资源服务机构应当加强内部制度建设，健全财务管理制度，建立服务台账，如实记录服务对象、服务过程、服务结果等信息。服务台账应当保存2年以上。

第五章 监督管理

第三十四条 人力资源社会保障行政部门对经营性人力资源服务机构实施监督检查，可以采取下列措施：

（一）进入被检查单位进行检查；

（二）询问有关人员，查阅服务台账等服务信息档案；

（三）要求被检查单位提供与检查事项相关的文件资料，并作出解释和说明；

（四）采取记录、录音、录像、照相或者复制等方式收集有关情况和资料；

（五）法律、法规规定的其他措施。

人力资源社会保障行政部门实施监督检查时，监督检查人员不得少于2人，应当出示执法证件，并对被检查单位的商业秘密予以保密。

对人力资源社会保障行政部门依法进行的监督检查，被检查单位应当配合，如实提供相关资料和信息，不得隐瞒、拒绝、阻碍。

第三十五条 人力资源社会保障行政部门

采取随机抽取检查对象、随机选派执法人员的方式实施监督检查。

监督检查的情况应当及时向社会公布。其中，行政处罚、监督检查结果可以通过国家企业信用信息公示系统或者其他系统向社会公示。

第三十六条 经营性人力资源服务机构应当在规定期限内，向人力资源社会保障行政部门提交经营情况年度报告。人力资源社会保障行政部门可以依法公示或者引导经营性人力资源服务机构依法公示年度报告的有关内容。

人力资源社会保障行政部门应当加强与市场监督管理等部门的信息共享。通过信息共享可以获取的信息，不得要求经营性人力资源服务机构重复提供。

第三十七条 人力资源社会保障行政部门应当加强人力资源市场诚信建设，把用人单位、个人和经营性人力资源服务机构的信用数据和失信情况等纳入市场诚信建设体系，建立守信激励和失信惩戒机制，实施信用分类监管。

第三十八条 人力资源社会保障行政部门应当按照国家有关规定，对公共人力资源服务机构进行监督管理。

第三十九条 在人力资源服务机构中，根据中国共产党章程及有关规定，建立党的组织并开展活动，加强对流动党员的教育监督和管理服务。人力资源服务机构应当为中国共产党组织的活动提供必要条件。

第四十条 人力资源社会保障行政部门应当畅通对用人单位和人力资源服务机构的举报投诉渠道，依法及时处理有关举报投诉。

第四十一条 公安机关应当依法查处人力资源市场的违法犯罪行为，人力资源社会保障行政部门予以配合。

第六章 法律责任

第四十二条 违反本条例第十八条第一款规定，未经许可擅自从事职业中介活动的，由人力资源社会保障行政部门予以关闭或者责令停止从事职业中介活动；有违法所得的，没收违法所得，并处1万元以上5万元以下的罚款。

违反本条例第十八条第二款规定，开展人力资源服务业务未备案，违反本条例第二十条、第二十一条规定，设立分支机构、办理变更或者注销登记未书面报告的，由人力资源社会保障行政部门责令改正；拒不改正的，处5 000元以上1万元以下的罚款。

第四十三条 违反本条例第二十四条、第二十七条、第二十八条、第二十九条、第三十条、第三十一条规定，发布的招聘信息不真实、不合法，未依法开展人力资源服务业务的，由人力资源社会保障行政部门责令改正；有违法所得的，没收违法所得；拒不改正的，处1万元以上5万元以下的罚款；情节严重的，吊销人力资源服务许可证；给个人造成损害的，依法承担民事责任。违反其他法律、行政法规的，由有关主管部门依法给予处罚。

第四十四条 未按照本条例第三十二条规定明示有关事项，未按照本条例第三十三条规定建立健全内部制度或者保存服务台账，未按照本条例第三十六条规定提交经营情况年度报告的，由人力资源社会保障行政部门责令改正；拒不改正的，处5 000元以上1万元以下的罚款。违反其他法律、行政法规的，由有关主管部门依法给予处罚。

第四十五条 公共人力资源服务机构违反本条例规定的，由上级主管机关责令改正；拒不改正的，对直接负责的主管人员和其他直接责任人员依法给予处分。

第四十六条 人力资源社会保障行政部门和有关主管部门及其工作人员有下列情形之一的，对直接负责的领导人员和其他直接责任人员依法给予处分：

（一）不依法作出行政许可决定；

（二）在办理行政许可或者备案、实施监督检查中，索取或者收受他人财物，或者谋取其他利益；

（三）不依法履行监督职责或者监督不力，

造成严重后果；

（四）其他滥用职权、玩忽职守、徇私舞弊的情形。

第四十七条 违反本条例规定，构成违反治安管理行为的，依法给予治安管理处罚；构成犯罪的，依法追究刑事责任。

第七章 附 则

第四十八条 本条例自 2018 年 10 月 1 日起施行。

国务院关于推行终身职业技能培训制度的意见

国发〔2018〕11号

各省、自治区、直辖市人民政府，国务院各部委、各直属机构：

职业技能培训是全面提升劳动者就业创业能力、缓解技能人才短缺的结构性矛盾、提高就业质量的根本举措，是适应经济高质量发展、培育经济发展新动能、推进供给侧结构性改革的内在要求，对推动大众创业万众创新、推进制造强国建设、提高全要素生产率、推动经济迈上中高端具有重要意义。为全面提高劳动者素质，促进就业创业和经济社会发展，根据党的十九大精神和“十三五”规划纲要相关要求，现就推行终身职业技能培训制度提出以下意见。

一、总体要求

（一）指导思想。

以习近平新时代中国特色社会主义思想为指导，全面深入贯彻党的十九大和十九届二中、三中全会精神，认真落实党中央、国务院决策部署，统筹推进“五位一体”总体布局和协调推进“四个全面”战略布局，坚持以人民为中心的发展思想，牢固树立新发展理念，深入实施就业优先战略和人才强国战略，适应经济转型升级、制造强国建设和劳动者就业创业需要，深化人力资源供给侧结构性改革，推行终身职业技能培训制度，大规模开展职业技能培训，着力提升培训的针对性和有效性，建设知识型、技能型、创新型劳动者大军，为全面建成社会主义现代化强国、实现中华民族伟大复兴的中国梦提供强大支撑。

（二）基本原则。

促进普惠均等。针对城乡全体劳动者，推进基本职业技能培训服务普惠性、均等化，注重服务终身，保障人人享有基本职业技能培训服务，全面提升培训质量、培训效益和群众满意度。

坚持需求导向。坚持以促进就业创业为目标，瞄准就业创业和经济社会发展需求确定培训内容，加强对就业创业重点群体的培训，提高培训后的就业创业成功率，着力缓解劳动者素质结构与经济社会发展需求不相适应、结构性就业矛盾突出的问题。

创新体制机制。推进职业技能培训市场化、社会化改革，充分发挥企业主体作用，鼓励支持社会力量参与，建立培训资源优化配置、培训载体多元发展、劳动者按需选择、政府加强监管服务的体制机制。

坚持统筹推进。加强职业技能开发和职业素质培养，全面做好技能人才培养、评价、选拔、使用、激励等工作，着力加强高技能人才队伍建设，形成有利于技能人才发展的制度体系和社会环境，促进技能振兴与发展。

（三）目标任务。

建立并推行覆盖城乡全体劳动者、贯穿劳

动者学习工作终身、适应就业创业和人才成长需要以及经济社会发展需求的终身职业技能培训制度，实现培训对象普惠化、培训资源市场化、培训载体多元化、培训方式多样化、培训管理规范化，大规模开展高质量的职业技能培训，力争2020年后基本满足劳动者培训需要，努力培养造就规模宏大的高技能人才队伍和数以亿计的高素质劳动者。

二、构建终身职业技能培训体系

（四）完善终身职业技能培训政策和组织实施体系。面向城乡全体劳动者，完善从劳动预备开始，到劳动者实现就业创业并贯穿学习和职业生涯全过程的终身职业技能培训政策。以政府补贴培训、企业自主培训、市场化培训为主要供给，以公共实训机构、职业院校（含技工院校，下同）、职业培训机构和行业企业为主要载体，以就业技能培训、岗位技能提升培训和创业创新培训为主要形式，构建资源充足、布局合理、结构优化、载体多元、方式科学的培训组织实施体系。（人力资源社会保障部、教育部等按职责分工负责。列第一位者为牵头单位，下同）

（五）围绕就业创业重点群体，广泛开展就业技能培训。持续开展高校毕业生技能就业行动，增强高校毕业生适应产业发展、岗位需求和基层就业工作能力。深入实施农民工职业技能提升计划——“春潮行动”，将农村转移就业人员和新生代农民工培养成为高素质技能劳动者。配合化解过剩产能职工安置工作，实施失业人员和转岗职工特别职业培训计划。实施新型职业农民培育工程和农村实用人才培训计划，全面建立职业农民制度。对城乡未继续升学的初、高中毕业生开展劳动预备制培训。对即将退役的军人开展退役前技能储备培训和职业指导，对退役军人开展就业技能培训。面向符合条件的建档立卡贫困家庭、农村“低保”家庭、困难职工家庭和残疾人，开展技能脱贫攻坚行动，实施“雨露计划”、技能脱贫千校行动、残疾人职业技能提升计划。对服刑人员、强制隔离戒毒人员，开展以顺利回归社会为目的的就业技能培训。（人力资源社会保障部、教育部、工业和信息化部、民政部、司法部、住房城乡建设部、农业农村部、退役军人事务部、国务院国资委、国务院扶贫办、全国总工会、共青团中央、全国妇联、中国残联等按职责分工负责）

（六）充分发挥企业主体作用，全面加强企业职工岗位技能提升培训。将企业职工培训作为职业技能培训工作的重点，明确企业培训主体地位，完善激励政策，支持企业大规模开展职业技能培训，鼓励规模以上企业建立职业培训机构开展职工培训，并积极面向中小企业和社会承担培训任务，降低企业兴办职业培训机构成本，提高企业积极性。对接国民经济和社会发展中长期规划，适应高质量发展要求，推动企业健全职工培训制度，制定职工培训规划，采取岗前培训、学徒培训、在岗培训、脱产培训、业务研修、岗位练兵、技术比武、技能竞赛等方式，大幅提升职工技能水平。全面推行企业新型学徒制度，对企业新招用和转岗的技能岗位人员，通过校企合作方式，进行系统职业技能培训。发挥失业保险促进就业作用，支持符合条件的参保职工提升职业技能。健全校企合作制度，探索推进产教融合试点。（人力资源社会保障部、教育部、工业和信息化部、住房城乡建设部、国务院国资委、全国总工会等按职责分工负责）

（七）适应产业转型升级需要，着力加强高技能人才培训。面向经济社会发展急需紧缺职业（工种），大力开展高技能人才培训，增加高技能人才供给。深入实施国家高技能人才振兴计划，紧密结合战略性新兴产业、先进制造业、现代服务业等发展需求，开展技师、高级技师培训。对重点关键岗位的高技能人才，通过开展新知识、新技术、新工艺等方面培训以及技术研修攻关等方式，进一步提高他们的专业知识水平、解决实际问题能力和创新创造能力。支持高技能领军人才更多参与国家科研项目。发挥高技能领军人才在带徒传技、技能推广等方面的重要作用。（人力资源社会保障部、教育部、工业和信息化部、住房城乡建设部、国务院国资委、全国总工会等按职责分工负责）

（八）大力推进创业创新培训。组织有创业意愿和培训需求的人员参加创业创新培训。以高等学校和职业院校毕业生、科技人员、留学回国人员、退役军人、农村转移就业和返乡下乡创业人员、失业人员和转岗职工等群体为重点，依托高等学校、职业院校、职业培训机构、创业培训（实训）中心、创业孵化基地、众创空间、网络平台等，开展创业意识教育、创新素质培养、创业项目指导、开业指导、企业经营管理等培训，提升创业创新能力。健全以政策支持、项目评定、孵化实训、科技金融、创业服务为主要内容的创业创新支持体系，将高等学校、职业院校学生在校期间开展的“试创业”实践活动纳入政策支持范围。发挥技能大师工作室、劳模和职工创新工作室作用，开展集智创新、技术攻关、技能研修、技艺传承等群众性技术创新活动，做好创新成果总结命名推广工作，加大对劳动者创业创新的扶持力度。（人力资源社会保障部、教育部、科技部、工业和信息化部、住房城乡建设部、农业农村部、退役军人事务部、国务院国资委、国务院扶贫办、全国总工会、共青团中央、全国妇联、中国残联等按职责分工负责）

（九）强化工匠精神和职业素质培育。大力弘扬和培育工匠精神，坚持工学结合、知行合一、德技并修，完善激励机制，增强劳动者对职业理念、职业责任和职业使命的认识与理解，提高劳动者践行工匠精神的自觉性和主动性。广泛开展“大国工匠进校园”活动。加强职业素质培育，将职业道德、质量意识、法律意识、安全环保和健康卫生等要求贯穿职业培训全过程。（人力资源社会保障部、教育部、科技部、工业和信息化部、住房城乡建设部、国务院国资委、国家市场监督管理总局、全国总工会、共青团中央等按职责分工负责）

三、深化职业技能培训体制机制改革

（十）建立职业技能培训市场化社会化发展机制。加大政府、企业、社会等各类培训资源优化整合力度，提高培训供给能力。广泛发动社会力量，大力发展民办职业技能培训。鼓励企业建设培训中心、职业院校、企业大学，开展职业训练院试点工作，为社会培育更多高技能人才。鼓励支持社会组织积极参与行业人才需求发布、就业状况分析、培训指导等工作。政府补贴的职业技能培训项目全部向具备资质的职业院校和培训机构开放。（人力资源社会保障部、教育部、工业和信息化部、民政部、国家市场监督管理总局、全国总工会等按职责分工负责）

（十一）建立技能人才多元评价机制。健全以职业能力为导向、以工作业绩为重点、注重工匠精神培育和职业道德养成的技能人才评价体系。建立与国家职业资格制度相衔接、与终身职业技能培训制度相适应的职业技能等级制度。完善职业资格评价、职业技能等级认定、专项职业能力考核等多元化评价方式，促进评价结果有机衔接。健全技能人才评价管理服务体系，加强对评价质量的监管。建立以企业岗位练兵和技术比武为基础、以国家和行业竞赛为主体、国内竞赛与国际竞赛相衔接的职业技能竞赛体系，大力组织开展职业技能竞赛活动，积极参与世界技能大赛，拓展技能人才评价选拔渠道。（人力资源社会保障部、教育部、工业和信息化部、住房城乡建设部、国务院国资委、全国总工会、共青团中央、中国残联等按职责分工负责）

（十二）建立职业技能培训质量评估监管机制。对职业技能培训公共服务项目实施目录清单管理，制定政府补贴培训目录、培训机构目录、鉴定评价机构目录、职业资格目录，及时向社会公开并实行动态调整。建立以培训合格率、就业创业成功率为重点的培训绩效评估体系，对培训机构、培训过程进行全方位监管。结合国家“金保工程”二期，建立基于互联网的职业技能培训公共服务平台，提升技能培训和鉴定评价信息化水平。探索建立劳动者职业技能培训电子档案，实现培训信息与就业、社会保障信息联通共享。（人力资源社会保障部、财政部等按职责分工负责）

（十三）建立技能提升多渠道激励机制。支持劳动者凭技能提升待遇，建立健全技能人才培养、评价、使用、待遇相统一的激励机制。指导企业不唯学历和资历，建立基于岗位价值、能力素质、业绩贡献的工资分配机制，强化技能价值激励导向。制定企业技术工人技能要素和创新成果按贡献参与分配的办法，推动技术工人享受促进科技成果转化的有关政策，鼓励企业对高技能人才实行技术创新成果入股、岗位分红和股权期权等激励方式，鼓励凭技能创造财富、增加收入。落实技能人才积分落户、岗位聘任、职务职级晋升、参与职称评审、学习进修等政策。支持用人单位对聘用的高级工、技师、高级技师，比照相应层级工程技术人员确定其待遇。完善以国家奖励为导向、用人单位奖励为主体、社会奖励为补充的技能人才表彰奖励制度。（人力资源社会保障部、教育部、工业和信息化部、公安部、国务院国资委、国家公务员局等按职责分工负责）

四、提升职业技能培训基础能力

（十四）加强职业技能培训服务能力建设。推进职业技能培训公共服务体系建设，为劳动者提供市场供求信息咨询服务，引导培训机构按市场和产业发展需求设立培训项目，引导劳动者按需自主选择培训项目。推进培训内容和方式创新，鼓励开展新产业、新技术、新业态培训，大力推广“互联网＋职业培训”模式，推动云计算、大数据、移动智能终端等信息网络技术在职业技能培训领域的应用，提高培训便利度和可及性。（人力资源社会保障部、国家发展改革委等按职责分工负责）

（十五）加强职业技能培训教学资源建设。紧跟新技术、新职业发展变化，建立职业分类动态调整机制，加快职业标准开发工作。建立国家基本职业培训包制度，促进职业技能培训规范化发展。支持弹性学习，建立学习成果积累和转换制度，促进职业技能培训与学历教育沟通衔接。实行专兼职教师制度，完善教师在职培训和企业实践制度，职业院校和培训机构可根据需要和条件自主招用企业技能人才任教。大力开展校长等管理人员培训和师资培训。发挥院校、行业企业作用，加强职业技能培训教材开发，提高教材质量，规范教材使用。（人力资源社会保障部、教育部等按职责分工负责）

（十六）加强职业技能培训基础平台建设。推进高技能人才培训基地、技能大师工作室建设，建成一批高技能人才培养培训、技能交流传承基地。加强公共实训基地、职业农民培育基地和创业孵化基地建设，逐步形成覆盖全国的技能实训和创业实训网络。对接世界技能大赛标准，加强竞赛集训基地建设，提升我国职业技能竞赛整体水平和青年技能人才培养质量。积极参与走出去战略和“一带一路”建设中的技能合作与交流。（人力资源社会保障部、国家发展改革委、教育部、科技部、工业和信息化部、财政部、农业农村部、商务部、国务院国资委、国家国际发展合作署等按职责分工负责）

五、保障措施

（十七）加强组织领导。地方各级人民政府要按照党中央、国务院的总体要求，把推行终身职业技能培训制度作为推进供给侧结构性改革的重要任务，根据经济社会发展、促进就业和人才发展总体规划，制定中长期职业技能培训规划并大力组织实施，推进政策落实。要建立政府统一领导，人力资源社会保障部门统筹协调，相关部门各司其职、密切配合，有关人民团体和社会组织广泛参与的工作机制，不断加大职业技能培训工作力度。（人力资源社会保障部等部门、单位和各省级人民政府按职责分工负责）

（十八）做好公共财政保障。地方各级人

民政府要加大投入力度，落实职业技能培训补贴政策，发挥好政府资金的引导和撬动作用。合理调整就业补助资金支出结构，保障培训补贴资金落实到位。加大对用于职业技能培训各项补贴资金的整合力度，提高使用效益。完善经费补贴拨付流程，简化程序，提高效率。要规范财政资金管理，依法加强对培训补贴资金的监督，防止骗取、挪用，保障资金安全和效益。有条件的地区可安排经费，对职业技能培训教材开发、新职业研究、职业技能标准开发、师资培训、职业技能竞赛、评选表彰等基础工作给予支持。（人力资源社会保障部、教育部、财政部、审计署等按职责分工负责）

（十九）多渠道筹集经费。加大职业技能培训经费保障，建立政府、企业、社会多元投入机制，通过就业补助资金、企业职工教育培训经费、社会捐助赞助、劳动者个人缴费等多种渠道筹集培训资金。通过公益性社会团体或者县级以上人民政府及其部门用于职业教育的捐赠，依照税法相关规定在税前扣除。鼓励社会捐助、赞助职业技能竞赛活动。（人力资源社会保障部、教育部、工业和信息化部、民政部、财政部、国务院国资委、税务总局、全国总工会等按职责分工负责）

（二十）进一步优化社会环境。加强职业技能培训政策宣传，创新宣传方式，提升社会影响力和公众知晓度。积极开展技能展示交流，组织开展好职业教育活动周、世界青年技能日、技能中国行等活动，宣传校企合作、技能竞赛、技艺传承等成果，提高职业技能培训吸引力。大力宣传优秀技能人才先进事迹，大力营造劳动光荣的社会风尚和精益求精的敬业风气。（人力资源社会保障部、教育部、全国总工会、共青团中央等按职责分工负责）

2018 年 5 月 3 日

国务院关于改革国有企业工资决定机制的意见

国发〔2018〕16号

各省、自治区、直辖市人民政府，国务院各部委、各直属机构：

国有企业工资决定机制改革是完善国有企业现代企业制度的重要内容，是深化收入分配制度改革的重要任务，事关国有企业健康发展，事关国有企业职工切身利益，事关收入分配合理有序。改革开放以来，国家对国有大中型企业实行工资总额同经济效益挂钩办法，对促进国有企业提高经济效益、调动广大职工积极性发挥了重要作用。随着社会主义市场经济体制逐步健全和国有企业改革不断深化，现行国有企业工资决定机制还存在市场化分配程度不高、分配秩序不够规范、监管体制尚不健全等问题，已难以适应改革发展需要。为改革国有企业工资决定机制，现提出以下意见。

一、总体要求

（一）指导思想。

全面贯彻党的十九大精神，以习近平新时代中国特色社会主义思想为指导，认真落实党中央、国务院决策部署，统筹推进“五位一体”总体布局和协调推进“四个全面”战略布局，坚持以人民为中心的发展思想，牢固树立和贯彻落实新发展理念，按照深化国有企业改革、完善国有资产管理体制和坚持按劳分配原则、完善按要素分配体制机制的要求，以增强国有企业活力、提升国有企业效率为中心，建立健全与劳动力市场基本适应、与国有企业经济效益和劳动生产率挂钩的工资决定和正常增长机制，完善国有企业工资分配监管体制，充分调动国有企业职工的积极性、主动性、创造性，进一步激发国有企业创造力和提高市场竞争力，推动国有资本做强做优做大，促进收入分配更合理、更有序。

（二）基本原则。

——坚持建立中国特色现代国有企业制度改革方向。坚持所有权和经营权相分离，进一步确立国有企业的市场主体地位，发挥企业党委（党组）领导作用，依法落实董事会的工资分配管理权，完善既符合企业一般规律又体现国有企业特点的工资分配机制，促进国有企业持续健康发展。

——坚持效益导向与维护公平相统一。国有企业工资分配要切实做到既有激励又有约束、既讲效率又讲公平。坚持按劳分配原则，健全国有企业职工工资与经济效益同向联动、能增能减的机制，在经济效益增长和劳动生产率提高的同时实现劳动报酬同步提高。统筹处理好不同行业、不同企业和企业内部不同职工之间的工资分配关系，调节过高收入。

——坚持市场决定与政府监管相结合。充分发挥市场在国有企业工资分配中的决定性作用，实现职工工资水平与劳动力市场价位相适应、与增强企业市场竞争力相匹配。更好发挥政府对国有企业工资分配的宏观指导和调控作用，改进和加强事前引导和事后监督，规范工资分配秩序。

——坚持分类分级管理。根据不同国有企业功能性质定位、行业特点和法人治理结构完善程度，实行工资总额分类管理。按照企业国有资产产权隶属关系，健全工资分配分级监管体制，落实各级政府职能部门和履行出资人职责机构（或其他企业主管部门，下同）的分级监管责任。

二、改革工资总额决定机制

（三）改革工资总额确定办法。按照国家工资收入分配宏观政策要求，根据企业发展战略和薪酬策略、年度生产经营目标和经济效益，综合考虑劳动生产率提高和人工成本投入产出率、职工工资水平市场对标等情况，结合政府职能部门发布的工资指导线，合理确定年度工资总额。

（四）完善工资与效益联动机制。企业经济效益增长的，当年工资总额增长幅度可在不超过经济效益增长幅度范围内确定。其中，当年劳动生产率未提高、上年人工成本投入产出率低于行业平均水平或者上年职工平均工资明显高于全国城镇单位就业人员平均工资的，当年工资总额增长幅度应低于同期经济效益增长幅度；对主业不处于充分竞争行业和领域的企业，上年职工平均工资达到政府职能部门规定的调控水平及以上的，当年工资总额增长幅度应低于同期经济效益增长幅度，且职工平均工资增长幅度不得超过政府职能部门规定的工资增长调控目标。

企业经济效益下降的，除受政策调整等非经营性因素影响外，当年工资总额原则上相应下降。其中，当年劳动生产率未下降、上年人工成本投入产出率明显优于行业平均水平或者上年职工平均工资明显低于全国城镇单位就业人员平均工资的，当年工资总额可适当少降。

企业未实现国有资产保值增值的，工资总额不得增长，或者适度下降。

企业按照工资与效益联动机制确定工资总额，原则上增人不增工资总额、减人不减工资总额，但发生兼并重组、新设企业或机构等情况的，可以合理增加或者减少工资总额。

（五）分类确定工资效益联动指标。根据企业功能性质定位、行业特点，科学设置联动指标，合理确定考核目标，突出不同考核重点。

对主业处于充分竞争行业和领域的商业类国有企业，应主要选取利润总额（或净利润）、经济增加值、净资产收益率等反映经济效益、国有资本保值增值和市场竞争能力的指标。对主业处于关系国家安全、国民经济命脉的重要行业和关键领域、主要承担重大专项任务的商业类国有企业，在主要选取反映经济效益和国有资本保值增值指标的同时，可根据实际情况增加营业收入、任务完成率等体现服务国家战略、保障国家安全和国民经济运行、发展前瞻性战略性产业以及完成特殊任务等情况的指标。对主业以保障民生、服务社会、提供公共产品和服务为主的公益类国有企业，应主要选取反映成本控制、产品服务质量、营运效率和保障能力等情况的指标，兼顾体现经济效益和国有资本保值增值的指标。对金融类国有企业，属于开发性、政策性的，应主要选取体现服务国家战略和风险控制的指标，兼顾反映经济效益的指标；属于商业性的，应主要选取反映经济效益、资产质量和偿付能力的指标。对文化类国有企业，应同时选取反映社会效益和经济效益、国有资本保值增值的指标。劳动生产率指标一般以人均增加值、人均利润为主，根据企业实际情况，可选取人均营业收入、人均工作量等指标。

三、改革工资总额管理方式

（六）全面实行工资总额预算管理。工资总额预算方案由国有企业自主编制，按规定履行内部决策程序后，根据企业功能性质定位、行业特点并结合法人治理结构完善程度，分别报履行出资人职责机构备案或核准后执行。

对主业处于充分竞争行业和领域的商业类国有企业，工资总额预算原则上实行备案制。其中，未建立规范董事会、法人治理结构不完善、内控机制不健全的企业，经履行出资人职责机构认定，其工资总额预算应实行核准制。

对其他国有企业，工资总额预算原则上实行核准制。其中，已建立规范董事会、法人治理结构完善、内控机制健全的企业，经履行出资人职责机构同意，其工资总额预算可实行备案制。

（七）合理确定工资总额预算周期。国有企业工资总额预算一般按年度进行管理。对行业周期性特征明显、经济效益年度间波动较大或存在其他特殊情况的企业，工资总额预算可探索按周期进行管理，周期最长不超过三年，周期内的工资总额增长应符合工资与效益联动的要求。

（八）强化工资总额预算执行。国有企业应严格执行经备案或核准的工资总额预算方案。执行过程中，因企业外部环境或自身生产经营等编制预算时所依据的情况发生重大变化，需要调整工资总额预算方案的，应按规定程序进行调整。

履行出资人职责机构应加强对所监管企业执行工资总额预算情况的动态监控和指导，并对预算执行结果进行清算。

四、完善企业内部工资分配管理

（九）完善企业内部工资总额管理制度。国有企业在经备案或核准的工资总额预算内，依法依规自主决定内部工资分配。企业应建立健全内部工资总额管理办法，根据所属企业功能性质定位、行业特点和生产经营等情况，指导所属企业科学编制工资总额预算方案，逐级落实预算执行责任，建立预算执行情况动态监控机制，确保实现工资总额预算目标。企业集团应合理确定总部工资总额预算，其职工平均工资增长幅度原则上应低于本企业全部职工平均工资增长幅度。

（十）深化企业内部分配制度改革。国有企业应建立健全以岗位工资为主的基本工资制度，以岗位价值为依据，以业绩为导向，参照劳动力市场工资价位并结合企业经济效益，通过集体协商等形式合理确定不同岗位的工资水平，向关键岗位、生产一线岗位和紧缺急需的高层次、高技能人才倾斜，合理拉开工资分配差距，调整不合理过高收入。加强全员绩效考核，使职工工资收入与其工作业绩和实际贡献紧密挂钩，切实做到能增能减。

（十一）规范企业工资列支渠道。国有企业应调整优化工资收入结构，逐步实现职工收入工资化、工资货币化、发放透明化。严格清理规范工资外收入，将所有工资性收入一律纳入工资总额管理，不得在工资总额之外以其他形式列支任何工资性支出。

五、健全工资分配监管体制机制

（十二）加强和改进政府对国有企业工资分配的宏观指导和调控。人力资源社会保障部门负责建立企业薪酬调查和信息发布制度，定期发布不同职业的劳动力市场工资价位和行业人工成本信息；会同财政、国资监管等部门完善工资指导线制度，定期制定和发布工资指导线、非竞争类国有企业职工平均工资调控水平和工资增长调控目标。

（十三）落实履行出资人职责机构的国有企业工资分配监管职责。履行出资人职责机构负责做好所监管企业工资总额预算方案的备案或核准工作，加强对所监管企业工资总额预算执行情况的动态监控和执行结果的清算，并按年度将所监管企业工资总额预算执行情况报同级人力资源社会保障部门，由人力资源社会保障部门汇总报告同级人民政府。同时，履行出资人职责机构可按规定将有关情况直接报告同级人民政府。

（十四）完善国有企业工资分配内部监督机制。国有企业董事会应依照法定程序决定工资分配事项，加强对工资分配决议执行情况的监督。落实企业监事会对工资分配的监督责任。将企业职工工资收入分配情况作为厂务公开的重要内容，定期向职工公开，接受职工监督。

（十五）建立国有企业工资分配信息公开制度。履行出资人职责机构、国有企业每年定期将企业工资总额和职工平均工资水平等相关信息向社会披露，接受社会公众监督。

（十六）健全国有企业工资内外收入监督检查制度。人力资源社会保障部门会同财政、国资监管等部门，定期对国有企业执行国家工资收入分配政策情况开展监督检查，及时查处违规发放工资、滥发工资外收入等行为。加强与出资人监管和审计、税务、纪检监察、巡视等监督的协同，建立工作会商和资源共享机制，提高监督效能，形成监督合力。

对企业存在超提、超发工资总额及其他违规行为的，扣回违规发放的工资总额，并视违规情形对企业负责人和相关责任人员依照有关规定给予经济处罚和纪律处分；构成犯罪的，由司法机关依法追究刑事责任。

六、做好组织实施工作

（十七）国有企业工资决定机制改革是一项涉及面广、政策性强的工作，各地区、各有关部门要统一思想认识，以高度的政治责任感和历史使命感，切实加强对改革工作的领导，做好统筹协调，细化目标任务，明确责任分工，强化督促检查，及时研究解决改革中出现的问题，推动改革顺利进行。各省（自治区、直辖市）要根据本意见，结合当地实际抓紧制定改革国有企业工资决定机制的实施意见，认真抓好贯彻落实。各级履行出资人职责机构要抓紧制定所监管企业的具体改革实施办法，由同级人力资源社会保障部门会同财政部门审核后实施。各级人力资源社会保障、财政、国资监管等部门和工会要各司其职，密切配合，共同做好改革工作，形成推进改革的合力。广大国有企业要自觉树立大局观念，认真执行国家有关改革规定，确保改革政策得到落实。要加强舆论宣传和政策解读，引导全社会正确理解和支持改革，营造良好社会环境。

（十八）本意见适用于国家出资的国有独资及国有控股企业。中央和地方有关部门或机构作为实际控制人的企业，参照本意见执行。

本意见所称工资总额，是指由企业在一个会计年度内直接支付给与本企业建立劳动关系的全部职工的劳动报酬总额，包括工资、奖金、津贴、补贴、加班加点工资、特殊情况下支付的工资等。

2018年5月13日

国务院关于建立企业职工基本养老保险基金中央调剂制度的通知

国发〔2018〕18号

各省、自治区、直辖市人民政府，国务院各部委、各直属机构：

根据党中央、国务院决策部署和《中华人民共和国社会保险法》有关要求，为深入贯彻习近平新时代中国特色社会主义思想和党的十九大精神，均衡地区间企业职工基本养老保险基金（以下简称养老保险基金）负担，实现基本养老保险制度可持续发展，国务院决定建立养老保险基金中央调剂制度，自2018年7月1日起实施。现就有关事项通知如下：

一、总体要求

（一）指导思想。

全面贯彻党的十九大和十九届二中、三中全会精神，以习近平新时代中国特色社会主义思想为指导，坚持党的基本理论、基本路线、基本方略，牢固树立和贯彻落实新发展理念，统筹推进“五位一体”总体布局和协调推进“四个全面”战略布局，紧扣满足人民日益增长的美好生活需要，着力解决发展不平衡不充分的突出问题，围绕建立健全更加公平更可持续养老保险制度目标，从基本国情和养老保险制度建设实际出发，遵循社会保险大数法则，建立养老保险基金中央调剂制度，作为实现养老保险全国统筹的第一步。加快统一养老保险政策、明确各级政府责任、理顺基金管理体制、健全激励约束机制，不断加大调剂力度，尽快实现养老保险全国统筹。

（二）基本原则。

——促进公平。通过实行部分养老保险基金中央统一调剂使用，合理均衡地区间基金负担，提高养老保险基金整体抗风险能力。

——明确责任。实行省级政府扩面征缴和确保发放责任制，中央政府通过转移支付和养老保险中央调剂基金（以下简称中央调剂基金）进行补助，建立中央与省级政府责任明晰、分级负责的管理体制。

——统一政策。国家统一制定职工基本养老保险政策，逐步统一缴费比例、缴费基数核定办法、待遇计发和调整办法等，最终实现养老保险各项政策全国统一。

——稳步推进。合理确定中央调剂基金筹集比例，平稳起步，逐步提高，进一步统一经办规程，建立省级集中的信息系统，不断提高管理和信息化水平。

二、主要内容

在现行企业职工基本养老保险省级统筹基础上，建立中央调剂基金，对各省份养老保险基金进行适度调剂，确保基本养老金按时足额发放。

（一）中央调剂基金筹集。

中央调剂基金由各省份养老保险基金上解的资金构成。按照各省份职工平均工资的90%和在职应参保人数作为计算上解额的基数，上解比例从3%起步，逐步提高。

某省份上解额＝(某省份职工平均工资×90%)×某省份在职应参保人数×上解比例。

各省份职工平均工资，为统计部门提供的城镇非私营单位和私营单位就业人员加权平均工资。

各省份在职应参保人数，暂以在职参保人数和国家统计局公布的企业就业人数二者的平均值为基数核定。将来条件成熟时，以覆盖常住人口的全民参保计划数据为基础确定在职应参保人数。

（二）中央调剂基金拨付。

中央调剂基金实行以收定支，当年筹集的资金全部拨付地方。中央调剂基金按照人均定额拨付，根据人力资源社会保障部、财政部核定的各省份离退休人数确定拨付资金数额。

某省份拨付额＝核定的某省份离退休人数×全国人均拨付额。

其中：全国人均拨付额＝筹集的中央调剂基金/核定的全国离退休人数。

（三）中央调剂基金管理。

中央调剂基金是养老保险基金的组成部分，纳入中央级社会保障基金财政专户，实行收支两条线管理，专款专用，不得用于平衡财政预算。中央调剂基金采取先预缴预拨后清算的办法，资金按季度上解下拨，年终统一清算。

各地在实施养老保险基金中央调剂制度之前累计结余基金原则上留存地方，用于本省（自治区、直辖市）范围内养老保险基金余缺调剂。

（四）中央财政补助。

现行中央财政补助政策和补助方式保持不变。中央政府在下达中央财政补助资金和拨付中央调剂基金后，各省份养老保险基金缺口由地方政府承担。省级政府要切实承担确保基本养老金按时足额发放和弥补养老保险基金缺口的主体责任。

三、健全保障措施

（一）完善省级统筹制度。

各省（自治区、直辖市）要在统一基本养老保险制度、缴费政策、待遇政策、基金使用、基金预算和经办管理的基础上，推进养老保险基金统收统支工作，并建立地方各级政府养老保险基金缺口责任分担机制。

（二）强化基金预算管理。

各级政府及财政、人力资源社会保障部门要切实加强基金预算编制和审核工作，严格规范收支内容、标准和范围，并按照批准的预算和规定的程序执行，不得随意调整。进一步强化基金预算的严肃性和硬约束，确保应收尽收，杜绝违规支出。

（三）建立健全考核奖惩机制。

将各省（自治区、直辖市）养老保险扩面征缴、确保基本养老金发放、严格养老保险基金管理、养老保险基金中央调剂制度落实等情况列入省级政府工作责任制考核内容，对工作业绩好的省级政府进行奖励，对出现问题的省级政府及相关责任人进行问责。具体办法另行制定。

（四）推进信息化建设。

建立全国养老保险缴费和待遇查询系统、养老保险基金中央调剂监控系统以及全国共享的中央数据库。在中央与地方之间以及各部门之间实现信息、数据互联互通，有效监控在职应参保人数和离退休人数，及时掌握和规范中央调剂基金与省级统筹基金收支行为，防范风险。

四、组织实施

建立养老保险基金中央调剂制度是加强基本养老保险体系建设的重要内容，事关改革、发展和稳定全局。各地区、各有关部门要统一思想，提高认识，加强领导，密切协调配合，精心组织实施。人力资源社会保障部、财政部要加强指导和监督检查，及时研究解决工作中遇到的问题，确保养老保险基金中央调剂制度顺利实施，同时抓紧制定养老保险全国统筹的时间表、路线图。

2018年5月30日

国务院关于推动创新创业高质量发展打造“双创”升级版的意见

国发〔2018〕32号

各省、自治区、直辖市人民政府，国务院各部委、各直属机构：

创新是引领发展的第一动力，是建设现代化经济体系的战略支撑。近年来，大众创业万众创新持续向更大范围、更高层次和更深程度推进，创新创业与经济社会发展深度融合，对推动新旧动能转换和经济结构升级、扩大就业和改善民生、实现机会公平和社会纵向流动发挥了重要作用，为促进经济增长提供了有力支撑。当前，我国经济已由高速增长阶段转向高质量发展阶段，对推动大众创业万众创新提出了新的更高要求。为深入实施创新驱动发展战略，进一步激发市场活力和社会创造力，现就推动创新创业高质量发展、打造“双创”升级版提出以下意见。

一、总体要求

推进大众创业万众创新是深入实施创新驱动发展战略的重要支撑、深入推进供给侧结构性改革的重要途径。随着大众创业万众创新蓬勃发展，创新创业环境持续改善，创新创业主体日益多元，各类支撑平台不断丰富，创新创业社会氛围更加浓厚，创新创业理念日益深入人心，取得显著成效。但同时，还存在创新创业生态不够完善、科技成果转化机制尚不健全、大中小企业融通发展还不充分、创新创业国际合作不够深入以及部分政策落实不到位等问题。打造“双创”升级版，推动创新创业高质量发展，有利于进一步增强创业带动就业能力，有利于提升科技创新和产业发展活力，有利于创造优质供给和扩大有效需求，对增强经济发展内生动力具有重要意义。

（一）指导思想。

以习近平新时代中国特色社会主义思想为指导，全面贯彻党的十九大和十九届二中、三中全会精神，坚持新发展理念，坚持以供给侧结构性改革为主线，按照高质量发展要求，深入实施创新驱动发展战略，通过打造“双创”升级版，进一步优化创新创业环境，大幅降低创新创业成本，提升创业带动就业能力，增强科技创新引领作用，提升支撑平台服务能力，推动形成线上线下结合、产学研用协同、大中小企业融合的创新创业格局，为加快培育发展新动能、实现更充分就业和经济高质量发展提供坚实保障。

（二）主要目标。

——创新创业服务全面升级。创新创业资源共享平台更加完善，市场化、专业化众创空间功能不断拓展，创新创业服务平台能力显著提升，创业投资持续增长并更加关注早中期科技型企业，新兴创新创业服务业态日趋成熟。

——创业带动就业能力明显提升。培育更多充满活力、持续稳定经营的市场主体，直接创造更多就业岗位，带动关联产业就业岗位增加，促进就业机会公平和社会纵向流动，实现创新、创业、就业的良性循环。

——科技成果转化应用能力显著增强。科技型创业加快发展，产学研用更加协同，科技创新与传统产业转型升级结合更加紧密，形成多层次科技创新和产业发展主体，支撑战略性新兴产业加快发展。

——高质量创新创业集聚区不断涌现。“双创”示范基地建设扎实推进，一批可复制的制度性成果加快推广。有效发挥国家级新区、国家自主创新示范区等各类功能区优势，打造一批创新创业新高地。

——大中小企业创新创业价值链有机融合。一批高端科技人才、优秀企业家、专业投资人成为创新创业主力军，大企业、科研院所、中小企业之间创新资源要素自由畅通流动，内部外部、线上线下、大中小企业融通发展水平不断提升。

——国际国内创新创业资源深度融汇。拓展创新创业国际交流合作，深度融入全球创新创业浪潮，推动形成一批国际化创新创业集聚地，将“双创”打造成为我国与包括“一带一路”相关国家在内的世界各国合作的亮丽名片。

二、着力促进创新创业环境升级

（三）简政放权释放创新创业活力。进一步提升企业开办便利度，全面推进企业简易注销登记改革。积极推广“区域评估”，由政府组织力量对一定区域内地质灾害、水土保持等进行统一评估。推进审查事项、办事流程、数据交换等标准化建设，稳步推动公共数据资源开放，加快推进政务数据资源、社会数据资源、互联网数据资源建设。清理废除妨碍统一市场和公平竞争的规定和做法，加快发布全国统一的市场准入负面清单，建立清单动态调整机制。（市场监管总局、自然资源部、水利部、发展改革委等按职责分工负责）

（四）放管结合营造公平市场环境。加强社会信用体系建设，构建信用承诺、信息公示、信用分级分类、信用联合奖惩等全流程信用监管机制。修订生物制造、新材料等领域审查参考标准，激发高技术领域创新活力。引导和规范共享经济良性健康发展，推动共享经济平台企业切实履行主体责任。建立完善对“互联网＋教育”、“互联网＋医疗”等新业态新模式的高效监管机制，严守安全质量和社会稳定底线。（发展改革委、市场监管总局、工业和信息化部、教育部、卫生健康委等按职责分工负责）

（五）优化服务便利创新创业。加快建立全国一体化政务服务平台，建立完善国家数据共享交换平台体系，推行数据共享责任清单制度，推动数据共享应用典型案例经验复制推广。在市县一级建立农村创新创业信息服务窗口。完善适应新就业形态的用工和社会保险制度，加快建设“网上社保”。积极落实产业用地政策，深入推进城镇低效用地再开发，健全建设用地“增存挂钩”机制，优化用地结构，盘活存量、闲置土地用于创新创业。（国务院办公厅、发展改革委、市场监管总局、农业农村部、人力资源社会保障部、自然资源部等按职责分工负责）

三、加快推动创新创业发展动力升级

（六）加大财税政策支持力度。聚焦减税降费，研究适当降低社保费率，确保总体上不增加企业负担，激发市场活力。将企业研发费用加计扣除比例提高到75%的政策由科技型中小企业扩大至所有企业。对个人在二级市场买卖新三板股票比照上市公司股票，对差价收入免征个人所得税。将国家级科技企业孵化器和大学科技园享受的免征房产税、增值税等优惠政策范围扩大至省级，符合条件的众创空间也可享受。（财政部、税务总局等按职责分工负责）

（七）完善创新创业产品和服务政府采购等政策措施。完善支持创新和中小企业的政府采购政策。发挥采购政策功能，加大对重大创新产品和服务、核心关键技术的采购力度，扩大首购、订购等非招标方式的应用。（发展改

革委、财政部、工业和信息化部、科技部等和各地方人民政府按职责分工负责）

（八）加快推进首台（套）重大技术装备示范应用。充分发挥市场机制作用，推动重大技术装备研发创新、检测评定、示范应用体系建设。编制重大技术装备创新目录、众创研发指引，制定首台（套）评定办法。依托大型科技企业集团、重点研发机构，设立重大技术装备创新研究院。建立首台（套）示范应用基地和示范应用联盟。加快军民两用技术产品发展和推广应用。发挥众创、众筹、众包和虚拟创新创业社区等多种创新创业模式的作用，引导中小企业等创新主体参与重大技术装备研发，加强众创成果与市场有效对接。（发展改革委、科技部、工业和信息化部、财政部、国资委、卫生健康委、市场监管总局、能源局等按职责分工负责）

（九）建立完善知识产权管理服务体系。建立完善知识产权评估和风险控制体系，鼓励金融机构探索开展知识产权质押融资。完善知识产权运营公共服务平台，逐步建立全国统一的知识产权交易市场。鼓励和支持创新主体加强关键前沿技术知识产权创造，形成一批战略性高价值专利组合。聚焦重点领域和关键环节开展知识产权“雷霆”专项行动，进行集中检查、集中整治，全面加强知识产权执法维权工作力度。积极运用在线识别、实时监测、源头追溯等“互联网＋”技术强化知识产权保护。（知识产权局、财政部、银保监会、人民银行等按职责分工负责）

四、持续推进创业带动就业能力升级

（十）鼓励和支持科研人员积极投身科技创业。对科教类事业单位实施差异化分类指导，出台鼓励和支持科研人员离岗创业实施细则，完善创新型岗位管理实施细则。健全科研人员评价机制，将科研人员在科技成果转化过程中取得的成绩和参与创业项目的情况作为职称评审、岗位竞聘、绩效考核、收入分配、续签合同等的重要依据。建立完善科研人员校企、院企共建双聘机制。（科技部、教育部、人力资源社会保障部等按职责分工负责）

（十一）强化大学生创新创业教育培训。在全国高校推广创业导师制，把创新创业教育和实践课程纳入高校必修课体系，允许大学生用创业成果申请学位论文答辩。支持高校、职业院校（含技工院校）深化产教融合，引入企业开展生产性实习实训。（教育部、人力资源社会保障部、共青团中央等按职责分工负责）

（十二）健全农民工返乡创业服务体系。深入推进农民工返乡创业试点工作，推出一批农民工返乡创业示范县和农村创新创业典型县。进一步发挥创业担保贷款政策的作用，鼓励金融机构按照市场化、商业可持续原则对农村“双创”园区（基地）和公共服务平台等提供金融服务。安排一定比例年度土地利用计划，专项支持农村新产业新业态和产业融合发展。（人力资源社会保障部、农业农村部、发展改革委、人民银行、银保监会、财政部、自然资源部、共青团中央等按职责分工负责）

（十三）完善退役军人自主创业支持政策和服务体系。加大退役军人培训力度，依托院校、职业培训机构、创业培训中心等机构，开展创业意识教育、创业素质培养、创业项目指导、开业指导、企业经营管理等培训。大力扶持退役军人就业创业，落实好现有税收优惠政策，根据个体特点引导退役军人向科技服务业等新业态转移。推动退役军人创业平台不断完善，支持退役军人参加创新创业大会和比赛。（退役军人部、教育部、人力资源社会保障部、税务总局、财政部等按职责分工负责）

（十四）提升归国和外籍人才创新创业便利化水平。深入实施留学人员回国创新创业启动支持计划，遴选资助一批高层次人才回国创新创业项目。健全留学回国人才和外籍高层次人才服务机制，在签证、出入境、社会保险、知识产权保护、落户、永久居留、子女入学等方面进一步加大支持力度。（人力资源社会保障部、外交部、公安部、移民局、知识产权局等和各地方人民政府按职责分工负责）

（十五）推动更多群体投身创新创业。深入推进创新创业巾帼行动，鼓励支持更多女性投身创新创业实践。制定完善香港、澳门居民在内地发展便利性政策措施，鼓励支持港澳青年在内地创新创业。扩大两岸经济文化交流合作，为台湾同胞在大陆创新创业提供便利。积极引导侨资侨智参与创新创业，支持建设华侨华人创新创业基地和华侨大数据中心。探索国际柔性引才机制，持续推进海外人才离岸创新创业基地建设。启动少数民族地区创新创业专项行动，支持西藏、新疆等地区创新创业加快发展。推行终身职业技能培训制度，将有创业意愿和培训需求的劳动者全部纳入培训范围。（全国妇联、港澳办、台办、侨办、人力资源社会保障部、中国科协、发展改革委、国家民委等按职责分工负责）

五、深入推动科技创新支撑能力升级

（十六）增强创新型企业引领带动作用。在重点领域和关键环节加快建设一批国家产业创新中心、国家技术创新中心等创新平台，充分发挥创新平台资源集聚优势。建设由大中型科技企业牵头，中小企业、科技社团、高校院所等共同参与的科技联合体。加大对“专精特新”中小企业的支持力度，鼓励中小企业参与产业关键共性技术研究开发，持续提升企业创新能力，培育一批具有创新能力的制造业单项冠军企业，壮大制造业创新集群。健全企业家参与涉企创新创业政策制定机制。（发展改革委、科技部、中国科协、工业和信息化部等按职责分工负责）

（十七）推动高校科研院所创新创业深度融合。健全科技资源开放共享机制，鼓励科研人员面向企业开展技术开发、技术咨询、技术服务、技术培训等，促进科技创新与创业深度融合。推动高校、科研院所与企业共同建立概念验证、孵化育成等面向基础研究成果转化的服务平台。（科技部、教育部等按职责分工负责）

（十八）健全科技成果转化的体制机制。纵深推进全面创新改革试验，深化以科技创新为核心的全面创新。完善国家财政资金资助的科技成果信息共享机制，畅通科技成果与市场对接渠道。试点开展赋予科研人员职务科技成果所有权或长期使用权。加速高校科技成果转化和技术转移，促进科技、产业、投资融合对接。加强国家技术转移体系建设，鼓励高校、科研院所建设专业化技术转移机构。鼓励有条件的地方按技术合同实际成交额的一定比例对技术转移服务机构、技术合同登记机构和技术经纪人（技术经理人）给予奖补。（发展改革委、科技部、教育部、财政部等按职责分工负责）

六、大力促进创新创业平台服务升级

（十九）提升孵化机构和众创空间服务水平。建立众创空间质量管理、优胜劣汰的健康发展机制，引导众创空间向专业化、精细化方向升级，鼓励具备一定科研基础的市场主体建立专业化众创空间。推动中央企业、科研院所、高校和相关公共服务机构建设具有独立法人资格的孵化机构，为初创期、早中期企业提供公共技术、检验检测、财税会计、法律政策、教育培训、管理咨询等服务。继续推进全国创业孵化示范基地建设。鼓励生产制造类企业建立工匠工作室，通过技术攻关、破解生产难题、固化创新成果等塑造工匠品牌。加快发展孵化机构联盟，加强与国外孵化机构对接合作，吸引海外人才到国内创新创业。研究支持符合条件的孵化机构享受高新技术企业相关人才激励政策，落实孵化机构税收优惠政策。（科技部、国资委、教育部、人力资源社会保障部、工业和信息化部、财政部、税务总局等按职责分工负责）

（二十）搭建大中小企业融通发展平台。实施大中小企业融通发展专项行动计划，加快培育一批基于互联网的大企业创新创业平台、国家中小企业公共服务示范平台。推进国家小型微型企业创业创新示范基地建设，支持建设一批制造业“双创”技术转移中心和制造业“双创”服务平台。推进供应链创新与应用，加快形成大中小企业专业化分工协作的产业供应链体系。鼓励大中型企业开展内部创业，鼓励有条件的企业依法合规发起或参与设立公益性创业基金，鼓励企业参股、投资内部创业项目。鼓励国有企业探索以子公司等形式设立创新创业平台，促进混合所有制改革与创新创业深度融合。（工业和信息化部、商务部、财政部、国资委等按职责分工负责）

（二十一）深入推进工业互联网创新发展。更好发挥市场力量，加快发展工业互联网，与智能制造、电子商务等有机结合、互促共进。实施工业互联网三年行动计划，强化财税政策导向作用，持续利用工业转型升级资金支持工业互联网发展。推进工业互联网平台建设，形成多层次、系统性工业互联网平台体系，引导企业上云上平台，加快发展工业软件，培育工业互联网应用创新生态。推动产学研用合作建设工业互联网创新中心，建立工业互联网产业示范基地，开展工业互联网创新应用示范。加强专业人才支撑，公布一批工业互联网相关二级学科，鼓励搭建工业互联网学科引智平台。（工业和信息化部、发展改革委、教育部、科技部、财政部、人力资源社会保障部等按职责分工负责）

（二十二）完善“互联网＋”创新创业服务体系。推进“国家创新创业政策信息服务网”建设，及时发布创新创业先进经验和典型做法，进一步降低各类创新创业主体的政策信息获取门槛和时间成本。鼓励建设“互联网＋”创新创业平台，积极利用互联网等信息技术支持创新创业活动，进一步降低创新创业主体与资本、技术对接的门槛。推动“互联网＋公共服务”，使更多优质资源惠及群众。（发展改革委、科技部、工业和信息化部等按职责分工负责）

（二十三）打造创新创业重点展示品牌。继续扎实开展各类创新创业赛事活动，办好全国大众创业万众创新活动周，拓展“创响中国”系列活动范围，充分发挥“互联网＋”大学生创新创业大赛、中国创新创业大赛、“创客中国”创新创业大赛、“中国创翼”创业创新大赛、全国农村创业创新项目创意大赛、中央企业熠星创新创意大赛、“创青春”中国青年创新创业大赛、中国妇女创新创业大赛等品牌赛事活动作用。对各类赛事活动中涌现的优秀创新创业项目加强后续跟踪支持。（发展改革委、中国科协、教育部、科技部、工业和信息化部、人力资源社会保障部、农业农村部、国资委、共青团中央、全国妇联等按职责分工负责）

七、进一步完善创新创业金融服务

（二十四）引导金融机构有效服务创新创业融资需求。加快城市商业银行转型，回归服务小微企业等实体的本源，提高风险识别和定价能力，运用科技化等手段，为本地创新创业提供有针对性的金融产品和差异化服务。加快推进村镇银行本地化、民营化和专业化发展，支持民间资本参与农村中小金融机构充实资本、完善治理的改革，重点服务发展农村电商等新业态新模式。推进落实大中型商业银行设立普惠金融事业部，支持有条件的银行设立科技信贷专营事业部，提高服务创新创业企业的专业化水平。支持银行业金融机构积极稳妥开展并购贷款业务，提高对创业企业兼并重组的金融服务水平。（银保监会、人民银行等按职责分工负责）

（二十五）充分发挥创业投资支持创新创业作用。进一步健全适应创业投资行业特点的差异化监管体制，按照不溯及既往、确保总体税负不增的原则，抓紧完善进一步支持创业投资基金发展的税收政策，营造透明、可预期的政策环境。规范发展市场化运作、专业化管理的创业投资母基金。充分发挥国家新兴产业创业投资引导基金、国家中小企业发展基金等引导基金的作用，支持初创期、早中期创新型企业发展。加快发展天使投资，鼓励有条件的地方出台促进天使投资发展的政策措施，培育和壮大天使投资人群体。完善政府出资产业投资基金信用信息登记，开展政府出资产业投资基金绩效评价和公共信用综合评价。（发展改革委、证监会、税务总局、财政部、工业和信息化部、科技部、人民银行、银保监会等按职责分工负责）

（二十六）拓宽创新创业直接融资渠道。支持发展潜力好但尚未盈利的创新型企业上市或在新三板、区域性股权市场挂牌。推动科技型中小企业和创业投资企业发债融资，稳步扩大创新创业债试点规模，支持符合条件的企业发行“双创”专项债务融资工具。规范发展互联网股权融资，拓宽小微企业和创新创业者的融资渠道。推动完善公司法等法律法规和资本市场相关规则，允许科技企业实行“同股不同权”治理结构。（证监会、发展改革委、科技部、人民银行、财政部、司法部等按职责分工负责）

（二十七）完善创新创业差异化金融支持政策。依托国家融资担保基金，采取股权投资、再担保等方式推进地方有序开展融资担保业务，构建全国统一的担保行业体系。支持保险公司为科技型中小企业知识产权融资提供保证保险服务。完善定向降准、信贷政策支持再贷款等结构性货币政策工具，引导资金更多投向创新型企业和小微企业。研究开展科技成果转化贷款风险补偿试点。实施战略性新兴产业重点项目信息合作机制，为战略性新兴产业提供更具针对性和适应性的金融产品和服务。（财政部、银保监会、科技部、知识产权局、人民银行、工业和信息化部、发展改革委、证监会等按职责分工负责）

八、加快构筑创新创业发展高地

（二十八）打造具有全球影响力的科技创新策源地。进一步夯实北京、上海科技创新中心的创新基础，加快建设一批重大科技基础设施集群、世界一流学科集群。加快推进粤港澳大湾区国际科技创新中心建设，探索建立健全国际化的创新创业合作新机制。（有关地方人民政府牵头负责）

（二十九）培育创新创业集聚区。支持符合条件的经济技术开发区打造大中小企业融通型、科技资源支撑型等不同类型的创新创业特色载体。鼓励国家级新区探索通用航空、体育休闲、养老服务、安全等产业与城市融合发展的新机制和新模式。推进雄安新区创新发展，打造体制机制新高地和京津冀协同创新重要平台。推动承接产业转移示范区、高新技术开发区聚焦战略性新兴产业构建园区配套及服务体系，充分发挥创新创业集群效应。支持有条件的省市建设综合性国家产业创新中心，提升关键核心技术创新能力。依托中心城市和都市圈，探索打造跨区域协同创新平台。（财政部、工业和信息化部、科技部、发展改革委等和各地方人民政府按职责分工负责）

（三十）发挥“双创”示范基地引导示范作用。将全面创新改革试验的相关改革举措在“双创”示范基地推广，为示范基地内的项目或企业开通总体规划环评等绿色通道。充分发挥长三角示范基地联盟作用，推动建立京津冀、西部等区域示范基地联盟，促进各类基地融通发展。开展“双创”示范基地十强百佳工程，鼓励示范基地在科技成果转化、财政金融、人才培养等方面积极探索。（发展改革委、生态环境部、银保监会、科技部、财政部、工业和信息化部、人力资源社会保障部等和有关地方人民政府及大众创业万众创新示范基地按职责分工负责）

（三十一）推进创新创业国际合作。发挥中国—东盟信息港、中阿网上丝绸之路等国际化平台作用，支持与“一带一路”相关国家开展创新创业合作。推动建立政府间创新创业多双边合作机制。充分利用各类国际合作论坛等重要载体，推动创新创业领域民间务实合作。鼓励有条件的地方建立创新创业国际合作基金，促进务实国际合作项目有效落地。（发展改革委、科技部、工业和信息化部等和有关地方人民政府按职责分工负责）

九、切实打通政策落实“最后一公里”

（三十二）强化创新创业政策统筹。完善

创新创业信息通报制度，加强沟通联动。发挥推进大众创业万众创新部际联席会议统筹作用，建立部门之间、部门与地方之间的高效协同机制。鼓励各地方先行先试、大胆探索并建立容错免责机制。促进科技、金融、财税、人才等支持创新创业政策措施有效衔接。建立健全“双创”发展统计指标体系，做好创新创业统计监测工作。（发展改革委、统计局等和各地方人民政府按职责分工负责）

（三十三）细化关键政策落实措施。开展“双创”示范基地年度评估，根据评估结果进行动态调整。定期梳理制约创新创业的痛点堵点问题，开展创新创业痛点堵点疏解行动，督促相关部门和地方限期解决。对知识产权保护、税收优惠、成果转移转化、科技金融、军民融合、人才引进等支持创新创业政策措施落实情况定期开展专项督查和评估。（发展改革委、中国科协等和各地方人民政府按职责分工负责）

（三十四）做好创新创业经验推广。建立定期发布创新创业政策信息的制度，做好政策宣讲和落实工作。支持各地积极举办经验交流会和现场观摩会等，加强先进经验和典型做法的推广应用。加强创新创业政策和经验宣传，营造良好舆论氛围。（各部门、各地方人民政府按职责分工负责）

各地区、各部门要充分认识推动创新创业高质量发展、打造“双创”升级版对于深入实施创新驱动发展战略的重要意义，把思想、认识和行动统一到党中央、国务院决策部署上来，认真落实本意见各项要求，细化政策措施，加强督查，及时总结，确保各项政策措施落到实处，进一步增强创业带动就业能力和科技创新能力，加快培育发展新动能，充分激发市场活力和社会创造力，推动我国经济高质量发展。

2018 年 9 月 18 日

国务院关于做好当前和今后一个时期促进就业工作的若干意见

国发〔2018〕39号

各省、自治区、直辖市人民政府，国务院各部委、各直属机构：

就业是最大的民生，也是经济发展的重中之重。当前，我国就业局势保持总体稳定，但经济运行稳中有变，经济下行压力有所加大，对就业的影响应高度重视。必须把稳就业放在更加突出位置，深入贯彻习近平新时代中国特色社会主义思想和党的十九大精神，全面落实党中央、国务院关于稳就业工作的决策部署，坚持实施就业优先战略和更加积极的就业政策，支持企业稳定岗位，促进就业创业，强化培训服务，确保当前和今后一个时期就业目标任务完成和就业局势持续稳定。为此，提出以下意见：

一、支持企业稳定发展

（一）加大稳岗支持力度。对不裁员或少裁员的参保企业，可返还其上年度实际缴纳失业保险费的50%。2019年1月1日至12月31日，对面临暂时性生产经营困难且恢复有望、坚持不裁员或少裁员的参保企业，返还标准可按6个月的当地月人均失业保险金和参保职工人数确定，或按6个月的企业及其职工应缴纳社会保险费50%的标准确定。上述资金由失业保险基金列支。（人力资源社会保障部、财政部负责。列第一位者为牵头单位，下同）

（二）发挥政府性融资担保机构作用支持小微企业。充分发挥国家融资担保基金作用，引导更多金融资源支持创业就业。各地政府性融资担保基金应优先为符合条件的小微企业提供低费率的担保支持，提高小微企业贷款可获得性。（财政部、工业和信息化部、人民银行、银保监会负责）

二、鼓励支持就业创业

（三）加大创业担保贷款贴息及奖补政策支持力度。符合创业担保贷款申请条件的人员自主创业的，可申请最高不超过15万元的创业担保贷款。小微企业当年新招用符合创业担保贷款申请条件的人员数量达到企业现有在职职工人数25%（超过100人的企业达到15%）并与其签订1年以上劳动合同的，可申请最高不超过300万元的创业担保贷款。各地可因地制宜适当放宽创业担保贷款申请条件，由此产生的贴息资金由地方财政承担。推动奖补政策落到实处，按各地当年新发放创业担保贷款总额的一定比例，奖励创业担保贷款基金运营管理机构等单位，引导其进一步提高服务创业就业的积极性。（财政部、人力资源社会保障部、人民银行、银保监会负责）

（四）支持创业载体建设。鼓励各地加快建设重点群体创业孵化载体，为创业者提供低成本场地支持、指导服务和政策扶持，根据入驻实体数量、孵化效果和带动就业成效，对创业孵化基地给予一定奖补。支持稳定就业压力较大地区为失业人员自主创业免费提供经营场地。（人力资源社会保障部、科技部、财政部、住房城乡建设部、市场监管总局，各省级人民政府按职责分工负责）

（五）扩大就业见习补贴范围。从2019年1月1日起，实施三年百万青年见习计划；将就业见习补贴范围由离校未就业高校毕业生扩展至16～24岁失业青年；组织失业青年参加3～12个月的就业见习，按规定给予就业见习补贴，并适当提高补贴标准。（人力资源社会保障部等有关部门和单位负责）

三、积极实施培训

（六）支持困难企业开展职工在岗培训。2019年1月1日至12月31日，困难企业可组织开展职工在岗培训，所需经费按规定从企业职工教育经费中列支，不足部分经所在地人力资源社会保障部门审核评估合格后，可由就业补助资金予以适当支持。（人力资源社会保障部、财政部负责）

（七）开展失业人员培训。支持各类职业院校（含技工院校）、普通高等学校、职业培训机构和符合条件的企业承担失业人员职业技能培训或创业培训。对培训合格的失业人员给予职业培训补贴，补贴标准根据培训成本、培训时长、市场需求和取得相关证书情况等确定；2019年1月1日至2020年12月31日，对其中就业困难人员和零就业家庭成员在培训期间再给予生活费补贴。生活费补贴政策每人每年只享受一次，且不可同时领取失业保险金。（人力资源社会保障部、财政部、教育部等有关部门和单位负责）

（八）放宽技术技能提升补贴申领条件。2019年1月1日至2020年12月31日，将技术技能提升补贴申领条件由企业在职职工参加失业保险3年以上放宽至参保1年以上。参保职工取得职业资格证书或职业技能等级证书的，可在参保地申请技术技能提升补贴。所需资金由失业保险基金列支。（人力资源社会保障部、财政部负责）

四、及时开展下岗失业人员帮扶

（九）实行失业登记常住地服务。失业人员可在常住地公共就业服务机构办理失业登记，申请享受当地就业创业服务、就业扶持政策、重点群体创业就业税收优惠政策。其中，大龄、残疾、低保家庭等劳动者可在常住地申请认定为就业困难人员，享受就业援助。（人力资源社会保障部、财政部、税务总局，各省级人民政府按职责分工负责）

（十）落实失业保险待遇。对符合条件的失业人员，由失业保险基金发放失业保险金，其个人应缴纳的基本医疗保险费从失业保险基金中列支。（人力资源社会保障部、医保局负责）

（十一）保障困难群众基本生活。对符合条件的生活困难下岗失业人员，给予临时生活补助，补助标准根据家庭困难程度、地区消费水平等综合确定。对符合最低生活保障条件的家庭，及时纳入最低生活保障范围。对符合临时救助条件的，给予临时救助。通过综合施策，帮助困难群众解困脱困。（财政部、人力资源社会保障部、民政部等有关部门和单位按职责分工负责）

五、落实各方责任

（十二）落实地方政府主体责任。地方各级人民政府要切实承担本地区促进就业工作的主体责任，建立由政府负责人牵头、相关部门共同参与的工作机制，因地制宜，多措并举，统筹做好本地区促进就业工作，分级预警、分层响应、分类施策。各省、自治区、直辖市人民政府要在本意见印发之日起30日内，制定出台具体实施办法，组织有关部门结合本地实际和财力水平合理确定享受政策的困难企业范围，突出重点帮扶对象，合理确定补贴等标准，确保各项政策尽快落地。（各省级人民政府负责）

（十三）明确部门组织协调责任。人力资源社会保障部要统筹协调促进就业政策制定、督促落实、统计监测等工作。财政部要加大资金支持力度，保障促进就业政策落实。其他有关部门和单位要立足职能职责，积极出台促进就业创业的政策措施，开展更多有利于促进就业的专项活动，共同做好促进就业工作。（各有关部门和单位按职责分工负责）

（十四）切实抓好政策服务。各地各有关部门要积极开展政策宣传，向社会公布政策清单、申办流程、补贴标准、服务机构及联系方式、监督投诉电话，深入企业宣讲政策、了解困难、做好帮扶。对申请享受就业创业扶持政策和就业创业服务的困难企业、下岗失业人员，要建立实名制管理服务信息系统。要优化流程，精简证明，加强监管，确保各项政策资金规范便捷地惠及享受对象。（各有关部门和单位，各省级人民政府按职责分工负责）

（十五）指导企业等各方履行社会责任。要引导困难企业更加注重运用市场机制、经济手段，通过转型转产、培训转岗、支持“双创”等，多渠道分流安置职工，依法处理劳动关系。引导职工关心企业生存与发展，困难企业与职工协商一致的，可采取协商薪酬、调整工时、轮岗轮休、在岗培训等措施，保留就业岗位，稳定劳动关系。引导劳动者树立正确就业观，主动提升就业能力，通过自身努力实现就业创业。广泛调动社会各界积极性，形成稳定、扩大就业的合力。（各有关部门和单位，各省级人民政府按职责分工负责）

从工业企业结构调整专项奖补资金中安排部分资金并适时下达，由地方统筹纳入就业补助资金，专项用于当前稳就业工作。各地要对现有补贴项目进行梳理，在保持政策连续性、稳定性的基础上，对补贴项目、补贴方式进行归并简化，提高资金使用效益。各地贯彻落实本意见的有关情况及发现的重要问题，要及时报送人力资源社会保障部。

2018 年 11 月 16 日

国务院办公厅关于加强行政规范性文件制定和监督管理工作的通知

国办发〔2018〕37号

各省、自治区、直辖市人民政府，国务院各部委、各直属机构：

行政规范性文件是除国务院的行政法规、决定、命令以及部门规章和地方政府规章外，由行政机关或者经法律、法规授权的具有管理公共事务职能的组织（以下统称行政机关）依照法定权限、程序制定并公开发布，涉及公民、法人和其他组织权利义务，具有普遍约束力，在一定期限内反复适用的公文。制发行政规范性文件是行政机关依法履行职能的重要方式，直接关系群众切身利益，事关政府形象。近年来，各地区、各部门不断加强行政规范性文件制定和监督管理工作，取得了一定成效，但乱发文、出台“奇葩”文件的现象还不同程度地存在，侵犯了公民、法人和其他组织的合法权益，损害了政府公信力。为全面贯彻习近平新时代中国特色社会主义思想和党的十九大精神，落实党中央、国务院关于推进依法行政、建设法治政府的部署和要求，切实保障群众合法权益，维护政府公信力，经国务院同意，现就加强行政规范性文件制定和监督管理工作通知如下：

一、严格依法行政，防止乱发文件

（一）严禁越权发文。坚持法定职责必须为、法无授权不可为，严格按照法定权限履行职责，严禁以部门内设机构名义制发行政规范性文件。要严格落实权责清单制度，行政规范性文件不得增加法律、法规规定之外的行政权力事项或者减少法定职责；不得设定行政许可、行政处罚、行政强制等事项，增加办理行政许可事项的条件，规定出具循环证明、重复证明、无谓证明的内容；不得违法减损公民、法人和其他组织的合法权益或者增加其义务，侵犯公民人身权、财产权、人格权、劳动权、休息权等基本权利；不得超越职权规定应由市场调节、企业和社会自律、公民自我管理的事项；不得违法制定含有排除或者限制公平竞争内容的措施，违法干预或者影响市场主体正常生产经营活动，违法设置市场准入和退出条件等。

（二）严控发文数量。凡法律、法规、规章和上级文件已经作出明确规定的，现行文件已有部署且仍然适用的，不得重复发文；对内容相近、能归并的尽量归并，可发可不发、没有实质性内容的一律不发，严禁照抄照搬照转上级文件、以文件“落实”文件。确需制定行政规范性文件的，要讲求实效，注重针对性和可操作性，并严格文字把关，确保政策措施表述严谨、文字精练、准确无误。

二、规范制发程序，确保合法有效

（三）严格制发程序。行政规范性文件必须严格依照法定程序制发，重要的行政规范性文件要严格执行评估论证、公开征求意见、合法性审核、集体审议决定、向社会公开发布等程序。要加强制发程序管理，健全工作机制，完善工作流程，确保制发工作规范有序。

（四）认真评估论证。全面论证行政规范性文件制发的必要性、可行性和合理性，是确保行政规范性文件合法有效的重要前提。起草行政规范性文件，要对有关行政措施的预期效果和可能产生的影响进行评估，对该文件是否符合法律法规和国家政策、是否符合社会主义核心价值观、是否符合公平竞争审查要求等进行把关。对专业性、技术性较强的行政规范性文件，要组织相关领域专家进行论证。评估论证结论要在文件起草说明中写明，作为制发文件的重要依据。

（五）广泛征求意见。除依法需要保密的外，对涉及群众切身利益或者对公民、法人和其他组织权利义务有重大影响的行政规范性文件，要向社会公开征求意见。起草部门可以通过政府网站、新闻发布会以及报刊、广播、电视等便于群众知晓的方式，公布文件草案及其说明等材料，并明确提出意见的方式和期限。对涉及群众重大利益调整的，起草部门要深入调查研究，采取座谈会、论证会、实地走访等形式充分听取各方面意见，特别是利益相关方的意见。建立意见沟通协商反馈机制，对相对集中的意见建议不予采纳的，公布时要说明理由。

（六）严格审核把关。建立程序完备、权责一致、相互衔接、运行高效的行政规范性文件合法性审核机制，是做好合法性审核工作的重要保证。起草部门要及时将送审稿及有关材料报送制定机关的办公机构和负责合法性审核的部门，并保证材料的完备性和规范性。制定机关的办公机构要对起草部门是否严格依照规定的程序起草、是否进行评估论证、是否广泛征求意见等进行审核。制定机关负责合法性审核的部门要对文件的制定主体、程序、有关内容等是否符合法律、法规和规章的规定，及时进行合法性审核。未经合法性审核或者经审核不合法的，不得提交集体审议。

（七）坚持集体审议。制定行政规范性文件要实行集体研究讨论制度，防止违法决策、专断决策、“拍脑袋”决策。地方各级人民政府制定的行政规范性文件要经本级政府常务会议或者全体会议审议决定，政府部门制定的行政规范性文件要经本部门办公会议审议决定。集体审议要充分发扬民主，确保参会人员充分发表意见，集体讨论情况和决定要如实记录，不同意见要如实载明。

（八）及时公开发布。行政规范性文件经审议通过或批准后，由制定机关统一登记、统一编号、统一印发，并及时通过政府公报、政府网站、政务新媒体、报刊、广播、电视、公示栏等公开向社会发布，不得以内部文件形式印发执行，未经公布的行政规范性文件不得作为行政管理依据。对涉及群众切身利益、社会关注度高、可能影响政府形象的行政规范性文件，起草部门要做好出台时机评估工作，在文件公布后加强舆情收集，及时研判处置，主动回应关切，通过新闻发布会、媒体访谈、专家解读等方式进行解释说明，充分利用政府网站、社交媒体等加强与公众的交流和互动。县级以上各级人民政府要逐步构建权威发布、信息共享、动态更新的行政规范性文件信息平台，以大数据等技术手段实现对文件的标准化、精细化、动态化管理。

三、加强监督检查，严格责任追究

（九）健全责任机制。地方各级人民政府对所属部门、上级人民政府对下级人民政府、各部门对本部门制发的行政规范性文件要加强监督检查，发现存在侵犯公民、法人和其他组织合法权益，损害政府形象和公信力的，要加大查处力度，对负有责任的领导干部和直接责任人员，依纪依法追究责任。对问题频发、造成严重后果的地方和部门，要通过约谈或者专门督导等方式督促整改，必要时向社会曝光。

（十）强化备案监督。健全行政规范性文件备案监督制度，做到有件必备、有备必审、有错必纠。制定机关要及时按照规定程序和时限报送备案，主动接受监督。省级以下地方各级人民政府制定的行政规范性文件要报上一级人民政府和本级人民代表大会常务委员会备案，地方人民政府部门制定的行政规范性文件要报本级人民政府备案，地方人民政府两个或两个以上部门联合制定的行政规范性文件由牵头部门负责报送备案。实行垂直管理的部门，下级部门制定的行政规范性文件要报上一级主管部门备案，同时抄送文件制定机关所在地的本级人民政府。地方人民政府负责备案审查的部门要加大备案监督力度，及时处理违法文件，对审查发现的问题可以采取适当方式予以通报。健全行政规范性文件动态清理工作机制，根据全面深化改革、全面依法治国要求和经济社会发展需要，以及上位法和上级文件制定、修改、废止情况，及时对本地区、本部门行政规范性文件进行清理。充分利用社会监督力量，健全公民、法人和其他组织对行政规范性文件建议审查制度。加强党委、人大、政府等系统备案工作机构的协作配合，建立备案审查衔接联动机制。探索与人民法院、人民检察院建立工作衔接机制，推动行政监督与司法监督形成合力，及时发现并纠正违法文件。

（十一）加强督查考核。完善行政规范性文件制发管理制度，充分发挥政府督查机制作用，将行政规范性文件制定和监督管理工作纳入法治政府建设督察的内容，并作为依法行政考核内容列入法治政府建设考评指标体系。建立督查情况通报制度，对工作落实好的，予以通报表扬；对工作落实不力的，予以通报批评。

各地区、各部门要按照要求抓紧对本地区、本部门的文件开展自查自纠，发现存在违反法律法规和国家政策、侵犯群众合法权益的“奇葩”文件等问题的，要及时纠正，造成严重影响的，要按照有关规定严肃问责。要做好机构改革过程中行政规范性文件清理和实施的衔接工作，新组建或者职责调整的政府部门要对本部门负责实施的行政规范性文件进行清理，需要修改的，及时进行修改；不需要修改的，做好继续实施的衔接工作，确保依法履职。

各地区、各部门要将本通知的贯彻落实情况和工作中遇到的重要事项及时报司法部。

2018 年 5 月 16 日

国务院办公厅关于印发进一步深化“互联网＋政务服务”推进政务服务“一网、一门、一次”改革实施方案的通知

国办发〔2018〕45号

各省、自治区、直辖市人民政府，国务院各部委、各直属机构：

《进一步深化“互联网＋政务服务”推进政务服务“一网、一门、一次”改革实施方案》已经国务院同意，现印发给你们，请认真贯彻执行。

2018年6月10日

进一步深化“互联网＋政务服务”推进政务服务“一网、一门、一次”改革实施方案

进一步深化“互联网＋政务服务”，充分运用信息化手段解决企业和群众反映强烈的办事难、办事慢、办事繁的问题，是党中央、国务院作出的重大决策部署。为加快推进政务服务“一网通办”和企业群众办事“只进一扇门”、“最多跑一次”，根据党中央、国务院关于推进审批服务便民化、“互联网＋政务服务”、政务信息系统整合共享等重要工作部署，制定本实施方案。

一、发展现状和总体要求

党的十八大以来，以习近平同志为核心的党中央高度重视以信息化推进国家治理体系和治理能力现代化，强调要加快推动电子政务，打通信息壁垒，构建全流程一体化在线服务平台，助力建设人民满意的服务型政府。国务院将“互联网＋政务服务”作为深化“放管服”改革的关键环节，专门印发文件，作出全面部署。一些部门和地方积极探索，深入推进“互联网＋政务服务”，加强信息共享，优化政务流程，一批堵点难点问题得到初步解决，服务创新典型不断涌现，引领政务服务创新改革不断取得新成效。同时也应看到，目前政务服务“一网通办”、“只进一扇门”、“最多跑一次”等改革仍是局部区域和部分领域的探索实践，不少地区、部门、领域仍大量存在困扰企业群众的“办证多、办事难”等现象，与构建方便快捷、公平普惠、优质高效的网上政务服务体

系目标相比仍有较大差距。

民之所望，改革所向。党的十九大对决胜全面建成小康社会、开启全面建设社会主义现代化国家新征程作出了全面部署。要深入贯彻党的十九大和十九届二中、三中全会精神，以习近平新时代中国特色社会主义思想为指导，牢固树立和贯彻落实新发展理念，深化“放管服”改革，进一步推进“互联网＋政务服务”，加快构建全国一体化网上政务服务体系，推进跨层级、跨地域、跨系统、跨部门、跨业务的协同管理和服务，推动企业和群众办事线上“一网通办”（一网），线下“只进一扇门”（一门），现场办理“最多跑一次”（一次），让企业和群众到政府办事像“网购”一样方便。

二、基本原则和工作目标

（一）基本原则。

需求导向、聚焦问题、分类施策。坚持以人民为中心的发展思想，聚焦企业和群众办事的难点、政务服务的堵点和痛点，因事制宜，对各类办事事项分别提出有针对性的推进方案，不断满足人民群众的需求。

重点先行、总结经验、加快推广。选择与企业和群众生产生活关系最密切的重点领域和办理量大的高频事项，分阶段、分步骤推进，总结各地政务服务工作成功经验和创新做法，加强成果复制和宣传推广，形成高效有序推进局面。

整合共享、优化流程、创新服务。坚持联网通办是原则、孤网是例外，政务服务上网是原则、不上网是例外，加强政务信息资源跨层级、跨地域、跨系统、跨部门、跨业务互联互通和协同共享。运用互联网、大数据、人工智能等信息技术，通过技术创新和流程再造，增强综合服务能力，进一步提升政务服务效能。

统筹推进、条块结合、上下联动。注重政府管理和服务的系统性、整体性，加强行业主管部门业务指导和政策支持，充分调动地方政府的积极性和主动性，加强制度衔接，有效整合各方资源，促进纵横协同、上下联动，构建一体化联合推进机制，提升协同服务能力和综合管理水平。

（二）工作目标。

到 2018 年底，“一网、一门、一次”改革初见成效，先进地区成功经验在全国范围内得到有效推广。在“一网通办”方面，省级政务服务事项网上可办率不低于 80%，市县级政务服务事项网上可办率不低于 50%；在“只进一扇门”方面，市县级政务服务事项进驻综合性实体政务大厅比例不低于 70%，50%以上政务服务事项实现“一窗”分类受理；在“最多跑一次”方面，企业和群众到政府办事提供的材料减少 30%以上，省市县各级 30 个高频事项实现“最多跑一次”。

到 2019 年底，重点领域和高频事项基本实现“一网、一门、一次”。在“一网通办”方面，省级政务服务事项网上可办率不低于 90%，市县级政务服务事项网上可办率不低于 70%；在“只进一扇门”方面，除对场地有特殊要求的事项外，政务服务事项进驻综合性实体政务大厅基本实现“应进必进”，70%以上政务服务事项实现“一窗”分类受理；在“最多跑一次”方面，企业和群众到政府办事提供的材料减少 60%以上，省市县各级 100 个高频事项实现“最多跑一次”。

三、以整合促便捷，推进线上“一网通办”

按照政务服务“一网通办”的要求，加快建设国家、省、市三级互联的网上政务服务平台体系，推动政务服务“一次登录、全网通办”，大幅提高政务服务便捷性。

（一）整合构建全国一体化网上政务服务平台。

按照党中央、国务院关于推进审批服务便民化有关要求，加强顶层设计，加快构建以国家政务服务平台为枢纽、以各地区各部门网上政务服务平台为基础的全流程一体化在线服务平台。加强各省（自治区、直辖市）平台一体化、规范化建设。整合各级政府部门分散的政务服务资源和网上服务入口，加快推动各级政府部门业务信息系统接入本级或上级政务服务平台。依托国家政务服务平台为全国各地区各部门网上政务服务提供公共入口、公共通道和公共支撑，实现全国网上政务服务统一实名身份认证，让企业和群众网上办事“一次认证、全国漫游”。发挥好中国政府网总门户作用。

（二）推动更多政务服务事项网上办理。

切实提高政务服务事项网上办理比例，除法律法规另有规定或涉密等外，原则上各级政务服务事项均应纳入网上政务服务平台办理，并按照国家政务服务平台相关标准规范组织实施。根据推进审批服务标准化有关要求，推动各地区各部门网上政务服务平台标准化建设和互联互通，实现政务服务同一事项、同一标准、同一编码。拓展网上办事广度和深度，延长网上办事链条，实现从网上咨询、网上申报到网上预审、网上办理、网上反馈“应上尽上、全程在线”。

（三）拓展政务服务移动应用。

推动政务服务向“两微一端”等延伸拓展，为群众提供多样性、多渠道、便利化服务。结合国家政务服务平台建设，加强和规范政务服务移动应用建设管理，推动更多政务服务事项提供移动端服务。调动社会资源力量，鼓励开展第三方便民服务应用。加强政务新媒体监管，提升服务水平。

四、以集成提效能，推进线下“只进一扇门”

以企业和群众办事“只进一扇门”为目标，大力推行政务服务集中办理，实现“多门”变“一门”，促进政务服务线上线下集成融合，不断提升政府服务效能。

（一）推动实体大厅“多门”变“一门”。

优化提升政务服务大厅“一站式”功能，完善省、市、县、乡镇综合性政务大厅集中服务模式，推动将垂直管理部门在本行政区域办理的政务服务事项纳入综合性政务大厅集中办理，加快实现“前台综合受理、后台分类审批、综合窗口出件”，实现企业和群众必须到现场办理的事项“只进一扇门”。除因安全等特殊原因外，原则上不再保留各地政府部门单独设立的服务大厅。

（二）推动线上线下集成融合。

依托网上政务服务平台，实时汇入网上申报、排队预约、现场排队叫号、服务评价、事项受理、审批（审查）结果和审批证照等信息，实现线上线下功能互补、无缝衔接、全过程留痕，为企业和群众办事线下“只进一扇门”提供有力支撑。

五、以创新促精简，让企业和群众“最多跑一次”

以企业和群众办事“少跑腿”为目标，梳理必须到现场办理事项的“最多跑一次”目录，精简办事环节和材料，推动政务服务入口全面向基层延伸，力争实现企业和群众办事“最多跑一次”。

（一）大力推进减材料、减环节。

整合涉及多部门事项的共性材料，推广多业务申请表信息复用，通过“一表申请”将企业和个人基本信息材料一次收齐、后续反复使用，减少重复填写和重复提交。充分依托网上政务服务平台，以与企业生产经营、群众生产生活密切相关的重点领域和办理量大的高频事项为重点，通过优化办事系统、简化办事材料、精简办事环节，让更多政务服务事项“最多跑一次”。

（二）推进“最多跑一次”向基层延伸。

按照推进审批服务便民化“马上办、网上办、就近办、一次办”的要求，加强乡镇（街道）便民服务中心、村庄（社区）服务站点建设，推动基于互联网、自助终端、移动终端的政务服务入口全面向基层延伸，打造基层“一站式”综合便民服务平台，进一步提高基层响应群众诉求和为民服务的能力，推动实现“最多跑一次”省市县乡村全覆盖。

六、以共享筑根基，让“数据多跑路”

（一）建立完善全国数据共享交换体系。

构建全国统一、多级互联的数据共享交换平台体系，强化平台功能、完善管理规范，使其具备跨层级、跨地域、跨系统、跨部门、跨业务的数据调度能力。按照“统一受理、平台授权”的原则，建立数据共享授权机制。对于无条件共享且服务接口不需要管控参数的数据，由平台直接提供；对于有条件共享，或者无条件共享但服务接口需要管控参数的数据，由平台推送给部门受理。建立限期反馈机制，对于数据需求申请，平台管理部门应于3个工作日内完成申请规范性审查，并通过平台回复受理意见，不予受理的应回复原因；由平台直接提供的数据，应于受理后3个工作日内提供；由部门受理的数据，数据提供部门应在受理后10个工作日内完成审批。

（二）加快完善政务数据资源体系。

遵循“一数一源、多源校核、动态更新”原则，各级政府要构建并完善政务数据资源体系，持续完善数据资源目录，动态更新政务数据资源，不断提升数据质量，扩大共享覆盖面，提高服务可用性。完善数据共享责任清单机制，进一步明确各部门共享责任，在落实国务院部门第一批数据共享责任清单的基础上，制定发布第二批数据共享责任清单，新增拓展1 000项数据共享服务，加强数据共享服务运行监测，全面清理并制止仅向特定企业、社会组织开放公共数据的行为。

（三）做好政务信息系统改造对接。

按照谁建设系统、谁负责对接的原则，各级政务部门要加快改造自有的跨层级垂直业务信息系统，并与各级政务服务平台对接，实现跨层级、跨地域、跨系统、跨部门、跨业务数据互联互通，避免数据和业务“两张皮”，减少在不同系统中重复录入，提高基层窗口工作效率。各级政务信息化建设项目审批部门和运维经费审批部门要联合建立政务信息系统清单制度，加强清单式管理，对于未按要求进行改造对接的，不审批新项目，不拨付运维经费。原则上不再批准单个部门建设孤立信息系统。

（四）推进事中事后监管信息“一网通享”。

积极推进跨部门“双随机、一公开”监管信息共享，依托“信用中国”网站和国家企业信用信息公示系统，提供登记备案、行政许可、行政处罚、经营异常名录、严重违法失信企业名单、监督检查、质量抽检等信用信息查询和共享服务。推进事中事后监管信息与政务服务深度融合，整合市场监管相关数据资源，加强对市场环境的大数据监测分析和预测预警，推进线上线下一体化监管。

（五）加强数据共享安全保障。

依法加强隐私等信息保护。研究政务信息资源分类分级制度，制定数据安全管理办法，明确数据采集、传输、存储、使用、共享、开放等环节安全保障的措施、责任主体和具体要求。提高国家电子政务外网、国家数据共享交换平台和国家政务服务平台的安全防护能力。推进政务信息资源共享风险评估和安全审查，强化应急预案管理，切实做好数据安全事件的应急处置。

七、保障措施

（一）建立健全“一网通办”的标准规范。

研究制定人口、法人、电子证照等基础数据共享的国家标准。加快完成电子证照库、人口综合库、法人综合库、公共信用库等规范编制工作，加快电子证照应用推广和跨部门、跨区域互认共享。建立健全政务信息资源数据采集、数据质量、目录分类管理、共享交换接口、共享交换服务、平台运行管理等方面的标准。

（二）加快完善相关法规制度。

各部门要抓紧梳理“互联网＋政务服务”急需的以及与开展“一网通办”不相适应的法律法规和规章制度，加快推动立改废。推动制定完善信息保护的法律制度，切实保护政务信息资源使用过程中的个人隐私和商业秘密。研究制定政务服务事项电子文件归档规范，推动开展相关试点，逐步消除电子化归档的法规制度障碍。

（三）建立监督举报投诉机制。

依托中国政府网及各地政府网站、各级政务服务平台、政务服务热线等，畅通互动渠道，方便群众咨询办事和投诉举报，接受群众监督。建立政务服务举报投诉平台，统一受理企业和群众对未实现政务服务“一网通办”、办事不便利等突出问题的举报投诉，并及时开展核查处理。

（四）开展百项问题疏解和百佳案例推广行动。

开展百项问题疏解行动，聚焦企业和群众关注的身份和教育证明、商事服务、社保低保、就业创业、居住户籍等方面的堵点难点问题，形成分级覆盖、热点聚焦的百项问题清单，逐项研究解决。开展百佳案例推广行动，深入分析总结先进经验，统筹组织对口帮扶工作，推动百佳案例先进经验复制落地。

各地区、各部门要认真贯彻落实党中央、国务院决策部署和推进审批服务便民化的要求，层层压实责任，加强统筹协调，结合实际精心组织落实本实施方案，推动“互联网＋政务服务”取得更大实效。

（二）人力资源和社会保障部文件

人力资源社会保障部关于废止《台湾香港澳门居民在内地就业管理规定》的决定

（经2018年8月17日人力资源社会保障部第9次部务会审议通过
2018年8月23日人力资源和社会保障部令第37号公布
自公布之日起生效）

根据《国务院关于取消一批行政许可等事项的决定》（国发〔2018〕28号）中取消台港澳人员在内地就业许可的精神，为进一步便利香港澳门台湾居民在内地（大陆）工作生活，促进交往交流，人力资源社会保障部决定，对《台湾香港澳门居民在内地就业管理规定》（劳动和社会保障部令第26号）予以废止。本决定自公布之日起生效。

人力资源社会保障部关于修改部分规章的决定

（经2018年10月31日人力资源社会保障部第13次部务会审议通过，并商民政部、卫生健康委同意　2018年12月14日人力资源和社会保障部令第38号公布　自公布之日起施行）

根据《国务院办公厅关于做好证明事项清理工作的通知》（国办发〔2018〕47号）要求，人力资源社会保障部对现行有效的部门规章设定的证明事项材料进行了全面清理。经商民政部、卫生健康委同意，人力资源社会保障部决定取消“证明原身份的有关证明”“求职证明”“工伤认定决定书原件和复印件”等10项证明，并对5件规章的部分条款予以修改：

一、对《就业服务与就业管理规定》作出修改

删去第六十四条第一款中的“和证明原身份的有关证明”。

二、对《失业保险金申领发放办法》作出修改

删去第七条第（三）项中的“及求职证明”。

三、对《工伤职工劳动能力鉴定管理办法》作出修改

（一）删去第八条第（一）项、第（三）项中的“和复印件”、第（四）项。

（二）将第十六条第二款修改为“申请再次鉴定，应当提供劳动能力鉴定申请表，以及工伤职工的居民身份证或者社会保障卡等有效身份证明原件”。

四、对《工伤保险辅助器具配置管理办法》作出修改

删除第七条第一款第（一）项、第（二）项中的“和复印件”。

五、对《社会保险基金先行支付暂行办法》作出修改

删去第四条中的“持工伤认定决定书和有关材料”。

本决定自公布之日起施行。

《就业服务与就业管理规定》《失业保险金申领发放办法》《工伤职工劳动能力鉴定管理办法》《工伤保险辅助器具配置管理办法》《社会保险基金先行支付暂行办法》根据本决定作相应修改，重新公布。

人力资源社会保障部　民政部关于印发《高级社会工作师评价办法》的通知

人社部规〔2018〕2号

各省、自治区、直辖市及新疆生产建设兵团人力资源社会保障厅（局）、民政厅（局），国务院各部委、各直属机构人事部门：

为了加强社会工作专业人才队伍建设，完善社会工作专业人才职业水平评价制度，人力资源社会保障部、民政部制定了《高级社会工作师评价办法》。现印发给你们，请遵照执行。

2018年3月6日

高级社会工作师评价办法

第一章　总　　则

第一条　为完善社会工作专业人才职业水平评价制度，科学、客观、公正地评价社会工作者的职业能力，加强社会工作者职业化管理与激励保障，根据《关于分类推进人才评价机制改革的指导意见》和国家职业资格制度有关规定，制定本办法。

第二条　高级社会工作师是社会工作者职业水平评价的高级级别，英文译为 Senior Social Worker。

第三条　高级社会工作师实行考试和评审相结合的评价制度。参加考试合格并通过评审，方可取得高级社会工作师资格。

第四条　高级社会工作师评价工作在人力资源社会保障部、民政部的统一领导下进行。人力资源社会保障部、民政部共同成立的“全国社会工作者职业水平评价办公室”（办公室设在民政部），负责研究高级社会工作师评价相关政策、评价标准，以及考试的日常管理和评审的组织实施，指导、监督和检查各地高级社会工作师的评价工作。

各省、自治区、直辖市的高级社会工作师评价工作，由当地人力资源社会保障部门和民政部门共同组织实施，具体职责分工由各地协商确定。

充分发挥社会组织的专业优势，逐步推动具备条件的行业协会、专业学会等社会组织和专业机构有序承接高级社会工作师评价工作。

第二章　职业素质与能力

第五条　高级社会工作师应坚定正确政治

立场，拥护中国共产党领导，遵守宪法和各项法律法规，贯彻落实党和国家方针政策，践行社会主义核心价值观。

第六条 高级社会工作师应具有良好的社会责任感和职业使命感，秉承社会工作专业理念，遵守社会工作职业道德，积极维护职业形象。

第七条 高级社会工作师应具备的职业能力：

（一）能够熟练运用社会工作专业理论、方法、技巧和相关政策法规，提供高质量的专业服务，解决复杂疑难专业问题；

（二）能够发挥专业骨干作用，组织设计、实施和评估社会服务方案或项目，提升服务管理水平；

（三）能够对助理社会工作师、社会工作师等社会工作从业人员开展专业督导，帮助其解决专业难题，提高职业能力；

（四）能够开展社会工作政策、理论与实务研究，总结提炼社会工作实务经验，创新社会工作专业方法，针对具体社会问题的解决及有关政策的制定提出建设性意见建议。

第八条 取得高级社会工作师资格的人员，应当接受继续教育，定期更新知识，不断提高职业素质与能力。

第三章 考 试

第九条 高级社会工作师考试实行全国统一大纲、统一命题、统一组织，原则上每年举行一次。

第十条 民政部负责组织专家编写考试大纲，组织命题、审题、阅卷，提出考试合格标准建议。人力资源社会保障部负责组织专家审定考试大纲，会同民政部确定考试合格标准。高级社会工作师考试具体考务工作委托人力资源社会保障部人事考试中心组织实施。

第十一条 考试设《社会工作实务（高级）》科目。主要考察应试者运用社会工作专业理念、理论、方法、技巧及相关法规政策开展服务、管理、督导和研究的综合能力。

考试时间为180分钟，采取闭卷作答的方式进行。

第十二条 报名参加考试的人员，需同时具备以下条件：

（一）拥护中国共产党领导，遵守国家宪法、法律、法规，热爱社会工作事业，具有良好的职业道德；

（二）具有本科及以上学历（或学士及以上学位）；

（三）在通过全国社会工作者职业水平考试取得社会工作师（中级）资格后，从事社会工作满5年，截止日期为考试报名年度的当年年底。

第十三条 符合考试报名条件的人员，可按照有关规定完成报名。各地人力资源社会保障部门会同民政部门负责资格审核，审查合格后，由考试管理机构核发准考证。应试人员凭准考证及有关身份证明，在指定时间、地点参加考试。中央和国家机关各部门及其所属单位的人员参加考试，实行属地管理原则。

第十四条 高级社会工作师考试考点原则上设在省会城市和直辖市的大、中专院校或高考定点学校。

第十五条 对达到考试合格标准的人员，颁发高级社会工作师考试成绩合格证明。该证明自颁发之日起，在全国范围3年内有效。

第四章 评 审

第十六条 全国社会工作者职业水平评价办公室负责高级社会工作师评审的组织管理工作。各省、自治区、直辖市人力资源社会保障部门会同民政部门承担本地区高级社会工作师评审的具体组织管理工作。

第十七条 高级社会工作师评审工作由高级社会工作师评审委员会承担。全国社会工作者职业水平评价办公室组建全国高级社会工作师评审委员会。具备条件的省、自治区、直辖市由当地民政部门提出申请，经同级人力资源社会保障部门同意后也可组建高级社会工作师评审委员会。鼓励具备条件的行业协会、专业学会经授权后组建高级社会工作师评审委员会。

高级社会工作师评审委员会组建办法另行制定。

第十八条 各省、自治区、直辖市高级社会工作师评审委员会负责本地区人员的评审工作。中央和国家机关各部门及其所属的在京单位人员的评审工作，由全国高级社会工作师评审委员会负责，驻各地的中央和国家机关各部门及其所属单位人员的评审工作，原则上实行属地管理，亦可根据情况委托全国高级社会工作师评审委员会代为评审。

不具备组建高级社会工作师评审委员会条件的省、自治区、直辖市，可委托全国高级社会工作师评审委员会或其他省、自治区、直辖市高级社会工作师评审委员会代为评审。

第十九条 高级社会工作师评审委员会成员应坚定正确政治立场，拥护中国共产党领导，具有较高社会工作专业水平、作风正派、办事公道，且满足下列基本条件之一：

（一）具有高级社会工作师资格，且具有10年以上社会工作从业经历；

（二）具有正高级职称，且具有10年以上社会工作教学、科研或实务经历。

第二十条 高级社会工作师评审委员会应由25人以上组成，应统筹考虑评委的专业背景和工作领域。高级社会工作师评审委员会成员应适时调整，逐步实现以具有高级社会工作师资格的评委为主体。探索组建高级社会工作师评审委员会专家库。

第二十一条 评审工作原则上每年组织一次。

第二十二条 高级社会工作师评审工作按照个人申请、单位推荐、资格审核、专家评审的基本程序进行。

个人申请。申请参加高级社会工作师评审的人员，按照本办法第二十三条的规定准备申报材料，由本人向所在单位提出评审申请。

单位推荐。申报材料应当在申请人所在单位进行公示。经公示无异议后，由所在单位为申请人出具同意其参加高级社会工作师评审的推荐意见。

资格审核。全国社会工作者职业水平评价办公室负责审核中央和国家机关各部门及其所属的在京单位人员提交的申报材料。各省、自治区、直辖市民政部门负责审核本地区人员提交的申报材料。

专家评审。资格审核通过后，由全国高级社会工作师评审委员会和省、自治区、直辖市高级社会工作师评审委员会通过面试答辩等方式对申请人进行评审。

第二十三条 申请参加高级社会工作师评审的人员应同时符合以下基本条件：

（一）高级社会工作师考试合格证明在有效期内。

（二）所在单位出具了同意参加高级社会工作师评审的推荐意见。

（三）取得社会工作师资格后，近五年来社会工作从业经历符合以下条件之一：

1. 运用社会工作专业理念和方法，平均每年完成不少于20个直接服务案例，且平均每年从事社会工作专业督导时间不少于75小时。服务案例和专业督导情况应有完整记录。

2. 运用社会工作专业理念和方法，平均每年完成不少于10个直接服务案例，且平均每年从事社会工作专业督导时间不少于150小时。服务案例和专业督导情况应有完整记录。

（四）取得社会工作师资格后，其社会工作业绩和贡献符合以下条件之一：

1. 主持或作为主要参加者，完成3个社会工作服务项目，第三方绩效评价均为优秀。

2. 主持或作为主要参加者完成1项省级及以上或2项地市级社会工作研究课题。

3. 作为主要起草人参与1个省级及以上或2个地市级社会工作政策、标准、工作方案的制定工作，所提出的意见建议被主管部门采纳。

4. 在实践过程中探索形成的社会工作专业方法、模式或案例等，在行业内有较大影响，获得同行广泛认可，具有重要推广使用价值。

第二十四条 高级社会工作师评审结果应进行公示，公示期不少于5个工作日。全国高级社会工作师评审委员会的评审结果，由全国社会工作者职业水平评价办公室组织公示。省、自治区、直辖市高级社会工作师评审委员会的评审结果，由省、自治区、直辖市民政部门会同人力资源社会保障部门组织公示。

经公示无异议后，颁发由人力资源社会保障部统一印制、人力资源社会保障部和民政部共同用印的《中华人民共和国社会工作者职业水平证书（高级社会工作师）》。该证书在全国范围内有效。

第五章　评价工作纪律要求

第二十五条　各省、自治区、直辖市人力资源社会保障部门会同民政部门加强对高级社会工作师评审委员会评审工作的监督管理。各地区应不断完善高级社会工作师评价工作规章制度，确保评价结果的科学、客观、公正。

第二十六条　坚持考试、评审与培训分开的原则。凡参与考试、评审工作的机构和人员，在保密期内不得参加高级社会工作师评价，也不得举办或者参与和考试、评审相关的培训，不得强迫申请人参加与考试、评审相关的培训。

第二十七条　高级社会工作师评价有关机构及其工作人员，应当严格遵守考试、评审工作纪律。对违反考试、评审工作纪律的机构及相关工作人员，按照国家有关规定严肃处理并追究责任。

第二十八条　高级社会工作师评价，按发展改革委、财政部有关规定确定收费标准，并向社会公布，接受群众监督。

第二十九条　申请参加高级社会工作师评价人员，有违反评价纪律的，按照《专业技术人员资格考试违纪违规行为处理规定》（人力资源社会保障部第31号令）和其他有关规定处理，考试违纪违规的记入专业技术人员资格考试诚信档案库、纳入信用信息共享平台。

第六章　附　　则

第三十条　按照本办法取得高级社会工作师资格的人员，用人单位可根据工作需要聘任相应级别专业技术职务。

第三十一条　本办法由人力资源社会保障部、民政部负责解释。

第三十二条　本办法自2018年4月1日开始施行。

人力资源社会保障部　财政部关于2018年提高全国城乡居民基本养老保险基础养老金最低标准的通知

人社部规〔2018〕3号

各省、自治区、直辖市人民政府，新疆生产建设兵团，计划单列市人民政府：

根据《人力资源社会保障部　财政部关于建立城乡居民基本养老保险待遇确定和基础养老金正常调整机制的指导意见》（人社部发〔2018〕21号）精神，统筹考虑近年来城乡居民收入增长、物价变动和职工基本养老保险等保障标准调整情况，经党中央、国务院批准，决定自2018年1月1日起，全国城乡居民基本养老保险基础养老金最低标准提高至每人每月88元，即在原每人每月70元的基础上增加18元。提高标准所需资金，中央财政对中西部地区给予全额补助，对东部地区给予50%的补助。

各地应当根据当地实际提高基础养老金标准，进一步健全参保缴费激励机制，积极引导参保居民选择更高档次缴费，增加个人账户积累，逐步提高养老保障水平，促进城乡居民基本养老保险制度可持续发展。各地人力资源社会保障和财政部门要做好提高基础养老金标准的相关工作，尽快将提高后的养老金及时足额发放到位，并做好政策宣传工作，正确引导社会舆论。

2018年5月10日

中共中央组织部　人力资源社会保障部关于印发《事业单位工作人员奖励规定》的通知

人社部规〔2018〕4号

各省、自治区、直辖市党委组织部、政府人力资源社会保障厅（局），中央和国家机关各部委、各人民团体组织人事部门，新疆生产建设兵团党委组织部、人力资源社会保障局，部分高等学校党委：

为深入贯彻习近平新时代中国特色社会主义思想和党的十九大精神，贯彻落实新时代党的组织路线，建立导向鲜明、科学规范、有效管用的事业单位工作人员奖励制度，激励广大事业单位工作人员担当作为、干事创业，根据《事业单位人事管理条例》等法律法规，中央组织部、人力资源社会保障部共同研究制定了《事业单位工作人员奖励规定》，现印发给你们，请结合本地区、本部门实际认真贯彻执行。

2018年12月18日

事业单位工作人员奖励规定

第一章　总　　则

第一条　为深入贯彻习近平新时代中国特色社会主义思想和党的十九大精神，贯彻落实新时代党的组织路线，建立导向鲜明、科学规范、有效管用的事业单位工作人员奖励制度，激励广大事业单位工作人员担当作为、干事创业，根据《事业单位人事管理条例》等法律法规，制定本规定。

第二条　事业单位工作人员、事业单位工作人员集体（以下简称事业单位工作人员和集体）在完成本职工作和履行社会责任中表现突出、有显著成绩和贡献的，依据本规定给予奖励。

依据有关法律法规和政策对事业单位工作人员和集体开展的其他奖励按照有关规定执行。

事业单位工作人员集体是指事业单位法人组织、内设机构、派出机构或者为完成专项任务组成的工作团队。

第三条　事业单位工作人员奖励工作，应当服务经济社会发展，符合事业单位特点，体现时代性、导向性、实效性，丰富奖励形式，发挥奖励的正向激励作用。主要遵循以下原则：

（一）坚持党管干部、党管人才；

（二）坚持德才兼备、以德为先；

（三）坚持事业为上、突出业绩贡献；

（四）坚持公开公平公正、严格标准程序；

（五）坚持精神奖励与物质奖励相结合、以精神奖励为主；

（六）坚持定期奖励与及时奖励相结合、以定期奖励为主。

第四条 事业单位人事综合管理部门，事业单位、主管机关（部门）和有关行业主管部门的党委（党组）及其组织（人事）部门，根据本规定，分级分类负责奖励工作的组织实施。

第二章 奖励的条件和种类

第五条 事业单位工作人员和集体必须坚持和加强党的全面领导，坚决维护习近平总书记的核心地位，坚决维护党中央权威和集中统一领导。有下列情形之一的，可以给予奖励：

（一）在贯彻执行党的理论和路线方针政策，加强事业单位党建工作，履行公共服务的政治责任等方面，表现突出、成绩显著的。

（二）在执行党和国家重大战略部署、重要任务、承担重要专项工作、维护公共利益、防止或者消除重大事故、抢险救灾减灾等方面，表现突出、成绩显著的。

（三）热爱公共服务事业，在推进教育、科技、文化、医疗卫生、体育、农业等领域改革发展方面，表现突出、成绩显著的。

（四）长期服务基层，在为民服务、爱岗敬业、担当奉献等方面，表现突出、成绩显著的。

（五）工作中有发明创造、技术创新、成果转化等，经济效益或者社会效益显著的。

（六）在维护国家安全和社会稳定、增进民族团结、同违纪违法行为作斗争等方面，有突出事迹和功绩的。

（七）在对外交流与合作、重大赛事和活动中为国家争得荣誉和利益，表现突出、成绩显著的。

（八）有其他突出成绩和贡献需要给予奖励的。

第六条 对事业单位工作人员和集体可以嘉奖、记功、记大功、授予称号。

（一）对表现突出、作出较大贡献，在本单位发挥模范带头作用的，给予嘉奖。

（二）对取得突破性成就、作出重大贡献，在本地区本行业本领域产生较大影响的，记功。

（三）对取得重大突破性成就、作出杰出贡献，在本地区本行业本领域产生重大影响的，记大功。

（四）对功绩卓著的，授予称号。

授予称号以及荣誉称号，按照《中国共产党党内功勋荣誉表彰条例》《国家功勋荣誉表彰条例》等有关规定执行。

第三章 奖励的权限

第七条 给予党中央、国务院直属事业单位工作人员和集体的嘉奖、记功、记大功，由本单位按照干部人事管理权限作出。

给予中央各部门所属事业单位工作人员和集体的嘉奖、记功、记大功，由本单位或者主管部门按照干部人事管理权限作出。

其中，记大功奖励方案，应当事先征得中央事业单位人事综合管理部门同意，并在作出记大功奖励决定后1个月内备案。

第八条 给予省（自治区、直辖市）级以下事业单位工作人员和集体奖励，按照下列权限进行：

（一）嘉奖。省（自治区、直辖市）级、市（地、州、盟）级事业单位由本单位或者主管机关（部门）按照干部人事管理权限作出，县（市、区、旗）级以下事业单位报县（市、区、旗）级事业单位人事综合管理部门批准并作出。

（二）记功。省（自治区、直辖市）级事业单位由本单位或者主管机关（部门）按照干部人事管理权限作出，市（地、州、盟）级以下事业单位报市（地、州、盟）级事业单位人事综合管理部门批准并作出。

（三）记大功。报省（自治区、直辖市）级事业单位人事综合管理部门批准并作出。

上述由事业单位或者主管机关（部门）作出的奖励决定，应当在1个月内向同级事业单位人事综合管理部门备案。

第九条 省（自治区、直辖市）级以上事业单位人事综合管理部门可以会同相关行业主管部门开展奖励。市（地、州、盟）级以上事业单位人事综合管理部门可以跨层级对下级事业单位工作人员和集体作出嘉奖、记功奖励决定。

第四章 定期奖励

第十条 根据工作需要和队伍建设实际开展定期奖励，一般以年度或者聘（任）期为周期，以年度考核、聘（任）期考核结果为主要依据。奖励具体时间由奖励决定单位根据行业实际、工作特点等确定，可以结合年度考核、聘（任）期考核等工作进行。

第十一条 定期奖励的比例（名额），由奖励决定单位结合事业单位数量、人员规模、职责任务、工作绩效等因素统筹确定。给予工作人员嘉奖、记功，一般分别不超过工作人员总数的20%、2%，事业单位整体表现突出的，其工作人员嘉奖比例一般不超过25%。

定期奖励的比例（名额）应当向基层和艰苦边远地区事业单位倾斜，向一线工作人员倾斜。县（市、区、旗）级以下事业单位的奖励比例（名额）可以根据实际在本县（市、区、旗）范围内统筹使用。

第十二条 定期奖励工作一般按照下列程序进行：

（一）有关机关（部门）或者事业单位依据奖励权限制定奖励工作方案，明确奖励范围、条件、种类、比例（名额）、程序和纪律要求等，并予以公布。

（二）主管机关（部门）或者事业单位提出奖励建议名单，逐级上报。

（三）奖励决定单位审批。根据需要组织评选或者听取业内专家、服务对象等有关方面意见；对拟奖励名单，应当听取纪检监察机关的意见，涉及领导人员的，应当按照干部管理权限事先征得组织人事部门同意。

（四）在奖励决定单位管辖范围内对拟奖励名单进行公示，公示期不少于5个工作日。因涉及国家秘密不宜公开的，可以不予公示。

（五）作出奖励决定并予以公布。因涉及国家秘密不宜公开的，可以不向社会公布。

第五章 及时奖励

第十三条 对在应对重大突发事件、完成重大专项工作等方面，作出显著成绩和贡献的事业单位工作人员和集体，应当及时给予奖励。

第十四条 加大及时奖励力度，及时奖励的比例（名额）由奖励决定单位依据奖励权限，结合实际确定。

第十五条 及时奖励一般由主管机关（部门）或者事业单位制定奖励方案，提出拟奖励名单，参照本规定第十二条相关程序，依据奖励权限作出奖励决定。

及时奖励情况可以作为定期奖励的重要参考。

第六章 奖励的实施

第十六条 对获得嘉奖、记功、记大功的事业单位工作人员和集体，由奖励决定单位颁发奖励证书；获得记功、记大功的，同时对个人颁发奖章，对集体颁发奖牌。

奖励证书、奖章和奖牌，按照中央事业单位人事综合管理部门规定的式样、规格、质地，由省（自治区、直辖市）级以上事业单位人事综合管理部门统一制作或者监制。奖励相关审批材料分别存入本人干部人事档案、单位文书档案。

第十七条 对获得嘉奖、记功、记大功的事业单位工作人员给予一次性奖金。

获奖人员所在地区或者单位经批准可以追加其他物质奖励。

经批准的奖励所需经费，通过相关单位现有经费渠道解决，不计入工作人员所在单位绩效工资总额。

第十八条 对事业单位工作人员集体进行奖励的，可以同时对该集体中作出突出贡献的个人进行奖励。

对符合奖励条件的已故人员，可以追授奖励。

第十九条 对获得奖励的事业单位工作人员和集体，可以结合实际以内部通报表扬、评优评先等形式进行褒奖，并在工作上、生活上给予关心关怀，激励其珍惜和保持荣誉，发挥先进典型示范引领作用。

第七章 奖励的监督

第二十条 有下列情形之一的，不得给予奖励；已经作出奖励决定的，由奖励决定单位按程序撤销奖励，并注销和收回获奖个人或者集体的奖励证书、奖章、奖牌，撤销其获得的待遇，追缴所获奖金等物质奖励。

（一）政治品质、廉洁自律存在问题，或者道德品行、遵规守纪等方面存在问题、造成严重不良影响的。

（二）申报奖励时隐瞒严重错误或者弄虚作假骗取奖励的。

（三）严重违反规定的奖励权限或者程序的。

（四）法律法规规定应当撤销奖励的。

撤销奖励的，应当予以公布。因涉及国家秘密不宜公开的，可以不向社会公布。相关材料分别存入本人干部人事档案、单位文书档案。

第二十一条 县（市、区、旗）级以上事业单位人事综合管理部门、事业单位或者主管机关（部门）应当及时受理对奖励工作的投诉、举报，并按照国家有关规定调查处理。

事业单位工作人员和集体对撤销奖励决定不服的，可以申请复核、提出申诉。

第二十二条 奖励工作应当严格遵守政治纪律和政治规矩、组织人事纪律、工作纪律、财经纪律、廉洁纪律，保守国家秘密和工作秘密。有下列情形之一的，县（市、区、旗）级以上事业单位人事综合管理部门或者主管机关（部门）应当责令限期改正；逾期不改正或者构成违纪的，按照有关规定给予组织处理或者纪律处分；涉嫌违法犯罪的，按照国家有关法律规定处理。

（一）不按照规定的奖励范围、条件、种类、权限、比例（名额）、程序等开展奖励的。

（二）徇私舞弊、弄虚作假的。

（三）泄露国家秘密，或者泄露工作秘密造成不良后果的。

（四）因奖励工作失误导致奖励结果显失公平，造成不良后果的。

（五）按照有关规定应当回避而没有回避的。

（六）有其他违反本规定行为的。

第八章 附　　则

第二十三条 机关工勤人员、机关工勤人员集体的奖励，参照本规定执行。

第二十四条 省、自治区、直辖市事业单位人事综合管理部门可以依据本规定，结合实际制定实施细则。

第二十五条 本规定由中共中央组织部、人力资源社会保障部负责解释。

第二十六条 本规定自发布之日起施行。

附件：

1. 事业单位工作人员奖励审批表（略）

2. 事业单位工作人员集体奖励审批表（略）

3. 事业单位奖励证书、奖章、奖牌式样（略）

人力资源社会保障部　应急管理部关于印发《国家综合性消防救援队伍消防员招录办法（试行）》的通知

人社部规〔2018〕5号

各省、自治区、直辖市及新疆生产建设兵团人力资源社会保障厅（局）、应急管理厅（局）、消防救援总队、森林消防总队：

现将《国家综合性消防救援队伍消防员招录办法（试行）》印发给你们，请遵照执行。

2018年12月23日

国家综合性消防救援队伍消防员招录办法（试行）

第一章　总　　则

第一条　为规范国家综合性消防救援队伍消防员招录工作，建设对党忠诚、纪律严明、赴汤蹈火、竭诚为民的消防救援队伍，依据《组建国家综合性消防救援队伍框架方案》和国家有关法律法规，制定本办法。

第二条　消防员招录工作实行计划管理，严格招录标准，坚持公开公正、平等自愿、竞争择优的原则。

第三条　招录工作由应急管理部统一部署，省级应急管理部门组织实施。人力资源社会保障部门进行政策指导和提供服务。

第四条　省级应急管理部门成立由消防救援总队、森林消防总队等组成的消防员招录工作办公室，负责招录具体工作。

第二章　招录条件与范围

第五条　消防员招录对象应具备下列基本条件：

（一）具有中华人民共和国国籍；

（二）遵守宪法和法律，拥护中国共产党领导和社会主义制度；

（三）志愿加入国家综合性消防救援队伍；

（四）年龄为18周岁以上、24周岁以下；

（五）具有高中以上文化程度；

（六）身体和心理健康；

（七）具有良好的品行；

（八）法律、法规规定的其他条件。

第六条　大专以上学历的毕业生、解放军和武警部队退役士兵、政府（企业）专职消防队伍中符合条件的人员可以优先招录。

具有大学本科以上学历的人员，年龄可放宽至26周岁；对消防救援工作急需的特殊专业人才，经应急管理部批准年龄还可以进一步放宽。

第七条 消防员面向社会公开招录，主要从本省级行政区域常住人口中招录，根据需要也可面向其他省份招录。

第三章 招录程序

第八条 省级应急管理部门会同消防救援总队、森林消防总队，根据消防员编配情况和工作需要提出招录需求，报应急管理部汇总审核，会同人力资源社会保障部下达年度招录计划。

招录计划应包括编制员额、在编人数、超缺编情况、拟招录数量和拟招录地区等内容。

第九条 消防员招录按照宣传动员、组织报名、资格审查、体格检查、政治审核、体能测试和岗位适应性测试、心理测试和面试、公示、录用等程序组织实施。

（一）宣传动员。积极协调教育部门、新闻媒体等开展宣传动员，并通过互联网、报刊、电视等发布消防员招录公告。

（二）组织报名。一般采用网上报名的方式。招录对象在规定时间内登录网站提交报名材料。报名材料须真实、准确。

（三）资格审查。消防员招录工作办公室对招录对象提交的报名信息进行资格初审，确定是否具有报名资格。

（四）体格检查。体格检查应在指定的市级以上综合性医院进行，标准参照《应征公民体格检查标准》执行。招录对象对体格检查结果有疑问的，可以按规定进行一次复检，体格检查结果以复检结论为准。

（五）政治审核。参照征兵政治考核要求，按照规定程序严格考核招录对象的政治面貌、宗教信仰、政治言行等，对具有《征兵政治考核工作规定》第八条、第九条所列情形的，政治考核不得通过。同时，应当对招录对象的个人基本信息、文化程度、毕业（就读）学校、主要经历、现实表现、奖惩情况以及家庭成员、主要社会关系成员的政治情况等进行全面核查了解。

（六）体能测试和岗位适应性测试。体能测试主要考察招录对象肌肉力量、肌肉耐力和柔韧素质等；岗位适应性测试主要考察招录对象协调能力、空间位置感知以及对高空、黑暗环境的心理适应度。

体能测试、岗位适应性测试项目及标准由应急管理部制定。

（七）心理测试和面试。心理测试主要考察招录对象的心理承受和自我调节能力；面试主要考察招录对象的身体形态、仪容仪表、语言表达、交流沟通能力等内容。

（八）公示。消防员招录工作办公室根据招录对象政治审核、体格检查、体能测试和岗位适应性测试、心理测试和面试等情况，择优提出拟录用人员名单，经省级应急管理部门会同消防救援总队、森林消防总队研究后，面向社会公示，公示时间不少于7个工作日。

（九）录用。公示期满，根据公示情况，确定录用人员名单。对没有问题或者反映问题不影响录用的，按照规定程序办理录用手续；对有严重问题并查有实据的，不予录用；对反映有严重问题，但一时难以查实的，暂缓录用，待查实并作出结论后再决定是否录用。

新录用消防员须填写《献身消防救援事业志愿书》。录用人员名单送省级人力资源社会保障部门、退役军人事务部门备案，并报应急管理部；应急管理部汇总后送人力资源社会保障部、退役军人事务部备案。

第十条 新录用消防员须参加为期一年的入职培训。

培训考核不合格，或有其他不适宜从事消防救援工作情形的，予以淘汰。培训合格的，正式签订接收协议，明确双方权利义务。工作5年（含入职培训期）内不得提前离职。非正当原因提前离职的，此后不得参加国家公职人员招录（聘），并记入公民征信系统。

第四章　纪律与监督

第十一条　消防员招录坚持信息公开、过程公开、结果公开，主动接受监督。招录工作实行回避制度，回避情形参照《事业单位公开招聘人员暂行规定》第二十七条执行。

第十二条　应急管理部门、人力资源社会保障部门应认真履行职责，及时受理相关举报，按有关规定调查处理，对消防员招录过程中违纪违规的行为及时予以制止和纠正，保证招录工作的公开、公平、公正。

第十三条　消防员招录单位在公开招录中有下列行为之一的，责令其限期改正；逾期不改正的，对直接负责的主管人员和其他直接责任人员依法依规给予处分：

（一）未按招录计划和规定资格条件、程序组织招录的；

（二）未按招录条件进行资格审查的；

（三）未按规定组织体格检查的；

（四）未按规定公示拟录用人员名单的；

（五）其他应当责令改正的违纪违规行为。

第十四条　消防员招录工作人员有下列行为之一的，由相关部门给予处分，并将其调离消防员招录工作岗位，不得再从事招录工作；构成犯罪的，依法追究刑事责任：

（一）指使、纵容他人作弊，或在政审、考核、测试、体格检查过程中参与作弊的；

（二）在保密期限内，泄露面试评分要素等应当保密的信息的；

（三）玩忽职守，造成不良影响的；

（四）其他严重违纪违规行为。

第十五条　招录对象有下列情形之一的，依照有关规定给予相应处理：

（一）伪造、涂改证件、证明等报名材料，或者以其他不正当手段获取录用资格的；

（二）提供的涉及招录资格的申请材料或者信息不实，且影响资格审查结果的；

（三）作弊、串通作弊或者参与有组织作弊的；

（四）拒绝、妨碍工作人员履行管理职责的；

（五）威胁、侮辱、诽谤、诬陷工作人员或者其他招录对象的；

（六）其他扰乱招录工作秩序的违纪违规行为。

第五章　附　　则

第十六条　消防员招录所需经费，由财政分级保障。

第十七条　省级消防员招录工作办公室使用统一印章，由应急管理部刻制下发。

第十八条　本办法由人力资源社会保障部、应急管理部共同负责解释。

第十九条　本办法自颁布之日起施行。

附件：消防员入职批准书（略）

人力资源社会保障部关于进一步做好春节前保障农民工工资支付工作的通知

人社部明电〔2018〕1号

各省、自治区、直辖市人力资源社会保障厅（局），新疆生产建设兵团人力资源社会保障局：

自全国部署开展农民工工资支付情况专项检查以来，各地区高度重视，积极采取有效措施，扎实开展专项检查，取得阶段性明显成效。春节将至，治欠保支进入冲刺阶段，为进一步做好春节前保障农民工工资支付工作，确保广大农民工拿到工资回家过年，确保不因欠薪问题引发重大群体性事件和极端事件，现就有关问题通知如下：

一、集中力量加快解决涉及农民工的欠薪案件。对于已经立案尚未结案的欠薪案件，各地要采取台账销号方式，集中力量综合施策，督促欠薪单位加快解决，尽快结案。对于新发现的欠薪问题，坚决做到发现一起、依法查处一起。对重大欠薪案件和政府投资工程项目拖欠工程款导致的欠薪案件，要实行领导包案、挂牌督办。

二、进一步畅通农民工举报投诉渠道。各地要充分利用广播、电视、微信、微博等多种方式，进一步向社会公布举报投诉渠道，保证举报投诉渠道畅通。要实行24小时接报受理，建立首问责任制，确保农民工投诉“有门”。对农民工举报投诉的案件，要及时受理、依法查处，为农民工提供便捷、高效的执法服务。

三、全力做好群体性事件和极端事件防控处置工作。各地要进一步加强对重大欠薪风险隐患的监测预警，对可能引发群体性事件和极端事件的，要采取有力措施，及时消除风险隐患，坚决遏制因欠薪引发重大群体性事件和极端事件。对发生的群体性事件或极端事件，迅速启动应急预案及时妥善处置。对拖欠工资数额大、一时难以落实清偿资金或企业主欠薪逃匿的，要及时动用工资保证金、政府应急周转金或通过其他渠道筹措资金，先行垫付部分工资或基本生活费，帮助农民工解决生活困难，坚决防止事态蔓延扩大。对采取非法手段讨薪或以拖欠工资为名讨要工程款，构成违反治安管理行为的，要依法予以治安处罚；涉嫌犯罪的，依法移送司法机关追究刑事责任。

四、进一步加强舆情监控引导。各地要安排专人24小时加强舆情监控，及时掌握有关舆情动态，对各类新闻媒体特别是互联网反映的欠薪问题，及时督促属地核实处理，主动向社会公布相关信息，掌握舆论主动权。对恶意炒作，造成恶劣影响的，及时提请新闻主管部门、公安机关依法予以查处。

各地人力资源社会保障部门要进一步增强责任感、紧迫感，在当地党委、政府领导下，充分发挥联席会议协调机制作用，会同有关部门严格落实属地监管责任，切实做好保障农民工工资支付工作，坚决打赢治欠保支攻坚战。对监管责任不落实、工作不到位引发重大群体性和极端事件的，要提请有关部门严肃问责。

2018年1月30日

人力资源社会保障部　交通运输部
水利部　能源局　铁路局　民航局
关于铁路、公路、水运、水利、能源、
机场工程建设项目参加工伤保险工作的通知

人社部发〔2018〕3号

各省、自治区、直辖市及新疆生产建设兵团人力资源社会保障厅（局）、交通运输厅（局、委）、水利（水务）厅（局）、能源局、各地区铁路监管局、民航各地区管理局：

党中央、国务院高度重视建筑业农民工工伤权益保障问题。2014年12月，经国务院批准，人力资源社会保障部、住房城乡建设部、安全监管总局、全国总工会制定印发了《关于进一步做好建筑业工伤保险工作的意见》（人社部发〔2014〕103号，以下简称《意见》），作出了工伤优先，项目参保，概算提取，一次参保，全员覆盖的制度安排，并明确交通运输、铁路、水利等相关行业参照执行。三年来，在各部门的协力推动以及各地共同努力下，住建领域新开工工程建设项目参保率已达到99.73%，累计4 000多万人次建筑业农民工纳入工伤保险保障。部分地区结合实际一并推动交通运输、铁路、水利等相关行业工程建设项目参加工伤保险工作，取得了一定成效，为全面推开创造了条件。为全面贯彻党中央、国务院关于切实保障和改善民生的重大部署，深入落实《意见》要求，加大力度将在各类工程建设项目中流动就业的农民工纳入工伤保险保障，现就铁路、公路、水运、水利、能源、机场（以下简称交通运输等行业）工程建设项目参加工伤保险工作通知如下：

一、切实增强做好工作的责任感和紧迫感。《国务院办公厅关于促进建筑业持续健康发展的意见》（国办发〔2017〕19号）再次强调要“建立健全与建筑业相适应的社会保险参保缴费方式，大力推进建筑施工单位参加工伤保险”，明确了做好建筑行业工程建设项目农民工职业伤害保障工作的政策方向和制度安排。各地要在进一步健全住建领域工程建设项目按项目参加工伤保险长效工作机制的同时，进一步增强责任感和紧迫感，按照《意见》要求，全面启动交通运输等行业工程建设项目参加工伤保险工作，结合行业用工特点，做好参保办法、办理流程、保障服务等具体制度安排，确保在各类工地上流动就业的农民工依法享有工伤保险保障。

二、推进形成更高水平更高效率的部门协作机制。按项目参加工伤保险工作涉及多部门职责，必须协调联动，合力推进。在推进住建领域工程建设项目参加工伤保险工作中，各地普遍建立的联席会议、联合督查、信息共享、经办对接等部门协作机制，发挥了重要作用，创造积累了行之有效的经验做法。各地要在现

有工作基础上，扩大协作范围，丰富协作内容，针对交通运输等行业工程建设项目施工管理、用工管理的特点，设计高效、便捷、管用的管理服务流程和参保约束机制，切实做到“先参保，再开工”。

按照“谁审批，谁负责”的原则，各类工程建设项目在办理相关手续、进场施工前，均应向行业主管部门或监管部门提交施工项目总承包单位或项目标段合同承建单位参加工伤保险的证明，作为保证工程安全施工的具体措施之一。未参加工伤保险的项目和标段，主管部门、监管部门要及时督促整改，即时补办参加工伤保险手续，杜绝“未参保，先开工”甚至“只施工，不参保”现象。各级行业主管部门、监管部门要将施工项目总承包单位或项目标段合同承建单位参加工伤保险情况纳入企业信用考核体系，未参保项目发生事故造成生命财产重大损失的，责成工程责任单位限期整改，必要时可对总承包单位或标段合同承建单位启动问责程序。

三、依法合理确定缴费比例。建筑施工企业相对固定的职工，应按用人单位参加工伤保险。不能按用人单位参加工伤保险的职工特别是短期雇佣的农民工，应按项目优先参加工伤保险，一般应由施工项目总承包单位或项目标段合同承建单位按照劳动雇佣关系一次性代缴本项目工伤保险费，覆盖项目使用的所有职工，包括专业承包单位、劳务分包单位使用的农民工。各类工程建设项目可以项目或标段为单位，按照项目或标段的建筑安装工程费（或工程合同价）的一定比例参保缴费。对人工成本占比较低的工程建设项目，可按照人工成本乘以工伤保险行业基准费率的方式计算工伤保险费。对于难以确定直接人工成本的工程建设项目，可参照本地区社会平均工资确定缴费基数。各统筹地区要按照“以支定收、收支平衡”原则，根据当地工伤保险基金的运行情况，科学合理确定费率。同时，注重发挥浮动费率作用，低保费起步，逐步实现收支平衡。

四、进一步加强督查和定期通报工作。从2017年起，人力资源社会保障部已将新开工项目参保率纳入人力资源社会保障事业发展指标体系，定期分省通报调度。各地人力资源社会保障部门要以此为契机，会同有关部门进一步强化督查措施，提高数据的可靠性和可应用性。要在全面启动交通运输等行业工程建设项目参加工伤保险工作的同时，将同口径数据纳入通报调度安排，并作为督查重点。各地人力资源社会保障部门要在门户网站上定期通报当地工程建设项目参保率情况，并加强与住房城乡建设、交通运输、水利、能源、铁路和民航部门的数据共享。

五、着力提高经办服务质量和管理水平。按项目参加工伤保险是适应流动用工特点作出的政策创新。各地人力资源社会保障部门要为参保工程建设项目及标段和工伤职工提供更加优质便捷的人性化服务，积极探索优化适合按项目参加工伤保险的登记、缴费、认定、劳动能力鉴定、待遇支付等服务流程，开辟绿色通道、专门窗口等，提供一站式服务。要最大限度缩短参加工伤保险工作流程、简化手续，力争实现施工企业办理参保缴费备案当日办结，避免因办理项目参加工伤保险而影响工程开工进度。施工项目总承包单位或项目标段合同承建单位应当在工程项目施工期内督促专业承包单位、劳务分包单位建立职工花名册、考勤记录、工资发放表等台账，对项目施工期内全部施工人员实行动态实名制管理。施工人员发生工伤后，以劳动合同为基础确认劳动关系，对未签订劳动合同的，由人力资源社会保障部门参照工资支付凭证或记录、工作证、招工登记表、考勤记录及其他劳动者证言等证据，确认事实劳动关系。对在工地内发生、事实清楚、当事双方无争议的工伤案件实行“快认快结”，一般应当在10日内作出工伤认定的决定。对在参保工程建设项目施工期间发生工伤，项目竣工时尚未完成工伤认定或劳动能力鉴定的，建筑施工企业要保证工伤职工医疗救治和停工留薪期间的法定待遇，在完成工伤认定及劳动能力鉴定后工伤职工依法享受各项工伤保险待遇。

各地人力资源社会保障部门要会同各部门按照《工伤预防费使用管理暂行办法》（人社部规〔2017〕13号），指导建筑施工企业积极开展工伤预防宣传和培训工作，要建立健全政府部门、行业协会、施工企业等多层次的培训体系，不断提升职工特别是农民工的工伤保险意识，控制和减少工伤发生。对积极开展工伤预防，有效减少工伤发生的项目承包单位，符合条件的，要优先落实浮动费率政策。

各地人力资源社会保障、交通运输、水利、能源、铁路、民航等部门要依据国家法律法规和本通知要求，结合本地实际制定具体实施方案，合力做好工程建设领域职工特别是农民工工伤保险权益保障工作。

2018年1月2日

人力资源社会保障部　财政部　国家卫生计生委关于做好当前生育保险工作的意见

人社部发〔2018〕15号

各省、自治区、直辖市及新疆生产建设兵团人力资源社会保障厅（局）、财政厅（局）、卫生计生委，福建省医保办：

生育保险制度自建立以来，总体保持平稳运行，对维护职工生育保障权益、促进妇女公平就业、均衡用人单位负担发挥了重要作用。近年来，为应对经济下行压力，生育保险采取降费率措施，减轻了企业负担；同时，应对人口老龄化，适应国家实施全面两孩政策，采取措施保障生育保险待遇，促进了人口均衡发展。当前，为切实维护全面两孩政策下参保职工合法权益，确保生育保险稳健运行，现对进一步做好生育保险工作提出如下意见：

一、提高认识，确保生育保险待遇落实

实施全面两孩政策是适应人口和经济社会发展新形势的重大战略举措，落实生育保险政策是实施全面两孩政策的重要保障措施。各地要统一思想，提高认识，主动适应计划生育政策调整，坚持科学发展，体现社会公平，切实维护职工合法权益。要确保应保尽保，将符合条件的用人单位及职工纳入参保范围；确保参保职工的生育医疗费用和生育津贴按规定及时足额支付，杜绝拖欠和支付不足现象。要根据全面两孩生育政策对生育保险基金的影响，增强风险防范意识和制度保障能力，确保生育保险基金收支平衡，实现制度可持续发展。

二、加强预警，完善费率调整机制

各地要结合全面两孩政策实施，完善生育保险监测指标。充分利用医疗保险信息网络系统，加强生育保险基金运行分析，参照基本医疗保险基金管理要求，全面建立生育保险基金风险预警机制，将基金累计结存控制在6～9个月支付额度的合理水平。

基金当期入不敷出的统筹地区，首先动用累计结存，同时制定预案，根据《社会保险基金财务制度》提出分类应对措施，经报同级政府同意后及时启动。基金累计结存不足（<3个月支付额度）的统筹地区，要及时调整费率，具体费率由统筹地区按照“以支定收、收支平衡”的原则，科学测算全面两孩政策下基金支出规模后合理确定。基金累计结存完全消化的统筹地区，按规定向同级财政部门申请补贴，保障基金当期支付，同时采取费率调整措施，弥补基金缺口。

开展生育保险与职工基本医疗保险（以下统称两项保险）合并实施试点的统筹地区，要通过整合两项保险基金和统一征缴，增强基金统筹共济能力。要跟踪分析合并实施后基金运行情况，根据基金支出需求，确定新的费率并建立动态调整机制，防范风险转嫁。

三、引导预期，规范生育津贴支付政策

各地要按照“尽力而为、量力而行”的原

则，坚持从实际出发，从保障基本权益做起，合理引导预期。要综合考虑生育保险基金运行和用人单位缴费等情况，规范生育津贴支付期限和计发标准等政策，确保基金可持续运行和待遇享受相对公平。确保《女职工劳动保护特别规定》法定产假期限内的生育津贴支付，探索多渠道解决生育奖励假待遇问题。

四、加强管理，提高基金使用效率

各地要结合全民参保计划实施，进一步扩大生育保险覆盖面，加大征缴力度，与基本医疗保险同步推进统筹层次提升。加强生育保险定点协议管理，切实保障参保人员生育医疗权益，促进生育医疗服务行为规范。将生育医疗费用纳入医保支付方式改革范围，实行住院分娩医疗费用按病种、产前检查按人头付费，实现经办机构与定点医疗机构费用直接结算。充分利用医保智能监控系统，强化监控和审核，控制生育医疗费用不合理增长。

五、高度重视，切实做好组织实施工作

各地要高度重视生育保险工作，切实加强组织领导，做好统筹协调。加强政策宣传与舆论引导，准确解读相关政策，及时回应群众关切。各级人力资源社会保障、财政、卫生计生部门要明确职责，密切配合，形成工作合力，加强对统筹地区工作指导，及时研究解决有关问题。积极稳妥推进两项保险合并实施试点工作，及时总结试点经验，为全面推开两项保险合并实施工作奠定基础。工作推进中，如遇到重大问题，要及时报告。

2018 年 3 月 5 日

人力资源社会保障部　财政部关于 2018 年调整退休人员基本养老金的通知

人社部发〔2018〕18 号

各省、自治区、直辖市人民政府，国务院各部委、各直属机构，新疆生产建设兵团：

经国务院批准，从 2018 年 1 月 1 日起调整企业和机关事业单位退休人员（以下简称退休人员）基本养老金水平。现就有关事项通知如下：

一、调整范围。2017 年 12 月 31 日前已按规定办理退休手续并按月领取基本养老金的退休人员。

二、调整水平。总体调整水平按照 2017 年退休人员月人均基本养老金的 5%左右确定。

三、调整办法。此次调整退休人员基本养老金，继续采取定额调整、挂钩调整与适当倾斜相结合的办法，实现企业和机关事业单位退休人员调整办法基本统一。定额调整要体现公平原则；挂钩调整要体现“长缴多得”、“多缴多得”的激励机制，可与退休人员本人缴费年限（或工作年限）、基本养老金水平等因素挂钩；对高龄退休人员、艰苦边远地区退休人员可适当提高调整水平，继续确保企业退休军转干部基本养老金不低于当地企业退休人员平均水平。要兼顾公平与激励，合理确定定额调整、挂钩调整与适当倾斜三部分比重。

四、资金来源。调整基本养老金所需资金，参加企业职工基本养老保险的从企业基本养老保险基金中列支，参加机关事业单位工作人员基本养老保险的从机关事业单位基本养老保险基金中列支。对中西部地区、老工业基地、新疆生产建设兵团和在京中央国家机关及所属事业单位，中央财政予以适当补助。未参加职工基本养老保险的，调整所需资金由原渠道解决。

五、组织实施。调整退休人员基本养老金，是提高保障和改善民生水平的重要措施，体现了党中央、国务院对广大退休人员的亲切关怀。各地区要高度重视，切实加强领导，精心组织实施，加强宣传解读，正确引导舆论，确保各项工作平稳进行。要按照国务院统一部署，结合本地区实际，制定具体实施方案，于 2018 年 5 月 31 日前报送人力资源社会保障部、财政部审批。各地区要严格按照两部批准的实施方案执行，把各项调整政策落实到位，不得自行提高调整水平、突破调整政策。要切实采取措施加强基本养老保险基金收支管理，提前做好资金安排，确保基本养老金按时足额发放，不得发生新的拖欠。对自行提高调整水平、突破调整政策的地区，将予以批评问责，并相应扣减中央财政补助资金。在京中央国家机关及所属事业单位的调整方案由人力资源社会保障部、财政部制定并组织实施。

2018 年 3 月 5 日

中央机构编制委员会办公室 人力资源社会保障部　司法部 教育部　财政部　国家公务员局 关于进一步加强司法行政机关 人民警察招录培养工作的意见

人社部发〔2018〕20号

为适应司法行政机关人民警察队伍正规化、专业化、职业化建设要求，健全司法行政机关人民警察招录机制，提升司法行政系统所属院校人才培养质量，现就进一步加强司法行政机关人民警察招录培养工作提出如下意见：

一、总体要求

（一）指导思想

深入学习贯彻党的十九大精神，坚持以习近平新时代中国特色社会主义思想为引领，坚定不移走中国特色社会主义法治道路，认真落实中央深化司法体制改革和全面深化司法行政改革有关决策部署，建立健全体现人民警察职业特点、有别于其他公务员的人民警察招录制度，切实提高司法行政机关人民警察招录工作科学化、规范化水平；建立司法行政系统所属院校招生与司法行政机关人民警察招录协调机制，充分发挥司法行政系统所属院校作为司法行政机关人民警察培养基地的作用，进一步提升司法行政系统所属院校的办学水平和人才培养质量，为加强新形势下的监狱戒毒工作提供组织保障和人才支持。

（二）基本原则

——坚持依法招录，竞争择优。招录工作遵循公开、平等、竞争、择优的原则，按照国家法律法规规定的权限、标准和程序，积极稳妥、规范有序地组织实施。

——坚持优化来源，质量为本。进一步深化司法行政系统所属院校教育教学改革，创新人才培养模式，对司法行政警察类专业毕业生和其他考生设置不同招考渠道，把各类优秀人才集聚到司法行政机关，从源头上提升司法行政机关人民警察队伍的专业素质和整体战斗力。

——坚持分类招录，科学考录。按照司法行政机关人民警察分类管理的要求，科学划分招考职位类别，合理设置报考资格条件，改进考试内容和考试方法，增强招录工作的科学性和精准性。

——坚持规范便捷，突出特色。根据人民警察职业特点和监狱戒毒工作要求，完善招录方式方法、工作程序和配套政策制度，使招录工作更加规范便捷，更好地满足司法行政工作需要。

（三）工作目标

用3～5年的时间，力争基本形成分类清晰、权责明确、内容科学、程序规范、配套完备、简便易行、有效管用的司法行政机关人民警察招录培养制度体系。

二、进一步加强司法行政机关人民警察招录工作

（一）实行省级统一招录

地方司法行政机关人民警察招录工作，由省、自治区、直辖市公务员主管部门统一组织实施，具体包括：统一确定招录政策、编制录用计划、明确资格条件设置办法、发布招考公告、组织考试、公示拟录用人员名单、办理审核录用手续等。省级统一招录既可纳入四级联考，也可专门组织。司法行政机关要在公务员主管部门的指导下，按照有关规定认真做好录用计划拟订、报名与资格审查、体能测评、体检和考察等具体实施工作。

（二）实行分类招录

1. 明确招录对象。司法行政机关招录人民警察按照职位类别和工作特点，分类组织实施。综合管理类职位面向社会公开招录。执法勤务类职位更加注重从司法行政系统所属院校司法行政警察类专业毕业生中招录，也可面向社会公开招录。警务技术类职位可以面向社会院校和司法行政系统所属院校司法行政警察类专业毕业生招录。

2. 编制录用计划。地方各级司法行政机关应在规定的编制限额内，根据工作需要、职位空缺、自然减员等情况，按照不同类别职位要求，提出招考的职位、名额和报考资格条件，拟订录用计划。录用计划要逐级上报汇总，经省级司法行政机关审核后报同级公务员主管部门审定。

3. 组织实施考试。招录考试分为笔试和面试。面试测评要素、内容、方法要体现司法行政机关人民警察职业特点和工作要求。面试时，应成立面试考官小组。面试考官小组中要有一定比例的司法行政机关考官。专业性较强的职位，可增加专业技能测试。专业技能测试内容和方式，由省级公务员主管部门确定。

（三）开展特殊招录

1. 涉密要害职位招考。危安涉恐罪犯去极端化教育改造、狱内侦查、机要等重点涉密要害职位，可以在一定范围内通过组织推荐、考察的方式确定考试人选，采取有限竞争考试的办法择优录用，或在司法行政系统所属院校定向招录培养。

2. 人才紧缺职位招考。医疗卫生、心理矫治、非通用语、少数民族语言等通过公开招考难以补充的职位，经省级以上公务员主管部门批准，可以采取降低或不设开考比例，合理确定考试内容和笔试合格分数线，执行相应的体能测评和体检标准，适当调整招录程序等方式进行，也可以委托社会院校定向培养。

3. 司法行政系统人民警察英烈子女招考。司法行政系统人民警察烈士子女、因公牺牲的人民警察英模子女和四级以上因公伤残的人民警察英模子女报考司法行政机关人民警察职位并且符合职位要求的，应给予适当照顾，具体办法由省级公务员主管部门商同级司法行政机关研究确定。

（四）完善招录政策

1. 加大艰苦边远地区招录力度。艰苦边远和反恐教育改造任务繁重地区招录基层司法行政机关人民警察，可以采取适当降低招考职位学历要求、限定报考人员户籍、放宽招考专业限制、不限工作年限和经历、合理确定开考比例、限定最低服务年限等措施。

2. 改进体检和体能测评工作。根据司法行政工作对人民警察身体条件和身体素质的特殊要求，进一步完善司法行政机关人民警察录用体检和体能测评办法。有条件的地方可结合实际开展心理素质测评试点工作，并将测评结果作为辨识考生是否适合从事司法行政机关人民警察职业的重要参考。

3. 严格录用考察标准。要在遵守公务员录用考察标准的基础上，严格按照招录人民警察考察内容、标准和方法开展司法行政机关人

民警察录用考察工作。

三、进一步加强司法行政系统所属院校警察类专业毕业生培养和入警工作

（一）明确司法行政系统所属院校定位

司法行政系统所属院校应以司法行政工作需求为导向，以培养司法行政专业人才为重要目标，科学合理设置专业，结合自身优势，紧贴行业特点和需求，大力加强以司法行政警察类专业为主的重点专业建设，将院校打造成司法行政系统人才培养、警察培训的重要阵地。

司法部、教育部、国家公务员局根据司法行政工作需要和司法行政系统所属院校司法行政警察类专业开设情况，共同研究确定纳入改革的司法行政系统所属院校和司法行政警察类专业范围。

（二）严格司法行政警察类专业招生管理

1. 科学编制司法行政警察类专业招生计划。司法行政系统所属院校司法行政警察类专业招生规模要与司法行政机关警力需求相衔接，同司法行政系统所属院校培养能力相适应。

部属司法警官院校（中央司法警官学院）参照司法行政警察类专业学生毕业时各地司法行政机关年度录用人民警察计划的一定比例编制生源计划。各地招生计划保持相对稳定。录取学生名单报国家公务员局和司法部备案。各省级司法行政机关会同编制、公务员、教育、财政等部门，根据公务员录用有关规定，以4年为周期测算本地司法行政机关年度警力需求及录用人民警察计划。

省属司法警官院校在充分考虑当地司法行政机关警力需求和院校培养能力的基础上科学编制招生计划，招生计划适当向艰苦边远地区倾斜。录取学生名单报省级公务员局和同级司法行政机关备案。

省辖区内没有司法行政系统所属院校或本地司法行政系统所属院校不具备个别专业培养条件和能力的，可根据本地司法行政警察类专业用人需求，在司法部的指导下商其他省份教育、司法行政等部门安排司法行政系统所属院校在本地投放适量招生计划。

2. 严格执行司法行政警察类专业招生政策。加大司法行政系统所属院校司法行政警察类专业招生宣传力度，吸引优质生源报考。严格执行国家考试招生规定，进一步规范招生程序。坚持从严、择优录取，不得无计划或擅自突破计划招生。坚持公开透明，深入实施招生“阳光”工程，及时公开招生政策、招生章程、招生计划、录取结果、咨询及申诉渠道等信息，主动接受社会监督。

（三）提高司法行政警察类专业人才培养质量

司法行政系统所属院校要以提高人才培养质量为目标，进一步更新办学理念，深化教学改革，提高教学质量，为司法行政机关培养作风过硬、业务精通、素质优良的司法行政专业人才。

1. 突出忠诚警魂培育。坚持政治建校、从严治校，以培养“党和人民的忠诚卫士”为首要政治任务，把思想政治教育贯穿于教学管理的全过程，着力提高司法行政系统所属院校司法行政警察类专业学生的政治素质，牢固树立“忠诚、为民、公正、廉洁”的人民警察核心价值观，从源头上确保司法行政机关人民警察队伍绝对忠诚、绝对纯洁、绝对可靠。

2. 强化纪律作风养成。实行严格的警务化管理，保持规范严谨的学习、训练和生活秩序，建立有别于普通院校的警务化管理制度，完善学生在校期间综合评价体系和淘汰机制，着重培养学生令行禁止、英勇顽强、团结协作、无私奉献的警察职业精神。

3. 加强警务能力培养。坚持突出专业、贴近实战，加强师资、教材和课程建设，完善“教、学、练、战”一体化人才培养模式，健全与用人单位合作的协同育人机制，构建实验、实训实习和实战有机结合的实践教学体系，着力培养学生的警务实战能力。

4. 完善质量监控体系。教育部、司法部

建立健全体现司法行政系统所属院校司法行政警察类专业人才培养特点的教学质量评价监控体系和教育教学督导制度，形成科学的教育培养机制；加强对司法行政系统所属院校司法行政警察类专业毕业生职业发展状况以及用人单位满意度的跟踪调查，形成完善的教育质量反馈机制，促进司法行政系统所属院校人才培养不断适应司法行政工作的新要求。

（四）规范司法行政警察类专业应届毕业生招录工作

1. 制订录用计划。各省级司法行政机关按照当年本地机关后录用人民警察计划的一定比例编制面向司法行政系统所属院校司法行政警察类专业应届毕业生录用计划，并报省级公务员主管部门审定。录用人员主要充实到基层执法勤务机构。

2. 组织招录工作。中央司法警官学院司法行政警察类专业应届毕业生招录实行全国统一考试，分省（区、市）录用的办法。省级司法行政机关负责组织资格审查工作，并将审查结果在院校进行公示。国家公务员局会同司法部统一组织笔试。省级公务员主管部门会同同级司法行政机关划定合格分数线、组织面试、体检、体能测评和考察等相关工作。笔试、面试、体检、体能测评、考察等均合格的毕业生，原则上按照笔试总成绩由高到低的顺序选择职位。职位选择工作由省级公务员主管部门负责组织。

省属司法警官院校司法行政警察类专业应届毕业生招录工作由省级公务员主管部门负责组织。可以参加四级联考，也可以单独组织。具体办法由各省（区、市）公务员主管部门会同同级司法行政机关制定。

3. 办理录用手续。省级公务员主管部门按有关规定为新录用人员办理录用审批手续。新录用的司法行政警察类专业应届毕业生在录用单位的最低服务年限为5年（含试用期），其中，录用到基层一线执法单位的人员在此期间不得转任交流到基层一线执法单位以外的单位。

四、加强组织领导

加强司法行政机关人民警察招录培养工作，对于严把司法行政机关进人关、改善司法行政机关人民警察队伍结构、提高队伍素质和战斗力具有十分重要的意义，各级公务员主管部门和司法行政机关要从维护国家政权和社会稳定的高度，充分认识此项工作的重要性和紧迫性，切实加强组织领导。要健全工作机制，明确职责分工，加强统筹协调，强化政策指导，及时研究解决遇到的实际困难和问题。要严肃纪律要求，加强对工作人员的教育管理，确保招生、招录工作依法规范有序开展。要坚持公开透明，主动接受社会监督，认真做好政策解读、风险评估、舆论引导等工作，为开展招录培养工作创造良好环境。

根据司法行政机关人民警察人才培养工作特殊性质要求，按照财政体制和司法行政系统所属院校隶属关系，由同级财政进一步加大对司法行政系统所属院校的经费投入力度；鼓励和支持司法行政系统所属院校结合实际情况，采取资助家庭困难学生学费住宿费、提供训练服装等方式，增强司法行政机关人民警察专业吸引力。

各地年度招录计划、工作方案、招考公告以及招录工作情况，要及时报告国家公务员局和司法部。

人民法院、人民检察院司法警察招录工作参照本意见执行。

本意见自发布之日起施行。

附件：司法行政系统所属院校和司法行政警察类专业

2018年3月21日

附件

司法行政系统所属院校和司法行政警察类专业

司法警察院校（16 所）：

中央司法警官学院、河北司法警官职业学院、山西警官职业学院、黑龙江司法警官职业学院、吉林司法警官职业学院、浙江警官职业学院、安徽警官职业学院、江西司法警官职业学院、山东司法警官职业学院、河南司法警官职业学院、武汉警官职业学院、湖南司法警官职业学院、广东司法警官职业学院、四川司法警官职业学院、云南司法警官职业学院、新疆兵团警官高等专科学校。

司法行政警察类专业：

研究生专业（1 个）：

法律硕士（监所管理与罪犯矫正方向）。

本科专业（2 个）：

监狱学、侦查学。

专科专业（6 个）：

刑事执行、刑事侦查技术、罪犯心理测量与矫正技术、行政执行、戒毒矫治技术、司法信息安全。

人力资源社会保障部　财政部关于建立城乡居民基本养老保险待遇确定和基础养老金正常调整机制的指导意见

人社部发〔2018〕21号

各省、自治区、直辖市及新疆生产建设兵团人力资源社会保障厅（局）、财政厅（局），各计划单列市人力资源社会保障局、财政局：

党中央、国务院高度重视城乡社会保障体系建设，2014年在全国建立了统一的城乡居民基本养老保险制度，在保障城乡老年居民基本生活、调节收入分配、促进社会和谐稳定等方面发挥了积极作用。同时，还存在着保障水平较低、待遇确定和正常调整机制尚未健全、缴费激励约束机制不强等问题。根据中央关于改革和完善基本养老保险制度的要求，为进一步完善城乡居民基本养老保险制度，经党中央、国务院同意，现就建立城乡居民基本养老保险待遇确定和基础养老金正常调整机制提出以下意见。

一、总体要求

全面贯彻党的十九大精神，以习近平新时代中国特色社会主义思想为指导，紧紧围绕统筹推进“五位一体”总体布局和协调推进“四个全面”战略布局，牢固树立和贯彻落实新发展理念，坚持以人民为中心的发展思想，按照兜底线、织密网、建机制的要求，建立激励约束有效、筹资权责清晰、保障水平适度的城乡居民基本养老保险待遇确定和基础养老金正常调整机制，推动城乡居民基本养老保险待遇水平随经济发展而逐步提高，确保参保居民共享经济社会发展成果，促进城乡居民基本养老保险制度健康发展，不断增强参保居民的获得感、幸福感、安全感。

二、主要任务

（一）完善待遇确定机制。城乡居民基本养老保险待遇由基础养老金和个人账户养老金构成。基础养老金由中央和地方确定标准并全额支付给符合领取条件的参保人；个人账户养老金由个人账户全部储存额除以计发系数确定。明确各级人民政府、集体经济组织和参保居民等各方面的责任。中央根据全国城乡居民人均可支配收入和财力状况等因素，合理确定全国基础养老金最低标准。地方应当根据当地实际提高基础养老金标准，对65岁及以上参保城乡老年居民予以适当倾斜；对长期缴费、超过最低缴费年限的，应适当加发年限基础养老金。各地提高基础养老金和加发年限基础养老金标准所需资金由地方负担。引导激励符合条件的城乡居民早参保、多缴费，增加个人账户资金积累，优化养老保险待遇结构，提高待遇水平。

（二）建立基础养老金正常调整机制。人力资源社会保障部会同财政部，统筹考虑城乡居民收入增长、物价变动和职工基本养老保险等其他社会保障标准调整情况，适时提出城乡居民全国基础养老金最低标准调整方案，报请党中央和国务院确定。地方基础养老金的调整，应由当地人力资源社会保障部门会同财政部门提出方案，报请同级党委和政府确定。

（三）建立个人缴费档次标准调整机制。各地要根据城乡居民收入增长情况，合理确定和调整城乡居民基本养老保险缴费档次标准，供城乡居民选择。最高缴费档次标准原则上不超过当地灵活就业人员参加职工基本养老保险的年缴费额。对重度残疾人等缴费困难群体，可保留现行最低缴费档次标准。

（四）建立缴费补贴调整机制。各地要建立城乡居民基本养老保险缴费补贴动态调整机制，根据经济发展、个人缴费标准提高和财力状况，合理调整缴费补贴水平，对选择较高档次缴费的人员可适当增加缴费补贴，引导城乡居民选择高档次标准缴费。鼓励集体经济组织提高缴费补助，鼓励其他社会组织、公益慈善组织、个人为参保人缴费加大资助。

（五）实现个人账户基金保值增值。各地要按照《国务院关于印发基本养老保险基金投资管理办法的通知》（国发〔2015〕48号）要求和规定，开展城乡居民基本养老保险基金委托投资，实现基金保值增值，提高个人账户养老金水平和基金支付能力。

三、工作要求

（一）加强组织领导。建立城乡居民基本养老保险待遇确定和基础养老金正常调整机制是党中央、国务院部署的重要任务，是基本养老保险制度改革的重要内容，关系到广大城乡居民的切身利益，各级人力资源社会保障部门、财政部门要高度重视，加强组织领导，明确部门责任，切实把政策落实到位。

（二）完善机制建设。各地要根据本指导意见的精神，逐项落实各项政策，尽力而为，量力而行，建立和完善适合本地区情况的城乡居民基本养老保险待遇确定和基础养老金调整机制。

（三）强化部门协同。各地人力资源社会保障部门、财政部门要切实履行职责，加强协调配合，精心制定工作方案，共同做好基础养老金、个人缴费档次标准、政府补贴标准等测算和调整工作，相关标准和政策报上级人力资源社会保障部门和财政部门备案。

（四）做好政策宣传。要采取多种方式全面准确解读政策，正确引导社会舆论，让参保居民形成合理的预期。

2018年3月26日

人力资源社会保障部关于贯彻落实《关于提高技术工人待遇的意见》精神的通知

人社部发〔2018〕24号

各省、自治区、直辖市及新疆生产建设兵团人力资源社会保障厅（局）：

今年3月，中共中央办公厅、国务院办公厅印发《关于提高技术工人待遇的意见》（以下简称《意见》），明确了提高技术工人待遇的指导思想、基本原则和政策措施。党的十九大报告提出要大力弘扬劳模精神和工匠精神，建设知识型、技能型、创新型劳动者大军，营造劳动光荣的社会风尚和精益求精的敬业风气。各级人力资源社会保障部门要按照党的十九大精神和《意见》要求，深刻领会提高技术工人待遇的重要意义，根据《意见》确定的任务分工加强统筹协调，推动各项政策措施落到实处。现就贯彻落实《意见》工作提出如下要求：

一、深刻领会提高技术工人待遇的重要意义

党中央、国务院历来高度重视产业工人队伍建设，特别是党的十八大以来，习近平总书记站在党和国家工作全局的战略高度，就新时期产业工人队伍建设作出一系列重要论述，提出明确要求，为推动新时期产业工人队伍建设改革提供了基本遵循和行动指南。《意见》的制定出台，是以习近平同志为核心的党中央站在决胜全面建成小康社会、夺取新时代中国特色社会主义伟大胜利的高度，针对加快推进新时期产业工人队伍建设改革，提高保障和改善民生水平作出的重大战略决策，对实施人才强国战略和创新驱动发展战略，实现“两个一百年”奋斗目标、实现中华民族伟大复兴的中国梦具有重要意义。《意见》第一次把提高技术工人待遇上升到全局的高度，摆在党和国家重要的位置，充分体现了中国共产党坚持以人民为中心的发展思想。《意见》抓住了广大工人最关心、最直接、最现实的利益问题，促进改革发展成果更多更公平惠及技术工人，必将进一步增强技术工人的获得感、自豪感、荣誉感，激发他们创新创造的热情，积极投身社会主义现代化建设。各级人力资源社会保障部门要高度重视《意见》的学习和贯彻落实工作，深刻领会《意见》出台的重要意义，提出切实可行的贯彻措施，促进我国建设现代化经济体系，推进实体经济、科技创新、现代金融、人力资源协同发展，为培育一支数量充足、素质优良，拥有现代科技知识、精湛技术技能和较强创新能力的技术工人队伍贡献力量。

二、各级人力资源社会保障部门要发挥牵头作用，推动《意见》贯彻落实

《意见》提出提高技术工人待遇的16条政策措施，均明确由人力资源社会保障部为牵头（或联合牵头）单位，这是党中央、国务院赋予人力资源社会保障部的重要使命，凸显了人力资源社会保障部作为高技能人才队伍建设政

府主管部门的重要职责。各级人力资源社会保障部门要重点做好以下工作：一是在同级党委、政府的领导下，按照《意见》的要求，紧密结合本地实际情况，牵头研究制定贯彻落实《意见》的具体措施，要确保《意见》提出的政策和要求落地见效。二是建立多方协调机制，加强统筹协调。要同发展改革、教育、科技、工业和信息化、公安、财政、住房城乡建设、文化旅游、国资、税务、外专等有关部门和工会、共青团、妇联、科协等群团组织紧密配合，按《意见》要求履行好各自职责，要建立部门协调机制和人力资源社会保障部门内部联动机制，细化《意见》任务分工和工作目标，加强工作指导和推动。要广泛听取各类企业、行业协会、技术工人、社会公众的意见，密切跟踪政策落实情况，加强督查检查，认真总结经验，推动各项政策措施落到实处。三是充分发挥企业主体作用。会同国资委、总工会等单位，召开国有企业贯彻落实《意见》座谈会，总结交流推广提高技术工人待遇的成熟经验，指导国有企业贯彻落实《意见》明确的各项政策措施，发挥其带头示范作用。会同工商联等单位，研商推动本地非国有企业完善提高技术工人待遇水平的具体措施。四是加强宣传解读，通过开展多种形式的宣传报道活动，加强政策解读和舆论引导，积极回应社会关切，及时总结宣传推广交流本地区好的经验做法。

三、做好高技能领军人才服务保障工作

《意见》提出要以为国家作出突出贡献的高技能领军人才为重点支持对象，提高其政治待遇、经济待遇、社会待遇，有利于激励技术工人提升技能水平，在全社会形成尊重劳动、崇尚技能的良好氛围。各级人力资源社会保障部门要以高技能领军人才服务保障工作为重点，为高技能领军人才设立服务窗口，负责协调落实相关待遇政策。一是根据《意见》确定的高技能领军人才范围和本地实际，准确梳理辖区内各类企业高技能领军人才情况，建立完善高技能领军人才数据库，定期更新并向各部门和社会公布。二是对经济结构调整中出现困难的企业高技能领军人才，发挥人力资源社会保障部门职责优势，保障其稳定就业，对其配偶、子女有就业愿望但未就业的，积极提供职业指导和就业前培训，推荐就业岗位。三是积极推动相关部门落实提高高技能领军人才待遇的政策措施，并根据本地实际，不断改进完善。

提高技术工人待遇是一项长期的政治任务，各级人力资源社会保障部门要按照习近平总书记关于“贯彻党中央精神不是喊口号，要结合当地实际、经过深入调研形成符合党中央精神的一系列具体举措，并在实施中早见成效、大见成效”的要求，将此项工作列入重要议事日程，持续推动技术工人待遇水平的提高。各地制定出台的政策措施情况请于今年年底前报我部，对《意见》贯彻落实中出现的问题，请及时向我部反映。

2018 年 4 月 20 日

人力资源社会保障部　财政部关于继续阶段性降低社会保险费率的通知

人社部发〔2018〕25号

各省、自治区、直辖市及新疆生产建设兵团人力资源社会保障、财政厅（局）：

为进一步降低企业用工成本，增强企业发展活力，根据《中华人民共和国社会保险法》等有关规定，经国务院同意，现就继续阶段性降低社会保险费率有关事项通知如下：

一、自2018年5月1日起，企业职工基本养老保险单位缴费比例超过19%的省（区、市），以及按照《人力资源社会保障部　财政部关于阶段性降低社会保险费率的通知》（人社部发〔2016〕36号）单位缴费比例降至19%的省（区、市），基金累计结余可支付月数（截至2017年底，下同）高于9个月的，可阶段性执行19%的单位缴费比例至2019年4月30日。具体方案由各省（区、市）研究确定。

二、自2018年5月1日起，按照《人力资源社会保障部　财政部关于阶段性降低失业保险费率的通知》（人社部发〔2017〕14号）实施失业保险总费率1%的省（区、市），延长阶段性降低费率的期限至2019年4月30日。具体方案由各省（区、市）研究确定。

三、自2018年5月1日起，在保持八类费率总体稳定的基础上，工伤保险基金累计结余可支付月数在18（含）至23个月的统筹地区，可以现行费率为基础下调20%；累计结余可支付月数在24个月（含）以上的统筹地区，可以现行费率为基础下调50%。降低费率的期限暂执行至2019年4月30日。下调费率期间，统筹地区工伤保险基金累计结余达到合理支付月数范围的，停止下调。具体方案由各省（区、市）研究确定。

继续阶段性降低社会保险费率，是党中央、国务院作出的重要部署，政策性强，社会关注度高。各地务必精心组织实施，一是要做好政策的衔接，保证政策连续性，确保基金征缴工作平稳有序；二是要加强政策宣传，正确引导舆论，切实增强广大参保企业和群众的获得感；三是要加强基金收支管理，防范和化解基金运行风险，确保参保人员各项社会保险待遇标准不降低和待遇按时足额支付。

各地具体调整费率方案，经省级人民政府批准后执行，并报人力资源社会保障部、财政部备案。

2018年4月20日

人力资源社会保障部　国家发展改革委　工业和信息化部　财政部　民政部　国务院国资委　能源局　全国总工会关于做好2018年重点领域化解过剩产能中职工安置工作的通知

人社部发〔2018〕28号

各省、自治区、直辖市及新疆生产建设兵团人力资源社会保障厅（局）、发展改革委、工业和信息化主管部门、财政厅（局）、民政厅（局）、国资委（局）、煤炭厅（局）、能源局、总工会，有关中央企业：

2016年以来，各地区和有关部门认真贯彻落实党中央、国务院关于供给侧结构性改革决策部署，积极稳妥推进化解钢铁、煤炭、煤电行业过剩产能（以下简称去产能）中的职工安置工作，促进了现代化经济体系建设，维护了社会和谐稳定，但各地进展不平衡、部门衔接不到位、奖补资金使用不规范等问题仍较突出。为进一步做好去产能中的职工安置工作，现就有关事项通知如下：

一、总体要求。以习近平新时代中国特色社会主义思想为指引，深入贯彻落实党的十九大精神，按照中央经济工作会议和政府工作报告关于去产能的决策部署，将职工安置作为重中之重，坚持与去产能工作同谋划、同部署、同推进，夯实责任、加强协调、精准施策、防范风险，确保分流职工就业有出路、生活有保障，确保不发生因职工安置引发的规模性失业和重大群体性事件，实现职工安置工作平稳有序推进，为经济高质量发展和社会和谐稳定作出更大贡献。

二、明确安置范围。2018年去产能职工安置工作的对象包括：2018年度钢铁、煤炭和煤电行业去产能企业的分流职工，上年结转的尚未分流安置职工；2016、2017年度内部转岗但因企业继续去产能需再次分流安置的职工、未联系上现回找并核实的职工。已与企业依法解除、终止劳动关系或享受基本养老保险待遇的劳动者，不纳入2018年职工安置范围。

三、完善实名制管理。各地要组织企业全面掌握去产能涉及职工基本情况，建立完整人员台账，准确填报统计报表。要指导企业对联系不上的职工，通过数据比对、张贴公示、登报声明、上网公告等方式主动联系，并将有关情况报人社部门核查备案。要通过实地调查、电话抽查、社保数据比对、用工凭证或工资发放记录核查等手段，对企业填报的职工信息进行核实，及时录入实名制信息系统，动态跟踪分流安置进展。

四、拓宽安置渠道。各地要鼓励企业内部

挖潜，通过转型转产、主辅分离、设立人力资源公司和创业孵化基地等举措，拓宽内部安置渠道。对符合条件的企业，及时发放失业保险稳岗补贴，支持企业统筹使用稳岗补贴资金、专项奖补资金为内部分流安置的职工开展技能培训、缴纳社会保险、发放一定期限的生活费。加快已落实产能置换要求的煤炭、煤电建设项目手续办理，符合条件的尽快核准建设，及早安置分流职工，产能置换指标交易收入要优先用于职工安置。做细做实再就业帮扶行动，把下岗失业人员纳入就业创业服务和相关就业创业政策扶持范围，摸清就业需求，加强有针对性的职业指导和职业介绍，开展整建制购买就业技能培训，为每位分流职工至少提供1次职业指导、3次岗位推荐，促进其尽快转岗再就业。加强创业培训和服务，对有创业意愿的，优先安排入驻各类创业孵化基地，优先落实创业担保贷款等扶持政策。对通过各种渠道确实难以就业的困难人员，新增及腾退公益性岗位优先安置。

五、优化指导服务。各地要强化企业主体责任，督促企业依法依规制定并实施职工安置方案，履行职工代表大会或全体职工审议程序，耐心细致做好思想政治和心理疏导工作，多方筹措安置资金，妥善处理劳动关系，做好社会保障衔接，积极推进安置工作。指导未完全关停的企业，尽量避免与全国及省（部）级劳动模范、高技能领军人才、烈军属、残疾人解除劳动合同，避免与夫妻双方同时解除劳动合同。要增强服务意识，开设专门窗口、指定专人负责，主动提供政策咨询、工作手册、安置方案样本，优化就业创业、社保经办等服务，有条件的地区要开展企业负责人及具体工作人员培训。

六、切实防范风险。各地要增强底线思维，密切关注困难企业、困难职工和困难地区，盯紧规模性失业风险、劳动关系处理、社会保险衔接、经济补偿发放等风险点，加强形势研判，完善并落实职工安置工作中突发事件预防和应急处置机制，制定规模性失业风险应对预案，妥善化解矛盾和风险。对去产能职工安置任务重、情况复杂的企业以及拟出清的“僵尸企业”，要组成部门联合工作组，会同企业共同研究安置方案，共同做好安置工作。对符合条件的失业人员，要及时纳入失业保险金发放和社会救助范围。对分流职工多、就业渠道窄、失业水平高的困难地区，要大力实施就业创业攻坚计划，加大劳务协作、联合招聘、专项培训等工作力度，维护社会稳定。

七、强化组织实施。各地要完善协调协商机制，人社部门要发挥职工安置工作的牵头作用，会同联席会议相关部门和单位，及时细化职工安置政策，形成工作合力，抓好组织实施。发改、工信、财政、煤炭行业管理等部门在研究确定本地区去产能具体项目时要充分考虑职工安置的需要，在分配奖补资金时要加大职工安置因素在分配中的占比，更多支持职工安置任务较重、困难较多的企业，不得按去产能任务量简单分配资金，杜绝按企业户数平均分配资金，要会同人社部门及同级工会组织共同研究重大问题，并及时通报去产能进展、奖补资金使用和去产能项目调整等情况。要切实转变工作作风，大兴调查研究，坚持问题导向，及时解决工作中存在的困难。要强化激励问责，把职工安置工作作为表扬激励、奖补资金清算的重要依据，加大专项督查、地方自查、抽查回访力度，对责任不到位、政策不落实的，要追究有关单位和人员责任，对虚报冒领、挤占挪用奖补资金的，要坚决查处。要加强宣传引导，大力宣传职工安置政策，宣传各地区、各部门经验做法和积极成效，宣传分流职工自强自立、就业创业的典型事迹，主动回应社会关切，为做好职工安置工作营造良好舆论氛围。

各地要按照本通知精神，结合本地实际，加快去产能职工安置工作部署，完善政策措施，加强监督检查，务求工作实效。有关工作进展情况要及时报送人力资源社会保障部。

2018年4月28日

人力资源社会保障部　财政部关于建立企业薪酬调查和信息发布制度的通知

人社部发〔2018〕29号

各省、自治区、直辖市及新疆生产建设兵团人力资源社会保障、财政厅（局）：

为加强和改进政府对企业工资分配的指导和服务，按照《中共中央　国务院关于构建和谐劳动关系的意见》《国务院批转发展改革委等部门关于深化收入分配制度改革若干意见的通知》（国发〔2013〕6号）的要求，根据国家统计有关规定，在总结近年来企业薪酬试调查工作的基础上，现就建立统一规范的企业薪酬调查和信息发布制度有关事项通知如下。

一、重要意义

建立企业薪酬调查和信息发布制度是深化企业工资分配制度改革的重要任务，是完善人力资源市场公共信息服务的重要内容。通过开展企业薪酬调查并发布不同职业劳动者的工资报酬信息、不同行业企业人工成本信息，对指导企业合理确定职工工资水平、发挥市场在工资分配中的决定性作用，对开展公务员和企业相当人员工资调查比较、形成科学的公务员工资水平决定机制，对引导劳动力有序流动、促进人力资源合理配置，都具有十分重要的意义。

二、目标任务

建立制度完善、调查科学、发布规范的企业薪酬调查和信息发布制度，到2020年，建成国家、省（自治区、直辖市）、市（副省级市、地级市、州、盟）企业薪酬调查和信息发布体系。

三、主要内容

（一）调查内容。调查企业从业人员的工资报酬和企业人工成本情况，包括不同职业从业人员的工资报酬水平、构成等相关数据，以及不同行业、不同规模企业人工成本水平、构成及主要经济数据。

（二）调查范围。国家层面调查覆盖18个国民经济行业门类（不含公共管理、社会保障和社会组织以及国际组织行业门类）各类登记注册类型的企业、各类职业从业人员（不含军人和不便分类的其他从业人员）。省、市层面调查范围根据本地区产业结构特点和市场需要确定，可细化调查行业和职业分类。

（三）调查方法。国家、省、市调查采用统一的抽样方法，原则上以国家基本单位名录库或者人力资源社会保障部用人单位基础信息库为抽样框，根据规定的抽样参数要求抽取企业样本进行调查。调查的样本企业应保持相对稳定，并按要求进行轮换。调查采取由被调查企业直接填报、人力资源社会保障部门逐级审核汇总的方式开展。

（四）调查频率。企业薪酬调查原则上每年开展一次，条件成熟时适当增加调查频率。

根据工作需要，对部分行业企业按季度实施定点监测。

（五）信息发布。国家、省、市人力资源社会保障部门通过部门门户网站、人力资源市场或出版物等公开渠道向社会发布企业薪酬调查信息。企业薪酬调查信息每年按照国家有关规定发布，时间一般不晚于第二季度。

四、组织实施

（一）加强组织领导。各地人力资源社会保障部门要充分认识建立企业薪酬调查和信息发布制度的重要意义，将其列入重要议事日程切实加强领导，抓紧制定本地区工作方案，依法履行相应程序后组织实施。已建立人力资源市场工资指导价位制度、行业人工成本信息指导制度的地区，要按本通知要求实施制度并轨，加快建立统一规范的企业薪酬调查和信息发布制度。要通过多种途径和方式配备调查力量，确保工作落实到位。要加强对调查统计人员、被调查企业填报人员的培训，提高调查统计人员的专业水平，规范调查企业数据填报。

（二）明确责任分工。各级人力资源社会保障部门负责组织实施本级企业薪酬调查和信息发布工作。各级财政部门根据实际需要合理安排企业薪酬调查和信息发布工作所需经费，确保企业薪酬调查工作顺利开展。各级人力资源社会保障、财政部门要建立相关数据资源共享机制，充分利用共享信息，发挥数据对决策的支撑作用。

（三）规范调查管理。各地人力资源社会保障部门要严格按要求抽取样本企业并开展调查，保证调查工作的科学化、规范化。要严格实行逐级审核、逐级上报制度，切实加强对企业填报数据的审核和复核，认真组织开展抽查工作，确保调查数据质量。要整合内部相关单位力量共同做好调查工作，督促企业履行统计义务，对拒不配合调查、编造虚假统计数据、虚报（瞒报）统计数据的企业，按照统计法有关规定交由统计执法机构给予相应的处理。要高度重视企业数据信息安全保密工作，依托系统内部的信息中心等专门机构储存、处理数据信息，不得违规泄露数据，严禁将数据用于商业用途。

（四）强化数据应用。各地人力资源社会保障部门要及时对外发布企业薪酬调查信息。要加强企业薪酬调查数据分析技术开发，深入挖掘、分析数据，定期形成调查分析报告，为深化工资分配制度改革、调节工资分配关系提供决策支持。

附件：

1. 企业薪酬调查技术方案

2. 企业薪酬调查信息发布方案

2018 年 5 月 2 日

附件 1

企业薪酬调查技术方案

一、抽样方案

抽样方案主要包括定义总体、确定抽样框、选择抽样方法、计算样本量等内容。

（一）总体

企业薪酬调查内容为企业人工成本情况、

企业从业人员工资报酬情况两部分，每部分有不同的调查范围和对象。

企业人工成本情况调查的范围限定在市场监督管理部门登记注册为企业的各类独立法人单位，覆盖含有企业的18个门类（不含公共管理、社会保障和社会组织，国际组织行业门类）。制造业从业人员人数不到50人以及其他行业从业人员人数不到20人的企业原则上不作为调查对象。

企业从业人员工资报酬情况调查的范围和对象为与调查企业签订劳动合同的全体从业人员和由所调查的企业直接支付劳动报酬的劳务派遣人员。其中，以下人员暂不作为调查对象：调查年度工作不满十二个月的；因长期病假、事假、培训等未正常出勤的；因工作岗位调整而导致工资发生较大变动的；企业不在岗职工。

（二）抽样框

本调查的抽样框原则上使用国家基本单位名录库或者人力资源社会保障部用人单位基础信息库。

（三）抽样方法

本调查为抽样调查，采用分层PPS系统抽样方法。具体步骤如下：

第一步，所有企业按地区和行业进行分层。

全国抽样框中的企业分为31（省份数量）×18（行业门类数量）=558个层。

各省抽样框中的企业按城市数量、行业分类数量（如行业门类、大类、中类等）进行分层，抽样框中的企业分为m（副省级市、地级市、州、盟数量）×n（行业数量）=mn个层。

各城市按行业分类数量进行分层。

第二步，在层内进行PPS系统抽样。

PPS全称为概率比例规模抽样，即抽样按规模大小成比例的概率抽样。在本调查中，抽样框中的每个企业入样的概率与其从业人员数量成比例。系统抽样是在抽样框中随机选取一户企业为起点，按照抽样框现有的企业顺序进行等距抽样。

（四）样本量

调查所需样本量根据相应的抽样方法测算确定。

一是层内样本量计算办法。设N为总体中每一个地区行业层内的企业总数，则样本量n为：

$$n=\frac{n_1}{1+\frac{n_1}{N}}$$

其中，$n_1=\frac{t^2}{r^2}CV^2$，CV为层内总体的变异系数，r为根据调查目的设置的相对误差，t根据不同置信度取值（如置信度为95%，t为1.96；如置信度为90%，t为1.64）。

如果实际回答率达不到100%，样本量n要适当增加，以保证实际回收的样本量达到计算样本量。

二是主要抽样参数。本调查方案中采用的置信度不得低于90%，抽样相对误差不得高于5%，各层的变异系数取值参考历年调查的企业人工成本、从业人员劳动报酬等相关指标实际变异系数综合确定。

（五）样本轮换

按照抽样调查轮换样本的一般要求，对企业薪酬调查样本企业定期进行轮换，避免样本老化。

（六）企业从业人员的调查范围

样本企业中符合条件的所有从业人员全部参加调查。

二、调查数据审核要求

人力资源社会保障部制定基本数据审核标准，省、市两级人力资源社会保障部门可在此基础上细化本地审核标准。

审核内容主要包括：样本入选条件审核、调查填报率审核、数据逻辑性审核、数据合理性审核等。

三、调查数据整理方法

数据整理包括质量分析和变异值剔除等

工作。

（一）质量分析

一是数据上报的完整性和匹配性，包括上报率、分行业上报率、样本匹配率、分行业样本满足率等；

二是指标填报完整性，包括必填指标回答率、选填指标回答率等；

三是指标逻辑合理性，包括填报值超范围比率、填报值超逻辑条件比率、指标极大值与极小值的情况等；

四是关键指标离群值比率，包括从业人员平均劳动报酬指标离群值占比等。

（二）变异值剔除

人力资源社会保障部每年度调整和确定当期国家企业薪酬调查数据变异值剔除标准，原则上全国执行统一标准。

剔除标准主要根据全国经济发展水平、企业经营效益、职工工资水平等总体变化趋势，结合企业人工成本情况表中销售（营业）收入、利润、从业人员平均劳动报酬、人均人工成本，以及企业从业人员工资报酬情况表中工资报酬总额等有关数据分布和极高、极低值在样本总量中的占比情况综合确定。

四、调查数据汇总处理方法

（一）企业数据的汇总

在分类汇总前，将调查方案（样本框）中的分地区和分行业企业分布比例作为权数，对上报的有效数据中的企业数据进行复权，修正分地区和分行业企业人工成本、劳动报酬等相关数据。

（二）从业人员数据的汇总

在分类汇总前，将从业人员的工资数据原则上按照从业人员规模加权处理。

本方案将根据企业薪酬调查工作需要适时修订。

附件 2

企业薪酬调查信息发布方案

一、发布主体和职责

企业薪酬调查信息由国家、省（自治区、直辖市）、市（副省级市、地级市、州、盟）人力资源社会保障部门分级发布。

人力资源社会保障部负责发布全国以及分区域（东、中、西、东北 4 个地区）的企业薪酬调查信息。

各省、自治区、直辖市人力资源社会保障厅（局）负责发布本省（自治区、直辖市）的企业薪酬调查信息。

各副省级市、地级市、州、盟人力资源社会保障局负责发布本市、州、盟的企业薪酬调查信息。

二、发布范围

面向全社会公开发布。

三、发布时间

每年发布一次，时间一般不晚于第二季度。

四、发布渠道

各级人力资源社会保障部门的门户网站、人力资源市场或出版物等。

五、信息发布内容和要求

国家、省、市企业薪酬调查信息发布内容应包括企业从业人员工资报酬信息、企业人工成本信息以及相关技术说明等。

（一）发布的主要指标

1. 企业从业人员工资报酬信息。主要包括：分职业中类、职业小类企业从业人员工资报酬分位值（分位值为高位数、上四分位数、中位数、下四分位数、低位数，下同），分管理岗位等级/专业技术职称/职业技能等级企业从业人员工资报酬分位值。

2. 企业人工成本信息。主要包括：企业人工成本水平分位值、分行业门类分规模企业人工成本水平分位值、分行业门类分规模企业人工成本效益指标平均值（人工成本效益指标主要包括人事费用率、人工成本利润率、人工成本占总成本比重等）。

各地人力资源社会保障部门根据市场需要可增加职业和行业更细分类的信息发布。

（二）技术说明

明确信息发布的主要内容、主要统计指标含义口径、调查范围、调查方法、计算方法、样本量等信息。

国家、省、市人力资源社会保障部门根据企业样本数量、调查结果误差情况等参数确定本级调查满足发布要求的标准，并在数据发布时对该标准进行说明。原则上不满足发布要求的不发布，确需发布的应在发布时予以标注说明。

本方案将根据企业薪酬调查工作需要适时修订。

人力资源社会保障部 财政部关于使用失业保险基金支持脱贫攻坚的通知

人社部发〔2018〕35号

各省、自治区、直辖市及新疆生产建设兵团人力资源社会保障厅（局）、财政厅（局）：

为贯彻落实党中央、国务院关于打赢脱贫攻坚战的决策部署，深入落实中共中央办公厅、国务院办公厅《关于支持深度贫困地区脱贫攻坚的实施意见》要求，聚焦西藏、四省藏区、南疆四地州和四川凉山州、云南怒江州、甘肃临夏州及其他深度贫困县（以下简称深度贫困地区），充分发挥失业保险功能作用，支持精准扶贫、精准脱贫，现就有关事项通知如下：

一、提高深度贫困地区失业保险金标准。从2019年1月1日起，深度贫困地区失业保险金标准上调至最低工资标准的90%。

二、提高深度贫困地区企业稳岗补贴标准。对深度贫困地区的失业保险参保企业，可以将稳岗补贴标准提高到该企业及其职工上年度实际缴纳失业保险费总额的60%。

三、放宽深度贫困地区参保职工技能提升补贴申领条件。《人力资源社会保障部 财政部关于失业保险支持参保职工提升职业技能有关问题的通知》（人社部发〔2017〕40号）中规定的申领技能提升补贴需符合“依法参加失业保险，累计缴纳失业保险费36个月（含36个月）以上的”条件，对深度贫困地区参加失业保险的企业职工，放宽到“依法参加失业保险，累计缴纳失业保险费12个月（含12个月）以上的”。

吸纳建档立卡贫困人员就业并签订劳动合同的事业单位，可以享受稳岗补贴政策和技能提升补贴政策。各省（区、市）要发挥省级失业保险调剂金的作用，确保深度贫困地区失业保险基金运行平稳，各项待遇切实得到落实。以上政策由各省（区、市）人力资源社会保障部门、财政部门共同研究制定具体方案，政策执行期限截至2020年12月31日。

2018年6月26日

人力资源社会保障部关于贯彻落实《国务院关于推行终身职业技能培训制度的意见》精神的通知

人社部发〔2018〕45号

各省、自治区、直辖市及新疆生产建设兵团人力资源社会保障厅（局）：

党的十九大明确提出要大规模开展职业技能培训，建设知识型、技能型、创新型劳动者大军。今年5月，国务院印发《国务院关于推行终身职业技能培训制度的意见》（国发〔2018〕11号，以下简称《意见》），明确了当前职业技能培训工作的目标任务和政策措施。各级人力资源社会保障部门要按照党的十九大会议精神和《意见》要求，深刻领会推行终身职业技能培训制度的重要意义，根据《意见》确定的任务分工加强统筹协调，推动各项政策措施落到实处。现就贯彻落实《意见》工作提出如下要求：

一、深刻领会推行终身职业技能培训制度的重要意义

党中央、国务院高度重视职业技能培训工作，特别是党的十八大以来，习近平总书记就职业技能培训作出一系列重要论述，提出明确要求，为新时代做好职业技能培训工作提供了根本遵循和科学指南。《意见》明确提出职业技能培训工作要以习近平新时代中国特色社会主义思想为指导，推行终身职业技能培训制度，大规模开展职业技能培训。明确提出促进普惠均等、坚持需求导向、创新体制机制、坚持统筹推进的基本原则。明确提出完善终身培训政策体系和终身培训组织实施体系，加强就业技能培训、企业职工岗位技能提升培训、高技能人才培训、创业创新培训以及工匠精神和职业素质培育，建立市场化社会化发展机制、技能人才多元评价机制、质量评估监管机制和技能提升多渠道激励机制，加强职业技能培训服务能力建设、教学资源建设和基础平台建设。这是贯彻习近平总书记重要指示的重大举措，是职业技能培训工作的重大改革创新。我们要认真学习领会，把职业技能培训作为全面提升劳动者素质的根本举措，作为解决就业结构性矛盾的治本之策，作为脱贫攻坚的有效手段，作为实施“中国制造2025战略”的基本支撑，作为事关民生福祉、改革大业、国家发展全局的基础工程，列入重要议事日程。要结合实际提出切实可行的贯彻措施，加强职业技能开发和职业素质培养，全面做好技能人才培养、评价、选拔、使用、激励等工作，着力加强高技能人才队伍建设，形成有利于技能人才发展的制度体系和社会环境，促进技能振兴与发展。

二、各级人力资源社会保障部门要发挥牵头作用，推动《意见》贯彻落实

《意见》提出推行终身职业技能培训制度的17条政策措施，均明确由人力资源社会保障部为牵头（或联合牵头）单位，这是国务院赋予人力资源社会保障部的重要使命，凸显了人力资源社会保障部作为职业技能培训政府主管部门的重要职责。各级人力资源社会保障部门要重点做好如下工作：一是在同级党委政府的领导下，按照《意见》的要求，紧密结合本地实际情况，牵头研究制定贯彻落实《意见》的具体措施，要确保《意见》提出的政策和要求落地见效。二是建立多方协调机制，加强人力资源社会保障部门统筹协调，相关部门各司其职、密切配合，有关人民团体和社会组织广泛参与的工作机制，按《意见》要求履行好各自职责。三是要明确工作任务，推动任务落实。细化《意见》任务分工和工作目标，加强工作指导和推动，要广泛听取全体劳动者、各类企业、行业协会的意见，密切跟踪政策落实情况，加强督促检查，认真总结经验，推动各项政策措施落到实处。四是充分发挥企业主体作用。会同相关部门单位，总结交流推广推行终身职业技能培训制度的成熟经验，支持并指导企业特别是国有企业贯彻落实《意见》明确的各项政策措施。

三、做好终身职业技能培训服务保障工作

《意见》提出把推行终身职业技能培训制度作为推进供给侧结构性改革的重要任务，根据经济社会发展、促进就业和人才发展总体规划，制定中长期职业技能培训规划并大力组织实施，推进政策落实。一是加大政府财政投入。《意见》明确地方各级人民政府要加大投入力度，落实职业技能培训补贴政策，发挥好政府资金的引导和撬动作用。各级人力资源社会保障部门要会同财政部门合理调整就业补助资金支出结构，保障培训补贴资金落实到位，加大对用于职业技能培训各项补贴资金的整合力度，提高使用效益。二是完善经费筹集机制。《意见》明确要多渠道筹集经费，建立政府、企业、社会、个人多元投入机制，通过就业补助资金、企业职工教育培训经费、社会捐助赞助、劳动者个人缴费等多种渠道筹集培训资金。要创造条件、简化程序、克服障碍，鼓励支持企业、社会将资金投入职业技能培训工作。三是加强宣传工作。要加强职业技能培训政策宣传，开展多种形式的宣传报道活动，加强政策解读和舆论引导，积极回应社会关切，及时总结宣传推广交流各地好的经验做法，提高职业技能培训吸引力。

推行终身职业技能培训制度是一项长期的任务，各级人力资源社会保障部门要按照党中央、国务院的部署要求，完善政策措施，加大部门协调和组织推动力度，大规模开展职业技能培训。各地制定出台的政策措施情况请于今年年底前报我部，对《意见》贯彻落实中出现的问题也请及时向我部反馈。

2018 年 8 月 3 日

人力资源社会保障部　财政部关于进一步加大就业扶贫政策支持力度着力提高劳务组织化程度的通知

人社部发〔2018〕46号

各省、自治区、直辖市及新疆生产建设兵团人力资源社会保障厅（局）、财政厅（局）：

为深入学习贯彻习近平总书记关于扶贫工作的重要论述，全面落实党中央、国务院关于打赢脱贫攻坚战三年行动的部署安排，坚持精准扶贫精准脱贫基本方略，聚焦解决劳务组织化程度低的问题，进一步加大就业扶贫政策支持力度，努力促进建档立卡贫困劳动力（即16周岁以上、有劳动能力的建档立卡贫困人口，以下简称贫困劳动力）就业创业，确保完成带动300万贫困人口增收脱贫的目标任务，为打赢脱贫攻坚战提供强大助力。现就有关事项通知如下：

一、大力促进就地就近就业。各地要积极开发就业岗位，鼓励当地企业、农民专业合作社等吸纳贫困劳动力就业，扶持贫困地区发展一批扶贫车间、社区工厂、卫星工厂、就业驿站等载体，为贫困劳动力创造更多就地就近就业岗位。对企业、农民专业合作社和扶贫车间等各类生产经营主体吸纳贫困劳动力就业并开展以工代训的，根据吸纳人数，给予一定期限的职业培训补贴，最长不超过6个月。对企业吸纳贫困劳动力就业的，参照就业困难人员落实社会保险补贴等政策。有条件的地区可对吸纳贫困劳动力就业数量多、成效好的就业扶贫基地，按规定通过就业补助资金等给予一次性资金奖补。

二、积极支持创业带动就业。各地要积极支持贫困劳动力创业和农民工等人员返乡下乡创业，带动更多贫困劳动力就业。对有创业意愿并有一定创业条件的贫困劳动力，及时开展创业培训，落实税费减免、资金补贴、场地安排、创业担保贷款及贴息等政策。对首次创办小微企业或从事个体经营，且所创办企业或个体工商户自工商登记注册之日起正常运营6个月以上的贫困劳动力和农民工等返乡下乡创业人员，可给予一次性创业补贴。落实创业孵化基地奖补政策，对入驻实体数量多、孵化效果好的贫困县创业孵化载体，可适当提高奖补标准。

三、大力开展有组织劳务输出。各地要依托东西部扶贫协作机制、对口支援机制，结合省内结对帮扶机制，努力扩大劳务输出规模，着力提升劳务协作的组织化程度和就业质量。对各级公共就业服务机构针对贫困劳动力开展职业指导、专场招聘等就业服务活动的，给予就业创业服务补助，并适当提高补助标准。对人力资源服务机构、劳务经纪人等市场主体开展贫困劳动力有组织劳务输出的，可通过就业创业服务补助购买基本服务成果。对贫困劳动力通过有组织劳务输出到户籍所在县以外就业的，给予一次性求职创业补贴。对企业接收外地贫困劳动力就业的，输入地要参照当地就业困难人员落实社会保险补贴、创业担保贷款及贴息等政策。承担东西部对口协作任务的东部省份，可使用财政安排的援助资金促进在本省（区、市）就业的贫困劳动力稳定就业。

四、通过公益性岗位托底安置。各地要指导贫困县按照有关政策和资金管理的规定，统筹利用各类资金开发公益性岗位，为贫困劳动力提供帮扶，贫困地区人力资源社会保障部门应将新增和腾退的公益性岗位优先用于安置贫困劳动力。积极协调林业草原、交通、扶贫等部门，综合开发保洁保绿、治安协管、乡村道路维护、山林防护、孤寡老人和留守儿童看护等公益性岗位，鼓励贫困村利用村集体收益等资金开发公益性岗位，安置贫困劳动力就业。

五、大规模开展职业培训。各地要根据贫困劳动力就业意愿和市场用工需求，大规模开展职业培训，创新培训形式，优化项目开发，加强师资配置，提升培训质量。鼓励通过项目制方式，整建制购买职业技能培训或创业培训项目，为贫困劳动力免费提供培训。对参加职业培训的贫困劳动力，在培训期间给予生活费补贴。对就读技工院校的建档立卡贫困家庭学生按规定免除学费、发放助学金，支持其顺利完成技工教育并帮助其就业。

六、切实加强组织保障。各地人力资源社会保障部门要把做好就业扶贫作为重大政治任务，主要负责同志要亲自抓，健全工作机制，明确任务分工，突出问题导向，优化政策供给，细化工作方案，下足绣花功夫，确保就业扶贫目标任务如期完成。各地财政部门要切实加强经费保障，加大对深度贫困地区的资金倾斜和支持力度，确保就业扶贫政策落地生效和工作顺利推进。

以上政策执行期限截至2021年12月31日。各地要提前做好政策到期衔接准备，在确保贫困劳动力稳定脱贫的同时，做到政策不断档、服务不断线、后续有衔接。

2018年8月8日

人力资源社会保障部关于香港澳门台湾居民在内地（大陆）就业有关事项的通知

人社部发〔2018〕53号

各省、自治区、直辖市人力资源社会保障厅（局）：

2018年7月28日，国务院印发《关于取消一批行政许可事项的决定》（国发〔2018〕28号），取消台港澳人员在内地就业许可。8月23日，人力资源社会保障部颁布《关于废止〈台湾香港澳门居民在内地就业管理规定〉的决定》（人力资源社会保障部令第37号），废止《台湾香港澳门居民在内地就业管理规定》（劳动和社会保障部令第26号）。为进一步做好港澳台人员在内地（大陆）就业有关工作，现就有关事项通知如下：

一、在内地（大陆）求职、就业的港澳台人员，可使用港澳台居民居住证、港澳居民来往内地通行证、台湾居民来往大陆通行证等有效身份证件办理人力资源社会保障各项业务，以工商营业执照、劳动合同（聘用合同）、工资支付凭证或社会保险缴费记录等作为其在内地（大陆）就业的证明材料。

二、各地要完善相关制度，将港澳台人员纳入当地就业创业管理服务体系，参照内地（大陆）劳动者对其进行就业登记和失业登记，加强就业失业统计监测，为有在内地（大陆）就业创业意愿的人员提供政策咨询、职业介绍、开业指导、创业孵化等服务。要在2018年12月31日前完成对公共就业创业服务系统的改造升级，支持港澳台人员使用港澳台居民居住证、港澳居民来往内地通行证、台湾居民来往大陆通行证等有效身份证件注册登录，提供求职招聘服务。

三、各地要加强工作部署和政策宣传，及时帮助辖区内用人单位和港澳台人员了解掌握相关政策规定，依法维护港澳台人员在内地（大陆）就业权益，为港澳台人员在内地（大陆）就业营造良好环境。

四、2018年7月28日起，港澳台人员在内地（大陆）就业不再需要办理《台港澳人员就业证》。8月23日起，各地不再受理《台港澳人员就业证》申请；对此前已受理申请但尚未发放证件的，及时告知用人单位无须再申请办理。2018年12月31日前，处于有效期内的《台港澳人员就业证》仍可同时作为港澳台人员在内地（大陆）就业证明材料；2019年1月1日起终止使用。

各地要按照本通知精神，抓紧清理相关法规、政策，做好各项工作衔接。工作中遇到的新情况、新问题，请及时报送我部。

2018年8月23日

人力资源社会保障部关于印发《打赢人力资源社会保障扶贫攻坚战三年行动方案》的通知

人社部发〔2018〕54号

各省、自治区、直辖市及新疆生产建设兵团人力资源社会保障厅（局），部属各单位：

《打赢人力资源社会保障扶贫攻坚战三年行动方案》已经第16次党组会审议通过，现印发给你们，请结合实际认真贯彻落实。

2018年8月31日

打赢人力资源社会保障扶贫攻坚战三年行动方案

为贯彻落实《中共中央　国务院关于打赢脱贫攻坚战三年行动的指导意见》，进一步发挥人力资源社会保障部门职能作用，细化任务措施，压实工作责任，强化工作落实，推动人力资源社会保障扶贫攻坚工作更加有效开展，制定本方案。

一、总体要求

（一）指导思想。全面贯彻党的十九大和十九届二中、三中全会精神，以习近平新时代中国特色社会主义思想为指导，坚决贯彻落实党中央、国务院关于打赢脱贫攻坚战的决策部署，坚持精准扶贫精准脱贫基本方略，聚焦深度贫困地区和特殊贫困群体，坚持目标标准，突出问题导向，优化政策供给，细化到村、落实到户、精准到人，下足绣花功夫，不断加大就业创业、技能培训、社会保险、人事人才扶贫工作力度，为打赢脱贫攻坚战作出积极贡献。

（二）目标任务。到2020年，通过扩大建档立卡贫困劳动力（以下简称贫困劳动力）就业规模、提高就业质量，促进100万贫困劳动力实现就业，带动300万建档立卡贫困人口（以下简称贫困人口）脱贫。使有职业培训需求的贫困劳动力都有机会接受职业培训，完成贫困劳动力职业技能培训累计300万人次；使有就读技工院校意愿的建档立卡贫困家庭应、往届“两后生”（以下简称贫困家庭学生）都能接受技工教育，技工院校新招收贫困家庭学生不少于12万人。实现贫困人口基本养老保险全覆盖。各类人才服务贫困地区的支持力度不断加大，人才智力支撑贫困地区脱贫能力显著增强。

二、全力推进就业扶贫

（一）强化就业服务。各地要制订切实可行的就业扶贫计划，准确掌握贫困劳动力基本信息，加强就业服务，开展“一对一”精准帮扶，充分调动贫困劳动力就业积极性。各地公共就业服务机构要深入摸查贫困劳动力的情况，针对其贫困特点，积极开展职业指导，加强职业介绍，推动就业意愿、就业技能与就业岗位精准对接，提高就业脱贫覆盖面。发挥人力资源服务机构作用，加强人力资源市场供求信息监测，开展专场招聘、就业创业指导、技能培训等活动。（责任单位：就业司、市场司按照职责分工负责）

（二）扶持发展扶贫车间等载体吸纳就业。在贫困乡镇、村建设一批扶贫车间、社区工厂、卫星工厂等就业扶贫载体。配合扶贫部门将扶贫车间等载体建设纳入扶贫项目建设规划，不断规范建设标准。鼓励企业、农民专业合作社、扶贫车间等各类用人单位吸纳贫困劳动力就业，对开展以工代训的，给予职业培训补贴；对企业按规定给予一定数额的社会保险费补贴；对吸纳就业成效好的就业扶贫基地，给予一次性资金奖补。（责任单位：就业司）

（三）鼓励返乡下乡创业带动就业。积极推进贫困县返乡创业园建设，加大创业扶持政策、创业服务支持力度，引导各类人员到贫困县创业，带动贫困劳动力就业。通过承接产业转移、发展农村电商、创意农业、乡村旅游等措施，在贫困地区培育一批创业项目，其中办理工商登记注册的，按规定落实小微企业扶持政策，对吸纳贫困劳动力就业并稳定就业 1 年以上的，可给予一定奖补。实施返乡创业带头人培养计划、创业服务能力提升计划，对吸纳贫困劳动力多的创业企业，优先落实扶持政策。对贫困劳动力、农民工等返乡下乡创业人员首次创办小微企业或从事个体经营并且正常运营 6 个月以上的，给予一次性创业补贴。对入驻实体数量多、孵化效果好的贫困县创业孵化载体，提高创业孵化基地奖补标准。（责任单位：就业司）

（四）深化扶贫劳务协作。加强输出地与输入地的劳务协作，完善落实劳务协议，努力扩大劳务输出规模，提高劳务组织化程度。输出地政府要摸清有意愿外出贫困劳动力的基本情况、就业意愿等信息，帮助解决实际困难与问题，做好劳务输出的组织发动。要结合当地特色产业和人力资源优势，打造和推广一批劳务品牌，以劳务品牌带动转移就业。鼓励支持输出地政府在贫困劳动力务工较集中的城市或地区建立劳务站，为外出务工人员提供持续帮扶。输入地政府要搞好与输出地政府的劳务对接，着力开发和提供就业岗位，为贫困劳动力转移就业提供职业培训、就业服务、劳动维权等“三位一体”的服务，增强贫困劳动力就业稳定性。深化家政服务劳务对接扶贫行动，完善家政服务劳务对接扶贫工作机制，推动落实省际家政服务劳务对接扶贫协议，加强省内家政服务劳务对接扶贫。支持家政服务企业在贫困县建立贫困劳动力转移就业和培训基地。对通过有组织劳务输出到户籍所在县以外地区就业的贫困劳动力，给予一次性求职创业补贴；对开展有组织劳务输出的人力资源服务机构、公共就业服务机构、劳务经纪人，给予就业创业服务补助。对接受外地贫困劳动力就业的企业，参照当地就业困难人员落实社会保险补贴、创业担保贷款及贴息等政策。（责任单位：就业司、农民工司按照职责分工负责）

（五）开发公益性岗位托底安置。各地要统筹考虑乡村建设实际需要，开发农村保洁、治安、护路、管水、扶残助残、养老护理等公益性岗位，帮扶贫困劳动力就业。贫困地区新增和腾退的公益性岗位应优先安置贫困劳动力，可由就业补助资金给予一定期限的岗位补贴。积极协调林业草原、交通、扶贫等部门，开发各类公益性岗位安置贫困劳动力。鼓励各地通过以工代赈、以奖代补、劳务补助等方式，动员更多贫困劳动力参与小型基础设施、农村人居环境整治等项目建设，增加劳务收

入。（责任单位：就业司）

三、持续推进技能扶贫

（一）实施技能脱贫专项行动。坚持就业导向，对接岗位需求信息，面向有培训需求的贫困劳动力大规模开展职业技能培训。对参加职业培训的贫困劳动力，在培训期间给予生活费补贴。优化培训方式方法，根据实际情况采取集中培训、弹性培训、上门培训等方式，开展进乡镇、进社区、进家庭等“点对点”、“一对一”精准培训。对吸纳就业能力较强的家政服务、物流配送、养老服务等产业，加大劳务输出培训力度。充分发挥企业在职工技能培训中的主体作用，鼓励各地企业特别是贫困地区企业招用贫困劳动力并开展培训，鼓励建设劳动力培训基地，推进企业新型学徒制培训。各地要严格执行贫困劳动力职业培训补贴政策，扩大培训补贴对象范围，增加补贴项目，上调补贴标准，完善补贴拨付流程，简化程序，加强资金监管。（责任单位：职业能力司）

（二）深入开展技能脱贫千校行动。为有就读技工院校意愿的贫困家庭学生提供免费技工教育，为有劳动能力和培训意愿的贫困劳动力提供免费职业技能培训。指导各地确定一批重点院校和专业，建立健全结对协作和对口支援工作机制，支援深度贫困地区技工院校发展。深化校企合作，广泛组织动员，鼓励社会各界参与，共同开展精准技能扶贫。强化资金投入保障，加强教学资源支持，强化激励措施引导，加强信息管理、统计和宣传等基础工作，确保技能脱贫千校行动取得更大成效。（责任单位：职业能力司）

（三）增强贫困地区职业培训供给能力。培训项目向所有具备资质的培训机构开放。引导各类培训资源积极开展贫困劳动力职业培训，支持贫困地区合理增设职业培训机构和技工院校。通过多种渠道和方式援助贫困地区培训机构和技工院校改善办学条件、扩展办学规模。采取双向挂职、两地培训、委托培养和支教等方式，开展师资培训和“传帮带”等活动。开发适合贫困劳动力特点的培训项目，打造适应县域经济发展、满足贫困劳动力个性化、差异化培训需求的精品课程。为贫困地区职业培训机构和技工院校免费提供多媒体培训资源支持。（责任单位：职业能力司）

四、全面落实社会保险扶贫政策

（一）推进贫困人口社会保险应保尽保。结合全民参保计划，积极主动为贫困人口开展社会保险扶贫政策宣传和参保登记等经办服务工作，切实落实贫困人口各项参保优惠及代缴补贴政策，重点做好为建档立卡未标注脱贫的贫困人口、低保对象、特困人员等困难群体代缴城乡居民养老保险费。支持和引导符合条件的乡村医生按规定参加城镇职工基本养老保险。对行动不便的贫困人口，提供上门服务，推动应保尽保。（责任单位：养老司、农保司、信息中心、社保中心按照职责分工负责）

（二）逐步提高城乡居民基本养老保险待遇水平。指导各地建立城乡居民基本养老保险待遇确定和基础养老金正常调整机制。根据经济发展和居民收入水平增长情况，逐步提高城乡居民基本养老保险最低缴费标准和基础养老金标准，推动城乡居民基本养老保险待遇水平随经济发展而逐步提高。（责任单位：农保司）

（三）防范因工伤、失业致贫返贫。大力推进工程建设领域按项目参加工伤保险；探索建立新产业新业态从业人员职业伤害保障制度，防止快递业等行业从业人员因工伤致贫返贫。积极推进农民工参加失业保险，关注贫困人口就业后的参保情况，推动各地适当上调失业保险金标准，确保失业保险金应发尽发，为包括贫困人口在内符合条件的失业人员提供基本生活保障。（责任单位：失业司、工伤司按照职责分工负责）

五、不断加强人事人才扶贫

（一）积极引导各类人才向贫困地区流动。在贫困地区县乡事业单位公开招聘中放宽年龄、学历和专业要求，允许拿出一定数量的岗位面向本地户籍或生源招聘，对采取统一考试方式招聘的，可根据工作需要适当降低开考比例或不设开考比例，划定成绩合格线；对急需紧缺专业人才，可以根据实际情况，采取直接考察方式招聘。进一步扩大全科医生特设岗位计划实施范围，推动贫困地区实现全科医生特设岗位计划全覆盖。鼓励支持高校和科研院所等事业单位专业技术人员带成果项目到贫困地区创新创业，发展扶贫产业带动贫困人口就业创业。根据事业单位工作人员奖励相关规定，对在扶贫工作中作出突出贡献的事业单位工作人员或工作人员集体给予奖励。结合农业技术、中小学教师、基层卫生等专业技术领域职称制度改革，研究制定对贫困地区专业技术人才倾斜支持政策，对论文、外语和计算机应用能力不作硬性要求，侧重考察其工作实绩，适当放宽学历和任职年限要求；鼓励有条件的贫困地区单独建立基层专业技术人才职称评审委员会或评审组，单独评审。选拔享受国务院政府特殊津贴人员和表彰全国杰出专业技术人才向贫困地区倾斜。（责任单位：专技司、事业管理司按照职责分工负责）

（二）为贫困地区提供智力支持和人才服务。优先在贫困地区遴选建设国家级专家服务基地，支持贫困地区新设博士后科研流动站、工作站。大力推进东西部干部双向挂职、人才双向交流，注重从贫困地区选拔专业技术人才到发达地区进修培训。开展专家服务基层、“千人计划”专家下基层、博士后科技服务团等专家服务活动，发挥专家智力、技术和信息优势，支援贫困地区培养一批专业技术人才，转化一批技术成果。专业技术人员到贫困地区开展服务的年限，可认定为基层工作服务年限，在职称评定、岗位聘用等方面予以倾斜。实施高校毕业生“三支一扶”计划，每年选派2.5万名左右高校毕业生到基层从事扶贫等服务。全面组织实施“三支一扶”人员能力提升专项计划，强化基层工作能力培训，提高“三支一扶”人员服务基层效果。（责任单位：市场司、专技司按照职责分工负责）

（三）落实向贫困地区倾斜的工资政策。适时调整事业单位工作人员艰苦边远地区津贴标准，适当向高类区和低岗位人员倾斜，扶持贫困地区事业单位提高工资收入水平。完善西藏事业单位工作人员西藏特殊津贴实施办法，建立动态增长机制，及时调整西藏特殊津贴标准。继续指导四省提高四省藏区事业单位工作人员工资收入水平。适时调整南疆四地州事业单位工作人员南疆工作补贴标准。指导有关省份落实好高校毕业生到基层工作高定工资政策、乡镇工作补贴、高海拔地区折算工龄补贴等政策，在落实乡镇工作补贴时向条件艰苦的偏远乡镇和长期在乡镇事业单位工作的人员倾斜。（责任单位：工资司）

六、加大深度贫困地区支持力度

（一）加大就业扶贫力度。进一步加大就业补助资金对深度贫困地区的转移支付力度，将就业扶贫任务纳入就业补助资金分配因素。针对深度贫困地区交通不便、语言障碍等特殊问题，综合运用多种手段，制定实施更有针对性的就业扶贫政策措施。组织深度贫困地区基层公共就业服务人员到对口帮扶省份实地观摩、短期培训，帮助提升服务能力。（责任单位：就业司）

（二）加大技能扶贫力度。指导深度贫困地区研究制定贫困劳动力职业培训补贴政策，可将居家就业人员纳入补贴对象，将适合就业的和劳务输出的职业（工种）纳入政府补贴目录。支持“三区三州”技工院校至少建设一个特色优势主体专业、拥有一个资料室、每名教师和管理人员至少参加一次培训。加大对口帮扶深度贫困地区培训机构和技工院校力度，提高技工教育和职业培训水平。承担帮扶任务的技工院校对深度贫困地区技工院校特色优势主体专业进行定点帮扶。（责任单位：职业能力司）

（三）加大失业保险政策倾斜力度。将深度贫困地区参保企业稳岗补贴标准提高到该企业及其职工上年度实际缴纳失业保险费总额的60%，将深度贫困地区参保职工申领技能提升补贴条件由参保缴费累计满3年放宽至满1年。深度贫困地区失业保险金标准上调至最低工资标准的90%。吸纳贫困人口就业并签订劳动合同的事业单位，可以享受稳岗补贴政策和技能提升补贴政策。（责任单位：失业司）

（四）加大干部人才支持力度。新疆、西藏少数民族专业技术人才特殊培养学员名额适当向南疆四地州倾斜，学员选拔范围扩大到四省藏区。每年组织医疗卫生、农业畜牧、交通运输、环境资源、企业管理和教育等专业领域的专家，分别赴新疆南疆、西藏开展讲学、技术指导、学术交流等活动，培训指导当地从事相关工作的专业技术人员和管理人员。对“三区三州”全部博士后设站单位实现博士后日常经费资助全覆盖。“三支一扶”招募名额和中央财政补助资金进一步向深度贫困地区倾斜，进一步加大深度贫困地区扶贫岗位开发力度。在援藏援疆援青工作中，选派优秀后备干部和专业技术人才到“三区三州”等深度贫困地区挂职任职，按规定落实相关待遇。（责任单位：市场司、专技司按照职责分工负责）

七、加强扶贫攻坚工作组织保障

（一）全方位压实攻坚责任。强化中央统筹、省负总责、市县抓落实的工作机制。人力资源社会保障部成立扶贫工作领导小组，统筹协调人力资源社会保障扶贫攻坚工作，加强督促指导。落实定点扶贫工作责任，加强工作力量，加大帮扶工作力度。省级人力资源社会保障部门要结合当地实际，制定具体实施方案，市县级人力资源社会保障部门抓好落实。各级人力资源社会保障部门要把扶贫攻坚工作摆在突出位置，加强组织领导，层层分解任务、层层压实责任，强化政策落实落地，确保人力资源社会保障扶贫攻坚工作取得实效。加强人力资源社会保障扶贫攻坚政策和典型做法的宣传报道，充分发挥示范引领作用。（责任单位：部属有关单位）

（二）强化扶贫信息的共享和比对。完善人力资源社会保障扶贫信息平台，加强与国家扶贫开发大数据平台的对接，加强各部门间、各层级间的扶贫数据共享和交换，加强统计监测和数据分析，为精准扶贫提供支持。各地要积极应用农村贫困劳动力就业信息平台，及时核实、更新贫困劳动力就业信息、职业技能培训人次等。推动技工院校学籍管理系统与雨露计划信息服务管理系统的及时对接，建立技工院校电子注册和统计信息管理系统与贫困人口信息系统精准比对机制。按季度开展贫困人口与全国社会保险参保人员数据比对，动态掌握贫困人口参保信息。（责任单位：规划司、就业司、职业能力司、农民工司、农保司、信息中心、社保中心按照职责分工负责）

（三）加强公共服务能力建设。加快推进基层劳动就业和社会保障服务平台项目建设进度，指导地方多措并举改善基层公共服务条件，增强公共服务能力，提升公共服务标准化、信息化、便民化水平，为群众提供更加优质便捷高效的基本公共服务。进一步加强人力资源社会保障系统行风建设，不断提升窗口经办人员服务意识和服务作风，逐步实现各级审批和公共服务“马上办、就近办、一次办”。加强干部培训，提高人力资源社会保障干部精准扶贫能力，培养锻炼过硬的扶贫攻坚干部队伍。（责任单位：规划司、行风办、部属有关单位按照职责分工负责）

（四）持续开展作风问题专项治理。各级人力资源社会保障部门要持续开展扶贫领域作风问题专项治理。加强督促检查，对人力资源社会保障扶贫领域“四个意识”不强、责任落实不到位、工作措施不精准、资金管理使用不规范、工作作风不扎实、考核评估不严格等问题，要严肃查处。（责任单位：农民工司、驻部纪检组、行风办、部属有关单位按照职责分工负责）

各省、自治区、直辖市及新疆生产建设兵团人力资源社会保障厅（局）具体实施方案于2018年10月底前报送人力资源社会保障部。每年10月底前将工作开展情况报送人力资源社会保障部，人力资源社会保障部将按要求向党中央报告工作情况。

人力资源社会保障部关于学习贯彻《人力资源市场暂行条例》的通知

人社部发〔2018〕57号

各省、自治区、直辖市及新疆生产建设兵团人力资源社会保障厅（局），各副省级市人力资源社会保障局：

《人力资源市场暂行条例》（以下简称《条例》）已于2018年6月29日以国务院令第700号公布，将于2018年10月1日起施行。这是我国人力资源市场领域第一部行政法规，贯彻中央关于建设统一开放、竞争有序的人力资源市场的新精神新要求，对人力资源市场培育发展、活动规范、服务提供、监督管理等方面作了规定，是做好新时代人力资源市场建设工作的基本依据和准则。《条例》的颁布施行，对于促进人力资源自由有序流动，推动人力资源服务业发展，更好服务就业创业和高质量发展，具有重要意义。为做好《条例》的学习贯彻工作，现就有关要求通知如下：

一、认真抓好《条例》的学习、宣传和培训工作

各级人力资源社会保障部门要认真学习《条例》，充分认识《条例》颁布施行的重大意义，准确把握《条例》的总体框架、主要内容、市场各主体的责任与义务。要坚持学以致用，把学习贯彻《条例》与深刻领会中央关于实施人才强国战略、就业优先战略和创新驱动发展战略的精神结合起来，与实现更高质量和更充分就业的部署结合起来，与充分发挥市场机制作用促进人力资源顺畅流动的要求结合起来，与解决人力资源市场存在的问题结合起来，切实提高政策执行能力。

各级人力资源社会保障部门要切实做好《条例》的宣传工作，充分利用报纸杂志、广播电视、互联网等新闻媒体，通过开辟专栏、解读条文、答记者问等形式，对《条例》进行重点宣传。要主动深入人力资源服务产业园区、人力资源服务机构和用人单位，有针对性开展宣传，让市场各主体了解权利与义务，知悉市场活动规范，增强贯彻落实《条例》的自觉性。要坚持正确的舆论导向，准确把握宣传口径，注意收集掌握舆情动态，针对社会反应及时释疑解惑，为《条例》的顺利施行营造良好氛围。

各级人力资源社会保障部门要加强对《条例》的培训工作，将其作为业务培训的重要内容，列入专门计划，以人社系统干部特别是人力资源市场建设和管理工作人员为重点，抓好集中培训。人力资源社会保障部将举办专题培训班，对各省（区、市）人社厅（局）分管领导、人力资源市场管理处室负责人进行培训。各省（区、市）人社厅（局）要组织好本地区的学习培训，要通过举办各种形式的专题培训班，系统轮训省、市、县三级人力资源市场管理部门、公共就业和人才服务机构、人力资源服务产业园区、行业协会的工作人员，也要对各级各类经营性人力资源服务机构的主要负责人、高级管理人员开展有针对性的培训。

二、进一步推进人力资源市场建设

各级人力资源社会保障部门要把《条例》的精神和要求，充分落实到推进人力资源市场建设各方面工作中。一要强化政府培育人力资源市场职责。《条例》明确提出，国家建立统一开放、竞争有序的人力资源市场，促进人力资源市场繁荣发展。要积极推动各级政府将人力资源市场建设纳入国民经济和社会发展规划，充分运用区域、产业、土地等政策，不断健全功能完善、机制健全、运行有序、服务规范的人力资源市场体系。要在推进统一的人力资源市场建设基础上，根据国家区域发展战略和当地经济社会发展需要，大力发展专业性、行业性人才市场。二要进一步提升公共人力资源服务水平。要按照《条例》规定的公共人力资源服务内容和范围，落实相关免费服务，不断提高服务质量和效率。要扩大公共人力资源服务供给，确保公共人力资源服务经费纳入财政预算。要积极通过政府购买服务等方式提供公益性人力资源服务，优化公共服务提供方式。三要大力发展经营性人力资源服务。《条例》明确规定，县级以上人民政府要提高人力资源服务业发展水平，鼓励发展高级人才寻访等高端人力资源服务业务。要结合国家关于发展现代服务业的部署和要求，认真落实“人力资源服务业发展行动计划”，积极实施骨干企业培育计划、领军人才培养计划、产业园区建设计划和“互联网＋”人力资源服务行动、诚信主题创建行动、“一带一路”人力资源服务行动，推动人力资源服务产业做强做大。四要做好人力资源市场信息监测发布工作。《条例》明确规定，县级以上人民政府建立覆盖城乡和各行业的人力资源市场供求信息系统，完善市场信息发布制度。要按照《条例》规定，结合解决就业结构性矛盾的要求，努力为求职者和用人单位提供精确对接服务，分地区、分行业及时发布人力资源市场供求信息，进一步加强信息监测和预警工作。五要积极推动人力资源自由有序流动和优化配置。《条例》明确规定，国家建立政府宏观调控、市场公平竞争、单位自主用人、个人自主择业、人力资源服务机构诚信服务的人力资源流动配置机制。要围绕国家和本地区人才发展战略需求，制定发布急需紧缺人才目录，引导人才资源合理流动，推动各类人才进一步流向基层一线和艰苦边远地区。要鼓励发展高级人才寻访等人才中介服务机构，充分开发利用国际国内人才资源。

三、进一步加强人力资源市场监管

各级人力资源社会保障部门在贯彻实施《条例》过程中，要进一步创新监管方式，大力加强事中事后监管。一要继续深化人力资源市场领域“放管服”改革。《条例》将职业中介活动明确为行政许可事项，对其他人力资源服务业务实行备案管理。要进一步贯彻落实国务院关于深化“放管服”改革的一系列部署，在做好对人力资源服务机构行政许可、备案工作基础上，切实采取有效方式，减轻服务机构负担，提供更加高效、便捷的服务。二要维护市场良好秩序。《条例》明确规定，人力资源社会保障行政部门采取随机抽取检查对象、随机选派执法人员的方式实施监督检查。各地要在现有工作基础上，大力推广随机抽查制度，建立随机抽取检查对象、随机选派执法检查人员、检查结果面向社会公布的“双随机、一公开”制度，对抽查发现的违法违规行为，依法依规加大惩处力度。要严厉惩处人力资源市场违法违规行为，坚决打击“黑中介”、虚假招聘等侵害求职者和用人单位合法权益的活动，净化人力资源市场环境，维护市场主体权益。三要健全完善年度报告公示制度。《条例》规定，经营性人力资源服务机构应当在规定期限内，向人力资源社会保障行政部门提交经营情况年度报告。要加强与市场监督管理等部门的信息共享，通过信息共享可以获取的信息，不得要求经营性人力资源服务机构重复提供。要促进事中事后监管措施规范化、制度化、常态化，维护市场公平竞争秩序。四要进一步推进人力资源市场领域诚信建设。《条例》明确规定，人力资源社会保障行政部门应当加强人力资源市场诚信建设，把用人单位、个人和经营性人力资源服务机构的信用数据和失信情况等纳入市场诚信建设体系，建立守信激励和失信惩戒机制，实施信用分类监管。要倡导劳动者诚实求职，向用人单位和人力资源服务机构如实提供个人基本信息。要监督用人单位依法开展招聘工作，遵守法律法规对服务期、从业限制、保密等方面的规定，保障劳动者合法权益。要深入开展人力资源服务机构诚信创建活动，推动人力资源服务机构依法经营、诚信服务。五要切实规范人力资源市场活动，落实法律责任。《条例》明确规定了劳动者、用人单位、人力资源服务机构等市场主体的活动规范。《条例》要求，个人应当诚实求职，用人单位应当依法如实发布或者提供招聘信息，人力资源应当依法流动；人力资源服务机构接受委托招聘人员或开展其他人力资源服务，不得采取欺诈、暴力、胁迫或者其他不正当手段，不得介绍单位或者个人从事违法活动；人力资源服务机构举办现场招聘会、开展人力资源供求信息的收集和发布、提供人力资源服务外包、通过互联网提供人力资源服务，应当遵守相应的活动准则；经营性人力资源服务机构应当在服务场所明示营业执照、收费标准、人力资源服务许可证等事项。各级人力资源市场管理部门要确保市场主体活动规范落实到位，对违法违规行为，要按照相应的法律责任进行惩处。

四、加强组织领导，落实工作责任

各级人力资源社会保障部门要切实加强组织领导，及时主动向当地党委、政府汇报人力资源市场工作。要加强与发展改革、公安、财政、商务、税务、市场监管等部门的沟通协调，进一步形成工作合力。要研究制定贯彻实施《条例》的工作方案，明确任务，细化分工，落实责任，防范风险，确保各项工作平稳有序实施。要做好《条例》实施前的准备工作，及时更新人力资源服务机构管理档案和台账，认真梳理本地区已经出台的人力资源市场政策法规，及时修订、制定相关政策法规，确保人力资源市场建设和管理各项工作有法可依，平稳有序。

各地学习贯彻《条例》的情况和意见，请及时报告人力资源社会保障部。

2018 年 9 月 6 日

人力资源社会保障部　国务院国资委关于深入推进技工院校与国有企业开展校企合作的若干意见

人社部发〔2018〕62号

各省、自治区、直辖市及新疆生产建设兵团人力资源社会保障厅（局）、国有资产监督管理部门，各中央企业：

技工教育是国民教育体系和人力资源开发的重要组成部分，承担着为经济社会发展培养高素质技能人才的重要任务。近年来，技工院校已经成为综合性的技工教育培训基地、高技能人才培养的重要阵地、与企业联系紧密的办学实体，形成了鲜明的办学特色和独特的技能人才培养优势。为深入贯彻落实党的十九大精神和《新时期产业工人队伍建设改革方案》《国务院办公厅关于深化产教融合的若干意见》（国办发〔2017〕95号）等文件要求，进一步深化产教融合、校企合作，切实提高技工院校人才培养质量，加强国有企业技能人才队伍建设，现就深入推进技工院校与国有企业开展校企合作提出以下意见。

一、总体要求

（一）指导思想。

全面贯彻党的十九大精神，以习近平新时代中国特色社会主义思想为指导，紧紧围绕统筹推进“五位一体”总体布局和“四个全面”战略布局，实施就业优先战略和人才强国战略，根据经济转型升级、产业结构优化需要和劳动者就业创业需求，大力发展校企双制、工学一体的技工教育，充分发挥国有企业重要主体作用，促进人才培养供给侧和产业需求侧全方位对接，为增强企业核心竞争力，建设知识型、技能型、创新型劳动者大军提供有力支撑。

（二）基本原则。

统筹协调，共同推进。将校企合作作为技工院校基本办学制度，作为国有企业人力资源开发的重要途径，进一步完善校企合作制度，创新校企合作内容，形成人社部门、国有资产监督管理部门、国有企业、技工院校共同推进的工作格局。

服务需求，优化结构。针对国有企业发展需求，优化技工院校结构，壮大优质技工教育资源，鼓励企业直接举办或参与举办同企业主业发展密切相关、产教融合的技工院校。结合推进国有企业改革，支持有条件的国有企业继续办好做强技工院校。

校企双制，工学一体。充分调动校企双方的积极性、主动性和创造性，构建共同招生招工、校企双制培养的长效合作机制。完善技工院校专业设置，深化一体化课程教学改革，提升人才培养质量，增加高技能人才供给，提高技工院校人才培养能力。

（三）主要任务。

鼓励国有企业（含国有上市企业，下同）参与同企业主业发展密切相关、产教融合的技工院校办学，深化校企合作制度，全面推行校企协同育人。推动形成办学规模适合市场需求，专业结构适应产业发展，校企融合贯穿办学过程，教学改革实现工学结合，实习实训与工作岗位紧密衔接，技能人才培养层次规模与经济社会发展更加匹配，社会服务功能更加健全的现代技工教育体系。持续完善国有企业技能人才培养培训制度，加快建设数量充足、素质优良、结构合理的企业技能人才队伍，形成初级、中级、高级技能劳动者队伍梯次发展和比例结构基本合理的格局，使技能人才规模、结构、素质更好地满足产业结构优化升级和国有企业发展需求。

二、深入推进校企合作办学

（四）完善校企合作办学制度。各级人社部门要发挥联系企业的职能优势，搭建校企合作平台，促进院校人才培养与企业用人需求紧密结合。指导技工院校推进专业设置与产业需求对接，课程内容与职业标准对接，教学过程与工作过程对接。促进校企共同招生招工、共商专业规划、共议课程开发、共组师资队伍、共创培养模式、共建实习基地、共搭管理平台、共评培养质量，形成“人才共有、过程共管、成果共享、责任共担”的校企合作办学制度，实现企业得人才、职工学生得技能、技工院校得发展的多赢目标。

（五）强化技工院校与国有企业合作关系。要建立人社部门、国有资产监督管理部门、国有企业、技工院校合作机制，形成校企利益共同体。鼓励校企双方以组建技工教育集团、校企股份制合作、自主经营生产、租赁承包、企中办校、校中办企等多种方式开展合作。鼓励国有企业直接举办或通过参股、入股等多种方式参与举办同企业主业发展密切相关、产教融合的技工院校。鼓励技工院校通过与国有企业合作开设订单、定向、冠名班等方式扩大招生规模。指导技工院校全面推广一体化课程教学改革，切实提高学生适应企业岗位工作要求的能力。鼓励技工院校和国有企业开展跨区域校企合作，带动贫困地区、民族地区和革命老区技工教育的发展。

（六）加强技工院校与国有企业人才的双向流动。要认真执行《职业学校教师企业实践规定》（教师〔2016〕3 号），制定本地区技工院校教师企业实践工作管理办法，出台鼓励支持政策，多措并举推动技工院校教师到国有企业实践工作。鼓励技工院校教师同时成为企业培训师，探索建立技工院校教师和企业培训师资源共建共享机制。技工院校应将参与校企合作作为教师业绩考核的内容，具有相关企业或生产经营管理一线工作经历的专业教师在评聘和晋升职务（职称）、评优表彰等方面，同等条件下优先对待。技工院校可在教职工总额中安排一定比例或者通过流动岗位等形式，用于面向社会和企业聘用经营管理人员、专业技术人员、高技能人才等担任兼职教师。开展校企合作企业中的经营管理人员、专业技术人员、高技能人才，具备技工院校相应岗位任职条件，经过技工院校认定和聘任，可担任专兼职教师，并享受相关待遇。经所在学校或企业同意，技工院校教师和管理人员、企业经营管理人员和技术人员根据合作协议，分别到企业、技工院校兼职的，可根据有关规定和双方约定确定薪酬。

三、推动国有企业办技工院校改革

（七）切实做好国有企业办技工院校改革工作。继续发挥国有企业重要办学主体作用，对与企业主业发展密切相关、产教融合且确需保留的企业办技工院校，可由国有企业集团公司或国有资本投资运营公司进行资源优化整合，积极探索集中运营、专业化管理。支持运营能力强、管理水平高的国有企业跨集团进行资源整合。鼓励国有企业多元主体组建技工教育集团，优质技工院校可通过兼并、托管、合作办学等形式，整合办学资源。探索多种方式，引入实力强、信誉高、专业化的社会资本参与国有企业办技工院校重组改制。经协商一致，对地方政府同意接收的国有企业办技工院校在移交地方管理时，各级人力资源社会保障部门要按照《关于国有企业办教育医疗机构深化改革的指导意见》（国资发改革〔2017〕134号）规定主动接管。对运营困难、缺乏竞争优势的国有企业办技工院校，可以关闭撤销，及时办理注销手续并做好学生转学等后续工作。

（八）营造国有企业参与技工教育良好政策环境。国有企业要根据经费来源、企业发展需要和承受能力，合理确定企业办技工教育方式。继续举办技工院校的国有企业，应充分发挥办学主体责任，依法筹措办学经费，参照当地生均拨款制度逐步建立健全长效投入机制，保障学校教育教学活动正常开展，现有公共财政经费继续按原有渠道落实。进一步落实和完善支持国有企业办技工院校的政策措施。各级人民政府可以采取财政补贴、以奖代补、购买服务等方式给予适当支持，促进国有企业办技工院校，为企业和社会培养合格人才，具体办法由各省级人社部门会同相关部门研究制定，所需资金由各省统筹解决。移交地方管理的国有企业办技工院校，由各地按照现行有关投入机制等政策规定筹集办学经费。探索国有企业支持技工院校发展的多种方式，国有企业可通过订单班、冠名班、定向委培、学徒制培养、职工教育培训基地、捐赠等多种方式，积极支持技工教育。

（九）持续完善国有企业办技工院校管理制度。保留的企业办技工院校要依法注册登记，取得法人资格，按照相应的财务制度实行独立核算。国有企业集团公司要完善所办技工院校考核机制，重点考核成本控制、营运效率、毕业生就业率和社会认可度等，建立相应的经营业绩考核和薪酬分配制度。

四、大力加强技工院校服务企业能力

（十）着力提升技工院校服务企业技能人才培养培训能力。鼓励和支持技工院校通过设立弹性学制等形式，满足企业职工通过技工教育或职业培训获得技能提升和职业发展的需求。鼓励和支持技工院校面向技能人才开展理论进修、知识更新和职业技能提升服务，开设技师研修班，开展技能大师交流研讨，积极参与技能人才评价和职业技能竞赛等活动。指导校企双方积极参与以“招工即招生、入企即入校、企校双师共同培养”为主要内容的企业新型学徒制实施工作，鼓励企业与技工院校共同合作积极开展学徒培训，大规模开展企业职工技能培训。引导技工院校面向企业发展急需紧缺职业（工种），大力开展高技能人才培训，增加高技能人才供给。

（十一）推动校企培训资源共享，积极开展生产性实习实训。鼓励引企驻校、引校进企、校企一体等方式，吸引优势国有企业与学校共建共享生产性实训基地、高技能人才培训基地、技能大师工作室、技能竞赛集训基地等。支持各地依托技工院校建设行业或区域性实训基地，带动各类企业参与校企合作。贯彻落实《职业学校学生实习管理规定》（教职成〔2016〕3号），健全学生到企业实习实训制度。通过探索购买服务、落实税收政策等方式，鼓励国有企业直接接收学生实习实训。推进实习实训规范化，保障学生享有获得合理报酬的合法权益。

（十二）创新教育培训服务供给，积极参与学习型企业建设。鼓励技工院校、国有企业联合开发优质技工教育资源，大力发展“互联网＋教育培训”模式。探索构建基于互联网虚拟大学或虚拟学习社区。支持有条件的社会组织整合校企资源，开发立体化、可选择的产业技术课程和职业培训包。鼓励技工院校与国有企业共同组织开展基于工作场所的学习活动，积极为企业提供知识讲座、课程资源开发、技术辅导等服务，以多种形式参与企业大学等国有企业培训机构的建设。鼓励技工院校的院系与企业车间、班组结对子，建立校企合作的学习团队，通过多种教育培训服务供给，为职工提供终身技能发展服务。

五、切实做好组织实施工作

（十三）加强组织领导。各级人力资源社

会保障部门和国有资产监督管理部门要加强沟通协作，共同帮助技工院校和国有企业解决校企合作过程中遇到的实际困难和问题。

（十四）完善投入保障机制。要指导国有企业依法履行职工教育培训责任，按规定足额提取职工教育培训经费并合理使用，其中用于一线职工教育培训的比例不低于60%。对实施校企合作的国有企业、技工院校和接受技工教育、职业培训的人员，符合国家职业培训补贴政策和职业教育资助政策的，按规定给予补贴和资助。

（十五）营造良好社会环境。要创新宣传方式，充分运用各类新闻媒体，采取群众喜闻乐见的形式，通过集中宣传与日常宣传相结合的方式，深入持久地开展校企合作宣传活动。要强化典型示范，突出导向作用，大力宣传各地加强技工院校校企合作的政策措施，大力宣传国有企业、技工院校的特色做法和先进工作经验，努力营造全社会关心和支持技工院校发展和技能人才培养的良好氛围。要利用五一国际劳动节、世界青年技能日、技工院校开学第一课等时间节点，组织国有企业的高技能领军人才在技工院校开展技能成才宣讲活动，鼓励更多青年走技能成才之路。

2018年9月24日

人力资源社会保障部 国务院扶贫办关于开展深度贫困地区技能扶贫行动的通知

人社部发〔2018〕63号

各省、自治区、直辖市及新疆生产建设兵团人力资源社会保障厅（局）、扶贫办：

职业技能培训是促进建档立卡贫困劳动力（以下简称贫困劳动力）转移就业脱贫的根本举措。为贯彻落实《中共中央 国务院关于打赢脱贫攻坚战三年行动的指导意见》，推进深度贫困地区贫困劳动力职业技能培训工作，实现以培训促就业、以就业助脱贫，人力资源社会保障部、国务院扶贫办决定于2018年9月至2020年底，在全国组织开展深度贫困地区技能扶贫行动，现就有关事项通知如下：

一、目标任务

聚焦深度贫困地区，坚持精准扶贫和就业导向，加大帮扶力度，做到“应培尽培、能培尽培”，努力实现每个有培训需求的贫困劳动力都有机会接受职业技能培训，每个有就读技工院校意愿的建档立卡贫困家庭应往届初高中毕业未能继续升学的学生（以下简称贫困家庭学生）都有机会接受技工教育。建立完善职业指导、分类培训、技能评价、就业服务协同联动的公共服务体系，提升职业技能培训促进转移就业脱贫效果。

二、帮扶对象

技能扶贫行动以国家和省定贫困县（村）、“三区三州”等深度贫困地区贫困劳动力为重点帮扶对象，统筹利用各类优质职业培训资源，开展精准有效的培训服务，培养其发展生产和务工经商所需的基本技能，促进实现技能就业、技能增收脱贫。

三、主要内容

（一）精准掌握贫困劳动力信息，广泛组织动员。精准掌握贫困劳动力数据信息、就业失业情况和培训愿望，建立台账，做好统计分析工作，科学制定培训总体规划和年度计划。深度贫困地区要以乡镇、村为重点，通过发放宣传单、窗口单位政务公开、网络平台信息发布等方式，加强政策宣传力度，及时主动公开职业技能培训信息。对贫困劳动力加强职业指导，帮助他们明确技能就业方向，着重帮助青壮年做好职业分析和工作规划，广泛动员贫困劳动力积极参与并自主选择适合的职业技能培训项目。

（二）大力开展就业技能培训，促进实现转移就业。结合劳动力市场需求和用人单位要求，开展有效、实用的就业技能培训。重点依托就业扶贫、产业扶贫和劳务输出项目开展就业技能培训，帮助受训贫困劳动力适应就业岗位要求。加强对拟从事高危行业和特种作业贫困劳动力的安全意识、操作规程和就业技能培训。对吸纳就业能力较强的家政服务、物流配送和养老服务产业加大培训力度，培育和扶持具有本地特色的劳务品牌。支持职业培训机构与行业协会、大中型企业、劳务输出机构等建立联合体，开展培训就业一站式服务。

（三）积极开展创新创业培训，培养创业带头人。组织学习能力较强、具备一定创业条件的人员参加创业培训。开发适合贫困劳动力的创业培训项目，推广成型的培训实训模式。对掌握一定技术技能、具备较强创业能力的人员，开展创办个体工商户和创办小微企业培训。注重培养创业带头人，带动一批人员创业就业。加强创业培训后续跟踪指导服务，提供创业孵化和创业政策支持。

（四）支持企业开展职工培训，促进稳定就业。依托“万企帮万村”等行动，鼓励各类企业招用贫困劳动力特别是其中的新成长劳动力，广泛开展岗前培训、企业新型学徒制培训、岗位技能提升培训。宣传发动企业为参加职业技能培训或技工教育的贫困学员提供爱心奖（助）学金和实习岗位，对符合企业招聘条件的人员优先录用。就业扶贫基地要带头完善职工培训制度并积极开展培训。深度贫困地区人力资源社会保障部门要及时了解本地区中小企业、扶贫车间、加工点等开展职工培训的需求，积极提供服务。

（五）深入推进技工教育，加大对口帮扶力度。深入实施技能脱贫千校行动，为就读技工院校的“三区三州”贫困家庭学生，开辟招生绿色通道，在入学、选择专业、安排订单定向培养班（企业冠名班）、落实助学政策、实习、推荐就业等方面实行优先政策。承担帮扶任务的技工院校要对深度贫困地区技工院校特色优势主体专业进行定点帮扶。

（六）做好职业技能培训结业考核和职业技能鉴定工作，促进高质量就业。各地人力资源社会保障部门要不断规范职业技能培训结业考核程序，加强对考核过程、考核结果和证书发放的监督检查。针对贫困劳动力特点，组织开发专项职业能力考核规范，作为开展专项职业能力培训和考核的依据。鼓励贫困劳动力参加职业技能鉴定活动，对合格人员按规定发放国家职业资格证书、职业技能等级证书或专项职业能力证书，以考促学、学以致用，促进他们实现高质量就业。

（七）优化职业技能培训方式方法，提高培训供给能力。坚持工作重心下沉，积极组织职业培训机构、企业等根据实际情况采取集中培训、弹性培训、上门培训等方式，开展进乡镇、进社区、进家庭等“点对点”、“一对一”精准培训，提供课堂教学、互联网＋培训、多媒体资源培训等多种培训方式。鼓励优质职业培训机构和企业与深度贫困地区职业培训机构、就业扶贫车间合作开展培训。政府投资建设的技工院校、高技能人才培训基地、公共实训基地和创业孵化基地要积极主动承担培训任务。完善政府购买服务方式，推动落实劳动者自主选择职业培训机构和培训项目、按培训补贴标准领取补贴的新型政府购买服务方式。

（八）加强基础能力建设，提高办学水平。打造适应县域经济发展、满足贫困劳动力需求的优质培训项目和精品课程。依托各类职业培训机构及培训设施，帮扶深度贫困地区职业培训机构和技工院校改善办学条件、强化师资队伍、提高办学能力。支持深度贫困地区合理增设职业培训机构和技工院校。2020年底前，实现“三区三州”每所技工院校至少建设一个特色优势主体专业、建立一个资料室，每名教师至少参加一次培训，提高教学质量。

四、工作要求

（一）提高思想认识，落实工作责任。党中央、国务院有关文件明确人力资源社会保障部门牵头负责“三区三州”等深度贫困地区贫困劳动力职业技能培训和贫困家庭学生技工教育扶贫工作。各级人力资源社会保障和扶贫部门要提高政治站位，坚持问题导向，进一步研究制定有针对性的工作举措，加强协调指导、统筹整合资源、明确责任、细化分工。有帮扶任务的地区要加强与深度贫困地区的协作配合，把职业技能培训政策和任务细化到项目、到村、到户、到人，促进劳务输入地与输出地在政策、服务、就业等方面的联动对接，认真组织实施，确保实效。

（二）加大支持力度，落实补贴政策。深度贫困地区所在省（区）要对贫困劳动力职业技能培训工作加大扶持力度，并按照统筹规划、集中使用、提高效益的要求，将中央和省级财政安排的各项贫困劳动力培训资金统筹使用。要用好用足贫困劳动力职业培训、职业技能鉴定、项目制培训、参加失业保险职工技能提升等各项补贴政策。对参加职业培训的贫困劳动力，可在培训期间给予生活费补贴。贫困县涉农整合资金要对技能扶贫予以支持。对企业、农民专业合作社和扶贫车间等各类生产经营主体吸纳贫困劳动力就业并开展以工代训的，根据《人力资源社会保障部　财政部关于进一步加大就业扶贫政策支持力度着力提高劳务组织化程度的通知》（人社部发〔2018〕46号）有关要求，按规定给予职业培训补贴。将适合贫困劳动力就业和劳务输出（入）的职业（工种）纳入本地区重点产业职业需求指导目录，对指导目录内的职业培训，可适当提高补贴标准。要完善补贴拨付流程，简化程序，提高效率。对贫困家庭学生要按照《人力资源社会保障部　国务院扶贫办关于开展技能脱贫千校行动的通知》（人社部发〔2016〕68号）要求落实各项支持政策。鼓励社会各界捐助、赞助技能扶贫工作，对符合条件的可依照税法相关规定在税前扣除。

（三）加强工作督导，解决重点难点问题。各级人力资源社会保障和扶贫部门要加强对深度贫困地区技能扶贫行动的督促检查，推动任务落实。重点督导贫困人口多、脱贫难度大、工作进度慢的地区，研究解决突出问题。对贡献突出、成效显著的单位和个人，通过多种方式予以肯定和表扬；对工作不到位、措施不得力、政策不落实、工作进展缓慢的单位，予以及时纠正，对问题严重的进行问责。

（四）加大宣传力度，营造良好舆论氛围。各地要大力宣传支持企业和职业培训机构开展贫困劳动力职业技能培训的政策措施，动员社会各界广泛参与技能扶贫工作。及时总结推广经验作法，促进学习借鉴。深度贫困地区要深入解读支持贫困劳动力参加培训的惠民政策，加强本地区技能脱贫典型事迹的宣传，引导贫困劳动力树立技能脱贫、劳动致富的观念，激发其脱贫致富的内生动力。

（五）主要实施步骤和工作安排。深度贫困地区技能扶贫行动实施工作分为四个阶段：第一阶段（2018年9—12月），各地区、各有关部门抓紧进行安排部署，可结合实际制定具体实施方案和工作安排，积极开展相关工作。第二阶段（2019年1—12月），深入开展工作，加强督导检查，解决突出问题。第三阶段（2020年1—9月），攻坚扫尾，对重点地区、重点环节和突出问题研究超常规举措，确保完成任务目标。第四阶段（2020年10—12月），进行评估总结。

请各省级人力资源社会保障部门于每年12月20日前报送本年度技能扶贫工作总结，技能扶贫工作亮点经验可随时报送人力资源社会保障部和国务院扶贫办。有关情况将作为人力资源社会保障部监测各地技能扶贫工作成效的重要依据。

2018年9月26日

人力资源社会保障部　财政部关于全面推行企业新型学徒制的意见

人社部发〔2018〕66号

各省、自治区、直辖市及新疆生产建设兵团人力资源社会保障厅（局）、财政厅（局）：

为贯彻落实党的十九大精神，加快建设知识型、技能型、创新型劳动者大军，按照中共中央、国务院《新时期产业工人队伍建设改革方案》、《关于推行终身职业技能培训制度的意见》（国发〔2018〕11号）有关要求和全国教育大会有关精神，现就全面推行企业新型学徒制提出如下意见：

一、指导思想和目标任务

（一）指导思想。以习近平新时代中国特色社会主义思想为指导，全面贯彻党的十九大和十九届二中、三中全会精神，认真落实党中央、国务院决策部署，以服务就业和经济社会发展为宗旨，适应培育壮大新动能、产业转型升级和现代企业发展需要，大力推进技能人才培养工作，深化产教融合、校企合作，创新中国特色技能人才培养模式，面向各类企业全面推行企业新型学徒制，扩大技能人才培养规模，为促进劳动者更高质量就业，实现经济高质量发展提供有力人才支撑。

（二）目标任务。按照政府引导、企业为主、院校参与的原则，在企业（含拥有技能人才的其他用人单位，下同）全面推行以“招工即招生、入企即入校、企校双师联合培养”为主要内容的企业新型学徒制，进一步发挥企业主体作用，通过企校合作、工学交替方式，组织企业技能岗位新招用和转岗等人员参加企业新型学徒培训，促进企业技能人才培养，壮大发展产业工人队伍。从今年起到2020年底，努力形成政府激励推动、企业加大投入、培训机构积极参与、劳动者踊跃参加的职业技能培训新格局，力争培训50万以上企业新型学徒（以下简称学徒）。2021年起，继续加大工作力度，力争年培训学徒50万人左右。

二、企业新型学徒制的主要内容

（三）培养对象和培养模式。学徒培训以与企业签订一年以上劳动合同的技能岗位新招用和转岗等人员为培养对象。企业可结合生产实际自主确定培养对象，采取“企校双制、工学一体”的培养模式，即由企业与技工院校、职业院校、职业培训机构、企业培训中心等教育培训机构（以下简称培训机构）采取企校双师带徒、工学交替培养等模式共同培养学徒。

（四）培养主体职责。学徒培养的主要职责由所在企业承担。企业应与学徒签订培养协议，明确培训目标、培训内容与期限、质量考核标准等内容。企业委托培训机构承担学徒的部分培训任务，应与培训机构签订合作协议，明确培训的方式、内容、期限、费用、双方责任等具体内容，保证学徒在企业工作的同时，能够到培训机构参加系统的、有针对性的专业知识学习和相关技能训练。培训机构与企业签订合作协议后，对学徒进行非全日制学籍注册，加强在校学习管理。

（五）培养目标和主要方式。学徒培养目标以符合企业岗位需求的中、高级技术工人为主，培养期限为1～2年，特殊情况可延长到3年。培养内容主要包括专业知识、操作技能、安全生产规范和职业素养，特别是工匠精神的培育。要以企业为主导确定具体培养任务，由企业与培训机构分别承担。在企业主要通过企业导师带徒方式，在培训机构主要采取工学一体化教学培训方式。积极应用“互联网＋”、职业培训包等培训模式。学徒培训期满，可参加职业技能鉴定或结业（毕业）考核，合格者取得相应职业资格证书（或职业技能等级证书、专项职业能力证书、培训合格证书、毕业证书，下同）。鼓励支持有条件的企业自主对学徒进行技能评价。

三、健全政策制度

（六）建立企校双师联合培养制度。企业应选拔优秀高技能人才担任学徒的企业导师。企业导师要着重指导学徒进行岗位技能操作训练，帮助学徒逐步掌握并不断提升技能水平和职业素养，使之能够达到职业技能标准和岗位要求，具备从事相应技能岗位工作的能力。培训机构应为学徒安排具备相应专业知识和操作技能水平的指导教师，负责承担学徒的学校教学任务，强化理论知识学习，做好与企业实践技能的衔接。

（七）学徒培养实行弹性学制和学分制。承担学徒培训任务的培训机构，要结合企业生产和学徒工作生活实际，采取弹性学制，实行学分制管理。鼓励和支持学徒利用业余时间分阶段完成学业。要建立和完善适合弹性学制和学分制的教学质量评价体系和考核制度。

（八）健全企业对学徒培训的投入机制。学徒在学习培训期间，企业应当按照劳动合同法的规定支付工资，且工资不得低于企业所在地最低工资标准。企业按照与培训机构签订的合作协议约定，向培训机构支付学徒培训费用，所需资金从企业职工教育经费中列支；符合有关政策规定的，由政府提供职业培训和职业技能鉴定补贴。承担带徒任务的企业导师享受导师带徒津贴，津贴标准由企业确定，津贴由企业承担。企业对学徒开展在岗培训、业务研修等企业内部发生的费用，符合有关政策规定的，可从企业职工教育经费中列支。

（九）完善财政补贴政策。人力资源社会保障部门会同财政部门对开展学徒培训的企业按规定给予职业培训补贴，补贴资金从就业补助资金列支。补贴标准由各省（区、市）人力资源社会保障部门会同省级财政部门确定，学徒每人每年的补贴标准原则上不低于4 000元，并根据经济发展、培训成本、物价指数等情况逐步提高。企业在开展学徒培训前将有关材料报当地人力资源社会保障部门备案，经人力资源社会保障部门审核后列入学徒培训计划，财政部门按规定向企业预支不超过50%的补贴资金，培训任务完成后及时拨付其余补贴资金。对参加学徒培训的就业困难人员和毕业年度高校毕业生，按规定落实社保补贴政策。

四、加大组织实施力度

（十）加强组织领导。各级人力资源社会保障部门、财政部门要进一步提高认识，增强责任感和紧迫感，把推行企业新型学徒制作为推行终身职业技能培训制度、加强技能人才队伍建设的重要工作内容，制定工作方案，认真组织实施。要建立人力资源社会保障部门牵头，财政等有关部门密切配合、协同推进的工作机制，加强组织领导，全面推动实施。

（十一）规范组织实施。各省级人力资源社会保障部门、财政部门要制定具体实施办法，实行学徒培训备案审核制度，简化工作流程，探索政策创新。中央企业学徒培训按属地管理原则纳入当地工作范畴，享受当地政策，各级人力资源社会保障部门要主动对接属地中央企业，做好服务保障工作。各省、市、县人力资源社会保障部门要加大工作力度，加强工作力量，做好对各类企业特别是中小微企业学徒培训的管理服务工作，建立与相关企业的联系制度，做好工作指导。

（十二）建立培训质量评估监管机制。对学徒培训实施目录清单管理，制定企业目录、培训机构目录，及时向社会公开并实行动态调整。结合国家“金保工程”二期，建立基于互联网的职业培训公共服务和监管平台，积极推行网上备案审核制度，实现信息联通共享。实施学徒培训实名制信息管理，指导企业建立培训台账，详细记录参训人员的姓名、年龄、性别、身份证号、学历、培训职业（工种）、学校班次、培训时间、考核成绩、技能等级和联系方式等，以备查验。对培训机构和培训过程、培训结果要加强监管，实时监控，严格考核验收。

企业组织学徒培训要向人力资源社会保障部门报送如下备案材料：培训计划、学徒名册、劳动合同复印件等有关材料。完成全部培训任务后企业申请其余补贴资金时需备案以下材料：职业资格证书编号或复印件、不低于10次的培训视频资料、培训机构出具的行政事业性收费票据（或税务发票）等符合财务管理规定的凭证。

（十三）提高服务能力。要切实做好学徒培训经费保障工作，及时足额拨付补贴资金。健全资金管理制度，提高资金使用效益，确保资金使用安全。有条件的地方可安排工作经费，对学徒培训教材开发、师资建设、管理人员培训、管理平台开发等基础工作给予支持。支持承担学徒培训任务工作的培训机构提升培训基础能力。职业技能鉴定机构要提供便捷高效的鉴定服务，相关部门按规定落实职业技能鉴定补贴。

（十四）加强宣传动员。广泛动员企业、培训机构和劳动者积极参与学徒培训，扩大企业新型学徒制影响力和覆盖面。强化典型示范，突出导向作用，大力宣传推行企业新型学徒制的典型经验和良好成效。创新宣传方式，充分运用各类新闻媒体，采取灵活多样的形式，做好推广动员工作，努力营造全社会关心尊重技能人才、重视支持职业技能培训工作的良好社会氛围。

请各省（区、市）及新疆生产建设兵团人力资源社会保障部门、财政部门在每年年底前将企业新型学徒制工作开展情况报送人力资源社会保障部、财政部。

2018年10月12日

人力资源社会保障部关于印发《支持海南人力资源和社会保障事业全面深化改革开放的实施意见》的通知

人社部发〔2018〕72号

海南省人力资源和社会保障厅，部属有关单位：

为深入贯彻习近平总书记在庆祝海南建省办经济特区30周年大会上的重要讲话精神，全面落实《中共中央　国务院关于支持海南全面深化改革开放的指导意见》（以下简称《指导意见》）任务要求，加快推进海南人力资源和社会保障事业改革发展，制定本实施意见。

一、总体要求

（一）指导思想。

全面贯彻党的十九大和十九届二中、三中全会精神，以习近平新时代中国特色社会主义思想为指导，坚持稳中求进工作总基调，坚持新发展理念，按照党中央、国务院决策部署，围绕《指导意见》确定的战略任务，加大对海南人力资源社会保障领域全面深化改革开放支持力度，深入实施人才强国战略和就业优先战略，创新人才培养与引才机制，健全改善民生长效机制，全面完善公共服务体系，着力提升人力资源社会保障服务水平，为推进中国（海南）自由贸易试验区和中国特色自由贸易港建设提供坚强的人才支撑和民生保障。

（二）基本原则。

——坚持党的领导。坚决维护习近平总书记的核心地位、坚决维护党中央权威和集中统一领导，把党的领导贯穿于海南全面深化改革开放的全过程，增强"四个意识"，坚定"四个自信"，紧紧围绕海南深化改革开放的总体目标，立足人力资源社会保障部门职能，助力海南改革开放稳步前行。

——坚持改革创新。深化体制机制改革，推动政策制度创新，充分发挥市场在人力资源配置中的决定性作用和更好发挥政府作用，加快破除不利于人力资源开发、流动配置和公共服务均等化的体制机制障碍。支持海南在人力资源社会保障领域改革创新先行先试，发挥示范带动作用。

——坚持人才优先。发挥人才第一资源作用，在人才培养、引进、使用上大胆创新，在深化人才发展体制机制改革上取得突破，聚天下英才而用之，让各类人才在海南各尽其用、各展其才，使海南成为人才荟萃之岛、技术创新之岛，为推动海南发展提供坚强有力的人才保障。

——坚持统筹协调。围绕海南自由贸易试验区（港）建设目标，指导海南高起点统筹谋划人力资源和社会保障事业，做好系统设计和长远规划，统筹推进海南就业创业、社会保障、人事人才、收入分配、劳动关系、公共服务等各项工作协调发展。

二、实施就业优先战略，促进就业创业

（三）指导海南实施积极的就业创业政策。

协调中央财政对海南就业补助资金给予支持，指导海南加强就业补助资金管理，加大政策落实和资金支出力度，确保资金安全高效运行。支持海南开展国际人才管理改革试点，允许外籍和港澳台技术技能人员及符合条件的华侨按规定在海南就业。允许在中国高校获得硕士及以上学位的优秀外国留学生在海南就业和创业，给予发放工作许可。支持海南整合就业创业公共服务资源，对接优质创业服务团队、投资机构、创业导师，支持海南建设创业孵化基地。支持海南组织实施高校毕业生“三支一扶”计划，每年名额增加到300名。

（四）支持海南探索共享经济发展新模式，在职业培训领域开展试点示范。推动海南建立与市场就业需求变化相适应的终身职业技能培训制度，满足市场导向就业机制下劳动者求职及企业用人的需要。指导海南大力推行终身职业培训制度，重点实施农民工职业技能提升计划、残疾人职业技能提升计划、农民工等人员返乡创业培训行动计划。会同有关部门积极推动海南省公共实训基地项目建设。

（五）指导和支持海南加强人力资源市场建设。将海南列入部人力资源服务业支持计划。指导海南规划建设全省分布合理的人力资源服务市场网络，重点打造三亚、海口南北两极国家级人力资源服务产业园。支持海南引进高端人力资源服务机构，允许外商独资人力资源服务机构在海南省设立总部或分支机构。支持海南自贸区试行人力资源市场外资准入试点，允许外商独资设立人才中介机构，允许外资直接入股既有内资人才中介机构。中外合资人才中介机构的设立，取消“中外投资者应当是成立3年以上的人才中介机构”的要求。协助海南引进人力资源服务业高层次人才，全面提高从业人员的整体服务水平。支持海南建设中国海南旅游人才市场。

三、完善社会保障体系，稳步提高社会保障水平

（六）支持海南全面实施全民参保计划，加强分类指导，推进海南2020年底前基本实现社会保险法定人群全覆盖。加强对外国人在海南参加社会保险工作的指导。根据社会保险法有关规定，支持海南解决引进人才涉及的社保有关问题。

（七）支持和指导海南完善养老保险制度。加快发展企业年金、职业年金等，完善多层次社会保障体系，建立健全养老保险关系转移接续制度，稳步提高社会保障水平。积极配合有关部门研究解决海南农垦职工养老保险基金缺口问题。

（八）支持和指导海南完善失业保险制度。支持海南实施失业保险稳岗和技能提升补贴政策，大力开展失业保险援企稳岗“护航行动”和技能提升“展翅行动”，充分发挥失业保险预防失业、促进就业功能作用。

（九）支持和指导海南完善工伤保险制度。支持海南借鉴国际工伤保险制度的先进经验，加快完善工伤预防、补偿、康复“三位一体”制度体系和服务体系建设。支持海南探索建立灵活就业人员职业伤害保障制度，化解灵活就业人员职业伤害事故风险。支持海南启动“中国（海南）康复中心”项目建设。

（十）指导海南加强社会保险基金监管。探索开展社会保险基金投资运营，建立基金预警、储备和保值增值机制，确保基金动态平衡和可持续发展。

四、实施人才优先发展战略，建设人才集聚高地

（十一）支持海南构建更加开放的引才机制。指导海南完善适应自由贸易试验区（港）发展的人才制度体系，推进海南人才体制及配套政策改革，建立积极灵活的创新人才发展制度。支持海南健全吸引国外高端人才和国内各类优秀人才的政策，对港澳台及外籍高层次人才在项目申报、创新创业、评价激励、服务保障等方面给予特殊政策。创新“候鸟型”人才引进和使用机制，设立“候鸟”人才工作站。支持海南省在种业、海洋、航天等重点领域建

设国家级专家服务基地。开展专家服务基层活动，充分利用专家服务基层工作平台，柔性吸引人才，服务海南发展。利用专家休假活动契机，为海南柔性引进人才和智力搭建平台。指导和支持海南以部省名义举办“中国（海南）人才交流会”，自2019年起定期举办。

（十二）指导和支持海南加强专业技术人才队伍建设。根据自贸区建设需要，加大对海南省高层次人才队伍建设支持力度，在国务院政府特殊津贴、百千万人才工程国家级人选选拔中适当增加海南推荐名额。支持海南建立全省共享的专业技术人才职称评审信息系统。适时启动部省共建国家级留学人员创业园，帮助海南提升留学回国人员创业服务能力，鼓励和支持留学人员到海南创新创业。支持海南完善博士后制度，实施博士后工作分级管理，增加博士后流动站和工作站数量，指导海南建立博士后创新创业基地。指导海南完善专业技术人员继续教育制度，提高继续教育质量和水平。通过实施国家专业技术人才知识更新工程等，进一步加大对海南专技人才培养培训支持的力度。帮助推进海南与中国科学院、中国工程院、中国社会科学研究院等科研机构以及国内著名高校、医疗机构开展合作，建设高层次人才创新创业示范园区。

（十三）指导和支持海南加强技能人才队伍建设。推动部省共建技能强省合作。支持海南完善职业教育和培训体系，深化产教融合、校企合作，鼓励社会力量通过独资、合资、合作等多种形式举办职业教育。指导海南技工院校全面加强校企合作，提高技能人才培养质量。支持海南建设“中国（海南）技能人才综合发展基地”，集科研、教学、培训、交流于一体，整合实训基地、高技能人才培训基地、世赛集训基地、全国技工院校师资研修中心等功能，建成全国一流水平的技能人才培育综合体。指导海南技能培训向东南亚国家开放，打造区域技能人才培训高地。推进技工院校在专业设置、课程改革等方面与海南产业需求深度对接，实现教育链和产业链有机融合。指导海南省技师学院做好职业教育产教融合项目立项申报和国家级重点技师学院申请工作。在技工院校师资能力培训方面向海南省倾斜，支持全国优秀技工院校教师到海南技工院校交流授课。

（十四）支持海南实施急需紧缺专业（产业）人才培养培训计划。聚焦海南自由贸易试验区（港）三大产业类型、十个重点领域、十二个重点产业，支持建立跨省跨境培养培训合作机制，建立培养培训基地（中心），通过观摩、进修、挂职、跟班学习等“走出去”和讲课、示范、传帮带等“请进来”方式，快速提升海南专业（产业）人才能力和水平，适应“三区一中心”建设需要。支持海南建设“一带一路”青年创新创业合作示范基地，探索建设创新创业新平台。

（十五）指导海南完善人才评价激励机制。指导海南贯彻实施《关于分类推进人才评价机制改革的指导意见》，建立与海南自贸区相适应的评价机制。指导海南深化职称制度改革，建立适应海南自贸区（港）发展要求、与国际接轨的职称评价制度，进一步打破地域限制，对在中央单位或其他省（区、市）获得的职称予以认可，吸引人才向海南流动。支持具有港澳执业资格的服务领域专业人才，经相关部门或机构备案后，按规定范围为自贸区内企业提供专业服务。支持海南制定职业技能鉴定规定等。

五、深化人事薪酬制度改革，激发干事创业活力

（十六）支持海南紧紧围绕强化公益属性的目标深化事业单位改革，除仅为机关提供支持保障的事业单位外，原则上可取消行政级别。指导海南按照国家部署建立事业单位管理岗位职员等级晋升制度。指导海南制定内地企业、事业单位专业技术和管理人才按规定在海南兼职兼薪、按劳取酬的政策措施。指导海南出台教师、医生、科研人员等事业单位工作人员交流办法，支持海南建立高校、科研院所和企业科研人员双向流动机制，制定事业单位专业技术人员和管理人员兼职有关政策。支持海南高校、科研院所等事业单位设立一定比例流动岗位，吸引有创新创业实践经验的企业家和企业科技人员兼职。支持和指导海南将港澳台居民纳入事业单位公开招聘范围。指导海南制定发布事业单位招聘和管理外籍人员的政策措施。

（十七）指导海南健全最低工资评估机制，合理调整最低工资标准。指导海南进一步完善工资支付保障政策法规。配合有关部门指导海南国有企业完善技术和管理要素参与分配的机制，优化体现相关人才价值的岗位工资评价体系。支持和指导海南探索建立体现行业特点的事业单位工资制度，在国家政策框架内，加快完善与自由贸易区和自由贸易港建设相适应、体现工作绩效和分级分类管理的事业单位工资分配政策。指导海南做好事业单位实施绩效工资工作，结合行业特点健全绩效考核办法，完善内部收入分配激励机制，向关键岗位、高层次人才、业务骨干和做出突出贡献的人员倾斜。支持海南根据经济发展、财政状况、物价等因素合理确定事业单位绩效工资水平，建立正常调整机制。平稳推进公立医院薪酬制度改革试点工作，及时研究解决试点中遇到的问题。

六、构建和谐劳动关系，维护劳动者合法权益

（十八）指导海南健全协调劳动关系三方机制，完善劳动用工制度。鼓励海南研究探索适应新业态特点的劳动用工政策。指导海南完善劳动人事争议多元处理机制。支持海南建立高素质、专业化的仲裁员队伍。支持海南推进劳动保障监察机构标准化、人员专业化、执法规范化建设。指导海南完善推进农民工平等享受城镇基本公共服务和在城镇落户的政策措施，加快推进农民工市民化。

七、加强公共服务体系建设，提升服务能力和水平

（十九）指导海南加快建设公共就业创业服务平台，支持海南社会保险公共服务省级平台优先接入国家统一平台，为各类人才提供优质均等的就业和社会保障公共服务。指导海南制定和落实打赢人力资源和社会保障扶贫攻坚战三年行动实施方案。

（二十）指导海南制定社会保障卡“一卡通”服务管理工作的指导意见。指导和支持海南先行探索，尽快出台社会保障卡“一卡通”地方性法规。支持海南先行启动第三代社会保障卡发行应用，在海南开展电子社保卡试点。2020年底前，基本建立海南省社会保障卡“一卡通”服务管理模式，实现社会保障卡在人力资源社会保障、财政惠民、医疗健康、社会治理、城市交通、文化教育、社会公共服务、公用事业服务、旅游、金融服务等各类政府公共服务领域应用，并在全国进行推广。

（二十一）指导和支持海南持续推进人力资源和社会保障领域标准化信息化建设。指导海南开展“互联网＋人社”应用，加快完善全省统一的网上业务大厅和人力资源社会保障服务 App 建设。加强部省业务联动、数据共享，指导海南“大数据”应用。支持各类人力资源社会保障信息系统与海南政务服务网对接联通，打通部门间的数据壁垒。指导海南升级完善全省统一的12333咨询服务平台。

（二十二）支持海南加强人力资源和社会保障干部职工队伍建设。部里举办的各类业务培训班向海南倾斜增加名额。指导和帮助海南人力资源和社会保障系统与外省市进行业务交流和学习。自2018年至2022年，选派优秀干部到海南挂职和对口帮扶，支持和帮助海南选派干部到部里及相关单位挂职和带培跟学。

八、组织实施

（二十三）建立沟通协调机制。建立部省人力资源社会保障部门联席会议制度，联席会议由部领导召集，部属有关单位和海南省人力资源和社会保障厅参加。每年组织召开专题会议，部省进行交流沟通和工作对接，就重点事项和问题进行专题研究和协调。不定期开展专项调研，实地了解情况，精准摸清政策需求和实施效果，推广先进经验，发挥示范带动作用。

（二十四）明确责任分工。人力资源社会保障部对海南全面深化改革开放提供政策支持。部属有关单位加大指导和支持力度，及时帮助协调解决存在的困难和问题。海南省人力资源和社会保障部门切实履行主体责任，主动加强沟通对接，共同推进各项目标任务和政策措施贯彻落实。

（二十五）抓好督办落实。海南省人力资源和社会保障部门和部属有关单位要按照职责分工，认真细化落实方案提出的各项政策举措，明确各项任务的实施责任主体、时间表和路线图，及时组织开展督查评估，确保各项政策举措落到实处。

2018 年 11 月 22 日

人力资源社会保障部关于在工程技术领域实现高技能人才与工程技术人才职业发展贯通的意见（试行）

人社部发〔2018〕74号

各省、自治区、直辖市及新疆生产建设兵团人力资源社会保障厅（局），国务院各部委、各直属机构人事劳动保障工作机构，中央企业等人事劳动保障工作机构：

为拓宽人才发展空间，促进人才合理流动，提高技术技能人才待遇和地位，根据党中央、国务院《新时期产业工人队伍建设改革方案》《关于深化职称制度改革的意见》等有关要求，现就在工程技术领域实现高技能人才与工程技术人才职业发展贯通提出如下意见。

一、总体要求

（一）指导思想。

全面贯彻党的十九大和十九届二中、三中全会精神，坚持以习近平新时代中国特色社会主义思想为指导，牢固树立和贯彻落实新发展理念，深入实施人才强国战略，坚决破除束缚人才发展的思想观念和体制机制障碍，最大限度激发各类人才创新创造创业活力，努力形成人人渴望成才、人人努力成才、人人皆可成才、人人尽展其才的良好局面，加快建设知识型、技能型、创新型劳动者大军，为实现“两个一百年”奋斗目标和中华民族伟大复兴中国梦提供坚实人才保障。

（二）基本原则。

1. 坚持遵循规律。适应人才融合发展趋势，遵循社会主义市场经济规律和人才成长规律，建立高技能人才与专业技术人才职业发展通道，促进两类人才深度融合。

2. 坚持问题导向。针对束缚人才发展的思想观念和体制机制问题，打破职业技能评价与专业技术职称评审界限，改变人才发展独木桥、天花板现象，搭建人才成长立交桥。

3. 坚持科学评价。破除身份、学历、资历等障碍，突出品德、能力、业绩评价导向，建立体现两类人才特点的评价机制，让各类人才价值得到充分尊重和体现。两类人才贯通条件大体平衡，适当向高技能人才倾斜。

4. 坚持以用为本。围绕用好用活两类人才，发挥用人主体作用，建立评价与培养使用激励相联系的机制，营造有利于人才成长和发挥作用的制度环境。

二、主要内容

（一）支持工程技术领域高技能人才参评工程系列专业技术职称。

1. 明确参评范围。参加工程系列专业技术职称评审的高技能人才，应为在工程技术领域生产一线岗位，从事技术技能工作，具有高超技艺和精湛技能，能够进行创造性劳动，并作出贡献的技能劳动者。

2. 严格评审条件。高技能人才参加工程

系列专业技术职称评审应具备以下基本条件：符合国家规定的工程技术人才职称评价基本标准条件；遵守单位规章制度和生产操作规程；具有高级工以上职业资格或职业技能等级，在现工作岗位上近3年年度考核合格。

技工院校中级工班、高级工班、预备技师（技师）班毕业，可分别按相当于中专、大专、本科学历申报评审相应专业职称。

获得高级工职业资格或职业技能等级后从事技术技能工作满2年，可申报评审相应专业助理工程师；获得技师职业资格或职业技能等级后从事技术技能工作满3年，可申报评审相应专业工程师；获得高级技师职业资格或职业技能等级后从事技术技能工作满4年，可申报评审相应专业高级工程师。

3. 突出高技能人才工作特点。高技能人才职称评审应充分体现其职业特点，坚持把职业道德放在评审的首位，引导技能人才爱岗敬业，弘扬工匠精神。要以职业能力和工作业绩评定为重点，注重评价高技能人才执行操作规程、解决生产难题、完成工作任务、参与技术改造革新、传技带徒等方面的能力和贡献，把技能技艺、工作实绩、生产效率、产品质量、技术和专利发明、科研成果、技能竞赛成绩等作为评价条件。改变唯身份、唯论文等倾向，不得将身份、论文等作为高技能人才职称评审的限制性条件。要通过职称评审，评价选拔一批技能精湛、专业知识扎实的工程技术人才，鼓励和支持他们在更宽广的领域钻研业务，解决工程技术难题，促进工程理论知识与技术技能的深度融合。

4. 注重向高技能领军人才倾斜。对长期坚守生产一线且在工程技术岗位从事技术技能工作、具有高超技艺技能和一流业绩水平、为经济发展和国家重大战略实施作出突出贡献的高技能人才，包括获得中华技能大奖、全国技术能手等荣誉，担任国家级技能大师工作室负责人，享受省级以上政府特殊津贴，或各省（自治区、直辖市）人民政府认定的高技能领军人才，可破格申报专业技术职称评审。

（二）鼓励专业技术人才参加职业技能评价。

1. 首次参加职业技能评价（含职业技能鉴定和职业技能等级认定，下同）。专业技术人才在技能岗位工作，可按有关规定申请参加与现岗位相对应职业（工种）的职业技能评价。取得助理工程师、工程师、高级工程师职称，其累计工作年限达到申报条件的，可分别申请参加与现岗位相对应职业（工种）的高级工、技师、高级技师职业技能评价，合格后取得相应职业资格证书或职业技能等级证书。

2. 参加晋级评价。专业技术人才在取得现从事职业（工种）职业资格或职业技能等级1年后，可按累计工作年限申报现从事职业（工种）晋级评价。助理工程师在取得现从事职业（工种）高级工1年后，其累计工作年限达到技师申报条件的，可申报技师考评；工程师在取得现从事职业（工种）技师1年后，其累计工作年限达到高级技师申报条件的，可申报高级技师考评。

3. 注重技能考核。对参加职业技能评价的专业技术人才，应注重技能考核。对具有所申报职业（专业）或相关职业（专业）毕业证书的，可免于理论知识考试。

（三）建立评价与培养使用激励相联系的工作机制。

落实中共中央办公厅、国务院办公厅《关于提高技术工人待遇的意见》要求，鼓励用人单位对在聘的高级工、技师、高级技师在学习进修、岗位聘任、职务职级晋升等方面，比照相应层级工程技术人员享受同等待遇。

三、组织实施

在工程技术领域实现高技能人才与工程技术人才职业发展贯通，促进技能人才与专业技术人才融合发展，是贯彻落实党中央、国务院人才强国战略部署的重要举措，各级人力资源社会保障部门要加强统筹管理，各部门和各有关单位要高度重视，加强领导，精心组织。要健全完善制度，制定具体实施方案，对评价条件、评价程序、评价办法和配套政策等作出具体规定。要严格评价标准，规范评价程序，不得随意降低评价标准条件，不得擅自扩大评价范围。要坚持试点先行，及时总结经验，逐步推开。要完善监管机制，加强指导监督，及时妥善处理工作中遇到的各种新情况新问题。要加强舆论引导，搞好政策解读，引导广大技能人才和专业技术人才积极参与和支持贯通工作，促进人才流动和发展。

2018 年 11 月 25 日

人力资源社会保障部　国家发展改革委　财政部关于推进全方位公共就业服务的指导意见

人社部发〔2018〕77号

各省、自治区、直辖市及新疆生产建设兵团人力资源社会保障厅（局）、发展改革委、财政厅（局）：

党的十九大明确提出，就业是最大的民生，要坚持就业优先战略和积极就业政策，提供全方位公共就业服务。推进全方位公共就业服务是做好就业创业工作的重要举措，有利于保障和改善民生，推动经济高质量发展，促进社会和谐稳定。为更好服务稳就业工作，推动实现更高质量和更充分就业，现就推进全方位公共就业服务提出以下意见。

一、总体要求

（一）指导思想。

以习近平新时代中国特色社会主义思想为指导，全面贯彻落实党的十九大和十九届二中、三中全会精神，坚持以人民为中心的发展思想，牢固树立新发展理念，坚持改革创新，完善城乡统筹的公共就业服务制度，扩大服务供给，创新运行机制，提供覆盖全民、贯穿全程、辐射全域、便捷高效的全方位公共就业服务，以全方位公共就业服务促进就业增长，以就业增长支撑经济发展和民生改善。

（二）基本原则。

以人为本，保障基本。立足基本国情，着力解决人民群众最关心最直接最现实的利益问题，促进劳动者就业创业。坚持尽力而为、量力而行，优先保障基本公共就业服务。

统筹城乡，促进均等。加快城乡间、区域间制度一体化建设，加大公共资源向农村、贫困地区、重点群体倾斜力度，保障各类服务对象获得机会均等的基本公共就业服务。

政府主导，多元参与。把握公共就业服务公益属性，发挥市场机制作用，健全政府和社会、管理和服务、统一和分级分类相结合的工作机制，形成推进全方位公共就业服务合力。

改革创新，提质增效。深入推进“放管服”改革，创新服务理念，优化服务流程，加强绩效评价，全面提升公共就业服务质量、效率和群众满意度。

二、明确覆盖全民的公共就业服务范围

（三）推动公共就业服务城乡常住人口全覆盖。劳动年龄内、有劳动能力、有就业要求的城乡劳动者可持居民身份证（或社会保障卡），港澳台人员可持港澳台居民居住证（或港澳居民来往内地通行证、台湾居民来往大陆通行证），在常住地公共就业服务机构申请公共就业服务。其中，处于无业状态的劳动者可进行失业登记，就业困难人员以及零就业家庭的劳动者可申请就业援助。公共就业服务机构可采取“劳动者书面承诺”的方式，在7个工作日内办结失业登记，对符合就业援助条件的认定为就业援助对象，必要时可对劳动者失业

状态、失业原因等进行部门信息核查或工作人员调查。

（四）保障各类用人单位同等享有公共就业服务。各类企业、个体经济组织、民办非企业单位等组织，机关事业单位、社会团体以及创业实体，可向公共就业服务机构咨询了解人力资源市场信息，申请招聘用工服务。对民营企业等非公有制经济，要公平对待，提供同等服务。公共就业服务机构要在3个工作日内审核用人单位相关资质，核实发布招聘信息的真实性、合法性。对处于初创阶段以及灵活形式用工等用人主体，可采取“经办人书面承诺＋工作人员必要调查”的方式受理，并在招聘信息中标注。

三、健全贯穿全程的公共就业服务功能

（五）完善对劳动者求职就业全程服务。详细了解劳动者就业意愿，根据其需求和能力素质进行分级，分类提供职业介绍和职业指导服务。对登记失业人员开展失业原因分析，向其推介就业创业政策和职业培训项目，开展求职技巧指导，精准匹配岗位信息并回访求职结果。对其中符合条件的，落实失业保险金等相关待遇。加强高校毕业生和下岗转岗职工等重点群体实名制管理，对农村建档立卡贫困劳动力提供精准化就业服务。

（六）加强对用人单位招聘用人全程指导。加强对用人单位需求分类评估，指导其合理制订招聘计划和招聘条件，提供稳定用工和就业创业政策法规、市场工资指导价位、劳动合同示范文本等方面的咨询服务。加强劳动关系协调和矛盾调处，引导企业依法用工、劳动者依法维权，努力构建和谐劳动关系。

（七）强化创业全程服务。对有创业意愿的劳动者，提供创业培训（实训）、开业指导、融资服务、政策落实等“一条龙”服务。加强创业孵化基地建设，为入驻创业实体提供有效的综合服务和政策扶持。加大创业担保贷款贴息等政策落实力度，完善担保机制。注重对创业失败者的指导服务，帮助他们重树信心，再次实现就业创业。

（八）实施就业援助全程帮扶。对就业援助对象实施优先扶持和重点帮助，指定专人负责，制订个性化就业援助计划，明确服务项目和步骤，开展心理疏导，组织参加职业培训，跟踪解决就业过程中的困难和问题。对其中通过市场渠道难以实现就业创业且符合条件的，可通过公益性岗位予以优先安置。确保零就业家庭动态“清零”。

（九）推行终身职业技能培训。实施重点群体职业培训专项行动，全面开展企业职工岗前培训、新型学徒制培训、岗位技能提升培训，着力加强高技能人才培训，推进创业创新培训。对接市场和产业发展需求，完善与就业创业相衔接的培训课程和内容，建立职业技能培训项目清单，及时向社会公布并动态调整。

（十）适应市场需求开展专项服务。根据人力资源市场供求周期性规律，在全国范围内集中组织公共就业服务专项活动。结合各地经济社会发展需求和人力资源结构特点，组织地区间、城乡间劳务协作。建立公共就业服务应急机制，对受国际国内经济形势变化、重大政策调整和自然灾害影响，存在高失业风险的地区、行业和劳动者群体，开展专项帮扶；对出现生产经营困难需要进行规模性裁员的企业，提供劳动关系处理、社会保险接续等方面的专项咨询指导，做好被裁减员工的再就业服务工作。

四、构建辐射全域的公共就业服务体系

（十一）构建政府主导社会参与的多元化供给体系。建立健全公共就业服务体系，完善公共就业服务机构设置，完善街道（乡镇）、社区（村）服务平台，构建覆盖城乡的公共就业服务网络。各地可采取招标等方式，广泛吸引社会资本和优质资源参与政府公共就业服务设施建设和运营管理。将公共就业服务纳入政府购买服务指导性目录，支持经营性人力资源服务机构、社会组织等提供专业化公共就业创业服务，支持社会组织等承接基层基本公共就

业服务。广泛动员志愿服务组织、慈善组织、专业社会工作服务机构参与提供公共就业服务。

（十二）完善全领域的多渠道供给机制。推动线下实体网点服务与线上互联网服务深度融合，实现同一业务事项多渠道可受理、任一方式可办结。综合考虑服务半径、服务人口、资源承载能力和城镇化发展趋势，统筹布局服务网点，推广“15 分钟服务圈”。合理设置经办窗口，开设重点群体专门窗口和绿色通道，设立自助服务区域，改善线下服务体验。延长线上服务链条，推动职业介绍、就业失业登记等事项“应上尽上、全程在线、全网通办”。拓展网上服务平台、移动客户端、自助终端、手机短信、12333 咨询电话、有线电视等渠道，实现线上服务同步联动。

（十三）提升贫困地区公共就业服务能力。各地财政投入和资源配置要加大向农村和贫困地区的倾斜力度，推进城镇公共就业服务向农村延伸，推动城市优质资源向农村辐射。运用现代信息技术手段和政府综合公共服务资源，大力开展服务下乡、巡回指导等活动，保障贫困地区基本公共就业服务需求。组织发达地区与贫困地区建立对口支援长效机制，支持其发展公共就业服务事业。

五、完善便捷高效的公共就业服务方式

（十四）推动标准化服务。建立健全公共就业服务标准体系，完善设施设备、人员配备等指导性标准，统一公共就业服务视觉识别系统，统一核心业务流程和规范。逐项编制通俗易懂的办事指南，系统梳理并公开必须到现场办理的事项目录。

（十五）推进智慧化服务。打造全国统一的智能公共就业服务信息化平台，加快应用大数据、云服务技术，全面推进“互联网＋公共就业服务”。联网发布就业创业政策信息和各地公共就业服务机构招聘、见习、培训等服务信息。全面开展就业失业登记、社会保险登记、劳动用工备案业务协同，实行就业创业政策受理、审核、实施一体化办理。全程记录落实政策和提供服务信息，全面推进信息数据向上集中，实现跨地区、跨部门交换共享和动态管理。推进流动人员人事档案信息化建设，建立完善基础信息资源库和管理服务运行平台。积极推动电子社保卡线上业务领域应用。

（十六）推行便民化服务。持续推进“减证便民”行动，简化优化服务流程，清理各类无谓证明，逐一明确兜底条款，压减经办事项自由裁量权。完善预约服务、上门服务、集中服务、代理服务、远程服务等便民措施，加强跨辖区、跨层级、跨业务经办衔接，全面实行“一门、一窗、一网、一次”办理。深入推进行风建设，严格落实各项岗位职责和纪律要求，健全监督和奖惩机制，打造群众满意的公共就业服务。

六、组织实施

（十七）健全协调机制。地方各级人力资源社会保障、发展改革、财政部门要切实提高思想认识，加强组织领导，密切配合，把提供全方位公共就业服务摆上重要议程，纳入当地经济社会发展规划，协调解决重点难点问题，共同推动落实全方位公共就业服务。

（十八）强化经费保障。统筹利用就业补助资金等渠道，充分考虑常住人口规模等因素，合理安排就业创业服务补助，提升公共就业服务财政保障能力，用于提供就业创业服务以及向社会力量购买服务等支出。

（十九）加强队伍建设。合理配备公共就业服务机构专业服务和管理人员结构，加强职业指导人员、职业信息分析师、创业指导人员、劳动保障协理员、劳动关系协调员等专业化队伍建设，完善工资待遇等激励保障措施。实施公共就业服务工作人员能力提升专项培训计划，定期组织示范培训和业务轮训，支持有条件的高等院校、职业学校（含技工院校）开设相关学科专业。

（二十）严格监督管理。建立综合评价指标体系，开展公共就业服务需求分析、社会满意度调查和第三方评估，实施绩效考核。建立

公共就业服务机构激励表扬、容错免责和问责机制。建立服务机构、从业人员、服务对象信用记录，纳入全国信用信息共享平台，加强守信联合激励、失信联合惩戒。

（二十一）做好宣传引导。坚持正确舆论导向，加强政策解读，主动回应社会关切。发挥典型引路作用，选树一批全方位公共就业服务典型城市，深入开展充分就业社区（村）、街道（乡镇）和县（区、市）建设，大力宣传推广经验做法，引导全社会共同关心、积极支持推进全方位公共就业服务。

各地要结合实际，积极探索、大胆创新，制定具体方案和配套措施，认真落实本意见提出的各项任务，为稳定就业局势，促进经济高质量发展提供有力保障。

附件：基本公共就业服务事项清单

2018 年 12 月 5 日

附件

基本公共就业服务事项清单

依据现行法律法规和相关政策，公共就业服务机构免费提供下列服务：

一、就业创业和劳动用工政策法规咨询、相关扶持政策受理；

二、人力资源供求、市场工资指导价位、职业培训、见习岗位等信息发布；

三、职业介绍、职业指导和创业开业指导；

四、公共就业服务专项活动；

五、对就业困难人员实施就业援助；

六、办理就业登记（劳动用工备案）、失业登记等事务；

七、办理高等学校、中等职业学校、技工学校毕业生接收手续；

八、流动人员人事档案管理服务；

九、劳动关系协调和劳动权益保护；

十、县级以上人民政府确定的其他服务。

人力资源社会保障部　国务院扶贫办关于做好2018年就业扶贫工作的通知

人社部函〔2018〕22号

各省、自治区、直辖市及新疆生产建设兵团人力资源社会保障厅（局）、扶贫办（对口支援办）：

2018年是全面打好脱贫攻坚战的关键一年，也是就业扶贫巩固成效、攻坚克难之年。各地要以习近平新时代中国特色社会主义思想为指导，全面贯彻党的十九大精神，牢固树立“四个意识”，充分认识就业扶贫工作的重要意义，坚持精准扶贫精准脱贫基本方略，以促进有劳动能力的贫困人口都能实现就业为目标，以完善落实就业扶贫政策措施为抓手，以深度贫困地区为重点，进一步加大力度、精准施策，努力扩大贫困人口就业规模，提高就业稳定性，确保零就业贫困户至少一人实现就业。现就有关要求通知如下：

一、多渠道开发就地就近就业岗位。各地要加强就业扶贫载体建设，因地制宜推广就业扶贫车间、社区工厂、卫星工厂等就业扶贫模式，进一步规范建设标准，探索运行机制，加大政策扶持力度，促进可持续发展，引导就业扶贫载体吸纳更多建档立卡贫困人口就业。促进创业带动就业，引导农民工、大学生、退伍军人等人员到贫困县乡村创业，支持符合条件的企事业单位人员回流贫困村领办创办项目，培育贫困村创业致富带头人，支持农村电商发展，支持贫困县建设创业园区，加大创业政策、创业培训、创业服务力度，通过创业带动贫困劳动力就业。挖掘农业就业潜力，鼓励家庭农场、农业合作社、龙头企业等农业经营主体更多吸纳贫困劳动力就业。鼓励居家灵活就业，结合当地传统文化、自然生态、产业基础等情况，引导贫困劳动力居家从事传统手工艺制作、农产品加工、来料加工。统筹开发公益性岗位，鼓励引导贫困县乡积极开发养路、护林、护草、生态管护等用于扶贫的就业岗位，对符合条件的就业困难贫困劳动力予以托底安置，解决就业增收问题。

二、深入开展劳务协作。东西部协作省份要将劳务协作作为政治任务摆在重要位置，加强合作，加大力度，务求实效。落实劳务协议，根据协作进展情况及时调整补充协议内容，完善协作措施，提高协作有效性。加强劳务对接，广泛搜集适合贫困劳动力的岗位信息，建立跨区域、常态化的岗位信息共享和发布机制，组织开展形式多样的招聘活动，为贫困劳动力和用人单位搭建对接平台。加强能力建设，可通过帮助贫困县建设人力资源市场、职业培训机构，提供职业指导师、培训师资等多种方式，支持贫困地区提升公共就业服务能力和职业培训能力。加强工作推动，引导更多贫困劳动力参与劳务协作实现转移就业。

三、大力加强就业服务。各地要适应贫困劳动力特点，注重与扶志扶智相结合，提供全方位、精准化、精细化就业服务。积极开展职业指导，引导贫困劳动力树立正确的就业观念，提升就业意愿，激发劳动致富内生动力，调动贫困劳动力就业积极性，提高贫困劳动力劳动参与率。加强职业介绍，摸清每个贫困劳动力的基本情况和就业意愿，确定专人“一对一”帮扶，制定有针对性的个性化求职就业方案，引导贫困劳动力与用人单位精准对接；广泛动员劳务经纪人、人力资源市场机构参与就业扶贫，面向贫困劳动力开展有组织劳务输出。结合当地特色产业和人力资源优势，打造和推广一批劳务品牌，以劳务品牌带动转移就业。

四、开展技能扶贫行动。各地要针对贫困劳动的实际情况和就业意愿，开展大规模职业技能培训和技工教育，确保有培训意愿的贫困劳动力都能得到职业技能培训机会，有就读技工院校意愿的符合条件的劳动者都能入学就读。广泛发动各级各类职业院校、职业培训机构和企业面向贫困劳动力开展职业技能培训，落实培训补贴政策，推行项目制培训，向政府认定的培训机构整建制购买就业技能培训项目。组织千所省级重点以上技工院校开展技能脱贫千校行动，力争使每个有就读技工院校意愿的贫困“两后生”都能免费接受技工教育，每名有参加职业培训意愿的贫困劳动力每年都能到技工院校接受至少1次免费职业培训。积极推荐接受技工教育和职业培训的贫困学生（学员）就业，实现“教育培训一人，就业创业一人，脱贫致富一户”的目标。

五、切实做好深度贫困地区就业扶贫工作。各地要切实负责，把深度贫困地区就业扶贫作为重中之重，制定专门的就业扶贫工作方案，明确目标任务，确定每年促进贫困劳动力就业人数和渠道，建立工作责任制。着力拓宽就业空间，依托东西部扶贫协作机制、对口支援机制，结合产业援助、项目援助和其他脱贫攻坚措施，开发适合当地贫困劳动力的岗位，创造更多就业机会。更加注重精准施策，针对深度贫困地区交通不便、贫困劳动力语言不通、就业意愿不强等问题，综合运用各种政策服务手段，提高服务培训的精准度，对零就业贫困户实施“一户一策”，确保至少一人实现就业。有条件的省份可组织贫困劳动力、贫困地区基层公共就业服务人员到经济发达地区实地观摩、短期培训、实习锻炼，帮助他们开阔视野、转变观念、提升能力。加大支持力度，积极协调发改、财政等部门在资金分配、项目安排上向深度贫困地区倾斜，帮助解决实际问题。

六、加强就业扶贫作风建设。2018年是脱贫攻坚作风建设年。各地要按照扶贫领域作风问题专项治理要求，切实落实责任，坚持目标导向、问题导向，健全制度、完善措施，把就业扶贫工作做实做细做出成效。进一步摸清底数，准确掌握贫困劳动力就业失业情况，依托农村贫困劳动力就业信息平台实行动态管理。进一步落实政策，完善操作办法，降低政策门槛，增强可操作性，确保符合条件的贫困劳动力、用人单位都能享受到政策扶持。进一步规范资金使用管理，杜绝发生就业补助资金、扶贫资金在就业扶贫工作中被贪污浪费、挤占挪用等问题。大兴调查研究之风，深入实地特别是深度贫困地区走访调查，指导解决工作中存在的突出问题。

七、营造良好社会氛围。各地要加强就业扶贫工作宣传，大力宣传就业扶贫的政策措施、工作中好的经验做法，以及通过就业创业脱贫致富的先进人物和典型事例，营造支持贫困劳动力就业创业、劳动致富光荣的良好社会氛围。进一步动员社会力量支持就业扶贫，征集一批在就业扶贫工作中作出突出贡献的企业案例，打造就业扶贫爱心企业典型，引导更多企业积极吸纳贫困劳动力就业。在各地工作基础上，人力资源社会保障部、国务院扶贫办将适时推出一批就业扶贫示范区、就业扶贫爱心企业，充分发挥示范带动作用，营造良好社会氛围。

各地要将就业扶贫中好的经验做法、典型案例、重大活动有关情况及时报送人力资源社会保障部就业促进司、国务院扶贫办开发指导司。

2018年3月16日

人力资源社会保障部关于贯彻落实《职业学校校企合作促进办法》有关工作的通知

人社部函〔2018〕23号

各省、自治区、直辖市及新疆生产建设兵团人力资源社会保障厅（局）：

为深化产教融合、校企合作，教育部、国家发展改革委、工业和信息化部、财政部、人力资源社会保障部、国家税务总局等六部门于2018年2月5日联合印发了《职业学校校企合作促进办法》（教职成〔2018〕1号），该文件明确了校企合作的实施主体、合作形式、促进措施等内容，具有重要的指导意义。校企合作作为技工院校基本办学制度，是技工院校的办学特色，是促进技工院校毕业生实现更高质量和更充分就业的重要保障，对大力发展技工教育具有重要作用。为更好推动技工院校校企合作工作，现就有关事项通知如下：

一、明确责任做好工作。根据国务院“三定”方案规定的职责分工和《职业学校校企合作促进办法（会签稿）》有关规定，国务院人力资源社会保障部门在国务院规定的职责范围内采取措施促进职业学校校企合作。各级人社部门要切实履行职责，采取有效措施，做好技工院校（含普通技工学校、高级技工学校和技师学院）校企合作工作。

二、充分发挥人社部门联系企业的职能优势，不断完善校企合作办学制度。各级人社部门要发挥职能优势，搭建校企合作平台，促进院校人才培养与企业用人需求紧密结合。指导技工院校推进专业设置与产业需求对接，课程内容与职业标准对接，教学过程与工作过程对接。促进校企共同招生招工、共商专业规划、共议课程开发、共组师资队伍、共创培养模式、共建实习基地、共搭管理平台、共评培养质量，形成“人才共有、过程共管、成果共享、责任共担”的校企合作办学制度，实现行业企业得人才、职工学生得技能、技工院校得发展的多赢目标。

三、将校企合作作为衡量技工院校办学水平的重要内容。各级人社部门要在院校设立、专业设置、招生计划、学校评价、人员考核等方面提出明确要求，将校企合作开展情况纳入省级、市级重点技工院校评估等各类评价体系。对校企合作工作突出的院校，在各类项目建设中予以倾斜支持。积极协调有关部门在制定产业发展规划、企业激励政策、脱贫攻坚计划时将企业参与校企合作作为重要内容，切实加强对校企合作的指导、支持和服务。

四、指导技工院校与企业建立合作关系。要建立政府部门、行业企业、技工院校合作机制，形成校企利益共同体。鼓励校企双方以组建技工教育集团、校企股份制合作、自主经营生产、租赁承包、企中办校、校中办企等多种方式开展合作。支持企业直接举办或通过参股、入股等多种方式参与举办技工院校。对于因经营困难等原因确需移交的企业办技工院校，人社部门要按照《关于国有企业办教育医疗机构深化改革的指导意见》（国资发改革〔2017〕134号）规定主动接管。鼓励技工院校和企业开展跨区域校企合作，带动贫困地区、民族地区和革命老区技工教育的发展。

五、加强技工院校与企业人才的双向流动。要认真执行《职业学校教师企业实践规定》（教师〔2016〕3号），制定本地区技工院校教师企业实践工作管理办法，出台鼓励支持政策，多措并举推动技工院校教师到企业实践工作。技工院校可在教职工总额中安排一定比例或者通过流动岗位等形式，用于面向社会和企业聘用经营管理人员、专业技术人员、高技能人才等担任兼职教师。

六、采取有效措施提高技工院校人才培养能力。要加强技工院校招生工作，通过与企业合作开设订单班等方式扩大招生规模。指导校企双方积极参与以“招工即招生、入企即入校、企校双师共同培养”为主要内容的企业新型学徒制实施工作，鼓励技工院校与企业共同合作开展学徒培训，积极开展企业职工技能培训。指导技工院校全面推广一体化课程教学改革，切实提高院校学生适应企业岗位工作要求的能力。做好对技工院校学生实习的监督管理，认真执行《职业学校学生实习管理规定》（教职成〔2016〕3号），确保学生实习生产安全。

2018年3月20日

人力资源社会保障部关于公布企业年金基金管理机构资格调整情况的通告

人社部函〔2018〕64号

根据《国务院对确需保留的行政审批项目设定行政许可的决定》（国务院令第412号）和《企业年金基金管理机构资格认定暂行办法》（劳动和社会保障部令第24号）以及《人力资源社会保障部关于企业年金基金管理机构资格有关事项的通告》（人社部函〔2018〕48号）规定，我部近期对部分已获得企业年金基金管理资格的金融机构开展了资格调整申请的受理和评审工作。经企业年金基金管理机构资格认定专家评审委员会评审，现将评审结果和有关事项通告如下：

一、增加3个企业年金基金法人受托机构资格：中国银行股份有限公司、中国农业银行股份有限公司、中国人民养老保险有限责任公司。

二、增加1个企业年金基金账户管理机构资格：中国人民养老保险有限责任公司。

三、增加1个企业年金基金投资管理机构资格：新华养老保险股份有限公司。

四、同意2个企业年金基金管理机构资格的转移申请：新华人寿保险股份有限公司将企业年金基金账户管理机构资格转移给新华养老保险股份有限公司，中国人保资产管理有限公司将企业年金基金投资管理机构资格转移给中国人民养老保险有限责任公司。

以上企业年金基金管理机构资格自本通告发布之日起生效。新华人寿保险股份有限公司的企业年金基金账户管理机构资格和中国人保资产管理有限公司的企业年金基金投资管理机构资格的有效期至2019年6月30日止，在此期间，这两家机构不再接受新的企业年金业务。

2018年6月19日

人力资源社会保障部关于建信养老金管理有限责任公司企业年金基金管理机构资格延续的通告

人社部函〔2018〕184号

根据《企业年金基金管理机构资格认定暂行办法》（劳动和社会保障部令第24号）等规定，建信养老金管理有限责任公司（以下简称建信养老金管理公司）在企业年金基金管理资格有效期满前提出资格延续申请，我部组织专家进行了评审。根据现场检查情况和专家评审委员会评审结果，现将有关事项通告如下：

一、同意延续建信养老金管理公司企业年金基金受托管理、账户管理、投资管理资格，自本通告发布之日起生效。

二、中国建设银行股份有限公司（以下简称建设银行）的企业年金基金受托管理和账户管理业务移交期至2018年12月31日止，从2019年1月1日起不再具备企业年金基金受托管理和账户管理资格。为确保企业年金基金管理工作连续性，按照有关规定，目前尚未完成计划管理合同主体由建设银行变更为建信养老金管理公司的，应在2019年2月15日前完成合同变更，并报人力资源社会保障行政部门备案。

三、建设银行的企业年金基金受托管理和账户管理业务移交后，建信养老金管理公司应承接其全部责任和权利义务，并充分尊重有关委托人或受托人的意愿，保证业务平稳运行，同时做好风险防控，确保基金资产和有关信息安全、完整，切实维护委托人和受益人的权益。

2018年12月29日

人力资源社会保障部　财政部　商务部　国资委　共青团中央　全国工商联关于实施三年百万青年见习计划的通知

人社部函〔2018〕186号

各省、自治区、直辖市及新疆生产建设兵团人力资源社会保障厅（局）、财政厅（局）、商务厅（局）、国资委、团委、工商联：

为贯彻落实《中长期青年发展规划（2016—2025年）》和《国务院关于做好当前和今后一个时期促进就业工作的若干意见》（国发〔2018〕39号）要求，帮助青年加强岗位实践锻炼、提升就业能力，人力资源社会保障部、财政部、商务部、国务院国资委、共青团中央、全国工商联决定于2019年1月1日起，实施三年百万青年见习计划。现就有关工作通知如下：

一、指导思想

深入贯彻习近平新时代中国特色社会主义思想和党的十九大精神，全面落实党中央、国务院关于促进就业的决策部署，围绕实现更高质量和更充分就业的目标，把青年就业能力提升摆在突出位置，坚持政府搭台、市场驱动，资源集成、供需发力，大力加强青年就业见习工作，广覆盖、提质量、优服务，为促进青年就业、成长发展和民生改善提供有力支撑。

二、总体目标

自2019年至2021年，用三年时间组织100万青年参加就业见习。年度计划目标任务为2019年35万人，2020年33万人，2021年32万人。通过实施见习计划，建立健全支持青年就业见习的政策制度和工作体系，确定一批用人单位作为青年就业见习基地，提升见习服务保障能力，力争使有见习意愿的失业青年都能获得见习机会，增强就业竞争力，形成有利于促进青年就业的长效机制。

三、工作内容

（一）明确见习对象。三年百万青年见习计划对象为离校2年内未就业高校毕业生和16～24岁失业青年。各地要在每年7月初毕业生离校时同步启动信息衔接和登记摸排，及早锁定见习对象。对登记失业人员逐一调查摸底，把符合条件的失业青年纳入见习范围。在此过程中建立见习实名台账，做到人员底数清、技能水平清、见习需求清，提供有针对性的见习服务。对其中建档立卡贫困家庭、城乡低保家庭、零就业家庭青年，以及缺乏工作经历的青年，优先提供见习机会。

（二）开发见习岗位。各地要根据优势产业发展和青年见习需求，确定一批企事业单位、社会组织作为青年就业见习单位，充分挖掘见习岗位。见习单位应合法经营，制度健全，管理规范；能够持续提供一定数量的见习岗位，委派专人负责见习人员工作指导；为见习人员提供部分基本生活补助，并办理人身意外伤害保险。见习岗位应符合青年实践能力提升需要，具有一定知识、技术、技能含量和业务内容，具备符合国家规定的劳动保护措施和劳动安全卫生条件。鼓励优先吸纳本地区具有一定行业代表性和社会影响力的企业为见习单位。

（三）搭建对接平台。各地要多渠道助力见习供需双方对接。要主动梳理打包本地见习单位名单、岗位清单、见习政策和服务机构联络方式等信息，运用各种手段向见习对象精准推送，并向社会广泛发布。公共就业人才服务机构要根据见习对象学历专业特点和见习单位需求，组织见习岗位推荐、双向选择洽谈活动，并将政策咨询、见习指导贯穿其中，提升见习匹配效率。要依托公共就业服务信息化平台，拓展见习服务网上绿色通道，为见习人员报名、见习单位申报、见习信息发布、政策审核经办等提供便捷高效的一体化服务。

（四）加强见习管理。各地要加强见习全程指导管理，确保见习活动规范有序。要指导见习单位与见习人员签订见习协议，明确见习期限、岗位职责、见习待遇、见习计划安排、双方权利义务、解除终止协议条件等。见习期限一般为3～12个月，具体可根据见习人员特点和岗位要求合理确定。指导见习单位及时记载见习人员经历、承担任务、见习成果等，出具见习证明材料，评估见习成效；加强对见习人员的管理，妥善处理见习过程中出现的问题，依法维护见习人员合法权益。

（五）加大跟踪扶持。见习期满，鼓励见习单位留用见习人员，依法及时签订劳动合同，缴纳社会保险。对见习单位按规定给予就业见习补贴，并适当提高补贴标准，用于支付见习人员基本生活费、为见习人员办理人身意外伤害保险以及对见习人员的指导管理费用。对符合企业吸纳就业条件的，按规定落实相关扶持政策。对未被留用的人员，要加大跟踪帮扶，根据求职意向持续提供职业指导、职业介绍等服务，积极推荐就业岗位，对有创业意愿的提供创业指导、培训、孵化等服务，促进尽快实现就业创业。

四、工作要求

（一）加强组织领导。各地要将三年百万青年见习计划纳入当地就业工作整体安排，加强部门协同，合力抓好实施。人力资源社会保障部门要加强见习工作统筹协调，做好见习信息发布和见习管理等工作。财政部门要加大就业补助资金支持力度，保障见习政策落实。商务部门要指导国家级经济技术开发区集中推荐一批优质见习单位。国有资产监督管理部门要指导国有大中型企业积极参与见习计划。共青团要丰富青年见习实践活动，将符合条件的人员纳入三年百万青年见习计划。工商联要推荐一批经营稳定、信誉良好的民营企业作为见习单位。

（二）落实目标责任。各地要按照《三年百万青年见习计划分省年度目标任务安排》（见附件1），结合实际制定具体实施方案，层层分解落实本地见习任务，做实实名管理信息，明确时间进度，细化工作措施和工作要求，推动任务按期完成。简化优化见习政策经办流程，加强部门间信息比对和监督检查，防止补贴资金骗取、挪用、虚报、冒领等行为。

（三）加大宣传动员。各地要大力宣传见习计划和政策措施，宣传各地区、各部门经验做法和成效，讲好青年见习故事，营造关心支持青年就业和成长发展的社会氛围。加强就业见习示范基地建设，选树一批岗位质量高、吸纳人员多、见习成效好的单位典型，发挥引领带动作用。

各地人力资源社会保障部门自2019年一季度起，每季度填报《三年百万青年见习计划工作情况汇总表》（见附件2），于下季度前5个工作日内报人力资源社会保障部全国人才流动中心，并于每年年底报送当年见习计划实施情况报告。

五、联系人及联系方式（略）

附件：

1．三年百万青年见习计划分省年度目标任务安排（略）

2．三年百万青年见习计划工作情况汇总表（略）

2018 年 12 月 25 日

人力资源社会保障部办公厅关于实施中国—西班牙社会保障协定的通知

人社厅发〔2018〕7号

各省、自治区、直辖市及新疆生产建设兵团人力资源社会保障厅（局）：

2011年7月1日《中华人民共和国社会保险法》实施以来，为有效解决中国、西班牙两国在对方国工作的人员双重缴纳社会保险费的问题，中西两国于2017年5月19日正式签署了《中华人民共和国和西班牙王国社会保障协定》（以下简称《协定》）。我部与西班牙就业和社会保障部同日签署了《关于实施中华人民共和国和西班牙王国社会保障协定的行政协议》（以下简称《行政协议》）。双方商定，《协定》和《行政协议》于2018年3月20日正式生效。为确保《协定》和《行政协议》的贯彻执行，现就有关问题通知如下：

一、《协定》主要内容

（一）互免险种范围。

中国为职工基本养老保险、失业保险；西班牙为社会保障制度中适用于雇员的缴费型养老金，其中不包含工伤和职业病保险；雇员的失业保险缴费与待遇。

（二）中方适用免除在西班牙缴纳相关社会保险费的人员。

1. 派遣人员。指受雇于中国领土上有经营场所的雇主，依其雇佣关系被雇主派往西班牙领土上为该雇主工作的人员。

2. 在航海船舶上受雇人员。指在悬挂中国船旗的航海船舶上受雇的人员，及通常居住在中国领土上，在悬挂西班牙船旗的航海船舶上受雇的人员。

3. 在航空器上受雇人员。指受雇的企业总部在中国的航空器上的管理人员或机组成员。

4. 外交和领事机构人员、公务人员。外交和领事机构人员指《维也纳外交关系公约》和《维也纳领事关系公约》中定义的相关人员。公务人员指在西班牙领土上从事公务活动的中国政府公务员和中国其他公共机构雇佣的人员。

5. 例外。中西两国主管机关或经办机构可同意就特定人员或人群的情况，对《协定》第六条至第九条作例外处理，条件是所涉及人员受中西两国任一国法律规定管辖。

（三）西班牙适用免除在华缴纳相关社会保险费的人员。

西班牙适用免除在华缴纳社会保险费的人员与中方适用人员的条件类同。

（四）派遣人员免除缴纳社会保险费的期限。

就派遣人员而言，首次申请免除缴费期限最长为72个日历月。如派遣期限超过72个日历月，经中西两国主管机关或经办机构同意，可予以延长。

（五）主管机关、联络机构和经办机构。

1. 主管机关：中国为人力资源社会保障部；西班牙为就业和社会保障部。

2. 联络机构和经办机构：中国为人力资源社会保障部社会保险事业管理中心或该部指定的其他机构；西班牙为社会保障基金管理总局。

二、依据《协定》免除缴纳相关社会保险费的管理办法

（一）中方在西班牙人员办理免缴相关社会保险费《参保证明》的管理办法。

已在中国国内按规定参加了职工基本养老保险和失业保险，并按时足额缴纳保险费的人员，可以按照以下程序办理申请免除在西班牙缴纳相关社会保险费。

1. 申请人填写《根据中国—西班牙社会保障协定出具的〈参保证明〉申请表》（以下简称《申请表》，样式附后），并加盖所在单位公章。《申请表》可从部门户网站上下载，网址：www.mohrss.gov.cn（进入后点击“服务之窗”中的“表格下载”）。申请人也可在部门户网站查阅“中西社会保障协定参保证明办事指南”（点击“服务之窗”中的“办事指南”）。

2. 申请人或代理人将填写后的《申请表》（一式3份）提交参保所在地的社会保险经办机构审核；经办机构在审核其参保缴费情况无误后，加盖印章并留存相关《申请表》备案。

3. 申请人或代理人将盖章后的1份《申请表》挂号或快递寄至部社保中心（地址：北京市东城区安定门外大街138号皇城国际B座，收信单位：人力资源社会保障部社保中心国际合作处，邮编：100011，电话：010-89946777）。

4. 部社保中心收到《申请表》后予以审核。如审核通过，将在15个工作日内出具并向申请人邮寄《参保证明》；如审核未通过，及时向申请人说明原因。

5. 对于例外情况涉及人员，雇员及其雇主应当共同提交《申请表》，并附个人简要情况及相关说明材料。部社保中心收到《申请表》后，由中西两国主管机关或经办机构共同决定是否同意作例外处理。如同意，部社保中心向申请人出具《参保证明》；如不同意则向申请人说明原因。

6. 就派遣人员而言，如需申请延长免除期限，应在前一次免除到期之日前至少3个月向我部社保中心提出延长免除期限申请。例外情况下，中西两国经办机构可以共同决定是否受理前一次免除期限到期之日3个月内提交的延长免除期限的申请。中西两国经办机构共同决定是否同意延长免除期限的申请。如同意，部社保中心向申请人出具《参保证明》。如不同意则向申请人说明原因。

7. 申请人向西班牙经办机构提交《参保证明》，并申请免除缴纳相应的社会保险费。

（二）西班牙在华人员免除缴纳相关社会保险费的管理办法。

1. 西班牙在华人员向参保所在地社会保险经办机构提交由西班牙经办机构出具的《参保证明》，其参保所在地社会保险经办机构审核原件，留存复印件备案。核准信息后，依据其《参保证明》上规定的期限免除其相关社会保险缴费义务。

2. 凡不能提交《参保证明》的西班牙在华人员，各地社会保险经办机构应按《中华人民共和国社会保险法》和《在中国境内就业的外国人参加社会保险暂行办法》（人力资源社会保障部令第16号）的规定，督促其参加中国的社会保险。

3. 除《协定》规定的免缴职工基本养老保险和失业保险外，西班牙在华人员应按《社会保险法》和部令第16号的规定，参加中国其他社会保险险种。

以上规定自《协定》生效之日起开始执行。各级人力资源社会保障部门要高度重视此项工作，各地社会保险经办机构应本着如实、便捷的原则及时办理核准和免缴有关手续。在审核时要认真核对相关信息，防止欠费和虚假现象发生。各地在执行中如发现问题，请及时向我部报告。

附件：

1. 中华人民共和国和西班牙王国社会保障协定

2. 关于实施中华人民共和国和西班牙王国社会保障协定的行政协议

3. 根据中国—西班牙社会保障协定出具的《参保证明》申请表（样表）（略）

4. 中方《参保证明》（样表）（略）

5. 西班牙《参保证明》（样表）（略）

2018 年 1 月 29 日

附件 1

中华人民共和国和西班牙王国社会保障协定

中华人民共和国和西班牙王国（以下称缔约双方），为发展中华人民共和国（以下称中国）和西班牙王国（以下称西班牙）友好关系之目的，愿加强在社会保障领域的合作，达成协议如下：

第一条　定　　义

一、为本协定之目的：

（一）“法律规定”

在中国，系指本协定适用范围（第二条第一款第一项）所包括社会保险制度相关的法律、行政法规、部门规章、地方性法规和其他法律文件；

在西班牙，系指本协定适用范围（第二条第一款第二项）包括的法律和其他社会保险法规。

（二）“主管机关”

在中国，系指人力资源和社会保障部；

在西班牙，系指就业和社会保障部。

（三）“经办机构”

在中国，系指人力资源和社会保障部社会保险事业管理中心或该部指定的其他机构；

在西班牙，系指负责法律规定实施的机构，即社会保障基金管理总局。

（四）“联络机构”

在中国，系指人力资源和社会保障部社会保险事业管理中心或该部指定的其他机构；

在西班牙，系指负责缔约双方经办机构之间协调与信息交换的机构，即社会保障基金管理总局。

（五）“领土”

在中国，系指《中华人民共和国社会保险法》及其相关法律法规适用的中华人民共和国的领土；

在西班牙，系指西班牙领土。

（六）“国民”

在中国，系指具有中华人民共和国国籍的个人；

在西班牙，系指在《西班牙民法》第一卷第一编中定义为西班牙国民的个人。

二、本条中未定义的词语应具有缔约双方各自适用法律规定赋予的含义。

第二条　法律适用范围

一、本协定适用下列社会保险制度相关的法律规定：

（一）在中国

1. 职工基本养老保险；

2. 失业保险。

（二）在西班牙

1. 社会保障制度中适用于雇员的缴费型养老金，其中不包含工伤和职业病保险；

2. 雇员的失业保险缴费与待遇。

二、本协定同样适用于对本条第一款所适用的法律规定进行修订、补充、合并、替代的法律法规。但本协定不适用于以建立新型社会保障制度为目的的法律规定的修正案，除非缔约双方主管机关同意其适用。

三、除非本协定另有规定，本条第一款所提及的法律规定不包括缔约一方可能与第三国在社会保障方面缔结的条约或其他国际协定，及为具体实施之目的颁布的法律规定。

第三条　人员适用范围

本协定适用于缔约任一方根据第二条所列法律规定管辖的所有人员。

第四条　平等待遇

除非本协定另有规定，第三条所提及人员在适用缔约一方法律规定时享有与该缔约方国民同等的待遇。

第五条　待遇给付

除非本协定另有规定，缔约一方不得仅以受益人停留或居住在缔约另一方或第三国领土上为由，减损或改变其依照缔约一方法律规定获取的待遇。受益人获取待遇的缔约一方应按照其国内法律规定支付待遇。

第六条　雇员的参保义务

除非本协定另有规定，在缔约一方领土上工作的雇员，就此项工作而言，仅受该缔约方法律规定管辖。

第七条　派遣人员

一、如果雇员在缔约一方领土上受雇于在该缔约方领土上有经营场所的雇主，依其雇佣关系被雇主派往缔约另一方领土上为该雇主工作，则在此项工作的第一个 72 个日历月内继续仅适用首先提及的缔约方的法律规定，如同该雇员仍在该缔约方领土上受雇一样。

二、如果派遣期超过本条第一款规定的期限，在缔约双方主管机关或经办机构同意的情况下，本条第一款首先提及的缔约一方的法律规定将继续适用。继续适用的程序和期限在行政协议中作出规定。

第八条　在航海船舶和航空器上受雇人员

一、在悬挂缔约任一方船旗的航海船舶上受雇的人员适用该缔约方法律规定。但是，如果该雇员通常居住在缔约一方领土上，在船旗为缔约另一方的航海船舶上受雇，则该雇员适用首先提及的缔约一方法律规定，如同该雇员仍在该缔约方领土上受雇一样。

二、在航空器上受雇的管理人员或机组成员，就其雇佣关系而言，适用其受雇企业总部所在地领土所属的缔约方法律规定。但是，如果该企业在缔约另一方领土上拥有分支机构或常设机构，且该雇员受雇于该分支机构或常设机构，则该雇员将受该分支机构或常设机构所在地领土所属的缔约方法律规定管辖。

第九条　外交和领事机构人员、公务人员

一、本协定不影响一九六一年四月十八日签订的《维也纳外交关系公约》和一九六三年四月二十四日签订的《维也纳领事关系公约》的适用。

二、缔约一方政府雇佣的公务员和该缔约方其他公共机构雇佣的人员，如在缔约另一方领土上从事公务活动，就此类活动而言，仍仅受首先提及的缔约一方法律规定管辖。

第十条　例　外

缔约双方主管机关或经办机构可同意根据特定人员或人群的情况对本协定第六至九条作例外处理，条件是所涉及人员受缔约一方法律规定管辖。

第十一条　实施安排

一、缔约双方主管机关将签订行政协议，制定为实施本协定所必要的措施。

二、缔约双方主管机关将相互通报可能会影响本协定实施的任何立法修改情况。

三、缔约双方主管机关将指定实施该协定的联络机构。

第十二条　信息交流和相互协助

缔约双方主管机关或经办机构应根据对方书面要求，在各自法律允许的范围内，相互提供实施本协定所需的信息和协助。

第十三条　证明书的出具

一、在本协定第七条和第十条所述情况下，法律规定适用的缔约一方的经办机构，将根据申请就相关雇佣关系出具证明书，说明该雇员受其法律规定管辖。此证明书必须注明有效期。

二、若适用中国的法律规定，证明书由人力资源和社会保障部社会保险事业管理中心或该部指定的其他机构出具。

三、若适用西班牙的法律规定，证明书由社会保障基金管理总局出具。

第十四条　信息保密

缔约一方仅在得到缔约另一方同意后才可公开其所接收的信息。由缔约一方主管机关或经办机构根据本协定传送至缔约另一方主管机关或经办机构的个人信息使用时应保密，且只能专门用于实施本协定之目的。缔约一方主管机关或经办机构接收的信息应受该缔约方关于隐私保护和个人信息保密的国家法律的约束。缔约一方主管机关或经办机构接收的信息，其后续使用、存储及销毁，均应受该缔约方关于隐私保护法律的约束。

第十五条　交流语言和认证

一、在实施本协定时，缔约双方主管机关和经办机构之间可使用中文、西班牙文或英文进行交流。

二、缔约一方主管机关和经办机构不得仅因文件是用缔约另一方官方语言写成而拒绝受理。

三、适用本协定时所需提供的文件，特别是证明书，无须办理认证或者其他类似手续。

第十六条　争端解决

缔约双方关于本协定解释或适用方面的任何争端应由缔约双方主管机关或经办机构通过谈判和磋商方式解决。如争端在一定时期内未得到解决，则应通过外交途径解决。

第十七条　过渡条款

为适用本协定第七条之目的，若雇员的派遣始于本协定生效前，该派遣期限从协定生效之日起计算。

第十八条　复　审

一、缔约双方可应缔约任一方要求对本协定进行复审。

二、本协定生效后10年内，缔约双方将对本协定进行复审，决定是否需要修改本协定以确保完全覆盖参加或曾经参加缔约双方社会保障制度的缔约双方公民。

第十九条　生　效

缔约双方应当相互书面通知已完成使本协定生效所必需的国内法律程序。本协定自最后一份书面通知收到之日第90天起生效。

第二十条　期限与终止

本协定长期有效。缔约任一方可书面通知缔约另一方要求终止本协定。本协定自缔约任一方发出终止通知后第12个月的最后一天起终止。

下列代表，经正式授权，在本协定上签字，以昭信守。

本协定于2017年5月19日在巴德诺伊纳尔签订，一式两份，每份均用中文、西班牙文及英文写成，三种文本同等作准。如对文本的解释发生分歧，以英文本为准。

中华人民共和国　　　　西班牙王国
代表　　　　代表

附件2

关于实施中华人民共和国和西班牙王国社会保障协定的行政协议

中华人民共和国人力资源和社会保障部与西班牙王国就业和社会保障部为实施于2017年5月19日签订的《中华人民共和国和西班牙王国社会保障协定》(以下称协定)，依据协定第十一条第一款，达成协议如下：

第一条　定　　义

本行政协议中的术语与协定中所使用的含义相同。

第二条　联络机构

依据协定第十一条第三款，缔约双方主管机关指定以下机构为联络机构：

(一) 在中华人民共和国，系指人力资源和社会保障部社会保险事业管理中心；

(二) 在西班牙王国，系指社会保障基金管理总局。

第三条　表格与程序

缔约双方经办机构将共同决定关于执行协定和本行政协议的必要表格与程序。

第四条　参保证明

一、在协定第十三条所述情况下，法律规定适用的缔约一方经办机构将出具参保证明，证明在规定期限内，就某项工作而言，雇员及其雇主受该缔约方法律规定管辖。

二、本条所指的参保证明，将由以下机构出具：

(一) 在中国，由人力资源和社会保障部社会保险事业管理中心出具。参保证明提供给相关个人，其副本提供给西班牙社会保障基金管理总局。

(二) 在西班牙，由社会保障基金管理总局或其省级分支机构出具。参保证明提供给相关个人，其副本提供给中国人力资源和社会保障部社会保险事业管理中心。

第五条　申请程序

一、首次免除期限申请程序。

协定第七条第一款所提及雇员或雇主应向缔约一方经办机构提出书面免除申请。该缔约方经办机构批准后，向雇员出具参保证明。参保证明样本作为本行政协议附件。

二、延长免除期限申请程序：

(一) 协定第七条第二款所提及的延长免除期限申请程序，相关个人应在前一次免除期限到期之日前至少3个月向适用法律规定的缔约一方经办机构提出延长免除期限申请。例外情况下，缔约双方经办机构可以共同决定是否受理前一次免除期限到期之日3个月内提交的延长免除期限的申请。

(二) 缔约双方经办机构共同决定是否同意延长免除期限的申请。

（三）适用法律规定的缔约一方经办机构将向雇员和雇主告知申请结果。如果申请获批，适用法律规定的缔约一方经办机构将依据双方经办机构的共同决定向雇员出具参保证明，并向缔约另一方经办机构提供副本。

三、协定第十条所述例外情况的申请程序：

（一）雇员及其雇主应当共同向其拟申请适用法律规定的缔约一方经办机构递交例外情况的书面申请。

（二）缔约双方经办机构将共同决定是否同意依据协定第十条对该申请作例外处理。

（三）适用法律规定的缔约一方经办机构将向雇员和雇主告知申请结果。如果申请获批，适用法律规定的缔约一方经办机构将依据双方经办机构的共同决定向雇员出具参保证明，并向缔约另一方经办机构提供副本。

第六条　表格的变更

本行政协议所附表格是本行政协议不可分割的一部分。表格的变更不影响本行政协议的效力。缔约一方经办机构对表格有任何变更都应立即通知缔约另一方经办机构。

第七条　有关参保证明信息交换

一、缔约双方经办机构应当在依据本行政协议出具参保证明的次月交换参保证明副本。

二、缔约双方经办机构应当在次年 1 月 31 日之前相互交换依据协定第七条和第十条出具的参保证明份数的统计数据。统计数据应当按照缔约双方经办机构约定的格式提供。

第八条　行政协助

一、为实施协定和本行政协议所必需的行政协助应当免费提供，但缔约双方经办机构达成共识的情形除外。

二、缔约双方经办机构代表在必要时可在缔约双方约定的地点会面，讨论协定实施相关问题。

第九条　生效、终止与修订

一、本行政协议于协定生效之日生效，直至协定终止之日。

二、经缔约双方主管机关同意，可对本行政协议进行补充或修订。

第十条　法律义务

本行政协议只在协定及缔约双方各自法律规定框架内执行，不产生协定及缔约双方各自法律规定框架外的任何具有法律约束力的新义务。

本行政协议于 2017 年 5 月 19 日在巴德诺伊纳尔签署，一式两份，每份均用中文、西班牙文和英文写成，三种文本同等作准。如果对文本的解释产生任何歧义，以英文本为准。

中华人民共和国 人力资源和社会保障部 代表	西班牙王国 就业和社会保障部 代表

人力资源社会保障部办公厅关于印发《国家职业技能标准编制技术规程(2018年版)》的通知

人社厅发〔2018〕26号

各省、自治区、直辖市及新疆生产建设兵团人力资源社会保障厅（局），国务院有关部门、有关行业组织和集团公司人事劳动保障工作机构：

为贯彻落实党的十九大关于“大规模开展职业技能培训”“建设知识型、技能型、创新型劳动者大军”的要求，充分发挥职业技能标准在技能人才队伍建设中的引领作用，在广泛征求意见基础上，我部对2012年颁布的《国家职业技能标准编制技术规程》进行了全面修订。现将修订后的《国家职业技能标准编制技术规程（2018年版）》印发给你们，请遵照执行。

2018年3月7日

国家职业技能标准编制技术规程（2018年版）

目　录

1　范围

本规程规定了国家职业技能标准的内容结构、编写表述规则和格式要求，并列出了有关表述样式。

本规程适用于现行《中华人民共和国职业分类大典》（以下简称《大典》）中所列职业的技能标准编写。

2　术语和定义

2.1　职业

从业人员为获得主要生活来源所从事的社会工作类别。

2.2　职业分类

按照职业的工作性质、活动方式等异同，对社会职业及其类别所进行的系统划分和归类。

2.3　国家职业技能标准

在职业分类的基础上，根据职业活动内容，对从业人员的理论知识和技能要求提出的综合性水平规定。它是开展职业教育培训和人才技能鉴定评价的基本依据。

3 总则

3.1 指导思想

依据《中华人民共和国劳动法》，立足新时代中国特色社会主义基本国情，贯彻新发展理念，适应经济社会发展和科技进步需要，强化工匠精神和敬业精神，建立以职业活动为导向、以职业能力为核心的国家职业技能标准体系。

3.2 工作目标

国家职业技能标准（以下简称职业标准）应满足人力资源管理需要，满足职业教育培训和人才技能鉴定评价需要，促进人力资源市场发展和从业人员素质提高。

3.3 编制原则

3.3.1 整体性原则

职业标准应反映当前该职业活动在我国的整体状况和水平，不仅要突出该职业的主流技术、主要技能要求，而且还应兼顾不同地域或行业间可能存在的差异，同时还应考虑其未来发展。

职业标准一般应定位于全国平均先进水平，且是多数人员经过教育培训或岗位实践能够达到的水平。

3.3.2 等级性原则

职业标准应按照从业人员职业活动范围的宽窄、工作责任的大小、工作难度的高低或技术复杂程度来划分职业技能等级。

3.3.3 规范性原则

职业标准的内容结构、表述方法应符合本规程的要求；职业标准中的术语应保持一致，同一概念应使用同一个术语；文字描述应简洁明确且无歧义，能被专业人员所理解；所用技术术语与文字符号应符合国家最新技术标准。

3.3.4 实用性原则

职业标准不仅应客观、准确地反映工作现场对从业人员的理论知识和技能要求，而且应符合职业教育培训、人才技能鉴定评价和人力资源管理工作的需要。

3.3.5 可操作性原则

职业标准内容应力求具体化，可度量、可检验，便于实施。

4 职业标准结构要素

4.1 封面

封面应列出职业标准的信息，包括：职业名称、编码、版本、发布部门等。

4.2 说明

说明应视情况依次列出以下内容：

——职业标准编制的依据；

——职业标准内容的主要变化；

——本职业标准的起草单位/主要起草人；

——本职业标准的审定单位/审定人员；

——鸣谢单位/人员。

4.3 内容

职业标准主要内容包括：职业概况、基本要求、工作要求和权重表四部分（职业标准结构图见附录 A）。

4.4 附录

职业标准附录为可选要素，可以列出有助于职业标准理解和使用的附加信息，如专业术语、参考文献、索引等。

5 职业标准内容

5.1 职业概况

5.1.1 职业名称

最能反映职业特点的称谓。

职业标准应采用《大典》确定的职业名称①。

5.1.2 职业编码

职业标准应采用《大典》确定的职业编码②。

5.1.3 职业定义

对职业活动的内容、方式、范围等的描述和解释。

职业标准原则上应采用《大典》确定的职业定义③。

①②③ 相关法律法规及政策文件另有规定的，从其规定。

5.1.4　职业技能等级

职业技能等级一般分为五个等级，由低到高可分为：五级/初级工、四级/中级工、三级/高级工、二级/技师、一级/高级技师。

职业标准应根据职业的实际情况，参照《职业技能等级划分依据》（见附录B)，确定技能等级级次，等级设置应为连续等级。如：本职业共设四个等级，分别为：五级/初级工、四级/中级工、三级/高级工、二级/技师。

5.1.5　职业环境条件

从业人员所处的客观工作环境。

职业标准应根据职业的实际情况，参照《职业环境条件描述要素》（见附录C）进行客观描述。

5.1.6　职业能力特征

从业人员从事某个职业须具备的基本能力和潜力。

职业标准应根据职业的实际情况，参照《职业能力特征描述要素》（见附录D)，列出影响从业人员职业生涯发展的必备核心要素。

5.1.7　普通受教育程度

从业人员初入本职业时须具备的最低学历要求。

职业标准应根据职业的实际情况，从下列表述中选择其一进行描述：

——无学历要求；

——初中毕业（或相当文化程度）；

——高中毕业（或同等学力）；

——大学专科毕业（或同等学力）；

——大学本科毕业（或同等学力）。

5.1.8　职业技能鉴定要求

5.1.8.1　申报条件

申请参加本职业相应等级技能鉴定评价的人员应具备的条件。

职业标准应根据职业的实际情况，参照《申请参加职业技能鉴定的条件》（见附录E）进行描述。原则上，各职业的申报年限不应低于规定的要求；国家有特殊规定的从其规定。如需对申报条件进行调整，须提交有关文字说明。

5.1.8.2　鉴定方式

理论知识考试、技能考核以及综合评审的方法和形式。

职业标准应根据职业的特点，对理论知识考试、技能考核以及综合评审的方法和形式，分别进行详细说明。

理论知识考试以笔试、机考等方式为主，主要考核从业人员从事本职业应掌握的基本要求和相关知识要求；技能考核主要采用现场操作、模拟操作等方式进行，主要考核从业人员从事本职业应具备的技能水平；综合评审主要针对技师和高级技师，通常采取审阅申报材料、答辩等方式进行全面评议和审查。

理论知识考试、技能考核和综合评审均实行百分制，成绩皆达60分（含）以上者为合格。职业标准中标注“★”的为涉及安全生产或操作的关键技能，如考生在技能考核中违反操作规程或未达到该技能要求的，则技能考核成绩为不合格。

5.1.8.3　监考人员、考评人员与考生配比

职业标准应根据职业的特点，分别列出理论知识考试中的监考人员与考生数量的比例、技能考核中的考评人员与考生数量的比例，以及综合评审委员的最低人数。

理论知识考试中的监考人员与考生配比不低于1∶15，且每个考场不少于2名监考人员；技能考核中的考评人员与考生配比应根据职业特点、考核方式等因素确定，且考评人员为3人以上单数；综合评审委员为3人以上单数。

5.1.8.4　鉴定时间

职业标准应根据职业的特点和内容，分别列出各等级的理论知识考试、技能考核以及综合评审的最低时间要求，以分钟表示。

5.1.8.5　鉴定场所设备

职业标准应对理论知识考试和技能考核必备的场所和设施设备要求分别进行描述。

5.2　基本要求

5.2.1　职业道德

从业人员在职业活动中应遵循的基本观念、意识、品质和行为的要求，即一般社会道德以及工匠精神和敬业精神在职业活动中的具体体现。主要包括：职业道德基本知识、职业守则两部分。

职业标准应列出最能反映本职业特点的职业守则。

5.2.2　基础知识

从业人员在职业活动中应掌握的通用基本理论知识、安全知识、环境保护知识和有关法律法规知识等。

职业标准应本着实用、够用的原则，列出与本职业密切相关并贯穿于整个职业活动的核心基础知识。

5.3　工作要求

5.3.1　通则

工作要求是在分析、细化职业活动的基础上，对从业人员完成本职业具体工作所应具备的技能要求和相关知识要求的描述。它是职业标准的核心部分。工作要求应分等级进行编写，各等级的技能要求和相关知识要求应依次递进，高级别涵盖低级别的要求。对于职业所包括的工作内容之间相似程度不高的，允许采用模块化编写模式。

工作要求内容的编写原则上不得超出《大典》描述的职业定义和主要工作任务[①]。

工作要求包括：职业功能、工作内容、技能要求、相关知识要求四项内容（见下表）。

×级/×××

职业功能	工作内容	技能要求	相关知识要求
1.××××	1.1 ××××	1.1.1 能××××××××××× 1.1.2 能×××××××××××	1.1.1 ×××××××××× 1.1.2 ××××××××××
1.××××	1.2 ××××	1.2.1 能×××××××××× 1.2.2 ★能×××××××××	1.2.1 ××××××××× 1.2.2 ×××××××××
2.××××	2.1 ××××	2.1.1 能×××××× 2.1.2 能××××××	2.1.1 ×××××× 2.1.2 ××××××
2.××××	2.2 ××××	2.2.1 能××××× ……	2.2.1 ××××× 2.2.2 ××××× ……
2.××××	……	……	……
……	……	……	……

5.3.2　职业功能

从业人员所要实现的工作目标，或本职业活动的主要方面（活动项目）。

职业标准应根据职业的特点，按照工作领域、工作项目、工作程序、工作对象或工作成果等划分职业功能。具体要求为：

——每项职业功能都应是：可就业的最小技能单元；从业人员的主要工作职责之一，定期出现；可独立进行培训和鉴定评价。

——职业功能的划分标准要统一，通常情况下，每个等级的职业功能应不少于3项。

——职业功能的规范表述形式是“动词＋宾语”，如“维修发动机”；或“宾语＋动词”，如“市场调查”“发动机维修”；或“动词”，

① 相关法律法规及政策文件另有规定的，从其规定。

如“制作”“修理”。

——通常情况下，职业功能在各技能等级中是一致的，在二级/技师和一级/高级技师中，可增加“技术管理和培训”等内容。

5.3.3 工作内容

完成职业功能所应做的工作，是职业功能的细分。

职业标准应按照工作种类、工作流程或工作对象等划分工作内容。具体要求为：

——每项工作内容应是一个有始有终的完整过程，或是可观察到的具体工作单元，或是完成一项服务，或是产生一种结果。

——通常情况下，每项职业功能应包含2项或2项以上的工作内容。

——工作内容的规范表述形式与职业功能相同。

5.3.4 技能要求

完成每项工作内容应达到的结果或应具备的能力，是工作内容的细分。

职业标准应列出从业人员可独立完成的技能要求，其描述应具有可操作性。具体要求为：

——技能要求的内容应具有可操作性，对每项技能应有具体的描述，能量化的一定要量化；对于不同等级中同一项工作或技能，应分别写出不同的具体要求，不可用“了解”“掌握”“熟悉”等词语或仅用程度副词来区分等级。

——技能要求的规范表述形式为“能……+动词……”或“能+动词……”等，如“能根据服装原型的要求测量人体的净体数据”“能车削普通螺纹、英制螺纹”“能在1分钟之内录入60个英文字符，准确率达到90%”。

——技能要求中涉及工具设备的使用时，不能单纯要求“能使用……工具或设备”，而应写明“能使用……工具或设备做……”，如“能使用剪刀剪裁服装”“能使用百分尺、游标量具、千分尺等常用量具检验零部件”。

5.3.5 相关知识要求

达到每项技能要求必备的知识。

职业标准应列出完成职业活动所需掌握的技术理论、技术要求、操作规程和安全规范等知识点。相关知识要求应与技能要求相对应，是具体的知识点，而不是宽泛的知识领域。

5.4 权重表

5.4.1 理论知识权重表

职业标准应列出基本要求和各等级职业功能对应的相关知识要求在培训、技能鉴定评价中所占的权重（见下表）。

项目 \ 技能等级		五级/初级工（%）	四级/中级工（%）	三级/高级工（%）	二级/技师（%）	一级/高级技师（%）
基本要求	职业道德	5	5	5	5	5
	基础知识	×	×	×	×	×
相关知识要求	职业功能1	×	×	×	×	×
	职业功能2	×	×	×	×	×
	职业功能3	×	×	×	×	×
	……	……	……	……	……	……
合计		100	100	100	100	100

5.4.2 技能要求权重表

职业标准应列出各等级职业功能对应的技能要求在培训、技能鉴定评价中所占的权重（见下表）。

项目 \ 技能等级		五级/初级工（%）	四级/中级工（%）	三级/高级工（%）	二级/技师（%）	一级/高级技师（%）
技能要求	职业功能 1	×	×	×	×	×
	职业功能 2	×	×	×	×	×
	职业功能 3	×	×	×	×	×
	……	……	……	……	……	……
合计		100	100	100	100	100

6　编制程序

6.1　职业标准立项

6.1.1　提出申请

拟承担职业标准开发的单位向人力资源社会保障部职业能力建设司（以下简称职业能力司）提出职业标准开发书面申请。同时，登陆中国就业培训技术指导中心（以下简称部中心）职业标准与教材开发管理系统（以下简称开发系统，http://zybz.cettic.gov.cn），并按要求进行填报。

6.1.2　初审

部中心在每年第二、第四季度末，对职业标准开发申请进行汇总和初审，并将初审结果报职业能力司。

6.1.3　下发计划

经职业能力司审核同意后，下达职业标准开发计划，明确职业标准开发承担单位（以下简称开发单位）。职业标准开发计划可通过开发系统进行查询、下载、打印。

6.2　职业标准开发

6.2.1　成立工作组

开发单位根据开发计划组建工作组，工作组由编写专家和本单位一名工作人员（即联络人）组成。

编写专家组由不少于 5 名专家组成，包括方法专家、内容专家和实际工作专家。方法专家由熟悉《国家职业技能标准编制技术规程》和职业标准编制方法的专家担任；内容专家由长期从事该职业理论研究和教学工作的专家担任；实际工作专家由长期从事该职业活动的管理或操作人员担任。实际工作专家应占编写专家组总人数的一半以上；编写专家组应确定组长和主笔人。

联络人负责职业标准开发全过程的组织协调、进度控制、质量把关、网上信息传送等具体工作。

工作组组建后，联络人应将工作组人员名单通过开发系统上报，并为专家设置开发系统账户。

6.2.2　开展职业调查和职业分析

开发单位应组织力量开展职业调查，了解该职业的活动目标、工作领域、发展状况、从业人员数量、受教育程度以及从业人员必备的知识和技能等。职业调查可以由编写专家组承担，也可以委托专门工作机构进行。在职业调查的基础上，由编写专家组进行职业分析，为职业标准编制做好前期准备。

6.2.3　召开职业标准编制启动会

开发单位组织召开职业标准编制启动会，或组织专家参加由部中心组织召开的职业标准编制启动会。与会专家学习本规程，确定人员分工、时间进度、职业标准的基本框架结构，并进行至少一项“工作内容”两个等级的职业标准拟写。

6.2.4　编写职业标准初稿

编写专家组按照职业标准编制启动会确定的进度、框架结构等，结合职业调查和职业分析的结果，编写职业标准初稿。

6.3　职业标准审定

6.3.1　预审

职业标准初稿编制完成后，开发单位按照

本规程要求将职业标准（初稿）上传开发系统。

部中心按照本规程要求，对职业标准（初稿）的文字表述和格式等进行预审，并通过开发系统反馈意见；开发单位组织编写专家组根据预审意见，对职业标准内容作进一步修改，形成职业标准（初审稿）并上传开发系统。

6.3.2 初审

部中心对职业标准（初审稿）进行符合性审查，审查通过后，开发单位组织召开职业标准初审会（程序见附录 F），组织专家（不含编写专家组专家）对职业标准（初审稿）内容进行评审，形成专家评审意见。评审专家由 7 名以上单数人员组成。

6.3.3 征求意见

开发单位组织编写专家组根据专家评审意见修改职业标准，形成职业标准（征求意见稿）并上传开发系统。

部中心对职业标准（征求意见稿）进行符合性审查，审查通过后，将符合要求的职业标准（征求意见稿）上传至部中心职业标准征求意见系统（http://zybz.cettic.gov.cn/questionSurvey/question01.jsp），面向社会征求意见，时间为 15 个工作日。

6.3.4 修改

开发单位组织编写专家组根据征求意见情况，对职业标准（征求意见稿）进行修改，形成职业标准（终审稿）、征求意见采纳情况汇总表，并上传开发系统。

6.3.5 终审

部中心对职业标准（终审稿）进行符合性审查，审查通过后，开发单位组织召开职业标准终审会（程序见附录 F），组织专家（不含编写专家组，初审专家比例不超过 50%）对职业标准（终审稿）内容进行评审，形成专家评审意见。评审专家由 7 名以上单数人员组成。

6.4 颁布

开发单位组织编写专家组根据专家评审意见做好职业标准修改，并按规定的格式要求排版，形成职业标准（报批稿）。开发单位将职业标准颁布申请、职业标准（报批稿）、专家评审意见等有关材料上传开发系统，同时，将纸质材料送部中心进行符合性审查。部中心审查通过后，经职业能力司审核并报部办公厅审定后，由人力资源社会保障部或人力资源社会保障部会同有关部门颁布。

7 职业标准编排格式

7.1 职业标准报批稿格式

职业标准报批稿统一采用 A4 纸张幅面，尺寸为 210 mm×297 mm，允许误差±1 mm。职业标准报批稿采用统一编排格式（见附录 G），并统一字体和字号（见附录 H）。

开发单位可直接使用从开发系统下载的电子模板（文件名为“国家职业技能标准编写模版.doc”），按其已经设定好的编排格式进行编排。

7.2 职业标准出版格式

7.2.1 通则

出版职业标准的纸张统一采用 32 开幅面，尺寸为 148 mm×210 mm，允许误差±1 mm。职业标准出版物采用统一格式（见附录 I），并统一字体和字号（见附录 J）。

7.2.2 封面

封面采用统一格式（见图 I.1）。

7.2.2.1 职业名称

职业名称居中排列，可分为上下多行编排，行间距为 3 mm。

7.2.2.2 颁布版本

按照颁布发文的实际情况编写，无则不写。

7.2.2.3 职业编码

职业编码中阿拉伯数字间的间隔线为半字线。

7.2.3 说明

说明部分另起一页，采用统一格式（见图 I.2）。

7.2.4 正文

正文从单数页起排，采用统一格式（见图

I. 3、图 I. 4 和图 I. 5）。正文首页中职业名称与国家职业技能标准字样分两行编排，行间距为 3 mm。除正文首页外，每页 25 行，每行 24 个中文字符。

7.2.5　封底

封底采用统一格式（见图 I. 6）。

7.2.6　其他

7.2.6.1　标题和段落

标题占两行，上下居中，顶格编排，编号与其后的文字之间空一个汉字间隙。

标题下每个段落段首空两个汉字起排，回行时顶格编排。

7.2.6.2　书眉和页码

从职业标准的正文开始，在每页书眉位置列出职业编码，单数页排在书眉右侧（见图 I. 3），双数页排在书眉左侧（见图 I. 4）。

从说明页到正文前用正体大写罗马数字开始编页码，正文起用阿拉伯数字从 1 开始另编页码。页码单数页排在右下侧（见图 I. 3），双数页排在左下侧（见图 I. 4）。

附录 A

职业标准结构图

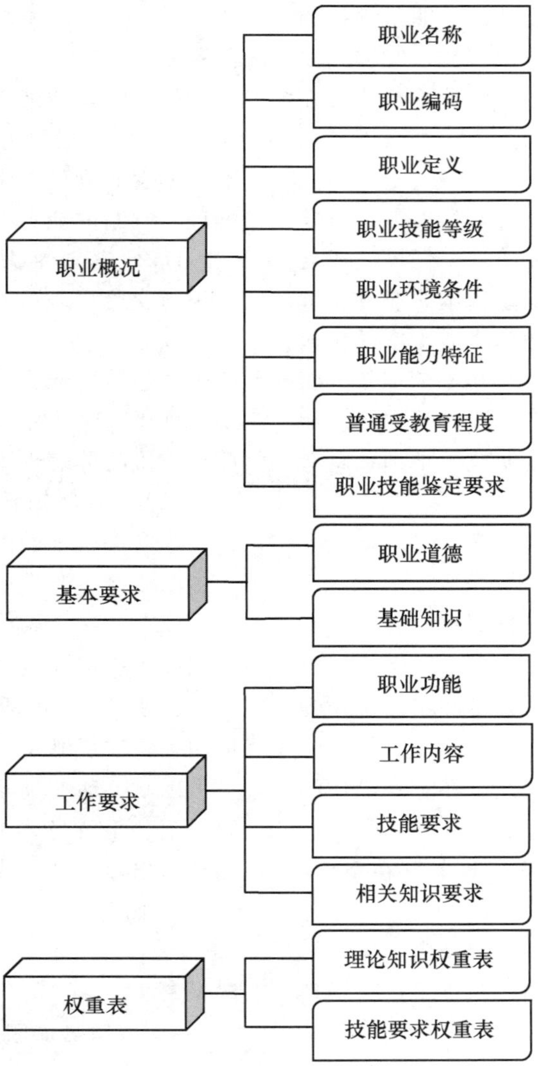

附录 B

职业技能等级划分依据

B.1　五级/初级工：能够运用基本技能独立完成本职业的常规工作。

B.2　四级/中级工：能够熟练运用基本技能独立完成本职业的常规工作；在特定情况下，能够运用专门技能完成技术较为复杂的工作；能够与他人合作。

B.3　三级/高级工：能够熟练运用基本技能和专门技能完成本职业较为复杂的工作，包括完成部分非常规性的工作；能够独立处理工作中出现的问题；能够指导和培训初、中级工。

B.4　二级/技师：能够熟练运用专门技能和特殊技能完成本职业复杂的、非常规性的工作；掌握本职业的关键技术技能，能够独立处理和解决技术或工艺难题；在技术技能方面有创新；能够指导和培训初、中、高级工；具有一定的技术管理能力。

B.5　一级/高级技师：能够熟练运用专门技能和特殊技能在本职业的各个领域完成复杂的、非常规性工作；熟练掌握本职业的关键技术技能，能够独立处理和解决高难度的技术问题或工艺难题；在技术攻关和工艺革新方面有创新；能够组织开展技术改造、技术革新活动；能够组织开展系统的专业技术培训；具有技术管理能力。

附录 C

职业环境条件描述要素

C.1　工作地点

室内：指从事该职业的人员在室内工作的时间超过 75％。

室外：指从事该职业的人员在室外工作的时间超过 75％。

室内、外：指从事该职业的人员在室内、外工作的时间大体相等。

C.2　温度

低温：指从事该职业的人员在 0℃以下环境中工作的时间超过 30％。

常温：指从事该职业的人员在 0℃以上至 38℃以下环境中工作的时间超过 30％。

高温：指从事该职业的人员在 38℃以上环境中工作的时间超过 30％。

C.3　潮湿：指接触水或大气中空气相对湿度平均大于或等于 80％。

C.4　噪声：指在工作时间内噪声强度大于或等于 85 分贝（dBA）。

C.5　大气条件

有毒有害：指环境中有毒有害物质的浓度超过国家有关规定标准。

粉尘：指空气中的粉尘浓度超过国家有关规定标准。

C.6　其他条件

附录 D

职业能力特征描述要素

D.1　一般智力：主要指学习能力，即获取、领会和理解外界信息的能力，以及分析、推理和判断的能力。

D.2　表达能力：以语言或文字方式有效地进行交流、表述的能力。

D.3　计算能力：准确而有目的地运用数字进行运算的能力。

D.4　空间感：凭思维想象几何形体和将简单三维物体表现为二维图像的能力。

D.5　形体知觉：觉察物体、图画或图形资料中有关细部的能力。

D.6　色觉：辨别颜色的能力。

D.7　手指灵活性：迅速、准确、灵活地运用手指完成既定操作的能力。

D.8　手臂灵活性：熟练、准确、稳定地运用手臂完成既定操作的能力。

D.9　动作协调性：根据视觉信息协调眼、手、足及身体其他部位，迅速、准确、协调地作出反应，完成既定操作的能力。

D.10　其他

附录 E

申请参加职业技能鉴定的条件

E.1　具备以下条件之一者，可申报五级/

初级工：

（1）累计从事本职业或相关职业[①]工作1年（含）以上。

（2）本职业或相关职业学徒期满。

E.2　具备以下条件之一者，可申报四级/中级工：

（1）取得本职业或相关职业五级/初级工职业资格证书后，累计从事本职业或相关职业工作4年（含）以上。

（2）累计从事本职业或相关职业工作6年（含）以上。

（3）取得技工学校本专业或相关专业毕业证书[②]（含尚未取得毕业证书的在校应届毕业生）；或取得经评估论证、以中级技能为培养目标的中等及以上职业学校本专业或相关专业毕业证书[③]（含尚未取得毕业证书的在校应届毕业生）。

E.3　具备以下条件之一者，可申报三级/高级工：

（1）取得本职业或相关职业四级/中级工职业资格证书后，累计从事本职业或相关职业工作5年（含）以上。

（2）取得本职业或相关职业四级/中级工职业资格证书，并具有高级技工学校、技师学院毕业证书（含尚未取得毕业证书的在校应届毕业生）；或取得本职业或相关职业四级/中级工职业资格证书，并具有经评估论证、以高级技能为培养目标的高等职业学校本专业或相关专业毕业证书（含尚未取得毕业证书的在校应届毕业生）。

（3）具有大专及以上本专业或相关专业毕业证书，并取得本职业或相关职业四级/中级工职业资格证书后，累计从事本职业或相关职业工作2年（含）以上。

E.4　具备以下条件之一者，可申报二级/技师：

（1）取得本职业或相关职业三级/高级工职业资格证书后，累计从事本职业或相关职业工作4年（含）以上。

（2）取得本职业或相关职业三级/高级工职业资格证书的高级技工学校、技师学院毕业生，累计从事本职业或相关职业工作3年（含）以上；或取得本职业或相关职业预备技师证书的技师学院毕业生，累计从事本职业或相关职业工作2年（含）以上。

E.5　具备以下条件者，可申报一级/高级技师：

取得本职业或相关职业二级/技师职业资格证书后，累计从事本职业或相关职业工作4年（含）以上。

附录F

职业标准评审会程序

职业标准初审会和终审会可按以下程序进行：

F.1　推荐专家评审组组长。

（以下程序由专家评审组组长主持）

F.2　编写专家组代表汇报职业标准编制思路、等级设置、存在问题等情况。

F.3　与会专家就职业标准进行质疑，标准编写组进行答疑。

F.4　与会专家逐条审定职业标准内容，编写专家组代表负责做好修改记录。

F.5　形成专家评审意见，评审专家在评审意见上签字。

F.6　宣读评审意见。

附录G　职业标准报批稿格式（略）

附录H　职业标准报批稿的字体和字号要求（略）

附录I　职业标准出版格式（略）

附录J　职业标准出版物的字体和字号要求（略）

---

①　在具体职业标准中应明确相关职业的范围，下同。

②③　根据职业实际情况，在具体职业标准中应明确本专业或相关专业的范围，下同。

人力资源社会保障部办公厅　财政部办公厅关于规范职业年金基金管理运营有关问题的通知

人社厅发〔2018〕32号

各省、自治区、直辖市及新疆生产建设兵团人力资源社会保障厅（局）、财政（财务）厅（局），中央国家机关养老保险管理中心：

《人力资源社会保障部　财政部关于印发职业年金基金管理暂行办法的通知》（人社部发〔2016〕92号）及相关配套政策下发后，各地稳妥推进，职业年金基金市场化管理运营工作取得积极进展。但有的地方制定颁布的相关办法存在不符合国家政策规定、业务流程不够规范等问题，给职业年金基金安全带来一定风险。为确保职业年金基金安全和市场化管理运营起步规范，实现有序竞争，提高职业年金计划管理效率，现就有关问题通知如下。

一、省级人力资源社会保障行政部门、中央及地方各级社会保险经办机构要按照国家相关政策规定，组织开展好职业年金基金市场化管理运营工作。要严格贯彻落实人社部发〔2016〕92号文件及相关配套政策，按照职业年金基金特点和市场化运营要求，合理构建职业年金基金市场管理运营体制。

二、各地应严格按照《人力资源社会保障部办公厅　财政部办公厅关于印发职业年金基金归集账户管理暂行办法的通知》（人社厅发〔2017〕110号）要求开立本级职业年金基金归集账户，职业年金基金归集必须实行全程托管。

人社厅发〔2017〕110号文件下发前已开立职业年金基金收入户的，必须按照国家有关规定予以规范，并将已归集的职业年金基金财产转入符合规定要求的归集账户。对于不符合规定要求的职业年金基金归集账户，或基金未实行全程托管的问题，将予以严肃查处。

三、各级社会保险经办机构不得开立职业年金基金支出户。本通知下发前已开立职业年金基金支出户的，须报同级人力资源社会保障行政部门和财政部门备案，同时抄报省级人力资源社会保障行政部门和财政部门。在建立职业年金计划并正式投资运营职业年金基金后，应立即撤销原已开立的职业年金基金支出户，并履行相关销户备案程序。同时，应严格由职业年金计划托管人根据受托人指令，向受益人指定的收款账户直接发放职业年金待遇，不得再通过原来由各级社保经办机构开立的职业年金基金支出户发放职业年金待遇。

四、应抓紧组建中央及省级职业年金基金管理机构评选委员会，并尽快向人力资源社会保障部、财政部备案。评选委员会应建立健全评选标准及规则，按照公正、公开、透明的原则，开展评选工作。

选择职业年金计划管理人时，需要委托第三方机构开展咨询服务的，双方必须签订委托协议，明确委托内容、双方权利与义务、付费方式及经费来源等，相关费用不得以任何形式在职业年金基金财产中列支。提供咨询服务的第三方机构应保持中立，与代理人和参加评选的职业年金基金管理机构无关联关系，严禁和参加评选的职业年金基金管理机构发生任何形式的关联交易或利益输送，也不得直接参与评选或影响评选结果。

五、代理人应综合考虑职业年金基金初期规模、缴费增量、计划及组合规模、运营效率及有效竞争等因素，合理确定职业年金计划及组合数量。对职业年金计划及组合资金分配，应科学合理体现对职业年金计划管理人的激励作用。

六、职业年金基金属于长期资产，代理人在计划建立、组合安排、管理人选择和更换等方面，应建立长期稳健投资理念和业绩考核机制，避免短期投资导向。可采用浮动投资管理费的方法，激励职业年金计划投资管理人有益竞争。

在推进职业年金基金市场化管理运营过程中，各地要严格贯彻执行职业年金基金政策法规，维护基金安全，提高管理效率，促进年金市场健康发展。人力资源社会保障基金监管部门要切实履职，积极开展职业年金基金监管工作，对违规问题要予以严肃查处和纠正。工作中遇有新情况、新问题，应及时向人力资源社会保障部社会保险基金监管局反映。

2018 年 4 月 3 日

人力资源社会保障部办公厅关于实施失业保险支持技能提升“展翅行动”的通知

人社厅发〔2018〕36 号

各省、自治区、直辖市及新疆生产建设兵团人力资源社会保障厅（局）：

为进一步贯彻落实《国务院关于做好当前和今后一段时期就业创业工作的意见》（国发〔2017〕28 号）精神，按照《人力资源社会保障部　财政部关于失业保险支持参保职工提升职业技能有关问题的通知》（人社部发〔2017〕40 号）要求，推动各地深入实施失业保险支持技能提升补贴政策，充分发挥政策效应，助力推行终身职业技能培训制度，我部决定从 2018 年起在全国实施失业保险支持技能提升“展翅行动”。现就有关问题通知如下：

一、总体要求

（一）指导思想。

全面贯彻党的十九大精神，坚持以习近平新时代中国特色社会主义思想为指导，落实党中央、国务院关于完善失业保险制度的部署要求，更加积极地发挥失业保险防失业促就业功能作用，激励和引导广大参保职工提高职业技能，增强就业稳定性，从源头上减少失业，助力维护就业局势稳定，助力建设一支知识型、技能型、创新型劳动者大军，为经济社会发展提供有力人才支撑。

（二）目标任务。

通过“展翅行动”，推动各地积极主动、全面规范地落实失业保险技能提升补贴政策，力争使符合条件的参保职工都能享受到技能提升补贴。

（三）基本原则。

1. 坚持资源整合，业务协同。加快推进部门内部及部门间的统筹协调，实现业务数据有机对接，信息资源互联共享，打破部门分割，贯通信息孤岛。

2. 坚持便捷服务，流程再造。加快推进经办服务从线下向线上拓展，推动业务流程优化再造，提升信息化应用水平，利用“互联网＋”思维，打造专业、个性、主动的服务体系。

3. 坚持舆论引导，精准宣传。持续营造良好社会环境和舆论氛围，增强“展翅行动”品牌效应，提高政策推送精准度，力争做到参保职工人人知晓、人人参与。

4. 坚持制度约束，科学防范。把加强基金监管放在更加突出的位置，强化审核管控，完善内控制度，补齐监管短板，确保基金安全。

二、工作措施

（一）全面落实政策。各省（自治区、直辖市）人力资源社会保障部门要在实践中加强对所辖地区的分类指导，全力推动失业保险技能提升补贴政策惠及更多参保职工。对尚未公布具体操作办法的，要督促研究制定，做好跟踪了解；对申领门槛高、手续复杂的，要抓紧简化程序、优化流程；对与现行政策有冲突和重叠的，要尽快沟通协调，明确政策边界；对因基金支付能力不足影响政策落实的，要合理运用省级调剂金加大投入，确保顺利实施；对因地制宜进行政策创新和拓展的，要及时总结经验、推广典型，充分发挥示范引领作用。

（二）摸清基础数据。各级人力资源社会保障部门要加强业务协同和信息共享，全面掌握本地区职工参保、证书发放、补贴申领等情况，将符合政策享受条件的参保职工全部纳入服务范围，确保做到底数清、台账明、覆盖全。要建立健全部门间信息比对共享机制，职业技能鉴定机构要做好本地区技能人员职业资格证书和职业技能等级证书的数据上传、维护管理、信息共享等工作，确保数据安全、真实、完整；社会保险经办机构要利用信息化手段，及时筛选出符合补贴申领条件的企业职工，并提供主动服务；信息化综合管理机构要发挥信息化支撑作用，在信息共享、数据比对等过程中提供支持，着力做好业务系统的功能改造，并做好系统运行保障工作。各部门间要做好沟通协调，确保工作台账定期更新，服务对象清晰明确。

（三）广泛宣传动员。各级人力资源社会保障部门要持续开展主题突出、内容丰富、形式多样的宣传报道，通过广大群众喜闻乐见、通俗易懂的方式，将失业保险技能提升补贴政策讲清讲透。要进一步营造“崇尚技能”的社会氛围，通过树立一批参保职工技能成才的先进典型，持续扩大“展翅行动”社会影响力，着力打造失业保险服务品牌。要提高宣传工作精准化、精细化水平，重点围绕符合政策享受条件的参保职工，利用12333等现有服务渠道，进行“点对点、一对一”的政策推送，使其普遍知晓并积极参与；要深入工业园区、大型重点企业、工厂片区，通过集中宣讲、现场办理、设立专人专岗等形式，面对面讲政策、举例子、算细账，为用人单位和职工解疑释惑，开辟补贴申领“绿色通道”；有条件的地区可以通过举办启动仪式、制作宣传片和公益广告等方式进一步加大宣传力度。

（四）优化服务流程。各级人力资源社会保障部门要深入落实“放管服”改革要求，努力消除“中梗阻”，切实简化补贴申领程序，提升经办服务质量。要提高办事效率，落实首问责任制、一次性告知、多部门并联并审等制度，推行“一网通办”和“一次办结”，让申报更简捷、服务更贴心。要推动“网路”变“主路”，降低办事成本，逐步实现补贴申领网上受理、网上办理、网上反馈，并提供办理进度和办理结果网上实时查询服务。暂不具备线上办理条件的地区，也要通过多种方式提供全程在线咨询服务，及时解答群众疑问，实现线上线下服务有机衔接。要简化申报材料，凡是能通过与其他部门信息共享互认获取的，不得要求申请人重复提供。要制订培训计划，加强对业务经办人员的政策培训，使群众不论到哪个机构都能享受同等的、高质量的经办服务。

（五）加强基金监管。各级人力资源社会保障部门要把防控基金风险放到更加重要的位置，牢牢守住不发生基金案件的底线。要建立权责清晰的审核审批流程，持续加强事中审查和事后稽核，在身份和证书核验、信息公示、补贴直发等关键环节设置风险监测点，定期对操作记录进行查验。要加强信息公开，畅通投诉举报渠道，对资金使用情况进行跟踪监督。要加强对失信行为的追查问责，建立用人单位和职工诚信档案，从严追责、从重惩处，打击和震慑各类骗取套取补贴行为。要未雨绸缪，对于政策实施过程中出现的苗头性、倾向性基金风险问题，要及时上报。

（六）夯实实名系统。各省（自治区、直辖市）人力资源社会保障部门要积极推广使用“参保职工技能提升补贴实名制信息采集系统”（下载地址 http://jinengtisheng.mohrss），逐步实现跨地区、跨部门、跨层级的信息查询和校验比对，为防止重复领取、骗取补贴提供技术手段，为强化统计分析、加强形势研判、完善政策措施提供可靠数据支撑。

三、组织实施

（一）提高认识，加强领导。各级人力资源社会保障部门要高度重视，将实施“展翅行动”作为人才强国战略的重要举措，作为发挥失业保险防失业促就业功能作用的重要抓手。各省、自治区、直辖市人力资源社会保障厅（局）要抓总部署，加强组织领导，制定具体实施方案，明确任务分工、推进步骤、宣传策略、督查调度、评估奖惩、基金监管等措施。要适时通报各统筹地区技能提升补贴工作进展，将“展翅行动”实施效果作为失业保险工作重要考核指标，上下联动，齐抓共管，扎实推进。

（二）信息汇总，及时报送。各省、自治区、直辖市人力资源社会保障厅（局）要确立专门联络人员，于每季度季末的次月 7 日前将上月失业保险技能提升补贴申领发放情况通过“参保职工技能提升补贴实名制信息采集系统”上报，并于每年 1 月 31 日前向部失业保险司报送上年度“展翅行动”实施情况，包括工作进展、存在问题和下一步工作打算。对“展翅行动”推进过程中取得的工作成效、经验做法、政策创新等情况，各地要及时以信息简报、专题报道等形式报送部失业保险司，部里将及时予以宣传推广。

2018 年 4 月 22 日

人力资源社会保障部办公厅关于进一步做好技能人员职业资格证书发放管理有关工作的通知

人社厅发〔2018〕42号

各省、自治区、直辖市及新疆生产建设兵团人力资源社会保障厅（局），国务院有关部门、有关行业组织和集团公司人事劳动保障工作机构，军队士兵职业技能鉴定工作办公室：

为规范实施《国家职业资格目录》（以下简称《目录》），做好技能人员职业资格证书（以下简称证书）发放管理工作，现就有关事项通知如下：

一、我部自5月起启用2018年版证书。2018年版证书沿用2015年版证书的颜色、基本样式和防伪技术指标，对证书内页有关内容进行了修改和调整。将“职业（工种）及等级”项调整为“职业资格”项并在其下增加一空行，用于填写《目录》中的职业资格名称；增加“职业方向”项，用于填写相应职业技能标准中确定的工种或模块名称（或填写“—”，不能空项）。证书编码、验印等，继续按照我部原有关规定执行。

二、2018年版证书由我部统一印制，我部职业技能鉴定中心负责监制、统计和发放工作。依照各地区、各有关部门（行业组织）上年度相应季度各等级鉴定合格人数，按季度提前发放空白证书。各地区、各有关部门（行业组织）要加强统筹安排，避免出现证书短缺特别是结构性短缺问题。

三、2015年版证书从2019年1月1日起停止使用。此前按规定核发的证书继续有效。各地区、各有关部门（行业组织、集团公司）要优先使用2015年版证书。有富余空白证书的，请及时与我部职业技能鉴定中心联系，统一安排调剂使用。未列入《目录》实施部门（单位）的，应主动上缴多余空白证书。到期结余的2015年版证书，由各地区、各有关部门（行业组织、集团公司）按规定自行销毁，并将销毁的证书号段报我部职业技能鉴定中心。

四、各地区、各有关部门（行业组织、集团公司）应按照《人力资源社会保障部办公厅关于做好取消部分技能人员职业资格许可认定事项后续工作的通知》（人社厅发〔2016〕182号）和《人力资源社会保障部办公厅关于做好国家职业资格目录公布实施后技能人员职业资格有关工作的通知》（人社厅发〔2017〕133号）要求，妥善处理后续工作，加强证书规范管理，相关信息不再报备。

五、证书持有人遗失证书申请补发或因境外就业申请换发证书，所持证书的职业（工种）在《目录》内的，由原证书颁发机构负责审核办理，补发或换发的证书使用原证书编码并在备注栏内注明；职业（工种）不在《目录》内的，不再补发或换发证书，改由原证书颁发机构出具书面证明，载明原证书详细信息。

六、各地区、各有关部门（行业组织、集团公司）要按照“谁鉴定谁负责、谁发证谁负责”的原则，规范考务管理，做好证书打印发放工作。要以证书发放管理为切入点，统筹加强职业技能鉴定信息化建设，确保数据安全、真实、完整、准确。要承诺证书办理时限，简化证书办理流程，缩短发证周期，向人民群众提供优质高效的公共服务。

七、《目录》中由原环境保护部、国家铁路局、原安全生产监督管理部门相关机构等具体实施的职业资格，仍使用其原证书，证书发放管理按原规定执行。

2018 年 5 月 3 日

人力资源社会保障部办公厅关于进一步做好技工院校建档立卡贫困家庭学生资助工作的通知

人社厅发〔2018〕61号

各省、自治区、直辖市及新疆生产建设兵团人力资源社会保障厅（局）：

党中央、国务院高度重视脱贫攻坚工作，习近平总书记在党的十九大报告中强调，要坚决打赢脱贫攻坚战，决胜全面建成小康社会。为深入贯彻落实党的十九大关于打好脱贫攻坚战的新部署新要求，进一步推动技能扶贫工作深入开展，现就进一步做好技工院校建档立卡贫困家庭学生资助工作通知如下。

一、提高工作认识。做好建档立卡贫困家庭学生资助工作是党中央、国务院的决策部署，是教育脱贫攻坚和技能扶贫的重要内容和主要措施。各级人力资源社会保障部门要充分认识建档立卡贫困家庭学生资助工作的重要性和必要性，切实增强责任感和紧迫感。按照党中央、国务院确定的脱贫攻坚目标，贯彻精准扶贫精准脱贫基本方略，进一步加大对建档立卡贫困家庭学生的资助工作力度，依托技工院校大力开展精准扶贫工作，确保完成技能脱贫任务。

二、完善资助制度。各级人力资源社会保障部门要围绕我部开展的“技能脱贫千校行动”和《关于扩大中等职业教育免学费政策范围进一步完善国家助学金制度的意见》（财教〔2012〕376号）要求，结合本地实际，完善全面覆盖建档立卡贫困家庭学生的资助政策，强化措施，规范流程，着力在“准、精、细、实”上下功夫，为建档立卡贫困家庭学生开设绿色通道，优先落实中职资助政策。确保做到对建档立卡贫困学生应助尽助、应补尽补，不漏一人。

三、做好精准助学。要全面使用全国技工院校电子注册和统计信息管理系统（以下简称信息系统）规范录入学生学籍信息，及时通过信息系统为建档立卡贫困家庭学生申报免学费和助学金，并与扶贫等部门做好比对认定工作，做到精准到人、发放到位。

四、加大宣传力度。各级人力资源社会保障部门要广泛宣传技工院校学生资助政策，动员建档立卡贫困家庭学生和学生家长及时申请有关补贴和国家免学费，确保受助对象及时准确掌握受助权益。同时要主动接受社会监督，杜绝产生不良事件。

各级人力资源社会保障部门要积极与教育、扶贫等部门建立协调机制，制定实施方案，明确责任分工，强化保障与监管措施。各地要及时总结技工院校建档立卡贫困家庭学生资助工作中的经验和做法。对工作中发现的问题要及时上报。

2018年6月26日

人力资源社会保障部办公厅关于深入推进扶贫劳务协作提升劳务组织化程度的通知

人社厅发〔2018〕75号

各省、自治区、直辖市及新疆生产建设兵团人力资源社会保障厅（局）：

为深入贯彻党中央、国务院关于打赢脱贫攻坚战的有关要求，推动劳务输出输入工作，促进贫困劳动力就业意愿、就业技能与就业岗位精准对接，提升就业扶贫中劳务组织化程度，现就有关事项通知如下：

一、提高政治站位

打赢打好脱贫攻坚战，是党的十九大报告提出的三大攻坚战之一，对全面建成小康社会、实现第一个百年奋斗目标具有重要意义。习近平总书记指出，一人就业、全家脱贫，增加就业是最有效最直接的脱贫方式；就业扶贫要解决劳务组织化程度低的问题，要加大扶贫劳务协作，促进转移就业。总书记的重要指示精神是我们做好就业扶贫工作的行动指南和根本遵循。各地要深入学习贯彻习近平总书记关于脱贫攻坚的重要指示精神，提高政治站位，增强政治担当、责任担当和行动自觉，以更大的决心、更明确的思路、更精确的举措，切实做好扶贫劳务协作，提高劳务输出工作组织化程度，促进农村贫困劳动力实现转移就业，为打赢打好脱贫攻坚战提供坚实助力。

二、落实输出地主体责任

（一）全面摸清底数

输出地要深入摸底调查，对有劳动能力和转移就业意愿的人员建立实名台账，详细了解他们的技能水平、培训需求、岗位要求、意向输出地，形成“就业需求清单”。乡（镇）要建立专人联系服务机制，负责贫困劳动力的信息收集，统一发送给对口输入地。

（二）加大培训力度

输出地要针对贫困劳动力的培训意愿，每年至少提供1次职业技能培训。对从未外出就业的，要开展职业指导，宣传积极就业理念和就业文化，激发他们外出就业的动力。对有转移就业意愿的，要提供职业技能培训，确保他们掌握1～2门技能。有条件的地区可组织贫困劳动力到输入地企业参观实习，帮助他们了解城市生活和工作方式，提高外出就业的适应能力。

（三）突出岗位推荐

输出地要加强与输入地精准对接，根据输入地“岗位供给清单”进行精准匹配。要充分利用基层服务平台、就业大篷车等传统手段和短信、网站、微博、微信等新兴渠道，为贫困劳动力精准推送就业岗位，确保每一位有转移就业意向的贫困劳动力至少获得3个以上有针对性的岗位信息。输出地要与输入地共同办好各种招聘活动，组织贫困劳动力积极参加，并协调好场地、设备等，做好招聘服务工作。

（四）开展有组织输出

输出地要安排专人带队将达成转移就业意

向的贫困劳动力送到输入地。输出地可在外出劳动力较多的地区建立劳务工作站，密切联络输入地，持续做好跟踪服务。有条件的地方可鼓励人力资源服务机构、劳务经纪人等市场主体参与劳务输出工作，对开展贫困劳动力有组织劳务输出的，给予就业创业服务补助。

（五）增强品牌引领

输出地要宣传、推介一批有特色、有口碑、有规模的劳务品牌，发挥典型引路作用，借助品牌效应带动有组织劳务输出数量，提高劳务输出含金量和附加值。有条件的地区可借鉴其他地区的经验做法，结合实际，发展本地劳务品牌，带动更多人实现转移就业。

三、强化输入地帮扶责任

（一）广泛收集岗位

输入地要联合工商联、企业联合会等社团组织，多渠道收集岗位，特别是保安、保洁、服务员等贫困劳动力从事较多的岗位，形成“岗位供给清单”，及时提供给输出地。

（二）组织多形式招聘

输入地要在输出地定期组织招聘活动，尤其在春节前后、夏秋季节等用工旺季，组织企业到输出地进行现场招聘。要充分利用远程招聘、网络面试等互联网技术，建立网络招聘常态机制，做好辖区内企业与输出地贫困劳动力定期对接工作，促进贫困劳动力有组织转移输出。

（三）做好有组织输入

输入地要积极做好贫困劳动力有组织输入工作，督促用工企业依法签订劳动合同，办理社会保险参保手续，切实维护他们的合法权益。对新招用的贫困劳动力，依托企业开展岗前适应性培训和技能培训，帮助他们尽快适应岗位要求；对就业转失业的，落实帮扶措施，帮助其尽快上岗。对举家外出就业的贫困劳动力，积极协调有关部门解决其住房、子女教育等问题。

（四）开展特色协作

经济发达地区要积极引导企业到贫困地区投资办厂，建设扶贫车间、社区工厂等就业载体，多渠道吸纳贫困劳动力就业。要鼓励技工院校等培训机构，通过协作招生等方式，开展订单、定向培训，做好技能对接。有条件的地区可通过业务培训、经验交流、实习实践等方式，帮助贫困地区工作人员提高服务能力。

四、深化扶贫劳务协作机制

输出地、输入地要建立健全劳务协作长效机制，制订专项工作计划，签订劳务协作协议，完善劳务输出协调机制，明确输出输入责任。特别是东西部扶贫协作和对口支援省份要进一步采取切实有效举措，提升劳务协作成效。已签订劳务协作协议的，帮扶双方要落实协议内容，根据情况及时调整补充协议内容，增强劳务协作针对性和有效性。尚未签订协议的，帮扶双方要抓紧对接，尽快签订协议，细化实化具体措施。同时，输出地要加强省内协作，建立经济发展较好地市与贫困县区对口帮扶机制，加强精准对接和有序输出，为贫困地区有计划培训、稳定输转一批劳动力。

五、有关工作要求

各地要高度重视，制定劳务协作三年实施方案，明确目标、工作措施和时间进度，做到人员到位、责任到位、工作到位、效果到位。要建立督促检查机制，定期调度工作进展，切实推动劳务协作任务和措施落实落地。要注重与扶志、扶智相结合，大力宣传就业政策措施、输入地企业生产经营情况、脱贫事例和劳务协作之星等，鼓励贫困劳动力转移就业。我部将根据农村贫困劳动力就业信息平台的劳务输出完成情况进行工作调度，适时进行通报表扬和批评。

各地要将劳务协作三年实施方案于2018年8月底前报我部就业促进司，并于每年1月30日前上报上年度劳务输出或输入情况（附件1、2）。实施过程中遇到的新情况、新问题，要及时报告。

附件：

1. 有组织劳务输出统计表（略）

2. 有组织劳务输入统计表（略）

2018年7月25日

人力资源社会保障部办公厅关于印发《青年国际实习交流计划资助管理办法（试行）》的通知

人社厅发〔2018〕77号

各省、自治区、直辖市及新疆生产建设兵团人力资源社会保障厅（局）：

为落实好中央领导同志高访成果，推动我国青年赴其他国家开展实习交流，帮助青年开拓国际视野，学习国际经验，进一步提高就业能力，我国与法国于2015年11月签署了《中华人民共和国政府和法兰西共和国政府关于千人实习生计划的协议》（以下简称中法实习生协议），与德国于2018年7月签署了《中华人民共和国政府和德意志联邦共和国政府关于青年实习交流计划的联合意向声明》（以下简称中德实习生声明）。其中，中法实习生协议自2016年4月1日正式实施，中德实习生声明将在实施方案商签后实施。

考虑到我国青年、特别是家庭经济困难青年赴国外实习面临不少经济压力，经商财政部同意，设立实习生国际交流项目，对部分赴法国、德国等与我签署双边实习生协议国家实习的青年予以资助。现发布制定的《青年国际实习交流计划资助管理办法（试行）》，请各地积极宣传，遵照执行。

2018年7月25日

青年国际实习交流计划资助管理办法（试行）

第一章　总　　则

第一条　为支持我国青年赴其他国家开展实习交流，拓宽国际视野，学习国际经验，进一步提高就业能力，特制定本办法。

第二条　资助对象为我国参与青年国际实习交流计划（特指《中华人民共和国政府和法兰西共和国政府关于千人实习生计划的协议》等我国政府与其他国家政府所签订的国际实习协议，下同）并符合相关条件的青年。

第三条　人力资源社会保障部每年根据财政部预算资金安排，确定资助计划。资助资金从实习生国际交流项目资金中支出。资助名额应向优先考虑人员倾斜。

第四条 对我国符合条件的青年赴国外实习，国家承担一次往返国际旅费、实习期内的部分生活费和杂费（包括伙食费、住宿费、交通费、电话费、医疗保险费、证照费等）。国际旅费支付标准严格按照国家关于使用财政经费购买机票的规定和要求执行。其他资助金总额每月标准不超过5 000元人民币，资助期限不超过6个月（除非双边协议另有规定），具体根据实习协议确定。

第二章 申请条件

第五条 根据我国与其他国家签署的政府间协议规定，已获得有关青年国际实习交流计划的资格确认书，准备开始实习。

第六条 具有中华人民共和国国籍，不具有境外永久居留权。

第七条 热爱祖国，具有良好的思想品德和政治素质，无违法违纪记录。

第八条 身心健康，诚实守信，意志坚定。

第九条 具有较强的综合素质、国际视野和多元文化意识，能够适应接收国生活工作环境，并具备良好的人际沟通能力。

第十条 优先考虑符合如下情形的申请人：

（一）高技能人才；

（二）成功申请先进制造业、战略性新兴产业、现代服务业等领域实习岗位的人员；

（三）家庭经济困难人员。

第十一条 高技能人才指具有高超技艺和精湛技能，能够进行创造性劳动，并对社会作出贡献的人，主要包括取得高级技工（三级）、技师（二级）和高级技师（一级）职业资格或职业技能等级的人员。

第十二条 先进制造业、战略性新兴产业、现代服务业指根据《“十三五”国家战略性新兴产业发展规划》和《“十三五”现代服务业科技创新专项规划》等文件明确的国家重点鼓励发展的行业或产业。

第十三条 家庭经济困难包括以下情况：

（一）持有学校认定的家庭经济困难学生信息档案卡或相关证明；

（二）符合民政部门认定的最低生活保障、特困人员救助供养、医疗救助和临时救助对象范围并持有相应证明；

（三）持有街道办事处、乡镇人民政府或县级人民政府民政部门出具的符合其他家庭经济困难情况的证明。

第三章 申领程序

第十四条 遵循“公平、公正、公开”的原则，采取“个人申请、专家评审、择优资助、社会公示”的方式确定资助人选。

第十五条 赴国外实习的在校生或青年毕业生的招录工作由国外企业自主负责，并签署实习协议。实习生按规定获得资格确认书后，可向人力资源社会保障部提交资助申请材料（包括申请表、家庭经济困难证明、职业资格证书或职业技能等级证明、学历或学位证书、实习协议、身份证复印件等）。

第十六条 人力资源社会保障部按照“总量控制、择优资助”原则进行审核、公示后，确定拟资助人员名单。

第十七条 对接受资助的实习生实行“签约派出、违约追责”的管理办法。实习生出国前应签订《青年国际实习交流计划资助协议书》（以下简称《协议书》）。

第十八条 实习生签订《协议书》后，办理预领资助金（占除国际旅费外资助金总额的70%）等手续。

第四章 派出与管理

第十九条 根据《协议书》，接受资助的实习生自抵达实习接收国后10日内凭资格确认书、《协议书》向我国驻实习所在国使（领）馆报到，实习结束归国前10日内告知使（领）馆。实习生同时应向人力资源社会保障部报告抵离情况。

第二十条 实习生在国外实习期间，应遵守所在国法律法规、企业内部规章制度及《协议书》有关约定，自觉接受人力资源社会保障部门、中国驻实习所在国使（领）馆、国内在读学校的管理，保持定期联系。

第二十一条 实习结束后1个月内，实习生应当向人力资源社会保障部提交《实习情况报告》、企业实习证明等相关书面材料。

第二十二条 上述相关书面材料经审核通过后，发放剩余资助金（占除国际旅费外资助金总额的30％）。

第五章 违约责任

第二十三条 对实习生在外期间未经许可单方面终止协议、从事与实习无关活动、严重影响接收企业正常工作秩序、接收企业对实习生评价为不合格、无正当理由未按期回国或存在其他违反当地法律法规、企业内部规章制度及《协议书》约定的行为，将根据国家有关规定和《协议书》追究实习生违约责任，纳入个人征信体系，并不再发放剩余资助金。

第六章 其 他

第二十四条 为推动青年国际实习交流工作，各地、各有关单位应加强宣传发动，不断营造良好社会氛围。鼓励有条件的地方和有关单位提供配套资金，加大支持力度。

附件：青年国际实习交流计划资助流程方案

附件

青年国际实习交流计划资助流程方案

根据人力资源社会保障部《青年国际实习交流计划资助管理办法（试行）》，青年国际实习交流计划的资助遵循“公平、公正、公开”的原则，采取“个人申请、专家评审、择优资助、社会公示”的方式确定资助人选。年度资助人数根据财政部审批的实习生国际交流项目资金总额确定。现就具体流程规定如下：

一、提交资助申请

（一）符合资助条件的实习生从中国国家人才网“青年国际实习交流计划”专栏中下载并填写《青年国际实习交流计划资助申请表》。

（二）实习生准备相关申请材料。

1.《青年国际实习交流计划资助申请表》；

2.实习协议原件和复印件一份；

3.身份证复印件一份；

4.学籍/学历在线验证报告或学历（学位）证书复印件一份；

5.符合优先资助对象条件的证明材料，家庭经济困难证明、职业资格证书或职业技能等级证明等，如是证书材料需同时提交原件和复印件一份。（与申请《青年国际实习交流计划资格确认书》相同的材料无须重复提交，原件后期退还本人）。

（三）实习生本人或代理人前往人力资源社会保障部全国人才流动中心（以下简称人才中心）当面提交申请材料，或者通过中国邮政回执挂号信或EMS特快专递形式提交申请材料。（邮寄地址：北京市东城区和平里中街7号 100013）

二、确定拟资助人员

（一）人才中心收到申请材料后2个工作日内完成初核（如需申请人补充提交相关材

料，初核时间顺延）。

（二）人力资源社会保障部国际合作司收到初核材料后按程序完成审核，确定拟资助人员名单。

（三）人才中心将拟资助人员名单在中国国家人才网“青年国际实习交流计划”专栏公示3个工作日，公示无异议后，通过邮件、短信等方式告知实习生本人。

三、签订资助协议

（一）获得资助资格的实习生从中国国家人才网“青年国际实习交流计划”专栏中下载填写《青年国际实习交流计划资助协议书》，一式四份。

（二）实习生本人（需携带本人身份证）或代理人（需携带本人身份证原件和复印件一份、实习生手写的授权委托书）前往人才中心面签协议；或者实习生本人按要求签署协议后通过中国邮政回执挂号信或EMS特快专递形式寄往人才中心。

（三）人才中心收到邮寄的协议后2个工作日内完成协议核验签订工作。协议自各方签字或盖章之日起生效，人才中心留存协议原件一份，其他协议原件随其他材料一并通过中国邮政回执挂号信或EMS特快专递形式寄回，并通过邮件、短信等方式告知实习生本人。

四、发放资助金

（一）协议盖章生效后5个工作日内，人力资源社会保障部按照实习生提供的与本人身份证对应的国内银行账户，发放预领资助金（占除国际旅费外资助金总额的70%）。

（二）取得签证3日内，实习生与人才中心确认赴实习接收国的往返航班信息，由人才中心与航空公司确认出票。

（三）实习生自抵达实习接收国10日内凭资格确认书、协议书向我国驻实习所在国使（领）馆报到，实习结束归国前10日内告知使（领）馆。实习生应同时向人才中心报告抵离情况，并在实习期间保持定期联系。

（四）实习结束后1个月内，实习生从中国国家人才网“青年国际实习交流计划”专栏中下载填写《青年国际实习交流计划归国报到表》，连同《实习情况报告》、企业实习证明、签证出入境章复印件等材料一起通过当面提交或中国邮政回执挂号信或EMS特快专递形式提交人才中心。审核通过后，人力资源社会保障部按照实习生提供的与本人身份证对应的国内银行账户，发放剩余资助金（占除国际旅费外资助金总额的30%）。

人力资源社会保障部办公厅关于印发《“互联网＋调解仲裁”2020 行动实施计划》的通知

人社厅发〔2018〕83 号

各省、自治区、直辖市及新疆生产建设兵团人力资源社会保障厅（局）：

信息化建设是推动劳动人事争议调解仲裁工作发展的重要支撑和保障，对增强工作质效、提升服务能力、加强管理指导发挥着重要作用。近年来，各地人力资源社会保障部门树立“互联网＋人社”思维，重视调解仲裁信息化建设，取得了明显成效。但总体上看，调解仲裁信息化建设还存在认识不够到位、发展不够平衡、保障不够充分等问题，与加强人力资源社会保障系统行风建设、贯彻“互联网＋人社”和应对调解仲裁新形势新任务的要求不相适应。为贯彻人力资源社会保障部党组关于加强人力资源社会保障系统行风建设的要求，落实《“互联网＋人社”2020 行动计划》（人社部发〔2016〕105 号），我们制定了《“互联网＋调解仲裁”2020 行动实施计划》。现印发给你们，请结合实际抓好贯彻落实。

2018 年 7 月 31 日

“互联网＋调解仲裁”2020 行动实施计划

为做好新时代劳动人事争议调解仲裁（以下简称调解仲裁）工作，切实加强调解仲裁行风建设，更好发挥信息化引领和保障作用，不断提高调解仲裁工作质效和公共服务能力，结合实际制定本实施计划。

一、总体要求

（一）指导思想。

以习近平新时代中国特色社会主义思想为指引，贯彻落实习近平网络强国战略思想，按照《“互联网＋人社”2020 行动计划》和人社系统行风建设的要求，推动“互联网＋调解仲裁”工作，进一步提升劳动人事争议处理质效，更好满足劳动人事争议当事人（以下简称当事人）日益增长的调解仲裁需求，不断完善中国特色劳动人事争议处理制度，推动新时代调解仲裁事业创新发展。

（二）基本原则。

坚持以人为本，充分发挥“互联网+调解仲裁”服务人民群众的作用，依托互联网、大数据和人工智能等技术，不断满足当事人更高维权需求。坚持开拓创新，推动“互联网+”与调解仲裁工作的深度融合，加快服务方式与业务创新变革，不断开拓“互联网+调解仲裁”新模式、新领域。坚持开放共享，着力实现调解仲裁信息系统与调解仲裁服务平台的互联互通，推动实现调解仲裁信息系统与人社领域其他信息系统、人民法院等有关部门信息系统的互联互通。坚持安全有序，加强数据安全管理，强化信息安全措施，防范信息泄露风险，确保“互联网+调解仲裁”安全、健康、稳定运行。

（三）总体目标。

到2020年，功能完备、运行高效、服务优质、监督有力的调解仲裁信息化网络基本建立，基本实现线上办案全覆盖，网上调解仲裁服务普遍开展，与有关部门信息共享机制初步形成，信息化建设在调解仲裁事业发展中的引领和保障作用充分发挥，调解仲裁工作服务当事人、服务人社事业发展、服务改革发展稳定大局的能力显著提升。

二、主要任务

（一）推进全国劳动人事争议仲裁办案系统（以下简称办案系统）建设。该系统是由仲裁工作人员使用的专门处理劳动人事争议案件的信息系统，旨在规范办案流程，统一办案标准，提高办案效能，加强办案监督。

2018年，制定发布《劳动人事争议调解仲裁管理信息系统指标集与代码》，升级部版办案系统，建立法律法规库和案例库，探索类案法律政策推送。各地实现地市级仲裁机构办案系统全覆盖，县级仲裁机构办案系统覆盖率超过85%；各省（区、市）在线办案率（在线处理案件数/处理案件总数）不低于40%。

2019年，完成部版办案系统升级，完善法律法规库和案例库，统一仲裁文书，实现类案法律政策推送等功能。各地根据部版办案系统和《劳动人事争议调解仲裁管理信息系统指标集与代码》同步升级调整本地办案系统。县级仲裁机构办案系统覆盖率超过90%；各省（区、市）在线办案率不低于60%。

2020年，加大升级后办案系统推广力度，进一步充实案例库，加强类案法律政策推送，丰富系统功能。各地基本完成办案系统升级，县级仲裁机构办案系统覆盖率超过93%；各省（区、市）在线办案率不低于80%。

（二）推进全国劳动人事争议仲裁机构及其工作人员管理信息系统（以下简称机构人员系统）建设。该系统是全国仲裁机构及其工作人员的管理平台，旨在全面、及时、准确掌握全国仲裁机构和工作人员基本情况，加强仲裁机构及其工作人员管理，提高机构队伍建设水平。

2018年，升级机构人员系统，开展数据信息核准工作，加强对全国仲裁机构和工作人员的动态管理。各地要按照《全国劳动人事争议仲裁机构及其工作人员管理信息系统数据信息核准操作指南》，认真做好数据信息的核准填报工作，并从第四季度起按季度更新系统数据信息。

2019年至2020年，完成机构人员系统升级；对全国仲裁机构和工作人员实行实时动态管理，在此基础上推动通过系统实施绩效考核，增强仲裁培训和工作指导的针对性，建立全国仲裁员名册并以适当方式公开。各地实时更新机构人员数据信息，注重数据信息的使用，进一步加强机构管理和队伍建设。

（三）推进全国劳动人事争议仲裁案件信息监测系统（以下简称监测系统）建设。该系统是依托办案系统收集、汇总、分析全国劳动人事争议仲裁案件数据信息的系统，旨在加强调解仲裁统计分析、形势研判和风险防控工作。

2018年，完成监测系统建设，建立仲裁案件信息监测制度，制定发布《全国劳动人事争议仲裁案件信息监测指标》（以下简称《监测指标》），第四季度起试运行系统。各地配合做好监测系统试运行工作。尚未使用办案系统的地区，组织专门人员填报监测数据信息。

2019 年，升级完善监测系统，在全国正式运行。制定数据信息校核标准，探索建立争议案件风险预警机制，提高统计数据分析能力。各地按照《监测指标》按月报送监测数据信息，落实校核标准，提高数据信息质量。尚未使用办案系统的地区，组织专门人员填报监测数据信息。

2020 年，试行案件数据信息实时采集，实行争议案件情况实时监测。各地进一步提高数据信息质量，保证数据信息及时报送，不断加强监测成果应用，做好争议风险防控。

（四）推进网上调解仲裁服务平台建设。该平台通过网站、手机 App 等载体为当事人提供在线调解和在线仲裁服务，旨在进一步畅通调解仲裁服务渠道，为当事人提供更好维权服务。

2018 年，建立全国劳动人事争议调解服务平台（以下简称调解平台），并于第四季度试运行。各地建立网上调解员库，先行开展网上调解工作的地区要选派优秀调解员仲裁员开展网上调解工作，加强工作指导、考核及培训。有条件的地区提供查询仲裁案件处理进度信息等服务。推动有条件地区建立仲裁机构与人民法院数据信息共享互联机制。

2019 年，升级完善调解平台并加大推广力度，探索调解平台与办案系统资源的融合应用。各地加大调解平台使用力度，力争各省份都有调解组织运用调解平台开展调解工作。有条件的地区开展网上预约申请仲裁等服务，探索开展仲裁网上庭审。推动更多仲裁机构与人民法院建立数据信息共享互联机制。

2020 年，研究提出加强网上调解仲裁服务工作的意见，推动数字仲裁庭和智能仲裁院建设。各地调解组织都通过调解平台开展调解工作。仲裁机构逐步实现案件网上处理，探索裁决书网上公开。大部分地区仲裁机构实现与人民法院系统数据信息的共享互联。

三、组织实施

（一）提高思想认识，明确工作任务。各地要充分认识调解仲裁信息化建设的重要意义，将其作为加强和改进调解仲裁行风建设、进一步提升争议处理效能的重要工作来抓。要制定工作方案，明确任务、时限要求和责任人，有序高效开展工作。

（二）加强组织领导，形成工作合力。各地要加强调解仲裁机构与信息化综合管理机构的协调，研究解决工作中遇到的问题，促进调解仲裁业务与信息技术的融合创新，切实发挥信息化的引领和保障作用。

（三）坚持问题导向，加强指导督查。各地要根据工作实际，有针对性地加强工作指导和督查调研，推动“互联网＋调解仲裁”落实落细。

（四）鼓励横向交流，推广先进经验。各地要加强交流，促进共同进步。部里将总结、宣传、推广各地好经验好做法，发挥典型经验的示范引领作用，推动“互联网＋调解仲裁”深入开展。

人力资源社会保障部办公厅　全国工商联办公厅关于联合开展“失业保险惠企政策进民企”专项宣传活动的通知

人社厅发〔2018〕98号

各省、自治区、直辖市及新疆生产建设兵团人力资源社会保障厅（局）、工商联：

为深入落实失业保险稳岗补贴和参保职工技能提升补贴政策，人力资源社会保障部组织开展了失业保险援企稳岗“护航行动”和支持参保职工技能提升“展翅行动”。为扩大政策宣传效果，让更多民营企业和职工知晓并享受政策红利，人力资源社会保障部、全国工商联决定联合开展“失业保险惠企政策进民企”专项宣传活动。现就有关事项通知如下：

一、活动主题

部门联动、精准宣传、助企发展。

二、活动目标

借助政企沟通平台、结合工商联“法律三进”活动，省级及地市级人力资源社会保障部门和工商联每年至少联合举办一次集中宣讲活动，做到集中宣讲与日常宣传相结合、宣讲政策与优化服务相结合、现场办理与跟踪回访相结合，力争达到民营企业普遍知晓失业保险政策、符合条件的企业基本领取稳岗补贴、符合条件的职工基本领取技能提升补贴的目标，助力民营企业攻坚克难、高质量发展、充分吸纳就业，助力建设一支知识型、技能型、创新型劳动者大军。

三、活动内容

（一）摸清参保民营企业底数。人力资源社会保障部门要通过企业稳岗补贴、职工技能补贴实名制信息系统，掌握本地区民营企业基本情况，筛选出符合稳岗补贴条件但尚未申领的民营企业，以及符合技能提升补贴条件但未申领的民营企业职工。要与工商联共同分析原因，并制定有针对性宣传措施，做到宣传无死角，政策无盲区。

（二）开展政策集中宣讲。人力资源社会保障部门和工商联要联合举办失业保险政策集中宣讲。人力资源社会保障部门重点讲解失业保险援企稳岗、技能提升补贴政策，详细解读稳岗补贴和技能提升补贴政策规定，讲清申领条件和经办流程；对已享受政策的企业，要指导其用好资金，并倾听意见建议。工商联发挥紧密联系民营企业的优势，借助政企沟通平台，结合“法律三进”活动，通过专题宣讲会、培训、会议交流等多种形式组织宣传，要将工商联执委、常委以及商会理事以上企业作为重点，积极发动广大民营企业参加政策宣讲活动，参与推动失业保险政策实施。

（三）举行现场办理。各级失业保险经办机构要按照“护航行动”、“展翅行动”的要求，增强主动服务意识，在政策宣讲会现场张贴宣传海报、发放宣传页、公布经办机构地址及联系人，并设立业务办理点，现场为民营企业提供点对点、面对面的服务。同时，主动与企业交流，了解企业开展培训及职工取得职业资格证情况，以及申领过程中遇到的困难和问题，设立意见箱，听取各方意见建议。

（四）开展跟踪回访。各级失业保险经办机构要对参加政策宣讲会的企业建立台账，及时通过信息系统了解其享受补贴情况。对未申领补贴的企业，要主动联系，了解原因，帮助其解决困难，尽快享受政策红利。对已经申请补贴的企业，要关注办理进程，尽快发放资金；对已经享受补贴的企业，要主动了解资金用途和成效，指导其按规定使用资金。同时要认真梳理企业意见建议，不断简化流程、优化服务。

（五）广泛宣传政策。人力资源社会保障部门要继续通过电视、广播、报纸、网络、新媒体等方式，多渠道、全方位加大政策宣传，在经办机构、企业和社区张贴宣传画，利用12333热线和经办窗口等，在参保企业咨询业务、办理参保缴费时，大力宣传稳岗补贴和技能提升补贴政策，提高政策宣传的广泛性和精准性。各级工商联及所属商会要增加网站、微信平台的政策推送次数，力争把政策送到所有民营企业和职工。

四、工作要求

（一）高度重视、加强领导。各级人力资源社会保障部门和工商联要高度重视，将此次专项宣传活动作为助力企业发展、推进供给侧结构性改革的重要举措，进一步增强责任感和使命感，明确职责分工，密切沟通协作，建立部门联动、沟通顺畅、分级组织、省级督导的工作机制，确保活动顺利推进。

（二）精心组织、及时总结。省级人力资源社会保障厅（局）和工商联部门在开展活动的同时，要加强对地市工作的宣传发动、督促指导、总结评估等工作，切实提高活动实效。工商联所属商会要组织广大会员企业积极参加宣讲活动。要注意总结专项活动中好的经验做法，在本地区交流推广的基础上，及时向上报送。人力资源社会保障部和全国工商联将在官方网站上刊登宣传。

省级人力资源社会保障厅（局）和工商联要明确负责此项工作的人员，并将人员名单、职务、联系方式于9月28日前报人力资源社会保障部失业保险司；并于每年1月31日前将专项活动实施情况，包括活动场次、企业数量、工作成效、存在问题及措施建议等，分别报送人力资源社会保障部失业保险司、全国工商联法律部。

2018年9月6日

人力资源社会保障部办公厅关于加快推进流动人员人事档案信息化建设的指导意见

人社厅发〔2018〕102 号

各省、自治区、直辖市及新疆生产建设兵团人力资源社会保障厅（局），各副省级城市人力资源社会保障局：

加快推进流动人员人事档案（以下简称档案）信息化建设，是提升档案管理服务水平的基础工程，是进一步简化优化档案管理服务的重要抓手。为落实《国务院关于印发〈“十三五”推进基本公共服务均等化规划〉的通知》（国发〔2017〕9 号）、《国务院关于积极推进“互联网＋”行动的指导意见》（国发〔2015〕40 号）和《人力资源社会保障部关于印发“互联网＋人社”2020 行动计划的通知》（人社部发〔2016〕105 号）等文件要求，现就加快档案信息化建设提出如下意见。

一、总体要求

（一）指导思想。以习近平新时代中国特色社会主义思想为指导，坚持党管干部、党管人才原则，全面贯彻落实党中央、国务院关于推进审批服务便民化的决策部署，紧紧围绕深入实施人才强国战略和就业优先战略、加快推进“互联网＋政务服务”的要求，以服务用人单位和流动人员为中心，以推动档案管理服务与信息技术、互联网技术深度融合为目标，以“金保工程”项目建设为依托，按照“数据向上集中、服务向下延伸、信息全国共享”的原则，构建省级集中、全国联通的档案管理服务信息化格局，实现档案管理服务信息化、标准化、便民化，为提升档案公共服务能力、提高服务质量和效率提供基础保障。

（二）基本原则。档案信息化建设应遵循以下基本原则：

坚持统筹规划，统一标准。档案信息化建设是人力资源社会保障信息化建设的组成部分，全国统一规划，统筹推进。按照人力资源社会保障信息系统技术标准体系和相关工作要求，建设统一的档案信息系统，确保信息系统的规范性、开放性、互融性。

坚持业务协同，信息共享。以制定部级统一规范、推进省级集中建设、实现全国联网共享为重点，减少信息孤岛，实现跨地区、跨层级业务协同以及数据交换。简化优化档案管理服务流程，升级再造信息系统，推动与人力资源社会保障领域相关信息系统之间的数据共享和业务协同。

坚持分类指导，安全有序。结合各地档案工作实际和信息化建设水平，指导制定科学合理的信息化建设工作方案，分类指导，有重点、分步骤逐步推进。注重信息安全和个人隐私保护，采取切实有效的安全防护措施，增强系统支撑能力，保证系统安全平稳运行。

（三）工作目标。利用 3 年左右时间，开发统一便捷的省级档案管理服务信息系统，建设互联互通的全国档案管理服务运行平台，建立规范完整的全国档案基础信息资源库，推动档案数字化进程，满足档案管理服务在信息管理、公共服务、宏观决策等方面的要求。加快推进“互联网＋公共服务”，运用大数据等新技术，打破档案信息孤岛，强化部门内外信息共享，推动协同联动，“让数据多跑路，群众少跑腿”，提升档案管理服务整体效能。

二、重点任务

（一）统一全国档案信息化建设标准。

统一档案基本公共服务经办规范。各级人力资源社会保障部门要按照《流动人员人事档案基本公共服务经办规范》（附件1），组织档案管理服务机构梳理、细化档案公共服务经办流程，推进办事材料目录化、标准化，实现全国档案公共服务同一事项、同一流程、同一标准、同一格式。

统一档案基础信息采集规范。各级人力资源社会保障部门要组织档案管理服务机构按照《流动人员人事档案基础信息采集规范》（附件2），统一采集项目、统一指标体系、统一代码，开展档案基础信息采集工作。

统一档案数字化技术规范。鼓励和支持有条件的地区或档案管理服务机构积极开展档案数字化工作，参照《干部人事档案数字化技术规范》（GB/T 33870—2017），逐步建立统一规范的数字档案资源库。

（二）建立全国统一的档案管理服务信息系统。

开发应用统一的省级档案管理服务软件。依托“金保工程”二期项目，组织开发全国统一的软件支撑省级档案管理服务，为各地推动档案信息化工作提供支持。省级人力资源社会保障部门要结合本地实际，基于上述统一软件建设省级集中的档案管理服务信息系统，支持辖区内档案管理服务机构开展档案基础信息采集和档案管理服务业务经办工作，建立省级档案基础信息资源库。已建立省级集中的档案管理服务信息系统的省份，要结合系统改造等时机逐步过渡到统一软件。

建立全国档案基础信息资源库。研究开发全国档案基础信息归集平台，在省级档案基础信息资源库基础上，按照“数据向上集中”的思路，建立档案信息采集上报机制，定期归集各地档案基础信息，逐步过渡到实时归集，在部级建立形成全国档案基础信息资源库，为实现全国服务提供数据基础。

开发全国档案管理服务运行平台。基于全国档案基础信息资源库，开发建立全国档案管理服务运行平台，提供存档信息网上查询服务，为流动人员和用人单位查询档案存放信息提供便利。积极推动跨地区网上远程经办模式，逐步形成“一点存档、多点服务”的全国一体化服务格局。

（三）推动档案数字化。支持有条件的地区开展纸质档案扫描、图像处理、数据存储备份等工作，逐步建立数字档案资源库，为档案“一窗式办理”提供基础。数字档案保存、上传和交换工作必须通过业务专网完成。数字档案原则上实行地市级管理，有条件的地方可省级集中管理。

（四）加强档案信息应用和共享。地方各级人力资源社会保障部门要充分利用档案管理服务信息系统形成的数据资源，对流动人员数量、结构、分布、流向等开展统计分析，逐步建立档案基本情况统计分析制度。强化档案数据资源与政务数据资源的关联分析和融合利用，建立与人力资源社会保障持卡人员基础信息库、单位基础信息库等基础信息库的关联，实现与就业创业、社会保障、人事人才、劳动关系等业务信息共享，推动与教育、公安、民政、卫生健康、工商等部门资源数据互认。

三、保障支撑

（一）强化技术支持。各级人力资源社会保障部门要加强技术支持，积极探索“互联网＋”模式，通过开通网上申请、后台审核、网上反馈或预约现场办理等，逐步推进档案管理服务线下向线上延伸。大力推广电子证明、电子公文、电子签章等新技术应用，提高档案管理服务的科学化和便民化水平。

（二）完善网络基础设施。各级人力资源社会保障部门要加快通信基础设施建设，实现业务专网覆盖档案管理服务机构，高速优质互联网支持档案线上经办服务。充分依托现有网络资源，为线上档案管理服务提供支撑和保障。

（三）规范安全管理。各级人力资源社会保障部门要严格按照国家信息安全等级保护制度要求，加强档案信息化安全建设。落实信息安全等级保护制度，严格做好业务专网和互联网的安全隔离，做好省级档案管理服务信息系统的应用级容灾和数据备份。建立系统安全测试、备案制度，未通过安全测试、未实行备案的档案管理服务信息系统，一律不准与全国档案基础信息资源库衔接。

四、组织实施

（一）加强组织领导。各地人力资源社会保障部门要高度重视档案信息化建设工作，将其纳入本地人力资源社会保障信息化工作总体安排，统筹规划，优先推进。省级人力资源社会保障部门要按照本指导意见要求，结合工作实际，尽快制定本地档案信息化建设工作方案，明确具体建设内容、责任主体、工作要求和完成时限。各级人力资源社会保障部门负责人力资源市场建设的行政机构主要负责档案信息化工作的统筹规划、牵头推进和督促指导，信息化综合管理机构主要负责系统规划、建设和实施，负责提供技术支持；档案管理服务机构主要负责系统建设的业务支持、具体推进。各有关机构要密切配合，通力合作，共同做好档案信息化建设工作。

（二）提供有效保障。各地人力资源社会保障部门要积极协调同级财政、发展改革等部门，多渠道解决档案信息化建设所需经费。按照“金保工程”二期建设规划、“十三五”推进基本公共服务均等化规划等文件规定，统筹运用好“金保工程”二期项目资金、基本公共服务经费、就业补助资金、人才发展资金等，多渠道筹措系统建设和维护经费。加强对信息技术人员和业务人员的培训，确保档案信息系统在档案管理服务工作中的应用效果。

（三）明确时间要求。2018年底前，依托“金保工程”二期项目建设研究开发全国统一软件，支撑省级档案管理服务，研究全国档案基础信息归集平台、全国档案管理服务运行平台建设方案。

2019年底前，在全国范围内推广应用统一的省级档案管理服务软件，各地初步建立省级集中的档案基础信息资源库。启动全国档案基础信息归集平台和档案管理服务运行平台建设；建立全国档案基础信息归集机制。

2020年底前，进一步完善省级集中的档案基础信息资源库。依托档案基础信息归集平台，建立全国档案基础信息资源库，基本实现各级公共就业和人才服务机构档案信息采集和归集工作。建立全国档案管理服务运行平台，初步实现档案存档信息网上查询服务。

（四）强化督促检查。省级人力资源社会保障部门要抓好本地信息化建设工作方案的贯彻落实，加强工作指导和督促，确保上下联动，按时间节点推进工作，确保如期完成。要将本地档案信息化建设工作方案于2018年12月底前报我部人力资源市场司备案，同时抄送部信息中心和全国人才流动中心。今后每年年底前报送档案信息化建设工作推进情况和下一年度工作计划。我部将通过业务培训、经验交流、情况通报、专项督查、随机抽查等方式，加强对各地的工作指导和督促检查。

附件：

1. 流动人员人事档案基本公共服务经办规范

2. 流动人员人事档案基础信息采集规范（略）

2018年9月20日

附件 1

流动人员人事档案基本公共服务经办规范

一、档案接收和转递

（一）档案接收

1. 申请材料

个人委托存档：存档人员有效身份证件；

单位委托集体存档：存档（经办）人员有效身份证件，劳动合同或录用手续，单位介绍信。

2. 办理流程

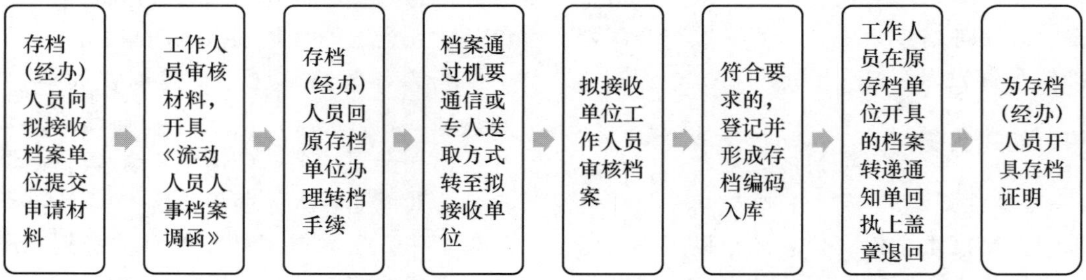

3. 办理结果

符合存档要求的，档案接收入库；不符合存档要求的，档案应退回原档案管理单位。

（二）档案转出

1. 申请材料

个人委托存档：存档人员有效身份证件，拟接收档案单位开具的调档函件；

单位委托集体存档：存档（经办）人员有效身份证件，单位介绍信，解除/终止劳动合同协议，拟接收档案单位开具的调档函件。

2. 办理流程

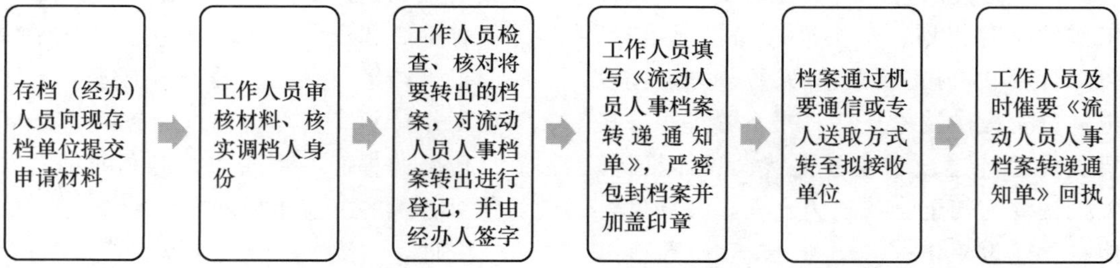

3. 办理结果

档案转出。

二、档案材料的收集、鉴别和归档

（三）档案材料收集、鉴别和归档

1. 申请材料

个人委托存档：存档人员有效身份证件、档案材料原件；

单位委托集体存档：存档（经办）人员有效身份证件、单位介绍信、档案材料原件。

注：①档案材料应为办理完毕的正式材料，完整齐全、文字清楚、内容真实、填写规范、手续完备。②证书、证件等特殊情况需用复印件存档的，应由材料制作单位注明复印时间并加盖公章。

2. 办理流程

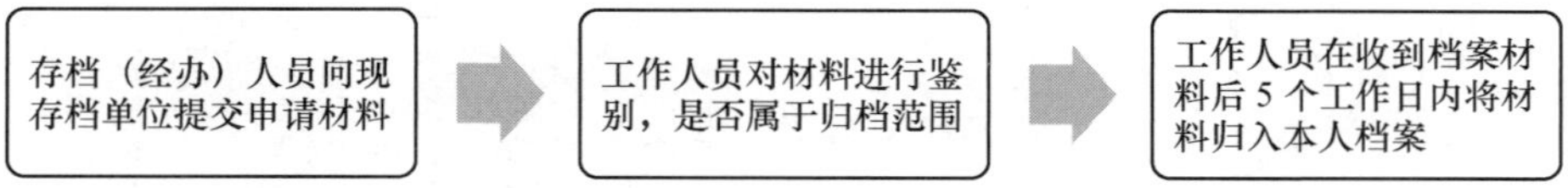

3．办理结果

属于归档范围的，工作人员将档案材料归入档案；不属于归档范围的，予以退回。不符合要求的归档材料，告知材料形成单位重新制作或补办手续。

三、档案的整理和保管

（四）档案整理

工作流程：

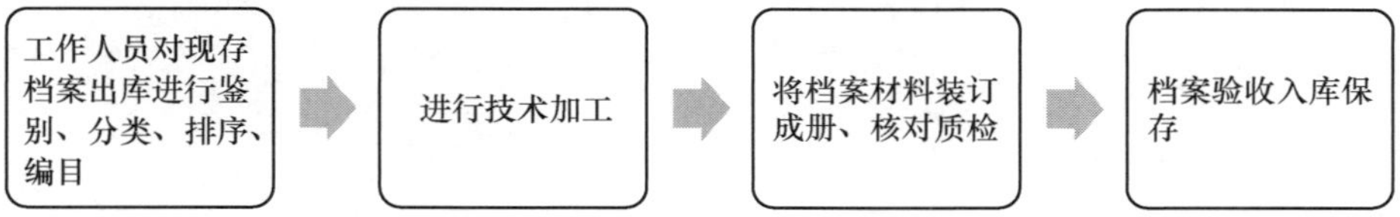

（五）档案保管

对档案进行系统存放，维护档案的完整与安全。保管要求和工作内容包括：①档案管理服务机构应建立坚固的专用档案库房，配置铁质的档案柜或档案密集架；②档案库房、阅档室和档案管理服务人员办公室应三室分开；③保持档案库房的清洁，配备必要的设备，采取安全措施，以符合防火、防潮、防蛀、防盗、防光、防高温要求；④档案存放应编排有序，便于查找；⑤档案利用出库时应登记，利用结束后当天入库保存；⑥应定期将档案实物与档案名册、档案信息数据库进行核对；⑦档案管理服务人员工作变动时，应履行交接手续，交接材料应由交接双方签字确认后归入文书档案。

（六）档案数字化

档案数字化主要工作内容包括：①对档案进行整理，依据档案材料记载内容采集数据；②对采集的数据进行检查核对，确认录入内容与档案记载一致；③用扫描仪对档案进行分页扫描，并将形成的影像导入数字档案管理信息系统中，完成目录索引；④进行图像质检；⑤核对数字档案是否真实、完整、有序；⑥完成数字档案管理信息系统和人才服务综合业务系统的对接，实现远程阅档。

四、档案查阅借阅

（七）档案查阅

1．申请材料

查档单位应派两名中共党员前往，持查阅人有效证件和所在单位介绍信，以及被查阅人的姓名和有效身份证件号。被查阅人是单位委托集体存档的，还需提交委托单位介绍信。

2．办理流程

3．办理结果

符合规定的，予以查档单位阅档；不符合规定的，解释相关规定。

（八）档案借阅

1．申请材料

借阅单位应持借阅人和存档人员的有效身份证件，借阅单位商调函。

2．办理流程

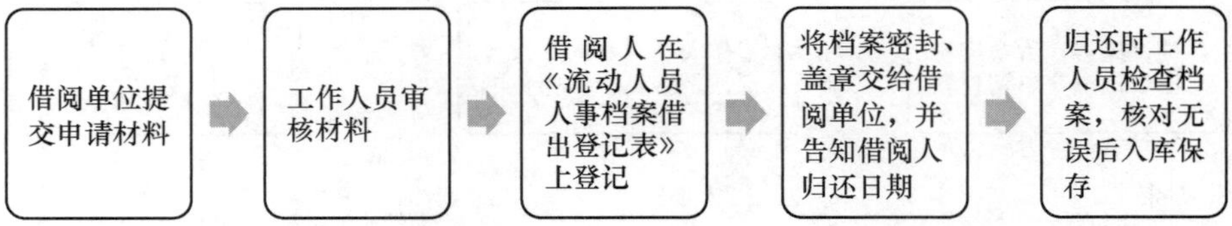

3. 办理结果

符合规定的，工作人员将档案密封盖章后交给借阅单位；不符合规定的，解释相关规定。

注：档案一般不予外借，确因工作需要借阅的，应当履行审批手续，按规范转递档案，并在规定时限内归还，归还时应当认真核对档案材料。

五、依据档案记载出具相关证明

（九）存档证明，经历证明、亲属关系证明、无犯罪记录证明以及其他证明等

1. 申请材料

个人委托存档：存档人员有效身份证件；

单位委托集体存档：存档（经办）人员有效身份证件，单位介绍信。

2. 办理流程

3. 办理结果

依据存档情况，出具存档证明；依据档案材料记载内容，出具经历证明、亲属关系证明、无犯罪记录证明以及其他证明等。

六、为相关单位提供政审（考察）服务

（十）参军、录用、入党、出国（境）、升学政审以及其他政审

1. 申请材料

个人委托存档：存档人员有效身份证件；

单位委托集体存档：存档（经办）人员有效身份证件，单位介绍信；

政审函、政审（录用）表格、因公出国任务批件和组团名单。

2. 办理流程

3. 办理结果

依据档案材料记载出具政审证明，或填写录用政审表格或入党政审表格等。

七、存档人员党员组织关系的接转

（十一）流动党员组织关系接收

1. 申请材料

本人有效身份证件，有效期内的党组织关系介绍信。

2. 办理流程

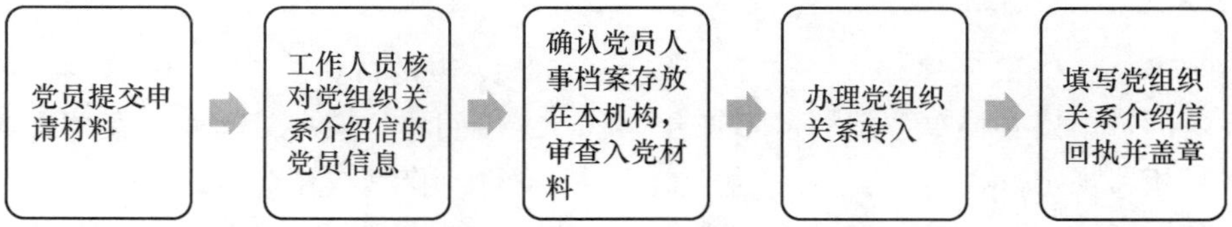

3. 办理结果

将流动党员分入流动党支部管理，发放流动党员相关材料。

（十二）流动党员组织关系转出

1. 申请材料

党员本人有效身份证件。

2. 办理流程

3. 办理结果

收到党员党组织关系介绍信回执，党员组织关系转出完成。

（十三）党费收缴

1. 申请材料

本人有效证件或流动党员活动证。

2. 办理流程

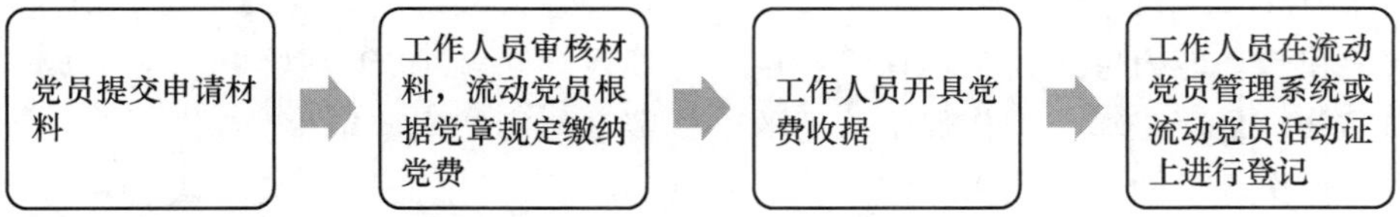

3. 办理结果

党费收缴业务完成。

附录（略）

人力资源社会保障部办公厅关于推进工伤认定和劳动能力鉴定便民化服务工作的通知

人社厅发〔2018〕104号

各省、自治区、直辖市及新疆生产建设兵团人力资源社会保障厅（局）：

工伤认定和劳动能力鉴定是工伤保险制度的重要组成部分，是职工享受工伤保险待遇的前提。当前，工伤认定和劳动能力鉴定工作总体情况是好的，但也存在管理制度不完善、信息化建设滞后、便民服务不到位等问题。为贯彻党中央、国务院推进审批服务便民化和深化“放管服”改革要求，落实部党组关于加强人社系统行风建设部署，推进工伤认定和劳动能力鉴定便民化服务工作，现就有关事项通知如下。

一、指导思想

以习近平新时代中国特色社会主义思想和党的十九大以及十九届二中、三中全会精神为指导，深入贯彻以人民为中心的发展思想，围绕“正行风、树新风，打造群众满意的人社服务”总体要求，突出问题导向，坚持远近结合，深化标本兼治，切实提升工伤认定和劳动能力鉴定工作的规范化、便利化、信息化，切实提升工伤职工和用人单位的满意度、获得感。

二、主要任务

（一）全面下放省级人社部门工伤认定和劳动能力初次鉴定事项。目前仍在办理工伤认定和劳动能力初次鉴定事项的省（自治区、直辖市）人社部门，要按照《工伤保险条例》的规定，从2019年开始，全面下放工伤认定和劳动能力初次鉴定事项。

（二）全面推进工伤认定和劳动能力鉴定受理事项进驻大厅。目前工伤认定和劳动能力鉴定受理事项还未进驻大厅的，要按照服务事项集中办理、“一窗通办”的要求，从2019年开始全面进驻大厅，实现工伤认定和劳动能力鉴定受理事项“只进一扇门”和“一窗受理”。

（三）切实清理取消重复提交的证明和材料。各地要按照工伤认定、劳动能力鉴定、待遇支付业务协同办理的要求，全面梳理工伤认定和劳动能力鉴定服务事项所需证明和材料，切实减证便民，取消不必要或重复提交的证明和材料。原则上，通过内部信息共享能够获取的，或者上一个环节已经提交的，不应要求用人单位和工伤职工重复提交。

（四）切实提高工伤认定和劳动能力鉴定效率。各地要本着优化流程、精简环节、缩短时限的要求，进一步提高工伤认定和劳动能力鉴定工作效率。对于事实清楚、权利义务明确的工伤认定案件要通过简易程序，快认快结。对因较大安全生产事故造成人员伤亡或者社会关注度高的工伤认定案件，要主动介入，优先受理，开辟工伤认定绿色通道，及时作出工伤认定结论。对伤情清楚、证据充分、没有异议的劳动能力鉴定案件，要进一步缩短时限，尽快作出鉴定结论。

（五）积极探索异地工伤认定和劳动能力鉴定委托合作。各地要适应区域间劳动力流动愈加频繁、用人单位注册参保地与工作生产地分离日益增多的情况，对异地发生工伤的，加强与当地人社部门合作，通过探索委托当地人社部门进行工伤认定调查，探索聘请当地医学专家进行劳动能力鉴定等方式，方便用人单位和工伤职工就近进行工伤认定和劳动能力鉴定。

（六）积极推进“互联网＋认定鉴定”。各地要以全面推进工伤保险信息化建设为契机，同步推进“互联网＋认定鉴定”，推进网上大厅与实体大厅业务办理结合，统一在线业务办理标准，加快实现工伤认定和劳动能力鉴定工作业务全流程实时记录、即时交换、相互核验、精确管理，实现工伤认定和劳动能力鉴定业务在线协同办理、信息共享，实现“数据多跑路、群众少跑腿”。

三、工作要求

（一）加强领导，提高认识。工伤认定和劳动能力鉴定工作具有很强的政策性、专业性和技术性。各地要提高政治站位，深刻认识推进工伤认定和劳动能力鉴定便民化工作的重要性，建立长效机制，久久为功。省级人社部门要加强对市、县工作的指导，切实提升工伤认定和劳动能力鉴定工作的质量和效率，让广大工伤职工充分感受到方便快捷和公平正义，更多体会到来自党和政府的关心关爱。

（二）加强组织，强化监管。各地要制定周密工作方案，落实工作责任，加强沟通协调，确保各项任务责任落实到位。特别是受理事项进驻大厅、下放省级人社部门工伤认定和劳动能力初次鉴定事项以及取消重复提交的证明和材料，更要周密安排，明确权限、明确时限、明确责任、明确要求，加强工作衔接，确保平稳过渡。要加强对工伤认定和劳动能力鉴定事中、事后的监管，通过专项督查、案卷评查、“双随机、一公开”等方式，推进线上线下一体化监管，严肃查处提供虚假材料、骗取待遇等违法行为。

（三）加强培训，强化保障。各地要加强对工伤认定和劳动能力鉴定工作人员政治思想、业务知识和作风建设等方面的培训，提高他们政治素养、为民意识和履职能力，切实防止庸政懒政和不作为、乱作为问题的发生。要加强与财政等部门的沟通协调，保障工伤认定调查和劳动能力鉴定所需工作经费，确保工伤认定和劳动能力鉴定等事项顺利开展。要加强与人民法院等部门的沟通，统一认识，凝聚共识，更好维护党和政府的公信力。

（四）加强宣传，引导舆情。各地要充分利用各种宣传渠道向全社会宣传工伤保险法规政策，使广大工伤职工知悉获得权益保障的途径和程序，更好维护自身的合法权益。对重大舆情要迅速反应、及时报告，积极主动正面引导，营造良好舆论氛围。

2018年9月24日

人力资源社会保障部办公厅　财政部办公厅关于深入推进12333发展促进人力资源社会保障公共服务便民化的意见

人社厅发〔2018〕116号

各省、自治区、直辖市及新疆生产建设兵团人力资源社会保障厅（局）、财政厅（局）：

12333是人力资源社会保障公共服务的重要品牌、联系群众的桥梁纽带、服务群众的重要窗口。12333电话咨询服务已列入《国民经济和社会发展第十三个五年规划纲要》的“基本公共服务项目清单”。为贯彻《中共中央办公厅国务院办公厅关于深入推进审批服务便民化的指导意见》精神，落实国家“十三五”规划纲要要求，进一步提升公共服务能力，加强行风建设，现就深入推进12333发展促进人力资源社会保障公共服务便民化提出以下意见。

一、总体要求

（一）指导思想。以习近平新时代中国特色社会主义思想为指导，践行以人民为中心的发展思想，以促进人力资源社会保障系统审批服务便民化、加强行风建设为导向，充分发挥12333热线专业性强、集成度高、咨询服务量大的优势，秉承“倾听民意、服务民生”的服务理念，全力构建上下联动、专业规范、高效优质的电话服务体系，以多种方式增加服务供给，全面提升人力资源社会保障公共服务能力，增强群众获得感、幸福感。

（二）基本原则。

——坚持服务便民。聚焦群众办事的堵点难点热点，畅通12333服务渠道，用最快的速度、最优的服务，提高电话服务效率和质量，确保群众问题及时解答、电话服务优质高效。

——坚持服务创新。拓展多元化的服务渠道，运用语音识别、智能客服、大数据等技术，形成智能化的服务能力，创新服务方式，向群众提供主动服务、精准服务、智慧服务。

——坚持共享协同。持续完善知识库，开放共享数据，加强12333与各类业务的协同联动，逐步提供全业务、全流程的咨询办事服务。

——坚持全国一体化。推进全国12333电话服务系统互联互通，使用全国统一标识，以12333一个号码对外提供人力资源社会保障电话服务。

二、主要任务

（一）加强咨询服务。对“人力资源社会保障领域基本公共服务项目清单”中的服务事项，提供5×8小时人工咨询服务和7×24小时自动语音服务。对尚未开通人工咨询服务的地区，可通过设立全省集中座席、地市远端座席、省市协同联动等多种方式，有效解决12333发展不足的问题。优化服务流程，合理设置语音导航，加强服务供给，提高服务效率，减少群众拨打电话等待时间，确保12333

电话综合接通率保持在80%以上。开通语音留言服务，自动告知回复期限，在规定的期限内解答群众咨询问题，缓解人工服务电话拨打难的问题。设立专家座席，定期邀请业务部门专家解答群众咨询的热点难点问题。通过广播电视、报纸杂志、新媒体等，主动回应群众关心的热点。推行"首问负责制"和"一次性告知制"；特殊情况应按"急事急办、特事特办"原则，主动协调业务部门开辟绿色通道及时解决群众遇到的难题，实行点对点服务、重点服务和一条龙服务。电话咨询服务应使用普通话，根据需要提供少数民族语言和方言服务。

（二）推广电话办事。有条件的地方通过12333电话，开通账户信息、社保待遇、就业信息、办事进度和办理结果等信息查询，办理基本信息登记、社保卡挂失和密码修改、在线预约、备案登记等业务，让群众少跑腿；接收劳动保障监察投诉举报信息，开通案件办理情况自助查询功能，受理劳动人事争议调解仲裁组织机构查询等事项，方便劳动者维权。加强与各业务系统的集成贯通，按照"先易后难"的原则，逐步将网上办理的公共服务事项纳入12333电话办理业务范围，积极探索12333业务办理全国联动，力争实现更多事项"办事零跑路"。

（三）注重政策法规解读。发挥12333电话直接服务群众的优势，用群众听得懂的语言宣传政策法规、解读文件，引导群众正确理解人力资源社会保障政策法规。积极参与各类政策法规的制定和实施过程，实现咨询服务与政策法规解读同步规划、同步实施、同步反馈，把握正确的舆论导向，及时回应公众的关切。结合"12333全国统一咨询日"活动，深入基层、社区和企事业单位，邀请群众走进12333，开展面对面咨询，在交流互动中解读政策法规、提供服务、增进互信。通过12333短信、微信等，向群众主动推送政策法规文件、办事指南、问题解答，进一步提高群众对人力资源社会保障政策法规的知晓率。

（四）开通投诉举报。各地人力资源社会保障部门统一在12333服务热线的首层功能菜单开设投诉举报的选项，畅通群众通过12333表达诉求的渠道。健全投诉举报工作机制，明确在线受理、转办、会同督办、结果反馈等服务流程，12333要如实记录群众反映的问题，及时转交有关部门处理，及时向群众反馈处理结果，实现群众投诉举报件件有落实、事事有回应。

（五）加强12333与业务的协同联动。各地要强化12333咨询数据收集和分析利用工作，根据群众来电中的热点难点问题，积极开展专题研究，加强数据分析，洞察民生需求，编制分析报告，为机关业务部门研判形势、完善政策、监控舆情提供决策参考。结合业务重点，通过12333电话开展社会调查和民意调查，为业务部门提供全面真实的一手资料，了解社情民意，及时回应社会关切。业务部门应在政策法规向社会公布前，主动向12333电话咨询机构进行宣讲、做好培训，明确解答口径；对12333转办的疑难问题，要在规定时限内答复。各级人力资源社会保障部门要将12333转交业务部门办理事项的办结率和办理时限，纳入业务部门绩效考核的重要内容。加强数据共建共享，全方位开放知识库，建设基于12333知识库的人力资源社会保障政策问答平台，方便人力资源社会保障系统服务窗口等工作人员使用。依托12333培训体系和专家库、宣讲团、培训师队伍，为人员培训、业务比武、在线考试等工作提供支撑。

（六）做好政务热线间的衔接服务。12333专业性强、集成度高、咨询服务量大，按照《中共中央办公厅　国务院办公厅关于深入推进审批服务便民化的指导意见》的要求，政务服务热线整合时应予以保留。为实现12333全国整体建设和互联互通，同时确保12333办事能力不弱化、系统功能不倒退、服务效能不降低、群众体验不变差，各地人力资源社会保障部门要按照"并行接听、联动服务"的原则，做好12333自身建设及12333与其他政务热线间的衔接服务，各地市的衔接方案须向省级人力资源社会保障部门报告后实施；省本级和支持多个地区系统的衔接方案须向人力资源社会保障部信息中心报告后实施。

三、服务支撑

（一）加强多渠道服务。各地要将12333作为人力资源社会保障公共服务体系的重要渠道，大力发展多渠道服务。基于公共服务信息平台，实现12333电话与网站、移动应用等服务渠道的信息交互和联动服务。基于部级12333短信平台，主动推送答复内容、身份核验、办事提醒、结果反馈等短消息，实现12333电话与短信的联动服务。探索建立面向来电者的身份验证机制，实现与网站、移动应用、短信及线下窗口等服务渠道的用户身份互信与服务联动。围绕人力资源社会保障业务“移动办”、“指尖办”，有条件的地方可试点建立在线客服团队，开展及时精准互动服务。

（二）加快全国联网。加快12333电话系统全国联网，启动12333全国联网系统部级节点建设，完成部省12333电话系统的联网对接，逐步形成全国一体化的12333数据交互机制和协同服务能力，为跨省跨地区联动服务提供支撑。加快推进信息系统省级集中建设，推进信息系统的全国联网，逐步形成跨业务、跨层级、跨地区的信息共享和业务协同机制，为12333业务办理全国联动提供有效支撑。

（三）加强业务培训。以提高咨询员能力素质作为核心任务，建立岗前、在岗、返岗、以师带徒、服务窗口和业务一线跟班实习等长效培训机制，分层分类开展培训，确保咨询员全面掌握人力资源社会保障业务。建立完善咨询服务评价、质量监控机制，设置专门监督座席，开展全方位质量评估。

（四）加强经费保障。12333电话咨询服务是国家“十三五”规划明确要求各级政府必须提供的基本公共服务项目，与改善民生密切相关，公共性和公益性强，各级财政部门要统筹考虑辖区服务人口、服务现状和实际需求等因素，合理安排所需经费。各地要完善监督检查机制，加强对财政经费使用情况的监管。

四、组织实施

（一）加强组织领导。加快12333发展促进公共服务便民化，是促进人力资源社会保障公共服务便利化、均等化、普惠化的重要措施。各级人力资源社会保障部门要高度重视12333发展，积极向党委政府汇报，主动与有关部门沟通协调，争取多方支持，解决12333发展中遇到的困难和问题。各级财政部门要加强配合，形成合力，努力提升本地区12333电话咨询服务的基本公共服务能力。

（二）制定实施方案。各地人力资源社会保障厅（局）要结合实际，依照本意见制定具体实施方案，细化任务措施，明确时间表和路线图。鼓励各地多做“加法”，运用新思维、新技术大胆探索，创新实践。

（三）抓好任务落实。各地要将深入推进12333发展作为人力资源社会保障系统行风建设和审批服务便民化的重要内容，严格落实责任，明确工作要求，做细做实各项工作，防止流于形式。围绕转变职能和作风建设，定期开展督导、抽查和明察暗访，定期通报相关情况。

2018年10月29日

人力资源社会保障部办公厅关于推进技工院校学生创业创新工作的通知

人社厅发〔2018〕138号

各省、自治区、直辖市及新疆生产建设兵团人力资源社会保障厅（局）：

为深入贯彻党的十九大精神和习近平总书记在全国教育大会上的重要讲话精神，全面落实国务院《关于大力推进大众创业万众创新若干政策措施的意见》（国发〔2015〕32号）和《关于做好当前和今后一个时期促进就业工作的若干意见》（国发〔2018〕39号）等政策要求，大力推进技工院校学生创业创新工作，促进实现更高质量就业，现就做好有关工作通知如下：

一、工作目标

充分发挥政府部门、行业企业和职业培训机构的职能作用，进一步改善技工院校的创业环境，提升技工院校学生的创业意识和创业能力，力争使有创业意愿的学生都有机会参加创业培训，准备创业的学生都能得到创业服务，已经创业的学生都可获得创业政策扶持。充分发挥技工院校的重要作用，积极引导技工院校学生投身创业，着力提高技工院校学生的职业技能水平，促进学生运用所学的职业技能实现创业创新。通过各方共同努力，到2025年，技工院校创业师资轮训一遍，在校学生接受创业教育或创业培训基本做到全覆盖，投身创业创新的学生有明显增加，技工院校毕业生创业成功率有明显提升。

二、主要任务

（一）普及创业创新教育。各地要加强技工教育创业创新课程体系建设，将创业创新课程纳入技工院校教学计划。支持技工院校将创业创新意识教育课程与公共课程相结合，将创业创新实践课程与专业课程相结合。鼓励技工院校开设创业创新意识教育课程和市场开发、企业管理等创业创新实践课程，根据课程设置和教学实际情况，开发技工院校创业创新课程教材。注重在校园营造创业创新良好氛围，举办创业创新讲座和论坛，邀请成功创业者特别是创业成功校友传授创业经验。要依托技能大师工作室、创业工坊等，组织开展多种形式的创业创新主题活动。

（二）加强创业培训。各地要建立健全技工院校创业培训体系，根据技工院校学生自身特点、实际需求和具备的职业技能水平，依托技工院校、职业培训机构、创业培训（实训）中心、企业培训中心、创业孵化基地、众创空间、网络平台等实体开展各类创业培训。鼓励技工院校引进或开发创业培训课程，支持技工院校组织开展马兰花中国创业培训示范项目。加强创业培训师资配备，切实提高学生创业能力。鼓励有条件的技工院校开设毕业学期创业培训实验班，帮助应届毕业生投身创业。

（三）优化创业服务。各地要指导技工院

校对接政府部门和相关社会服务机构，充分发挥技工院校就业指导机构、创业孵化基地、创业咨询服务机构、“互联网＋”等载体的作用，为学生创业提供咨询辅导、项目孵化、场地安排、开业指导、融资服务、跟踪扶持等多样化服务。引导和鼓励成功创业者、知名企业家、创业投资人等担任兼职创业导师。支持技工院校建立创业项目库，举办创业项目展示和推介活动。支持发展一批众创空间等新型平台，为创业学生提供低成本场所支持和孵化服务。支持在技工院校建设创业孵化基地，各地可根据入驻实体数量和孵化效果，按政策规定给予奖补。鼓励符合条件的技工院校创业孵化基地申报省级和全国创业孵化示范基地。

（四）加大政策扶持。各地要积极拓展创业扶持政策的适用范围，将自主创业的技工院校毕业生纳入政策扶持对象。要指导推动技工院校帮助符合条件的自主创业毕业生申请享受税费减免、创业担保贷款、创业补贴、场租补贴等创业扶持政策。支持技工院校引入风险投资、创业投资基金等社会资本，为毕业生创业拓展融资渠道。技师学院高级工班及以上的创业学生，可参照享受高校毕业生就业创业政策。支持技工院校学生在校期间开展“试创业”实践活动。

（五）开展创业创新竞赛。广泛开展各类技术创新、创意设计、创业计划、创业技能等专题竞赛，规划开展校级、市级、省级技工院校学生创业创新大赛。鼓励技工院校积极参与“中国创翼”创业创新大赛、全国创业培训讲师大赛等各类创业创新比赛。有条件的技工院校可开设创业训练营，从中选拔各类创业大赛的参赛项目团队。各类创业大赛的获奖项目团队可优先得到创业政策扶持。

三、工作要求

（一）加强组织领导。各级人社部门要充分认识促进技工院校学生创业创新工作的重要意义，切实加强组织领导，明确专人负责，加强督促检查，推动各项政策落到实处。各技工院校要落实推动学生创业创新工作的主体责任，明确分管校领导负责学生创业创新工作。

（二）细化实施方案。各级人社部门要结合实际制定深化本地区技工院校学生创业创新工作的具体措施和实施方案，明确责任分工。技工院校要制定本校学生创业创新工作方案，明确目标任务、工作分工和具体要求，切实抓好贯彻落实。

（三）注重宣传引导。各地要广泛宣传各级政府及有关部门支持创业创新的政策措施，大力报道技工院校在学生创业创新工作中取得的进展和经验以及成功创业学生自强不息、艰苦奋斗的先进事迹和典型，努力营造鼓励创新、崇尚创业、褒奖成功、宽容失败的良好社会氛围，推动技工院校学生创业创新工作取得新进展。

各地实施工作的情况请及时报部职业能力司。

2018 年 12 月 18 日

人力资源社会保障部办公厅关于颁布中式烹调师等26个国家职业技能标准的通知

人社厅发〔2018〕145号

各省、自治区、直辖市及新疆生产建设兵团人力资源社会保障厅（局），国务院有关部委、直属机构人事劳动保障工作机构，有关行业组织人事劳动保障工作机构，中央军委政治工作部兵员和文职人员局：

根据《中华人民共和国劳动法》有关规定，我部组织制定了中式烹调师等26个国家职业技能标准，现予颁布施行。原相应国家职业技能标准同时废止。

附件：26个国家职业技能标准目录

2018年12月26日

附件

26个国家职业技能标准目录

序号	职业编码	职业名称
1	4-03-02-01	中式烹调师
2	4-03-02-02	中式面点师
3	4-03-02-03	西式烹调师
4	4-03-02-04	西式面点师
5	4-03-02-07	茶艺师
6	4-06-01-02	中央空调系统运行操作员
7	4-07-05-03	智能楼宇管理员
8	4-09-09-00	有害生物防制员

序号	职业编码	职业名称
9	4-10-03-01	美容师
10	4-10-03-02	美发师
11	4-14-03-03	眼镜验光员
12	4-14-03-04	眼镜定配工
13	6-11-01-04	制冷工
14	6-18-01-01	车工
15	6-18-01-02	铣工
16	6-18-01-04	磨工
17	6-18-01-08	电切削工
18	6-18-02-02	锻造工
19	6-18-02-04	焊工
20	6-20-03-01	机床装调维修工
21	6-22-02-01	汽车装调工
22	6-24-02-01	变压器互感器制造工
23	6-24-03-01	电线电缆制造工
24	6-29-03-03	电梯安装维修工
25	6-29-03-05	制冷空调系统安装维修工
26	6-31-01-03	电工

注：以上职业技能标准内容可在我部官网查询。

人力资源社会保障部办公厅 交通运输部办公厅关于颁布机动车驾驶教练员等3个国家职业技能标准的通知

人社厅发〔2018〕147号

各省、自治区、直辖市及新疆生产建设兵团人力资源社会保障厅（局），交通运输厅（局、委）：

根据《中华人民共和国劳动法》有关规定，人力资源社会保障部、交通运输部共同制定了机动车驾驶教练员等3个国家职业技能标准，现予颁布施行。原相应国家职业技能标准同时废止。

附件：3个国家职业技能标准目录

2018年12月28日

附件

3个国家职业技能标准目录

序号	职业编码	职业名称
1	4－02－02－07	机动车驾驶教练员
2	4－12－01－01	汽车维修工
3	6－30－05－01	起重装卸机械操作工

注：以上职业技能标准内容可在我部官网查询。

人力资源社会保障部办公厅关于公布技能人员职业资格实施部门（单位）信息的通知

人社厅函〔2018〕39 号

各省、自治区、直辖市及新疆生产建设兵团人力资源社会保障厅（局），国务院有关部门、有关行业组织人事劳动保障工作机构：

为贯彻落实《人力资源社会保障部关于公布国家职业资格目录的通知》（人社部发〔2017〕68 号），做好技能人员职业资格的组织实施和监管服务工作，我们汇总了技能人员职业资格实施部门（单位）信息，现印发给你们（见附件），请做好有关工作。人力资源社会保障部门要加强监督管理，做好支持服务工作。

附件：技能人员职业资格实施部门（单位）信息表

2018 年 2 月 5 日

附件

技能人员职业资格实施部门（单位）信息表

序号	实施部门（单位）	法人单位	地址	网址	联系人	联系电话
1	电子通信行业技能鉴定机构（工业和信息化部电子通信行业职业技能鉴定指导中心）	工业和信息化部教育与考试中心（工业和信息化部电子通信行业职业技能鉴定指导中心）	北京市石景山区政达路2号CRD银座A座5～6层	www.gcvaic.org www.ceosta.org	韩光伟 杜志海	010-68607763 010-68607755
2	消防行业技能鉴定机构（消防行业职业技能鉴定指导中心）	中国消防协会	北京市朝阳区华威西里甲19号	www.cfpa.cn	张建国	010-87789197
3	民政行业技能鉴定机构（民政部职业技能鉴定指导中心）	北京社会管理职业学院	河北省廊坊市三河市燕郊开发区燕灵路2号	jnjd.mca.gov.cn	孙钰林	010-61591732
4	紧急救援行业技能鉴定机构（紧急救援职业技能鉴定中心）	民政部紧急救援促进中心	北京市丰台区南四环西路186号汉威国际广场一区1号楼2层33单元	www.chinajjjy.gov.cn	王　茜	010-50947265
5	人社部门技能鉴定机构（各级人力资源社会保障部门职业技能鉴定中心）	中国就业培训技术指导中心（人力资源社会保障部职业技能鉴定中心）	北京市朝阳区育慧路3号	www.osta.org.cn	范　惠	010-84661135
		其他各级人力资源社会保障部门职业技能鉴定中心信息由相应人力资源社会保障部门公布				
6	国土资源行业技能鉴定机构（国土资源部职业技能鉴定指导中心）	国土资源部人力资源开发中心	北京市西城区羊肉胡同甲30号		李亚东	010-66557973
7	环境保护部（环境保护部核设施安全监管司）	环境保护部	北京市西城区西直门南小街115号	www.mep.gov.cn	赵国斌	010-66556848

续表

序号	实施部门（单位）	法人单位	地址	网址	联系人	联系电话
8	住房城乡建设部门相关机构（住房和城乡建设部执业资格注册中心）	住房和城乡建设部执业资格注册中心	北京市海淀区甘家口21号商务楼2层	www.pqrc.org.cn	郎　迪	010-68318813
9	交通运输行业技能鉴定机构（交通运输部职业技能鉴定指导中心）	交通运输部职业资格中心	北京市朝阳区惠新里甲240号通联大厦5层	www.jtzyzg.org.cn	王福恒	010-65299035
10	水利行业技能鉴定机构（水利部职业技能鉴定指导中心）	水利部人才资源开发中心	北京市海淀区复兴路甲1号	rencai.chinawater.net.cn	崔　洁	010-63204115
11	农业行业技能鉴定机构（农业部职业技能鉴定指导中心）	农业部人力资源开发中心	北京市朝阳区麦子店街22号楼617房间	www.moahr.cn	吴　莹	010-59194338
12	卫生计生行业技能鉴定机构（国家卫生计生委能力建设和继续教育中心）	国家卫生计生委能力建设和继续教育中心	国家卫生计生委知春路办公区（北京市海淀区知春路14号）	www.rkrc.cn	林　静	010-82278850
	卫生计生行业技能鉴定机构（国家卫生计生委人才交流服务中心）	国家卫生计生委人才交流服务中心	北京市海淀区火器营路3号	www.21wecan.com	于新杰	010-59935223
13	广电行业技能鉴定机构（国家广播电影电视总局职业技能鉴定指导中心）	国家新闻出版广电总局	北京市西城区复兴门外大街2号		冯　婧	010-86092898
14	体育行业技能鉴定机构（国家体育总局职业技能鉴定指导中心）	国家体育总局人力资源开发中心	北京市东城区体育馆路5号	www.sportosta.gov.cn	栾　茜	010-87182094
15	安全生产监督管理部门相关机构（国家安全生产监督管理总局培训中心）	国家安全生产监督管理总局培训中心	北京市朝阳区北苑路32号院甲1号安全大厦21层	www.sset.org.cn	董喜明	010-64463871
16	林业行业技能鉴定机构（国家林业局职业技能鉴定指导中心）	国家林业局人才开发交流中心	北京市东城区和平里东街18号	lsrc.forestry.gov.cn	吴秀平	010-84238765
17	粮食行业技能鉴定机构（国家粮食局职业技能鉴定指导中心）	中国粮食研究培训中心	北京市西城区复兴门内大街乙45号	www.chinagrain.gov.cn/n316630/n316650/n316715/index.html	赵广美	010-66026391
18	测绘地理信息行业技能鉴定机构（国家测绘地理信息局职业技能鉴定指导中心）	国家测绘地理信息局职业技能鉴定指导中心	北京市海淀区莲花池西路28号	zjzx.sbsm.gov.cn	曾晨曦	010-63881426
19	民航行业技能鉴定机构（中国民用航空局职业技能鉴定指导中心）	中国民用航空局职业技能鉴定指导中心	北京市朝阳区光熙门北里甲31号	www.caachr.com.cn	曹　静	010-64481103

续表

序号	实施部门（单位）	法人单位	地址	网址	联系人	联系电话
20	中医药行业技能鉴定机构（国家中医药管理局职业技能鉴定指导中心）	国家中医药管理局中医师资格认证中心	北京市西城区北三环中路 3 号 1 幢 2 层	www.tcmtest.com.cn	高　靖	010-62064268
21	国家铁路局（国家铁路局铁路机车车辆驾驶人员资格考试中心）	国家铁路局装备技术中心	北京市海淀区复兴路甲 14 号	www.nra.gov.cn	郭树祥	010-51899868
22	供销行业技能鉴定机构（中华全国供销合作总社职业技能鉴定指导中心）	中华全国供销合作总社职业技能鉴定指导中心	北京市丰台区南四环西路 188 号 16 区 3 号楼 410 房间	www.china-gxjd.org.cn	梁生明	010-63611266
23	建材行业技能鉴定机构（国家建筑材料行业职业技能鉴定指导中心）	中国建筑材料联合会	北京市朝阳区管庄东里甲 1 号建材院北楼 200 房间		孙　倩	010-65718405
24	机械行业技能鉴定机构（机械工业职业技能鉴定指导中心）	机械工业经济管理研究院	北京市西城区广安门外大街甲 397 号	www.ostami.org	李　钦	010-83069013
25	轻工行业技能鉴定机构（中国轻工业职业技能鉴定指导中心）	轻工业人才交流培训中心	北京市西城区阜成门外大街乙 22 号	www.qgpxjd.org	肖雪晴	010-68396554
26	化工行业技能鉴定机构（化学工业职业技能鉴定指导中心）	化学工业职业技能鉴定指导中心	北京市朝阳区亚运村安慧里四区 16 号楼	www.ciosta.org.cn	沈　磊	010-84885113
27	有色金属行业技能鉴定机构（有色金属行业职业技能鉴定指导中心）	有色金属工业人才中心	北京市海淀区首体南路 9 号主语国际商务中心 7 号楼 402 室	www.ysrencai.com	谢承杰	010-62254235
28	冶金行业技能鉴定机构（冶金工业职业技能鉴定指导中心）	冶金工业职业技能鉴定指导中心	北京市东城区东四西大街 46 号 606 室	www.yjosta.org.cn	杨　洋	010-64062715-812
29	纺织行业技能鉴定机构（纺织行业职业技能鉴定指导中心）	纺织行业职业技能鉴定指导中心	北京市朝阳区朝阳门北大街 18 号中国人民人寿保险大厦 926 房间	www.tvtest.org.cn	钱泓埔	010-85229969
30	煤炭行业技能鉴定机构（煤炭工业职业技能鉴定指导中心）	煤炭工业职业技能鉴定指导中心	北京市朝阳区和平街十三区 35 号楼煤炭大厦 706 室	www.coalchina.org.cn	官　植	010-84264573
31	电力行业技能鉴定机构（电力行业职业技能鉴定指导中心）	中国电力企业联合会	北京市西城区白广路二条 1 号	epsi.cec.org.cn	石宝胜	010-63414271
32	珠宝首饰行业技能鉴定机构（珠宝首饰职业技能鉴定指导中心）	国土资源部珠宝玉石首饰管理中心	北京市北三环东路 36 号环球贸易中心 C 座 21 层办公室	www.josta.org.cn	徐晓红	010-88187378

人力资源社会保障部办公厅关于发布医疗保险按病种付费病种推荐目录的通知

人社厅函〔2018〕40号

各省、自治区、直辖市及新疆生产建设兵团人力资源社会保障厅（局），福建省医保办：

为贯彻落实《国务院办公厅关于进一步深化基本医疗保险支付方式改革的指导意见》（国办发〔2017〕55号，以下简称55号文）要求，重点推行按病种付费，我部在各地已开展按病种付费工作和医保大数据聚类分析的基础上，经专家论证制定了《医疗保险按病种付费病种推荐目录》（以下简称《医保付费病种目录》），现予以发布并就有关问题通知如下：

一、高度重视推进按病种付费工作

重点推行按病种付费是55号文提出的改革任务，对于健全医保支付机制和利益调控机制、调节医疗服务行为、引导医疗资源合理配置、控制医疗费用不合理增长具有重要意义。各级人力资源社会保障部门要高度重视，在加强医保基金预算管理基础上，全面推行以按病种付费为主的多元复合式医保支付方式，逐步扩大定点医疗机构实施范围，提高按病种付费的覆盖面。

二、因地制宜确定医保付费病种

各地应选择诊疗方案和出入院标准比较明确、诊疗技术比较成熟、临床路径稳定、综合服务成本差异不大的疾病开展按病种付费。根据国际疾病分类（ICD－10）、手术与操作编码系统（ICD－9－CM－3），确定具体病种，以住院手术病种及部分单纯性治疗项目为主，逐步将日间手术及符合条件的中西医病种门诊治疗纳入医保基金病种付费范围。

各地应确定不少于100个病种开展按病种付费。在确定付费病种时，坚持专家论证机制，组织专家对病种名称、主要治疗方式开展论证，确保临床使用规范有效，标准制定科学合理。《医保付费病种目录》为各地开展按病种付费的推荐性目录，主要为各地提供病种选择。各地可在此基础上，根据医保管理水平和医疗技术发展等实际情况合理确定医保付费病种范围。

三、合理制定医保付费病种支付标准

各地确定按病种付费支付标准时，应充分考虑医疗服务成本、既往实际发生费用、医保基金承受能力和参保人员负担水平等因素，结合病种主要操作和治疗方式，通过与医疗机构协商谈判合理确定。要加强按病种付费的医疗费用管理，监测分析参保人个人负担，避免费用转嫁，增加个人负担。

各地要建立医保付费病种支付标准动态调整机制，根据医药价格变化和适宜技术服务应用情况，以及医保基金运行评估结果，适时调整医保支付标准，积极防范基金运行风险。

四、扎实做好费用结算工作

各地应将按病种付费纳入基金总额预算控制范围内，根据绩效考核情况结果按病种支付标准向定点医疗机构结算费用，引导医疗机构主动控制成本，规范医疗行为，控制医疗费用不合理增长。建立按病种付费进入和退出机制，完善参保人员申诉处理办法。

五、精心组织实施

各地要加强领导，积极推进按病种付费工作。根据经济发展、医保基金运行、医疗服务技术应用等因素，进行综合分析和研究，周密制定按病种付费实施方案。加强业务培训，做好政策宣传，主动回应社会关切，营造良好改革氛围。做好信息系统改造工作，适应按病种付费经办管理需求。充分利用信息系统对开展按病种付费的医疗机构、患者人群、病种范围、病种费用等进行监测和分析。将定点医疗机构开展按病种付费情况纳入定点服务协议管理和考核范围，加强对医疗服务行为的监管，保证医疗服务质量，避免出现推诿患者、分解住院或治疗不足等问题。加强与价格、卫生计生等部门沟通协调，做好按病种收费和付费改革的衔接，充分发挥协同作用，控制不合理医疗费用增长，确保群众个人费用负担不增加。

各统筹地区确定的《医保付费病种目录》外付费病种，需由省级医疗保险管理部门汇总后，于每年12月底前报我部备案。《医保付费病种目录》执行过程中如遇重大问题，请及时报告我部。

附件：《医疗保险按病种付费病种推荐目录》

2018年2月7日

附件

医疗保险按病种付费病种推荐目录

序号	病种名称	疾病代码	主要操作/治疗方式	手术代码
1	肺结核	A15.0/A15.1/A15.2/A15.3/A16.0/A16.1/A16.2	肺叶切除术	32.39/32.49
2	肺结核	A15.0/A15.1/A15.2/A15.3/A16.0/A16.1/A16.2	初次内科常规治疗	非手术
3	结核性胸膜炎	A15.6/A16.5	内科常规治疗（含胸腔穿刺）	非手术
4	带状疱疹	B02	内科常规治疗	非手术
5	食管恶性肿瘤	C15	食管癌根治术	42.41/42.42/42.5/42.6
6	胃恶性肿瘤	C16	胃癌根治术	43.5/43.6/43.7/43.8/43.9

续表

序号	病种名称	疾病代码	主要操作/治疗方式	手术代码
7	结肠恶性肿瘤	C18	结肠癌根治切除术	45.73/45.74/45.75/45.76/45.79/45.9
8	直肠恶性肿瘤	C20	直肠癌根治术	45.4/45.73/45.74/45.75/45.76/45.79/45.8
9	肝和肝内胆管恶性肿瘤	C22	经导管肝动脉栓塞术	39.7903
			肝癌切除术	50.2/50.3/50.4
10	支气管和肺恶性肿瘤	C34	肺癌根治术	32.28/32.29/32.30/32.39/32.41/32.49/32.50/32.59
11	乳房恶性肿瘤	C50	单侧乳腺改良根治术	85.4301
			双侧乳腺改良根治术	85.4401
12	宫颈恶性肿瘤	C53	根治性全子宫切除＋腹膜后淋巴结切除术	68.6/68.7/40.3/40.5
13	子宫内膜恶性肿瘤	C54.1	全子宫切除术＋双侧附件切除术	68.4901＋65.5100/68.4100＋65.5300
14	子宫恶性肿瘤	C55	全子宫切除术＋双侧附件切除术	68.4901＋65.5100/68.4100＋65.5300
15	膀胱恶性肿瘤	C67	根治性膀胱全切术＋盆腔淋巴结清扫术	57.7100＋40.5910
16	甲状腺恶性肿瘤	C73	甲状腺癌根治术	06.2/06.3/06.4
17	儿童急性淋巴细胞白血病（ALL）	C91.0	诱导缓解化疗（初治患者）	非手术
18	儿童急性淋巴细胞白血病（ALL）	C91.0	强化巩固化疗（诱导治疗后完全缓解的患者）	非手术
19	儿童急性早幼粒细胞白血病（APL）	C92.4	诱导缓解化疗（初治患者）	非手术
20	儿童急性早幼粒细胞白血病（APL）	C92.4	强化巩固化疗（诱导治疗后完全缓解的患者）	非手术
21	纵膈良性肿瘤	D15.2	胸腔镜下纵膈病损切除术	34.3x04
22	血管瘤和淋巴管瘤	D18	皮肤及皮下血管瘤切除术	86.3x15
			血管瘤硬化剂注射	99.2904
23	乳房良性肿瘤	D24	乳腺肿瘤切除术	85.2100
			病变导管切除术	85.2100x021
24	子宫平滑肌瘤	D25	子宫肌瘤切除术	68.2901
25	卵巢良性肿瘤	D27	单侧卵巢切除术	65.3900/65.3100
			单侧卵巢囊肿剥除术	65.2901/65.2501
26	甲状腺良性肿瘤	D34	甲状腺肿瘤切除术	06.2/06.3/06.4

续表

序号	病种名称	疾病代码	主要操作/治疗方式	手术代码
27	结节性甲状腺肿	E04.902	甲状腺部分切除术	06.3900
28	慢性泪囊炎	H04.4	泪囊鼻腔吻合术	09.8100
			泪囊鼻腔造口术	09.8100x004
29	翼状胬肉	H11.0	翼状胬肉切除伴结膜移植术	11.3901
30	白内障	H25/H26	白内障超声乳化抽吸术＋人工晶体植入术	13.4100＋13.7000
			白内障超声乳化摘除术＋人工晶体植入术	13.1900＋13.7000
31	视网膜脱离	H33	玻璃体切割术＋视网膜剥离术＋玻璃体硅油置入术	14.7401＋14.9x02＋14.7501
			巩膜环扎术	14.4900
			巩膜外加压术	12.8801
32	青光眼	H40	小梁切开联合小梁切除术	12.6400
			青光眼阀置入术	12.6704
33	玻璃体病变	H43	玻璃体切除术	14.7401
34	慢性化脓性中耳炎	H66.1/H66.2/H66.3	乳突改良根治术	20.4901
			鼓室形成术	19.4
35	风湿性二尖瓣病变	I05	二尖瓣瓣膜置换术	35.2301/35.2401
			二尖瓣瓣膜切开术	35.0200
36	风湿性主动脉瓣病变	I06	主动脉瓣瓣膜置换术	35.2101/35.2201
			主动脉瓣瓣膜切开术	35.0100
37	不稳定型心绞痛	I20.0	经皮冠状动脉内支架植入术	36.06/36.07
38	急性心肌梗死	I21	经皮冠状动脉内支架植入术（冠状动脉内血栓溶解药输注）	36.06/36.07（36.04）
39	急性心肌梗死	I21	内科住院溶栓治疗	非手术
40	冠状动脉粥样硬化性心脏病	I25.1	经皮冠状动脉内支架植入术	36.06/36.07
41	房室传导阻滞	I44.303	单腔永久起搏器置入术	37.8101
			双腔永久起搏器置入术	37.8301
42	室上性心动过速	I47.1	心电生理检查＋心脏射频消融术	89.5901＋37.3302
43	肾动脉狭窄	I70.101	肾动脉支架置入术	39.9016
			肾动脉成形术	39.5900x010
44	胸主动脉瘤	I71.2	胸主动脉支架置入术	39.7301
45	腹主动脉瘤	I71.4	腹主动脉支架置入术	39.7101
46	下肢深静脉血栓	I80.207	下腔静脉滤器置入术	38.7x04

续表

序号	病种名称	疾病代码	主要操作/治疗方式	手术代码
47	下肢静脉曲张	I83	大隐静脉高位结扎术和剥脱术	38.5901
48	内痔	I84.0	内痔套扎术	49.4500
49	混合痔	I84.201	肛周痔切除术	49.4600
			肛周痔套扎术	49.4500
50	混合痔	I84.201	混合痔外剥内扎术	中医治疗
51	外痔	I84.3	血栓痔清除术	49.4700
52	未特指的痔伴有其他并发症	I84.8	环状混合痔切除术	中医治疗
53	精索静脉曲张	I86.101	精索静脉高位结扎术	63.1x01
54	社区获得性肺炎	J15.902/J15.903	内科住院常规治疗	非手术
55	支气管肺炎	J18.0	内科住院常规治疗	非手术
56	慢性鼻窦炎	J32	经鼻内镜鼻窦切开术	22.5
57	鼻息肉	J33	鼻镜下鼻息肉切除术	21.3102
58	鼻中隔偏曲	J34.2	鼻中隔矫正术＋下鼻甲切除术	21.5＋21.6902
59	慢性扁桃体炎	J35.0	扁桃体切除术	28.2/28.3
60	扁桃体肥大伴有腺体样肥大	J35.3	扁桃体伴腺体样切除术	28.3x01
61	声带和喉的息肉	J38.1	声带喉肿物切除术	30.0901/30.0902
			喉镜下声带喉肿物切除术	30.0905/30.0911
62	自发性气胸	J93.0/J93.1	胸腔闭式引流术	34.0401
63	纵膈囊肿	J98.505	胸腔镜下纵膈病损切除术	34.3x04
64	胃十二指肠溃疡	K25/K26/K27	远端胃大部切除伴胃十二指肠吻合术	43.6x01/43.6x02
			胃迷走神经干切断术	44.0100/44.0001
65	胃息肉	K31.703	内镜下胃息肉切除术	43.4105
66	急性阑尾炎	K35	阑尾切除术	47.0901
67	慢性阑尾炎	K36.x02	阑尾切除术	47.0901
68	腹股沟疝	K40	腹股沟疝单侧修补术	53.0000
			腹股沟疝双侧修补术	53.1000
			单侧疝囊高位结扎术	53.0202
			双侧疝囊高位结扎术	53.1202
69	肠梗阻	K56.7	行肠粘连松解术、小肠部分切除吻合术、肠短路吻合术、肠外置术、结肠造口术	54.59/45.62/45.91/46.01/46.10

续表

序号	病种名称	疾病代码	主要操作/治疗方式	手术代码
70	肛裂	K60.2	肛裂切除术＋肛门内括约肌切开术	49.3901＋49.5901
71	肛瘘	K60.3	肛瘘切除术	49.1200
			肛瘘切开挂线术	49.7301
72	肛瘘	K60.3	高位复杂肛瘘挂线治疗	中医治疗
73	肛周脓肿	K61.001	直肠周围脓肿切开引流术	48.8101
74	肛周脓肿	K61.001	肛周脓肿一次性根治术	中医治疗
75	直肠息肉	K62.1	内镜下直肠息肉切除术	48.36
76	直肠脱垂	K62.3	经肛门直肠脱垂手术	48.76
77	结肠息肉	K63.5	内镜下结肠息肉切除术	45.4201
78	肝囊肿	K76.807	经腹腔镜囊肿开窗术	50.0x03
79	胆囊结石	K80.2	胆囊切除术	51.22
80	胆石症	K80	胆囊切除术＋胆总管切开取石术	51.22＋51.41
81	急性胆囊炎	K81.0	胆囊切除术	51.22
82	慢性胆囊炎	K81.1	胆囊切除术	51.22
83	胆囊息肉	K82.802	胆囊切除术	51.22
84	类风湿性关节炎	M06.9	全膝关节置换术	81.54
85	重度膝关节骨关节炎	M17	全膝关节置换术	81.54
86	脊髓型颈椎病	M47.101	颈前路减压植骨固定术	81.02
			颈后路减压植骨固定术	81.03
			颈前后联合入路减压植骨固定术	81.02＋81.03
87	腰椎间盘突出症	M51.202	腰椎髓核摘除术	80.5109
			腰椎间盘切除术	80.5107
88	腱鞘囊肿	M67.4	腱鞘病损切除术	83.3100
			腱鞘囊肿切除术	83.3101
89	腘窝囊肿	M71.2	腘窝囊肿切除术	83.3902
90	股骨头坏死	M87.002/M87.102/M87.203/M87.800x051	全髋关节置换术	81.5100
			人工股骨头置换术	81.5201
91	终末期肾脏病	N18.0	自体动静脉内瘘成形术	39.27
92	终末期肾脏病	N18.0	血液透析	非手术
93	慢性肾衰竭	N18.900	肾移植术	55.6901

续表

序号	病种名称	疾病代码	主要操作/治疗方式	手术代码
94	肾结石	N20.0	肾体外冲击波碎石术	98.5101
			经皮肾镜超声碎石术	55.0403
95	输尿管结石	N20.1	输尿管体外冲击波碎石术	98.5103
96	膀胱结石	N21.0	膀胱体外冲击波碎石术	98.5102
97	肾囊肿	N28.1	肾囊肿去顶术	55.0105/55.0106
98	前列腺增生	N40	经尿道前列腺射频消融术	60.9701
			经尿道前列腺气化电切术	60.2901
99	睾丸鞘膜积液	N43.301	睾丸鞘膜翻转术	61.4904
			睾丸鞘膜切除术	61.2x02
100	急性乳腺炎	N61.x05	乳房浅表脓肿切开引流术	85.0x01
			乳房深部脓肿切开引流术	85.0x02
101	前庭大腺囊肿	N75.0	前庭大腺囊肿切除术	71.2401
102	子宫内膜异位	N80	卵巢肿瘤剥除术	65.2901
103	子宫腺肌病	N80.001	子宫切除术	68.3/68.4/68.5
104	卵巢囊肿	N83.2	卵巢囊肿剥除术	65.2901/65.2501
105	子宫内膜息肉	N84.001	宫腔镜子宫内膜病损切除术	68.2915
106	子宫颈息肉	N84.1	宫腔镜宫颈管息肉切除术	67.3902
107	功能障碍性子宫出血	N93.801	子宫次全切术	68.3901
108	异位妊娠	O00	输卵管外异位妊娠清除术	74.3
			输卵管切开妊娠产物去除术	66.0100x006/66.0103
			输卵管切除伴输卵管妊娠产物去除术	66.6200/66.6201
109	自然分娩	O80	单胎顺产	非手术
110	剖宫产	O82	子宫下段剖宫产术	74.1
111	耳前瘘管	Q18.102	耳前瘘管切除术	18.2101
112	室间隔缺损	Q21.0	心室间隔缺损缝合术	35.53
			心室间隔缺损修补术	35.53/35.62/35.72
113	房间隔缺损	Q21.1	心房间隔缺损缝合术	35.52
			心房间隔缺损修补术	35.51/35.61/35.71
114	动脉导管未闭	Q25.0	经皮动脉导管未闭封堵术	39.7900x008
			动脉导管结扎术	38.8500x001
			动脉导管未闭切断缝合术	38.8500x012
115	锁骨骨折	S42.0	锁骨骨折切开复位内固定术	79.3904
			锁骨骨折切开复位术	79.2901

续表

序号	病种名称	疾病代码	主要操作/治疗方式	手术代码
116	锁骨骨折	S42.0	保守治疗、非手术治疗（含中医）	非手术
117	肱骨干骨折	S42.3	肱骨干骨折切开复位内固定术	79.3101
118	肱骨干骨折	S42.3	骨折手法整复术＋骨折夹板外固定术	中医治疗
119	尺骨干骨折	S52.2	尺骨干骨折切开复位内固定术	79.3202
120	桡骨远端骨折	S52.5	桡骨钢板内固定术	78.5301
121	闭合性桡骨远端骨折	S52.501	骨折手法整复术＋骨折夹板外固定术	中医治疗
122	掌骨骨折（单发）	S62.3	掌骨骨折切开复位内固定术	79.3302
123	股骨颈骨折	S72.0	髋关节置换术	81.5100/81.5200
			人工股骨头置换术	81.5201
			股骨颈骨折切开复位内固定术	79.3501
124	股骨粗隆间骨折	S72.1	股骨粗隆间骨折切开复位内固定术	79.3501
			股骨粗隆间骨折闭合复位内固定术	79.1500
125	股骨干骨折	S72.3	股骨干骨折切开复位内固定术	79.3501
			股骨干骨折闭合性复位术伴内固定	79.1500
126	髌骨骨折	S82.0	髌骨骨折切开复位内固定术	79.3604
127	胫骨骨干骨折	S82.2	胫骨骨折切开复位内固定术	79.3601
			胫骨骨折闭合复位内固定术	79.1601
128	踝关节骨折	S82.5/S82.6	踝关节骨折切开复位内固定术	79.3603
129	踝关节骨折	S82.5/S82.6	保守治疗、非手术治疗（含中医）	非手术
130	跟腱断裂	S86.001	跟腱修补术	83.8800x001

人力资源社会保障部办公厅关于进一步做好健全社会保险经办服务标准化体系相关工作的通知

人社厅函〔2018〕49号

各省、自治区、直辖市及新疆生产建设兵团人力资源社会保障厅（局）：

2017年12月，我部会同国家卫生计生委和国家标准委出台了《关于进一步健全社会保险经办服务标准化体系的意见》（人社部发〔2017〕104号，以下简称《意见》）。为切实做好贯彻落实工作，现就有关要求通知如下：

一、提高思想认识，全面把握《意见》的总体要求。健全社会保险经办服务标准化体系是人力资源社会保障系统贯彻落实党的十九大精神，以标准化推动社会保险经办服务转型升级的重要举措。《意见》围绕建立全国统一的社会保险公共服务平台，以提升公共服务效率、增强百姓获得感和满意度为目的，以标准制修订和贯彻实施为重点，以健全机制、夯实基础为保障，提出了健全社会保险经办服务标准化体系的工作目标、任务和措施，是当前和今后一个时期做好社会保险标准化工作的重要依据。各地要统一思想认识，高度重视《意见》的贯彻落实，坚持问题导向，扎实推进各项工作，不断提升社会保险经办服务标准化水平。

二、加强组织领导，建立高效权威的社会保险标准化统筹协调机制。各级人力资源社会保障部门要高度重视社会保险标准化工作，建立由主要领导同志为召集人，规划财务、社会保险行政及经办、信息化等单位负责同志参加的社会保险标准化统筹协调机制。要进一步明确各单位工作职责，规划财务部门主要负责统筹指导和综合协调，社会保险行政和经办机构主要负责标准的需求归集、组织制定和宣传贯彻，信息化综合管理机构主要负责技术规范制定及标准与信息系统的整合应用。以全国社保标委会作为标准制修订和宣传贯彻的技术服务平台，会同标准的具体使用部门共同推进标准的贯彻实施。各地要参照全国社保标委会的组织框架和运行模式，普遍建立省级社会保险标准化技术委员会，承担国家标准、行业标准宣传贯彻的技术支撑以及地方标准的组织制定和技术审查。

三、突出工作重点，加快标准制修订和实施步伐。围绕建立全国统一的社会保险公共服务平台以及异地就医结算、医保付费方式、长期护理保险等改革任务，2018年制定社会保险工作人员基本行为规范、社会保险网上经办服务指南、疾病诊断相关分组（DRGs）制定指南、住院病案首页数据采集规范、疾病诊断相关分组（DRGs）规范、疾病诊断相关分组（DRGs）权重和费率的计算规则、长期护理保险失能等级评定、基本医疗保险精算数据指标体系、职工非因公伤残或因病丧失劳动能力程度鉴定等国家标准和行业标准。各省份要于

2018年底前确立本地的社会保险标准体系，每年组织地市积极参与制修订国家标准、行业标准或地方标准3项以上。

实施标准化专项行动，推动标准的贯彻实施。到2018年底，通过实施服务流程标准化专项行动，90%以上经办机构落实《社会保险服务总则》等标准；到2019年底，通过实施服务场所标准化专项行动，85%以上经办机构落实《社会保障服务中心设施设备要求》等标准；到2020年底，通过实施风险防控标准化专项行动，全部经办机构落实《社会保险征缴稽核业务规范》等标准。专项行动的开展以省为单位，各省份制定具体的工作方案，并负责组织实施。明确各阶段工作内容，宣传发动阶段，要组织召开动员会，开展标准化专项培训，加强宣传学习，营造环境氛围；全面实施阶段，要推进重点标准的全面应用，推动标准实施向所属基层单位延伸，并强化档案管理，加强标准实施监督检查；总结整改阶段，要对专项行动实施情况进行综合评价，撰写评价书面报告，并提出完善标准化工作的意见。

四、强化基础保障和督导检查，确保各项任务取得实效。加大经费支持力度，将社会保险标准化工作经费列入年度经费预算，建立多元化资金筹集机制，并积极争取编制、发展改革、财政等部门支持，妥善解决标准化人才短缺、经费保障不足等问题。加大专业培训力度，支持开展在职教育、脱产培训等，部里每年至少组织一次标准化专业培训，各地每年组织培训标准化专业人才不少于30人次。推进督导检查常态化，建立社会保险标准化工作日常调度机制和通报制度，并结合年度重点工作，适时调整调度指标和内容。各地每年度末对贯彻落实《意见》情况进行集中检查，并撰写自查报告。部里在各省自查的基础上对部分重点城市进行抽查，相关工作开展情况纳入年度绩效评估。各地要制定贯彻落实《意见》的具体方案，明确负责人和联络人员，方案及负责人、联络人员名单于2018年3月底前报部社保中心。

2018年2月11日

人力资源社会保障部办公厅关于加强2018—2020年工伤保险普法宣传工作的通知

人社厅函〔2018〕165号

各省、自治区、直辖市及新疆生产建设兵团人力资源社会保障厅（局）：

为进一步谋划好新时期工伤保险普法宣传工作，不断提高工伤保险政策知晓度，保障广大职工工伤保险权益，在全社会营造良好的工伤保险宣传氛围，现就做好2018—2020年工伤保险普法宣传工作通知如下：

一、指导思想

全面学习贯彻党的十九大精神，以习近平新时代中国特色社会主义思想为指导，围绕十九大报告提出的“完善工伤保险制度”这条主线，牢牢把握新时代工伤保险工作的新形势新任务新要求，突出宣传重点，明确主要任务，不断增强工伤保险政策法规宣传的政治性、权威性和可读性，科学、准确、清晰地宣传工伤保险政策法规；充分落实“谁执法谁普法”“谁服务谁普法”的宣传主体责任，进一步增强广大用人单位和职工的知法、懂法、守法、用法意识，为切实保障广大职工工伤保险权益、提升工伤保险政策法规知晓度、推动工伤保险事业改革发展提供强有力的舆论支持。

二、宣传重点

（一）宣传习近平总书记关于人力资源社会保障工作尤其是社会保障工作的重要讲话、重要批示指示精神，宣传党中央、国务院关于工伤保险工作的重大决策部署，宣传部党组关于工伤保险工作的重要安排。

（二）宣传工伤保险政策法规、工作动态和典型案例，宣传各地工伤保险工作经验、先进做法和有益尝试，宣传工伤预防、工伤康复和职业健康知识。

（三）宣传工伤保险精准扶贫和工伤保险窗口单位作风建设的好经验、好做法。

（四）宣传工伤保险工作先进事迹、先进人物，宣传工伤职工自强不息、顽强向上的感人事迹。

三、主要任务

（一）开展工伤保险主题集中宣传活动。每年结合重点工作明确宣传主题，联合有关单位在全国范围内开展工伤保险主题活动，鼓励各地强化政策法规宣传，形成上下联动的工伤保险宣传新态势。

（二）强化“中国工伤保险”微信公众号功能。拓展微信公众号组织架构，加载工伤保险法律法规和政策解读服务及信息检索功能，增强微信公众号内容的权威性、服务性和可读性，各地要积极向公众号投稿，转载相关信息。

（三）推行“互联网＋工伤预防”。大力推进普法宣传与工伤预防工作有机结合，鼓励各地打造工伤预防App、线上安全技能宣传培训平台等“互联网＋”平台，鼓励相关机构、院校开设工伤预防宣传培训在线课程，引导职工积极参与在线宣传培训学习，着力解决工伤和安全生产事故中违规违章操作突出的问题。

（四）开展“漫话《工伤保险条例》”微动漫展播活动。每周一、四在人力资源社会保障部官方微信播放80集“漫话《工伤保险条例》”微动漫，全面解读《工伤保险条例》，各地要在各类平台积极转播，以适当方式将微动漫送基层、送企业、送职工。

（五）设计推广工伤保险卡通动漫形象。在全国范围内组织开展工伤保险卡通动漫形象设计征集活动，制作推广卡通动漫形象衍生品，打造工伤保险宣传形象特色品牌，在全国范围内形成统一的工伤保险宣传标识。

（六）拍摄投放工伤保险公益广告。在全国范围内组织推选工伤保险公益形象大使，与有关地方、有关宣传单位合作拍摄投放工伤保险公益广告，进一步提升工伤保险的社会影响力。

（七）搭建工伤保险宣传“中央新闻厨房”。以《中国劳动保障报》“工伤保险专版”为基础，建立工伤保险多渠道新闻采集、多途径新闻发布的新闻传播平台，打造工伤保险网络宣传矩阵，推进部省市工伤保险宣传联动、舆情联处、资源共享，形成工伤保险上下协同的宣传格局。

（八）完善网站信息发布机制。依托人力资源社会保障部门户网站升级，全面改版工伤保险司子网站，推动信息发布常态化、规范化。各地要统筹规划，建立完善、规范的工伤保险信息发布平台。

（九）组织制作工伤保险宣传资料。围绕群众耳熟能详的语言、喜闻乐见的形式，制作面向企业和广大群众通俗易懂的口袋书、宣传册、彩色挂图等工伤保险宣传材料，供各地在推进普法宣传中使用。

（十）组织编写工伤保险培训教材。围绕社会保险法、《工伤保险条例》等法律法规，突出工作特色，编写权威规范、指导性强的系统干部培训教材，供各地在推进普法培训中使用，提升普法宣传水平。

四、工作要求

（一）围绕中心，服务大局。各地要全面落实部党组关于普法宣传工作的决策部署，服务人力资源社会保障事业发展大局。坚持工伤保险普法宣传工作围绕中心业务工作开展，把工伤保险政策法规讲清楚、说明白，做到中心工作推进到哪里，普法宣传工作跟进到哪里。

（二）高度重视，加强领导。各地要把工伤保险普法宣传工作摆到重要位置，每年专题研究分析普法宣传工作，每季度专门研究热点舆情工作，建立长效宣传机制。与有关单位加强合作，借助安全生产月、职业病防治法宣传周、“谁执法谁普法”活动等契机，开展政策法规宣传活动，加强全系统上下联动，形成普法宣传工作合力。

（三）研判形势，引导舆情。各地要建立舆情交流研判机制，构建工伤保险舆情风险应急机制，及时收集舆情、分析研判、分类处置，对重大舆情风险及时主动报告，及时引导舆情回归理性、回归法制，打好普法宣传工作的主动仗。

（四）强化队伍，及时报送。各地要进一步加强工伤保险宣传队伍建设，将普法宣传培训作为工伤保险政策培训的重要内容之一。打造省、市、县多层次宣传工作人员交流平台，建立一支了解工伤法规、熟谙传播规律、善于策划运作的宣传队伍。各地在普法宣传中的好经验、好做法、典型案例、先进事迹、先进人物请及时报送部工伤保险司。

2018年6月27日

人力资源社会保障部办公厅关于为香港澳门台湾居民在内地（大陆）提供就业创业服务的通知

人社厅函〔2018〕170 号

各省、自治区、直辖市人力资源社会保障厅（局）：

为深入贯彻落实党的十九大精神和习近平总书记关于便利香港、澳门居民在内地发展和深化两岸经济文化交流合作的重要指示精神，便利香港、澳门居民和台湾居民（以下简称港澳台人员）在内地（大陆）就业创业，现就有关事项通知如下：

一、各地要将在内地（大陆）求职、工作的港澳台人员纳入基本公共就业创业服务的对象范围，为有在内地（大陆）就业创业意愿的人员提供政策咨询、职业介绍、开业指导、创业孵化等服务。

二、各地要在今年年底前完成对公共就业创业服务系统的改造升级，支持港澳台人员使用港澳居民来往内地通行证、台湾居民来往大陆通行证等有效证件注册登录，提供求职招聘等服务。

三、各地要结合开展人力资源市场日常监管、年度报告公示、人力资源服务行政许可和备案等工作，抓紧推动人力资源服务机构做好在线招聘业务信息系统升级工作，支持港澳台人员注册登录和求职应聘。

四、各地要支持港澳台人员申领、使用社会保障卡，与持卡人员基础信息库对接，实现信息共享，为他们办理人力资源社会保障业务提供基础依托。

各地鼓励港澳台人员在内地（大陆）就业创业的服务措施以及工作中遇到的新情况、新问题，及时报送我司。

2018 年 7 月 4 日

人力资源社会保障部办公厅关于做好《港澳台居民居住证申领发放办法》贯彻实施工作的通知

人社厅函〔2018〕218号

各省、自治区、直辖市及新疆生产建设兵团人力资源社会保障厅（局），部属各单位：

为贯彻落实《港澳台居民居住证申领发放办法》（国办发〔2018〕81号），确保港澳台居民在居住地依法享受与内地（大陆）居民基本相同的权利、公共服务和便利，现就人力资源社会保障领域做好贯彻落实工作通知如下：

一、自2018年9月1日起，凡持有港澳台居民居住证的港澳台居民，可在居住地依法享有劳动就业、参加社会保险的权利，享受当地政府提供的基本公共就业服务和在居住地报名参加职业资格考试、申请授予职业资格的便利。

二、港澳台居民居住证与港澳居民来往内地通行证和台湾居民来往大陆通行证在办理人力资源社会保障各项业务时均为有效证件。

三、各地人力资源社会保障部门及部属各单位应在9月1日前加快完成相关信息系统及证件阅读机具等设备设施的升级改造工作，支持港澳台居民居住证、港澳居民来往内地通行证和台湾居民来往大陆通行证在业务经办和公共服务过程中的正常使用。尚未完成系统升级改造的地区和部门，应为持相关证件的港澳台居民设立绿色通道，提供人工服务。系统升级改造需在2018年12月底前全面完成。

四、本通知自下发之日起施行，此前有关港澳台居民在内地（大陆）享受人力资源社会保障领域相关待遇的规定和做法与本通知不一致的，以本通知为准。

2018年8月22日

人力资源社会保障部办公厅关于贯彻落实国务院常务会议精神切实做好稳定社保费征收工作的紧急通知

人社厅函〔2018〕246号

各省、自治区、直辖市及新疆生产建设兵团人力资源社会保障厅（局）：

为深入贯彻落实2018年9月6日和9月18日国务院常务会议关于社保费征收体制改革的有关精神，确保征收体制改革平稳有序推进，维护经济社会发展稳定大局，现就稳定社保费征收工作有关事项紧急通知如下：

一、充分认识稳定社保费征收工作的重要意义。社保费征收既关系到社会保障事业健康发展和参保人员切身利益，同时也影响到参保单位特别是参保企业的生产经营和长远发展，社会关注度极高，在当前复杂形势下，进一步激发市场主体活力，稳定社会预期尤为重要。各地人社部门要切实提高政治站位，把思想和行动统一到党中央和国务院有关精神上来，把稳定征收作为当前社保工作的首要政治任务，不折不扣全力抓好落实。

二、严格执行现行各项社保费征收政策。党中央作出的将基本养老保险费、基本医疗保险费、失业保险费等各项社会保险费交由税务部门统一征收的决定，只是征收主体的变更，并未调整现行社保费征收政策。当前，我部正根据国务院要求，会同相关部门抓紧开展测算分析，提出适当降低单位社保缴费比例、确保总体上不增加企业缴费负担的具体政策措施。在社保征收机构改革到位前，各地现行的社保缴费基数、费率等相关征收政策，要一律保持不变。

三、严禁自行组织对企业历史欠费进行集中清缴。目前，仍承担社保费征缴和清欠职能职责的地区，要稳妥处理好历史欠费问题，严禁自行对企业历史欠费进行集中清缴。已经开展集中清缴的，要立即纠正，并妥善做好后续工作。

四、积极做好征收体制改革相关准备工作。各地人社部门及社保经办机构要与税务等部门加强协作，抓紧开发建设信息共享平台，要梳理问题清单，逐一拟订实施解决方案，确保机构改革到位后，能记好账、记准数，各项业务正常运转，参保人权益得到切实保障。改革过程中，各级社保经办机构要依法履职尽责，始终做好参保登记、会计核算、统计调查、基金预决算等各项业务工作，确保工作不断档、不缺位。

五、加强督促检查，确保党中央国务院要求落实到位。各地人社部门要立即组织开展一次全面排查，发现问题及时整改。下一步，部里将按照国务院要求，联合相关部门对各地落实情况进行重点督查，对违反规定的将严肃处理。

各地排查情况及工作中发现的新情况和新问题，请及时向我部报告。

2018年9月21日

（三）联合发文

国家发展改革委 教育部 科技部 工业和信息化部 公安部 民政部 财政部 人力资源社会保障部 自然资源部 住房城乡建设部 交通运输部 农业农村部 商务部 人民银行 市场监管总局 国家统计局 全国总工会关于大力发展实体经济积极稳定和促进就业的指导意见

发改就业〔2018〕1008号

各省、自治区、直辖市发展改革委、教育厅(委)、科技厅(委)、工业和信息化(中小企业)主管部门、公安厅(局)、民政厅(局)、财政厅(局)、人力资源社会保障厅(局)、自然资源主管部门、住房城乡建设厅(委)、交通运输厅(委)、农业(农牧、农村经济)厅(局、委)、商务主管部门、工商行政管理局(市场监督管理部门)、统计局、总工会,中国人民银行上海总部、各分行、营业管理部、省会(首府)城市中心支行,国家统计局各调查总队:

就业是最大的民生,也是经济发展最基本的支撑。近年来,各地区、各部门深入实施就业优先战略和积极就业政策,不断加强和改善以就业为底线的宏观调控,就业形势总体平稳、稳中向好。但同时也要看到,当前和今后一段时期,受产业结构转型升级以及国际国内各种不确定不稳定因素的影响,结构性就业矛盾依然存在。为此,要深入贯彻落实习近平新时代中国特色社会主义思想和党的十九大精神,按照中央经济工作会议和《政府工作报告》部署,加快建设实体经济与人力资源协同发展的产业体系,大力发展实体经济,着力稳定和促进就业,更好保障和改善民生。现就有关工作提出如下意见。

一、发展壮大新动能,创造更多高质量就业岗位

统筹推进发展新动能和劳动力供给侧改革工作。围绕提高供给体系质量、建设现代化经济体系等重大任务,调整优化高校学科专业结构,进一步深化产教融合、校企合作,在做大做强新动能中,创造更多适合高校毕业生和高技能人才的高质量就业岗位。实施数字技能提升专项培训，将数字经济相关职业纳入就业技能培训和高技能人才培训补贴范围，加大教育信息化基础设施和数字人才教育资源建设投入力度，创建一批数字人才培养示范机构。加快制定服务标准和规范，全面加强家政服务、养老服务从业人员和相关企业社会信用体系建设。大力发展“互联网＋”家政服务、养老服务，培育一批领军企业，创造更多高质量家政养老就业岗位。鼓励更多职业院校（含技工院校）开设家政服务、养老服务相关专业，培养更多家政服务、养老服务人才。规范家政养老从业人员劳动用工关系，推进依法参加社会保险，切实保护从业人员合法权益，开发更多生活性服务业就业岗位。强化政策指引和分类指导，创新监管方式，加强行业自律，大力发展平台经济、众包经济、共享经济等新业态新模式，保障从业人员劳动权益，充分释放新动能带动就业效应。

二、促进传统产业转型升级，引导劳动者转岗提质就业

同步推进传统产业升级和职工技能提升、岗位转换，围绕传统制造业向智能化、绿色化、高端化、服务化发展的人才需求，引导和支持企业完善职工技能培训制度。大力开展岗前培训、职工岗位技能培训和高技能人才培训，强化订单培训、定向培训、定岗培训，改进技术工人技能评价方式，支持企业通过项目工资、协议工资以及股权、期权、分红等方式强化薪酬激励，促进劳动者转岗提质就业。适应制造业智能化、服务化发展趋势，鼓励制造企业积极发展服务型制造，加快生产方式、组织形式、管理方式和商业模式创新变革，支持发展产品研发设计、系统总承包、整体解决方案设计等高端服务和远程维护、质量诊断等在线增值服务，不断延伸产业链条，开发更多研发、维保、控制等服务型就业机会，引导职工有序转换就业岗位。结合区域发展战略实施，引导东部地区劳动密集型产业向中西部和东北地区有序转移，优化就业空间结构。

三、深入推进创新创业，催生吸纳就业新市场主体

全面落实创新创业扶持政策，加快推进网上审批，深化商事制度改革，进一步降低市场准入门槛和制度性交易成本，不断激发市场活力，催生更多吸纳就业新市场主体。加快建立以企业为主体、市场为导向、产学研深度融合的技术创新体系，依托互联网、大数据等平台，加速创新创业资源开放与共享，支持各类企业创新发展。加大创业担保贷款实施力度，健全配套制度，加快各类小微企业创业创新基地建设，培育更多中小微企业，增强就业带动能力。深化创新创业教育，加强创业培训，做强做优创业孵化平台，不断激发各类群体创新创业活力。

四、加快农业供给侧结构性改革，培育新型农业经营主体和新型职业农民

全面启动实施新型农业经营主体和新型职业农民培育工程，深入推进新型农业经营主体带头人轮训和农村实用人才带头人培训计划。实施农产品加工业提升行动和农村一二三产业融合发展推动行动，建设一批加工园区和一批农村产业融合发展示范园、先导区，发展壮大吸纳农民就业的新市场主体。鼓励支持各类市场主体创新发展基于互联网的新型农业产业模式，加快培育专业大户、家庭农场、农民合作社、农业企业等新型农业经营主体，扩大职业农民就业规模。

五、支持返乡下乡创业，拓宽农村劳动力转移就业渠道

大力实施乡村振兴战略，加快实施乡村促进就业创业行动，鼓励各类人才返乡下乡就业创业。鼓励开发性、政策性金融机构在业务范围内，对农村“双创”园区（基地）和公共服务平台等项目提供信贷支持，以返乡下乡人才流带动资金、信息等更多要素回流，加快培育返乡创业特色产业集群，大力发展吸纳就业能力强的产业，结合新型城镇化合理引导产业梯度转移，发展壮大县域经济，推动乡村振兴，不断拓宽农村劳动力就业创业空间。统筹发挥各类创业引导资金作用，拓宽股权投资、债券市场融资等直接融资渠道，优先保障返乡下乡创业用地，加强农村道路、信息和物流等基础设施网络建设，不断优化创业环境，推动返乡下乡创业主体做大做强。整合市场资源，加快建设集渠道、平台、金融服务等于一体的返乡创业电子商务生态链和生态圈，积极发展农村电商等新业态新模式，加快输出地资源优势向经济优势转化步伐，培育更多就业创业机会。

六、推动新型城镇化高质量发展，扩大就地就近就业规模

加快农业转移人口市民化，推进城镇基本公共服务常住人口全覆盖，补齐基础设施、公共服务等短板，不断增强城镇聚集产业、吸纳就业能力。培育建设若干同城效应明显、一体化程度高的都市圈，推动要素自由顺畅流动、基础设施建设联通和公共服务共享，发挥城市要素禀赋比较优势，促进优势互补和特色化、差异化发展，释放区域发展潜力，增强吸纳就业能力。实施推动高质量发展、创造高品质生活的城市“双高”工程，改造提升老旧小区和工业区，推进城中村、城边村、村级工业园等土地整治入市，合理布局养老、家政、教育培训、托幼等便民服务设施，创造更多劳动密集型就业机会。推动重点镇等有潜力的乡镇加快发展，实施特色小镇高质量发展工程，做大做强产业支撑，实现产镇融合、镇村融合，提升服务能力，促进农业转移人口就地就近城镇化。支持引导社会资本发展城乡融合典型项目，促进城乡要素资源跨界配置与产业发展有机融合，带动劳动者就地就近就业。

七、推进高水平对外开放，稳定和促进外向型就业

积极引导外资更多投向中西部和东北地区，支持承接产业转移示范区建设，发展壮大外向型产业集群，带动更多就业。扩大服务业对外开放，鼓励文化、旅游、教育、建筑、中医药、设计研发等服务出口，促进服务外包加快转型升级，合理布局一批吸纳就业能力强的客服中心和支持中心等服务企业，推动服务贸易创新发展，创造更多外向型就业岗位。稳定机电、高新技术和劳动密集型产品出口，提升出口产品附加值，引导加工贸易转型升级，确保外贸领域就业稳定。全面实施准入前国民待遇加负面清单管理制度，简化外商投资相关程序，保护外商投资合法权益，更好发挥外资企业拉动就业的积极作用。加强对境外投资合作引导，健全对外投资合作服务保障体系，鼓励支持企业开展对外投资合作，创造更多外向型就业机会，同时注意吸纳被投资国本地就业，促进互利合作共赢。

八、健全联动机制，提高职业技能培训基础能力

建立技能培训与产业需求变化联动预警机制、培训课程动态调整机制、资金投入与培训效果评估挂钩机制，创新培训模式，促进培训资源优化配置，实现技能培训与产业发展、市场需求协调联动，加快培养适应市场用工变化的技能型劳动者队伍。整合职业院校和企业实训资源，加大实操比重，加强公共实训基地建设，提高职业技能实训能力，培养更多符合产业发展需求的实用人才。深入实施高技能人才振兴计划，充分发挥大国工匠等高技能人才传帮带作用，加强复合型人才培养。

九、加强统筹施策，加大援企稳岗力度

加快推进养老保险全国统筹、划转部分国有资本充实社保基金，做好阶段性降低社会保险费率工作，延长阶段性降低住房公积金缴存比例实施期限，进一步降低企业用工成本。对符合产业升级方向、产品技术较为先进，但受国际国内不确定不稳定因素影响遇到暂时性困难的企业，采取有效措施不裁员或少裁员的，继续实施援企稳岗护航行动，鼓励企业尽力稳定现有就业岗位。引导企业按照“保岗位、保生活、保稳定”的原则，就调整劳动报酬、工作时间等涉及职工权益的事项与职工开展集体协商，并将协商内容经职工代表大会或全体职工讨论通过，保障职工生活。

十、提高监测预警能力，强化失业风险应对

进一步完善就业失业统计调查制度，健全就业统计指标体系，更加全面地反映新经济就业情况。充分利用部门行政记录、大数据等拓宽数据来源，提高统计能力和效率。完善就业失业监测预警体系，制定风险应对预案，建立分级预警、分层响应、分类实施应对机制。紧盯关键指标和重点地区、企业、人群苗头隐患，深入细致做好矛盾纠纷预防化解工作。充分利用就业补助资金，按规定及时将因产业结构调整、国际贸易摩擦等受影响的人员纳入相关就业扶持政策和公共就业服务范围。规范公益性就业岗位开发和管理，托底安置就业困难人员和零就业家庭就业。建立健全重大政策调整就业评估机制，强化就业政策储备。

各地区、各有关部门要充分认识做好发展实体经济积极稳定和促进就业工作的重要性和紧迫性，切实加强组织领导，细化、实化本意见各项政策措施，确保各项工作任务落到实处。

附件：各部门任务分工方案（略）

2018 年 7 月 10 日

国家发展改革委　教育部　科技部　工业和信息化部　财政部　人力资源社会保障部　农业农村部　审计署　市场监管总局　银保监会　全国总工会关于提升公共职业技能培训基础能力的指导意见

发改就业〔2018〕1433号

各省、自治区、直辖市发展改革委、教育厅（委）、科技厅（委）、工业和信息化（中小企业）主管部门、财政厅（局）、人力资源社会保障厅（局）、农业（农牧、农村经济）厅（局、委）、审计厅（局）、工商局（市场监管部门）、银监局、总工会：

当前和今后一段时期，为推动高质量发展和建设现代化经济体系，迫切需要一支规模宏大的技能劳动者大军。近年来，职业技能培训尤其是公共实训机构提供的公共职业技能培训，在提升劳动者素质方面发挥了重要作用，但是从培训的数量和质量来看，还无法满足经济社会发展需要。为此，要深入贯彻落实习近平新时代中国特色社会主义思想和党的十九大精神，根据《国务院关于推行终身职业技能培训制度的意见》（国发〔2018〕11号）部署要求，加快提升我国公共职业技能培训基础能力，不断完善公共职业技能培训体系，大规模开展职业技能培训，为促进制造业高质量发展和经济转型升级提供技能人才支撑。现就有关工作提出如下意见。

一、主要目标

力争到2025年，形成覆盖全国、布局合理、定位明确、功能完善、信息联通、资源共享，能够基本满足实现高质量发展和建设现代化经济体系对技能人才需求的公共职业技能培训基础能力体系，实现培训渠道广泛、培训主体多元、培训信息联通、培训方式丰富、培训管理规范，有效对接职业技能培训供需，基本满足劳动者职业技能培训需要，努力培养造就规模宏大的高技能人才队伍和高素质劳动者。

二、加强公共职业技能培训基础平台建设

（一）推进公共职业技能培训基础平台建设。公共职业技能培训基础平台以公共实训机构为主体，包括公共实训基地、职工职业技能实训基地、职业农民培育基地、创业孵化基地、高技能人才培训基地等。鼓励各地结合主体功能定位、区域产业分布和培训对象数量等实际情况，编制公共职业技能培训基础平台建设规划，构建层级合理、定位清楚、布局科学

的建设体系。（国家发展改革委、人力资源社会保障部、农业农村部、全国总工会等按职责分工负责。列第一位者为牵头单位，下同）

三、提高培训就业信息共享能力

（二）积极构建培训和就业良性互动机制。加强职业技能培训与就业衔接，在公共职业技能培训基础平台上开展的培训内容，应与当地人力资源市场就业需求信息充分对接，按当地人力资源市场职业供求状况和产业发展需求设立培训项目。鼓励用人单位与公共职业技能培训基础平台开展定向培训、订单培训、岗前培训等多种形式合作，积极建立劳动用工和技能实训紧密结合、无缝对接的联动机制。加强劳动者职业指导和职业生涯规划，鼓励引导劳动者按市场需求状况和自身职业发展需求自主选择培训项目，提高劳动者进行技能实训后的就业质量，有效缓解人力资源市场供求结构性矛盾。（人力资源社会保障部、国家发展改革委、农业农村部、全国总工会等按职责分工负责）

（三）加强基层就业和社会保障服务平台信息共享。鼓励各地根据实际在基层就业和社会保障服务平台上综合经办就业、社会保险、劳动监察、调解仲裁等人力资源和社会保障公共服务业务。围绕“互联网＋”行动计划，通过信息化建设推动基层就业和社会保障服务设施实现信息互通共享，为劳动者提供统一高效的人力资源社会保障公共服务。（人力资源社会保障部、国家发展改革委等按职责分工负责）

四、创新数字职业技能培训体系

（四）完善数字职业技能培训顶层设计。加强数字化基础设施建设，分步试点、分类推进。推动建立数字职业培训标准体系，使接受培训的劳动者能够获得社会普遍认可，提高就业质量。（人力资源社会保障部、国家发展改革委、工业和信息化部、市场监管总局等按职责分工负责）

（五）积极打造数字职业技能培训公共服务平台。结合国家“金保工程”二期和全国产业工人网络学习平台等公共服务平台，依托各地公共职业技能培训基础平台，积极引导整合大企业、高等学校、职业院校、社会培训机构的数字职业培训资源，推动职业技能培训服务向移动智能终端、自助终端等延伸，提高职业技能培训便利度和可及性。推动虚拟现实（VR）、增强现实（AR）和人工智能（AI）等新技术在职业技能培训领域的应用。（人力资源社会保障部、国家发展改革委、教育部、科技部、工业和信息化部、农业农村部、全国总工会等按职责分工负责）

五、提高职业技能培训水平

（六）加强公共职业技能培训教学资源建设。紧跟新技术、新职业发展变化，建立职业分类动态调整机制，加快职业标准开发工作。建立国家基本职业培训包制度，促进职业技能培训规范化发展。紧密结合战略性新兴产业、先进制造业、现代服务业、现代农业等发展需求，发挥院校、行业企业作用，加强职业技能培训教材开发，积极开发数字培训课程，提高教材质量，丰富教材内容，规范教材使用。（人力资源社会保障部、教育部、工业和信息化部、农业农村部等按职责分工负责）

（七）加强公共职业技能培训师资队伍建设。依托有条件的大中型企业和职业院校开展师资技能提升培训，加快培养既能讲授专业知识又能传授操作技能的师资队伍。实行专兼职教师制度，建立和完善培训教师在职培训和到企业实践制度。（人力资源社会保障部、教育部等按职责分工负责）

六、构建多元化投入机制

（八）加强公共职业技能培训投入。中央投资继续对符合条件的公共实训基地建设项目予以补助，鼓励各地建立试点，积极探索多渠道融资，吸引各类社会资本参与公共实训基地建设。积极探索从技能人才队伍建设经费、企业职工教育统筹经费、社会捐助赞助等多种渠道筹措资金。指导各地落实好职业培训补贴、技能提升补贴等政策，充分发挥就业补助资金和失业保险基金支持职业技能培训的作用。加大政府购买职业技能培训服务力度。（国家发展改革委、财政部、人力资源社会保障部、银保监会等按职责分工负责）

（九）探索公共职业技能培训基础平台与企业合作。明确公共实训基地等公共职业技能培训基础平台的公益性属性，各地在建设时可按国家有关规定减免相关收费。企业人员参加职业技能培训，日常管理、基本耗材所需费用由平台承担，主要耗材、学员费用、实训指导教师费用由企业承担，相关单位可按规定申请职业培训补贴。（人力资源社会保障部、国家发展改革委、财政部等按职责分工负责）

（十）鼓励公共职业技能培训基础平台间资源共享。充分利用好政府、学校和企业的现有资源，鼓励公共职业技能培训基础平台间设备设施、教学师资、课程教材等培训资源共享。鼓励地方政府整合各渠道培训资金，在公共职业技能培训基础平台统一购买职业技能培训服务。（人力资源社会保障部、国家发展改革委、教育部等按职责分工负责）

（十一）探索 PPP 模式。积极探索在职业技能培训领域运用 PPP 模式，吸引社会资本参与合作。科学制定风险分担机制，合理界定公共职业技能培训基础平台 PPP 项目中政府投资方与社会资本方的权利义务。（财政部、国家发展改革委等按职责分工负责）

七、组织实施

（十二）压实各级监管责任。各地方和相关部门要切实履行好项目建设管理责任，通过督促自查、实地调研抽查、专项稽查、网上监测、不定期检查等多种监管方式，实现“全覆盖、全过程、常态化”监管，加快推进项目建设进度，确保建设资金合规有效使用和发挥预期效果。地方开展项目建设要符合本地区财政承受能力和政府投资能力，不能造成地方政府隐性债务。（国家发展改革委、财政部、人力资源社会保障部、银保监会、审计署等按职责分工负责）

（十三）完善公共职业技能培训考核监督机制。进一步强化以就业为导向的公共职业技能培训成果验收标准和绩效考核标准，建立以培训合格率、就业创业成功率为重点的培训绩效评估体系，发挥工会监督作用，对培训机构、培训过程进行全方位监管。（人力资源社会保障部、国家发展改革委、全国总工会等按职责分工负责）

（十四）加强舆论宣传指导。加强开展公共职业技能培训基础能力建设的政策宣传，提升社会影响力和政策知晓度。积极开展展示交流，组织开展好区域间的合作交流。加强信息公开，及时发布各地建设动态，积极回应劳动者的培训需求，营造良好的社会氛围。（人力资源社会保障部、国家发展改革委、全国总工会等按职责分工负责）

2018 年 9 月 30 日

国家发展改革委　教育部
人力资源社会保障部　国家开发银行
关于印发加强实训基地建设组合
投融资支持的实施方案的通知

发改社会〔2018〕1464 号

各省、自治区、直辖市及计划单列市、新疆生产建设兵团发展改革委、教育厅（教委）、人力资源社会保障厅（局），国家开发银行各分行：

为贯彻落实党中央、国务院关于加快发展现代职业教育，推行终身职业技能培训制度的决策部署，抓实抓好实训基地建设这一技术技能人才培养的关键环节，加快建设实体经济、科技创新、现代金融、人力资源协同发展的产业体系，国家发展改革委、教育部、人力资源社会保障部、国家开发银行共同制定了《关于加强实训基地建设组合投融资支持的实施方案》，现印发给你们，请结合实际，认真贯彻执行。

附件：关于加强实训基地建设组合投融资支持的实施方案

2018 年 10 月 10 日

附件

关于加强实训基地建设组合投融资支持的实施方案

实训基地建设是加强技术技能人才培养的关键环节。为贯彻落实党中央、国务院关于加快发展现代职业教育，推行终身职业技能培训制度的决策部署，深化产教融合、校企合作，加快建设实体经济、科技创新、现代金融、人力资源协同发展的产业体系，国家发展改革委、教育部、人力资源社会保障部、国家开发银行围绕加强实训基地建设组合投融资支持，制定本实施方案。

一、总体要求

坚持以习近平新时代中国特色社会主义思想为指导，深入贯彻落实党的十九大报告关于“完善职业教育和培训体系，深化产教融合、校企合作”的重要决策部署，紧扣实训基地特别是生产性实训基地建设关键环节，聚焦产教融合实训基地和公共实训基地两个重点，利用“补贷债”组合模式，坚持政策统筹、资源共建、开放共享，综合运用中央预算内投资、地方财政投入、开发性金融、债券融资和吸引社会资本等手段，多措并举拓宽投融资渠道，引导地方政府、行业企业与职业学校、高等学校全面加强合作，大力加强实训平台载体建设，切实提升技术技能人才实训能力。

二、建设任务

（一）产教融合实训基地（院校主导建设）。支持职业学校（含技工院校）加强支撑基本教学型技能实训基地建设；支持职业学校以PPP（政府与社会资本合作）或校企合作模式建设生产性实训基地或兼具生产、教学功能的专业化实训基地；支持依托职业学校建设区域性、行业性开放实训中心，突出模块化实训特色，推动职业教育东西协作，服务脱贫攻坚和就业创业；支持应用型本科高校加强专业技术实习实训基地建设，依托实训基地向全社会劳动者提供多种形式的继续教育；支持职业学校建设世界技能大赛实训基地。

（二）产教融合实训基地（企业主导建设）。支持国有企业、民营企业联合职业学校、高等学校，面向产业转型升级急需的重大技术技能需求，加强校企合作，以企业为主导建设服务自身员工培训和职业学校、高等学校学生生产性实习的高水平、专业化实训基地。

（三）公共实训基地（政府主导建设）。支持地方政府主导建设、面向城乡各类劳动者以及职业学校、职业培训机构、企业等提供技能训练、技能竞赛、技能鉴定、创业孵化、师资培训、课程研发等服务的公共性、公益性、综合性的职业技能实训场所。

三、支持政策

（一）投资补助政策。国家发展改革委调整和优化投资结构，通过组织实施教育现代化推进工程等专项，加大中央预算内投资对实训基地建设项目支持力度。其中，支持职业教育和应用型本科建设的中央预算内投资应重点用于产教融合实训基地建设项目，具体办法按“十三五”教育现代化推进工程实施方案和中央预算内投资项目管理办法等有关规定执行；公共实训基地建设项目，按公共实训基地中央预算内投资专项管理办法等有关规定执行。建立中央预算内投资分配奖励机制，对项目带动性强、开工率高、建设成效明显的省份予以倾斜支持。结合开展产教融合建设试点，鼓励试点城市统筹规划，编制实施产教融合实训基地项目建设方案。建立部省共建试验区的省份，要将实训基地建设作为推进职业教育改革发展的重要任务。省级政府分解落实年度中央预算内投资计划，加大对试点城市的倾斜支持。鼓励制造业企业为新增先进产能和新上技术改造项目，配套建设产教融合实训基地，纳入相应政府投资项目支持范围。

（二）信贷融资政策。充分发挥开发性金融在重点领域、薄弱环节的金融支持引导作用，将支持实训基地建设作为深化产教融合的重点领域。鼓励各地方与国家开发银行加强机制合作，在确保合规、风险可控的前提下，通过构建校企股份制或混合所有制主体，创新结构化融资模式，统筹资源“以丰补歉”等方式，支持培育一批产教融合实训基地示范建设项目。国家发展改革委统筹安排国际金融组织、外国政府贷款支持的地方教育项目，优先安排产教融合实训基地建设项目。

（三）债券融资政策。落实《国家发展改革委办公厅关于印发〈社会领域产业专项债券发行指引〉的通知》（发改办财金〔2017〕1341号），支持符合条件的发行人申请发行教育培训产业专项债券，重点用于实训基地建设项目。结合实训基地长周期投资回报特点，支持合理灵活设置债券期限、选择权及还本付息方式，鼓励发行可续期债券。鼓励发行人以第三方担保方式，或法律法规允许的出让、租赁建设用地抵质押担保方式为债券提供增信。在“加快和简化审核类”债券审核程序基础上，提供专项服务支持，进一步提高审核效率。

（四）配套政策。鼓励地方政府在职业教育支出中，向符合条件的实训基地购买技能培训服务，根据实训成本支出适度给予补助。对实训基地组织开展的职业技能培训，符合条件的，落实职业培训补贴政策。在确保国有资产安全前提下，支持符合条件的企业与职业学校深化产教融合，以股份制、混合所有制等方式创新产权制度，探索设立产权共有的实训基地（机构）。

四、组织实施

（一）建立部门协同工作机制。国家发展改革委、教育部、人力资源社会保障部、国家开发银行等建立工作协同机制，各负其责，加强对实训基地建设的政策指导、工作协调和监督检查。

（二）加强建设项目全过程管理。充分利用国家重大建设项目，做好三年滚动投资计划动态入库管理。各地要根据产业发展需求和财政实际承受能力，合理规划布局项目，避免政府隐性债务。省级发展改革部门要会同有关部门全面梳理掌握实训基地建设项目情况，做到开工一批，储备一批，谋划一批，滚动实施。要打造精品，树立典型，重点支持一批产业带动性强的示范项目。对于重大集中性投资项目，要紧密跟进，及时报国家发展改革委。通过开展自查抽查、实地调研、网上调度、项目评价等多种方式，实现项目建设常态化监管，确保建设质量和效益。

（三）加强舆论宣传引导。加强政策宣传，引导各地和企业优化投资结构，把实训基地建设作为夯实企业内生发展能力和产业核心竞争力的优先项目。加强各地信息交流共享，发掘地方首创经验，发挥示范带动作用，营造各方大力支持、积极参与实训基地建设的良好社会氛围。

教育部 国家发展改革委 工业和信息化部 财政部 人力资源社会保障部 国家税务总局关于印发《职业学校校企合作促进办法》的通知

教职成〔2018〕1号

各省、自治区、直辖市教育厅（教委）、发展改革委、工业和信息化厅（经济信息化委）、财政厅（局）、人力资源社会保障厅（局）、国家税务局、地方税务局，新疆生产建设兵团教育局、发展改革委、工信委、财政局、人力资源社会保障局，有关单位：

产教融合、校企合作是职业教育的基本办学模式，是办好职业教育的关键所在。为深入贯彻落实党的十九大精神，落实《国务院关于加快发展现代职业教育的决定》要求，完善职业教育和培训体系，深化产教融合、校企合作，教育部会同国家发展改革委、工业和信息化部、财政部、人力资源社会保障部、国家税务总局制定了《职业学校校企合作促进办法》（以下简称《办法》）。现将《办法》印发给你们，请结合本地区、本部门实际情况贯彻落实。

2018年2月5日

职业学校校企合作促进办法

第一章 总 则

第一条 为促进、规范、保障职业学校校企合作，发挥企业在实施职业教育中的重要办学主体作用，推动形成产教融合、校企合作、工学结合、知行合一的共同育人机制，建设知识型、技能型、创新型劳动者大军，完善现代职业教育制度，根据《教育法》《劳动法》《职业教育法》等有关法律法规，制定本办法。

第二条 本办法所称校企合作是指职业学校和企业通过共同育人、合作研究、共建机构、共享资源等方式实施的合作活动。

第三条 校企合作实行校企主导、政府推动、行业指导、学校企业双主体实施的合作机制。国务院相关部门和地方各级人民政府应当建立健全校企合作的促进支持政策、服务平台和保障机制。

第四条 开展校企合作应当坚持育人为本，贯彻国家教育方针，致力培养高素质劳动者和技术技能人才；坚持依法实施，遵守国家法律法规和合作协议，保障合作各方的合法权益；坚持平等自愿，调动校企双方积极性，实现共同发展。

第五条 国务院教育行政部门负责职业学校校企合作工作的综合协调和宏观管理，会同有关部门做好相关工作。

县级以上地方人民政府教育行政部门负责本行政区域内校企合作工作的统筹协调、规划指导、综合管理和服务保障；会同其他有关部门根据本办法以及地方人民政府确定的职责分工，做好本地校企合作有关工作。

行业主管部门和行业组织应当统筹、指导和推动本行业的校企合作。

第二章 合作形式

第六条 职业学校应当根据自身特点和人才培养需要，主动与具备条件的企业开展合作，积极为企业提供所需的课程、师资等资源。

企业应当依法履行实施职业教育的义务，利用资本、技术、知识、设施、设备和管理等要素参与校企合作，促进人力资源开发。

第七条 职业学校和企业可以结合实际在人才培养、技术创新、就业创业、社会服务、文化传承等方面，开展以下合作：

（一）根据就业市场需求，合作设置专业、研发专业标准，开发课程体系、教学标准以及教材、教学辅助产品，开展专业建设；

（二）合作制定人才培养或职工培训方案，实现人员互相兼职，相互为学生实习实训、教师实践、学生就业创业、员工培训、企业技术和产品研发、成果转移转化等提供支持；

（三）根据企业工作岗位需求，开展学徒制合作，联合招收学员，按照工学结合模式，实行校企双主体育人；

（四）以多种形式合作办学，合作创建并共同管理教学和科研机构，建设实习实训基地、技术工艺和产品开发中心及学生创新创业、员工培训、技能鉴定等机构；

（五）合作研发岗位规范、质量标准等；

（六）组织开展技能竞赛、产教融合型企业建设试点、优秀企业文化传承和社会服务等活动；

（七）法律法规未禁止的其他合作方式和内容。

第八条 职业学校应当制定校企合作规划，建立适应开展校企合作的教育教学组织方式和管理制度，明确相关机构和人员，改革教学内容和方式方法、健全质量评价制度，为合作企业的人力资源开发和技术升级提供支持与服务；增强服务企业特别是中小微企业的技术和产品研发的能力。

第九条 职业学校和企业开展合作，应当通过平等协商签订合作协议。合作协议应当明确规定合作的目标任务、内容形式、权利义务等必要事项，并根据合作的内容，合理确定协议履行期限，其中企业接收实习生的，合作期限应当不低于3年。

第十条 鼓励有条件的企业举办或者参与举办职业学校，设置学生实习、学徒培养、教师实践岗位；鼓励规模以上企业在职业学校设置职工培训和继续教育机构。企业职工培训和继续教育的学习成果，可以依照有关规定和办法与职业学校教育实现互认和衔接。

企业开展校企合作的情况应当纳入企业社会责任报告。

第十一条 职业学校主管部门应当会同有关部门、行业组织，鼓励和支持职业学校与相关企业以组建职业教育集团等方式，建立长期、稳定合作关系。

职业教育集团应当以章程或者多方协议等方式，约定集团成员之间合作的方式、内容以及权利义务关系等事项。

第十二条 职业学校和企业应建立校企合作的过程管理和绩效评价制度，定期对合作成效进行总结，共同解决合作中的问题，不断提高合作水平，拓展合作领域。

第三章 促进措施

第十三条 鼓励东部地区的职业学校、企业与中西部地区的职业学校、企业开展跨区校企合作，带动贫困地区、民族地区和革命老区职业教育的发展。

第十四条 地方人民政府有关部门在制定产业发展规划、产业激励政策、脱贫攻坚规划时，应当将促进企业参与校企合作、培养技术技能人才作为重要内容，加强指导、支持和服务。

第十五条 教育、人力资源社会保障部门应当会同有关部门，建立产教融合信息服务平台，指导、协助职业学校与相关企业建立合作关系。

行业主管部门和行业组织应当充分发挥作用，根据行业特点和发展需要，组织和指导企业提出校企合作意向或者规划，参与校企合作绩效评价，并提供相应支持和服务，推进校企合作。

鼓励有关部门、行业、企业共同建设互联互通的校企合作信息化平台，引导各类社会主体参与平台发展、实现信息共享。

第十六条 教育行政部门应当把校企合作作为衡量职业学校办学水平的基本指标，在院校设置、专业审批、招生计划、教学评价、教师配备、项目支持、学校评价、人员考核等方面提出相应要求；对校企合作设置的适应就业市场需求的新专业，应当予以支持；应当鼓励和支持职业学校与企业合作开设专业，制定专业标准、培养方案等。

第十七条 职业学校应当吸纳合作关系紧密、稳定的企业代表加入理事会（董事会），参与学校重大事项的审议。

职业学校设置专业，制定培养方案、课程标准等，应当充分听取合作企业的意见。

第十八条 鼓励职业学校与企业合作开展学徒制培养。开展学徒制培养的学校，在招生专业、名额等方面应当听取企业意见。有技术技能人才培养能力和需求的企业，可以与职业学校合作设立学徒岗位，联合招收学员，共同确定培养方案，以工学结合方式进行培养。

教育行政部门、人力资源社会保障部门应当在招生计划安排、学籍管理等方面予以倾斜和支持。

第十九条 国家发展改革委、教育部会同人力资源社会保障部、工业和信息化部、财政部等部门建立工作协调机制，鼓励省级人民政府开展产教融合型企业建设试点，对深度参与校企合作，行为规范、成效显著、具有较大影响力的企业，按照国家有关规定予以表彰和相应政策支持。各级工业和信息化行政部门应当把企业参与校企合作的情况，作为服务型制造示范企业及其他有关示范企业评选的重要指标。

第二十条 鼓励各地通过政府和社会资本合作、购买服务等形式支持校企合作。鼓励各地采取竞争性方式选择社会资本，建设或者支持企业、学校建设公共性实习实训、创新创业基地、研发实践课程、教学资源等公共服务项目。按规定落实财税用地等政策，积极支持职业教育发展和企业参与办学。

鼓励金融机构依法依规审慎授信管理，为校企合作提供相关信贷和融资支持。

第二十一条 企业因接收学生实习所实际发生的与取得收入有关的合理支出，以及企业发生的职工教育经费支出，依法在计算应纳税所得额时扣除。

第二十二条 县级以上地方人民政府对校企合作成效显著的企业，可以按规定给予相应的优惠政策；应当鼓励职业学校通过场地、设备租赁等方式与企业共建生产型实训基地，并按规定给予相应的政策优惠。

第二十三条 各级人民政府教育、人力资源社会保障等部门应当采取措施，促进职业学校与企业人才的合理流动、有效配置。

职业学校可在教职工总额中安排一定比例或者通过流动岗位等形式，用于面向社会和企业聘用经营管理人员、专业技术人员、高技能人才等担任兼职教师。

第二十四条 开展校企合作企业中的经营管理人员、专业技术人员、高技能人才，具备职业学校相应岗位任职条件，经过职业学校认定和聘任，可担任专兼职教师，并享受相关待遇。上述企业人员在校企合作中取得的教育教学成果，可视同相应的技术或科研成果，按规定予以奖励。

职业学校应当将参与校企合作作为教师业绩考核的内容，具有相关企业或生产经营管理一线工作经历的专业教师在评聘和晋升职务（职称）、评优表彰等方面，同等条件下优先对待。

第二十五条 经所在学校或企业同意，职业学校教师和管理人员、企业经营管理和技术人员根据合作协议，分别到企业、职业学校兼职的，可根据有关规定和双方约定确定薪酬。

职业学校及教师、学生拥有知识产权的技术开发、产品设计等成果，可依法依规在企业作价入股。职业学校和企业对合作开发的专利及产品，根据双方协议，享有使用、处置和收益管理的自主权。

第二十六条 职业学校与企业就学生参加跟岗实习、顶岗实习和学徒培养达成合作协议的，应当签订学校、企业、学生三方协议，并明确学校与企业在保障学生合法权益方面的责任。

企业应当依法依规保障顶岗实习学生或者学徒的基本劳动权益，并按照有关规定及时足额支付报酬。任何单位和个人不得克扣。

第二十七条 推动建立学生实习强制保险制度。职业学校和实习单位应根据有关规定，为实习学生投保实习责任保险。职业学校、企业应当在协议中约定为实习学生投保实习责任保险的义务与责任，健全学生权益保障和风险分担机制。

第四章 监督检查

第二十八条 各级人民政府教育督导委员会负责对职业学校、政府落实校企合作职责的情况进行专项督导，定期发布督导报告。

第二十九条 各级教育、人力资源社会保障部门应当将校企合作情况作为职业学校办学业绩和水平评价、工作目标考核的重要内容。

各级人民政府教育行政部门会同相关部门以及行业组织，加强对企业开展校企合作的监督、指导，推广效益明显的模式和做法，推进企业诚信体系建设，做好管理和服务。

第三十条 职业学校、企业在合作过程中不得损害学生、教师、企业员工等的合法权益；违反相关法律法规规定的，由相关主管部门责令整改，并依法追究相关单位和人员责任。

第三十一条 职业学校、企业骗取和套取政府资金的，有关主管部门应当责令限期退还，并依法依规追究单位及其主要负责人、直接负责人的责任；构成犯罪的，依法追究刑事责任。

第五章 附 则

第三十二条 本办法所称的职业学校，是指依法设立的中等职业学校（包括普通中等专业学校、成人中等专业学校、职业高中学校、技工学校）和高等职业学校。

本办法所称的企业，指在各级工商行政管理部门登记注册的各类企业。

第三十三条 其他层次类型的高等学校开展校企合作，职业学校与机关、事业单位、社会团体等机构开展合作，可参照本办法执行。

第三十四条 本办法自 2018 年 3 月 1 日起施行。

住房城乡建设部　交通运输部　水利部 人力资源社会保障部关于印发《造价工程师职业资格制度规定》《造价工程师职业资格考试实施办法》的通知

建人〔2018〕67 号

各省、自治区、直辖市及新疆生产建设兵团住房城乡建设、交通运输、水利（水务）、人力资源社会保障厅（委、局），国务院有关专业部门建设工程造价管理机构，各有关单位：

根据《国家职业资格目录》，为统一和规范造价工程师职业资格设置和管理，提高工程造价专业人员素质，提升建设工程造价管理水平，现将《造价工程师职业资格制度规定》《造价工程师职业资格考试实施办法》印发给你们，请遵照执行。

2018 年 7 月 20 日

造价工程师职业资格制度规定

第一章　总　　则

第一条　为提高固定资产投资效益，维护国家、社会和公共利益，充分发挥造价工程师在工程建设经济活动中合理确定和有效控制工程造价的作用，根据《中华人民共和国建筑法》和国家职业资格制度有关规定，制定本规定。

第二条　本规定所称造价工程师，是指通过职业资格考试取得中华人民共和国造价工程师职业资格证书，并经注册后从事建设工程造价工作的专业技术人员。

第三条　国家设置造价工程师准入类职业资格，纳入国家职业资格目录。

工程造价咨询企业应配备造价工程师；工程建设活动中有关工程造价管理岗位按需要配备造价工程师。

第四条　造价工程师分为一级造价工程师和二级造价工程师。一级造价工程师英文译为 Class1 Cost Engineer，二级造价工程师英文译为 Class2 Cost Engineer。

第五条　住房城乡建设部、交通运输部、水利部、人力资源社会保障部共同制定造价工程师职业资格制度，并按照职责分工负责造价工程师职业资格制度的实施与监管。

各省、自治区、直辖市住房城乡建设、交通运输、水利、人力资源社会保障行政主管部门，按照职责分工负责本行政区域内造价工程师职业资格制度的实施与监管。

第二章　考　　试

第六条　一级造价工程师职业资格考试全国统一大纲、统一命题、统一组织。

二级造价工程师职业资格考试全国统一大纲，各省、自治区、直辖市自主命题并组织实施。

第七条　一级和二级造价工程师职业资格考试均设置基础科目和专业科目。

第八条　住房城乡建设部组织拟定一级造价工程师和二级造价工程师职业资格考试基础科目的考试大纲，组织一级造价工程师基础科目命审题工作。

住房城乡建设部、交通运输部、水利部按照职责分别负责拟定一级造价工程师和二级造价工程师职业资格考试专业科目的考试大纲，组织一级造价工程师专业科目命审题工作。

第九条　人力资源社会保障部负责审定一级造价工程师和二级造价工程师职业资格考试科目和考试大纲，负责一级造价工程师职业资格考试考务工作，并会同住房城乡建设部、交通运输部、水利部对造价工程师职业资格考试工作进行指导、监督、检查。

第十条　各省、自治区、直辖市住房城乡建设、交通运输、水利行政主管部门会同人力资源社会保障行政主管部门，按照全国统一的考试大纲和相关规定组织实施二级造价工程师职业资格考试。

第十一条　人力资源社会保障部会同住房城乡建设部、交通运输部、水利部确定一级造价工程师职业资格考试合格标准。

各省、自治区、直辖市人力资源社会保障行政主管部门会同住房城乡建设、交通运输、水利行政主管部门确定二级造价工程师职业资格考试合格标准。

第十二条　凡遵守中华人民共和国宪法、法律、法规，具有良好的业务素质和道德品行，具备下列条件之一者，可以申请参加一级造价工程师职业资格考试：

（一）具有工程造价专业大学专科（或高等职业教育）学历，从事工程造价业务工作满5年；

具有土木建筑、水利、装备制造、交通运输、电子信息、财经商贸大类大学专科（或高等职业教育）学历，从事工程造价业务工作满6年。

（二）具有通过工程教育专业评估（认证）的工程管理、工程造价专业大学本科学历或学位，从事工程造价业务工作满4年；

具有工学、管理学、经济学门类大学本科学历或学位，从事工程造价业务工作满5年。

（三）具有工学、管理学、经济学门类硕士学位或者第二学士学位，从事工程造价业务工作满3年。

（四）具有工学、管理学、经济学门类博士学位，从事工程造价业务工作满1年。

（五）具有其他专业相应学历或者学位的人员，从事工程造价业务工作年限相应增加1年。

第十三条　凡遵守中华人民共和国宪法、法律、法规，具有良好的业务素质和道德品行，具备下列条件之一者，可以申请参加二级造价工程师职业资格考试：

（一）具有工程造价专业大学专科（或高等职业教育）学历，从事工程造价业务工作满2年；

具有土木建筑、水利、装备制造、交通运输、电子信息、财经商贸大类大学专科（或高等职业教育）学历，从事工程造价业务工作满3年。

（二）具有工程管理、工程造价专业大学本科及以上学历或学位，从事工程造价业务工作满1年；

具有工学、管理学、经济学门类大学本科及以上学历或学位，从事工程造价业务工作满2年。

（三）具有其他专业相应学历或学位的人员，从事工程造价业务工作年限相应增加1年。

第十四条 一级造价工程师职业资格考试合格者，由各省、自治区、直辖市人力资源社会保障行政主管部门颁发中华人民共和国一级造价工程师职业资格证书。该证书由人力资源社会保障部统一印制，住房城乡建设部、交通运输部、水利部按专业类别分别与人力资源社会保障部用印，在全国范围内有效。

第十五条 二级造价工程师职业资格考试合格者，由各省、自治区、直辖市人力资源社会保障行政主管部门颁发中华人民共和国二级造价工程师职业资格证书。该证书由各省、自治区、直辖市住房城乡建设、交通运输、水利行政主管部门按专业类别分别与人力资源社会保障行政主管部门用印，原则上在所在行政区域内有效。各地可根据实际情况制定跨区域认可办法。

第十六条 各省、自治区、直辖市人力资源社会保障行政主管部门会同住房城乡建设、交通运输、水利行政主管部门应加强学历、从业经历等造价工程师职业资格考试资格条件的审核。对以不正当手段取得造价工程师职业资格证书的，按照国家专业技术人员资格考试有关规定进行处理。

第三章 注　　册

第十七条 国家对造价工程师职业资格实行执业注册管理制度。取得造价工程师职业资格证书且从事工程造价相关工作的人员，经注册方可以造价工程师名义执业。

第十八条 住房城乡建设部、交通运输部、水利部按照职责分工，制定相应注册造价工程师管理办法并监督执行。

住房城乡建设部、交通运输部、水利部分别负责一级造价工程师注册及相关工作。各省、自治区、直辖市住房城乡建设、交通运输、水利行政主管部门按专业类别分别负责二级造价工程师注册及相关工作。

第十九条 经批准注册的申请人，由住房城乡建设部、交通运输部、水利部核发《中华人民共和国一级造价工程师注册证》（或电子证书）；或由各省、自治区、直辖市住房城乡建设、交通运输、水利行政主管部门核发《中华人民共和国二级造价工程师注册证》（或电子证书）。

第二十条 造价工程师执业时应持注册证书和执业印章。注册证书、执业印章样式以及注册证书编号规则由住房城乡建设部会同交通运输部、水利部统一制定。执业印章由注册造价工程师按照统一规定自行制作。

第二十一条 住房城乡建设部、交通运输部、水利部按照职责分工建立造价工程师注册管理信息平台，保持通用数据标准统一。住房城乡建设部负责归集全国造价工程师注册信息，促进造价工程师注册、执业和信用信息互通共享。

第二十二条 住房城乡建设部、交通运输部、水利部负责建立完善造价工程师的注册和退出机制，对以不正当手段取得注册证书等违法违规行为，依照注册管理的有关规定撤销其注册证书。

第四章 执　　业

第二十三条 造价工程师在工作中，必须遵纪守法，恪守职业道德和从业规范，诚信执业，主动接受有关主管部门的监督检查，加强行业自律。

第二十四条 住房城乡建设部、交通运输部、水利部共同建立健全造价工程师执业诚信体系，制定相关规章制度或从业标准规范，并指导监督信用评价工作。

第二十五条 造价工程师不得同时受聘于两个或两个以上单位执业，不得允许他人以本人名义执业，严禁“证书挂靠”。出租出借注册证书的，依据相关法律法规进行处罚；构成犯罪的，依法追究刑事责任。

第二十六条 一级造价工程师的执业范围包括建设项目全过程的工程造价管理与咨询

等，具体工作内容：

（一）项目建议书、可行性研究投资估算与审核，项目评价造价分析；

（二）建设工程设计概算、施工预算编制和审核；

（三）建设工程招标投标文件工程量和造价的编制与审核；

（四）建设工程合同价款、结算价款、竣工决算价款的编制与管理；

（五）建设工程审计、仲裁、诉讼、保险中的造价鉴定，工程造价纠纷调解；

（六）建设工程计价依据、造价指标的编制与管理；

（七）与工程造价管理有关的其他事项。

第二十七条 二级造价工程师主要协助一级造价工程师开展相关工作，可独立开展以下具体工作：

（一）建设工程工料分析、计划、组织与成本管理，施工图预算、设计概算编制；

（二）建设工程量清单、最高投标限价、投标报价编制；

（三）建设工程合同价款、结算价款和竣工决算价款的编制。

第二十八条 造价工程师应在本人工程造价咨询成果文件上签章，并承担相应责任。工程造价咨询成果文件应由一级造价工程师审核并加盖执业印章。

对出具虚假工程造价咨询成果文件或者有重大工作过失的造价工程师，不再予以注册，造成损失的依法追究其责任。

第二十九条 取得造价工程师注册证书的人员，应当按照国家专业技术人员继续教育的有关规定接受继续教育，更新专业知识，提高业务水平。

第五章 附 则

第三十条 本规定印发之前取得的全国建设工程造价员资格证书、公路水运工程造价人员资格证书以及水利工程造价工程师资格证书，效用不变。

第三十一条 专业技术人员取得一级造价工程师、二级造价工程师职业资格，可认定其具备工程师、助理工程师职称，并可作为申报高一级职称的条件。

第三十二条 本规定自印发之日起施行。原人事部、原建设部发布的《造价工程师执业资格制度暂行规定》（人发〔1996〕77号）同时废止。根据该暂行规定取得的造价工程师执业资格证书与本规定中一级造价工程师职业资格证书效用等同。

造价工程师职业资格考试实施办法

第一条 住房城乡建设部、交通运输部、水利部、人力资源社会保障部共同委托人力资源社会保障部人事考试中心承担一级造价工程师职业资格考试的具体考务工作。住房城乡建设部、交通运输部、水利部可分别委托具备相应能力的单位承担一级造价工程师职业资格考试工作的命题、审题和主观试题阅卷等具体工作。

各省、自治区、直辖市住房城乡建设、交通运输、水利、人力资源社会保障行政主管部门共同负责本地区一级造价工程师职业资格考试组织工作，具体职责分工由各地协商确定。

第二条 各省、自治区、直辖市住房城乡建设、交通运输、水利行政主管部门会同人力资源社会保障行政主管部门组织实施二级造价工程师职业资格考试。

第三条 一级造价工程师职业资格考试设《建设工程造价管理》《建设工程计价》《建设工程技术与计量》《建设工程造价案例分析》4个科目。其中，《建设工程造价管理》和《建设工程计价》为基础科目，《建设工程技术与计量》和《建设工程造价案例分析》为专业科目。

二级造价工程师职业资格考试设《建设工程造价管理基础知识》《建设工程计量与计价实务》2个科目。其中，《建设工程造价管理基础知识》为基础科目，《建设工程计量与计价实务》为专业科目。

第四条 造价工程师职业资格考试专业科目分为土木建筑工程、交通运输工程、水利工程和安装工程4个专业类别，考生在报名时可根据实际工作需要选择其一。其中，土木建筑工程、安装工程专业由住房城乡建设部负责；交通运输工程专业由交通运输部负责；水利工程专业由水利部负责。

第五条 一级造价工程师职业资格考试分4个半天进行。《建设工程造价管理》《建设工程技术与计量》《建设工程计价》科目的考试时间均为2.5小时；《建设工程造价案例分析》科目的考试时间为4小时。

二级造价工程师职业资格考试分2个半天。《建设工程造价管理基础知识》科目的考试时间为2.5小时，《建设工程计量与计价实务》为3小时。

第六条 一级造价工程师职业资格考试成绩实行4年为一个周期的滚动管理办法，在连续的4个考试年度内通过全部考试科目，方可取得一级造价工程师职业资格证书。

二级造价工程师职业资格考试成绩实行2年为一个周期的滚动管理办法，参加全部2个科目考试的人员必须在连续的2个考试年度内通过全部科目，方可取得二级造价工程师职业资格证书。

第七条 已取得造价工程师一种专业职业资格证书的人员，报名参加其他专业科目考试的，可免考基础科目。考试合格后，核发人力资源社会保障部门统一印制的相应专业考试合格证明。该证明作为注册时增加执业专业类别的依据。

第八条 具有以下条件之一的，参加一级造价工程师考试可免考基础科目：

（一）已取得公路工程造价人员资格证书（甲级）；

（二）已取得水运工程造价工程师资格证书；

（三）已取得水利工程造价工程师资格证书。

申请免考部分科目的人员在报名时应提供相应材料。

第九条 具有以下条件之一的，参加二级造价工程师考试可免考基础科目：

（一）已取得全国建设工程造价员资格证书；

（二）已取得公路工程造价人员资格证书（乙级）；

（三）具有经专业教育评估（认证）的工程管理、工程造价专业学士学位的大学本科毕业生。

申请免考部分科目的人员在报名时应提供相应材料。

第十条 符合造价工程师职业资格考试报名条件的报考人员，按规定携带相关证件和材料到指定地点进行报名资格审查。报名时，各地人力资源社会保障部门会同相关行业主管部门对报名人员的资格条件进行审核。审核合格后，核发准考证。参加考试人员凭准考证和有效证件在指定的日期、时间和地点参加考试。

中央和国务院各部门及所属单位、中央管理企业的人员按属地原则报名参加考试。

第十一条 考点原则上设在直辖市、自治区首府和省会城市的大、中专院校或者高考定点学校。

一级造价工程师职业资格考试每年一次。二级造价工程师职业资格考试每年不少于一次，具体考试日期由各地确定。

第十二条 坚持考试与培训分开的原则。

凡参与考试工作（包括命题、审题与组织管理等）的人员，不得参加考试，也不得参加或者举办与考试内容相关的培训工作。应考人员参加培训坚持自愿原则。

第十三条 考试实施机构及其工作人员，应当严格执行国家人事考试工作人员纪律规定和考试工作的各项规章制度，遵守考试工作纪律，切实做好从考试试题的命制到使用等各环节的安全保密工作，严防泄密。

第十四条 对违反考试工作纪律和有关规定的人员，按照国家专业技术人员资格考试违纪违规行为处理规定处理。

国家卫生健康委员会 国家发展和改革委员会 教育部 民政部 财政部 人力资源和社会保障部 国家市场监督管理总局 中国银行保险监督管理委员会 国家中医药管理局 中国残疾人联合会 中央军委后勤保障部关于印发促进护理服务业改革与发展指导意见的通知

国卫医发〔2018〕20号

各省、自治区、直辖市及新疆生产建设兵团卫生计生委、发展改革委、教育厅（教委、教育局）、民政厅（局）、财政（务）厅（局）、人力资源社会保障厅（局）、市场监督管理主管部门、中医药局、残联，各保监局，军队各大单位卫生部门：

为贯彻落实全国卫生与健康大会精神、《"健康中国2030"规划纲要》《"十三五"卫生与健康规划》《"十三五"深化医药卫生体制改革规划》和《全国护理事业发展规划（2016—2020年）》，进一步促进护理服务业改革与发展，国家卫生健康委员会、国家发展改革委、教育部、民政部、财政部、人力资源社会保障部、国家市场监督管理总局、中国银行保险监督管理委员会、国家中医药管理局、中国残联以及中央军委后勤保障部制定了《关于促进护理服务业改革与发展的指导意见》。现印发你们，请认真贯彻落实。

2018年6月21日

关于促进护理服务业改革与发展的指导意见

护理服务是健康中国建设的重要内容，与人民群众的健康权益和生命安全密切相关，对促进健康服务业发展，保障和改善民生具有积极意义。为全面贯彻落实党的十九大和全国卫生与健康大会精神，进一步促进护理服务业改革与发展，根据实施健康中国战略和全面建成小康社会的新要求，现提出如下意见。

一、总体要求

（一）总体思路。以习近平新时代中国特色社会主义思想为指导，全面贯彻落实党的十九大和全国卫生与健康大会精神，深入贯彻实施健康中国战略，以人民健康为中心，以社会需求为导向，通过健全完善护理服务体系，加强护理人员培养和队伍建设，创新护理服务模式，精准对接新时代人民群众日益增长的多样化健康需求。通过推动护理领域改革与创新，完善相关体制机制，促进护理服务业持续健康发展。

（二）基本原则。

以人为本，满足需求。充分考虑不同人群的健康特征和护理服务需求，统筹发展机构护理、社区和居家护理以及其他多种形式的覆盖全方位、全周期的护理服务，逐步解决人民群众健康新期盼与当前不平衡不充分的护理服务发展之间的矛盾，不断满足人民群众多样化的健康服务需求。

政府引导，多元投入。政府通过完善支持政策、加强行业监管等措施促进护理服务业持续健康发展，引导和鼓励社会力量以多种形式投入护理服务业领域，扩大护理服务供给，有效提高服务质量和效率。

市场运作，行业管理。遵循市场规律，激发市场活力，发挥市场在护理服务资源配置中的决定性作用。充分发挥行业管理和自律作用，积极培育和发展护理服务行业协会，加强人才培养，制定标准规范等。

深化改革，创新发展。持续深化护理服务业相关领域体制机制改革，积极拓展服务范围，创新服务供给方式，鼓励和支持发展护理新业态，强化护理服务监管，推动护理服务业健康发展。

（三）主要目标。到 2020 年达到以下目标：

——护理服务体系健全完善。以机构为支撑、社区为平台、居家为基础的护理服务体系基本建立，覆盖急性期诊疗、慢性期康复、稳定期照护、终末期关怀的护理服务格局基本形成。护理服务业快速增长，护理产业规模显著扩大。

——护理队伍得到长足发展。护士队伍的数量、素质、能力基本能够适应卫生健康事业发展和人民群众健康需求。注册护士总数超过445万，每千人口注册护士数超过 3.14 人，医护比不低于 1∶1.25，基层医疗机构护士总量超过 100 万。形成一支由护士和辅助型护理人员组成的护理从业人员队伍，从事老年护理、母婴护理的护理人员数量显著增加。

——护理服务供给更加合理。医疗机构护理服务有序合理，分工协作更加紧密。护理院、护理中心、康复医疗中心、安宁疗护机构等接续性医疗机构数量显著增加，康复护理、老年护理、残疾人护理、母婴护理、安宁疗护等服务供给不断扩大。社区和居家护理服务得到进一步发展。

——护理服务能力大幅提升。优质护理服务全覆盖，护理学科建设得到加强，专科护理水平不断提升。康复护理、中医护理、老年护理、母婴护理、居家护理和安宁疗护等服务能力有效提高，群众获得感显著增强。

二、建立优质高效的护理服务体系

（四）完善医疗护理服务体系。按照分级诊疗制度和医疗联合体建设要求，落实各级各类医疗机构功能定位，建立不同级别医院之间，医院与基层医疗机构、接续性医疗机构之间科学合理的分工协作机制。通过鼓励和推动社会力量举办护理机构或者部分一级、二级医院转型等方式，激发市场活力，扩大老年护理、残疾人护理、康复护理、母婴护理及安宁疗护等服务供给。三级医院主要提供疑难、急危重症患者护理服务，加强护理学科建设和人才培养；二级医院等主要提供常见病、多发病护理；护理院、护理中心、康复医疗中心、安宁疗护机构、基层医疗机构等主要提供日常医疗护理、老年护理、残疾人护理、康复护理、长期照护、安宁疗护等服务。鼓励有条件的接续性医疗机构和基层医疗机构提供日间照护、居家护理和家庭病床。通过组建医疗联合体促进大型医院优质护理资源下沉，帮扶带动接续性医疗机构和基层护理服务能力提升。

（五）健全健康养老服务网络。鼓励有条件的地区统筹整合医疗、护理、康复和养老服务资源，逐步形成有序共享、功能合理的健康养老服务网络。鼓励二级以上医院与养老机构建立合作机制，接续性医疗机构、基层医疗机构实现与养老机构的紧密对接，为老年人提供护理、康复、慢病管理、中医保健等服务。支持有条件的养老机构，按规定举办医务室、护理站等，为老年人提供基本医疗护理服务。

三、加强护理从业人员培养和队伍建设

（六）推进院校护理人才培养。合理确定护理人才培养规模和结构，加快推进老年护理、康复护理、社区护理、母婴护理、中医护理、助产等急需紧缺人才培养，适应护理服务业发展需求。加大护理教育领域改革力度，加强护理人文教育和职业素质教育，严格临床实习实训管理，合理安排护理专业学生到具备条件的临床教学基地进行实习、实践，全面提高护理人才培养质量。严禁任何机构向学生收取实习押金、实习报酬提成、管理费等各种形式的实习费用。加强师资队伍和临床实践教学基地能力建设。

（七）开展临床护士在岗培训。以需求为导向，以岗位胜任力为核心，建立临床护士培训制度。各地按照国家印发的培训大纲和要求，有计划地优先对护理管理人员、新入职护士、部分专科护士、社区护士、中医护士、助产士等开展培训。可以充分发挥有关普通高校、职业院校、医疗卫生机构教学资源和相关学（协）会作用，创新培训方式方法，提高培训质量。

（八）加强护士队伍建设。贯彻落实《护士条例》，维护和保障护士合法权益。按照《关于深化职称制度改革的意见》要求，遵循护理人才成长规律，克服唯学历、唯资历、唯论文的倾向，让护理专业技术人员有更多时间和精力深耕专业，服务于临床。修订完善护士执业管理制度，充分发挥护士在疾病预防、医疗护理、康复促进、健康管理等方面作用，促进护士职业发展。逐步建立完善专科护士管理制度，不断提高专科护理水平。

（九）加快辅助型护理人员培养培训。大力加强辅助型护理人员（以下简称护理员）的培养和培训，提高人员从业服务能力。鼓励有条件的院校、行业学会、职业技能培训机构等，积极开展护理员培训，提高其病患、老年人、残疾人、母婴生活照护从业技能，扩大护理服务业人员队伍，拓宽社会就业渠道。

（十）加强护理员规范管理。逐步建立护理员管理制度，进一步规范护理员服务行为。医疗机构要加强护理员的规范管理，护理员必须在医务人员的指导下，对服务对象提供生活照护服务。严禁护理员从事医疗护理专业技术性工作，切实保障医疗质量和安全。有资质的劳务派遣机构、家政服务机构等要建立健全护理员管理和派遣制度，对护理员进行定期培

训，保证服务质量；应当依法缴纳社会保险费，保障护理员工资福利待遇等合法权益。

四、创新护理服务模式

（十一）持续开展优质护理服务。进一步扩大优质护理服务覆盖面，实现二级以上医院优质护理服务全覆盖，提高开展优质护理服务的其他医疗机构比例。医院要充分利用信息技术，创新护理服务模式，为患者提供全流程、无缝隙、专业便利的智慧护理服务。对住院患者全面实施责任制整体护理，为患者提供高质量护理服务。门急诊、手术室等非住院部门要结合工作特点，优化服务流程，开展优质护理服务。

（十二）逐步推进延续性护理服务。鼓励有条件的医疗机构对具有较高再入院率或医疗护理有较高需求的出院患者提供延续性护理服务，将护理服务延伸至社区、家庭。接续性医疗机构和基层医疗机构要积极为上级医院诊断明确、病情稳定的术后康复患者、慢性病患者、晚期肿瘤患者以及失能失智、完全不能自理的老年患者及残疾人等提供接续性护理服务。

（十三）大力发展社区和居家护理服务。鼓励医联体内二级以上医院通过建立护理联合团队、一对一传帮带、开展社区护士培训等形式，帮扶带动基层医疗机构提高护理服务能力。鼓励二级以上医院优质护理资源加入家庭医生签约团队，为社区群众提供专业化护理服务。支持护理院、护理中心以及基层医疗机构大力发展日间照护、家庭病床和居家护理服务，为长期卧床、晚期肿瘤患者、行动不便的老年人、残疾人以及其他适合在家庭条件下进行医疗护理的人群等提供居家护理服务。鼓励有资质的劳务派遣机构、家政服务机构等积极开展护理领域生活性服务，增加生活照料、挂号取药、陪伴就医、辅具租赁以及家庭照护等服务。

五、加强护理学科和中医护理能力建设

（十四）加强护理质量安全管理。加强护理学科能力建设，提高临床护理能力，提升患者医疗效果。强化落实护理核心制度，促进护理质量持续改进。针对重点人群、重点环节、重点部门制定完善护理安全管理措施，保障患者安全。

（十五）提升中医护理服务水平。制定中医护理常规、方案和技术操作标准。积极开展辨证施护和中医特色专科护理，创新中医护理服务模式，发挥中医护理在疾病治疗、慢病防治、康复促进、健康保健等方面的作用。

六、政策措施

（十六）合理调整护理服务价格。科学核算护理服务成本，合理制定和调整护理服务价格，逐步理顺护理服务比价关系，体现护士技术劳动价值。推动研究核算居家护理服务、长期照护服务等服务成本，合理确定服务价格，为加快发展护理服务业提供政策支撑。

（十七）充分调动广大护士积极性。医疗机构要建立健全护理人员管理制度。在护士岗位设置、收入分配、职称评定、管理使用等方面，对编制内外人员统筹考虑。建立健全护士绩效考核指标体系，突出岗位职责履行、工作量、服务质量、行为规范、医疗质量安全、医疗费用控制、医德医风和患者满意度等指标，将考核结果与护士岗位聘用、职称晋升、个人薪酬挂钩，做到多劳多得、优绩优酬。要逐步完善激励机制，在绩效分配、职称晋升、教育培训等方面，向基层护士倾斜，调动基层护士队伍积极性。

（十八）完善护理员培训和就业政策。积极支持农村转移劳动力、城镇登记失业人员等参加护理员培训。充分利用促进就业创业扶持政策和资金，鼓励各类人员到护理服务业领域就业创业，对符合条件的从业人员，按规定落实相关补贴政策。

（十九）加强护理信息化建设。借助大数据、云计算、物联网和移动通信等信息技术的快速发展，大力推进护理信息化建设，积极优化护理流程，创新护理服务模式，提高护理效率和管理效能。推动护理领域生活性服务业态

创新，改进服务流程，积极发展智慧健康护理等新型业态。

（二十）鼓励发展商业护理保险。鼓励有条件的地方积极支持商业保险机构开发长期护理商业保险，以及与老年护理服务相关的商业健康保险产品。积极发展多样化、多层次、规范化的商业护理保险服务，探索建立商业保险公司与提供老年护理服务机构合作的机制。

（二十一）大力发展护理产业。鼓励各地通过相关科技、建设专项资金和产业基金等，支持开发和创新适合不同人群特点的护理、康复、生活照料等相关产品用品、设备设施等。结合实际和特色优势，培育一批护理产品用品、设备设施等相关产业，满足人民群众多元化健康需要。

七、组织实施

（二十二）加强组织领导。各地要切实加强组织领导和统筹协调，明确牵头部门和责任分工，确保各项任务落实到位。要结合实际制定并出台具体实施方案。各地要将护理服务业的改革与发展纳入医改整体规划，加强政策协调衔接，与各项改革重点工作统筹推进。

（二十三）强化分工协作。各有关部门要按照职责分工，加大统筹协调力度，合力推进护理服务业改革与发展。卫生健康行政部门、中医药主管部门要积极推动护理服务业改革与发展各项任务的有效落实。发展改革部门要加大对护理服务业发展规划指引和项目倾斜。教育部门要加大护理专业人才培养力度，提高护理人才教育质量。民政部门要健全完善养老服务网络和残疾人福利服务体系。财政部门要按照规定落实相关投入政策。人力资源社会保障部门要会同有关部门加快推进公立医院薪酬制度和职称评定机制改革等。市场监督管理部门要配合相关部门依法加强对登记注册的劳务派遣机构、家政服务机构的监督管理。中国银行保险监督管理委员会要支持商业保险机构积极开发与老年护理服务相关的商业保险和健康保险产品，并加强监管。残疾人联合会要配合卫生健康部门做好残疾人护理服务。中央军委后勤保障部要积极推动护理服务领域的军民融合相关工作。

（二十四）鼓励创新试点。各地要大胆探索，创新试点，总结经验，完善政策。及时研究解决出现的问题和困难，同时挖掘典型经验和有益做法。特别是有条件的地区要在护理服务业改革与发展方面先行先试，完善体制机制和政策措施，对可复制、可推广的经验和模式予以推广。

（二十五）加强舆论宣传。各地要充分利用广播、电视、报刊、互联网等新闻媒体形式，广泛宣传护理服务业改革与发展的政策措施。要大力宣传护理服务先进典型，增强职业荣誉感，营造全社会关注健康、重视护理的良好氛围。

退役军人事务部　中共中央组织部　中共中央政法委员会　教育部　公安部　民政部　财政部　人力资源和社会保障部　国务院国有资产监督管理委员会　国家税务总局　国务院扶贫开发领导小组办公室　中央军委政治工作部关于促进新时代退役军人就业创业工作的意见

退役军人部发〔2018〕26 号

各省、自治区、直辖市党委组织部、政法委，人民政府办公厅、教育厅（局）、公安厅（局）、民政厅（局）、财政厅（局）、人力资源社会保障厅（局）、国资委、扶贫办，国家税务总局各省、自治区、直辖市、计划单列市税务局，各战区、各军兵种、军委机关各部门、军事科学院、国防大学、国防科技大学、武警部队政治工作部（局、处）：

退役军人是重要的人力资源，是建设中国特色社会主义的重要力量。促进他们就业创业、引导他们积极投身“大众创业、万众创新”实践，对于更好实现退役军人自身价值、助推经济社会发展、服务国防和军队建设具有重要意义。新时代退役军人就业创业工作要以习近平新时代中国特色社会主义思想为指导，坚持政府推动、政策优先，市场导向、需求牵引，自愿选择、自主作为，社会支持、多方参与，调动各方面力量共同推进，保障退役军人在享受普惠性就业创业扶持政策和公共服务基础上再给予特殊优待。现就促进退役军人（自主就业退役士兵、自主择业军转干部、复员干部）就业创业工作提出如下意见：

一、提升就业创业能力

（一）完善多层次、多样化的教育培训体系。将退役军人就业创业培训纳入国家学历教育和职业教育体系，依托普通高校、职业院校（含技工院校）等教育资源，促进现役军人与退役军人教育培训相衔接、学历教育与技能培训互为补充，改善知识结构，提升能力素质。

（二）开展退役前技能储备培训。组织开展退役前技能储备培训和职业指导，深入开展“送政策进军营”活动，加强经济社会发展和就业形势介绍、政策咨询、心理调适、“一对一”职业规划，有条件的部队可在军人退役前开展技能培训，努力把退役军人服役期间锤炼的品质转化为就业创业的优势。

（三）加强退役后职业技能培训。引导退

役军人积极参加职业技能培训，退役后可选择接受一次免费（免学杂费、免住宿费、免技能鉴定费）培训，并享受培训期间生活补助。教育培训期限一般为2年，最短不少于3个月。督促指导承训机构突出提高社会适应能力和就业所需知识及技能，按需求进行实用性培训，开展“订单式”“定向式”“定岗式”培训，推进培训精细化、个性化。坚持谁培训、谁推荐就业，压实目标责任，提高就业成功率。

（四）推行终身职业技能培训。将退役军人纳入国家终身职业技能培训政策和组织实施体系，鼓励用人单位定期组织退役军人参加岗位技能提升和知识更新培训。对下岗失业退役军人，及时纳入失业人员特别职业培训计划、职业技能培训等范围，并按规定予以补贴。

（五）鼓励参加学历教育。鼓励各地将符合高考报名条件的退役军人纳入高等职业院校单独考试招生范围。退役军人参加全国普通高考、成人高考、研究生考试，符合条件的可享受加分照顾，同等条件下优先录取。成人高校招生专升本免试入学，服役期间立二等功以上且符合报考条件的，可申请免初试攻读硕士研究生。退役军人接受中等职业教育可实行注册入学。中等职业教育期间，按规定享受免学费和国家助学金资助；对退役1年以上、参加全国统一高考，考入全日制普通本科和高专高职学校的自主就业退役士兵，学历教育期间按规定享受学费资助和相关奖助学金资助，家庭经济困难退役士兵享受学生生活费补助。国家鼓励军人服役期间参加开放教育、自学考试等学历继续教育，退役后可根据需要继续完成学业，获得相应国民高等教育学历文凭。

（六）加强教育培训管理。建立退役军人职业技能承训机构目录、承训企业目录和普通高校、职业学校目录，及时向社会公开并实行定期考核、动态管理。各类目录由省级退役军人事务部门每年发布。经省级退役军人事务部门同意，退役军人可参加跨省异地教育培训。加强对承训单位教育培训质量考核，建立激励机制。

二、加大就业支持力度

（七）适当放宽招录（聘）条件。机关、社会团体、企业事业单位在招收录用工作人员或聘用职工时，对退役军人的年龄和学历条件适当放宽，同等条件下优先招录聘用退役军人。

（八）加大公务员招录力度。在军队服役5年（含）以上的高校毕业生士兵退役后可以报考面向服务基层项目人员定向考录的职位，同服务基层项目人员共享公务员定向考录计划，优先录用建档立卡贫困户家庭高校毕业生退役士兵。各地特别是边疆地区、深度贫困地区结合实施乡村振兴、脱贫攻坚等战略，设置一定数量基层公务员职位面向退役军人招考，西藏和四川、云南、甘肃、青海四省藏区以及新疆南疆地区县乡逐步扩大招考数量。各级党政机关在组织开展选调生工作时，注意选调有服役经历的优秀大学生。适当提高政法干警招录培养体制改革试点定向招录退役军人比例，应征入伍的高校毕业生退役后报考试点班的，教育考试笔试成绩总分加10分。有效拓宽从反恐特战等退役军人中招录公安机关人民警察渠道。

（九）拓展就业渠道。研究制定适合退役军人就业的岗位目录，提高退役军人服务保障以及安保等岗位招录退役军人的比例，辅警岗位同等条件下优先招录退役军人。选派退役军人参与社会治理、稳边固边、脱贫攻坚等重点工作，鼓励退役军人到党的基层组织、城乡社区担任专职工作人员。

（十）鼓励企业招用。吸纳退役军人就业的企业，符合条件的可享受相关税收优惠。对退役军人就业作出突出贡献的企业，给予表彰、奖励。

（十一）强化就业服务。各级公共就业服务机构设立退役军人窗口或实行退役军人优先制度，为其提供便捷高效服务。县级以上地方人民政府每年至少组织2次退役军人专场招聘活动，为其就业搭建平台。国家鼓励专业人力资源企业和社会组织为退役军人就业提供免费服务。

（十二）实施后续扶持。建立退役军人就业台账，实行实名制管理，动态掌握就业情况，对出现下岗失业的，及时纳入再就业帮扶范围。接收退役军人的单位裁减人员的，优先留用退役军人。单位依法关闭、破产、改制的，当地人民政府优先推荐退役军人再就业，优先保障退役军人合法权益。

三、积极优化创业环境

（十三）开展创业培训。组织有创业意愿的退役军人，依托专业培训机构和大学科技园、众创空间、网络平台等，开展创业意识教育、创业项目指导、企业经营管理等培训，增强创业信心，提升创业能力。加强创业培训质量评估，对培训质量好的培训机构给予奖励。

（十四）优先提供创业场所。政府投资或社会共建的创业孵化基地和创业园区可设立退役军人专区，有条件的地区可专门建立退役军人创业孵化基地、众创空间和创业园区，并按规定落实经营场地、水电减免、投融资、人力资源、宣传推广等优惠服务。

（十五）享受金融税收优惠。符合条件的退役军人及其创办的小微企业可申请创业担保贷款，并按国家规定享受贷款贴息。鼓励有条件的地方因地制宜加大对退役军人就业创业的支持力度。退役军人从事个体经营，符合条件的可享受国家相关税收优惠。适时研究完善支持退役军人就业创业的税收优惠政策。

（十六）探索设立创业基金。引导企业和社会组织积极扶持退役军人创业，鼓励社会资本设立退役军人创业基金，拓宽资金保障渠道。

四、建立健全服务体系

（十七）搭建信息平台。加强信息化建设，形成全国贯通、实时共享、上下联动的退役军人就业创业服务信息平台，充分运用大数据，畅通信息渠道，促进供需有效对接，为退役军人就业创业提供精准服务。

（十八）建立指导队伍。组织动员创业经验丰富、关爱退役军人、热心公益事业的企业家和专家学者等人员，组成退役军人就业创业指导团队，发挥其在职业规划、创业指导、吸纳就业等方面的传帮带作用。

（十九）建设实训基地。依托现有专为退役军人服务的机构，按照分级分类管理原则，加快建立优势互补、资源共享、专为退役军人服务的区域化实训基地，将其纳入国家政策支持范围，给予适当补助。

（二十）引导多元服务。积极倡导全社会共同参与退役军人就业创业，把政府提供公共服务、社会力量补充服务、退役军人自我服务结合起来，支持为退役军人就业创业服务的社会组织依法开展工作。

五、切实加强组织领导

（二十一）健全工作机制。要把退役军人就业创业工作作为一项政治任务摆上重要议事日程，健全工作机制，统筹协调、组织指导退役军人就业创业工作，重点做好研究制定政策、拟订实施方案、选定承训单位和就业创业指导服务机构、开展监督考评等重要事项。

（二十二）明确任务分工。退役军人事务部门负责退役军人就业创业的组织协调、宣传发动、监督考评等工作。教育部门负责推荐并指导所属教育培训机构做好招生录取、教学管理、就业推荐等组织实施工作。财政部门负责退役军人就业创业经费的安排与监管工作。人力资源社会保障部门负责指导职业培训机构、公共就业服务机构为退役军人提供职业技能培训、基本公共就业服务。军地有关部门按照职责共同做好退役军人就业创业相关工作。

（二十三）严格追责问责。要把退役军人就业创业工作纳入年度绩效考核内容，加强监督检查，严格追踪问效，确保政策落实落地。对在中央政策之外增设条件、提高门槛的，坚决予以清理和纠正；对政策落实不到位、工作推进不力的，及时进行督查督办；对严重违反政策规定、造成不良影响的，严肃追究相关人员责任。

（二十四）强化宣传教育。加强退役军人思想政治和择业观念教育，帮助他们尽快实现角色转换，顺利融入社会，退役不褪色、退伍不褪志，继续保持发扬人民军队的光荣传统和优良作风，在社会主义现代化建设事业中再立新功、赢得全社会尊重。同时，大力宣传退役军人就业创业典型，弘扬自信自强、积极向上的精神风貌。宣传社会各界关心支持退役军人就业创业的先进事迹，营造有利于退役军人就业创业的良好氛围。

各地结合实际制定实施细则，贯彻落实情况及时报告。

2018年7月27日

退役军人事务部　中共中央组织部　中央文明办　国家发展和改革委员会　公安部　财政部　人力资源社会保障部　国务院国资委　国家医疗保障局　中央军委政治工作部关于进一步加强由政府安排工作退役士兵就业安置工作的意见

退役军人部发〔2018〕27号

各省、自治区、直辖市、新疆生产建设兵团党委组织部，文明办，发展改革委、公安厅（局）、民政厅（局）、财政厅（局）、人力资源社会保障厅（局）、医疗保障局（办）、国资委，各战区、各军兵种、军委机关各部门、军事科学院、国防大学、国防科技大学、武警部队政治工作部（局、处）：

为进一步加强和改进由政府安排工作退役士兵就业安置工作，真正把党和国家关心关爱退役士兵的各项要求落到实处，显著提高退役士兵的获得感、荣誉感，根据《退役士兵安置条例》等有关政策规定，结合新时代做好退役士兵安置工作的新任务新要求，现提出如下意见：

一、统一思想认识

退役士兵是退役军人的重要组成部分，由政府安排工作退役士兵曾是部队建设的骨干、是地方发展的重要人力资源。妥善安置这些人员，对贯彻落实改革强军战略，推进国防和军队建设；对维护政治社会大局稳定，全面建成小康社会具有重要意义。习近平总书记对退役军人工作高度重视，对退役安置作出一系列重要论述。各部门要提高政治站位，深刻领会习近平总书记关于退役军人工作的重要指示批示精神，把退役士兵安置作为一项重要的政治任务，不讲条件、不打折扣地履行安置责任和国防义务，为现役官兵安心服役、专谋打赢提供有力保障，为退役士兵融入社会、就业创业创造良好条件。任何部门、行业和单位都不得以任何理由拒绝接收安置退役士兵。

二、提升安置质量

（一）严格落实政策规定。各类机关、团体、企事业单位都要严格落实《关于加强新形势下优抚安置工作的意见》要求，确保“由政府安排工作退役士兵安置到机关、事业单位和国有企业的比例不低于80%”。安置地退役士兵安置工作主管部门要制定具体的办法措施，形成机关、事业单位和国有企业科学合理的分类接收结构比例。党政机关要采取措施鼓励退役士兵参加公务员招考，事业单位和国有企业要发挥安置主渠道作用，确保提供充足的安置岗位数量，不断提高安置岗位质量。

国有、国有控股和国有资本占主导地位的企业，要按照本企业全系统新招录职工数量的5%核定年度接收计划，每年4月底前主动报送同级人民政府退役士兵安置工作主管部门，审核通过后按计划落实。不得提供濒临破产或生产有困难的企业岗位以及与退役士兵安置地不在同一地区（设区市）的岗位给退役士兵。中央企业岗位不计入属地提供的岗位数量。

（二）改进接收安置制度

1. 放宽安置地限制。士兵服现役期间父母户口所在地变更的，可随父母任何一方安置。经本人申请，也可在配偶或者配偶父母任何一方户口所在地安置。其中，易地安置落户到国务院确定的超大城市的，应符合其关于落户的相关政策规定。

2. 加强计划统筹。县级安置任务较重的可由市级在本行政区域内统筹安排，市级安置有困难的可由省级统筹调剂安排。由上级统筹安排的人员，要经本人同意且不受户口所在地限制，公安部门根据实际安置地办理落户手续。

3. 允许灵活就业。选择由政府安排工作的退役士兵回到地方后又放弃安排工作待遇的，经本人申请确认后，由安置地人民政府按照其在部队选择自主就业应领取的一次性退役金和地方一次性经济补助金之和的80%，发给一次性就业补助金，同时按规定享受扶持退役军人就业创业的各项优惠政策。

三、依法保障待遇

（一）及时安排上岗。接收单位应当从所在地人民政府退役士兵安置工作主管部门开出介绍信的1个月内，安排退役士兵上岗。非因退役士兵本人原因，接收单位未按照规定安排上岗的，应当从开出介绍信的当月起，按照不低于本单位同等条件人员平均工资80%的标准，逐月发给退役士兵生活费直至上岗为止。

（二）落实岗位待遇。退役士兵享受所在单位正式员工同工龄、同工种、同岗位、同级别待遇。军龄10年以上的，接收的企业应当与其签订无固定期限劳动合同，接收的事业单位应当与其签订期限不少于3年的聘用合同。任何部门、行业和单位不得出台针对退役士兵的歧视性措施，严禁以劳务派遣等形式代替接收安置。

（三）发放相关补助。退役士兵待安排工作期间，安置地人民政府应当按照上年度最低工资标准逐月发放生活补助。

（四）接续基本保险。退役士兵在国家规定的待安排工作期，以其在军队服役最后年度的缴费工资为基数，按20%的费率缴纳基本养老保险费，其中8%作为个人缴费记入个人账户，所需费用由安置地人民政府同级财政资金安排。退役士兵在国家规定的待安排工作期按规定参加安置地职工基本医疗保险，单位缴费部分由安置地人民政府足额缴纳，个人缴费部分由退役士兵个人缴纳，军地相关部门协同做好保险关系接续，确保待遇连续享受。

（五）坚持公平公正。把退役士兵服现役期间的表现作为安排工作的主要依据，结合量化评分情况进行排序选岗，使服役时间长、贡献大的退役士兵能够优先选岗。要进一步健全“阳光安置”制度，各地可结合实际研究制定选岗定岗的具体办法措施。

四、强化组织领导

（一）明确列入考核范围。各级各有关部门要协调推动将由政府安排工作退役士兵就业安置工作纳入党委政府目标考核体系，作为对下级党委政府年度考核内容，作为参加双拥模范城（县）、爱国拥军模范单位和个人评选的重要条件，作为文明城市、文明单位评选和社会信用评价的重要依据。

（二）切实加强督导检查。各级退役士兵安置工作主管部门要采取定期跟踪、实地督导等方式及时跟进了解工作情况。结合重视程度、工作力度以及任务完成情况，进行通报表扬或通报批评，对有问题的地区和单位，要限期整改。年度接收安置工作结束后，接收安置退役士兵的用人单位，要向同级人民政府退役士兵安置工作主管部门报告安置任务落实情况，地方人民政府退役士兵安置工作主管部门要向上级人民政府退役士兵安置工作主管部门报告安置任务落实情况。

（三）依法依规追究责任。各级要及时梳理汇总年度落实岗位、取消安置待遇等情况，形成存据、规范管理。要建立责任倒查制度，退役士兵安置工作主管部门要积极会同相关部门，对政策落实不到位的地区和拒收退役士兵的单位，进行约谈督促、挂牌督办、媒体曝光，责令限期整改；对拒绝整改的，要对相关单位负责人和直接责任人依法依规问责。

（四）高度重视教育管理。强化政策宣讲。每年士兵退役前，县级以上退役士兵安置工作主管部门到驻地部队开展2次以上“政策进军营”活动；退役士兵待安排工作期间，要向他们讲清安置政策和不同单位行业基本用人需求及发展预期等，帮助其找准就业预期与就业现状的平衡点，使他们能够更好更快融入社会。坚持规范管理。由政府安排工作退役士兵无正当理由自开出安置介绍信15个工作日内拒不服从安置地人民政府安排工作的，视为放弃安排工作待遇；在待安排工作期间被依法追究刑事责任的，取消其安排工作待遇；弄虚作假骗取安置待遇的，取消相关安置待遇。注重宣传引导。对接收安置工作积极、措施得力、成效显著的行业部门以及在不同岗位建功立业的退役士兵，要作为先进典型及时给予宣传表扬，激励各部门行业不断提高接收安置的积极性，引导广大退役士兵退伍不褪色，珍惜荣誉，自觉做改革发展的维护者、推动者。

本意见自2018年8月1日起执行，2018年8月1日后退出现役的士兵适用本意见。各地各有关部门要根据本意见，制定具体实施办法，落实好各项规定和任务。

2018年7月27日

市场监管总局　人力资源和社会保障部关于规范营利性民办技工院校和营利性民办职业技能培训机构名称登记管理有关工作的通知

国市监企注〔2018〕18号

各省、自治区、直辖市工商行政管理局（市场监督管理部门）、人力资源和社会保障厅（局）：

根据《中华人民共和国民办教育促进法》《企业名称登记管理规定》《教育部　人力资源和社会保障部　工商总局关于印发〈营利性民办学校监督管理实施细则〉的通知》（教发〔2016〕20号）及有关行政法规、规章和规范性文件，现就营利性民办技工院校和营利性民办职业技能培训机构（以下分别简称民办技工院校、民办培训机构）名称登记管理有关工作通知如下：

一、民办技工院校、民办培训机构应当按照《中华人民共和国公司法》《中华人民共和国民办教育促进法》有关规定，登记为有限责任公司或者股份有限公司，其名称应当符合公司登记管理和教育相关法律法规的规定。

二、民办技工院校和民办培训机构名称应当由行政区划、字号、行业、组织形式依次组成，法律、行政法规和国务院决定等另有规定的除外。其名称的行业表述应当与学校办学所在地、类别、层次等相符合。其行业表述由专业特点或者办学特色等加学校类别组成，但按照国家有关规定或者行业习惯可以不加专业特点或者办学特色的除外（见附件）。

三、民办技工院校和民办培训机构不得使用已登记的学校名称及其简称、特定称谓等作字号，但有投资关系或者经该学校授权，且使用该学校简称或者特定称谓的除外。该学校的简称或者特定称谓有其他含义或者指向不明确的，可以不经授权。县级以上行政区划的地名不得用作字号，但具有其他含义的除外。

四、民办技工院校和民办培训机构名称不得冠以“中国”“中华”“全国”“国家”“中央”“国际”“世界”“全球”等字样。在名称中使用上述字样的，应当是行业的限定语并符合国家有关规定。

五、其他企业未经民办技工院校或民办培训机构审批机关审批，名称中不得含有“技师学院”“技工学校”“职业技能培训学校”“职业技能培训中心”等可能对公众造成误解或者引发歧义的内容和文字。法律、行政法规和国务院决定另有规定的从其规定。

六、申请筹设或直接申请正式设立民办技工院校或民办培训机构的，举办者应当向企业登记机关申请企业名称预先核准，并以核准名称向民办技工院校或民办培训机构审批机关报送审批。民办技工院校和民办培训机构名称不含行政区划的，举办者应向市场监管总局申请企业名称预先核准。

民办技工院校和民办培训机构变更名称的，适用前款规定。法律、行政法规和国务院决定另有规定的从其规定。

企业登记机关可以根据需要，就民办技工院校和民办培训机构的名称预核准事宜征求其审批机关的意见。审批机关应及时反馈，对于不同意的应当说明理由。

七、民办技工院校和民办培训机构可在申请设立时向审批机关申请使用简称，并由审批机关在办学许可证或者批准筹设文件中予以注明。简称仅可省略公司组织形式，并限用于学校牌匾、成绩单、毕业证书、招生广告和简章。在招生广告和简章中使用简称的，应当在显著位置标明学校营利性属性和学校全称。

八、本通知所称营利性民办职业技能培训机构，指依法依规举办的实施以职业技能为主的职业资格培训、职业技能培训的营利性培训机构。

九、本通知自下发之日起执行。省级工商（市场监管）、人力资源和社会保障行政部门可根据各地实际情况，依照本通知制定具体实施办法。

附件：营利性民办技工院校和营利性民办职业技能培训机构名称登记有关事宜对应表

2018 年 4 月 11 日

附件

营利性民办技工院校和营利性民办职业技能培训机构名称登记有关事宜对应表

学校类别	行政区划	行业表述 （专业特点或者办学特色等＋学校类型）	审批机关	备注
营利性民办技工院校	一般加学校所在地县级行政区划。省级人民政府或省级人力资源和社会保障行政部门审批设立的，可以加所在地省级、市级、县级行政区划	除行业习惯外，一般应当体现专业特点或者办学特色。如：城市建设技工学校、交通高级技工学校、机械技师学院等 1. 全称举例：××（省）××（字号）××技师学院有限责任公司、××（市）××（字号）××高级技工学校股份有限公司、××（县）××（字号）××技工学校股份有限公司 2. 简称举例：××（省）××（字号）××技师学院、××（市）××（字号）××高级技工学校、××（县）××（字号）××技工学校	设立普通技工学校、高级技工学校由省级人民政府人力资源社会保障部门审批，设立技师学院由省级人民政府审批	营利性民办技工院校名称不含行政区划的，举办者应向市场监管总局申请企业名称预先核准 营利性民办技工院校名称简称只能省略组织形式，即“有限责任公司”或“股份有限公司”
营利性民办职业技能培训机构	一般加培训机构所在地行政区划名称。省级审批机关审批设立的，可以加所在省级行政区划；市级审批机关审批设立的，可以加地市的行政区划；县级审批机关审批设立的，可以加区县的行政区划；设在乡镇的，可以在区县后加乡镇行政区划	除行业习惯外，可以体现专业特点或者办学特色等。如：汽车维修职业技能培训学校、电子商务职业技能培训学校 1. 全称举例：××（省）××（字号）××职业技能培训学校有限责任公司、××（市）××（字号）××职业技能培训学校股份有限公司、××（县）××（字号）××职业技能培训学校有限责任公司 2. 简称举例：××（省）××（字号）××职业技能培训学校、××（市）××（字号）××职业技能培训学校、××（县）××（字号）××职业技能培训学校	县级以上人民政府人力资源社会保障行政部门按照国家规定的权限审批	营利性民办职业技能培训机构名称不含行政区划的，举办者应向市场监管总局申请企业名称预先核准 营利性民办职业技能培训机构名称简称只能省略组织形式，即“有限责任公司”或“股份有限公司”

国家档案局　人力资源社会保障部关于印发《档案专业人员继续教育规定》的通知

档发〔2018〕19号

各省、自治区、直辖市档案局、人力资源社会保障厅（局），各计划单列市档案局、人力资源社会保障局，新疆生产建设兵团档案局、人力资源社会保障局，中央和国家机关各部委档案部门，中央军委办公厅保密和档案局，各人民团体档案部门，各中央企业档案部门，中国人民大学档案学院：

为了更好地开展档案专业人员继续教育活动，保障档案专业人员权益，不断提高档案专业人员素质，根据《中华人民共和国档案法》《干部教育培训工作条例》《专业技术人员继续教育规定》和其他有关规定，特制定《档案专业人员继续教育规定》。现予印发，请遵照执行。

2018年12月24日

档案专业人员继续教育规定

第一条　为了规范和推进档案专业人员继续教育活动，保障档案专业人员权益，不断提高档案专业人员素质，根据《中华人民共和国档案法》《干部教育培训工作条例》《专业技术人员继续教育规定》和其他有关规定，结合档案部门实际，制定本规定。

第二条　全国各级档案行政管理部门、各级各类档案馆的业务人员，国家机关、企业、事业单位以及社会团体等组织的专兼职档案业务人员继续教育，适用本规定。

第三条　档案专业人员继续教育是建设高素质档案人才队伍的基础性、战略性工作。档案专业人员继续教育必须全面贯彻党和国家对档案事业发展的部署要求，培养造就有理想信念、有职业操守、有创新意识、有专业能力的档案专业人员，为档案事业发展提供人才保证和智力支持。

第四条　档案专业人员继续教育应当以服务档案事业发展、推动国家治理现代化、促进科技和文化进步为导向，以能力建设为核心，突出针对性、实用性和前瞻性，坚持理论联系实际、按需施教、分类分级、讲求实效、培养与使用相结合的原则。

第五条　档案专业人员继续教育实行统筹规划、分级管理、分类指导的管理体制。

国家档案局和人力资源社会保障部负责对

全国档案专业人员继续教育工作进行综合管理和统筹协调。国家档案局负责制定全国档案专业人员继续教育政策，会同人力资源社会保障部监督指导全国档案专业人员继续教育工作的组织实施。

除本规定另有规定外，县级以上地方档案行政管理部门、人力资源社会保障行政部门共同负责对本地区档案专业人员继续教育工作进行综合管理和组织实施。

其他国家机关、企业、事业单位以及社会团体等在各自职责范围内依法做好档案专业人员继续教育的规划、管理和实施工作。

档案专业人员所在单位应当根据国家有关规定，结合本单位发展战略和岗位要求，组织开展档案专业人员继续教育活动或者参加相关单位组织的档案专业人员继续教育活动，为本单位档案专业人员参加继续教育提供便利。

第六条 国家机关的档案专业人员参加继续教育所需经费应当按照国家有关规定予以保障。企业、事业单位等应当依照法律、法规和国家有关规定，为档案专业人员参加继续教育活动提供经费保障。

第七条 有条件的单位应当加大对革命老区、民族地区、边疆地区、贫困地区档案专业人员继续教育支持力度，推动优质培训资源向基层延伸倾斜。

第八条 档案专业人员继续教育内容包括公需科目和专业科目。

公需科目包括档案专业人员应当普遍掌握的政治理论、法律法规、职业道德、信息技术等基本知识。专业科目包括档案专业人员从事档案业务工作必须具备的专业知识、专业技能以及应当掌握的档案专业的新理论、新知识、新技术、新方法等。

第九条 档案专业人员继续教育每年累计应当不少于 90 学时，其中，档案专业科目一般不少于总学时的三分之二。新上岗档案专业人员的初任培训是档案继续教育的重要组成部分，未取得档案专业大专以上学历的档案专业人员上岗 1 年内应当参加初任培训，其中，档案专业科目的学习时间应当不少于 80 学时。

档案专业人员参加继续教育取得的学时，不得结转以后年度。档案专业人员通过下列方式参加继续教育的，计入本人当年继续教育学时：

（一）参加档案培训班、研修班或者进修班学习；

（二）参加与教育培训相关的档案业务实践活动；

（三）参加档案远程教育；

（四）参加档案学术会议、学术讲座、学术访问等活动；

（五）省级以上档案行政管理部门或人力资源社会保障行政部门认可的其他方式。

第十条 档案专业人员所在单位应当保障档案专业人员参加继续教育的权利。档案专业人员经所在单位同意，脱产或者半脱产参加继续教育活动的，其所在单位应当按照国家有关规定或者与劳动者的约定，保障工资、福利等待遇。

档案专业人员应当适应岗位需要和职业发展的要求，积极参加本单位组织的或者经单位同意参加其他单位组织的档案专业人员继续教育活动，完善知识结构、增强创新能力、提高专业水平。

档案专业人员应当遵守有关学习纪律和管理制度，完成规定的继续教育学时。

第十一条 档案专业人员所在单位应当建立本单位档案专业人员继续教育与使用、晋升相衔接的激励机制，将参加继续教育情况作为档案专业人员考核评价、岗位聘用的重要依据。

档案专业人员参加继续教育情况应当作为聘任专业技术职务或者申报评定上一级资格的重要条件。

第十二条 档案专业人员所在单位应当对档案专业人员参加继续教育的种类、内容、时间和考试考核结果等情况进行记录。

第十三条 档案部门可以与教学、科研等单位联合或者委托具备相应条件的高等院校、科研院所、社会培训机构等开展继续教育活动。

为档案专业人员提供继续教育服务的机构（以下称档案专业人员继续教育机构）应当具备与档案专业人员继续教育目的任务相适应的场所、设施、教材和人员，建立健全相应的组织机构和管理制度。

国家档案局档案干部教育中心、省级档案干部培训机构是实施档案专业人员继续教育的主要力量。有条件的档案行政管理部门可以结合实际，建设档案专业人员继续教育基地。

第十四条 档案专业人员继续教育机构应当认真实施继续教育教学计划，向社会公开继续教育的范围、内容、收费项目及标准等情况，建立教学档案，根据考试考核结果如实出具档案专业人员参加继续教育的证明。

档案专业人员继续教育机构可以充分利用现代信息技术开展远程教育，形成开放式的档案专业人员继续教育网络，为基层、一线档案专业人员更新知识结构、提高能力素质提供便捷高效的服务。

第十五条 档案专业人员继续教育机构应当按照专兼职结合的原则，聘请具有良好职业道德、丰富实践经验、较高理论水平的业务骨干和专家学者，建设档案专业人员继续教育师资队伍。

档案行政管理部门的领导干部和业务部门负责人应当带头为档案专业人员继续教育授课。

第十六条 国家档案局统一规划全国档案专业人员继续教育师资库建设。有条件的档案行政管理部门可以根据工作需要建立档案专业人员继续教育师资库。师资库实行动态管理，做到资源共享。

第十七条 国家档案局会同人力资源社会保障部等部门建立健全档案专业人员继续教育公共服务体系，搭建继续教育公共信息综合服务平台，发布继续教育公需科目指南和专业科目指南，推荐优秀课程和优秀教材，促进优质资源共享。

省级以上档案行政管理部门会同人力资源社会保障等有关部门根据档案专业人员不同岗位、类别和层次，加强课程和教材体系建设，推进档案专业人员继续教育精品课程库和教材库建设。

第十八条 档案行政管理部门直接举办档案专业人员继续教育活动的，应当申请财政经费保障，不得收取费用。

档案行政管理部门委托档案专业人员继续教育机构举办继续教育活动的，应当依法通过政府采购或者招标等方式选择，并与档案专业人员继续教育机构签订合同，明确双方权利和义务。

鼓励和支持企业、事业单位等举办公益性档案专业人员继续教育活动。

第十九条 档案行政管理部门应当建立档案专业人员继续教育统计制度，对继续教育人数、时间、经费等基本情况进行统计，建立档案专业人员继续教育情况数据库。

第二十条 档案行政管理部门或者其委托的第三方评估机构负责对档案专业人员继续教育机构进行评估。评估的内容包括办学方针、培训质量、师资队伍、组织管理、学风建设、基础设施、经费管理等。档案行政管理部门应当充分运用评估结果，指导档案专业人员继续教育机构改进工作。

档案专业人员继续教育机构负责对档案专业人员继续教育课程进行评估。课程评估的内容包括教学态度、教学内容、教学方法、教学效果等。档案专业人员继续教育机构应当将评估结果作为指导教学部门和教师改进教学的重要依据。

第二十一条 档案行政管理部门依法对档案专业人员所在单位、档案专业人员继续教育机构执行本规定的情况进行监督检查。

第二十二条 档案专业人员所在单位违反本规定的，由档案行政管理部门或者人力资源社会保障行政部门责令改正；给档案专业人员造成损害的，依法承担赔偿责任。

第二十三条 档案专业人员违反本规定，无正当理由不参加继续教育或者在学习期间违反学习纪律和管理制度的，档案专业人员所在单位可视情节给予批评教育、不予报销或者要求退还学习费用。

第二十四条 档案专业人员继续教育机构违反本规定的，由档案行政管理部门或者人力资源社会保障行政部门责令改正。

第二十五条 档案专业人员所在单位、档案专业人员、档案专业人员继续教育机构违反本规定情节严重的，档案行政管理部门应当提出处理建议，由其上级主管部门或者监察机关作出处理。

第二十六条 档案行政管理部门及其工作人员，在继续教育管理工作中不认真履行职责或者徇私舞弊、滥用职权、玩忽职守的，由其上级主管部门或者监察机关责令改正，并按照管理权限对直接负责的主管人员和其他直接责任人员依法予以处理。

第二十七条 军队的档案专业人员继续教育工作，可参照本规定执行，或者由中央军委办公厅保密和档案局根据本规定并结合实际情况制定具体实施办法。

第二十八条 本规定自 2019 年 1 月 1 日起施行，由国家档案局和人力资源社会保障部负责解释。1997 年 10 月 29 日国家档案局发布的《档案专业技术人员继续教育暂行规定》（档发〔1997〕24 号）和 2002 年 1 月 16 日《国家档案局关于加强档案业务人员培训工作的意见》（档发〔2002〕1 号）同时废止。

中国残疾人联合会　国家发展改革委员会　民政部　财政部　人力资源社会保障部　住房城乡建设部　中国人民银行　国家税务总局　国家工商总局　国家体育总局　国家邮政局　国务院扶贫办　全国总工会　共青团中央　全国妇联关于扶持残疾人自主就业创业的意见

残联发〔2018〕6号

各省、自治区、直辖市及计划单列市残联、发展改革委、民政厅（局）、财政厅（局）、人力资源社会保障厅（局）、住房城乡建设厅（局）、工商局、体育局、邮政局、扶贫办（局）、总工会、共青团委员会、妇联，新疆生产建设兵团残联、发展改革委、民政局、财务局、人力资源社会保障局、总工会、共青团委员会、妇联，中国人民银行上海总部，各分行、营业管理部，各省会（首府）城市中心支行，各副省级城市中心分行，各省、自治区、直辖市及计划单列市国税局、地税局，中国邮政集团公司：

自主创业、灵活就业（以下统称自主就业创业）是残疾人实现就业的主渠道之一。为落实国家关于大力推进大众创业、万众创新和坚决打赢脱贫攻坚战的有关部署，进一步促进残疾人自主就业创业，加快推进残疾人小康进程，依据《残疾人保障法》和《残疾人就业条例》“国家鼓励扶持残疾人自主择业、自主创业”要求和《国务院关于做好当前和今后一段时期就业创业工作的意见》精神，提出如下意见。

一、扶持范围

（一）本意见所称残疾人自主就业创业包括残疾人自主创业和残疾人灵活就业。

（二）残疾人自主创业，是指残疾人通过创办经济实体、社会组织等形式实现就业。包括在工商行政管理部门依法登记成立个体工商户、各类企业、农民专业合作社等生产经营主体；在民政部门登记成立各类社会团体、民办非企业单位等社会组织；经人力资源社会保障部门认定的其他自主创业。

（三）残疾人灵活就业，是指从事非全日制、临时性和弹性工作等实现就业。包括从事家庭副业、家政服务、修理装配、便民理发、绿化保洁等；经人力资源社会保障部门认定的其他灵活就业。

二、提供合理便利和优先照顾

（四）残疾人在登记个体工商户、各类企业、农民专业合作社等经济实体，或登记各类社会团体、民办非企业单位等社会组织时，相关部门应提供合理便利，优先办理登记注册手续。

（五）政府和街道兴办贸易市场，设立商铺、摊位，以及新增建设彩票投注站、新增建设邮政报刊零售亭等便民服务网点时，应预留不低于10%给残疾人，并适当减免摊位费、租赁费，有条件的地方应免费提供店面。

三、落实税收优惠和收费减免

（六）残疾人本人为社会提供的服务，按照《财政部　国家税务总局关于全面推开营业税改征增值税试点的通知》（财税〔2016〕36号）有关规定免征增值税；残疾人个人提供的加工、修理修配劳务，按照《财政部　国家税务总局关于促进残疾人就业增值税优惠政策的通知》（财税〔2016〕52号）有关规定免征增值税。残疾人个体就业或创办的企业，可按规定享受增值税优惠政策。

（七）残疾人创办的企业，年应纳税所得额低于50万元（含50万元）并符合小型微利企业条件的，按照《财政部　国家税务总局关于扩大小型微利企业所得税优惠政策范围的通知》（财税〔2017〕43号）有关规定，其所得减按50%计入应纳税所得额，按20%的税率缴纳企业所得税。

（八）对残疾人个人取得的劳动所得，根据《中华人民共和国个人所得税法》和《中华人民共和国个人所得税法实施条例》有关规定，按照省、自治区、直辖市人民政府规定的减征幅度和期限减征个人所得税。

（九）对残疾人自主就业创业的，按照有关规定免收管理类、登记类和证照类等有关行政事业性收费和具有强制垄断性的经营性收费；征得行业协会商会同意，适当减免或降低会费及其他服务收费。生产经营困难的，可依法申请降低住房公积金缴存比例或缓缴，待效益好转后再提高缴存比例或补缴。

（十）残疾人创办具有公益性、福利性且在民政部门登记为民办非企业单位的经营场所用电、用水、用气、用热按照民用标准收取。

四、提供金融扶持和资金补贴

（十一）残疾人个人申请创业担保贷款、康复扶贫贴息贷款，贴息部分按照《财政部关于印发〈普惠金融发展专项资金管理办法〉的通知》（财金〔2016〕85号）等规定进行贴息。残疾人自主创业、灵活就业的经营场所租赁、启动资金、设施设备购置符合规定条件的，可由各地给予补贴和小额贷款贴息。建档立卡贫困残疾人可申请扶贫小额信贷，具体贴息标准参考各地贴息管理办法执行。政府支持的融资性担保机构和再担保机构应加大对残疾人自主就业创业的融资服务力度。有条件的地区可多渠道筹资设立残疾人小额贷款风险补偿基金。对信用良好的残疾人创业者经综合评估后可取消反担保。

（十二）残疾人首次创办小微企业或从事个体经营，且所创办企业或个体工商户自工商登记注册之日起正常运营1年以上的，鼓励地方开展一次性补贴试点。

（十三）符合就业困难人员条件的残疾人实现灵活就业的，按规定给予社会保险补贴，由就业补助资金支出。

（十四）享受城乡低保的残疾人首次自主就业创业的，在核算其家庭收入时，扣减必要的就业成本，鼓励残疾人通过自身努力就业增收，摆脱贫困。

（十五）特殊教育院校教育类毕业生、残疾人高校（含技师学院）毕业生、贫困残疾人家庭高校（含技师学院）毕业生按规定享受求职创业补贴。

（十六）用人单位雇用就业年龄段残疾人，并为残疾人职工实际缴纳社会保险的，可按规定申请吸纳就业困难人员社保补贴。

五、支持重点对象和互联网＋创业

（十七）重点扶持残疾人自主就业创业致富带头人和非遗继承人。残疾人自主创业并带动其他残疾人稳定就业的、获得有关部门认定的残疾人非遗继承人自主创业的，给予贴息贷款扶持。获得有关部门认定的残疾人非遗继承人，优先推荐全国五一劳动奖章、中国青年五四奖章、“全国三八红旗手”等荣誉称号。

（十八）完善残疾人大中专毕业生自主就业创业扶持政策，鼓励支持残疾人大中专毕业生入驻各类创业园。在“千校万岗”等大学生就业精准帮扶行动中，落实残疾人毕业生人岗对接工作。对国际残疾人职业技能竞赛和全国残疾人职业技能竞赛获奖选手自主就业创业的，优先保障贷款贴息，按规定给予一次性补贴。

（十九）残疾人利用网络就业创业的，给予设施设备和网络资费补助。网络商户残疾人同等享受残疾人自主创业扶持政策或享受残疾人灵活就业扶持政策。其中，在网络平台实名注册、稳定经营且信誉良好的网络商户残疾人创业者，可按规定享受创业担保贷款政策。

六、提供支持保障和就业服务

（二十）各地应根据扶持残疾人自主就业创业工作需要，根据《残疾人就业保障金征收使用管理办法》（财税〔2015〕72号）等文件规定，合理安排用于残疾人自主就业创业经营场所租赁、启动资金、设施设备购置补贴（或一次性补贴）、小额贷款贴息、社会保险缴费补贴、用人单位岗位补贴等方面的支出。设立的各类就业创业基金应加大对残疾人自主就业创业的扶持。

（二十一）通过政府购买服务，加大各类孵化基地、众创空间、创新工场、创业园等对残疾人创业培训、开业指导、项目推介、融资咨询、法律援助等孵化服务力度。鼓励建立残疾人就业创业孵化基地，2018年底前各省、自治区、直辖市和计划单列市至少建有一个残疾人创业孵化基地。

（二十二）鼓励支持企业与自主就业创业的残疾人签订委托加工合同或产品购销合同，把适于残疾人加工的产品、工序委托残疾人加工制作。

（二十三）促进城乡残疾人平等就业创业，逐步完善城乡残疾人平等就业创业政策。发挥中心城市、新兴产业带动效应，吸纳更多残疾人劳动力跨地区、跨行业、跨所有制流动就业，逐步使外来残疾人劳动者与当地户籍残疾人享有同等的就业创业扶持政策。

（二十四）各级公共就业服务机构、残疾人就业服务机构要积极为残疾人自主就业创业提供政策咨询、职业介绍、信息发布、职业指导、创业指导、人力资源社会保障事务代理等服务。支持和鼓励社会创投机构、服务中介机构和社会组织，搭建用人单位与残疾人的劳务对接平台，提供相关服务。

各省、自治区、直辖市及计划单列市残联和有关单位应依据本意见，制定本地区残疾人自主就业创业的办法和具体规定。

2018年1月12日

人力资源和社会保障大事记

2018年人力资源和社会保障大事记

一月

1月2日　尹蔚民同志主持召开第209次党组会，传达学习中央农村工作会议精神，研究贯彻落实措施，审议《人社领域改革发展重点史料整理编撰工作方案（送审稿）》。耿文清、傅兴国、邱小平、汤涛、游钧、张义珍同志参加。

汤涛同志参加京津冀协同发展工作推进会议暨京津冀协同发展领导小组第八次会议。

1月3日　尹蔚民同志列席国务院第196次常务会议。

1月3日至7日　耿文清同志赴四川省宜宾市调研，推动国家外国专家局在屏山县的定点扶贫工作，并到宜宾县、乐山市调研人社系统党风廉政建设情况。

1月3日至4日　邱小平同志带队到安徽省开展国务院深化国有企业改革重点工作任务落实情况专项督查。其间，听取省政府国有企业改革工作情况汇报，与省长李国英、省委副书记信长星、副省长何树山沟通有关工作情况。到合肥、蚌埠等地市进行实地督查，召开企业、职工座谈会听取意见建议。

1月4日　游钧同志主持召开研讨会，对基本医疗卫生与健康促进法、医保支付方式改革和2018年医疗保险重点工作等进行专题研究。

1月5日至8日　尹蔚民、傅兴国同志参加新进中央委员会的委员、候补委员和省部级主要领导干部学习贯彻习近平新时代中国特色社会主义思想和党的十九大精神研讨班。

1月5日　张义珍同志到国家体育总局冬运中心调研，与国家体育总局副局长李颖川及有关同志进行座谈。

1月8日　人力资源社会保障部召开直属机关2017年度党员领导干部民主生活会动员部署会。耿文清同志出席并通报2016年度党员领导干部民主生活会情况，对开好2017年度民主生活会提出要求。张义珍同志主持并作动员部署。

人力资源社会保障部举办处级以上干部学习贯彻习近平新时代中国特色社会主义思想和党的十九大精神轮训第一期培训班。耿文清同志围绕中央纪委工作报告为培训班作专题辅导。张义珍同志主持开班式并作动员讲话和辅导报告。部属各单位司处级干部230余人参加。

1月9日　尹蔚民同志主持召开第210次党组会，传达学习习近平总书记在中央政治局民主生活会和学习贯彻党的十九大精神研讨班上的重要讲话。耿文清、傅兴国、邱小平、汤涛、游钧、张义珍同志参加。

尹蔚民同志主持召开第142次部务会，审议《2018年人力资源和社会保障工作要点（送审稿）》《国务院办公厅关于进一步推进支持农民工等人员返乡下乡创业工作的意见（代拟稿）》《人力资源社会保障部2018年度二、三类会议计划（送审稿）》。耿文清、傅兴国、邱小平、汤涛、游钧、张义珍同志参加。

邱小平同志带队到中储粮集团公司开展国有企业改革重点工作任务落实情况专项督查。

1月10日　尹蔚民同志主持召开部党组理论学习中心组专题学习会并作总结讲话，各位党组成员就学习习近平总书记在学习贯彻党的十九大精神研讨班开班式上的重要讲话和在中央政治局民主生活会上的重要讲话的认识和体会进行发言交流。耿文清、傅兴国、邱小平、游钧、张义珍同志参加。

傅兴国同志主持召开公务员局党组理论学习中心组专题学习会，传达学习中央政治局民主生活会精神和习近平总书记在学习贯彻党的十九大精神研讨班开班式上的重要讲话精神并进行集体研讨。

汤涛同志到全国人大预算工作委员会介绍人力资源社会保障部部门预算和养老保险全国统筹工作等有关情况。

1月11日　邱小平同志带队到中国五矿集团公司开展国有企业改革重点工作任务落实情况专项督查。

汤涛同志出席第十四届高技能人才评选表彰工作小组成员单位第一次会议并讲话。

1月12日　傅兴国同志主持召开公务员局党组会议暨党组理论学习中心组集体学习，传达学习习近平总书记在十九届中央纪委二次全会上的重要讲话精神。

1月12日至13日　邱小平同志出席全国总工会第十六届执行委员会第七次全体会议、主席团第十五次全体会议、经费审查委员会第九次全体会议。

1月13日至15日　耿文清同志参加十九届中央纪委委员学习贯彻习近平新时代中国特色社会主义思想和党的十九大精神研讨班。

1月15日　尹蔚民同志主持召开第211次党组会，传达十九届中央纪委二次全会精神，研究贯彻落实措施。傅兴国、邱小平、汤涛、游钧、张义珍同志参加。

尹蔚民同志主持召开第143次部务会，审议《人力资源社会保障部　财政部关于2018年调整退休人员基本养老金的通知（送审稿）》《人社扶贫领域作风问题专项治理实施方案（送审稿）》。傅兴国、邱小平、汤涛、游钧、张义珍同志参加。

人力资源社会保障部举办处级以上干部学习贯彻习近平新时代中国特色社会主义思想和党的十九大精神轮训第二期培训班。张义珍同志出席开班式并作动员讲话和辅导报告。部属各单位司处级干部220余人参加。

1月16日　傅兴国同志出席全国气象工作先进集体和先进工作者表彰大会并宣读表彰决定。

游钧同志主持召开大病保险工作座谈会，听取对大病保险工作的意见建议，就完善城乡居民大病保险制度进行研讨。

张义珍同志主持召开部宣传工作领导小组全体会议，传达全国宣传部长会议精神，总结2017年人社宣传工作，交流工作经验，部署2018年宣传任务。

1月17日　尹蔚民同志参加国务院第197次常务会议，就《关于进一步支持农民工等人员返乡下乡创业的意见（送审稿）》作汇报。张义珍同志列席。

尹蔚民同志主持召开部传达贯彻十九届中央纪委二次全会精神大会并讲话，耿文清同志传达全会主要精神。傅兴国、汤涛、游钧、张义珍同志，部机关、公务员局处级以上干部，部属各单位司级干部和党办主任，离退休干部党支部书记共300余人参加。

耿文清同志主持召开部全面从严治党工作领导小组2018年第1次会议，审议并原则通过部属各单位和公务员局各司2017年党建述职考核评定等次建议、2017年党员民主评议获得“优秀”等次人员名单、2017年全面从严治党工作形势分析、2018年党风廉政建设工作要点、人社系统2018年党风廉政建设工作座谈会方案等。

1月18日至19日　尹蔚民、张建国、傅兴国同志参加党的十九届二中全会。

1月18日至21日　耿文清同志到河南郑州出席部分省（区、市）派驻人力资源社会保障厅（局）纪检组长工作座谈会。会后，到河南信阳调研人社系统学习贯彻党的十九大精神和党风廉政建设情况。

1月18日至19日　邱小平同志到山西天

镇开展慰问调研。其间，看望慰问天镇县驻村干部、乡村扶贫干部；听取天镇县、玉泉镇、谷前堡镇扶贫工作汇报；与20余名乡村扶贫干部、第一书记、驻村干部及群众代表进行座谈，听取对扶贫领域改进作风的意见建议；实地考察天镇县保姆培训基地等扶贫项目。

1月18日　汤涛同志礼节性会见香港特区劳工处处长陈嘉信一行。

张义珍同志到新疆昌吉出席引导鼓励高校毕业生到基层工作暨“三支一扶”人员慰问座谈会并讲话；到新疆生产建设兵团第十二师三坪农场慰问“三支一扶”人员。

张义珍同志出席新疆生产建设兵团追授李永康同志“全国人力资源社会保障系统先进工作者”荣誉表彰会，宣读人力资源社会保障部追授李永康同志“全国人力资源社会保障系统先进工作者”荣誉决定，并向其家属颁发荣誉证书、奖章。

1月19日　张义珍同志出席国务院政策例行吹风会，介绍《关于进一步支持农民工等人员返乡下乡创业的意见》，回答中外记者提问。

1月22日　傅兴国同志主持召开公务员局第118次党组会，传达学习党的十九届二中全会精神。

人力资源社会保障部举办处级以上干部学习贯彻习近平新时代中国特色社会主义思想和党的十九大精神轮训第三期培训班。张义珍同志出席开班式并作动员讲话和辅导报告。部属各单位司处级干部230余人参加。

张义珍同志与《人民日报》、新华社、中央人民广播电台、中央电视台、《经济日报》、《中国日报》、《中国组织人事报》、《中国劳动保障报》等8家媒体记者座谈，听取对人力资源社会保障部新闻宣传工作的意见建议。

1月23日　尹蔚民同志参加党和国家功勋荣誉表彰工作委员会第1次会议并作汇报。

尹蔚民同志参加中央全面深化改革领导小组第2次会议并作汇报。汤涛、游钧同志列席。

耿文清同志出席人力资源社会保障部处级以上干部学习贯彻习近平新时代中国特色社会主义思想和党的十九大精神轮训第三期培训班，并围绕中央纪委工作报告作专题辅导。

傅兴国同志出席中央机关及其直属机构2018年度公务员招考面试工作部署视频会并讲话。

1月23日至24日　汤涛同志参加第十二届全国人大财经委第70次全体会议，汇报2017年人力资源社会保障工作情况和2018年工作计划安排。

1月24日　傅兴国同志主持召开公务员局第119次党组会，审议《国家公务员局2017年项目预算执行和2018年项目预算汇总编制情况》《国家公务员局2018年度会议计划》《局党组2017年度民主生活会对照检查材料》。

1月24日至25日　游钧同志到四川省凉山州布拖县调研督查社会保险扶贫工作。其间，先后到布拖县乌科乡乌科村、特木里镇先锋村、特木里镇卫生院和县政务大厅医保社保服务窗口，就村两委基础设施建设、“一村一幼”、医保扶贫、异地扶贫搬迁等工作进行调研。此后，在凉山出席全国社会保险扶贫工作推进暨经验交流会议并讲话。

1月24日　张义珍同志出席面向驻华使馆的人力资源和社会保障政策吹风会并作主旨演讲。

张义珍同志参加中央国家机关第三十二次党的工作会议暨第三十次纪检工作会议。

1月25日　尹蔚民同志主持召开第212次党组会，传达学习党的十九届二中全会精神，审议《中共人力资源和社会保障部党组2017年度民主生活会对照检查材料（送审稿）》，分析部全面从严治党工作形势，审议《人力资源社会保障部2018年党风廉政建设工作要点（送审稿）》，听取2017年机关党建工作述职评议考核和民主评议党员情况汇报。耿文清、傅兴国、邱小平、汤涛、张义珍同志参加。

尹蔚民同志会见国际社会保障协会布罗伊尔一行。

1月26日　尹蔚民、邱小平同志参加国务院农民工工作领导小组第六次全体会议，听取第十一次全国农民工工作督察情况和推动农民工随迁子女平等接受教育工作情况汇报，总结党的十八大以来农民工工作，部署2018年和今后一个时期的农民工工作。

傅兴国同志主持召开公务员局第81次局务会，审议《关于拨付2017年中央机关公开遴选和公开选调工作经费的请示》《关于做好公务员考试录用违纪违规信息管理工作的通知》《国家公务员局2018年度培训班计划》。

张义珍同志主持召开部机关党委第8次常委会，组织学习十九届中央纪委二次全会精神，审议并原则通过部机关党委常委会学习办法等规定，审议通过驻部纪检组党支部换届选举结果等事项。

1月29日　尹蔚民同志主持召开第213次党组会，审议《中共人力资源和社会保障部党组关于2017年工作情况的报告（送审稿）》《中共人力资源和社会保障部党组2017年述职报告（送审稿）》《中共人力资源和社会保障部党组关于2017年干部选拔任用工作情况的报告（送审稿）》《人力资源社会保障部2018年度培训班计划（送审稿）》《2018年人力资源和社会保障宣传工作要点（送审稿）》。耿文清、傅兴国、邱小平、汤涛、张义珍同志参加。

尹蔚民同志主持召开第144次部务会，审议《人力资源社会保障部　财政部关于2018年提高全国城乡居民基本养老保险基础养老金最低标准的通知》《国务院办公厅关于做好院士退休工作有关问题的通知（代拟稿）》《人力资源社会保障部2018年度评比表彰工作计划（送审稿）》。耿文清、傅兴国、邱小平、汤涛、张义珍同志参加。

张义珍同志主持召开中央第23督导组听取部党组民主生活会准备情况汇报会。

1月30日　汤涛同志、上海市副市长彭沉雷与世界技能组织主席西蒙·巴特利、首席执行官大卫·霍伊在上海共同签署《中国上海2021年第46届世界技能大赛谅解备忘录》《世界技能博物馆合作建设意向书》，并就有关事项进行磋商。其间，会见世界技能组织主席西蒙·巴特利及该组织执行局全体成员，双方就做好2021年第46届世界技能大赛筹备工作进行商谈。

1月31日　傅兴国同志主持召开公务员局党组2017年度民主生活会。局党组成员紧扣“认真学习领会习近平新时代中国特色社会主义思想，坚定维护以习近平同志为核心的党中央权威和集中统一领导，全面贯彻落实党的十九大各项决策部署”主题做个人对照检查，开展相互批评。

1月31日至2月1日　汤涛同志在上海调研职业技能培训工作。其间，先后到集成电路行业协会、宝钢股份有限公司、上海隧道工程有限公司北横道施工现场、上海电气李斌技师学院等地调研，与上海市人力资源社会保障局负责同志就职业技能培训等工作进行座谈。

1月31日　游钧同志出席全国社会保险标准化技术委员会年会，听取社保标委会年度工作报告，对2018年社会保险标准化工作提出要求。

二月

2月2日　尹蔚民同志主持召开部党组2017年度民主生活会并代表部党组做对照检查，张义珍同志通报部党组2016年度民主生活会整改措施落实情况和2017年度征求意见情况，党组成员依次进行个人对照检查和相互批评。耿文清、张建国、傅兴国、邱小平、汤涛、游钧同志参加，中央督导组和中央组织部有关同志特邀参加。

傅兴国同志参加全国打击侵权假冒工作先进代表座谈会。

2月5日　人力资源社会保障部召开2017年度工作总结表彰大会。尹蔚民同志出席并讲话，耿文清同志主持，张义珍同志宣读表彰决定。张建国、傅兴国、邱小平、游钧同志出席。部机关、公务员局处级以上干部、部属事（企）业单位司级干部、离退休干部党支部书记参加。

尹蔚民同志主持召开部党组 2017 年度考核和选人用人“一报告两评议”工作会议。耿文清、傅兴国、邱小平、游钧、张义珍同志出席，中央组织部干部三局、干部监督局有关同志到会指导。

尹蔚民、张建国同志参加李克强总理与外国专家春节座谈会。

傅兴国同志主持召开公务员局党组 2017 年度考核和选人用人“一报告两评议”工作会议。

2 月 6 日　尹蔚民同志代表人力资源社会保障部党组到北辰集团五洲大酒店黎长新国家级技能大师工作室慰问高技能人才代表并讲话，观看技能展示，听取北辰集团人才队伍建设情况汇报。汤涛同志参加。

尹蔚民、汤涛同志到北京中医药大学看望慰问国医大师、享受国务院政府特殊津贴专家王琦教授，听取其本人和教育部、北京中医药大学有关同志对人才工作意见建议。

尹蔚民、傅兴国同志走访军委政治工作部，与中央军委委员、军委政治工作部主任苗华等有关同志座谈。

傅兴国同志主持公务员局第 121 次党组会，审议《2018 年全国公务员管理工作要点（送审稿）》。

傅兴国同志主持公务员局第 82 次局务会，审议《综合司关于签订 2018 年度全国公务员统计技术服务合同的请示》《2018 年公务员对口培训计划（送审稿）》。

游钧同志出席养老保险第三支柱工作领导小组成立会议并讲话。

2 月 7 日　尹蔚民、傅兴国同志列席国务院第 198 次常务会议。

尹蔚民同志主持召开第 214 次党组会，审议《部党组关于学习贯彻习近平总书记重要指示精神　进一步纠正“四风”　加强作风建设有关情况的报告（送审稿）》，听取关于对第 44 届世界技能大赛参赛工作做出贡献的部内相关单位及个人进行奖励有关情况的汇报。耿文清、张建国、傅兴国、邱小平、游钧、张义珍同志参加。

2 月 8 日　尹蔚民同志主持召开国务院就业工作部际联席会议全体会议。张义珍同志代表联席会议办公室就五年来就业工作情况和当年工作安排进行汇报。联席会议成员单位有关负责同志参加并分别发言。汤涛同志参加。

尹蔚民同志会见内蒙古自治区政府主席布小林一行。

2 月 8 日至 10 日　邱小平同志到广西壮族自治区走访困难企业，慰问劳动模范和困难职工，并就保障农民工工资支付工作开展督察。

2 月 9 日　尹蔚民同志出席部离退休人员 2018 年春节团拜会并致辞，张义珍同志主持，耿文清、游钧同志和部老领导、部属各单位负责同志及 200 余名离退休老同志参加。

傅兴国同志出席国务院政策例行吹风会，介绍人力资源社会保障部 2017 年办理人大代表建议和政协委员提案情况并答记者问。

汤涛同志参加刘延东同志主持召开的国家教育体制改革领导小组第 30 次会议。

2 月 11 日　张义珍同志出席部 2017 年援派扶贫挂职干部迎新春座谈会并讲话。13 名挂职同志参加座谈。

2 月 12 日至 13 日　尹蔚民同志陪同李克强总理赴吉林考察。

2 月 12 日　傅兴国同志主持公务员局第 122 次党组会，审议《国家公务员局 2018 年党风廉政建设工作要点》《国家公务员局 2018 年度委托研究项目计划》。

傅兴国同志主持公务员局第 83 次局务会，审议《关于高检院等 15 个单位申报部级表彰奖励计划批复建议》。

2 月 13 日　汤涛同志会见河北省人力资源社会保障厅负责同志，就国家支持雄安新区建设有关人社领域政策进行座谈。

2月14日　尹蔚民、傅兴国同志参加中共中央、国务院2018年春节团拜会。

2月22日　尹蔚民同志主持召开第215次党组会，审议《人力资源社会保障部2017年贯彻落实〈法治政府建设实施纲要（2015—2020年）〉情况的报告（送审稿）》，听取关于2017年预算管理和2018年预算编制情况的汇报。耿文清、张建国、傅兴国、邱小平、汤涛、游钧、张义珍同志参加。

尹蔚民同志主持召开第145次部务会，听取关于建议列入国务院2018年立法工作计划项目有关情况的汇报。耿文清、张建国、傅兴国、邱小平、汤涛、游钧、张义珍同志参加。

傅兴国同志会见河北省人力资源社会保障厅负责同志，听取关于雄安新区管理机构聘任制管理有关工作的汇报。

2月23日　邱小平同志主持召开发展家庭服务业促进就业部际联席会议第十次全体会议并讲话。会议审议2017年工作总结和2018年工作要点。

2月24日　傅兴国同志参加国务院各部门负责人及办公厅（室）主任会议。

傅兴国同志主持召开公务员局第123次党组会，传达国办有关会议精神，部署全国两会期间有关工作。

2月25日至28日　耿文清同志到江西赣州调研人力资源社会保障部在宁都县对口支援扶贫工作及赣州市人社系统学习贯彻党的十九大精神和党风廉政建设情况。

2月26日至28日　尹蔚民、傅兴国同志参加党的十九届三中全会。

2月26日　尹蔚民同志主持召开第216次党组会，传达学习中央有关文件精神。傅兴国、邱小平、汤涛、游钧、张义珍同志参加。

游钧、张义珍同志出席国务院新闻办公室新闻发布会，介绍就业和社会保障有关情况并答记者问。

2月26日至28日　张义珍同志到江苏苏州、宿迁就春节后就业情况进行调研。其间，先后考察了"春风行动"招聘会现场、返乡创业园、基层人社服务平台和相关企业；分别召开企业负责人、企业职工、求职和外出务工人员代表座谈会，并听取省、市人社部门就业工作汇报，了解春节后企业用工、农民工外出务工和"春风行动"开展情况，听取对就业工作的意见建议。

三月

3月1日　尹蔚民同志参加纪念周恩来同志诞辰120周年座谈会。

尹蔚民同志主持召开第217次党组会，传达学习党的十九届三中全会精神，研究贯彻落实措施。耿文清、张建国、傅兴国、邱小平、汤涛、游钧、张义珍同志参加。

傅兴国同志主持召开公务员局第124次党组会，传达学习党的十九届三中全会精神。

3月2日　尹蔚民同志参加全国政协十三届一次会议预备会。

汤涛同志与部属有关单位同志参观北京北方车辆集团有限公司生产车间、中国兵器第一研究院研发中心，并与一线技术工人座谈，听取意见建议。

张义珍同志出席国家行政学院2018年春季学期开学典礼。

3月3日至15日　全国政协十三届一次会议在北京举行。尹蔚民同志参加。

3月5日　傅兴国同志会见哈萨克斯坦公务员事务与反腐败署主任阿赫梅特让诺夫一行，介绍我国公务员制度有关情况，并解答哈方提出的关于公务员考核、考录、培训、纪检监督、稳定公务员队伍等问题。

游钧同志参加十三届全国人大一次会议辽宁代表团全体会议。

3月6日　耿文清同志出席部青年干部深入学习贯彻习近平新时代中国特色社会主义思想和党的十九大精神集中培训，并围绕贯彻落实党的十九大精神和全面从严治党作专题辅导。

3月8日至11日　耿文清同志到湖北武汉参加中央机关及其直属机构2018年度录用

公务员面试巡考，对人事考试廉政风险进行专项监督。随后，到湖北恩施调研人社系统学习贯彻党的十九大精神和党风廉政建设情况，特别是社保领域廉政风险防控工作情况。

3月8日　傅兴国同志参加十三届全国人大一次会议辽宁代表团全体会议。

3月9日　尹蔚民同志参加十三届全国人大一次会议解放军和武警部队代表团第二次全体会议。

3月13日至18日　耿文清同志到浙江杭州出席全国人社系统派驻纪检机构干部业务培训班并授课。随后，赴浙江舟山调研人社系统学习贯彻党的十九大精神和党风廉政建设情况，特别是社保基金监管领域廉政风险防控工作情况。

3月14日　汤涛同志主持召开雄安新区深化改革和扩大开放人社政策措施研究制定工作动员部署会。

3月15日至16日　尹蔚民同志参加全国政协常委会会议。

3月15日　傅兴国同志主持召开公务员局第125次党组会，传达学习中央领导同志有关批示精神。

3月16日　汤涛同志出席世界技能大赛先进事迹视频报告会并讲话，第44届世界技能大赛阿尔伯特·维达大奖获得者、工业机械装调项目金牌选手宋彪，时装技术项目金牌选手胡萍，工业控制项目金牌选手袁强分别作事迹报告。

3月17日　全国政协十三届一次会议第四次全体会议选举尹蔚民为中国人民政治协商会议第十三届全国委员会常务委员、社会和法制委员会副主任。

3月19日　十三届全国人大一次会议决定：任命张纪南为人力资源社会保障部部长。

3月20日　尹蔚民、张纪南同志出席部领导干部会议并讲话，中央组织部副部长周祖翼同志宣布中央关于人力资源社会保障部主要负责同志职务调整的决定。耿文清、邱小平、汤涛、游钧、张义珍同志，部老领导，部机关、公务员局、部属事（企）业单位司级干部，离退休干部党支部书记参加。

张纪南同志主持召开碰头会。耿文清、邱小平、汤涛、游钧、张义珍同志参加。

3月21日　张纪南同志列席国务院第1次常务会议。

3月23日　张纪南同志看望部老领导。张义珍同志陪同。

张纪南同志主持召开第1次党组会，听取关于本部机构改革职能调整完善情况汇报。耿文清、邱小平、汤涛、游钧、张义珍同志参加。

3月24日　国务院决定：任命张建国为科学技术部副部长、国家外国专家局局长，免去其人力资源社会保障部副部长职务；任命傅兴国为国家公务员局局长，免去其人力资源社会保障部副部长职务。

3月26日　张纪南同志主持召开第2次党组会，研究党组成员分工，审议《人力资源社会保障部党组理论学习中心组2018年度专题学习计划（送审稿）》《人力资源社会保障部2018年直属机关党建工作要点（送审稿）》。耿文清、邱小平、汤涛、游钧、张义珍同志参加。

张纪南、张义珍同志到全国人才流动中心窗口大厅调研，并到就业促进司、人力资源市场司、失业保险司看望干部职工。

张纪南、张义珍同志听取就业板块工作汇报。

汤涛同志和全国总工会副主席阎京华出席国务院新闻办公室《关于提高技术工人待遇的意见》新闻发布会，介绍有关情况并回答记者提问。

3月27日　张纪南同志主持召开部传达贯彻全国两会精神暨机构改革动员部署大会并讲话，邱小平同志传达十三届全国人大一次会议精神，余兴安同志传达全国政协十三届一次会议精神。汤涛、游钧、张义珍同志参加。

耿文清同志到中央纪委机关参加中央纪委传达全国两会精神会议。

邱小平同志出席全国政协十三届一次会议提案交办会。

3月28日　张纪南同志列席国务院第2次常务会议。

3月28日至29日　汤涛同志到广州出席广东省参加第44届世界技能大赛总结表彰大会暨备战第45届世界技能大赛动员会，听取省人力资源社会保障厅关于第45届世界技能大赛全国选拔赛（广东赛区）筹备情况汇报，并实地考察全国选拔赛竞赛场馆。其间，先后到广州轻工技师学院、白云工商技师学院、无线电集团调研。

3月28日　张义珍同志主持召开部机构改革工作小组办公室第一次会议，研究本部机构改革有关工作。

张义珍同志主持召开直属机关党委第9次常委会。

3月29日　张义珍同志主持召开全国“三支一扶”工作领导小组会议暨统筹实施基层服务项目协调小组会议并讲话。会议交流了高校毕业生“三支一扶”、大学生村官、教师特岗、农技特岗计划和西部计划等基层服务项目工作情况，研究讨论有关共性问题，安排部署2018年“三支一扶”计划工作。

3月30日　张纪南、游钧同志听取社保板块工作汇报。

汤涛同志在天津南开大学出席国际行政科学专家委员会第九次会议并致辞。

3月31日　张义珍同志参加国务院机构改革推进会。

四月

4月2日　张纪南同志主持召开第3次党组会，审议《人力资源社会保障部机构改革组织实施工作方案（送审稿）》《人力资源社会保障部机构改革工作小组工作规则（送审稿）》《关于向十三届全国人大常委会提交立法规划项目的建议（送审稿）》。耿文清、邱小平、汤涛、游钧、张义珍同志参加。

张纪南同志主持召开第1次部务会，审议《2018年人力资源和社会保障事业发展计划（送审稿）》《人力资源社会保障部2018年度委托研究项目计划（送审稿）》。耿文清、邱小平、汤涛、游钧、张义珍同志参加。

张纪南同志列席中央财经委员会第1次会议。

汤涛同志到全国总工会参加推进产业工人队伍建设改革协调小组会议。

张义珍同志出席“澜湄地区人力资源开发实践研究及合作框架探索”项目启动会并讲话。

4月4日　张纪南、汤涛同志列席国务院第3次常务会议。

张纪南、邱小平同志听取劳动关系和工资收入分配板块工作汇报。

邱小平同志主持召开国家协调劳动关系三方会议第二十三次会议。

4月7日　张纪南同志分别听取法规司、规划财务司、国际合作司主要负责同志工作汇报。

4月8日　张纪南、汤涛同志听取人才人事板块工作汇报。

4月9日　张纪南同志主持召开第4次党组会暨党组中心组集体学习，认真学习领会习近平总书记关于脱贫攻坚的重要论述，研究部署人力资源社会保障领域扶贫工作。耿文清、邱小平、汤涛、游钧、张义珍同志参加。

汤涛、游钧同志参加国务院政策例行吹风会，分别介绍留学回国人员创业创新工作、继续阶段性降低社会保险费率工作有关情况。

4月10日至13日　汤涛同志参加第6期省部级干部学习贯彻习近平新时代中国特色社会主义思想和党的十九大精神研讨班。

4月10日　游钧同志主持召开部分省市社保费征收体制座谈会，听取地方意见建议，并对做好下一步工作提出明确要求。

张义珍同志听取广西壮族自治区人力资源社会保障厅有关负责同志关于人力资源服务产业园的情况汇报。

4月11日　人力资源社会保障部召开直

属机关第十次党的工作会议。张纪南同志出席并讲话，耿文清同志主持，邱小平、游钧同志出席，张义珍同志通报2017年度部党组民主生活会情况和司级干部考核情况，总结2017年、部署2018年机关党建工作。

4月12日　张纪南同志列席国务院第4次常务会议。

4月12日至13日　邱小平同志到江苏南京出席全国农民工工作暨家庭服务业工作办公室主任座谈会并讲话。其间，调研考察了农民工综合服务平台和“互联网＋家庭服务业”企业。

4月12日　游钧同志主持召开会议，与来部调研的中央编办四司负责人就社会保险费征收体制改革工作进行座谈。

4月13日　张纪南、耿文清、游钧、张义珍同志出席学习贯彻宪法专题讲座暨部党组中心组学习（扩大）会。

游钧同志主持召开会议，与国家税务总局负责同志就机构改革涉及的社会保险费征收体制调整问题进行沟通。

张义珍同志到国家发展改革委参加第一季度经济形势分析部门征求意见会。

4月16日　张纪南同志参加新一届国务院宪法宣誓仪式观礼。

张纪南、耿文清、邱小平、游钧、张义珍同志分别会见贵州省副省长卢雍政一行。

张纪南同志先后到社会保险事业管理中心、中央国家机关养老保险管理中心、统计调查中心、中国劳动保障报社、信息中心调研，并看望干部职工。游钧同志陪同。

4月16日至19日　耿文清同志到湖南怀化调研人社系统学习贯彻党的十九大精神和党风廉政建设，特别是社保基金和就业扶贫培训领域廉政风险防控工作情况。

4月16日至20日　汤涛同志参加国家行政学院省部级干部建设网络强国专题研讨班。

4月17日　邱小平同志主持召开2018年留学人员回国服务工作部际联席会议，传达落实国务院常务会议精神，总结交流2017年工作经验，研究部署2018年工作任务。

游钧同志出席人力资源社会保障部和财政部联合召开的基本养老保险基金投资管理工作座谈会暨委托省份联席会议并讲话。

4月18日　张纪南同志列席国务院第5次常务会议并汇报《关于推行终身职业技能培训制度的意见（送审稿）》。汤涛同志列席。

游钧同志会见天津市副市长姚来英一行。

张义珍同志与来访的天津市副市长姚来英就天津市申建国家级人力资源服务产业园有关工作进行座谈。

张义珍同志参加《中国大能手》“五一”特别节目《匠心筑梦·致青春》主题晚会录制。

4月19日　张纪南同志主持召开就业工作专题会，研究全国就业创业工作电视电话会议方案。张义珍同志参加。

张纪南同志主持召开职业培训专题会，研究修改《关于推行终身职业技能培训制度的意见（稿）》有关问题。汤涛同志参加。

游钧同志参加全国人大常委会预算工委关于财政医疗卫生资金分配和使用座谈会。

张义珍同志出席钢铁煤炭煤电化解过剩产能全国电视电话会议并讲话，就做好职工安置工作提出要求。

4月20日　张纪南同志参加全国网络安全和信息化工作会议。

张纪南同志主持召开解决企业工资拖欠问题部际联席会议全体会议，传达学习习近平总书记重要批示精神和李克强总理批示要求，审议2017年工作情况、2018年工作要点和2017年度省级政府考核等次，研究部署下一步治欠保支工作。

4月20日至21日　耿文清、张义珍同志在湖南长沙出席全国人社系统2018年全面从严治党暨党风廉政建设工作座谈会并讲话。

4月20日至21日　游钧同志参加全国网络安全和信息化工作会议。

4月23日　张纪南同志主持召开第5次党组会，听取关于贯彻落实第4次党组会议定事项进展情况的汇报。耿文清、邱小平、汤涛、游钧、张义珍同志参加。

张纪南同志主持召开第2次部务会，审议《2018年就业工作方案（送审稿）》，听取关于技工院校师资能力提升计划项目的汇报。耿文清、邱小平、汤涛、游钧、张义珍同志参加。

汤涛同志出席国务院政策例行吹风会，介绍关于推行终身职业技能培训制度有关情况，并回答记者提问。

张义珍同志参加全国人大常委会统计法执法检查组第一次全体会议，就人力资源社会保障部门落实党中央关于深化统计管理体制改革的决定、贯彻实施统计法的情况作汇报。

4月24日至28日　邱小平、游钧同志参加省部级干部学习贯彻习近平新时代中国特色社会主义思想和党的十九大精神集中轮训。

4月24日至25日　汤涛同志到浙江温州出席2018年全国专业技术人才工作座谈会并讲话。会后，在浙江省开展人才工作调研。其间，与副省长王文序进行座谈交流；到温州瓯江口产业集聚区、瓯海区生命健康小镇考察；听取温州医科大学和市工艺美术行业协会专技人才队伍建设、温州技师学院新校区建设情况汇报；到杭州考察阿里巴巴集团、未来科技城和之江实验室，听取人才培养、互联网就业等情况汇报。

4月24日　张义珍同志出席第四届中美残疾人事务协调会开幕式并致辞。

4月25日　张纪南同志列席国务院第6次常务会议。

张纪南同志分别会见浙江省副省长王文序一行和西藏自治区党委副书记、区政府常务副主席庄严一行。

张义珍同志主持召开直属机关党委第10次常委会，学习贯彻落实习近平总书记和部党组关于党建工作要求，结合学习贯彻部直属机关第十次党的工作会议和人社系统全面从严治党暨党风廉政建设工作座谈会精神，交流研讨狠抓落实机关党建工作，研究讨论定点扶贫有关工作。

4月26日　张纪南同志出席全国就业创业工作电视电话会议并讲话，深入贯彻党的十九大和十九届二中、三中全会精神，以习近平新时代中国特色社会主义思想为指导，落实中央经济工作会议和全国两会要求，交流经验，分析形势，安排部署2018年就业创业工作。张义珍同志主持并讲话。

张义珍同志会见老挝劳动与社会福利部副部长榜红·拉素堪，介绍我国在人力资源社会保障领域取得的成果，双方就进一步加强合作交换意见。

4月27日　张纪南同志参加国务院第一次廉政工作会议。

汤涛同志与南京市有关负责同志就人才队伍建设和第十一届中国留学人员南京国际交流与合作大会筹备工作座谈。

汤涛同志到中国科学院自动化研究所开展“人工智能”人才专题调研，到文献情报中心参观“‘率先行动　砥砺奋进’　十八大以来中国科学院创新成果展”。

张义珍同志与部属有关单位同志到京东集团总部参观党建展馆、京东视界数据中心、无人便利店、智能物流设备，并围绕民营企业党建、电商助力就业创业、就业扶贫、人社政策宣传等内容与集团有关负责同志进行座谈。

张义珍同志参加中央和国家机关各单位机关党委主要负责人会议。

4月28日　汤涛同志出席2018年庆祝五一国际劳动节暨“当好主人翁、建功新时代”劳动和技能竞赛推进大会。

游钧同志与来访的广东省副省长余艳红一行就养老保险基金中央调剂有关工作进行沟通。

张义珍同志参加中央台办与国家发展改革委联合召开的促进两岸经济文化交流合作部际协调机制第一次会议并作重点发言。

五月

5月2日　张纪南同志主持召开第6次党组会，审议《改革开放40周年表彰工作方案

（送审稿）》《部党组关于严格执行向党中央请示报告制度的意见（送审稿）》《部党组关于加强调查研究提高调查研究实效的意见（送审稿）》，听取关于中国上海 2021 年第 46 届世界技能大赛筹办有关工作的汇报。耿文清、邱小平、汤涛、游钧、张义珍同志参加。

5 月 3 日至 5 日　耿文清同志赴重庆调研人社系统党风廉政建设情况，特别是社保基金、就业资金使用以及人社扶贫领域廉政风险防控工作情况。随后，到重庆市航空职业技术学校对注册建筑师考试进行巡考，并对人事考试廉政风险进行专项监督。

5 月 3 日　邱小平同志出席本部 2018 年人大代表建议和政协委员提案交办会并讲话。

游钧同志参加全国人大常委会传染病防治法执法检查组第一次全体会议。

张义珍同志主持召开部定点扶贫专项组第一次会议，审议《定点扶贫专项组工作方案》，听取各成员单位意见建议和下一步拟采取措施，并征求对《2018 年定点扶贫具体措施》《定点帮扶天镇县、金寨县三年行动方案》的意见建议。

5 月 4 日　张纪南同志参加纪念马克思诞辰 200 周年大会。

张纪南同志参加中央农村工作领导小组第 1 次会议。

游钧同志主持召开社保扶贫专项组第一次会议，审议专项组工作方案及社保扶贫三年行动实施方案，通报 2018 年第一季度工作进展情况，研究下一步做好社保扶贫工作安排。

5 月 6 日至 8 日　张纪南同志带队赴安徽省就定点扶贫和就业、社会保障等相关工作进行调研。其间，实地考察金寨县古碑镇七邻村及花石乡大湾村、金寨技师学院、县政务服务中心、合肥高新创业园、科大讯飞公司，与贫困户和基层工作人员深入交流，查看档案资料，了解第一手情况，召开座谈会听取进一步提升精准扶贫工作水平的意见建议，并看望慰问本部在金寨挂职扶贫干部。

5 月 6 日至 7 日　汤涛同志到天津出席 2018 年全国职业教育活动周启动仪式暨全国职业院校技能大赛开幕式并调研。其间，到天津电子信息高级技工学校了解办学情况，与主办单位天津中环电子信息集团就加强职工技能培训、提高技术工人待遇有关工作进行座谈，并到天津海鸥表业集团了解技能人才队伍建设有关情况。

5 月 7 日　张义珍同志参加国务院机构改革第二次推进会。

5 月 8 日　张纪南同志与安徽省省长李国英在合肥签署《共同推进安徽技工大省建设备忘录》。

5 月 8 日至 10 日　邱小平同志在福州主持召开全国劳动人事争议调解仲裁工作座谈会并讲话，充分肯定党的十八大以来调解仲裁工作取得的成绩，分析新形势新任务，并结合深入贯彻落实党的十九大精神，安排部署做好新时代调解仲裁工作特别是当年重点工作。会后，到福建三明就公立医院薪酬制度改革情况进行调研，听取三明市委市政府及人社、财政、卫计等部门负责同志和医务人员代表情况介绍与意见建议，并实地察看三明市第一人民医院、沙县总医院有关情况。

5 月 9 日至 11 日　汤涛同志到武汉出席首届“湖北工匠”表彰大会暨“技能中国行 2018——走进湖北”活动启动仪式并讲话。其间，观摩了第 45 届世界技能大赛湖北省选拔赛总决赛。随后，在湖北开展人社工作集中调研，了解人力资源社会保障工作进展情况，重点调研就业、扶贫、重点改革任务落实等。分别听取了湖北省和荆州市、恩施州工作汇报，先后到烽火集团有限公司、武汉新芯集成电路制造有限公司、湖北省民间工艺技师学院、湖北洪城通用机械有限公司、恩施市龙凤镇人社服务中心、恩施市东方名都项目部、恩施女儿城·梦想小镇进行实地调研。

张义珍同志带队到山西天镇就定点扶贫、就业扶贫等工作进行调研。其间，先后走访赵家沟乡、贾家屯乡、谷前堡镇等 3 个乡镇 5 个贫困村，到建档立卡贫困户家中深入了解脱贫情况，并与农民群众交流访谈；与各乡镇干部、驻村工作队和第一书记座谈；听取山西省人力资源社会保障厅、大同市人力资源社会保障局和天镇县委县政府负责同志对帮扶措施和工作对接的意见建议。

5月11日　张纪南、游钧同志列席中央全面深化改革委员会第2次会议。

5月14日　张纪南同志主持召开第7次党组会，学习贯彻习近平总书记在中央政治局第五次集体学习和纪念马克思诞辰200周年大会上的重要讲话精神，分析湖北红安社保认证事件，研究改进社保经办服务措施。耿文清、邱小平、汤涛、游钧、张义珍同志参加。

张纪南同志主持召开第3次部务会，听取关于2018年“三支一扶”人员能力提升专项计划有关情况的汇报。耿文清、邱小平、汤涛、游钧、张义珍同志参加。

5月15日　张纪南同志主持召开会议，研究深入推进人社系统审批和公共服务便民化工作建议，邱小平同志参加。

张纪南同志主持召开专题会议，研究改进社保经办工作，游钧同志参加。

张纪南同志会见北京市副市长卢彦一行。

邱小平同志主持召开部保密委员会扩大会，深入学习贯彻习近平总书记关于保密工作的一系列重要指示精神和党中央决策部署，贯彻落实张纪南同志关于做好人社保密工作指示要求，安排部署做好2018年保密工作特别是迎接进驻式保密检查工作。

5月16日　张纪南同志列席国务院第8次常务会议。

邱小平同志到广东中山出席全国劳动关系工作座谈会并讲话。

5月17日　张纪南同志到机关东、西院检查安全保密工作，实地了解职工工作生活条件、文体活动开展等情况，并看望慰问驻部武警战士。

5月17日至18日　汤涛同志到江苏南京鼓楼医院和南京林业大学就人才分类评价和职称制度改革工作进行座谈调研；出席第十一届中国留学人员南京国际交流与合作大会开幕式并致辞。

5月18日　张纪南同志参加全国生态环境保护大会。

耿文清同志主持召开部属各单位主要负责同志会议，传达张纪南同志对保密工作的要求，对迎接中央保密办、国家保密局进驻式保密检查工作进一步提出明确要求。

5月21日　张纪南同志主持召开第8次党组会，传达学习全国生态环境保护大会精神和国务院领导同志关于社保认证的批示精神，研究贯彻落实措施；听取金寨干部学院加挂“全国人社系统干部教育培训基地”牌子有关情况汇报；审议《社保卡线上身份认证与支付结算服务平台PPP项目合同体系（送审稿）》。耿文清、邱小平、汤涛、游钧、张义珍同志参加。

张纪南同志主持召开第4次部务会，耿文清、邱小平、汤涛、游钧、张义珍同志参加。

邱小平同志会见进驻人力资源社会保障部开展保密检查的中央保密办、国家保密局检查组一行。

邱小平同志会见山西省委常委、常务副省长高建民一行。

5月22日　张纪南、游钧同志专题研究养老保险工作。

5月22日至27日　耿文清同志带队赴青海省开展人社工作集中调研。其间，分别到黄南藏族自治州、海南藏族自治州部分县乡和青海民族大学，通过召开座谈会、实地考察、查阅文件资料等方式，详细了解人社领域各项重点工作特别是重点群体就业、人社扶贫、改革举措落实及党风廉政建设等工作情况，听取地方特别是基层一线对人社工作的意见建议。

5月22日　邱小平同志会见青海省副省长韩建华一行。

汤涛同志主持召开专题会，贯彻落实张纪南同志要求，研究人社领域支持河北雄安、海南建设有关工作。

汤涛同志与广州市有关负责同志就中国海外人才交流大会暨中国留学人员广州科技交流会筹备工作和技能人才队伍建设工作进行座谈交流。

张义珍同志出席全国人社宣传工作暨法制工作座谈会并讲话。

5月22日至23日　张义珍同志就高校毕业生就业、农民工返乡创业工作在河南郑州分别召开座谈会，听取高校毕业生代表、农民工代表、有关高校和基层人社部门负责同志意见建议；出席全国人力资源市场建设工作座谈会并讲话。

5月23日　张纪南同志列席国务院第9次常务会议。

张纪南、汤涛同志专题研究职业能力建设重点工作。

5月23日至25日　邱小平同志带队赴山东开展人社工作集中调研。其间，分别听取山东省与济南市、德州市人社工作总体情况和扶贫、治理拖欠农民工工资专项工作汇报，实地考察地方劳动监察大队、农民工综合服务中心和技校、企业、建筑工地、扶贫点，并看望慰问贫困户。

5月24日　张纪南同志参加全国普通高等学校毕业生就业创业工作电视电话会议并发言。张义珍同志参加。

5月25日　张纪南同志参加国务院全体会议。

张纪南同志参加中央教育工作领导小组第1次会议。

汤涛同志到首钢技师学院考察中国技工教育150周年纪念暨“7·15”世界青年技能日主题活动筹备情况，与北京市人力资源社会保障局、首钢技师学院、北京市工贸技师学院负责同志进行座谈交流，并对做好下一步筹备工作提出要求。

游钧同志会见中央改革办调研组一行，介绍本部改革工作总体进展情况。

5月28日　张纪南同志参加2018年两院院士大会开幕式。

张纪南同志主持召开会议，专题研究人社领域支持河北雄安、海南建设有关问题。汤涛同志参加。

耿文清同志参加中央纪委召开的省（区、市）纪检监察工作座谈会。

5月28日至6月1日　邱小平同志到中国浦东干部学院参加省部级干部深化供给侧结构性改革专题研讨班。

5月28日　汤涛同志会见广西壮族自治区人力资源社会保障厅负责同志，就中国—东盟博览会海内外高端人才创新创业成果展筹备和人才队伍建设等工作进行座谈。

5月29日　张纪南同志先后与辽宁省省长唐一军商谈有关工作，会见黑龙江省副省长贾玉梅一行。

5月29日至30日　汤涛同志在安徽合肥出席全国职业能力建设工作座谈会并讲话。会议传达学习张纪南同志关于进一步做好职业能力建设工作的要求，部署当前和今后一个时期职业技能培训重点工作。会后，汤涛同志先后到科大讯飞股份有限公司、安徽华米技术有限公司、安徽江淮汽车集团控股有限公司和新东方烹饪技工学校调研技能人才工作；出席技工教育和职业培训教材建设座谈会并讲话。

5月29日　张义珍同志主持召开部直属机关党委第11次常委会。会议围绕学习贯彻张纪南同志在金寨扶贫调研座谈会上的讲话进行交流研讨，并研究近期定点扶贫有关工作。

5月30日　张纪南同志列席国务院第10次常务会议。

张义珍同志会见中央纪工委执纪监督工作专项检查组一行。

5月31日　张纪南同志主持召开会议，专题研究人社系统行风建设有关工作。耿文清同志参加。

六月

6月1日　汤涛同志参加韩正同志主持召开的京津冀协同发展领导小组会议。

汤涛同志主持召开第45届世界技能大赛

全国选拔赛组委会会议。

张义珍同志参加全国人大常委会统计法执法检查组第二次全体会议，并结合人力资源社会保障统计工作实际，对统计法实施情况报告稿提出修改意见。

6月4日　张纪南同志主持召开第9次党组会，传达学习习近平总书记在中国科学院第十九次院士大会、中国工程院第十四次院士大会上的重要讲话精神，研究贯彻落实措施；传达学习赵乐际同志在省（区、市）纪检监察工作座谈会上的讲话精神；听取关于进一步加强人社系统行风建设有关情况的汇报。耿文清、邱小平、汤涛、游钧同志参加。

张纪南同志主持召开第5次部务会，审议《全国劳动关系和谐企业与工业园区评选表彰工作方案（送审稿）》，听取关于通过法治途径解决“治欠保支”和防骗保基本思路的汇报。耿文清、邱小平、汤涛、游钧同志参加。

6月4日至8日　张义珍同志率团到日内瓦出席第107届国际劳工大会并访问塞尔维亚。在国际劳工大会期间，以“消除性别差距确保女性获得更充分更高质量就业”为题作大会发言；会见国际劳工组织总干事莱德，副总干事格林菲尔德、韦恩斯，会见土耳其、印度尼西亚、加拿大、阿根廷劳工部长；与瑞士联邦经济、教育和研究部国务秘书鲍瑞斯·祖克共同主持中瑞第二次劳工对话，并就进一步落实中瑞劳工合作备忘录的五年实施路线图进行磋商。访塞期间，在贝尔格莱德与塞尔维亚劳动、就业、退伍军人和社会事务部部长乔尔杰维奇举行工作会谈，签署《中华人民共和国政府和塞尔维亚共和国政府社会保障协定》。

6月5日　邱小平同志出席中央人才工作协调小组召开的做好院士退休工作协调会。

6月5日至8日　游钧同志率调研组赴甘肃兰州、临夏开展集中调研。其间，听取了省、市（州）、县工作情况汇报，与当地党政领导及人社、扶贫、财政、民政等有关部门同志座谈，重点了解社保扶贫和行风建设工作现状，实地考察各级社保经办服务平台社保扶贫政策落实及行风建设情况，走访深度贫困地区建档立卡贫困户，听取乡镇村组干部、扶贫重点户对社保扶贫工作和行风建设的意见建议。

6月6日　张纪南同志列席国务院第11次常务会议。

张纪南同志在人民大会堂出席我国和吉尔吉斯共和国双边合作文件签署仪式，与吉劳动和社会发展部部长伊萨库诺娃共同签署《中华人民共和国人力资源和社会保障部与吉尔吉斯共和国劳动和社会发展部在劳动和社会保障领域合作谅解备忘录》。

汤涛同志与来部的中央组织部人才局负责同志座谈，就鼓励引导人才向艰苦边远地区和基层一线流动有关工作情况进行交流。

6月7日　张纪南同志到留学人员和专家服务中心、中国就业培训技术指导中心（职业技能鉴定中心）调研窗口作风建设情况。

耿文清同志会见来部调研的全国党建研究会“深化用制度管权管事管人专题研究”课题组一行。

6月8日　张纪南同志出席中华人民共和国“友谊勋章”颁授仪式并观礼。

邱小平同志主持召开贯彻落实《国务院关于改革国有企业工资决定机制的意见》电视电话会并讲话。财政部副部长余蔚平、国务院国资委副主任徐福顺及中央各部门相关司局和部分中央企业同志在主会场参加会议，各地人力资源社会保障、财政、国资部门同志及有关工作人员在各地分会场参加会议。

6月11日至12日　张纪南同志陪同李克强总理赴湖南衡阳、长沙考察，先后到衡阳白水村、白沙洲工业园、三一集团长沙智能制造车间、博世长沙公司、58集团等实地调研了解有关工作情况。

6月11日　邱小平同志参加国务院扶贫开发领导小组召开的打赢脱贫攻坚战三年行动电视电话会议。

6月11日至15日　邱小平同志在国家行政学院参加省部级领导干部脱贫攻坚专题研讨班。

6月11日　游钧同志参加企业职工基本养老保险基金中央调剂制度贯彻实施工作会议。

6月12日至13日　张纪南同志在上海出席《中国上海2021年第46届世界技能大赛协议书》和《世界技能博物馆合作协议书》签约仪式，出席2018年中国技能大赛——第45届世界技能大赛全国选拔赛开幕式并致辞，参加2018年中国技能大赛——第45届世界技能大赛全国选拔赛主赛场巡馆活动。汤涛同志参加。随后，到上海申通地铁高技能人才培养基地、中国（上海）创业者公共实训基地、上海人力资源社会保障12333咨询中心实地调研技能人才队伍建设、就业创业、人社公共服务窗口建设等情况，听取相关工作意见建议。

6月12日至15日　耿文清同志到安徽省金寨县开展扶贫工作，并就人社系统学习贯彻党的十九大精神和党风廉政建设情况以及行风建设工作中如何体现监督职责深入调研。

6月12日　张义珍同志会见浙江省副省长王文序一行。

6月13日　游钧同志出席国务院政策例行吹风会，介绍《国务院关于建立企业职工基本养老保险基金中央调剂制度的通知》，并回答记者提问。

6月14日　张义珍同志主持人社系统扶贫工作领导小组就业扶贫专项组第一次会议，研究讨论就业扶贫工作思路措施，部署2018年就业扶贫重点工作。

6月19日　张纪南同志主持召开第10次党组会，传达学习习近平总书记关于脱贫攻坚工作重要指示精神，研究人社扶贫工作措施，审议《中共人力资源和社会保障部党组关于调整人力资源社会保障部全面从严治党工作领导小组成员的通知（送审稿）》《2018年城镇职工养老保险制度改革工作方案（送审稿）》《2018年治欠保支工作方案（送审稿）》。耿文清、邱小平、汤涛、游钧、张义珍同志参加。

张纪南同志主持召开第6次部务会。耿文清、邱小平、汤涛、游钧、张义珍同志参加。

张纪南同志主持召开会议，听取部行风建设近期工作进展及系统行风建设电视电话会筹备情况专题汇报。耿文清同志参加。

6月20日　张纪南同志列席国务院第13次常务会议。

汤涛同志出席2018中国博士后制度高校校长研讨会并讲话。

6月20日至23日　游钧同志在国防大学参加军民融合发展专题研讨班。

6月20日　张义珍同志到全国市级人社系统窗口单位作风建设专题示范培训班作开班动员并专题授课。

6月21日　耿文清同志到全国市级人社系统窗口单位作风建设专题示范培训班为学员授课。

汤涛同志参加国务院国资委副主任徐福顺主持的中央企业贯彻落实《关于提高技术工人待遇的意见》专题会议并讲话。

张义珍同志主持召开部属各单位与定点扶贫县贫困村结对帮扶工作协调会，听取已到贫困村调研对接的17个单位情况汇报，对下一步结对帮扶工作提出要求。

6月22日　张纪南同志参加中央外事工作会议。

邱小平同志召集中央组织部、民政部、财政部、退役军人事务部、应急管理部、医疗保障局、国家公务员局等部门相关司局负责同志，研究国家综合性消防救援队伍职业保障问题。

6月25日　张纪南同志主持召开座谈会，听取全国市级人社系统窗口单位作风建设专题示范培训班12名学员对人社工作，特别是对加强系统行风建设工作的意见建议。耿文清同志参加。

汤涛同志到教育部与孙尧副部长和有关司局共同研究教师和实验技术人员职称制度改革工作。

6月26日　张纪南同志主持召开第11次党组会，审议《人力资源社会保障部办公厅关于进一步加强我部在职干部因私出国（境）管理有关问题的通知（送审稿）》《人力资源社会保障部关于推行法律顾问和公职律师制度的实施方案（送审稿）》。耿文清、邱小平、汤涛、游钧、张义珍同志参加。

张纪南同志主持召开第7次部务会，审议《人力资源社会保障部2018年年中务虚会方案（送审稿）》。耿文清、邱小平、汤涛、游钧、张义珍同志参加。

汤涛同志会见中国旅美科技协会一行，介绍我国人才政策和人力资源社会保障部支持开展的留学人员服务相关项目工作，并就当前形势下进一步做好人才引进和使用工作听取意见建议。

6月27日　张纪南同志列席国务院第14次常务会议。

6月27日至7月1日　耿文清同志到吉林长春出席部分省（区、市）人力资源社会保障厅（局）纪检组长工作座谈会并讲话。会后，到延边州开展工作调研，重点对人社系统学习贯彻党的十九大精神和党风廉政建设情况，特别是在行风建设工作中如何体现监督职责开展调研。

6月27日至28日　汤涛同志到2018年中国技能大赛——第45届世界技能大赛全国选拔赛（广东赛区）现场巡察，出席闭幕式；并到广东省云浮市调研技能人才工作。

6月28日　张纪南同志参加全国深化“放管服”改革转变政府职能电视电话会议。邱小平、游钧同志在部分会场参加。

邱小平同志主持进驻式保密检查情况通报会，通报了进驻式保密检查基本情况，分析本部保密工作存在的问题，对全面做好保密整改工作进行部署。

6月29日　张纪南同志主持召开中央庆祝改革开放40周年表彰工作领导小组办公室第1次全体人员会议，学习贯彻王沪宁同志在中央庆祝改革开放40周年表彰工作领导小组第1次会议上的讲话精神，研究下一阶段主要工作，对做好评选表彰工作进行动员部署。

七月

7月1日至3日　汤涛同志到海口参加推进海南全面深化改革开放领导小组第一次会议，并到海南省海洋与渔业科学院、复兴城互联网创新创业园调研。

7月2日　张纪南同志赴河北雄安新区就支持新区建设开展调研，实地考察安新县就业创业孵化园和雄安市民服务中心，并与河北省政府、雄安新区管委会及有关方面负责同志座谈。

7月3日　张纪南同志参加全国组织工作会议。

张纪南同志出席人社系统行风建设电视电话会议并讲话。耿文清同志主持会议，邱小平、游钧同志参加。

张纪南同志与西安交通大学负责同志会商有关工作。

张义珍同志到全国县级人社系统窗口单位作风建设专题示范培训班作开班动员，并专题授课。

7月4日　张纪南同志列席国务院第15次常务会议并汇报当前就业工作有关情况。

耿文清同志到全国县级人社系统窗口单位作风建设专题示范培训班为学员授课。

邱小平同志出席全国劳动保障监察工作座谈会并讲话，参加分组讨论，听取各地对做好治欠保支工作的意见建议。

张义珍同志主持召开直属机关党委第12次常委会，学习习近平总书记关于脱贫攻坚的重要讲话精神和张纪南同志在第10次部党组会上关于定点扶贫工作的讲话，通报近期定点扶贫工作情况，审议部属各单位2018年上半年党建督查工作方案。

7月5日　张纪南同志主持召开第12次党组会，传达学习全国组织工作会议精神，审议《2018年技能人才队伍建设工作实施方案（送审稿）》，听取人社系统改革开放杰出贡献表彰拟推荐人选有关情况的汇报。耿文清、邱小平、汤涛、游钧、张义珍同志参加。

张纪南同志主持召开第8次部务会，审议《“一带一路”国际技能大赛工作方案（送审稿）》。耿文清、邱小平、汤涛、游钧、张义珍同志参加。

游钧同志出席全面取消领取社会保险待遇资格集中认证专题新闻发布会，介绍人社部门加强系统行风建设、深入推进“放管服”改革、全面取消领取社会保险待遇资格集中认证等有关情况，并答记者问。

张义珍同志参加中央网信办网络空间国际治理能力建设工作会议。

7月6日　张纪南同志列席中央全面深化改革委员会第3次会议。

张纪南同志主持召开部党组扩大会议，耿文清、邱小平、汤涛、游钧、张义珍同志和部老领导参加。

汤涛同志与国家国际发展合作署副署长邓波清一行座谈，沟通专技和技能人才国际交流合作有关事宜。

张义珍同志到国家发展改革委参加上半年经济形势分析部门征求意见会。

张义珍同志礼节性会见新加坡驻华大使罗家良，就劳动就业、人才引进、青年实习等议题进行交流，并应询介绍人力资源社会保障部机构改革职能调整等情况。

7月8日至12日　张纪南同志出访德国。其间，参加李克强总理与德国总理默克尔在柏林共同主持的中德第五轮政府磋商，与德国劳动和社会事务部部长胡贝图斯·海尔共同签署《中华人民共和国政府和德意志联邦共和国政府关于青年实习交流计划的联合意向声明》；与胡贝图斯·海尔就人口老龄化、促进青年就业以及数字经济转型对劳动世界未来的影响等进行对口磋商；会见国际社会保障协会主席岳阿基姆·布洛伊尔，进行有关工作交流；分别到德国法定工伤保险同业总会总部、柏林事故保险医疗康复中心和大众集团萨克森州德累斯顿汽车工厂考察。

7月8日至13日　耿文清同志带队到黑龙江就人社系统学习贯彻党的十九大精神和党风廉政建设情况，特别是在行风建设工作中如何体现监督责任、进一步延伸监督触角进行调研。

7月9日　张义珍同志参加国务院机构改革第三次推进会。

7月10日　邱小平同志参加全国政协“发展实体经济，提高供给体系质量”专题协商会。

游钧同志主持召开部社会保险扶贫专项组第三次全体会议，并以“学习贯彻习近平扶贫开发战略思想，深入推进社会保险扶贫工作”为题讲授党课。

7月11日　汤涛同志参加全国人大常委会听取和审议国务院关于推动城乡义务教育一体化发展、提高农村义务教育水平工作情况的报告会议。

汤涛同志到国家自然科学基金委员会，与李静海主任就“博士后创新人才支持计划”实施与博士后科学基金资助等工作进行座谈。

7月12日　张纪南同志列席中央政治局常委会会议。

邱小平同志出席拖欠农民工工资“黑名单”专题新闻发布会，介绍保障农民工工资支付、建立和实施拖欠农民工工资“黑名单”制度相关工作情况，并答记者问。

7月13日　张纪南、汤涛同志列席国务院第16次常务会议。

张纪南同志列席中央财经委员会第2次会议。

7月15日　汤涛同志到首钢技师学院出席中国技工教育图片展暨“7·15”世界青年技能日主题活动启动式并讲话，参观中国技工教育图片展和北京市职业技能公共实训基地。

7月16日　汤涛同志与教育部副部长孙尧一行就职业教育改革实施方案、加快推进教育现代化实施方案等有关问题进行沟通研究。

张义珍同志参加全国人大财经委召开的上半年经济形势分析会，汇报2018年上半年就业和社会保障有关情况。

7月17日　张纪南同志主持部党组中心

组集体学习，学习贯彻习近平总书记关于加强党的政治建设等重要讲话、批示精神和中央财经委员会第2次会议精神。耿文清、邱小平、汤涛、游钧、张义珍同志参加。

张纪南同志参加党外人士座谈会。

7月17日至18日　汤涛同志到陕西西安出席第二届中国（西安）丝路经济带人力资源发展高峰会。

7月17日　张义珍同志出席国务院政策例行吹风会，介绍《人力资源市场暂行条例》相关情况，并答记者问。

7月18日　张纪南同志列席国务院第17次常务会议。

7月19日　张纪南、汤涛同志参加中央人才工作协调小组第45次会议。

7月20日　张纪南同志参加中央教育工作领导小组第2次会议。

邱小平同志主持召开部机关处级以上干部、部属事（企）业单位司级干部和人事处（综合处）处长会议，传达学习全国组织工作会议精神。

7月21日　邱小平同志出席全国劳动和社会保障科研工作座谈会并讲话。

汤涛同志到唯实国际文化交流中心出席“工业互联网创新发展”百千万人才工程创新大讲堂开幕式并致辞，随后到中国信息通信研究院参观工业互联网成果展。

7月21日至22日　汤涛同志就人力资源社会保障部支持海南全面深化改革开放有关工作到海南省开展专题调研，与海南省省长沈晓明，省委常委张琦，副省长刘星泰进行座谈交流，并听取海南省人力资源社会保障厅专题汇报，到中国（海南）自由贸易试验区海口桂林洋江东新区考察。

7月23日　张纪南同志列席国务院第18次常务会议。

张纪南同志主持召开第14次党组会，审议《国家表彰奖励职责划入对接工作方案（送审稿）》，听取2017年度人力资源社会保障部选人用人“一报告两评议”有关情况汇报。耿文清、邱小平、汤涛、张义珍同志参加。

7月23日至25日　游钧同志在大连出席全国养老保险工作座谈会并讲话。会后，到大连市社会保险基金管理中心、营口市人力资源社会保障局社保服务大厅调研。

7月24日　张纪南同志主持召开部加强行风工作领导小组会议，听取行风建设工作情况汇报，研究确定下一步工作安排。耿文清、邱小平、汤涛、张义珍同志参加。

张义珍同志出席全国文物系统先进集体和先进工作者表彰会并宣读表彰决定。

7月25日　邱小平同志参加胡春华同志主持召开的国务院扶贫开发领导小组第三次会议。

邱小平同志听取中国人民大学关于和谐劳动关系构建中政府规制的课题成果汇报，并就有关问题与课题组成员进行深入交流。

张义珍同志主持召开推进机关党的政治建设工作部署会，传达学习习近平总书记关于中央和国家机关推进党的政治建设重要批示精神和工委推进会有关精神，部署加强部机关党的政治建设有关工作。

张义珍同志主持召开部属各单位主要负责同志会议，通报部2017年度选人用人“一报告两评议”有关情况。

7月26日　张纪南同志到社会保障能力建设中心调研，实地考察相关设施设备情况，听取中心基本情况和务虚会会务准备工作汇报。

7月26日至27日　张纪南同志主持召开部年中务虚会并讲话。会议全面贯彻落实党的十九大和十九届二中、三中全会精神，总结上半年工作，分析研判形势，推进重点工作落实。耿文清、邱小平、汤涛、游钧、张义珍同志出席并发言。

7月26日　耿文清、张义珍同志主持召开部全面从严治党工作领导小组会议，研究讨论部党组巡视工作有关文件（稿）和上半年全面从严治党形势分析报告。

汤涛同志出席《校企合作工作指南》赠书

活动和2018年全国骨干技工院校校长高级研修活动学员座谈会并讲话。

张义珍同志出席公共就业服务国际研讨会并致辞。

张义珍同志主持召开部清理人力资源社会保障领域相关培训活动专项工作领导小组第一次推进会。

7月27日　汤涛同志参加国务院政府职能转变和“放管服”改革有关会议。

7月30日　张纪南同志出席部人才工作领导小组2018年第一次会议并讲话。会议传达学习习近平总书记关于人才工作的重要论述，深入贯彻中央人才工作协调小组第45次会议精神，总结工作，分析形势，研究部署部人才工作。汤涛同志主持会议。

张纪南同志主持召开第15次党组会，审议《关于我部2018年上半年全面从严治党工作形势分析的报告（送审稿）》《部党组巡视工作实施办法（试行）（送审稿）》《部党组巡视工作规划（2018—2022年）（送审稿）》《部党组2018年巡视工作计划（送审稿）》。耿文清、邱小平、汤涛、游钧、张义珍同志参加。

7月31日　张纪南同志列席中央政治局会议。

邱小平同志代表部党组慰问驻部武警官兵，赠送八一建军节慰问品，并观看武警应急处置演练。

八月

8月1日至9日　邱小平同志率团赴南非出席金砖国家劳工就业部长会议并访问埃塞俄比亚。会议期间，研讨青年就业、妇女劳动参与和同工同酬、社会对话、社会保护等议题，通过部长会议宣言，与其他4个金砖国家签署劳动和社会保障领域合作谅解备忘录，并会见国际劳工组织总干事莱德。访埃期间，会见埃塞俄比亚劳动和社会事务部部长沃尔德马里亚姆女士，与国务部长阿雷格和阿德马苏进行工作座谈，访问亚的斯亚贝巴市劳动和社会事务局，并先后与我驻埃大使、部分在埃中资企业进行工作交流。

8月3日　张纪南同志主持召开中央庆祝改革开放40周年表彰工作领导小组办公室第二次会议，审议初审拟入选人员建议名单。

8月9日至14日　耿文清同志到宁夏回族自治区固原市、中卫市、吴忠市，调研人社系统贯彻落实党的十九大精神、党风廉政建设和加强系统行风建设有关情况。

8月16日　张纪南同志列席国务院第20次常务会议。

8月17日　张纪南同志主持召开第16次党组会，审议《打赢人力资源社会保障扶贫攻坚战三年行动方案（2018—2020年）（送审稿）》，传达学习纪检监察机构干部监督工作座谈会精神，研究部党组成员分工调整，听取关于本部职能配置、内设机构和人员编制规定总体考虑的汇报。耿文清、邱小平、游钧、张义珍同志参加。

张纪南同志主持召开第9次部务会，审议《人力资源社会保障部关于废止〈台湾香港澳门居民在内地就业管理规定〉的决定（送审稿）》。耿文清、邱小平、游钧、张义珍同志参加。

汤涛同志参加政协第十三届全国委员会第八次双周协商座谈会。

8月20日　张纪南同志主持召开专题会议，研究养老保险有关工作。游钧同志参加。

汤涛同志参加刘鹤同志主持召开的国务院促进中小企业发展工作领导小组第一次会议。

汤涛同志主持召开第45届世界技能大赛中国组委会全体会议，听取第45届世界技能大赛全国选拔赛情况汇报，审议第45届世界技能大赛中国集训基地和技术指导专家组组长建议名单，部署下一步工作。

游钧同志出席国家税务总局、财政部、人力资源社会保障部、卫生健康委、医疗保障局等五部门在京召开的社会保险费和非税收入征管职责划转工作动员部署视频会议并讲话。

8月20日至21日　张义珍同志参加2018年国务院大督查业务培训暨动员部署会议。

8 月 21 日　张纪南同志参加全国宣传思想工作会议第一次全体会议。

张纪南同志出席李克强总理主持召开的国务院西部地区开发领导小组第一次会议。

8 月 22 日　张纪南同志列席国务院第 21 次常务会议。

8 月 22 日至 23 日　游钧同志在贵州省贵阳市考察大数据综合试验区、国家大数据工程实验室，到碧海社区服务平台调研社保窗口作风建设。随后，出席在贵阳召开的全国社会保险局长会议和全国社会保险基金监管工作座谈会并讲话。

8 月 22 日　张义珍同志出席中国发展研究基金会“投资人力资本，拥抱人工智能：中国未来就业的挑战与应对报告发布暨课题研讨会”并作主旨发言。

8 月 22 日至 29 日、8 月 31 日至 9 月 1 日　张义珍同志带领国务院第二十三督查组赴四川省开展大督查。其间，主持召开与四川省政府工作衔接会，传达中央领导同志关于督查工作的重要指示精神，介绍国务院大督查的有关背景、要求和工作安排；主持召开四川省及成都市、雅安市、甘孜州有关部门座谈会；走访部分企业、乡村、政务大厅、创业园区，实地察看部分重大投资项目建设进展情况，看望甘孜州部分建档立卡贫困群众、州人力资源社会保障局干部职工，按照国办督查要求，就督查中发现的问题约谈部分市县负责同志。

8 月 23 日　张纪南同志主持召开第 17 次党组会，听取关于国家表彰奖励等工作衔接情况汇报，审议《人力资源社会保障部职能配置内设机构和人员编制规定（修改稿）》。耿文清、邱小平、汤涛同志参加。

8 月 24 日　张纪南同志先后到中国高级公务员培训中心、中国人事科学研究院、中国人力资源和社会保障出版集团调研，实地察看教学室、图书资料室、文体活动室、学员宿舍和餐厅等设施，与一线科研、管理人员交谈，了解培训办学、科研开展、生产经营和党建工作情况，听取对加强和改进培训、科研、出版工作的意见建议。

8 月 27 日　邱小平同志参加 2018 年全国医改工作电视电话会议。

汤涛同志出席第 45 届世界技能大赛集训工作动员会。

8 月 28 日　张纪南同志列席中央政治局常委会会议。

8 月 28 日至 9 月 2 日　耿文清同志到西藏自治区拉萨市、日喀则市、阿里地区，调研人社系统贯彻落实党的十九大精神和党风廉政建设情况，特别是在行风建设中主体责任、监督责任同向发力有关情况。

8 月 29 日　张纪南同志主持召开会议，听取养老保险全国统筹、最低缴费年限等问题的情况汇报。游钧同志参加。

汤涛同志在福建漳州出席 2018 年全国人事考试工作座谈会并讲话。

8 月 29 日至 31 日　汤涛同志带队赴山东省调研技能人才工作，实地考察蓝翔技师学院、莱芜技师学院、日照技师学院，参加“技能中国行 2018——走进山东”有关活动。

8 月 29 日　游钧同志参加第十次全国归侨侨眷代表大会并宣读表彰决定。

8 月 30 日　张纪南同志列席国务院第 22 次常务会议并汇报有关工作。邱小平同志列席。

张纪南同志主持召开第 10 次部务会，审议《关于企业职工基本养老保险基金中央调剂制度实施办法（送审稿）》。邱小平、游钧、张义珍同志参加。

8 月 31 日　张纪南同志到中央改革办汇报养老保险全国统筹工作有关情况。游钧同志参加。

邱小平同志参加农村留守儿童关爱保护和困境儿童保障工作部际联席会议第一次全体会议。

九月

9 月 3 日至 10 日　游钧同志到阿根廷出席二十国集团劳工就业部长会议并访阿。其间，出席二十国集团劳工就业部长会议和劳工部长与教育部长联合会议并发言；会见国际劳工组织总干事莱德、国际社会保障协会会长布洛伊尔、土耳其劳动社会事务与家庭部部长塞尔丘克等。会见阿根廷劳动就业和社会保障部部长豪尔赫·特里亚卡及该部社会保障司负责人、阿根廷国家社会保障局局长埃米利奥·巴萨维尔巴索。

9月4日　张纪南同志主持召开第18次党组会，听取关于部领导"一岗双责"工作调度会有关情况的汇报。耿文清、邱小平、汤涛、张义珍同志参加。

张纪南同志主持部党组中心组集体学习，学习贯彻全国宣传思想工作会议精神并传达学习有关材料。耿文清、邱小平、汤涛、张义珍同志参加。

张义珍同志会见法国社会保障筹资高级委员会主席、国家高等社会保障学院院长多米尼克·里博一行。

9月5日至8日　邱小平同志带队赴安徽省开展脱贫攻坚督查，主持召开座谈会、实地察看就业扶贫项目，并与安徽省扶贫开发领导小组交换督查意见。

9月5日　汤涛同志参加国家科技体制改革和创新体系建设领导小组第1次会议。

9月6日　张纪南同志列席国务院第23次常务会议。

9月6日至7日，张纪南同志带队赴山西天镇调研考察扶贫工作。其间，深入贾家屯乡塔儿村、天镇保姆培训基地、谷前堡镇张家庄村仁用杏基地、县城东郊万人移民小区等地，实地考察光伏扶贫、特色产业扶贫、贫困劳动力技能培训和转移就业、易地扶贫搬迁安置等工作，与贫困户和基层工作人员深入交流，了解第一手情况，听取做好扶贫工作的意见建议。在大同市主持召开有关企业、高校就业工作座谈会，实地调研就业创业工作情况。与山西省委常委张吉福和山西省副省长曲孝丽商谈有关工作，并看望慰问本部在天镇挂职扶贫干部。

9月7日　汤涛同志参加国务院推进政府职能转变和"放管服"改革协调小组专题会议。

9月10日　张纪南同志参加全国教育大会全体会议。

9月11日　张纪南同志到市场监管总局参加国务院领导同志主持召开的有关会议。

邱小平同志出席在浙江杭州举办的全国厂务公开协调小组"深化民营企业民主管理，增强创新发展内生动力"现场会并讲话。

汤涛同志会见日本日中技能者交流中心理事长泉雄一郎一行。

9月11日至12日　张义珍同志赴广西南宁出席第15届中国—东盟博览会、中国—东盟商务与投资峰会开幕式，参观海内外高端人才创新创业成果展。

9月12日　张纪南同志列席国务院第24次常务会议。

9月12日至14日　耿文清同志到辽宁省葫芦岛市调研人社系统贯彻落实党的十九大精神和党风廉政建设情况，特别是在行风建设中主体责任、监督责任同向发力有关情况。

9月13日　张义珍同志出席《人力资源市场暂行条例》贯彻实施工作全国电视电话会议并讲话。

9月14日　张纪南同志参加国务院第一督查组到人力资源社会保障部实地督查工作衔接会，并汇报本部贯彻落实党中央、国务院重大决策部署工作情况。国务院第一督查组组长、国务院机关党组副书记、国务院副秘书长丁学东主持会议。邱小平同志代表本部接收国办督查室督查专员兼副主任、国务院第一督查组副组长李国周代表督查组移交的意见建议和问题线索。国务院第一督查组全体成员，汤涛、游钧、张义珍同志及部机关各司局和部分事业单位主要负责同志参加。

9月15日至16日　汤涛同志到河北唐山考区巡视2018年度一级建造师资格考试，并调研职业资格改革有关工作。

9月17日　张纪南同志参加就业工作座

谈会并代表国务院就业工作部际联席会议发言。游钧、张义珍同志，省部级干部统筹完善养老保险和积极应对人口老龄化专题研讨班全体学员，国务院就业工作部际联席会议各成员单位、海关总署以及中央组织部、中央党校有关负责同志参加。

9月17日至21日　游钧同志到中央党校（国家行政学院）参加省部级干部“统筹完善养老保险和积极应对人口老龄化”专题研讨班，并为全体学员作题为“学习贯彻习近平新时代中国特色社会主义思想　加快构建更加公平更可持续的养老保险制度”的授课。

9月17日　张义珍同志参加中央单位定点扶贫工作推进会。

9月19日至21日　邱小平同志赴宁夏参加宁夏回族自治区成立60周年庆祝活动。

9月19日　汤涛同志出席县以下事业单位管理岗位职员等级晋升制度试点工作动员部署会并讲话。中央组织部部务委员、干部一局局长张建春主持会议，中央编办、财政部、试点地区及所在省组织、人社部门相关负责同志参加。

9月20日　张纪南同志列席中央全面深化改革委员会第4次会议。

张义珍同志会见丹麦就业大臣特勒尔斯·伦德·波尔森一行，双方围绕促进就业、技能开发以及新经济、新业态对劳动力市场的影响等进行了深入讨论，并就续签双方合作谅解备忘录达成共识。

9月21日　张纪南同志会见意大利副总理兼经济发展、劳动与社会政策部部长路易吉·迪·马约一行，介绍我国在促进就业创业、完善社会保障等方面的经验做法，探讨在“一带一路”倡议框架下进一步加强两部双边合作，并就商签中意青年实习交流计划、双边社保协定以及减贫、积极应对人口老龄化等事项进行交流。

张义珍同志到中央党校（国家行政学院）出席省部级干部“统筹完善养老保险和积极应对人口老龄化”专题研讨班结业式并讲话。

9月25日　张纪南同志主持召开第19次党组会暨党组中心组集体学习，审议《评比达标表彰活动管理办法（修订稿）》，听取关于调整本部援派挂职干部补助标准有关情况的汇报，传达学习习近平总书记在中央全面依法治国委员会第一次会议上的重要讲话精神和全国教育大会精神。耿文清、邱小平、汤涛、游钧、张义珍同志参加。

张纪南同志主持召开第11次部务会，审议《人力资源社会保障部　财政部关于全面推行企业新型学徒制的意见（送审稿）》，听取关于北京、天津、广东申建国家级人力资源服务产业园有关情况的汇报和关于在西安交通大学设立“中国西部海外博士后创新示范中心”有关情况的汇报。耿文清、邱小平、汤涛、游钧、张义珍同志参加。

张义珍同志出席部直属机关党校2018年秋季班开学典礼并讲话。

9月26日　张纪南同志列席国务院第26次常务会议。

张纪南同志出席全国人力资源社会保障扶贫工作电视电话会议并讲话。邱小平同志主持会议并部署打赢人力资源社会保障扶贫攻坚战三年行动安排。耿文清、游钧、张义珍同志参加。

汤涛同志主持召开第八届全国数控技能大赛组委会会议，研究部署“2018年中国技能大赛——第八届全国数控技能大赛”与“技能中国行2018——走进北京”活动有关工作。

游钧同志出席全国“互联网+人社”与大数据应用培训班开班式并讲话。

9月27日至28日　张纪南同志陪同李克强总理赴浙江舟山、台州考察。

9月27日至29日　耿文清同志赴四川广元开展工作调研，并在成都为四川、云南、甘肃、青海四省藏区社会保险基金监管业务培训班讲授廉政警示教育课。

9月27日　游钧同志出席2018湖北人力资源就业创业博览会并致辞。

9月28日　张义珍同志主持召开部定点

扶贫工作推进会，传达学习中央单位定点扶贫工作推进会精神，对贯彻落实工作提出明确要求，并与部属各单位签署 2018 年定点扶贫责任书。

9 月 29 日　汤涛同志出席人力资源社会保障部技工教育和职业培训教材工作委员会第一次委员会议并讲话。

游钧同志主持召开会议，与财政部有关负责同志就《预算法实施条例》修订有关问题进行会商。

张义珍同志出席高校毕业生就业创业工作电视电话会议并讲话。

张义珍同志主持召开直属机关党委第 13 次常委会。

9 月 30 日　张纪南同志参加烈士纪念日向人民英雄敬献花篮仪式。

张纪南同志出席 2018 年国庆招待会。

十月

10 月 8 日　张纪南同志列席国务院第 27 次常务会议。

张纪南同志主持召开第 20 次党组会，审议《人力资源社会保障部干部外出授课报批办法（送审稿）》，传达学习中央和国家机关警示教育大会精神，研究贯彻落实措施。耿文清、邱小平、汤涛、游钧、张义珍同志参加。

10 月 9 日　汤涛同志主持召开第十四届高技能人才评选表彰工作小组成员单位第二次会议，通报评选表彰专家评审会情况和第十四届中华技能大奖建议人选，听取各成员单位意见建议，部署下一步工作。

10 月 10 日　张纪南同志参加中央农村工作领导小组第 2 次会议。

张纪南同志列席中央财经委员会第 3 次会议。

耿文清同志到北京市人力资源社会保障局就廉政警示教育授课。

10 月 10 日至 12 日　邱小平同志带队到湖南开展人社工作集中调研。其间，分别听取湖南省及长沙、衡阳、株洲市人社工作总体情况和治欠保支专项工作汇报，实地考察地方人社服务平台以及技师学院、企业、建筑工地。

10 月 10 日至 17 日　汤涛同志赴荷兰出席世界技能组织大会并访问英国。在荷兰，出席世界技能组织大会并就第 46 届世界技能大赛筹办情况作专题介绍，与世界技能组织负责人、俄罗斯技能组织代表等进行会谈。在英国，会见英国国际贸易部投资部长格雷厄姆·斯图尔特；出席教育部和国际贸易部组织召开的圆桌会，就中英两国技能开发和学徒制工作进行交流；会见英国技能组织代表和相关伙伴成员，交流举办世界技能大赛经验并对双方未来合作进行讨论。

10 月 11 日　张义珍同志在京出席 2018 年中国技能大赛——第八届全国数控技能大赛决赛暨“技能中国行 2018——走进北京”活动开幕式并讲话。

10 月 12 日　耿文清同志在中央纪检监察学院为部分省市纪检监察干部讲授廉政教育警示课。

游钧同志主持召开部分省份社保基金征收管理工作座谈会，研究社保费征收改制相关问题，听取广东等 10 个省份相关意见建议。

10 月 14 日至 16 日　张纪南同志带队赴河南郑州、三门峡市，调研就业、社会保障、人社扶贫、行风建设等工作。其间，考察了中原大学生创业孵化园、郑州市人力资源市场、三门峡市城市运营指挥中心、三门峡市社会保险服务大厅，并主持召开人社部门与有关企业座谈会，听取对做好人社工作和支持国有企业、民营企业发展的意见建议。

10 月 15 日　张纪南同志出席第三届“中国创翼”创业创新大赛颁奖式和闭幕式并讲话。

耿文清同志为第 24 期社会保险经办机构主要负责人培训班作廉政警示教育辅导。

游钧同志出席 2018 年“劳动世界的未来”中欧劳动就业对话会并致辞。

10 月 15 日至 16 日　张义珍同志到河南南阳参加国家发展改革委和国务院扶贫办召开

的全国易地扶贫搬迁现场会。

10 月 16 日至 17 日　耿文清同志到天津为全市人社系统党员领导干部进行廉政警示教育专题辅导。

10 月 16 日　邱小平同志带队在广东广州开展国有企业改革重点工作任务落实情况专项督察，与省政府及有关部门负责同志座谈，提出督察要求。

邱小平同志带领中央信访工作督察第四组与广东省政府及有关部门负责同志座谈，传达中央关于信访工作有关精神，提出现场督察要求。

10 月 17 日　张纪南同志主持召开第 21 次党组会，传达学习中央有关通报和习近平总书记关于扶贫工作的重要批示精神、中央脱贫攻坚专项巡视有关部署要求，审议《关于配合中央第十巡视组工作方案（送审稿）》《中共人力资源和社会保障部党组关于脱贫攻坚工作情况的汇报（送审稿）》及部扶贫工作领导小组办公室、脱贫攻坚干部队伍建设、定点扶贫工作情况的汇报。耿文清、汤涛、游钧、张义珍同志参加。

游钧同志会见应人力资源社会保障部邀请访华的国际社会保障协会秘书长康克乐伍斯基一行，介绍我国社会保险事业发展情况并就进一步加强合作进行商谈。

张义珍同志参加 2018 年全国脱贫攻坚奖表彰大会暨脱贫攻坚先进事迹报告会，宣读《国务院扶贫开发领导小组关于表彰 2018 年全国脱贫攻坚奖的决定》并为获奖者和获奖组织颁奖。

10 月 18 日　张纪南同志主持召开中央第十巡视组对人力资源和社会保障部党组开展脱贫攻坚专项巡视工作动员会议并作表态讲话。中央第十巡视组组长吴海英就即将开展的脱贫攻坚专项巡视工作讲话，对配合做好巡视工作提出要求。会前，中央巡视组向张纪南同志传达了习近平总书记关于巡视工作的重要指示精神，通报了有关工作安排。中央第十巡视组副组长及有关同志，中央巡视办有关负责同志，耿文清、邱小平、汤涛、张义珍同志和部巡视工作联络组全体成员参加。

张纪南同志参加中央第十巡视组组长吴海英主持的对人力资源和社会保障部党组开展脱贫攻坚专项巡视工作党组汇报会并代表部党组作汇报。中央第十巡视组全体成员，耿文清、邱小平、汤涛、张义珍同志以及部配合巡视工作领导小组成员参加。

耿文清同志主持召开会议，传达学习中央第十巡视组对人力资源和社会保障部党组开展脱贫攻坚专项巡视工作动员会议精神，部署人社扶贫问题查找和立行立改有关工作。邱小平、汤涛、游钧、张义珍同志参加。

10 月 22 日　张纪南、邱小平同志出席中国工会第十七次全国代表大会开幕式。

张纪南同志列席国务院第 28 次常务会议。

邱小平同志出席中国工会第十七次全国代表大会主席团第二次全体会议和宁夏代表团会议。

10 月 23 日　张纪南同志主持召开第 22 次党组会，审议《人力资源社会保障部关于 2019 年工作基本思路的报告（送审稿）》《人力资源社会保障部贯彻落实全国宣传思想工作会议精神的实施方案（送审稿）》。耿文清、邱小平、游钧、张义珍同志参加。

张纪南同志主持召开第 12 次部务会，听取第十四届高技能人才评选表彰工作各奖项评选情况的汇报。耿文清、邱小平、汤涛、游钧、张义珍同志参加。

汤涛同志到云南迪庆藏族自治州出席全国技能扶贫工作现场推进会议并讲话，听取对技能扶贫工作的意见建议。各省（区、市）人力资源社会保障厅（局）负责技能扶贫工作的同志、“三区三州”等部分技工院校负责同志、技能扶贫专项组成员单位及部属有关单位的同志参加。

张义珍同志会见瑞士驻华大使戴尚贤及瑞士德科集团首席执行官阿兰·德黑茨，双方就新经济、新业态、新技术背景下加强就业服务、提高劳动者技能和完善灵活就业人员的社会保障等有关问题进行了交流。

10 月 24 日　汤涛同志在上海参加自由贸易试验区建设五周年座谈会。

游钧同志与税务总局有关负责同志就社会保险费征管职责划转工作进行会商。

10 月 25 日　张纪南、耿文清同志参加中央第十巡视组组长吴海英一行到人力资源社会保障部开展的“学习习近平总书记重要指示精神，圆满完成脱贫攻坚专项巡视任务”主题联学活动。

汤涛同志参加推进海南全面深化改革开放领导小组第二次办公会议。

游钧同志会见香港强制性公积金计划管理局主席黄友嘉一行，就内地与香港在退休保障及相关政策等方面进行深入交流。

张义珍同志参加中央第十巡视组组长吴海英主持召开的座谈会，与中国劳动和社会保障科学研究院、中国高级公务员培训中心、教育培训中心、社会保障能力建设中心、中国人事报刊社、中国劳动保障报社等 6 家单位主要负责同志和相关人员就如何发挥职能作用、助力脱贫攻坚进行交流。

张义珍同志陪同中央第十巡视组组长吴海英一行到信息中心调研。

10 月 26 日　张纪南同志出席部警示教育大会并讲话。耿文清同志主持并传达丁薛祥同志在中央和国家机关警示教育大会上的讲话精神。邱小平、汤涛、游钧、张义珍同志参加。

汤涛同志与审计署民政社保审计局有关负责同志就进一步落实好中央审计委员会第一次会议精神，加强审计协调及三季度政策落实审计情况进行座谈。

10 月 29 日　张纪南同志主持召开第 23 次党组会，听取关于天镇县选派干部来部挂职锻炼工作生活安排等有关情况的汇报，研究人社扶贫问题查摆及整改有关工作。耿文清、邱小平、汤涛、游钧、张义珍同志参加。中央第十巡视组有关同志列席。

邱小平同志作为中华全国总工会新一届领导班子成员参加中央领导同志集体谈话。

10 月 30 日　张纪南、张义珍同志出席中国妇女第十二次全国代表大会开幕会。

张义珍同志参加中央和国家机关脱贫攻坚先进集体、优秀个人表彰大会暨先进事迹报告会并颁奖。

10 月 31 日　张纪南同志主持召开会议，专题研究《推进全方位公共就业服务指导意见（征求意见稿）》。张义珍同志参加。

张纪南同志主持召开第 24 次党组会，研究有关事项。耿文清、邱小平、汤涛、张义珍同志参加。

张纪南同志主持召开第 13 次部务会，审议《人力资源社会保障部规章、规范性文件设定的证明事项清理意见（送审稿）》《人力资源社会保障部关于规范人社系统审批服务事项清单的指导意见（送审稿）》《人力资源社会保障部办公厅关于印发部本级审批服务事项清单的通知（送审稿）》。耿文清、邱小平、汤涛、张义珍同志参加。

游钧同志与 2018 年全国地市级以上社会保险经办机构负责人培训班全体学员座谈，并就社会保险经办热点难点问题进行深入交流。

十一月

11 月 1 日　张纪南同志在人民大会堂参加民营企业座谈会。

邱小平、汤涛、游钧、张义珍同志参加“以习近平总书记扶贫重要论述为指导，坚决打赢脱贫攻坚战”专题报告会。

汤涛同志参加粤港澳大湾区建设领导小组第一次办公会议。

11 月 2 日　张纪南同志列席国务院第 29 次常务会议，并汇报《关于做好当前和今后一个时期稳就业工作的若干意见（送审稿）》。

张纪南同志出席“三区三州”深度贫困地区人社扶贫工作座谈会并讲话，对进一步推进深度贫困地区人社扶贫工作作出部署，提出工作要求。中央脱贫攻坚专项巡视第十巡视组组长吴海英出席上午会议，耿文清同志主持。邱小平、汤涛、游钧、张义珍同志出席会议并就进一步做好分管领域扶贫工作提出思路和意见。

11 月 5 日　张纪南同志主持召开第 25 次党组会，传达学习习近平总书记在民营企业座谈会上的重要讲话精神，研究贯彻落实措施。耿文清、邱小平、汤涛、游钧、张义珍同志参加。

汤涛、张义珍同志分别会见重庆市人力资源社会保障局负责同志，商谈职业技能竞赛有关工作和 2018 年度海外赤子为国服务行动计划重庆行活动事宜。

11 月 6 日　张纪南同志出席李克强总理同主要国际经济金融机构负责人举行的第三次"1+6"圆桌对话会。

11 月 6 日至 11 日　耿文清同志带队赴云南省保山市、怒江傈僳族自治州就党风廉政建设、人社扶贫、行风建设和就业工作等四方面内容进行调研。

11 月 6 日　邱小平同志主持召开部学习贯彻全国宣传思想工作会议精神会议，传达习近平总书记在全国宣传思想工作会议上的重要讲话精神，分析当前人社领域宣传工作面临的新形势新任务，对下一阶段宣传思想工作进行部署。

汤涛同志带队赴河北廊坊固安调研县以下事业单位管理岗位职员等级晋升制度试点工作，并主持召开人社部门、事业单位主管部门、相关事业单位人员座谈会，听取对试点工作的意见建议。随后，出席在固安召开的全国博士后创新创业和科技成果转化工作座谈会并讲话。河北省副省长张古江出席。部属有关单位负责同志和广东等省份人力资源社会保障厅（局）、中国（河北）博士后成果转化基地等博士后创新创业平台、廊坊市委市政府、固安县委县政府相关负责同志以及部分创业博士后代表参加。

张义珍同志出席"将改革开放进行到底"系列论坛第二场论坛，宣讲改革开放 40 年来特别是党的十八大以来就业和社会保障事业改革发展取得的显著成就，并答网友提问。

张义珍同志主持学习《中国共产党纪律处分条例》专题辅导讲座，邀请中央纪委国家监委法规室副主任夏晓东授课。

11 月 7 日　汤涛同志出席人力资源社会保障部在天津召开的京津冀人社事业协同发展第二次部省（市）联席会。天津市副市长孙文魁出席，京津冀三省市人力资源社会保障厅（局）负责同志以及部属有关单位负责同志参加。会后，汤涛同志带队到天津职业技术师范大学调研，实地考察世界技能大赛中国研究中心和机电一体化项目中国集训基地，并召开座谈会，听取对做好世赛工作的意见建议。

11 月 7 日至 9 日　张义珍同志赴江西省南昌市、九江市开展第 2 次人社工作集中调研。

11 月 8 日　张纪南同志参加李克强总理主持召开的经济形势专家和企业家座谈会。

11 月 9 日　张纪南同志列席国务院第 30 次常务会议。

张纪南同志出席 2019 年春节前保障农民工工资支付工作视频会议，并代表解决企业工资拖欠问题部际联席会议讲话。邱小平同志主持会议。部际联席会议全体成员单位有关负责同志在北京主会场参会，各省级政府分管负责同志和各地解决企业工资拖欠工作协调机制成员单位负责同志在各地分会场参会。

张纪南同志与海南省省长沈晓明举行会谈，并签署《共同推进海南省人力资源和社会保障事业改革与发展合作协议》。汤涛同志和海南省副省长王路、秘书长倪强出席签约仪式。

11 月 9 日至 10 日　张义珍同志赴重庆出席 2018 重庆国际人才创新创业洽谈会并开展第 2 次人社工作集中调研。

11 月 12 日　张纪南同志主持部党组中心组第 17 次集体学习，传达学习习近平总书记在第十九届中央政治局第八次和第九次集体学习时的重要讲话精神。耿文清、汤涛、张义珍同志参加。

游钧同志出席王勇同志与加拿大财政部长

莫诺和国际贸易多元化部长卡尔共同主持的首轮中加经济财金战略对话并作发言。

11月13日至15日　汤涛同志带队赴四川省开展第2次人社工作集中调研，到凉山州和攀枝花市实地考察人社扶贫、基层服务平台行风建设、技能人才和专业技术人才队伍建设等工作，并召开座谈会和走访干部群众，听取基层单位和干部群众意见建议。

11月14日　张纪南同志列席中央全面深化改革委员会第5次会议。

张纪南同志主持召开就业工作专题会，研究《关于促进劳动力、人才社会性流动体制机制改革的指导意见（稿）》和《关于充分发挥市场作用促进人才顺畅有序流动的意见（稿）》。张义珍同志参加。

11月15日　张义珍同志在厦门出席以“高质量创业服务，推动创新、就业和经济增长”为主题的G20创业圆桌对话会并致辞。

11月16日　汤涛同志主持中央组织部、人力资源社会保障部共同召开的中央机关及其直属机构2019年度公务员招考笔试考务工作部署视频会。

11月19日　汤涛同志会见国际行政科学学会总干事萨拉维。

11月20日　张纪南、张义珍同志参加国务院任命的国家工作人员宪法宣誓仪式观礼。

张纪南同志主持召开第26次党组会，审议《人力资源社会保障部关于支持海南省人力资源和社会保障事业全面深化改革开放的实施意见（送审稿）》《人力资源社会保障部2018年度党建述职评议考核工作实施方案（送审稿）》，听取关于开展部属各单位2018年度考核工作有关情况的汇报。耿文清、邱小平、汤涛、游钧、张义珍同志参加。

张纪南同志主持召开第14次部务会，审议《人力资源社会保障部关于在工程技术领域实现高技能人才与工程技术人才职业发展贯通的意见（送审稿）》《人力资源社会保障部　财政部　国家发展改革委关于推进全方位公共就业服务的指导意见（送审稿）》。耿文清、邱小平、汤涛、游钧、张义珍同志参加。

汤涛同志主持召开2018年政策落实及预算执行审计整改督促会，学习习近平总书记在中央审计委员会第一次会议上的重要讲话精神，研究审计整改措施，部署下一步整改工作。

11月21日　张纪南、邱小平同志列席国务院第31次常务会议。

邱小平同志参加国务院研究清理拖欠民营企业中小企业账款工作方案有关会议。

汤涛同志出席人力资源社会保障部、财政部、国资委联合召开的全面推行企业新型学徒制工作电视电话会议并讲话。

11月22日　汤涛同志到中国就业培训技术指导中心就“国家税务总局个人所得税专项附加扣除项目信息对接”工作进行调研。

张义珍同志主持召开部司级干部会议，集体观看内部警示教育片，并就围绕应对重大挑战、抵御重大风险开展学习讨论、切实改进工作进行部署。

11月23日　邱小平同志会见甘肃省副省长李斌一行。

张义珍同志主持召开部属国有企业负责人薪酬制度改革领导小组会议。

11月26日至27日　张纪南同志主持召开部年底务虚会并讲话。会议全面贯彻党的十九大和十九届二中、三中全会精神，围绕中心，盘点工作，分析形势，谋划2019年重点工作。耿文清、邱小平、汤涛、游钧、张义珍同志出席并发言。

11月27日　张纪南同志主持召开第27次党组会，传达学习习近平总书记在中央政治局常委会会议、中央政治局会议上关于前三季度经济形势的重要讲话精神；传达学习中央纪委国家监委驻党政机关纪检监察组负责人会议精神，审议《驻人力资源和社会保障部纪检监察组与人力资源和社会保障部党组关于健全四项协调机制的意见（送审稿）》。耿文清、邱小平、汤涛、游钧、张义珍同志参加。

张义珍同志出席庆祝检察机关恢复重建

40周年暨全国检察机关第九次“双先”表彰大会并宣读表彰决定。

11月28日　张纪南同志列席国务院第32次常务会议。

11月28日至12月1日　张义珍同志出席在马来西亚吉隆坡召开的第十届东盟与中日韩劳工部长会议并访问马来西亚国家就业中心。其间，与马来西亚人力资源部部长古拉·穆鲁格森、老挝劳动与社会福利部部长坎朋·塞桑朋进行双边交流，并与国际劳工组织亚太局局长西本伴子进行会谈。

11月29日至30日　张纪南同志赴江苏省参加国务院领导同志主持召开的有关会议，并调研就业、社会保障、人才队伍建设、人社扶贫等工作。其间，实地考察南京市瑞金路办事处中山门社区、江苏省产业技术研究院，主持召开江苏省及有关市（区）人社部门主要负责同志座谈会，听取对做好人社工作的意见建议。

十二月

12月2日至6日　耿文清同志到新疆维吾尔自治区、新疆生产建设兵团，在乌鲁木齐市、阿克苏地区、和田地区调研人社系统党风廉政建设、推进扶贫工作、加强行风建设有关情况。

12月2日　张义珍同志出席山西省大同市“天镇保姆”北京推介会并讲话。

12月3日　张纪南同志主持召开第28次党组会，审议中央脱贫攻坚专项巡视整改初步方案和《人力资源和社会保障部机关补充工作人员暂行办法（修订稿）》《2018年城乡居民人力资源和社会保障政策满意度调查主报告（送审稿）》。邱小平、汤涛、游钧、张义珍同志参加。

张纪南同志主持召开第15次部务会，听取关于2018年度享受国务院政府特殊津贴人员选拔工作有关情况的汇报。邱小平、汤涛、游钧、张义珍同志参加。

张义珍同志出席共青团中央召开的中长期青年发展规划实施工作部际联席会议第1次全体会议。

12月4日　邱小平同志在湖北武汉主持召开部分省份人力资源社会保障厅（局）长座谈会，听取对全国人力资源和社会保障工作会议报告稿的意见建议。

汤涛同志在上海出席世界技能博物馆筹建专题会议，并与世界技能组织首席执行官大卫·霍伊就第46届世界技能大赛筹办进展情况和世界技能博物馆筹建工作进行沟通。

游钧同志主持召开社保扶贫专项组第5次会议，传达学习第28次部党组会议关于扶贫工作的有关精神，研究完善部党组成员指导推动地方人社扶贫工作方案、关于中央脱贫攻坚专项巡视查摆问题整改方案、关于“三区三州”人社扶贫工作问题立行立改方案，安排部署下一步社保扶贫重点工作。

12月5日　张纪南同志列席国务院第33次常务会议。

张义珍同志出席国务院政策例行吹风会，介绍《关于做好当前和今后一个时期促进就业工作的若干意见》，并回答中外记者提问。

12月6日　张纪南同志参加李克强总理主持召开的国家科技领导小组第一次会议。

汤涛同志在海南省海口市出席全国人力资源社会保障规划财务工作座谈会并讲话。

12月7日　汤涛同志会见广州市有关负责同志，座谈交流第二十届中国留学人员广州科技交流会筹备情况和人才队伍建设有关工作。

游钧同志出席加快推进机关事业单位养老保险待遇计发工作视频会并讲话。

12月8日至12日　张义珍同志赴四川省阿坝州汶川县、凉山州西昌市和昭觉县开展就业扶贫专题调研。其间，在凉山州西昌市出席全国就业工作暨推进就业扶贫提高劳务组织化程度座谈会并讲话，赴凉山州普格县五道箐乡果洛村、螺髻山镇现场考察观摩就业扶贫工作。

12月10日　张纪南同志主持召开中央庆祝改革开放40周年表彰工作领导小组办公室

第6次会议。

12月11日　张纪南同志参加党外人士座谈会。

12月12日　张纪南同志列席国务院第34次常务会议。

张纪南同志带队到北京市海淀区调研就业、社保、人才队伍建设、人社扶贫、治欠保支、系统行风建设等重点工作。实地考察海淀区社保基金管理中心、人力资源公共服务中心、四季青镇社保所，并主持召开北京市、海淀区人力资源社会保障局及有关基层人力资源社会保障公共服务机构主要负责同志座谈会，听取对做好人社工作的意见建议。

12月13日　汤涛同志在南京参加南京大屠杀死难者国家公祭仪式。

游钧同志在广西参加广西壮族自治区成立60周年庆祝活动。

张义珍同志会见联合国副秘书长、妇女署执行主任姆兰博·努卡一行，双方就女性平等就业、就业扶贫、女职工劳动保护和社会保障等进行商谈。

12月14日　张纪南同志主持召开第29次党组会，审议《全国人力资源和社会保障工作会议报告（送审稿）》《2019年人力资源和社会保障工作要点（送审稿）》《人力资源社会保障部关于做好支持和促进民营企业发展有关工作的通知（送审稿）》《特色党建和业务工作评选活动方案（送审稿）》《2018年度司级干部和基层党组织考核工作方案（送审稿）》。耿文清、邱小平、汤涛、游钧、张义珍同志参加。

张纪南同志主持召开第16次部务会，审议《人力资源社会保障部　财政部关于进一步加强人力资源社会保障窗口单位经办队伍建设的意见（送审稿）》。耿文清、邱小平、汤涛、游钧、张义珍同志参加。

张纪南同志出席庆祝改革开放40周年文艺晚会。

张纪南、游钧、张义珍同志分别会见湖南省委常委、常务副省长陈向群一行。

12月18日　张纪南同志出席庆祝改革开放40周年大会。张义珍同志参加。

张纪南同志主持召开改革开放杰出贡献表彰人员代表座谈会。

汤涛同志出席部2018年度预算执行等情况审计进点动员会，部署本部2018年度预算执行审计、2019年度政策落实审计和网络安全审计等工作并讲话。

12月19日至21日　张纪南同志参加中央经济工作会议。

12月19日　汤涛同志主持召开座谈会，与全国政协常委、国家统计局副局长贾楠一行座谈交流统计工作，研究人社部门如何配合做好第四次全国经济普查、第七次全国人口普查等国家调查。

12月20日至23日　耿文清同志到甘肃省陇南市调研人社系统党风廉政建设、人社扶贫和加强行风建设工作情况。

12月20日　张义珍同志出席全国就业与社会保障先进民营企业暨关爱员工实现双赢表彰大会。

12月21日　邱小平同志会见内蒙古自治区副主席欧阳晓晖一行。

汤涛同志到中国铁路工程集团公司调研技能人才队伍建设有关情况。

张义珍同志主持召开直属机关党委第14次常委会，学习习近平总书记在十九届中央政治局第十一次集体学习时的讲话和新颁发的《中国共产党支部工作条例（试行）》，研究近期定点扶贫工作推进情况，审议全国人才流动中心党委等党组织换届选举工作。

12月22日　张纪南同志参加党和国家功勋荣誉表彰工作委员会第2次会议。

12月24日　张纪南同志列席国务院第35次常务会议。

张纪南同志主持部党组中心组第19次集体学习，传达学习党中央、国务院庆祝改革开放40周年大会精神和中央经济工作会议精神。耿文清、邱小平、汤涛、游钧、张义珍同志参加。

张纪南同志主持召开第 30 次党组会，听取关于开展部属社团监督调研情况的报告，审议《2018—2022 年全国人力资源社会保障系统干部教育培训规划（送审稿）》《2018 年度部党组和部党组成员考核工作及干部选拔任用“一报告两评议”工作方案（送审稿）》《2018 年度部党组民主生活会方案（送审稿）》。耿文清、邱小平、汤涛、游钧、张义珍同志参加。

游钧同志出席庆祝改革开放 40 周年研讨会。

张义珍同志出席“吕梁山护工”京津冀推介交流大会。

12 月 25 日　汤涛同志出席 2018 年中国老科学技术工作者协会表彰报告会。

12 月 26 日　张义珍同志出席全国工商联系统先进集体和先进工作者表彰大会。

12 月 27 日　张纪南同志主持召开第 31 次党组会，听取贯彻落实习近平总书记重要指示批示“回头看”情况汇报，研究下一步落实措施；听取关于本部培训机构改革有关问题的汇报。耿文清、邱小平、汤涛、游钧、张义珍同志参加。

张纪南同志主持召开第 17 次部务会，审议《社会保险经办管理服务条例（送审稿）》《香港澳门台湾居民在内地（大陆）参加社会保险暂行办法（送审稿）》《关于充分发挥市场作用促进人才顺畅有序流动的意见（送审稿）》《关于深化会计人员职称制度改革的指导意见（送审稿）》《关于深化构建和谐劳动关系综合试点方案（送审稿）》。耿文清、邱小平、汤涛、游钧、张义珍同志参加。

邱小平同志参加胡春华同志主持召开的全国扶贫开发工作会议。

汤涛同志与中央组织部人才工作局负责同志就海外高层次人才引进有关工作座谈。

张义珍同志出席部直属机关党校 2018 年秋季班毕业典礼，为学员颁发毕业证书、优秀学员证书并讲话。

12 月 28 日至 29 日　张纪南同志出席全国人力资源和社会保障工作会议暨人社扶贫工作座谈会并讲话。会议总结 2018 年工作，分析形势，研究部署 2019 年重点任务，并对人社扶贫工作进行再动员再部署。耿文清、邱小平、汤涛、游钧、张义珍同志出席会议。

12 月 28 日　邱小平、汤涛、游钧、张义珍同志分别主持召开人社扶贫分片对接会。

12 月 29 日　张纪南同志出席中央庆祝改革开放 40 周年表彰工作领导小组办公室第 3 次全体人员会议并讲话。

张义珍同志出席部妇工委全体会议，传达学习习近平总书记在同全国妇联新一届领导班子成员集体谈话时的重要讲话精神。

中国人力资源和社会保障
年　鉴
（工作卷）

CHINA HUMAN RESOURCES AND SOCIAL SECURITY YEARBOOK

2019

中国劳动社会保障出版社
中国人事出版社

图书在版编目(CIP)数据

中国人力资源和社会保障年鉴. 2019：文献卷，工作卷/人力资源和社会保障部组织编写. -- 北京：中国劳动社会保障出版社：中国人事出版社，2019

ISBN 978-7-5167-4294-5

Ⅰ.①中… Ⅱ.①人… Ⅲ.①人力资源管理-中国-2019-年鉴②社会保障-中国-2019-年鉴 Ⅳ.①F249.21-54②D632.1-54

中国版本图书馆 CIP 数据核字(2019)第 278642 号

中国劳动社会保障出版社
中 国 人 事 出 版 社 出版发行

（北京市惠新东街 1 号 邮政编码：100029）

*

北京新华印刷有限公司印刷装订 新华书店经销

880 毫米×1230 毫米 16 开本 53 印张 1 彩色印张 1292 千字

2019 年 12 月第 1 版 2019 年 12 月第 1 次印刷

定价：498.00 元

读者服务部电话：（010） 64929211/84209101/64921644

营销中心电话：（010） 64962347

出版社网址：http://www.class.com.cn

《中国人力资源和社会保障年鉴》编辑委员会成员

《中国人力资源和社会保障年鉴》
编辑部成员

编 辑 说 明

一、《中国人力资源和社会保障年鉴（2019）》是关于人力资源和社会保障工作的专业性史料工具书。本年鉴收录了2018年度我国人力资源社会保障工作重要文献、资料和数据，记录了2018年度我国人力资源社会保障事业发展概况，客观反映了人力资源社会保障工作改革发展成就、经验以及今后需要继续研究解决的问题。本年鉴是对党政机关领导干部和各部门工作人员、人力资源社会保障系统工作者、企业领导和人力资源管理者，以及人力资源社会保障科研理论工作者有价值的参考用书和工具书。

二、本年鉴分文献卷、工作卷两卷。文献卷包括人力资源和社会保障重要文献、人力资源和社会保障大事记。工作卷包括人力资源和社会保障工作概览、全国人力资源和社会保障工作、地方人力资源和社会保障工作、人力资源和社会保障统计资料。

三、本年鉴中，全国人力资源和社会保障工作分为27个部分：就业工作、人力资源市场建设与管理、职业能力建设、专业技术人才工作、事业单位人事管理、城镇职工养老保险、失业保险、工伤保险、城乡居民基本养老保险、社会保险经办管理、中央国家机关事业单位养老保险经办管理、社会保险基金监管、劳动关系、劳动人事争议调解仲裁、机关事业单位工资福利离退休工作、农民工工作和发展家庭服务业促进就业工作、法治建设、劳动保障监察、规划统计、信息化建设、科学研究、干部教育培训与系统行风窗口单位建设和评比表彰情况、行风建设、人力资源社会保障扶贫工作、新闻宣传政务信息报刊与出版、国际及与港澳台地区交流合作、社团活动；地方人力资源和社会保障工作47篇。

《中国人力资源和社会保障年鉴（2019）》的编辑出版是在全国人力资源社会保障系统的共同努力下完成的。在此，向所有参加编辑出版工作的领导和同志表示衷心的感谢。

《中国人力资源和社会保障年鉴》编辑部

2019年10月

目　　录

工作卷

人力资源和社会保障工作概览

全国人力资源和社会保障工作

地方人力资源和社会保障工作

人力资源和社会保障统计资料

人力资源和社会保障工作概览

2018 年人力资源和社会保障工作情况

2018 年，在以习近平同志为核心的党中央坚强领导下，全国人力资源社会保障系统深入贯彻习近平新时代中国特色社会主义思想和党的十九大精神，认真落实党中央、国务院决策部署，提高站位、强化责任，迎难而上、扎实工作，圆满完成全年目标任务。

一、就业局势保持总体稳定

（一）就业工作目标任务全面完成。

始终坚持把促进就业作为重大政治责任和全系统第一位的任务，切实抓紧抓好。积极应对中美经贸摩擦带来的严峻挑战，国务院出台《关于做好当前和今后一个时期促进就业工作的若干意见》（国发〔2018〕39 号），提出一系列稳定和促进就业工作的政策措施，多措并举稳定就业基本面。就业状况总体平稳、稳中有进，就业走势良好。全年全国城镇新增就业 1 361 万人；全国城镇登记失业率 3.8%，为近年来最低位，城镇调查失业率稳定在 4.9% 的较低水平。

（二）高校毕业生等重点群体就业平稳有序。

落实引导和鼓励高校毕业生到基层工作的意见，组织实施高校毕业生就业创业促进计划和基层成长计划，“三支一扶”计划选派 2.8 万名高校毕业生到基层服务，开展就业服务月、服务周、大中城市联合招聘等活动，高校毕业生就业状况持续稳定。扎实推进去产能企业职工安置工作，实施东北等就业困难地区劳务对接合作、人力资源服务机构联合招聘等行动，去产能企业职工得到多渠道安置。加强就业援助，加大困难群体就业帮扶力度，零就业家庭实现动态清零。失业保险援企稳岗和支持技能提升成效显现，68.1 万户不裁员、少裁员企业享受到 197.7 亿元失业保险稳岗补贴，为 61.3 万人发放技能补贴 9.8 亿元。

（三）创业带动就业工作积极推进。

制定实施支持农民工等人员返乡下乡创业政策，完善创业担保贷款政策，持续开展创业培训和创业服务，加大创业支持力度。组织开展第三届“中国创翼”青年创业创新大赛，3 万多个创业项目参与活动。加强全国创业孵化示范基地建设，发挥示范引领作用。

（四）职业技能培训不断加强。

国务院印发《关于推行终身职业技能培训制度的意见》（国发〔2018〕11 号），推行职业培训包制度建设，开展系列职业培训行动计划，面向全体劳动者的职业培训力度逐步加大，全年共组织各类职业培训 1 651 万人次，劳动者素质稳步提高。

（五）公共就业服务水平进一步提升。

出台《关于推进全方位公共就业服务的指导意见》（人社部发〔2018〕77 号），城乡统筹的公共就业服务制度进一步完善，推进措施更加清晰。春风行动、就业服务月、大中城市联合招聘、民营企业招聘周、农村贫困残疾人就业帮扶等专项服务活动成效明显。取消台港澳人员就业许可，就业服务更加顺畅便捷。国务院颁布实施《人力资源市场暂行条例》（国务院令第 700 号），市场监管进一步加强，人才流动公共服务不断优化，人力资源服务业有序发展。

二、社会保障安全网进一步织密扎牢

（一）社会保障制度改革取得重要突破。

国务院印发《关于建立企业职工基本养老保险基金中央调剂制度的通知》（国发〔2018〕18号），实施养老保险基金中央调剂制度，迈出了全国统筹的关键一步。继续实施失业保险、工伤保险阶段性降费率政策，全年为企业降低成本约1 840亿元。印发《关于建立城乡居民基本养老保险待遇确定和基础养老金正常调整机制的指导意见》（人社部发〔2018〕21号），城乡居民基本养老保险制度进一步完善。

（二）社会保险覆盖范围持续扩大。

全面实施全民参保计划，大力推进工程建设领域参加工伤保险工作，参保扩面效果明显。截至2018年底，基本养老、失业、工伤保险参保人数分别达到9.43亿人、1.96亿人、2.39亿人；全年三项基金总收入为5.7万亿元，同比增长17.5%，总支出为4.92万亿元，同比增长17.2%。社保卡持卡人数达到12.27亿人。

（三）社会保险待遇水平稳步提高。

继续调整城镇职工基本养老保险退休人员基本养老金水平，并发放到位，1.18亿名退休人员受益。城乡居民基础养老金最低标准从每月70元增加到88元，所有省份都在此基础上进一步提高，1.59亿老人享受城乡居民养老保险待遇。失业保险金调整到月人均1 266元。

（四）基金风险防控和投资管理进一步加强。

制定实施建立防范化解企业职工基本养老保险基金潜在风险运行机制的指导意见，出台相关风险预案。持续加强社保基金监管和监督检查，建立社会保险领域守信联合激励和失信联合惩戒措施清单，各地基金收支管理得到加强。基本养老保险基金投资运营稳步推进，划转国有资本充实社保基金试点顺利启动，补充养老保险稳步发展。

三、人才队伍建设进一步加强

（一）专业技术人才队伍建设稳步推进。

中共中央办公厅、国务院办公厅印发实施《关于分类推进人才评价机制改革的指导意见》，推动科技、教育、哲学社会科学等重点领域人才评价机制改革。持续推进职称制度改革，研究制定工程、会计、自然科学研究等系列改革指导意见，制定职称评审管理规定、职称评审信息化建设方案等配套政策措施。突出“高精尖缺”导向，以高层次创新型人才为重点，国务院政府特殊津贴、“百千万人才工程”等选拔工作稳步推进。改革完善博士后制度。进一步支持留学回国人员创新创业。深入实施专业技术人才知识更新工程。

（二）技能人才队伍建设不断加强。

中共中央办公厅、国务院办公厅印发实施《关于提高技术工人待遇的意见》，国务院印发《关于推行终身职业技能培训制度的意见》（国发〔2018〕11号），启动职业技能等级认定试点工作，在工程技术领域实现高技能人才与工程技术人才职业发展贯通，技能人才激励、培养、评价机制建设取得新的突破。开展第14届高技能人才评选表彰工作，30名中华技能大奖获得者和300名全国技术能手受到表彰。开展第45届世界技能大赛全国选拔赛、第46届世界技能大赛筹办等技能竞赛工作。技工院校产教融合、校企合作持续推进。

（三）事业单位人事管理持续加强。

启动实施县以下事业单位管理岗位职员等级晋升制度试点。中共中央组织部、人力资源社会保障部制定出台《事业单位工作人员奖励规定》（人社部规〔2018〕4号），激励广大事业单位工作人员担当作为、干事创业。事业单位公开招聘、聘用制度、岗位管理、处分申诉等更加规范。

（四）事业单位工资收入分配工作稳慎推进。

研究制定事业单位高层次人才分配激励政策，推进事业单位实施绩效工资工作，绩效工资分配向关键岗位、业务骨干和做出突出成绩的人才倾斜，扩大公立医院薪酬制度改革试点，调整艰苦边远地区津贴标准，符合事业单位特点的薪酬制度不断完善。

四、劳动关系保持总体和谐稳定

（一）劳动关系协调工作深入推进。

劳动合同制度全面实施，集体协商集体合同制度稳步推进，协调劳动关系三方机制作用得到积极发挥。指导企业妥善做好职工劳动关系处理工作。开展全国模范劳动关系和谐企业和谐工业园区评选。加强对企业劳动用工的指导和服务。建立企业薪酬调查和信息发布制度，开展制造业人工成本监测试点工作。继续做好国有企业负责人薪酬制度改革工作。各地合理调整最低工资标准和发布工资指导线，15个省（区、市）调整了最低工资标准。

（二）劳动人事争议调解仲裁和劳动保障监察执法工作进一步加强。

完善劳动人事争议多元处理机制，普遍建立仲裁与诉讼衔接机制，加强劳动人事争议调解队伍能力建设，调解仲裁效能得到提升。全面推行“双随机、一公开”监管机制，落实地区间监察执法协作机制，实行劳动保障监察举报投诉案件省级联动处理机制。加大对劳动保障违法行为的惩戒力度，全国各级人力资源社会保障部门公布重大违法行为为2 923件。围绕有序推进农民工市民化，为农民工服务工作取得新成效。

（三）拖欠农民工工资问题得到有效遏制。

组织实施省级政府保障农民工工资支付工作考核，属地监管责任层层夯实。组织开展企业劳动保障守法诚信等级评价、欠薪违法行为社会公布，实施拖欠农民工工资“黑名单”管理，欠薪失信联合惩戒力度进一步加大。畅通举报投诉渠道，持续加大劳动保障监察执法力度，日常监察与专项监察相结合，查处了一批欠薪案件。实施按月足额支付工资、农民工实名制管理等制度措施，工程建设领域拖欠农民工工资问题治理工作取得新进展。

五、人社扶贫精准性有效性显著提高

（一）人社扶贫政策进一步完善。

立足职能职责，强化政治责任，聚焦攻坚和精准，制定实施打赢人力资源社会保障扶贫攻坚战三年行动方案，列出时间表、路线图、任务书，扶持发展扶贫车间吸纳就业、鼓励返乡下乡创业带动就业、深化扶贫劳务协作转移就业、开发公益性岗位兜底安置等政策措施进一步健全，技能脱贫千校行动、深度贫困地区技能扶贫行动深入实施，社保帮扶政策进一步落实，人才人事支持力度不断加大。全年共帮扶388万名建档立卡贫困劳动力实现就业。

（二）对深度贫困地区的帮扶工作进一步加强。

针对“三区三州”等深度贫困地区的突出困难，加强工作对接和工作指导，建立信息直报制度，完善工作协调机制，制定支持深度贫困地区人社扶贫政策措施，对深度贫困地区的帮扶工作进一步加强。

六、人社系统行风建设全面加强

（一）系列便民服务举措陆续推出。

全面取消领取社会保险待遇资格集中认证，制定领取待遇资格确认经办规程，积极推进跨部门数据共享和信息比对，完善远程自助认证功能，着力构建“寓认证于无形”的认证服务新模式。精简优化社会保险登记手续，推行异地业务“不用跑”、无谓证明材料“不用交”、重复表格信息“不用填”。启动实施就业失业登记、社保登记和用工备案办理登记“三合一”。加大事中事后监管力度，探索建立严重失信“黑名单”联合惩戒等制度。同时，全面梳理办事清单，制定统一和规范全系统审批服务事项清单和办事指南的指导意见，专项清理了证明事项和证明材料。

（二）标准化信息化建设稳步推进。

社保经办、公共就业服务、人力资源服务等标准逐步规范。“互联网＋人社”有序推进，电子社保卡、12333电话咨询等信息化便民服务取得成效，信息共享和业务协同进一步增强。

（三）窗口单位作风得到改进。

出台加强窗口单位经办队伍建设的意见，开展调研暗访，畅通投诉渠道，加强宣传引导，经办服务机构工作人员宗旨意识进一步增强，服务质量和效率不断提升，群众的满意度明显提高。

工作卷

全国人力资源和社会保障工作

就 业 工 作

一、就业目标全面完成

2018年，全国城镇新增就业1 361万人，城镇失业人员再就业551万人，就业困难人员就业181万人，年末城镇登记失业率为3.8%，完成年初确定目标（城镇新增就业人员1 100万人以上，城镇失业人员再就业500万人，就业困难人员就业120万人，城镇登记失业率控制在4.5%以内）。

二、继续实施更加积极的就业创业政策

（一）推动各部门开展稳就业工作。

2月，国务院就业工作部际联席会议召开全体会议，马凯副总理出席会议并讲话。经全体会议审定，联席会议印发2018年工作要点及重点任务安排，对各部门共同做好就业工作进行安排部署。中央财政继续加大就业补助资金支持力度，共安排就业补助资金477亿元支持31个省份，为就业创业政策落实提供了坚实保障。3月，人力资源社会保障部召开全国就业创业工作电视电话会议，落实中央经济工作会议和全国两会要求，交流地方经验做法，分析就业形势，部署做好全年就业创业工作。

（二）完善更加积极的就业创业政策。

3月，财政部会同人力资源社会保障部、中国人民银行印发《关于进一步做好创业担保贷款财政贴息工作的通知》（财金〔2018〕22号）。文件进一步扩大了贷款对象范围，将农村自主创业农民纳入支持范围，对小微企业贷款须招用符合条件人数的比例由30%降低至25%；降低贷款申请条件，对个人贷款取消追溯贷款记录的要求；放宽了担保和贴息要求，对还款积极、带动就业能力强、创业项目好的借款个人和小微企业，可继续提供累计不超过3次的创业担保贷款贴息。9月，国务院出台《关于推动创新创业高质量发展打造“双创”升级版的意见》（国发〔2018〕32号），强调带动就业是推动“双创”的主要工作目标之一。文件要求推动创新创业环境升级，完善适应新就业形态的用工和社会保险制度，加快建设“网上社保”；推进创业带动就业能力升级，通过完善政策和服务，推动科研人员、大学生、农民工、退役军人、归国和外籍人才等各类群体投身创新创业，并明确提出打造一批农民工返乡创业示范县；促进创新创业服务平台建设，继续推进全国创业孵化示范基地建设，开展“中国创翼”创业创新大赛活动。10月，财政部会同人力资源社会保障部、中国人民银行、银保监会印发《关于进一步做好创业担保贷款贴息政策监测分析工作的通知》（财金〔2018〕107号）。文件提出，强化创业担保贷款精准化管理，在现有贷款业务品种中区分创业担保贷款品种，在个人创业担保贷款中区分10类借款人类别；建立健全征信数据报送机制，由经办银行将业务信息及时、完整、准确地报送基础数据库；加强创业担保贷款贷后管理，确保贷款真正用于创业就业；加强分工协作，人力资源社会保障部门负责核定申请人类别并作出标识。11月，为贯彻落实党中央、国务院关于稳就业的决策部署，人力资源社会保障部会同有关部门在实地调研、用工监测、征求意见的基础上，报请国务院印发《关于做

好当前和今后一个时期促进就业工作的若干意见》（国发〔2018〕39号）。意见从支持企业稳定发展、鼓励就业创业、积极实施培训、及时开展下岗失业人员帮扶、落实各方责任五个方面，打出稳企业稳岗位、强培训促就业、重服务兜底线的政策组合拳，对进一步做好促进就业工作进行了全面部署。

三、深入推进就业扶贫工作

贯彻党中央、国务院打赢脱贫攻坚战战略部署，落实部党组人社扶贫工作总要求，坚持精准扶贫、精准脱贫基本方略，积极推进就业扶贫工作。3月，会同国务院扶贫办印发《关于做好2018年就业扶贫工作的通知》（人社部函〔2018〕22号），部署安排全年工作。7月，会同国务院扶贫办印发《关于下达2018—2020年就业扶贫目标任务的通知》（人社部发〔2018〕44号）。为贯彻党中央、国务院关于落实打赢精准脱贫攻坚战三年行动的部署，人力资源社会保障部印发《关于深入推进扶贫劳务协作提升劳务组织化程度的通知》（人社厅发〔2018〕75号），明确输出地主体责任，强化输入地帮扶责任，加强"岗位供给清单"和"就业需求清单"的精准匹配，深化东西部扶贫协作、对口支援机制，加强省内协作帮扶机制。组织开展劳务品牌征集活动，收到26个省份推荐的123个劳务品牌，并在中国就业网设立专栏进行宣传，发挥品牌效应和劳务品牌对劳务协作工作的推动作用。8月，与财政部联合印发《关于进一步加大就业扶贫政策支持力度着力提高劳务组织化程度的通知》（人社部发〔2018〕46号），从大力促进就地就近就业、积极支持创业带动就业、大力开展有组织劳务输出、通过公益性岗位托底安置、大规模开展职业培训五个方面提出支持性政策措施。会同国务院扶贫办、全国工商联、中国企业联合会/企业家协会印发《关于推荐第二批就业扶贫基地和典型企业的通知》（人社厅函〔2018〕222号），部署各地遴选推荐就业扶贫基地企业，发挥示范带动效应，促进贫困劳动力就业。9月，印发《关于开展就业扶贫行动日活动的通知》（人社厅函〔2018〕241号），部署10月17日在全国范围内开展就业扶贫行动日活动，集中开展就业帮扶活动，为农村建档立卡贫困劳动力送政策、送信息、送服务、送岗位，促进其就业脱贫。四季度，按照中央脱贫攻坚专项巡视要求，切实做好立行立改和整改相关工作。12月，在四川省凉山州召开提高组织化程度推进就业扶贫工作座谈会，对就业扶贫工作再动员、再部署。同时，全年加强就业扶贫工作宣传，在《中国劳动保障报》、中国就业网开设就业扶贫宣传专栏，利用部官方网站、官方微信多渠道多形式宣传地方经验做法。此外，持续推进农村劳动力转移就业工作，调度示范县工作，组织城乡就业融合发展课题研究。

四、努力做好高校毕业生就业工作

（一）落实完善高校毕业生就业创业政策。

3月2日，人力资源社会保障部印发《关于做好2018年全国高校毕业生就业创业工作的通知》（人社部函〔2018〕16号），推动各地人力资源社会保障部门强化政策落实、服务保障、权益维护，千方百计拓展高校毕业生多元化就业渠道。4月至9月在全国组织开展"筑梦未来，与你同行"高校毕业生就业创业政策宣传推介活动，搭建全国性政策宣传平台，推动毕业生和用人单位对政策尽知尽享。5月24日，国务院召开全国普通高等学校毕业生就业创业工作电视电话会议，李克强总理作出重要批示。孙春兰副总理、胡春华副总理出席会议并讲话，对做好2018年高校毕业生就业创业工作进行了全面部署。9月29日，召开高校毕业生就业创业工作电视电话会议，对人力资源社会保障系统做好高校毕业生就业创业工作进行再部署、再推动，全面推进实名制就业服务。11月6日至9日，在江西九江举办高校毕业生就业政策与服务培训班，进一步贯彻落实党中央、国务院关于高校毕业生就业工作决策部署，对人力资源社会保障系统工作人员进行培训，提升其政策水平、服务能力、工作水平。

（二）实施高校毕业生就业创业促进计划。

加强有针对性的就业指导服务，4 月 20 日至 10 月 20 日，组织全国人力资源社会保障系统集中开展高校毕业生就业指导活动，实施就业指导校园行、市场行、社区行、企业行和创业指导园区行，提升毕业生职业素养和就业竞争力，帮助解决就业创业中遇到的困难和问题，促进毕业生理性择业、积极就业、爱岗敬业。针对毕业生不同时段需求，会同有关部门开展了一系列就业服务专项活动。3 月和 10 月，组织第五届部分大中城市联合招聘高校毕业生（春季）活动和第六届大中城市联合招聘高校毕业生（秋季）活动，搭建精准招聘平台，开展网络招聘、巡回招聘、现场招聘等服务。4 月 16 日至 22 日，开展全国民营企业招聘周活动，以高校毕业生为重点服务对象，为民营企业、中小微企业和求职者搭建供需对接平台。9 月，在全国组织开展高校毕业生就业服务月活动，以“实名服务，精准到人，助力高校毕业生就业创业”为主题，将有就业意愿的离校未就业毕业生纳入服务范围，多渠道加强实名登记，落实实名制就业服务，积极改善就业环境，为 2018 届及往届未就业毕业生实现就业提供服务保障。活动期间共提供就业岗位 272 万个，为 62 万名未就业毕业生办理了实名登记，对 14 万名毕业生开展了就业援助。帮助青年加强岗位实践锻炼，提升就业能力。12 月 25 日，会同财政部、商务部、国务院国资委、共青团中央、全国工商联印发《关于实施三年百万青年见习计划的通知》（人社部函〔2018〕186 号），提出自 2019 年 1 月 1 日起，用三年时间组织 100 万名青年参加就业见习。

（三）强化困难高校毕业生就业帮扶。

7 月 20 日，印发《关于进一步加强离校未就业高校毕业生实名登记工作的函》（人社厅函〔2018〕182 号），指导各地做好高校毕业生离校前后信息衔接，将各类渠道登记信息实时录入离校未就业毕业生实名信息数据库，落实实名制服务措施，提供就业指导、职业培训等有针对性的就业服务。将建档立卡贫困家庭、城乡低保家庭、残疾等困难毕业生作为重点帮扶对象，落实求职创业补贴政策，建立专门台账，实行“一对一”帮扶，帮助尽快实现就业。加大对少数民族高校毕业生就业帮扶力度，4 月 10 日至 6 月 30 日，会同教育部、国务院国资委开展第七届中央企业面向西藏青海新疆高校毕业生专场招聘活动，组织动员 24 家中央企业和 97 家分支机构提供 2 600 多个岗位。5 月 19 日、10 月 27 日，分别在新疆乌鲁木齐和湖北武汉开展全国大中城市联合招聘新疆、西藏高校毕业生现场招聘会，组织援助省市和新疆、西藏 492 家企事业单位参加，提供 6 400 多个岗位。

五、大力促进群体就业和推进公平就业

（一）统筹做好群体就业工作。

统筹推进退役军人、妇女、残疾人等各类群体就业工作。落实党中央、国务院关于深化军队改革、加强国防建设、促进军民融合等战略部署，配合有关部门研究和出台做好退役军人、随军家属、优抚对象有关工作的政策措施，支持和促进有关人员就业创业。7 月，配合退役军人事务部制定印发《关于促进新时代退役军人就业创业工作的意见》（退役军人部发〔2018〕26 号），从提升就业能力、加大就业支持力度、积极优化就业创业环境、建立健全服务体系、切实加强组织领导五个方面对促进新时代退役军人就业创业作出安排部署。

落实党中央、国务院妇女工作决策部署，积极履行成员单位职责，全力配合全国妇联开展各项活动，积极推进中国妇女事业健康发展。落实中央经济工作会议、政府工作报告要求，会同全国妇联等有关部门对解决就业性别歧视问题开展调查研究，总结就业性别歧视主要表现，分析成因，梳理境外相关措施做法，提出总体工作思路和具体措施建议，形成专题报告上报国务院。

落实党中央、国务院残疾人工作决策部

署，按照国务院残工委统一安排，积极履行成员单位职责，全力配合中国残联开展各类助残活动，稳步推进中国残疾人事业健康发展。4月，配合中国残联开展中美残疾人事务协调会有关活动。5月，会同中国残联印发《关于开展农村贫困残疾人就业帮扶活动的通知》（人社厅函〔2018〕113号），部署全国助残日期间在全国范围内开展活动，集中开展政策宣讲、精准识别、上门送岗、需求登记、专场招聘等活动，帮扶贫困残疾人就业创业，营造关心关爱残疾人就业脱贫的良好氛围。7月，配合中国残联印发《助盲就业脱贫行动实施方案》（残联发〔2018〕40号），组织动员有就业意愿的贫困视力残疾人开展技能培训，提供全方位就业服务，扶持就业创业。

落实中央禁毒工作决策部署，推动禁毒工作深入开展。按照国家禁毒委员会统一安排，人力资源社会保障部带队赴重庆市开展禁毒工作督查。配合公安部禁毒局推进"6·27青少年毒品预防教育""8·31社区戒毒社区康复"和全国禁毒重点整治示范创建工程等活动，制定《2018—2020年禁毒工作规划分工》《2018年禁毒工作要点》，研究《关于加强新时代全民禁毒宣传教育工作的指导意见》。

（二）稳妥做好去产能职工安置工作。

4月，会同相关部门印发《关于做好2018年重点领域化解过剩产能中职工安置工作的通知》（人社部发〔2018〕28号），进一步明确安置范围，完善支持内部分流、奖补资金分配使用等政策，并对各地优化指导服务、切实防范风险、强化组织实施提出要求。赴重点地区开展调研，组织召开部分省份职工安置工作座谈会，了解工作推进中的重点难点问题，对进展较慢地区提出工作要求。

（三）推进就业援助工作。

始终将促进就业困难人员就业作为民生工作重点，作为"织牢民生安全网"的重要内容，常抓不懈。年初，会同中国残联组织开展就业援助月活动，对就业困难人员进行摸底调查，指导调度各地强化日常工作和集中活动，促进就业困难人员、残疾人等就业。6月，专题研究简化就业援助政策申领程序，梳理、精简相关证明材料，便利就业困难人员享受各项扶持政策。12月，会同中国残联印发《关于开展2018年就业援助月专项活动的通知》，部署做好就业援助月活动。

（四）进一步完善港澳台人员和外国人就业管理制度。

按照党中央、国务院有关部署要求，坚持"引进高端、控制终端、限制低端"的指导思想，稳妥做好外国人就业工作和港澳台人员到内地就业工作。8月，推动取消港澳台人员在内地就业许可，颁布《关于废止〈台湾香港澳门居民在内地就业管理规定〉的决定》（人力资源和社会保障部令第37号），对《台湾香港澳门居民在内地就业管理规定》（劳动和社会保障部令第26号）予以废止；印发《关于香港澳门台湾居民在内地（大陆）就业有关事项的通知》（人社部发〔2018〕53号），对做好取消许可后工作衔接提出要求。

六、全面开展公共就业服务专项活动

（一）就业援助月活动。

元旦、春节期间，会同中国残联在全国开展以"就业帮扶、真情相助"为主题的就业援助月专项活动，采取多种有针对性的帮扶措施，帮助各类就业困难人员和残疾登记失业人员实现就业。活动期间，全国共走访62.1万户就业困难人员家庭；登记认定41.0万名未就业困难人员，其中残疾就业困难人员5.6万人，去产能职工3.3万人；帮助32.0万名就业困难人员实现了就业，其中残疾就业困难人员2.8万人，去产能职工2.3万人；登记认定1.9万户零就业家庭，帮助1.4万户零就业家庭中1.7万人实现就业；帮助66.4万名就业困难人员享受就业扶持政策，其中企业招用人员14.8万人，灵活就业40.1万人，公益性岗位安置7.4万人；各辖区内共有5.2万户企业招用困难人员并享受扶持政策。

（二）春风行动。

1月，会同国务院扶贫办、全国总工会、全国妇联印发《关于开展2018年春风行动的通知》（人社部函〔2018〕6号），部署主题为“促进转移就业，支持返乡创业，助力增收脱贫”的2018年春风行动。2月20日至3月30日，在全国范围内组织开展春风行动，顺应新时代新要求，以创新做实就业服务、就业扶贫、返乡创业为重点，为有就业创业意愿的农村劳动力、农村建档立卡贫困劳动力和有用工需求的用人单位提供有针对性的就业服务。活动期间，全国共发放“春风卡”等宣传资料6 058万份，组织各类招聘会2.7万场；提供免费政策咨询、就业创业指导等服务2 098万人次；组织开展技能培训94万人次；提供劳动维权和法律援助服务87万人次；提供职业介绍和岗位信息服务1 743万人次，其中建档立卡贫困人员123万人次，女性劳动者542万人次。

（三）民营企业招聘周。

4月中下旬，人力资源社会保障部会同教育部、全国总工会、全国工商联以“精准服务促就业，汇聚人才助发展”为主题，组织全国县级以上城市开展了“2018年全国民营企业招聘周”活动。招聘对象以2018届高校毕业生为重点，同时面向去产能企业分流职工、农村进城务工人员、建档立卡贫困人员等各类求职者。招聘企业以民营企业、中小微企业为重点，同时鼓励各类企事业单位参加招聘活动。各地深入摸排服务对象信息，广泛收集岗位信息，积极开展线上线下同步招聘、小型专场招聘等供需对接活动，提供政策咨询、职业介绍、就业创业指导、企业用工指导、权益维护等针对性服务。15.3万家民营企业参加招聘周活动，提供岗位信息382.6万条，其中适合高校毕业生就业岗位147.8万个；74.4万名求职者与用人单位达成就业意向，其中高校毕业生26.7万人；累计发放政策宣传品634.1万份，提供维权及法律援助服务16.6万人次。为配合活动开展，中国公共招聘网开辟招聘周活动专区，发布岗位信息2.3万余条，涉及招聘人数13万人；网站访问人数18.9万人，访问量89.9万人次。

（四）金秋招聘月活动。

10月，人力资源社会保障部会同全国总工会、全国工商联以“促进供需匹配，助力企业发展”为主题，组织全国县级以上城市开展了“2018年金秋招聘月”活动。活动为期1个月，以民营企业，特别是中小微企业，以及去产能企业下岗职工、停产停工企业职工、分流转岗职工为主要服务对象，同时面向各类企业和劳动者。各地深入企业摸清需求，广泛收集岗位信息，加强招聘用工指导，开展普法宣传工作，加大政策落实力度，搭建供需对接平台，组织特色招聘活动，为民营企业特别是中小微企业招聘用工和去产能企业职工等各类劳动者求职提供服务。全国共有18.2万家企业参加招聘月活动，其中民营企业15.6万家；各地为企业提供用工指导17.2万次，举办线上线下招聘活动9 600余次，提供各类岗位信息434万条；67.6万名求职者与用人单位达成了就业意向，其中去产能企业职工7万人。为配合活动开展，中国公共招聘网开辟金秋招聘月活动专区，发布岗位信息16万条，涉及招聘人数102万人；网站访问人数44.6万人，访问量318.2万人次。

七、举办第三届“中国创翼”创业创新大赛

大赛以“创响新时代，共圆中国梦”为主题，共有来自全国各地的31 704个项目报名参赛并通过资格审核。大赛采取“主体赛＋专项赛”模式，主体赛又分为创新项目组和创业项目组两个组别，按照省级选拔赛、全国选拔赛、决赛三个阶段实施；专项赛按照省级选拔赛、全国决赛两个阶段实施。各地省级选拔赛于9月4日前全部完成。作为全国双创活动周的重要活动之一，10月12日至14日，全国选拔赛和决赛在河南郑州顺利举办，并于15日举办大赛颁奖式、闭幕式和优秀项目展示活动。中共中央政治局委员、国务院副总理胡春华出席闭幕式并致辞，对大赛取得的成果给予

充分肯定，并观摩优秀项目展。人力资源社会保障部、国家发展改革委、科技部、共青团中央、中国残联有关领导同志出席大赛颁奖式，为获奖选手颁奖。

八、加强完善公共就业和人才服务

（一）提供全方位公共就业服务。

党的十九大明确提出，就业是最大的民生，要坚持就业优先战略和积极就业政策，提供全方位公共就业服务。为贯彻落实党中央、国务院决策部署，12 月，人力资源社会保障部会同国家发展改革委、财政部印发《关于推进全方位公共就业服务的指导意见》（人社部发〔2018〕77 号），提出构建覆盖全民、贯穿全程、辐射全域、便捷高效的全方位公共就业服务体系，打破城乡分割和户籍分割，将各类劳动者和用人单位纳入服务范围；明确求职招聘创业服务的基本内容，丰富服务功能；解决多主体供给、多渠道服务、均等化发展问题，健全服务体系；提出公共就业服务标准化、智慧化、便民化的发展方向，提高服务质量。全国公共就业服务体系进一步完善，截至 2018 年底，4 万个街道、乡镇建立了服务窗口，覆盖了 98.3%的街道和乡镇，9.1 万多个社区（占全部社区的 92.1%）和部分行政村聘请了专职或兼职的工作人员。2018 年，各级公共就业和人才服务机构共办理登记求职 3 888.9 万人次，登记招聘 5 653.3 万人次，为 1 828.5 万人次提供了职业指导服务，为 1 970.9 万人次提供了职业介绍服务，为 448.4 万人次提供了创业服务。

（二）推进公共就业服务信息化工作。

人力资源社会保障部积极推进信息化建设，指导各地加快就业创业服务系统建设和应用，推进就业创业信息的多渠道发布和就业业务的线上申请办理，打造线上线下一体的多渠道服务平台，不断提升就业管理和就业服务水平。持续加强中国公共招聘网建设工作，2018 年，中国公共招聘网日均发布有效招聘岗位信息 20 万条，涉及招聘人数超过 100 万人。进一步加强全国就业信息监测平台建设，截至 2018 年底，平台已覆盖全国 5.2 亿名劳动者。

（三）深入推进减证便民。

为深入推进国务院“放管服”改革，落实人力资源社会保障系统行风建设的决策部署，人力资源社会保障部梳理就业创业等领域服务事项清单，明确设定依据、证明材料等，进一步优化服务。简化证明材料，修改《就业服务与就业管理规定》（人力资源和社会保障部令第 38 号），取消失业登记“证明原身份的有关证明”。结合国务院“群众办事百项堵点疏解行动”，梳理各地就业创业领域整改进展，提出整改方案和措施。为落实国务院决策部署，2018 年 7 月 28 日起，废止《台湾香港澳门居民在内地就业管理规定》（劳动和社会保障部令第 26 号），明确港澳台人员在内地（大陆）就业不再需要办理“台港澳人员就业证”，出台《关于香港澳门台湾居民在内地就业有关事项的通知》（人社部发〔2018〕53 号）和《关于为香港澳门台湾居民在内地（大陆）提供就业创业服务的通知》（人社厅函〔2018〕170 号），指导地方做好工作衔接。

（四）开展全国创业孵化示范基地复评和推荐工作。

为进一步推进创业孵化基地建设工作，发挥示范引领作用，人力资源社会保障部于 6 月 1 日印发《关于开展全国创业孵化示范基地复评和推荐工作的通知》（人社厅发〔2018〕135 号）。按照通知要求，全国共有 28 个省份报送了孵化示范基地推荐材料。11 月底至 12 月初，人力资源社会保障部相关职能单位组织 23 个现场核查组，对各地现有的全国创业孵化示范基地以及新推荐的基地进行了实地核查。

九、做好就业形势监测和分析

（一）做好就业统计监测工作。

继续做好城镇新增就业、失业人员再就业、困难人员就业数据月度统计汇总和城镇登记失业人员、城镇登记失业率数据季度统计汇总工作，定期进行数据分析，形成就业数据分析报告。开展31个大中城市就业形势分析和11个省市人力资源市场供求和企业用工情况监测工作，按月对相关情况进行汇总分析。完善去产能职工信息管理系统，开展实名制信息采集录入工作，建立统计月报制度，及时掌握职工安置进展情况。开展20省份2 000个行政村农村劳动力转移就业监测工作，及时掌握外出、返乡人数变化情况。建立4 200家重点企业用工监测半月报制度，了解经济形势变化对企业用工影响情况。

（二）定期开展就业形势分析研判。

运用统计、调查、监测以及实地调研、课题研究等多种手段，从就业失业总体状况、劳动力市场运行、企业用工、重点群体就业等多个方面，分析研判就业形势，按季度形成分析报告上报国务院。与智联招聘、58同城等市场机构合作，利用人力资源市场大数据，多维度分析就业形势。同时，针对春节后企业用工和劳动者就业等问题，提出政策建议上报国务院。

人力资源市场建设与管理

2018年，人力资源市场建设工作坚决贯彻落实党中央、国务院决策部署，按照部党组部署要求，围绕更好服务就业创业和高质量发展，坚持充分发挥市场在资源配置中的决定性作用和更好发挥政府作用，创新政策措施，健全人力资源市场体系，提升人力资源服务水平，各项工作取得显著成效。

一、市场立法取得重大突破

6月29日，李克强总理签署国务院令，公布《人力资源市场暂行条例》（以下简称《条例》），自10月1日起正式施行。这是中央全面深化改革领导小组确定的重大改革立法项目，是中央深化党的建设制度改革方案确定的重大改革任务。《条例》是改革开放以来我国人力资源要素市场领域第一部行政法规，标志着人力资源市场进入法制化建设新阶段，对于健全统一规范人力资源市场体系具有里程碑意义。做好《条例》宣传解读和贯彻实施，举行了国务院政策例行吹风会，组织专家开展系列解读，编制了《条例》释义。召开了贯彻实施《条例》全国电视电话会议、专题培训班和座谈会，印发了《关于学习贯彻〈人力资源市场暂行条例〉的通知》和《关于做好人力资源服务行政许可及备案有关工作的通知》，指导各地贯彻实施好《条例》。

二、重大改革任务进展顺利

贯彻落实党的十九大关于破除人才社会性流动体制机制障碍和习近平总书记在全国组织工作会议上关于创新人才流动机制的重要讲话精神，落实中央关于深化人才发展体制机制改革和政府工作报告关于促进人力资源自由有序流动的决策部署，在深入调研、开展课题研究、广泛征求意见和反复修改完善的基础上，制定了《关于充分发挥市场作用促进人才顺畅有序流动的意见》，这是近年来人才流动配置领域第一个改革文件。

三、市场监管力度不断加大

一是开展人力资源服务机构年度报告公示工作，督促指导56家国务院所属部门人力资源机构完成总结自查，按要求对年度报告相关情况进行公示。二是加大人力资源市场事中事后监管力度，配合劳动保障监察局在全国范围内组织开展清理整顿人力资源市场秩序专项行动，查处违法案件5 967件，取缔非法职业介绍活动2 643项。三是在国家自贸区和自主创新示范区试点人力资源市场扩大对外开放政策。

四、人力资源服务业长足发展

目前，全国共有各类人力资源服务机构3.57万家，全年营业收入1.77万亿元，年增长20%以上，帮助2.28亿人次实现就业和流动，服务3 669万家次用人单位。一是新建中国北京、天津、广州、深圳国家级人力资源服务产业园，国家级产业园达15家，有效推动行业集聚发展。研究起草了《国家级人力资源服务产业园建设管理办法》。二是实施领军人才培养计划，举办全国人力资源服务业高级研修班和博士后学术交流大会。三是开展“一线观察”和人才服务机构供求信息上报工作，行业影响力不断提升。四是针对人力资源市场发展不充分不平衡问题，实施西部和东北地区市场建设援助计划，开展16项援助活动。五是开展2018年人力资源市场高校毕业生就业服务周活动，指导重庆、浙江、北京等10余个省份开展人力资源服务博览会等重大活动。

五、高校毕业生到基层工作成效显著

一是推动党中央、国务院引导高校毕业生到基层政策落地生效，加大高校毕业生基层服务项目统筹实施力度，指导地方制定高校毕业生基层成长计划实施方案，研究制定后备人才遴选培养工作安排。二是实施“三支一扶”计划，选派2.8万名高校毕业生从事支农、支教、支医和扶贫等服务。三是实施能力提升专项计划和第三轮计划中期评估工作，全国组织开展55期示范培训班，培训5 200名“三支一扶”人员。

六、人才流动公共服务日益完善

一是制定《关于加快推进流动人员人事档案信息化建设的指导意见》，流动人员人事档案管理服务水平进一步提升，流动人员人事档案管理服务的有关做法在全国干部人事档案工作会议上作经验交流。二是加强流动人才党员管理服务工作，提升流动人才党员管理服务水平。三是遴选支持10省市编制发布急需紧缺人才目录，有效引导人才资源合理流动和优化配置。

七、脱贫攻坚扎实推进

一是扎实开展人力资源服务机构助力脱贫攻坚行动，各地人力资源服务机构举办扶贫专项招聘会或对接活动2 000余场，提供岗位55.71万个，达成就业意向6.13万人。在人力资源社会保障部定点扶贫点安徽省金寨县举办人力资源服务机构助力金寨脱贫攻坚招聘会，当月为金寨县贫困劳动力提供200余个就业岗位并形成长效机制。二是深入实施“三支一扶”计划助力脱贫攻坚行动，做到扶贫岗位、人员、资金三倾斜，当年新增的1 000个中央财政补助名额主要用于贫困地区，举办27个脱贫攻坚专项培训班，培训人员占总数的50%以上；对安徽金寨、山西天镇两县按照“全额招募、全员培训”原则给予特殊支持。三是在“三区三州”的四川省凉山州举办高校毕业生就业专场招聘会，145家在川央企、省属国企及知名民营企业等用人单位参加，提供5 508个岗位，进场求职毕业生4 000人左右，达成就业意向千余人。

职业能力建设

2018年，在党中央、国务院的高度重视和部党组的坚强领导下，在相关部门、行业企业、社会各界的共同帮助下，职业能力建设事业不断改革创新。制定出台提高技术工人待遇、推行终身职业技能培训制度、加强技能人才队伍建设、改革完善技能人才评价制度、在工程技术领域实现高技能人才与工程技术人才职业发展贯通、推进技工院校校企合作、开展深度贫困地区技能扶贫行动、全面推行企业新型学徒制等一系列政策措施，着力加强技能人才激励、健全职业培训制度体系、稳步发展技工教育、推进技能人才评价制度改革、大力开展职业技能竞赛，各项工作保持良好态势。

一、召开全国职业能力建设工作座谈会

5月29日，全国职业能力建设工作座谈会在合肥召开。会议充分肯定了党的十八大以来职业能力建设工作取得的突出成就，深刻分析了当前面临的新形势新挑战，重点就做好职业技能培训工作作出部署。会议指出，国务院《关于推行终身职业技能培训制度的意见》（国发〔2018〕11号）明确提出了新时代职业技能培训工作的指导思想、目标任务、政策措施和工作要求，是今后一个时期职业技能培训工作的纲领性文件。职业能力建设工作要以习近平新时代中国特色社会主义思想为指导，全面贯彻党的十九大精神，认真落实党中央、国务院关于推行终身职业技能培训制度的决策部署，大规模开展职业技能培训，着力提升培训的针对性和有效性，建设知识型、技能型、创新型劳动者大军，为全面建成社会主义现代化强国、实现中华民族伟大复兴的中国梦提供强大支撑。要以“推行一项制度，完善两个体系，实施三类培训”为主线，构建终身职业技能培训体系；要以机制创新为突破口，深化职业技能培训制度改革；要以适应培训需求为统领，提升职业技能培训基础能力；要以政策创新为支撑，充分发挥企业主体作用；要以增加人才供给为目标，着力加强高技能人才培训。要提高政治站位、理顺工作体制机制、加大改革创新力度、狠抓工作落实，全面推动职业技能培训工作取得新发展。

二、着力加强技能人才激励工作

一是加强决策指导。中共中央办公厅、国务院办公厅印发《关于提高技术工人待遇的意见》，人力资源社会保障部印发《关于贯彻落实〈关于提高技术工人待遇的意见〉精神的通知》（人社部发〔2018〕24号）、《技能人才队伍建设工作实施方案（2018—2020年）》（人社部发〔2018〕65号），并组织召开中央企业贯彻落实提高技术工人待遇专题会议。二是开展高技能人才评选表彰工作，表彰30名中华技能大奖获得者和300名全国技术能手。组织筹备召开第十四届高技能人才表彰大会和座谈会，邀请国务院领导与高技能人才代表座谈并作重要讲话。三是实施高技能人才振兴计划。全年新增高技能人才210万人（含技师和高级技师），建设国家高技能人才培训基地107个、国家技能大师工作室119个。人力资源社会保障部与安徽省签署共同推进技工大省建设备忘录。四是推荐480名高技能人才享受国务院政

府特殊津贴，部领导看望慰问高技能人才代表，开展高技能领军人才暑期、冬季休假活动。

三、健全职业培训制度体系

一是国务院制定出台《关于推行终身职业技能培训制度的意见》（国发〔2018〕11号），人力资源社会保障部印发《关于贯彻落实〈国务院关于推行终身职业技能培训制度的意见〉精神的通知》（人社部发〔2018〕45号）。二是会同财政部印发《关于全面推行企业新型学徒制的意见》（人社部发〔2018〕66号），召开全面推行企业新型学徒制电视电话会。会同市场监管总局印发《关于规范营利性民办技工院校和营利性民办职业技能培训机构名称登记管理有关工作的通知》（国市监企注〔2018〕18号）。三是开展面向高校毕业生、农民工、去产能企业职工、贫困劳动力等重点人群的职业培训行动计划。会同国务院扶贫办联合印发《关于开展深度贫困地区技能扶贫行动的通知》（人社部发〔2018〕65号）。全年累计开展政府补贴职业培训1 651万人次，其中建档立卡贫困劳动力培训200万人次。结业考试或鉴定合格总量为1 134万人次。

四、稳步发展技工教育

一是联合印发《职业学校校企合作促进办法》（教职成〔2018〕1号）、《深入推进技工院校与国有企业开展校企合作的若干意见》（人社部发〔2018〕62号），印发《关于贯彻落实〈职业学校校企合作促进办法〉有关工作的通知》（人社部函〔2018〕23号）、《关于推进技工院校学生创业创新工作的通知》（人社厅发〔2018〕138号），编制《校企双制　工学一体——校企合作工作指南》，参与制定《国家职业教育改革实施方案》。二是举办中国技工教育图片展暨“7·15”世界青年技能日主题活动，举办第一届全国技工院校教师职业能力大赛，开展全国骨干技工院校校长高级研修活动和师资能力提升活动。三是颁布《全国技工院校专业目录（2018年修订）》，召开技工院校一体化课程教学改革推进会技工教育和职业培训教材工作委员会第一次委员会议。全年技工院校招生超过128万人，向社会输送90余万名毕业生，开展各类培训近500万人次。

五、推进技能人才评价制度改革

一是研究制定《职业资格证书制度改革总体方案》《关于改革完善技能人才评价制度的意见》，印发《关于开展职业技能等级认定试点工作的通知》（人社厅发〔2018〕148号）和《关于征集第三方评价机构的通告》（中就培函〔2018〕95号），发挥用人主体和第三方机构作用，开展职业技能等级认定试点。二是印发《关于在工程技术领域实现高技能人才与工程技术人才职业发展贯通的意见（试行）》（人社部发〔2018〕74号），搭建技能人才与专业技术人才职业发展“立交桥”。三是规范职业资格实施，印发通知公布技能人员职业资格实施部门（单位）信息，建立行业职业技能鉴定机构信息查询系统，启用新版技能人员职业资格证书，对规范证书发放管理提出明确要求。四是颁布《国家职业技能标准编制技术规程（2018年版）》，组织制定修订51个国家职业技能标准，组织征集新职业信息。全年开展职业技能鉴定1 135万人次，903万人次取得职业资格证书。

六、大力开展职业技能竞赛

一是与上海市政府、世界技能组织签署第46届世界技能大赛办赛协议书和世界技能博物馆建设协议书，成立第46届世界技能大赛工作领导小组和组委会等领导机构，全面推进第46届世界技能大赛筹办工作。二是完成第45届世界技能大赛全国选拔赛，全国1 351名参赛选手参加了52个项目的决赛选拔，组建52个项目共516人的国家集训队，遴选205个世界技能大赛集训基地和52名世界技能大赛中国技术指导专家组组长，开展选手集训工作。三是创新开展国内职业技能竞赛，组织国家级一类大赛8项、国家级二类竞赛51项和6次技能中国行系列活动，组织世界技能大赛报告团到28个地市、14个贫困县进行巡回报告。

七、持续加强职业能力建设宣传工作

积极开展高技能人才表彰、提高技术工人待遇、大规模开展职业技能培训、推行企业新型学徒制、在工程技术领域实现高技能人才与工程技术人才职业发展贯通、大力发展技工教育和组织世界技能大赛选拔赛等重要工作的宣传。在国务院新闻办公室进行2次新闻发布会、2次中外记者见面会，在人力资源社会保障部举办2次新闻吹风会。充分发挥《人民日报》等中央媒体和“技能中国”等微信公众号，以及《中国组织人事报》《中国劳动保障报》《中国青年报》相关专版等宣传平台作用，做好新闻宣传。在中央电视台举办“匠心筑梦”五一大型文艺晚会。编辑《校企双制　工学一体——校企合作工作指南》《沧桑巨变——中国技工教育发展历程》《匠心育人——中国技工教育发展成就之技工院校风采录》《中国技能闪耀世界——第44届世界技能大赛参赛工作实录》《匠心逐梦　技能中国——第46届世界技能大赛申办工作实录》《新时代　新技能　新梦想——世界技能大赛先进事迹巡回报告会活动演讲集》等书籍。深入开展“技能中国行”等主题宣传。重点做好世界技能大赛金牌选手、中华技能大奖获得者等优秀技能人才的宣传报道工作，进一步在全社会营造劳动光荣、技能宝贵、创造伟大的氛围。

专业技术人才工作

2018年，认真贯彻落实习近平总书记关于人才工作重要论述精神和党中央、国务院决策部署，坚持党管人才原则，坚持实施人才强国战略，围绕部中心工作和人才工作总体部署，聚焦新发展理念、聚焦深化改革、聚焦国家重大战略、聚焦人才队伍建设，切实履行政府人才综合管理职能，实施更加积极、更加开放、更加有效的人才政策，深化人才体制机制改革，加强创新型人才队伍建设，强化服务保障，推动各项人才工作向前发展。

一、人才评价等制度改革稳步推进

一是分类推进人才评价机制改革。中共中央办公厅、国务院办公厅印发《关于分类推进人才评价机制改革的指导意见》，人力资源社会保障部会同中共中央组织部印发贯彻落实主要任务分工方案，指导督促有关行业主管部门完善配套政策，加快推进科技、哲学社会科学、教育等重点领域人才评价改革，指导各地制定出台具体实施方案，相关改革工作顺利推进。与科技部等五部门联合开展清理“唯论文、唯职称、唯学历、唯奖项”专项行动，配合中共中央组织部加大人才工程计划优化整合力度，着力破解人才评价领域重点难点问题。

二是持续推进职称制度改革。研究制定会计、自然科学研究、工程、体育教练员、民航飞行等系列改革指导意见。完善职称制度改革配套政策，研究制定职称评审管理暂行规定。印发《关于在工程技术领域实现高技能人才与工程技术人才职业发展贯通的意见（试行）》（人社部发〔2018〕74号），搭建人才成长“立交桥”。会同教育部做好2018年中小学教师职称评审工作。

三是完善职业资格制度。印发高级社会工作师、造价工程师职业资格制度文件，研究修订注册安全工程师、执业药师、注册计量师等职业资格制度文件。部署开展工程建设领域“挂证”问题专项治理，研究建立专业技术人员资格考试诚信档案库，推动实施资格考试失信人员联合惩戒。292万名专业技术人员考取职业资格证书。

四是完善专业技术人员继续教育制度。会同财政部印发《会计专业技术人员继续教育规定》（财会发〔2018〕10号），会同国家档案局印发《档案专业人员继续教育规定》（档发〔2018〕19号）。

二、高层次创新型专业技术人才队伍建设不断加强

一是加强高层次人才选拔培养和引进工作。配合中共中央组织部实施“万人计划”。开展享受国务院政府特殊津贴人员选拔工作，经国务院审批，确定2018年享受国务院政府特殊津贴人员4 958人。以能力提升为核心，加强高级专家培养培训，在中国浦东、井冈山、延安3个干部学院各举办1期“百千万人才工程”国情研修班；分别以“工业互联网创新发展”“人工智能：技术创新与社会影响”为主题，举办2期创新大讲堂；组织1次出国培训。资助122名高层次留学回国创业创新人才。支持广州海交会、大连海创周、山东海洽会、南京留交会等人才项目资金对接交流活动。

二是完善博士后管理制度。新设博士后科研工作站 399 个，进站 21 561 人、出站 12 177 人。实施博士后国际交流计划、香江学者计划、博士后创新人才支持计划等重点资助计划，共资助 1 000 余人，举办 38 期学术交流活动。

三是深入实施专业技术人才知识更新工程。指导各地各部门按计划举办近 300 期高研班，培训高层次专业技术人才约 2 万人次；新设 20 家国家级专业技术人员继续教育基地；开展急需紧缺人才培养培训和岗位培训 108.8 万人次。开展新疆、西藏特培工作，为新疆培养 400 名、为西藏培养 120 名少数民族专业技术人才骨干，组织开展 4 批特培专家服务团活动，培训和指导当地专业技术人员和管理人员约 3 000 人次。

三、支持专业技术人才创新创业的政策和服务环境逐步优化

一是坚持党管人才原则，扎实做好政府人才综合管理工作。贯彻落实中央领导同志重要批示精神，配合中共中央组织部引导地方做好引才工作。落实中央有关部署要求，与中共中央组织部共同研究制定支持海南开展人才发展体制机制创新的实施方案。围绕实施创新驱动发展战略、全国科创中心建设、制造强国建设、交通强国建设、新材料、集成电路等国家重大战略和新兴产业发展，研究完善专门人才支持政策，做好国家重大战略人才支撑工作。

二是研究加强留学人员回国服务体系建设。会同 25 个部门起草《关于留学回国人员创业创新工作有关情况的汇报》及《重点任务分工方案》，上报国务院并经国务院常务会议审议通过。牵头召开留学人员回国服务工作部际联席会议。与国家知识产权局、中国人民银行、银保监会共同制定出台《关于强化知识产权创造保护运用支持留学回国人员创新创业的通知》（国知发运字〔2018〕38 号），进一步放开对外籍留学回国人员开立 A 股账户的政策限制，营造留学回国人员创业创新良好环境。

三是研究提出支持民营企业发展、自贸区建设、京津冀协同发展、雄安新区建设等人才倾斜政策。紧扣地方产业发展、技术攻关、人才培养等实际需求，助力打赢脱贫攻坚战，部署实施 60 个专家服务基层重点服务项目、30 项赤子计划，开展 12 期博士后科技服务团，为基层发展提供人才和智力支持。新建国家级专家服务基地 20 个，形成服务长效机制。

四是推进系统行风建设，开展行风建设大学习大讨论活动，完成对规章和规范性文件设定证明事项的清理，摸查梳理行政审批和公共服务事项清单并编制办事指南，认真抓好国务院大督查有关问题整改落实。

五是大力推行“互联网＋人才公共服务”，印发实施《职称评审信息化建设方案》（人社厅函〔2018〕168 号），推动专业技术人员职业资格证书管理便利化改革。

事业单位人事管理

一、贯彻落实《事业单位人事管理条例》

一是出台事业单位工作人员奖励规定。2018 年 12 月 18 日，人力资源社会保障部、中共中央组织部联合印发《事业单位工作人员奖励规定》（人社部规〔2018〕4 号），对奖励的条件、种类、权限、程序及实施监督等作出全面规范。

二是研究制定《事业单位工作人员考核规定》和《关于事业单位特设岗位设置管理的指导意见》。

三是会同有关部门，在总结申诉案件办理实践经验的基础上，起草了《事业单位工作人员申诉案件办理规则》，经广泛征求各地各部门意见，已于 2019 年 1 月 18 日，由中共中央组织部办公厅、人力资源社会保障部办公厅印发。此办理规则对申诉办案机构组成、申诉受理及处理等作了明确规定，用于指导依规办理申诉案件。

四是健全完善事业单位人事管理监督体系，研究起草《事业单位人事管理监督规定》，规范事业单位人事管理。

二、进一步深化事业单位人事制度改革

一是开展县以下事业单位管理岗位职员等级晋升制度试点工作。贯彻落实党的十九大精神，按照中央全面深化改革委员会 2018 年工作要点要求，为拓展基层事业单位管理人员职业发展空间，8 月 19 日，中共中央办公厅、国务院办公厅印发《关于开展县以下事业单位管理岗位职员等级晋升制度试点工作的实施意见》。9 月 19 日，人力资源社会保障部会同中共中央组织部、中央编办、财政部在北京召开试点工作部署会，在 15 个试点县（市、区）正式启动试点工作。

二是贯彻落实党中央关于创新驱动发展重大战略决策部署和 2018 年政府工作报告关于促进大众创业万众创新上水平、打造“双创”升级版的有关要求，在全国范围内对《人力资源社会保障部关于支持和鼓励事业单位专业技术人员创新创业的指导意见》（人社部规〔2017〕4 号）实施情况开展调研评估。

三是健全完善岗位管理制度，研究起草《关于进一步规范和加强事业单位岗位管理工作的指导意见》，在加强岗位设置规范性，建立岗位动态调控机制，规范内部转岗、竞聘上岗等方面提出意见。

四是配合相关部门做好事业单位改革和行业体制改革有关工作。配合中央编办做好分类推进事业单位改革有关工作；配合科教文卫等有关行业部门做好高校、科研院所、公立医院、文化等行业体制改革中涉及事业单位人事制度改革的相关工作；参与公安边防等现役部队人员转制改革，研究制定国家综合性消防救援部队消防员招录使用退出政策，印发《国家综合性消防救援队伍消防员招录办法（试行）》（人社部规〔2018〕5 号）。

三、进一步规范完善事业单位人事管理工作

一是加快建设中央和国家机关所属事业单位公开招聘服务平台。2018 年，中央和国家机关所属事业单位公开招聘服务平台为中共中

央办公厅、科技部、体育总局等部门发布招聘信息 380 多次，提供了 2 200 多个岗位，有效拓宽了事业单位选人用人视野，方便应聘人员及时了解招聘信息，发挥了中央和国家机关所属事业单位在公开招聘中的示范引领作用，同时接受社会监督。

二是建立了事业单位工作人员处分、申诉统计制度，事业单位工作人员处分、申诉工作进一步加强。2018 年 10 月，在重庆首次召开了处分、申诉典型案例研讨会，对处分、申诉案件办理中的难点问题进行研究，交流案件办理经验，对规范开展处分工作、提升申诉案件办理质量起到了积极作用。

三是继续保持防治“吃空饷”高压态势。针对国务院大督查反映“吃空饷”网民留言问题，与中共中央组织部、中央编办、财政部召开防治“吃空饷”专项工作小组会，分析工作形势，印发《关于报送机关事业单位防治“吃空饷”问题长效机制建设情况的通知》（人社厅函〔2018〕331 号），全面了解各地各部门防治“吃空饷”工作开展情况。对查实的 3 起网民留言“吃空饷”案件进行了专项督查，对舆情反映的 2 起案件委托地方进行核查，共查处 5 起“吃空饷”案件，涉及 5 个县市区共 15 人，追缴金额 128 万元，对“吃空饷”相关责任人员进行了处理。

四是开展岗位设置方案动态调整备案。国家自然科学基金委员会岗位设置方案首次备案，中国社会科学院岗位设置方案变更备案。

五是完成事业单位人事管理相关统计工作。联系 150 多家中央单位及 31 个地方事业单位人事管理部门，收集全国事业单位人员统计数据，形成全国事业单位人员统计数据库。

城镇职工养老保险

2018年是贯彻党的十九大精神的开局之年，是改革开放40周年，是决胜全面建成小康社会、实施“十三五”规划承上启下的关键一年。一年来，在人力资源社会保障部党组的统一部署和坚强领导下，养老保险工作坚持深化改革与确保发放相结合、规范政策与创新机制相结合，各项工作取得新的重要进展，较好地完成了全年的各项工作任务。

一、建立实施基金中央调剂制度

5月底，国务院印发《关于建立企业职工基本养老保险基金中央调剂制度的通知》（国发〔2018〕18号），决定建立企业职工基本养老保险基金中央调剂制度，从2018年7月1日起实施。人力资源社会保障部、财政部印发《关于印发企业职工基本养老保险基金中央调剂制度实施办法的通知》（人社部发〔2018〕59号），制定当年中央调剂方案和缴拨计划并组织实施。下半年中央调剂基金总规模2 422.3亿元，实际跨省调剂基金610.3亿元，一定程度上缓解了部分地方养老金发放压力。

二、推动机关事业单位养老保险制度改革落实

加快推进机关事业单位养老保险制度改革落实工作，截至2018年底，各省（区、市）基本实现了征缴和待遇发放的全覆盖，多数省份已经启动按照新计发办法计发待遇工作。推进中央单位属地参保工作。

三、提高离退休人员基本养老金水平

经国务院批准，从2018年1月1日起，为2017年底前已按规定办理退休手续并按月领取基本养老金的企业和机关事业单位退休人员提高基本养老金水平，总体调整水平为2017年退休人员月人均基本养老金的5%左右，共有1亿多名退休人员受益。从2018年7月1日起，比照机关事业单位离休人员增加离休费标准，提高企业离休人员基本养老金。

四、推动加快规范省级统筹

按照国务院关于2020年全面实现省级统筹的要求，开展调研、推动工作，研究起草加快规范省级统筹制度文件稿，召开部分省市座谈会听取地方意见，并作进一步修改完善。同时，研究实现养老保险全国统筹的改革方案。

五、推动多层次养老保险体系发展

通过座谈培训、在线访谈等措施，做好《企业年金办法》的解读和宣传，指导地方落实好《企业年金办法》。截至2018年底，全国建立企业年金的企业有87 368户，参加职工2 388.7万人，积累基金14 770.38亿元。成立由人力资源社会保障部和财政部牵头、相关部门参与的养老保险第三支柱工作领导小组，制定了工作方案，通过工作小组会、调研、课题等多种形式开展研究，形成第三支柱制度框架初稿，初步建设了第三支柱管理服务信息平台。

失业保险

2018年，全国失业保险工作认真贯彻落实党的十九大关于完善失业保险制度的精神，着眼维护就业局势总体稳定和改善保障民生水平，积极构建保生活、防失业、促就业三位一体功能，突出抓好脱贫攻坚、参保扩面、提高待遇、降低费率、援企稳岗、技能提升等惠企利民政策措施制定实施，各项工作取得新进展。

一、加大工作力度，失业保险制度总体运行平稳

失业保险参保人数继续呈增长态势，截至12月末，全国失业保险参保人数19 643.5万人，比上年末增加859.3万人。全国失业保险基金收入1 147.4亿元，同比增长3.1%。全年基金支出909.9亿元，同比增长1.8%，其中用于保障失业人员基本生活支出（包括失业保险金、医疗保险费、丧葬补助金、抚恤金等）448.4亿元，同比增长9.7%；向失业农民合同制工人发放一次性生活补助支出18.2亿元，同比减少24.4%；用于职业培训、职业介绍两项补贴支出76.9亿元，同比减少10.5%；用于其他各项预防失业促进就业支出（包括稳岗补贴，以及各地其他预防失业促进就业费用）366.5亿元，同比减少2.3%。2018年，全国失业保险基金当期结余237.5亿元，期末累计结余5 789.9亿元，基金运行平稳可持续。

二、聚焦深度贫困地区，支持脱贫攻坚出台新举措

6月29日，人力资源社会保障部会同财政部印发《关于使用失业保险基金支持脱贫攻坚的通知》（人社部发〔2018〕35号），针对“三区三州”等深度贫困地区，提出将失业保险金标准进一步上调至最低工资标准的90%，将稳岗补贴标准由上年度实际缴纳失业保险费总额的50%提高到60%，将技能提升补贴申领条件由累计参保缴费满三年放宽至满一年，允许吸纳建档立卡贫困人员就业并签订劳动合同的事业单位享受稳岗补贴政策和技能提升补贴政策，实现了失业保险政策在精准脱贫方面的突破。截至12月，23个有深度贫困地区的省份已全部出台实施办法，四项政策都不同程度得到落实。“三区三州”有129.4万人参保，2.1万名失业人员领取失业保险金1.1亿元，2 535户企业享受稳岗补贴9 624万元，1 935人次职工享受技能提升补贴344.5万元。

三、助力稳定就业，推动惠企利民政策落地扎根

落实中央“稳就业”方针，积极发挥失业保险预防失业的功能，大力开展援企稳岗，帮助企业应对冲击，稳定就业岗位。研究提出加大稳岗力度支持企业稳定发展的应急举措，吸收到国务院促就业新文件中。大力推动援企稳岗“护航行动”、激励企业承担稳定就业岗位的社会责任，有效预防失业，开展“与央企同行”政策宣讲、“失业保险惠企政策进民企”专项活动，印发宣传海报推动失业保险政策“进厂房进工地进矿区”。全年有68.1万户企业享受稳岗补贴197.7亿元，惠及职工6 445万人，受益面大幅增长。大力开展技能提升

“展翅行动”，全年向 61.3 万人次职工发放技能提升补贴 9.8 亿元，有力提高职工就业竞争力，从根本上降低失业风险。4 月 20 日，人力资源社会保障部会同财政部印发《关于继续阶段性降低社会保险费率的通知》（人社部发〔2018〕25 号），明确自当年 5 月 1 日起，将阶段性降低失业保险费率至 1%的政策延长执行至 2019 年 4 月 30 日。据统计，全年失业保险基金减收约 1 000 亿元，进一步降低企业负担和用工成本，支持实体经济发展。

四、提高失业保险金标准，进一步兜牢民生底线

为落实中央增加居民收入的部署要求，2017 年《关于调整失业保险金标准的指导意见》印发后，指导各地在确保基金运行安全的前提下，逐步将失业保险金标准提高到最低工资标准的 90%。2018 年，全国有 23 个省（区、市）上调了失业保险金标准，其中安徽、广东、陕西、甘肃、青海以及“三区三州”深度贫困地区已经将失业保险金标准提高到最低工资标准的 90%。全国共有 452.3 万名失业人员领取了不同期限的失业保险金，人均月领取 1 266.2 元，比上年平均水平增加 155 元，增长 13.9%；共为领金人员缴纳基本医疗保险费 92.1 亿元，人均月缴纳 347 元；260.3 万人领取价格临时补贴 1.3 亿元。

五、着力防范风险，失业动态监测工作持续完善

提高监测数据质量，加大对重点地区、重点行业的分析力度。截至 12 月末，全国 31 个省（区、市）和新疆生产建设兵团的 336 个城市共 52 726 家企业纳入监测范围。同时进一步加强数据分析应用，增加了对东部用工大省的重点分析，为各级政府研判就业形势和宏观决策提供参考。在指导各地做好失业动态监测月报基础上，从 5 月份开始，选择 30 个重点城市开展失业动态监测旬报工作，深入掌握中美贸易摩擦对就业失业形势的影响，为研究制定失业调控政策提供数据支撑。

六、开展行风建设，经办管理服务水平不断提升

开展失业保险经办机构情况调查，全面摸清各地失业保险的具体经办机构、层级分布、网上经办等情况。开展经办工作调研和窗口单位明察暗访，督导各地简化手续、优化流程、不断提升经办服务能力和质量。指导各地积极推动服务平台建设和网上申报，变被动受理为主动服务，融入“五险统征”，推进以“互联网+”和“最多跑一次”为重要特征的经办服务体系建设，最大限度地简化申领手续和证明材料，推进“一窗式”办理和“一站式”服务。2018 年，各地失业保险加速“一网通办”，延伸服务触角，丰富服务内容，江西全省和山东、广西等 8 省份部分城市实现失业保险金网上申领，北京、上海、安徽、重庆的参保企业申请稳岗补贴实现了“全程网办”，超过半数省份的参保职工用手机足不出户领取技能提升补贴，大大提高了政策享受便利度，群众和企业满意度不断提升。

工伤保险

2018年，工伤保险工作以习近平新时代中国特色社会主义思想为指引，坚持以人民为中心的发展思想，聚焦补牢短板和固紧底板，打好“稳、进、变”组合拳，稳中有进，稳中有变，稳中有为，狠抓工作落实，全力做好重点改革工作，各项工作有序开展。

一、推进以工程建设项目为重点的工伤保险参保扩面工作

会同交通运输部、水利部、能源局、铁路局、民航总局印发《关于铁路、公路、水运、水利、能源、机场工程建设项目参加工伤保险工作的通知》（人社部发〔2018〕3号），基本实现了工程建设领域农民工制度保障全覆盖，进一步编牢织密工伤保险保障网。继续指导各地开展公务员参加工伤保险工作，并开展新业态从业人员职业伤害保障制度研究工作，推进实现工伤保险更高水平的全覆盖。

截至2018年12月底，全国新开工建筑项目152 410个，其中参保项目150 933个，参保率99.03%；在建建筑项目126 745个，其中参保项目125 666个，参保率99.15%；累计有5 500多万人次建筑业农民工纳入工伤保险保障。全国参加工伤保险总人数为23 874万人，比上年底增加1 145万人，其中农民工参保8 085万人。全年全国工伤保险基金收入903.3亿元，同比增长5.8%；基金支出738.6亿元，同比增长11.5%。2018年，全国共计197万人享受工伤保险待遇。

二、推进工伤保险扶贫工作

立足工伤保险职能职责，按照“防保结合、以防为主”的工伤保险扶贫工作安排，在入口处以防为主，注重加强工伤预防工作，增强职工的安全生产意识和预防工伤的能力。注重将贫困劳动力较为集中的职业人群纳入制度保障，推进农民工和贫困劳动力按项目参加工伤保险，研究探索新业态从业人员职业伤害保障制度。在出口处以保为主，积极指导各地推进工伤保险基金省级统筹工作，提高工伤保险基金共济和保障能力。尽可能将更多需求迫切、疗效可靠的药物纳入药品目录，建立完善合理的待遇调整机制，保障工伤职工基本医疗和生活待遇，防止工伤职工因伤致贫返贫。

三、推进工伤认定和劳动能力鉴定便民化服务工作

印发《关于推进工伤认定和劳动能力鉴定便民化服务工作的通知》（人社厅发〔2018〕104号），明确了推进工伤认定和劳动能力鉴定便民化服务工作要做的全面下放省级人力资源社会保障部门工伤认定和劳动能力初次鉴定事项，全面推进工伤认定和劳动能力鉴定受理窗口进大厅，加快推进“互联网＋认定鉴定”，切实提高认定鉴定质量和效率，确保贫困工伤职工及时享受工伤保险待遇等6件实事。

四、持续深化工伤保险普法宣传工作

印发《关于加强2018—2020年工伤保险普法宣传工作的通知》（人社厅函〔2018〕165号），明确了工伤保险普法宣传方面要做的10件实事。邀请全国政协和住建部、交通运输部等11个中央有关部门，以及中国铁路总公司

等23家央企负责同志和农民工代表，在河北省雄安新区举行“工伤保险进央企”主题普法宣传活动启动仪式，并在全国范围内推广开展主题宣传活动。同时，在人力资源社会保障部官方微信公众号开展80集“漫话工伤保险”微动漫展播活动。各地利用广播电视等媒体访谈报道7 446次，累计发送公益短信1 635万余条，印发宣传材料808万余份，深入企业宣传2.5万余次，开展现场咨询近23万次，现场咨询人数153万余人，组织培训班3 800多次，累计培训43.6万余人。指导中国劳动保障报社编发了12期工伤保险宣传专版，继续加强工伤保险门户网站和“中国工伤保险”微信公众号建设。根据2018年部培训计划安排，先后举办工伤保险政策培训班和工伤待遇政策与实务培训班，31个省（区、市）、新疆生产建设兵团和15个副省级市的人力资源社会保障系统工伤保险行政部门、工伤保险经办机构同志共计约230人参加培训，总体满意度达到98%以上。

五、切实做好工伤保险其他业务工作

一是认真履行国务院安委会成员单位职责，积极做好《人力资源和社会保障部推进安全生产领域改革发展重点任务分工及实施办法》的贯彻落实工作，参加国务院安委会及安委办组织召开的会议，落实会议布置的各项任务，参与对省政府的安全生产考核工作。

二是加强对理顺工伤保险管理服务体制机制工作的指导。印发《关于切实做好当前工伤保险有关工作的通知》（人社厅函〔2018〕317号），明确提出理顺工伤保险管理服务体制机制、加强工伤保险经办管理队伍建设、保证工伤保险工作的连续性稳定性等工作要求。

三是切实抓好降费率工作。自2018年5月1日到2019年4月30日，按照各地工伤保险基金结余可支付月数高低情况，工伤保险费率在现有费率基础上，累计结余可支付月数在18个月（含）至23个月的统筹地区，以现行费率为基础下调20%。累计结余可支付月数在24个月（含）以上的统筹地区，以现行费率为基础下调50%。2018年底，全国工伤保险实际平均费率已降至0.6%。

四是加强工伤保险理论研究工作，评选2018年度全国工伤保险优秀论文，委托开展新经济业态从业人员职业伤害保障制度、公务员参加工伤保险与民政抚恤制度待遇衔接比较和不同临床治疗路径治疗各期职业性尘肺病临床效果与工伤保险基金支付成本分析课题研究。

五是开展工伤保险国际交流工作，与德国法定工伤保险同业总会签署第五期工伤保险合作意向书，参加与俄罗斯、加拿大魁北克省社保协定谈判工作。

城乡居民基本养老保险

一、城乡居民养老保险工作成效明显

参保人数持续增长。截至 2018 年底，城乡居民养老保险参保人数达 52 392 万人，较上年底增加 1 137 万人；领取待遇 15 898 万人，较上年底增加 300 万人。

政策制度不断完善。2018 年 3 月 26 日，经党中央、国务院批准，人力资源社会保障部、财政部联合印发《关于建立城乡居民基本养老保险待遇确定和基础养老金正常调整机制的指导意见》（人社部发〔2018〕21 号），提出建立激励约束有效、筹资权责清晰、保障水平适度的城乡居民养老保险待遇确定和基础养老金正常调整机制。截至年底，全国共有 14 个省（区、市）出台了实施意见。

待遇水平稳步提高。2018 年 1 月 1 日起，统一提高全国城乡居民养老保险基础养老金最低标准，从每人每月 70 元提高到 88 元。22 个省份在此基础上提高了省级基础养老金标准。至此，所有省份都在中央确定的基础养老金最低标准基础上提高了本地标准，30 个省份基础养老金标准超过 100 元。截至 2018 年底，全国城乡居民月人均养老金为 150 元，其中基础养老金为 134 元。

二、社会保险扶贫工作深入推进

人力资源社会保障部成立社会保险扶贫专项组，分管部领导任组长，部内相关职能单位参加。

完善社会保险扶贫政策体系。养老保险方面：在实施企业职工养老保险基金中央调剂制度的同时，对按照资金上解下拨核定办法测算应上解额大于中央应拨付额的净贡献省份中脱贫攻坚任务较重的中西部省份，2020 年前免除其净贡献责任。2018 年分别免除贵州、云南、西藏净贡献额 9.5 亿元、4.9 亿元、2.2 亿元。按照指导意见精神，推动城乡居民养老保险待遇水平随经济发展而逐步提高。失业保险方面：2018 年 6 月，会同财政部印发《关于使用失业保险基金支持脱贫攻坚的通知》（人社部发〔2018〕35 号），明确使用失业保险基金支持深度贫困地区脱贫攻坚的具体政策。工伤保险方面：2018 年 1 月，会同交通运输部等 5 部门印发《关于铁路、公路、水运、水利、能源、机场工程建设项目参加工伤保险工作的通知》（人社部发〔2018〕3 号），将工程建设领域农民工全部纳入制度保障。

强化参保扩面。印发《关于加快实现贫困人员城乡居民养老保险应保尽保的通知》（人社厅发〔2018〕111 号），对年满 60 周岁、未领取国家规定的基本养老保险待遇的贫困人员，按规定纳入城乡居民基本养老保险制度。与有关部门建立扶贫信息共享机制，开展建档立卡人员社保数据比对分析，为精准扩面提供支持。

加强经验交流和调研指导。1 月 25 日，在四川省凉山州召开全国社会保险扶贫工作推进暨经验交流会。当年，部社会保险扶贫专项组先后赴 24 个省份、“三区三州”部分地区调研指导。

加强工作调度。建立季调度机制，特别是对“三区三州”社保扶贫工作进行专项调度。

加强政策宣传。在《中国社会保障》2018 年第 6 期以专刊形式开展社会保险扶贫理论、政策和成效集中宣传，购买2万册该杂志重点寄送深度贫困地区人力资源社会保障部门；在《中国劳动保障报》开辟“社会保险扶贫专栏”，已刊发20期；开展“寻找最美社保人”活动，已刊登4期。

2018年，全国共有2 195万名贫困老年居民领取城乡居民养老保险待遇，2 741万名参加城乡居民养老保险的贫困人员享受参保代缴保费政策，代缴总金额28亿元，总计4 936万名贫困人员直接受益，较上年增加了1 740万人。2018年1—12月，参加失业保险农民工人数达到4 853万人，使用失业保险基金共向40.3万名失业农民工发放一次性生活补助18.2亿元。工伤保险新开工项目参保率99.03％，在建项目参保率99.15％。

三、农保系统培训工作顺利进行

2018年6月，在部黄金海岸培训中心举办全国城乡居民基本养老保险业务培训班，围绕落实新形势下的城乡居民养老保险扶贫、城乡居民养老保险待遇确定和基础养老金正常调整机制、2018年提标等重点工作开展培训，并对行风建设提出了要求。各省（区、市）城乡居民养老保险工作人员、部分集中连片贫困地区、“三区三州”等深度贫困地区和山西天镇、安徽金寨城乡居民养老保险工作人员共计170人参训。

2018年4月至12月，分别在江西南昌、湖北宜昌、内蒙古呼伦贝尔、安徽金寨召开会议，各省（区、市）城乡居民养老保险负责人及部属有关单位参加会议。

四、被征地农民社会保障工作稳步推进

积极配合有关部门做好《土地管理法》修订工作，提出相关意见。

加强政策指导帮扶，新疆和甘肃先后出台了被征地农民参加基本养老保险办法，全国已有24个省（区、市）按《社会保险法》要求改革完善原有政策。

举办了全国征地社保工作培训班，召开了全国征地社保工作会议，总结交流工作经验，切实加强对征地社保工作的政策解读和业务指导。

继续推动地方做好农村土地制度改革试点工作，指导试点地区就征地社保工作“试政策、试成效”。

研究起草了《关于切实做好新形势下被征地农民社会保障工作的指导意见（讨论稿）》，并广泛征求意见。

做好被征地农民社会保障季调度汇总工作。截至2018年底，全国约有5 035万名被征地农民以参保补贴形式纳入征地社保政策保障范围。

组成联合调研组，前往河南、北京、天津、四川、青海、河北、湖北、甘肃等地调研，加强对各地的工作指导和相互考察交流学习。

五、全国党员干部现代远程教育专题教材制播工作持续推进

2017年度26小时的制播任务顺利完成，2018年远教制播工作正在稳步推进。中共中央组织部对2017年度制播的专题教材进行评奖，人力资源社会保障部制作的《贵州省被征地农民就业和社会保障工作情况》和《辽源市农民工有了主心骨——吉林省辽源市农民工维权中心（上、下）》获三等奖。

社会保险经办管理

2018年是落实党的十九大精神的开局之年，全国社保经办系统深入贯彻党的十九大精神，全面推动党的十九大报告提出的各项改革任务，认真落实党和国家机构改革方案，大力深化“减证便民”和“放管服”改革，各项工作取得实质性进展。

一、全面落实各项改革任务

（一）全民参保计划扎实推进。

人力资源社会保障部会同国家医疗保障局印发《关于全面实施全民参保计划的指导意见》（人社部发〔2018〕76号），将工作重点由登记向精准扩面转变。加强国家全民参保库建设，实现全民参保数据集中管理。与公安、扶贫等部门建立跨部门信息共享机制，基本实现了基础数据的动态管理。截至2018年底，国家全民参保库已获得13.6亿人的基础数据，占2017年全国人口统计数据的98%，基本摸清了参保和未参保人群底数，为扩大基本养老保险覆盖面、实现人人享有养老保险的目标提供了有力的数据支撑。

（二）全国统一的社会保险公共服务平台建设框架搭建初见成效。

按照党的十九大报告重要改革举措实施规划，确立了统一平台建设目标路径和年度分解任务，拟订了工作方案。研究起草了关于建立全国统一的社会保险公共服务平台指导意见，明确了平台建设的总体目标、主要任务，着力健全统一平台的组织架构、技术支撑、标准规范、协同管理、风险防控体系，统一平台建设迈出了关键步伐。

（三）社保费征收职责划转平稳有序。

人力资源社会保障部与国家税务总局签订了《社会保险费征管职责划转工作合作备忘录》，初步明确双方职责范围；联合印发《社会保险费信息共享平台建设方案》，部署共享平台建设的重点工作任务；印发关于贯彻落实国务院常务会议精神切实做好稳定社保费征收工作的紧急通知，要求严格执行现行各项社保费征收政策，严禁自行组织对企业历史欠费进行集中清缴，稳定社会预期。

（四）养老保险制度改革举措逐步落地。

抓好企业职工基本养老保险中央调剂制度实施，推动制度落地。指导各地推动养老保险省级统筹，为实现全国统筹奠定基础。深入推动机关事业单位养老保险制度改革，截至2018年底，各地普遍开始全面征收机关事业单位养老保险费并发放待遇，已有30个省份和新疆生产建设兵团启动了中央驻地方单位参保工作。

二、稳步推动重点工作

2018年，全国社保经办系统按照年度重点工作目标推动各项工作，扩面征缴计划圆满完成，养老保险调待和降费率政策落实到位，取得了显著成效。

（一）参保扩面和基金征缴计划如期完成。

截至2018年底，城镇职工基本养老保险、城乡居民基本养老保险、工伤保险参保人数分别达到41 902万人、52 392万人、23 874万人，各险种均提前完成了年度扩面计划。工伤保险全国新开工项目参保率99.03%，全国在建项目参保率99.15％，完成了新建项目参保率90％以上的年度计划，工伤保险“同舟计划”二期态势良好。基本养老保险和工伤保险基金总收入、征缴收入、总支出分别达到55 918.3亿元、40 654.9亿元、48 292.4亿元，基金累计结余59 936.5亿元，社保基金收支总体平衡。

（二）基本养老金调待和社会化管理工作有序推进。

2018年企业退休人员养老金连续第14次调整工作全面落实，截至当年底，全国企业退休人员调整发放完成100％，应发9 337.88万人，实发9 337.88万人；全国机关事业单位退休人员养老金调整发放完成99.9％（部分中央驻地方单位仍由原渠道负责发放），企业退休人员纳入街道社区管理人数8 365万人，社区管理率达到84％。

（三）出台继续阶段性降低社会保险费率政策。

2018年4月，人力资源社会保障部会同财政部印发《关于继续阶段性降低社会保险费率的通知》（人社部发〔2018〕25号），延长阶段性降低企业职工养老保险、失业保险费率执行期限，下调部分省份现行工伤保险费率，全年通过执行降费率政策共可减轻企业负担约1 840亿元。会同财政部等部门共同研究降低企业职工基本养老保险单位缴费费率、完善缴费基数等政策，进一步稳定社会预期，提振企业信心。

三、扎实开展风险防控

社保经办风险防控工作坚持疏堵结合，纠建并举，严防基金跑冒滴漏，从制度层面、程序方面堵塞经办漏洞，探索开展数据稽核，加强社保信用体系建设，积极稳妥防范各类风险。

（一）开展社会保险经办风险管理专项行动，保持风险防控高压态势。

按照风险管理专项行动安排，人力资源社会保障部组织各地开展风险管理省级互查活动，全国共195人参与检查，检查省级经办机构40个、市级经办机构56个、县级经办机构72个，并延伸到部分基层服务平台，发现问题隐患351个，为期两年的风险管理专项行动取得阶段性成效。

（二）全面取消社银手工报盘，堵塞社保风险漏洞。

印发规范养老保险待遇发放数据向银行传送方式的通知，部署开展全面取消社银手工报盘专项整改行动，尽快消除养老保险待遇发放数据离库操作风险。通过多种方式督导地方抓好落实，进一步堵塞社保经办工作中的风险漏洞。

（三）推动信用管理，社保领域信用体系建设迈出新步伐。

人力资源社会保障部与国家发展改革委等28个部门共同出台社会保险领域联合惩戒合作备忘录，建立社会保险领域守信联合激励和失信联合惩戒措施清单，建立完善“事前承诺—信用管理—联合惩戒”的信用管理体制，利用信用管理手段完善堵塞风险隐患工作机制。

四、深入推进行风建设

（一）全面取消领取社会保险待遇资格集中认证。

印发《全面取消领取社会保险待遇资格集中认证的通知》（人社厅发〔2018〕54号），要求各地构建以信息比对为主、退休人员社会化服务与远程认证服务相结合的认证服务新模式，实现“寓认证于无形”。印发《领取社会保险待遇资格确认经办规程（暂行）》（人社厅发〔2018〕107号），部署利用信息比对和社会化服务开展领取待遇资格认证工作。完善境外人员资格认证工作，明确了境外人员领取社会保险待遇资格远程认证工作实施方案和实施路径。通过全面部署推动，各地已基本掌握了按照新模式开展资格认证工作的经办流程、方法步骤和服务要求，领取社会保险待遇资格认证工作已全面进入优化转型阶段。

（二）“解民忧　转作风”专项行动全面启动。

深入开展“解民忧　转作风”专项行动，

针对20个堵点问题和可以取消的19类35项办事材料，努力实现群众办事异地业务“不用跑”、无谓证明材料“不用交”、重复表格信息“不用填”。截至2018年底，全国取消19类35项办事材料，完成69％，堵点问题解决完成67.5％，完成了年度目标任务。

（三）社会保险关系转移接续流程再造。

制定进一步做好社会保险关系转移接续工作方案，成立工作组，形成转移政策和经办问题清单。研究确定企业职工养老保险关系转移新模式，全面开展转移系统超期业务清理工作。2018年，全国城镇职工养老保险关系跨省转移接续270.39万人次，转移资金806.42亿元；城乡养老保险制度衔接19.81万人次，转移资金10.74亿元。

（四）部门间数据共享和数据分析应用展现新前景。

以推动“寓认证于无形”、构建以信息比对为主的认证服务新模式为契机，与铁路、民航、银联、公安、司法、移民局等部门建立了数据共享交换机制，下发4 944万条具备待遇领取资格人员信息，让数据多跑路，让群众少跑腿，积极尝试探索相关数据在数据稽核、社保扶贫、全民参保等业务领域的应用。着力加强数据分析，探索利用各类数据开展分析应用，测算支撑能力、服务政策制定、预警业务风险，推动管理服务模式转型。

（五）加快出台《社会保险经办管理服务条例》。

研究起草《社会保险经办管理服务条例》并公开征求社会意见，提交部务会审议通过。条例的出台将为提升社会保险经办管理服务能力和质量，加强基金风险防控，堵后门、断后路提供法治保障。

五、聚焦精准开展社保扶贫经办

2018年，脱贫攻坚工作进入攻坚拔寨的冲刺阶段，社保扶贫经办围绕“应保尽保，方便快捷”的工作目标，立足数据支撑，强化精准施策，社保扶贫经办工作进一步聚焦。

（一）提升思想认识，完善社保扶贫经办工作机制和方案。

认真学习习近平总书记关于扶贫工作的重要论述，从增强“四个意识”的高度研究谋划社保扶贫经办工作。成立了专项工作领导小组，研究制定了社保扶贫经办工作三年行动方案和配套措施。完善了工作机制，开展社保扶贫经办领域作风问题专项治理，要求地方对照治理重点开展自查和整改，强化责任担当。组成专项调研组，深入“三区三州”贫困地区，走村入户，深入基层街道社区公共服务平台，详细了解贫困人员的现状、需求，掌握第一手资料，为制定富有针对性的社保经办扶贫政策提供依据。

（二）加强数据比对，强化精准施策，促进应保尽保。

充分发挥全民参保数据库作用，将建档立卡贫困人员信息下发至五级社保经办机构，推动建档立卡人员基础数据与全民数据库比对，锁定未参保的贫困人员。依托人社扶贫信息平台，加强社会保险参保数据与贫困人口相关数据分析，重点跟踪建档立卡贫困人口参保缴费和待遇享受情况。根据贫困人员和贫困劳动力参保信息，确保建档立卡贫困人员各项社会保险待遇按时足额支付。印发关于加快实现贫困人员城乡居民养老保险应保尽保的通知，认真落实代缴保费政策，将年满60周岁未领取基本养老保险待遇的贫困人员，全部纳入城乡居民基本养老保险制度，并按月发放城乡居民基本养老保险待遇。

（三）提升贫困地区社保经办服务能力，做到方便快捷。

专题举办深度贫困地区社保经办人员培训班，来自“三区三州”深度贫困地区的119名经办人员参加培训，进一步增强了参训人员对社保扶贫政策的认识。结合“解民忧　转作风”专项行动，推动贫困地区优化社保经办流程，精简办事材料，大力疏解影响群众办事的“痛点”“堵点”“难点”问题，有效地提升了贫困地区社保经办服务能力，更加坚定了社保扶贫经办的责任感与使命感。

中央国家机关事业单位养老保险经办管理

2018 年是机关事业单位养老保险改革制度实施的第五年，也是全面推进改革、落实改革举措的关键一年，在人力资源社会保障部党组的正确领导下，以扩大征缴发放范围和推动待遇准确计发为工作主线，按照“站位高、理念新、视野宽、服务优”的工作思路，齐心协力，攻坚克难，养老保险参保人数持续增加，基金征缴、待遇发放和调整工作全面推进，中央经办工作取得显著进展。

一、有序扩大参保登记，基本实现基金征缴全覆盖

2018 年 5 月以来，借助于前期数据采集工作基础，采取月调度、定期通报、重点座谈等方式，不断扩大基金征缴范围，目前已基本实现基金征缴全覆盖。12 月底，共有 1 779 家参保单位按规定办理了参保登记，涉及参保人员 62.1 万人，其中，在职人员 35.7 万人，退休人员 21.4 万人。1 612 家参保单位已启动当期征缴，占全部采集单位数的 91%。结合参保单位需求并配合业务开展，不断丰富拓展业务内容，高标准建设经办系统，规范经办服务，保障了中央国家机关事业单位工作人员的参保权益。

二、稳步推进待遇发放，切实保障退休人员合法权益

自 2018 年 1 月开始，逐步将符合条件的退休人员纳入基本养老保险基金支付范围，12 月已覆盖了 1 476 家参保单位。切实把好审核关口，逐月调度开展扩面发放，做好养老金发放转轨的平稳衔接，基本实现了待遇发放全覆盖。同时，根据政策做好基本养老金调整工作，2018 年首次实现由中央国家机关养老保险管理中心统一核定、直接发放基本养老金调整资金。为顺利开展工作，积极会同相关职能单位开展数据测算，为政策出台提供数据支撑。周密部署调待工作方案，统一实施调待工作答复口径，做好宣传解释工作，开发信息系统便捷查询功能，确保调待工作平稳有序实施。

三、强化基金收支管理，努力保障养老保险基金安全

为做好收支管理，就中央经办尤其是基金结算方面的政策与操作问题，人力资源社会保障部同财政部等部门沟通对接，确定中央基本养老保险基金征缴模式，成功获得财政专户信息，创造性实现从零余额账户划转资金。同时，不断加强与征缴发放金融机构的沟通协调和业务指导，各项业务资金流畅通，基金征缴和待遇发放有序开展。针对经办常规风险点，定期对参保单位填报的数据进行清查，经常性进行风险评估，梳理业务风险点，从查找问题入手，对于可能出现风险的业务点进行调整和完善。通过强化内部审计和稽核风控，组织开展内部财务会计审计，确保基金收支规范、安全。

四、准确记录个人账户，扎实推进保险关系转移接续

配合基金征缴的全覆盖，同步开展个人账户管理。对启动缴费的参保单位开展建账、记

账、实收分配和对账等操作，完成2014—2018年度个人账户记账利率维护，逐步启动个人权益记录查询。养老保险关系转移接续工作稳步推进，2018年共办理统筹范围内人员转移接续4 670笔，退役军人养老保险转移接续试点工作顺利启动，稳妥推进在北京市参加企业职工养老保险的中央单位及其编制内人员养老保险关系转移接续工作，待条件成熟时尽快开展相关工作。部分非政府借调国际职员纳入央保工作思路已形成，正在协调推进具体政策和经办细节的解决落实。

五、努力拓宽工作思路，探索推进职业年金经办管理工作

职业年金是一项全新的工作，少有经验和前路可循。积极探索、总结借鉴企业年金管理相关经验，不断研究新情况和新问题，形成了中央单位职业年金评选委员会组建与议事规则、受托人评选办法和评分标准、托管人和投资管理人评选办法等文件。在全国率先公开评选确定了受托人、托管人和投资管理人，过程公正公平公开，在全国范围内发挥了较好的示范作用。建立职业年金系统，职业年金核心业务系统已建设完成，正在确定提出年金监管系统需求。职业年金试点归集工作也在有序推进，截至2018年12月底，已有198家参保单位试点启动职业年金归集，累计归集资金1.14亿元。

六、集中开展准备期基金清算，强力推进退休中人待遇准确计发

组织近20次业务座谈会，明确系统开发需求，完善业务流程。赴地方调研准备期结算工作，学习先进经验。组织部分参保单位进行试点，先行先试，发现问题，优化系统与流程。于12月全面开展准备期信息确认和基金结算工作，统筹安排前台受理、后台审核、技术保障、咨询服务等工作，全力督促参保单位按期完成准备期结算相关工作。协调部内外相关单位建立定期会商机制，协调软件公司调整和完善系统功能，协调国寿、建行、工行等机构提供人员支持，全力推进退休中人待遇准确计发工作。

七、不断完善优化信息系统，努力为业务经办提供技术支撑

按照“一制四化”要求，经过运行磨合，目前中央国家机关事业单位养老保险经办业务信息系统一期项目已经顺利投入使用，满足了登记征缴、个人账户管理、基金收支结算、待遇发放等各类业务的需要。2018年共提出200余项业务需求，已完成134项，增加了基本养老保险关系转入和转出、特殊人员标识、院士管理等20个功能模块。提出央保系统与部持卡库系统衔接的业务需求，通过后台查询、提取数据30余次，有效保证了经办业务正常开展。完成业务系统二期和不见面式办公项目的招标采购工作，调度手机App、电子签章系统开发进度，为推进网上经办打下了基础。

八、加强业务宣传培训，营造中央经办良好氛围

针对参保单位在工作中遇到的实际问题，通过话务系统、邮箱、现场解答等方式为参保单位答疑解惑，咨询服务手段不断丰富，咨询渠道更加畅通。为帮助参保单位全面了解经办政策，2018年共组织3期11批次的业务经办培训，对普遍性问题进行了细致讲解，对个性化问题作了实时交流和解答，覆盖全部1 700多家参保单位业务和财务人员3 900余人次，进一步加强了经办机构与参保单位之间的沟通联系，增进了共识，参保单位反响良好。制作了央保经办工作宣传片，宣传手册、文件汇编、政策解答、常见问题答复口径等材料根据需求发放到参保单位经办人员和参保人员手中，为推进业务工作的顺利开展发挥了积极作用。

九、加强业务经办风险防控，积极推进央保依法行政

全力推进央保经办风险防控工作，建立健

全风险防控各项内部管理制度；对高风险业务开展数据比对、业务核查，并建立定期风控报告机制；首创树形结构管理模块，实现网厅业务操作，方便一级单位对所属单位在线监督管理，为“不见面办公”经办模式应用进行了有益探索；设计全流程风控系统开发方案，为从“人防”过渡到“技防”打下坚实基础。积极推进央保法务工作，通过购买服务的方式聘请专业法律顾问，对内部规范性文书及对外法律文件进行审查；稳妥开展案件应诉，举办法律业务知识讲座，开展内部法务咨询（培训），极大地提高了依法行政水平。

十、扎实推进行风建设，打造中央经办服务品牌

根据部党组“转作风、正行风、树新风”的要求，持续加强行风建设，推进央保证明事项清理，不断简化办事流程，精简证明材料，根据工作需求对经办系统升级改造，推动问题整改和业务工作有序开展。为更好向先进服务行业学习，组织了“他山之石”行风建设活动，组织工作人员赴工行服务网点实地考察学习，进一步锻炼了干部队伍。经办大厅环境不断优化，制作了工作人员工牌，设置老弱病残孕专座和“简单”业务办理窗口及自助服务区等标识。畅通意见反馈渠道，在经办大厅设置了意见箱、意见簿。

十一、做好贫困村帮扶工作，协调解决贫困村实际困难

站在讲政治的高度对扶贫攻坚进行全面安排部署，制定扶贫工作实施方案。在前期调研的基础上，结合帮扶村实际，主动与农业农村部等单位对接，从党建扶贫开展支部共建、因地制宜扩大特色产业、群策群力拉动电商销售、加强技能培训等方面着手，开展扶贫工作，落实扶贫责任。通过支部共建，邀请扶贫村所在乡镇5名村支书进京培训参观。利用社保扶贫的特殊政策，鼓励贫困户积极参加受益最大的新农保缴费、病残补助健康脱贫等项目，实现“两不愁三保障”。同时，以多种形式开展了对口扶贫工作。

社会保险基金监管

2018年，紧紧围绕人力资源社会保障中心工作和从严治党要求，认真履行“一岗双责”，扎实开展社会保险基金管理风险防控工作，认真落实脱贫攻坚任务，持续推进基本养老保险基金投资运营，促进年金基金规范管理，加强全国社会保障基金和划转国有资本充实社保基金监管，毫不动摇地把防范和化解重大风险置于头等地位，全面推进社保基金风险防控工作，保障了社保事业健康持续发展。

一、扎实开展基金管理风险防控工作

一是狠抓风险防控。2018年是风险防控年，组织对2015年以来案件风险进行梳理，起草并印发了《关于加强社会保险基金管理风险防控工作的意见》（人社部发〔2018〕43号），坚持政策、经办、信息、监督四位一体，全面部署开展风险防控工作，建立调度机制，指导地方贯彻落实文件要求。对安徽、江西、河南、湖北、海南、广西、重庆、宁夏等省份取消手工办理、现金业务、社银人工报盘情况进行调研督导。结合要情报告和媒体反映的案件，对社保电信诈骗、社保参保诈骗等倾向性、典型性重大风险进行提示，提出管理要求。推动行业、企业社会保险纳入地方管理。

二是坚持监督检查。印发《关于开展工伤保险内部控制专项检查的通知》（人社厅函〔2018〕86号），从组织机构控制、业务运行控制、基金财务控制、信息系统控制、内部控制与监督、工伤认定和劳动能力鉴定7个方面65项指标开展全国专项检查，要求各级抽查面超过20%。人力资源社会保障部对安徽、江西、河南、湖北、重庆、宁夏6省份工伤保险内部控制工作进行直查，查找经办内控工作的不足，提出整改意见建议，通报检查情况。印发《关于加强贫困地区社会保险基金管理风险防控工作的通知》（人社厅函〔2018〕263号）和《关于报送深度贫困地区社会保险基金要情报告的通知》（人社监局函〔2018〕19号），对深度贫困地区要情情况进行全面梳理分析，总结归纳要情成因、特点和趋势，指导贫困地区深入推进社会保险基金风险管理防控工作。深化养老保险重点指标专项核查，汇总分析2017年全国养老保险重点指标专项核查情况，调研督导山东、广西、海南3省份整改情况，推进违规问题整改，堵塞经办管理漏洞，完善制度机制。

三是加强案件督办。重视案件查处工作，特别是对大案要案的查处，发挥好打击震慑作用。推动地方建立健全行政执法与刑事司法衔接的办法、程序，贯彻落实人力资源社会保障部门与公安部门联席会议制度，畅通基金犯罪案件移送机制。配合审计监督，对审计反映部分省份养老保险待遇违规发放问题进行督促整改。加强对地方大案要案的指导督办，继续督办河北社保基金案，先后督办安徽省中医院第三附属医院骗保案、江苏淮安仁济医院骗保案、吉林省吉林市社保诈骗案等，督促查处湖南审计发现的案件。大案要案的查处，打击了犯罪分子，维护了基金安全，教育了人民群众。

四是打牢监督基础。加强社会保险基金监督制度建设，参与《社会保险经办管理服务条例》的起草修改，完善社会保险基金监督相关内容。加强社会保险基金监督信息化工作，指导地方开展基金监管系统一期应用工作，协调解决影响地方开展工作的问题。进一步研究完善金保工程二期监督系统业务需求，研究制定指标体系。跟踪社会监督和安全评估试点相关工作开展情况，组织试点地区进行经验交流，研究开展社会保险社会监督工作的意见。

五是开展警示教育。为提升社保基金管理风险意识、法纪意识、责任意识，防控社保基金管理风险，印发《关于开展社会保险基金管理风险警示教育活动的通知》（人社部函〔2018〕136 号），从 2018 年 11 月开始，在全系统开展社会保险基金管理风险警示教育活动，设计以“社保基金是老百姓的养命钱　严厉打击贪污挪用基金行为”为主题的宣传画，宣传贪污社保基金要从重处罚，张贴至各级人力资源社会保障行政部门、社会保险经办机构及信息化综合管理部门。对 2015 年以来社保基金典型案件从风险点、政策规定、案发原因、防控措施等方面深入分析，编辑成册，联合驻部纪检监察组办公室印发各地，以案释法，以案示人，用身边事教育身边人，进一步提高社保工作人员的风险意识。联合《中国社会保障》杂志开展社会保险基金管理“风险防控·实招硬招”征文活动，组织社会保险基金管理风险防控大讨论，广泛汲取基层的智慧和经验。

二、持续推进基本养老保险基金投资运营

一是扩大投资规模。截至 2018 年底，北京、山西等 17 个省份政府与全国社会保障基金理事会签订 8 580 亿元委托投资合同，其中 6 050 亿元资金已经到账并开始投资。

二是会同财政部印发《关于加快推进城乡居民基本养老保险基金委托投资工作的通知》（人社部发〔2018〕47 号），计划 3 年内实现各省份全面启动委托投资。截至 2018 年底，上海、湖北、广西、重庆、四川、云南、西藏、陕西、甘肃 9 省份启动实施，合同金额 773 亿元，圆满完成当年任务。

三是会同财政部印发《关于确认基本养老保险基金保底收益率的复函》（人社部发〔2018〕36 号），明确保底收益率的计算口径。

四是经积极协调，财政部、税务总局联合发文明确基金运营享受免征增值税和企业所得税、印花税先征后返的优惠措施。

三、加强年金基金市场监管

一是规范年金市场管理。会同财政部办公厅印发《关于规范职业年金基金管理运营有关问题的通知》（人社厅发〔2018〕32 号），回复浙江省人力资源社会保障厅《关于职业年金归集账户基金管理有关问题的复函》（人社厅函〔2018〕318 号），规范职业年金基金归集账户管理。下发监管函要求个别地方核查并整改违规行为，指导地方依规推进职业年金工作，防范基金风险。回函证监会支持企业年金投资战略配售混合基金。根据国家政策导向，出台暂停企业年金基金投资万能保险和投资连结保险的通知，防范年金基金投资风险。

二是加强机构合规性监管。研究起草规范和完善养老金产品和集合计划管理政策，提高年金基金管理合同备案审核力度，共完成部本级央企年金计划管理合同、集合计划管理合同和养老金产品备案 153 个。加强档案电子化管理，指导年金基金管理机构行业自律，探索建立年金管理机构考核评价机制。

三是开展年金基金管理机构资格管理。完善资格评审方法、评审指标，6 月完成 7 个机构资格调整工作，属 10 年来首次成批新准入机构，12 月完成对建信养老金公司资格延续评审工作，并发函指导相关年金管理机构做好业务移交工作。

四是参与养老保险第三支柱研究。开展养老保险第三支柱运营监管和信息披露分方案研究。在梳理分析国际经验和广泛听取各方意见的基础上，形成我国的监管思路。

五是加快金保工程二期养老保障基金管理运营监管系统建设，做好信息披露工作。截至 2018 年底，全国建立企业年金企业 87 368 家，

参加职工 2 388.7 万人，积累基金 14 770.38 亿元；参加职业年金人数 2 507 万人，已归集职业年金基金累计结余 4 929.7 亿元。

四、加强全国社会保障基金监管

配合财政部贯彻落实《划转部分国有资本充实社保基金实施方案》（国发〔2017〕49号），在部署完成划转试点工作基础上，进一步扩大划转范围，推动政策落地落实。加强全国社保基金监管，研究扩大投资范围，完善投资政策，开展全国社会保障基金理事会体制机制改革等问题研究。

五、加强系统工作人员能力建设

一是举办了全国社会保险基金监督工作初任培训班、全国社会保险基金监督检查证换证培训班和支援四省藏区社保基金监管业务培训班，共计培训 494 人；协助河北、内蒙古、浙江、湖北、广西、重庆、四川 7 省份组织业务培训和考试，共计培训 1 005 人。

二是对全国基金监督机构和人员建设情况进行调查统计，汇总分析形成了书面报告，为下一步推动全国基金监管机构和人员能力建设奠定基础。

三是组织开展社会保险基金监管机构及人员能力科学化规范化建设研究，为加强机构人员能力建设、构建培训通用能力框架、制定培训指导大纲提供了良好支撑。

四是强化持证上岗，对参加初任、换证培训人员进行考试审核，按规定发放基金监督检查证。截至 2018 年底，全国共有 6 700 余人经考试合格持有基金监督检查证。

劳动关系

一、加强劳动关系领域风险防范和形势分析研判

及时掌握各地劳动关系动态，指导地方加强对劳动关系领域重点、难点问题的分析和研究，加强国家协调劳动关系三方会商，定期交流劳动关系重大问题。密切关注经济形势变化、经济结构调整、中美经贸摩擦、环保治理等对劳动关系的影响，指导企业做好化解过剩产能、国有企业改革、生产经营类事业单位转企改制、经济性裁员等工作中的劳动关系处理工作，维护劳动关系和谐稳定。

二、着力规范企业劳动用工管理

一是深入推进劳动合同制度实施。加强劳动合同法律政策宣传培训，山西、甘肃、宁夏等地组织开展了劳动合同法相关宣传活动，重庆开展法律法规知识竞赛，贵州将法律宣传纳入贫困劳动力就业技能培训课程，云南编印了《农民工劳动合同管理十问十答》。继续以农民工、小企业为重点，提升劳动合同签订率和履约质量。安徽开展了为期一年的规范企业农民工用工管理专项行动，浙江、宁夏等地实施小微企业劳动合同签订“春暖行动”，江西将劳动合同制度落实作为“和谐劳动·幸福江西”三年行动计划重点工程，辽宁印发《关于进一步推广使用简易劳动合同文本的通知》。吉林、内蒙古、福建、河南、甘肃等地加快劳动用工备案与就业失业登记、社会保险登记信息共享，优化简化劳动用工备案流程。

二是规范劳务派遣用工。配合原工商总局印发了《关于推进全国统一“多证合一”改革的意见》（工商企注字〔2018〕31 号），将“劳务派遣单位设立分公司备案”纳入多证合一改革范围。各地加强了与市场监管部门的信息对接，不断规范劳务派遣行政许可，以“双随机”抽查为抓手，加强事中事后监管。河南、湖南、西藏等地出台了加强劳务派遣管理的意见，河北等地启动或完善了劳务派遣经营许可信息化平台建设。

三是稳妥推进集体合同制度实施。全国多数地区将推进集体协商制度工作纳入地方政府目标考核体系，推动开展集体协商，提高集体协商时效性，扩大协商覆盖面。辽宁、江苏、福建、新疆等地开展了集中要约活动，各地针对不同企业类型、管理基础、经营状况等，加强分类指导，一些地方和部门树立行业集体协商典型，推动新兴行业开展行业集体协商。截至 2018 年底，全国经人力资源社会保障部门审查备案累计有效的集体合同 175 万份，覆盖职工 1.55 亿人。

三、继续加强企业工资宏观调控

一是完善最低工资制度，指导各地建立最低工资评估机制。进一步规范最低工资标准调整，江西、辽宁、新疆等 16 个省份调整了最低工资标准，平均调增幅度为 11.4%。截至 2018 年底，全国月最低工资标准最高的是上海，为 2 420 元；小时最低工资标准最高的是北京，为 24 元。

二是指导各地完成 2018 年工资指导线发布工作，全国共有 18 个省份发布了企业工资

指导线，基准线多在8%左右。

三是建立企业薪酬调查和信息发布制度。5月，会同财政部印发《关于建立企业薪酬调查和信息发布制度的通知》（人社部发〔2018〕29号）。开展当年企业薪酬调查工作，在全国31个省（区、市）、153个城市的18个行业门类、约7万户企业开展调查。

四是做好国有企业负责人薪酬制度改革。严格规范组织任命企业负责人薪酬管理工作，开展国有企业负责人薪酬制度改革落实情况自查工作，对各中央企业和地方国有企业改革实施三年来情况进行全面检查。核定2018年中央企业负责人基本年薪基数，调整绩效年薪调节系数，指导地方和中央有关部门审核兑现所监管企业负责人2017年薪酬并向社会公开。

五是推进国有企业工资决定机制改革工作。5月，提请国务院印发《关于改革国有企业工资决定机制的意见》（国发〔2018〕16号）。会同财政部、国资委召开全国电视电话会议，对改革工作进行了全面部署，指导各地和中央有关部门制定配套实施意见和办法。开展2015—2017年中央企业工资内外收入监督检查。

四、加强劳动标准管理工作

一是做好特殊工时审批和有关改革试点工作。做好部本级中央企业实行特殊工时制度审批，加强对地方特殊工时审批指导，截至年末，经各级人力资源社会保障部门审批且在有效期内实行特殊工时制度的企业8.3万户，涉及职工1 300万人。2018年5月，在深圳启动特殊工时管理改革试点。

二是进一步推动落实带薪年休假制度。指导各地继续做好带薪年休假制度落实工作。人力资源社会保障部2018年11月开展的人力资源社会保障基本情况（60个城市）调查显示，已有超过60%的职工享受了带薪年休假。

五、深入推进和谐劳动关系创建活动

召开国家协调劳动关系三方会议第23次会议。会同全国总工会、中国企业联合会和全国工商联联合印发《关于做好全国模范劳动关系和谐企业与工业园区推荐评选工作的通知》（人社部函〔2018〕65号），对推荐评选工作作出部署，完成各地上报推荐材料的审核和公示工作。编辑印发三方信息交流共19期，宣传地方三方机制的经验做法及课题研究成果，进一步加强对地方三方协调工作的指导。同时，继续指导部分地区开展具有中国特色的劳动关系工作理论、制度、体制、机制和方法创新。

劳动人事争议调解仲裁

2018年，劳动人事争议调解仲裁工作在部党组的坚强领导下，认真学习宣传贯彻习近平新时代中国特色社会主义思想和党的十九大精神，切实增强“四个意识”，坚定“四个自信”，坚决做到“两个维护”，坚持以人民为中心的发展思想，以进一步加强劳动人事争议处理效能建设为主线，以完善制度、创新机制、提升能力、夯实基础为重点，持续加强调解仲裁规范化、标准化、专业化和信息化建设，依法公正及时处理争议、化解风险，充分发挥调解基础性作用和仲裁准司法制度优势，切实维护劳动人事关系和谐与社会稳定。

一、以加强风险防控为重点，做好争议预防处理工作

（一）大量劳动人事争议案件得到及时有效处理。

全国劳动人事争议调解组织和仲裁机构共处理案件182.6万件，同比上升9.7%；涉及劳动者217.8万人，同比上升9.4%。其中，10人以上争议案件1.9万件，同比上升8.5%；涉及劳动者48.2万人，同比上升4.7%。全国调解仲裁机构共办结争议案件171.5万件（含仲裁机构不予受理案件13.4万件），涉及金额402.6亿元，调解成功率（即调解组织达成调解协议和解案件数与仲裁调解结案数之和占调解仲裁机构结案数的比率）为68.7%，仲裁结案率（即仲裁机构当期审结案件数占仲裁机构当期立案受理案件数与上期末累计未结案件数之和的比率）为95.1%，终局裁决率（即终局裁决数占仲裁裁决数的比率）为37.9%。

（二）加强形势研判和动态监测。

密切关注和分析中美经贸摩擦、新产业新业态新模式经济发展、化解过剩产能、社保费征缴职能划转等对争议处理工作的影响，利用信息化手段对争议案件实施动态监测，完善预警机制，指导各地加强争议处理形势分析。加大与工会、企业代表组织的协调力度，加强形势研判、信息沟通、联合会商、协调联动，进一步加强风险防控。

（三）积极开展示范工作。

继续推进乡镇（街道）劳动争议调解综合示范工作，召开乡镇（街道）劳动人事争议调解综合示范工作现场会，会同全国工商联总结第二批非公有制企业商（协）会劳动争议预防调解示范工作，推广各地在加强调解组织建设、完善制度机制、提升专业能力、强化基础保障等方面的经验，指导企业做好预防调解工作。

（四）加强对重大劳动争议案件的指导。

针对涉及中美贸易摩擦、民营企业发展、农民工工资等争议处理工作进行重点指导，确保争议处理领域不出现系统性、区域性风险。

二、以“多办案，办好案”为中心任务，加强调解仲裁规范化标准化建设

（一）创新工作指导模式。

在总结各地成熟制度的基础上，制定印发第一批劳动人事争议调解仲裁制度目录及地方范本，为各地提供14项调解仲裁制度范本，指导各地加强制度建设，填补制度空白。开展

裁决书质量第三方评查，通过随机抽查方式对各地办案情况进行摸底，为下一步进行办案质量考核评价奠定基础。

（二）规范仲裁送达工作。

会同国家邮政管理局起草《关于以仲裁专递方式邮寄送达有关劳动人事争议仲裁文书的通知》，指导中国邮政集团公司制定了《仲裁专递业务处理办法（试行）》，在全国范围内开展以仲裁专递方式邮寄送达仲裁文书工作，着力解决仲裁文书送达难问题，为当事人提供便利服务。

（三）推进仲裁与诉讼衔接机制建设。

指导各地切实贯彻落实《关于加强劳动人事争议仲裁与诉讼衔接机制建设的意见》（以下称《裁审衔接意见》），实现部、省两级裁审衔接工作机制全覆盖。与最高人民法院联合举办首届裁审衔接培训班，加强仲裁员与法官的沟通交流，对争议处理疑难问题进行深入探讨。

（四）开展规章解读和案例指导。

编写《劳动人事争议仲裁办案规则和组织规则释义》，为仲裁员提供办案指南。编撰《劳动人事争议处理法律政策汇编》。组织研究关于加强和创新仲裁办案指导工作的政策措施，会同有关单位对社会保险、事业单位编外人员、劳务派遣等争议处理重点难点问题进行研究，形成类案指导意见。

三、以行风建设为引领，加强调解仲裁专业化信息化建设

（一）加强调解仲裁行风建设。

成立调解仲裁行风建设专项工作组，制定《关于进一步加强调解仲裁系统行风建设工作方案》，明确了9项工作任务。召开劳动人事争议调解仲裁行风建设座谈会，推动调解仲裁系统进一步强化宗旨意识，为当事人提供更加优质、便捷、高效的服务。

（二）加强调解仲裁信息化建设。

印发《“互联网＋调解仲裁”2020行动实施计划》，统筹仲裁办案、机构人员管理、仲裁案件监测三个信息系统和调解仲裁在线服务平台建设，明确2018年至2020年信息化建设目标任务，促进信息化与调解仲裁工作深度融合。截至年底，全国仲裁办案系统使用率达到88.7%，线上办案率达到77.2%。仲裁案件信息监测工作正式启动，印发《劳动人事争议调解仲裁管理信息系统指标集与代码》和《劳动人事争议仲裁监测指标》。在北京等7省市开展“互联网＋调解”试点工作，调解仲裁工作领域进一步拓宽。

（三）持续加强调解仲裁机构队伍建设。

专题研究加强调解仲裁机构队伍建设问题，起草专题报告，与有关部门加强沟通协调。全年举办6期培训班，培训学员1 200余人，将思想政治教育和行风建设纳入培训内容，不断提高调解仲裁队伍的政治素质和专业水平。圆满完成为期两年的中国—加拿大劳动调解员和仲裁员能力建设合作项目，组团赴加拿大培训学习，形成“加拿大劳动争议处理制度概述”“加拿大劳动争议调解理论和方法”等成果。

（四）落实意识形态工作主体责任。

充分发挥部门户网站调解仲裁司子网站和《中国劳动保障报》“调解仲裁专刊”“中国劳动人事争议调解仲裁”微信公众号的宣传作用，加强全国调解仲裁工作处长、通讯员、统计员三个微信工作群建设，发挥“一网一刊一号”和三个微信群的综合宣传效应，对法规政策、基层经验、典型案例、专家访谈等进行广泛宣传。全年在《中国劳动保障报》刊发调解仲裁专版27期，刊发地方经验、专家点评、工作动态、典型案例、人物写真等文章204篇；“中国劳动人事争议调解仲裁”微信公众号发布109期，登载信息316篇，关注人数超过6.1万人；在部门户网站调解仲裁司子网站发布工作动态、图片新闻共118条。

四、落实全面从严治党主体责任，坚持党建与业务相结合

（一）坚持把政治建设摆在首位。

深入学习贯彻习近平总书记关于推进中央

和国家机关党的政治建设的重要批示精神，结合起草文件、工作推进、开会办班等实际，不断强化讲政治是第一要求、加强政治建设是第一要务的意识，努力提高党员干部的政治能力。

（二）强化作风建设。

传达学习习近平总书记关于形式主义、官僚主义新表现的重要批示精神，改进工作作风，密切联系群众，落实大兴调查研究之风的要求，统筹开展全年调研工作，将抓政策落实与抓队伍作风建设结合起来，推动各地落实2017年出台的两个政策文件、修订的两个规则。通过调研推动，各地加大了贯彻落实《关于进一步加强劳动人事争议调解仲裁完善多元处理机制的意见》和《裁审衔接意见》的力度，30个省份（含新疆生产建设兵团）制定出台了相关实施细则，31个省份将劳动人事争议处理工作纳入当地平安建设，所有省份全部建立了裁审衔接工作机制。

（三）做好定点扶贫工作。

强化政治担当，以党建扶贫为重点，明确“支部共建、党员共商、协作共研”的工作思路，建立定期沟通工作机制，开展互邀支部书记讲党课、“送法进村”等活动，捐赠特殊党费慰问贫困党员、支持村集体“万亩黄金梨”项目，帮扶新疆人力资源社会保障系统干部所驻贫困村。

机关事业单位工资福利离退休工作

2018年，机关事业单位工资福利离退休工作深入贯彻落实习近平新时代中国特色社会主义思想和党的十九大精神，按照全国人力资源和社会保障工作会议部署和部年度工作要点的安排，做好机构改革过渡期的机关事业单位工资福利离退休工作，同时结合机构改革后面临的新形势，逐步完善事业单位工资分配制度，扎实推进各项工作，取得明显成效。

一、调整机关事业单位工作人员基本工资标准和增加离休人员离休费

一是经中央政治局常委会和国务院常务会议审议通过，国务院办公厅转发《人力资源社会保障部　财政部关于调整机关事业单位工作人员基本工资标准和增加机关事业单位离休人员离休费三个实施方案的通知》（国办发〔2018〕112号）。二是会同中共中央组织部、财政部召开电视电话会议，及时研究解决实施中遇到的问题；人力资源社会保障部、财政部印发有关文件，指导做好组织实施工作。三是会同教育部、财政部拟定并报请国务院办公厅印发文件，对进一步保障义务教育教师待遇提出要求，并会同有关部门指导做好实施工作。

二、分行业分类改革完善事业单位工资制度

一是研究起草《关于完善事业单位高层次人才工资分配激励机制的指导意见》，已征求地方和中共中央组织部、财政部意见，进一步修改完善后按程序上报。二是推进公立医院薪酬制度改革试点，印发扩大试点的通知，指导各地平稳有序推进试点工作。三是会同有关部门制定印发《关于完善基层医疗卫生机构绩效工资政策保障家庭医生签约服务工作的通知》（人社部发〔2018〕17号），做好组织实施工作。四是牵头拟定国家综合性消防救援队伍职业保障办法，配合财政部研究提出机构改革人员变动涉及工资政策衔接的考虑，会同有关部门研究应急救援队伍退休条件。

三、完善艰苦边远地区津贴和特殊岗位津贴政策

一是会同财政部印发《关于调整艰苦边远地区津贴标准的通知》（人社部规〔2018〕1号），并召开会议部署实施。二是研究提出建立国家队备战2020年东京奥运会、2022年北京冬奥会训练津贴方案，上报国务院。三是会同有关部门研究提出北京冬奥组委工作人员收入分配方案，报国务院批准后印发。

四、做好院士退休工作

一是报请国务院办公厅印发《关于做好院士退休工作有关问题的通知》（国办发〔2018〕31号）。二是会同财政部印发《关于完善院士津贴制度的通知》（人社部发〔2018〕32号），将院士退休后的院士津贴标准提高到每月5 000元。三是院士退休工作平稳有序推进，截至2018年底，已有615名年满80周岁以上的院士办理了退休手续。

五、认真做好其他工资工作

向党中央、国务院领导和国务院报送请示汇报14件，办理信访件930件，主办会办全国两会人大建议、代表提案答复意见185件。

农民工工作和发展家庭服务业促进就业工作

一、农民工工作

2018年是贯彻落实党的十九大精神的开局之年，各地区、国务院农民工工作领导小组各成员单位，认真落实党中央、国务院决策部署，围绕中心、服务大局，开拓进取、扎实工作，推动农民工市民化各项工作取得明显成效，农民工的获得感、幸福感、安全感切实增强。

（一）农民工就业总体平稳、稳中有进。

按照中央关于稳就业的要求，把保持就业局势稳定作为重大政治责任，积极应对新形势新情况，重点做好农民工等群体就业工作，农村劳动力转移就业规模持续扩大。推进全方位公共就业服务，引导公共资源向农村、贫困地区倾斜。组织开展“春风行动”、民营企业招聘周等系列就业服务活动，有效促进农民工与用人单位对接。着力打造“双创”升级版，降低创业担保贷款政策门槛，提高申请额度上限，放宽一次性创业补贴对象范围，推动落实创业孵化基地补贴政策，农民工返乡创业政策环境进一步优化。大规模开展农民工职业培训，继续实施“春潮行动”、返乡农民工创业培训行动计划。实施就业扶贫行动计划，多渠道促进贫困劳动力就业创业。2018年，全国农民工总量达到2.88亿人，比上年增加184万人，增长0.6%。截至2018年底，累计帮扶农村贫困劳动力988万人实现就业。

（二）拖欠农民工工资问题得到明显遏制。

以解决工程建设领域欠薪问题为重点，坚持标本兼治、综合治理，推动治欠保支工作取得新的明显成效。首次对省级政府2017年度工作情况实施考核，考核结果经国务院同意后向各地通报，约谈评级为C级的有关省区政府负责人，督促各地夯实属地监管责任。加强欠薪问题源头治理，加大政府投资工程项目欠款欠薪治理力度。健全工资支付保障制度，推动落实农民工实名制管理、工资保证金、农民工工资专用账户管理等制度措施。加强日常监察执法和专项执法行动，组织开展专项督查，强化劳动监察执法与刑事司法联动，依法严厉查处欠薪违法犯罪行为。落实重大欠薪违法行为社会公布制度，实施拖欠农民工工资“黑名单”管理和联合惩戒制度，加大欠薪失信企业违法成本。畅通农民工工资争议处理“绿色通道”，建立快立、快调、快审、快结长效机制。推进农民工法律服务工作，开展“尊法守法·携手筑梦”服务农民工公益法律服务行动，实施“法援惠民生·助力农民工”法律援助品牌创建活动。

（三）农民工劳动保障权益得到更好维护。

推进企业工资集体协商工作，稳慎调整最低工资标准，促进农民工工资水平合理增长，2018年农民工月人均收入3 721元，比上年增加236元，增长6.8%。继续做好农民工跨地区流动就业的社会保险关系转移接续工作，城乡养老保险制度衔接和城镇职工基本养老保险关系转移接续政策进一步落地。推进城乡居民医疗保险制度整合，做好农民工跨省异地就医直接结算和异地就医备案工作。推进建设工程按项目参加工伤保险工作，全国新开工项目参保率达到99.03%，在建项目参保率达到

99.15%，基本实现工程建设领域农民工工伤保险全覆盖。压实地方政府和企业的安全生产责任，夯实农民工安全培训基础，农民工的安全生产保障得到加强。推动修订职业病防治法，加强职业病防治体系建设，加大职业病防治宣传力度，农民工职业健康保护水平不断提高。

（四）农民工享受公共服务水平明显提高。

坚持以流入地政府为主、以公办学校为主接收农民工随迁子女入学，将随迁子女义务教育纳入城镇发展规划和财政保障范围，完善凭居住证在流入地接受义务教育的随迁子女入学政策。全国义务教育阶段农民工随迁子女在公办学校就读的比例保持在80%以上，另有部分随迁子女享受政府购买民办学校学位服务，并全部纳入生均公用经费和“两免一补”补助范围。完善农民工随迁子女接受义务教育后升学政策，共有17.6万名符合条件的随迁子女在流入地报名参加高考，比上年增加2.6万人。推进流动人口基本公共卫生计生服务均等化，保障农民工适龄随迁子女平等享受预防接种服务，加强农民工艾滋病、肺结核防治工作，优化农民工计划生育服务管理，农民工卫生健康水平持续提高。加大对农民工的住房保障力度，将符合条件的农民工纳入公租房保障范围，通过配租宿舍型公租房等方式予以保障。

（五）农民工进城安居渠道更加畅通。

深入推进以人为核心的新型城镇化，促进农业转移人口稳定融入城镇。全国31个省（区、市）均出台了户籍制度改革实施意见，普遍放宽农民工进城落户条件。完善户籍制度改革配套政策体系，强化人地钱“三挂钩”激励机制，推动农业转移人口市民化成本合理分担，有效调动地方政府和农业转移人口“两个积极性”。稳步推进居住证制度实施工作，强化常住人口公共服务，增加居住证含金量，为在城镇就业居住但未落户的农民工提供更多基本公共服务。截至2018年10月底，各地共发放居住证7 500余万张。稳步推进农村“三权”制度改革，扎实做好农村承包地确权登记颁证工作，探索土地承包经营权自愿有偿退出机制，推进宅基地制度改革试点，维护农民工农村集体收益分配权，解除农民工进城落户的后顾之忧。

（六）农民工社会融合进一步加强。

积极推荐农民工当选各级党代表、人大代表和政协委员，45名农民工当选为第十三届全国人大代表，农民工在国家治理中的参与度不断提高。推动居委会组织法修订工作，完善农民工参与居住地社区居委会换届选举办法。健全覆盖农民工的社区治理和服务体系，加强社区综合服务设施建设。继续提高农民工组织化程度，推进货车司机、快递员、护工护理员、网约送餐员等群体加入工会。全国加入工会的农民工达到1.4亿人，有1名农民工担任全国总工会兼职副主席、6名农民工担任执委，有15个省（区、市）总工会配备了农民工兼职副主席。举办各类面向农民工及其子女的公益性文化活动，丰富农民工精神文化生活。建立农村留守儿童关爱保护和困境儿童保障工作部际联席会议制度，建设全国农村留守儿童和留守老人信息系统，建立了697万名留守儿童的信息数据台账。

二、家庭服务业工作

（一）着力落实和完善促进家庭服务业发展的政策。

一是制定出台新的促进行业发展相关政策。将家庭服务业纳入《关于完善促进消费体制机制　进一步激发居民消费潜力的若干意见》《完善促进消费体制机制实施方案(2018—2020年)》《关于进一步扩大小型微利企业所得税优惠政策范围的通知》等有关政策，优化家庭服务业市场发展环境，推动家庭服务业扩大开放。将家庭服务业列入《鼓励外商投资产业目录》，且在外商投资负面清单之外，境外投资者投资上述领域实行备案管理，并可适用相关政策措施。二是加强家庭服务就业政策支持。指导各地为家庭服务业中符合条件的用人单位和劳动者落实就业创业扶持政策，促进家庭服务业企业发展和引导劳动者到家庭服务业就业创业。指导各地加强就业服务，优化就业创业环境，有针对性地为家庭服务业从业者等提供公共就业服务，组织开展就业援助月、“春风行动”等专项就业服务活动，促进家庭服务业从业人员等各类劳动者就业创业。三是实施重点行动。国家发展改革委牵头推进实施家政服务提质扩容行动，形成《家政服务提质扩容实施方案（2019—2022年）》上报国务院。民政部启动2018年全国养老院服务质量建设专项行动，推进专项行动向纵深发展。四是推动家庭服务进社区。贯彻落实《中共中央　国务院关于加强和完善城乡社区治理的意见》和《城乡社区服务体系建设规划（2016—2020年）》，推动家庭服务业与社区服务体系建设同步推进。开展居家和社区养老服务改革试点，组织第二批试点地区开展试点工作绩效自我考评和实地考核，遴选第三批试点地区，实施包括建设运营农村居家和社区养老服务设施等在内的试点任务。

（二）着力加强家庭服务行业规范化建设。

一是加强诚信建设。国家发展改革委、商务部等28个部门和单位联合签署《关于对家政服务领域相关失信责任主体实施联合惩戒的合作备忘录》，对失信的家政企业、企业法定代表人和家政服务员开展联合惩戒。二是推进标准化工作。指导全国家政服务标准化技术委员会积极开展家政服务标准体系建设研究，继续贯彻落实《关于加强家政服务标准化工作的指导意见》，加大标准制定修订工作力度，加强标准的宣贯培训，将《家政O2O服务规范》《家政服务员信用档案应用规范》《婴幼儿照护服务规范》列入行业标准立项计划。推动养老服务标准化建设，修订发布《建筑设计防火规范》和《老年人照料设施建筑设计标准》，推动全国社会福利标准化技术委员会开展养老服务标准化研究，报批立项《养老机构等级划分与评定》国家标准以及多项行业标准。三是加强监管。人力资源社会保障部会同市场监管总局组织开展的清理整顿人力资源市场秩序专项行动中，将家政服务中介列入重点检查范围，加大了执法检查力度。各地区也积极协调力量，加大了日常执法检查和专项检查力度，不断规范家政服务市场经营秩序。

（三）着力加强家庭服务从业人员职业化建设。

一是加强职业培训。继续组织实施农民工职业技能提升计划——“春潮行动”，继续实施“巾帼家政服务培训专项工程”，开展3批“家政培训提升行动”。开展养老护理员培训，全年通过远程教育方式培训4 000多人次。全国妇联开展了3期巾帼家政职业经理人标准化培训班，培训“百城万村”巾帼家政扶贫行动企业负责人、巾帼家政龙头企业职业经理人等300多人。各级工会开展“技能培训促就业行动”，为去产能企业分流职工、农村转移劳动力等重点群体开展家政技能培训，全年培训人数超过25万人。部际联席会议办公室举办了第二期全国家庭服务师资培训班，对138名来自各地家庭服务培训示范基地及其他家政服务培训机构的师资进行培训。二是加强培训基地建设。指导各地积极开展家庭服务职业培训示范基地建设，制定了推动示范基地建设的各项扶持政策，全国已有省级家庭服务职业培训示范基地255家。组织开发家政服务员职业培训包，进一步推动家政服务员职业培训工作的科学化、标准化、规范化建设，有效解决职业培训质量问题，进一步提高职业培训的针对性和有效性。三是加强专业建设。指导全国高等职业教育教学家政服务专业委员会，组织开展高等职业学校家政服务专业教学标准修订。各地工会探索联合教育部门，与职业院校合作，开展家政专业学历教育。四是加强培训助力扶贫。全国妇联累计命名“全国巾帼家政转移就业示范基地”42个，为贫困妇女提供技能培训、取证、推荐上岗一条龙服务。

（四）着力推进中心城市家庭服务体系建设。

一是积极发挥中心城市在家政扶贫方面的作用。深入推进全国家政服务劳务对接扶贫行动，输转一大批贫困地区劳动力到中心城市，实现在家政服务业就业，一批贫困地区劳动力特别是农村妇女实现脱贫。截至 2018 年 8 月底，贫困县与中心城市及其企业之间签订的协议已超过 1 000 份。在对接扶贫行动中，接受输出地和输入地家政服务职业技能培训的人员近 20 万人次，各地贫困县通过对接扶贫行动输出家政服务员达到 6.2 万人，其中涉及建档立卡贫困劳动力 1.8 万人。印发《关于全面推进“百城万村”家政扶贫工作的通知》，组织 100 多个中心城市与国家级贫困县进行供需对接，支持在安徽等 7 省份各建 1 个家政劳务输出基地，组织开展家政服务专业技能培训，为从事家政服务的人员购买家政扶贫商业综合险，建立家政扶贫供需对接平台。截至 2018 年 9 月，此项工作对接的国家级贫困县共计 822 个，415 家企业积极参与，实现就业超过 10 万人，平均年收入为 4.5 万元。二是发挥重点城市推进行业发展示范效应。以中心城市和骨干家政企业为重点，面向全国范围征集一批家政服务业发展典型案例，以形成一批可复制可推广的成果，为全国家政服务业发展提供示范经验。三是夯实中心城市行业发展工作基础。指导开展对 36 个中心城市家庭服务专项统计调查。指导发布《中国家政服务业发展报告（2018）》蓝皮书。四是加强宣传。利用部际联席会议简报、《中国劳动保障报》农民工专版、《家庭服务》杂志等载体，宣传总结一批中心城市家庭服务体系建设经验和家庭服务企业经营模式，营造促进家庭服务业发展的良好社会氛围。

法 治 建 设

一、围绕中心工作推进立法

一是2018年12月29日，第十三届全国人大常委会第七次会议通过了《全国人民代表大会常务委员会关于修改〈中华人民共和国劳动法〉等七部法律的决定》和《全国人民代表大会常务委员会关于修改〈中华人民共和国社会保险法〉的决定》，自公布之日起施行。二是基本劳动标准法列入了第十三届全国人大常委会立法规划。三是2018年6月29日，国务院公布《人力资源市场暂行条例》（国务院令第700号），自2018年10月1日起施行。四是2018年8月23日，公布《人力资源社会保障部关于废止〈台湾香港澳门居民在内地就业管理规定〉的决定》（人社部令第37号），自公布之日起生效。五是做好证明事项清理工作，向司法部报送了由法律、行政法规和规章、规范性文件设定的证明事项清理结果。决定取消“证明原身份的有关证明”等10项证明，并对5件规章的部分条款予以修改，2018年12月14日公布《人力资源社会保障部关于修改部分规章的决定》（人社部令第38号），自公布之日起施行。

二、推进行政审批制度改革

一是2018年7月28日，国务院发布《国务院关于取消一批行政许可等事项的决定》（国发〔2018〕28号），取消了“台港澳人员在内地就业许可”，人力资源社会保障部做好取消“台港澳人员在内地就业许可”相关工作。二是推进部本级审批服务标准化建设，加强对窗口工作的业务指导和日常管理。三是配合做好推进审批服务便民化、“证照分离”改革、负面清单制定以及“多证合一”登记制度改革等各项工作。

三、加强行政执法监督

一是依法妥善处理行政争议。2018年，部本级共收到行政复议申请228件，其中受理104件；处理行政诉讼案件76件。二是加强规范性文件合法性审查。2018年共对41份规范性文件进行了合法性审查，并对行政争议案件处理过程中提出合法性附带审查的5份文件进行了合法性审查。三是研究梳理人力资源社会保障系统行政执法事项目录。

四、深入开展法治宣传教育

一是加强对人力资源社会保障部机关和系统干部的法治教育培训，邀请社科院法学所李林教授围绕宪法作专题辅导讲座，举办了部依法行政培训班和人力资源社会保障系统法治培训班。二是做好全国人力资源社会保障系统法治知识竞赛活动有关工作，印发《人力资源社会保障部办公厅关于开展全国人力资源和社会保障法治知识竞赛活动的通知》（人社厅函〔2018〕270号），在全系统组织了人力资源社会保障系统竞赛选拔赛。12月4日，正式启动全国人力资源社会保障系统法治知识竞赛网络答题活动，发动全社会参与网络答题。三是组织对人力资源社会保障系统“七五”普法工作情况进行中期督导检查。

五、其他工作有序推进

一是研究起草了《人力资源社会保障部

2017年贯彻落实〈法治政府建设实施纲要（2015—2020年）〉情况的报告》（人社部报〔2018〕80号），经部党组会讨论通过后上报党中央、国务院。二是印发《人力资源社会保障部办公厅关于印发2018年人力资源和社会保障法治工作要点的通知》（人社厅发〔2018〕19号），对2018年法治人社建设重点任务进行部署。三是印发了《人力资源社会保障部办公厅关于印发〈人力资源社会保障部关于推行法律顾问和公职律师制度的实施方案〉的通知》（人社厅发〔2018〕63号），完成部机关首批公职律师申报及认定工作。四是配合全国人大常委会执法检查组做好统计法、传染病防治法等法律执法检查各项工作。五是配合全国人大社会建设委员会做好劳动法、就业促进法、社会保险法实施情况调研工作。

劳动保障监察

2018年，全国劳动保障监察机构坚持以习近平新时代中国特色社会主义思想为指导，牢固树立“四个意识”，坚定“四个自信”，坚决贯彻落实党中央、国务院关于保障农民工工资支付工作的一系列决策部署，坚持标本兼治、源头治理、系统治理、综合治理的方法，扎实推进保障农民工工资支付工作，加强劳动保障监察执法，推进劳动保障监察制度机制和执法能力建设，各项工作取得积极进展。

一、扎实推进保障农民工工资支付工作

一是进一步强化政治担当，加强组织领导。切实增强责任感、使命感、紧迫感，把治欠保支工作作为一项极端重要的民生工作抓实、抓紧、抓好。成立部治欠保支工作领导小组，主要职责是贯彻落实党中央、国务院关于治欠保支工作的决策部署；制定年度工作目标、工作计划和实施方案，研究完善保障农民工工资支付的法规政策，指导和督促治欠保支各项目标任务和工作计划的落实；制定《2018年治欠保支工作方案》，明确工作任务和推进工作的时间表、路线图。

二是切实做好解决企业工资拖欠问题部际联席会议牵头工作。组织召开解决企业工资拖欠问题部际联席会议第四次全体会议、全国治欠保支工作座谈会和全国保障农民工工资支付工作视频会，分析形势任务，研究工作措施，安排部署治欠保支攻坚工作，将党中央、国务院关于治欠保支工作的决策落到实处。

三是组织实施2017年省级政府保障农民工工资支付工作考核。按照《保障农民工工资支付工作考核办法》规定，制定和印发考核方案，组织开展自查、省际交叉实地核查。根据自查、核查结果，结合有关情况，对各省级政府2017年保障农民工工资支付工作情况和成效进行了考核，形成考核评价结果。6月，经国务院同意，向各省级政府通报了考核结果，并约谈考核等级为C级的3省区政府分管负责人和有关负责同志。7月，会同部际联席会议成员单位对考核名次靠后的省份开展实地督查，督促整改落实，补齐工作中的短板。9月，制定印发《2018年度保障农民工工资支付工作考核细则》。

四是以治理工程建设领域欠薪问题为重点，继续落实长效机制。采取定期调度、通报情况、实地督导等方式，指导各地以治理工程建设领域欠薪问题为重点，狠抓政策措施的贯彻落实，推动将“两金”制度即工资保证金制度、欠薪应急周转金制度，“三制”即农民工实名制管理制度、工资按月足额支付制度、农民工工资专用账户管理制度等制度措施落实到每个企业和在建工程项目。

五是开展劳动保障监察执法检查，加大对欠薪违法行为的打击力度。指导各地强化劳动保障监察执法，进一步畅通农民工投诉举报渠道，加强地区间横向执法协作，方便农民工依法维权。2018年，各级人力资源社会保障部门劳动保障监察机构查处工资类违法案件8.6万件，为168.9万名劳动者追发工资等待遇160.4亿元，同比分别下降39.4%、45.3%、35.8%。

二、全力以赴做好2019年春节前保障农民工工资支付工作

一是组织开展专项执法检查活动。联合发展改革委、公安部、司法部、财政部、住房城乡建设部、交通运输部、水利部、人民银行、国资委、市场监管总局、全国总工会等部门和单位于2018年10月印发通知，从当年11月1日起到2019年春节前，在全国范围内组织开展农民工工资支付情况专项检查，检查重点是工程建设领域和劳动密集型加工制造、餐饮服务等行业，加大排查力度，进一步强化欠薪违法惩戒，依法严厉查处拖欠工资行为。

二是对切实做好春节前治欠保支工作进行专项安排部署。2018年11月9日，召开全国电视电话会议进行再动员再部署，要求各地提高政治站位，把治欠保支工作作为春节前的重要民生工作，确保农民工拿到工资返乡过年，确保打赢春节前治欠保支攻坚战。2019年1月11日，国务院副总理胡春华出席保障农民工工资支付工作电视电话会议，对做好当前特别是春节前治欠保支工作提出明确要求。

三是加强正面宣传和舆论引导。充分发挥主流媒体优势，大力宣传党中央、国务院对维护农民工劳动报酬权益的高度重视和重大决策部署，宣传保障农民工工资支付的法规政策、工作成效。2019年1月18日，配合国新办对外新闻局举行国务院政策例行吹风会，介绍保障农民工工资支付工作的重要作用、工作进展和下一步措施，回答了境内外媒体关注的问题，回应了社会关切。专项执法检查期间，人力资源社会保障部和各地人力资源社会保障部门通过新闻媒体，集中曝光了多批拖欠劳动报酬典型案件，依法依规将欠薪用人单位和个人纳入“黑名单”管理，会同有关部门实行联合惩戒，在社会上引起了强烈反响，对有恶意欠薪行为的企业起到了震慑和警示作用。

各地区、各有关部门按照统一部署要求，组织力量集中开展排查，全面清理欠薪隐患。对拖欠农民工工资问题线索，建立工作台账，及时予以解决；畅通投诉举报渠道，及时受理解决农民工欠薪投诉举报案件；健全应急处置机制，完善工作预案，对因欠薪引发的群体性事件迅速响应、及时妥善解决。经过各地区、各有关部门共同努力，在专项执法检查期间，共查处欠薪违法案件3.21万件，向社会公布重大欠薪违法行为1 211件，共为45.6万名农民工追发工资待遇68.3亿元；各地区人力资源社会保障部门向公安机关移送涉嫌拒不支付劳动报酬罪案件802件，人民法院审结77件。

三、劳动保障监察日常执法和专项整治取得新进展

指导各地加强劳动保障监察日常执法，全面推进“双随机、一公开”监管机制，完善地区间监察执法协作机制，实行劳动保障监察投诉举报案件省级联动处理机制。推进严格规范公正文明执法，完善监察执法程序，规范执法裁量权。进一步推进劳动保障监察“两网化”建设，做好劳动保障监察信息监测工作，提高劳动保障监察案件上线率。进一步完善并落实与政府其他部门的执法协作，加强对劳动保障违法问题的综合治理。积极面向企业和劳动者开展劳动保障法律法规宣传，指导企业依法用工管理，引导企业自觉守法和劳动者依法理性维权。2018年，全国各级劳动保障监察机构共查处各类劳动保障违法案件13.9万件，主动检查用人单位138.1万户次，督促用人单位与106.3万名劳动者补签劳动合同，督促0.9万户用人单位办理社保登记，督促缴纳社会保险费9.3亿元。

针对劳动保障和人力资源市场领域出现的突出违法问题，2018年，人力资源社会保障部还在全国范围内组织开展专项整治活动，并联合有关部门组成工作组深入各地开展督查。3月，会同市场监管总局组织开展清理整顿人力资源市场秩序专项检查活动，共查处违法案件3 964件，责令退赔求职费用555.7万元；取缔非法职业介绍活动2 054件，吊销许可证44件，吊销营业执照16件。7至8月组织开

展用人单位遵守劳动用工与社会保险法律法规情况专项检查活动，共查处违法案件 30 310 件，责令用人单位与 58.7 万名劳动者补签劳动合同，支付工资及补偿赔偿 8.4 亿元，督促 4 595 户用人单位缴纳社会保险费 3.7 亿元，追回被骗取的社会保险基金 86.6 万元。

四、劳动保障监察制度建设取得新成效

全面组织实施企业劳动保障守法诚信等级评价、欠薪违法行为社会公布，充分发挥“黑名单”管理在治欠保支工作中的独特作用，加大对涉嫌拒不支付劳动报酬犯罪行为的打击力度。

一是加大重大违法行为社会公布力度。指导各地落实《重大劳动保障违法行为社会公布办法》，全国各级人力资源社会保障部门共向社会公布重大劳动保障违法行为 2 923 件。人力资源社会保障部公布 3 批 30 件在全国有重大影响的劳动保障违法行为。

二是组织实施《拖欠农民工工资“黑名单”管理暂行办法》。全国各级人力资源社会保障部门共发布拖欠农民工工资“黑名单”728 件。人力资源社会保障部共发布拖欠农民工工资“黑名单”80 件，向国家信用监管平台推送 3 批次，由相关部门按照有关规定，对这些违法单位和个人在政府资金支持、政府采购、招投标、生产许可、资质审核、融资贷款、市场准入、税收优惠、评优评先等方面实施联合惩戒，使其在全国范围内“一处违法、处处受限”。7 月 12 日，召开拖欠农民工工资“黑名单”专题新闻发布会，联合发展改革委、住房城乡建设部解读联合惩戒的具体措施，中央媒体策划推出大量报道，着力宣传人力资源社会保障部门加强部门协调，发挥工作合力，采取更加坚决有力的实招硬招，形成打击和震慑欠薪违法犯罪行为的高压态势。

三是加大对涉嫌拒不支付劳动报酬犯罪行为的打击力度。各地人力资源社会保障部门共向公安机关移送涉嫌拒不支付劳动报酬罪案件 3 591 件，公安机关立案 2 762 件。

五、劳动保障监察执法能力建设稳步推进

指导各地进一步贯彻落实《关于加强劳动保障监察执法能力建设的意见》（人社部发〔2015〕67 号），加强劳动保障监察机构队伍建设。指导各地按照当地党委、政府的统一安排，继续积极稳妥推进劳动保障监察执法体制改革，强化劳动保障监察机构的综合执法职能，减少监察执法层级，加强基层执法力量。严格加强监察员资格管理，组织开展劳动保障监察培训，完善分级分类培训体系，劳动保障监察员执法能力和专业素质进一步提高。进一步加强劳动保障监察队伍作风建设，认真落实人力资源社会保障部关于建立窗口单位作风建设长效机制的意见，不断完善执法服务规范和纪律要求，切实提升作风建设水平，着力打造执法为民的良好形象。进一步加强劳动保障监察宣传工作，充分利用传统媒体和新媒体创新开展系列宣传报道，营造维护劳动者合法权益的舆论环境。

规划统计

2018年，规划统计工作围绕中心，服务大局，积极发挥规划引领、决策支撑、服务保障作用。

一、规划工作

一是组织开展“十三五”规划中期评估。印发了“十三五”规划实施情况中期评估工作方案和开展人力资源社会保障事业发展“十三五”规划纲要实施情况中期评估工作通知，组织部属各单位和各地人力资源社会保障部门开展规划中期评估工作，形成中期评估报告。参加全国人大财经委“十三五”规划纲要中期评估专题调研座谈会，汇报“十三五”规划执行情况。组织开展“十三五”脱贫攻坚规划、“十三五”推进基本公共服务均等化规划等相关规划的中期评估工作。

二是编制实施人力资源和社会保障事业发展年度计划。加强年度计划与规划的有机衔接，下达2018年人力资源和社会保障事业发展计划。强化责任落实，层层分解落实全国总量计划，加强监测分析，定期通报计划执行情况，计划实施约束力不断增强。经各方共同努力，2018年主要计划完成全年目标任务。科学测算，综合平衡，编制2019年人力资源和社会保障事业发展计划草案。

三是推动区域发展重大战略深入实施。印发了《粤港澳大湾区建设近期工作要点》和《粤港澳大湾区建设三年行动方案（2018—2020年）》部内分工方案。会同河北省人力资源社会保障厅、雄安新区管委会共同研究起草了《关于支持河北雄安新区人力资源和社会保障改革创新实施方案》。部领导专题听取雄安新区情况汇报并赴雄安新区专题调研。组织召开了京津冀人力资源社会保障事业协同发展第二次部省市联席会。会同海南省人力资源社会保障厅共同研究起草并印发《支持海南人力资源和社会保障事业全面深化改革开放的实施意见》，部领导多次召开专题会听取汇报，11月9日，张纪南部长与海南省沈晓明省长共同签署了部省合作协议。印发了《推进海南全面深化改革开放三年行动方案（2018—2020年）》部内分工方案。

四是开展全国人力资源社会保障系统服务机构基本情况摸底调查。为全面掌握全国人力资源社会保障公共服务机构状况，加快推进审批服务便民化，对各级人力资源社会保障公共服务机构的场所、人员、服务及经费等情况进行全面摸底，形成调查分析报告。

二、统计工作

一是统计制度建设取得重要进展。落实中央关于深化统计体制改革的决策部署，印发实施进一步加强人力资源社会保障统计工作提高统计数据质量的意见、防范和惩治统计造假弄虚作假责任制规定和领导干部违规干预统计工作记录制度的办法等文件，进一步提升人力资源社会保障统计规范化、法制化水平。

二是统计专项调查任务圆满完成。完善人力资源社会保障政策满意度调查方案，扩大调查样本量，更好发挥调查结果的导向作用。人力资源社会保障基本情况调查（社区直报）顺利完成。进一步做好企业薪酬调查、家庭服务业调查、人力资源社会保障公共服务机构调查等专项调查组织工作。

三是统计调查制度更加完善。适应机构改革、职能调整新情况，完成统计调查制度修订工作，充分体现精简效能和促进事业发展要求，同时保持工作的连续性和稳定性。报表数据按时汇总审核上报，为决策提供数据保障。

四是统计数据支持决策能力不断提升。定期汇总审核人力资源社会保障月度统计数据。建立月度统计数据手册编印制度，以全新的方式和更快的频率提供决策数据支持。完成人才资源统计数据和服务业统计工作任务。协调相关部门，定期报送劳动力调查、农民工监测等相关数据。向社会公开发布2017年度人力资源和社会保障事业发展统计公报。

五是统计能力建设得到加强。举办多期统计业务培训班，提升人力资源社会保障系统统计工作能力。组织参加第20届国际劳工统计大会，加强人力资源社会保障统计国际交流与合作。

六是统计综合管理成效明显。按照全国人大常委会要求，完成人力资源社会保障系统统计执法大检查各项任务。做好统计数据分析和统计分析内刊编辑等工作。

三、信息化工作

一是金保工程二期（中央本级）项目建设全面推进。截至2018年底，共启动58个建设子项目，其中4个已经建设完成并通过验收。总计完成投资额8 246万元。建设完成了国家异地就医结算系统、中央国家机关公务员考试报名系统、部扶贫信息平台等重要信息系统，基本完成人员和社保卡基础信息库、业务协同、公共服务等基础支撑平台的开发。国家异地就医联网结算系统建成并投入使用，实现全国范围内跨省异地就医住院费用即时结算，有效解决了异地就医人员“垫资”和“跑腿”问题，取得了较好的社会反响。中央国家机关及其直属机构公务员考试报名系统有效支撑了2017年度、2018年度全国考试报名工作，系统运行平稳，功能进一步优化。部扶贫信息平台已开展与国务院扶贫办数据的比对工作，有效助力精准扶贫。截至2018年底，已完成安徽等12个省份金保工程二期可行性研究报告的审查并回复了审查意见。

二是新农保信息系统试点工程进入验收阶段。截至2018年底，金保工程新农保信息系统试点工程建设任务已全部完成。当年11月组织召开了工程验收工作启动会，启动工程初步验收工作。

三是国家法人库一期项目正式启动。根据发展改革委关于国家法人库一期项目初步设计和投资概算的批复，编制了项目实施计划，当年4月正式启动了工程建设工作。

四是积极推动国家“互联网＋”行动计划和促进大数据发展行动纲要任务落实。向部际联席会议报送工作进展、成效和工作举措，根据国务院推进政务信息系统整合共享的要求，启动了《部政务信息资源目录》的扩充工作。

五是指导各地开展新型智慧城市评价工作。对就业和社会保障领域的评价指标进行解释答疑。积极推进智慧人社相关工作任务落实。

信息化建设

2018年，人力资源社会保障信息化建设以习近平新时代中国特色社会主义思想为指导，围绕人力资源社会保障中心工作，进一步强化信息化统筹发展，积极落实金保工程二期项目实施任务，加快推进社会保障一卡通、大数据、“互联网＋人社”等重大规划部署，保障重点改革任务落实到位，信息化工作取得显著成效。

一、加快落实“互联网＋人社”行动计划及重点项目建设

加快实施“互联网＋人社”行动计划，推动各项业务通过信息化进行重塑和再造，已形成一批可持续、可推广、可复制的实践方案和发展模式。2018年9月，举办“互联网＋人社”和大数据应用培训班，强化工作部署，交流各地实践经验，积极推动落实行动计划。结合国务院“互联网＋政务服务”等任务要求，组织研究全国重点应用系统及基础支撑平台建设方案。继续做好金保工程二期实施工作，人力资源社会保障部本级已启动54个项目实施工作，重点推进全国业务协同共享机制建设，国家异地就医联网结算、中央国家机关公务员考试报名、人力资源社会保障扶贫等建设成果初见成效。

二、全面推广社会保障一卡通

截至2018年12月底，全国社会保障卡（以下简称社保卡）持卡人数达12.3亿人，普及率88%，覆盖全国所有地区，完成年度发卡计划。加快推进第三代社保卡发行和应用，联合中国人民银行在23个省份先行启动三代卡建设。全国社保卡线上身份认证与支付结算服务平台已上线部分功能，2018年4月签发全国首张电子社保卡，当年12月底，已有24个省份的285个地区接入国家平台，累计签发电子社保卡141万张。开展“提升社保卡服务能力”专项行动，提高社保卡制发效率，健全快速发卡机制和异地服务流程。按照党中央、国务院文件要求，支持海南省、雄安新区推动建设以社保卡为载体的“一卡通”服务管理模式。截至2018年12月底，部社保卡持卡人员基础信息库（以下简称持卡库）的人员基础信息达13.9亿人，社保卡基础信息达11.9亿张卡，已接入省、市两级业务系统303个，有效支撑了跨地区用卡和基础信息共享。

三、积极推进扶贫信息化和数据共享

与国务院扶贫办建立精准扶贫信息共享机制，签订了《人力资源社会保障部　国务院扶贫办社保扶贫信息共享合作协议》《人力资源社会保障部　国务院扶贫办就业扶贫信息共享合作协议》，明确了共享内容、共享方式、使用范围等，建立了部门间数据共享机制。2018年，与国务院扶贫办完成了3次数据交换，基于国务院扶贫办交换的建档立卡贫困人口信息，分别与人力资源社会保障部掌握的全国社会保险联网监测数据、持卡人员信息进行了比对分析，为各地人力资源社会保障部门开展精准扶贫提供数据支撑。加快推进扶贫信息化建设，开发了人力资源社会保障扶贫信息平台，构建形成全国统一的人力资源社会保障扶贫工作平台。

四、切实落实行风建设任务

进一步提升信息化部门便民服务水平，积极运用信息化手段，提升公共服务能力，助力行风建设，形成一系列便民服务措施。加快推进就业失业登记、社会保险登记、劳动用工备案统一登记工作，落实“三个入口”登记合并为“一个入口”的工作任务。为畅通群众投诉举报渠道，在人力资源社会保障部门户网站开设《人社工作为人民》行风建设专栏，地市以上人力资源社会保障部门在12333的投诉举报热线开通率达到98%。编制《规范人社系统行政审批和公共服务事项编码（2018年版）》，推动人力资源社会保障审批服务实现事项、编码和标准“三同一”。继续推进人力资源社会保障信用评价体系建设应用，完善信用评价模型，加强信用信息在就业创业担保贷款、劳资纠纷预警等方面的应用。研究制定人力资源社会保障信用“红黑名单”信息资源目录、指标体系及信息系统技术方案。

五、全力保障重点改革任务

推进全国统一的社会保险公共平台建设，开通异地就医、双边协定、自助认证、个人权益记录查询4类服务。推进养老保险第三支柱信息平台建设，并在福建省启动试点。做好机构改革的技术保障，会同国家税务总局研究制定社会保险费信息共享平台建设方案，指导各地建设社会保险费信息共享平台。保障国家异地就医结算系统平稳运行，2018年累计结算超过126万人次。完成中央机关及其直属机构2019年度公务员考试报名工作（共报名189.4万人次，咨询电话4.2万人次），以及公开遴选和公开选调网上报名、公安院校公安专业毕业生招考工作。继续推进政务信息系统整合共享工作，积极落实“群众办事百项堵点疏解行动”有关任务，研究确定5批23项人力资源社会保障领域群众办事堵点问题及其解决标准，督促各地落实堵点疏解任务。完成国务院数据共享责任清单（第一批）涉及人力资源社会保障部的数据共享任务。

六、切实加强重点业务系统建设和应用

一是就业领域。加快推进全国公共招聘网联网实施，截至2018年12月底，已接入292家公共就业和人才服务机构。启动重点企业用工监测系统建设，为研判中美贸易摩擦对就业的影响提供支持。二是社会保险领域。印发《关于全面推进工伤保险信息化的指导意见》（人社厅发〔2018〕125号），明确工伤保险信息化建设要求。加快推进跨地区社会保险信息系统联网应用和协作处理，进一步提升基金管理风险防控能力。社会保险关系转移系统2018年累计办理城镇职工养老保险转移133.4万次，医保关系转移2.7万次，军人退役养老保险信息下载70.3万次；养老保险参保待遇状态比对查询服务系统累计响应查询请求1.2亿人次；异地退管系统当年累计办理协助认证结果29.9万笔。三是人事人才领域。加强人事人才信息化建设的统筹规划，印发《关于加快推进流动人员人事档案信息化建设的指导意见》（人社厅发〔2018〕102号）、《职称评审信息化建设方案》（人社厅函〔2018〕188号）。四是劳动关系领域。制定《2018—2020年“互联网＋调解仲裁”行动计划》，启动全国在线调解服务平台建设工作，建设调解仲裁信息监测系统。

七、深入开展信息资源服务和共享应用

截至2018年12月底，全国就业监测数据已覆盖5.3亿名劳动者，养老保险、医疗保险、失业保险、工伤保险、生育保险联网监测数据上报量分别达到9.2亿人、9.5亿人、1.8亿人、2.1亿人、1.8亿人。全民参保登记数据库各地已上传13.5亿条实际有效人员基础信息、32.5亿条参保信息。根据人力资源社会保障部政务信息资源目录，在国家数据共享平台上传4类18份无条件共享文件，发布社保卡状态查询等7类17个共享接口，已受理170次各部门的数据服务申请。根据国家

个税改革要求，建设人社税总数据交换平台，与国家税务总局“总对总”对接，按期落实共享任务，实现外国人就业、职业资格、技工院校学籍等信息的查询与核验。与教育、公安、司法、铁路、民航等部门开展信息共享比对工作，运用大数据技术探索社保待遇资格“数据认证”模式。充分利用国家人口库数据，完成上亿人次的异地生存状态核验、持卡人员信息核查工作。进一步完善数据管理和应用制度，印发《数据资源利用服务暂行规定》（人社厅函〔2018〕112号），研究制定数据安全管理规范。

八、不断加强公共服务信息化建设

推进公共服务信息平台建设，开通“掌上12333”移动应用的社保自助认证服务。落实全国一体化在线政务服务平台试点任务，与国务院建设的政务服务平台实现对接，完成“人力资源社会保障部旗舰店”建设。总结浙江省人力资源社会保障部门“最多跑一次”改革实践经验，组织编制《“最多跑一次”操作手册》，为各地优化服务提供指导。全国12333电话咨询服务2018年接听量超过1亿次。推进部本级12333电话服务中心建设，开通12333服务号码。以“全民参保”为主题，成功举办第7届12333全国统一咨询日活动。会同财政部联合印发《关于深入推进12333发展促进人力资源社会保障公共服务便民化的意见》（人社厅发〔2018〕116号），指导各地进一步提升12333的基本公共服务能力。创新开展12333和社保卡的麦当劳早餐之约宣传活动。推广短信应用，部级短信平台全年推送短信599.8万条。

九、进一步提升网络安全防护能力

人力资源社会保障部与国家信息中心、国家税务总局等部门实现网络联通。全部省份建立了业务专网DNS系统。强化重要信息系统灾难备份能力，搬迁部本级同城灾备中心，组织国家异地就医结算系统的灾备切换演练。加快落实部省两级IPv6规模部署行动计划，印发《社会保障系统推进互联网协议第六版（IPv6）规模部署》的通知（人社厅函〔2018〕186号）。按照国办等部门有关要求，迁移部本级电子邮件系统，规范政府网站域名，推动实施安全可控工作。进一步完善电子认证体系，开展部级电子认证系统的国产化改造，支持第三代社保卡的个人证书发放，2018年已有17个省份完成系统建设。完成电子签章标准编制工作。组织18个地方人力资源社会保障部门举办网络攻防演练活动，检查网络安全工作的落实情况。举办首届以“人社个人信息保护”为主题的人力资源社会保障网络安全宣传周活动。强化敏感时期的信息安全监控，确保全国两会等重要会议和敏感时期全系统网络信息安全处于总体稳定状态。

科 学 研 究

2018年，中国人事科学研究院与中国劳动和社会保障科学研究院在部党组的领导下，全面贯彻党的十九大精神，深入学习贯彻习近平新时代中国特色社会主义思想，紧紧围绕部中心工作，加强组织建设，狠抓质量管理，以重点工作突破带动整体工作的推进，圆满完成了各项工作任务。

一、人事科学研究

中国人事科学研究院（以下简称人科院）全年完成科研项目100项，发表学术论文100余篇，出版专著多部。多项研究成果得到部领导的肯定性批示，供决策参考，并获学术界好评。

（一）认真完成部交办的各项科研任务。

全年共承担部及部属相关职能单位下达课题18项，其中部重大政策专项课题2项，部级课题4项，部属相关职能单位委托课题12项。对人事制度改革发展和人才队伍建设改革发展的重点史料进行了整理，对行政执法类公务员激励和约束机制、改革开放四十年来行政机关绩效管理、事业单位绩效评价制度和公务员考录制度等人力资源社会保障领域的热点难点问题开展了研究。

（二）积极承担中央单位委托的研究工作。

共承担中共中央组织部、中央军委科技委、交通运输部、自然资源部、国家体育总局、国家文物局、国家海洋局、国家自然科学基金委员会和中国科协等单位下达或委托的课题20项，研究内容涉及人才规划评估、军地两用人才使用、事业单位改革、工资制度改革、职称制度改革、职业技能标准和职业分类等，研究成果得到有关方面好评，在制定政策和管理制度中发挥了作用。

（三）努力为地方组织、人社部门和企事业单位提供高质量的决策咨询。

承担了有关省市组织、人力资源社会保障部门和企事业单位委托的课题26项。研究成果为委托方制定人力资源发展规划、推动事业单位岗位管理与薪酬制度改革、深化职称制度改革、做好人才引进与服务工作、构建人力资源市场指标体系、建设人力资源服务产业园、促进人才创新创业等提供了理论支撑、实证分析与方案设计。以非课题的形式，如组织专家咨询、专家评审等方式，为地方组织、人力资源社会保障工作服务，获得了良好评价。

（四）动员国内科研力量开展协作攻关。

2018年，人科院组织全国人事人才科研合作网成员单位开展了23项合作课题研究，主要聚焦经济发展中的人才问题及公务员队伍建设、事业单位改革的难点问题。为保证研究质量，多次召开论证、评审会，组织专家进行交流研讨。这项工作已连续开展数年，在推动各省市人才与人事科研工作方面发挥了积极作用。为落实中央关于加快创新驱动的战略部署，推动人力资源工作领域的改革发展，开展了主题论文征集活动，得到地方人力资源社会保障部门的积极响应，全年共征集论文268篇，评选出获奖论文83篇，汇编成册，供广大人力资源实践与理论工作者参考。

（五）加强基础研究，完善制度建设。

为夯实研究基础，积累学术资源，锻炼科

研队伍，自主确立了13项院级课题。按照国家和人力资源社会保障部出台的一系列科研管理规定，人科院加强了科研经费预算管理和支出审核，明确了科研经费使用中需实行政府采购的事项和程序，做好课题研究过程中的督促检查工作，提高了课题研究的效率和质量。通过加强科研档案管理，为人科院长远发展积累了学术资源。

（六）进一步提升刊物和学术出版工作质量。

2018年，《中国人事科学》获得新闻出版广电总局批准公开出版发行。人科院作为主办方组建了编委会，充实了编辑部，召开了刊物发布会，办理了刊物登记，完成了全年12期采、编、审、校工作，与中国人事出版社合作完成了印发任务。对《国际行政科学评论（中文版）》进行改版，完成了全年4辑的编译任务，影响力持续扩大。人科院出版了《中国人事科学研究报告（2017）》（上、中、下卷）、《中国人力资源发展报告（2018）》及2018年度全国人事人才研究主题征文获奖论文集《人力资源与经济协同发展》，新推出《中国人力资源市场分析报告（2018）》《中国事业单位发展报告（2018）》，人科院的年度学术报告体系基本形成。人科院学术文库不断丰富，出版了《国家人才安全问题研究》《可持续治理能力探索》等学术著作。与中国人事出版社合作的“公务通用能力系列读本”，共9部书稿，已进入再审修改程序。

（七）与一些地方政府和组织共同举办一定规模的学术研讨会。

人科院注重发挥在全国人事人才研究领域的牵头引领作用。每年定期组织开展主题征文活动，举办全国人事人才研究理论与方法培训班，召开全国人事人才科研工作交流会，组织全国人力资源社会保障系统科研机构开展合作课题研究，人事人才研究的凝聚力与向心力增强。2018年组织开展的主要活动有：与南开大学周恩来政府管理学院共同举办“国际行政科学专家委员会第九次会议暨基层治理中的行政韧性专题研讨会”，与西安市人民政府共同举办“第二届中国（西安）丝路经济带人力资源高峰会”，与宁波市人民政府共同举办“第四届中国（宁波）人力资源服务创新创业大赛暨人才与区域经济发展研讨峰会”，与中国人才交流协会等共同举办“人力资源产业园发展大会”，与中国人才研究会共同举办“人才研究四十年研讨会”；作为学术指导单位，支持江西省人民政府举办“中国（江西）人力资源服务发展论坛”，支持中国对外服务协会、北京市人力资源服务协会举办“2018中国人力资源服务战略发展大会”；举办“2018年全国人事人才科研工作交流会暨改革开放四十年人力资源变革研讨会”。这些活动的开展拓宽了研究视野，凝聚了研究力量，扩大了人科院学术影响力。

（八）广泛开展国际学术交流，做好国际学术组织联络工作。

组团赴比利时参加国际行政科学学会理事会会议，派员赴巴布亚新几内亚参加APEC人力资源工作组会议，派员参加亚洲公共行政网络菲律宾年会，派员参加部属相关职能单位组织的出国培训，在瑞士组织召开亚欧行政研究联合专场会，参加国际行政科学学会突尼斯年会并以人科院名义举办“基层治理与行政韧性”专场会。与部属相关职能单位合作，先后在云南昆明和重庆召开“‘一带一路’框架下澜湄地区人力资源合作开发现状与挑战国际研讨会”，与华南师范大学共同举办“2018年EROPA电子政务研究中心国际研讨会”。做好国际行政科学学会、东部地区公共行政组织（EROPA）和亚洲公共行政网络三个国际学术组织秘书处的工作，并对这三个组织中中国会员情况、中国专家任职情况及开展学术交流活动情况作必要了解。我国公共行政与人力资源研究的国际影响力不断扩大。

二、劳动和社会保障科学研究

中国劳动和社会保障科学研究院（以下简称劳科院）全年共组织开展课题252项，其中包括国家级课题4项，部级课题14项，部属相关职能单位委托课题48项，基础科研经费项目87项，横向课题99项。

（一）就业创业研究。

一是在就业创业方面，承担了中国就业四十年改革发展研究、劳动力供给侧结构性改革研究、中美贸易摩擦对就业的影响、就业季度形势分析、完善就业制度积极应对老龄化挑战、灵活就业新就业形态人员参加失业保险机制、中国人力资源市场指数、劳务用工指数、新时代强化人社举措推进西部大开发形成新格局研究、完善城乡统一的就业创业政策体系研究、去产能企业职工就业安置政策效果评估、农民工就业创业调查、返乡创业模式及典型经验研究、创业担保贷款对青年创业绩效的影响评估、全国失业预警模型系统构建与应用、促进艾滋病病毒感染者公平就业研究、国外中小企业就业影响因素研究及对中国的启示、解决性别歧视与身份歧视问题、促进公平就业研究、国际残疾人就业模式研究、智能化对就业的国际影响研究、劳动世界的未来研究、提高就业质量的国际比较借鉴等课题项目。

二是在职业能力开发方面，承担了技能人才评价制度研究、劳动力供给侧结构性改革背景下的人力资本测度研究、国外职业技能培训典型模式及经验借鉴研究、技工教育“十三五”规划中期评估研究、公共创业政策知识库系统基础组件开发、职业指导工具包研究、职业信息采集和职业分析研究、家政服务职业培训问题研究等课题项目。继续做好劳动关系协调员国家职业资格项目的鉴定技术支持工作，对劳动关系协调员国家职业标准进行修订，为部分省（市）职业技能鉴定中心提供技术服务；承担企业人力资源管理师职业资格标准修订工作，完成资格考试命题工作。开展了地区人力资源战略管理、区域人才战略研究等相关研究工作。

（二）社会保障研究。

一是在养老保险方面，承担了改革开放四十年社会保障重点史料整理、改革开放以来社会保障领域若干重大理论问题研究、世界主要国家养老保险制度和延迟退休改革基本情况、我国城镇人口生命表构建的理论设计、基本养老保险适度的保障水平问题等课题项目。完成了吉林省企业职工基本养老保险基金预算管理、广东省企业养老保险计发办法、广东省城镇职工基本养老保险基金收支运行评估体系研究课题。开展了黑龙江省企业职工基本养老保险基金收支失衡问题与对策研究项目工作。

二是在失业保险方面，完成了失业保险纳入社会保险公共服务平台问题研究、失业保险基金全国统筹问题研究、失业保险待遇领取政策国际比较研究等课题研究工作。

三是在医疗保险方面，完成了完善职工医保筹资和待遇调整机制、生育保险和基本医疗保险合并实施试点评估、医疗保险药品目录动态调整方案建议、医院医保管理问题与对策研究、医保省级统筹研究、按病种分值结算关键技术和运行评价等项目研究工作。

四是在工伤保险方面，开展了公务员参加工伤保险与民政抚恤制度待遇衔接比较研究、工伤保险和长期护理保险制度边界及政策衔接问题研究、公务员参加工伤保险地方实践研究等课题研究工作。

五是在城乡居民保险方面，开展了城乡居民基本养老保险待遇确定和基础养老金正常调整机制研究、部分地区被征地农民社会保障政策衔接及社会影响研究、城乡居民基本养老保险基金委托投资收益分配办法研究、完善城乡居民养老保险制度研究、互联网＋养老服务产业发展研究、城乡居民基本养老保险参保缴费问题研究、城乡居民基本养老保险待遇确定机制研究工作。

六是在社保基金和公共服务方面，完成了建立统一社会保险公共服务平台问题研究、跨省异地就医实施跟踪研究、互联网＋时代家庭服务业平台构建研究、全民参保数据研究与分析、社会保险未参保群体结构分析、全国统一的社会保险公共服务平台框架设计、失业保险关系转移接续思路框架研究、异地就医结算评估、积极应对人口老龄化、多层次社会保障体系政策思路和重点任务、全国社保基金使用问题研究等课题研究工作。

（三）工资收入分配研究。

一是工资收入方面，开展了改革开放四十年工资收入分配重点史料整理、提高中等收入群体比例研究、我国工资收入差距监测预警体系研究、缩小收入分配差距关键问题研究、社会主要矛盾转化背景下深化我国企业工资收入分配制度改革研究、我国行业工资收入差距现状及监测预警指标、机关事业单位企业工资调查比较、2017年度企业薪酬调查数据分析、完善工资指导线办法等课题研究工作。

二是最低工资标准方面，开展了全国最低工资评估研究、最低工资标准立法、我国小时最低工资政策评估与完善、最低工资标准与失业保险金标准和最低生活保障标准比例关系研究等课题研究工作。

三是人工成本方面，开展了我国部分城市人工成本分析、面向中国制造2025的劳动力比较优势研究、智能制造与工业企业人工成本关系研究、我国人工成本指数的编制和分析、中国企业员工薪酬福利发展指数体系构建与数据分析等课题研究工作。

四是国有企业工资分配方面，开展了股权多元化国有企业薪酬分配机制研究、新时代国有企业高层管理人员激励约束机制研究、国有企业负责人薪酬制度改革实施评估研究、上市公司高管薪酬分配数据分析等课题研究工作。

五是劳动权益保障方面，开展了新时代劳动者工资权益制度研究、特殊情况下的工资支付问题、欠薪保障长效机制研究、新就业形态下劳动者基本权利保障问题研究、非标准就业劳动者权益保障研究等课题研究工作。

（四）劳动关系研究。

一是劳动关系方面，承担了创新中国特色劳动关系协调机制研究、劳动关系改革发展重点史料整理、非标准就业形态下的劳动用工政策研究、构建和谐劳动关系综合试验区建设各地进展情况和相关问题研究、企业实行特殊工时制度岗位清单管理制度课题研究、劳动关系领域区域性系统性风险防控与化解机制、转型期我国非正规就业群体社会保险法律制度研究、域外劳动法律政策动态研究交流平台、煤矿企业劳动用工研究、产业链上的企业社会责任研究等课题研究工作。

二是集体协商方面，开展了集体协商典型案例编撰、集体协商和集体协商争议指导手册、我国集体协商实证研究、行业集体协商若干问题等课题研究工作。

三是劳动争议处理方面，开展了改革开放以来我国劳动人事争议处理制度、劳动争议调解仲裁法实施效果评估等课题研究工作。

（五）扶贫专项研究。

按照部党组有关要求，劳科院高度重视扶贫研究工作，组织开展了9项扶贫政策课题研究，其中包括就业扶贫研究、技能扶贫研究、社保扶贫研究、定点扶贫研究、连片贫困地区扶贫政策研究、有关扶贫效果评估等。在10月17日全国扶贫日，组织召开了人社扶贫政策研讨会，来自部内、部分省市人力资源社会保障厅局负责同志和劳科院有关同志共40多人参加会议。

（六）综合类和基础类研究。

完成社科基金重点项目“典型省份经济发展方式转变与产业、人口、教育、就业和迁移政策仿真模型技术平台研究”课题的结项验收工作。开展异地就业协同规范、社保测算分析规范2个项目7项行业标准研究。完成基于系统动力的城镇企业职工就业、工资和养老保险综合模型研究，劳动保障政策仿真实验系统基础数据爬取工具开发，失业保险费率调整及基金收支分析研究，农民工就业创业调查工具开发，呼叫服务员就业和权益保障调查，家政服务人员就业信息采集体系等课题的研究和开发工作。

（七）加强科研合作体系建设。

2018年7月，组织召开全国劳动和社会保障科研工作座谈会，部内相关职能单位、地方人力资源社会保障厅局及其所属科研院所、部分劳动和社会保障研究基地有关负责人员以及特约研究员出席会议。这次会议完善了科研合作机制，引导和带动全国人力资源社会保障系统科研机构以及相关单位积极开展科研合作与学术交流，进一步提升劳动和社会保障科研水平和社会影响力，为促进劳动和社会保障领域的改革与发展提供科研支持。

（八）加强国际与地区间交流合作。

国际交流与合作工作进一步加强。与国际劳工组织研究司共同在杭州举办了中国未来的劳动世界国际研讨会，在青岛成功主办第16届东北亚劳动论坛。组织完成过劳死国际研讨会（日本）、日本就业保险制度研究团、荷兰捷克长期护理保险研究团、都灵中心“提高劳动力市场成果　促进金砖国家及各国青年就业”联合专家论坛工作团、参加在韩国举办的第18届国际劳动雇佣关系协会全球大会、国际劳工组织研究司访问学者工作团6批次出访任务。接待了加拿大劳工部国际司、日本国立社会保障与人口问题研究所、日本劳动政策研究研修机构、德国杜伊斯堡—艾森大学和台湾大学的来访及讲座。派员参加了第107届国际劳工大会、中欧圆桌会议第十六次会议、金砖国家劳工和就业部长会议、国际社会保障协会研讨会等一些重要的国际会议。参与国际劳工组织等国际机构的青年就业系列项目、艾滋病携带者/感染者平等就业研究项目、集体协商和集体协商争议处理手册制定、《中国—国际劳工组织—欧盟社会保障国际技术合作项目草案》中方建议书、有关人工智能“机器换人”对就业的影响等多个项目研究工作。劳科院申报的英国政府繁荣基金项目、澜湄基金项目已经获批立项。

干部教育培训与系统行风窗口单位建设和评比表彰情况

2018 年，人力资源社会保障系统干部教育培训、系统行风窗口单位建设和评比表彰工作以习近平新时代中国特色社会主义思想和党的十九大精神为指导，按照部党组部署和要求，围绕中心，服务大局，有效提升了系统和部内干部的党性修养与能力素质，进一步提高窗口单位干部服务能力、服务意识，为推动人力资源社会保障事业改革发展提供了有力支持。

一、把学习贯彻习近平新时代中国特色社会主义思想和党的十九大精神摆在最突出的位置

认真贯彻落实中央关于学习培训的部署安排，发挥干部教育培训主渠道主阵地作用，分级分类组织开展全部干部集中轮训，确保学习活动取得实效。

一是分 3 期对部机关、公务员局处级以上干部和部属事（企）业单位全体司级干部、人事处长（综合处长、党办主任）、党支部书记等 650 多名党员干部进行了集中轮训。

二是组织部机关各单位和公务员局青年干部（主任科员及以下）开展了 2 天集中学习培训。

三是印发通知要求各直属事（企）业单位采取多种形式及时做好其他未参训干部的学习培训工作，确保学习培训全员覆盖。

按照中共中央组织部要求，部属各单位集中学习培训全面完成，参加集中学习培训的司级干部 211 人，占应训人数的 100%；处级干部 696 人，占应训人数的 99%；青年干部 923 人，占应训人数的 98.6%。司级干部参加网络学习培训 201 人，总学时数达 4 700 多学时。通过集中轮训，广大干部更加自觉地维护以习近平同志为核心的党中央权威和集中统一领导，加深了对习近平新时代中国特色社会主义思想的理解认识，理清了推进人力资源社会保障事业改革发展的思路举措，强化了落实全面从严治党的行动自觉。

二、规范培训管理，多形式多渠道开展干部教育培训

按照年初制订的培训计划，全年共举办 93 期培训班，培训约 1.5 万人次。通过教育培训，广大干部的理想信念进一步坚定，政治理论素养不断提高，专业化能力明显增强，覆盖各层级的干部教育培训体系逐步健全。

一是加强制度建设。根据《2018—2022 年全国干部教育培训规划》，结合人力资源社会保障干部教育培训工作实际，印发《2018—2022 年全国人力资源社会保障系统干部教育培训规划》（人社部发〔2018〕84 号），为打造一支政治过硬、作风扎实、本领高强的人力资源社会保障系统干部队伍作出具体安排。同时，还研究制定了《人力资源社会保障部机关在职干部外出授课报批办法》（人社党字〔2018〕73 号），进一步规范了部内人员外出授课的行为。

二是组织开展重点班次培训。在系统干部培训方面，以脱贫攻坚、行风建设等工作为重点，举办 3 期系统干部培训班，培训干部 400

余人次。在部内干部培训方面，以强化理论武装和党性教育为重点，举办了处级干部、青年干部、新入部人员3期培训班，共培训干部140余人次。助力脱贫攻坚，加大定点扶贫县培训支持力度，为安徽金寨、山西天镇干部各举办1期村支部书记、村主任、扶贫工作队队长、第一书记培训班，培训1 000余人，还为金寨干部学院加挂了全国人力资源社会保障系统干部教育培训基地的牌子。组织举办2期“人社部讲坛”，共计约500人次听取专题报告。

三是积极组织开展干部调训工作。选派64名干部参加中央党校等调训，组织45名司级干部参加专题研修，组织司级干部参加国家行政学院和浦东干部学院举办的“深入学习贯彻习近平新时代中国特色社会主义思想”网上专题班423人次。

四是鼓励支持干部加强学历教育。支持部机关各单位9名青年干部报考在职硕（博）士研究生。

三、统筹兼顾，抓好人社系统行风窗口单位建设

一是印发工作要点。年初印发《2018年全国人力资源社会保障系统窗口单位作风建设工作要点》（人社厅发〔2018〕54号），对窗口单位建设工作进行统筹谋划部署。

二是举办示范培训。分2期举办了市、县人力资源社会保障窗口单位作风建设专题示范班，400余名基层人力资源社会保障局局长及经办机构负责同志参加培训。培训期间，张纪南部长到会与学员代表座谈，听取意见建议，提出明确要求。学员在培训期间集体学习行风建设电视电话会议精神，进一步提高了认识，明确了目标任务和工作要求，培训达到了既定目标，取得了较好效果。

三是统筹抓好调研暗访。2018年共开展2次明察暗访工作，对29个省份570多个人力资源社会保障系统窗口单位作风建设情况进行了调研暗访，基本实现暗访省份全覆盖。行前，通过研究制定实施方案并召开专题分工部署会，明确暗访要求、暗访重点、暗访进度和暗访成果形式，印发《暗访事例参考》《明察暗访参考标准》《明察暗访参考资料》，确保暗访取得成效。8月和11月，分别将两批暗访发现的问题点对点转发相关省份人力资源社会保障厅（局），要求进行整改。截至12月底，要求立行立改的问题已经全部整改到位，要求限时整改和持续整改的问题也已陆续整改。

四、认真组织开展评比表彰工作

根据人力资源社会保障部2018年评比表彰工作计划，开展了第十四届高技能人才表彰和全国和谐劳动关系创建活动表彰。

一是组织开展第十四届高技能人才评选表彰工作，对30名中华技能大奖获得者、300名全国技术能手予以表彰。

二是开展全国和谐劳动关系创建活动，2018年部务会审议通过拟表彰的348家模范劳动关系和谐企业、50个模范劳动关系和谐工业园区名单，并按照要求进行了公示。

行风建设

2018年，是人力资源社会保障系统全面加强行风建设工作开局之年。在人力资源社会保障部党组的科学决策和坚强领导下，部属各单位、各地人力资源社会保障部门坚持以人民为中心发展思想，提高政治站位，增强宗旨意识，主动担当、积极作为、开拓进取，下大力气加强系统行风建设，取得初步成效。

一、建立完善行风建设工作责任制

（一）建立工作机制。

部第9次党组会议决定成立部加强行风建设工作领导小组，张纪南同志任组长，耿文清同志任副组长，其他党组成员任组员。领导小组下设办公室、窗口建设专项组、标准化信息化专项组和监督组。7月3日，召开人力资源社会保障系统行风建设电视电话会议，对全面加强系统行风建设工作作出部署。各地建立相应的工作机构，负责行风建设具体工作。全系统形成上下协同、共同推进行风建设的工作格局。

（二）明确工作任务。

印发《关于进一步加强人社系统行风建设工作方案》（人社部发〔2018〕34号）和《人社系统加强行风建设工作任务表（2018—2020年）》（人社厅督〔2018〕25号），明确系统行风建设3年任务目标、责任单位和时限要求等。各地人力资源社会保障厅（局）均结合本地实际，统筹制订了行风建设3年行动计划，进一步细化任务分工，明确时间表、路线图、责任人等，部属各单位也将行风建设与业务工作融合推进。

二、制定发布事项清单

（一）制定发布审批服务事项清单。

印发《关于规范人力资源社会保障系统行政审批和公共服务事项清单的指导意见》（人社部发〔2018〕75号），明确了编制事项清单的基本原则、主要任务和相关要求，发布了系统事项清单和部本级事项清单，做到统一名称、统一编码、统一标准，为参与全国一体化在线政务服务平台建设试点奠定坚实基础。部本级办事指南、省级系统清单指南和市县级清单指南将按照规定时限完成编制公布。

（二）清理证明材料。

制定《人力资源社会保障部证明事项清理工作方案》（人社厅督〔2018〕26号），明确清理范围、清理标准、任务分工等。完成人力资源社会保障部证明事项清理工作，其中，由法律、行政法规设定的证明材料，建议取消1项；由部门规章、规范性文件设定的证明材料，建议取消87件次。

三、推进标准化信息化建设

（一）加强标准化建设。

建立健全基本公共服务标准体系，配合国家发展改革委研究制定《关于建立健全基本公共服务标准体系的指导意见》和《公共服务补短板、强弱项、提质量四年行动方案（2019—2022年）》，细化部内任务分工，明确涉及人力资源社会保障部职责的国家基本公共服务质量要求，编制《国家基本劳动就业创业服务指导标准》和《国家基本社会保险服务指导标准》。全面清理人力资源社会保障领域现有国家标准和行业标准，对照系统和部本级审批服务事项清单，梳理人力资源社会保障系统现有标准，推进金保工程二期8个标准项目的制定工作。组织开展全国人力资源社会保障系统公共服务机构基本情况调查，形成调查报告。推出“三个不用”社保经办服务便民举措，即异地业务“不用跑”、无谓证明“不用交”、重复表格“不用填”。

（二）推进信息共享。

全面取消领取社保待遇资格集中认证，通过信息共享等方式加强事中事后监管。印发《关于加快推进就业失业登记、社会保险登记、劳动用工备案统一登记工作的通知》（人社厅发〔2018〕90号），督促各地按期完成“三口”合一。专项安排人力资源社会保障扶贫信息平台建设项目，通过数据整理、分析、共享与比对等方式，为人社扶贫提供技术支撑。开发使用过渡系统，与国家数据共享交换平台实现对接。按照国家个税改革工作要求，推进与国税总局的信息共享。向教育、司法等部门申请主动开展信息共享工作。研究制定《人力资源和社会保障数据安全规范（暂行）》。扩展部本级政务信息资源共享目录，在原来15项基础上再扩展13项。

（三）加大“一网、一门、一次”改革力度。

制定印发《人力资源社会保障部关于落实〈进一步深化“互联网＋政务服务”推进政务服务“一网、一门、一次”改革实施方案〉任务分工的通知》（人社厅督〔2018〕29号），明确部内分工和完成时限。印发《人力资源社会保障部办公厅关于规范人力资源社会保障系统行政审批和公共服务事项编码的通知》（人社厅发〔2018〕146号），推动实现审批服务事项同一编码。与国务院办公厅电子政务办协商，研究确定人力资源社会保障部作为全国一体化在线政务服务平台建设试点部门的工作任务和工作重点，印发《人力资源社会保障部政务服务平台与国家政务服务平台对接实施方案》（人社部函〔2018〕149号），提前启动对接工作，支持通过国家政务服务平台签发电子社保卡等10项政务服务应用，完成人力资源社会保障部政务服务旗舰店（初版）设计。与财政部会签印发《人力资源社会保障部办公厅财政部办公厅关于深入推进12333发展促进人力资源社会保障公共服务便民化的意见》（人社厅发〔2018〕116号），全面提升人力资源社会保障电话服务能力。

四、加大督导检查力度

（一）组织开展暗访。

分2批次对人力资源社会保障系统窗口单位进行暗访，基本实现各省份暗访全覆盖。制定《暗访事例参考》《明察暗访参考标准》《明察暗访参考资料》。对暗访中发现的好做法、好经验进行交流推广，对问题列出清单，督促逐一整改，形成年度暗访报告。

（二）做好国务院大督查有关工作。

派员参加国务院督查组，在认真完成督查任务的同时，了解人力资源社会保障系统行风建设成效及存在的突出问题。协助做好国务院督查组到人力资源社会保障部实地督查的相关工作，做好国务院大督查网民留言中涉及人力资源社会保障问题的核处。按照部领导“件件要有着落”的批示要求，协调做好大督查中群众反映涉及人力资源社会保障部门的问题线索和地方政府意见建议的处理整改工作，及时向国务院报告整改情况。

（三）处理投诉举报问题。

在部官网建立行风建设投诉举报专区，认真及时做好群众来信的分办、转办、处理等工作。开通部本级12333电话服务。32个省级人力资源社会保障部门和334个地市级人力资源社会保障部门投诉举报电话开通率为98%。

（四）加大查处曝光力度。

针对中央纪委提出的集中整治形式主义、官僚主义的要求，发布紧急通知，要求各地、部属各单位深入查摆整改人力资源社会保障领域形式主义、官僚主义问题。与相关部门签署社会保险领域失信联合惩戒备忘录，研究起草严重失信“黑名单”管理办法。起草对专业技术人员资格考试失信应试人员实施联合惩戒合作备忘录，拟与国家发展改革委会签。进一步梳理“红黑名单”信息资源目录，完善“红黑名单”信息采集指标体系和信息系统建设技术方案。建立负面典型案例通报机制，以部工作信息形式对负面典型案例进行通报，发挥教育警示作用。

（五）加大监督问责力度。

驻部纪检监察组将监督人力资源社会保障系统行风建设情况作为年度重点工作之一，与部属各单位主要负责人逐一进行行风建设专项谈话；将行风建设作为各项廉政谈话重要内容，作为省（区、市）派驻人力资源社会保障厅（局）纪检监察组组长座谈会、全国人力资源社会保障系统派驻纪检干部培训班主要内容。将行风建设纳入部2018年考核工作方案，与业务工作同考核、同检查。

五、进一步做好宣传引导

（一）加大宣传力度。

以开展行风建设大学习大讨论、主题征文、发表评论文章、编发工作信息、召开工作推进会等方式，交流经验做法，推进工作开展。开通《行风建设》专栏、制作《行风警示录》专题片、编辑《行风建设永远在路上》专刊、制作专题宣传片和展板，全方位、多角度宣传行风建设成果。组织召开专题媒体吹风会1次，组织协调中央电视台采访2次，发表社论文章10篇，各类媒体共报道300余篇稿件；部门户网站行风建设专栏和部微信公众号进行同步推送。

（二）组织主题宣传活动。

在全系统开展“人社服务标兵”主题宣传活动，挖掘、树立一批作风过硬、群众公认、业内认可的先进典型。组织协调部媒体赴河北唐山、浙江舟山、四川阿坝等地深度挖掘“人社服务标兵”的感人事迹。各地积极推荐“人社服务标兵”，集中开展宣传展示。

六、加强基层队伍建设

（一）强化政策保障。

聚焦窗口经办队伍力量薄弱、能力不足、队伍不稳、保障不健全等问题，与财政部共同研究制定《人力资源社会保障部　财政部关于进一步加强人力资源社会保障窗口单位经办队伍建设的意见》，推动在合理配置工作人员、着力提升服务能力、统一规范服务形象、加强职业保障、强化组织实施等方面加大力度，取得突破。组织部分省市赴宁波市开展岗位练兵比武活动专题调研，并对适时组织全国性练兵比武活动的必要性、可行性进行研究论证。对开展窗口单位业务技能练兵比武试点工作进行部署。

（二）组织开展培训。

举办全国市县人力资源社会保障局长示范培训班、全国人力资源社会保障系统干部队伍建设培训班、新入部干部培训班，将行风建设有关内容作为培训的重要内容。

人力资源社会保障扶贫工作

2018年，人力资源社会保障部认真学习贯彻习近平总书记关于扶贫工作的重要论述，坚决贯彻落实党中央打赢脱贫攻坚战的决策部署，立足人力资源社会保障部门职能职责，不断加大就业创业、技能培训、社会保险、人才人事、定点扶贫工作力度，为打赢脱贫攻坚战做出积极贡献。

一、统筹推进人社扶贫工作

（一）切实提高政治站位。

人力资源社会保障部坚持以习近平新时代中国特色社会主义思想为指导，深入学习贯彻习近平总书记关于扶贫工作特别是涉及人力资源社会保障扶贫领域的重要论述。先后召开全国人力资源社会保障扶贫工作电视电话会、“三区三州”深度贫困地区人社扶贫工作座谈会和全国人力资源社会保障扶贫工作座谈会，对推进全国人社扶贫工作提出要求，作出部署安排。

（二）加强组织领导。

成立人力资源社会保障部扶贫工作领导小组，下设办公室和就业扶贫、技能扶贫、社保扶贫、定点扶贫四个专项组。制定《人力资源社会保障部党组成员指导推动地方人社扶贫工作方案》，实行党组成员分省指导推动人社扶贫工作责任制。印发人社扶贫领域作风问题专项治理实施方案，将2018年作为扶贫攻坚作风建设年，对作风问题专项治理作出部署安排。

（三）推动扶贫信息共享。

制定人社扶贫信息平台建设方案，人社扶贫信息平台纳入金保工程二期项目建设。2018年底，完成人社扶贫信息平台的性能优化工作。与国务院扶贫办建立扶贫信息共享机制，先后签订《社保扶贫信息共享合作协议》《就业扶贫信息共享合作协议》，开展数据比对分析，共形成3期分析报告。不定期对“三区三州”开展有针对性的重点分析，为人社扶贫工作提供支持。

二、大力推进就业扶贫，提高劳务组织化程度

（一）优化政策供给。

会同财政部印发《关于进一步加大就业扶贫政策支持力度着力提高劳务组织化程度的通知》（人社部发〔2018〕46号），围绕扶贫车间吸纳就业、创业带动就业、有组织劳务输出、公益性岗位安置四条渠道提出一系列扶持政策。为扶贫车间吸纳就业提供以工代训职业培训补贴，为返乡创业者提供创业担保贷款、一次性创业补贴等，为参加有组织劳务输出的贫困劳动力提供一次性求职补贴，对难以就业的人员通过公益性岗位安置给予公益性岗位补贴。

（二）大力推进劳务协作。

印发《关于深入推进扶贫劳务协作提升劳务组织化程度的通知》（人社厅发〔2018〕75号），明确输出地落实主体责任、输入地强化帮扶责任，督促各地制定劳务协作实施方案，定期调度工作进展。在全国范围内征集一批劳务品牌，在中国就业网开辟专栏加强品牌宣传推广。会同有关部门征集就业扶贫岗位信息，

动员企业接收有组织劳务输出的贫困劳动力。开展人力资源服务机构助力脱贫攻坚行动，引导经营性人力资源服务机构积极参与有组织劳务输出等各项就业扶贫工作。

（三）全面推动就地就近就业。

指导地方加强扶贫车间、社区工厂、就业驿站、卫星工厂等就业扶贫载体建设，促进贫困劳动力就地就近就业。加强创业孵化基地、创业园建设，支持农民工、大学生、退役军人及创富带头人返乡下乡创业带动就业脱贫。统筹利用就业补助资金开发公益性岗位，积极协调林业草原等公益性岗位资源，安置就业困难的贫困劳动力。

（四）扎实推进就业服务。

健全公共就业服务体系，开展有针对性的职业指导、职业介绍，加强跟踪服务，调动贫困劳动力就业积极性。在全国助残日、全国扶贫日组织开展专项帮扶活动，集中为农村贫困残疾人、建档立卡贫困劳动力送政策、送岗位、送信息。面向全国征集职业指导师，为“三区三州”提供就业服务与支持。组织开展第七届中央企业面向西藏、青海、新疆高校毕业生专场活动。在全国人力资源市场高校毕业生就业服务周期间，举办凉山州专场招聘会。截至2018年底，各地累计帮扶贫困劳动力实现就业988万人，2018年新增388万人。

三、不断加大技能扶贫力度

（一）完善政策措施。

印发《关于开展深度贫困地区技能扶贫行动的通知》（人社部发〔2018〕63号），推动将适合建档立卡贫困劳动力就业和劳务输出（入）的职业（工种）纳入本地区重点产业职业需求指导目录。印发《关于开展专项职业能力考核规范审核备案工作的通知》（人社鉴函〔2018〕31号），受理专项职业能力考核规范审核备案申请，为贫困人员参加专项职业能力培训考核提供支持。

（二）加大职业培训力度。

支持西藏、新疆、内蒙古和四省藏区、东北地区举办5期创业师资培训班，培训学员约300人。开展农民工职业技能提升计划、农民工等人员返乡创业培训五年行动计划、离校未就业高校毕业生技能就业行动等，对贫困人员参加培训予以倾斜。指导各地引导职业院校、企业和职业培训机构大力开展订单式培训、定向培训、定岗培训。2018年，各级人力资源社会保障部门开展贫困劳动力职业技能培训200万人次。

（三）深入开展技能脱贫千校行动。

印发《关于做好2018年技工院校招生工作的通知》《关于进一步做好技工院校建档立卡贫困家庭学生资助工作的通知》（人社厅发〔2018〕61号）。2018年全国技工院校招收贫困家庭学生6.42万人，面向贫困劳动力开展职业培训14.94万人次。开展2018年度劳动出版“技能雏鹰”奖学金评选工作，适度向贫困地区倾斜。开展技工院校师资能力提升活动，在江西宁都等地共培训教学管理人员、教师约350人。

（四）支持深度贫困地区技能脱贫。

与国务院扶贫办共同开展深度贫困地区技能扶贫行动，指导各地以“三区三州”等深度贫困地区贫困劳动力为重点帮扶对象开展精准培训。在云南省迪庆州维西县举办技能扶贫培训班，培训贫困劳动力150人。支持“三区三州”技工院校发展，指导相关地区开展南疆四地州技工院校帮扶工作和西藏技师学院筹建工作。

（五）加强技能扶贫宣传。

组织7支世界技能大赛先进事迹巡回报告团深入28个地级市和14个贫困县举办43场报告会，宣传技能成才典型。在中央人民广播电台推出“技能脱贫”“技能成才”“技能脱贫千校行动”等主题整点报时。在中国就业网、中国就业培训技术指导中心网、中国就业创业公众号以专题专版形式，集中宣传各地就业、培训、职业技能鉴定领域的扶贫工作动态。

四、全面落实社会保险扶贫政策

（一）认真落实代缴城乡居民养老保险费政策。

持续落实《关于切实做好社会保险扶贫工作的意见》（人社部发〔2017〕59号），为建档立卡未标注脱贫的贫困人口、低保对象、特困人员等困难群体代缴部分或全部最低标准城乡居民养老保险费。2018年实际享受代缴保费的参保贫困人员2 741万人，全国60岁以上享受城乡居民养老保险待遇的贫困老年居民2 195万人。

（二）推动建档立卡贫困人口应保尽保。

印发《关于加快实现贫困人员城乡居民基本养老保险应保尽保的通知》（人社厅发〔2018〕111号），将年满60周岁、未领取国家规定的基本养老保险待遇的贫困人员，纳入城乡居民基本养老保险制度，按月发放养老金。与国务院扶贫办签订《社保扶贫信息共享合作协议》，定期交换建档立卡贫困户和贫困人员信息，将建档立卡贫困人员基础数据下发至五级社保经办机构，通过信息系统比对筛选未参保贫困人员名单，将人员明细下发至县，进一步核实基数。2018年，“三区三州”共有44.37万名未脱贫贫困老人享受城乡居民养老保险待遇。

（三）使用失业保险基金支持脱贫攻坚。

印发《关于使用失业保险基金支持脱贫攻坚的通知》（人社部发〔2018〕35号），提出针对深度贫困地区，将失业保险金标准上调至最低工资标准的90%，将稳岗补贴标准提高到上年度实际缴纳失业保险费总额的60%，将技能提升补贴申领条件由累计参保缴费满三年放宽至满一年。截至2018年底，全国23个涉及深度贫困地区扶贫任务的省份全部出台实施意见。

（四）推进工伤保险扶贫工作。

加强工伤预防，将农民工和贫困劳动力较为集中的高危行业企业作为工伤预防宣传、培训的重点。将贫困劳动力较为集中的职业人群纳入制度保障，推进农民工和贫困劳动力按项目参加工伤保险。截至2018年底，全国新开工工程建设项目参保率为99.03%，在建项目参保率为99.15%。建立完善合理的待遇调整机制，推进工伤认定和劳动能力鉴定便民化服务，保障工伤职工基本医疗和生活待遇，防范工伤职工因伤致贫返贫。

五、不断加强人才人事扶贫

（一）做好贫困地区事业单位公开招聘工作。

指导各地落实艰苦边远地区县乡事业单位公开招聘政策，各地适当放宽年龄、学历、专业等招聘条件，拓宽招聘渠道，鼓励优秀人才到艰苦边远地区县乡事业单位干事创业。

（二）加强贫困地区专业技术人才队伍建设。

指导贫困地区推进职称制度改革，对长期在艰苦边远地区和基层一线工作的专业技术人才，适当放宽学历和任职年限要求，侧重考察其实际工作业绩。会同教育部印发《关于做好2018年度中小学教师职称评审工作的通知》，对贫困地区基层中小学教师单独评审、定向使用，适当增加正高级教师指标。配合卫生健康委实施贫困地区全科医生特岗计划。

（三）为贫困地区提供人才服务和智力支持。

从新疆、西藏各选拔400名、120名专业技术人才骨干进行为期一年的特殊培养和实践学习。组织医疗、农业等领域专家，深入新疆喀什、西藏林芝等地，开展研讨讲学、技术指导等活动。遴选支持服务“三区三州”脱贫攻坚的专家服务基层项目6个，为青海、新疆生产建设兵团各新建1家国家级专家服务基地。深入实施“三支一扶”计划，2018年新增的1 000个中央财政补助名额主要用于深度贫困地区。开展“三支一扶”助力脱贫攻坚主题培训，举办27个脱贫攻坚专项培训班。

六、扎实开展定点扶贫

（一）认真完成《中央单位定点扶贫责任书（2018年度）》承诺任务。

加大选派定点扶贫干部力度，共选派10名同志组成2支工作队赴山西天镇、安徽金寨。部属各单位和党员干部职工积极筹措扶贫资金，动员社会力量为两县捐资捐物和招商引资。积极开展消费扶贫，利用工会职工福利经费购买两县农产品，动员社会力量引进电商平台。针对基层干部和劳务人员开展培训，累计培训各类人员 7 700 余人。

（二）扎实推进帮扶工作。

深入定点扶贫县乡镇、贫困村走访座谈，为有针对性地制定帮扶措施提供依据。检查扶贫政策落实情况，分析困难问题，推动工作落实。开展部属各单位与 43 个贫困村“一对一”结对帮扶活动。印发《关于选派专业骨干教师赴安徽金寨技师学院开展支教工作的通知》，在原基础上再选派 7 名扶贫支教教师执行支教任务。帮扶金寨技师学院成为第 45 届世界技能大赛国家集训基地。

（三）充分发挥人社职能优势开拓创新。

加大就业补助资金转移支付力度，开发公益性岗位，推广就业扶贫驿站。协调山西省人力资源社会保障部门投入“天镇保姆”就业培训资金，在大同、北京举办“天镇保姆”推介会。加强师资力量，协调企业捐赠实训设备，帮扶金寨技师学院提档升级。组织专家赴两县就农业种植等问题开展专题讲座、实地指导。安排天镇县 5 名干部到人力资源社会保障部挂职锻炼，帮助拓宽视野，提高能力。

新闻宣传政务信息报刊与出版

2018年，人力资源社会保障宣传工作坚持以习近平新时代中国特色社会主义思想为指导，深入贯彻落实党的十九大和十九届二中、三中全会及全国宣传思想工作会议精神，按照中央的决策部署和部党组的要求，树牢“四个意识”，坚定“四个自信”，坚决做到“两个维护”，强化综合管理、统筹策划、正面宣传和舆论引导，为人力资源社会保障事业改革发展营造良好的社会氛围。

一、宣传工作

全年组织参加国务院政策吹风会、媒体见面会10次，受理各类媒体采访近500人次，部门户网站、部微信公众号发布政策信息4 000余条。

（一）综合管理不断加强。

一是加强工作谋划。召开部宣传工作领导小组会议、全国人力资源社会保障宣传工作座谈会，印发年度宣传工作要点，贯彻落实全国宣传部长会议和全国人力资源社会保障工作会议精神，部署全年工作。二是落实意识形态责任制。认真学习贯彻全国宣传思想工作会议精神，深入做好学习贯彻习近平新时代中国特色社会主义思想和贯彻落实党的十九大精神的宣传报道。三是加强宣传阵地管理。坚持新闻舆论季报制度，加强系统宣传工作调度指导。印发有关文件，加强新闻采访报道、部属报刊出版和网络平台等管理。召开部属报刊出版单位有关负责人会议，集中传达贯彻2018年全国报刊管理工作会议精神。认真做好部属“两报十二刊”年检、“质量管理”专项检查和重大选题备案等工作。

（二）改革宣传扎实有效。

一是认真落实“1＋2＋X”（即政策原文＋新闻通稿和解读文章，X指多种呈现形式）政策宣传要求。通过国务院政策吹风会、新闻发布会、答记者问、刊发媒体专访、发表署名文章和图解等形式，全媒体权威宣传解读农民工返乡创业、改革国有企业工资决定机制、提高技术工人待遇、企业年金办法、分类推进人才评价机制改革和《人力资源市场暂行条例》《关于做好当前和今后一个时期促进就业工作的若干意见》《关于推进全方位公共就业服务的指导意见》等重点改革政策，广泛凝聚共识，增强群众获得感。二是制定印发《庆祝改革开放40周年宣传报道方案》。配合做好“东方风来——改革开放四十年”“壮阔东方潮　奋进新时代——庆祝改革开放40年”大型主题采访活动和“将改革开放进行到底”系列论坛组织与书稿审核工作，组织开展《改革开放40年与中国人权事业的发展进步》白皮书和《改革开放四十年大事记》等书稿审核工作。三是顺利完成庆祝改革开放40周年大型展览“就业和社保”版块筹展任务。组织出版《筑牢人民幸福之基　构建社会和谐之本——人力资源社会保障领域改革热点系列谈》宣传册，图文并茂，通俗易懂，深受各地欢迎。

（三）专项宣传深入推进。

围绕就业创业、养老保险制度改革、职业培训、治欠保支、人社扶贫、行风建设等专项工作，突出重点，制定落实专项宣传方案。发挥中央媒体和部属媒体及新媒体等主阵地作用，通过中央人民广播电台《公益报时》、视频图文播放、网络直播、召开专题新闻发布会、典型案例曝光、开辟专题专栏等形式，多措并举，聚焦重点工作，开展深度宣传。精心组织了第三届“中国创翼”创业创新大赛、全面取消养老保险待遇资格集中认证、2018 年中国技能大赛——第 45 届世界技能大赛全国选拔赛、实施拖欠农民工工资“黑名单”制度、人社扶贫攻坚三年行动、人社服务标兵选树等宣传。

（四）先进典型影响进一步扩大。

一是向中共中央宣传部、中央网信办推荐人力资源社会保障系统 10 名先进人物和 10 个先进集体典型，配合中央网信办组织人力资源社会保障系统 6 名先进典型人物的采访报道，其中，浙江省舟山市嵊泗县人力资源社会保障局洋山分局局长倪芬芳被纳入了中共中央宣传部典型宣传的大盘子，在中央主要媒体《新春走基层》节目中播发，引起强烈的社会反响。二是组织新华网制作《河北省承德市滦平县人社局》《山东省东营市广饶县大王镇人社服务中心》《浙江省舟山市嵊泗县人社局洋山分局局长倪芬芳》《海南省海口市龙华区劳动保障监察大队大队长程英歌》4 个典型事迹微视频，在新华网、部门户网站和各地人力资源社会保障部门网站及新媒体上播放。三是通过先进事迹巡回演讲、制播小视频和中央人民广播电台《公益报时》，深度宣传世界技能大赛获奖选手先进事迹。

（五）网上宣传引导得到强化。

一是舆论引导能力水平进一步提升。结合人力资源社会保障重点和热点问题开展常态化分析研判，针对社会关注热点，及时回应关切，搞好政策解读，提高宣传针对性、引导力。二是建设网络宣传矩阵。完成部省两级网络宣传矩阵建设，114 个平台入驻人力资源社会保障网络传播矩阵系统，集中发布稿件 270 余次。同时，在 11 个省份开展省市县三级矩阵建设试点，初步实现部省政策宣传同步联动。三是加强网站综合管理。定期巡查部门户网站重点栏目和子站信息发布工作，共编印信息发布情况通报 12 期，按时办结找错来信 61 封。四是充分发挥政务微信主阵地作用。及时发布权威信息，部政务微信公众号关注人数已经达到 95 万余人，与上年相比增加近 60 万人；全年发布消息 1 100 多条，阅读总量为 1 200 多万人次，共为 130 余万人次提供人力资源社会保障在线服务。五是积极拓展新媒体宣传平台。借助人民日报客户端、今日头条号，加强人力资源社会保障权威信息发布，人民日报客户端订阅人数 1 653.1 万人，今日头条号粉丝量 143.6 万人。入驻澎湃、百度、腾讯等客户端，进一步扩大人力资源社会保障宣传工作覆盖面。

二、新闻发布

进一步健全和完善新闻发布工作机制，持续开展正面宣传，积极回应社会关切，不断提升重大新闻发布、例行新闻发布、专题新闻发布工作质量，全年共举行 9 场新闻发布活动，取得了良好的宣传效果。

（一）重大新闻发布活动成效明显。

2 月，游钧副部长、张义珍副部长出席国务院新闻办就业和社会保障专题新闻发布会，介绍就业和社会保障工作相关情况并回答记者提问。3 月，汤涛副部长出席国务院新闻办提高技术工人待遇专题新闻发布会，介绍提高技术工人待遇相关情况并回答记者提问。11 月，张义珍副部长出席“将改革开放进行到底”系列论坛第二场论坛，宣讲改革开放 40 年来特别是党的十八大以来就业和社会保障事业改革发展取得的显著成就，并回答网友提问。部领导出席重大发布活动权威解读政策、积极回应关切，媒体对发布活动进行了广泛报道，有力提振了信心、稳定了预期，为事业改革发展营造了良好舆论氛围。

（二）例行新闻发布制度进一步完善。

1 月、4 月、7 月、10 月分别举行季度例行新闻发布会，围绕稳定社会预期、加强宏观经济数据解读，新闻发言人全面介绍人力资源社会保障领域工作进展和工作安排，积极解读当前我国经济延续稳中向好的发展态势，就舆论关注的就业形势、高校毕业生就业、企业职工基本养老保险基金中央调剂、调整退休人员基本养老金、养老保险第三支柱建设、养老保险基金投资运营、优化社保业务经办服务、电子社保卡、保障农民工工资支付、提高技术工人待遇、企业新型学徒制、人社扶贫等热点问题回答记者提问。每场新闻发布会到场中外媒体均在30家以上，记者人数在40人以上，对发布会内容进行了持续深入报道。新闻发布会社会反响较好，定时定点新闻发布工作成为人力资源社会保障宣传的重要平台，有力提升了人力资源社会保障宣传工作的公信力、传播力、影响力。

（三）专题新闻发布工作扎实推进。

围绕重点工作推进情况和社会舆论热点问题，及时组织专题新闻发布会。7月，召开全面取消领取社会保险待遇资格集中认证专题新闻发布会，游钧副部长出席新闻发布会，介绍人力资源社会保障部门加强系统行风建设、深入推进“放管服”改革、全面取消领取社会保险待遇资格集中认证有关情况，并就舆论关注的热点问题回答了记者提问。与国家发展改革委、住房城乡建设部联合召开建立和实施拖欠农民工工资“黑名单”制度专题新闻发布会，邱小平副部长出席新闻发布会，介绍建立和实施拖欠农民工工资“黑名单”制度相关工作情况，并就舆论关注的热点问题回答了记者提问。发布会后，媒体广泛报道，深入宣传解读，充分宣传了人力资源社会保障部门在保障和改善民生方面采取的积极措施，凝聚了社会共识。

（四）人社系统新闻发言人队伍建设进一步加强。

5月，举办人力资源社会保障厅（局）新闻发言人培训班，促进人力资源社会保障系统新闻发布工作交流，提升人力资源社会保障系统新闻发布工作水平。

三、政务信息

健全工作机制，拓宽信息渠道，加强沟通协调，完善信息报送制度，不断提升政务信息工作参谋助手作用。全年人力资源社会保障部共向党中央、国务院报送《人力资源社会保障部简报》45期、《人力资源社会保障要情快报》28期，专报信息稿件254篇。采用各地人力资源社会保障部门报送信息249条，编发《工作信息》42期。

（一）强化政务信息辅助领导决策的功能。

围绕中共中央办公厅、国务院办公厅信息报送要点，围绕《政府工作报告》等重要文件赋予人力资源社会保障部门的重点任务，围绕党的十九大、中央经济工作会议、全国两会、国务院简政放权放管结合优化服务电视电话会议等重要会议明确的人力资源社会保障工作任务，围绕人力资源社会保障部年度工作要点，以就业、社会保障、人才人事、劳动关系和工资收入分配等业务领域为重点，进一步强化信息报送意识，确保重点工作进展情况及时上报。全年编辑报送的政务信息主要包括就业、社会保险等月度指标完成情况，就业、劳动关系等形势分析，失业动态监测情况，高校毕业生就业、就业扶贫、农村劳动力转移就业、去产能企业职工安置、调整退休人员基本养老金、落实社保降费率措施、推进农民工返乡创业、职业培训、治欠保支等人力资源社会保障重点工作推进情况，国内外经济形势变化对就业的影响等新问题新情况，人力资源社会保障重点难点工作推进中的新思路新举措新经验，等等，为党中央、国务院提供了高效的政务信息服务和决策支持。

（二）增强政务信息服务中心工作的能力。

充分发挥信息抓落实方面的重要作用，掌握部内重点工作的时间节点，主动约稿督办，确保重点工作进展情况及时上报。主动从文件简报、调研报告、重大活动中挖掘信息点，注重发现和提炼带有普遍性、苗头性、倾向性的问题，着重从大量一手信息中归纳、整合具有较大参考价值的深层次信息。加强信息培训，注重发挥部内各职能单位报送信息的积极性，提高工作人员信息编报能力。编发部信息报送要点，加强与部内各职能单位的沟通交流，督促其按时限报送信息。加强信息采用情况通报，对被中共中央办公厅、国务院办公厅采用的信息按季度进行通报，及时向部内各职能单位传达部领导关于信息工作的批示。在筛选、综合、分析、编辑和审核把关等环节狠下功夫，对信息进行整体开发和综合利用，加工提炼、去粗取精，做到选点准确、直入正题、言简意赅。

（三）加强政务信息指导推动业务工作的作用。

进一步提高刊物质量，围绕领导关心、社会关注的重点工作，如人社扶贫、治欠保支、行风建设等，定期对全系统印发专刊，发挥督促检查引领作用，实现了通过《人力资源社会保障工作信息》对全系统的业务指导，促进了业务工作顺利开展。紧盯人力资源社会保障重点业务工作推进情况，及时推广地方好的经验好的做法，供各地在工作中借鉴参考。加大对各地人力资源社会保障部门报送信息的指导力度，举办2018年人力资源社会保障系统政务信息工作培训班，从认识信息报送的重要意义、提高信息质量等多方面对各地信息工作提出具体要求，同时坚持问题导向，对地方报送信息存在的主要问题进行通报，对做好下一步工作提出明确要求。培训班结束后，各地普遍加强了政务信息工作，及时向部里报送本地重要信息，较好发挥了信息报送主渠道作用。

四、部属报刊

（一）中国人事报刊社。

在部党组的正确领导下，中国人事报刊社以习近平新时代中国特色社会主义思想为指导，深入学习贯彻全国组织工作会议精神和全国宣传思想工作会议精神，紧紧把握组织人社工作主线，认真落实部党组决策部署，报刊质量不断提升，发行量再创新高，班子和干部队伍建设取得明显成效，为组织人社工作改革发展提供了有力的舆论支持。

《中国组织人事报》坚持弘扬主旋律，传播力、引导力、影响力、公信力不断增强。

一是高举旗帜，及时准确宣传习近平新时代中国特色社会主义思想。深入宣传习近平总书记关于党的建设、干部人事、人才、作风建设、脱贫攻坚、保障和改善民生等方面的重要论述，推动习近平新时代中国特色社会主义思想深入人心。

二是围绕中心，重点宣传组织人社领域重大改革任务、举措和成效。全面宣传全国组织工作会议精神、全国组织部长会议精神、全国人力资源社会保障工作会议精神以及人力资源社会保障系统行风建设会议精神。对两部出台的重大政策进行图解，推出政策出台反响报道。做好改革开放40年成就报道，推出重点工作综述，总结宣传组织人社事业新成果。围绕重点、难点问题撰写评论，加强热点分析，回应社会关切。

三是讲好故事，充分报道基层组织人社工作新思路新探索新作为。围绕重点工作讲故事，聚焦前沿，启发思路；围绕先进典型讲故事，报道好各地推进行风建设的动态举措和典型经验；围绕破解难题讲故事，推出整版报道或系列报道，全面反映各地的改革举措、典型经验。报道质量有明显提高，采写的《中国将迎来人才“进大于出”的历史拐点》获中国新闻奖三等奖。

四是创新传播手段，媒体融合发展再上新台阶。加强策划，网站和微信公众号根据中心工作开设专栏，与报刊同频共振，多篇稿件被主流网站、权威微信公众号转载。鼓励采编人员采制新媒体作品，向全媒型转变，制作的多部视频作品被广泛转载。加强交流互动，通过与部内相关职能单位举办政策有奖竞答，开展主题征文活动，扩大了组织人社工作报道的影响力，增强了宣传的效果。中国组织人事报微信公众号在114家媒体中的传播指数排名从上年的第27名上升到第15名，荣获“新媒体影响力指数进步奖”。全年出版《中国组织人事报》145期，共1 160个版面。

《中国人才》突出特色，指导性、可读性不断提高。一是持续刊发习近平总书记关于人才工作的重要论述和指示精神，开辟专栏约请专家学者谈学习习近平总书记人才论述的体会、思考。二是推出了《深化改革，激发人才活力》《推进人才与产业深度融合》等“聚焦”专题，对人才体制机制改革的重大典型、重大问题进行深入报道。三是开辟《人才改革纵深行》栏目，报道各地贯彻落实中央人才发展体制机制改革意见的新成果新经验。四是深入宣传爱国奋斗精神，对西安交大老教授西迁事迹和大三线、两弹一星建设中的专家事迹进行深入报道，激励广大知识分子在新时代建功立业。全年出版《中国人才》12 期。

（二）中国劳动保障报社。

中国劳动保障报社（含《中国人力资源社会保障》杂志、《中国社会保障》杂志和《劳动和社会保障法规政策专刊》）在部党组的正确领导下，服务大局、突出重点，人力资源社会保障宣传工作效果明显，经营发行工作稳中有升，党建和干部队伍建设不断加强，为报社发展奠定了坚实基础。2018 年，报社共有 21 人次、13 件作品获得第 32 届中国产经新闻奖。

一是重要时政新闻报道进一步加强。及时刊登重要时政新闻，对习近平总书记的重要活动和重要讲话、重要批示时刻保持关注，对涉及人力资源社会保障等民生工作的新思想新要求，整合报刊网微端各平台力量，第一时间转发新华社稿件，及时进行报道。做好党和国家重要会议、重大决策部署报道，重点报道了党的十九届二中、三中全会和全国两会、中央政治局会议、国务院常务会议等。如全国两会期间，《中国劳动保障报》用 11 期 42 个版面对会议进行了报道，刊发两会特刊 10 期，推出《两会聚焦》《两会深度报道》《两会热点》《两会走笔》《漫话两会》等 11 个栏目，刊发两会新闻 283 篇（幅）。《中国人力资源社会保障》杂志、《中国社会保障》杂志编发了两会专刊。会议期间，中共中央宣传部新闻局编发的《新闻阅评（增刊）》第 13 期、第 15 期和《中国记协简报》第 17 期先后刊文介绍了中国劳动保障报社两会报道亮点。在报纸一版开设专栏，深入宣传习近平新时代中国特色社会主义思想，以部领导、部相关职能单位主要负责人、各地人力资源社会保障厅局长为主体，并邀请部分专家学者，撰写学习体会文章和贯彻落实的举措思路。

二是庆祝改革开放 40 年宣传报道浓墨重彩。落实中央和部党组关于改革开放 40 年成就宣传的要求，全面报道人力资源社会保障工作 40 年走过的道路和取得的成就。大题大做，集中优势兵力，开展中共中央宣传部组织的“壮阔东方潮　奋进新时代”系列报道活动。多渠道、多角度展示人力资源社会保障领域改革开放 40 年所取得的巨大成就，以印记、变迁、行进为主题，重点推出就业、社保、技能、农民工、劳动关系等系列报道。开展“我与改革开放 40 年”征文活动，通过征文作者讲述亲身经历和所见所闻，展现人力资源社会保障事业发展历程和成就。

三是宣传报道部党组决策部署和人力资源社会保障中心工作及时有力。发挥报刊网微端部党组喉舌作用，及时报道了人力资源社会保障系统加强行风建设电视电话会议、扶贫会议、警示教育大会、人力资源社会保障部半年和年底务虚会、年终工作会、治欠保支会等会议。开设专题专栏，生动反映各级人力资源社会保障部门的创新实践，推出“聚焦精准脱贫攻坚”“行风建设专题”“打赢治欠保支攻坚战”“聚焦地方创新实践”“关注高校毕业生就业”“新时代的奋斗者”等系列报道。

四是人力资源社会保障政策解读宣传不断深化。在一版开设《权威发布》专栏，第一时间对人力资源社会保障部的新闻发布会进行详细报道。围绕《关于提高技术工人待遇的意见》《关于推行终身职业技能培训制度的意见》《人力资源市场暂行条例》等与人力资源社会保障工作密切相关的决策部署，通过刊发消息、文件全文、答记者问、评论文章、专家访谈等稿件，图文并茂地说明政策出台和有关改革的意义、主要内容、基本原则，推动政策落地生效。与部相关职能单位合作，编制了《社会保障政策法规（增刊）》《技能中国》《创业中国》《农民工工资维权口袋书》《社会保险扶贫专刊》《异地就医导刊》《行风建设永远在路上》等刊物资料，进一步深化政策解读。

五是新媒体影响力持续扩大。办好报社官微、技能中国官微及网站、客户端、微博等新媒体传播平台。截至年末，报社官微关注人数增长到近 20 万人，比上年底增加 15 万人。历时 4 个多月的“人社领域精准扶贫典型案例征集展示活动”，最终评选出 20 个案例，网络点赞数达 4 640 多万人次，参与人数近 3 000 万人。

六是发行经营工作稳中有升。继续贯彻落实全年发行、草根发行、精准发行、绿色发行的方针，加大重点城市和发行薄弱地区工作力度，多方式、全方位促发行。主要包括：加大省会城市发行力度，部分省会城市订报数量大幅增加；注重分析发行形势，找出薄弱环节，有针对性地采取措施，提高发行数量；通过召开发行会和开展通讯员培训推动发行；根据发行成本变化，及时优化调整发行方式；大力推进电子报发行。2018 年，《中国劳动保障报》发行 21.5 万份，《中国社会保障》杂志发行量保持在 18 万份以上，《劳动和社会保障法规政策专刊》发行 4.6 万份，《中国人力资源社会保障》杂志发行 1.6 万份，电子报发行 1.4 万份。开拓创新搞经营，在广告经营上继续坚持“多寻求合作、多开拓市场、多提供优质服务”的理念，不断扩大合作伙伴，最大限度地实现合作共赢。2018 年，广告经营毛收入 1 400 万元，比上年增长 11%。

五、出版工作

在部党组的正确领导下，中国人力资源和社会保障出版集团认真学习贯彻习近平新时代中国特色社会主义思想和党的十九大精神，认真贯彻落实全国宣传思想工作会议精神，坚持围绕中心、服务大局，坚持开拓创新、团结奋进，圆满完成各项工作任务，取得显著成绩。通过聚焦人力资源社会保障工作主业，调整产品结构，整合优势资源，优化组织结构，全年实现销售码洋 5.70 亿元，首次突破 5 亿元大关，销售实洋 3.96 亿元，销售码洋和销售实洋分别比上年增加 9 379 万元和 7 560 万元，增长率为 19.7%和 23.6%，其他经营指标均创历史新高，全面超额完成各项任务目标。社会效益显著，首次获选中共中央宣传部对外出版资助项目，7 种出版物入选国家新闻出版广电总局农家书屋推荐目录。在财政部对中央文化企业财务决算工作情况通报中，考核成绩排名第八，获通报表扬。第 7 次荣获北京印刷协会颁发的出版物优质奖。积极履行社会责任，出资 51 万元发放技能雏鹰奖学金，捐赠价值 626 万元的图书。

（一）不断加强专业化选题开发。

聚焦“民生”主线，组织出版了《中国农民工》《领导干部社会保障工作读本》等重点图书，其中《中国农民工》获国务院参事室“费孝通田野调查奖”之特别著作奖。出版了“七五”普法教材、政策法规汇编和解读等法制类图书，以及《中国社会保障发展报告》《中国人力资源服务业发展报告》等一批皮书产品。考试类教材、教辅开发取得突破性成果，开发注册消防工程师教材 13 种，出版经济师系列教材和辅导用书 56 种，同时积极推动事业单位招聘考试用书的出版和推广，进一步提升考试类图书的市场影响力。加强与地方的调研与合作，探索地方考试教材开发工作，完成广西“一带一路”等地方性继续教育合作项目。继续与人科院合作开发“公务通用能力系列读本”教材，扩大公务员系列图书品牌影响力。积极扩大职业教育教材品种，加大改版力度，三条教材产品线均实现增长，运用 AR 等现代信息技术，探索教材开发新模式。全面推进国家基本职业培训包开发工作，首批培训包教程完成出版，启动第二批培训包开发，并积极探索开发地方培训包。继续加强职业培训类图书的开发，启动第一批 16 种企业新型学徒制培训教材开发，完成 52 个新修订国家职业技能标准初审，签署30个职业、147种国家教程合作出版协议。积极尝试其他领域的图书产品开发，出版了《中国茶日历》《想象后天》等具有市场效益的图书。

（二）加快探索数字出版工作新模式。

研究拟定《数字产品开发管理暂行规定》《数字选题生产流程暂行规定》《数字选题工作量折算暂行标准》等一系列内部规章制度，加强了数字化工作的制度建设。积极推进多个数字平台的构建和重大项目的资源开发，依托图书出版资源，构建起内容资源平台、智慧学习平台、营销平台三大平台。积极探索利用外部资源的机制，在系统和安全维护等方面引入第三方服务机制。加快推动数字产品开发，特别是与图书相配套的数字课程，同时开发了大国工匠、京绣工艺、食品检验等独立数字产品，多措并举推进数字产品经济效益和社会效益的实现。全面推进财政项目的实施工作，专技教育、一体化课改、培训中国、世赛中国四个项目完成验收结项；就业创业云平台项目、2017年国资预算项目全面开始实施。

（三）积极开拓营销新模式。

重构业务流程，拓宽渠道及业务范畴，进一步分析市场需求，通过成立网络营销部、开设集团微信公众号等，积极迎合目标用户需求，不断提升服务水平和质量，多措并举，提升图书品牌影响力，实现了图书码洋的大幅增长。围绕“三服务”，积极参与世界技能大赛宣讲团、技能中国行、全国职业能力建设工作座谈会等活动和会议的组织工作，促进相关图书销售，工匠精神类图书和世界技能大赛系列图书实现喜人的销售业绩。运用市场手段，拓展线上线下渠道，充分运用新媒体进行全方位市场化宣传。搭建考试教材线上线下宣传平台和销售渠道，实现考试教材销量大幅度提升。全年举办各省教材工作会、校长班、师资班近50次，累计培训教师数千人次，实现职业教育教材使用率的增长。大力加强打击盗版工作，与专业律所进一步加强合作，全年查抄盗版图书28万册，涉案码洋650万元，被国家版权局授予有功单位二等奖。

（四）生产经营和综合管理工作水平进一步提高。

继续深化改革，调整组织结构，发挥生产保障部门职能，加强调度协调，突出质量、效率和效益。着重质量建设，从选题申报入手，加强出版物质量控制，严格把握出版物的政治导向，加大质检力度，保证图书出版质量。积极应对印刷行业变化，多措并举，有效控制成本，全年节约纸张采购费用200余万元。积极推进集团公司制改制工作，完成两社无偿划转集团公司。跟进改革配套措施，启动薪酬制度改革，加强专业技术人才队伍建设，推动实施岗位管理。按照党中央和人力资源社会保障部、国家新闻出版广电总局的相关规定，结合集团发展目标，制定或修订相关规章制度，用制度规范工作流程，实现科学经营管理，促进生产协调有序。

国际及与港澳台地区交流合作

2018年，对外交流工作坚持服务国家整体外交和人力资源社会保障中心工作，多渠道开展多边、双边合作活动和技术合作项目，加快与其他国家社保协定谈判进程，积极拓展与港澳台地区往来交流，各项工作均取得显著成绩。

一、主动开展人社领域多边外交

张纪南部长参加李克强总理同主要国际经济金融机构负责人第三次“1＋6”圆桌对话会。张纪南部长、汤涛副部长在上海会见了世界技能组织主席巴特利一行。张纪南部长与上海市应勇市长、世界技能组织主席巴特利和首席执行官霍伊共同签署《第46届世界技能大赛协议》和《世界技能博物馆合作协议书》。邱小平副部长率团赴南非出席金砖国家劳工就业部长会。汤涛副部长率团赴荷兰出席世界技能组织大会，在会上介绍第46届世界技能大赛筹备进展工作。游钧副部长率团赴阿根廷出席二十国集团劳工就业部长会及劳工就业部长和教育部长联合会。张义珍副部长出席第107届国际劳工大会，以“消除性别差距确保女性获得更充分更高质量就业”为题作大会发言，并会见国际劳工组织总干事莱德，成功将构建人类命运共同体理念写入第107届国际劳工大会决议。与清华大学二十国集团创业研究中心共同举办二十国集团创业圆桌对话，张义珍副部长出席开幕式并致辞。人力资源社会保障部原副部长王晓初先后三次参加国际劳工组织劳动世界未来全球委员会会议，引导国际劳工组织百年成果文件走向，贡献中国智慧。积极筹备第46届世界技能大赛，参与“一带一路”国际技能大赛工作，研究确定大赛整体方案。与国际劳工组织签署合作备忘录，启动“供应链中体面劳动”合作项目，参与亚太经合组织人力资源开发工作组会议和有关活动，举办以“劳动世界的未来”为主题的中欧社会对话会。

二、双边合作再上新台阶

在习近平主席和吉尔吉斯共和国总统热恩别科夫的见证下，张纪南部长与吉劳动和社会发展部部长伊萨库诺娃共同签署《中华人民共和国人力资源和社会保障部与吉尔吉斯共和国劳动和社会发展部合作谅解备忘录》。在李克强总理与德国总理默克尔的见证下，张纪南部长与德国劳动与社会政策部部长胡贝图斯·海尔共同签署《中华人民共和国政府和德意志联邦共和国政府关于青年实习交流计划的联合意向声明》。张纪南部长等部领导访问德国、英国、荷兰、南非、埃塞俄比亚、阿根廷、塞尔维亚、瑞士、马来西亚等国家。接待意大利副总理兼经济发展、劳动和社会政策部部长易吉·迪马约，哈萨克斯坦公务员事务与反腐败署主任阿赫梅特让诺夫，丹麦就业大臣勒尔斯·伦德·波尔森，法国国家高等社会保障学院院长多米尼克·里博等高级别团组。积极参加双边政府磋商和中法、中英、中加、中德等经济财金对话机制。参加第二次中瑞劳工对话，深化双方互信与合作。组织召开面向驻华使馆的人力资源社会保障政策与发展吹风会，宣传人力资源社会保障领域基本政策与重要成就，来自

48个国家的75名外交官参会。成功申请中英年金制度比较研究项目，推动中英、中印职业技能开发领域和中挪劳动保障领域等务实合作。明确青年国际实习交流计划财政立项，出台《青年国际实习交流计划资助管理办法（试行）》，建设网络服务平台，积极开展宣传，深入地方调研，努力推进中法千人实习生计划实施，与德国启动实习交流计划实施方案磋商。

三、不断推进技术合作

张义珍副部长出席第十届东盟与中日韩（东盟＋3）劳工部长会议、第15届中国—东盟博览会，就“中美贸易摩擦对就业的影响”议题走访广西南宁企业并召开调研座谈。利用澜沧江—湄公河合作专项基金“人力资源开发实践研究及合作框架探索项目”，举办“‘一带一路’框架下澜湄地区人力资源开发现状与挑战”和“‘一带一路’框架下澜湄地区人力资源开发”国际研讨会，撰写了《澜湄地区人力资源开发实践研究及合作框架探索》研究报告，并将研究成果精选翻译成英文，作为12月份澜湄地区国家外长会议的成果性对外宣传材料上报外交部。在北京举办了“中国—美国和国际劳工组织集体协商项目”三方座谈会，就项目需求和开展情况交换了意见。利用向国际劳工组织捐助的700万元人民币（100万美元），与国际劳工组织国际劳工局签署了以促进南南合作为重点的发展合作伙伴协议，计划从2019年起开展面向老挝、柬埔寨和缅甸的公共就业服务、劳动力市场信息系统、技能开发等发展合作项目。

四、稳步推进国际条约工作

在李克强总理和日本首相安倍晋三的见证下，国务委员兼外交部部长王毅和日本外务大臣河野太郎在东京代表两国政府签署《中华人民共和国政府和日本国政府社会保障协定》。张义珍副部长与塞尔维亚劳动、就业、退伍军人和社会事务部部长乔尔杰维奇在贝尔格莱德签署《中华人民共和国政府和塞尔维亚共和国政府社会保障协定》，已签署社保协定达12个。与罗马尼亚、印度、俄罗斯等国家的社保协定谈判取得积极进展。

五、加强国际组织人才工作

会同教育部组织鼓励支持大学生到国际组织实习任职全国高校巡讲，邀请联合国秘书处在北京、吉林、成都、上海等地开展人力资源外联宣介活动，受众近2 000人。国际组织人才信息服务平台点击量突破100万次。举办第八期国际职员后备人员培训班。协助联合国做好青年专业人员（YPP）线上考试和宣传工作，组织联合国中文语言类（中文口译员）竞争考试。

六、做好涉港澳台工作

配合公安部做好港澳台地区居民居住证申领发放工作。接待香港特区劳工处访问团。

社团活动

一、中国人才研究会

2018年，中国人才研究会在人力资源社会保障部党组的领导下，以习近平新时代中国特色社会主义思想为指导，深入贯彻落实党的十九大和十九届二中、三中全会精神，牢固树立“四个意识”，坚定“四个自信”，做到“四个服从”和“两个拥护”，围绕中心工作，积极开展人才理论研究和学术交流，不断加强组织建设，较好完成各项任务。

（一）举行系列活动，促进学术交流。

开展学术交流活动是中国人才研究会重要任务之一，2018年共举办或参加了12次学术交流活动。

研究会主办的有：4月，在北京召开中国人才研究会会长工作会议；6月，在北京召开《关于分类推进人才评价机制改革的指导意见》专家座谈会；12月，在北京召开中国人才研究会年会暨中国人才研究40年研讨会。合办的有：7月，研究会与泸州市人民政府共同举办中国泸州人才发展大会暨国家“千人计划”专家四川行活动；9月，与乐山市人民政府共同主办中国旅游人才峰会。

研究会专业委员会主办或合办的有：1月，人才学专业委员会与华东师范大学及所辖研究机构在上海共同主办高校人才发展高峰论坛；7月，人才学专业委员会在四川宜宾召开新时代人才发展与人才学学科建设研讨会暨人才学专业委员会成立30周年纪念会；8月，汽车人才专业委员会在浙江杭州召开理事会年会暨中国汽车人才高峰论坛；10月，领导人才专业委员会在湖北武汉召开年会暨新时代中国企业领导人才发展之路研讨会；12月，工资福利专业委员会在北京召开全面薪酬管理峰会暨2018年年会。

参加的学术交流活动有：4月，江苏省人才学会在江苏南京召开第七届会员代表大会；9月，中共浙江省委人才工作领导小组和宁波市委市政府联合主办的2018中国浙江·宁波人才科技周。

中共中央组织部和有关部委，地方党政领导与行政管理机关，从事人事科学研究的科研机构、高等院校、医疗机构、行业组织、现代科技企业与人力资源服务企业、民营经济，以及部分研究会会员和地方人才学会等多方面的专家学者与实际工作者分别参加了相关活动。与会代表围绕会议主题，积极发言，交流互动，相互启发，取得良好效果，得到大家好评。

这一系列活动，通过学术研究、展示交流，对于全面落实《国家中长期人才发展规划纲要》、深化人才发展体制机制改革及分类推进人才评价机制改革、积极推动各项工作全面发展具有重要作用。在有些活动中，还设计安排了高端人才招聘、科技合作项目洽谈，直接为推动举办地创新转型发展提供了重要的人才保障和智力支持。

（二）重视学术研究，取得较好成果。

2018年，中国人才研究会进一步整合科研力量，完善与各分支机构及高等院校、科研院所合作机制，围绕当前我国人才工作重点、热点和难点问题，联合开展课题研究。

一是起草《中国人才研究会2018年课题指南》，印发给各省（区、市）人才研究会，各分会、专业委员会和各位理事会员，并组织理事会员进行课题申报和评审立项工作。

二是做好申报立项课题的结题和评审工作。经学术委员会专家对申报的课题进行审定，批准52个立项课题。当年11月，对这些立项课题作了结题评审，评选出一等奖7个、二等奖13个、优秀科研成果奖18个，对获奖课题在年会上进行了表彰。

三是完成《中国金融人才发展问题与对策研究》总报告和《中国金融人才队伍建设现状和发展趋势研究》《中国金融监管人才队伍的稳定与发展研究》《中国国有金融机构人才队伍稳定与发展研究》《中国高层次金融人才开发与激励保障机制研究》《国外金融人才引进与作用发挥现状及其对策研究》《中国中小金融机构人才队伍建设研究》《国际金融人才发展经验与做法的借鉴研究》《上海市金融人才发展经验与问题及对策研究》8个分报告，并在中国人事出版社正式出版《中国金融人才发展报告》一书。

（三）开展调研活动，提供决策参考。

2018年，主要开展了两次调研活动，何宪会长主持并参加了这两次调研。

一是7月上旬，在四川省泸州市古蔺县就艰苦边远地区和基层人才队伍建设问题进行调研。召开了县组织、人社、教育、卫生等部门负责同志和学校、医院的代表参加的座谈会，大家一起探讨艰苦边远地区基层人才队伍建设和引才留才的思路与对策。调研期间，还到黄荆乡金鱼溪聚居点考察了异地集中搬迁脱贫情况，和县乡政府部门的同志一起探讨如何把脱贫和发展旅游有机结合起来的办法以及相关的人才问题，并深入贫困人口家庭，了解他们家庭的就业、收入、教育、医疗等情况。调研组深切感到，艰苦边远基层地区的人才队伍在带领贫困人口脱贫中发挥了重要作用，要特别注重艰苦边远基层地区人才队伍建设情况，多种途径关心和爱护基层人才队伍，使用好人才队伍，更好发挥人才队伍的作用。

二是8月下旬，在浙江省杭州市调研金融人才发展状况。调研组对浙江大学、浙江大学金融研究院（产研中心）、玉皇山南基金小镇、浙江省赛伯乐投资公司等单位进行了考察，并召开金融人才工作座谈会。调研组认为，金融人才是金融业发展的最重要的条件，要通过完善学校金融培养体系、加大高层次金融人才培养特别是复合型金融人才的培养，强化金融专业和互联网、法律、数学等专业的融合，不断探索各类科技金融人才的培养方式和培养途径。

（四）注重对外宣传，不断扩大影响。

2018年，中国人才研究会充分利用网站，尤其是微信公众号加大对外宣传，同时利用一切机会、多种载体，在不同的层面加大对人才研究的宣传力度。全年编辑微信公众号45期，对外推送文章360篇，宣传党的十九大关于人才发展的重要论述以及当前人才工作和人才政策，并不断扩大分支机构的信息宣传范围，将分支机构的学术活动及时上网，形成宣传整体效应。

（五）加强组织建设，保障健康发展。

年初，印发了《中国人才研究会2018年工作要点》，其中特别提出要加强对分支机构的管理，按照民政部社团管理规定和人力资源社会保障部党组的要求，对专业委员会进行整顿，撤销一批经常不开展活动或不请示、不报告擅自开展活动的专业委员会。为了加强组织建设，中国人才研究会分别于5月和12月各选举增补了12名同志为第六届理事会理事。

二、中国继续工程教育协会

2018年，中国继续工程教育协会以习近平新时代中国特色社会主义思想为指导，在人力资源社会保障部党组的领导下，坚持稳中求进总基调，聚焦部中心工作和重点任务，深入参与实施国家专业技术人才知识更新工程，推进专业技术人员网络培训，开展继续教育课题研究，深化国际交流与合作，努力促进协会工作高质量发展，服务专业技术人才队伍建设。

（一）深度参与实施专业技术人才知识更新工程。

一是在人力资源社会保障部有关职能单位的指导和支持下，负责专业技术人才知识更新工程300期高级研修项目的选题征集、申报遴选、财务报销等具体实施工作。

二是获批举办“互联网语境下的继续教育机构质量管理问题”“互联网时代的电子政府发展与政务改革”“新时代能源电力体制和供给侧结构性改革”等6期国家级高研班，累计培训高层次、骨干专业技术人才400多人次。

三是会同理事会员单位在生态环境、信息技术、现代物流等领域，联合开展岗位和急需紧缺人才项目，累计培训2 000多人次。

四是密切联系地方和中央单位设立的国家级专业技术人员继续教育基地，促进基地间的经验交流与项目合作。

（二）推进专业技术人员网络培训。

一是优化完善国家继续教育公共服务平台的功能模块，加大公益性公需科目在线课程投放。

二是会同知识产权培训中心、农业科学院培训中心等单位，分领域整合专业科目课程。

三是赴河南、陕西、广东等省份调研，推进专业技术人员公需科目和专业科目网络培训合作。

（三）开展继续教育专项课题研究。

一是完成中国工程院委托的《工程技术人员职业资质认证国际发展趋势》咨询研究项目。组建了以院士为组长，部属相关职能与研究单位和石油大学等共同参与的课题组。赴兵器装备集团、中石油等单位开展专家访谈，赴江苏、浙江、上海、四川等地召开座谈会，撰写形成10万多字的研究报告，于5月通过中国工程院教育咨询委员会专家结题评审。

二是探索开展全国专业技术人员继续教育领域行业标准和规范方面的建设，推进专业技术人员继续教育管理人才队伍能力开发项目。

（四）深化继续教育国际交流与合作。

一是于2月和10月分别派员赴美国、比利时参加国际继续工程教育协会冬季、秋季执委会。

二是于5月组团赴墨西哥参加第16届世界继续工程教育大会，连任国际继续工程教育协会副主席，继续分管产品和服务工作。

三是于10月在北京举办亚太工程教育协会第28次执委会、继续教育机构质量管理培训项目等三会合一活动。来自葡萄牙、印度尼西亚、日本、韩国、新加坡等8国代表参加，来自国内7个人力资源社会保障部门、23个国家级专业技术人员继续教育基地，以及19个相关继续教育机构参训。

三、中国人才交流协会

2018年，中国人才交流协会（以下简称协会）认真贯彻落实党的十九大精神，按照《人力资源市场暂行条例》《人力资源社会保障部“十三五”规划纲要》《人力资源服务业发展行动计划》的有关要求，围绕“服务会员、服务行业、服务政府、服务社会”的宗旨，适应人力资源服务行业发展的新形势，团结带领广大会员，积极发挥桥梁纽带作用，努力推动公共就业人才服务，加强行业交流合作，促进行业创新发展，取得了积极成效。

（一）围绕中心，服务大局，积极促进高校毕业生就业创业。

认真贯彻落实就业优先战略，充分发挥社会组织职能作用，凝聚行业力量，推动做好高校毕业生就业创业服务工作。

一是与人力资源社会保障部全国人才流动中心共同承办了第三届“中国创翼”创业创新大赛，大赛以“创响新时代，共圆中国梦”为主题，历时8个月，得到了社会各界的广泛关注和广大创业者的积极参与。全国报名参赛且通过资格审核的项目共31 704个，实际参赛项目24 403个。赛制为“主体赛＋专项赛”模式，其中主体赛又分为创新项目组和创业项目组两个组别，按照省级选拔赛、全国选拔赛、决赛三个阶段实施；专项赛按照省级选拔赛、全国决赛两个阶段实施。

二是配合人力资源社会保障部全国人才流动中心举办了第五届大中城市联合招聘高校毕业生（春季）和第六届大中城市联合招聘高校毕业生（秋季）专场活动。发挥协会大中城市会员单位的资源优势，分别举办了城市联合网络招聘大会、跨区域巡回招聘活动和现场招聘会，提供就业信息、就业指导和政策咨询等服务。活动期间，城市联合网络招聘大会共有300余个省、市级公共就业人才服务机构参与，9.3万家用人单位提供186.8万个就业岗位，毕业生投递简历124.4万份。跨区域巡回招聘活动共有300余个省市组团参与，组织2.2万家用人单位提供44.8万个岗位信息，33.5万名高校毕业生入场求职。各地举办高校毕业生现场招聘会2 220场，18.8万家用人单位提供377.6万个就业岗位。

三是参与承办了2018年全国人力资源市场高校毕业生就业服务周活动。全国有2 402家人力资源服务机构积极参与，组织现场招聘会1 209场，6.4万多家用人单位提供113万个就业岗位，参会毕业生72万余人。参加网络招聘会的3.9万家用人单位提供61.6万个就业岗位，投递简历17.7万份，发放宣传材料106.3万份，开展就业指导1 326场，为15.2万名高校毕业生提供了就业指导服务。现场、网络招聘会以及民营机构举办的招聘会达成初步意向的有30.2万人。

（二）搭建平台，加强交流，促进人力资源服务行业创新发展。

为促进行业创新发展，与相关部门机构共同举办各类人力资源服务活动，搭建平台，打造品牌，加强行业交流与合作。

一是与协会航天人才分会共同举办第二届国防军工企业人力资源管理创新大会。聚焦国防军工企业人力资源管理的热点难点问题，通过专家演讲、主题论坛、机构展示等方式，分享理论思考、趋势分析、发展构想，分享新项目、新产品、新经验，为参会代表搭建了交流平台，起到了相互学习、相互促进的作用，为国防军工企业发展提供人才和智力支持。来自12个军工企业人力资源服务机构的800多人参加了此次大会，近40家媒体对大会作了直播或新闻发布。

二是联合浙江省人力资源社会保障厅、浙江省丽水市人民政府共同举办第七届全国中小城市人才服务工作座谈会。以“有效发挥人力资源服务作用，助力中小城市高质量发展”为主题，采取专家演讲、经验交流和分组讨论的方式，搭建了中小城市人才服务工作交流合作平台。来自22个省（区、市）人力资源社会保障部门、人力资源服务行业协会、人力资源服务机构以及高等院校等99家单位的200余人参会。会上，协会还与丽水市人民政府签署了专业化人才服务合作框架协议。

三是与协会人力资源外包服务专委会共同举办中国（广州）人力资源服务峰会。采取“1＋1”的模式，即一个展览会、一个论坛，邀请人力资源服务行业领导、机构负责人、专家学者到会分享新理念、新技术、新产品，对接服务，嫁接商机，有1 000多人参会，搭建了全国性人力资源服务行业交流合作展示平台。

四是联合福建省人力资源社会保障厅、中国海峡人才市场等单位，共同举办了第16届“6·18”海峡两岸人才交流合作大会，共有包括台湾地区代表在内的700余人参会，大会搭建了促进海峡两岸人力资源服务机构、各类人才以及相关机构交流的平台。

五是与协会产业园区专委会共同举办中国人力资源服务产业园峰会，以“融合创新、集聚发展”为主题，汇聚了全国20余家各类人力资源服务产业园区以及百余家人力资源服务企业和行业协会，共同探讨交流人力资源服务产业园区高质量发展的热点难点问题。

（三）夯实标准，加强自律，促进行业规范有序健康发展。

贯彻《国家标准化体系建设发展规划（2016—2020年）》精神和人力资源社会保障

部“十三五”规划，围绕人力资源社会保障系统行风建设和人力资源服务领域发展需要，充分发挥标准化的基础性、规范性和引领性作用，全国人力资源服务标准化技术委员会在人力资源服务标准体系修订、国家标准制修订和宣传贯彻等方面进行了积极探索。

一是圆满完成国标委部署的考核评估自评工作。梳理2015年至2017年的标准体系建设、标准制修订及宣贯、标委会管理等十个方面的工作运行情况，形成自评报告；组织人力资源服务和标准化专家，对照考核评估指标对自评报告逐条逐项进行评估，形成自评意见，提交国标委审核，并顺利通过审核。

二是召开标委会第二届三次工作会议。会议总结了上一年度工作，安排部署了下一年度重点工作，审议通过了《人力资源服务标准制修订计划》，研讨了《人力资源服务国家标准宣传贯彻推广工作计划》和《〈高级人才寻访服务规范〉修订征求意见稿》。

三是研究提出人力资源服务标准制修订计划。积极开展调研，组织专家研讨，提出了加强公共就业和人才服务窗口建设、质量评价、流动人员人事档案安全管理、信息数据统计等方面的标准研制工作。

四是选取部分地区推进《人力资源服务机构能力指数》国家标准的应用实施工作。在全国七大区域选择部分有代表性的省份先行先试开展标准实施工作，并进行跟踪指导、成果展示和经验推广，为标准全面实施做了积极推动工作。

五是举办人力资源服务标准宣贯培训班。对《人力资源服务机构能力指数》《公共就业服务　总则》等9项国家标准进行宣贯，来自全国各省份的近100名学员参训。

六是启动《人力资源服务机构能力指数》国家标准解读手册编写，推进《高级人才寻访服务规范》的修订工作。

（四）主动作为，积极服务，为人社事业发展贡献力量。

深入贯彻“服务政府”的宗旨，主动贴近人力资源社会保障部重点工作，承担具体任务，做好各项服务。

一是受人力资源社会保障部人力资源流动管理司委托，承担了《中国人力资源服务业发展报告（2018）》的组织、编撰、发行工作。行业发展报告主要介绍行业发展情况，总结经验，分析趋势，研讨热点，在促进人力资源服务行业发展方面发挥了积极作用。

二是配合人力资源社会保障部人力资源流动管理司，做好“西部和东北地区人力资源市场建设援助计划”工作，为推进统一开放、竞争有序的人力资源市场建设，逐步解决发展不平衡、不充分问题，促进西部和东北地区人力资源服务业发展提供支持。

三是积极参与行风建设工作，印发了倡议书，请全体会员单位按照人力资源社会保障部要求，带头加强系统行风建设，营造良好服务氛围；举办了人力资源服务标兵先进事迹征集活动，共收到15个省（区、市）的31篇人力资源服务标兵先进事迹，通过协会官网、会刊进行发布宣传。

（五）精准服务，提质增效，全心全意做好会员服务工作。

立足会员需求，精准施策，不断提升服务质量和满意度。

一是组织会员单位参加人力资源服务业发展高级研修班，履行行业社会组织服务职能，从会员单位需求出发，搭建高端学习培训平台，帮助其提升服务能力和水平。

二是支持协会分支机构发挥自身优势，促进人力资源的优化配置。指导国家机关分会举办了“共建、共享、创新——部委人才服务机构联合支持地方产业建设大会”，搭建了部委人才服务机构与地方产业对接合作平台；指导汽车分会在江苏苏州举办了“国家专业技术人才知识更新工程——汽车智能化转型发展”高级研修班；指导高级人才寻访专委会举办了中国高级人才寻访趋势大会，搭建了行业趋势前沿技术的交流平台。

三是发挥协会力量，做好扶贫工作。积极

参加民政部组织的支援“三区三州”扶贫对接活动，征集并发布会员单位扶贫工作创新做法18份，为人力资源服务行业在打赢脱贫攻坚战中的优秀事例搭建展示平台。

（六）改革创新，强身固本，切实加强自身建设。

2018年协会进入脱钩准备期，也迎来了难得的发展机遇。积极谋划并做好脱钩的相关准备，改进治理方式，探索发展路径，提升服务能力，为改革发展夯实基础。

一是打造会长秘书长办公会、常务理事会、理事会和分支机构的服务体系，研究制定了《协会分支机构管理暂行办法》和财务管理相关制度，推动协会规范有序发展。

二是分别在四川绵阳和浙江杭州召开了第四届二次、三次会长秘书长办公（扩大）会，充分发挥副会长、副秘书长单位和分支机构的职能作用，研讨协会发展设想和总结重点工作项目。

三是加强信息化建设。改版升级了协会网站和微信公众号，建立各类微信工作群，充分利用网络和新媒体的优势，加强宣传和改进服务手段。

四是建立行业理论阵地。对协会会刊《中国人才资讯》进行改革，提升内容品质，吸收行业内专家学者的文章，建立通讯员队伍，收集行业和会员单位的重要新闻，搭建专业权威的行业理论学习和交流平台。

四、中国博士后科学基金会

2018年，中国博士后科学基金会持续深入学习贯彻习近平新时代中国特色社会主义思想和党的十九大精神，着重学习习近平总书记关于人才工作的重要论述和在庆祝改革开放40周年大会上的重要讲话精神，推进落实全国人力资源社会保障工作会议部署，紧紧围绕高层次专业技术人才队伍建设的需要，紧密结合“十三五”规划纲要，聚焦“高精尖缺”人才，主动适应新常态下博士后工作新需求，结合人社扶贫和行风建设工作要求，丰富服务内容，提高服务效能，推动博士后工作取得新成绩。

（一）中国博士后科学基金资助工作。

2018年，中国博士后科学基金资助经费总额持续稳步增长，财政部下拨基金经费6.8亿元，较上一年度增加0.4亿元。其中，分别用于面上资助4.5亿元，特别资助1.8亿元。当年，基金会共开展面上资助两批次、特别资助一批次，开展“博士后创新人才支持计划”资助和博士后优秀学术专著出版资助各一批次。全年累计资助博士后研究人员9 243人，资助出版优秀学术专著30部。

2017年底，发布了《中国博士后科学基金资助指南（2018年度）》，明确资助类型、申报条件、申报材料以及全年资助工作时间安排。完成第63批、第64批面上资助工作。申报面上资助的总人数为21 886人，获资助7 674人，资助比例为35.1%，资助总额45 309万元。其中，获一等资助2 313人，资助总额18 504万元；获二等资助5 361人，资助总额26 805万元（含“西部地区博士后人才资助计划”100人，资助金额500万元）；共聘请通讯评议专家6 851人。完成第11批特别资助工作。申报特别资助的总人数为4 189人，获资助1 169人，资助比例为27.9%，资助总额17 535万元；共聘请通讯评议专家1 288人、会议评议专家81人。

2018年“博士后创新人才支持计划”（以下简称“博新计划”）资助400人，资助科研补助经费总额8 000万元。为促进“博新计划”人员间的学术交流，首次举办了“博新计划”前沿论坛，140多名入选人员参加。

组织开展《博士后文库》编委会初审、专家评审会议复审、科学出版社选题论证工作，资助出版博士后优秀学术专著30部，资助总额150万元。

按照《中国博士后科学基金资助规定》，在吉林省开展博士后基金经费使用情况的检查工作。编印《2017年度中国博士后科学基金资助者选介》，总结和宣传博士后科学基金资助成效，展示获资助优秀博士后的风采。编印《中国博士后科学基金资助指南（2019 年度）》。

（二）中国博士后科学基金会理事会工作。

按照民政部要求，完成博士后科学基金会 2017 年度年检工作。根据《中国博士后科学基金会章程》，2018 年 5 月 15 日召开了第六届理事会第三次会议。

（三）博士后日常管理工作。

以行风建设促全国博士后进出站服务窗口服务质量全面提升。坚决贯彻落实部党组关于加强人社系统行风建设和服务窗口建设的总体要求和张纪南部长检查全国博士后进出站服务窗口工作时关注的重点问题，依托“在线预审、一次办结”服务平台，深入推进“互联网＋人社”工作，发挥博士后设站单位用人主体作用，在受到服务对象广泛认可的“网上申请、在线预审、网上预约、一次办结”的基础上，协助起草印发《全国博士后管委会办公室关于改进博士后进出站有关工作的通知》（博管办〔2018〕121 号），主动优化服务流程，进一步减环节、减材料，为博士后人员再“减负”。提出办理部内业务可由“最多跑一次”改进为“零跑路”。

加强工作规范。起草印发《全国博士后管委会办公室关于进一步规范博士后研究人员及随迁人员办理北京市常住户口工作的通知》（博管办〔2018〕106 号），进一步规范博士后人员及随迁人员办理北京市常住户口管理工作。

进一步加强服务窗口建设。进一步细化办事指南，完善《博士后进出站服务窗口应急预案》，坚持“依法合规、秉公办事、便捷高效、优质服务”的服务原则，按照《全国博士后进出站服务窗口行为规范》做好日常工作。指导全国博士后进出站服务窗口办理博士后进出站手续，全国博士后研究人员进站 21 561 人，出站 12 177 人，办理博士后证书 8 000 余人。全国博士后服务窗口 2018 年接待办事群众近万人。对于距离较远，病、残、孕等有特殊情况的服务对象，按照“特事特办、急事急办”的原则，协调有关部门，开辟绿色服务通道。服务窗口实行首问负责制、一次性告知制、限时办结制和责任追究制，日办日结，提高了博士后人员及设站单位的满意度。

科学统筹使用博士后日常经费拨款计划。编制 2018 年博士后日常经费预算 100 800 万元。严格按照财政部拨款要求，合理安排各类拨款内容，做到拨款流程有规范、拨款效率有保证。积极配合做好博士后日常经费绩效评价工作，专家评分结果为 90.5 分，达到优秀水平。开展博士后日常经费使用情况年度调查，加强博士后日常经费使用情况的监督管理。

（四）博士后国（境）外交流工作。

配合全国博士后管委会办公室开展博士后国（境）外交流工作。2018 年博士后国际交流计划派出项目资助 120 人，学术交流项目资助 120 人，“引进项目”资助 299 人，“香江学者计划”资助 60 人，“中德博士后交流项目”资助 35 人。在做好 5 个项目申报评审组织、日常管理服务基础上，国（境）外交流工作有了新提高。一是改进博士后国际交流计划引进项目，实行“随时申请、适时评审、择优资助、先到先得”的新资助模式。二是与澳门科学技术协会签订联合开展“澳门青年学者计划”。与香港学者协会签约，继续开展第三期“香江学者计划”。三是建立项目成果的日常采集和年报追踪机制，提升各项目实施成效。四是举办形式多样、内容丰富的交流活动，广泛宣传，扩大项目影响力。成功举办 2018 中外博士后制度研讨会、第三届“香江学者计划”学术年会和首届博士后国际交流计划派出项目学术年会，筹备世界权威学术网站开展中国博士后制度和项目宣传工作。五是加强获奖人员横向交流，增强凝聚力。帮助项目人员解答政策、协调问题，编印《博士后交流计划入选者选介》，指导成立了“博士后国际交流计划派出项目”联谊会，继续指导“香江学者计划”联谊会工作，充分发挥联谊会的交流平台作用，促进人心凝聚。六是构建平台，提供便捷服务，启动中国博士后网站英文版，建设外籍博士后人员进出站服务系统，为来华外籍人员提供更便捷、优质的服务。

（五）博士后学术、人才与科技服务工作。

2018 年，与全国博士后管委会办公室、有关省（市、区）及部门共同主办，由有关博士后设站单位承办，在全国分专业领域开展了 38 场博士后学术交流活动。活动涉及理学、工学、农学、医学、哲学、社会科学等领域的 30 多个一级学科，来自全国 800 余家博士后设站单位的 4 500 余名博士后研究人员参加了活动，近 600 名知名专家应邀到会交流。活动收到了 1 800 余篇论文，入选或获评优秀论文 500 余篇。

与全国博士后管委会办公室共同印发《关于举办 2018 年博士后科技服务基层活动的通知》，组织 12 批次“博士后科技服务团”赴内蒙古巴彦淖尔、黑龙江鸡西、江西樟树、山东蓬莱、河南濮阳、湖北黄石、广西钦州、海南海口、四川凉山、贵州黔西南、云南怒江和广东珠海开展博士后科技服务活动，共派出博士后研究人员 470 余人次，对接项目 580 余个。与江苏泰州、山东蓬莱、天津、浙江江山合作开展博士后人才引荐及创新创业系列活动。

继续组织博士后赴地方开展挂职服务工作，全年共选派 30 人。

（六）博士后联谊会活动。

指导北京博士后联谊会理事会换届及开展联谊会日常工作。举办“北京博士后名师大讲堂”“2018 年北京博士后趣味运动会”“博士后鹊桥会”“中国博士后科学基金申请讲座”等活动。举办“‘横琴杯’第六届全国博士后网球大赛”。

（七）其他工作。

会同中国高级公务员培训中心在江苏扬州、青海西宁、山东蓬莱、重庆分别举办“中国博士后科学基金业务培训班”，在浙江杭州、四川成都、黑龙江哈尔滨、福建福州分别举办“全国博士后工作管理人员培训班”，近 600 家设站单位及地区博士后管理部门的管理人员 2 000 余人参加。管理和维护中国博士后网站及中国博士后科学基金会网站。编辑出版《中国博士后工作年报（2017）》。全年，“中国博士后”微信公众号共推送 110 期，编辑出版《中国博士后》杂志 6 期。

五、中国劳动学会

（一）立项开展课题研究工作。

一是受国务院参事室委托，由人力资源社会保障部原副部长杨志明牵头开展了“新生代农民工就业创业调查研究”课题研究工作，课题报告得到了国务院参事室评审专家一致好评，课题成果汇编成册，并出版《中国农民工》一书。12 月 19 日，课题组在北京召开“纪念改革开放四十周年农民工发展研讨会”；人力资源社会保障部相关负责同志，部属相关职能单位和首都经贸大学、中国劳动关系学院、中国科协创新战略研究院的专家学者等 40 余位同志参加了会议；与会代表对课题成果给予了一致好评。

二是受部属相关职能单位委托，承担 2018 年部重大政策研究项目“劳动关系改革发展重点史料整理”课题。立项后，学会成立了专项课题组，联合中国劳动和社会保障科学研究院和广东、四川省劳动保障科研单位的专家，共同开展此项课题的研究工作。课题组通过召开专家研讨会、报送征求意见稿、开展部分地区典型调研等形式广泛征求意见。多次赴广东、广西等地开展专项调研，并于 4 月、11 月分别在广东佛山、浙江杭州召开了专家研讨会，听取河北、吉林、上海、安徽、江西、河南、重庆、江苏学会专家意见。根据意见建议对研究提纲作了进一步补充完善后，组织课题组专家着手撰写课题报告，至年末已形成研究报告初稿，待修改完善后正式提交。

三是组织专家开展了“家政服务职业培训问题研究”“返乡创业模式及典型经验研究”等多项课题研究工作。

（二）开展学术前沿成果交流活动。

5 月 18 日，由中国劳动学会薪酬专业委员会在北京举办了2018中国薪酬管理高层研讨会。来自各地的专家学者、政府官员、企业界人士等100多人出席了研讨会。研讨会以“十五年促发展继往开来，新时代新征程任重道远”为主题，围绕改革开放四十年发展历程开展探讨交流，与会代表反响热烈。

（三）开展企业信息交流活动。

6月21日至22日，中国劳动学会企业工作委员会在吉林长春召开“深化国有企业工资分配制度改革研讨会”。来自部分中央企业、省属国有企业的70多位同志及广州红海人力资源集团股份有限公司相关人员参加了会议。参会代表围绕《国务院关于改革国有企业工资决定机制的意见》（以下简称《意见》）展开热烈讨论，一致认为，《意见》改革思路清晰、重点突出、市场导向明确，其中分类管理、备案制管理、市场化对标等政策措施，具有前瞻性，符合市场规律，企业作为市场主体普遍欢迎。同时，对国有企业内部功能分类、行业人工成本信息获取途径、企业负责人工资纳入工资总额预算管理、工资总额预算管理周期等实际工作中遇到的专业问题提出了多项有参考价值的建议。

（四）与相关单位联合举办“中国劳动讲堂”地方分讲堂。

5月和11月，学会在江西、湖南举办了“中国劳动讲堂”地方分讲堂活动。组织专家为地方企业宣讲法律法规政策和人力资源管理最新理论成果。讲堂以“中国人力资源管理创新变革”为主题，围绕“劳务派遣规制与企业用工模式转型”进行深入探讨，为更多的基层人力资源管理从业者搭建与专家学者以及政策主管部门面对面交流的机会，积极发挥学会的桥梁纽带作用。各地劳动学会、企业代表共计300多人参加。

（五）按计划开展对外交流。

根据计划安排，学会组织相关专家成立代表团于7月23日至28日赴韩国首尔参加了第十八届国际劳动和雇佣关系协会世界大会。本次世界大会由国际劳动和雇佣关系协会主办，国际劳工组织、韩国劳动部、韩国商业工会联合会、韩国雇主联合会、首尔市政府、韩国旅游局等支持协办。来自60余个国家、地区和国际组织的2 500多名代表参加了会议。学会代表团专家在会上进行了专题演讲，得到会议主办方和与会代表一致好评。

（六）开展社团管理、网站维护等基础性工作。

一是按照民政部和人力资源社会保障部主管部门的要求，集中开展了社团年检工作，年检结果合格。二是配合相关单位进行社团兼职清理工作，规范社团任职人员队伍。三是按上级要求开展学会网站备案、涉企收费自查、办公用房统计等管理工作，配合人力资源社会保障部保密办开展涉密文件管理工作，规范涉密文件借阅、保存管理。

（七）开展换届筹备等各项工作。

推进各项换届筹备工作，积极与民政部、人力资源社会保障部等主管部门沟通联络，请示明确各地劳动学会领导同时兼任我会理事或常务理事等政策性问题，推进理事征集工作。召开学会工作会议，专项讨论总结第七届理事会工作，起草、修改学会第七届理事会工作总结。

六、中国社会保险学会

（一）课题研究。

一是抓好重点课题研究。完成上年度重点课题“城镇职工基本养老保险缴费基数研究”。该课题全面梳理了我国基本养老保险缴费基数政策演变与现行规定，系统分析了单位和个人缴费基数情况，在借鉴国际经验基础上，提出了完善基本养老保险缴费基数的政策建议，最终形成两份研究成果，即《我国城镇职工基本养老保险缴费基数研究报告》和《我国城镇职工基本养老保险缴费基数研究调研报告》。启动2018年度重点课题“建立中国特色第三支柱个人养老金制度研究”和“建立全国统一的社会保险公共服务平台研究”。前者主要从第三支柱个人养老金的基本属性、覆盖人群、财税政策、平台建设、运行监管等方面进行研究，形成了《建立中国特色第三支柱个人养老金制度研究报告》，并向有关部门提出了《对〈个人所得税法修正案草案〉的建议》。后者主要从理论、政策和实践层面分析和研究全国统一的社会保险公共服务平台建设，提出具体实现路径。已会同部相关职能单位开展多次专题调研，了解中部及东南沿海地区部分省市社会保险公共服务平台建设运行情况。

二是推进常规性课题研究。与有关高校合作，共同编写了第三部社会保险管理服务领域系列蓝皮书——《中国社会保险管理服务发展报告（2016—2017)》。在养老保险与养老服务方面，承担了“第三支柱个人养老金监管与信息披露研究”和“综合性公证养老服务研究”课题。在医疗保险和长期护理保险方面，承担了“医疗保险管理在定点医院中的运行研究”“取消行政审批后医疗保险定点药店协议管理研究”“基本医疗保险药品管理与智能监控研究”“医疗保险医用耗材管理方法研究”“成都市武侯区相互保险与长期护理保险结合创新研究”课题。在社保信息化管理和大数据应用方面，承担了“社保数据社会化应用问题研究”“人社行业生物特征识别应用研究”“区块链技术在社保服务领域的应用研究”“互联网＋门诊慢病人群健康管理与送药服务研究（二期)”课题。在年金基金监管方面，承担了“企业年金和职业年金基金管理配套政策研究”课题。

（二）学术活动。

一是举办改革开放40周年纪念活动。11月，在湖南省岳阳市召开了纪念改革开放40周年座谈会。会议以习近平新时代中国特色社会主义思想为指引，深入学习贯彻党的十九大精神，回顾了改革开放40年来社会保险取得的成就与经验，展望了新时代社会保险事业发展前景。原劳动和社会保障部部长张左己、副部长王建伦，全国人大、国家有关部门、部分省份曾在社保战线工作过的老领导、老专家、老同志，人力资源社会保障部相关职能单位的同志近50人出席了会议。与会人员踊跃发言，或提交书面材料以亲身经历从不同角度分享了改革开放40年来社会保障改革发展的故事，较系统地梳理了社会保险发展的脉络，概括总结了社会保险改革的经验与教训，提出了社会保险未来发展的思路和建议。会后，编辑制作了纪念专刊。

二是开展社保扶贫调研。先后到河北沧州、云南昭通和曲靖、山东菏泽、陕西商洛和安康、贵州铜仁等7个地市及其所辖的10余个区县，就社保扶贫工作开展专题调研，形成专题调研报告提交给部内有关单位，并进行了面对面交流，得到高度重视与充分肯定。

三是编撰社保书籍。在全国政协支持下，将胡晓义会长10余年来的社会保障文稿结集付梓为《社会保障与社会进步》;《领导干部社会保障工作读本》也由中国劳动社会保障出版社出版发行。与中国就业促进会合作，共同组织编写了《世纪之交“两个确保”——就业社保改革攻坚纪实》。

四是举办或参与学术研讨和交流。学会及分支机构与有关单位合作，举办了多项学术活动，主要有第七届中国养老服务业发展论坛、职业年金管理实务高级研讨、2018消费养老创新模式高峰论坛、“互联网＋医疗健康”座谈会、社保金融服务平台研讨会、长期护理保险失能失智等级评估方法研讨会等。应有关学术机构或单位的邀请，参与了多项学术研讨和交流活动。

（三）相关交往。

一是与港澳台地区社会保险学会合作。与港澳台地区社会保险学会共同完成了《老龄化背景下养老保险创新研究报告》。应香港退休计划协会邀请，赴港参加了主题为“革新·养老”的第十届养老保险研讨会，就养老保险制度最新发展、基金管理与运营创新、退休保障改革趋势等议题，与港澳台地区社会保险学会会员及有关专家学者进行了交流与研讨。

二是接待来访。国际社会保障协会、国际劳工组织北京局、美国信安金融集团、法国VYV集团、中欧社会保障改革项目等高管先后拜访学会，分别就养老保险基金市场化投资运营、社会保险信息化管理、中国养老保险改革等话题进行交流。

（四）组织建设。

8月，召开了学会第三届第二次会员代表大会（暨第三届第三次理事会）。会议学习贯彻党的十九大和十九届二中、三中全会精神，听取关于第三届第一次会员代表大会以来的工作报告，审议并以无记名投票方式表决通过了修改《中国社会保险学会章程》，调整学会会费标准、分支机构和人员变动等事宜。

（五）党建工作。

根据民政部有关要求，在学会章程中增加了党的建设和社会主义核心价值观有关内容。通过多种形式，组织、动员和引导广大会员深入学习习近平新时代中国特色社会主义思想、贯彻落实党的十九大精神，旗帜鲜明讲政治，积极宣传党的主张、贯彻党的决定，坚持和加强党对学会各项工作的领导。在日常管理中体现鲜明价值导向，培育会员增强认知认同和自觉践行社会主义核心价值观的意识。

七、中国职工教育和职业培训协会

2018年，中国职工教育和职业培训协会（以下简称职协）在人力资源社会保障部党组的正确领导下，深入学习贯彻习近平新时代中国特色社会主义思想，紧紧围绕高技能人才和职业培训中心任务，全体会员共同努力，攻坚克难，开拓创新，圆满完成各项工作任务。

（一）围绕职业能力建设中心工作，当好参谋助手。

一是扎实开展全国技工院校学生资助工作。按照《关于做好2018年技工院校学生资助管理工作的通知》（人社厅发〔2018〕28号）和全国技工院校学生资助管理工作座谈会精神，组织各地按时开展技工院校春季、秋季学期享受免学费和助学金学生申请审批工作。根据《关于补充报送全国技工院校毕业证书查询系统数据的通知》，将各地有关学生信息进行了汇总并统一导入毕业证书查询系统。密切配合财政、教育等部门做好数据统计工作。组织开展全国技工院校学生资助管理专项核查工作，对各地学生学籍管理、资助政策落实、资助资金管理和技校信息系统使用等情况进行了一次全面核查，并提请各地对大龄学生享受资助和学籍异动情况进行重点核查。继续做好技校信息系统优化升级、技校信息系统和毕业证书查询系统的数据共享等相关工作。

二是做好精准扶贫工作。积极配合人力资源社会保障部相关职能单位做好贫困地区、贫困学生技能扶贫工作。认真落实《关于进一步做好技工院校建档立卡贫困家庭学生资助工作的通知》（人社厅发〔2018〕61号），推动各地完善资助制度，做好精准助学。定期与国务院扶贫办开展建档立卡学生信息与技校信息系统之间的数据比对工作，实现对扶贫对象的精准资助。

三是研究起草《技工院校学生学籍管理办法》。为加强技工院校学生学籍管理，受人力资源社会保障部相关职能单位委托，对原劳动部颁发的《技工学校管理规定》进行修改完善。在总结各地技工院校学生学籍管理工作经验和存在问题的基础上，以《技工教育“十三五”规划》和有关政策文件为主要依据，通过广泛征求和吸收各方意见，反复修改完善，形成了《技工院校学生学籍管理办法（报送稿）》。

四是举办校企共话中国制造转型升级讲坛。作为人力资源社会保障部在第四个世界青年技能日举办的中国技工教育图片展暨7·15世界青年技能日主题活动的重要组成部分，职协承担了校企共话中国制造转型升级讲坛的筹备组织实施工作。此次讲坛旨在通过汇聚政府、企业、院校等多方专家，共同分享校企合作成功经验，探讨技能人才培养模式，进一步推动技工教育发展和技能人才队伍建设。人力资源社会保障部门、企业和技工院校代表150余人参加活动。

五是开展职业训练院建设试点总结评估工作。根据人力资源社会保障部建设职业训练院试点工作有关安排，职协接受委托负责具体的组织实施工作。组建了专家委员会，召开了总结评估工作启动会，起草了《职业训练院建设试点工作评估标准（征求意见稿）》和《职业训练院建设试点工作评估表》等相关技术文件，为下一步开展总结评估工作奠定了良好的基础。

（二）围绕热点问题和核心工作，组织业务交流活动。

一是组织召开技校委员会第29届年会暨深化产教融合发展论坛。5月中旬在云南昆明召开的论坛上，孙宝树会长就经济高质量发展对技工教育提出的新要求，以及技校委员会下一步工作任务发表讲话，获得一致赞同。来自各行业、企业、高等院校、技工院校的专家学者，围绕新一代人工智能技术、新能源汽车技术、轨道交通新技术等高新产业技术发展趋势，就技能人才的需求等方面进行专题演讲，共同探讨人才培养新模式，得到热烈反响。

二是组织开展技能大赛研讨交流活动。为深入贯彻全国技工院校“共建共享共赢”活动精神，交流世界技能大赛参赛经验，于2018年初在北京组织召开技校委员会主任会暨技工院校技能大赛工作研讨交流会，深入总结交流了第44届世界技能大赛集训与比赛的有关做法、成功经验和存在问题。

三是组织开展论文案例征集交流活动。为进一步推动技能领军人才培养，传播世界技能大赛先进经验，推动一线班主任综合素质和专业能力提升，助力各技工院校依靠技能竞赛平台带动技能人才培养，职协技校委员会开展了“世界技能大赛选拔管理集训案例”征集、“学校制度文化建设优秀论文”征集、技工院校首届班主任专业能力展示等活动，并于11月在广东中山召开全国技工院校校园文化建设交流研讨会。活动的开展深入推进了全国技工院校“共建共享共赢”活动，同时起到了凝聚骨干会员的作用。

（三）紧贴工作实际，开展理论研究。

一是开展重点课题研究。2018年，职协承担了人力资源社会保障部重点课题“公共实训基地建设情况研究”。该课题主要通过对中央预算经费支持的96家公共实训基地的基础调研，摸清家底，为下一步制定相关政策提供理论依据。课题组先后赴重庆、云南、安徽、黑龙江等省（市）进行考察调研，采取召开座谈会、组织问卷调查和文献研究等多种方式进行综合研究。此外，开展了“国家资历框架相关情况”研究工作，对国家资历框架的核心内涵、理论出处、历史由来、发展脉络进行了梳理，对我国在该领域的研究状况、政策取向、试点探索进行了归纳，对英国、澳大利亚和中国香港3个先行地区资历框架制度进行了分国别（地区）的案例分析，结合人力资源社会保障部关于职业资格框架的研究成果，提出了系统工作建议。

二是开展环保专项研究工作。启动“中国制冷维修行业第二阶段HCFC淘汰管理计划提供技术支持服务”项目，完成了推荐培训中心、评标、参与国际执行机构举办的相关协调会等工作。多次与生态环境部对外合作中心协商拟开展“制冷维修相关职业的国家职业技能标准及技能鉴定标准的政策研究”，项目任务大纲已经送交，并已派出有环保背景的制冷设备维修领域专家参与标准制定工作，全程跟进了天津市和江苏省鉴定中心的相关职业标准开发工作。

三是开展课题立项和优秀科研成果征集活动。2018年，共收到立项申请240余项，论文、课题、调查报告、教案和案例、实验实训设备等5个类别的科研成果8 000余项，发现挖掘了一批理论价值高、决策参考意义大、实践应用性强的优秀研究成果，对技工院校转变办学理念、建设品牌专业、改革教学模式、开发一体化教材、提高师资队伍水平等方面具有重要理论支持和实践指导作用。

（四）针对会员单位需求，规范开展职业培训。

一是完善职业培训管理制度。严格遵守《关于部属事业（企业）单位职业培训巡视反馈问题整改的通知》要求，进一步健全职业培训管理制度，规范职业培训管理流程，明确部门和工作人员的职责与分工，稳妥处理好有关后续工作。

二是开展技工院校教师培训。为深入推进技工院校一体化课程教学改革，提升技工院校管理干部、一线班主任、资助管理工作人员、科研人员及专业教师的理论水平和实操能力，职协在暑期组织了内容丰富、形式多样的培训活动，取得良好效果，得到受训老师的一致好评。

三是面向社会开展职业培训。与培训实力强、社会信誉好的培训机构合作，针对大学生、农村转移劳动力、转岗失业人员等特殊群体就业问题，共同开发了岗位职业素养、创业能力等培训项目，提高了有关人员就业创业能力。针对大数据分析、养老护理等新兴职业，共同开发编写了培训标准和培训教材，推进了相关专业人才的培养。

（五）强化组织建设，规范协会管理。

一是召开理事及常务理事会议。为贯彻落实党的十九大会议精神，分析职工教育和职业培训工作面临的新形势新要求，部署下一阶段任务，于 2018 年 5 月在云南省昆明市召开 2018 年一次常务理事会、2018 年 11 月在广东省广州市召开六届三次理事会暨 2018 年二次常务理事会，达到了统一思想认识、增强工作责任、明确工作要求和推进工作开展的目的，得到了与会代表的普遍好评。

二是规范分支机构管理。根据人力资源社会保障部对部属社团管理的相关要求，为规范职协分支机构设立和管理，经常务理事会通过，决定正式撤销职协下设冶金、有色金属、工会、轻工 4 个分会。按照民政部《关于开展 2018 年社会组织抽查审计的通知》要求，积极配合民政部委托的会计师事务所，顺利完成了对职协的抽查审计工作。

三是完善财务制度和内控管理。进一步完善职协财务管理制度，使一切财务活动都有章可循、有规可依。在日常工作中加强财务制度落实，加强内控管理，充分利用内控切实解决财务管理中的薄弱环节和敏感问题，防控业务和管理风险，推进财务管理工作规范化。

四是加强党建工作。充分发挥职协事业发展和工作开展中党的主体作用，进一步加强党员队伍建设，通过组织召开党的十九大精神学习讨论会等不同形式的会议，不断增强政治意识、组织意识和模范意识。

五是加强宣传工作。充分利用职协网站、官方微信及《中国培训》杂志，宣传部相关政策及职业教育先进经验，并在《中国培训》杂志上开设了《技校学生资助》专栏，宣传技工院校学籍管理和资助管理政策，交流各地人力资源社会保障部门和技工院校的先进经验和典型做法。

八、中国就业促进会

2018 年是我国改革开放 40 周年，也是决胜全面建成小康社会、实施“十三五”规划承上启下的关键一年。中国就业促进会（以下简称就促会）在人力资源社会保障部党组的指导下，在全国人力资源社会保障系统及社会各有关方面的大力支持和积极参与下，秉持“围绕中心、服务大局”的工作主线，主动适应新变化，充分发挥协会优势，广泛搭建交流平台，在实干中促创新，在创新中求发展，各项工作取得了积极成果。

（一）聚焦难点热点，深化政策理论研究。

一是服务大局，组织完成就业改革发展重点史料研究。受部相关职能单位委托，如实记录改革开放 40 年来我国就业改革发展重要历程、重大事件和重要举措等，总结回顾历史成就，研究提炼经验规律，为做好当前就业创业工作提供参考借鉴。

二是紧贴需求，组织完成加快构建全方位公共就业服务体系研究。受部相关职能单位委托，梳理当前就业服务内容模式，研究发展方向目标，提出推进全方位公共就业服务的思路举措。研究成果得到部领导充分肯定，并吸纳到政策制定中。

三是把脉形势，组织召开上半年就业形势分析会。受部相关职能单位委托，组织召开就业形势分析会，邀请部内外专家，围绕宏观经济、贸易摩擦、人才争夺战等对就业的影响进行研讨交流，会后及时整理专家观点编印文集，供部领导及有关司局决策参考。

四是积极建言，为就业创业发展出谋划策。利用会长扩大会召开契机，组织与会代表为就业创业发展建言献策，所提有关推动政策细化创新、应对中美贸易摩擦影响等意见建议得到部领导高度重视。

（二）项目引领推进，提供专业化就业创业服务。

一是做好就业创业技术支持。作为第三方配合部相关职能单位，组织开展全国创业孵化示范基地复评和认定工作，为推进全国创业孵化示范基地建设提供专业支撑。继续做好央企招聘应届高校毕业生信息公开发布工作，为促进高校毕业生公平就业提供技术支持。

二是组织编写《积极就业政策践行录》。全面梳理2008年以来党中央、国务院关于就业工作的重大部署和重要讲话、促进就业的政策文件和工作实践，为就业战线同志提供工作参考。

三是开展企业提升就业质量研究项目。与金拱门（中国）有限公司合作，将就业质量评估指标体系与具体企业的调查评价体系相结合，研究提出推动引导企业提升就业质量的途径和对策建议，为企业发展和政府部门制定政策提供借鉴。

（三）广泛搭建平台，多渠道拓展合作空间。

一是举办“一带一路”人力资源发展论坛。与麦斯特公司合作，举办“一带一路”建设人力资源发展论坛，研究探索在“一带一路”建设中如何发挥人力资源作用，为企业走出去做好服务。论坛形成发挥人力资源优势，助推“一带一路”建设向高质量发展转变共识。

二是聚焦新经济新就业新发展积极建言献策。与首都经济贸易大学、滴滴公司共同举办“新经济新就业新发展专题研讨会”，为新经济新就业新发展建言献策。参与中欧劳动就业政策对话会、新京报2018智库学术沙龙等活动，围绕新经济新就业新发展进行研讨交流。

三是发挥社团优势多渠道发声。参加中国就业研究院就业季度分析会、中国民间组织国际交流促进会国别人权报告研讨会、中国残疾人事业发展研究会精准扶贫背景下残疾人就业研讨会、天津市就促会京津冀台人才交流洽谈会等活动，多领域交流、多渠道发声，全方位宣介就促会成果，不断提升影响力。

（四）强化舆论引导，多层次营造就业创业氛围。

一是组织开展纪念改革开放40周年系列活动。通过召开纪念座谈会、征集贺信寄语、编印座谈会特刊、在就促会微信公众号和《中国就业》杂志开辟专栏、组织编写《中国就业改革发展40年》书籍等方式，全方位多渠道宣传就业改革发展成果，隆重纪念改革开放40周年。

二是组织2018年度就业十件大事及地方就业创新事件评选活动，编写《聚焦中国就业（2018—2019）》系列丛书，集中盘点年度就业创业工作成果，多角度多层次展示地方工作创新亮点，为推动新时期就业创业工作提供启发借鉴。

三是配合“春风行动”做好就业创业指南扑克牌项目宣传发行。结合就业最新政策全新改版，以生动灵活的形式向基层就业服务机构和扶贫地区开展就业创业政策宣传。

四是强化多维就业宣传模式。充分发挥《中国就业》杂志、《就业工作通讯》平台功能和就促会微信公众号新媒体优势，便捷快速传递工作信息，跟进报道就业创业最新政策、重大事件、重点工作和成果经验，不断提升宣传效果。

（五）夯实组织建设，为事业发展提供强劲动力。

一是组织开展会员学习交流活动。以“了解新就业特点·把握就业新发展”为主题，解读新政要点，举办专题讲座，交流工作经验，帮助会员拓宽视野、启发思路、明确方向，不断增强协会凝聚力和向心力。

二是组织召开会长扩大会。认真学习贯彻全国两会精神，深刻理解把握就业创业新任务新目标，分享工作成果，交流工作信息，共同为就促会发展出谋划策。

三是组织召开第三届第三次理事会。向理事会报告工作，审议通过秘书处人事调整、理事及会员增补调整等建议，结合新章程要求修订会员管理、会费管理等办法，不断强化组织建设。

四是积极构建共促就业多元格局。指导江苏、山东、贵州等省就促会换届，指导天津、重庆、吉林、湖北、长春、四平、无锡等地开展就业创业活动，调动多方资源，形成共促就业合力。

（六）提高政治站位，全方位提升社团服务功能。

一是强化理论学习，提高政治站位。深入学习贯彻党的十九大精神和习近平关于推进中央和国家机关党的政治建设重要指示精神，切实以党的政治建设为统领指导推动社团工作发展。

二是严格执行就促会“三会一群”工作制度。定期召开会长办公会、工作联席会和秘书处工作会，发挥微信工作群作用，及时通报工作、交流信息、研究问题、改进思路，切实推进各项工作有序开展。

三是推动社团规范管理。积极配合驻部纪检组开展协会调研、国家保密局进驻式保密检查及相关部门审计工作，强化廉政保密意识，完善工作制度机制，加强风险防控和监督管理，推进社团工作科学化规范化。充分发挥支部战斗堡垒作用，积极推进“两学一做”学习教育常态化制度化，落实“三会一课”制度，结合张小建会长讲党课及系列主题党日活动，组织开展课题论证和业务交流，推动党建工作与业务发展深度融合、相互促进。

地方人力资源和社会保障工作

北 京 市

2018年，北京市人力资源社会保障工作坚持以习近平新时代中国特色社会主义思想为指引，全面贯彻党的十九大精神，认真落实人力资源社会保障部和北京市委、市政府决策部署，牢牢把握首都城市战略定位，坚持全面从严治党，以“民生为本、人才优先”为主线，不断深化改革创新，坚守民生底线，各项人力资源社会保障工作平稳推进，圆满完成了目标任务，为服务首都高质量发展，建设国际一流的和谐宜居之都做出了重要贡献。

一、全面推动实现高质量和充分就业

（一）提升政策集合度、创新力。

坚决贯彻习近平总书记重要指示精神，把“稳就业”作为重大政治责任，深入实施就业优先战略和更加积极的就业政策。紧密结合推动京津冀协同发展及新业态发展需求，印发《关于贯彻落实〈国务院关于做好当前和今后一段时期就业创业工作的意见〉的通知》，进一步完善具有首都特色的就业创业政策体系。落实积极就业政策，定向施策，深入实施利用失业保险支持企业稳定岗位政策，鼓励企业不裁员、少裁员，向1.4万户企业发放稳岗补贴，惠及职工290余万人，为稳定就业局势发挥了重要作用。

（二）加大就业精准帮扶力度。

强化重点群体帮扶，大力促进农村劳动力转移就业，对建档立卡低收入农户劳动者实施“一对一”援助，开发城市公共服务岗位，出台岗位补贴政策和培训补贴政策，安置本市生态涵养区等农村地区劳动力1.2万人到城市公共服务岗位就业，2018年全市新增农村劳动力转移就业6.4万人。积极做好高校毕业生就业创业服务，促进毕业生与用人单位岗位需求匹配对接，对离校未就业困难家庭高校毕业生实施“一生一策”帮扶，确保困难家庭高校毕业生全部就业。完善大学生创业服务平台和创业板，为大学生创业者提供投融资、企业治理、股权托管等定制化资本市场服务，促进产业链、创新链、资金链深度融合。截至2018年底，北京生源毕业生就业率为97.4%。

（三）加强职业技能培训。

落实《关于提高技术工人待遇的意见》《关于推行终身职业技能培训制度的意见》等文件精神，制定《关于全面加强新时代首都技能人才队伍建设的实施意见》。服务保障北京冬奥会、世园会人才需求，协调北京工贸技师学院、首钢技师学院等优质培训资源，面向延庆区劳动力开展赛会服务保障、冰雪产业、园艺产业等系列培训，形成培训、实习、就业全链条服务机制。适应产业转型升级需求，实施企业职工技能提升补贴政策，对参加培训并取得职业资格证书或职业技能等级证书的企业职工，给予不同额度补贴。对接本市人工智能产业发展对编程人才的需要，搭建校企合作供需网络平台，加大对编程人员等紧缺急需人才的培养。

（四）完善公共就业创业服务体系。

满足劳动者多元化就业需求，出台《北京市精细化公共就业服务实施细则》，发布《公共职业介绍和公共职业指导服务评价规范》，进一步提升公共就业服务精细化水平。深入开展“就业援助月”“春风行动”“民营企业招聘月”等公共就业服务专项活动，开通企业职工技能提升补贴网络服务平台和人力资源供求信息互联网对接平台。促进人力资源服务业发展，中国北京人力资源服务产业园区建设获人力资源社会保障部批准，制定《关于进一步促进猎头机构发展的若干措施（试行）》，提升人力资源服务行政许可便利化水平。推动京津冀公共就业服务共建共享，实施人力资源服务京津冀区域协同地方标准。举办第三届“中国创翼”创业创新大赛北京市选拔赛暨“创业北京”创业创新大赛，5个项目代表北京参加全国总决赛，荣获3个二等奖、1个优胜奖。加大创业融资支持力度，将小额担保贷款升级为创业担保贷款，开展创业孵化示范基地建设、优秀创业项目遴选和创业导师培育。

2018年，全市城镇新增就业42.3万人，城镇登记失业率为1.4%，全市就业局势保持稳定。

二、加快健全多层次社会保障制度体系

（一）推动社会保障领域重大制度改革落地。

深化机关事业单位养老保险制度改革，落实国家部署。完善城乡居民养老保险制度，健全缴费标准调整机制、待遇正常调整机制。坚持兜底线、织密网、建机制，平稳实施城乡居民基本医保制度，在建立统一的城乡居民基本医保制度基础上，全市城乡居民实现参保及持卡就医。推动“三医联动”改革，发挥医保在医疗改革中的基础性作用，深化医保支付方式改革，强化总额控制和预算管理，加大医保基金监控力度，维护参保人就医权益，确保医保基金收支平衡。平稳运行医保异地就医直接结算工作，优化服务流程。扎实推进政策性长期护理保险试点，在石景山区启动改革试点，采取政府购买服务模式，委托商业保险公司开展长期护理保险经办服务。

（二）稳步提高社保待遇水平。

实施社保相关待遇标准联动调整，连续25年上调企业退休职工基本养老金，持续增强群众获得感。落实健康中国战略，出台本市新版医保药品目录，将国家53种谈判药品和国家药品目录新增药品全部纳入报销范围；根据国家谈判药品降价情况，及时调整相应药品医保支付标准，进一步减轻参保人员医药费负担。完善医保精准扶贫政策，继续实施城乡居民大病保险和特困职工一次性医疗救助，在基本医保报销基础上，减轻群众医疗负担约20%，缓解“因病致困”问题。

（三）社保覆盖范围进一步扩大。

截至2018年底，全市企业职工养老、医疗、失业、工伤和生育保险参保人数分别达1 591.5万人、1 628.9万人、1 240.7万人、1 187万人和1 104万人，同比分别增长5.1%、3.8%、6%、6.2%和6.6%。五项社会保险基金累计收入3 772.4亿元，累计支出2 629.9亿元，同比分别增长18.4%、17.5%。养老、医疗、失业、工伤和生育保险基金累计收入分别为2 342.4亿元、1 209亿元、104.7亿元、40.2亿元和76.1亿元，累计支出分别为1 463.9亿元、974.7亿元、72.2亿元、36.5亿元和82.6亿元，基金安全平稳运行。

三、持续优化人才发展环境

（一）人才引进政策实现突破。

聚焦加强“四个中心”功能建设、构建高精尖经济结构需要，全力抓好人才体制机制改革的深化落实，进一步激发人才活力。瞄准高精尖产业需求，出台引进人才管理办法，建立多元化人才引进工作体系，增加了杰出人才直接引进、专家推荐引进、创新成果评价引进、突出贡献评价引进、投融资额度指标评价引进五种引进方式，实现了引才工作从“一尺量”到“多轨并行”、从政府单一管理向政府和企业共治的重大转变。

（二）积分落户申报工作平稳启动实施。

落实国家户籍制度改革精神，启动本市首批积分落户申报审核工作，为长期在京合

法稳定就业居住的普通劳动者开辟了一条全新的落户渠道。构建区、市、部委三级协同网络和大数据服务平台，最大范围实现了部门间数据的交换共享、联审联核，建立了整体联动、响应迅速、处置高效的服务保障机制，申请人足不出户就能完成积分落户的申报。全面做好咨询服务、宣传引导、应急保障等工作，各项工作稳妥有序完成，得到了社会高度评价。

（三）职称制度改革取得积极进展。

认真落实习近平总书记关于发挥好人才评价指挥棒作用的指示以及国家相关文件精神，出台《关于深化职称制度改革的实施意见》，着力解决职称评价“一尺量”、唯论文、“天花板”等问题，提出完善职称制度体系、拓展评价范围、创新评价方式、建立分类评价标准等19条措施。改革职称评价方式，首次增设正高级经济师和正高级会计师，选取17家大型国企、科创企业、投融资企业进行试点评价，从评论文改为评成果。出台《北京市科研机构专业技术职务自主评聘管理办法》，逐步在条件成熟的科研机构、新型研发机构、新型智库推行职称自主评聘制度。全力推动改革落实，将中关村领军人才职称评审“直通车”制度扩大到全市，首次将台港澳和外籍人才纳入职称评审范围，畅通职业发展通道。

（四）进一步加强人才培养梯队建设。

深入推进“北京学者”计划，制定落实个性化培养方案，出台“青年北京学者计划”，鼓励优秀青年人才从事前沿科学研究和原始创新。完善博士后制度，提升基础创新型青年人才的创新能力，重点支持战略性新兴产业和具有较高成长性的科技型企业，全市共有28家单位获批设立博士后工作站，70%以上为北京市十大高精尖产业。依托石景山区特有的环境政策优势和毗邻海淀区的区位优势，联合中国科学院和石景山区政府，共同建立博士后成果转化基地，打造技术研发—成果转化—项目孵化的创新创业链条，为博士后科研成果转化提供良好的服务平台。

四、平稳推进人事制度改革及收入分配改革工作

（一）畅通事业单位人事管理“外循环”。

印发《关于做好台港澳居民在北京市事业单位就业工作的通知》和《关于完善事业单位进人机制有关问题的通知》，建立了台港澳居民及外籍人才进入事业单位的渠道，支持本市事业单位聘用中央在京及外省市事业单位人才，对急需引进的高层次人才和特殊人才，建立绿色通道，简化进人程序，可采取直接考核的方式招聘，进一步拓宽了事业单位选人进人渠道，优化人才资源配置。

（二）畅通事业单位人事管理“内循环”。

消除内部转岗障碍，印发《北京市事业单位工作人员转岗管理暂行办法》，建立了事业单位管理、专业技术、工勤技能三类岗位转换机制。事业单位工作人员根据事业单位发展和个人职业发展需要，符合相关条件的，可在不同类型岗位间转岗，使人岗相适、人尽其才、才尽其用，调动了工作人员积极性。

（三）扎实推进收入分配改革。

认真落实《关于进一步激发重点群体活力带动城乡居民增收的若干政策措施》文件精神，印发落实激发重点群体活力带动城乡居民增收政策分工方案，建立了本市促进居民增收局际联席会议制度。制定出台《北京市人民政府关于改革国有企业工资决定机制的实施意见》，基本建立了与劳动力市场相适应、与国有企业经济效益和劳动生产率挂钩的工资决定和正常增长机制。

五、全力确保劳动关系和谐稳定

（一）持续做好治欠保支工作。

出台《北京市拖欠农民工工资“黑名单”管理暂行办法实施细则》《关于进一步健全治理拖欠农民工工资问题长效机制的实施意见》等文件，进一步健全完善源头预防、动态监管和失信惩戒相结合的劳动保障监察执法体系，以银行保函取代现金缴存农民工工资保证金，

强化工程建设领域政府投资项目联合执法检查。在全市范围内分别组织开展了工程建设领域政府投资项目联合执法检查、用人单位遵守劳动用工和社会保险法律法规情况专项执法检查等，调查约谈涉嫌欠薪企业，查处违反劳动保障法律、法规案件。2018 年，全市共查处用人单位拖欠农民工工资案件 5 000 余件，为 1.8 万名农民工追发工资 1.4 亿元。在国务院部级联席会专项考核工作中，北京市治欠保支工作获得了 A 级评价的好成绩。

（二）依法公正调处劳动人事争议案件。

完善裁审衔接制度，与市高院共同研究出台裁审衔接实施意见，形成化解争议合力。优化案件处理程序，实行简单案件简易处理，充分发挥“一裁终局”化解争议“小快灵”作用。推动用人单位内部建立协商解决机制，加强乡镇（街道）劳动争议调解窗口建设，已实现街乡调解组织全覆盖。全市乡镇（街道）、企业、行业性等各级各类调解组织已达 1 000 余个，初步形成了多层次的调解组织网络。面向社会发布劳动人事争议仲裁十大典型案例，宣传普及劳动法律知识，预防和减少劳动争议。全年共受理劳动人事争议仲裁案件 9.5 万件，结案率达 96.6%，调解率达 50.3%。

六、统筹推进扶贫协作工作

建立市区联动工作机制，全面统筹协调扶贫工作，制定下发“扶贫协作三年行动计划”等 12 个指导性文件，指导各区及相关部门按照任务清单抓好工作落实。深化劳务协作，与内蒙古及河北张家口、承德和保定签订帮扶协议，组织本市 16 个区人力资源社会保障部门与内蒙古 31 个对口旗县集中签订劳务协作帮扶协议，组织与张家口、承德、保定地区 8 个国家级深度贫困县集中签订帮扶协议。

积极推动劳务协作，实施精准就业帮扶，集中组织开展以“深化劳务协作，助力脱贫攻坚”为主题的“春风行动”专项招聘活动，为受援地区贫困劳动力提供就业岗位，供其择优就业。依托人力资源社会保障部农村贫困劳动力就业信息平台，把在京就业的贫困劳动力信息与本市人力资源公共就业服务平台对接，指导全市公共就业服务机构加强跟踪服务，组建“对口帮扶地区在京务工人员之家”，帮助贫困劳动力实现稳定就业。

七、进一步加强行风建设

优化人力资源社会保障系统营商环境，制定印发《提升社会保险业务经办便利度的若干措施》《北京市 30 项社会保险主要业务统一经办指南》，提升社会保险业务经办便利度，合并办理就业登记和社保登记，推进人力资源社会保障“一网通办”。强化监督检查，在全市人力资源社会保障系统开展三次优化营商环境专项督查，覆盖各级窗口单位。

深化“放管服”改革，进一步加大简政放权力度，精简政务服务事项 50%。持续推进数据共享和开放，与公安、民政等 20 多个部门实现信息共享。组织行风建设“大学习大讨论”和“行风建设人人谈”征文活动，继续推进“市级优质服务窗口”创建和第二届“最美人力社保人”评选活动，在全系统营造争先创优、弘扬正能量的浓厚氛围。

北京市人力资源和社会保障局

天 津 市

2018年，天津市人力资源社会保障系统全面贯彻党的十九大精神，坚持以习近平新时代中国特色社会主义思想为指引，认真落实人力资源社会保障部决策部署，提高站位、强化责任，突出重点、深化改革，坚守底线、改善民生，完成了各项目标任务。

一、就业局势保持总体稳定

坚持就业优先战略，实施更加积极的就业政策，就业规模持续扩大。全年新增就业49万人，比上年同期略有增长，城镇登记失业率控制在3.5%。其中，单位新增就业44.7万人，占91.2%。单位新增就业中，第三产业新增就业29.2万人，占65.3%，同比增长2.9%；民营企业新增就业27.2万人，占61%，同比增长1.3%，就业结构呈现优化态势。

（一）重点群体就业成效显著。

坚持把高校毕业生摆在就业工作的首位，鼓励创业带动就业，出台《关于促进大学生就业创业的扶持政策》，明确22项扶持政策。发展就业见习基地164家，向4 048名困难高校毕业生发放求职创业补贴，应届高校毕业生就业率超过90%。

（二）创业带动就业有效实施。

积极搭建融资、孵化和服务平台，支持各类劳动者自主创业。全年组织3.1万人参加创业培训，认定大学生创业企业3 298家，发展孵化基地34家，在孵大学生创业企业2 960家，带动7 239人就业，选聘企业家大学生创业导师200名，发放创业担保贷款4亿元，扶持创业3.9万人，带动就业12.9万人，创业带动就业的倍增效应持续显现。

（三）培训促进就业作用明显。

从提升劳动者素质、增强就业能力入手，大力开展职业技能培训。全年共培训15万人，其中高技能人才5万人。围绕行业企业对高技能人才的需求，开展名师带徒培训，全年共有99名名师、102名学徒申请参加。

（四）帮扶稳定就业有序开展。

实施失业保险援企稳岗护航行动，3万名参保职工申领补贴4 209万元，1 008户参保企业申领稳岗补贴1.3亿元。稳妥做好化解过剩产能企业职工安置工作，累计分流安置职工2.6万人。帮扶5.6万名就业困难人员实现就业，保持零就业家庭动态清零。

二、人才引育步伐加快

围绕“一基地三区”定位，聚焦战略性新兴产业，深化人才发展体制机制改革，不断完善引才育才模式，激发人才活力。

（一）加大人才引进力度。

发布“海河英才”行动计划，同步配套14项实施细则、5项管理制度，依托22个区行政许可中心设立“一站式”联审办理窗口。全年共吸引13.3万人来津落户，引进海内外顶尖领军人才24人，留学回国人员5 120人。成功举办“津洽会”人才智力引进、华博会海外人才对接洽谈、首都重点高校学子天津行等活动，在国内外形成较大影响。开展京津冀人才岗位需求信息征集发布活动，集中发布三地924家重点用人单位岗位需求

9 371 个。

（二）完善人才培养体系。

深入实施“天津市有突出贡献专家”和“131”创新型人才培养、来（留）津博士（后）专项资助、“千企万人”支持计划等重点人才项目，确定 88 名享受政府特殊津贴推荐人选，累计选拔“天津市有突出贡献专家”160 人，“131”第一层次人选达到 875 人、创新团队 152 个，资助来（留）津博士（后）208 人，认定“千企万人”企业 1 235 家，引育高端人才 1.4 万人。继续实施企业博士后创新项目择优资助和国际化培养计划，评选出 32 个建议资助项目和 30 名建议资助人选。实施“三支一扶”计划，再次提高了“三支一扶”人员工作生活补贴标准，全年共招募高校毕业生 156 名。出台了《天津市关于深化职称制度改革的实施意见》，制定 9 个配套文件，在全部序列设立正高级职称。

（三）优化人才服务环境。

持续优化人才服务环境，人才“绿卡”全面升级上线，累计发卡 4.5 万张。开辟专门渠道受理非公经济组织专业技术人员职称申报，累计为 2 300 多名非公经济组织人员评审了职称。加强人力资源市场管理，新增人力资源服务机构 105 家，累计达到 627 家。京津冀人才一体化取得新进展，联合发布三地专业技术人员继续教育区域合作实施意见，推进三地专业技术人员继续教育工作深度融合。

三、社会保障水平不断提升

深入推动全民参保计划，积极推进参保扩面工作。全市基本养老、医疗保险参保人数分别达到 844.31 万人、1 116.72 万人，比上年末增加 32.81 万人、28.27 万人。继续实行阶段性降费政策，将职工养老、失业保险阶段性降费政策再延长一年，医保单位缴费费率降为 10%。居民医保三级医院住院报销比例提高 5 个百分点，失业保险金发放标准提高 90 元，工伤 1～4 级伤残津贴分别增加 200 元、190 元、180 元、170 元。同时，深入推进医保支付方式改革，按病种付费范围扩大至 167 个病种，糖尿病门特按人头付费在全市推广，丙肝、肾透析按人头付费试点启动，基金使用效率有效提升。持续扩大异地联网结算医院和备案人员范围，积极做好本市参保人员异地就医服务，进一步规范异地就医管理，简化优化经办流程。截至 11 月底，天津市异地就医定点医疗机构数量达到 193 家，37 万名参保人员完成备案管理，累计结算 7.2 万人次，发生金额 17.6 亿元。

四、职工群众收入稳步增长

认真落实市委、市政府各项增收措施，多措并举增加群众收入。颁布企业工资指导线，基准线、上线、下线分别为 7.5%、12%、3%，颁布住宿和餐饮业等 7 个行业工资指导线。加大工资集体协商力度，实行工资增长共决的企业超过 8.1 万家，涉及职工 198.9 万人。连续第 14 年调整退休职工养老金，首次统一了机关事业单位和企业的养老金调整办法，全市退休人员月人均增加养老金 168 元，增幅达 5.18%。居民基础养老金由每人每月 277 元增加到 295 元，增幅达 6%，老年人生活补助标准由每人每月 95 元、105 元、115 元，增加到 113 元、123 元、133 元。继续提高居民医保政府补助标准，将 2018 年度居民基本医疗保险人均财政补助标准由 800 元提高到 840 元。大幅提高基本医保门急诊报销限额，职工医保由 5 500 元提高至 6 500 元，居民医保由 3 000 元提高至 3 500 元。总体上看，城镇居民人均可支配收入稳步增长。

五、人事管理更加科学规范

顺利开展 2018 年公开招考公务员工作，全市计划招录 2 391 人，7.2 万人报名，较上年增长 16.9%，截至 11 月底，实际录用 1 820 人。深入实施 2018 年“公务员专业精神、专业能力培育提升计划”，共举办专题培训18期、培训2 071人，公务员大讲堂7期、培训3 210人，全市累计培训公务员达30万人次。圆满完成了职务与职级并行制度试点工作，全市各试点单位公务员晋升职级11 613人。下放事业单位用人自主权，支持1 724名专业技术人员到企业挂职、兼职或离岗创业。全年发布事业单位招聘岗位4 262个，招用8 429人。

六、劳动关系保持和谐稳定

坚持企业与劳动者权益“双维护”，开展《劳动合同法》实施10周年专题活动，出台《天津市贯彻落实〈劳动合同法〉若干问题实施细则》《天津市特殊工时工作制行政许可管理办法》《天津市人力社保局关于实行高温津贴制度有关问题的通知》等文件，规范企业用工行为。调整完善劳动人事争议处理机制，明确“一裁终局”适用范围及标准，一裁终局率同比提高14.1个百分点，全年立案处理争议案件2.4万件，当期结案率93.5%。深入开展和谐企业创建活动，累计命名和谐企业1.5万户。与人民银行天津分行共同发布第二批“和谐守信”企业名单，向国家三方推荐12户企业和1个园区作为全国模范和谐单位。坚决维护劳动者合法权益，开展人力资源市场、农民工工资等专项行动，查处违法案件2 334件，追回拖欠工资4 821万元。12333日均受话量达8 979人次，群众利益诉求通道更加畅通。

七、行风建设进展显著

认真贯彻落实人力资源社会保障部行风建设电视电话会议精神，扎实推进全国人力资源社会保障系统行风建设三年行动，成立加强行风建设专项行动领导小组。不断深化审批制度改革，深入推进“放管服”改革。深入实施“天津市政务一网通”和“天津市一制三化”两项大工程。行政许可事项由8项减少到4项，公共服务事项由144项减少到76项，材料要件减少67%。行政许可事项办理一律压缩至5个工作日，其他服务事项办理时限压缩了60%以上。在市、区级层面，清单内超90%的事项可通过金保工程二期、手机App等平台，全部或者部分实现网上办理。16个事项纳入无人审批事项，占比达到了20%，45.7%的事项可即来即办、立等可取。行政许可事项和公共服务事项100%进驻服务中心，54%以上公共服务事项实现“一窗”接件。大力加强窗口单位建设，研究制定《天津市人力社保系统窗口管理规范》，从窗口服务大厅建设、行为规范、制度建设、效能考核、监督问责5个方面，为窗口单位各方面建设提供了行动指南。

八、人社扶贫工作平稳推进

立足人力资源社会保障职能，重点在就业扶贫、技能培训方面取得较大突破。制定印发了《天津市人力社保东西部扶贫协作和对口支援三年行动实施方案》，确立了“精准知贫、精准扶贫、精准脱贫”这个中心任务。与承德市签订了对口支援工作协议、与昌都市和隆化县分别签署了就业服务合作协议。设立了“中国天津人力资源开发服务中心昌都市（隆化县）就业服务工作站”和“中国天津人力资源开发服务中心昌都市（隆化县）劳务基地”，利用“互联网+就业”方式开展招聘信息发布、就业推荐、就业指导等，有针对性地开展各类技能培训。联合各区人力资源社会保障部门、105家用人单位及专家讲师，分别赴西藏自治区（昌都市）、甘肃省（宁县和迭部县）、河北省（安新县、涞源县和隆化县）等地开展6次就业招聘活动，提供4 300多个招聘岗位，且现场达成意向1 000余人。发挥天津职业培训资源优势，根据受援地区培训需求，做好对贫困县各项帮扶工作。全年累计为青海省、甘肃省、河北承德、西藏昌都等地开展技能培训3 300余人次，支援电动缝纫机等实训设备63台套，协调在甘南设立劳动保障技师学院事宜。支持受援地区初、高中毕业生就读天津技工院校，200余名来自农村地区及贫困家庭的学生均已落实免学费和助学金政策。分别在青海省、四川省、内蒙古自治区为近200名相关部门负责人举办扶贫专题培训班，为甘肃藏区人力资源社会保障系统80名干部举办2期业务培训班。

天津市人力资源和社会保障局

河　北　省

2018年，河北省人力资源社会保障部门坚持以习近平新时代中国特色社会主义思想为指导，深入学习贯彻党的十九大精神，坚决落实河北省委、省政府重大决策部署，全力支持雄安新区规划建设，深入推进全面从严治党向纵深发展、向基层延伸，统筹做好就业创业、社会保障、人事人才、工资收入分配、劳动关系协调等各项工作，圆满完成全年目标任务。

一、就业局势保持总体稳定

全省城镇新增就业87万人，完成全年任务的106.1%；失业人员再就业26.5万人，完成全年任务的110.4%；困难人员实现就业11万人，完成全年任务的110%；零就业家庭动态为零。高校毕业生就业率达到95.5%。城镇登记失业率为3.3%，控制在4.5%以内的较低水平。

（一）高校毕业生等重点群体就业稳中有进。

实施“高校毕业生就业创业促进计划”和“高校毕业生基层成长计划”，对离校未就业毕业生实行实名制动态管理，全方位提供“一对一”跟踪式指导和服务，统筹实施“三支一扶”等基层项目，2018年招募“三支一扶”志愿者1 080人。开展“春风行动”、组织就业援助月、举办民营企业招聘周等服务活动1 100余场次，指导帮助建档立卡农村贫困劳动力、就业困难人员、退役军人等重点群体实现就地就近或转移就业，有效稳定了就业局势。

（二）去产能分流职工得到妥善安置。

鼓励企业加大内部挖潜力度，拓展“企业内部退养一批、转岗培训消化一批、企业转型安置一批、自主创业带动一批、开发公益岗位兜底一批”安置渠道。逐步建立“三包一”责任制，深入实施再就业帮扶行动，提供再就业援助和创业服务，确保职工转岗不下岗、转业不失业，确保不出现零就业家庭。全年完成78家去产能企业18 318名分流职工安置任务。

（三）鼓励创业带动就业成效持续显现。

全年培育280家创业就业孵化基地，圆满完成50家省级示范创业就业孵化基地和27家省级农民工返乡下乡创业评选工作。积极组织全国“双创周”河北分会场活动，举办第三届“中国创翼”创业创新大赛、“双创双服”创业就业展示交流活动和河北省首届创业培训讲师大赛，有效激发了全社会创新创业热情。全面推行“一站式”创业担保贷款发放服务，全年发放创业担保贷款15.5亿元，扶持1.6万人自主创业，带动3.8万人实现就业。

（四）人力资源市场健康快速发展。

实施人力资源服务业发展行动计划，全省人力资源服务机构达到1 499家，从业人员近1.6万人，年营业收入233.3亿元，机构数量、从业人员、服务质量、营业收入均有大幅增长和提升，市场促进就业和配置人力资源的能力日益增强。人力资源服务产业园建设蓬勃发展，指导石家庄等地启动人力资源服务产业园建设，设立中国华北家庭服务业人力资源市场邯郸分市场，邯郸市人力资源市场·产业园挂牌运营。

（五）职业教育和就业培训质量稳步提高。

深化产教融合，开展中等职业学校质量提

升工程，启动实施“十百千技工教育国际交流与合作工程”，技工教育办学规模持续扩大，办学水平明显提升，国际交流合作更加密切。加快实施职业教育和就业培训工程，加大就业资金对技能培训支持力度，面向贫困家庭子女、未就业大学毕业生、建档立卡贫困劳动力、退役军人等群体，开展订单式、定岗式和定向式职业技能培训，全年培训各类人员52.3万人，超计划任务9.8万人。

二、社保制度改革持续深化

2018年，全省企业职工基本养老保险、工伤保险、失业保险参保人数分别达到1 261.8万人、880.3万人、546万人。全省城乡居民养老保险参保人数达到3 511.6万人，基本医保参保人数达到6 914万人。

（一）养老保险制度改革持续深化。

一是企业职工基本养老保险制度改革成效显著。河北省人民政府印发《关于贯彻落实企业职工基本养老保险基金中央调剂制度的实施意见》，明确中央调剂基金上解下拨办法，调整省级统筹基金补助办法，建立周转金增长激励机制和风险储备金制度，增强基金省级调控能力。二是机关事业单位养老保险制度改革向纵深推进。制定印发机关事业单位养老保险视同缴费指数有关问题的通知、完善经办管理配套政策等系列文件，有力推动了改革任务落实落地。全省参保人数达到288.7万人，超额完成年初国家和河北省下达的扩面任务。三是被征地农民养老保险工作取得新进展，在承德滦平县、张家口崇礼区、保定徐水区、衡水滨湖新区等开展了被征地农民参加基本养老保险试点。

（二）医疗保险服务进一步优化。

一是完善城乡居民基本医疗保险和大病保险制度。印发《关于做好城乡居民医疗保险市级统筹有关工作的通知》，强力推进城乡居民基本医疗保险和大病保险市级统筹，增强市域内基金调剂能力。各设区市全部实现市级统筹，其中廊坊、张家口实现基金统收统支，其他市建立市级调剂金制度。二是异地就医直接结算管理水平不断提升。组织全省开展跨省异地就医集中宣传活动，进一步扩大政策的知晓度，巩固拓展异地就医直接结算成果，全省14个统筹区全部接入国家跨省异地就医直接结算系统，覆盖了全部参保职工和城乡居民，外出农民工、外来就业创业人员全部纳入，全省90%以上的二级及以上公立综合医疗机构和20%以上的乡镇卫生院均纳入跨省异地就医直接结算系统。三是扎实推进医保支付方式改革。印发《关于进一步深化基本医疗保险支付方式改革的实施意见》，全面推行以按病种付费为主的多元复合式医保支付方式，完善按人头、按床日等多种付费方式，探索按疾病诊断相关分组（DRGs）和按病种分值（点数法）付费方式。

（三）工伤保险取得新的进展。

完善工伤保险省级统筹制度，覆盖范围进一步扩大，全省机关工作人员全部纳入参保范围。建筑和交通运输等行业按项目参保工作全面展开，参保率100%，其中全省建档立卡贫困劳动力参加工伤保险1.5万人，有力助推了扶贫攻坚工作。新经济新业态就业人员职业伤害保障试点工作顺利启动。对煤炭、钢铁等六行业继续实施降费政策支持，全省低于或执行行业基准费率的企业2 422家，降费金额2.1亿元。

（四）失业保险援企稳岗扎实推进。

全年征收失业保险费28.8亿元，超额完成全年任务，为13.04万名符合条件的失业人员发放失业保险金和缴纳医疗保险费11.4亿元。全面落实援企稳岗和技能提升补贴政策，深入实施援企稳岗“护航行动”和支持企业参保职工提升技能“展翅行动”，全年为161家企业支付稳岗补贴5.9亿元，为5.3万名职工发放失业保险技能提升补贴0.8亿元。

（五）社保待遇稳步提高。

完成退休人员退休金调整工作，人均提高5%，其中，企业退休人员人均增加123元，达到2 639元，略高于全国平均水平；机关事业单位人均增加165元。城乡居民养老保险基础养老金标准每人每月增加 18 元，达到 108 元。城乡居民基本医保财政补助标准每人每年增加 40 元，达到 490 元。

（六）社保基金风险防控全面加强。

在全省人力资源社会保障系统部署开展“社保基金风险防控年”活动，围绕制度建设、岗位制约、技术防范等关键环节，全面深入查摆社保基金监管存在的问题和隐患漏洞，完善政策措施，推进信息化应用，改善经办管理，健全长效机制，全方位、全链条社保基金安全防控体系基本建立。以河北省政府令形式颁布《河北省社会保险基金监督办法》，制定《河北省社会保险基金监督举报工作管理办法》，从外部监督和制度建设上进一步规范了社保基金监管工作。

三、人才队伍建设全面加强

（一）人才政策体系进一步健全。

落实中共中央办公厅、国务院办公厅《关于分类推进人才评价机制改革的指导意见》，会同省委组织部、宣传部等 6 部门制定“1+6”贯彻落实意见。制定出台《河北省人才助力产业发展三年行动计划（2018—2020 年）》，提出加强人才队伍建设 4 个专项计划，明确了 16 项工作任务。推动出台《关于提高技术工人待遇的实施意见》和《关于推行终身职业技能培训制度　加快技能强省建设的实施意见》，为技能人才培养提供了政策支撑。

（二）人才平台载体功能不断强化。

做大做强中国（河北固安）博士后成果转化基地，2018 年，新入驻博士后企业 31 家，达到 106 家，累计吸引投资 300 亿元。加强高层次人才创业园建设，全省共建省级高创园 15 个，新增博士后工作站 11 家。新批建国家级高技能人才培养基地 5 个、省级 12 个，国家级技能大师工作室 5 个、省级 12 个，全年培养高技能人才 11 万人。

（三）高层次、高技能人才选拔培养力度进一步加大。

2018 年，77 名专家入选享受国务院政府特殊津贴人员，评选“三三三人才工程”一二层次人选 114 人、优秀专家出国培训人选 68 人。由省政府建立“河北省突出贡献技师”评选表彰制度，每两年评选 100 名，每人每月给予 200 元政府津贴，提高技能人才地位待遇。积极参加第 45 届世界技能大赛全国选拔赛，获得 1 个第一名、3 个第二名，12 名选手入围全国集训队。

（四）引进外国人才工作成效明显。

落实《关于加强新形势下引进外国人才工作的实施意见》，精心组织实施引智共建蓝天、新型城镇化、京津冀协同发展、农业、民生、冬奥“六大引智计划”，全年引进国外项目 410 个，各类外国人才 8 500 余人次。认真做好外国人来华工作许可制度和外国人才签证制度工作。继续组织实施“外专百人计划”和“燕赵友谊奖”评选活动。

四、人事制度改革不断深化

（一）机关事业单位录聘工作平稳有序。

落实省委关于机构改革的有关要求，为乡镇招录公务员 1 804 名。组织事业单位“5 月集中招聘月”活动，完成省直 57 家事业单位的公开招聘。全年组织公务员招录、专业技术资格、事业单位招聘等各类人事考试 54.5 万人次，考试公平科学、安全顺利。

（二）事业单位管理进一步规范。

落实中共中央办公厅、国务院办公厅《关于开展县以下事业单位岗位职员等级晋升制度试点工作的实施意见》要求，认真开展摸底调研测算，在固安开展试点准备工作。推动公立医院人员编制管理试点平稳过渡，扩大医院用人自主权。印发《关于进一步落实企事业单位人事管理自主权有关问题的通知》，进一步下放事业单位岗位设置、聘任管理权限。

（三）高标准完成军转安置各项任务。

坚持把军转安置工作作为特殊政治任务，进一步加大力度、加快进度、有序推进，圆满完成军转干部安置任务。创新自主择业军转干部管理服务，深入实施“路桥工程”，全省自主择业军转干部就业创业率保持在85%以上，创业成功率保持在20%以上。坚持做到思想认识、救助帮扶、教育疏导，企业军转干部思想总体稳定。

五、收入分配制度进一步完善

（一）推动提高机关事业单位工资待遇。

按照国务院统一部署要求，与省委组织部、省财政厅沟通，迅速启动机关事业单位工作人员基本工资调整和离休人员离休费增加工作。及时调整艰苦边远地区津贴标准和完善基层医疗卫生机构绩效工资政策。鼓励高校、科研院所等事业单位探索实行年薪制、项目工资制和协议工资制，干部职工获得感不断增强，创造性得到有效激发。

（二）重点领域薪酬制度改革逐步深化。

印发《关于扩大公立医院薪酬制度改革试点的通知》，与省卫健委联合制定印发《关于开展省直公立医院综合绩效考核的通知》，公立医院薪酬制度改革试点工作深入推进。落实国务院办公厅《关于进一步保障义务教育教师工资待遇的通知》，省政府办公厅印发实施方案，提出8项确保义务教育教师工资收入水平不低于当地公务员工资收入水平的保障措施。

（三）完善企业职工收入分配机制。

深化国有企业负责人薪酬制度改革深入推进，整改规范2015年度省属国有企业负责人薪酬发放，对违规发放的福利性待遇责令清退。完成2016年度省属国有企业负责人薪酬备案和信息公开披露工作。印发《河北省省属国有企业负责人薪酬监督检查办法》。发布2017年度省属国有企业负责人基本年薪基数，安排2017年度省属国有企业负责人薪酬审核工作。完成国家赋予的企业薪酬调查工作。

六、劳动关系总体和谐稳定

（一）和谐劳动关系构建不断加强。

制定出台构建和谐劳动关系评定标准。开展劳动关系和谐单位评选，完成17家国家级模范劳动关系单位和2个和谐园区申报工作，以及139家省级模范劳动关系和谐单位和4个省级模范劳动关系园区的评选工作。进一步完善协调劳动关系三方体制机制，开展集体协商“百日行动”，加快推进集体协商和集体合同制度建设，优化劳务派遣审批流程，积极推进劳动用工备案，全省规模以上企业签订工资专项集体合同6.8万份，覆盖企业13.5万家，覆盖职工759万人。

（二）保障农民工工资支付工作有力有效。

完成国家对河北省、河北省对设区市保障农民工工资支付考核，责任进一步压实，工作基础更加牢固。印发《关于构建保障农民工工资支付长效机制的意见》《关于进一步加强治欠保支问责工作的通知》《关于进一步完善房屋建筑和市政基础设施建设领域农民工工资保证金和专用账户管理制度的通知》等文件，治理欠薪制度机制进一步健全。实施治理欠薪“冬病夏治”工程，部署自2018年起连续三年开展治欠保支专项督查，督促各地落实属地责任，把功夫下在平时，确保欠薪矛盾纠纷及时化解在当地。开展企业劳动保障守法诚信等级评价和重大劳动保障违法行为社会公布，评选出劳动保障守法诚信优秀等级企业50家，曝光存在重大劳动保障违法行为用人单位21家，17家严重欠薪企业列入“黑名单”，实施多部门联合惩戒。扎实开展农民工工资支付情况专项检查，推动欠薪案件动态清零。处理拖欠工资类案件3 180件，为5.3万名劳动者追发工资待遇5.5亿元。

（三）信访仲裁工作扎实有效。

坚持以法治思维和法治方式处置信访事项，落实领导包案接访、带案下访、主动约访制度，深入开展矛盾纠纷排查调处活动，对人力资源社会保障系统各类矛盾隐患早预防、早掌握，及时化解处置。加强信访维稳工作，确保“两节”、全国两会等时期信访形势稳定。加强人事争议调解仲裁多元处理机制落实，推进仲裁工作信息化建设和劳动人事争议仲裁院标准化建设。受理信访案件13 845件，涉及2.3万人次，受理劳动人事争议案件2.8万件，结案率达到98.4%，涉及劳动者3.2万人。

七、人力资源社会保障领域扶贫成效明显

紧紧围绕省委、省政府安排部署，对照目标任务，落实责任，强化措施，全力推进人力资源社会保障领域脱贫攻坚工作。一是把就业扶贫工作摆在突出位置，纳入就业创业总体规划，出台“1+9”就业扶贫政策体系，覆盖就业扶贫工作涉及的各类对象和贫困劳动力就业创业各环节。建立省市县乡村就业扶贫工作组织体系，探索实践新思路、新方法和新举措。突出扶贫车间吸纳就业、返乡创业带动就业、有组织劳务输出就业、公岗安置就业等四渠道促进就业，努力提高劳务组织化程度。二是制定印发《关于切实做好社会保险扶贫工作的实施意见》，明确政府代缴保险费、保留贫困人员100元最低缴费标准、60周岁及以上建档立卡贫困人员直接享受待遇、脱贫不脱政策等优惠政策。三是强化针对农村建档立卡贫困人口的“基本医保+大病保险+医疗救助”三重保障制度落实，贫困人口在省市三级医院住院合规费用报销比例达到90%以上，在县域内医院及乡镇卫生院合规费用报销比例达到95%以上，普通门诊慢性病医疗费报销比例达到80%以上，重大慢性病医疗费报销比例达到95%以上。

八、全力支持服务雄安新区规划建设，京津冀协同发展进一步深化

着眼雄安新区特点和需求，从就业创业、社会保障、人事薪酬、人才发展、公共服务等方面，研究制定支持雄安新区规划建设人力资源社会保障政策措施，大胆解放思想、对标国内外先进经验，出台《河北雄安新区管理机构聘任制管理暂行办法》《雄安新区薪酬制度实施办法（试行）》《关于雄安新区急需人才和高校毕业生落户有关问题的通知》《关于雄安新区引进海内外高端人才的实施意见》《雄安新区被征地农民就业创业培训实施方案》等文件，为雄安新区人力资源社会保障工作顺利开展提供政策支持和制度保障。深化京津冀人力资源社会保障领域对接合作，建立健全定期协商机制，新签合作协议、备忘录11项，累计签署协议、备忘录29项。在全国打造区域共建共享的先例，实现了“跨省公共服务平台异地经办服务网点建设、区域人力资源协同标准、工伤保险跨区域协作、跨省异地就医门诊直接结算”四个全国率先样板。

九、基层基础建设不断夯实

一是基层平台服务保障水平进一步提升。截至2018年底，省级财政先后投入1.6亿元资金支持全省2 361个乡镇（街道）开展公共服务平台标准化建设，全省乡镇（街道）公共服务平台标准化建设工作全面收官，人力资源社会保障基本公共服务实现省、市、县、乡四级全覆盖，提前两年完成“十三五”规划目标任务。二是信息化支撑作用不断强化。以统筹推进人力资源社会保障一体化信息系统建设为抓手，通过省集中、一体化、大数据、一卡通、“互联网+”等手段，实现信息化建设大发展。深入实施“互联网+人社”行动，加快业务板块信息系统研发，积极拓展网上办理人力资源社会保障公共服务事项。建立数据共享机制，开展大数据综合应用，提升数据分析和工作服务管理水平。推进社保基金管控平台和社税共享平台建设，为社保基金风险防控和征管职责划转提供信息化支撑。开展社保卡制作发放提质提速行动，加快社保卡制发应用，全年新增发卡1 073万张，完成全年任务的165%，累计发卡6 900万张。

十、系统行风建设深入推进

按照“正行风、树新风，打造群众满意的人社服务”总要求，全面深化“放管服”改革，编制全省行政审批和公共服务事项清单，规范完善办事指南，取消涉及养老保险、工伤保险、失业保险的12类22项证明材料，解决群众堵点问题31项，切实做到“减证便民”。

截至2018年12月，全省办事企业和群众减少提供材料30%，省本级统筹单位社会保险参保登记等11项高频政务服务事项实现了“最多跑一次”。深入开展“行风建设人人谈”征文和“最美燕赵人社人”评选活动，为系统行风建设营造了良好氛围。

十一、机关自身建设持续加强

落实全面从严治党各项要求，认真履行主体责任，全面加强机关建设，不断提高工作效能，为人力资源社会保障事业发展提供了坚实的基础。坚决落实新时代党的建设总要求，层层落实管党治党政治责任，进一步增强“四个意识”，坚定“四个自信”，自觉做到“两个维护”。认真落实“两个责任”，履行“一岗双责”，加强廉政风险点管控，通过开展廉政谈话、签订党风廉政建设责任书，层层传导压力，层层压实责任。全面开展网上培训，党员干部的学习氛围日渐浓厚。完善目标绩效管理考核，健全考核指标体系，推进考核规范化、精确化。制定干部交流轮岗实施办法，充分调动干部积极性，激发内在活力。

河北省人力资源和社会保障厅

山 西 省

2018年，在省委、省政府的坚强领导下，全省人力资源社会保障系统干部职工担当作为、攻坚克难，人力资源社会保障领域重大改革稳步推进，各项目标任务圆满完成，人社扶贫精准有效，党建工作扎实推进，为全省经济社会发展做出了积极贡献。

一、全力确保就业局势总体稳定

一是研究制定了《关于做好当前和今后一个时期促进就业工作的实施意见》，紧盯大学生、农民工、退役军人、去产能企业职工、城镇就业困难人员等重点群体，大力推行就业统计实名制，精准实施五大工程、十项活动。二是实施创业带动就业工程，举办了“中国创翼”创业创新大赛山西选拔赛、山西省大学生创业星火项目评选大赛等活动，新认定省级创业孵化基地、创业园区14个，新建市级创业孵化基地、创业园区21个，创业带动就业12.45万人，完成全年任务的124.5%。三是实施大学生就业质量提升工程和就业创业促进计划，开展公共就业服务进校园、高校毕业生就业服务月、人才智力交流大会等专项招聘活动，应届高校毕业生就业率达93.75%。四是实施困难群体就业帮扶工程，帮助失业人员再就业17.25万人，完成全年任务的115%；帮助城镇就业困难人员就业4.72万人，完成全年任务的118%，零就业家庭基本实现动态清零。五是向国家争取就业专项资金18.9亿元，比上年增加2.3亿元。全年全省城镇新增就业55.7万人，转移农村劳动力40.9万人，分别完成目标任务的123.7%、124%，同比分别增长7.5%、1.7%；城镇登记失业率3.26%，同比下降0.17个百分点，就业指标实现“两增一降”，全省就业局势总体稳定、稳中向好。

二、大力实施全民技能提升工程

一是印发了《山西省全民技能提升工程实施方案》，按照“人人持证、技能社会”的要求，积极争取国家专项资金10亿元，在全国率先组织开展100万人的职业技能培训，实行实名制管理，全年共完成培训110.9万人，其中，城乡劳动者就业前技能培训67.5万人、企业在岗职工培训43.4万人，城乡劳动者培训后就业率达36%。人力资源社会保障部给予充分肯定并在全国范围内推广，《山西日报》头版进行了深度报道，并入选2018年山西十大新闻。二是落实省委77次常委会议精神，及时部署推进“高校毕业生就业创业培训”“为开发区项目建设提供人才支撑”两件实事，将高校毕业生纳入全民技能提升工程培训范围，对离校两年以上未就业高校毕业生实施“特惠制”培训，共培训高校毕业生8.3万人，为301个（户）招商引资项目和入驻企业提前培训3.18万人。

三、全面深化社会保障制度改革

一是实施全民参保计划，全省基本养老、基本医疗、失业、工伤、生育保险参保人数分别达2 416.7万人、3 259.9万人、431.1万人、596.7万人、481.4万人，分别完成目标任务的102.5%、100.9%、101.2%、102.2%、103.3%。二是积极推进机关事业单位养老保险制度改革，公布了“中人”视同缴费指数，出台了《山西省职业年金基金管理实施办法》，启动实施了新养老金计发办法。三是建立起城乡居民基本养老保险待遇确定和基础养老金正常调整“两个机制”。四是研究制定了《关于对被征地农民实行基本养老保险补贴的指导意见》和《关于完善企业职工基本养老保险省级统筹制度的通知》。五是扎实推进医疗和生育保险合并实施试点，作为全国12个试点市之一，晋中市参保人员生育医疗费在院直接结算，产检费定额直补，待遇水平稳中有升，惠及35万人。六是开展失业保险援企稳岗“护航行动”和技能提升“展翅行动”，在费率降低一半的前提下，发放稳岗补贴4.3亿元，惠及2 620户企业、130.6万名职工，发放技能提升补贴4 439万元。七是扩大了工伤保险按工程建设项目参保范围，新开工项目参保率达100%，在建项目参保率达97.9%；修订了辅助器具配置目录及费用限额标准，将省煤炭社保中心划转承担工伤保险经办管理。八是积极推进社会保险费征管体制改革，完成了社保存量数据的比对整理移交工作，在国家五部委联合召开的全国社会保险费和非税收入征管职责划转工作动员部署会议上作了典型发言。九是向中央争取社保转移支付资金287亿元，比上年增加27亿元，增长10.4%。

四、稳步提高城镇居民收入

一是出台了《关于激发重点群体活力带动城乡居民增收实施方案》，对技能人才、科研人员等七大重点群体实施差别化的收入分配激励政策，全国独家开展了政策评估，带动城镇居民增收2.88个百分点，对城镇居民收入的贡献率为44.37%。二是发布了企业工资指导线，基准线为8.5%。三是按月人均300元的标准提高了机关事业单位工作人员基本工资，2018年底前全部兑现到位。四是提高了县以下机关事业单位工作人员工资待遇，乡镇工作补贴月人均提高100元，一、二类艰苦边远地区津贴月人均分别提高40元、60元。五是提高了城镇企业和机关事业单位退休人员基本养老金，月人均增加170元，企业退休人员基本养老金实现“14连涨”，月人均达3 297元。六是将城乡居民基础养老金最低标准由每人每月80元提高到103元，为全国由地方财政筹资提待（每人每月提高了5元）的13个省份之一。七是将失业保险金标准提高到当地最低工资标准的80%，在全国排名由第18位提升到第5位。八是提高工伤职工伤残津贴、生活护理费和工亡职工供养亲属抚恤金三项待遇，月人均分别增加165元、233元和63元。九是按不低于每人每月500元的标准提高了中小学班主任津贴。全年城镇居民人均可支配收入31 035元，同比增长6.5%，在全国排名第27位，比上年提升了3位。

五、扎实推进人才人事工作

一是印发了《山西省分类推进人才评价机制改革的实施方案》，建立了以同行评价为基础的业内评价机制。二是深化职称制度改革，具有行业特色、专业特点的职称分类评价机制和制度体系初步建立。三是实施高端创新型人才培养引进工程、新兴产业领军人才培育工程、专业技术人员知识更新工程，选拔享受政府特殊津贴专家58人、省级学术技术带头人150人、新兴产业领军人才80人，培训高层次人才2 700余人，比上年增加360余人。四是加强高层次人才载体与平台建设，新设立18个院士工作站，选聘19名院士，山西省农业科学院获批国家级专家服务基地。五是高技能人才培养成效显著，新确定国家级、省级高技能人才培训基地各5个，国家级技能大师工作室6个、省级技能大师工作室15个。评选出“山西省享受政府津贴高级技师”50名和“三晋技术能手”245名。在2018年全国数控技能大赛和智能制造大赛中，均获得优秀组织奖，总分分别位列全国第11、12名；在第六届全国职工技能大赛上，荣获全国总冠军，“三晋工匠”全国称雄。六是出台了《山西省事业单位特设岗位设置管理办法》，将专业技术二级岗位人员聘用核准权下放到各市和省直主管部门，将世界排名前200位高校的硕士研究生纳入事业单位专项招聘范围，省直事业单位共招聘1 211人。七是实施以增加知识价值为导向的收入分配政策，完善了事业单位高层次人才收入分配激励机制，高校、公立医院、科研院所等事业单位在无收入全额拨款事业单位的5倍以内自主申报绩效工资总量、自主确定分配办法、自主创新分配方式，向高层次人才倾斜。八是积极支持山西大学和太原理工大学率先发展，下放了人才引进、职称评审和工资审批权，在两校开展管理岗位职员制改革试点工作。

六、劳动关系总体和谐稳定

“五一”期间开展了大规模的劳动法律法规宣传活动，提高了劳动法律法规政策知晓度。对用人单位劳动用工实行动态监管，全省企业劳动合同签订率达98.2%。实现省市县三级劳动人事争议仲裁机构实体化全覆盖，仲裁结案率达98.8%，调解成功率达74.3%。落实治欠保支制度措施，实现农民工工资“三个清零”，共办结工资类案件673起，为1.25万名农民工追发工资1.6亿元，分别下降63%、55%和51%，在保障农民工工资支付工作考核中，位列A级，受到国家通报表扬。开展部分军队退役人员“走访慰问排查疏导”活动和“相关政策落实季末清零”行动，共解决个案问题37个，清理欠薪1 673万元、欠保8 599万元，帮助1 897人就业，实现了“四个动态清零”。人力资源社会保障信访案件数量占全省信访总量的比重降低了8%，25起重点案件全部办结。

七、积极推进人社领域重大改革

一是加大减税降费力度。在全国率先出台了阶段性降低社会保险费率政策，将养老保险单位费率从20%降至19%，失业保险单位费率从2%降至0.7%，6个市工伤保险费率分别降低了20%～50%。全年共为实体经济企业减负37.1亿元。二是推动国有企业改革。全面完成10 934名去产能企业职工分流安置任务，安置率达100%。将5户省属国有煤炭企业47.7万名职工的医疗、生育保险全部纳入属地社会统筹，解决了多年遗留的历史难题。三是支持民营经济发展。对照省委“民企30条”，出台了工作方案，在失业保险费返还和降费率、开展职工技能培训和畅通职称申报渠道等8个方面发力，责任到人，跟踪督办，取得了初步成效。四是深化收入分配制度改革。出台了《关于提高技术工人待遇的实施意见》《关于改革国有企业工资决定机制的实施意见》《关于调整机关事业单位工作人员基本工资标准和增加机关事业单位离休人员离休费的实施意见》，将公立医院薪酬制度改革试点扩大到除阳泉市外的省直及其他10个市的38家公立医院。五是支持开发区“三化三制”改革，出台了《山西省开发区管委会领导班子收入绩效管理办法》和《山西省开发区实行管运分离面向市场引入专业化管理团队办法》。

八、扎实推进系统行风建设

一是深化“放管服效”改革。压缩了14项审批事项办理时限，压缩幅度为51%。二是深化“互联网+政务服务”，45%以上的审批事项实现“一网通办”。三是开展就业统计实名制试点和就业创业证、社保卡“证卡合一”试点，在全省推行就业创业证电子证书和电子社保卡，“民生山西”手机App正式上线运营，全面取消社保待遇领取资格集中认证，将跨省异地就医直接结算范围扩大到30个省份。四是改革机关事业单位人员流动管理，在省政务大厅窗口直接受理办理。五是开展了窗口单位实地暗访和咨询服务电话随机抽查，人力资源社会保障公共服务水平显著提升，窗口工作作风明显改善，为民服务“最后一公里”更加畅通。

九、全力推进人社扶贫工作

实施培训就业扶贫专项行动，培训农村贫困劳动力9.2万人、转移就业10.1万人。扩大组织化、品牌化劳务输出规模，积极争取人力资源社会保障部支持，在北京和大同连续举办“吕梁山护工”推介交流大会和华北地区家政服务劳务对接扶贫暨“天镇保姆”推介交流大会，着力打造精品特色劳务品牌，“吕梁山护工”入选全国人力资源社会保障领域 20 个精准扶贫典型案例。开展了人力资源社会保障领域扶贫政策落实情况专项督查，建档立卡贫困人口城乡居民基本养老、医疗保险参保率和政府最低保费代缴率均达 100%。将深度贫困县失业保险金标准提高到当地最低工资标准的 90%、稳岗补贴标准提高到上年度缴纳失业保险费总额的 60%，将深度贫困县参保职工申领技能提升补贴的条件放宽到累计缴费 12 个月。将公务员招录计划的 6%、省直事业单位招聘计划的 12%专门用于招录招聘基层服务项目人员，将“三支一扶”招募计划向深度贫困县倾斜。在全国首家举办了“2018 年县级医疗集团人才招聘大会”。连续 8 年对口帮扶五台县东雷乡，在省直机关工委年度扶贫工作考核中被评为优秀等次。

十、切实履行全面从严治党主体责任

一是扎实推进“三基建设”，严格落实换届提醒制度，各级党组织按期换届率达 100%；修订完善厅机关“一目录三手册一汇编”；组织全系统 1.82 万名干部参加专业基本能力测评。二是实施谈心谈话、主体责任落实月报、向厅党组报告工作三项制度，党支部书记与党员谈心谈话 1 300 余人次。坚持“三会一课”制度，开展各类主题实践活动和主题党日活动。三是开展群众身边腐败问题专项整治，省自主择业中心 1 名干部涉嫌贪污公款被“双开”，全省共核查领取养老保险待遇人员 141.8 万人，查实冒领人员 709 人，追回冒领养老金 634.9 万元。四是持之以恒正风肃纪，印发党员干部“六严禁”要求，列出党员干部行为“负面清单”，对 3 名干部予以免职，对 6 名干部实施党纪政务处分，将 3 名涉嫌违法犯罪人员及时移送省纪委监委审查，将 1 名长期旷工的工作人员依规予以辞退。对 32 个直属单位负责人集体约谈，对 8 个单位进行全厅通报，进一步增强了纪律规矩意识。

山西省人力资源和社会保障厅

内蒙古自治区

2018年，全区各级人力资源社会保障部门认真贯彻落实党的十九大精神，以习近平新时代中国特色社会主义思想为指导，围绕“民生为本、人才优先”工作主线，坚持稳中求进工作总基调，全面落实以人民为中心的发展思想，坚持改革创新，守住民生底线，主动作为，精准发力，全力打造群众放心、人才称心、社会安心、干部用心、服务尽心的“五心人社”，各项重点工作取得新进展，主要计划指标完成情况优于预期，事业发展呈现良好态势。

一、就业局势保持总体稳定

把稳就业摆在首要位置，全面落实新一轮积极的就业政策，完善政策措施，狠抓工作落实，全区城镇新增就业25.9万人，完成国家下达任务的118%；城镇登记失业率3.58%，低于年度控制目标0.42个百分点。

（一）健全完善创业就业政策体系。

认真落实自治区“十三五”促进就业规划，制定2018年全区就业工作实施方案，全面推动就业政策的落实。建立就业工作激励机制，出台《促进就业工作先进地区激励实施暂行办法》，对排名靠前的盟市提请自治区政府办公厅通报表扬。

（二）统筹做好以高校毕业生为重点的各类群体就业工作。

开展了高校毕业生就业创业政策集中宣传活动，制定了高校毕业生基层成长计划实施方案，高校毕业生实现就业或落实就业去向14.6万人，完成年度计划的112%；农牧民转移就业252.8万人，完成年度计划的103.2%；就业困难人员实现就业6万人、城镇失业人员再就业6万人，分别完成年度计划的119.4%、119%。

（三）创业带动就业的作用明显发挥。

深入实施“创业内蒙古”行动6项计划，创业培训2.6万人，培训后成功创业1.5万人，创业带动就业4.7万人。完善创业担保贷款政策，将农牧民纳入贷款支持范围，降低贷款申请条件，放宽财政贴息政策，发放创业担保贷款11.1亿元。

（四）着力提升劳动者就业能力。

完善技能培训工作机制，提请自治区政府印发了《关于推行终身职业技能培训的实施意见》，促进职业技能培训覆盖城乡全体劳动者，贯穿劳动者就学就业各阶段和成长成才全过程，提高培训的针对性和有效性。实施农牧民工职业技能提升计划——“春潮行动”，组织城乡就业技能培训15万人，培训后实现就业12万人。

（五）公共就业服务水平明显提高。

组织开展“春风行动”、“就业援助月”、“民营企业招聘周”、残疾人就业帮扶等专项服务活动。零就业家庭保持动态清零，共帮助零就业家庭302户的318人实现就业。实施失业保险援企稳岗“护航行动”，全年发放稳岗补贴资金3亿元，惠及企业2 061户、职工44.1万人。启动失业保险支持技能提升“展翅行动”，为12 529人次发放技能提升补贴2 040.6万元。做好化解过剩产能职工安置工作，22家煤炭企业去产能分流职工得到妥善安置。认真开展失业动态监测工作，监测企业数扩大到 4 502 户，为分析研判就业形势提供可靠的数据支撑。

二、社会保险制度平稳运行

坚持全覆盖、保基本、多层次、可持续方针，稳步提高社会保障能力。

（一）社会保险覆盖面进一步扩大。

深入推进全民参保计划，认真开展参保信息采集和入户调查工作，全面比对核实各类人群参保情况。全区城镇职工养老保险参保 733.5 万人、失业保险参保 255.5 万人、工伤保险参保 325.5 万人，分别完成年度扩面任务的 103.9%、100.7%、104.3%。城乡居民基本养老保险参保人数达到 749.9 万人，待遇领取人数为 235.8 万人。

（二）社会保险待遇水平稳步提高。

退休人员基本养老金实现“14 连增”，企业退休人员月人均增加 135 元；城乡居民基础养老金由每人每月 110 元提高到 128 元；失业保险金标准上调 10%，月人均增加 166 元；调整了全区工伤职工的伤残津贴、生活护理费、供养亲属抚恤金待遇标准。落实社会保险倾斜政策，按照每人每年 100 元的标准，为 35 万名困难人员代缴了城乡居民养老保险费。建立了城乡居民基本养老保险居民丧葬补助金制度，并于 2019 年 1 月 1 日起正式实施，补助标准为上一年度 12 个月的自治区最低标准基础养老金。

（三）阶段性降低了社会保险费率。

会同自治区财政厅制定了《关于继续阶段性降低社会保险费率的通知》，自 2018 年 5 月 1 日起，将企业职工养老保险费率由 20%下调至 19%，工伤保险平均费率由 2017 年的 0.73%下降至 0.4%以下，继续执行阶段性降低失业保险费率政策，全年可减轻企业负担 19.5 亿元。

（四）社会保险管理服务进一步提升。

取消了社会保险待遇的集中认证事项，实现了养老保险远程认证。加快社会保障卡发放和应用推广工作，全区社会保障卡持卡人数达到 1 922.8 万人，完成年度计划的 101.7%。

三、人才队伍建设不断加强

围绕推进人才发展体制机制改革，坚决破除思想障碍和制度藩篱，优化人才发展环境，进一步激发了各类人才创新创业创造活力。

（一）推进人才政策创新。

提请自治区党委印发了《关于加强新形势下引进外国人才工作的实施意见》，提出了引进、使用和服务保障方面的具体措施。提请自治区党委办公厅、政府办公厅印发了《关于分类推进人才评价机制改革的实施方案》，建立符合不同人才成长规律和实际特点的评价机制，进一步激发人才创新创业活力。制定了自治区级留学人员创业园建设管理办法、博士后工作管理办法，鼓励和吸引更多优秀青年人才到自治区创新创业。

（二）专业技术人才队伍建设不断加强。

加大人才选拔培养力度，向人力资源社会保障部推荐享受国务院政府特殊津贴人选 54 人。在阿尔山承办了人力资源社会保障部第二批全国专家学术休假活动。组织实施农耕文化创业、大兴安岭火后生态修复、草原生态保护、医疗卫生、农牧业专家服务基层项目 7 期。巴彦淖尔肉羊种羊场专家服务基地被人力资源社会保障部批准设立为第 4 批国家级专家服务基地。人才开发基金增加到 2 000 万元，资助单位项目 19 项，高层次人才个人项目 32 项。开展 2018 年度“留学人员回国创业启动支持计划”“海外赤子为国服务行动计划”“高层次留学回国人才资助”等 3 个项目的选拔推荐工作，获批资助项目 4 项，资助经费 120 万元。开展自治区留学人员创新创业资助，资助优秀留学人才 30 人。

（三）高技能人才队伍建设不断加强。

深入实施高技能人才振兴计划，立足本地区产业优势，广泛开展岗位练兵、技术比武和各类职业技能竞赛，评选认定 2 个国家级高技能人才培训基地建设项目、5 个技能大师工作室建设项目、10个自治区高技能人才培训基地建设项目和10个技能大师工作室建设项目，完成了第45届世界技能大赛内蒙古选拔赛盟市初赛、自治区复赛及全国选拔赛工作，实施了“技能中国行2018——走进内蒙古”暨内蒙古职业技能竞赛系列活动，表彰了10名全区“技师高级技师突出贡献奖”获得者和50名全区技术能手。新培养高技能人才2.7万人，完成年度计划的134%。

（四）加大高层次人才引进培养力度。

发挥“绿色通道”引才便捷优势，全年自治区本级为高等院校、科研院所、医疗机构等单位刚性引进人才181人，引才学历结构和层次较往年有了进一步优化和提高。做好高层次急需紧缺人才引进服务，会同自治区党委组织部在北京大学、复旦大学、中国人民大学等重点院校举办了专场招聘会，吸引高质量优秀毕业生到自治区就业创业，达成意向2 580人次。加强青年创新人才培养，举办了2018年内蒙古自治区“草原英才”工程青年创新创业人才高级研修班，培训入选2017年度自治区“草原英才”工程青年创新创业人才65人，为入选人员颁发证书及拨付资助资金。发布了2018年全区高层次急需紧缺人才需求目录，涉及大数据产业、生物科技、高端装备、节能环保、蒙中医药等产业1 079个岗位、2 199人。

四、人事制度改革进一步深化

深化人事制度改革，人事管理科学化、规范化水平不断提高。

（一）加强公务员管理。

组织开展了2018年全区公务员四级联考和公安、司法等各类专项考试。积极推行聘任制公务员工作，确定自治区公安厅、审计厅、环保厅、商务厅、生态环境厅等5家单位开展聘任制公务员试点，并组织了笔试、面试、体检、考察等工作。会同自治区公安厅完成了全区公安现役部队转改考试工作，参考人数为2 438人。认真开展改革开放40周年杰出贡献表彰人选推荐工作，一位同志被授予了“改革先锋”称号。

（二）规范事业单位人事管理。

积极探索符合行业特点的分类设岗办法，修订完善了高校岗位设置管理政策。认真做好2018年度区直事业单位公开招聘工作，全区计划公开招聘事业单位工作人员6 847人，其中区直单位1 044人、盟市单位5 803人。

（三）做好军转安置工作。

继续实行量化赋分安置办法，共安置计划分配军队转业干部506人，年度军转干部安置任务圆满完成。着力推进自主择业军转干部择业指导、就业创业扶持工作，组织自主择业转业干部招聘会6场（次），自主择业干部就业率始终保持在70%以上。主动化解矛盾，企业军转干部群体总体稳定。

五、工资收入分配制度改革有序推进

围绕扩大中等收入群体、缩小工资收入分配差距，逐步健全工资收入分配制度。调整了机关事业单位工作人员基本工资标准和机关事业单位离休人员离休费。积极推进公立医院薪酬制度改革试点工作，扩大改革试点范围，全区公立医院共计307家，列入试点的有38家。认真完成国有企业负责人薪酬改革工作任务，公布2017年度区直企业负责人基本年薪基数；完成2016年度区直企业薪酬实施方案批复和信息公开披露工作。发布2018年企业工资指导线和16个行业工资指导线，企业货币工资增长的基准线为7.0%，企业货币工资增长的预警线为10.0%，企业货币工资增长下线为1.5%。制定了改革国有企业工资决定机制的实施意见，明确了国有企业工资总额管理要与劳动力市场相适应，与经济效益和劳动生产率挂钩，使工资与效益、劳动生产率、国有资产保值增值等同向联动、能增能减，进一步优化了工资结构，促进收入分配更加合理有序。

六、积极构建和谐劳动关系

健全劳动关系协调机制和矛盾调处机制，

劳动人事争议调解处理效能和劳动保障监察执法能力进一步提升，劳动关系总体和谐稳定。

（一）完善劳动关系协调机制。

印发了《关于开展构建和谐劳动关系综合试验区建设的意见》，综合试验区建设工作全面启动。在全区范围内广泛开展“构建和谐劳动关系，携手共同发展”主题知识竞赛活动，共有 9.9 万人次、2.3 万户企业参加。授予 38 家单位“内蒙古自治区模范和谐劳动关系单位”称号，授予 48 名同志“创建和谐劳动关系先进工作者”称号；推选 9 户企业和 2 个工业园区参选全国模范劳动关系和谐企业与工业园区。落实用工备案作为企业办理其他劳动保障业务的前置程序措施，督导和激发企业自主备案，备案单位 14.6 万户、职工 171.1 万人。推进劳动保障领域社会信用建设，已认定和谐劳动关系单位 1 495 家、工业园区 23 个，劳动保障失信社会法人名单 78 户。规范劳动用工管理，牵头制定了《内蒙古自治区人民法院、人民检察院聘用制书记员管理实施方案》，与自治区公安厅联合印发了《内蒙古自治区公安机关警务辅助人员招聘办法》，为推进司法体制改革做出了积极贡献。

（二）强化劳动人事争议调解仲裁工作。

加强基层调解组织建设，全区仲裁院组建率 99%，大中型企业劳动争议调解委员会组建率 82%，乡镇街道调解组织组建率 85%。推进调解仲裁信息化建设，全区调解仲裁办案系统已实现盟市仲裁机构全覆盖，90%以上旗县仲裁机构已开通使用，线上办案率达到 60%以上。加大争议调处力度，各级调解仲裁机构共处理争议 19 250 件，同比增长 14.8%，调解成功率 66.4%，涉及劳动者 23 034 人。其中，仲裁机构立案受理案件 12 619 件，审结 12 690 件，涉案金额 4.1 亿元，上期未结案 298 件，结案率 98.2%，终局裁决率 43.3%；调解组织受理争议 6 631 件，办结 6 157 件。

（三）加大劳动保障执法监察力度。

开展了全区用人单位遵守劳动用工社会保险法律法规、清理整顿人力资源市场秩序等专项检查，集中开展了保障农牧民工工资支付工作专项督查。主动检查用人单位 37 047 户，督促补签劳动合同 2.9 万人，督促补缴社会保险费 834.1 万元，追发工资等待遇 1.6 亿元。建立劳动保障诚信“红黑名单”制度，对不履行支付主体责任的企业，列入信用“黑名单”并向社会公布，让企业“一处违法、处处受限”。

（四）治欠保支工作成效显著。

认真落实习近平等中央领导同志的重要批示精神，针对国家考核发现的问题，制定了整改方案，以工程建设领域和解决政府投资项目欠薪问题为重点，开展了集中攻坚。严格落实属地和行业监管责任，全面开展隐患排查，建立问题台账，构建具有集成效应的治欠保支长效制度体系，在明责任、查底数、治源头、建机制、重惩戒、抓调度等方面打出一系列组合拳，“两金三制”等制度覆盖率大幅提升，源头治理得到加强。加大欠薪案件查办力度，各级人力资源社会保障部门受理工资类举报投诉案件 686 件，涉及 1.1 万人，追发工资等待遇 1.6 亿元，结案率 100%，案件数、金额和人数同比下降 48%、73%和 71%。

七、扎实做好人社领域扶贫工作

围绕打赢脱贫攻坚战，做到认识上到位、思想上重视、行动上坚决，明确目标任务，完善政策措施，精准推进落实，就业扶贫增收入、技能扶贫强素质、社保扶贫保生活、人才人事扶贫促发展都取得明显成效。

（一）全面推进就业创业扶贫。

强化技能培训，提升就业创业能力，全年培训贫困劳动者 3 472 人。创建就业扶贫车间、社区工厂、就业扶贫驿站等就业扶贫载体，已累计建立扶贫车间 93 个，吸纳贫困劳动力 5 114 人。与北京市人力资源社会保障局签署了《扶贫协作框架协议》，制订了京蒙劳务协作三年行动计划，开展了“京蒙劳务协作”专项行动，进一步加强与北京劳务对接，建立劳务输出工作机制。强化贫困劳动者技能培训，提升就业创业能力，全区 19 499 名就业扶贫对象实现就业，完成年度目标任务 16 359 人的 119.2%。

（二）做好社会保险扶贫工作。

完善并落实社会保险扶贫政策，按照每人每年 100 元的标准，为 18.8 万名建档立卡未标注脱贫的贫困人口代缴了养老保险费，并对贫困人口参加城乡居民基本医疗保险个人缴费部分由财政给予补贴，实现了贫困人口基本医疗保险、养老保险的应保尽保。

（三）推进人才智力扶贫。

在首都师范大学举办内蒙古基层专业技术人才培训班，共培训贫困地区专业技术人才 500 余人。实施精准脱贫千名专家服务基层三年行动计划，全年组织专家 387 人赴 55 个贫困旗县，开展义诊 6 323 人次，现场技术指导培训贫困地区各类人员 15 287 人次。加大对人才扶贫工作资金投入力度，从自治区人才开发基金划拨经费 646 万元，确保人才扶贫工作顺利开展。

八、加强人社系统行风建设

以开展人力资源社会保障系统行风建设为抓手，以建设“群众放心、人才称心、社会安心、干部用心、服务尽心”的人力资源社会保障公共服务体系为目标，在补齐人力资源社会保障公共服务“短板”上下功夫。

（一）建立健全行风建设工作责任制。

成立了行风建设工作领导小组，由厅主要负责人担任组长，下设综合协调组、“放管服”改革组、标准化信息化专项组、窗口建设专项组、监督组 5 个工作组，明确了责任分工，建立了主要领导负总责、分管领导具体抓、其他领导具体负责、各专项组协同配合推动工作落实的工作机制。印发了《关于进一步加强全区人力资源和社会保障系统行风建设工作的实施方案》，提出了今后 3 年的工作目标，制定了深化“放管服”改革、加强标准化信息化建设、加强窗口单位的管理和支持、明察暗访、执纪问责等 12 个方面的具体措施，并将行风建设工作纳入党风廉政建设目标责任，纳入干部职工奖惩评价体系，纳入窗口单位建设考核体系，与整体工作同部署、同实施、同督查。

（二）编制审批服务事项清单。

全面梳理全区人力资源社会保障系统审批服务事项，并在全区统一了事项名称、实施依据、申请材料、办理时限和办事流程。全区人力资源社会保障系统 219 项审批服务事项中，审批公共服务事项 196 项，面向机关事业单位的内部管理事项 23 项。自治区本级 149 项审批服务事项中，行政审批事项 29 项，公共服务事项 120 项。

（三）加强信息系统建设。

统筹推进门户网站、手机客户端、微信、自助服务等服务终端建设，内蒙古 12333 手机客户端已开通社会保险、社会保障卡、求职招聘、民生查询、政策法规、培训考试、生存认证等 7 类服务，办理业务 30 余项。全面升级改造自治区就业信息系统和就业网上服务大厅，实现就业失业登记、就业援助对象认定、个人培训补贴、灵活就业人员社保补贴等 14 项业务网上经办。在乌兰察布市开展了“一窗受理、一网通办”工作试点，第一批 82 项公共服务已实现网上办理。

内蒙古自治区人力资源和社会保障厅

辽　宁　省

2018年，辽宁省各级人力资源社会保障部门以习近平新时代中国特色社会主义思想为指导，认真贯彻落实党的十九大和十九届二中、三中全会精神，深入贯彻落实习近平总书记在辽宁考察时和在深入推进东北振兴座谈会上的重要讲话精神，牢固树立“四个意识”，坚定“四个自信”，做到“两个维护”，坚持“民生为本、人才优先”，突出抓好稳就业、防范养老金支付风险、优化人才环境、促进城乡居民和各类群体增收、人社扶贫、行风建设等工作，统筹推进社会保障制度建设、事业单位人事管理、和谐劳动关系建设、维权维稳等工作，各项工作都取得了积极成效，圆满完成全年目标任务。

一、就业创业工作

（一）主要目标完成情况。

全省城镇新增就业49.3万人，完成年计划的120.2%，同比增长10.1%。14个市均按时序进度完成全年工作目标。辽宁省城镇登记失业率3.98%，低于年控目标0.52个百分点，就业形势持续稳中向好。

（二）高校毕业生就业创业情况。

实施高校毕业生就业创业行动计划，促进高校毕业生留辽回辽来辽就业创业。组织创业就业先进典型到高校巡回宣讲，开展“筑梦未来　与你同行”高校毕业生就业创业政策宣传推介活动。举办“热爱辽宁　投身辽宁振兴发展”“系家乡情怀　建美好辽宁”“走进江苏　走进高校”等对接活动。密集组织校园、网络、国企、民企、县域等系列专场招聘会4 191场，提供就业岗位52.5万个，线上发布岗位信息48.2万条。

（三）创业带动就业情况。

落实创业扶持政策，开展创业孵化基地专项补贴评估认定工作，为145家创业孵化示范基地提供1.1亿元省级专项补贴。由人力资源社会保障部门管理的创业孵化基地达到197家，入驻企业7 754户，吸纳就业5.58万人。扶持创业带头人1.2万人，完成年计划的123.1%，带动就业7.5万人，完成年计划的124.7%。举办第三届“中国创翼”创业创新大赛辽宁选拔赛、创业高端论坛峰会、创业博览会等创业创新活动3 593场。

（四）重点群体就业援助情况。

通过开展就业援助月、“春风行动”、城市结对帮扶、劳务对接、送岗位到基层以及专场招聘等系列活动，加大重点群体就业援助推进力度，帮助12.1万名就业困难人员和66.4万名失业人员实现就业再就业，促进128.5万名农村劳动力转移就业，安置8 619户零就业家庭8 663人就业，零就业家庭保持动态为零。

（五）就业失业监测情况。

全省对5 000户企业用工情况和1 202户企业失业情况进行动态监测，对涉及对美贸易的3 280户企业用工情况进行全面调查、分析研究，逐月对就业形势、人力资源市场供求状况、新增就业及登记失业率等主要指标进行分析研判。积极应对中美经贸摩擦影响，对98户重点企业逐月进行动态监测，制定《辽宁省人社系统应对中美经贸摩擦加强预警稳定就业应急预案》。

二、社会保障工作

（一）企业职工基本养老保险情况。

全力应对养老金支付风险，坚定不移落实有关文件精神，印发《关于切实做好企业职工基本养老金按时足额发放工作的通知》，启动扩面征缴专项行动，对各市和部分县防范养老金支付风险情况开展专项调研督查，严格基金支出管理，对各市资金筹集和发放情况按日调度，给予发放确有困难的县（市）区养老保险风险基金支持。全省企业养老保险参保1 779.4万人，完成年计划的102.2%。基金当期总收入1 783亿元，同比增长13.8%。其中，征缴收入1 098.8亿元，同比增长11.5%；地方财政补助104.6亿元，同比增长104.1%；中央财政补助535.1亿元；转移及其他收入44.5亿元。基金当期总支出2 182.1亿元，同比增长10.9%。14个市和省本级基金存在缺口，通过多渠道筹措资金，确保了养老金按时足额发放。提高企业退休人员基本养老金标准，为663.6万名企业退休人员月人均提高128元，月人均养老金水平为2 472元。

（二）机关事业单位养老保险情况。

全省（不含中直单位）机关事业单位参保207.6万人，其中，在职职工121.1万人，参保率100%；实际缴费人数117.5万人，缴费率97%；养老金发放人数86.5万人，发放率100%。基金当期收入233.4亿元，当期支出215.9亿元。从2018年12月开始按新办法为改革后退休人员准确计发养老金。提高机关事业单位退休人员基本养老金标准，统一实行与本人缴费年限和基本养老金水平双挂钩，实现企业和机关事业单位退休人员养老金调整办法完全统一，为85万名退休人员月人均提高养老金162元，月人均养老金水平为4 185元。印发《辽宁省职业年金基金管理实施办法（暂行）》《辽宁省职业年金基金归集账户管理暂行办法》，开展职业年金基金征收归集、受托机构评选工作。

（三）城乡居民基本养老保险情况。

全省城乡居民养老保险参保1 040.8万人，其中60周岁以上享受待遇人员428.4万人。基金当期收入70.6亿元，当期支出67.6亿元。提高城乡居民养老保险基础养老金最低标准，414.4万名参保城乡老年居民基础养老金最低标准从85元提高至108元，全省月人均养老金水平达到147.8元。制定《关于建立城乡居民基本养老保险待遇确定和基础养老金正常调整机制的实施意见》，启动老农保遗留问题清理工作。

（四）失业保险情况。

全省失业保险参保679.6万人，完成年计划的100.7%。基金当期总收入36.5亿元，其中，征缴收入34亿元。基金当期总支出33.3亿元，滚存结余270亿元。实施失业保险援企稳岗“护航行动”和技能提升“展翅行动”，向1.8万户企业发放稳岗补贴10.2亿元，惠及职工257.4万人；向1.3万人发放技能提升补贴0.2亿元。

（五）工伤保险情况。

全省工伤保险参保840万人，完成年计划的100%。基金当期收入37亿元，当期支出32.7亿元。为13.6万名工伤职工及供养亲属按时足额支付了各项工伤保险待遇。出台《辽宁省工伤保险实施办法》和《辽宁省工伤保险辅助器具配置管理办法》，印发《关于进一步加强工伤认定和劳动能力鉴定规范管理工作的通知》。积极推进工伤保险基金省级统筹。工伤保险相关待遇标准平均提高5%，一级工伤人员伤残津贴、生活护理费和供养亲属抚恤金最低标准分别达到2 363元、1 848元和1 082元。

（六）社会保险基金监管情况。

依托社会保险基金监管系统，筛查养老保险重点指标数据31 875条，查处违规领取人数9 969人，追回基金7 149.56万元。开展企业职工提前退休审批专项检查工作，共抽检档案3 390份，发现共性问题5个方面，个性问题153例，涉假档案2例，提出整改意见建议

32 条。开展工伤保险内部控制专项检查，发现问题 21 个，反馈整改意见函 6 份，各市所涉及的问题均按要求整改到位。

（七）社会保险经办管理服务情况。

完成全民参保登记工作并通过人力资源社会保障部评估达标验收，入户调查登记人数 552 万人，上传人数 4 228.2 万人并获得国家确认，占普查人口 4 368.9 万人的 97%。开展社会保险风险管理专项行动，对 35 个市级、236 个县级经办机构开展全方位检查评估。全省新增发社会保障卡 190 万张，累计发卡达到 3 190 万张，社会保障卡 102 项应用功能全部开通。

三、人才人事工作

（一）完善人才政策情况。

落实《辽宁省人才服务全面振兴三年行动计划》，制发 12 个配套人才政策或方案。印发《关于推进人才集聚的若干政策》《关于营造企业家健康成长环境弘扬优秀企业家精神更好发挥企业家作用的实施意见》《关于分类推进人才评价机制改革的实施意见》《关于进一步提高技术工人待遇的实施意见》。

（二）专业技术人员队伍建设情况。

新增专业技术人员 9.8 万人。向国家推荐享受国务院政府特殊津贴人选 114 人。选拔“兴辽英才计划”领军人才 17 人。确定辽宁省“百千万人才工程”人选 1 319 人。招募“三支一扶”计划人员 388 人。将博士后集聚培养工程升级为辽宁青年英才储备计划，新增博士后科研工作站 7 家，新招收博士后研究人员 593 人，办理博士后出站 308 人，博士后出站后留辽工作 242 人，占全部出站人员的 78.57%。实施专业技术人员知识更新工程，新增国家级专业技术人员继续教育基地 1 家，举办省级高级研修班 10 期，完成专业技术人员公需科目在线培训 35 万人次。深化职称制度改革，推动用人主体自主开展职称评审，全省 37 家三甲医院、110 所高校、6 家大型企业开展自主评审。全年组织专业技术人员资格考试 51 项，报名 21.67 万人。

（三）高技能人才队伍建设情况。

实施高技能人才振兴计划，建设国家级高技能人才培训基地 5 家、国家级技能大师工作室 4 家、省级技能大师工作站 17 家。新增技能人才 12.9 万人，其中，高技能人才 4 万人。在第 14 届高技能人才评选表彰活动中，6 人获得中华技能大奖，12 人获评全国技术能手。开展辽宁省优秀高技能人才评选活动，评出功勋高技能人才 5 人，有突出贡献高技能人才 50 人，省技术能手 100 人。组织开展第 45 届世界技能大赛辽宁选拔赛、第一届全国技工院校教师能力大赛辽宁选拔赛、2018 年“技师杯”技能精英挑战赛。完成 16.4 万人次技能鉴定统考工作，核发证书 12.9 万本。推进劳动者终身培训体系建设，修订出台《辽宁省职业培训补贴资金管理办法》和《辽宁省承担政府补贴项目培训机构管理办法》，调整发布职业培训政府补贴专业省级指导目录，对特殊急需紧缺工种补贴标准平均上调 7%。

（四）人才引进情况。

开展重点产业领域人才（项目）需求信息征集活动，征集发布辽宁省 1 151 家企事业单位 1.5 万条人才需求信息和 99 家企事业单位 119 个项目需求信息。深入推动双招双引，出台支持省属高校、公立医院、科研院所等事业单位到国内外一流高校现场招聘高层次和急需紧缺人才的政策。开展“走进江苏　走进高校”系列招聘活动 11 场，744 家企事业单位提供岗位 2.1 万个，达成就业意向 944 人次。实施“百校千企”人才对接计划，与辽、吉、黑、蒙、苏、陕等省区 155 所高校建立长效合作机制。全省引进高层次人才 1 906 人，完成年计划的 127%。有序推进人力资源服务业发展，新增人力资源中介服务机构 107 家，建成人力资源服务产业园区 5 家。

（五）事业单位人事管理情况。

跟进事业单位改革，印发《省直公益性事业单位优化整合人员转隶及人员管理意见》，完成岗位设置、人员聘用等工作，做好转企改制人员安置和社保衔接等工作。推进事业单位人事管理“放管服”改革，调整优化事业单位岗位结构比例，加强事业单位公开招聘管理，全省聘用合同签订率100%。开展建立健全机关事业单位防控“吃空饷”长效机制的检查，指导督促有关市对发现的8起“吃空饷”问题追责问责并进行通报。

四、工资收入分配工作

（一）制定各类群体收入增长计划并推动落实情况。

推动城乡居民和8类群体收入增长，制定印发《辽宁省城乡居民和各类群体收入增长三年行动计划》及其贯彻落实方案，确定重点监测的12个收入指标和跟踪13个经济指标，按季度对城乡居民收入增长情况进行分析。

（二）企业工资收入分配情况。

出台《辽宁省人民政府关于改革国有企业工资决定机制的实施意见》。完成省最低工资标准调整工作，月最低工资标准一档为1 620元、二档为1 420元、三档为1 300元、四档为1 120元，建立最低工资标准科学评估机制。发布2018年度企业工资指导线，下线、基准线、上线分别为4%、7%、10%。推进省属国有企业负责人薪酬制度改革工作，完成28户省属国有企业254名负责人2016年度薪酬审核兑现工作。推进14个市市属国有企业负责人薪酬制度改革工作，89个市属国有企业548名负责人纳入改革范围。

（三）机关事业单位工资收入分配情况。

完善事业单位绩效工资制度，落实以增加知识价值为导向的分配政策，下放省属高校、科研单位、公立医院绩效工资总量调控权限。完成艰苦边远地区机关事业单位人员津贴标准调整工作，月人均增资40元。完成事业单位基本工资调整兑现工作。扩大公立医院薪酬改革试点并制定印发实施意见。制定进一步保障义务教育教师工资待遇的实施意见。制定印发《关于贯彻落实严禁自行出台政策发放工资津贴补贴有关问题的意见》。跟进事业单位改革，制定了与人事管理、财政补助方式相协调的工资政策。

五、和谐劳动关系建设工作

（一）和谐劳动关系建设情况。

健全完善劳动用工备案制度，全省用工备案企业20.9万户，职工人数511万人，企业劳动合同签订率94.5%。开展2018年度“集中要约行动”，提高集体合同覆盖面。建立劳动关系风险监测报告制度，按月对劳动关系形势进行分析研判。妥善做好国企改革等劳动关系风险防范工作，制定厂办大集体改革职工身份认定和职工安置实施办法，有8个市开展了厂办大集体职工身份认定工作，认定职工身份13 101人，涉及企业83户。

（二）劳动保障监察执法情况。

以监察执法事项全面覆盖、执法对象重点监控为目标，加大日常巡视检查、用人单位书面审查和举报投诉案件专查力度，着力提高案件查处质量。主动巡视检查用人单位3.9万户，查处各类违法案件4 937件，各类违法案件结案率达到100%。通过劳动监察执法，为2.99万名劳动者补签劳动合同，为4.16万名劳动者追偿工资等待遇4.14亿元，督促用人单位缴纳社会保险费3 272万元。开展清理整顿人力资源市场秩序专项检查，检查各类用人单位3 679户，查处各类违反相关规定的行政违法案件146件，取缔非法职业介绍活动85件，吊销（撤销）许可证5件。

（三）劳动人事争议调解仲裁情况。

印发《关于进一步加强劳动人事争议调解仲裁完善多元处理机制的实施意见》和《辽宁省贯彻落实裁审衔接机制建设工作的意见》，成立裁审衔接机制建设工作组，建立联席会议制度、案例指导机制和信息共享机制。开展劳动法律公益服务“千街万企行”活动。全省仲裁机构立案受理劳动争议案件3.3万件，涉案金额8.9亿元，当期结案率97.7%，终局裁决率35.2%。调解组织立案受理调解案件1.6万件，涉案金额1.6亿元，调解成功率60.5%。

（四）农民工工资支付工作情况。

印发《关于建立建设领域农民工工资保证金制度的通知》《辽宁省建设领域农民工工资支付管理办法》《辽宁省拖欠农民工工资“黑名单”管理暂行办法》。全省累计办结欠薪案件906件，为1.4万名农民工追偿工资2.1亿元。着力解决国家和省重点督办案件，国家及省督办农民工欠薪案件726件，涉及农民工7.6万人，涉案金额22.4亿元，已销案515件，为4.7万名农民工追偿工资13.3亿元；结案145件，涉及农民工2.3万人，涉案金额7.5亿元。

（五）信访维稳工作情况。

落实“五级书记抓信访”“信访矛盾减存控增共性信访问题三年攻坚”专项行动部署，在全系统开展“矛盾纠纷排查”“社会稳定风险评估攻坚”活动，出台《辽宁省人社领域信访矛盾减存控增三年攻坚共性信访问题化解实施方案》《辽宁省人社系统信访矛盾减存控增三年攻坚工作考核办法》《辽宁省集体和重大农民工欠薪案件挂牌督办制度》。落实信访工作责任制，推进依法逐级走访，引导群众通过法定途径分类处理信访投诉请求。开展农民工欠薪领域扫黑除恶专项斗争，共排查11件涉嫌涉黑涉恶案件线索，8件已移送公安机关、3件当地正在核实。

（六）法治人社建设情况。

深入推进“放管服”改革，建立权责清单41项、公共服务事项清单24项、政务服务事项清单39项，严格执行140项职业资格目录。印发《辽宁省人力资源和社会保障厅公平竞争审查办法》，消除对民营企业、外地企业的政策壁垒。推进“五证合一、一照一码”登记制度改革，为16万户按照“五证合一”领取营业执照的企业办理了职工参保缴费。完成“证照分离”改革工作和人力资源社会保障系统“证明事项”清理工作，取消证明事项7项，保留证明事项9项。做好行政复议和诉讼工作，省本级收到行政复议申请100件，受理93件，审结83件，处理行政诉讼案件151件。

六、人社扶贫工作

（一）就业扶贫情况。

深入推进深度贫困县就业扶贫，走进10个深度贫困县举办“促进转移就业　助力增收脱贫”系列主题招聘活动13场，帮助6 700人就业。开展家政服务劳务对接扶贫行动、贫困家庭离校未就业高校毕业生就业帮扶专项行动。推动创业扶贫，为符合条件的深度贫困县创业孵化基地给予每年30万元补贴，建成农民创业孵化园7个，农村“创业一条街”3条。

（二）技能扶贫情况。

深入开展技能脱贫行动，为贫困家庭学生落实免学费、助学金、奖学金等助学政策，优先安排实习、推荐就业；对子女接受技工教育的农村建档立卡贫困家庭，给予每生每年3 000元左右的补助。针对贫困劳动力实施整建制购买培训、直补培训机构、职业培训和技能鉴定补贴、订单定向培训等政策。加快推进农村远程培训，远程培训站点达到931个，培训课件470个。

（三）社会保险扶贫情况。

推进贫困人口参加城乡居民养老保险，89.3万名贫困人员参保。其中建档立卡贫困人口17.6万人，低保对象61.3万人，特困人员10.4万人。为38.9万名贫困人员代缴养老保险费4 099.1万元。推进农民工和贫困劳动力按项目参加工伤保险，参保农民工人数达64.6万人，其中建筑业农民工参保18.6万人。加强工伤预防，降低工伤发生率，减少因工伤导致的贫困发生率。

（四）人事人才扶贫情况。

引导高校毕业生到基层就业，对辽西北等地区引进的符合条件的本科、硕士高校毕业生给予一定资金奖励。落实“三支一扶”计划，招募高校毕业生从事扶贫管理岗位171人、支农岗位203人、支医岗位6人、支教岗位8人。依托国家“万名专家服务基层项目行动计划”，支持省肿瘤医院在沈阳市北陵社区卫生中心等社区医院、阜蒙县、朝阳县、葫芦岛市开展义诊、讲座、肿瘤防治健康教育等活动，支持省海洋水产科学研究院开展“海水健康养殖技术示范与服务活动”。

七、行风建设工作

按照党中央国务院、省委省政府和人力资源社会保障部有关部署要求，省厅党组将加强系统行风建设作为贯彻落实“重实干、强执行、抓落实”行动的重要工作内容，与以“我是人社人　人人都是营商环境”为主题的“党建＋营商环境建设”活动同部署同落实，共同作为系统性工作长期推进。印发《辽宁省人力资源和社会保障系统进一步开展“办事难”问题专项整治暨加强窗口单位作风建设工作方案》《关于进一步加强全省人社系统行风建设工作方案》《关于进一步深入推进全省人社系统行风建设专项行动的紧急通知》。成立厅加强行风建设工作领导小组及5个专项工作组，明确2018—2020年3年任务目标、责任部门、时序进度。围绕“干部不担当、不作为，群众办事难，企业办事难”问题，严格落实“五制、四公开、三亮明”原则，采取规范服务、缩短办证周期、处科长值班、提供延时服务等举措，建立整治机关“衙门”作风、解决机关“中梗阻”问题、提升服务群众能力水平等长效机制。针对出现的作风不过硬、管理不规范、服务意识不强等问题，组织开展自查整改、加强教育培训和监督检查，突出问题导向，及时消除隐患。深化“放管服”改革，加强标准化信息化建设，全年省厅减少行政权力事项22项，全系统减少证明材料399项，建立权责和服务清单并面向社会公开，省级公共服务事项网上可办率达到82.4%。

辽宁省人力资源和社会保障厅

沈　阳　市

2018年是贯彻党的十九大精神的开局之年。沈阳市人力资源社会保障工作紧紧围绕建设“四个”中心、落实“五高”要求、打造国际化营商环境等重点任务，突出“民生为本、人才优先”的工作主线，坚持“创新发展、规范管理”的工作原则，大干实干，勇于担当，创新进取，圆满完成指标任务，人力资源社会保障事业实现新的发展。

一、就业局势保持总体稳定

坚持把就业作为第一位任务，落实就业政策，改善就业环境，优化就业服务，千方百计稳岗位、促就业，保持就业局势总体稳定，就业质量明显提升。全年全市城镇新增就业11.87万人，城镇登记失业人员再就业12.56万人，扶持创业带头人3 483人，带动就业2.07万人，零就业家庭保持动态清零。

（一）高校毕业生就业成果突出。

紧紧围绕产业转型升级对人才的需求，把吸引高校毕业生来沈就业创业摆在就业工作的首位，开展人力资源社会保障系统“送政策、送岗位、送项目、送技能、送信息”进校园活动，举办111场高校毕业生专场招聘会，吸引11.03万名高校毕业生来沈就业创业。加强高校毕业生实名制管理，实名接收就业创业应届高校毕业生75 768人。招录30名“三支一扶”人员和992名高校毕业生到基层就业，帮扶4 074名高校毕业生实现就业。

（二）创业带动就业继续深化。

加大政策扶持力度，出台《沈阳市吸引人才就业和创业租房补贴实施细则》，为6 256人发放就业创业租房补贴1 670万元。组织项目对接、高峰论坛、公益讲座、创业沙龙等活动300余场，评定优秀创业导师26人、奖励资金67万元，发放创业孵化基地运营补贴2 100万元、创业担保贷款3 491万元。开展优秀创业项目评选，选送的参赛项目获得第三届“中国创翼”创业创新大赛省选拔赛创业组一等奖。

（三）公共就业服务平台建设持续加强。

加快推进国家级人力资源服务产业园建设，沈河园区、浑南园区等“一园三区”规划建设面积20.5万平方米、预计总投资11.8亿元的发展格局初步形成。组织开展人力资源服务机构诚信建设工作，完成诚信机构评估180户，3家人力资源服务机构被评为“国家级诚信服务示范机构”。公共人力资源服务机构作用充分发挥，举办各类招聘洽谈会738场，提供就业岗位14.5万个。加大“智慧就业”建设力度，开通了官方微信公众号，“互联网＋就业”服务功能得到全面拓展。

二、城乡社保体系不断完善

按照“兜底线、织密网、建机制”的要求，全面建设覆盖全民、城乡统筹、权责清晰、保障适度、可持续的多层次社会保障体系，制度机制不断完善，各个险种覆盖面不断扩大，社保扶贫政策落实，城乡居民社保待遇水平稳步提升。2018年，全市基本养老、医疗、工伤和失业保险参保人数分别为392.9万人、537.4万人、180.2万人和143.2万人。

（一）养老保险制度运行平稳。

养老保险基金收入263.1亿元，财政补贴

119.6亿元，基金支出403.6亿元，基金净缺口20.9亿元，通过财政补助、中央调剂金弥补以及市、区两级财政筹集资金弥补等措施，确保127万名离退休人员养老金按时足额发放。企业退休人员基本养老金实现“14连涨”，由月人均2 479元调整为2 611元，人均增加132元。

（二）医疗保险待遇水平不断提高。

职工医疗保险基金收入138.6亿元，支出121.6亿元，当期结余17亿元，累计结余147.9亿元；居民险收入16.4亿元，支出12.1亿元，当年结余4.3亿元，累计结余14亿元。扩大医保支付的药品范围，将37种价格昂贵的抗肿瘤药品纳入医保支付范围；目录内医保支付费用的药品达到2 954种，增加497种。财政人均补助标准达到每人每年不低于490元。按照国家和省统一部署，深入开展打击医疗保险欺诈骗保专项行动，检查1 597家次医院和药店，处理494家，追回资金596.7万元，对40家医院下达自查整改通知。按照国家统一部署，开展药品集中采购试点，完成组织机构组建、试点方案制定、配套政策制定、医保支付标准制定等工作，做好试点启动各项准备工作。

（三）工伤保险制度不断规范。

工伤保险基金收入9亿元，支出8.1亿元，结余0.9亿元，基金滚存结余10.9亿元，2.72万名工伤职工和遗属享受工伤保险待遇。严格按照《工伤保险条例》有关要求时限，完成工伤认定11 262件；实施工伤保险费率浮动政策，平均缴费费率从0.97%降到0.79%；连续6年5次提高工伤人员伤残津贴、生活护理费和供养亲属抚恤金等3项待遇标准。

（四）失业保险作用充分发挥。

失业保险基金收入10.4亿元，支出13.9亿元，当期缺口3.5亿元，滚存结余59.5亿元。开展援企稳岗“护航行动”，对符合条件的6 738户企业，按企业及其职工上年度实际缴纳失业保险费总额的50%给予稳岗补贴5.7亿元。对参加失业保险缴费累计满3年并取得相关职业技能资格证书的4 389名企业在职职工，由失业保险基金支付技能补贴717万元。

三、人才队伍建设成绩显著

围绕结构调整、产业转型和创新升级发展需求，突出人才吸引、培养、留住和使用重点环节，统筹实施重大人才工程，着力优化人才发展环境，打响“沈阳品牌”，人口吸引力指数为全国平均值的1.725倍，人才供需竞争指数为53.5，入选全国最受招聘者欢迎十大城市。

（一）人才政策体系完善。

制定印发28项新的人才政策实施细则，加上原有“盛京人才战略”及其实施细则，实现63项人才政策措施全覆盖。出台《沈阳市建设创新创业人才高地的若干措施的补充意见》，提出9项创新举措；印发《沈阳市制造业人才发展三年滚动工作计划（2018—2020年）》，助推制造业创新发展。

（二）人才政策深入落实。

2018年，新增专业技术人才36 946人，引进高层次人才709人。分7个批次认定2 880人为沈阳市高层次人才，为其中269人发放税收补贴1 756.77万元。261人次入住“盛京人才驿站”，遴选28个高层次人才团队，给予创新创业资助4 100万元。分别对30名中青年科技英才和4家培养人才成效显著单位奖励5 260万元和400万元。资助新设立的2家博士后工作站60万元、58名新进站博士后250万元，资助5名留学归国博士75万元创新创业。

（三）招才引智力度加大。

开展“沈阳招才引智系列活动”，为用人单位和求职者提供对接服务平台。组织185家驻沈重点企事业单位“走进江苏　走进高校”系列人才招聘、春秋季中高级人才专场洽谈会，引进各类人才6 253人，其中，博士367人、硕士2 852人、本科3 034人。组织“院士沈阳行”、重点高校博士“沈阳行”和“百家名企进高校”等系列活动，邀请63名清华等名校博士来沈与用人单位洽谈对接、全国24所重点高校有关负责人来沈与企业交流洽谈。“引战友回驻地”活动签约落地26个项目、总投资78亿元。开展引进国外技术、管理人才项目，以及国家引进文教类外国专家项目、“外专千人计划”项目、国家引才引智基地项目申报工作，引进各类外国人才1 044人，其中，外国高端人才221人。

（四）职业能力建设加强。

组织企业和培训机构开展劳动预备制培训、企业新型学徒制培训、技能提升培训、技师和高级技师培训。完成“盛京大工匠”、市级高技能人才培育基地项目、“双元制”校企合作培训项目申报和初审。参加第45届世界技能大赛全国选拔赛，4名选手入选国家集训队。组织技工学校教师参加全省技工院校教师职业能力大赛。完成“振兴杯”全国青年职业技能大赛组织工作，沈阳选手包揽全部3项冠军。参加第十四届中华技能大奖和全国技术能手评选，2人获“中华技能大奖”，3人获“全国技术能手”称号；3人获评“第四届辽宁省功勋技能人才”、11人获评“第五届辽宁省有突出贡献高技能人才”、23人获评“第十二届辽宁省技术能手”，拨付奖励资金345万元。

四、人事管理制度改革深化

坚持人事管理有法可依、有章可循，进一步解放思想，创新管理制度，推进人事管理的科学化、民主化和制度化。

（一）公务员管理全面加强。

完成“乡镇公益性事业单位工作人员考试录用为乡镇机关公务员”的考务工作。开展政府系统干部“混基层经历”问题专项整治行动。建成沈阳市公务员管理信息化系统，对2.3万人信息实施更新。完善考核办法，在12家单位推进平时考核试点。扎实做好及时奖励工作，对425名在创建“食品安全城”“国家卫生城”工作中做出突出贡献的人员进行奖励。开展学习贯彻党的十九大精神主题教育活动，轮训处级领导干部3 385人。组织近100名市直党政机关处长赴北京、厦门开展对口培训。举办“打造国际化营商环境”及“实施‘五高’措施、建设‘四个中心’”专题培训班。

（二）事业单位管理日趋规范。

完成市城建局20家事业单位划转至市城市综合执法局、4个区属房产局整建制划转至市不动产登记中心的工作。组织沈阳知识产权保护中心、沈阳市儿童福利院两家单位面向社会的公开招聘活动。完成事业单位改革任务，印发《市直公益性事业单位优化整合人员转隶及人员管理意见》和《市直经营性事业单位转企人员安置意见》，对涉改单位进行政策宣讲和送政策上门。成立事业单位改革“一站式”服务平台，接待政策咨询500多人次。

（三）职称制度改革扎实推进。

完善职称评价办法，确保评价方式和标准更加科学合理。推进职称自主评审，在市属高校、科研院所等单位自主开展高、中、初级职称评审；积极鼓励大型企业组建相应系列（专业）中级职称评委会，负责本单位中初级职称的评审工作。沈阳机床集团、东软集团等9家单位自主开展相应职称评审工作，有5 491人通过高中级职称评审。

（四）军转安置工作有效落实。

完成1 633名军转干部安置工作。举办自主择业军转干部培训20余场，提升自主择业干部创业就业能力。全面加强企业军转干部维稳解困工作，制定印发6个政策性文件，接待上访人员1 500人次，帮助解决实际困难，确保企业军转干部稳定。

五、工资分配制度不断完善

（一）深化事业单位绩效工资制度改革。

出台《关于贯彻增加知识价值为导向分配政策的实施细则》和《沈阳市关于深化高等院校、公立医院、科研机构收入分配制度改革的若干意见》，扩大高校院所、公立医院在收入分配上的自主权，完善按要素分配的体制机制。

（二）开展城乡居民和各类群体收入增长行动计划。

从推动就业、创业、农业农村优先发展、激发重点群体活力、保障改善民生等方面提出具体的措施办法，认真组织落实，促进城乡居民和各类群体收入随经济增长实现同步增长。

（三）加强企业工资收入分配宏观调控。

落实国有企业负责人薪酬制度改革意见，改革国有企业工资决定机制，发布沈阳市企业人工成本构成、制造业企业人工成本构成、第三产业企业人工成本构成情况以及工资指导价位。调整沈阳市最低工资标准，市内8区月最低工资标准由1 530元调整为1 620元，辽中区、新民市、法库县、康平县最低工资标准由1 230元调整为1 350元。

六、劳动关系保持和谐稳定

坚持以农民工等群体为重点，加强矛盾排查化解，坚持防范系统性、区域性风险，确保劳动关系总体和谐稳定。

（一）强化劳动关系协调。

全面推进企业劳动用工信息备案制度，加强企业劳动用工动态管理，依法加强劳务派遣用工监管，规范企业用工行为。办理劳动用工备案55.48万人次，备案集体合同1 698份，覆盖企业1.16万户，涉及职工17.03万人，审批劳务派遣经营许可206个，认证市级模范劳动关系和谐企业129户。

（二）整治拖欠农民工工资。

以推行“三金三制”为重点，加强源头治理、注重过程监管、抓实案件查办、完善机制建设，综合治理拖欠农民工工资问题。出台《沈阳市拖欠农民工工资“黑名单”管理暂行办法》，对列入诚信“黑名单”的用人单位，实施联合惩戒，处理拖欠农民工工资案件108件，为6 009名农民工追回拖欠工资1.13亿余元。

（三）加强劳动监察执法。

畅通举报投诉受理渠道，建立覆盖全市的举报投诉受理平台，实现“一点投诉，多点受理”，形成市内跨地区执法协作机制。坚持“双随机、一公开”工作机制，联合开展清理整顿人力资源市场秩序专项行动、用人单位遵守劳动用工和社会保险法律法规专项行动，检查用人单位2 960户、劳务派遣单位62户，对149户用人单位依法下达限期整改指令书，补签劳动合同204人，为劳动者追发工资及加班费84.55万元。

（四）做好仲裁调解工作。

组织开展劳动法律法规“千街万企行”活动，为劳动者提供法律援助服务。建立健全裁审衔接机制，完成裁审衔接工作组组建。劳动仲裁立案8 295件、结案8 301件；提高终局裁决比例，终局裁决率达到33%。

（五）加强信访工作。

开展“书记抓信访”工作推动信访问题减存控增活动，完成交办案件总量的40%。依托联席会议重大信访问题协调处理机制，积极化解信访积案。全力推行网上信访，不断健全完善信访网上投、事项网上办、结果网上评、问题网上督、形势网上判的“一网式”信访综合服务管理体制，实现网上与网下融合、网上向“掌上”延伸。

七、人社扶贫政策精准落实

进一步加大落实人社扶贫政策力度，就业创业等困难群体得到精准帮扶。制定印发“就业困难群体精准帮扶工程”实施方案，开展“就业援助月”专项活动，走访就业困难人员和零就业家庭4 719户，登记认定未就业困难人员2 202人，帮助就业困难人员实现就业1 102人。落实就业援助政策，将公益性岗位补贴标准由1 530元提高到1 620元，发放公益性岗位补贴资金4亿元，引导公益性岗位人员实现市场化就业114人。开展公益性岗位专项检查，清退不符合公益性岗位人员451人，发放就业困难人员社保补贴5 117万元。深入开展困难家庭高校毕业生就业帮扶，通过“一对一”帮扶、技能提升、信息推送和公益性岗位安置等举措，帮扶68名困难家庭高校毕业生全部实现就业。加强农村劳动力转移就业和返乡创业，开展“春风行动”“民营企业服务周”活动，实现新增农村劳动力转移就业4.91万人，新增返乡创业1 352人。加强低保、孤儿、城市特困及重度残疾人群帮扶，个人缴费部分由政府全额补助，低保边缘户人群个人缴费政府再补助40%，将居民大病筹资标准由35元提高到55元；加大落实帮扶工伤、养老保险力度，帮助5.2万人参加工伤保险、6.1万人参加城乡居民基本养老保险。

八、全面加强行风建设

积极适应新形势新任务，全面加强自身建设，纵深推进全面从严治党，完善管理制度体系，提高政策服务水平，努力打造廉洁、高效、创新、服务型人力资源社会保障部门。

（一）加强党风廉政建设。

认真组织学习党纪法规和廉政建设的有关规定，通过签订责任状严明纪律责任，开展经常性警示教育，落实廉政谈话、廉政征询、个人重大事项报告等制度，层层压实主体责任。加大重点岗位和关键环节的风险防控，对全局154个项目开展了正风肃纪自查自纠，持续开展人社扶贫领域专项治理工作。围绕落实中央八项规定、三公经费使用、公车使用、收受节礼等问题，开展4次明察暗访。组织党员干部党章党规党纪知识学习和闭卷测试活动，实现党员干部全覆盖。

（二）持续优化营商环境。

以“我是人社人　人人都是营商环境”主题活动为切入点，深入抓实“党建＋营商环境建设”，持续推进“办事难”整治，窗口单位实行机关中层以上干部职务姓名、办公电话、工作分工“三公开”制度。持续创新“放管服”改革，开通医疗保险单位网上业务申报系统，21项事项纳入“可容缺办理”事项，“最多跑一次”事项67项，有33项经办业务实现网上办理。做好“简政放权”工作，先后承接省人力资源社会保障厅行政权力事项9项、下放8项、取消10项、同步调整7项，共计34项。

（三）纵深推进窗口建设。

沈阳市人力资源社会保障系统有37个窗口单位、358个服务窗口，建立了局主要领导、分管领导、责任部门、窗口单位、窗口工作人员的五级包保责任机制，开展巡查176批次，形成周报告18期、月报告6期、月通报3期。各窗口单位建立了服务大厅疏导员机制，提供咨询帮助，分流办事人员，处理突发事件，开展工作日午间错时和未办完事项延时服务。在养老、就业、医保等7个窗口单位实施了双休日办公服务，服务范围从自然人扩大到涉企事项。

沈阳市人力资源和社会保障局

大 连 市

2018年，大连市人力资源社会保障系统深入学习贯彻习近平新时代中国特色社会主义思想和党的十九大精神，认真落实市委、市政府决策部署，扎实推进就业创业、社会保障、人事人才、收入分配和劳动关系等工作，各项工作取得了明显成效。

一、坚持就业优先战略

始终把就业作为最大民生，实施更加积极的就业政策，全面加强公共就业服务体系建设，充分发挥失业保险稳定就业作用，全市城镇新增就业11.6万人，期末城镇登记失业率2.58%，就业局势保持总体稳定。

一是落实和完善积极的就业政策。市政府印发贯彻落实辽宁省“十三五”促进就业规划实施方案，提出“十三五”促进就业工作任务目标。落实《大连市人民政府关于进一步做好当前和今后一段时期就业创业工作的实施意见》规定的各项就业政策措施。继续阶段性降低失业保险费率，全市失业保险累计减征19.93亿元，为用人单位节省用工成本14.95亿元（与《辽宁省失业保险条例》规定的缴费率比较）。实施失业保险援企稳岗“护航行动”，8 824户企业享受补贴2.4亿元。开展失业保险支持技能提升“展翅行动”，为1 966名职工发放补贴297.4万元。失业保险金标准与物价上涨挂钩联动，为16.4万人次领取失业保险金人员发放价格临时补贴792.4万元。两次提高失业保险金标准，失业人员在享受失业保险待遇期间每月最高可领取失业保险金1 344.6元。

二是突出做好高校毕业生等重点群体就业工作。实施“立业大连·2018年高校毕业生就业创业促进计划”，完善“六个一批”工作机制。转发省政府办公厅关于支持高校毕业生到县域就业创业意见。举办春季、夏季、秋季等大型人才招聘会和高校毕业生专场招聘、就业服务进校园、“筑梦未来　与你同行”就业指导等系列活动。组织19所在连高校4 000余名大学生参加职场精英挑战赛。为713名高校毕业生发放求职创业补贴71.3万元。实施“三支一扶”计划，新招募98名毕业生到农村基层组织服务，对服务满6个月以上的89人给予每人2 000元的一次性安家费补贴共17.8万元。2.9万名就业困难人员享受灵活就业社保补贴政策，认定并援助789户零就业家庭的829名成员就业，城镇零就业家庭动态为零。组织开展“就业援助月”“春风行动”“民营企业招聘周”等公共就业服务专项活动，精准对接劳动者多样化就业需求。

三是深入推动创业带动就业工作。健全“想创业、会创业、能创业、创成业”创业就业生态体系。举办第十六届大连市创业就业博览会，6.8万人参与各项活动，100个参展项目共达成合作意向1 000余份。向12户市级创业孵化平台发放补贴1 350万元。举办以“立业大连　创响未来”为主题的“星海之星”青年创业大赛，在校大学生和社会青年2个组别共313个项目参赛，决出奖项20个。组织市创业导师队伍深入开展“创业大讲堂”“高校学子大连行”等活动121场，为5 000余人次提供服务。全市扶持创业带头人1 644人，创业带动就业 10 394 人。

四是加强职业培训促进就业工作。印发 2018 年版政府补贴培训职业（工种）目录，将贫困家庭子女等重点群体纳入政府职业培训补贴范围。参照世界技能大赛标准举办第十一届大连市职业技能大赛。选拔 21 名高端技能人才，评选 10 个市级技能大师工作室。选派 104 名高技能人才赴新加坡、日本、比利时、德国学习。全市开展职业技能培训 34 421 人，其中，高校毕业生和农民工等重点群体 6 015 人，政府补贴职业技能培训 2 280 人。

五是完善公共服务对接就业。建立重大项目建设与促进就业联动机制。市人力资源市场全年举办各类招聘会 278 场，提供岗位 38.8 万个次，接待求职者 29.6 万人次，接待企业 13 661 家次。就业失业登记和“就业创业证”实现全域通办、一站受理、即时办结。

二、持续推进多层次社会保障体系建设

一是进一步完善社会保险制度，不断扩大保险覆盖范围。推进机关事业单位基本养老保险制度改革。企业职工基本养老保险覆盖范围扩大至原农业户籍人口和持大连市居住证的劳动年龄范围内人员。深入推进全民参保计划，鼓励居民户籍人员参加企业职工基本养老保险，引导城乡居民参加居民养老保险，推进农民工参加企业职工基本养老保险。截至 2018 年底，全市基本养老保险参保人数达到 445.6 万人。出台铁路、公路、水运、水利、能源、机场工程建设项目参加工伤保险政策，推进建设工程领域工伤保险参保扩面工作。截至 2018 年底，全市工伤保险参保单位 6.4 万户，参保人数 256.2 万人。

二是合理提高社保待遇水平。企业退休人员基本养老金实现“14 连调”，机关事业单位退休人员基本养老金同步调整；城乡居民基础养老金标准提高至每人每月 218 元，居全省首位。提高 1～4 级工伤人员伤残津贴、生活护理费及供养亲属抚恤金标准。按照辽宁省关于 2018 年调整工伤保险相关待遇的工作要求，提高工伤人员待遇标准。

三是完善社会保险经办服务。全市离退休人员养老金数据实现加密专线传输，开设企业新增退休人员待遇核准综合柜员服务区，实现退休人员养老、医疗、采暖待遇核准业务一窗受理、一站办结。扩大即时制发卡服务范围，制发“未成年人”卡，面向学生参保群体开展校园预约式上门服务，全口径参保群体持卡享受跨地区医疗“零障碍”待遇。按照国务院要求全面开展国有企业退休人员社会化管理服务试点工作，人力资源社会保障系统档案数字化、智能化建设深入推进，“一线三网”百姓满意率显著提高。开展工伤保险内部控制专项检查，优化经办流程，实现工伤住院持卡结算，工伤认定鉴定及待遇支付业务更加规范、便捷、高效。

三、事业单位人事管理不断加强

健全完善事业单位公开招聘笔试、岗位条件设置规范，修订学校自主招聘全日制优秀师范类毕业生实施意见。印发《转发辽宁省政府所属事业单位公开招聘笔试工作实施细则（试行）的通知》《大连市事业单位公开招聘岗位条件设置有关问题的通知》《大连市各级各类学校自主招聘高层次全日制优秀毕业生实施意见》。充分发挥选聘工作政策优势，公开发布急需短缺人才选聘计划，为基层补充急需短缺人才，确保一线岗位专业人才使用。深入推进岗位聘用管理工作。完成市属公立医院按人员控制数量核定岗位工作。

公益性事业单位优化整合人员转隶和生产经营性事业单位改革人员分流安置工作有序开展。会同市委组织部出台《市属公益性事业单位优化整合人员转隶及人员管理意见》，推动各单位做好优化整合人员转隶工作，并严格落实机构改革期间人事工作纪律。保持经营性事业单位改革人员分流政策平稳有序衔接，制定本轮经营性事业单位改革人员分流安置政策，做好人员分流安置工作。

事业单位公务用车制度改革工作扎实开

展。对14个区市县公车改革司勤人员安置方案进行审核，配合市车改办制定《大连市市属事业单位公务用车制度改革实施方案》，并在全市业务推进会议上进行政策宣讲和解读。

防治“吃空饷”问题长效机制充分发挥作用。

四、强化对工资收入分配的宏观调控

一是根据《大连市人民政府办公厅关于调整最低工资标准的通知》要求，调整最低工资标准，自2018年1月1日起标准为1 620元（除北三区市以外地区）和1 520元（北三区市）。

二是组织开展2018年企业薪酬调查工作，对全市18大行业3 159户生产经营正常的企业上年人工成本情况和工资水平进行了抽样调查，发布2017年企业人工成本信息和2018年人力资源市场常用的445个职业（工种）工资指导价位。

三是转发辽宁省2018年企业工资指导线，企业货币工资增长上线为10%，基准线为7%，下线为4%。

四是印发《关于停止使用〈大连市工资总额使用手册〉的通知》，自2019年1月1日起，在全市范围内停止使用《大连市工资总额使用手册》。

五是印发《关于事业单位实施以增加知识价值为导向工资分配政策的通知》，允许高校和科研单位等高层次人才集中的事业单位在实施绩效工资总量倾斜政策的前提下对部分人员创新分配形式，实施协议工资、项目工资和年薪制，对事业单位的收入分配进行了改革和创新。

五、推进协调劳动关系工作

一是联合开展“双合同月”和“集中要约行动”。印发《关于开展2018年度“双合同月”活动的通知》，开展以“重技能、建机制、保权益”为主题的第十六个“双合同月”活动。印发《2018年度“集中要约行动”工作方案》，开展“集中要约行动”。全年共指导集体协商932件次，新签订和续签集体合同和工资专项集体合同1 811份。

二是协调劳动关系三方开展主题为“构建和谐劳动关系，优化营商环境”的人力资源管理调研活动，共计43家企业人力资源高管就劳动用工、集体协商、民主管理等人力资源管理方面问题建言献策。

三是完善劳动人事争议调解仲裁多元处理机制，继续开展劳动法律公益服务“千街万企行”及裁审衔接活动。全年全市各级劳动人事争议调解仲裁机构当期立案受理案件8 638件，当期审结8 511件。推进依法分类处理信访诉求改革，“四级书记抓信访”，推动信访矛盾减存控增三年攻坚工作。

四是开展农民工工资支付情况、清理整顿人力资源市场秩序专项检查和打击“黑中介”三个专项行动。全市劳动保障监察机构共受理投诉举报案件4 168件，解决拖欠农民工工资案件1 115件，涉及7 251人、1.32亿元，追缴社保费4 198万元，社会保险扩面11 267人。迎接国务院、省委省政府保障农民工工资支付工作专项督查6次，办理国家和省督办、交办案件64件。截至2018年底，累计为869个项目办理了保证金存储业务，资金规模已达10.07亿元；启用应急周转金4 650万元用于解决农民工欠薪问题；累计将300多家拖欠农民工工资案件涉及的违法失信企业列入国家公共信用平台“黑名单”和信用大连“黑名单”。

五是在全省范围内首创“派出庭”模式，在东北财经大学法学院、辽宁师范大学法学院、大连海洋大学设立了劳动人事争议仲裁“派出庭”，聘请4位法学教授作为监督员，对“派出庭”审理的案件进行监督和指导。稳步推进基层调解组织建设，在35个行业协会、商会内建立基层调解组织，将劳动争议基层调解覆盖全市10个区级工商联，全年深入基层调解组织培训30余次，共有130余件劳动争议在基层调解组织调解成功。

六、人社扶贫工作力度不断加强

印发人社精准扶贫2018年行动计划，制定打赢人社扶贫攻坚战三年行动方案。与六盘水市签订推进东西部扶贫协作框架协议，设立劳务协作工作站，举办专场招聘会7场，职业技能培训班7期，推送就业岗位信息1.5万条，选派21名医疗教育人才开展扶贫协作，全面完成东西部扶贫协作工作任务。组织200余家次企业赴朝阳阜新、吉林通榆等地开展专场招聘活动。帮助大连市6.6万名贫困人员参加城乡居民基本养老保险，为3万名贫困人员代缴养老保险费383.6万元。9 187人次贫困人员享受城镇居民大病保险政策倾斜，基金支付944.6万元。选派3名优秀年轻干部到低收入村任第一书记，因地制宜为对口帮扶低收入村破解发展难题。

七、行风建设和营商环境建设深入推进

开展以“我是人社人　人人都是营商环境”为主题的“党建＋营商环境建设”暨行风建设专项行动，推进系统行风和营商环境持续优化。各级人力资源社会保障部门健全工作机制，排查问题隐患，优化办事流程、精简证明材料、压缩审批时限，推进服务标准化信息化建设，70％以上人力资源社会保障审批服务等对外事项进驻综合性实体服务大厅，50％以上实现“一窗”分类受理，审批时限压缩至法定时限的40％。构建“一线三网”工作体系，解决群众关心的热点难点问题。按照权责清单，全面坚持依法行政，严格履行行政复议机关和人民法院生效的判决和裁定，依法有效化解社会矛盾。

大连市人力资源和社会保障局

吉 林 省

2018年，吉林省人力资源社会保障系统认真贯彻落实省委、省政府和人力资源社会保障部工作部署，在学习贯彻党的十九大精神的蓬勃热潮中，紧紧围绕经济社会发展大局，抓谋划强部署、抓督查强落实，各项年度目标超额完成，全省人力资源社会保障事业发展保持了良好态势，为经济发展、社会稳定和民生改善做出了应有贡献。

一、就业工作

一是促进就业政策更加完善。省政府制定出台了《关于做好当前和今后一个时期促进就业工作的实施意见》，推出13项务实举措，为做好就业创业工作提供了基本政策遵循。继续实施就业创业工作目标责任制考评，压实了地方政府促进就业的主体责任。全省城镇新增就业47.94万人，完成年计划的106.53%；城镇登记失业率3.46%，低于年控制目标1.04个百分点；全省农村劳动力转移就业408.27万人，完成年计划的102.07%；创建高质量就业示范行政村120个，完成年计划的100%。

二是抓好重点群体就业创业。开展了高校毕业生就业创业政策宣讲进校园、政校企对接交流、创业大讲堂等活动，举办了第二届“摆渡杯”创业创新大赛，在10所高校探索设立就业创业指导服务站。正式启动高校毕业生基层公共服务项目，初步征集岗位6 000个。招募了275名高校毕业生，通过“三支一扶”实现到基层就业。全省高校毕业生总体就业率达到95.53%，同比增长0.48个百分点。着力提高农村劳动力供给质量，全省组织开展农民工向农技工转型培训26 455人，完成年度计划的101.75%。实施农民工等人员返乡创业工程，全省新建省级农民工返乡创业基地30个，全省农民工等人员返乡创业累计8.6万人，比上年增加1.4万人。启动去产能企业职工再就业专项帮扶行动，共有3 215名去产能企业失业人员实现再就业。制定出台《吉林省就业困难人员就业援助实施办法》等政策文件，全省零就业家庭援助率100%。

三是大力促进服务业发展。积极推进家庭服务业产业园建设和省级家庭服务职业培训示范基地建设，开展家庭服务业职业技能大赛，组织省内家庭服务业龙头企业职业经理人进行培训，努力提升行业领军人才队伍整体水平。吉林与浙江省际间的人力资源服务业对口合作进一步加深，启动实施了人力资源服务标准化建设，创新开展人力资源服务业发展行动计划和从业人员培养计划。

四是提升公共服务能力。组织开展“就业服务提升年”活动，规范基层公共服务平台建设，打造“农村半小时就业服务圈”5 801个，完成年计划的135%，覆盖全省94.46%的行政村。组织开展“就业援助月”、“春风行动”、基层平台“万人培训计划”等活动，启动了新一轮充分就业社区和就业示范行政村创建工作。强化“六位一体”就业失业动态监测，全省就业信息管理系统、大学生创业园信息化管理系统上线运行，提高了就业工作服务质量和效率。

二、社会保障工作

一是制度政策体系日益健全。印发了《关

于进一步加强企业职工基本养老保险省级统筹行政管理工作的通知》，以《完善企业职工基本养老保险省级统筹制度的若干意见》为主体框架的“1+15”制度政策体系基本形成。省政府印发《贯彻落实企业职工基本养老保险基金中央调剂制度的实施意见》，为确保养老金发放发挥了重要作用。机关事业单位养老保险制度改革配套政策基本齐备，核心政策均已明确，参保范围认定和基础数据采集工作已经完成。建立了城乡居民养老保险待遇确定和基础养老金正常调整机制，“老农保”遗留问题得到妥善解决。组织开展失业保险稳岗补贴“护航行动”和提升职工技能“展翅行动”，助力企业发展。建筑业参加工伤保险取得新进展，制定出台了《做好铁路、公路、水运、水利、能源、机场工程建设项目参加工伤保险工作的实施意见》，为实现工程建设项目工伤保险全覆盖奠定了政策基础，新开工项目参保率达到100%。将中省直单位的工伤认定、劳动能力鉴定及病退鉴定权限下放到属地，确保工伤保险业务实现“只跑一次”。继续提高社保待遇水平，调整提高了退休人员基本养老金、城乡居民养老保险待遇和失业人员、工伤人员待遇标准。继续阶段性降低失业保险和工伤保险费率，合计减轻企业负担约14.7亿元。

二是经办管理与服务能力不断提升。统筹使用个人账户做实基金向市县借款，确保了全省各市县养老金发放。创新实施社会保险基金预算编制办法。落实“只跑一次”改革，在全省推广应用网上社保缴费和社保查询，6市县跻身国家级标准化“先行城市”。聚焦数字吉林建设，融合发展信息技术，超前完成国家关于建立省级集中信息系统的工作任务。

三是社会保险费征管职责划转平稳有序。制定印发《社会保险费征管职责划转关联业务协同办理实施办法》，调整完善基金征管制度和经办规程，城乡居民养老保险和机关事业单位养老保险实现顺利划转移交。

三、人才人事工作

一是加强高层次人才队伍建设。省委、省政府印发了《关于激发人才活力支持人才创新创业的若干意见》，在省内外媒体发布新闻报道190多篇，在深圳、上海设立了“吉林籍人才回乡就业创业工作站（联络站）”，建立了长期稳定的人才引进工作联动机制。开展了“吉林籍人才回乡就业创业——引凤归巢助力吉林振兴”系列活动，赴北京、上海、深圳等省外地区开展招聘活动16次，达成初步就业意向约1 077人次，这是改革开放40年来吉林省首次探索和尝试从发达地区回引人才，取得了意想不到的效果，省政府领导同志作出重要批示予以鼓励。各市州也着眼发挥政策叠加效应，从实际出发相继推出了一系列人才计划和含金量比较高的政策措施，紧紧抓住了吸引“吉人回乡”的主动权。职称制度改革不断深化，制定印发了《吉林省深化职称制度改革的实施意见》《关于改革完善基层医疗机构卫生专业技术人员职称评审和岗位管理制度的实施意见》。

二是加强技能人才队伍建设。省委办公厅、省政府办公厅印发了《提高技术工人待遇的实施意见》，省政府印发了《推行终身职业技能培训制度的实施意见》，从顶层设计上为技能人才发展提供制度支撑。圆满完成“三年百万劳动者技能提升计划”，开展了万名“青年技术能手”评选，新建5个国家级高技能人才培训基地、5个国家级技能大师工作室、10个省级首席技师工作室、10个省级师徒工作间，表彰了10名“吉林技能大奖”获得者和50名“吉林省技术能手”，技工院校招生人数增幅连续三年位于全国前列。积极参加第45届世界技能大赛全国选拔赛，5名选手进入国家集训队，2所技工院校被确定为集训基地，取得历史最好成绩。

三是表彰奖励工作扎实推进。制定出台了《吉林省表彰奖励办法》《吉林省政府工作部门绩效指标考评赋分标准》《吉林省党群机关业务指标考评赋分标准》。严格审核表彰奖励项目，经中央批准，共保留103项评比达标表彰项目。按照中央和省委、省政府部署，对全省创建示范活动进行清理规范，共保留99项、取消143项。

四是事业单位人事制度改革不断深入。进一步扩大县（市、区）事业单位公开招聘管理权限，全省发布招聘公告44期，招聘计划6 510个，其中招聘硕士以上人才2 837人。制定印发了《吉林省公立医院薪酬制度改革试点实施方案》，调整提高了机关事业单位工作人员和离休人员待遇标准。

四、劳动关系工作

一是加强劳动用工管理服务。规范劳务派遣行政许可、特殊工时审批等事项，改进劳动用工备案经办模式，下放管理服务权限，不再将劳动用工备案作为参加社会保险前置条件。贯彻落实《吉林省企业工资集体协商条例》，开展企业工资集体协商“百日要约行动”，全省劳动合同签订率95%。省政府印发了《关于改革国有企业工资决定机制的实施意见》，国企负责人薪酬制度改革稳步推进。深入研究各项改革过程中的职工安置政策，扎实做好钢铁煤炭行业去产能企业职工安置工作，推动各地核实确认去产能企业职工数据信息，督促落实职工安置措施。

二是加大劳动保障监察力度。省政府印发了《吉林省保障农民工工资支付工作考核实施办法》，制定印发了农民工欠薪应急周转金管理办法等5项政策文件，治欠保支工作制度政策体系已基本齐备。组织开展了全省市级政府保障农民工工资支付工作考核，吉林省在全国考核中排名第七位，被评为A级，受到通报表扬。组织开展了各类专项行动，加强对恶意欠薪失信企业的联合惩戒，全省向社会公布劳动保障违法行为75起。推动落实属地责任，全年下发工作建议函和警示函30件，按照干部管理权限对4人进行了问责。全省拖欠农民工工资案件立案数量、涉及农民工人数、拖欠工资金额，同比分别下降25%、35%、12%。

三是加大仲裁信访工作力度。进一步完善劳动人事争议多元处理机制、裁审衔接机制，深入开展国家级乡镇（街道）劳动争议调解综合示范工作，积极推行委托调解和调解协议仲裁审查制度，劳动争议调解成功率达到60%。加强仲裁院建设，全省成立40家实体化仲裁院，在全国率先引入语音识别同步转换系统。深入基层开展案件巡查评议活动，进一步规范办案程序、统一法律适用标准。全省仲裁机构立案量1.01万件、仲裁结案率97.55%，均创历史新高。

五、脱贫攻坚工作

省厅党组牢固树立政治意识，强化脱贫攻坚工作的组织保障，全年召开4次党组会和10余次厅长办公会、厅长专题会，学习贯彻党中央、人力资源社会保障部和省委、省政府脱贫攻坚工作要求，制定出台了《打赢全省人力资源社会保障脱贫攻坚战三年行动实施方案》，统筹推进就业扶贫、技能扶贫、社保扶贫、人事人才扶贫工作。累计打造创建返乡创业基地311个、扶贫车间39个、就业扶贫基地37个，开发特设公益性岗位2 362个，培训劳务经纪人6 356人，在15个贫困县打造劳务品牌13个，1.9万名贫困劳动力实现转移就业，达到有就业意愿贫困劳动力总数的79%；累计对15个贫困县开展免费技工教育5 108人，投入0.56亿元用于贫困县技能实训基地建设；为3.75万贫困群众办理了养老保险参保登记手续，已享受养老待遇2.7万人，共为9万名建档立卡贫困人口代缴城乡居民保费1 055万元。对汪清县复兴镇金仓村和糖厂村的驻村帮扶工作稳步推进，多次入户走访，深化结对帮扶，驻村工作组采取“产业＋技能＋就业”的帮扶模式，通过发展产业项目促进脱贫致富、加强基础设施建设打造宜居环境、开展文体活动提升村民素质和抓好基层党建带动全村发展的“四位一体”帮扶措施，改善了村容村貌和村民生活环境，两村实现整体脱贫出列，脱贫工作取得较好成效。

六、行风建设工作

省厅党组将行风建设作为践行以人民为中心发展思想的重要举措，在窗口单位作风建设基础上，按照人力资源社会保障部总体部署和吉林省政府“只跑一次”改革要求，结合本省实际情况，在全系统开展了常态化、系统性的行风建设。省厅党组高位推进“只跑一次”改革和标准化信息化建设，坚持“零跑动”为优先、“只跑一次”为底线，建立“五项工作机制”，抽调精干力量组建工作专班，形成了便民服务和简政放权“四张清单”，厅本级群众和企业办事事项全部实现“只跑一次”，厅本级标准化工作也基本完成，“吉林智慧人社”与吉林政务服务网实现对接，职业资格考试系统上线运行。在省厅门户网站尝试开设了“行风建设问题征集”专栏，扩大社情民意收集渠道。对人力资源社会保障部反馈的暗访发现问题照单全收、全部认领、全面整改，对反馈的问题逐项对账，做到了件件有着落、事事有回音。加大明察暗访力度，全年共组织 4 次集中暗访，发现和整改问题 17 个。开展了“星级服务窗口”“优质服务标兵”评选活动和“人社服务标兵”推荐活动，加大窗口人员培训力度，组织了窗口单位党性教育和作风建设专题培训，新入职人员培训率达到 100%。

吉林省人力资源和社会保障厅

长　春　市

2018年，长春市人力资源社会保障部门深入贯彻落实党的十九大精神和国家、省、市系列会议精神，深刻分析研判全市人力资源社会保障工作面临的新形势新任务，坚持以人民为中心的发展思想，践行“民生为本、人才优先”工作职责，紧紧围绕长春全面振兴、深化改革、人才强市战略、幸福长春行动计划、增加城乡居民收入“暖流计划”等重大难点、热点任务，统筹推进落实各项工作，进一步提升了工作的科学化水平，确保年度任务得以高质量完成。

一、全市各类群体实现更高质量更充分就业

落实中央稳就业要求，把保持就业局势稳定作为第一政治责任，克服不利因素影响，主动适应新形势需要，深入实施就业优先战略，就业局势稳中向好，全年开发就业岗位13.7万个，实现城镇新增就业11.4万人，各项指标均达到或超额完成年度任务。零就业家庭保持动态为零，城镇登记失业率3.42%。

一是就业创业政策更具“靶向性”。创业就业和鼓励高校毕业生到基层工作两个实施意见，进一步丰富了就业创业政策措施，在就业扶持、创业生态优化、职业培训、就业创业服务等方面均有较大突破。

二是重点群体就业创业成效显著。启动实施“促进高校毕业生留长创业就业服务工程”，从简化留长手续、引导留长就业创业等8个方面入手强化服务，通过“分段式”服务，线上线下“双线”并行帮扶，建立覆盖全市的“全链条”公共就业服务体系，努力解决高校毕业生就业难、住房难等实际问题，实现7.8万名大学生留长，比上年增加1.5万人。确保农村劳动力稳定就业，转移就业120.5万人次，劳务经济收入197亿元，有力地支撑了经济发展基本面。

三是精准帮扶困难群体就业。将落实“脱贫攻坚”理念引入就业创业工作，重点对有就业、创业能力和意愿的困难群体人员“逐一把脉，对症施策”，确保“不让一名困难群众掉队”。通过就业援助、创业援助、社保援助等方式，精准援助15 654人，维护了社会的和谐稳定。

四是公共就业创业服务能力持续增强。创新推出“人才夜市”等系列招聘活动，新建大学生就业服务示范社区50个，为民营企业、大学生和中小企业创业者“雪中送炭”，发放创业担保贷款5.04亿元，为小微企业与民营经济发展注入了活力。

五是全市就业创业氛围更加浓厚。以“创业成就人生、创客赢造未来”为主题，成功举办第二届长春国际创客节，开展22项主题活动，搭建了政府与高校、科研机构、双创基地、创投机构、广大创业者互动交流的平台。吸引线上线下近10万人参会，2.47万人进场求职，营造了长春创客走向世界、世界创客走进长春的良好创业氛围。

二、民生保障持续提升全民获得感幸福感

努力增加民生投入，民生状况不断改善，收入分配格局不断优化。进一步满足了广大人民群众的增收预期，增强了对党委、政府的向

心力和凝聚力。滚动实施“暖流计划”，进一步扩大中等收入群体，增加低收入者收入，在经济增长的同时实现居民收入同步增长，在劳动生产率提高的同时实现劳动报酬同步提高。2018年“暖流计划”坚持增收与减负并重、“造血”与“输血”并行的原则，重点突出提高就业质量，提升劳动增收的稳定性；突出创业创新引领，提升创造财富的积极性；突出激发各类人才活力，提升增收政策的针对性；突出拓展增收渠道，提升居民收入的多样性；突出提高社会保障水平，提升财政投入的普惠性。充分调动各县（市）区和市直有关部门的积极性，市区两级财政共投入5.4亿元，凝聚形成举全市之力促增收的合力，45项惠民举措全部兑现，直接与间接惠及城乡居民966万人次，比上年度增长8.2%；实现总增收50.6亿元，比上年度增长27.5%；人均增收524元，比上年度增长17.7%。回应群众呼声，适时调整政策，对城镇职工和居民参保人员因急危重症经急诊抢救无效死亡的，抢救期间发生的医疗费用按照住院待遇支付。新一代社会保障卡发放量达到566万张。企业退休人员基本养老金待遇实现“14连涨”，人均月涨129.99元。为20 149名满60周岁及以上建档立卡贫困人员补缴城乡居民养老保险费。提高失业保险金标准，涨幅达到20.5%。全面调整机关与事业单位工资标准，人均分别增加345元与355元。全市绩效考核工作体系更加健全，制度更加完备，标准更加明确，“指挥棒”作用更加凸显，有效调动全市广大干部职工担当干事的积极性。

三、人力资源产业日益壮大实现跨越式发展

着力加快建设实体经济、科技创新、现代金融、人力资源协同发展的产业体系，深入落实人力资源是推动经济社会发展的第一资源理念，将发展人力资源产业作为重要载体全力推进。根据经济社会发展需要，不断壮大与优化人力资源产业，强化了人力资源的支撑作用。

一是产业园招商宣传成效明显。年初以来，先后赴上海、杭州、成都、湖州等地开展调研和宣传，召开“人才开放交流合作座谈会”，搭建“以才引才”平台，与上海人力资源行业协会签署合作协议。签约入驻企业已达41家，涵盖人力资源事务代理、高端人才寻访、人才测评等10种服务业态，行业内从业者素质显著提升，服务领域不断拓展，服务业态不断创新，入园企业营业额28.2亿元，实现利税9 795万元。

二是政策引导持续发力。印发《推进中国长春人力资源服务产业园发展实施办法的通知》。对入驻产业园企业在引才、创新、金融等方面给予扶持，向13家企业发放补贴1 490万元。以产业园为龙头，全市人力资源服务业呈现跨越式发展势头，人力资源服务企业达到450余家，近3年新增近370家。基本形成以公共就业（人才）服务机构为主导，各类专业化人力资源服务机构竞相发展的品牌格局。

三是功能建设日新月异。人才中心、医保局、就业服务局、考试中心等5家机构已进驻园区办公，产业园初步形成人力资源公共服务窗口“一站式”服务模式，智能化水平达到东北三省领跑、全国领先，已经建成的45个标准化服务窗口，实现服务“一站式”办结。档案库可容纳70万份个人档案；中心机房具有对就业、人才、医保等信息进行整合存储的功能；人事人才考试区实现集命题、印刷、分装、存放、题卡处理于一体的综合管理。

四、全面优化服务人才促进发展的良好环境

深入推进人才强市战略，密集出台人才政策，全面落实省、市人才新政，为人才来长创新创业减压降负，树立了不拘一格、不唯地域、唯才是举、开放合作的“大人才观”，重点打造了重才、亲才、近才、富才的良好发展环境。举系统之力打好招才引智“攻坚战”，出台《关于进一步强化载体建设服务人才发展的若干措施》《关于实施〈长春市高端人才年度奖励项目〉的通知》《关于实施〈长春市人才住房保障支持项目〉的通知》，在服务、保

障、奖励人才三个方面着力，确保“人才新政”落地见效。

一是服务高端人才。首批2 431套“人才公寓”全部装修完毕，审核通过“高端人才年度奖励项目”2 496人，奖励4 800万元，审核通过“人才住房保障支持项目”1 814人，测算支出4 600万元。

二是聚集海外人才。紧密结合全市产业发展需要，获国家支持引智项目8项，国家资助285万元，37人次外国专家在项目实施过程中发挥关键作用。

三是瞄准域外本省人才。首次采取政府出资采购举办招聘会的方式，为企业招揽域外高端人才。组织200多家企业，提供月薪万元以上岗位1 260余个，赴深圳、北京成功举办“吉人返乡”“凤还巢”招聘会。

四是培养机关事业单位人才。从入口解决“留人难”问题，为基层招录公务员482人；落实“强师计划”，面向吉林大学、东北师范大学招聘教师155名；为100名事业单位工作人员办理交流聘用手续；稳妥安置2018年度军转干部；完成14 791名公务员考核，培训实现全覆盖。

五是用活专技人才。基本解决农安县、九台区、榆树市、德惠市4县（市）区中小学教师职称评聘历史遗留问题，18 821名教师通过中、高级职称评审，多年悬而未决的难题得到有效破解。

六是培育技能人才。让更多社会力量参与到职业技能培训工作中来，已有14家民办培训机构被认定为定点机构。邀请第44届世界技能大赛金牌获得者来长交流，激发青年技能人才钻研主动性。

五、防风险促改革劳动关系更趋和谐稳定

以解决劳动关系突出矛盾和问题为导向，积极防范、排查与化解劳动关系领域存在的各种矛盾与风险，守住了不发生系统性风险的底线。不断完善政府、工会、企业共同参与的劳动关系协商协调机制，促进劳动关系共建共享共治。持续推进改革创新，为淘汰落后产能，推动供给侧结构性改革注入新的活力。

一是助力国有企业深化改革。印发《长春市市管国有企业负责人薪酬核定试行办法》和《长春市市管国有企业负责人基本年薪基数认定试行办法》，从政策层面为全市薪改工作奠定了基础。

二是帮扶困难企业转型升级。出台工伤预防实施方案，工伤保险费率降低50%，为企业减负0.85亿元。开展失业保险援企稳岗“护航行动”，发放稳岗补贴1.16亿元，惠及企业逾千家。

三是持续推进构建和谐劳动关系综合试验区建设。出台《长春市构建和谐劳动关系实施意见》，为试验区建设提供了有效政策支撑。对30家和谐劳动关系创建示范单位进行表彰，支持长春市朝阳区申报“省级构建和谐劳动关系综合试验区”。

四是全面夯实治欠保支监管责任。落实源头预防、动态监管、综合奖惩三大机制效果明显。全面推行农民工工资“精准支付行动”，建立全市农民工欠薪应急周转金制度，上线运营劳动保障监察“2＋e”智能化电子政务信息平台，实现立体式综合执法。全年共立案处理拖欠农民工工资案件64件，涉及3 133人，解决拖欠工资1.27亿元，案件数、涉案人数和金额分别比上年下降18.99%、23.85%和11.02%，全市540处推行实名制管理的建设施工工地实现农民工工资“零拖欠”。

五是仲裁工作有效化解矛盾隐患。全市建设实体化仲裁院8个，占全省的1/5强。劳动人事争议案件裁审衔接工作在全省作典型经验发言。累计处理案件4 155件，同比增长7%，结案率和调解率均达到90%和60%的要求，结案周期缩短2个月。

六、强化行风建设群众满意度显著提升

深入开展行风建设，围绕实现“正行风、树新风，打造群众满意的人社服务”目标，开展干部作风大整顿和“肃行风、转作风、提能

力”活动，坚决整治“慵懒散”“躲怕推”等顽疾，有力提高了公共服务质量和效率，群众满意度明显提升。

一是全面深化“放管服”改革。针对群众反映的证明事项过多问题进行清理，取消证明事项61项，减证便民力度空前。全力优化服务，“一网、一门、一次”和“只跑一次”事项达到160项，医保局96%的业务实现“只跑一次”，经第三方评估，人才中心、就业局等单位“最多跑一次”事项落实率100%。对群众反映存在的办事“堵点”问题，进行专项督办，涉及人力资源社会保障领域的23个“堵点”，全部限时打通。强化“双随机、一公开”监管，随机抽取并检查企业500家，对存在轻微违法行为的64家企业责令整改，立案处理3家，保障了劳动者的合法权益。

二是有效利用现代通信手段服务群众。立足群众关切与需求，坚持将服务重心下沉，从小处与细节着手优化服务。挖掘“互联网＋”服务潜力，增设社会保障卡微信查询功能，服务上线后关注量即时突破10万人。升级12333人力资源社会保障服务热线，咨询服务量突破191万人次，创历史新高。

三是主动接受社会各界监督。坚持“343＋精准办理”模式，全年承办人大代表建议和政协委员提案22件，办结率、面复率、满意率实现“三个百分百”。坚持排查信访隐患，化解信访矛盾，接待群众来信来访咨询174次、721人次，信访和来访数量与上年同期持平，局长接待日登记接待事项回复率和反馈率均实现100%。主动接受媒体监督，安排媒体采访48人次，在各级媒体刊发稿件110余篇。系列改革措施的落地，进一步畅通了服务渠道，简化了服务流程，优化了服务方式，提升了服务质量。广大群众看在眼里，暖在心里，对人力资源社会保障公共服务给予广泛好评。

七、精准施策确保各项扶贫工作落到实处

深入贯彻落实国家、省、市系列脱贫攻坚决策部署，紧紧围绕全市人力资源社会保障系统脱贫攻坚工作实际，高质量完成了脱贫攻坚“质量提升年”各项工作任务。

一是政策先行突出部门扶贫特点。深入调研，立足职能，综合施策，印发《长春市人社局2018年脱贫攻坚工作要点》，从促进贫困劳动力转移就业、推进扶贫劳务协作、加大创业担保贷款扶持力度等13个方面加大扶贫力度，确保政策对贫困人口实现全覆盖与个性化帮扶，做到不落一户、不落一人。

二是精准对接扶贫措施扎实有效。全市有建档立卡贫困人口4 437人，建档立卡贫困劳动力1 362人，已转移就业485人。设置“三无”贫困人口就业扶贫专岗，印发《关于长春市建档立卡“三无”贫困人员就业实施方案的通知》，对在法定劳动年龄内、具有一定劳动能力的“三无”贫困劳动力实现就地就近就业454人，创建就业扶贫车间安置贫困劳动力就业111人；打造“半小时就业服务圈”，对各县（市）区实现全辐射、全覆盖；创建“高质量就业示范行政村”16个，组建就业扶贫基地，开发超市、服装商城、农贸商城、检车线、蔬菜大棚种植等项目；深入实施全民参保计划，确保贫困人口参加基本养老保险全覆盖；依托基层公共服务平台开展引导性就业创业培训，实现贫困家庭“两后生”免费技工教育。

三是真情帮扶脱贫致富热情高涨。进一步激发贫困户生产脱贫积极性，在2017年帮扶基础上，研究制订2018—2019年贫困村包保帮扶计划，践行“绿水青山就是金山银山”理念，重点推广广生村绿色生态旅游项目和发展果蔬采摘产业，助力实现集体致富。继续加大“三坊”建设工作力度，广生村酒坊、豆腐坊、油坊“三坊”全部开业，带动就业35人，村集体年增收30万元，逐步实现扶贫由外力“输血”向自主“造血”的转变。

八、党建引领部门建设实现整体跃升

坚决贯彻落实新时代党的建设总要求，牢固树立“四个意识”和“四个自信”，做到

"两个坚决维护"，坚持以上率下。坚决落实从严治党要求，健全绝不姑息、坚决问责、零容忍、全覆盖的监督问责制度体系，强化"两个责任"和"一岗双责"的落实，实现党务、业务、队伍的同步建设、同步推进。召开党风廉政建设工作会议，组织全体党员干部签订《党风廉政建设责任书》和《廉政承诺书》。进一步明确"创建一流机关、打造一流队伍、培养一流作风、创造一流业绩"的总体要求。把"解放思想、抢抓机遇"作为总引领，坚持问题导向，强化改革创新，主动对标高位，突出载体建设，深入落实习近平总书记对东北振兴的重要指示精神，将"解放思想"大讨论的重点向查摆问题、对标先进、创新发展方面聚焦，形成了大调研、大排查、大整改、大提高的工作氛围。通过活动的开展，促进了思想观念的全面解放、工作理念的全面升级、工作举措的全面创新。重点围绕就业创业、社会保障、人才发展、和谐劳动关系等领域，开展"我为人社事业高质量发展献一策"金点子征集活动，激发了全体干部职工的创新创业热情，以更加奋进有为的精神状态助推长春振兴发展。营造严管厚爱与凭能力和实绩用干部的浓厚氛围，引导干部担当作为、干事创业，机关风清气正、心齐气顺，干部队伍充满活力、干劲十足，全局实现市级文明单位"三连冠"。

长春市人力资源和社会保障局

黑龙江省

2018年，黑龙江省人力资源社会保障部门坚持以习近平新时代中国特色社会主义思想和党的十九大精神为指导，认真贯彻落实人力资源社会保障部和黑龙江省委、省政府决策部署，解放思想、改革创新，迎难而上、扎实工作，圆满完成各项目标任务，事业发展呈现良好态势。

一、就业改革取得显著成效

（一）就业目标全面完成。

全省城镇新增就业60.7万人，完成年计划的110%；失业人员再就业44.8万人，完成目标的112%；城镇登记失业率3.99%，首次低于4%，创历史最好水平。

（二）强化政府促进就业工作责任。

7月，省政府召开全省就业创业工作电视电话会议，对就业创业工作进行全面部署。完善就业创业工作考核体系，省人力资源社会保障厅会同省委组织部制定《2018年度市（地）创业就业考评实施细则》，把创业就业资金投入、市场主体增长和就业资金促进性支出比重纳入地方党政领导班子政绩考核，进一步压实各级党委、政府促进就业工作责任。

（三）积极完善就业政策体系。

为全力推进就业创业工作改革，出台《做好就业创业工作十二条政策措施》《就业补助资金管理和使用实施办法》《创业担保贷款贴息及奖补资金管理办法》《关于推行终身职业技能培训制度的实施意见》等创新性政策，进一步完善就业政策体系。调整就业资金使用方向，进一步压缩保障性支出，把30%的就业补助资金用于扶持创业、技能培训和公共服务等促进性支出。

（四）大力推动创业带动就业。

加大创业担保贷款支持力度，扩大创业担保贷款扶持范围，提高创业担保贷款额度，全年全省发放创业担保贷款8.8亿元，开展创业培训4万人，扶持各类重点群体3.7万人实现自主创业，支持各类创业孵化基地155家，在孵企业2 934家。举办了全省首届技工院校创新创业大赛。

（五）全方位开展公共就业服务。

建成全省统一的求职招聘信息发布平台“黑龙江就业D图”。帮助17.5万名就业困难人员实现就业，保持零就业家庭动态为零。在全省范围内相继组织开展“就业援助月”“春风行动”“民营企业招聘周”“高校毕业生就业服务月”等专项活动，共组织专场招聘会950余场，提供就业岗位22.3万余个，提供就业创业服务19.7万余人。实施失业保险援企稳岗“护航行动”，发放稳岗补贴7.2亿元，惠及企业8 208户、职工159万人。推进互联网、手机App和后台管理系统三位一体的“公共就业创业服务平台”建设，努力实现“一地点击、全域通办”，让“信息多跑路，群众少跑腿”。

二、社会保险改革取得重要进展

（一）社保覆盖范围持续扩大。

全省城镇职工基本养老保险、城乡居民基本养老保险、基本医疗保险、失业保险、工伤保险、生育保险参保人数分别为1 308.5万人、896.8万人、2 908.6万人、318万人、520.1万人、350.2万人。

（二）大力推动社会保险制度改革。

出台《关于进一步加强企业职工基本养老保险基金收支管理有关问题的通知》《关于为生活困难群体提供基本养老保险助保贷款的指导意见》等优惠政策，激发中断缴费人员和缴费困难群体补费积极性，确保企业退休人员基本养老金按时足额发放。全面完成社保经办机构管理体制改革，市（地）、县（市、区）企业基本养老保险经办机构平稳移交。机关事业单位养老保险制度改革工作稳步推进，全省已有3.3万户机关事业单位、142.8万人完成上线经办，单位上线经办率达92%。印发《关于继续阶段性降低失业保险费率的通知》，继续延续阶段性降低失业保险费率政策，失业保险单位和个人缴费费率分别为0.5%。建立工伤保险省级调剂金制度，出台《关于建立工伤保险省级调剂金制度的通知》。

（三）社保待遇水平持续提升。

企业和机关事业单位退休人员基本养老金同比分别增长5.5%和4%；城乡居民基础养老金人均标准提高到每月108元，同比增长35%；提高全省失业保险金待遇水平，人均标准达到每月1 171元，同比增长29.7%；连续14年提高工伤保险待遇水平，伤残津贴平均水平达3 130元，同比增长6.7%。

（四）切实加强基金监管和经办服务。

基金监管力度进一步加大，完善内控机制，开展风险防控专项行动，基金运行平稳安全。围绕“最多跑一次”要求，以流程再造为切入点，结合综合柜员制经办服务的工作特点，对流程进行再造设计，对经办环节进行压缩，对审核资料进行缩减，对业务审核进行网上一体化管理设计。扎实推进大数据应用，完成“三十五证合一”平台接入，建设社会保险综合柜员制系统，升级养老保险异地退休管理平台。累计采集发放社会保障卡2 980万张。

三、人才队伍建设不断完善

（一）加大人才政策创新力度。

研究制定《黑龙江省关于分类推进人才评价机制改革的实施意见》，建立科学合理、各有侧重、动态调整的分类评价体系。出台《关于提高技术工人待遇的实施意见》，切实提高技术工人待遇，促进技术工人提升职业技能水平，支持技术工人技术创新。

（二）持续推进职称制度改革。

出台技工院校教师职称制度改革实施方案，进一步扩大高校、公立医院、党校职称评聘自主权，制定出台高校职称评审监管实施细则，建立46项职业资格与职称的对应认定关系，减少重复评价和交叉评价。

（三）推进高层次人才队伍建设。

新建省级领军人才梯队22个和博士后科研工作站15个，进站博士后研究人员742人，新增94名享受国务院政府特殊津贴人员。

（四）加强技能人才队伍建设。

全年全省开展职业技能培训47万人次，其中，就业技能培训19.9万人次，岗位技能提升培训27.1万人次，就业技能培训实现就业9.8万人次。培养高技能人才3万人。技工院校招生2万人次，培养毕业生1.9万人，就业率达97.9%。加大高技能人才评选表彰力度，2人获“中华技能大奖”，15人获评“全国技术能手”，20人获评“龙江大工匠”，100人获评“龙江技术能手”。

（五）进一步加大国际人才交流力度。

组织实施引进境外人才项目86项，引进专家344人次。实施中小企业赴瑞士系统培训项目，组织4期赴瑞士培训班，培训相关企业和机构102家，培训相关管理人员111人。

（六）积极开展人才引进和服务工作。

与省委组织部联合举办“希望龙江、邀你同行”引才活动，组织党政机关、企事业单位赴清华、北大等10所重点高校开展一站式组团招聘，吸引名校英才来黑龙江省创新创业。继续大力实施“三支一扶”计划，2018年全省新招募409名高校毕业生到基层开展“三支一扶”。有效提升人才服务水平，全年共为6万余人次流动人才办理了档案接转、职称评审、党组织关系迁转等相关业务。

四、人事制度改革稳步推进

（一）加强公务员队伍建设。

采用分级分类的考录模式，圆满完成2018年省考各项工作，全省共招录6 892人。组织省直机关初任、任职培训共7个期班、734人，组织省市县公务员赴重庆市、江苏省、广东省开展创新驱动发展、区域经济发展培训和考察共3个期班、110人，在省内开展公务员培训和资源型城市转型发展对口培训共4个期班、540人。积极推进公务员平时考核试点工作，全省2 500家单位、5万余人网上试运行公务员平时考核系统。全力做好改革开放40周年先锋人物评选推荐工作，王启民同志被授予“改革先锋”称号。

（二）加大岗位聘用制度落实推进力度。

以省直教育、广电系统为重点，全面完成省直事业单位岗位设置工作，实行岗变薪变、动态调整。聘用合同应签尽签，聘用制度全面建立，事业单位内部选人用人、竞聘上岗机制已基本形成。妥善做好事业单位工作人员申诉处理。

（三）不断完善县乡事业单位公开招聘政策。

通过降低开考比例、放宽学历专业要求、放宽年龄限制等措施，解决基层事业单位“招人难”“留人难”问题，政策出台以来全省县乡事业单位招聘1 131人。

（四）认真做好军队转业干部安置工作。

把军队转业干部安置工作作为一项特殊政治任务，全面完成1 554名军队转业干部安置任务，并在全国军队转业干部安置工作推进会上介绍经验。

五、工资收入分配制度改革继续深化

（一）不断完善企业收入分配制度改革。

出台改革国有企业工资决定机制实施意见，为全面深化工资收入分配制度改革奠定坚实基础。指导各市（地）测算发布2018年工资指导线，为企业合理确定工资增长水平提供参考。

（二）完善事业单位岗位绩效工资管理。

省政府办公厅出台《关于完善事业单位岗位绩效工资的意见》，实行以增加知识价值为导向的分配政策。落实扩大公立医院薪酬制度改革试点工作，印发《关于黑龙江省扩大公立医院薪酬制度改革试点范围的实施意见》，在全省50家公立医院开展了试点工作。

（三）完成机关事业单位在职人员工资调整工作。

按照国家统一安排部署，调整机关事业单位在职人员基本工资标准，月人均增加300元，义务教育教师月人均增加348元。

（四）落实国家艰苦边远地区津贴调整政策。

调整机关事业单位艰苦边远地区津贴标准，从2017年1月起，月人均增加80元。

六、劳动关系保持和谐稳定

（一）加强劳动关系基础工作。

在全省范围内推广使用劳动合同备案系统，已上线备案企业达7.6万户，备案人数137.1万人。劳务派遣用工管理进一步规范，审批劳务派遣公司1 346家。进一步提升省级协调劳动关系组织机构层级，成立了由省政府领导担任主任的省级协调劳动关系三方委员会。

（二）狠抓治欠保支工作。

建立拖欠农民工工资“黑名单”制度，开展“百日攻坚行动”，为4.1万名农民工解决拖欠工资7.9亿元，欠薪存量案件明显减少。按月足额支付工资、农民工实名制管理、农民工工资专用账户和工资保证金四项指标全部超额完成。

（三）出色完成劳动人事争议仲裁指标。

在全国率先建立省级调解仲裁大数据平台，实现对市、县两级庭审活动实时监控，劳动人事争议案件仲裁结案率99.3%，一直保持全国前列。终局裁决率57.4%，连续5年居全国首位。

（四）扎实做好信访维稳工作。

中央巡视组移交的信访事项全部办结，全

省接待处理信访事项 2 361 件次、3 528 人次，分别下降 51.5%、45.3%。

七、重点领域改革扎实推进

（一）积极推动农垦和森工改革。

认真贯彻落实省委改革部署，成立推进工作专班，发挥职能作用，制定“补记职业年金＋建立企业年金＋退休待遇补差兜底”的创新政策，妥善解决了涉改人员流动和待遇衔接等关键问题，有力推进改革进程。

（二）巩固龙煤集团组织化分流改革成果。

出台 2019 年至 2021 年组织化分流人员资金保障政策，建立省、市、龙煤集团三方分担机制，明确资金筹集渠道，分流安置人员总体平稳。

（三）稳慎推进淘汰落后产能和关闭小煤矿人员就业安置工作。

实施就业创业帮扶、职业技能培训、困难人员兜底保障等措施，多渠道安置 6 400 余人，确保分流人员“转岗不下岗、转业不失业”。

八、人社扶贫攻坚成效明显

（一）切实落实人社扶贫政策。

就业扶贫增收入、技能扶贫强素质、社保扶贫保生活、人才人事扶贫促发展的作用进一步发挥，帮助 3.2 万名贫困劳动力实现就业增收，完成国家年度任务的 134.5%，贫困劳动力接受职业技能培训 8 114 人次，技工院校共有免费就读建档立卡贫困家庭“两后生”1 620 人，31.4 万名建档立卡贫困人员纳入城乡居民养老保险，政府代缴率达 100%，首次为 15 名对口帮扶科技特派员晋升高级职称，组织专家帮助贫困县解决技术难题 55 项，为 1 800 余名群众提供医疗服务。

（二）健全人社扶贫工作机制。

全省各级人力资源社会保障部门普遍成立专门机构，实行旬调度、月通报、季总结制度。完善政策体系，印发《黑龙江省打赢人社扶贫攻坚战三年行动方案》《黑龙江省就业扶贫“两联三送”行动计划》和城乡居民养老保险政府代缴等 14 个政策性文件。

（三）推进定点扶贫工作。

省厅机关帮扶汤原县新建村建设 38 栋黑木耳大棚和 50 栋水稻育秧大棚，户均增收 3 000 元以上，贫困发生率由 9%下降到 1%。

九、全面从严治党和行风建设不断加强

（一）落实主体责任。

组织召开全省人力资源社会保障系统全面从严治党暨行风建设工作会议，对全省人力资源社会保障系统全面从严治党和行风建设工作进行安排部署。加大警示教育力度，集中观看《党风政风热线》暗访片，通报全省人力资源社会保障系统发生的反面典型案例。严肃查处违纪违法问题，各级纪检监察机关立案查处人力资源社会保障系统案件 139 件，处分 116 人，形成强烈震慑。

（二）加大源头治理力度。

畅通投诉举报渠道，参加黑龙江省电视台《党风政风热线》节目人力资源社会保障专场，向社会公布厅长专线和行风监督举报电话，聘请 2 352 名行风监督员开展明察暗访，解决了一批群众反映强烈的突出问题，相关人员被追责问责。加大对权力运行的监督制约，聚焦资格审核、职称评定、劳动能力鉴定、集中采购等重点工作，开展全程监督，确保公开透明。着力推进法治人社建设，干部职工依法行政能力不断提升。

（三）提供优质高效便民服务。

深入开展“四零”承诺服务创建，优化办事流程，实行综合柜员制，精简工作程序 2 340 个，省、市、县平均减少申请材料 61%、34.8%、23.5%，17 项高频事项实现“最多跑一次”。推进“一网、一门、一次”改革，初步建立“前台受理、后台分类、网上审核”一体化服务模式。开通“龙江人社”App 和微信公众号，全省 12333 咨询电话接听解答群众来电 169.6 万个。

黑龙江省人力资源和社会保障厅

哈尔滨市

2018年，哈尔滨市人力资源社会保障部门在市委、市政府正确领导下和省人力资源社会保障厅精心指导下，认真学习贯彻习近平总书记在深入推进东北振兴座谈会上的重要讲话和考察黑龙江省的重要指示精神，不折不扣地贯彻执行市委、市政府重大决策和工作部署，坚持“稳中求进”工作总基调和“民生为本、人才优先”工作主线，强化责任、扎实工作、锐意进取、奋力拼搏，圆满完成了年度各项目标任务，持续推进人力资源社会保障事业健康有序发展，为推动全市经济和社会事业发展做出了积极贡献。

一、就业创业政策不断完善，创业带动就业成效明显

坚持实行就业优先战略和积极就业创业政策，制定出台了《关于进一步引导和鼓励高校毕业生到基层工作的实施方案》和《关于做好当前和今后一段时期就业创业工作的实施意见》等系列政策文件。组织各类招聘活动211场，认定65个高校毕业生就业见习基地，对接218个市重点项目。全年发放稳岗补贴1.37亿元、灵活就业人员补贴1.56亿元、创业担保贷款8 612万元。“就业地图”年服务量达130万人次，并在全国首创推出“零工平台”系统。全年全市城镇新增就业人数10.22万人，城镇登记失业率3.76％。

按照省政府“两个锁定”工作要求，及时调整资金使用结构，压缩保障型支出比例，将转移出的资金集中用于企业吸纳社保补贴、就业创业培训补贴、创业成功补贴、孵化器补贴、就业见习补贴等促进型支出项目上。对农民合作社、种养大户、家庭农场、农业企业、扶贫车间等生产经营主体，按规定享受小微企业扶持政策和创业扶持政策。对科技类创业的贷款额度提高到最高不超过30万元；就业见习补贴按当地最低工资标准的50％给予，对见习人员见习期满留用率达到50％以上的单位，补贴标准提高至60％；创业意识培训补贴标准提高到300元，创办企业培训、改善企业培训和创业模拟实训补贴标准分别提高到2 000元。将自主创业的技校、职高毕业生（含在校生），随军家属，本省外地城镇登记失业人员在哈创业的纳入创业担保贷款申领对象；享受就业见习补贴的人员范围扩大至离校2年内未就业高校毕业生和离校2年内未就业中职（职高、技校、中专）毕业生等。新政更接地气，体系更加完善。市本级就业补助资金收入4.16亿元（省拨资金2.56亿元、市本级财政配套资金1.60亿元），使用4.16亿元。

创业带动就业成效明显，全市累计开展创业培训7 016人，创业成功1 393人，带动就业2 906人。全年发放大学生创业种子资金282.62万元，累计发放1 279.01万元。成功举办第9届哈尔滨大学生创业大赛，共征集参赛作品1 477个，涉及互联网与电子信息、先进制造与新材料、自然资源、绿色食品、生物医药、文化体育创意等10余个行业类别，吸引来自辽宁、山东、江苏等11个省份41所高校参赛，评选出21个大学生优秀及重点创业项目。成功举办11期创业沙龙，认定大学生

创业孵化基地 8 家，发放补贴资金 101.92 万元，为有创业意愿而无融资能力的大学生创业提供政策和资金支持。完成创业贷款推荐 77 人，完成目标 60 人的 128.33%。全市创业担保贷款共发放 8 612 万元，完成目标 6 000 万元的 143.53%。其中，个人贷款 282 人，发放贷款 2 193 万元；小微企业 60 家，发放贷款 6 419 万元。

积极落实就业援助计划，为 66 882 名灵活就业人员缴纳养老保险实施补贴 1.68 亿元。依托社区劳动就业社会保障服务平台开展就业援助活动。对 3 户零就业家庭 4 人进行“托底”式安置，确保实现零就业家庭动态为零的工作目标。统筹实施“选聘高校毕业生到村任职”“三支一扶”“村村大学生计划”等基层服务项目，鼓励高校毕业生面向基层就业。扎实开展“春风行动”，实现县内就地就近就业 4 129 人，县外省内转移就业 5 704 人，跨省转移就业 2 903 人。

就业服务环境更加优化，依托门户网站积极构建“互联网+就业”新模式，形成了两级政府、三级管理、四级网络的公共就业服务体系。举办了“就业援助月”“民营企业招聘周”等 20 场大型专场招聘会，提供岗位 6 万余个，有 1.7 万名求职者现场签订意向性协议。通过“就业地图”等多种手段发布招聘信息 2.2 万条，岗位信息 13 万多个。面向全国开发的“零工平台”系统，有效解决了“想干能找到活，有活能找到人”的临时用工问题。

二、加快完善社会保障体系建设，有序推进全民参保计划

完成离退休人员调待工作，上调城乡居民基本养老保险基础养老金待遇，取消被征地农民参加养老保险户籍限制，稳步推进机关事业单位养老保险制度改革，持续推进助保贷款工程，全年为 2 436 人办理助保贷款 1.45 亿元。启动城镇企业职工基本养老保险断缴补费“百日攻坚战”专项行动，扩大异地就医直接结算范围。全市基本养老、医疗、工伤、失业和生育保险参保人数分别达到 254.49 万人、734 万人、137.31 万人、97.36 万人和 91.7 万人，城乡居民养老保险参保 230 万人。

制定《哈尔滨市机关事业单位养老保险制度改革实施意见》，明确改革有关政策和执行标准，对相关数据进行测算，为全面推进实施奠定基础。统一城乡居民医保政策，整合原城镇居民医保和新农合，于 2018 年 1 月 1 日起，全市城乡居民按照统一政策参保缴费，享受同等医保待遇，惠及城乡参保居民 500 余万人。

创新“四险合一”经办管理模式，将医疗、失业、工伤和生育保险服务窗口进行整合，建立“综合柜员制”，初步实现“一号申请、一窗受理、一网通办”，提高了服务效率。按照省厅“一站式”退休审核要求，实行预审制度。针对哈尔滨市企业多、基数大、退休人数多的实际情况，为缓解审批压力，利用休息日和月末进行集中预批，全年共计完成 4.5 万人的企业正常退休审核、待遇核改、参保补费认定等工作。

精心组织，稳慎做好养老金待遇调整工作。养老金调待政策性强、涉及面广、社会关注度高。为确保此项工作万无一失，制定了工作方案和应急维稳预案，建立了维稳信息报告制度，召开调待政策培训会，统一政策解答口径，成立 10 个工作组，设立咨询接待窗口，圆满完成了企业退休人员调待工作。同步完成了机关事业单位 5 万余人的退休调待工作。

“助保贷款”自 2015 年 6 月实施以来，已连续数年被列入全市惠民行动项目。截至 2018 年末，累计为 6 026 人办理了助保贷款，累计贷款金额达 3.15 亿元。制定印发了《哈尔滨市城乡居民养老保险扶贫工作有关事宜的通知》，对双城、尚志、延寿、五常 4 个区县（市）城乡居民养老保险扶贫工作进行督察，了解掌握政府代缴政策落实情况。制定全市城乡居民养老保险基础养老金确定和正常调整机制意见，待市政府常务会议和深改组审议通过后组织实施。

三、从严管理公务员队伍，大力加强人才队伍建设

全年共办理公务员队伍人员登记备案2 091人，其中，解决历史遗留农业税专管员公务员登记582人，参照公务员法管理事业单位登记445人。共为政府组成人员13人次、局级干部74人次、市管处级干部6人次办理任免手续，涉及政府38个工作部门。对通河县政府非领导职数进行重新核定，为19家市直行政机关和5家参公单位核定军转干部专用非领导职数。重新统计市直政府序列42家行政机关、64家参公单位、18家行政支持类单位的非领导职务职数。为市直各部门及参公单位共61人办理转正定级手续。办理辞职备案手续9人，辞退3人，取消录用5人。

经市政府批准及编制部门核定，共有257家单位拟计划招录635个职位，计1 146人。市委组织部、市直机关工委、市人力资源社会保障局、市公安局等部门发挥联动机制，密切配合，周密部署，精心组织，保证了考录工作全程顺利，实现了“零差错”“零事故”的预期目标。实际招录1 066人，完成率93.02%。会同市委组织部联合印发了《关于做好2017年度公务员考核评奖工作的通知》，积极开展2017年度公务员年度考核审核备案，全市行政机关、参照公务员法管理和行政支持类事业单位应参加考核人员39 154名，实际参加考核人员38 971名，占比99.53%。按照黑龙江省评比达标表彰协调小组的要求，市委办公厅、市政府办公厅联合印发了《关于清理规范创建示范活动的通知》，经核查，全市无省级创建示范活动，省级以下创建示范活动拟保留12项，取消5项。为贯彻落实《国家功勋荣誉表彰条例》精神，做好市、县级党委和政府表彰奖励工作，市委办公厅、市政府办公厅联合印发了《关于做好市、县级党委和政府表彰奖励工作的通知》，选取2项市直表彰项目，15项区县表彰项目上报市委、市政府。

大力加强人才队伍建设，梳理整合制定人才新政，形成《哈尔滨市吸引留住用好人才若干政策》文稿，拟报市政府常务会议审定后报省人才办批准印发。加快推进“哈尔滨英才集聚计划”，《关于进一步吸引培养人才支持重点产业发展若干政策》深入实施，全年共引进各类人才6 751人，使用人才发展资金2 700万元，新建市级重点领军人才梯队5个，市级领军人才梯队11个。加大高技能人才培养力度，建设市级高技能人才培训基地3家、市级大师工作室7个，培养高技能人才4 000余人。高标准完成招商引资任务，洽谈千万元以上合作项目3个，并为招商落地企业做好各项服务保障工作。通过“哈尔滨英才集聚计划”实施5项人才工程及哈尔滨市重点企业、小微企业引进人才支持政策，大力引进高层次人才。截至2018年末，共有184家单位引进本科以上人才658人，申请资金426万余元。采取多种形式为全市企事业单位柔性引进高层次人才。柔性请进5位院士、18名市政府特聘专家，7个博士后科研工作站和4个博士后创新创业实践基地引进博士及副高以上人才26人，6个国家外专项目请进外国专家52人次，30个地方外专项目请进外国专家107人次；资助42个高层次人才携带项目来哈尔滨市创新创业，为7名获得省留学回国人员择优资助项目的高层次人才进行配套资助。组织完成2018年引智项目申报工作。获国家外专局批准立项引智项目7项，获批国家引智项目经费210万元。接收地方引智项目申报33项，经专家评审立项30项。完成第16届国际人才交流大会参会服务工作，组织21家企事业单位参会。完成2018年度中国留学人员回国创业启动支持计划申报工作。

四、积极构建和谐劳动关系，不断夯实重要基础工作

落实劳动合同签订和备案制度，全市企业劳动合同签订率保持在95%以上，集体合同备案率达87.5%，规模以上企业集体合同签订率达92%，全市169.5万人有效备案，市

本级有效备案96.3万人。大力开展农民工治欠保支工作，充分发挥全市解欠联办牵头职能，群策群力治理农民工欠薪顽疾，确保农民工拿钱安心回家过年。完善诚信体系建设，为4万余户企业建立劳动保障信用档案，将7户企业列入“黑名单”，实施联合惩戒。在国务院保障农民工工资支付工作考核组的实地核查中，哈尔滨市获得满分优异成绩，成为全省考核免检城市。平稳有序解决劳动人事争议案件，调解率62.93%，结案率98.38%，均超过省人力资源社会保障厅年初制定的指标。采取分类处理方式，积极化解由于职工档案损毁遗失涉及的“无法参保、办理退休手续”难题，确保了社会稳定。

五、切实落实工作责任，人社扶贫取得显著成效

积极开展就业扶贫，制定相关政策、开展专项活动、加大培训力度，不断推动就业扶贫落地见效。全年实现就业扶贫4 409人，完成省下达指标的119.3%；开展“春风行动”“民营企业招聘周”“就业扶贫大篷车”等系列专场招聘活动167场，帮扶建档立卡贫困人口2 437人。

大力推进医保扶贫，全市建档立卡贫困人口77 941人全部参加城乡居民基本医保，个人缴费由财政全额资助，并提高门诊待遇，取消22种特殊慢性病门诊治疗起付线，报销比例由70%提高到80%；一级、二级和三级医院住院报销比例分别提高到95%、75%和60%，大病保险起付线由14 000元降低到6 000元，报销比例最高达到75%，且年度报销额度上不封顶；由政府全额出资购买商业补充保险，建立基本医保、大病保险和商业保险三重“保障线”。截至2018年底，全市86.1%的贫困人口享受了优惠政策，基本医保支付1.85亿元、大病保险赔付0.15亿元、商业补充保险赔付0.73亿元。贫困人口人均报销住院医疗费4 066元，合规费用报销比例达95%。

全力做好城乡居民养老保险费扶贫代缴工作，除不符合参保条件或不愿参保贫困人员外，全市应参保24.87万名贫困人员已全部参保或领取待遇，13.2万名贫困人员享受到政府代缴政策。

扎实做好驻村扶贫工作，先后落实基础设施资金20万元，发放小额贷款41户、152万元，将2017年度、2018年度100万元项目扶贫资金投资入股木兰县天兆猪业；联合开展义诊活动，发放6.1万元药品，并安装了远程专家会诊设备；落实村级泵站建设项目并协调到位基础建设资金700万元；投资设立远程教育云平台，帮助村民实现科学种植，有效增加了收入。

六、作风建设全面加强，服务水平明显提升

加强作风整顿，着力优化营商环境，制定印发了《2018年整顿作风实施方案》，全局实行“八要八不准”规定。加大放管服改革力度，按时顺利承接省厅下放事权38项，取消1项行政许可事项，工作事项由207项减少到142项，减少比例为31%；要件数量下降68%，环节数量下降65%，承诺时限下降54%，与服务对象见面次数减少61%；将25项事项下放区级平台，组织开展“下沉服务”，全力帮带各区做好业务承接工作，经验做法在《中国劳动保障报》和人力资源社会保障部网站上予以报道，得到认可。政务服务事项在“申请材料齐全、符合法定条件”前提下，实现了“最多跑一次”。不断扩大“网办”范围，建立了网上办事大厅、移动客户终端、12333咨询热线、自助智能服务一体机等线上办事渠道，全局99项政务服务事项全部实现网上通办，仅第四季度网办经手量就达到22 943笔，“最多跑一次”实现率100%。加大明察暗访力度，建立了窗口工作人员激励机制，积极开展“群众办事堵点”排查和整改工作，窗口服务质量全面提升。

哈尔滨市人力资源和社会保障局

上　海　市

2018年是改革开放40周年，也是上海市人力资源社会保障工作不断深化改革、务实进取的一年。在人力资源社会保障部的大力指导下，在上海市委、市政府的坚强领导下，上海市人力资源社会保障部门以习近平新时代中国特色社会主义思想为指导，全面贯彻落实党的十九大和十九届二中、三中全会精神，坚持稳中求进的工作总基调，保持工作定力，强化责任担当，提高工作效能，推动落实各项重点工作，全面完成了年度工作任务。

一、就业创业工作深入推进

（一）落实完成各项就业指标。

积极应对外部环境对上海市就业的影响，落实各项就业措施。全年就业局势始终保持稳定：新增就业岗位58.17万个，其中战略性新兴产业数量19.37万个；年末城镇登记失业人数19.41万人，控制在23万人的目标范围内，就业形势持续保持稳定。

（二）大力推进创业带动就业工作。

制定实施《上海市鼓励创业带动就业专项行动计划（2018—2022年）》和有关配套文件，全年共帮扶引领成功创业11 583人，帮助8 777名长期失业青年实现就业创业。全面推进创业型城区的创建。推进落实创业担保贷款、贴息、创业场地房租补贴等各项创业政策。做好市级创业孵化示范基地的认定和评估，新认定孵化示范基地16家。组织开展第三届“中国创翼”创业创新大赛（上海选拔赛）暨第四届上海创业计划大赛等活动。

（三）强化特定群体就业保障。

全年共帮扶4.93万名就业困难人员实现就业。公益性劳动组织全面转制，实现9.2万人全部安置到位和保障待遇进一步提高。出台规范上海市就业援助基地管理办法，全市建立就业援助基地277家。完善高校毕业生就业创业相关补贴政策，全年共为11 629名青年提供就业见习服务。全市24个职业训练营训练学员27 725人次。深入推进实施“离土农民就业促进专项计划”，围绕乡村振兴战略，积极促进农村劳动力就业，推进企业吸纳、灵活就业、公益性岗位托底三结合的就业援助措施。

（四）深入开展职业技能培训。

全年共完成职业培训105.83万人，开展职业技能鉴定46.71万人。出台《技能提升行动计划（2018—2021年）》，制定发布2018年补贴培训标准和目录。制定了上海市全面推行中外合作经营性职业技能培训机构告知承诺设立办法。全面推行企业新型学徒制，研究制定企业新型学徒制培训扩大试点办法，启动了第三批新型学徒制试点培训项目，全年累计组织开展学徒制培养3 847人，其中新录用人员1 957人。做好长期护理保险护理人员职业培训，全年开展养老护理服务人员培训4.39万人。制定加强农民职业技能培训促进就业的指导意见，落实人力资源社会保障部农民工职业技能提升计划——“春潮行动”实施方案，全年共完成农民工职业技能培训46.26万人。

二、人事人才发展环境不断优化

（一）加强海内外人才引进。

全力推进人才高峰工程相关工作，开通高

峰人才落户绿色通道。继续做好多层次多渠道人才引进工作，以“公开透明”为抓手，优化人才引进梯度化政策和操作体系。支持虹桥、临港、自贸区等重点区域推进人才制度创新。全年共户籍引进国内高层次、紧缺急需人才7 959人（不含随调随迁）；办理居住证转户籍12 847人（不含随调随迁）；新办居住证积分42 480人，居住证积分续办确认216 918人。提高外国人来华工作便利度，分类实施外国人来华工作许可制度。全面实施外国人才签证制度，发挥人才签证制度灵活引才效应，做好外国人管理服务工作。稳妥做好台港澳人员就业证取消后的管理服务工作。海外人才资助奖励梯度更加合理，有1名外国专家荣获2018年度“中国政府友谊奖”，有4名外国专家分别荣获2018年度上海市“白玉兰荣誉奖”和上海市“白玉兰纪念奖”。

（二）加强专业技术人才队伍建设。

全市选拔94名享受政府特殊津贴专业技术人员，选拔上海领军人才106名。上海市人才发展资金资助127人。制订实施“超级博士后”激励计划，264名优秀博士后入选上海市首批“超级博士后”，进一步提高资助人员数量和水平，提高博士后科研人员的待遇。制定出台《关于深化职称制度改革的实施意见》以及正高级工程师、正高级工艺美术师、网络作家等评审办法。完成正高级工艺美术师、正高级讲师职称评审试点。制定实施了《关于鼓励本市专业技术人才参与乡村振兴战略的通知》，出台了《上海市事业单位聘用合同管理办法》《关于进一步优化本市高等学校专业技术岗位设置管理的意见》。完善事业单位离岗创业、创新型岗位和柔性流动政策，进一步规范事业单位公开招聘工作。

（三）加强高技能人才队伍建设。

持续推进高技能人才培养基地建设，做好公共实训基地和南科创分基地项目开发建设。认定第八批上海市高技能人才培养基地11家，全市建立高技能人才培养基地达110家。开展第10届上海市杰出技术能手和技术能手等奖项以及2018年市级首席技师和技能大师工作室申报等工作，评选出第10届上海市杰出技术能手20名、第10届上海市技术能手100名；新建23个市级技能大师工作室，追加资助8个运作成效优秀的技能大师工作室；资助新认定的首席技师179名，追加资助21名工作业绩突出的原有首席技师。推荐申报的优秀高技能人才中有5名获第14届“全国技术能手”称号，推荐申报的技能大师工作室中有5个获“国家级技能大师工作室”资助。年末，高技能人才占技能劳动者的比重提高到33.03%。继续做好高技能人才相关激励工作，首次将高技能领军人才纳入高层次专家疗休养范围。

（四）积极做好第45届世界技能大赛参赛和第46届世界技能大赛筹办工作。

成功承办第45届世界技能大赛全国选拔赛开幕式和上海赛区工作。有序开展第46届世界技能大赛筹办工作，上海市政府、人力资源社会保障部、世界技能组织三方签署世界技能大赛协议书，建立与世界技能组织秘书处的定期联络机制。启动世界技能博物馆建设前期工作，推进世界技能博物馆选址、概念设计、展品征集等工作取得实质性进展。

三、社会保障制度更趋完善

（一）完善社会保障制度体系。

深入推进机关事业单位养老保险制度改革，出台机关及参公单位缴纳职业年金实行实账积累的办法，制定改革后参公单位退休人员的待遇确定办法，研究机关事业单位与企业跨制度流动人员的转移接续办法等。完善企业养老金计发办法。完善海外人才参保政策，解决非上海户籍博士后人员的参保问题。探索建立长三角社会保险待遇资格协助认证信息比对机制。

（二）稳妥提高社会保障待遇水平。

稳妥实施企业和机关事业单位退休人员养老金调整，统筹调整了各类人员养老金水平和办法。调整了工伤保险金、失业保险金保障待遇标准。

（三）继续健全社保基金可持续发展机制。

持续推进基本养老保险委托投资运营，完成委托投资协议签订。加强社会保险基金预警监测和安全评估机制建设。全面推进企业年金方案备案工作。进一步完善职业年金基金投资运营实施方案，做好职业年金投资运营实施准备工作。

四、收入分配改革稳步推进

（一）适当提高职工收入水平。

制定2018年企业工资指导线，研究制定上海市改革国有企业工资决定机制的实施意见。从2018年4月1日起，上海市月最低工资标准增加120元，达到2 420元，小时最低工资标准增加1元，达到21元。

（二）完善机关事业单位工资制度。

调整完善上海市事业单位行业分类调控绩效工资总量办法，制定落实2018年调整事业单位绩效工资方案，继续按行业分类增加了事业单位绩效工作总量，适当放开了高层次人才薪酬总量限制。按照国家统一部署，研究落实上海市机关事业单位基本工资标准的调整。研究推进了上海市法官检察官单独职务序列、公安警察职务序列等改革中的收入配套政策。实施了上海市院士退休和生活津贴调整工作。

（三）促进各类群体收入增长。

为家庭生活困难的失业人员发放一次性节日补助。统筹调整社区工作者、机关事业单位政府购买服务人员薪酬水平标准。继续推进大学生村官和“三支一扶”人员生活待遇调整工作。

五、劳动关系总体和谐稳定

（一）进一步促进和谐劳动关系建设。

出台《关于全面深入开展和谐劳动关系创建活动的意见》，深入开展和谐劳动关系创建活动。做好全国模范劳动关系和谐企业与工业园区推荐评选工作。截至2018年12月底，“上海市和谐劳动关系达标企业”总数达6 400余户。落实劳动关系协调员管理和职业资格开发工作，建立“劳动关系协调员职业资格获得人员综合管理平台”。依法开展劳务派遣行政许可工作。推进集体协商和集体合同制度。经上海市政府同意，自2018年度起暂停征收欠薪保障费。

（二）进一步做好劳动人事争议处理。

全面推开先行调解，探索开展网上调解，有序推进街镇调解综合示范工作。制定上海市调解工作规范，统一完善裁决文书格式，加强劳动人事争议仲裁与诉讼衔接，初步建成裁审信息共享平台，实现了数据交换功能。加强三方合作，推动落实与工会的合作机制，推进与市工商联的非公企业商（协）会劳动争议预防调解示范工作。进一步提升仲裁质量，加强调解仲裁工作考核管理，全年处理劳动人事争议案件13.05万件。起草完成并与苏、浙、皖3省仲裁部门签署《长三角区域劳动人事争议调解仲裁战略合作协议》，开展长三角区域劳动人事争议调解有关合作。

（三）加大劳动保障监察执法力度。

对企业实施劳动保障守法诚信等级评价及分类监管。推行“双随机、一公开”主动监管模式。在2017年全国保障农民工工资支付工作考核成绩A级的基础上，进一步加强欠薪治理，全面建立农民工工资专用账户、按月足额支付工资等制度。完善保障农民工工资支付长效机制。推进完善欠薪行为联合信用惩戒机制，继续实行劳动保障重大违法行为社会公布制度。加强行刑衔接，深入开展欠薪入罪工作。全年受理劳动保障监察举报投诉2.25万件，追缴社会保险费0.62亿元，责令补发工资8.8亿元；处置群体性突发事件229件。

六、人社扶贫工作稳步推进

（一）社会保险扶贫工作有序开展。

推进社会保险扶贫工作，调整城乡居民养老保险缴费标准，重点落实为低保对象、特困人员代缴城乡居民养老保险费等政策。全年全市重度残疾人参加城乡居民养老保险4.01万人；贫困人员参加城乡居民养老保险约4万人，其中，2.05 万人已享受城乡居民养老保险待遇，1.95 万人已由政府代缴城乡居民养老保险费，代缴总金额 871.3 万元；重度残疾人和贫困人员参加城乡居民养老保险的覆盖率达 84.5%，城乡居民养老保险扶贫工作卓有成效。

（二）对口支援工作质量不断提升。

依据全年对口支援工作计划，推进与西藏日喀则、新疆喀什、云南、贵州遵义等地的对口支援和扶贫工作。进一步加大沪滇、沪遵劳务协作，指导当地完善政策，开展资源对接，圆满完成对口就业扶贫目标任务。同时加强新疆喀什、西藏日喀则的对口支援工作，推进沪喀青年（大学生）职业训练营工作。举办公务员对口培训班，做好青海省果洛州等对口地区人才培训项目。组织开展云南省对口支援地区干部培训共 3 批次 150 人。协助和指导上海市家庭服务业行业协会赴云南省文山州开展“云嫂入沪”家政服务精准扶贫对口支援。

七、政风行风建设不断深化

（一）政风行风建设要求不断细化。

认真贯彻人力资源社会保障部加强行风建设的部署，全面加强政风行风建设和督查工作，制定《关于进一步加强上海市人社系统政风行风建设的实施意见》，建立工作机构，明确责任分工，畅通投诉举报渠道，深入推进优质服务窗口创建，作风建设进一步改进。

（二）大调研工作不断深入开展。

全面开展大调研工作，切实推进干部作风大改进，切实推动人力资源社会保障工作大发展。全年全系统共开展各类调研活动 1 682 次，7 988 人次参加，调研对象共计 24 954 个，实现调研主体和对象的两个全覆盖；共收集建议 1 372 条，收集原始问题 595 个，已解决 541 个，解决率 90.9%；聚焦 69 个局层面问题，共提出措施 182 条，形成制度 89 项。

（三）人社服务“一网通办”成效显著。

推动上海市优化营商环境专项行动涉及的人力资源社会保障相关工作，就业参保登记网上合并办理。全面梳理各类服务事项，全部行政审批事项和 87 个已经实现社区窗口全市通办的服务事项与“一网通办”总门户对接完成。加强面向法人的自助经办系统以及面向个人的“上海人社”App 建设，自助经办系统总功能数达 297 个，网上业务办理 1.25 亿笔，占同类业务的 80.12%；“上海人社”App 新增功能 63 个，功能数达到 168 个，下载量超过 360 万次。企业和群众的获得感和满意度得到切实提高。

上海市人力资源和社会保障局

江 苏 省

2018年，江苏省各级人力资源社会保障部门深入学习贯彻习近平新时代中国特色社会主义思想和党的十九大精神，在人力资源社会保障部、省委、省政府的坚强领导下，坚持稳中求进工作总基调，坚持新发展理念，落实高质量发展要求，提高站位、强化责任，迎难而上、埋头苦干，统筹抓好保障改善民生、服务经济发展和全面从严治党各项任务落实，全省人力资源社会保障事业高质量发展取得了显著成绩，实现了良好开局。

一、就业创业稳中有进

（一）就业局势保持总体稳定。

多措并举，强化监测，创新建立高校毕业生精准就业招聘平台，密集举办江苏招才月等岗位对接活动，有效应对了中美经贸摩擦这一最大变数和高校毕业生总量再创新高这一最大压力。城镇新增就业创153万人的历史新高，年末城镇调查失业率、登记失业率保持在4.4%左右和2.97%的较低水平，高校毕业生总体就业率超过95%，有力支撑了经济发展基本面，维护了社会和谐稳定，得到省委、省政府的充分肯定。

（二）就业政策体系不断健全。

提请省政府出台做好当前和今后一个时期促进就业工作的实施意见，省委办公厅、省政府办公厅印发进一步引导和鼓励高校毕业生到基层工作的实施意见，全省联动开展就业创业政策落实年、失业保险“援企稳岗”等活动，强化就业困难人员帮扶、退役军人就业创业和为农民工服务，兑付各类就业优惠政策资金67.3亿元，企业和劳动者有了更多获得感。

（三）全民创业氛围更加浓厚。

将创业担保贷款拓展为“富民创业贷”，规范完善创业培训管理制度，成功举办省级品牌赛事并在全国大赛中取得优异成绩。深化创业型街镇、村居和园区建设，30.1万人在人力资源社会保障部门的扶持下成功创业，比上年增长3.5%，创业带动就业比超过1∶4，成为稳定和扩大就业新的增长点。

（四）职业技能培训纵深推进。

研究制定推行终身职业培训制度的实施意见，推广企业新型学徒制，创新建立政府购买公共培训服务制度，大力实施重点群体免费职业培训和失业保险支持技能提升“两项行动”，开展城乡劳动者政府补贴培训118万人，其中免费培训43.3万人，“人岗不匹配”的结构性就业矛盾得到缓解。

二、社保体系不断健全

（一）制度建设更趋完善。

贯彻落实企业养老保险基金中央调剂制度，改革完善企业职工养老保险省级统筹制度，制度统筹共济功能进一步发挥。全力推进机关事业单位养老保险制度改革，政策、经办、信息同向发力，启动“中人”待遇按新办法计发，改革成果落地见效。率先完成“老农保”历史遗留问题清零工作，统筹城乡的居民养老保险制度更加健全。推进城乡居民医保制度整合，从2018年1月1日起，实施城乡统一的居民医保制度。

（二）覆盖范围持续扩大。

大力实施全民参保计划，参保人数稳中有

增，基本养老保险、失业保险参保覆盖率超过97.8%。深入实施工伤保险同舟计划，建设工程项目参保率达95%以上。创新推进“三个百分百”城乡居民养老保险精准扶贫举措，社保民生底线切实兜住兜牢。

（三）基金运行总体平稳。

社会保险基金收支总体平衡、当期收大于支的良好态势得以保持，累计结余持续增加，抗风险能力不断增强。划转400亿元基本养老保险基金委托全国社保基金理事会投资运营，保值增值目标较好实现。大力开展社保基金监督检查，抓好审计问题整改落实，确保基金安全有效运行。

（四）保障水平稳步提高。

企业和机关事业单位退休人员养老金人均上调比例超过5%，养老保险制度的正向收入再分配效应得到充分体现。建立城乡居民养老保险待遇确定和基础养老金正常调整机制，省定最低标准每人每月提高10元。健全工伤、失业保险待遇调整机制，伤残津贴增长6.5%左右，失业保险金增长7.8%。落实对医疗救助对象、建档立卡低收入人口等困难人员参保资助政策以及大病保险待遇倾斜政策，将大病保险起付线降低50%，报销比例提高5～10个百分点，切实减轻困难群体医疗费用负担。城乡居民医保财政补助最低标准提高到每人每年510元，职工基本医疗保险和城乡居民基本医保政策范围内住院医疗费用基金支付比例分别稳定在80%以上和70%左右。

三、人才活力持续增强

（一）人才人事改革继续深化。

建立健全省属事业单位人员流动配置新机制，调整用人计划管理，下放公开招聘权限，优化办理流程，提高办理时效。制定深化全省职称制度改革实施意见，整体下放90所高职院校职称评审权，建立高层次和急需紧缺人才高级职称考核认定绿色通道，创新思想政治专业人才评价制度，出台职业技能等级认定和国（境）外职业技能比照认定实施办法，受到广大用人单位的欢迎和点赞。制定从事生产经营事业单位改革人员分流安置政策，助推改革顺利进行。制定军转干部进高校专项培训、加强自主择业军转干部管理服务、政法部门接收安置军队转业干部工作3个实施意见。组织开展近600多名军转干部进高校专项培训。县以下机关公务员职务与职级并行制度全面实施，聘任制公务员管理试点启动实施，承担行政职能事业单位改革省直人员分流安置任务顺利完成。

（二）技能竞赛练兵深入拓展。

大力弘扬“工匠精神”，部署开展首届百万技能人才技能竞赛岗位练兵活动，组织各级各类赛事496项，参赛练兵近800万人次。成功举办第四届江苏技能状元大赛，创新增设“青苗组”比赛类别，21名技能状元脱颖而出。第45届世界技能大赛全国选拔赛、全国技工院校教师职业技能大赛捷报频传，48名选手入围世界技能大赛国家集训队。

（三）载体平台建设有力有效。

首次承办第六届中国江苏人才创新创业大赛，建立全国首家博士后创投中心，新增博士后科研工作站42家、省级留创园5家、留创示范基地6家，新建省级以上各类技能大师工作室232个、高技能人才培养基地25个、校企合作特色项目54个，载体平台影响力和集聚效应进一步增强。专业技术人才和高技能人才总量分别达770.6万人和392.9万人，继续位居全国之首。同时，搭建人社科研成果交流平台。开展首届江苏省人力资源社会保障优秀科研成果评选活动，共收到申报成果553项，最终入选31项，其中，一等奖6项、二等奖10项、三等奖15项。

（四）人力资源服务业创新突破。

率先实施人力资源服务业领军人才培养计划，新建全国首家省级扬州乡土人才市场，新增省级南通苏通人力资源服务产业园，人力资源服务业年营业收入超过1 600亿元。根据国家部署开展改革开放40周年杰出贡献人员推荐工作，江苏省3名同志被党中央、国务院授予“改革先锋”荣誉称号。省人事考试基地建成使用，安全顺利完成150万人次、300万科次人事考试任务。

四、劳动关系更加和谐

（一）工资收入分配秩序进一步规范。

扎实推进公立医院、高校、科研院所、国企负责人薪酬制度和国企工资决定机制改革，基层医疗卫生机构绩效工资总量普遍增幅达10%，高校、科研院所绩效工资总量普遍增幅达5%～15%。全省一类地区最低工资标准提高到2 020元，高温津贴标准提高到300元。

（二）治欠保支攻坚战成绩显著。

聚焦农民工工资基本无拖欠目标，提请省政府办公厅出台保障农民工工资支付工作专项考核办法，组织实施对设区市专项考核和“回头看”督查，扎实推进落实工程建设领域按月足额支付、实名制管理、工资保证金和专用账户四项制度，连续三年实现欠薪案件、金额和人数“三下降”，在国家首次专项考核中获得A级。

（三）劳动关系和谐省建设扎实推进。

组织开展省级和谐劳动关系创建示范项目和综合试验区试点项目建设，进一步健全劳动人事争议预防、协商、调解、仲裁多元化解机制，创新建设劳动关系预警监测维权调度指挥中心，推动企业用工实时监测、劳资矛盾风险分级预警、职工维权快速反应、应急管理有效处置等效能全面提升，有力地确保了全省劳动关系总体和谐稳定。

五、人社扶贫成果丰硕

（一）深入实施特色化就业扶贫。

在苏北因地制宜启动电商就业创业、免费技能培训、就业扶贫车间、岗位开发援助、技校招生培养五大就业扶贫示范区建设，通过特色带动、示范引领、品牌集聚，面向有创业意愿的低收入农户劳动力发放各类创业补贴和创业担保贷款，帮扶11.59万名低收入农户劳动力实现就业创业。

（二）深入实施精细化技能扶贫。

大力开展免费接受职业培训行动和技能脱贫千校行动，建立专属化项目制培训制度，为2.3万名低收入农户劳动力落实免费培训政策，为1 671名低收入家庭子女提供免费就读机会，有效阻断贫困的代际传递。

（三）深入实施人本化社保扶贫。

推进“智慧居保”建设，创新实施低收入人口等困难群体“100%登记参保、100%代缴保费、100%享受待遇”，已为78.63万名困难群众代缴居民养老保险费1.48亿元。城乡居民养老保险基础养老金提高到每人每月135元，按年度提标实现“七连增”。

（四）深入实施品牌化人才扶贫。

加强苏北经济薄弱地区的人才资源开发，加大“三支一扶”、乡村教师和农村医生定向免费培养等专项人才计划的支持力度，苏北地区人才资源总量提高到350万人以上，不断夯实地区发展基础。

（五）深入实施组织化对口扶贫。

深化与陕西等对口帮扶地区的协作，签订并落实劳务协作、培训合作、人才支援等一揽子对接协议，组织开展扶贫招聘、就业创业基层行等亮点活动，累计帮助6 656名对口帮扶地区贫困劳动力来苏就业，选派1 580名江苏专业技术人才赴对口帮扶地区支教支医支农，为服务国家脱贫攻坚大局做出了积极贡献。

六、行风建设成效彰显

（一）基层公共服务提标增效。

认真落实省“十三五”时期基层基本公共服务功能配置标准，修订《江苏省人社基层平台建设标准和服务规范（2018版）》，纵深推进硬件建设、业务经办、信息应用和服务保障标准“四统一”，着力构建简约、高效、全方位的基层服务体系，标准化街镇、村居人力资源社会保障基层平台建成率分别达100%、88%。

（二）“放管服”改革深入推进。

在全国率先统一规范人力资源社会保障系

统审批服务事项清单和办事指南，实现省市县135项审批服务名称、服务依据、申请材料、办理流程、办理时限和表单内容“三级六同”。全面疏解人力资源社会保障领域群众办事堵点问题，深入推进“一网、一门、一次”改革，大力推行窗口资源优化整合和综合柜员制，将高频、刚需、面广的服务事项汇聚到江苏政务服务网人社“旗舰店”，不见面审批事项占比达80%以上，全年省级网上办件量超159万件，人力资源社会保障服务更加优质、便捷、高效。

（三）信息化支撑能力持续增强。

建成全省人力资源社会保障数据归集平台，初步实现全省数据“逻辑大集中、交换全共享、整合深应用”。建成全省统一的社会保障卡在线服务平台，支持各类人力资源社会保障业务“认、查、缴、办、发”全程在线办理。社会保障卡持卡人数达8 523万人，12333综合咨询服务满意度达91.9%。

江苏省人力资源和社会保障厅

南 京 市

2018年，南京市人力资源社会保障部门坚持以习近平新时代中国特色社会主义思想为指导，深入贯彻党的十九大精神，按照省委对南京市“提升省会城市功能和首位度”的明确要求，紧紧围绕市委、市政府创新名城建设决策部署，秉持以人民为中心的发展思想，牢牢把握“民生为本、人才优先”工作主线，主动对标、创新实干，锐意改革、奋勇争先，重点任务目标全面超额完成，人力资源社会保障事业高质量发展迈出坚实步伐。

一、“稳、促、防”并举，就业态势总体稳定向好

以升级实施新一轮就业创业新政为抓手，聚焦化解就业总量压力和结构性矛盾，主动应对日趋复杂的外部形势，全力以赴稳就业、促创业、防失业。全市城镇新增就业 31.05 万人，城镇登记失业率 1.78%。

一是力促新政落地“宁聚”青才。出台实施青年大学生“宁聚计划”，通过全过程、全链条就业创业扶持政策举措，促进青年大学生“引进来、留得住、能就业、会创业、发展好”。为 15 060 名外地毕业生发放来宁面试一次性补贴 1 506 万元，累计为 8.44 万名高校毕业生发放租房补贴 4.77 亿元，全年新增就业参保大学生 34.15 万人，同比增长 60.1%，新政促就业、聚英才的效应凸显，获来宁视察调研的李克强总理点赞。

二是多措并举激发“双创”活力。深入实施全民创业行动计划、青年大学生创业引领计划，遴选资助优秀创业项目 316 个，核发创业贷款 2.08 亿元；建成 24 个省级创业型街道（镇）、325 个创业型社区（村）、2 个创业型园区。成功举办“南京市首届大学生双创节”和第六届“赢在南京”青年大学生创业大赛暨“互联网＋”科技创业大赛，持续掀起创新创业热潮。全市共培育自主创业 3.74 万人，带动就业 18.75 万人，其中扶持大学生创业 6 595 人，再创新高。在第四届中国“互联网＋”大学生创新创业大赛和第三届“中国创翼”创业创新大赛上，分别取得 5 金 7 银 8 铜和专项赛一等奖、主体赛创新组三等奖的好成绩，位居全国同类城市前列。

三是突出重点群体稳定就业。实施“高校毕业生基层成长计划”，进一步引导和鼓励高校毕业生到基层工作。加强高校毕业生就业创业指导服务，实现在宁高校就业创业指导站全覆盖，开展就业指导企业行，“三百活动”市场行，就业创业指导校园行、社区行、园区行“五行”活动 1 263 场，服务大学生 15.25 万人次。组织开展“就业援助月”和“春风行动”等专项活动，加强就业困难人员帮扶，确保零就业家庭动态清零。组织招聘会 1 001 场，提供就业岗位 33.99 万个，全市实现再就业 11.33 万人，援助就业困难人员就业 1.41 万人，农村劳动力转移就业 1.14 万人。

四是援企稳岗有效预防失业。制定实施《市人社局关于常态长效支持实体经济发展的十项措施》，养老、失业保险降费率政策再延长一年，工伤保险缴费比例降低 50%，发放企业岗位补贴、社保补贴、吸纳高校毕业生一次性奖励 6.56 亿元，稳岗补贴 5.33 亿元，全

年减轻企业负担45亿元。大规模开展职业技能培训，全年完成各类职业技能培训51.42万人次，其中政府补贴培训11.28万人次。积极应对中美经贸摩擦，成立就业应急工作小组，制定应急预案，强化预警监测，做好就业应急政策储备和工作准备。

二、致力民生改善，城乡一体社会保障体系不断健全

以制度建设为引领、经办服务为保障，进一步提升城乡一体的社会保险统筹水平，织密扎牢社会保障安全网。

一是社保制度改革取得新进展。机关事业单位养老保险全面上线运行，基金清算和待遇计发工作有序开展。企业年金制度覆盖面进一步扩大，新增43家企业备案建立年金制度，全市累计达282家。建立运行城乡居民基本医疗保险制度，实现全市域范围的城乡一体化，同步整合城镇职工和城乡居民大病保险制度，消除医保政策城乡差异。进一步深化医保支付方式改革，病种付费范围扩大至226种。跨省异地就医联网结算更加方便快捷，跨省联网医院56家，省内联网医院137家，结算人数占全省50%以上。

二是社保待遇水平稳步提高。兼顾城乡各类群体，稳步提高各项社保待遇，企业退休人员月人均养老金水平达2 984元，继续居全省第一；城乡居民基本养老保险基础养老金最低计发标准由每人每月380元调至410元；老年生活困难补助标准从420～560元/月调至460～600元/月。同步调整城镇居民医保和原“新农合”人员缴费标准，老年居民和其他居民缴费标准调至1 050元/人·年，并按参保对象分别提高财政补助标准。城镇职工医保和整合“新农合”后的城乡居民医保住院费用报销比例分别达87.6%和73%。失业保险金标准和工伤保险定期待遇水平稳步提高。

三是社保基金征缴管理更加严格规范。深入实施全民参保登记计划，致力健全多部门数据交换机制，完善全民参保登记动态管理。严格社保缴费基数申报，强化社保征缴稽核、待遇领取稽核及医保稽核，持续加大医保定点药店监管力度，进一步明确医保个人账户支付范围等制度，持续有力开展打击欺诈骗取医保待遇专项行动。全市职工五项保险累计参保1 603.84万人次，五险基金征收730.92亿元。

四是社保经办服务能力进一步提升。构建社保经办“五同”标准，顺利通过全国社会保险标准化建设“先行城市”评估验收。继续做好企业退休人员社会化管理服务，完成企业退休人员免费健康体检39.59万人。进一步推进社保公共服务智能化，不断拓展社保信息自助查询打印、“社保通”短信推送、“南京社保”微信公众号等智能服务平台建设和应用，方便市民群众。

三、突出聚才用才，多层次人才队伍体系不断壮大

围绕创新名城建设主动作为，综合施策、引培并举，着力集聚符合南京城市定位和产业发展的各类人才。

一是加大海外高层次人才引进和服务力度。积极推进重点人才计划，39个项目入选首批“345”海外高层次人才引进计划，“高层次创业人才引进计划”749人入选、234人进入市级计划。成功举办第十一届“南京留交会”，300多个项目现场达成落户或合作意向，300多名海内外博士达成招聘或进站意向，126人达成企业入职意向。全年新增留学回国人员3 400名，新引进外国专家1 660名。

二是加强专业技术人才队伍建设。新增享受国务院政府特殊津贴人员16名，江苏省有突出贡献中青年专家24名。出台实施博士后新政，在企业设站、引才、留才等方面给予资助，助力企业研发创新。全市新增16家国家级博士后流动站、省级博士后流动站21家，均居全省第一；59家企业获评市博士后创新实践基地，22家博士后流动站被评为首批市优秀博士后流动站。在首届江苏省博士后创新创业大赛总决赛中，南京选手勇夺创业组一等奖。探索实施人才举荐制，通过业界“伯乐”相才荐才的方式创新探索非共识性人才选拔市场化社会化机制，举荐产生首批 29 名高层次人才。出台南京市深化职称制度改革实施意见，全面下放中、初级职称初定权限和中小学（幼儿园）一级教师评审权限。

三是推进高技能人才队伍建设。制定发布 2018 年南京市紧缺型高技能人才职业（工种）目录，加快培育符合南京产业发展的新型技能劳动大军。强化领军型高技能人才示范带动作用，新增国家级高技能人才培训基地 1 个、国家级技能大师工作室 1 个、省级技能大师工作室 4 个、省级企业首席技师 11 名、市级技能大师工作室 7 个。进一步发挥以赛促训效能，积极做好首届乡土人才传统技艺技能暨创业大赛等各类技能竞赛组织和参赛工作，7 个项目 10 名选手成功入选第 45 届世界技能大赛国家集训队，在第四届江苏省技能状元大赛中荣获一等奖 2 项、二等奖 5 项、三等奖 13 项。全市新增高技能人才 5.44 万人，每万名劳动力中高技能人才达 955 人。

四是不断优化引才育才环境。优化完善人才安居办法适用对象目录范围，统筹开展人才认定工作。建立“南京人才驿站”和“南京 HR 高管联盟”，将引才触角和服务前端延伸至海内外各大城市。加强市、区人才市场和人力资源市场服务资源整合，成立人才服务中心栖霞分中心，推进人事人才线上线下服务并进，实现“一网通办”。

四、围绕科学规范，机关事业单位人事管理水平不断提升

贯彻落实各级关于干部人事制度改革的总体部署，积极构建“制度完善、执行规范、运行有序”的人事管理工作机制。

一是加强公务员队伍建设。严把“进口关”，突出基层导向，完成 2018 年度公务员考录 788 人。稳妥推进参公管理事业单位申报审批和人员登记培训工作。严格落实县以下机关公务员职务与职级并行制度，指导各区规范开展职级晋升审批工作，确保待遇及时兑现。筹备开展宪法宣誓有关工作。全面清理规范创建示范活动。出台公务员及时奖励办法，坚持“因绩施奖、一事一奖、严控规模、严格程序”，规范开展公务员及时奖励工作。突出能力建设，精心做好公务员“四类培训”，全年完成公务员在职培训 9.22 万人次。

二是健全事业单位人事管理制度。巩固完善事业单位岗位管理、人员聘用和公开招聘三项基本制度，研究制定事业单位特设岗位办法，完善岗位动态管理机制。加强市属事业单位通用类岗位统一公开招聘工作，分类指导做好行业招聘，结合行业特点创新推进多元化招聘方式，全年共发布招聘岗位 9 155 个。鼓励和支持事业单位专业技术人员兼职和离岗创业，积极做好事业单位公车改革中司勤人员安置有关工作。

三是扎实做好军转安置等政策性安置工作。服务深化军改大局，全面完成年度军转安置任务，进一步向政法系统和行政执法部门倾斜。强化军转干部岗前适应性培训，推进实施军转干部进高校工作。加强自主择业军转干部管理和就业创业服务，4 家企业获评省自主择业军转干部创业示范基地。开展首次退役大学生士兵定向招聘，认真做好随军家属、退役运动员就业安置等工作。

五、力促和谐稳定，和谐劳动关系建设扎实推进

以深化和谐劳动关系创建为抓手，不断健全三方机制建设，增强劳资纠纷调处能力，促进职工权益与企业发展实现共赢。

一是开展多层次和谐劳动关系创建活动。全面推进和谐劳动关系企业、园区、街镇创建工作，10 家企业荣获省和谐劳动关系企业称号。指导江北新区生物医药谷和江宁高新技术开发区、浦口经济开发区争创省级和谐劳动关系综合试验区（示范园区）。

二是加强企业工资分配宏观指导。落实最低工资标准，由 1 890 元/月上调至 2 020 元/月。

深入开展企业薪酬调查和制造业人工成本定点监测试点，动态掌握企业人工成本变动情况，为各类企业的工资分配调控决策和分类指导提供依据。集中开展“春季要约”行动，推动工资集体协商扩面提质，全市已建工会企业集体合同签订率保持在99.8%以上，企业工资支付、增长、保障三项机制日趋健全。

三是依法规范劳动用工管理。继续强化劳动用工登记备案制度，全市规模以上企业劳动合同签订率99.99%。加大劳务派遣单位监管力度，指导劳务派遣单位依法规范用工。进一步加强劳动关系预警监测，做好重点企业的跟踪监测和用工情况分析，抓好风险矛盾源头预防。

四是有力维护劳动者合法权益。强化政府统一领导，突出市区、部门联动，落实属地、行业管理，建立健全治欠保支长效机制，动态跟进加强欠薪治理，在2017年度省对市保障农民工工资支付工作考核中，南京市获评A级等次。加大劳动监察执法力度，全面实施劳动保障失信联动惩戒，推进全市劳动保障监察维权调度指挥中心建设，优化调整市区两级劳动监察管辖范围，有效提升劳动监察执法能力。全市劳动监察共立案查处5 489件，为8 132名劳动者追回工资6 826万元。坚持“预防为主、基层为主、调解为主”，积极做好劳动人事争议调解仲裁工作，优化办案机制，提高办案质效，劳动人事争议仲裁立案处理案件结案率达98.5%，劳动人事争议调解成功率89.5%。

六、创新理念方式，人社公共服务效能实现再提升

加强人力资源社会保障公共服务平台建设，简化优化服务流程，提升服务效能，大力创树南京人力资源社会保障公共服务品牌。

一是“金保二期”成功上线。历经数年建设、密集攻坚，按照部颁标准规划设计的南京人力资源社会保障“金保二期”信息系统于4月底5月初成功上线运行，为全市人力资源社会保障四级平台和人力资源社会保障各项业务经办管理工作及3 100家定点医疗机构公共服务等提供了更加高效、便捷、安全的信息化平台，为基于“互联网+”建设“智慧人社”、更高标准推进新时代南京人力资源社会保障工作创造了有利条件，省人力资源社会保障厅专门致信祝贺并予以高度肯定。

二是持续深化人力资源社会保障领域“放管服”改革。梳理发布全市人力资源社会保障行政权力事项与公共服务事项清单，深入推进“互联网＋人社”政务服务建设，努力提高“不见面”和“见一次面”审批率，积极推行“网上批、快递送、不见面”，力促“数据多跑路、群众少跑腿”。不断健全线上线下一体化的公共服务体系，拓展网上办事项目，省厅考核基本公共服务在线提供率达100%。高校毕业生住房租赁补贴“不见面”审批模式被国家发改委作为推动政务服务“一网通办”着力破解群众办事堵点问题的典型做法在全国予以推广。

三是进一步提升人力资源社会保障基层平台标准化水平。严格落实全省人社基层平台建设标准和服务规范，全市人力资源社会保障标准化街镇、社区（村）建成率分别达100%、98.95%，走在全省前列。

四是积极增强人力资源社会保障信息咨询服务能力。加强咨询员队伍培训与考核，进一步提高人力资源社会保障12333电话咨询服务质量，电话呼入总量466.65万人次，综合咨询服务满意度达93%。

七、加强劳务协作，脱贫攻坚行动取得实效

按照聚焦精准、深化帮扶、确保实效的工作要求，进一步加强与陕西商洛和青海西宁对口劳务协作，扩大劳务协作领域，帮扶就业质量显著提升。

一是政策引领劳务协作。联合市财政局印发《关于深入扎实推进对口扶贫劳务协作工作的通知》，明确将商洛、西宁贫困劳动力纳入南京就业困难人员对象范围并享受本市就业困

难人员各项就业扶持政策，并对人力资源服务机构、劳务经纪人等市场主体开展贫困劳动力有组织劳务输入的，通过就业创业服务补助购买基本服务成果。

二是坚持密切协同配合。搭建全方位、高质量对接平台，建立宁商、宁西定期交流和互访工作机制，及时通报和解决合作中出现的困难及问题，做到跨市横向同频共振、市内纵向步调一致，形成强大工作合力。赴商洛、西宁两市开展劳务协作扶贫攻坚系列活动、人力资源机构助力脱贫攻坚专项行动、对接助力脱贫攻坚行动等活动，分别与商洛市、西宁市人力资源社会保障部门（含区县）开展互访30次、11次。

三是积极开展精准对接。商洛市、西宁市准确掌握并提供建档立卡贫困人口基本信息和就业意向，南京市有针对性地采集用工信息进行定向匹配，实现因人施策、动态跟踪、精准帮扶。组织开展宁商、宁西扶贫劳务协作专场招聘会、职业培训机构能力建设研修班等劳务协作品牌活动66场次。引入人力资源机构参与助力西部脱贫攻坚工作，搭建“互联网＋”宁商、宁西招聘平台。商洛、西宁农村劳动力在宁就业人数分别达1 839人、537人，分别较上年同比增长397％、180％。其中商洛籍建档立卡贫困劳动力在宁就业945人，西宁籍建档立卡贫困劳动力在宁就业166人。

八、抓行风优服务，系统行风建设扎实推进

坚持以服务发展为己任、以群众满意为标准、以制度建设为抓手、以岗位建功为追求，找准“堵点”“痛点”“难点”转化为“重点”“亮点”“增长点”，不断增强人民群众获得感、幸福感、安全感。

一是树立工作追求“高标杆”。把“对标找差、创新实干”作为工作取向，全面建立对标找差指标体系，确立49项量化指标和18项工作指标，将服务满意度、行政权力事项网办率等一并纳入。

二是打好简政放权“组合拳”。深入开展“减证便民”“限时提效”“拓服创优”三项行动。编印行政权力事项和公共服务事项清单和办事指南（2018版），明确76项行政权力事项和95项公共服务事项的基本信息、办事指南等服务标准；围绕推进“放管服”改革，以审批事项最少、流程最简、时限最短、服务最优为目标，清理削减工商执照等证明材料25项，简化异地来宁就医人员落地确认等58项办事流程，各项审批时间由上年平均2.5天再压减到1.1天。

三是打造为民服务“加速器”。完善人力资源社会保障四级平台建设，做好“互联网＋”的“智慧人社”大文章，考核范围内基本公共服务在线提供率达90％以上，实现“数据多跑路、群众少跑腿”。就业服务信息化，通过数据共享和信息互通，实现人力资源社会保障、税务等部门联动审核，做到“点击申报、打卡到款”。社保服务智能化，实现与公安等部门信息数据每月自动比对，老人无须自证仍健在；完善社保信息网上自助查询打印，网上打印参保缴费证明年逾200万份，占服务总量的90％以上。人才服务全网化，做到一网通办调档函开具、人事档案转移、求职简历投递、职称报名、参加继续教育等事项，实现流程告知、事项办理、进度查询、答疑解惑全流程数字化服务，年服务逾30万人。

南京市人力资源和社会保障局

浙 江 省

2018年是全面贯彻党的十九大精神的开局之年，是改革开放40周年，也是浙江省推进“两个高水平”建设、实施“十三五”规划承上启下的关键一年。面对错综复杂的国内外形势，面对改革发展稳定的繁重任务，浙江省人力资源社会保障系统以习近平新时代中国特色社会主义思想为指导，坚持稳中求进工作总基调，认真贯彻落实省委、省政府决策部署，紧紧围绕“八八战略”再深化、改革开放再出发，聚焦聚力高质量发展，提高政治站位，强化责任落实，谋大事、做实事、解难事，圆满完成全年目标任务。

一、就业创业工作

把保持就业局势稳定作为重大政治责任，主动应对中美经贸摩擦、民营企业经营困难、产业转型升级带来的各种挑战，制定出台社保费返还、稳岗补贴、技能提升补贴等稳就业政策措施，促进社会充分就业。全年城镇新增就业125.3万人，年末城镇登记失业率2.6%，城镇调查失业率4.1%，继续保持在较低水平。稳步推进重点群体就业，帮扶低保人员、“4050”人员等困难人员实现就业15.9万人。积极落实创业扶持政策，共扶持大学生、登记失业人员5.48万人实现创业，发放创业担保贷款26.7亿元。启动运行“浙江省大学生就业实习平台”。持续加强全方位就业创业公共服务，在全国率先开展高质量就业社区（村）创建认定。连续四年开展“奇思妙想浙江行”创业宣传活动，大力宣传创业典型案例，带动更多人群创业。实现更高质量更充分就业的基础更加坚实，2018年9月，李克强总理在浙江调研时对浙江省大学生就业和大众创业取得的成绩予以充分肯定。

二、社会保障工作

按照“兜底线、织密网、建机制”的基本要求，持续健全完善社会保障制度体系，全省户籍法定人员基本养老保险、基本医疗保险参保率分别达到92%、98.6%。积极落实企业养老保险基金中央调剂制度，认真做好职业年金市场化投资运营准备工作。按照国家统一部署，同步调整提高机关企事业单位退休人员基本养老金，继续提高城乡居民基础养老金最低标准。实施企业职工基本养老保险省级调剂，对33个市县补助19.7亿元。持续深化医保支付方式改革，实施医共体医保总额预算管理，积极推进跨省异地就医直接结算，进一步扩大长期护理保险试点范围。率先出台实习生和超龄劳动者参加工伤保险制度，将更多人群纳入工伤保障范围，出台工伤保险基金省级调剂办法。统一城乡失业保险制度，将失业保险金标准提高到当地最低工资标准的80%。研究出台社保降费政策为企业减负。强化社保基金监管，积极开展第三方审计，发挥会计师事务所专业机构力量，实现基金风险防控从面上筛查向深层次发现薄弱环节、堵塞安全漏洞转变，社保基金运行安全、风险可控。

三、人才队伍建设

牢固树立人才是第一资源的理念，积极开展多种形式的国内外引才活动，成功举办杭州国际人才交流与项目合作大会等人才项目洽谈对接活动50多场，启动浙江名企全球引才万人计划，全年引进各类人才45万人，其中，海外留学人才3.2万人、外国专家5.6万人次，入选国家“外专千人计划”15人，连续5年位居全国第一。选拔浙江省“151”人才275人，浙江省“万人计划”青年拔尖人才50人和高技能领军人才20人。主动服务传统制造业改造提升，统筹谋划、积极跟进，支持成立象山现代针织研究院等4家产学研服务平台。启动实施“百千万”高技能领军人才培养工程，出台提高技术工人待遇的实施意见，进一步加强技能人才队伍建设，职业技能培训突破100万人，全省新增高技能人才21.9万人。大力发展人力资源服务业，3家人力资源服务产业园年税收突破1亿元，举办中国（浙江）人力资源服务博览会和中国（宁波）人力资源服务创新创业大赛，帮助实现就业和流动1 400万人次，市场在人力资源配置中的决定性作用进一步增强。省人力资源社会保障厅在浙江省委人才工作述职评议中位列第一。

四、人事制度改革

制定出台《关于深化职称制度改革的实施意见》，继续深化卫生、中小学教师等重点领域职称制度改革，推进工程领域职称社会化评价改革。出台全国首个省级博士后科研工作站建设地方标准。规范事业单位专业技术二级岗位、特设岗位管理和工作人员交流，妥善处理省属高职院校聘用人员历史遗留问题。顺利组织全省公务员四级联考。稳妥安置3 274名军转干部，出台促进退役军人就业创业政策，企业军转干部总体稳定。加强部门联动，盯住关键环节，加大对人事考试违法违规行为打击力度，守牢了人事考试安全底线。

五、工资收入分配

全面推进公立医院薪酬制度改革，积极推进国有企业工资决定机制改革，出台技术工人工资集体协商办法，全面建立省市两级劳动力市场价位发布制度，及时调整机关事业单位工作人员基本工资标准，收入分配秩序更加规范有序。

六、劳动关系工作

牢固树立风险意识和底线思维，着力完善风险防控机制，将各类风险隐患消除在萌芽状态。坚持企业和职工权益“双维护”原则，加强劳动用工管理，推动企业和职工以合同方式规范劳动关系，以协商形式达成劳资共识，把和谐劳动关系纳入制度化、规范化轨道，从源头上防范劳动关系领域矛盾风险。加强劳动人事争议多元化解，60%的劳动争议纠纷在乡镇（街道）化解。持续推进“浙江无欠薪”行动，层层夯实属地责任，加强部门联动，持续开展重点领域专项检查督查，加大欠薪失信联合惩戒力度，对欠薪企业和有关人员在市场准入、招投标、政策扶持等方面进行惩戒，开发全省欠薪联合预警指挥系统，实现欠薪治理由事后查处向事前预防、事中监管转变。在国务院办公厅对省级政府2017年度保障农民工工资支付工作考核中浙江省位列第一。

七、“最多跑一次”改革与行风建设

牢固树立改革创新是第一动力的理念，按照省委、省政府部署要求，将“最多跑一次”改革向纵深推进，实现群众和企业到人力资源社会保障部门办事事项“最多跑一次”全覆盖、100%开通网上办理。加大数据归集共享力度，实现与20个部门的信息共享，为“一证通办”提供了有力支撑。出台《全省系统“最多跑一次”事项办事标准“八统一”管理办法》，事项管控更加规范有效。针对改革在基层落地“最后一公里”的堵点难点，深入开展柯桥改革试点，推动“八统一”标准、一体化平台在基层落地。积极推进全省统一的社保公共服务平台建设，在浙江政务服务网开通群众普遍关心的养老保险待遇测算和关系转接功能。群众对人力资源社会保障公共服务的获得感和满意度明显提升，全省人力资源社会保障系统“最多跑一次”改革继续走在前列，受到广泛关注和赞誉。行风建设是破解人力资源社会保障领域一系列重大问题的金钥匙。省人力资源社会保障厅建立行风建设工作责任制，全面梳理政策制度及办事事项。加强基层服务能力建设，通过宣传引导、现场指导、明察暗访，全面推进窗口作风建设，涌现出一批“洋山岛的好闺女”——舟山市嵊泗县人力资源社会保障部门基层干部倪芳芬这样的“人社先进工作者”。

八、人社扶贫工作

围绕打赢脱贫攻坚战，以就业扶贫增收入、社保扶贫保生活、技能扶贫强素质、人才人事扶贫促发展，全面开展人力资源社会保障领域扶贫工作，为浙江省打好低收入群体增收攻坚战做出了积极贡献。高标准开展东西部扶贫劳务协作，坚持上下联动，积极采取开发爱心岗位、创新招聘方式、开展技能培训等措施，共帮扶中西部省份建档立卡人员来浙就业37.27万人，超额完成了国家下达给浙江省的任务。在全国率先创建了建档立卡人员动态管理平台，实现了对在浙建档立卡人员的“进管出”全程管理，这一平台得到了国务院扶贫办的充分肯定。

浙江省人力资源和社会保障厅

杭　州　市

2018年，杭州市人力资源社会保障部门坚持以人民为中心，促进就业创业，完善社会保障，强化人才支撑，推进“最多跑一次”改革，发展和谐劳动关系，有力地发挥了保障民生和服务发展的功能。

一、就业创业

（一）就业局势保持稳定。

出台《杭州市人民政府关于做好当前和今后一段时期就业创业工作的实施意见》及配套文件，推出指数评价体系3.0版优化就业创业工作综合考评办法，实施“2018杭州就业援助精准服务计划”系列活动，持续实施失业保险援企稳岗“护航行动”，就业形势保持稳定。全年新增城镇就业39.86万人，接收高校应届毕业生8.14万人，新增就业和接收应届高校毕业生数量均创历史新高，城镇登记失业率控制在1.6%的较低水平。夯实基层就业基础，建成首批45个省级高质量就业社区（村），认定首批199个市级高质量就业社区（村）。

（二）大众创业持续推进。

实施大学生创业三年行动计划（2017—2019年），出台杭州市大学生创业资助资金实施办法和成长型大学生创业企业投资引导基金实施细则，启动第六届中国杭州大学生创业大赛，在全国率先推出大学生创业见习政策，认定首批创业见习基地8家，提供创业见习项目48个，创业实训大学生4.4万余人；无偿资助大学生创业项目328个、2 624万元，资助留学生创业项目52个、2 754万元，新成立大学生创业企业1 879家、带动就业8 124人。扶持大众创业，开展创业培训1.4万人，其中网络创业项目培训0.6万人；发放创业担保贷款3.04亿元，小微创业园统一调整为创业陪跑空间，新增认定6家创业陪跑空间；举办2018杭州国际众创大会，促进投融资对接2 180万元，惠及国内外创业者7 000余人，线上线下总参与人数达60万人次。

（三）就业帮扶及时有力。

落实鼓励用人单位吸纳、灵活就业、公益性岗位安置等城乡失业人员就业帮扶政策，加快实施政策性帮扶岗位向公益性岗位转型，全年帮扶失业人员实现再就业11.31万人。更新《杭州市区享受灵活就业社保补贴岗位（工种）目录》，新增高校毕业生享受灵活就业社保补贴的岗位（工种）目录。

二、社会保障

（一）社保区域统筹深化推进。

2018年1月1日起，萧山、余杭、富阳三区社保纳入市本级统筹。启动临安区与主城区就业社保一体化，完成政策差异梳理，实现临安区与主城区社保权益互查互认。

（二）社保全民覆盖基本实现。

截至年底，全市职工基本养老保险、基本医疗保险、工伤保险、生育保险、失业保险参保人数分别达625.48万人、632.66万人、520.12万人、430.43万人、459.37万人，比上年末分别新增参保42.03万人、52.16万人、57.68万人、39.70万人、43.36万人，全市基本养老、医疗保险参保率巩固在95%、98%以上，基本实现“人人享有社会保障”。

（三）社保待遇水平持续提高。

继续提高企业退休人员养老金待遇，惠及全市企业退休人员143.26万人，其中市区（不含临安区）企业退休人员基本养老金月人均提高150.49元，调整后市区平均基本养老金水平为2 983.24元/月。调整城乡居民基本养老保险基础养老金标准，其中市区（不含临安区）由每人每月190元提高到220元。推进参保人员跨省异地住院医疗费直接结算，实施医保个人账户家庭共济。实施慢性病长期处方管理，全市212家基层签约服务医疗机构全部实现慢性病长期处方管理服务。落实30天奖励假生育津贴发放。落实社保领域减负惠企供给侧改革要求，下调企业缴纳职工医保费率1个百分点，2018年1月1日至4月30日，下调企业缴纳工伤保险基准费率0.2个百分点，5月1日起，各行业（含一类行业）工伤保险基准费率统一下调50%，基准费率下调后再按费率浮动办法确定的费率不低于0.2%，延续实施企业缴纳失业保险费率下调0.5个百分点，全年为企业减负约42.18亿元。

（四）基金监管进一步加强。

加强社保基金监管，健全第三方审计制度，重拳开展医保反欺诈专项检查行动，开展社保经办风险管理专项行动、机关事业单位养老保险和工伤保险风险防控等内控检查，抓好问题整改落实。

（五）基层社保服务标准化国家试点全面建成。

2018年6月，杭州基层社保服务综合标准化国家试点通过国家标准化管理委员会验收，确立了通用基础标准、服务保障标准、服务提供标准三大类共143个标准。其中，引用《社会保险服务总则》《社会保险术语》《社会保险核心业务数据质量规范》《社会保障服务中心设施设备要求》等标准80个，制定《城乡居民基本养老保险业务经办规范》《城乡居民基本医疗保险业务经办规范》《用人单位职工参保登记》《就业困难人员认定标准》等标准63个。标准化体系涵盖杭州市社会保险在街道（乡镇）一级开展的全部经办服务工作，同时包括日常服务相关设备规范、运行管理规范等各方面，社保基层窗口标准化服务水平进一步提高。

三、人才队伍建设

（一）重大人才政策持续创新。

落实“人才若干意见22条”“人才国际化意见”实施细则，修订并发布2018版《杭州市高层次人才分类目录》，把500强企业以及金融、文创等领军企业的主要经营管理人才纳入分类认定目录。紧扣人工智能、生物技术、生命科学等未来产业，发布《杭州市2018年度未来产业（人工智能、生物技术和生命科学）紧缺专业人才需求目录》。杭州连续8年入选“外籍人才眼中最具吸引力的中国城市”，人才净流入率和海归人才净流入率均居全国城市榜首。

（二）引才引智引项目有新突破。

实施《杭州市“115”引进国（境）外智力计划实施意见（2016—2020）》，全年引进资助国外智力项目204个，其中高端年薪项目25个。2名外国高端专家入选浙江省扩大海外工程师引进计划，6名外国专家获得2018年浙江省政府“西湖友谊奖”，聘请10名外国专家为杭州市“钱江友谊使者”。与国家外专局联合主办2018杭州国际人才交流与项目合作大会，开展人才项目与技术合作洽谈、人才高峰论坛等8大板块114项活动，首次开设人才招聘大会邀请长三角地区企事业单位参会，与会者达5.2万人次，签约人才项目263个、金额43.49亿元。举办“创客天下·2018杭州市海外高层次人才创新创业大赛”，20余个国家和地区800余个项目报名参赛，其中外国（非华裔）人才项目225个，21个项目在杭签约落户。新入选国家“千人计划”人才17名、省“千人计划”人才50名。制定《杭州市外国高端人才服务“一卡通”试点工作实施细则》，试点开展外国高端人才“一卡通”服务工作。

（三）人才培养培育加大力度。

培养高层次专业技术人才，实施《杭州市“131”中青年人才培养计划（2016—2020年）》，选拔“131”中青年培养计划重点资助人选30名，选聘钱江特聘专家30名，新增国家“万人计划”专家18名、浙江省“特级专家”3名，入选浙江省“151”人才工程51人，设立省级博士后工作站26家，引进博士后研究人员75名。实施《培育“杭州工匠”行动计划（2016—2020年）》，培养高技能人才3.16万人，认定杭州市技术能手63名、市技能大师工作室35家、市技师工作站1家，建成浙江省技能大师工作室4家，组织31名高技能人才出国（境）培训，组织技能竞赛160场，带动岗位练兵21万人次。备战第45届世界技能大赛，17人入选国家集训队，7个基地入选世界技能大赛国家集训基地。

（四）人力资源服务业进一步发展。

首次举办“发现驱动·融创未来”杭州人力资源服务和产品创新路演，举办承办第六届中国（浙江）人力资源服务博览会、中国杭州国际人力资源服务峰会等产品与服务对接会、论坛15场，促进人力资源产品创新、产业转型和供需对接，为52万家次企业2 700万人次提供服务。扶持人力资源服务业发展，资助人力资源服务和产品创新项目10个、资金240万元。建设国家（国际）人力资源服务产业园，入园机构320家，新引进（或以合作方式）国际人才中介机构10家，累计达35家。全市共集聚各类人力资源服务机构605家，实现产值405亿元。

四、人事制度改革

（一）加强公务员管理。

优化公务员考试录用工作，探索开展无领导小组面试模式，实行面试考官资格电子证书管理，实施公务员四级联考、紧缺职位、人民警察等招考录用工作，全市组织招录公务员岗位1 084个。在全国“双一流”大学开展选调生招考，开展新录用公务员接访、走访、暗访“三访”集训跟踪培养。实施县以下机关公务员职务与职级并行制度，完成公安警务序列改革试点。

（二）深化事业单位人事制度改革。

深化事业单位分类招聘，实施高层次、紧缺专业技术岗位自主招聘和市属事业单位管理类、通用专业技术类岗位统一招聘，招聘工作人员1 255名。拓展公开招聘平台，组织事业单位到“双一流”大学设点开展公开招聘，招聘高层次人才420余名。围绕推动重点领域事业和人才队伍发展，分层分类开展事业单位专业技术岗位调控。进一步规范事业单位交流方式进人，打破事业单位类别、财政经费预算方式和保障比例的限制，畅通“逆向交流”。制定事业单位科研人员离岗创业创新有关问题操作口径，指导规范事业单位人员离岗创业创新行为，截至2018年底办理离岗创业创新11人。

（三）完善机关事业单位工资制度。

稳步推进公立医院薪酬制度改革，出台《杭州市公立医院薪酬制度改革实施意见》《杭州市属公立医院薪酬总量核定办法》《关于进一步完善市属公立医院薪酬分配制度的指导意见》等“1+2”改革方案。研究落实人民警察工资制度改革配套政策，实施机关事业单位工资标准调整。继续完善收入分配政策，调整事业单位绩效工资部门调控额标准，加大对特殊教育、儿科医生、中小学教师等群体的收入分配倾斜力度。落实非公经济组织等从业期间工龄认定政策。

（四）圆满完成军转安置任务。

积极服从军队改革大局，接收安置军转干部846人，其中，自主择业134人，计划安置实现当年接收、当年安置、当年培训，首次组织军转干部进高校培训。开展自主择业军转干部管理服务，做好退役金年审调整、医疗保障和培训工作。组织开展培训考试、随军家属专场招聘会等工作，安置随军家属254人。

五、劳动关系

（一）夯实劳动关系和谐基础。

出台实施《构建和谐劳动关系三年行动计

划（2018—2020年）》，通过加大劳动用工政策法规宣传、全面提升人力资源从业人员素质、为企业免费提供劳动用工诊断评估，促进企业依法规范用工，提升企业人文关怀，引导劳动者关心企业发展，依法维护自己的权益，推进实现全市企业劳动关系和谐稳定。在杭州经济技术开发区和外商投资企业开展特殊工时岗位清单式管理省级试点。规范劳务派遣用工行为，开展劳务派遣年度经营情况报告核验、劳务派遣用工情况专项检查。督促规范劳动合同签订，加强协调劳动关系三方机制建设，全市劳动合同签订率99.36％。

（二）完善企业工资收入分配。

区、县（市）国有企业负责人薪酬制度改革有序开展。开展工资集体协商“集中要约行动”，推进行业性、区域性工资集体协商，全市签订工资专项集体合同2.15万份，涵盖企业6.39万家，覆盖职工326万余人。发布2018年杭州市劳动力市场工资指导价位和养老护理员工资指导价位，首次发布技术工人39个职业（工种）分等级的薪酬调查结果，为各类企业招工、劳动者求职以及双方协商确定工资报酬提供参考依据。2017年杭州市区全社会单位在岗职工（含劳务派遣）年平均工资为67 047元，同比增长9.6％。

（三）推广基层劳动纠纷多元化解机制。

推动乡镇（街道）以“三位一体”劳动争议调处平台为基础、多方力量参与的“1＋X”劳动纠纷多元化解机制建设，截至2018年底，全市63家乡镇（街道）建立“1＋X”劳动纠纷多元化解平台，实现60％以上劳动纠纷就近就地在基层化解，其中15家乡镇（街道）被评为省劳动纠纷多元化解机制建设成效显著单位。全市共处理劳动人事争议案件11 614件，结案10 845件，结案率93.38％。

（四）加大劳动保障监察力度。

全市各级劳动保障监察机构监督检查用人单位18.5万余户（次），立案查处各类劳动保障违法案件7 022件。组织实施防范处置企业拖欠工资、清理整顿人力资源市场秩序、用人单位遵守劳动用工和社会保险法律法规情况、保安行业、地铁在建项目、残疾人按比例就业等专项检查6次，有针对性地集中整治、规范劳动用工秩序。强化打击拖欠工资行为，全年向公安机关移送涉嫌拒不支付劳动报酬犯罪案件44件，公开曝光重大欠薪违法企业13家、“黑名单”企业3家，为2 719名劳动者追回工资待遇2 351万余元。

六、人社扶贫

（一）开展东西部对口帮扶协作。

健全对口扶贫工作机制，与贵州省黔东南州、湖北省恩施州两地开展扶贫协作，合力建立黔东南州驻杭劳务协作工作站、恩施州驻杭劳务协作工作站，为对口地区来杭劳务人员特别是建档立卡贫困劳动力提供就业创业服务。举办劳务协作专场招聘会94场，2 000余家次企业提供岗位10.9万个，截至2018年底，对口地区在杭就业4 334人。加强就业扶贫增收入，在45家杭州企业开发对口地区劳务输入基地，提供各类扶贫岗位4 612个。组织一批劳动密集型企业和来料加工企业赴对口地区设立“扶贫车间”，吸纳两地建档立卡贫困人口就近就业5 808人。开展培训推动技能脱贫，组织举办对口地区各类就业技能培训7 474人，其中培训建档立卡贫困人员5 165人；招收179名恩施籍建档立卡应届初中毕业生到杭州第一技师学院、杭州轻工技师学院入学，杭州对口帮扶资金给予每位学生每年1万元生活补助；联合举办2018年“沃土杯”杭州市·黔东南州·恩施州大学生网络创业大赛、第八届全国大学生电子商务“创新、创意及创业”挑战赛总决赛暨东西部扶贫协作“双创”活动、杭州市·恩施州创新创业平台管理浙大培训班等，提升对口地区“造血”内生能力。

（二）推进人社领域各项扶贫工作。

开展就业援助月、重点对象公益周等就业援助精准服务，对零就业家庭人员、困难家庭人员、“4050”人员、领取失业保险金期间并连续登记失业1年以上的人员、残疾人等五类就业困难人员分类施政，通过鼓励单位吸纳、自谋职业和自主创业、公益性服务岗位、灵活就业帮助就业，市区全年发放社保补贴、公益性岗位补贴、自主创业补助等5.4亿元，全市实现困难人员就业7.83万人。

推进贫困人员参加城乡居民基本养老保险应保尽保，对贫困人员和残疾人参加城乡居民基本养老保险个人缴费按当地最低档次缴费标准，分别给予全额补贴、部分或全额补贴。截至2018年底，全市财政代缴城乡居民基本养老保险费的困难人员3.16万人、金额297万元，已享受基本养老金待遇的困难人员4.73万人。

实施医保精准扶贫，对贫困人员、残疾人个人缴纳的职工医保费给予全额或一半补贴，市区财政补助困难人员7.33万人次、金额8 386.85万元。实施特殊药品大病保险，市区医保基金支出2 120余万元。实施医疗困难救助，市区即时救助医疗困难人员311.62万人次、支付5.32亿元。

促进人才政策向主城区外的四区三县（市）倾斜，在此工作的A、B、C类人才可以在市区落户、安排子女入学。对四区三县（市）符合市级无偿资助条件的大学生创业项目，在享受当地项目无偿资助的基础上，由市财政按当地财政项目无偿资助额50%的标准给予追加资助，引导推动人才向西部区县（市）流动。

七、行风建设

（一）开展行风查纠整治。

坚持抓整治、抓养成两手并举，着力查纠“四风”和“三不”问题。围绕人力资源社会保障部“正行风、树新风，打造群众满意的人社服务”目标，制定全市系统行风建设方案，开展行风建设专项暗访督查，以窗口工作人员服务态度、服务效率、服务能力为重点，查纠突出问题，督促落实好首问责任制、一次性告知制等服务制度。深化实施“三亮三比三争创”活动，通过岗位练兵和业务竞赛、微笑服务评比等系列比赛，评选树立巾帼文明岗、优质服务标兵、党员之星和服务明星，引领系统服务水平提升。

（二）深化“最多跑一次”改革。

深化“最多跑一次”改革，人力资源社会保障领域40个大项、157个小项、2个特有事项100%实现“最多跑一次”和“网上办”，其中，61个个人办事事项实现仅凭身份证“一证通办”，占人力资源社会保障个人事项总数的81.3%，15个办事事项实现在杭州办事App上“掌上办”，31个事项可在各城区或街道社区“就近办”，115个事项在浙江政务服务网实现“网上办”，最大化方便群众随时随地办事。实施“最多跑一次”事项申请材料清理、办事流程简化，材料总份数缩减37.7%，办理总次数减少34.4%，办理总时限缩减17.6%。

（三）推进公共服务信息化标准化。

上线人力资源社会保障一体化经办平台，打通业务层级和行政辖区，所有“最多跑一次”事项、各级经办窗口和服务网点在一个平台办理反馈和数据实时共享，实现在杭州市域范围内“异地受理、全城通办”。启动退休人员档案电子化管理，首批档案上传应用。出台《杭州市专业技术职务任职资格证书实施电子化管理的通知》，本市管理的职称证书实现电子化，证书信息向省证书中心动态归集。“杭州人力社保”微信公众号新增“参保证明打印”“医保家庭共济”“职称证书下载”等20余项功能。

杭州市人力资源和社会保障局

宁 波 市

2018年，宁波市人力资源社会保障系统在“八八战略”的指引下，认真贯彻国家、省人力资源社会保障工作部署和市委、市政府“六争攻坚、三年攀高”行动要求，坚持以人民为中心，围绕“4＋人社”新目标，精心谋划推进“5＋1”专项行动，上下一心谋大事、干实事、破难事，圆满完成了各项重点工作任务。

一、就业局势总体保持平稳

积极应对复杂形势，就业创业工作的质量效益明显提高。

（一）加强政策引导与整体推进。

深入实施更加积极的就业创业政策，全面落实《关于做好当前和今后一段时期就业创业工作的实施意见》，顺利实施失业保险制度城乡一体化，着力化解就业结构性矛盾，就业创业环境进一步优化。全年城镇新增就业23.2万人，超额完成154.7%；城镇登记失业率保持在1.79%低位；高校毕业生就业率超过98%。

（二）加强载体创新与重点帮扶。

深化创业型区县（市）和高质量就业社区（村）建设，优化就业帮扶和创业带动机制，全年支出促进就业资金13.28亿元，惠及3.53万家企业、27.89万人；新增创业实体16.68万家、创业者22.85万人；发放各类创业担保贷款7.5亿元，连续6年居全省第一。

（三）加强动态监测与公共服务。

高度重视经济下行连带影响，常态保持对全市人力资源结构、毕业生来甬就业、劳动关系、社保基金运行等关键领域动态的严密监测，有针对性地做好就业创业服务保障工作。全年共组织供需洽谈会1 251场，进场7.4万家单位、63万人，招用19万人，“招工难”问题得到有效缓解。

（四）积极谋划推动扶贫攻坚。

全面超额完成东西部扶贫协作考核指标，吸纳建档立卡劳动力来甬就业近10万人，选派专业技术人才837人，吸纳黔西南和延边来甬就业人数分别超额完成224.8%和164%。

二、社会保障体系更加完善

以人民为中心，着力完善多层次社保体系，民生保障的幸福感获得感持续增强。

（一）推进精准扩面。

户籍人员养老保险、医疗保险参保率分别达到95.96%、99.41%，工伤保险基本实现职业人群全覆盖，三项指标均居全省前列。城乡居民医保全额免缴对象参保率、扶贫对象养老保险和医疗保险参保率实现三个100%。

（二）完善政策制度。

深化机关事业单位养老保险制度改革，调整被征地人员、城乡居民等群体参保衔接和待遇保障政策，完善困难对象参加城乡居民养老保险补助政策，一批养老保险历史遗留问题得到妥善处理。

（三）提高保障水平。

企业和机关事业单位退休人员月退休金人均提高5.5%；城乡居民基本养老保险基础养老金每人每月增加10元；春节前为183万名各类养老待遇享受人员发放一次性补贴26.33

亿元，社会反映良好。全面提升医疗保险保障能力，实施大病保险、低保边缘户家庭参保补助等医保新政；稳妥实施长期护理保险制度试点，群众获得感进一步增强。

（四）加强基金监管。

组织违规领取失业保险待遇专项核查和社保基金会计制度执行情况第三方审计，开展基金安全评估试点和巡查，全年查处违规两定机构560家、违规人员499人次，追回各类基金和违规费用1 500多万元。

三、人才队伍建设再上台阶

抢抓机遇开拓创新，人才对高质量发展的支撑力更加强劲。

（一）提升品牌热度。

深入实施“人才强市”战略，主打“我选宁波、我才甬现”品牌，扩大毕洽会、高洽会影响力，组织本地招聘515场，赴市外84所高校巡回招聘90场，新增各类人才21.6万人，其中新接收高校毕业生5.6万人，高技能人才5.02万人，全年人才净流入率位列全国第二。

（二）提升队伍厚度。

成功举办首届海外工程师大会，18人入选国家“外专千人计划”。抓好世界技能大赛选手选拔集训，创9名选手入选国家集训队的历史最好成绩。成功举办中国人力资源服务创新创业大赛，人力资源服务机构数、从业人数、营收、利税四项指标均居全省第一。

（三）提升政策准度。

出台《关于宁波市集聚全球青年才俊打造青年友好城的实施意见》和《关于进一步加强技能人才队伍建设打造技能强市的实施意见》，实施“泛3315计划”和“绩效工资总额＋X”政策，持续深化职称制度改革，全面实施职业技能鉴定“七统一”，全链条人才政策体系更加完备。

（四）提升服务温度。

深入开展“三服务”活动，主动走访和服务单位97家、专家人才157人，有效解决上汽大众杭州湾分公司招工难等困难问题115个。创新推出“互联网＋社保卡”专家服务26条，惠及专家6 000多名，提供服务5万多次。

四、法治和谐不断增强

坚守底线防范风险，和谐稳定的良好局面更加扎实巩固。

（一）强化源头治理。

推进“双爱”活动提质扩面，强化乡镇（街道）劳动纠纷多元化解机制，全市企业劳动合同签订率达到98%，新增全国模范劳动关系和谐工业园区和企业4家，新增省级先进园区和企业24家，15家基层劳动人事争议调解组织被评为全省“乡镇（街道）劳动纠纷多元化解机制建设成效显著单位”，宁波市劳动关系和谐指数首次跃居全省第一。

（二）强化监察仲裁。

深化制造业企业、工程建设领域和企业欠薪失信行为专项治理，全年立案处理各类欠薪案件数、涉及农民工人数、涉案金额同比分别下降73%、48.9%、51.5%；处置劳动人事争议案件2.97万件，仲裁结案率达到92.2%；为劳动者追回劳动报酬和工伤赔偿4.05亿元，为用人单位挽回经济损失549万元。

（三）强化信访维稳。

坚持面对面察民情、听民声、解民忧，落实局领导带头接访制度，健全定期会商研判、预测预警和应急响应机制，深化开展“清初访、查重访、化积案”行动，妥善处理来信来访1.2万批次，坚决守住了人力资源社会保障领域和谐稳定底线。

五、公共服务质量明显提升

自我加压深化改革，社会保障公共服务水平迈上新台阶。

（一）抓标准提效能。

高标准落实“八统一”要求，扎实开展“两提三破四缩减”专项行动，实现跑零次46

项、同城通办75项、民生事项一证通办48项，“十办五服务”便民利企举措受到广泛好评。推行窗口人员“考级制”，探索以考促训、师傅带徒、轮岗集训等窗口技能提升办法，创新开展窗口技能操作比武得到人力资源社会保障部部领导3次批示并向全国推广。

（二）抓互通强共享。

全面完成社保信息系统市集中工作，在全省率先启动宁波人力资源社会保障智慧中心建设运行，实现15项人力资源社会保障业务系统数据集中，信息一体化“一库四平台”格局基本形成。

（三）抓服务优体验。

全市65家医疗机构实现跨省异地就医联网结算，与上海23家医疗机构实现门诊就医直接结算。社保卡业务银行办理网点扩充至916个，102项人力资源社会保障业务可通过社保卡直接办理，宁波市获评全国社保卡综合应用示范基地。人力资源社会保障自助服务一体机超过900台并实现街道（乡镇）全覆盖，宁波人社App和微信公众号注册人数超130万人。

六、干部队伍建设不断提升

严管厚爱锻造铁军，干部队伍和自身建设成效不断提升。

（一）旗帜鲜明讲政治。

深入学习习近平新时代中国特色社会主义思想，严格执行局党组中心组理论学习和书记上党课制度，深入开展“红船精神”“学回信、悟初心、践使命”“牢记初心使命，勇于奉献担当”和纪念建党97周年等学习教育，“两学一做”常态化制度化扎实推进。认真贯彻中央和省市决策要求，扎实开展“大学习、大调研、大抓落实”活动，创新落实“六争攻坚”部署，高质量办理市领导批示件216件。

（二）压实责任强堡垒。

出台《关于加强和改进机关党的建设的实施办法》，健全三级党建责任体系和“1＋4”责任清单，深化组织力提升“四化”试点，党组织创造力凝聚力战斗力不断增强。

（三）规范管理建队伍。

认真落实《从严锻造“人社铁军”实施意见》，突出中青年干部培养，探索举办人力资源社会保障中青年干部培训班和“处长开讲青年沙龙”，干部能力素质进一步提高。规范机关干部挂职锻炼、内部考核等工作，管理运行更加高效。

（四）坚持不懈转作风。

出台《关于推进清廉人社建设的实施办法》和《贯彻落实中央八项规定实施细则的具体措施》，健全党风廉政层级管理和巡查制度，建立政风行风监督员队伍，深化“进窗口、察民情、强服务”活动，开展“怎样使我们的作风更好”大讨论大排查大整顿，全系统未发生重大违规违纪问题，忠诚干净担当成为党员干部的自觉行动。

（五）讲好故事树形象。

重视抓好人力资源社会保障政策解读和工作宣传，开展纪念改革开放40周年等主题宣传，上级采用政务信息91条次，各级媒体刊发稿件1 200余篇次，政务信息在人力资源社会保障部考核排名首次跃居副省级城市第二，宁波改革开放40年社会保险事业和人力资源产业成果连续被《光明日报》深度报道并广受赞誉。

宁波市人力资源和社会保障局

安 徽 省

2018年，安徽省各级人力资源社会保障部门以习近平新时代中国特色社会主义思想为指导，全面贯彻党的十九大和十九届二中、三中全会精神，认真落实省委、省政府和人力资源社会保障部的决策部署，牢牢把握稳中求进的工作总基调，坚持“民生为本、人才优先”工作主线，坚持在发展中保障和改善民生，砥砺奋进、锐意攻坚，精准施策、扎实工作，积极推动全省人力资源社会保障事业创新发展，为促进全省经济持续健康发展和社会和谐稳定做出了积极贡献。

一、就业创业工作

（一）积极防范化解失业风险。

坚决贯彻党中央“六稳”精神，主动防范和化解规模性失业风险，省委办公厅、省政府办公厅出台《稳就业工作方案》，聚焦重点地区、重点企业、重点人群、鼓励创业和职业培训五个方面，全力稳定和扩大就业。出台《进一步完善稳定就业和支持创业若干政策措施》，给予人力资源服务机构转移就业补助、跨地区转移就业的就业困难人员交通补贴、重点企业用工调剂补助，支持重点企业开展转岗培训或技能提升培训。建立稳定和扩大就业联席会议制度，整合部门资源和信息，以稳岗就业和促进返乡农民工就业创业为重点，分层级、有重点地超前谋划储备一批政策措施，及时跟进国家政策、项目和资金调整动态，适时出台更加有力度的稳定和扩大就业政策。

（二）创新开展“2＋N”招聘活动。

精心实施2018年度就业人才年度专场招聘计划，省政府办公厅出台《关于常态化开展“2＋N”招聘活动的通知》，切实履行政府促进就业职责，精准搭建用人单位与求职者对接平台，让广大用人单位和劳动者早知道、早准备、早安排。在安徽卫视、安徽经视黄金档播放公益广告，张贴展示公益宣传海报，营造浓厚氛围，形成求职招聘习惯，着力打造“逢8招工、周六招才”赶集日。全年累计举办各类招聘会9 462场，提供就业岗位738万个。

（三）突出抓好高校毕业生就业。

扩大发放范围，创新发放方式，通过支付宝、微信小程序等信息化渠道为2.86万名毕业生发放求职创业补贴2 863万元，补贴发放实现“一次不用跑、材料零提交”。发挥校园就业市场主渠道作用，加大校园招聘会补贴力度，变“高校申报”为“主动发放”，共发放招聘补贴967万元，涉及省内117所高校。开展“一对一”实名制帮扶，采集未就业毕业生信息5万多条，帮扶实现就业3.7万人，组织0.9万人参加就业准备活动。2018年5月，在全国高校毕业生就业创业工作电视电话会议上，安徽省作交流发言。

（四）统筹做好其他群体就业工作。

推广阜阳市“接您回家”活动经验至全省，接送农民工返乡1.84万人，开展招聘活动700余场，提供就业岗位73.3万余个。开展“退役士兵服务月”活动，举办招聘会120场，提供就业岗位11万个。同步开展网络招聘活动，提供就业岗位24万个。组织2 496名退役士兵参加培训，为1 216人提供就业援助。积极稳妥分流安置去产能企业职工，加强指导调度。推进实施就业扶持民生工程，开发就业困难人员公益性岗位5.7万个、就业见习岗位3.2万个，兜牢就业底线，确保零就业家庭动态清零。

（五）稳步实施“创业江淮”行动计划。

省政府办公厅印发《“创业江淮”行动计划（2018—2020年）》，提出青年创业、返乡农民工创业、退役军人创业等“八大工程”，优化创业服务云平台和创业创新竞赛平台，优化整合各部门创业资源，激发各类主体创业活力。扩大贷款对象范围，优化申请办理程序，打造创业担保贷款升级版。出台《关于省级农民工返乡创业示范园建设管理工作的指导意见》，3年建设150个农民工返乡创业示范园，对贫困地区、大别山地区、皖北地区以及行蓄洪区给予重点支持。全年新登记市场主体85.6万户，同比增长21.5%；新登记企业29.5万户，同比增长27.3%；私营企业带动就业81.9万人，同比增长17.27%。

二、社会保障工作

（一）加快推进社会保障制度改革。

全力推进机关事业单位养老保险制度改革，推动中央驻皖单位参保登记工作。贯彻落实企业职工基本养老保险基金中央调剂制度。认真贯彻《安徽省基本医疗保险监督管理暂行办法》，完成2018年版医保药品目录调整工作，统一城乡居民基本医疗保险药品目录。全面推进医保智能监控系统建设，扩大跨省异地就医结算范围。加快推进医保支付方式改革。实行工伤保险省级统筹，出台《安徽省工伤保险费率管理暂行办法》，统一全省工伤保险基准费率，建立工伤保险待遇调整机制。加强社会保险基金监督管理，继续推动企业职工养老保险基金投资运营。

（二）大力推进全民参保计划。

引导和鼓励农民工、非公有制经济从业人员、灵活就业人员参保缴费，将符合条件的农民工纳入城镇职工养老保险、医疗保险参保范围，深入推进工程建设项目参加工伤保险。社会保险覆盖面进一步扩大，全省职工基本养老、城乡居民养老、基本医疗、失业、工伤、生育保险参保人数分别达到1 141.5万人、3 487.76万人、2 464.6万人、505.53万人、601.82万人、585.91万人。

（三）稳步提高社会保险待遇。

制定2018年调整退休人员基本养老金方案，全省261.3万名企业退休人员和61.6万名已参保的机关事业单位退休人员新增养老金已发放到位，人均分别增加128元和164元。城镇居民医保财政补助标准提高到670元，参保率达96%以上。认真落实城乡居民基础养老金提标政策，全省最低标准提高50%，提高到105元，位居中部地区第一。全年新增投入财政资金18.77亿元，惠及920万城乡老年居民。

（四）着力提升基金监管和经办服务能力。

持续开展社会保险资金检查活动。集中在全省组织对医疗保险定点医疗机构开展专项检查，全面检查各市、县（区）级别以上住院医疗机构和门诊慢性病定点医疗机构，省级随机抽查了6个市14家医院462名住院医保病人的在院、诊疗和管理情况。组织开展社会保险经办机构内部控制专项检查，对省本级和14个市社保经办机构内控制度建立和执行情况进行了一次全面检查。组织开展工伤保险经办机构内部控制专项检查，对合肥、滁州、宿州、马鞍山、宣城、黄山6个市进行抽查。推进社保卡在人事考试、就业招聘等业务领域的应用。推进社保卡在社保缴费和领取待遇方面的应用，认真谋划第三代社保卡发放工作。申报电子社保卡应用全省试点。全省社保卡持卡人数达5 422.34万人，覆盖86.7%的常住人口。

三、人才队伍建设工作

（一）大力推进职称制度改革。

深入推进中共安徽省委办公厅、安徽省人民政府办公厅《关于深化职称制度改革的实施意见》的贯彻落实，出台了6个配套文件，确保省委、省政府的决策部署落实到位。积极推进省与省之间跨地区、军队转业到地方职称互认，组建职称评审绿色通道评审委员会，为引进人才评定职称提供高效便捷的服务，共确认高级职称 24 份，绿色通道受理材料 4 份。组织开展 2018 年度全省职称评审工作。加大对专业技术资格考试的督查指导力度，全年 35 项专业技术资格考试实现巡视全覆盖。

（二）着力深化人才评价机制改革。

制定分类推进人才评价机制改革实施意见，围绕健全评价标准、创新评价方式、突出重点领域、加强管理服务，为各类人才"量体裁衣"，使人才评价更为科学灵活、有的放矢、规范有序，通过分类制定人才评价标准条件，实现"干什么、评什么"。

（三）启动实施新时代"江淮英才计划"。

省委出台《关于实施新时代"江淮英才计划"全面夯实创新发展人才基础的若干意见》。全年新增专业技术人才 34.2 万人，其中高层次人才 3.78 万人。69 人获批享受国务院政府特殊津贴，选拔 100 名享受省政府特殊津贴人员。选拔认定第七批 250 名战略性新兴产业领军人才，扶持留学回国人员创新创业项目 39 个，新设国家级博士后科研工作站 12 个、省级 61 个。举办 65 期国家级和省级高研班，培养培训 8 000 名中高级和急需紧缺专业技术人才。积极推进合肥国家综合性科学中心建设，发放 26 张"江淮优才卡"，提供 13 项优待服务。组织 193 名高层次专家服务基层，培训各类人才 9 300 多人次。组织实施"千人赴港"培训计划 14 期、非公人才专题培训 7 期，培训各类人才 933 人。

（四）深入推进技工大省建设。

安徽省政府与人力资源社会保障部成功签署《共同推进安徽技工大省建设备忘录》。开展职业技能培训 73.6 万人次，实施职业技能鉴定 44 万人次，全年新增技能人才 32 万人，其中高技能人才 9 万人。技工院校招生 6.2 万人，实现"四连增"，跃居全国第五位。实施"世赛青苗计划"，积极备战第 45 届世界技能大赛全国选拔赛，3 个项目取得全国第一。有 1 人获得"中华技能大奖"，9 人获评"全国技术能手"、1 人获得国家高技能人才培育突出贡献个人称号。建立终身职业技能培训制度，推行企业新型学徒制，继续开展名师带高徒活动。

（五）持续加大国外人才和智力引进力度。

认真落实省委引进外国人才政策，突出以环境引人，集中 3 次组织外国专家"大回访"活动，全年实施引智项目 234 项，引进外国人才 6 700 人次，年增 30%，高端人才占比 15%以上，1 名在皖外国专家获得"中国政府友谊奖"。在全国首批启动实施外国人才签证制度，深入推进外国人来华工作许可制度。组织开展第 12 届中美工程技术研讨会、第 9 届"外国专家江淮行"等专题活动。举办"海外名师大讲堂"9 期。

（六）大力发展人力资源服务业。

实施人力资源服务业领军人才培养计划，培训拔尖人才 1 300 名，认定"互联网＋人力资源服务"龙头骨干企业 13 家，全年全省人力资源服务业营业收入达到 270 亿元，增幅 30%以上。

四、人事制度改革工作

（一）稳步推进公务员管理制度改革。

积极推进公务员分类管理改革，协同推进司法体制改革，大力推进公安机关执法勤务警员和警务技术职务序列改革。周密组织公务员考试录用工作，全省共审定招录计划 7 801 人，录用工作顺利完成。有序开展公务员考核奖励工作，改革开放杰出贡献人选推荐工作取得优异成绩，安徽省有 1 个集体和 2 名个人获得党和国家表彰。扎实推进公务员队伍培训工程，全年共举办"精准脱贫"等专题培训班 33 期，培训 2 503 人次，网络培训公务员 20 万人次。

（二）深化事业单位人事制度改革。

完善事业单位岗位统筹管理机制，印发《关于完善事业单位岗位统筹管理机制的指导意见》，坚持"控制总量、盘活存量、优化结构、增减平衡”原则，创新岗位统筹管理模式。统筹区域布局，整合岗位资源配置；统筹行业发展，拓展公共服务供给；统筹优化结构，促进整体能力提升；统筹各类人才，拓宽岗位等级晋升通道；统筹岗位绩效，强化薪酬分配激励作用。推动按需设岗、动态调控、统筹调度，进一步落实事业单位用人自主权，激发各类人才干事创业活力。组织开展2018年度全省事业单位公开招聘和中小学教师、特岗教师招聘等工作。积极做好承担行政职能事业单位改革试点和全省盐业体制改革中人员过渡及分流安置工作。出台事业单位专业技术人员创新创业实施意见。

（三）平稳实施人事薪酬制度改革。

调整机关事业单位工作人员基本工资标准，增加机关事业单位离休人员离休费。持续推进法官检察官工资制度改革试点，首批18家试点法院、检察院纳入省直工资统发。修订事业单位绩效工资总量核定办法，完善高校科研院所工资分配激励机制，扩大公立医院薪酬制度改革试点。国有企业负责人薪酬制度基本落实到位，发布了企业工资指导线，稳慎调整了最低工资标准。

（四）认真做好军转干部安置工作。

认真贯彻落实全国军转安置工作会议精神，扎实推进2018年军队转业干部安置工作，圆满完成1 270名计划分配军转干部安置工作。举办军转干部教育培训，做好部分企业军转干部解困和稳定工作。

五、劳动关系工作

（一）进一步完善劳动关系协调机制。

深入实施劳动合同制度和集体合同制度，规范企业用工管理，全省办理网上备案企业15.4万户，劳动合同签订率保持在90%以上。逐步扩大集体协商覆盖面，连续8年开展集体协商“春季要约”行动，覆盖职工236.5万人，集体合同签订率达85%。落实劳务派遣单位经营情况年度报告，开展专项执法检查，确保劳务派遣行业合法经营，有序发展。全省共许可劳务派遣公司530余户。积极开展和谐劳动关系创建活动，合肥高新区、蚌埠高新区、马鞍山经济技术开发区三个综合试验区试点单位被确认为“安徽省和谐劳动关系示范基地”。

（二）不断健全劳动人事争议调处机制。

加强裁审衔接机制建设，探索建立案件处理标准体系，推动长三角调解仲裁战略合作协议落实，开展百名仲裁员服务千家企业活动。全年全省共受理劳动人事争议案件45 373件，同比增长5.08%（其中，仲裁机构受理29 278件，调解组织受理16 095件），涉及劳动者5.8万人，涉案金额9.49亿元。仲裁结案率96.97%，调解成功率超过60%，终局裁决率达35%以上，案件上线率在90%以上。加强基层调解组织规范化建设。

（三）持续加大劳动监察执法力度。

实行拖欠农民工工资问题清单和交办制、销号制、通报制“一单三制”制度，完成对各市、省直管县政府保障农民工工资支付工作考核评估，组织实施化解重难点欠薪案件百日攻坚等6项行动，启动保障农民工工资支付信息系统建设。在春节等重要时间节点部署开展专项行动，全省查处工资类侵权违法案件数、涉及农民工人数、涉及工资金额分别下降37.74%、57.56%、62.38%，没有发生因欠薪引发的重大群体性事件、极端事件。

（四）扎实做好为农民工服务工作。

制定和落实《关于设立省域外皖籍农民工综合服务点的指导意见》，在皖籍农民工集中的江苏、上海、浙江、福建、广东等地设立8个皖籍农民工综合服务点，皖籍农民工在异地他乡有了自己的“娘家”。

六、打好人社领域扶贫攻坚战

（一）高位推进就业脱贫工程。

省政府办公厅印发了《淮河行蓄洪区劳务对接和定向招工工作实施方案》，推广培育生态友好型产业、发展劳动密集型产业、组织外出就业、开发公益性岗位“三业一岗”就业脱贫模式，建立“2611”定向招工新路径，省市县三级联动，开展定向招聘，实现“送岗位到人、送人到岗位，一人就业、全家脱贫”的目标。调整充实安徽省就业扶贫攻坚领导小组，建立人社领域扶贫攻坚工作台账，开展就业扶贫驿站、车间突出问题立行立改工作，委托第三方机构开展回访调研，出台规范就业扶贫驿站建设管理办法。举办全省人社扶贫工作推进暨就业扶贫工作业务培训班。全年建设就业扶贫驿站 607 个、就业扶贫车间 1 303 个、就业扶贫基地 1 390 个，为就业扶贫驿站、车间内 14 472 名贫困劳动者集中发放就业补贴 2 297.6 万元。帮扶贫困劳动者就业 13.16 万人，完成年度目标任务的 165％。

（二）精准实施人事人才扶贫。

实施高校毕业生基层成长计划。认真贯彻落实安徽省《关于进一步引导和鼓励高校毕业生到基层工作的实施意见》和中央五部委相关文件精神，会同相关部门印发《安徽省高校毕业生基层成长计划实施方案》。依托“三支一扶”计划，持续为贫困地区输送专业人才，招募计划、培训指标等向贫困地区倾斜，低保贫困家庭学生免考试费。全年招募到岗“三支一扶”人员 1 329 名，同比增长 16％，期满人员全部安置到位。部省联办“三支一扶”人员扶贫专题岗位能力提升示范培训，为全国培训贡献了安徽模式。

实施人力资源服务机构助力攻坚脱贫行动计划，印发行动实施方案，广泛开展“送岗位、送培训、送服务、进社区、进乡村”等活动。开展对口帮扶金寨古碑镇宋河村脱贫健康扶贫义诊活动，召开人力资源机构助力攻坚脱贫金寨对接座谈会和就业扶贫劳务对接签约活动，《中国劳动保障报》《中国组织人事报》等媒体都进行了报道。

（三）扎实开展技能扶贫。

指导各地扎实开展职业技能培训工作，抓好技能脱贫培训、就业技能培训、企业新录用人员岗前培训、岗位技能提升培训等项目实施。就职业技能培训工作，分别在全国就业工作视频会、全国职业能力建设工作座谈会、全国技能扶贫工作现场会上发言。

（四）开展家政劳务对接扶贫行动。

积极与东部省份江苏、浙江、上海协作开展家政劳务对接扶贫行动，引导农村建档立卡贫困劳动力转移到家政服务领域就业，帮助农村贫困劳动力实现就业、增收、脱贫，增加家政服务供给，促进家政服务业发展。全年有近 8 万名贫困劳动力赴外省从事家政服务工作，实现就业脱贫。

（五）落实社保扶贫政策。

全面落实城乡居民社会养老保险扶贫政策。积极推动国家和省社会保险扶贫政策落地，指导各地出台具体实施办法，同时加强工作调度，组织专项督查，确保符合参保条件的贫困居民全部纳入城乡居民社会养老保险。全省共有 134.5 万名 60 岁以上贫困老年居民享受城乡居民社会养老保险待遇，共为 226.94 万名贫困人员代缴社保费 3.17 亿元。

七、全力加强行风建设

（一）深入开展政策文件清理工作。

加强政策清理，从源头上查找审批和公共服务方面存在的症结，对不符合以人民为中心的发展思想和便民高效原则的政策文件及时清理，宣布 161 件规范性文件、政府部门规章废止或失效。

（二）认真清理政务服务申请材料。

对纳入安徽政务服务网的厅本级 44 项政务服务事项申请材料进行集中清理，取消 38 件，减少企业和群众办事申请材料 30％。对政务服务申请材料兜底性条款进行清理，逐一论证“其他”“相关”“有关”等申请材料的必要性，细化明确材料的具体名称等，确非必要或不能明确的予以取消。

（三）持续精简行政审批事项。

认真贯彻《国务院关于取消一批行政许可等事项的决定》精神，及时取消“台港澳人员在内地就业许可”事项，督促全省各级人力资源社会保障部门抓好落实。全省人力资源社会保障系统行政审批事项保留7项，其中省本级仅执行1项。认真梳理编制市县乡5项依申请类权力事项、县乡村63项公共服务事项实施清单，并按要求录入政务服务事项管理平台。扎实推进“证照分离”改革，在部分市开展“中外合作职业技能培训机构设立审批”试点工作。

（四）主动推行“最多跑一次”。

认真贯彻落实“放管服”改革决策部署，创优“四最”营商环境，依托“阳光就业”网上办事系统，主动向社会公布了全省人力资源社会保障领域第一批30项“一次不用跑”和“最多跑一次”事项，为服务对象提供“零上门”或“一次上门”服务。经过再次梳理，又提出了第二批18项“一次不用跑”和“最多跑一次”事项，待公布后实施。全省人力资源社会保障系统统一规范了省、市、县公共服务清单和审批事项清单，并在安徽政务服务网上线运行。扎实推进市县级人力资源社会保障审批服务等对外事项进驻综合性大厅和“一窗”分类受理工作。

八、不断提升公共服务能力

（一）扎实推进人社领域改革。

全面深化“放管服”改革，启动实施“减证便民”整治专项行动，动态调整权责清单和行政许可事项目录。全省共受理行政复议案件576件、行政应诉案件783件。

（二）不断深化“互联网＋安徽人社”。

将运行在金保专网的业务经办系统整合为金保工程系统，运行在互联网的公共服务系统整合集成到厅门户网站，实现二者实时系统对接和数据交互，并接入省政务服务平台。完成与省信用数据交换平台对接，实现工商企业注册信息共享。在省政务服务网开设部门“旗舰店”——“安徽人社便民服务e站”，就业创业、社会保障卡、省直医保、居民养老保险、职业技能、人事人才、省直养老保险等七大板块61项便民服务已上线运行。

（三）有效提升公共服务水平。

12333全年受理来电208.8万人次，为基层服务平台发放社保卡自助服务设备1.7万台。省级人事考试机构共组织实施了115项国家级、省级各类考试，服务考生近80万人次，全系统未发生一例安全责任事故。省人才服务中心的流动党员大支部化解和失联党员处置工作，得到中共中央组织部组织局和省委组织部的充分肯定。按照省委部署，承担了信访突出问题“深重促”专项行动督导组工作，妥善处置了一系列信访问题。

（四）不断加强系统自身建设。

始终坚持全面从严治党，驰而不息加强作风建设。积极开展岗位大练兵（窗口实务操作技术比武）活动，加强窗口单位工作人员政治理论、业务政策、文明用语、服务礼仪教育培训。深入推进窗口单位作风建设，定期组织开展明察暗访活动，群众满意度明显提高。大力加强干部队伍建设，实施干部能力提升工程，扎实开展党的十九大精神轮训，认真组织“讲严立”专题警示教育活动，推动政治生态持续净化优化。省人力资源社会保障厅在省政府目标管理绩效考核、省管领导班子综合考核、综治工作（平安建设）考评、信访目标责任制考核、省直单位定点扶贫、“四送一服”双千工程专项评估、政务公开、政务信息、计划生育等方面被评为优秀等次或受到通报表彰。

安徽省人力资源和社会保障厅

福　建　省

2018年，福建省人力资源社会保障系统围绕“再上新台阶、建设新福建”，坚持高质量发展落实赶超，坚持“民生为本、人才优先”，惠民生与促发展相结合，着力抓重点、补短板、强弱项、防风险、稳预期，确保就业局势稳定，深化社会保障制度改革，加强人才人事工作，构建和谐劳动关系，扎实推进人力资源社会保障扶贫，坚持不懈全面从严治党，各项工作取得显著成绩。

一、就业创业

全年全省城镇新增就业人数59.8万人，城镇失业人员再就业人数17万人，其中，城镇就业困难人员就业4.3万人；城镇登记失业率3.71%，控制在年度目标任务4.2%以内。

（一）完善就业政策。

落实中央“稳就业”要求，在全国率先由省政府办公厅印发《关于进一步做好促进就业工作十七条措施的通知》。研究出台《福建省人民政府关于进一步做好当前和今后一个时期促进就业工作的实施意见》，进一步支持企业稳定岗位，促进就业创业，强化培训服务。

（二）促进高校毕业生就业。

引导毕业生基层就业，印发《福建省高校毕业生基层成长计划实施方案》，招募554名省级“三支一扶”高校毕业生到农村基层服务锻炼，推动落实期满就业优惠政策，“三支一扶”高校毕业生服务期满就业率达92.25%。提升毕业生就业服务，资助2018年毕业生公益性专场招聘会69场；推进离校未就业毕业生实名制就业服务，登记实名信息17 024人，就业15 534人；开展就业“红娘”帮扶就业专项行动，登记困难毕业生329人，帮扶实现就业321人，自愿暂不就业8人；加大求职创业、就业见习补贴补助力度，全年共发放求职创业补贴2 482.2万元、见习补贴3 867.7万元。福建省毕业生就业创业公共服务平台正式上线运行，省级平台发布招聘岗位4.6万个，试点开展档案转递信息实时查询服务。

（三）促进援企稳岗。

持续开展2 153家企业失业动态监测、138家涉美贸易重点企业用工监测以及2个定点人力资源市场和2个工业园区企业用工监测。12月末，全省失业动态监测企业在岗职工数121.69万人，较年初减少2.27万人，减幅为1.83%；涉美贸易重点企业职工总数13.07万人，较5月（首次数据采集）减少0.29万人，减幅为2.17%，未出现经营困难性减员。继续实施失业保险援企稳岗政策，全年失业保险基金支持企业稳定就业岗位补贴支出3.27亿元，惠及企业4.76万家、职工159.46万人。稳步推进去产能企业职工安置，全省共有34处煤矿纳入化解过剩产能工作计划，拟分流安置职工5 081人，完成全员分流。

（四）持续加强创业扶持。

优化创业扶持政策，明确将创业孵化基地运营主体纳入小微企业创业担保贷款对象范围，提高一次性创业扶持补贴标准，将在闽就业创业的台湾同胞纳入创业担保贷款对象范围。组织开展毕业生创业省级资助项目评审，择优遴选出100个资助项目，共资助560万元。开展“智惠八闽”专家服务乡村振兴专项行动，为800多人次高校毕业生提供创业指导帮扶服务。加强创业孵化基地培育，支持建设10家省级创业孵化基地，共补助500万元，并组织开展创业孵化基地专家巡回服务。强化公共创业服务平台建设，组织举办第三届“中国创翼”创业创新大赛福建赛区比赛、第四届中国“互联网＋”大学生创新创业大赛等活动。

（五）开展职业技能培训。

印发《福建省人民政府关于推行终身职业技能培训制度的实施意见》，出台推行终身职业技能培训制度的23条政策举措。大力开展职业技能培训，全年开展各类职业技能培训30.6万人次。持续开展“春潮行动”农民工职业技能培训，完成农民工职业技能培训21.92万人次。完成建档立卡贫困人口技能培训10 536人。加强职业技能培训机构管理，会同省民政厅印发《关于规范省属职业技能培训机构审批和管理事项的通知》。会同省消防总队印发《关于申请设立消防安全职业培训学校有关事项的通知》《民办消防职业培训学校设立审批行政审批事项实施规程》。会同有关部门开展了职业技能培训“有害培训”的调查摸底和校外培训机构专项整治工作。

（六）促进就业扶贫。

先后印发《关于做好全省就业精准扶贫数据库核准工作有关事项的通知》《关于建立全省就业扶贫数据报表制度的通知》，出台支持省级扶贫开发重点县吸纳贫困劳动力奖补等举措，印发就业扶贫公益性岗位开发指导意见，推动完善“6516”就业扶贫政策体系。建立健全就业扶贫精准服务“三个三”工作机制，将就业扶贫工作成效纳入就业目标责任制督查考核项目。积极引导各类企业尤其是劳动密集型企业吸纳贫困劳动力就近就地就业，遴选推荐53家全国就业扶贫基地和6家典型企业。截至12月底，全省摸底劳动年龄段内有劳动能力贫困人口23.1万人，通过精准就业帮扶，累计组织培训4.39万人次，实现就业5.28万人次，其中公益性岗位安置就业5 658人。

二、社会保障

（一）城镇企业职工基本养老保险。

截至2018年底，城镇企业职工基本养老保险参保933.50万人，其中，在职789.47万人、退休144.03万人。全省企业职工基本养老保险费收入534.02亿元，养老金支出429.91亿元，其中，省本级企业（含省机关保转企）基本养老保险费收入67.52亿元，养老金支出46.90亿元。继续实行企业和机关事业单位退休人员一致的待遇调整办法，总体调整水平为2017年12月人均基本养老金的5%左右，全省共为177.72万名退休人员调整了养老金，月人均增加145.79元。

不断完善企业职工基本养老保险省级统筹制度，加强基金收支管理，严格提前退休审批，停止执行政策性补缴，努力推动缴费基数下限和待遇“保底”政策调整；落实居住证持有人参加养老保险的权利，将居住证持有人纳入城镇居住地企业职工基本养老保险参保范围；贯彻落实企业职工基本养老保险基金中央调剂制度，实行全省基金统收统支，从7月1日起将厦门市基金纳入省级统一管理，积极推动厦门执行全省统一政策。

（二）机关事业单位养老保险。

截至2018年底，机关事业单位养老保险参保140.77万人，其中，在职94.19万人、退休46.58万人。全省机关事业单位养老保险费收入216.67亿元，养老金支出276.56亿元；职业年金累计结余152.86亿元。其中，省本级机关事业单位养老保险费收入36.92亿元，养老金支出37.62亿元；职业年金累计结余22.62亿元。

深化机关事业单位养老保险制度改革，完善视同缴费年限认定、个人账户计息等政策；开展改革前后待遇衔接过渡测算，验证视同缴费指数合理性；积极推动理顺中央驻闽单位属地参保经办体制。推进征管职责划转税务工作，做到分步实施、有序移交、平稳衔接；制定出台职业年金受托机构评选文件，启动受托机构评选工作，积极稳妥推进职业年金市场化投资运营。

（三）城乡居民基本养老保险。

截至2018年底，城乡居民基本养老保险参保1 525.64万人，同比增加31.9万人，增长2.14%；参保率98.32%，同比上升0.36个百分点。省级统一开展全民参保登记数据比对分析，筛选出基本养老保险扩面对象433.44万人，将扩面对象具体信息分解下发，部署全省开展基本养老保险精准扩面工作。省人力资源社会保障厅会同省财政厅制定《关于建立健全城乡居民基本养老保险待遇确定和基础养老金正常调整机制的实施意见》，提高最低缴费档次，增加缴费补贴。城乡居民基本养老保险基础养老金省定最低标准从每人每月100元提高至每人每月118元。完成“城乡居民养老和医疗保险村级便民信息化平台”建设，各市县累计建设村级便民服务点7 850个。

（四）失业保险。

截至2018年底，失业保险参保570.27万人，同比减少42.06万人，下降6.87%，其中，农民工参保154.28万人。领取失业保险金人数5.05万人，同比增加0.12万人，增长2.43%。调整失业保险金标准，全省月人均领取失业保险金标准上调至1 228元。省人力资源社会保障厅会同省财政厅、国家税务总局福建税务局印发《关于继续阶段性降低失业保险和工伤保险费率的通知》。

（五）工伤保险。

截至2018年底，工伤保险参保853.94万人，同比增加55.22万人，增长6.91%，其中，农民工参保386.38万人。扎实开展建筑业工伤保险专项扩面行动，在建项目参保率99.15%，新开工项目参保率100%。继续实施社保降费政策，工伤保险平均缴费费率由0.75%进一步降至0.4%。全省大幅提高工伤职工待遇水平：提高工伤职工三项定期待遇水平，工伤保险辅助器具配置项目范围从36项扩大至79项，将国家新增的36种药品目录和17种抗癌药纳入全省工伤保险药品目录范围。

（六）社保扶贫。

全省各市县均已出台社保扶贫办法。完成贫困人员养老保险扩面3.93万人，其中，居民保扩面3.55万人、企业保扩面0.38万人。截至2018年底，累计有50.72万名贫困人员参加基本养老保险，19.71万名贫困人员享受城乡居民养老保险待遇，17.80万人享受贫困人员政府代缴政策，代缴金额1 575.32万元。省人力资源社会保障厅、省财政厅、省扶贫办制定印发完善城乡居民保扶贫代缴政策的通知，明确2019年起将所有建档立卡贫困人员纳入代缴范围。

（七）社会保险基金监督。

加强社会保险基金管理风险防控，全面防范和化解社保经办管理风险，基金监督力度持续加大。组织开展全省工伤保险内部控制专项检查和省本级企业职工社会保险基金管理使用情况监督检查；制定出台《福建省社会保险基金网络工作规则（试行）》；开展重复领取、死亡冒领、提前退休和一次性补缴等养老保险四项指标核查工作，追回养老金838.27万元；会同省财政厅出台《福建省基本养老保险基金委托投资归集办法》，稳步推进基本养老保险基金投资运营。

三、人才队伍建设

（一）人才智力引进。

全年全省实施国家级和省级引才引智项目150项，资助项目经费3 700多万元，支持龙头企业、重点高校和研究机构全职或柔性引进国（境）外高层次和急需紧缺人才1 100多人次。新增省引进高层次人才（ABC类）470人，工科类青年人才支持对象2 145人，资助金额累计超1亿元。确定各地市高层次人才引荐奖励对象464人，奖励经费近2 000万元。会同省委组织部举办“人才福建周”，会同有关部门举办2018年中国（福建）人才创业周活动。

（二）高层次人才选拔与培养。

推进省“海纳百川”等高层次人才项目实施，72人入选享受国务院政府特殊津贴专家，19人入选省“特支计划”百千万工程领军人才，30人入选省青年拔尖人才，实地考评首批省企事业人才高地建设单位4家；1人入选全国“改革开放40周年最具影响力的外国专家”，1人荣获2018年度“中国政府友谊奖”。加强因公出国（境）培训，出台管理意见，362人参加出国（境）培训。选派非教育系统公费出国留学攻读硕士、博士28人。实施“海峡博士后交流资助计划”，引进培养资助27人，引进招收博士后研究人员270人，全省在站博士后1 028人。

（三）人才创业启动支持。

实施第六批留学人员来闽创业启动支持计划，确定28个支持项目，给予支持资金370万元；实施第三批省互联网经济优秀人才创业启动支持计划，确定50个支持项目，共资助资金2 100万元。推荐申报2018年中国留学人员回国创业启动支持计划，全省共有6名留学人员及其创业项目入选，累计获得资金支持240万元。

（四）技能人才队伍建设。

省委办公厅、省政府办公厅印发《关于提高技术工人待遇的实施意见》，出台提高技术工人政治待遇、经济待遇和社会待遇的17条政策措施。推进高技能人才队伍建设，全省组织参加技能鉴定23.87万人次，新增技能人才18.35万人，其中高技能人才5.1万人（包括技师、高级技师5 463人）；全省新增全国技术能手7人。实施高技能人才振兴计划，新增建设国家级高技能人才培训基地9个、国家级技能大师工作室5个、省级技能大师工作室100个。加大职业技能竞赛力度，全年共举办省级赛事25场次、49个项目，其中国家级竞赛省级选拔赛12场。组织开展机关事业单位工勤人员继续教育和升级考核5 932人，获得证书1 849人，其中高级工525人、技师394人。推进职业技能资格考试向台湾同胞全面放开，共有540名台湾同胞通过鉴定考试取得国家职业技能资格。开展直接采认台湾地区职业技能资格试点，有32名台湾同胞通过直接采认取得国家职业技能资格证书。

（五）专业技术人才培养。

截至2018年底，全省专业技术人才总量264万人（其中高级人才24万人）。福建农林大学获批第八批国家级继续教育基地。组织实施国家级高级研修项目5项，公布实施省级高级研修项目计划104项，其中高级研修示范项目57项、普通项目47项。继续抓好专业技术人员公共课培训，全省累计参训20多万人。

（六）技工教育改革发展。

推进技工院校基础建设，全省新增省级重点技工学校1所、达标技工学校2所，推动技工院校实施一批重点项目建设。加大技工院校招生力度，全省招收新生3.8万人，在校生规模达8.1万人，为社会培养输送毕业生16 558人。提升技工院校教学水平，深化“一体化”课程教学改革，推进企业新型学徒制试点，促进产教融合。组织举办首届全省技工院校教师职业能力大赛，选拔9名优秀教师参加全国第一届技工院校教师职业能力大赛，并全部获奖。修订完善《福建省技工院校教师专业技术职务任职资格评审条件》。

（七）人才服务保障。

制定印发关于加强人才服务工作8条措施、关于加强人才驿站建设的通知，支持各地市设立10个人才驿站，完善人才服务“一卡通”体系。开展外国高端人才服务“一卡通”试点，全面实施外国人才签证制度，健全外国人来华工作许可制度，全年共审批办理外国人来华工作许可业务5 259件次。出台《福建省人力资源和社会保障厅关于做好人力资源服务许可及备案有关工作的通知》，取消人力资源服务许可证年检制度，简化规范开展人力资源服务许可及备案等工作。放宽台资设立人力资源服务机构限制，已有6家台湾独资人力资源服务机构落地。

四、人事管理创新

（一）深化人才评价改革。

会同省科技厅研究出台《关于深化项目评审、人才评价、机构评估改革的意见》，完善在重大科研、工程项目实施、急难险重工作中评价、识别人才机制。组织各地各有关部门针对人才项目、职称评审等活动中涉及的“四唯”做法开展自查清理。引入国际同行评价，开展福建省第二届 IET（英国工程技术学会）国际工程师资质认证工作，19 人通过认证。

（二）深化职称制度改革。

出台《深化职称制度改革的实施意见》分工方案并推动落实。召开首届特殊人才高级职称认定（评审）会，57 名特殊人才取得了相应专业高级职称。指导省住建厅开展首届规划建设类引进生职称评审，采取职称直评方式，对 9 名引进生评审确认职称。探索建立“定向评价、定向使用”的基层高级专业技术职称评审管理制度，评审通过基层卫生高级职称人员 287 人。针对非公经济和社会组织人才特点，通过“补充渠道”评审高级职称 341 人。会同省卫健委、省台办印发《关于做好在闽就业台湾医师聘任工作的通知》。配合省教育厅出台《福建省关于全面深化新时代教师队伍建设改革的实施意见》。在 13 家龙头企业开展职称申报试点工作，共有 24 人申报高级职称（含流动申报人员 4 人），781 人进行继续教育学时登记验证。修订社会科学、工艺美术职称评价标准，并将工艺美术系列设置到正高级。加强评审专家队伍建设，调整组建工程、社会科学、中职、技校、农业、文物博物、档案、律师、公证员等系列评委库，新增入库评委近千人；举办全省首期职称评审专家培训班；开展全省各系列（专业）、各级专业技术职称评审委员会清理工作，促进评审委员会规范管理。

（三）公务员人事管理改革与队伍建设。

根据中央和省委部署，出台《关于省级机构涉改人员转隶工作意见》，会同组织、编制部门做好省级机构改革涉改人员转隶审核工作。开展公安机关人民警察执法勤务和警务技术职务序列改革，做好职务套改、晋升以及警务技术任职资格评定等工作。

坚持“公开、平等、竞争、择优”考录原则，做到“凡进必考”。会同省委组织部，顺利完成 2018 年度考试录用工作，全年省市县乡四级联考计划招录 3 601 人，村（社区）主干计划录用 170 人，网上报名人数 17 万人，参加笔试人数 14 万人；完成公安院校公安专业应届毕业生招考 541 人，赴新疆招考维语专门人才 3 人，面向特殊人才专项招考人民警察 17 人。设置专门职位计划 360 个，用于招考大学生退役士兵和参加大学生村官、“三支一扶”等服务基层项目的高校毕业生。全省征集 10 个招录计划用于招收西藏地区的藏汉双语毕业生。完成具有行政职能事业单位 421 人的转制试点考试组织工作。

出台全国首个《公务员培训基地培训办班工作指南（试行）》，培训办班工作规范化、科学化。制订 2018 年度省公务员局调训计划，加大脱贫攻坚、产业转型升级、重大风险防控、“双基”公务员培训力度，不断丰富培训内容，改进培训方式，全年省级调训 2 800 人次。全省行政机关公务员处分备案和解除处分备案工作有序推进。

印发《关于做好市、县级党委政府和省级工作部门表彰奖励工作的通知》和《关于做好市、县级党委政府和省级工作部门表彰奖励工作具体事项的通知》，规范市、县级党委政府和省级工作部门表彰项目的审核、报请、批复、备案等工作。2018 年，市、县级党委政府表彰奖励项目 107 项，省级工作部门表彰奖励项目 19 项。印发《关于印发〈福建省清理规范创建示范活动实施方案〉的通知》，保留省级创建示范活动项目 6 项、省级以下创建示范活动项目 162 项，取消项目 54 项。组织开展改革开放 40 周年杰出贡献表彰人选推荐工作，1 人被授予“改革先锋”称号。组织推荐参与国家机关部委联合表彰 11 项，受到国家部委表彰先进集体 8 个、先进个人 9 名。开展省级工作部门联合表彰20项，表彰先进集体1 193个、先进个人1 225名。

（四）深化事业单位人事管理。

认真贯彻执行《事业单位人事管理条例》《事业单位工作人员处分暂行规定》《事业单位工作人员申诉规定》，召开本省首次申诉公正委员会会议，审理完成厦门市交通执法局1起再申诉案件。会同省委组织部制定《关于进一步做好省级扶贫开发工作重点县事业单位公开招聘工作的通知》，鼓励和引导优秀人才到艰苦边远地区县乡干事创业。放宽台湾人才报考福建省事业单位相关条件。完成省级机构改革省属事业单位人员转隶工作。

（五）做好军转干部安置。

积极推进军转干部“阳光安置”，加强军转干部教育培训和自主择业军转干部管理服务，安置军转干部2 832人。

五、工资收入分配

（一）企业工资分配宏观调控。

印发《福建省企业薪酬调查和信息发布制度方案》，对全省4 639家企业、65.73万名职工的薪酬数据开展调查；按季度对8个制造业行业约300家企业进行人工成本监测；省、市两级均发布企业工资指导线，省级工资指导线上线为12%、基准线为8%、下线为3%。稳妥推进国有企业负责人薪酬制度改革，基本实现了国有企业负责人薪酬水平适当、结构合理、管理规范、监督有效的目标。积极推动国有企业工资决定机制改革，制定出台《福建省人民政府关于改革国有企业工资决定机制的实施意见》以及《福建省省属国有企业工资内外收入监督检查暂行办法》等4个配套文件，指导督促各地各有关部门制定具体改革实施办法，确保改革有序推进和落实。

（二）机关事业单位待遇调整。

从2018年7月1日起，调整机关事业单位工作人员基本工资标准，增加机关事业单位离休人员离休费。调整漳州、三明、南平、龙岩、宁德5市共24县（区）公务员津贴补贴标准，进一步缩小地区间收入差距。调整中小学校、公共卫生和基层医疗卫生及其他事业单位绩效工资标准。稳妥推进公立医院薪酬制度改革，会同相关部门完成省属公立医院工资总额核定工作。

（三）机关事业单位津补贴和绩效工资的规范监管。

贯彻国家和省有关部署，认真开展“1+X”规范津贴补贴和事业单位绩效工资专项督查，进一步严肃工资政策、规范津贴补贴发放秩序。

六、劳动关系

（一）构建和谐劳动关系。

全面实行劳动合同制度，在全省范围内开展非公有制企业落实劳动合同制度专项行动，截至2018年底，全省各类企业劳动合同签订率达97.43%，集体合同签订率达88.9%。全省企业用工备案有效单位20.92万户、备案职工344.54万人。在清洗保洁行业开展首个省级行业集体协商，涉及物业清洗、石材清洗等11种业态的190余家企业、10万余人；成功举办台湾农民创业园区制茶行业集体协商，这也是全国首例国家级台湾农民创业园行业集体协商。深入开展和谐劳动关系创建活动，持续推广厦门“1118”和谐劳动关系示范工程及莆田“1+N”矛盾多元调解模式等经验做法。推动厦门、泉州开展和谐劳动关系综合试验区建设。

（二）做好争议调解仲裁。

联合省高院出台福建省贯彻落实人力资源社会保障部、最高人民法院《关于加强劳动人事争议仲裁与诉讼衔接机制建设的意见》的实施意见，推动各地市普遍建立裁审衔接工作机制；印发《关于进一步做好劳动争议案件终局裁决工作的通知》，强化终局裁决制度适用；统一仲裁专递送达，推广仲裁“流动庭、巡回庭、派出庭”，进一步完善劳动人事争议多元处理机制。全年全省劳动人事争议调解仲裁机构共依法妥善处理争议案件4.21万件（含上期未结与不予受理案件），其中，全省立案受理争议案件2.49万件，当期结案率94.23%；全省调解组织共处理争议案件1.47万件，调解成功率70.78%。

（三）加强劳动保障监察。

出台《福建省保障农民工工资支付工作考核办法》，从2017年至2020年对各市级政府保障农民工工资支付工作实施考核，推动落实属地监管责任。完善工资支付保障制度，出台《福建省工程建设领域农民工工资专用账户管理暂行办法》，全面开展创建“无欠薪项目部”活动。加强劳动保障监察执法，开展清理整顿人力资源市场秩序、用人单位遵守劳动用工和社会保险法律法规情况、农民工工资支付情况等专项检查。出台《福建省拖欠农民工工资“黑名单”管理实施细则》，推动落实劳动保障诚信制度，加大对欠薪失信企业联合惩戒力度。全年共检查用人单位2.7万户，办结案件806件，协调处理案件10 228件，为3.38万名劳动者追发工资等待遇2.37亿元。

（四）规范劳动能力鉴定。

截至2018年底，全省受理劳动能力鉴定20 085人，其中，省本级完成655人，在法定时限内的鉴定办结率100%；再次鉴定改变等级142人，改变率21.67%。信访按时办结率100%，实现零投诉。启动省级劳动能力鉴定专家库更新工作，选聘专家412名。全面梳理取消了劳动能力鉴定申请事项所需的证明，申报材料得到精简，法定鉴定时限进一步缩短。

七、行风建设

印发《福建省人力资源和社会保障厅关于加强人社系统行风建设工作方案的通知》等5个行风建设文件。召开全省人力资源社会保障系统行风建设电视电话会议，组织行风“大学习大讨论”和“人人谈”活动，营造“人人参与、齐抓共管”的良好氛围。

省人力资源社会保障厅对照窗口经办人员“二十个禁止”要求，举办10余次专业培训，规范窗口人员作风养成。深化标准化信息化建设。编制各类具体事项标准179个，梳理公布4批次“最多跑一趟”事项16项，编制公布省级权责事项138项；编印行政审批和服务事项参考目录，出台行政审批等事项委托下放办理实施办法，2011年以来委托下放行政审批和公共服务事项19项，取消11项。加大行风监督力度，组织明察暗访，查摆4类20项问题，开展行风“大体检”、专项督查工作和行风案例警示教育，狠抓纠治整改，强化服务和宗旨意识。

福建省人力资源和社会保障厅

厦　门　市

2018年，厦门紧紧围绕人力资源社会保障部工作大局，坚持目标导向、问题导向，贴紧产业企业发展要求、群众民生需求，以“服务发展、服务民生、服务社会”为主线，以“工作落实年”为主题，各项工作任务圆满完成。

一、着力精准服务，推动民生就业的转型发展

（一）着力服务就业创业，促进创业带动就业。

加强就业帮扶。推行就业困难群体实名制管理服务，切实做好失地失海农渔民、离校未就业高校毕业生和失业人员等重点群体的精准就业创业服务和充分就业社区创建工作。全年全市城镇新增就业18.69万人，完成年度任务16万人的116.81%；城镇登记失业率3.24%，在控制目标4%以内。

加强高校毕业生就业创业服务。发布厦门市2018年大中专毕业生人才需求情况分析报告，实施30万名毕业生招聘行动，与在厦高校、福建省内高校、重点区域高校建立合作机制，遵循院校毕业生实习、求职规律，强化线下线上招聘组织。全年审核接收高校毕业生40 163人，同比增长14.15%，其中本科及以上32 025人。办理毕业生报到手续30 802人，同比增长5.86%。

大力开展职业技能培训。完成本市户籍人员就业培训16 099人，本市农村富余劳动力转移培训4 225人，来厦务工人员技能提升培训16 123人，外来务工人员岗前培训63 263人。厦门技师学院被确定为全国第三批“国家中等职业教育改革发展示范学校”。

（二）着力对口协作，构建协同发展格局。

东西协作扶贫部署进展顺利。进一步推进与甘肃省临夏州劳务协作，从政策上调动企业接收建档立卡劳动力来厦就业积极性。全年共举办招聘活动57场次，提供就业岗位12 204个，其中适合建档立卡贫困劳动力就业岗位3 756个。帮扶临夏州10 819名贫困人口实现就地就近就业、第三地就业、输转到厦门就业，其中建档立卡贫困劳动力8 289人，完成2018年不少于4 000人任务的207.23%。已在厦门稳定就业的建档立卡贫困劳动力1 816人。以非常任务非常安排的方式，首次面向临夏州建档立卡贫困高校毕业生专场招聘事业单位编内工作人员15名。

强化对口培训。开展职业技能培训128期6 781人，完成2018年培训不少于6 000人任务的113.02%，其中培训建档立卡人员5 300人，完成当年任务的132.5%。开展致富带头人培训2期303人，完成当年任务的101%。定向招收临夏州学生115人，完成任务的115%，其中，定向招收建档立卡贫困学生34人。

（三）着力信息应用，助推企业发展和产业转型升级。

多渠道推送用工信息。向福建省外劳务输入基地推送了7 330家用人单位32.06万个岗位281.61万条用工信息，共有9家合作运营机构在劳务合作运营平台上登记劳务输转人数2 421人。向人力资源服务机构推送用工企业信息，实现5 467家企业20.84万个岗位

185.85万条用工信息在册推送，引导人力资源服务机构与企业共享信息达成合作意向。

推动就业创业工作与互联网理念技术深度融合。构建为厦门市所有用人单位提供网上办理公共就业创业服务支持的对公综合服务平台，为市、区、街（镇）、村（居）提供业务经办支持的四级联网就业管理信息系统和各级公共就业服务机构决策提供支持的决策分析系统，实现就业创业服务的全人群覆盖、全天候受理和一站式办理。

二、开发人力资源，为高质量发展提供支撑保障

（一）加大综合保障力度，优化人才服务方式。

有序推进人才安居工程。新引进人才生活补贴、人才类型确认、人才住房补贴均实现“全程网办”。全年共审核受理并发放新引进人才生活补贴3 128人9 968万元，审批发放高层次人才住房补贴81人376.51万元，继续核发原创新创业人才住房补贴535人3 573.02万元。审核确认高层次及骨干人才561人，其中267人正式提出购买保障性商品房申请并已取得轮候资格。

做好各类人才服务工作。积极推进外国高端人才服务“一卡通”试点工作，推动引智项目支持，共获批人才项目3项、文教类高端外国专家项目7项、因公出国（境）培训项目立项10项。审核办理外国人来华工作许可通知518件、外国人来华工作许可证2 687件，其中为外籍高端人才发放来华工作许可证（A类）156件。同时，继续做好留学人员服务工作，引进留学人员1 257人，同比增长62.4%。完成2018年度厦门市高层次留学人员申报认定工作，共有110人入选；发放高层次留学人员生活津贴95人112.6万元。选送的19个留学人员项目全部入选国家和省创业启动支持计划重点类项目名单，获得无偿资助经费420万元；对评选出的9个留学人员专项科研项目给予配套资助，共发放资助金额70万元。做好享受国务院政府特殊津贴专家的服务工作，发放国务院政府特殊津贴专家补贴108.8万元。

减降企业成本促进稳岗就业。发挥失业保险预防失业、促进就业作用，向37 800家企业发放稳岗补贴2.03亿元，激励企业不裁员、少裁员、稳定就业岗位。截至12月末，全市就业登记企业9.79万家，登记在岗职工204.93万人，同比增长3.31%。启动失业保险支持企业职工提升职业技能补贴工作，发放职业技能补贴532人90.68万元。纳入“一企一策”重点支持企业3 301家，培训职工26 206人，同比增长748.74%。

（二）加大人才引进力度，深化人才强市政策。

扎实推进招才引智平台建设。2018年，全市引进外地调入和重新录用的各类人才4 834人，同比增长27.75%。组织人才项目对接洽谈会4场，与近3 700名海外人才对接，达成初步对接意向近150个。引进到创业园、软件园、海沧生物医药港三大园区创办留学人才企业23家。

实施博士后创新人才支持计划。推荐8家企事业单位入选博士后工作站和创新实践基地。2018年，全市博士后工作站累计招收博士后293名，在站人数86人，同比增长11%。其中，引进8名台湾博士后来厦从事科研工作，进一步推动两岸博士后学术技术和人才项目交流。

进一步扩大职称改革试点工作。将海沧生物医药行业和自贸区航空维修产业职称评审级别扩大到副高级。复制推广生物医药、航空维修产业职称评审改革经验，以重点行业、核心领域为试点逐步推动职称按行业进行评审，在物联网行业、输配电行业和宏发电声股份有限公司开展职称改革试点工作，采取量化评价，设置符合本行业特点的量化考核指标，突出“能力＋业绩”的评审标准，充分发挥用人单位、行业协会主体作用，实现职称管理工作对重点发展产业的精准化服务。2018年新增4个行业开展试点工作。

（三）加大人力资源开发力度，服务产业经济发展。

加强两岸人力资源合作。放宽台湾技术士等级证在厦门自贸片区和在厦台资企业使用范围，持证者可享受厦门市相对应技能人才同等待遇。开展职称相关专业的直接认定或匹配认定，台湾人才来厦可以通过直接认定、匹配认定及考试评审等方式获得同等待遇。2018 年已有 135 名台湾籍专业技术人员通过评审方式获得职称。发布厦门市 2018 年台湾人才需求情况分析报告，共有 281 家企业提出了台湾人才需求 3 210 人。加强台湾高校学生实习见习、毕业生就业创业、高层次引进等工作。截至年末，共有台湾特聘专家 137 人、台湾特聘专才 155 人，同比分别增长 18.1%、96.2%；已有 53 家单位接收 527 名台湾学生实习见习，拨付台湾特聘专家（专才）政府补贴资金 2 213.52 万元。落实在厦台胞参保及享受同等社保待遇政策。截至年末，台胞在厦参加企业养老保险 1 789 人，参加机关事业单位养老保险 5 人，参加失业保险 1 792 人，参加工伤保险 1 793 人。全年累计台胞领取企业职工养老保险待遇 16 人，领取失业保险待遇 27 人，社保关系转出（退保、继承）47 人。

大力发展人力资源服务业。全年新增人力资源服务机构 37 家，机构总数达 217 家。培育人力资源服务市场，推进区域性人才市场建设，全年兑现各类补贴或奖励共 182.78 万元。

规范人力资源市场。强化人力资源市场监管，建立年度报告公示制度对人力资源服务机构开展“双随机”抽查，因成效显著，厦门市人才服务中心被确定为“全国人力资源诚信服务示范机构”，市人力资源社会保障局人力资源市场管理处被评为全国清理整顿人力资源市场秩序专项行动取得突出成绩单位。15 家人力资源服务机构被确定为市级人力资源诚信服务示范单位。

三、认真落实社保政策，提高兜底保障水平

（一）聚焦社保职能，服务民生保障。

各类社会保险覆盖面继续扩大。截至年末，参加基本养老保险人数 295.88 万人，参加工伤保险人数 225.20 万人，参加失业保险人数 224.50 万人。各类社会保险基金当年收入 221.93 亿元、支出 167.57 亿元，同比分别增长 12.76%、44.53%。

认真做好社保制度改革衔接工作。开展了《厦门经济特区职工基本养老保险条例》立法修订调研，出台了《工伤保险待遇管理办法》，将城乡居民待遇领取人员纳入社会化服务。认真落实全国统筹中央调剂金、省级调剂金和省级统筹相关工作。完成机关事业单位、企业退休人员养老金和城乡居民基础养老金调整，企业退休人员月人均基本养老金 3 526 元，城乡居民基础养老金 290 元。

（二）聚焦精细管理，提升保障能力。

提升服务质量。实现社会保障卡零星制卡在市、区社保窗口立等可取，职工、在校生等批量新增制卡全流程网上审批，社会保障卡持卡人数达到 410 万人。

健全社保监督机制。成立厦门市社会保险监督委员会。建立厦门市养老保险待遇核定交叉互检制度，开展工伤保险、社保经办风控等专项检查，全年共完成监督检查 15 次，核查经办业务 770 余笔。推动人脸识别技术应用于待遇领取资格认证试点工作，认证率已超过 90%。

做好退休人员社会化管理工作。全市纳入社会化管理的退休人员 33.32 万人，社会化管理率为 99.89%，社区管理率达到 100%。

（三）聚焦惠民利民，做好社保经办管理工作。

养老保险方面。全年受理企业年金合同和基金合同备案 78 件，为 1 396 家单位办理机关事业单位养老保险参保手续。出台持有厦门市居住证人员、在厦居住台胞在参加养老保险方面享受市民待遇政策，共有 220 名居住证持有人和 11 名台胞以个人身份参保。

工伤保险方面。全年共完成 8 686 起工伤认定案件，完成劳动能力鉴定案例 4 891 例，伤病关联性鉴定 4 例；组织专家现场鉴定 262

场次。新增工伤协议医疗机构 1 家、工伤康复协议机构 2 家。

四、构建和谐劳动关系，服务和谐社会建设

（一）多措并举，推进和谐劳动关系建设。

深入推进和谐劳动关系创建活动。新培育和谐劳动关系创建示范点 61 个，在非公企业和谐劳动关系综治考评中自评分为 103.1 分。组织开展全国劳动关系模范单位评选，推进思明区、湖里区创建和谐劳动关系综合试验区建设。

加强调解仲裁工作。全市劳动人事争议仲裁机构和调解组织共处理劳动人事争议 9 286 件，同比增长 5.96%。其中，10 人以上集体劳动人事争议案件数 256 件，同比下降 11.72%。用人单位胜诉率 45.71%，同比提高 6.39%。

（二）加强指导，构建和谐稳定的劳动关系。

积极引导企业规范用工。梳理归纳企业在人力资源管理过程中应当遵守的 28 部劳动保障法律、法规、规章，出台企业劳动保障事中事后监管评价办法，实现监管标准的透明化、标准化、清单化，方便企业、监管对象的对标自查，用工管理日趋规范。

指导企业做好工资收入分配工作。开展企业薪酬调查工作。发布 2018 年企业工资增长指导线以及 419 个工种（职位）工资指导价位，并对其中 222 个工种按不同专业（技术）等级发布相应的工资指导价位。稳妥实施国有企业负责人薪酬制度改革。开展国企工资总额备案达 681 家。

加强劳务派遣行政许可工作指导。全年共办理劳务派遣行政许可 225 件次，有效期内劳务派遣单位共 495 家。共有 374 家劳务派遣企业进行就业登记，其中有登记派遣去向的被派遣劳动者 45 294 人，涉及劳务派遣用工单位 1 807 家。

（三）强化监察，规范企业用工行为。

加强劳动纠纷调处和欠薪处置。出台劳动纠纷行政调解程序规定，规范劳动纠纷行政调解工作程序。印发房屋建筑和市政基础设施工程农民工工资专用账户管理办法、保障农民工工资支付工作督查和问责暂行办法、保障农民工工资支付工作考核细则、加强和规范涉嫌拒不支付劳动报酬犯罪案件查处衔接工作指引等，建立解决企业欠薪问题长效机制。全年市本级非政府投资工程项目创建“无欠薪项目部”56 家。代表福建省接受国务院工资支付工作考核，被评定为 A 级，排名全国第六。在福建省对设区市工资支付考核中被评定为 A 级，排名全省第一。

积极开展劳动监察执法检查。市劳动保障监察机构共主动检查用人单位 5 476 户次，同比减少 18.2%，受理群众举报投诉案件 6 088 件，同比减少 5.1%，督促用人单位补签、续签劳动合同 4 013 人次，处理工资纠纷案件补发金额 6 143 万余元，同比减少 41.4%。通过“双随机”方式对 510 家用人单位展开劳动保障情况检查，进一步规范企业用工行为，督促用人单位遵守劳动保障法律法规。

加强用人单位工资支付行为信用等级评价工作。公布 2017 年度用人单位劳动保障（含工资支付行为）信用登记评价结果，其中 A 级（守信）单位 301 家，B 级（一般失信）单位 5 家，C 级（严重失信）单位 22 家。全市劳动关系总体和谐稳定，未发生因企业拖欠工资引发的重特大恶性案件。

五、推进管理创新，着力规范人事管理工作

（一）立足岗位，落实人事管理工作。

完善公务员考录工作。2018 年，政府系统共录用公务员 150 人，录用参公单位工作人员 10 人。创新笔试考务管理模式，首次将考区总主考室设在教育招生考试指挥中心，借用科技手段实现统一指挥和远程监控，78.8%的考室可与教育招生考试指挥中心联网，相关工作经验在“全国公务员考试录用信息工作平台”上刊登。

（二）推进事业单位人事管理工作。

出台教育系统返聘优秀退休教师工作规范，开展公办中小学幼儿园教师“县管校聘”管理体制改革试点工作。认真开展教育、卫生领域

分类推进人才评价机制改革调研。实施事业单位补充编内工作人员工作，共审核发布公开招聘简章 26 份，合计推出 1 123 个招聘岗位，计划招聘 1 663 人。审核办理市区属事业单位补充编内工作人员调动（接收）手续 1 879 人，办理事业单位岗位设置调整 327 家、借岗及保留待遇等特殊事项申请 574 批次 1 251 人、岗位聘任与解聘 1 192 批次 10 211 人、领导职数使用与任免资格条件审核 153 批次 393 人、聘用制干部续聘手续 162 人。完成 5 家事业单位改制人员分流指导、审核工作。

（三）稳妥实施军转安置和管理服务工作。

2018 年，全市计划接收 971 名军转干部，较上年增长 22.7%，其中计划安置 862 名，占全省计划安置总数的 39.4%。完成 95 名随军随调家属就业安置工作。开展企业军转干部解困维稳工作，累计慰问 2 800 多人次，发放慰问金 300 多万元；上门走访困难企业军转干部 200 余户。

（四）强化“1＋X”专项督查。

印发《机关事业单位津补贴奖金发放说明》，明确机关事业单位各种津补贴奖金“正面清单”；根据不同阶段津补贴可能出现不同的违规现象，制定有针对性的检查范围、检查对象和检查重点；结合“吃空饷”专项整治、“双随机”事中事后监管，组织开展规范绩效奖金发放标准检查。试点教师绩效工资制度，在 4 家事业单位（教师）实行绩效工资总量包干分配试点。全年共组织 13 组 36 人次对 20 家单位进行检查，发现线索 9 条。

六、加强行风建设，持续抓好社会化服务的公共均等

（一）推动“全程网办”，实现更多事项“一趟不用跑”。

大力推进“互联网＋政务服务”，提高行政审批智能化水平。整合网上办事大厅，实现统一入口登录，推进与“i 厦门”的对接工作，实现用户的双向认证和单点登录。人力资源社会保障系统“一趟不用跑”和“最多跑一趟”占依申请事项比例提升至 97.5%。2018 年已实现了失业登记办理、对公综合服务平台账号注册、高层次及骨干人才类型确认、新引进人才生活补贴、引进高层次人才住房补贴等 33 个事项的全程网办，并已接入闽政通 App 13 项、i 厦门平台 17 项、市民卡 App 14 项、厦门 e 政务 13 项、翔政通 8 项、支付宝城市服务 3 项。

（二）推进“15 分钟服务圈”建设，实现事项“就近办”。

2018 年，15 分钟便民服务圈第一批前移事项 67 项在区、镇（街）、村（居）355 个便民服务点共办理约 337 万件，其中区级办理 325.9 万件，街（镇）经办点办理 1.37 万件，村（居）经办点办理 10.15 万件。推进业务窗口“一窗通办，内部流转”经办模式，实现业务经办的再提速增效。市人力资源社会保障局驻市行政服务中心窗口和人力资源社会保障事务分中心受理业务 40.94 万件，社保中心驻市行政服务中心窗口受理业务 215.21 万件。窗口即时办结率 94.12%。

（三）加强政策业务宣传。

坚持新政策、热点问题必解读。开展惠企政策进园区、惠民政策进社区、入厦政策进校区活动，编制“三进”主题宣传手册并向园区、重点企业、院校、镇街、社区发放 2 万多套。加强 12333 电话咨询服务，全年受理服务 265.4 万人次。办好门户网站等新媒体发布平台，全年门户网站发布信息 2 499 条，“厦门人社”微信订阅号发布微信 389 条、阅读量 159.76 万人次，平均每条信息阅读人数 4 107 人，微信订阅号用户 11.4 万人。

厦门市人力资源和社会保障局

江　西　省

2018 年，江西省人力资源社会保障部门以习近平新时代中国特色社会主义思想为指导，全面贯彻党的十九大和十九届二中、三中全会精神，从更高层次贯彻落实习近平总书记对江西工作的重要指示，按照党中央、国务院战略部署，坚持新发展理念，着力抓重点、补短板、强弱项、防风险、稳预期，紧紧围绕年度目标任务，有效应对风险挑战，各项工作取得显著成绩。

一、就业局势保持稳定

（一）就业目标任务全面完成。

全年全省实现城镇新增就业 55.32 万人，完成年计划的 122.93%；城镇登记失业率 3.44%，就业困难人员就业 5.35 万人；新增转移农村劳动力 62.25 万人，其中省内转移 42.02 万人；开展工业园区企业用工培训 29.11 万人，创业培训 14.46 万人，其中电商培训 6.24 万人，全部超额完成年度目标任务。实施失业保险援企稳岗“护航行动”，全年共为 1 793 户企业发放稳岗补贴 1.15 亿元，为企业脱困发展、减少失业、稳定就业护航。实施失业保险技能提升“展翅行动”，全年共为 13 101 名企业职工发放技能提升补贴 1 995.55 万元，同比增长 821.31%。

（二）就业政策更加积极有效。

省政府出台《关于做好当前和今后一个时期促进就业工作的若干政策措施》，并制定《江西省“十三五”促进就业规划》《关于推行终身职业技能培训制度的实施意见》，为经济发展提供人才支撑。印发《江西省高校毕业生基层成长计划实施方案》，促进高校毕业生服务基层、扎根基层、在基层成长成才。在人力资源社会保障部组织的 2018 年人力资源社会保障政策满意度调查中，江西省就业政策满意度位居全国前列。

（三）重点群体就业保持稳定。

全省实名登记 2018 届高校毕业生 44 957 人，40 193 人通过帮扶实现就业，年底就业率达 95.75%。扩大一次性求职补贴受益人群范围，33 088 名高校毕业生直接受益，占毕业生人数比例由上年的 9.22%提高到 10.4%，发放金额 3 300 万余元，较上年增长 16.93%。稳妥推进去产能企业职工安置，关闭退出 84 家去产能煤矿企业，2 210 名拟分流职工全部安置到位。全省累计认定促进就业基地 712 个，吸纳就业困难人员就业 6.57 万人。实施高校毕业生“三支一扶”计划，全年招募 2 099 名大学生服务基层，继续保持全国前列。做好体制内随军家属调配安置，以及未就业和失业随军家属的就业、再就业和创业帮扶工作，全年全省落实安置随军家属 1 650 名，其中体制内安置 81 名，享受生活补助 1 569 名。

（四）创业促进就业更加高效。

全省发放创业担保贷款 138.9 亿元，直接扶持个人创业 10.2 万人次，带动就业 36.7 万人次。创业担保贷款累计发放总量突破千亿大关，达到 1 053 亿元，被人力资源社会保障部赞誉为创业担保贷款的“江西模式”。全省建立创业孵化平台 196 个，入驻实体 9 539 个，直接带动就业 6.78 万人。在“中国创翼”创业创新大赛上，7个项目进入全国选拔赛，其中5个项目进入决赛，晋级率达71.43%，来自宜春市的建筑装饰浮法微晶玻璃项目获得全国主体赛创新组一等奖，实现历史性突破。开展“江西省青年创业风云人物评选”和江西省“创领美好”创业就业服务系列活动，举办首届“赣台青年创业论坛”。

（五）公共就业服务水平不断提升。

组织开展“就业援助月”“春风行动”“春暖赣鄱”“民营企业招聘周”“高校毕业生就业服务月”“金秋招聘月”“就业扶贫日”等活动，全省累计举办各类招聘会1 864场次，提供就业岗位123.04万个，达成就业意向42.54万人。积极打造“互联网＋公共就业创业”服务平台，3月，“江西省失业保险服务e平台”在全省正式上线运行，参保对象“一次不跑”通办失业保险业务。截至年底，全省共有5 045户企业在平台注册，1 019户企业通过平台申领稳岗补贴，4 394人通过平台申领失业保险金，4 215人通过平台申领技能提升补贴。

二、社会保障体系更加完善

（一）社会保障制度改革不断深化。

进一步完善企业职工养老保险省级统筹制度，贯彻实施企业职工基本养老保险基金中央调剂制度。积极稳妥推进机关事业单位养老保险制度改革，进一步规范机关事业单位参保缴费工作，完善机关事业单位立功获奖和劳模等人员待遇政策，出台中央驻赣单位和军队文职人员属地参保办法。完善企业女职工退休年龄政策，加强企业特殊工种提前退休审核确认管理。出台职业年金基金管理实施办法，规范和完善企业年金方案备案工作。出台省本级医疗保险统筹基金支付管理办法，进一步推进按病种付费工作，完善省直机关事业单位医疗保险有关政策。加快推进工伤保险省级统筹，加强工伤预防费使用管理。完善社会保险基金管理风险防控制度，有序推进社会保险费征缴职能划转。继续落实阶段性降低社会保险费率政策，2018年，企业职工养老保险、失业保险、工伤保险为企业减负28.76亿元。

（二）社会保险扩面征缴稳中有进。

截至2018年底，全省城镇职工基本养老、城乡居民养老、基本医疗、失业、工伤和生育保险参保人数分别达到1 052.82万人、1 884.13万人、4 797.47万人、287.98万人、534.62万人和290.1万人。全年全省城镇职工基本养老、基本医疗、失业、工伤和生育保险基金征缴收入分别达到877.81亿元、443.76亿元、11.41亿元、13.85亿元和8.29亿元。当年全省在建项目3 035个、新开工项目4 237个，100%参加了工伤保险，建筑项目工伤保险参保率始终处于全国前列。强化社会保险欠费清理工作，清理企业养老保险欠费16.78亿元。改制企业欠费挂账资金，全省累计已偿还70.85亿元。

（三）社会保险待遇水平稳步提高。

连续第14年提高企业退休人员基本养老金水平，连续第三年同步调整提高机关事业单位退休人员基本养老金水平，全省315万名退休人员受益。建立城乡居民基本养老保险待遇确定和基础养老金正常调整机制，提高2018年城乡居民基本养老保险基础养老金，从每人每月80元提高到105元。将17种抗癌药纳入江西省基本医疗保险、工伤保险和生育保险药品目录乙类范围，不设立起付标准和个人先行自付比例，城镇职工基本医保基金报销比例达到75%，城乡居民基本医保报销比例达到70%，极大减轻了癌症患者医药费用负担。工伤保险待遇水平继续提高，2018年因工死亡职工的一次性工亡补助金标准由上年的67.23万元提高到72.79万元，增长8.27%。调整失业保险金发放标准及其适用区域，由月人均925元提高到1 260元，平均增长36.2%。2018年，全省基本养老保险、基本医疗保险、工伤保险、失业保险待遇支出分别达到996.76亿元、422.46亿元、15.58亿元、2.25亿元。

（四）社保基金风险防控不断加强。

加大稽核工作力度，全省核查重复享受养老保险待遇148.6万人次，查出冒领养老保险金261万元，追回234万元，追回到账率89.66%。全省养老保险实地稽核参保单位32 035户，占全省养老保险参保单位户数的34.08%，共查出少缴养老保险费508万元，追回508万元，追回到账率100%。在全省开展打击欺诈骗取医疗保障基金专项行动，追回基金4 906.1万元。开展社保基金内部控制制度、养老保险重点指标核查及工伤保险内部控制专项检查，对全省90余家社保经办机构开展经办风险管理专项行动。在全省范围内全面取消现金业务、手工办理业务和社银人工报盘，进一步加强社保基金风险防控。

（五）经办服务能力建设持续推进。

大力推行城乡居民养老保险金融便民服务，截至年底，全省已有96个县（市、区）、16 629个行政村启动了金融便民服务点试点工作，行政村覆盖率达到94.35%。在全国率先实行建档立卡贫困户城乡居民养老保险费政府代缴，全省符合参保条件的157.48万名建档立卡贫困人员、低保对象和特困人员等贫困群体全部参加城乡居民养老保险，当年代缴1.55亿元，累计代缴3.9亿元。建立健全并贯彻执行经办人员星级服务评定、大厅巡查、领导带班等制度，作风建设取得良好效果，并受邀在全国社会保险经办机构作风建设工作会议上作了经验介绍和成果展播。

三、人才队伍建设成效显著

（一）专业技术人才队伍建设进一步加强。

2018年，全省专业技术人才总量达到282万人，同比增长5.2%。选拔产生66名享受国务院政府特殊津贴专家和99名享受省政府特殊津贴专家、120名省级“百千万人才工程”人选。大力开展引才活动，1 444名博士以上高层次人才与江西省用人单位签订刚性引进协议，同比增长73.3%。全年获得中国博士后科学基金资助人数57人、资助金额478万元，均比上年增长10%，其中一等资助16人、特别资助9人，均比上年翻了一倍；全年招收博士后149人、累计招收1 021人，同比增长5%、17%；新设博士后科研工作站6家。举办第51批中国博士后科技服务团（江西樟树行）和第2批江西博士后科技服务团（南昌轨道交通集团行）活动，举办“2018健康中国·中药科研与产业化研究”博士后学术论坛，加强学术交流和博士后科技服务工作。

（二）技能人才队伍建设进一步推进。

截至年底，全省拥有技能人才470万人，同比增长4.0%，其中高级工以上高技能人才143万人，占技能劳动者的30.4%，同比增长2.9%。高技能人才培养取得重大突破，7人获得“中华技能大奖”。评选表彰第5届优秀高技能人才，表彰16名“赣鄱工匠”、80名江西省“能工巧匠”。全省现有86所技工院校，在校生13.94万人，新招生5.48万人，同比增长4.7%。全省共建有国家级高技能人才培训基地24家、省级高技能人才培训基地71家，国家级技能大师工作室30家、省级技能大师工作室123家。开展职业技能竞赛活动，2个项目获第45届世界技能大赛全国选拔赛第一名、19名选手进入国家集训队。

（三）引进国外智力工作力度进一步加大。

组织实施国家和省级引智项目，全年获批国家重大引智项目6项，获批项目资金200万元。2名外国专家入选国家“千人计划”外专项目。批复省级引智项目67项，引进来自美国、加拿大、英国等10多个国家和地区的近100人次来赣工作交流。截至年底，全省引智项目获得专利授权52项，申请专利18项，取得重大科技突破、解决重大技术难题6项，填补国内空白2项，参与国家和行业标准修订3项。成功举办3次“海外人才江西行”和3次“海智惠赣鄱”活动，邀请55名海外高层次专家来赣交流洽谈。

（四）人事考试和职业技能鉴定平稳有序。

严格人事考试考务组织管理，全年共组织实施各类人事考试60项、报考人数59.66万人，考试总科目数 120.45 万科次。稳步有序推进人事考试指挥中心项目建设。全年全省完成职业技能考核鉴定 20.1 万人次，核发职业资格证书 18.1 万人次，同比分别减少 35.7%、37%。其中，高级工以上鉴定 4.5 万人次，核发职业资格证书 3.4 万人次，同比分别减少 2.17%、8.46%。

（五）人力资源服务业加快发展。

省政府出台《关于加快人力资源服务业发展的意见》，设立省级人力资源服务业发展扶持资金。制定《江西省人力资源服务业发展行动计划（2018—2020 年）》。9 月 26 日，以“新时代·新动能·新沃土”为主题的首届中国（江西）人力资源服务创新发展论坛在南昌成功举办，1 000 余人共襄盛会，吸引超过 180 万人次在线观看。中国（南昌）人力资源服务产业园建设顺利推进，截至 2018 年底，已有 114 家人力资源服务企业入驻，累计实现产值 96 亿元，税收超 2 亿元，帮助企业招聘各类人才和用工人数 130 万人。出台《江西省级人力资源服务产业园评估认定暂行办法》，已建成并投入运营省级、市级、县级产业园 8 个，产业集聚效应显著。截至 2018 年底，江西人力资源服务机构已达 1 334 家，从业人员 15 809 人，实现产值 268 亿元，同比增长 41%。

四、人事制度改革稳步推进

（一）公务员队伍建设不断加强。

坚持依法公平科学安全考录，稳步推进公安机关人民警察招录培养制度改革，组织实施全省录用公务员四级联考、公安机关面向公安院校公安专业毕业生考试录用人民警察等考试，全省录用公务员 5 679 人。继续落实艰苦边远地区基层公务员考试录用工作实施意见，出台和完善稳定贫困县公务员队伍举措，2018 年全省贫困县录用乡镇公务员 635 人。推荐 1 名同志为国家庆祝改革开放 40 周年表彰人选，被授予“改革先锋”称号。设立临时表彰活动 1 项，会同相关单位推荐 10 项国家部委表彰人选，承办 10 项省级评选表彰活动。启动江西省公安机关职务序列改革。落实宪法宣誓制度，出台《江西省人民政府及其各部门任命的国家工作人员宪法宣誓组织实施办法》。

（二）事业单位人事制度改革持续深化。

出台《关于在全省高等学校建立岗位动态管理机制的指导意见》，打破岗位聘用“终身制”，争取用 3 年左右的时间，在全省高校全面建立岗位动态管理机制。在九江市柴桑区推进县以下事业单位管理岗位职员等级晋升制度试点工作。分行业分类别开展事业单位公开招聘工作，完成 2018 年全省中小学教师招聘，组织开展全省首次卫生专业技术人员统一招聘。完成高层次人才招聘备案 1 488 人。

（三）职称制度改革不断深化。

分类推进中小学、卫生、高等院校、技工院校教师职称制度改革，促进职称评审与岗位聘用有效衔接。畅通职称申报渠道，鼓励新型职业农民、自由职业者、产业工人、编外人员参加职称评审。指导职称系列主管部门根据各自领域特点和行业发展需要修订职称评审标准，印发公证员、社会科学研究人员职称评审条件。改进职称管理服务方式，调整高级职称申报材料受理方式，简化初级职称评价程序，编制发布社会化高评会年度评审计划。进一步启用职称申报评审系统，全省高级职称和省直中级职称使用系统申报、审查、评审、发证、查询。

（四）军转安置任务顺利完成。

全年中央下达江西省计划分配军转干部 1 105 名，同比增长 14.3%，选择到机关和参公单位的占安置总数的 97.9%，同比增长 2.4%。对功臣模范、长期在艰苦边远地区以及特殊岗位上工作的军转干部在安置单位和岗位时优先选择，并在职务安排上给予倾斜。

五、工资收入分配更加合理有序

（一）进一步完善机关事业单位工资待遇。

制定扩大公立医院薪酬制度改革试点工作方案，全省 41 家市级公立医院参加改革。完成116万名全省机关事业单位工作人员基本工资标准调整、离休人员增加离休费工作。落实调整人民警察法定工作日之外加班补贴和值勤岗位津贴。建立法官、检察官和司法辅助人员绩效考核奖金预发机制。进一步完善事业单位绩效工资总量核定办法，对省直事业单位绩效工资总量申报办法进行改进完善，对高校、医院、科研院所等予以适当倾斜。

（二）加大企业工资分配指导调控和监督管理力度。

省政府出台关于改革国有企业工资决定机制的实施意见及相关配套政策。在全国首创国有企业工资分配负面清单管理制度，批复同意江西铜业集团有限公司为全国第一家开展工资总额负面清单管理试点企业。全面推进国有企业工资决定机制改革工作，完成省级国资监管机构具体改革实施办法的审核批复。发布2018年度省属国有企业负责人薪酬计算基数，省属国有企业在岗职工年平均工资比上年增长9.07%。实现了第二轮国有企业负责人薪酬监督检查全覆盖。建立省、设区市两级企业薪酬调查和信息发布制度。

六、劳动关系更趋和谐稳定

（一）劳动关系协调工作开创新局面。

成立江西省协调劳动关系三方委员会。开展第一届江西省模范劳动关系和谐企业、工业园区、乡镇（街道）评选表彰活动。大力实施“和谐劳动·幸福江西”三年行动计划(2018—2020年)，推进构建和谐劳动关系综合试验区建设。调整高温津贴标准和计发方式。对《江西省工资支付规定》《江西省女职工劳动保护特别规定》修订实施效果进行政策评估。持续做好劳动关系领域的风险防范，建立全省劳动关系领域风险矛盾隐患排查报告制度，指导企业依法依规妥善处理职工劳动关系。

（二）争议调解仲裁工作扎实推进。

制定出台《关于进一步加强劳动人事争议调解仲裁完善多元处理机制的实施意见》，继续推进基层调解组织建设，落实“六规范、五上墙”标准。积极推进“互联网＋仲裁”，筹备开展“智慧仲裁”信息化项目建设。全年全省共受理劳动人事争议案件2万余件，仲裁结案率为96%，调解成功率为71.5%，终局裁决率为37.2%，仲裁终结率为65.9%。

（三）劳动监察执法力度不断强化。

认真落实《关于全面治理拖欠农民工工资问题的实施意见》，通过购买服务聘请第三方进行实地核查欠薪情况。推进农民工工资实名制监管信息化，动态监测农民工工资支付全过程。全省共4 676个建设项目纳入农民工工资实名制监管信息系统，通过专用账户为35.72万名农民工发放工资32.8亿元。组织开展农民工工资支付、清理整顿人力资源市场秩序专项检查，以及用人单位遵守劳动用工和社会保险法律法规情况等专项执法检查活动。2018年，全省劳动保障监察机构共检查用人单位3.37万户，涉及劳动者106.59万人，依法为4.16万名劳动者追回工资待遇4.42亿元。

七、人社领域精准扶贫深入推进

（一）就业扶贫取得新进展。

始终把推进就业扶贫工作作为重大政治任务，摆在就业工作的突出位置。3月成立调查组开展实地调查，形成《强化“通过劳动实现脱贫”理念　确保革命老区与全国同步进入全面小康——兴国就业扶贫调查报告》，调查成果被采纳并转化为江西省新一轮脱贫攻坚的政策措施。建立健全“企业自主建设、政府积极引导、人社落实奖补及服务”的就业扶贫载体工作机制，引导贫困劳动力就近就业。截至年底，全省本地户籍未脱贫劳动力34.9万人，通过帮扶实现就业24.7万人，占比71%；全省4 922个扶贫车间累计吸纳贫困劳动力就业4.09万人；开发扶贫就业专岗吸纳贫困劳动力就业9.5万人。12月，人力资源社会保障部在四川省凉山州召开的全国就业工作暨推进就业扶贫工作座谈会上，江西省作了题为《聚焦主阵地　拓展主渠道　用好主抓手　全力攻好就业扶贫“坚中之坚”》的经验交流发言。

（二）技能扶贫取得新成果。

开展全省深度贫困地区技能扶贫行动，引导和督促省内技工院校主动承接贫困劳动力培训项目，确保贫困县技工院校定点技能帮扶全覆盖。对接受技工教育的贫困家庭学生，按规定落实国家助学金、免学费政策。2018 年，全省技工院校助学金资助 43 935 人次，资助金额 4 393.5 万元；免学费资助 184 959 人次，资助金额 18 503.56 万元。全省共有 8 190 名建档立卡贫困家庭子女入读技工院校。

（三）社会保险扶贫取得新突破。

为助力精准扶贫，全省人力资源社会保障系统积极创新，在全国率先探索建立了建档立卡贫困户参加城乡居民基本养老保险由财政代缴社保费的做法。截至 2018 年底，全省共有符合城乡居民养老保险参保条件的建档立卡贫困人口、低保对象、特困人员等困难群体 157.48 万人，已全部参加城乡居民基本养老保险，保费由财政全部代缴，代缴金额 15 492.39 万元，财政历年累计代缴总额 38 962.14 万元。2018 年，全省资助建档立卡贫困人口参加城乡居民基本医疗保险 286.2 万人，基本医疗保险为建档立卡贫困人口报销医药费用 238.9 万人次、45 亿元；大病保险为建档立卡贫困人口报销医药费用 94.7 万人次、9 亿元；医疗救助 87.4 万人，支出 2.84 亿元，贫困群众住院费用个人自付比例仅为 7.88%，有效防范因病致贫、因病返贫，切实缓解贫困人口的看病就医负担。

（四）人才智力扶贫取得新成效。

在“三支一扶”人员招募工作中向贫困县倾斜，2018 年招募的 2 099 名“三支一扶”人员中，贫困县共招募 613 人，占 29.2%。放宽贫困县事业单位招聘人员年龄、学历、专业等方面条件，适度降低贫困县卫生高级专业技术资格考试成绩合格标准，当年分别有 90 人和 110 人享受了此项优惠政策。全年组织 10 批专家共 80 余人次开展支持赣南等原中央苏区振兴发展和支持鄱阳湖生态经济区建设服务活动。

八、行风建设全面推进

（一）强化组织领导。

成立以省厅主要负责同志为组长、省纪委省监委驻厅纪检监察组组长为常务副组长、其他厅领导为副组长的厅行风建设领导小组，专门抽调人员组成领导小组办公室，制定《加强全省人社系统行风建设工作方案》和《全省人社系统加强行风建设工作任务表（2018—2020 年）》，将人力资源社会保障系统行风建设成效纳入 2018 年市县高质量发展考核、党风廉政建设责任制考核和年度重点督查事项。

（二）加快推进人社公共服务体系建设。

启动全面推进人力资源社会保障公共服务体系建设，通过实施“服务事项标准化、服务手段信息化、服务渠道多元化、服务能力专业化”四大任务，力争用两年时间基本建成全省标准统一、公平普惠、方便快捷、优质高效的人力资源社会保障公共服务体系，构建线上线下融合互通、跨部门跨地区跨层级协同办理的服务新模式，做到“一网通办、一卡（证）通办、全程网办、全省通办”。开展“减证便民”专项行动，重点取消调整 35 项证明事项，全面取消社会保险待遇领取资格集中认证。全面解决涉及人力资源社会保障领域的群众办事堵点问题，建立省本级业务“一次不跑”清单 19 项、“只跑一次”清单 37 项，进一步精简各类证明手续，对没有法律法规依据的证明和盖章环节全部予以取消。将高频业务、即办件业务纳入延时服务和预约服务，让群众在非工作时间能办事、办成事。

（三）完善信息化建设。

实现人力资源社会保障阳光政务信息系统与江西政务服务网“一窗式”平台无缝对接，与公安等部门 11 类信息数据共享，率先在全省人力资源社会保障领域开展应用。上线运行“江西人社”手机 App，对接支付宝“赣服通”建设，实现电子社保卡领取、线上查询和办理养老待遇领取资格认证等服务。全年 12333 电话咨询服务量突破千万人次。完善社会保障卡制发服务体系，全省持卡人数达到4 057万人。省政府出台加快推进社会保障一卡通工作意见，全面开通人力资源社会保障领域102个应用项目，推进惠民资金、医疗卫生、社会保障、公共交通等公共服务功能整合。在全国率先启动电子社会保障卡试点工作，并在试点地区率先实现首发。

（四）深入开展窗口单位作风建设。

开展100名人力资源社会保障局长为“最美人社窗口”代言系列活动和“行风建设人人谈”征文活动，推出97部微视频，精选20个“最美人社窗口”在媒体全方位巡展播放，被全国人力资源社会保障工作会议列入系统行风建设特色亮点之一。积极筹备“创业担保贷款”“养老保险经办”“劳动人事争议仲裁”3个单项业务技能练兵比武活动。全年组织对全省25个市、县（区）人力资源社会保障系统窗口单位进行暗访，对3个设区市开展实地督查，对暗访和督查中存在的问题进行“回头看”，限时整改落实。

九、稳妥有序推进机构改革

划出军队转业干部安置职责至省退役军人事务厅，划出城镇职工和城镇居民基本医疗保险、生育保险、长期护理保险职责及新型农村合作医疗职责至省医疗保障局，划出公务员工资福利职责至省委组织部。划入原省公务员局承担的全省评比达标表彰工作的综合管理工作职责，负责以省委、省政府名义开展的表彰奖励活动的评选和审核，承办省政府任免人员的有关任免事宜。省社会保险管理中心、省劳动就业服务管理局、省职业技能鉴定指导中心等厅属事业单位承担的行政职能回归厅机关。明确外国人来赣工作许可和安全生产监督管理职责。不再管理省公务员局、省外国专家局。撤销军官转业安置处、医疗保险处，增设表彰奖励处。

江西省人力资源和社会保障厅

山 东 省

2018年，山东省人力资源社会保障系统坚持以习近平新时代中国特色社会主义思想为指导，把政治建设摆在首位，全面加强党的建设，不断加强制度创新，全力以赴助大局、稳就业、促改革、强支撑、防风险。坚持以人民为中心的发展思想，围绕增强群众获得感、幸福感，持续推进人力资源社会保障系统行风建设及“一次办好”改革，深入开展人力资源社会保障扶贫工作。通过优化营商环境，释放政策红利，助推民营经济、实体经济向高质量发展，为山东省经济社会发展做出积极贡献。

一、就业形势稳中有进

全年城镇新增就业136.82万人，完成年度任务的124.38%，同比增长6.66%，城镇登记失业率控制在3.35%，同比下降0.05个百分点。

（一）丰富完善积极的就业创业政策。

提请省政府印发《关于进一步稳定和扩大就业的若干意见》，制定20条含金量高、操作性强的就业政策，打造就业创业政策的升级版。印发《就业创业资金风险防控和监督暂行办法》，开展资金管理使用情况专项检查、绩效评价，规范就业资金使用，人力资源社会保障部予以全文转发。开展就业目标责任考核和“十三五”促进就业规划中期评估，推动就业创业政策的落实落地。

（二）创业带动就业工作环境进一步优化。

开展创业助推专项行动，新增33家省级创业孵化示范基地和园区，新增1家省级创业大学。发放创业担保贷款4.94万笔、79.98亿元，满足创业者资金需求。评估认定22个省级创业型城市（县、区）、59个创业型街道（乡镇）。举办山东省第四届创业大赛暨第三届“中国创翼”创业创新大赛选拔赛，组织举办首届山东省退役军人创新创业大赛、山东省就业创业服务暨人社扶贫摄影大赛等创业活动，营造大众创业、万众创新的良好氛围。实施“雁归兴乡”返乡创业行动，助力乡村振兴。

（三）加强重点群体就业服务工作。

引导高校毕业生面向基层、实体经济和民营经济就业，大力支持多渠道创业，非师范类高校毕业生总体就业率达94.67%，同比提高0.35个百分点。农民工就业质量稳步提升，外出农民工997万人，同比增加8万人，增长0.8%；外出农民工月均收入3 998元，增长7.0%。做好困难群体就业帮扶工作，困难人员就业10.1万人，城镇零就业家庭保持动态清零。

（四）聚焦脱贫攻坚工作。

统筹推进就业扶贫、技能扶贫、社会保障扶贫、人事人才扶贫和作风专项治理，构建“4+1”的人社扶贫框架体系，累计实现贫困人口转移就业42.6万人，培训贫困劳动力8 549人，为7 300余名贫困家庭学生发放助学金1 466万元，为38.11万名贫困人员代缴4 330.43万元居民基本养老保险费。

（五）公共就业服务水平整体提升。

开展“就业援助月”、“春风行动”、“民营企业招聘周”、高校毕业生集中招聘会等系列服务活动，打造劳动力供需顺利对接平台。把就业培训作为化解就业结构性矛盾的重要举措，创新培训机制，加大培训投入，培训劳动者 50 万人以上。加快就业服务信息化建设，省集中的信息系统支撑 15 个市 4 520 万人的业务经办。加强大数据开发应用，开展农村劳动力转移动态监测、高校毕业生就业等大数据分析，为政策制定、形势判断等提供科学依据。

二、社会保障体系稳固运行

（一）编密织牢社会保障安全网。

大力实施全民参保计划，职工基本养老、失业、工伤保险参保人数分别达 2 762.7 万人、1 318.5 万人、1 633 万人，同比分别增长 3.8%、4.0%、4.07%，居民养老保险参保 4 551.9 万人。落实企业养老保险基金中央调剂制度，建立省内基金上解下拨机制，及时足额将 39.4 亿元中央调剂基金上解到位。强化社保基金征缴和管理，基金总收入 4 898.4 亿元，总支出 4 355.2 亿元，累计结余 5 084.5 亿元，同比分别增长 21.4%、13.0%、12.0%。继续提高退休人员基本养老金，总体调整幅度 5.05%，居民基础养老金标准由每人每月 100 元提高到 118 元，高出国家标准 30 元。1～4 级工伤职工伤残津贴月均增加 180 元、170 元、160 元、150 元。在全国率先建立失业保险标准与最低工资标准挂钩联动长效机制。实现社会保障的制度全覆盖，广大农民全部纳入社会保障安全网。强化基金监督，加强社保基金管理风险防控，开展工伤保险经办内部控制专项检查，督促落实审计发现问题的整改，完成企业自行管理社会保险纳入地方统筹管理工作任务。

（二）社会保障制度改革取得新进展。

大力推进机关事业单位养老保险制度改革，参保人数达 362 万人。稳步推进职业年金委托投资运营，制定相应的管理实施办法和经办规程，为正式启动投资运营奠定基础。完善企业养老保险省级统筹制度，实现基金的市级统收统支。建立居民基本养老保险待遇确定和基础养老金正常调整机制。制定工伤预防实施办法，建筑、交通等行业工伤保险参保率达到 100%。推进社保信息系统省集中，莱芜、菏泽两市纳入省级信息系统，统一管理。启动第三代社保卡发放工作，社保卡持卡人数达 8 461 万人，打造服务卡、民心卡。继续执行阶段性降低社保费率政策，各项社保费率在全国处于较低水平，减轻企业负担约 190 亿元。及时为困难企业办理社保缓缴、延缴手续，千方百计帮助困难企业渡过难关。

三、人才队伍建设进一步加强

集中制定一系列人才新政，培养、引进一批领军人才和创新团队。在鲁两院院士 48 名，全省享受国务院政府特殊津贴专家 3 260 名，国家“百千万人才工程”人选 176 名，中华技能大奖获得者 18 名，泰山学者 1 231 名，泰山产业领军人才 720 名，有突出贡献的中青年专家 1 416 名，齐鲁首席技师 1 509 名。

（一）专业技术人才队伍建设成效显著。

制定《支持青年人才创新创业的若干措施》，在青年人才的引进、创新创业能力培养、激励保障等方面推出 14 条创新性举措。加强青年博士发展平台建设，新增博士后科研工作站 24 家、山东省博士后创新实践基地 42 家，新招博士后研究人员 1 061 名；实施“博士后创新人才支持计划”，资助优秀青年博士从事博士后研究，每人资助 40 万元。开展非教育系统政府公派出国（境）留学，选拔 300 人留学研修。加强专业技术人才培训，153.9 万人次参加年度公需科目学习，开展急需紧缺培训和岗位骨干培训 194.3 万人次。组织实施国家级、省级高级研修项目 96 项，培训重点领域高层次、急需紧缺和骨干专业技术人才 5 889 名。新增国家级专业技术人员继续教育基地 1 家。制定《推进乡村人才振兴的若干措施》，推出 20 条高含金量的创新性举措，为乡村振兴引才聚才。实施乡村人才振兴行动，培训乡村振兴骨干人才 6.2 万人次，开展新型农民提升技能培训近 100 万人，新建 15 家省级乡村振兴专家服务基地，组织 1 200 多名高层次专家服务乡村基层。

（二）高技能人才队伍建设稳步推进。

实施高技能人才特色载体建设工程，确定8所技工教育特色名校、25家齐鲁技能大师特色工作站，新建6家国家级高技能人才培训基地和5个国家级技能大师工作室。积极备战第45届世界技能大赛，42名选手入选国家集训队，工业控制等16个项目的国家集训基地落户山东省。扎实开展技能人才多元化评价机制改革，研究制定企业技能人才自主评价制度，加快新兴职业开发，为落实职业资格改革和技能人才评价制度改革打下坚实基础。

（三）海内外高端人才进一步集聚。

成功举办中国山东第十届海内外高端人才交流会，参会嘉宾858人，涉及33个国家和地区，成功对接人才和科技项目3 661项。举办2018年“山东—名校人才直通车”系列引才活动，精选564家单位赴清华大学、南京大学、武汉大学等著名高校招才引智，提供岗位12 574个，达成意向3 890人。

（四）人才发展生态不断优化。

充分发挥市场在人力资源配置中的决定性作用，新增5家省级人力资源服务产业园，10家人力资源服务机构入选国家级诚信服务示范机构。在全国率先印发《加快推进高层次人才服务体系建设的实施意见》，构建系统、高效的高层次人才服务体系。修订《高层次人才服务绿色通道规定》，向3 800多名高层次人才发放“山东惠才卡”，落实29项优质服务。设立202个高层次人才服务窗口，为5 095名高层次人才配备服务专员，采取一对一“保姆式”服务模式，实现创新创业事项“零跑腿”。

四、人事制度改革成效显著

（一）公务员管理严格规范。

公务员职务职级并行试点工作按照有关规定转入正常办理阶段，严格按照有关程序和标准条件，为省直机关（单位）公务员职级晋升备案。加强公务员脱贫攻坚能力培训，重点针对山东省20个脱贫任务较重的县（市、区）和脱贫任务较重的乡（镇、街道），举办1期分管县（市、区）长、3期基层公务员扶贫攻坚专题示范培训班，培训285人次。组织开展2018年面向社会招录公务员工作，全省32.8万余人报名，2.1万余人参加面试，拟录用公务员7 200余人。

（二）职称制度改革取得新突破。

提请省委、省政府印发《关于深化职称制度改革的实施意见》，推出25项高含金量的改革举措，在改革评价标准、改进评价方式、畅通人才成长通道等方面取得重要突破。深化基层医疗卫生机构职称制度改革，建立“定向评价、定向使用”制度，473人获评基层卫生高级职称，打破基层人才晋升的“天花板”。积极开展职称评审试点，在9所医院实行职称评审“双自主”试点，同步推进高层次人才直接参评高级职称评审试点、高技能人才与工程技术人才职业发展通道贯通试点、职业农民职称评审试点，为职称制度创新积累一批可复制、可推广的经验。全面推行职称申报评审网上办理，实现申报、评审全程“不见面”“不跑腿”。

（三）加快推进事业单位人事制度改革。

改革高校岗位管理制度，统筹考虑学生数量、高校整体发展和学科建设等指标，建立以生员比为基础的高校岗位动态调整机制，省属高校新增正高级岗位9 605个、副高级岗位6 669个，为高质量引才用才留出空间。创新开发区（高新区）人事管理打破人员单位限制，实行档案封存，激发工作人员活力。支持和鼓励事业单位专业技术人员通过企业挂职、参与项目合作、兼职创新、在职创办企业、离岗创业等形式创新创业。

五、工资收入分配制度改革不断深化

完善省属事业单位绩效工资管理办法，搞活事业单位收入分配，差额和自收自支事业单位的绩效工资水平最高可达全额单位的5倍。建立高层次人才收入分配激励机制，允许事业单位采取协议工资制、年薪制、项目工资制等灵活多样的分配办法，让一流人才得到一流报酬。建立高层次人才突出贡献奖，鼓励参与科研创新、兼职兼薪，调动人才的创新创造积极性。调整机关事业单位基本工资标准，落实正常增长机制。改革国有企业工资决定机制，职工工资与经济效益同向联动、能增能减。深化国企负责人薪酬制度改革，印发职业经理人薪酬制度改革试点意见。开展企业薪酬调查，发布技能岗位工资价位和企业人工成本信息。调整最低工资标准，分别达到 1 910 元、1 730 元、1 550 元。发布企业工资指导线，基准线 7%、上线 11%、下线 3%。

六、劳动关系保持和谐稳定

成立山东省协调劳动关系三方委员会，加大劳动争议调解仲裁和监察执法力度，及时化解矛盾，劳动者合法权益得到有效维护。着力做好农民工工资治欠保支工作，落实监管责任，加大执法力度，完善诚信评价、重大违法行为社会公布和拖欠农民工工资“黑名单”等工作机制，向社会公布重大违法行为 95 件，向公安机关移送拒不支付劳动报酬涉嫌犯罪案件 108 件，维护了农民工合法权益。开展援企稳岗“护航行动”、技能提升“展翅行动”，钢铁、煤炭行业安置职工 8 026 人，为淘汰旧动能提供了保障。

七、基本公共服务能力不断提升

（一）深入推进“一次办好”改革。

公布省本级“一次办好”事项清单 189 项，基本形成统一的权力事项、就业和社会保障服务事项指导目录。精简各种办事材料，精简申请材料 30%以上，压缩办理时限 20%以上，1 个工作日内完成的事项占公布事项的 56%，省级人力资源社会保障政务服务事项网上可办率达 80%以上。打造社会保险登记、就业失业登记和劳动合同备案“三口合一”办理的新机制，实现“一表申请、一口办理”。启用电子职称证书，创新养老待遇资格认证方式，推行分类综合柜员制，人力资源社会保障公共服务水平不断提升。

（二）加强系统行风专项治理。

成立工作专班，建立工作推进机制，实施行风建设百日攻坚行动，开展明察暗访和服务能力提升培训，窗口单位服务水平显著提升，系统行风建设呈现面上推开、点上开花的良好局面。

（三）积极推进信息化建设。

建设人力资源社会保障公共服务新平台，组织开发统一的用户管理和网上综合服务系统。扩展“山东人社服务”手机 App 和电脑端服务能力，开发养老保险生存认证功能。继续推进省级异地就医结算平台升级改造，共开通跨省异地就医定点医疗机构 728 家，实现跨省异地住院直接结算 9.87 万笔、费用 25.87 亿元；省内联网异地就医定点医疗机构 733 家，省内异地就医即时结算 143.85 万笔、费用 329.23 亿元。对外提供人力资源社会保障领域 76 项服务接口，对外开放 38 类事项 46 万余条数据；共享应用公安、工商等部门信息资源 17 项。加快开展政务服务信息系统整合共享，积极推进信息系统迁移上云。优化升级 12333 电话咨询系统，增加智能语音服务，12333 年咨询量突破 875 万次。

山东省人力资源和社会保障厅

济　南　市

2018年，济南市人力资源社会保障部门认真贯彻落实人力资源社会保障部、山东省人力资源社会保障厅部署安排，紧紧围绕市委、市政府“1＋454”体系，以建设“温暖人社”为主题，解放思想、开拓创新，扎实工作、积极作为，全市人力资源社会保障事业稳步健康发展，为经济社会发展做出了重要贡献。

一、就业创业

（一）不断加大创业支持力度。

为2 003家小微企业发放创业补贴4 807.2万元，为8 165家个体工商户发放创业补贴2 377.5万元，为农村自主创业农民发放担保贷款7.84亿元。打造多元化创业载体，新认定12家市级创业孵化基地，全市创业孵化基地数量已达116家，吸纳就业人员近10万人。深入实施泉城创业行动计划，免除市大学生创业孵化中心孵化期内的企业（项目）房租。与山东大学共建“大学生创新创业孵化平台”，探索建立覆盖孵化基地和大学园区的创业孵化服务网络。积极营造创业氛围，成功举办济南2018创业大赛，300多家企业参与竞赛角逐。实施援企稳岗“护航行动”，发放稳岗补贴4 022万元。实施失业保险支持技能提升“展翅行动”，为5 580名职工发放补贴753万元。失业保险费率降至1.0％，工伤保险费率下调50％，为企业减轻负担7.6亿元。

（二）突出做好重点群体就业。

坚持把高校毕业生放在就业工作的首位。面向济南地域内700多家企业征集就业岗位3万余个。着力办好高校毕业生专场招聘会。“三支一扶”计划重点向扶贫领域倾斜。市级大学生就业见习基地达200余家，毕业生留用就业率60％以上。重新启用济南人才市场，举办招聘会29场，提供岗位近6万个。援助就业困难人员2万人，城镇零就业家庭实现动态清零。组织开展“春风行动”等主题招聘和“招聘夜市”“赶招聘大集”等各类招聘会近300场，提供就业岗位25万余个，有力推动了农村富余劳动力转移就业。全市实现城镇新增就业18.95万人，新增农村劳动力转移就业5.2万人，城镇登记失业率为2.06％。

（三）不断加强职业技能培训。

加大培训力度积极化解结构性矛盾，就业技能培训3.3万人。在全省率先试点开展职业技能自主评价，对取得“职业技能合格证书”的，给予800元/人的培训补贴。试点开展个人申领职业培训补贴直补模式。

（四）创新推动农民工工作。

不断完善农民工五级服务体系和网上服务（维权）平台功能。协调帮助农民工追讨回工资近3 900万元。组织开展春季送岗位、夏季送清凉、秋季送健康、冬季送温暖等“情系农民工”系列主题活动。成功举办第四届“劳动者之歌”2018济南外来务工（农民工）才艺大赛，形成了关心关爱农民工工作常态。

二、社会保障

（一）社保覆盖面不断扩大。

职工养老、医疗、失业、工伤、生育保险参保人数分别达331.66万人、241.54万人、158.29万人、220.47万人、163.97万人，居民养老、医疗保险参保人数分别达 244.76 万人、408.14 万人，均创历史新高。被征地农民参保工作实现突破，落实社保资金 34.07 亿元。

（二）社保待遇不断提升。

连续 14 年调整提高企业退休人员基本养老金待遇，调整后人均达到每月 3 053 元。居民养老保险基础养老金八连涨，调整后达到每月 120 元。提高精减退职老职工及遗属生活困难补助费标准，月人均分别增加 130 元和 70 元。失业保险金标准提高到每月 1 211 元和 1 337 元。居民医保补助标准提高至 490 元，省（部）三级医院住院和门规报销比例提高 5 个百分点；扩大职工医保门诊统筹报销范围，支付限额提高至 3 000 元；对在基层医疗机构签约的参保人，免费提供治疗高血压、糖尿病、冠心病等慢性疾病的部分基本药物。连续 14 年提高工伤保险三项定期待遇标准，伤残津贴平均增长 159.5 元。8.3 万名贫困人员养老保险费全部实现财政代缴，2 000 多名农村贫困失能老人每月领取 300 元医疗护理补贴。

（三）社保改革不断深入。

机关事业单位与企业养老保险从“双轨制”向“单轨制”实现根本转变，各项改革指标居全省前列。积极推进事业单位转企改制配套改革，统筹解决事转企单位工作人员划转社保问题。实施职工医保大额医疗费二次报销政策。深化基本医疗保险支付方式改革，建立健全适应不同疾病、不同服务特点、激励与约束并重的多元复合式医保支付方式，按病种付费病种数量达到了 185 个。扩大按项目参加工伤保险范围，从建筑业扩展至交通运输等 8 个行业，参保率达 100%。将全市两级机关公务员全部纳入工伤保险参保范围，全市所有用人单位统一缴费、统一待遇、统一工伤保险基金管理，实现了工伤保险制度全覆盖。充实调整劳动能力鉴定专家库，新增 3 个专业。

（四）强化基金管理。

依托网络监管系统，加强对重点经办业务、关键环节的监督，及时比对数据，查找风险点，做到早发现、早核查、早处理。核查处理了 1 000 余人跨省、跨统筹区域重复参保、重复享受待遇、死亡冒领等问题。

三、人才队伍

（一）完善创新人才政策体系。

积极配合市人才办制定出台了济南市高层次人才分类认定、企业引进硕士研究生租房和生活补贴、引进人才落户等一系列配套细则，形成了“1＋N”全方位、多层次的人才政策体系。制定了《济南市高层次人才精准服务体系建设实施细则》，高层次人才绿色通道服务事项增加到 18 项。深化职称制度改革，制定《关于进一步深化职称制度改革优化专业技术人才发展环境的实施意见》。完善职称管理方式，减少审批事项和微观管理，实施评审机构清单管理，完善评委会核准备案管理制度，建立以同行专家评价为基础的业内评价机制，合理下放职称评审权限。促进乡村专业技术人才发展，逐步将“定向评价、定向使用”制度扩大到基层所有职称系列。

（二）加大高层次人才引进培养力度。

紧紧围绕“四个中心”建设人才需要，累计引进国家级重点人才 114 人，泰山系列人才 627 人，泉城特聘专家 678 人，外国专家项目 26 项、外国专家 105 人，海外留学人才 2 700 余人。全市专业技术人才总量达 45 万人。实施因公出国（境）培训项目 25 项，培训 252 人。创新培训方式，开设“泉城国际大讲堂”，邀请外国专家专题讲座 20 期。推动实施会计、卫生、教育等专业继续教育工作。聚焦新旧动能转换、乡村振兴等国家战略，深入实施县镇供水水质监测预警、企业上云 CIO 领军人才培养等高级研修项目。

（三）抓好技能人才队伍建设。

济南市选手取得第 45 届世界技能大赛省级选拔赛 12 个项目第一名，10 名选手入选国家集训队，实现零的突破。成功举办第二届全国智能制造应用技术技能大赛，驻济选手获 4

个一等奖、4 个二等奖、2 个三等奖，在副省级城市中名列前茅。济南市技师学院新校区投入使用，在校生达 1.4 万人，被评为山东省技工教育特色名校、国家级高技能人才培训基地。全市技能人才总量达到 113 万人，其中高技能人才 32 万人。

（四）不断优化公共人才服务。

做大做强院士专家服务工作站，现有专家工作站 128 家、博士后设站单位 62 家。打造专家服务品牌，组织专家深入基层一线义务服务。将专家服务与精准扶贫紧密挂钩，与临沂市蒙阴县委组织部签署了人才合作共建协议。完善留学人员创业载体孵化功能，新建化学分析合成公共服务平台。济南留学人员创业园入选 2018 年度省级留学人员创新创业示范园，济南成为全省唯一拥有 2 家省级留学人员创新创业示范园的城市。设立了"高中（毕业）出国留学人员专户"，解决了高中（毕业）出国留学人员档案存管问题。

（五）人力资源服务业不断发展壮大。

加强人力资源服务机构监管，对全市人力资源服务机构进行了"双随机"现场监督检查。加强人力资源服务机构诚信建设，举办骨干企业研修班和从业人员法律知识培训班。CBD 园区建设全面启动，济南高新（国际）人力资源服务产业园开园运营，燕山园区营业收入 70 多亿元、税收突破 5 000 万元。

四、人事管理

（一）创新进人机制。

实行"阳光考录"，开展本土人才定向招录，全市各级机关新招录公务员 328 人。创新事业单位工作人员公开招聘方式，市教育局直属学校探索实行了先面试、后笔试、再教学能力考察的招聘方式，市属 8 所公立医院及高校实行自主招聘，组织市、县区面向重点高校引进优秀毕业生 635 人。

（二）强化培训考核。

增强公务员培训的针对性、实效性，满足不同层次学员需求，开展培训 15 期，培训人员 1 150 余人次。突出正向激励，破解平时考核结果运用瓶颈，设立了公务员平时考核奖，较好地解决了"干多干少一个样、干好干坏一个样"的问题。开展了以"践行职业道德、规范履职行为、争做人民满意公务员"为主题的公务员职业道德主题实践活动，有力推动了公务员职业道德建设。

（三）深化人事制度改革。

研究出台了《关于支持和鼓励事业单位专业技术人员创新创业的实施细则》，充分发挥事业单位在科技创新和大众创业万众创新中的示范引导作用。稳步推进事业单位绩效工资改革，更好地激励和吸纳优秀人才干事创业，进一步规范市属事业单位收入分配秩序，有效激发事业单位人员干事创业活力。进一步加大对义务教育学校绩效工资总量核定时的倾斜政策。加强对基层一线干部的正向激励，会同市委组织部联合印发《面向优秀社区党组织书记招聘事业单位人员实施细则（试行）》，进一步拓宽了社区党组织书记发展上升渠道，有效破解了社区党组织书记成长"天花板"问题。协调市直有关部门，完成年度改革任务 37 项，其中重点改革 4 项、国家级改革试点 3 项。

（四）狠抓考试安全。

建成了 300 个省级标准化考场和市级人事考试指挥平台，实现了指挥平台与标准化考场的联通。坚持从源头化解考试风险，将社保查询、毕业证真伪辨认纳入考试报名环节。严格管控考试环节风险，聘请专业律师团队参与作弊处理，全年安全顺利组织 50 项人事考试，涉及考生 38.8 万人。

（五）认真做好军转安置和服务工作。

精心拟订安置计划，推进人岗相适，共安置 588 名军转干部。联合山东大学对 260 多名军转干部开展了集中培训，对市直部门、公安系统专业不对口干部开展专项培训。充分发挥军转办连接军地纽带作用，深入驻济部队开展"送政策"活动，宣讲济南市军转安置政策。

五、劳动关系

（一）强化劳动用工备案和劳务派遣监管。

以非公有制企业和中小企业为重点，在建筑业等流动性大、季节性强、用工时间短的行业推行简易劳动合同示范文本。强化备案系统与社会保险系统的数据共享和业务联动，督促用人单位与职工依法签订劳动合同，劳动用工备案单位 4.76 万家，涉及职工 145.9 万人，劳动合同签订率达 99.27%。

（二）强化企业收入分配宏观调控。

济南市最低工资标准调整为市内五区每月 1 910 元、其他县（区）1 730 元，增幅达 5.5%。进一步加强对用人单位执行最低工资标准情况的监督检查。全市法人单位在岗职工平均工资基准线增长 7%，上、下线分别增长 11%、3%。扎实推进市属国有企业负责人薪酬制度改革，指导制定市属国有企业负责人经营业绩考核与薪酬管理办法。开展劳务派遣年度核验工作，重点对劳务派遣单位经营、劳务派遣协议签订、职工工资发放和社保费缴纳等进行监督检查。

（三）抓好劳动人事调解仲裁工作。

依法公正处理劳动人事争议，全年立案受理 7 542 件，当期结案率 100%，调解成功率 70.16%，为劳动者挽回经济损失 1.97 亿元。完善创新多元化解矛盾纠纷机制，加强部门联动，出台《济南市劳动人事争议调解工作办法》。加强专业性调解工作，健全完善调解组织网络，全市 146 个乡镇（街道）调解组织实现全覆盖，大中型企业调解委员会组建率在 95%以上，科教文卫事业单位、非公企业组建率 90%，成立乡镇（街道）、国有企业、非公有企业等劳动人事调解组织 3 257 个。加强裁审衔接工作机制建设，加大终局裁决力度，出台了《关于劳动人事争议案件适用终局裁决的指导意见》。推行简易办案，规范集体争议处理程序，推广要素式仲裁办案模式，组织开展仲裁办案质量评查活动，提升仲裁办案质效。加强信息化建设，推进调解仲裁网络管理系统整合，实现了全市调解仲裁管理工作的信息共享和实名制管理。推广运用办案系统，线上办案率达到 100%。

（四）强化劳动保障监察。

突出重点用人单位的日常监管，认真开展日常巡视检查，重点加强对农民工工资支付、人力资源市场秩序、落实防暑降温规定、劳动用工、社会保险费缴纳的专项检查，建立了市保障农民工工资支付会商机制和联席会议制度，累计检查用人单位 4 024 家，立案查处 1 859 件，为 1.2 万名农民工清欠工资 1.57 亿元。全面启动济南市劳动保障监察大数据建设，大数据系统研发通过专家验收，在历下区、章丘区开展试点。

六、扶贫

（一）稳步推进就业精准扶贫。

综合运用转移就业、搭建扶贫车间、设立培训清单等措施，转移贫困劳动力就业 7 431 人，基本完成就业脱贫任务。打造就业扶贫车间 23 个，吸纳建档立卡贫困劳动力 238 人。

（二）东西扶贫协作取得积极进展。

与湘西方面，组织扶贫协作招聘会 15 场，山东蓝翔技师学院十八洞分院落户湘西花垣，转移湖南籍贫困人口就业 364 人，超额完成市定目标 300 人任务。与重庆武隆方面，举办劳务扶贫协作招聘会 2 场，组织特色家政培训班 3 期，转移重庆籍贫困人口就业 247 人，超额完成市定目标 100 人任务。创新扶贫协作长效机制，建立济南—武隆劳务扶贫协作工作站。

（三）扎实做好居民医保精准扶贫工作。

共为 2.15 万人次报销医疗费 8 502.93 万元，为 2 003 名农村贫困失能老年人按月发放 300 元的医疗护理补贴，为 1 490 人取消了门规病种起付线。

七、作风建设

（一）持续深化行风建设。

成立了行风建设领导小组，负责全市人力资源社会保障系统行风建设的科学筹划、统一安排和组织协调。深入推进“假如我是他”服务实践，深入开展换位体验和“三进活动”，积极征求意见建议，认真查摆自身问题，及时整改落实。深入开展窗口单位服务大提升行动，以群众需求为导向，以群众评价倒逼服务优化，深入开展“五个一”文明服务，实行主动上门服务，评选表扬了21个“优质服务窗口”。举办7期基层平台服务提升培训班，对全市人力资源社会保障系统窗口单位工作人员进行轮训。开展了基层平台开放日活动，邀请党代表、人大代表、政协委员、新闻记者、社区群众代表，深入全市基层窗口单位观摩监督为民服务工作情况。实施行风建设百日攻坚行动，强化全市人力资源社会保障系统行风建设督促指导，建立责任清晰、措施有力的行风建设工作推进机制，推进信息化建设和窗口服务能力建设。强化作风建设监督检查，开展明察暗访，坚决查处影响系统形象的各类问题。

（二）大力推进“一次办成”改革。

人力资源社会保障“三跑”清单事项全部进入市政务服务平台运行，精简各类申请材料222份，优化业务流程46项，累计压缩业务事项办理时限459天，市本级服务事项网上可办率达63%。优化简化7大类100多项窗口服务指南。

（三）加大基层平台改造提升力度。

持续深化行政服务标准化建设，全面落实“六个规范”，提升改造19个镇街人力资源社会保障服务中心，开展基层平台规范化、标准化建设考核，以点带面，全面提升，四级服务体系更加完善。大力推行“一窗受理”“一站办理”综合柜员制。人力资源社会保障基本公共服务综合标准化试点被济南市委、市政府列为争创国家级标准化示范重点项目。

（四）着力打造“网上人社”“智慧人社”。

推进社会保险和公共就业基础数据整理，推进人力资源社会保障系统内部信息数据共享系统建设。升级维护各级服务大厅设置的自助服务终端和街道、社区“人社服务e站”，确保村村通、户户通、即时通、人人通。积极适应政务新媒体建设趋势，加快济南人力资源社会保障新媒体矩阵建设，“济南人社”微信公众号社会影响力越来越大，济南市人力资源社会保障局被确定为全省人力资源社会保障新媒体矩阵建设试点单位。

济南市人力资源和社会保障局

青 岛 市

2018年，青岛市人力资源社会保障部门认真落实习近平总书记视察山东、视察青岛重要讲话和重要指示批示精神，围绕市委、市政府工作部署，坚持“民生为本、人才优先”的工作主线，深化改革创新，强化落实服务，不断提升人民群众获得感、幸福感。

一、全力以赴稳就业、促创业

全年城镇新增就业77.6万人，政策性扶持创业1.9万人，创业带动就业6.6万人，城镇登记失业率2.94%。

一是实施新一轮就业创业政策。出台助推新旧动能转换进一步明确就业创业补贴政策的通知，实施42条新政，扩大政策覆盖范围、降低政策门槛。出台实施新旧动能转换技能人才支撑计划的意见，破解劳动者技能提升难题。

二是强化职业技能培训。出台非营利性民办职业培训学校管理办法，规范提升职业技能培训机构准入水平。印发做好职业培训工作有关问题的通知，提高职业培训供给能力。完成即墨区及胶州市等初级、中级职业技能鉴定下放工作，着力提升鉴定质量。

三是优化就业创业公共服务。出台深入推进“一次办好”改革具体举措，进一步做好就业创业服务。完善失业预测预警制度，建立中美经贸摩擦企业失业动态监测制度。在全国率先构建起省、市、区（市）、街道四级联动的创业孵化载体奖补体系，全市新增7家市级、3家省级创业孵化基地。

四是统筹做好重点群体就业。出台进一步引导和鼓励高校毕业生到基层工作的实施意见，实施促进高校毕业生就业创业8项新政，健全引导高校毕业生基层成长政策体系。深化就业困难人员精准帮扶行动，实现困难群体就业4.2万人。

二、稳步提升社会保障水平

全年征缴各项社会保险费718亿元，同比增长17%。

一是完善社保制度。全面推进机关事业单位养老保险制度改革。在全国率先实施“全人全责”长期护理保险制度，1.8万名失智失能人员享受护理保险待遇。深入实施全民补充医疗保险制度，将28种特效高值药品耗材纳入保障范围，为11.7万名大病患者提供保障。

二是提高社保待遇水平。调整2018年企业和机关事业单位退休人员养老金标准，连续第14年提高企业退休人员养老金水平。提高居民基本养老保险、医疗保险待遇水平。调整1～4级工伤人员3项定期待遇标准。继续执行养老、医疗、工伤和失业保险降费率政策，为用人单位和职工减负38.7亿元。

三是完善社保经办服务。创建推广社保待遇领取“FAST认证体系”（F：人脸识别；A：痕迹跟踪；S：静默验证；T：面复兜底）。深化医保支付方式改革。在全国率先启用电子社保卡，全面推进跨省异地就医联网结算，全市161家医疗机构实现异地结算1.3万余人次。

四是加强社保基金征缴监管。推进工程建设项目农民工按项目参加工伤保险工作，新开工项目参保缴费达到100%。建成启用社保基金运行监控指挥中心，加强社保欺诈查处和防范工作，确保社保基金安全运行。

三、着力提升人才集聚能力

全市引进各类人才 21.9 万人，其中本专科及以上学历人才 14.1 万人，同比增长 7.6%。本市连续 7 年入选“外籍人才眼中最具吸引力的十大城市”。

一是积极推进人才政策创新。出台实施人才支撑新旧动能转换五大工程意见，实施 22 项创新政策。推出乡村人才振兴 20 条新政。出台加强新形势下引进外国人才工作的意见，提高人才工作开放水平。

二是加大高层次和高技能人才引进培养力度。分类推进职称制度改革，扎实推进高层次专业技术人才直接参评高级职称、高技能人才和专业技术人才职业发展通道贯通试点。新增 2 家国家级技能大师工作室和齐鲁技能大师特色工作站。

三是实施引才专项行动。创新举办第 18 届“蓝洽会”，120 余个高精尖项目签约落户。成功举办中国青岛留学人员创新创业大赛。连续 5 年举办“百所高校千名博士青岛行”和“青岛招才引智名校行”，延揽 1 万余名高层次人才来青创新创业。

四是优化人才公共服务。全面推行高层次人才服务绿卡制度和服务清单制度，深化人才服务标准化建设。聚焦“一业一策”，推进人力资源服务业创新发展。发布积分落户办法实施细则，3 003 人获得落户资格。

四、改革完善机关事业单位管理

一是深化人事管理制度改革。稳步推进公务员职务与职级并行试点。深化聘任制公务员试点、功能区职员管理改革试点。

二是完善考录招聘制度。强化人岗匹配，全年新招录公务员 719 人。开展面向本土优秀人才招考基层公务员，为基层机关招录本土优秀人才 83 人。圆满完成事业单位公开招聘工作。

三是提升机关事业单位管理服务水平。市政府印发青岛市人民政府任命的国家工作人员宪法宣誓实施办法。推进公务员职业道德建设工程，加强培训教育实践，开展“互联网＋”创意创作大赛等活动。深入推进公务员平时考核，开展事业单位人事管理示范点创建，提升人事管理服务水平。

五、积极构建和谐稳定劳动关系

一是完善政策体系。出台劳务派遣管理办法，规范劳务派遣市场和劳务派遣用工。出台保障农民工工资支付工作考核办法，构建维护农民工劳动报酬权益长效机制。

二是推进工资分配宏观调控。深化国有企业负责人薪酬制度改革，启动金融企业负责人薪酬改革工作。提高企业最低工资标准，七区、三市用人单位月最低工资标准分别由 1 810 元、1 640 元调整为 1 910 元、1 730 元。

三是加大劳动维权力度。全面提高仲裁效能建设水平。在全市组织开展保障农民工工资支付、用人单位遵守劳动用工和社会保险法律法规情况等专项检查，主动检查用人单位 4 821 户，清欠社会保险费 1 001.8 万元，为 2.2 万名劳动者追回工资 4 367.3 万余元。向社会公布 31 家重大劳动保障违法企业名单，强化劳动违法失信惩戒机制。

六、强力推进人社精准扶贫

实施精准扶贫“六大行动”，对口陇南、安顺等地开展助力脱贫就业对接活动。

一是突出就业增收稳定脱贫。通过定向开发扶贫公益岗位、鼓励开发扶贫就业项目、实行就业岗位精准对接等方式，对农村贫困人口实施专门的就业精准帮扶。开发卫生保洁、公路养护、林木管护、治安巡逻等非全日制扶贫公益岗位 2 611 个，帮助 2 003 名困难人员实现就业；发展“芝麻开花”就业扶贫驿站等就业扶贫项目 40 个，吸纳贫困人口务工就业 231 人；开展“扶贫送岗”活动，帮扶 1 786 人到各类用人单位就业。

二是突出社会保障减轻家庭负担。由财政

全额出资，按最低每人每年100元缴费标准、医保一档缴费标准为农村贫困人口缴纳居民养老和医疗保险费，确保农村贫困人口100%参保。实施脱贫攻坚以来，全市累计投入居民社保各项财政补贴9 866万元，为农村贫困人口7.3万人次支付医疗费3.86亿元，有效减轻了因病致贫、因病返贫问题的发生。

三是突出合作共赢助力对口扶贫。成立青岛—安顺、青岛—陇南劳务协作服务站，搭建人才供求信息共享平台，实施“1+9”对口扶贫政策，确保每“1”名扶贫协作地区贫困劳动力可来青享受就业补贴、租房补贴、报销交通费、创业扶持、培训帮扶等“9”项就业创业培训政策，全年新增对口帮扶地区在青就业人员2.4万人，助力扶贫协作地区贫困劳动力实现就业脱贫。

七、全面提升基层公共服务水平

把营造一流的营商环境作为工作的突破点，以“一次办好”改革为契机，加快推进公共服务一体化、标准化、信息化建设，全面提升基层公共服务水平。

一是围绕群众反映的“证明材料多、办事往返跑”问题，出台深化“一次办好”改革深入推进审批服务便民化实施方案，公布144项“一次办好”事项清单。取消49项证明材料，市民在网上就能办好就业登记、失业金申领等事项，启用社保“智能”服务信息系统，60%的社保服务事项实现“零跑腿”。

二是围绕群众反映的“办事窗口多、排队时间长”问题，主动对接公安等部门，建立高校毕业生等人才引进落户“一个窗口”服务模式。全面推行帮办代办制度，开展综合柜员制试点，实现服务事项综合受理、一窗服务，办事时间节省30%以上。

三是围绕退休人员反映的“资格认证不方便”问题，在全国率先整合公安、民政、交通等20多个部门信息资源，让绝大多数退休人员在静默状态下完成资格认证，“零打扰”的服务模式更加健全。

八、深化推进全面从严治党

一是围绕强化全面从严治党，出台进一步落实全面从严治党两个责任实施方案，建立“三重一大”事项网上备案监督制度，出台市人力资源社会保障局党组落实意识形态工作责任制实施方案，加强意识形态工作责任制，做到守土有责、守土尽责。

二是围绕中央巡视反馈的问题，开展专项整改落实，政治担当、理论武装、廉政建设、重点问题治理等工作取得新成效，全年效能投诉案件同比下降11.7%。

三是围绕行风方面存在的突出问题，制定重点领域正风肃纪工作方案，在全市人力资源社会保障系统开展行风建设行动，解决了一批窗口作风建设方面的问题，警示警醒力度持续加大，“四风”问题治理成效明显。

四是围绕工作推进中遇到的思想问题、观念障碍，深入推进“大学习大调研大改进”，开展“解放思想大讨论”，形成了一批制度建设成果和浓厚的解放思想氛围，为各项工作持续创新提供了强有力的保障。

青岛市人力资源和社会保障局

河 南 省

2018年是全面贯彻党的十九大精神的开局之年。面对错综复杂的国内外形势，面对改革发展稳定的繁重任务，在河南省委、省政府的正确领导下，河南省人力资源社会保障系统全面贯彻落实党的十九大精神，以习近平新时代中国特色社会主义思想为指导，坚持稳中求进工作总基调，改革创新、攻坚克难，凝心聚力、应对挑战，各项工作取得显著成绩。

一、就业局势稳中有进

坚持把稳定就业作为民生工程的首要任务，提请省政府出台关于做好当前和今后一个时期促进就业工作的实施意见，深入实施“城镇新增就业100万人以上”“新增外出务工人员返乡创业20万人”“家庭服务业促进就业”“人力资源服务业发展”等行动计划，强力推进城镇新增就业实名制。全年省城镇新增就业139.2万人，城镇登记失业率3.02%，超额完成省委、省政府确定的重点民生实事目标任务。河南省就业工作继续保持全国前列，受到国务院督查激励。

（一）重点群体就业总体平稳。

持续抓好高校毕业生就业创业工作。深入实施高校毕业生就业创业计划和基层成长计划，组织高校毕业生与产业集聚区岗位对接、就业服务进校园等专项活动，统筹实施“三支一扶”、政府购岗等项目，2018届高校毕业生累计实现就业53万人，高于上年同期水平。持续抓好农村劳动力转移就业。开展“春风行动”，实现农村劳动力新增转移就业56.2万人，转移就业总量2 995.1万人。大力发展家庭服务业，各类家庭服务机构2.3万家，从业人员102.4万人。持续抓好就业困难群体就业。通过公益性岗位安置、职业介绍、技能培训等途径，促进33.9万名失业人员再就业，帮助12万名就业困难人员就业，零就业家庭动态清零。持续抓好去产能企业和“僵尸企业”职工安置，涉及职工1.8万人，已全部完成安置任务。

（二）创业工作深入开展。

返乡创业“雁归效应”更加凸显。充分发挥省级农民工返乡创业投资基金作用，支持项目18个，实现总投资48.6亿元。返乡下乡创业规模进一步扩大，新增23.2万人，总量124.1万人。大众创业“倍增效应”持续发挥。新增发放创业担保贷款107.8亿元，扶持9.6万人自主创业，累计发放1 081.8亿元，在全国率先突破千亿元，成为河南创业“靓丽名片”。创业服务“孵化效应”不断增强。开展创业培训32.7万人，建成省市县三级创业孵化基地312个，在孵企业2万家以上。成功承办第三届“中国创翼”大赛选拔赛和决赛，国务院副总理胡春华出席闭幕式并作重要讲话，其间还视察了河南省人力资源社会保障工作，对“双创”及就业工作取得的成效给予充分肯定。

（三）公共就业服务全面加强。

在街道（乡镇）、社区（较大行政村）建立人力资源社会保障服务平台，让群众享受到“一站式”“一条龙”服务。开展“就业援助月”“民营企业招聘周”等专项活动，举办各类招聘会2 000多场，提供岗位221.4万个，帮助

44.8万人实现就业。统一经办规程，建成业务经办、公共服务、监管监测、数据应用“四位一体”的河南省“互联网＋就业创业”信息系统，就业服务能力和精准化水平有效提升。推进劳务派遣分级管理，强化劳务派遣服务和监管。

（四）人力资源配置能力不断提升。

人力资源服务业较快发展，“工作啦”“打工直通车”等一大批专业性服务机构迅速成长。中国中原人力资源服务产业园顺利开园，22家优质企业入驻，实现总收入58.4亿元、纳税2.3亿元。深入贯彻落实《人力资源市场暂行条例》，放宽准入条件，释放市场活力，进一步提升人力资源配置能力。加强事中事后监管，开展“双随机、一公开”抽查工作，规范人力资源服务行为。

二、社会保险运行平稳

深入实施“全民参保计划”，全省五项社会保险参保突破2亿人次，其中，基本养老保险、失业保险、工伤保险参保人数分别达到7 095.6万人、819.9万人、926.3万人，均完成年度目标任务。五项社会保险基金总收入3 250.8亿元，总支出3 006.6亿元，累计结存2 845.2亿元。

（一）社会保障制度持续完善。

建立企业职工基本养老保险省级调剂制度，为全面实现省级统筹奠定坚实基础。出台贯彻《企业年金办法》实施意见，规范企业年金方案备案工作。初步建立机关事业单位养老保险政策体系，稳步推进中央驻豫机关事业单位参保登记工作。继续阶段性降低养老、工伤、失业保险费率，2018年累计为企业减负55.2亿元。完善城乡居民基本养老保险制度，建立健全多缴多得、长缴多得激励机制。完善被征地农民保障机制，121.3万名被征地农民纳入保障范围。

（二）社会保障待遇持续提高。

进一步提高基本养老金水平。同步调整企业和机关事业单位退休人员基本养老金，年人均提高1 627元和1 584元；城乡居民基础养老金最低标准年人均提高216元。进一步提高失业保险金发放水平，再次调整失业保险金标准，人均提高104元，平均增长8.3%。累计向13.1万人发放失业保险金12.4亿元，发放水平位居全国前列；累计支付失业保险援企稳岗补贴5.6亿元，惠及企业5 302户、职工68.2万人；支付技能提升补贴3 078.4万元，惠及2万人。进一步提高工伤保险统筹层次，出台了河南省工伤保险省级统筹实施意见，正式启动省级统筹工作；持续推进农民工参加工伤保险工作，建筑业新开工项目工伤保险参保率为99.7%。

（三）社会保障服务能力持续提升。

河南省社会保障信息系统进入试运行阶段。新增发放社会保障卡1 196.9万张，累计发放9 263.3万张。开展养老保险重点指标专项核查，追回违规领取养老金1.5亿元。开展工伤保险内部控制专项检查、社会保险经办风险管理专项行动，纠正了违规行为，保障了基金安全平稳运行。

三、人才活力持续激发

深入实施“中国河南招才引智创新发展”“名校英才入豫”等行动计划，深化人才发展体制机制改革，为河南省高质量发展提供人才支撑。

（一）专业技术人才工作取得新成效。

加大民营经济人才引进培养力度，制定出台支持民营经济健康发展的人才政策，引导激励广大人才更好地服务民营经济发展。组织开展高层次人才选拔推荐工作，新入选2018年享受国务院政府特殊津贴人员107人；选拔中原基础研究领军人才、中原技能大师、“博新人才”共30人，新增遴选河南省特聘研究员岗位10个；评选第三批享受河南省政府特殊津贴人员150人、河南省学术技术带头人200人。持续实施专业技术人员继续教育和知识更新工程，培养培训高层次急需紧缺专业技术人才12万人次，组织专业技术人员参加继续教育171.1万人次。

（二）“技能河南”建设取得新进展。

深入推进第三轮省部共建河南全民技能振兴工程，新评审基地型项目55项，开展各类职业技能培训337.6万人次，新培养高技能人才18.1万人，职业技能鉴定考核56.74万人。实施贯彻落实《河南省职业培训条例》行动计划，集中开展学习宣传活动，培训各类人员2 500人。提请省委全面深化改革委员会审议通过《关于提高技术工人待遇的实施意见》，评选10名“中原技能大奖”获得者、191名“河南技术能手”，24名选手进入世赛国家集训队。推进技工院校内涵式发展，2018年招生10.7万人，连续9年位居全国前三。

（三）海内外人才集聚取得新突破。

成功举办“中国·河南招才引智创新发展大会”，各省辖市和省直各有关部门共同努力，围绕“三区一群”等国家战略，创新引才模式、拓宽引才渠道、丰富引才手段、破除引才障碍、提高引才成效，共邀约嘉宾和高层次人才1 340人，其中诺贝尔奖获得者2人、国内外院士140人，累计入场10.4万人次，达成签约意向4.3万人，现场签约人才项目852项，开辟“绿色通道”办理高层次人才入职9 361人。大会展示了河南良好形象，提升了人才工作水平，产生了广泛社会影响，并得到河南省委领导的充分肯定。积极推进博士后和海外留学人才工作，新增设国家级博士后科研工作站12家，新招收博士后596人，累计招收4 113人；引进海外留学人才3 796人，其中博士195人，硕士2 057人。

（四）人事人才体制机制改革取得新成绩。

深化职称制度改革，健全农业、统计、实验等系列职称层级设置，拓展专业技术职业资格制度与职称制度的贯通渠道，推动高校、科研院所自主开展职称评审。向郑州、焦作下放卫生系列副高级职称评审权限，扩大县（区）中小学一级教师评审权限。批准组建社会组织中评会，推进职称评审社会化。2018年评审通过高级职称2.5万余人。会同省委组织部出台高层次人才认定工作实施细则，健全科学规范的人才分类认定体系。推进事业单位人事管理改革，出台关于从事生产经营活动事业单位改革人员安置及社会保障问题的有关意见，配合有关部门启动了在省属高等院校开展员额制管理试点工作。全省事业单位招聘人员4万多名。稳步推进机关事业单位工资制度改革，调整机关事业单位工作人员基本工资标准，增加离休人员离休费。扩大公立医院薪酬制度改革试点，每个省辖市都组织开展了改革试点工作。

四、劳动关系和谐稳定

积极防范劳动关系领域矛盾风险，指导企业妥善处理劳动关系方面的问题，加大争议调解仲裁和劳动保障监察执法力度，劳动关系总体和谐稳定。

（一）劳动关系调整工作积极推进。

积极推进国有企业负责人薪酬制度改革，提请省政府出台关于改革国有企业工资决定机制的实施意见。建立了企业薪酬调查和信息发布制度。调整最低工资标准，发布2018年企业工资指导线。加强对企业用工指导服务，规范企业裁员行为，完善劳动关系协商协调机制，全省企业劳动合同签订率、集体合同签订率分别达97％、94.7％。

（二）治欠保支工作成效明显。

深入实施“保障农民工工资支付——治欠保支”行动计划，2018年办理工资类案件6 927件、行政处罚案件258件，为9.39万名农民工追讨工资报酬6.98亿元。向公安机关移送拒不支付劳动报酬案件81件，向社会公布欠薪违法行为85件，将6家用人单位列入拖欠农民工工资“黑名单”。全省在建工程项目实行按月足额发放工资、实名制管理、工资保证金制度、分账制管理等，覆盖率均达到国家提出的目标要求。

（三）调解仲裁效能得到加强。

基层劳动争议调解组织和仲裁院规范化建设全部完成达标任务。在全国率先实现仲裁办案系统全覆盖，建成数字仲裁庭直录播系统127个，并接入河南省三级联动庭审直录播管理平台，仲裁线上办案率已达80%。2018年共处理案件3.8万件，当期结案率97.4%，调解成功率64.3%。

五、人社扶贫扎实推进

认真贯彻习近平总书记关于脱贫攻坚一系列重要讲话精神，全面落实河南省委、省政府决策部署，举全系统之力，把人社扶贫作为一场硬仗坚决打好。

（一）扎实推进就业扶贫。

成立“河南省打好转移就业扶贫硬仗指挥部”，统筹就业扶贫工作。实施就业创业扶贫“五大专项行动”，全省建档立卡贫困劳动力累计实现转移就业161.8万人，累计培训贫困劳动力144.2万人，均超额完成省定目标任务。落实技能培训补贴、生活费补贴及一次性交通住宿费补贴8 857.3万元。推进返乡下乡创业助力就业扶贫，带动贫困劳动力新增转移就业3.9万人。投资7 200万元在18个贫困县建设城乡劳动者转移就业培训品牌基地，投资860万元支持深度贫困县建设25个基层公共服务平台。

（二）扎实推进社保扶贫。

积极推动困难群众全面参加城乡居民基本养老保险，对贫困群众仍保留每年100元最低缴费档次，为70.07万名困难群众代缴或资助保费7 241.3万元。累计使用失业保险基金助力扶贫支出1.5亿元，惠及11.2万人。推动转移就业贫困劳动力参加工伤保险。不断提高农村贫困人口医疗保障水平。

（三）扎实推进人才扶贫。

“三支一扶”计划、“政府购岗”等向贫困地区倾斜，2018年“三支一扶”新增200个名额全部分配到贫困地区。实施人力资源服务机构助力脱贫攻坚行动计划，组织人力资源服务机构与贫困县签订结对帮扶协议。在职称评审方面，对基层医疗卫生、教育及农林水等单位实行人才定向评审、定向使用。新增1家国家级专家服务基地，积极开展专家服务基层活动，助力脱贫攻坚。完善技工院校建档立卡贫困学生资助机制，5.9万人申报助学金5 815.6万元，31.3万人免学费2.7亿元。

六、行风建设深入开展

坚持以全面从严治党、全面深化改革精神为引领，以显著提高人民满意度为目标，以改进提升服务为核心，以深化“放管服”改革为举措，以信息化建设为支撑，以窗口建设为载体，推动企业和群众办事“一网、一门、一次”，努力让企业和群众办事更加方便，打造群众满意的人力资源社会保障服务，行风建设扎实推进。

（一）全面开展审批服务便民化改革。

制定河南省人力资源社会保障系统省市县三级审批服务事项通用目录，并全部录入省政务服务网。逐项编制审批服务事项清单，推进审批服务标准化。开展“减证便民”行动，证明材料由35项减到4项。完成省人力资源社会保障厅17类1.5万条电子证照数据向省电子证照系统批量交换，向各级政务部门提供共享业务数据2亿多条。河南省人力资源社会保障系统共10大类17个事项100%实现省市县三级“一网通办”，8大类15个事项100%实现省市县三级“一网通办”前提下“最多跑一次”。

（二）持续深化简政放权。

深入实施“基层服务平台建设提升”行动计划，全省159个县（市、区）经办机构、2 114个乡镇（街道）全部设立服务平台，基层群众享受到人力资源社会保障公共服务“四个不出村”（参保登记不出村、个人缴费不出村、权益查询不出村、待遇领取不出村）。行政权力从74项调整为46项，减少了38%，并全部实现河南省政务服务平台办理；行政许可事项由16项减到9项。

（三）着力提升服务水平和能力。

健全完善政务办理“两厅一线”（实体办事大厅、网上经办大厅、12333咨询热线）建设，实体大厅接待服务对象累计达 9.4 万人次，网上大厅累计访问 43.4 万人次，12333 咨询热线接听咨询电话 465 万个。

同时，依法行政、信访维稳、平安建设、规划统计、干部教育、老干部服务、人事考试、政务公开、调研科研、新闻宣传、后勤服务、院校建设、对外劳务等工作全面推进，成效显著。省人力资源社会保障厅连续保持平安建设先进单位、省政府目标考核先进单位、省级文明单位等荣誉。

河南省人力资源和社会保障厅

湖 北 省

2018年，湖北省人力资源社会保障系统深入学习贯彻习近平总书记视察湖北重要讲话精神，在省委、省政府坚强领导下，聚焦“四个切实”，牢牢把握高质量发展要求，立足职能职责，改革创新、克难攻坚，全年主要指标任务超额完成，人力资源社会保障事业呈现良好发展态势。

一、就业局势保持总体稳定

2018年，全省经济稳中有进、进中向好，特别是新旧动能持续转换对扩大就业形成有力拉动。省人力资源社会保障厅以“湖北就业提升计划”为统领，连续出台更加积极的就业创业政策，着力应对中美经贸摩擦带来的不确定性，守住就业基本盘。全省城镇新增就业91.96万人，完成全年目标任务的131.37%；城镇登记失业率2.55%，低于4.5%的控制目标，持续保持低位运行。

（一）制定实施“湖北就业提升计划方案”。

会同有关部门提请省政府印发《湖北省就业提升计划实施方案》，着力提高大学生在鄂就业、创业带动就业、市场配置就业、技能就业“四个比重”，全面提升就业公共服务能力，推动更高质量和更充分就业。

（二）深入推进“我选湖北”计划。

高水平建设实习实训基地、就业见习基地、创业孵化基地等平台，开展进高校巡回推介活动，统筹实施“三支一扶”等基层就业引导计划，启动实施艰苦基层学费补偿政策。全年全省接收实习实训大学生57万余人，吸引38.87万名大学生留在湖北就业创业。

（三）持续推动创业带动就业。

启动返乡创业三年行动计划，着力推动实施乡村振兴战略。全年全省新增返乡创业5.5万人，带动就业17.7万人。出台《创业担保贷款财政贴息资金管理办法》，改革创业担保贷款扶持机制，项目化扶持大学生、农家乐创业，连续6年举办“创业湖北”大学生创业大赛，持续打造“创业湖北”“创立方”品牌。

（四）支持实体经济发展稳定就业。

大力实施援企稳岗“护航行动”和技能提升补贴“展翅行动”。全年全省发放稳岗补贴8.34亿元，惠及企业11 052家，稳定岗位240.44万个。继续实施阶段性降低社会保险费率政策，联合省财政厅印发《关于提高失业人员失业保险金发放标准的通知》《关于使用失业保险基金支持脱贫攻坚的通知》。

（五）成功举办2018年湖北人力资源就业创业博览会。

全国11个省市人力资源社会保障部门、50余家世界和全国500强企业、2 000余家知名企业、400多家国内外人力资源服务机构、150余家高校和职业院校参会，达成合作意向2 000多个，知名度和影响力进一步提升。

（六）加快发展家庭服务业促进就业。

提请省政府办公厅出台《关于加快发展家庭服务业的实施意见》，首次明确湖北省重点发展的10个业态、因地制宜发展的10个业态，立足行业的全面发展，从就业创业、社会保障、人才支撑、资金支持、权益保护、发展环境等方面，在湖北省首次系统地提出了10项扶持政策和工作要求。

二、社会保障体系更加完善

启动实施“湖北社保共享计划”，围绕更加公平更可持续，着力兜底线、织密网、建机制。

（一）大力提高社保保障水平。

企业退休人员基本养老金实现“14连调”，增幅4.96%，惠及521万名退休人员；城乡居民养老保险基础养老金标准提高到103元/月，增幅28.75%，惠及728万名城乡居民。失业保险金标准从最低工资的70%提高至85%，深度贫困地区为90%。异地就医直接结算全面实现，将范围扩大到基层医院、外出农民工、外来就业创业人员。

（二）全面实施全民参保计划。

积极做好精准识别、扩面征缴。2018年，社保卡持卡人数达到5 521.31万人，占常住人口的94.3%。养老、医疗、失业、工伤、生育保险参保人数分别达到3 885.53万人、5 586.17万人、590.82万人、676万人、539.98万人，均超额完成年度扩面征缴任务。

（三）完成机关事业单位养老保险制度改革。

出台系列配套文件，解决了一批历史遗留问题，全省已纳入经办运行29 312家单位、200.15万人，全省机关、参公单位、公益一类事业单位基本完成参保，大部分公益二类事业单位纳入参保范围。

（四）积极防控社保基金风险。

贯彻落实企业职工养老保险中央调剂办法，成立省级领导小组，制定重点任务分解方案，并推进落实。着力构建政策、经办、监督、信息“四位一体”基金管理风险防控体系，出台《关于加强社会保险基金管理风险防控工作的实施意见》《湖北省职业年金基金管理暂行实施办法》《湖北省社会保险基金监督举报奖励办法》等制度，不断加大基金专项监督检查力度，促进社保事业的健康发展。

三、人才体制机制更具活力

围绕服务创新驱动和实体经济发展，完善人才培养、选拔、使用、评价、激励等体制机制，人才创新创业创造活力进一步激发。

（一）大力实施“技能人才振兴计划”。

深入实施技能强省战略，出台《关于提高技术工人待遇的实施意见》《湖北省技能强省项目资金使用管理办法》等配套文件。举办首届湖北工匠表彰大会暨技能中国行2018走进湖北活动，涵盖湖北工匠表彰、技能中国行综合展示、世赛项目技术交流、世赛选拔赛、人才供需洽谈等内容，省部联办，赛会一体，产生较好的社会影响。获备案国家级高技能人才培训基地建设项目3个、国家级技能大师工作室5个。支持建设省级高技能人才培训基地10个、省级技能大师工作室44个。扎实做好高技能人才培养工程，选派100名企业一线高技能人才集中开展为期一个月的技能交流活动。大力推进技工院校建设，有1所技工院校实施中等职业教育产教融合工程项目。实施“百名技工院校骨干教师培养工程”，选派25名优秀技校教师赴德国开展专题交流学习，组织开展全省技工院校教师能力大赛。加强世界技能大赛集训基地建设，全省建设国家级世界技能大赛集训基地5个、省级世界技能大赛集训基地40个。积极备战第45届世界技能大赛，全省18个项目19名选手进入国家集训队，成绩排名全国第八。

（二）高层次人才队伍建设不断加强。

提请省委、省政府出台《关于海外优秀人才引进倍增计划的实施意见》。选拔培养55名新世纪高层次人才、150名省管专家、180名贫困地区专业技术人才、600名急需紧缺专业技术人才、937名博士后研究人员，发挥高端人才的引领作用。博士后青年创新人才队伍逐步优化，新批准设立了13家博士后工作站，工作站设站总数达131家，排名全国前列。实施“湖北省专业技术人才奉献岗位计划”，在湖北省边远贫困地区设置172个专业技术人才奉献岗位，引导专业技术人才扎根基层，服务基层经济社会发展。

（三）职称制度改革纵深推进。

创新人才评价机制，会同省委组织部出台《关于分类推进人才评价机制改革的实施方案》。进一步下放职称评审权，联合省教育厅继续下放44所非国家示范、国家骨干、省级示范性高等职业学校职称评审权，实现全省124所高校自主评审全覆盖；首次试点向省妇幼保健院等8家医疗单位下放高级职称评审权，进一步发挥用人主体在职称评审中的主导作用；向省农科院、中南工程咨询设计集团等人才智力密集型企事业单位下放职称评审权，由用人单位自主组织评审、自主发文办证、自主使用结果；向中国（湖北）自贸区武汉片区下放工程系列部分专业正高级职称评审权。健全职称制度体系，将未设置正高级职称的中专教师、工艺美术、实验技术等系列和舞台技术等专业全部设置到正高级，并发布评价标准；增设动漫、智能制造、生物制药等专业类别，为专业技术人才成长开辟了晋升通道；建立注册消防工程师等13项准入类职业资格与职称对应关系，减少重复评价。畅通高层次人才"绿色通道"，全省已有53名高层次人才直接认定高级职称。开展企业生产经营管理人才专项评审，为企业评定239名高级经济师。探索开展农民技术人才职称评定，宜昌市新型职业农民专业技术职称评定规范成为全国首个地方性标准。

（四）人才服务保障持续改善。

人才超市建设深入推进，服务人才、关心人才生态不断改善。

四、人事制度改革深入推进

（一）加强公务员队伍建设。

圆满完成公务员职务职级并行制度试点。全省试点工作平稳有序，试点范围内49.8%的人员晋升职级，政策红利充分释放。

（二）深化事业单位人事管理改革。

积极向国家争取县以下事业单位管理岗位职员等级晋升试点，宜都市和保康县被列为全国首批试点县市，各项工作按部署要求扎实推进。完善专业技术二级岗位设置和选聘办法，修订二级岗位选聘条件，开展2018年全省事业单位二级岗位人员选聘工作，选聘二级岗位人员254人。事业单位公开招聘规范化、科学化水平进一步提升，针对性、时效性进一步增强，事业单位自主确定统一、专项公开招聘和人才引进形式，省直公开招聘信息发布平台建立，全省统一笔试考务平台持续平稳运行。继续坚持分类设考，省直和13个市州8.9万人参考总体平稳。推进政策制度建设，提升管理服务水平。会同省委组织部出台《关于做好乡镇事业单位考核聘用大学生村官有关工作的通知》。做好考核奖惩管理，部署开展全省2017年度事业单位工作人员考核工作和专业技术二级、三级岗位人员聘期考核。

（三）提高人事考试质量。

突出抓好考试安全。全年顺利完成42项资格考试，参考35.5万人次、98.4万科次；完成29项政策性招录（聘）考试，参考31万人次、59.9万科次。考试安全可控，从严治考效果显著。会同教育主管部门出台《关于共同做好人事考试有关工作的通知》，强化考点学校的社会责任。依法依规处理考试违纪违规行为，全年共处理各类违纪违规考生2 213人。建立联合惩戒机制，对人事考试违纪违规人员，按违纪类别实行分类通报，对党员身份的违纪违规考生建议所在单位给予其党纪处理，对个别履责不严的考点学校和工作人员实行追责问责，取消其人事考试考点资格。重拳打击作弊行为，在执业药师和一级建造师资格考试中，协同省公安厅、武汉市公安局，提供线索200余条，抓获两个作弊团伙，抓获考试作弊嫌疑人近20人。

五、工资收入分配制度逐步完善

（一）规范工资津贴补贴发放工作。

贯彻落实国家关于严禁自行出台政策发放工资津贴补贴有关问题的通知精神，提请省委办公厅、省政府办公厅印发关于严禁违规发放工资津贴补贴有关问题的通知。

（二）深化工资收入分配制度改革。

出台《关于扩大公立医院薪酬制度改革试点工作的指导意见》，试点扩大到13个市（州）。有序推进国企工资决定机制改革，贯彻落实国务院《关于改革国有企业工资决定机制的意见》，提请省政府印发《关于改革国有企业工资决定机制的实施意见》。稳步推进国有企业负责人薪酬制度改革，发布2017年度省属企业负责人基本年薪基数，测算2018年基数，全面推进地市以下国有企业负责人薪酬制度改革。

（三）落实艰苦边远地区津贴标准调整机制。

根据国家部署，将湖北省列入艰苦边远地区一类区的津贴标准由月人均170元提高到210元，二类区的津贴标准由月人均290元提高到350元，进一步提高了艰苦边远地区工作人员收入水平。

六、劳动关系更加和谐稳定

着力构建规范有序、互利共赢、和谐稳定的劳动关系。

（一）健全劳动关系协商协调机制。

大力推进集体协商和集体合同制度，完善劳动关系三方协调机制，稳妥做好化解产能企业、国企混合所有制改革等职工安置工作，扎实开展全国和谐劳动关系综合试验区创建工作。

（二）调解仲裁工作彰显新作为。

不断完善劳动人事争议调解仲裁多元处理机制，将其纳入全省地方综治工作（平安建设）考核评价。会同省高级人民法院出台加强裁审衔接工作八项制度，推动各地普遍建立裁审衔接工作新机制。深入推进调解仲裁“一网覆盖、一次办好”改革，仲裁申请、案件进度查询等5个事项已在湖北政务服务网上线试运行。统一开展仲裁案件评查暨效能建设督查调研，集中清理规范仲裁机构和工作人员信息，努力打造全省“千名仲裁员服务万企”活动品牌，调解仲裁各项试点示范工作稳步推进。2018年，全省劳动人事争议仲裁结案率达到94.91%、调解成功率达到67.48%，有力维护了劳动者和用人单位合法权益。

（三）全力治理拖欠农民工工资问题。

始终保持工资清欠高压态势，开展治欠保支百日攻坚行动，健全目标考核、支付监管、失信惩戒三项长效机制，在建工程项目推进实名制管理。2018年，全省追发农民工工资9.4亿元，拖欠类案件、涉及人数、突发事件呈持续“三下降”趋势。

（四）大力开展“为农民工办实事”活动。

2018年，组织省直有关单位为农民工办63件实事，推动形成全社会关爱农民工的良好氛围。会同11个部门联合出台《加快进城务工人员子女融入城市行动方案》，提出了15条行动措施，为农民工子女提供更好的教育、就业、社保、卫生健康等公共服务。开展改革开放40周年农民工工作系列宣传，在《湖北日报》、湖北电视台等主流媒体对优秀农民工进行宣传报道。

七、人社扶贫工作精准推进

把精准扶贫政治责任扛在肩上，突出问题导向，优化政策供给，出台打赢脱贫攻坚战三年行动方案，扎实开展就业、技能、社保、人才“四位一体”扶贫。

（一）创新就业扶贫机制。

坚持“就业一人，脱贫一户”，把助力脱贫攻坚作为“春风行动”主题，重点加大扶贫车间建设、多层次劳务对接、开发岗位安置、技能培训等工作力度。全年全省共帮助14.64万名建档立卡贫困人员实现就业。印发《人力资源服务机构助力脱贫攻坚行动方案》，组织全省人力资源服务机构在精准对接、专场招聘、创业帮扶、技能扶贫、市场援助五个方面助力脱贫攻坚，确保打赢脱贫攻坚战。

（二）发挥技能扶贫作用。

全面落实建档立卡“两后生”职业技能培训任务，积极开展“技能脱贫千校行动”，组织全省20所技工院校与37个贫困县开展结对帮扶，基本实现建档立卡“两后生”劳动预备制培训应培尽培。

（三）拓展社保扶贫功能。

为123.96万名建档立卡未标注脱贫的贫困人口代缴养老保险费。建立“基本医保＋大病保险＋医疗救助＋补充医疗保险”四位一体机制，出台完善农村贫困人口基本医疗保障有关政策文件，提高农村贫困人口住院医疗费用个人实际报销比例和大病、特殊慢性病门诊医疗费用个人实际报销比例，年度个人实际负担医疗费用控制在5 000元以内。

（四）强化人才扶贫引导。

加大艰苦边远地区招聘引才力度，在公务员招录、事业单位招聘中，加大向基层倾斜力度，全年全省公务员四级联考县乡基层公务员招录人员达全省计划的82.99%。招募选派1 500名“三支一扶”高校毕业生到基层服务，报名人数超过1.6万人，创历史新高。

（五）加大定点扶贫力度。

积极履行定点扶贫咸丰县牵头职责，协调9家成员单位制定2018年度定点扶贫咸丰县帮扶项目清单，已直接投入4.33亿元，帮助引进各类资金1 285万元，完成29个定点帮扶项目。

八、行风建设深入推进

制定《关于进一步加强全省人社系统行风建设打造群众满意的人社服务工作方案》，部署开展“行风建设人人谈”征文和集中整治形式主义、官僚主义等活动。打造湖北“23℃人社服务”品牌，制定出台《全省人社系统“23℃人社服务”活动方案》，通报表扬优质服务窗口50个、服务标兵80名，恩施州巴东县金果坪乡人力资源社会保障服务中心主任易盛荣荣获“全国人社服务标兵”称号。全面开展“人社惠民政策进万家”专项行动，组织人力资源社会保障法治知识竞赛网络答题，联合湖北电视台举办“人社惠民政策进万家”法治知识竞赛决赛。加强明察暗访和监督检查，畅通行风问题投诉举报渠道，及时核查整改中央脱贫攻坚专项巡视、国务院大督查、人力资源社会保障部明察暗访、群众投诉举报等有关行风问题，持续加强全省人力资源社会保障系统行风建设。

将“互联网＋政务服务”工作作为“一号改革任务”和“一把手工程”，全力推进事项标准化，基本实现了全省人力资源社会保障政务服务事项“三级八同”。全力推进系统改造对接，15个自建业务系统与湖北政务服务网全面对接联通。全力推进“减证便民”行动，减少证明材料40份，精简申请材料94份。全力推进“135服务时限”，82个事项压缩了办结时限，时限压缩率82.8%。全力推进事项“一张网”办理，省本级在湖北政务服务网发布的100个事项网上可办率达到100%，市县级发布事项网上可办率达到86.9%。全力推进信息资源共享，省本级在省共享交换平台挂接更新政务信息资源37项1.8亿余条、电子证照17项13万余本。

湖北省人力资源和社会保障厅

武　汉　市

2018年，武汉市人力资源社会保障系统认真贯彻落实国家、省、市决策部署，团结奋进，履职尽责，圆满完成年度各项目标任务，各项工作取得新进展。

一、促进就业创业

出台做好当前及今后一段时期就业创业工作的意见，推动落实各项就业扶持政策，城镇新增就业21.9万人，扶持创业3.44万人，城镇登记失业率2.14%。

（一）主动服务企业招用工。

开展“百名就业专员服务千企”等活动，为企业提供招用工个性化解决方案，保障了全市重大项目投产和重点企业正常运转。

（二）深入实施百万大学生留汉就业创业工程。

举办35场高校巡回招聘会，提供高薪优岗27.15万个，组织大学生实习实训34.97万人，新建创业学院10家，累计培训青年创新创业人员12.27万人次，为543个省、市优秀大学生项目拨付扶持资金2 827万元。

（三）积极帮扶重点群体就业。

开展“春风行动”“就业援助月”等活动，全年转移农村劳动力2.93万人，帮扶就业困难人员就业2.84万人，确保了零就业家庭动态清零。为3 142名武汉籍离校未就业高校毕业生提供“一对一”就业帮扶，1 252人实现就业。为武钢去产能人员举办专场招聘会20余场，提供岗位1.5万余个，达成求职意向2 321人。

（四）加快人力资源服务业发展。

出台促进人力资源服务业发展的实施意见，全市规模以上人力资源服务业企业营业收入同比增长超过40%。

二、完善社会保障体系

大力实施“全民参保登记计划”，社保扩面新增98.14万人次，综合覆盖率超过99%。

（一）深入推进社保制度改革。

出台政策，着力解决机关事业单位养老保险参保遗留问题，11.5万名退休人员养老金实现社会化发放，参保率达99%。468.26万人参加城乡居民基本医疗保险，待遇水平普遍提高，农村居民受益明显。研究制定长期护理保险办法、与医养结合相适应的医保报销政策，惠及失能老人等困难群体。工伤保险市级统筹率先迈出步伐。“改革开放40年武汉社保事业发展”在全市宣讲。

（二）不断提高社保待遇水平。

企业、机关事业单位退休人员基本养老金月人均上调160元。城乡居民基础养老金月人均上调23元，实现“六连涨”。失业保险金和工伤人员伤残津贴、生活护理费大幅提高，老被征地农民养老保险待遇落实到位。武汉市参保人员在全国30个省份179个地市实现异地就医直接结算。

（三）全力优化社保经办服务。

社保业务经办“综合柜员制”作出有益探索，相关做法被省厅吸收推广。市、区社保“四统一”工作完成阶段性任务，有效提升服务效能。制发48万张第三代社保卡，创新推出电子社保卡，“互联网+人社”工作加速推进，有力支撑人力资源社会保障业务“网上办”。建设新华网社保药品鉴证平台，医药服务监管增加新手段。

三、加强人才队伍建设

大力引进培育高层次、高技能人才，引进3名诺贝尔奖得主、45名外籍外地院士落户武汉，推荐了一批全省有突出贡献、享受政府特殊津贴的专家。

（一）加强人才评选支持和服务。

继续实施“千企万人”支持计划，210家高新技术和创新型企业入围，预计发放引才奖励1 000万元左右。“黄鹤杯”国际创业（创新）大赛被列入人力资源社会保障部“赤子计划”特别支持项目，5名高层次留学人才获得140万元资助。推荐评选出9名省级专家，推荐享受政府特殊津贴人员26人，发放院士工作津贴735万元。

（二）加强技能人才队伍建设。

出台“武汉工匠”培育计划和评选办法，推荐入选国家和省级技能人才68人、享受政府专项津贴4人，评选出85名市技术能手、8个市级技能大师工作室，建成国家和省级技能大师工作室建设单位3家、高技能人才培训基地建设单位1家。市第一商校等3家单位入选世界技能大赛湖北省集训基地。

（三）创新人才评价机制。

在全省率先出台高层次人才高级职务认定实施办法，打破户籍、地域、身份、档案等限制，畅通流动人才职称评审申报渠道。

四、深化人事制度改革

新招录、招聘公务员和事业单位工作人员3 109人，确保考试安全和质量。

（一）加强公务员队伍建设。

依法办理公务员登记2 036人，开展行政机关新任命人员宪法宣誓。实施街道（乡镇）公务员职务与职级并行制度，全市审批晋升职级120人，累计晋升859人。圆满完成2018年军转干部安置任务。抓好干部教育培训，全年共举办各类培训班14期，调训各级各类干部1 368人。

（二）扎实开展表彰工作。

全市17个表彰项目获省委、省政府批准，35个创建项目获省同意保留，推荐3人获得改革开放40周年改革先锋称号和中国改革友谊奖章。

（三）深入推进事业单位人事制度改革。

进一步扩大公益二类事业单位人事制度改革试点范围。研究提出支持全市中小学人事制度改革的政策措施，完善对优秀校长和优秀教师的激励机制。出台管理办法并启动专业技术二级、三级岗位人选申报评选，成立事业单位工作人员申诉公正委员会，优化事业单位人事管理核准事项。

五、构建和谐劳动关系

全市劳动人事争议仲裁结案15 454件、劳动保障举报投诉办结2 197件，法定期限内结案率均为100%。

（一）加大农民工工资拖欠问题治理力度。

启动保障农民工工资支付监管平台建设，出台拖欠劳动者工资“黑名单”管理办法，健全治欠保支长效机制，为农民工追发工资2.9亿元，欠薪金额、涉及人数和讨薪群体性事件数量逐年下降。

（二）健全三方协调机制。

协调劳动关系三方机制向基层延伸，9个区成立了委员会，3个区实现街道全覆盖。开展“集体合同123攻坚行动”，组建“武汉市大学毕业生最低薪酬联盟”，全市136家企业（行业、区域）将最低年薪标准写进集体合同。

（三）扎实推进工资薪酬制度改革。

完善国企负责人薪酬制度改革配套政策，完成2016年度、2017年度薪酬的审核、兑现工作。在部分公益二类事业单位开展多种分配方式改革试点，深入推进公立医院薪酬制度改革，完善以知识价值为导向的事业单位收入分配激励机制。

六、加强行风建设

落实人力资源社会保障部、省人力资源社会保障厅关于加强人力资源社会保障系统行风建设的各项要求，结合全市评议机关中层处室和基层站所活动，组建作风建设领导小组和工作专班，持续对全市人力资源社会保障系统开展作风巡查督导，定期通报每月巡查情况，发出整改通知单，督促问题整改。针对电视问政、城市留言板、市长热线等多渠道反映的问题，重点调查研究、整改回访，结合“马上办网上办一次办”改革推动标准化、信息化建设，力促建立长效机制。作风建设成效初显，武汉市人力资源社会保障系统作风建设情况被武汉电视台正面宣传报道，并作为先进典型在全省人力资源社会保障系统全面从严治党暨党风廉政建设和窗口单位作风建设视频会上交流发言。

七、做好人社领域精准扶贫

扎实开展就业扶贫，全市 2 913 名建档立卡贫困劳动力中有就业意愿和就业能力的已实现就业 2 249 人。认真落实健康扶贫，实现贫困人口基本医疗保险、大病保险、医疗救助和补充医疗保险“一站式、一票制”即时结算。为贫困人员代缴城乡居民养老保险费、医疗保险费落实到位。加强与大悟等贫困县劳务协作对口帮扶。帮助驻村扶贫点新洲区陈田村成功脱贫。

武汉市人力资源和社会保障局

湖 南 省

2018年，湖南省人力资源社会保障部门认真贯彻落实省委、省政府决策部署，突出抓好稳就业、促改革、防风险、强基础等重点工作，圆满完成各项工作任务，人力资源社会保障事业发展实现整体跃升。

一、就业创业

城乡就业规模持续扩大。全年新增城镇就业79.5万人，同比增加4.3万人；城镇调查失业率4.9%，城镇登记失业率3.58%，均在控制目标以内；新增农村劳动力转移就业44.6万人，转移就业总规模1 592.3万人。

（一）大力开展稳就业工作。

积极应对中美贸易摩擦对就业的影响，广泛开展调研，建立就业与经济联动的监测机制。提请省政府召开全省就业工作座谈会，制定湖南省稳就业工作方案，建立了政府领导、人力资源社会保障部门牵头、各有关部门齐抓共管的工作机制。在全国率先出台省级进一步促进就业工作20条措施，明确“援企稳岗、创业增岗、培训优岗、兜底托岗”四大任务，强化“提升服务、落实责任”两个保障。

（二）着力推进创新创业。

实施“2151”工程和“双百资助”工程，开展创业服务三湘行系列活动，创建微信公众号，开播百人百堂创业微课，实施乡村创业领雁计划，评选省级各类创业带动就业示范典型383个，建成国家级创业孵化示范基地4家、省级创业孵化基地85家，建立留学创业园11家。发放创业担保贷款30.2亿元，直接扶持2.4万人创业。新增市场主体79.5万户，带动就业150多万人。组织参加第三届“中国创翼”大赛，成绩名列全国第三。

（三）扎实做好重点群体就业。

大力实施高校毕业生就业创业促进计划、基层成长计划，落实校园招聘补助、就业见习补贴等政策，全省37万人初次就业率88%；实名登记离校未就业高校毕业生4.5万人，12月底就业率为99.3%；完成“三支一扶”400名人员招募计划。完成失业人员再就业33.7万人、就业困难人员就业11.8万人，保持零就业家庭动态清零。稳妥实施3 026名去产能企业职工安置。

（四）积极优化公共就业服务。

全省共有425个街道、1 569个乡镇建立基层平台，乡镇建站率100%，街道建站率99.3%。推行“311”就业服务行动，为就业困难人员推荐3次工作岗位、提供1次职业指导、提供1次免费的技能培训，将服务对象从农村贫困劳动力拓展到城镇登记失业人员，提供“311”服务15万余人次。认真组织“春风行动”等活动，促进招工与求职精准对接。协助蓝思科技等重点企业做好专场招聘，举办专场招聘会467场次，达成就业意向2.8万人。部署开展规范劳务中介专项整治行动，排查人力资源服务机构和招工单位近7 000家，责令整改131家，立案查处42家，依法关停或取缔14家，吊销注销许可证13家，规范人力资源市场秩序，营造良好的就业环境。

二、社会保障

坚持以深化社会保障制度改革为主线，覆

盖范围不断扩大，征缴收入持续增长，社保待遇按时足额发放。

（一）完善社保制度。

出台机关事业单位养老保险制度改革配套政策，全省149个统筹区按新制度登记参保268.7万人。全省归集职业年金126亿元，积极筹备开展投资运营。建立城乡居民基本养老保险待遇确定和基础养老金正常调整机制，妥善处置170.7万名老农保参保人员遗留问题。认真落实企业养老保险基金中央调剂制度，全省基金新增收入34.4亿元。印发湖南省工伤保险省级调剂金管理办法，完善工伤保险省级统筹配套政策措施，省本级和株洲、湘潭、常德市启动补充工伤保险试点。

（二）提高社保待遇水平。

全省参加基本养老保险4 807.36万人、工伤保险793.4万人、失业保险582万人，分别同比增长3.96%、0.77%、3.37%。三项社保基金征缴1 547.73亿元，支出1 570.24亿元，各项待遇按时足额发放。调整提高退休人员待遇，企业退休人员月人均待遇水平提高至2 371元；城乡居民基础养老金最低标准提高至103元，月人均养老金为116.4元。

（三）优化社保经办服务。

加强社保卡发放，社保卡持卡人数5 687万人，覆盖80%以上的常住人口。依托社保卡，深度开发便民应用，优化服务体验，参保人员通过社保卡办理结算、查询、缴费等业务，实现了“一卡通办”。创新社保经办服务，网上经办服务覆盖率达到70%以上；坚持以网上和手机App认证为主的非现场认证方式，方便异地人员领取待遇。

（四）大力推进降费减负。

继续阶段性降低社保费率，共减负约30.5亿元，其中企业养老保险17.5亿元，失业保险10亿元，工伤保险3亿元。实施失业保险援企稳岗“护航行动”和技能提升补贴“展翅行动”，拨付稳岗补贴和技能提升补贴3.3亿元。稳步推进社保征缴职责划转，主动回应社会关切，做到征收方式不变、缴费基准值不调、欠费不集中追缴、原有政策不变，稳定企业对社保缴费的预期。

三、人才人事

深入实施“芙蓉人才行动计划”，全面落实人才发展各项政策，全省专业技术人才总量321万人，技能劳动者达到465万人，其中高技能人才140万人。

（一）深化人才人事制度改革。

印发《关于分类推进人才评价机制改革的实施方案》，激励专业技术人才在各自领域做出成绩。认真落实深化职称制度改革的实施意见，研究修订29个系列（专业）职称申报评价标准，所有系列高级职称评审均设置了业绩述职面试环节，在中小学教师系列、卫生系列高级职称评审中推行“凡晋必下”，开展职称专场评审。按照国家职业资格制度改革要求，分7批取消了434项职业资格许可和认定事项，严格按照国家职业资格目录清单开展鉴定。修订事业单位公开招聘办法，推进岗位设置工作制度化。扩大公立医院薪酬制度改革试点范围，试点覆盖到全省14个市州和省卫生健康委所有公立医院。平稳组织实施了4大类48项54.8万人的人事考试，守牢了考试安全底线，推动公正考试、科学考试。

（二）大力培养引进急需紧缺人才。

认真落实省委、省政府项目建设年要求，引进高层次科技创新人才247人，包括2名诺贝尔奖得主等一批国内外顶尖科学家，择优遴选认定112人作为“100个科技创新人才”人选。出台了湖南省121创新人才培养工程实施办法，启动了第一批人选选拔工作。推荐8家高新技术企业获批设立国家博士后工作站，新建8个博士后科研工作站、12个博士后科研流动站协作研发中心，全省共设立博士后站（中心）275个，其中博士后科研流动站126个。编制发布急需紧缺高层次人才需求目录和分析报告，组织“海纳英才　智汇潇湘”系列活动，开展海外引才、北上广深地区引才、名校引才、百名博士潇湘名企行等活动，多途径为重点优势产业和战略性新兴产业企业搭建人才和智力交流对接平台。

（三）加强技能人才队伍建设。

完善技能人才政策供给，省政府办公厅出台关于加强技能人才培养建设技工大省的意见，建立了“1＋11”的政策体系，创新培养模式，贯彻发展通道，健全评价机制，多措并举促进技能人才发展。组织职业培训 70.7 万人、职业技能鉴定 35.5 万人。全省技工学校招生 3.7 万人，在校生 15.3 万人，毕业生 2.9 万人，学生就业率达到 98％。职业技能竞赛连创佳绩，全省 8 个项目 10 人晋级第 45 届世界技能大赛国家集训队，第二届全国智能制造应用技术技能大赛成绩排名全国第二，第八届全国数控技能大赛综合成绩排名全国第五。

（四）扎实做好绩效评估工作。

简化绩效评估指标体系，市州精简 57.5％，省直和中央在湘有关单位精简 81.3％，细化指标计分办法，倒排指标调度节点，开展实时调度和定期通报，推动各项工作落到实处。认真组织实施 2018 年重点民生实事项目，规范验收标准，加强调度、督导，及时跟进动态、跟踪问效，全省重点民生实事 12 件 14 项考核指标圆满完成。

四、劳动关系

统筹维护劳动者权益和企业发展，全面提升治理水平，保持劳动关系和谐稳定。

（一）强化农民工工资治欠保支。

省、市、县三级建立了以政府分管负责人为总召集人的保障农民工工资支付联席会议制度，实施拖欠农民工工资案件挂牌督办制度，制定应急周转金管理试行办法，积极防范欠薪引发的社会风险，从源头上建立保障农民工工资支付长效机制。全年全省立案处理农民工欠薪案件 1 824 件，涉及农民工人数 20 190 人，涉及农民工工资金额 23 051.7 万元，被欠薪案件数下降 17％，被欠薪人数下降 46.5％，欠薪金额下降 42.5％。对在全省 2017 年度工作考核被评为 B 级的 9 个市州进行了实地督查，促进整改落实。在国家对省级政府的实地核查中，湖南省被评定为 A 级。

（二）加强企业工资指导调控。

省政府出台国有企业工资决定机制改革的实施意见，改革企业工资总额确定办法和管理方式，进一步落实企业工资分配自主权。持续推进国企负责人薪酬制度改革。开展企业薪酬调查，加强工资指导。

（三）大力规范企业劳动用工。

进一步规范劳务派遣许可、特殊工时许可，推进集体劳动合同和工资集体协商，全省网上劳动用工备案单位累计 3.27 万家，用工信息 150 万条，集体合同覆盖 65 791 家企业，评选推荐 13 家企业和 2 家园区为全国模范劳动关系和谐企业与园区。立案查处劳动者举报投诉案件 5 826 件，责令用工单位为 3.3 万名员工补签劳动合同。建立健全企业失信惩戒动态监管机制，公布存在重大劳动保障违法行为的企业 62 家，列入“黑名单”的企业 3 家。受理劳动人事争议仲裁案件 4.1 万件，涉及劳动者 5.5 万余人，涉案金额 15.3 亿元，调解成功率 70％，仲裁结案率 98％。

五、人社扶贫

健全扶贫开发机制，充分发挥职能作用，扎实推进就业脱贫，强化社会保障兜底，不断增强贫困人口内生动力。

（一）大力推进就业扶贫。

创新“政府＋劳务公司＋劳务经纪人＋贫困劳动力”四位一体的就业扶贫服务模式，累计为贫困劳动力提供职业介绍 49.8 万人次、职业指导 61.3 万人次，有 36 万人享受扶持政策。建立就业扶贫基地 537 个、扶贫车间 2 129 个，共吸纳贫困劳动力 5.9 万人。全省有就业意愿的贫困劳动力转移就业率达到 98.9％，同比提高 17％，人均月工资达 2 600 元。

（二）实施技能脱贫行动。

组织省内 30 家骨干技工院校与 51 个贫困县建立“校县扶贫对接机制”，完成贫困劳动力素质提升培训 5.5 万人，开展贫困家庭“两后生”定员、定岗、定点、定向的“四定”免费技能培训 13 292 人，实现“招生即招工、入校即入厂、毕业即上岗”。

（三）抓好社保兜底扶贫。

出台关于贯彻落实社会保险扶贫工作的实施意见，落实困难群众参保资助政策，对完全丧失劳动能力、没有收入来源、重度残疾人等缴费困难群体，县市区人民政府代其缴纳全部每年最低缴费档次的养老保险费；对建档立卡未标注脱贫的困难群体，由县市区人民政府为其代缴部分或全部最低缴费档次的养老保险费，共为 173 万名贫困人员代缴城乡居民养老保险费 1.57 亿元。

（四）加大人才智力扶贫。

实施万名专家服务基层行动和湘西特聘专家支持计划，探索建立湘西特聘专家库，引导支持近 600 名高层次专业技术人才深入湘西地区扶贫兴业。实施武陵山、罗霄山片区农村基层教卫人才津贴制度，对在艰苦边远地区和基层一线工作的专业技术人才职称评定给予倾斜。

六、行风作风建设

坚持把加强系统行风建设作为推动各项工作的重要载体，与业务工作同部署、同推进。

（一）在系统内联动整体推进行风建设。

全省各级人力资源社会保障部门层层发动、迅速行动，全面深化“放管服”改革，压缩办事流程、精简证明材料，大力推进“马上办、网上办、就近办、一次办”，部分地区因地制宜积极探索“一窗通办”“一网通办”，落实“最多跑一次”改革取得了阶段性成效。

（二）突出厅本级行风建设带头示范作用。

成立了厅长任组长的行风建设领导小组，明确由厅领导兼任办公室主任，并抽调精干力量组建了专班。厅本级梳理和规范政务服务事项近 200 项，23 个人力资源社会保障办事服务堵点全部打通。发布实施 7 个方面 28 条便民惠企举措，包括网上办理 71 项高频服务事项、取消和下放劳动人事争议仲裁员资格认定等 3 项行政许可、取消基数申报等 18 项证明材料、就近办理养老金资格认证等 7 项事项等。面向社会公开查找和整改“程序长、办事慢、证明多、服务缺”等方面的问题，面向系统开展明察暗访，抓实抓好个案整改和机制完善。

（三）持续深化作风建设。

认真贯彻落实中央八项规定和省委九项规定及实施细则精神，制定出台实施方案，加大整治力度，全厅全年没有发现违反中央八项规定精神的突出问题和“四风”问题。开展人社扶贫领域作风问题专项整治，督促全省各级人力资源社会保障部门落实就业创业、技能培训、社会保险、人才人事等扶贫方面政策。在全省人力资源社会保障系统开展“抓重点、补短板、强弱项”大调研活动，形成质量较高的调研报告 23 篇，整改各类问题 94 个，进一步改进了作风，密切了与群众的联系，促进了重点难点问题的解决。

七、党的建设和基础工作

（一）加强党的建设。

坚持以习近平新时代中国特色社会主义思想为指导，深入学习贯彻党的十九大精神，全面落实新时代党的建设总要求，持续深入推进全面从严治党，为人力资源社会保障事业改革发展提供坚强政治、思想和组织保证。坚持把政治建设摆在首位，牢固树立“四个意识”，坚定“四个自信”，坚决做到“两个维护”。在全厅范围集中开展“六个一”警示教育月活动，组织全系统学习典型案例汇编、观看警示教育片，强化廉洁自律意识。落实监督责任清单制度，将重点监督工作细化为若干事项，进一步增强全厅自觉接受监督的意识。

（二）夯实基础工作。

稳步推进机构改革，完成了 4 个业务口、9 个处室单位、107 名工作人员转隶。加强文明单位创建申报工作，厅机关被省直工委推荐为“省级文明单位”。加强规范性文件管理，调整落实权力清单，妥善处理行政争议，防范行政法律风险。畅通信访渠道，办理群众来信975件，妥善处理了2 299批4 993人次的来访，有效化解了121批2 029人次的集体上访事件，保持了信访工作稳定有序。开展党的十九大系列宣传、改革开放40周年专题宣传，为人力资源社会保障事业发展营造良好舆论氛围。

湖南省人力资源和社会保障厅

广 东 省

2018年，广东省人力资源社会保障系统以习近平新时代中国特色社会主义思想为指导，贯彻落实党的十九大和十九届二中、三中全会精神，全面贯彻习近平总书记对广东重要讲话和重要指示批示精神，按照人力资源社会保障部和省委、省政府决策部署，围绕统筹推进“五位一体”总体布局和协调推进“四个全面”战略布局，聚焦打造人才集聚和民生保障新高地的目标，主动作为、攻坚克难，在推动全省经济保持平稳健康发展、社会大局平安稳定、人民生活水平稳步提高，实现“四个走在全国前列”，当好“两个重要窗口”征程上迈出坚实步伐，各项工作取得扎实成效。

一、服务中心大局

（一）全力推进粤港澳大湾区建设行动。

一是统筹推进《粤港澳大湾区发展规划纲要》实施。制定《关于推进粤港澳大湾区建设行动方案》，围绕2020年、2022年、2035年三个重要时间节点，提出着力拓展就业创业空间、深入推进社会保障合作、加快建设人才高地3大领域11个方面的目标任务，明确修订出台一揽子政策文件、优化打造一批平台载体、组织开展一系列行动计划等作为重点支撑，梳理形成推进粤港澳大湾区建设政策文件清单、重点工作表、重大项目平台，推动实现粤港澳三地民生领域从“交流”到“交往”再到“交融”发展。

二是参与省政府领导牵头统筹的“推动粤港澳大湾区建设”课题调研。聚焦就业许可不便、社保衔接不畅、港澳人员担任内地公职等机制障碍问题，积极与国家有关部委和珠三角9市沟通对接，研究提出应对举措。

三是签署省部战略合作协议。主动对接人力资源社会保障部，聚焦就业、社保、人才、劳动关系、公共服务能力、项目平台建设等方面，研究提出一批合作措施和落实机制以及需国家支持指导事项，为大湾区建设探索更多改革创新路径，着力打造国际人才新高地、宜业乐业优质圈、普惠共享先行地、和谐劳动关系示范区、优质服务排头兵、干事创业大舞台。

四是印发推进大湾区建设近期工作要点。按照“成熟一批、推出一批”的工作思路，从政策制度、项目平台、工作机制三方面梳理提出推进大湾区建设近期工作要点，加快推动有关政策举措落地落实。

五是牵头起草《加强港澳青年创新创业基地建设实施方案》。统筹谋划全省创新创业基地布局，高效推进粤港澳大湾区（广东）人才港、粤港澳大湾区（广东）创新创业孵化基地建设等重大项目立项申报。

六是继续深化粤港澳人才评价交流合作。坚持做好港澳地区国家职业技能鉴定与“一试三证”工作。

（二）着力助推乡村振兴发展。

坚持政策引领、培训带动，着力实施“粤菜师傅”工程助推乡村振兴发展。落实省委领导关于“以增加农民收入为目标，着力做好‘特’字文章”的要求，突出广东特色，结合区域发展实际，大力推动实施“粤菜师傅”工程。习近平总书记视察广东期间，两次肯定“粤菜师傅”工程。

（三）大力推进人社领域精准扶贫。

制定实施人社精准扶贫“1+4”三年行动方案，大力推动就业、技能、社保、人才精准扶贫，累计促进省内贫困劳动力就业 57.1 万人次。全省实际享受城乡居民基本养老保险待遇的建档立卡、低保、特困等贫困人员 58.52 万人，实际代缴社保费人数 107.37 万人，代缴总金额 13 483.23 万元。完善劳务扶贫协作机制，提高就业帮扶组织化程度，全力做好 9 省区对口帮扶支援工作，帮扶省区数、招收省际扶贫生数两项指标均居全国第一。高质量完成扶贫村建设任务。

二、促进就业创业

（一）创新就业政策。

贯彻中央和省委、省政府“稳就业”决策部署，始终把稳就业作为重大政治责任，推动实现更高质量和更充分就业。积极应对外部环境变化，省政府印发进一步促进就业若干政策措施的文件，提出降低社保、招工费用等 9 条务实有效的举措，努力将职工稳在岗位、稳在企业、稳在当地。研究制定就业困难人员认定管理、公益性岗位开发和管理、受影响企业失业保险返还等系列政策，并狠抓政策落实。

（二）稳定重点群体就业。

实施高校毕业生就业创业促进计划和基层成长计划，出台进一步引导和鼓励高校毕业生到基层工作实施意见，将高校毕业生就业创业扶持政策扩面提标，对高校毕业生开展精准就业创业服务。扎实做好异地务工人员、退役军人、就业困难人员等群体就业工作。组织在粤务工贫困劳动力免费返乡和返岗高铁专列。全省就业困难人员实现就业 16.8 万人，失业人员实现再就业 53.9 万人，提供劳动力技能晋升培训补贴 24.6 万人次。

（三）激发创业活力。

牵头制定加强港澳青年创新创业基地建设实施方案。成功举办 2018 年广东“众创杯”创业创新大赛，报名项目总数 1.6 万个，参赛人数近 10 万人。促进创业扶持政策提标扩面，全省扶持创业 13.6 万人。出台《关于进一步加大返乡下乡创业支持力度推动乡村全面振兴有关工作的通知》，加大返乡下乡创业支持力度。大力推进创业孵化基地建设，累计评定国家级创业孵化示范基地 3 家、省级 30 家，全省各级人力资源社会保障部门建设认定创业孵化基地 692 家。

（四）完善公共就业服务。

建立“百千万”就业监测体系并扩至 2 万个监测点。印发《关于提升城乡公共就业服务水平的实施方案》，推动各地加快设立“一站式”创业就业服务专窗。积极搭建供求对接平台，针对异地务工人员、高校毕业生举办“南粤春暖”和“一企一岗·互济共赢”等专场招聘活动 3 439 场。实现所有地市、县区、街镇和有条件社区平台就业信息联网。就业创业服务“指尖”办理水平不断提高，已有 2 项业务上“粤省事”民生服务平台，3 项上“粤商通”服务平台。发放援企稳岗补贴 5.4 亿元。全年全省城镇新增就业 147.65 万人，城镇登记失业率 2.41%。

三、社会保障体系

（一）着力提高全民社保水平。

制定贯彻企业职工基本养老保险基金中央调剂制度实施意见。实施全民参保计划，提升社保经办服务能力。推进 1 000 亿元新一轮企业养老保险基金委托投资运营。城乡居民基本养老保险基础养老金最低标准、工伤伤残津贴、失业保险金分别提高至 148 元、3 482 元、1 553 元。2018 年全省五大险种累计参保 2.86 亿人次，基金累计结余 1.6 万亿元，均居全国第一。

（二）建立更加公平更可持续的养老保险制度体系。

全力巩固完善企业养老保险省级统筹，落实省政府与各市政府签署 2018 年养老保险工作责任书，开展 2017 年度企业养老保险省级统筹试考核，夯实地方政府养老保险工作责任。贯彻落实《人力资源社会保障部　财政部关于进一步完善企业职工基本养老保险省级统筹制度的通知》，明确提出严格执行费基费率、待遇政策和加强基金收支管理等要求。积极对接养老保险全国统筹改革。做好2018年退休人员养老金调整工作，进一步提高退休人员待遇水平。出台《关于进一步规范企业职工基本养老保险参保缴费政策的通知》，规范企业养老保险参保缴费政策。转发人力资源社会保障部办公厅、财政部办公厅关于公布2017年、2018年职工养老保险个人账户记账利率等参数的通知，研究确定2014年10月至2017年12月期间退休人员职业年金个人账户参考利率。继续贯彻落实机关事业单位养老保险制度改革。贯彻落实《企业年金办法》，进一步完善企业年金制度。积极推进降低企业成本有关工作，配合营造良好营商环境，促进经济增长。

（三）做好城乡居民基本养老保险工作。

根据兜底线、织密网、建机制的要求，以“巩固、完善、提高、服务”为主线，积极推进城乡居民基本养老保险制度建设。截至2018年底，全省参保人数达2 656万人，基金累计结余417亿元，基础养老金最低标准每人每月148元，月人均养老金200元。

（四）推动完善工伤保险制度。

截至2018年底，全省工伤保险参保人数3 592万人，其中农民工2 211万人，全省有14.54万人享受工伤保险待遇，基金支付待遇费用59.25亿元，全省基金累计结余288亿元。全省建筑业参保项目2.3万个，新开工建筑项目参保率98.6%。制定出台铁路、公路等交通运输工程项目参加工伤保险政策，推动工程建设领域工伤保险全覆盖。从2018年1月开始连续第14年提高伤残津贴标准，平均提高6.5%，“托底线”从2 486元提高至2 732元，调整后人均伤残津贴为3 482元。2018年7月起，全省各市均实施工伤保险浮动费率，全省工伤保险平均费率从0.46%下降至0.32%左右。出台阶段下调工伤保险费率政策，在八类行业基准费率和实施浮动费率的基础上，自2019年1月1日起分三类地区阶段降低工伤保险费率。出台《关于工伤预防项目实施的暂行办法》，规范了工伤预防的宣传和培训项目具体实施。组织开展了工伤保险辅助器具成本价格和市场价格调查，为拟定最高支付标准提供科学依据。开展康复协议机构评估工作，拓展康复服务覆盖范围，全年支付工伤康复费2.5亿元。

（五）充分发挥失业保险制度功能。

不断扩大失业保险参保覆盖范围，截至2018年底，失业保险参保人数3 362万人，参保人数连续多年居全国首位。失业保险基金累计结余持续增加，全年全省失业保险基金当期征缴收入103.43亿元，基金总支出76.20亿元，基金总体运行平稳。积极开展扩大失业保险基金支出范围试点工作，当年用于试点支出4.67亿元，有助于预防失业、促进就业。积极贯彻落实稳岗补贴政策，全年全省共为18.38万家企业发放了稳岗补贴23.43亿元，惠及职工1 198.86万人。推动实施失业保险浮动费率制度，对一定时期内不减员或者少减员的用人单位适当下调费率，单位费率从基准费率0.8%下降到0.6%，全年为企业减负16亿元，对稳定企业岗位起到了积极作用。落实提高失业保险金标准政策，从2018年5月1日起，失业保险金标准从最低工资标准的80%提高至90%，调整后全省失业保险金月人均水平达1 553元，最高可达1 980元。

（六）全面确保社保基金安全。

与相关单位联合印发医保基金安全监管意见。组织开展工伤保险内部控制专项检查，对省本级及广州、肇庆、佛山、梅州、汕尾、揭阳6个市开展抽查；持续开展养老保险重点指标核查工作，全省共核查25万条疑点信息，追回养老保险基金6 157万元。开展基金监督指引编制工作，加大案件查处和督办力度，建立要情台账，将基金监管系统应用权限扩展到县区，推动非现场监督。加大内外部审计力度。

（七）加强对参保人合法权益维护。

截至 2018 年底，全省各级人力资源社会保障部门共收到行政复议申请 987 件，其中养老保险类案件 478 件，占 48.43%；工伤保险类案件 380 件，占 38.5%。行政复议案件结案 913 件，其中 54 件改变行政机关决定，占 5.91%；通过协调后申请人撤回行政复议申请 102 件，占 11.17%。进一步畅通人力资源社会保障行政复议渠道，妥善化解行政争议，维护参保人的合法权益。

（八）推进社保领域公共服务信息化建设。

截至 2018 年底，全省社保卡累计持卡人数 1.03 亿人，领卡启用数和账户激活数均居全国第一。跨省异地就医持卡结算累计 17.47 万人次，共结算医疗费用累计 39.66 亿元。全省集中式社保信息系统在珠海市上线使用。

四、人才队伍建设

（一）实施“粤菜师傅”工程创新技能人才培育方式。

经省政府同意，出台实施“粤菜师傅”工程实施方案，推进培育、就业创业、职业发展三大行动，加大政策扶持力度。配套制定“粤菜师傅”工程有关事项指引、烹饪技能标准开发及评价认定框架指引、就业创业扶持政策，形成“1＋N”政策体系。各地均出台实施方案，形成全省上下共同推进、百花齐放的生动局面。突出系统培育，全省共有 147 所技工院校、职业院校开设粤菜相关专业，建成 3 个粤菜烹饪类省级重点和特色专业，在校生 5.6 万人。潮州市筹划依托高级技工学校建设潮州菜研究院。推动技师学院与大型餐饮企业开展校企合作，首创“新型学徒＋行业研发”的双轨并行培养模式。突出培训选拔，开展“粤菜师傅”相关职业（专项职业能力）技能鉴定，全省组织开展“粤菜师傅”培训 8 000 余人次。围绕“一核一带一区”区域协调发展新格局，高站位谋划“粤菜师傅”培训基地和大师工作室建设布局，全省共建有国家级技能大师工作室 2 个、省级 1 个、市级 7 个。突出营造氛围，举办首届全省“粤菜师傅”技能大赛和粤港澳大湾区“粤菜师傅”技能大赛，与《人民日报》、广东广播电视台等主流媒体合作开展系列宣传。

（二）加强高技能人才培养。

出台加强高技能人才队伍建设若干意见、提高技术工人待遇实施意见，构建“1＋N”技能人才政策体系。制定方案推进全省技师学院纳入高等职业教育。建设 10 所高水平技师学院，创建 50 个省级重点专业和 10 个省级特色专业。开展各类职业技能培训 316 万人次，培育一大批技能精湛的“南粤工匠”。承办第 45 届世界技能大赛全国选拔赛，本省 107 名选手入选 43 个项目国家集训队，建有 33 个项目国家集训基地，均居全国首位。借助乡村振兴、精准脱贫及打造岭南饮食文化品牌机遇，创新技能人才培育方式。坚持创新机制、重点突破，不断提升高层次高技能人才队伍质量。2018 年，全省技能人才达到 1 190 万人，其中高技能人才 365 万人，数量居全国首位。

（三）深化人才发展体制机制改革。

聚焦打造国际人才新高地目标，坚持人才引领发展，全面培养集聚人才，充分激发各类人才创新创造活力。实施“珠江人才计划”“特支计划”“扬帆计划”等重大人才工程，制定分类推进人才评价机制改革实施方案。加快推进基层卫生技术人员和教师职称制度改革，新增高级职称人才 3 万人。创新博士和博士后工作，新增博士后工作站 41 家，首创博士工作站 426 家，全省在站博士后近 6 000 人，居全国首位。省政府出台人才优粤卡实施办法。实施“三支一扶”计划，2018 年，全省招募派遣 1 700 人到粤东西北地区乡镇基层从事支教、支医、支农和扶贫工作。2018 年，全省专技人才达 612 万人，其中高层次人才 75.5 万人。出台加快人力资源服务业发展意见，广州、深圳获批国家级人力资源产业园。组织广东省改革开放杰出贡献表彰人选推荐工作。严格贯彻落实国家职业资格目录，目录之外一律不再许可和认定职业资格。全年组织技能人员鉴定74.2万人次，获证44.6万人次。

五、事业单位人事管理

（一）提高事业单位人事管理水平。

深入推进“简政放权、放管结合、优化服务”，研究开发数据互联互通的“事业单位岗位管理信息系统”，实现事业单位各环节全方位高效动态科学监管，已完成基本功能模块开发，并选取试点对“系统”进行试运行。进一步提升事业单位人事管理政策业务能力，举办地级以上市、县（市、区）事业单位人事管理政策业务暨岗位管理系统培训班，邀请各有关市人力资源社会保障部门、系统试点单位及其主管部门人事干部参训。完成事业单位“双创”政策实施情况调研和港澳台居民在广东省就业相关调研，研究制定粤港澳大湾区事业单位招聘港澳居民实施办法。开展县以下事业单位管理岗位职员等级晋升制度制定工作，指导珠海市香洲区开展事业单位管理岗位职员等级晋升试点。

（二）做好事业单位人员招聘、晋升、安置相关工作。

组织实施粤东西北地区基层医疗卫生机构专项招聘，引进医、药、护、技类专业技术人员4 000多人。完成高校配备新疆籍少数民族学生专职辅导员工作任务；落实事业单位公开招聘中32个岗位面向西藏籍少数民族高校毕业生。扎实做好事业单位转企改制人员安置工作，全年纳入省属转企改制的单位共124家。积极配合推进基层公立医院人才队伍建设工作，配合教育主管部门出台教师“县管校聘”指导意见，配合制定教师援藏援疆优惠政策，参与援藏援疆教师选派工作。

（三）加强人事计划管理。

统筹实施2018年度省直机关事业单位增人计划11 289名、全省各市机关公务员招录计划14 322名、中央驻粤机关事业单位增人计划4 286名以及军转干部安置计划867名。加强增人计划卡与单位增员的配套管理，确保在编制范围内进人。梳理审核非财政统发工资的单位人员信息，对接服务省直机关事业单位养老保险参保登记。推进“放管服”改革，推动加强广州市户口迁入审核业务管理，取消“办理非财政统发工资的省直事业单位工资基金年审”事项。

（四）推动落实国家院士退休制度。

会同省委组织部，牵头制定广东省院士退休方案，积极开展政策宣讲，积极配合院士单位研究解决实施过程中的问题，确保年满80周岁院士全部办理退休，协调相关部门和院士单位落实院士退休后相关待遇（含基本养老金、院士津贴、医疗保健等）从优保障。

六、工资收入分配

（一）推进企业工资分配制度改革。

牵头制定贯彻落实国务院改革国有企业工资决定机制实施意见，推进国有企业工资决定机制改革，适时合理调整企业职工最低工资标准，完善企业薪酬调查和人工成本监测制度。在开展全省最低工资标准评估的基础上，拟订最低工资标准调整方案，经省政府常务会议审议通过并印发《关于调整我省企业职工最低工资标准的通知》，从7月1日起调整企业职工最低工资标准，调整后一类地区为2 100元/月、2 200元/月，二类地区为1 720元/月，三类地区为1 550元/月，四类地区为1 410元/月。调查发布《2018年广东省人力资源市场工资指导价位及行业人工成本信息》，发布信息涵盖了18个行业门类、6个职业大类、67个职业中类、335个职业小类、651个职业细类，包括分职业、分学历、分岗位等级职工工资指导价位以及分行业、分企业规模人工成本水平、人工成本效益信息。

（二）开展津贴补贴专项清理和省直规范套改。

迅速组织开展津贴补贴发放专项清理工作。严格执行国家规定的特殊岗位津贴政策，全面清理取消原省定的政法补贴、纪检补贴、保密补贴、计生补贴、少数民族伙食补贴等特殊岗位津贴项目。完成津贴补贴套改，推动省直机关津贴补贴新制度顺利运行，按时兑现待遇。结合落实国务院批复，切实做好调整人民警察值勤津贴和加班补贴标准、建立政法委机关工作津贴工作。

（三）深入推进公立医院薪酬制度改革试点。

联合省财政厅等相关部门印发《关于印发广东省扩大公立医院薪酬制度改革试点工作实施方案的通知》，明确除已列入省试点的惠州市外，在各地级以上市至少选择一家公立医院开展试点。同时，切实加强对各地做好公立医院绩效工资分配工作的督促和指导。

（四）工资支付保障性政策制度进一步落地落实。

截至2018年10月底，全省有13 755个在建工程项目，其中96%执行按月足额发放工资，92%实行实名制管理，79%实行工资保证金制度，83%实行工资专户管理。进一步健全源头治理欠薪长效机制，推动政府新建投资工程项目带头“零欠薪”。

（五）调整机关事业单位工作人员基本工资和增加离休人员离休费。

会同组织、财政部门开展工资标准调整测算，及时出台调资实施方案，从2018年7月1日起调整机关事业单位工作人员基本工资和增加离休人员离休费，并及时指导各地级市落实调资政策。

七、劳动关系构建

（一）多措并举巩固劳动关系。

一是全面推进实行劳动合同制度和集体合同制度，不断提升劳动合同签订质量，进一步扩大集体合同覆盖面，劳动合同签订率达到95.96%。妥善做好去产能企业职工劳动关系处理工作，规范劳务派遣用工，加强新就业形态研究。

二是不断完善劳动标准体系和三方机制建设，择优选取19户企业和2个工业园区推荐为全国模范和谐劳动关系企业和工业园区。

三是不断推进和谐劳动关系综合试验改革创新，继续推进省市共建和谐劳动关系综合试验区建设，推行“1个综合试验区+1所高校”建设模式。组织开展和谐劳动关系综合试验改革“深调研”，探索体制机制创新，在综合试验区尝试探索规范有序引入社会力量参与和谐劳动关系建设、特殊工时管理改革试点、小微企业劳动关系事务托管、集团公司（社区）参与基层劳动关系治理与服务等劳动关系公共服务。在深圳盐田成立全国第一家劳动关系公共服务中心。

（二）改革创新劳动人事争议处理方式。

2018年，全省受理劳动人事争议案件29.08万件，涉及劳动者52.93万人，同比分别上升18.86%、18.18%。其中，仲裁立案受理案件11.95万件，涉及劳动者20.42万人，同比分别上升20.44%、22.22%；调解受理案件17.13万件，涉及劳动者32.51万人，同比分别上升17.78%、15.78%。全省结案26.86万件，涉案金额达到73.72亿元，同比分别上升18.18%、26.84%。其中，调解组织及仲裁机构案外调解结案15.15万件，涉及劳动者26.86万人，涉案金额26.29亿元，同比分别上升18.84%、7.40%和22.44%；仲裁机构审结案件11.71万件，涉案金额47.43亿元，同比分别上升17.33%、29.43%。调解成功率达到69.94%，仲裁结案率达到92.63%。

一是充分发挥劳动争议预防调解功能。稳步推进乡镇（街道）劳动争议调解综合示范工作，圆满完成第二期非公有制企业商（协）会劳动争议预防调解示范总结验收工作，建立健全预防为主、调解优先制度机制，深入开展劳动争议调解综合调研，指导和支持各地探索调解工作新模式新方法。

二是有序推进仲裁办案改革。全面优化仲裁程序，在全省普遍推广“要素式”办案模式，规范简易案件办理程序。实行仲裁专递破解送达“老大难”，率先在全国范围内正式启用“劳动人事仲裁专递”。推行“阳光仲裁”服务粤港澳大湾区，广州市南沙区率先成立了全国首个自贸区劳动人事争议仲裁委员会和仲裁院，率先实行劳动人事争议仲裁裁决书网上公布。创新仲裁员等级管理制度，仲裁员首次等级评定工作顺利完成。打好“百日清案”攻坚战，为 9 660 名农民工追回工资等经济利益 1.96 亿元。

三是劳动人事争议处理联动机制进一步健全。与省综治办、省高院、省司法厅等八部门联合印发《关于进一步加强劳动人事争议调解仲裁完善多元处理机制的实施意见》，共同打造劳动人事争议处理的共建共治共享格局。与省高院联合发布《关于劳动人事争议仲裁与诉讼衔接若干意见》，进一步统一了裁判标准。推进落实劳动仲裁与劳动保障监察的有效衔接。

四是调解仲裁信息化建设再上新台阶。依托“粤省事”微信小程序平台开发了“劳动人事调解仲裁”微信小程序，当事人经实名认证和人脸识别，可在线办理申请调解、申请仲裁以及仲裁审查确认等业务，并可在线查询案件处理进展。

（三）全力推进劳资纠纷专项治理工作。

全省全年办结劳动保障监察案件 9 326 件，处置 30 人以上群体性事件 124 件，同比分别下降 56.02％和 65.46％。查处欠薪案件 4 279 件、欠薪群体性事件 52 件，同比分别下降 67.3％和 78.51％，欠薪专项治理工作取得积极成效。各级人力资源社会保障部门接待处理群众信访 74 539 批次 102 149 人次，同比下降 29.27％和 39.65％，人力资源社会保障信访工作的水平和质量不断提升。全年违法案件和群体性事件同比分别下降 56.02％和 65.46％，共为 20.25 万名劳动者追回工资等待遇 18.78 亿元。

一是全面开展风险隐患排查化解。加强劳动保障监察日常监管，推动劳资纠纷预防化解常态化，积极开展劳动保障守法诚信等级评价，突出重点实施分类动态监管，行政执法调解各类劳资纠纷 4.06 万件。分析研判中美贸易摩擦可能引发的劳资纠纷风险隐患，加强舆情监控预警，发现异常列入监控重点，稳妥处置行业性涉稳风险。

二是创新提升劳动关系治理能力。对标“在营造共建共治共享社会治理格局上走在全国前列”的要求，积极推动形成多主体、多方式、多层次的争议多元处理工作格局。构建劳资纠纷多元化解机制，健全政府与工会联席会议制度，搭建协调劳动关系三方平台，培育行业协会商会、专业机构、志愿机构等社会力量参与劳动关系治理，最大限度地把争议解决在基层和萌芽状态。创新构建覆盖全省的劳动保障监察互联网举报投诉平台和应急处置平台，实现“全省一点举报，全域联动处置，全程监控管理”，方便职工群众依法维权。

（四）切实做好全国第十一次农民工工作督察整改工作。

按照《国务院农民工工作领导小组办公室关于反馈广东省农民工工作督察情况的通知》要求，向省政府报告后研究制定整改方案。指导推进全省异地务工人员服务管理工作开展。按照《国务院办公厅关于调整国务院农民工工作领导小组组成人员的通知》精神，拟定广东省异地务工人员服务管理工作领导小组工作规则和办公室工作职责；及时协调省领导小组成员单位，制定 2018 年工作要点，报经省政府领导同意后，从健全就业创业工作体制机制、维护劳动保障权益、提升基本公共服务均等化供给能力、加强服务管理工作统筹协调等方面要求各成员单位和各地做好异地务工人员服务管理工作。推动做好非户籍人口在城市落户、“圆梦计划”、生活困难务工人员就业等异地务工人员难点工作，解决异地务工人员热点难点问题。

八、基础能力建设

以“大学习”强化理论武装，以“深调研”理清发展思路，以“真落实”开创发展新局面，一体学习领会、全面贯彻落实，不断推动学习贯彻往深里走、往实里抓。认真贯彻落实新时代党的建设总要求，坚决落实全面从严治党主体责任，不断推进党的建设新的伟大工程，着力提高党的建设质量，将各级党组织锻造得更加坚强有力，为人力资源社会保障事业高质量发展提供坚强政治保证。全面贯彻新时代党的组织路线，坚持德才兼备、以德为先、任人唯贤，坚决把想干事、能干事、干成事、不出事的干部选出来用起来，建设忠诚干净担当的高素质专业化干部队伍，为全省人力资源社会保障事业改革发展提供坚强的组织保障。

稳妥推进机构改革，加强组织领导，支持公务员管理局、医疗保障局的移交组建工作，做好人员转隶和职能划转，推进“健体工程”，以深化机构改革为契机夯实人力资源社会保障事业高质量发展根基。加快推进事业单位改革，不断提升人力资源社会保障公益服务水平。在省政府2018年组织的依法行政考评中，省人力资源社会保障厅再次名列全省第一。

制定实施全省人力资源社会保障系统行风建设三年行动方案，深入推进“放管服”改革，精简证明材料，压缩办事时限，推进人力资源社会保障服务事项上线“粤省事”。开展窗口单位明察暗访，查摆并整改问题，全力打造许可项目最少、办事流程最优、审批过程最透明、服务效率最高、群众满意度最高的人力资源社会保障服务。

加强风险和经济形势分析研判工作，研究制定打好防范化解重大风险攻坚战三年行动方案，聚焦国有企业出清重组“僵尸企业”职工安置风险防范以及社保基金支付、入户审批、人事考聘、培训资金管理、厅属技校管理等重点领域，积极发挥人力资源社会保障部门职能，稳妥处置突出风险点。加强形势分析应对中美经贸摩擦，印发应对处置预案，成立应对处置工作领导小组，推动建立监测研判分析制度和分级分类应急响应机制，定期召开领导小组办公室会议，加强监测分析和形势研判，每季度形成就业社保劳动关系运行情况分析报告，为精准施策提供支撑。着力强化统计基础支撑，组织编制《广东人社统计政策文件　统计常识统计指标》工具用书，编印2018年全省人力资源社会保障统计报表制度文件以及统计月报、季报，在全省年中务虚会上发布《人社主要统计数据报告》，开展全省人力资源社会保障公共服务机构基本情况调查，夯实统计数据基础，开展全省人力资源社会保障统计业务培训。

广东省人力资源和社会保障厅

广　州　市

2018年，广州市人力资源社会保障部门坚持以习近平新时代中国特色社会主义思想为指导，全面贯彻落实党的十九大和十九届二中、三中全会精神，深入贯彻习近平总书记重要讲话和重要指示批示精神，在市委、市政府领导下，在人力资源社会保障部、广东省人力资源社会保障厅的指导下，以新担当新作为奋力开创人力资源社会保障工作新局面，为广州推动国家中心城市建设全面上新水平，着力建设国际大都市，在全省奋力实现“四个走在全国前列”、当好“两个重要窗口”中勇当排头兵做出了应有贡献。

一、劳动就业

（一）概况。

坚持就业优先战略，以实施积极就业政策、推动创业就业、促进重点群体就业“三大举措”促进就业，就业局势总体保持稳定，劳动关系整体和谐稳定。全年全市城镇新增就业33.70万人，城镇登记失业人数18.09万人（其中新增失业人员13.69万人），失业人员实现再就业13.83万人，城镇登记失业人员再就业率76.47%。城镇登记失业率1.90%，控制在3.5%的目标以内。2018届广州生源高校毕业生52 061人，就业率93.90%。全市各级公共就业服务机构促进创业3.53万人，带动就业15.13万人。全市共有各级创业（孵化）基地307家，进驻企业2.88万家，带动就业24.8万人。全市仲裁案件结案率、调解成功率、信访办结率分别达94.24%、73.67%、100%，劳动者权益得到更好保障。

（二）劳动关系。

加强劳动关系源头治理，健全劳动关系协调机制，规范劳动用工，深入推进和谐劳动关系创建活动，劳动关系整体和谐稳定。推进全国唯一的协调劳动关系三方地方性法规的贯彻实施，顺利完成《广州市劳动关系三方协商规定》的立法评估和执法检查。率先在全国推广微信小程序在线调解工作，在线调解列入广东省“粤省事”微信小程序在线调解第一批、第二批试点。率先在全省建立劳动争议三方联调中心工作体系，劳动人事争议三方联调机制被市政法委确定为广州市矛盾纠纷多元化解机制建设第一批创新项目。2018年度新申报并通过评审“广州市劳动关系和谐企业”1 037家，通过年度报告的“广州市劳动关系和谐企业”1 420家；新申报并通过评审的“广州市劳动关系和谐社区（村）、街（镇）、园区”55个，通过年度报告的“广州市劳动关系和谐社区（村）、街（镇）、园区”131个。

（三）劳动工资。

加强对企业工资分配的指导工作。经市人民政府同意，自2018年7月1日起，全市企业职工最低工资标准调整为2 100元/月，非全日制职工小时最低工资标准调整为20.3元/小时。全面建立企业薪酬调查和信息发布制度，开展企业薪酬调查工作，发布了《广州市2018年人力资源市场工资指导价位及2017年企业人工成本信息》，指导各类企业合理确定不同岗位人员的工资水平。首次发布59个职业工种的分职业技能等级工资指导价位。依托全市1 700家用工监测企业，开展企业人工成本季度监测分析工作，增强企业工资宏观调控的科学性和实效性。与市总工会、市工商联、市企业联合会联合开展2018年工资集体协商“春季要约”行动，推进企业工资集体协商工作。

（四）劳动保障监察。

进一步加大治理欠薪执法力度，开展欠薪治理专项行动，建立治理欠薪及隐患排查的“每日一报，每周一通报”机制，重点治理工程建设领域尤其是政府投资工程项目欠薪问题。出台《广州市保障农民工工资支付工作考核办法》《广州市保障农民工工资支付工作考核实施方案》《广州市保障农民工工资支付工作目标责任制》等一系列保障农民工工资支付工作文件，切实解决拖欠农民工工资问题。迎接广东省对广州市保障农民工工资支付工作考核，组织对全市各区2017年度保障农民工工资支付工作实地核查。深入开展“扫黑除恶”专项斗争，重点加强对劳资纠纷和技工学校涉黑涉恶行为的排查、预防、处置。截至2018年12月，全市劳动保障监察机构主动检查用人单位7.37万家，为1.73万名劳动者追回工资1.98亿元，有效维护了劳动者合法权益和社会的和谐稳定。

（五）职业技能培训和竞赛。

全面实施劳动力技能晋升培训补贴制度，全年共资助劳动力技能晋升培训3.63万人次。在第45届世界技能大赛全国选拔赛中，广州市选派67名选手参与了35个项目的角逐，获11个第一名、9个第二名、6个第三名，共29个项目54人入选国家集训队，另有3名选手直接进入国家集训队。选派15名选手参加第十届穗港澳蓉青年技能竞赛，获得1金6银2铜2个优胜奖的佳绩，连续三届蝉联四地奖牌数首位。顺利举办市第五届产业人员职业技能竞赛，决出“羊城工匠杯”冠亚季军共12名，2家单位获评“广州市技能人才培育优秀单位”。在广东省首届“粤菜师傅”技能大赛（工匠组）中荣获总成绩第一，在首届粤港澳大湾区“粤菜师傅”技能大赛中斩获二等奖以及自选特色粤菜铜奖。市二类竞赛开展踊跃，各层级、各行业广泛开展了近60个项目的竞赛。

二、社会保障

（一）概况。

截至2018年12月，全市企业职工养老保险参保缴费人数558.28万人，离退休人数98.45万人；城乡居民基本养老保险参保人数124.22万人，缴费人数54.29万人；医疗保险参保人数1 247.7万人，其中职工医保751.95万人，城乡居民医保495.75万人，职工医保统筹基金年度最高支付限额（含重大疾病医疗补助）为80.2万元/人，城乡居民医保基金年度最高支付限额为21.72万元/人，城乡居民大病保险年度最高支付限额为45万元/人（对享受医疗费用减免待遇的社会医疗救助对象不设城乡居民大病保险最高支付限额）；工伤保险参保人数639.87万人，生育保险参保人数585.30万人，失业保险参保人数608.71万人；推进供给侧结构性改革工作，为企业降费减负101.22亿元。

（二）养老保险。

按照国家、省统一部署，积极做好养老保险各项配套政策的落实，严格执行养老保险省级统筹和中央调剂制度，全面启动机关事业单位养老保险缴费征收和养老保险待遇核发工作，继续扩大养老保险覆盖面。实行机关事业单位退休人员与企业退休人员按统一办法同步调整待遇。调整后，广州市企业退休人员基本养老保险待遇水平达到人均3 513元/月。

（三）医疗保险。

全面实施广州市社会医疗保险按病种分值付费，确定病种组合共12 030个，涉及疾病诊断1 688个。实施广州地区医疗机构药品集团采购工作，截至2018年12月，共有312家医疗机构签订药品集团采购协议。推进长期护理保险制度试点经办实施工作，当年新增长期护理定点机构34家，新增机构开设床位4 600余张。做好异地就医直接结算工作，全市共有

186 家医保定点医疗机构接入国家异地就医结算平台，实现异地就医直接结算 73.09 万人次，跨省异地就医结算工作走在全国前列。大力开展医保移动支付工作，全市共 117 家医疗机构接入医保互联网移动支付服务，约 40 万名参保人员完成互联网支付绑定。持续提升医保待遇水平，从 2018 年起，城乡居民医保住院起付线减半，逐步提高医保基金支付比例，进一步提高城乡居民大病保险待遇水平。

（四）工伤保险。

提高工伤残疾退休人员的退休待遇，人均退休金达 4 762.5 元/月；提高工亡待遇和供养亲属抚恤金等待遇，丧葬补助金和一次性工亡补助金达 72.792 万元（不含供养亲属抚恤金）。降低工伤保险缴费费率，印发实施《广州市工伤保险浮动费率管理办法》，全年为企业减负 4.03 亿元。积极推进落实建筑业参加工伤保险“同舟计划”工作，开展建筑业“千企万人”工伤保险与安全生产集中培训活动。推进工伤预防专项试点工作，积极开展工伤保险集中宣传活动。按《广州市工伤预防专项试点实施方案》开展为期 3 年的工伤预防专项试点工作，市人力资源社会保障局、市财政局、市卫生和计划生育委员会、市安全生产监督管理局联合印发《关于工伤预防项目实施的暂行办法》。

（五）失业保险。

继续实施失业保险降费率、浮动费率政策。通过全流程网上申报，进一步推进实施援企稳岗政策，全年共发放稳岗补贴 5.23 亿元，涉及企业 1.92 万家，惠及职工 220 万人。连续两次提高失业金标准，从 1 516 元/月提高到 1 890 元/月。

（六）生育保险。

继续对参保职工符合法律法规的生育，无论一孩、两孩及以上，予以同等生育待遇保障。全年享受生育保险待遇 31.83 万人次（生育医疗待遇人次＋生育津贴人次），人均生育津贴 1.96 万元。

（七）退休人员社会化管理。

截至 2018 年 12 月，全市共有 90.06 万名企业退休人员纳入社区管理，社区管理率 97.14%。协助异地退休人员办理待遇资格认证 4.36 万人。为 74.09 万名退休人员办理资格认证，认证率 99.9%。发放新中国成立前参加工作退休老工人的困难生活补贴 265 万元。春节、中秋节期间，通过社保代发系统发放节日慰问金约 5 247.8 万元，上门探访慰问社会化管理退休人员约 13 万人次，发放慰问品及慰问金约 1 301.36 万元。

三、人事人才

（一）概况。

深入贯彻习近平总书记“人才是第一资源”重要论述，出台实施更加积极、开放、有效、精准的人才政策，印发高层次人才认定、培养资助、服务保障“三个方案”，以及鼓励海外人才来穗创业的“红棉计划”“岭南英杰工程”实施意见和“羊城工匠”行动计划。优化提升产业领军人才“1＋4”政策，评选支持创新创业领军团队 21 个、创新领军人才 19 人、产业发展和创新人才 2 996 人，累计发放人才绿卡 4 880 张。成功举办 2018 海交会，吸引欧美、亚非、独联体等 30 多个国家和地区的近 4 000 名海外人才携带科技发展项目 2 000 余项参会，并首次在香港设分会场。截至 2018 年 12 月，全市大专以上学历人才资源总量达 377 万人；专业技术人才总量 176.7 万人，其中高级专业技术资格 20.3 万人；技能人才总量 262 万人，其中高技能人才 82 万人；在穗院士 97 人（含柔性引进），其中全职工作院士 37 人；市属“百千万人才工程”国家级人选 10 人，享受国务院政府特殊津贴人员 403 人，入选“广东特支计划”12 人；市属博士后工作（流动）站、分站 99 个，创新实践基地 98 个，在站博士后 599 人。

（二）人才引进与培养。

全年共引进人才入户 70 444 人（其中在职人才 50 470 人，高校毕业生 19 974 人），同比增长20%。出台新一轮人口调控政策，印发新的《广州市引进人才入户管理办法》，适度放宽引进人才落户条件。落实“放管服”要求，精简入户证明材料12项，引进人才入户申报必备材料减少到原来的三分之一。实行高校应届毕业生接收和入户分离，毕业生可直接到公安机关办理入户手续。选拔17人作为2018年享受国务院政府特殊津贴推荐人选，认定高层次人才217人，资助20名博士后、45名企业高管和技术专家出国（境）学习、培训、交流。

（三）公务员招考。

本市全年考试录用公务员设置592个职位，计划招录722人，录用700人；广东省当年公务员考试广州市职位（公安、检察院、法院、司法、审计系统）设置294个，计划招录671人，录用591人；广东省当年选调生考试广州市职位录用重点大学应届研究生66人；本市公安机关特殊录用27人，面向公安院校录用156人。

（四）公务员培训与考核奖惩。

全年共组织开展各类专题面授培训班108期，培训9 913人次；组织开展公务员网络培训68.2万人次，共134.7万学时。开展以“不忘初心　牢记使命”为主题的深入学习贯彻习近平新时代中国特色社会主义思想和党的十九大精神集中轮训工作，共开设培训班18期，3 950名市直机关处级公务员参加集中面授培训。深化公务员初任培训、任职培训、专门业务培训、在职培训“四类培训”，举办副处级、正科级、副科级公务员任职培训班各4期，公务员初任培训班3期，新录用公务员培训班3期，共培训936人。组织“广州市对口梅州、清远市乡镇公务员培训班”“重庆市创新驱动发展专题对口培训班”，共培训259人。委托贵州毕节市委党校举办“广州市优秀公务员扶贫专题示范培训班”，委托暨南大学举办“广州市行政执法类公务员依法行政专题培训班”，委托上海交通大学举办“广州市公务员经济高质量发展、新时代社会治理创新专题培训班”，共培训399人。开发9大类别专题网络课程181门，共183.5学时。

注重规范评比达标表彰活动，开发应用了全市评比达标表彰信息管理系统，实现从申报、立项、审批、备案、跟踪到分析统计的全方位管理。加强公务员平时考核工作，平时考核工作基本实现了“逐步推进、全面覆盖、整体提高”三年工作目标。做好专业技术人员继续教育工作，完成市企业人才培训（继续教育高研班）项目补贴评审、年度继续教育学时验证、继续教育基地备案、施教机构“双随机”抽查监管工作。

（五）公务员职位管理。

截至2018年末，全市政府序列公务员单位职位设置356次、政府任免92人次、职务升降备案1 166人次。根据上级部署，启动全市公安机关人民警察职务序列改革。720名警务技术岗位民警申报评审技术职务任职资格，143名确认警务技术任职资格，263名转换警务技术任职资格。

（六）军转干部安置和随军家属就业安置。

2018年是全面深化国防和军队改革裁军30万人的最后一年，也是国家退役军人事务机构组建的第一年，广州市全年实际接收安置军转干部1 600余人，其中计划分配1 350余人，自主择业近250人，随调家属14人。通过召开双选会、培训、讲座等多种形式，积极拓宽随军家属就业安置渠道，丰富就业扶助手段，全年实际安置随军家属260余人。

（七）事业单位人事管理。

认真贯彻国家、省关于深化事业单位人事制度改革的决策部署，统筹推进全市事业单位人事制度改革向纵深发展。聚焦高水平大学建设目标，深化广州大学和广州医科大学人事制度改革，研究两所大学高水平大学建设人事制度改革试点配套政策。推进教师“区管校聘”改革，牵头制定《支持广州市中小学和幼儿园教师“区管校聘”人事制度改革的意见》。指导南沙区、黄埔区开展教师招聘制度改革试点工作，分别在重庆、西安、广州等地组织实施招聘活动，共招聘中小学教师293人。配合组织部门制定《广州市事业单位领导人员管理暂行办法》；协助教育部门起草《广州市职业院校引进高层次人才办法》。全年市直事业单位共引进12名高层次人才，分布在教育、医疗、文化等多个行业。组织教育系统分别在长春、南京开展“优才计划”教育专场招聘活动，共招聘38人。审核并向省厅申报将广州大学3名专业技术人员聘为专业技术二级岗位。

（八）专业技术人才管理。

进一步优化高层次人才选拔培养服务。选拔推荐17人作为广州市2018年享受国务院政府特殊津贴推荐人选，向20名出国（境）深造的博士后提供资助金173.2万元。组织医疗卫生、现代农业等15名专家赴贵州黔南、毕节两地开展智力帮扶。组织12名高层次人才赴青海开展学术休假暨国情研修活动。获批设立国家博士后工作站3个、工作站分站1个，新增广东省博士后工作站42个。本市博士和博士后参加广东首届“众创杯”博士博士后创新赛，1个项目获金奖，2个项目获银奖，4个项目获铜奖。

推进深化职称制度改革。承接省下放高级职称评审权，首批组建卫生、基层卫生、基础教育（中小学）、建筑、交通、电子、会计等8个正高级职称评委会。推进中小学、卫生系列职称改革，全年全市中小学教师副高职称评审通过1 545人，正高职称评审通过41人。首次自主开展卫生系列正高职称评审，通过143人。加强评委库建设，全年新增评委专家入库955人，出库324人，调整主任委员1人，全市职称评审专家库共计专家14 628人。通过评审和认定方式，全市共计22 670人获得专业技术资格，其中高级资格4 560人，中级资格8 223人，初级资格9 224人。共组织各类职称政策性考试30项，报名考试人数达到18.6万人次，核发证书约9.2万本。

（九）高校毕业生接收和就业管理。

2018届广州生源高校毕业生共52 061人，进行实名制未就业登记约2.37万人。截至2018年末，已就业人数约4.89万人，就业率93.90%，同比持平；有就业意愿的困难家庭高校毕业生就业率达100%。全市共建市级高校创业（孵化）基地29家，与科技孵化器共建创业基地3家。多渠道促进高校毕业生实现就业，全年举办“阳光就业”校园现场供需见面会24场、网络匹配会21场，累计参会单位约1.23万家次，提供就业岗位32.83万个。在23所高等院校举办“阳光就业”校园就业创业讲座66场，服务学生约9 000人次。加大招才引智工作力度，春、秋季组织广州市197家重点企事业单位赴北京、西安、武汉、长沙等城市重点高校举办综合性供需见面会41场。开展“汇聚英才”重点高校学生来穗实习活动，组织北京、西安、哈尔滨及港澳地区等高校202名学生来穗44家重点企事业单位进行暑假实习。全面实施“大学生创业引领计划”，组织广东“众创杯”大学生启航赛暨“赢在广州”第七届大学生创业大赛，继续开设港澳台赛区促进创业青年深入交流，全省约110所高等院校和港澳台地区高校约8 000个项目参赛，选拔出61个优秀青年创业项目。拓宽公共服务新路径，落成并正常运作华南农业大学、广东工业大学两所高校创业就业e站，为高校学生提供就业岗位推荐、就业帮扶、创业指导、职业培训等全方位“一条龙”服务。

（十）技工教育。

全市共有27所技工学校，在校生规模达10.5万人，当年招生33 540人。各技工院校共开设79个新专业，广州市高级技工学校“计算机网络”（云计算方向）等10个专业成为省级重点专业，获得省级资助金1 500万元。承办首届全国技工院校教师职业能力大赛，广州市4名选手参赛，获3个一等奖和1个二等奖。全市技工院校有校企双制班、订单班、冠名班321个，共有学生14 218名。

四、人社扶贫

2018年，广州市人力资源社会保障局扎实做好对口帮扶新疆疏附，贵州毕节、黔南，西藏波密，四川甘孜，重庆巫山，以及省内梅州、清远等地工作。组织业务骨干赴新疆疏附县举办人力资源社会保障干部业务提升培训班，开设了人力资源和社会保障规划、积极就业政策体系和创业服务、人事干部管理和培训等课程，加强两地的业务交流；捐赠 20 万元扶持资金，提升人力资源开发和优化服务；捐赠一批电脑设备，支持当地开展通用语言培训平台建设工作。全年共向贵州毕节、黔南两地推送空缺岗位 12.9 万个，赴两地开展招聘活动 41 场，举办就业培训 191 场，培训 12 068 人，促进建档立卡贫困劳动力 5 296 人转移广东就业，其中到广州就业 1 426 人，超额完成粤黔两省《2018 年东西部扶贫协作协议》转移就业 1 000 人的目标任务；向毕节市人力资源社会保障局捐赠 15 万元建设资金及价值 30 万元招聘会 O2O 系统软件支持当地人力资源市场建设，向黔南州人力资源社会保障局捐赠 15 万元支持当地人事考试报名信息系统建设。组织 150 多个优质岗位参加 2018 年林芝市“春风行动”暨广东就业扶贫援藏招聘会，组织企业提供 523 个优质岗位参加四川甘孜州就业扶贫对口帮扶招聘会，现场达成就业意向 53 人。做好对口帮扶省内梅州、清远工作，统筹组织专场招聘，引导当地劳动力特别是建档立卡贫困户在广梅共建产业园就业，推进梅州富余劳动力技能培训，优先安排贫困户转移就业培训，每月推送一次适合贫困群体的就业岗位；推进与梅州省内异地就医直接结算工作，按规定实施社会保险关系转移政策。

五、行风建设

召开全市人力资源社会保障系统行风建设工作会议，传达全国、全省人力资源社会保障系统行风建设电视电话会议精神，印发《广州市人社系统行风建设三年行动方案》，持续推进行风建设工作。修订印发《广州市人社系统政务服务窗口作风建设明察暗访制度》，多次开展明察暗访，加强窗口作风建设。印发《广州市人力资源和社会保障局办公室关于做好证明事项和办事材料清理工作的通知》《广州市人力资源和社会保障局办公室关于压缩政务服务事项承诺办理时限的通知》，再次精简材料 1 337 份，累计精简幅度达 48%，承诺办理时限须比法定办理时限压缩三分之一以上。印发《广州市人力资源和社会保障局办公室关于进一步研究推进“放管服”有关工作的通知》，进一步推进“放管服”改革。推进“互联网＋人社”建设，建成并投入运行包括 14 个大类、92 项事项，共 293 项功能，涵盖劳动就业、养老保险、医疗保险、工伤保险、生育保险、失业保险、社保综合业务、劳动鉴定、技能鉴定、劳动监察、技工教育、职业培训、退休人员管理、劳动仲裁等业务的网办系统。参加人力资源社会保障部 2018 年“行风建设人人谈”征文活动，选送的《以当事人为中心，抓行风建设促效能》一文获三等奖。

广州市人力资源和社会保障局

深圳市

2018年，深圳市人力资源社会保障系统以习近平新时代中国特色社会主义思想为指导，在上级人力资源社会保障部门的大力指导和支持下，全面贯彻落实市委、市政府决策部署，坚持全面从严治党，践行新发展理念，切实提高政治站位，有效应对风险挑战，圆满完成中央巡视、市委巡察反馈问题整改工作，在应对中美经贸摩擦积极促进高质量更充分就业、稳步提升养老医保待遇水平、重构优化人才政策、激励公职人员勇于担当作为、构建新型和谐劳动关系等方面取得显著成绩，特别是应届高校毕业生引进“秒批”办理、智力扶贫、职称制度改革等多项工作走在全国前列，智慧人社、和谐劳动关系综合试验区建设在全国起到引领示范效应，为深圳经济社会发展提供了强有力的民生保障和人才支撑。

一、坚持党的全面领导，管党治党、正风肃纪出实效

始终把深入学习贯彻习近平新时代中国特色社会主义思想和党的十九大精神作为头等大事和首要政治任务，把深入落实中央巡视、市委巡察反馈问题的整改意见作为加强党的领导的重要手段，坚定不移推动人力资源社会保障领域全面从严治党向纵深发展。

（一）政治建设不断加强。

深入开展“大学习、深调研、真落实”活动，党组中心组理论学习24次，各基层党组织组织学习900多次。开展深圳人才园党建宣传工程，116幅党建宣传画整体上墙，强化了宣传阵地建设。

（二）基层组织不断夯实。

制定部门主要负责人主体责任清单，压紧压实基层党组织管党治党主体责任。制定《基层党组织党建标准化指引》《加强党的基层组织建设三年行动计划实施方案》，规范基层党组织设置，推进基层党组织建设的制度化规范化程序化。

（三）监督执纪不断强化。

出台《关于进一步加强党风廉政建设工作的若干意见》《防止利益冲突管理规定》等制度规范。开展廉政风险防控专项排查工作，排查风险隐患632项，制定切实可行的防控措施。

（四）抓严抓实巡视巡察整改。

对中央巡视涉及人力资源社会保障的劳资纠纷多发等问题、市委巡察反馈的5个方面16个问题，深刻反思、立行立改，取得阶段性明显成效，并建立了长效机制，务求实效。

二、主动作为，持续优化政务服务

紧紧围绕民生服务，主动适应群众新需求，促进人力资源社会保障业务转型，打通为民服务“最后一公里”。

（一）大力推进简政放权。

实现“外国专家来华工作许可”和“外国人就业许可”两证合一。“劳务派遣单位设立分公司备案”调整为跨部门信息共享后台自动备案。社会化职称评审工作委托38家社会组织开展，推动华大基因、光启、北科生物自主开展职称评审。

（二）全面深化“互联网+政务服务”模式改革。

全面实施“一门一窗一次”，138个依申

请事项中，127 个事项实现全流程网上办理，85 个服务事项实现“不见面审批”，应届毕业生引进入户实现“秒批”办理。

（三）积极推进智慧人社建设。

全市 50 家医院提供医保移动支付，98 家医疗机构接入国家平台，97 家医院实现省内异地就医直接结算。社会保险、留学人员等多项人力资源社会保障业务通过“微信”“支付宝”查询、办理。在全国率先实现养老金、工伤待遇领取“刷脸”认证，率先建成劳动争议 E 仲裁服务平台，提供网上便民服务。

三、完善就业政策体系，推动实现高质量更充分就业

全年城镇新增就业人数 10.9 万人，同比增长 7.9%，全市就业人口规模达到 1 127 万人（失业保险缴费统计数据）；城镇登记失业率 2.31%，在全国处于较低水平，零就业家庭保持动态归零。

（一）就业促进政策体系日趋完备。

全面落实中央、省关于稳就业的决策部署，出台进一步促进就业若干措施，有效应对当前经济环境的新情况、新变化，持续减轻企业负担，鼓励支持就业创业，实施积极就业培训，开展失业人员就业帮扶，提高劳动者就业竞争力和职业转换能力，从源头稳定就业。

（二）重点群体就业保障有力。

抓好异地务工人员就业促进工作，举办“春风行动”等市级专场招聘会 251 场，提供就业岗位 11.3 万个。对就业困难人员和零就业家庭人员实行分级分类帮扶。实施高校毕业生就业促进计划，深圳高校毕业生初次就业率保持在 95%以上。

（三）创业就业能力不断增强。

举办深圳“逐梦杯”大学生创新创业大赛、珠三角自主创业项目推介会、创业导师进基层活动。全年发放自主创业补贴 1 952 万元，创业担保贷款 177 笔 3 985 万元。

（四）应对中美经贸摩擦积极稳定就业。

积极应对中美经贸摩擦对就业工作的影响，制定应急维稳预案，分片巡查监测涉美出口重点企业，防范重大劳资纠纷群体性事件发生。

四、持续提升保障水平，构建更加公平更可持续的社会保障体系

深圳社保五险总参保 6 095 万人次（占全省的 21.3%），同比增长 3.6%。全年各项社保基金收入 1 752.87 亿元，同比增长 15.4%；基金总支出 757 亿元，同比增长 39.8%。社保五险参保总缴费最低比例为 23.14%，低于同等城市缴费水平。

（一）养老保险待遇水平稳步提升。

全市企业退休人员 2018 年调待后人均基本养老金 3 818 元/月。积极落实国家和省各项养老保险待遇调整政策，将低保对象、特困人员等困难群体纳入本市居民基本养老保险扶贫范围。

（二）医疗保险实现广覆盖低缴费高保障。

在全国率先实现医疗保险制度一体化，农民工个人每月缴费 11 元，即可享受不低于 160 万元的医保待遇。居民参加医保财政年补助标准由 450 元提高至 492 元。全市推广“与分级诊疗相结合的医疗保险总额管理制度”。

（三）完善工伤保险体系。

规范工伤预防管理工作，联合市住建、安监等部门，全力推进建筑施工企业参加工伤保险工作。完善劳动能力鉴定制度建设，出台了《深圳市劳动能力鉴定管理办法》，进一步优化鉴定流程，健全鉴定专家考核责任制度。

（四）持续减负优化营商环境。

通过社保降费率，实行社保浮动费率，发放生育津贴、失业稳岗补贴，共计减负 114.94 亿元。2018—2022 年暂停征收欠薪保障费，预计累计减负 8.55 亿元。社保新信息系统平稳切换上线，为同城通办奠定坚实基础。

五、大力实施人才强市战略，建设更具竞争力的人才特区

全年新增专业技术人才 12.8 万人，总量

达166.6万人；新增技能人才22万人，总量达353万人，高技能人才占31.2%；在站博士后2 735人，同比增长42.2%；引进人才25.4万人，同比增长8.6%。

（一）积极重构优化人才政策体系。

推动人才认定机制的改革创新，研究制定人才分类评价若干措施。深化职称制度改革，研究制定《深化职称制度改革实施方案》，推进各领域职称评定工作不断完善。会同相关产业（行业）主管部门，在新兴前沿、创意设计、城市管理治理等领域研究制定急需紧缺人才认定办法。

（二）全球“靶向”引进高精尖缺人才。

成功举办第十六届中国国际人才交流大会和中国深圳创新创业大赛第二届国际赛。全面落实高层次人才奖励补贴等人才激励政策。大幅提高博士后资助标准，全市在站博士后人数连续5年以超过30%的速度增长。

（三）大力培育高技能人才队伍。

推行企业首席技师制度，引导企业发挥技能领军人才作用。完善技能菁英遴选资助管理办法，加快培育青年技能领军人才。推进“粤菜师傅”工程，促进劳动者技能就业、技能致富。制定世界技能大赛工作激励资金管理办法，对获奖选手最高予以100万元奖励。11名选手入围第45届世界技能大赛国家集训队。

（四）推进人力资源服务业集聚发展。

出台首部人力资源服务业扶持政策，获批国家级人力资源服务产业园，开启人力资源服务业发展新格局。

六、坚持严管激励并举，提高公职人员管理水平

（一）健全公职人员激励制度。

截至2018年底，全市有公务员、职员15.74万人。配合市委组织部制定《关于进一步激励广大干部新时代新担当新作为的实施意见》，激发干部勇于开拓创新、敢于担当作为。提高基层干部待遇，引导优秀干部扎根基层。按照国家和省部署，开展专项清理，严肃工资津贴补贴纪律，完善工资津贴补贴政策。

（二）提高公务员管理规范化、科学化水平。

落实中央规定调整深圳公务员聘任制实施范围。会同市委组织部调整处级干部任免备案工作权限和程序。从严规范公务员辞职后从业行为。为进一步打通国有企事业单位管理人才、专业人才调任机关渠道，研究完善公务员调转任政策。落实军改工作部署，接收安置计划分配军队转业干部658名、自主择业军队转业干部51名，高质量、高标准完成年度安置任务。

（三）深化事业单位人事制度综合配套改革。

出台《深圳市事业单位岗位管理办法》，下放部分专业技术岗位聘用权限。推进公立医院、高校人事薪酬制度改革，研究人员总量和绩效工资总量管理。推进校长职级制改革，约1 500名校长完成首次认定。

七、坚持共建共治共享，积极构建新型和谐劳动关系

（一）创新劳动关系调处机制。

持续推进省市共建盐田区、坪山区和谐劳动关系综合试验区。稳妥审慎提高最低工资到2 200元/月。出台加强专业性劳动争议调解工作意见，进一步完善劳动争议多元处理机制。

（二）坚决扭转劳资纠纷领域矛盾多发态势。

出台保障农民工工资支付工作考核、督查、问责等多项制度，对严重拖欠农民工工资用人单位及其有关人员实施联合惩戒。2018年，全市劳动监察机构共检查用人单位2.42万家次，全市各级仲裁机构共立案近4万件，为4 130名员工垫付欠薪3 132.8万元。

八、坚持精准方略，推动贫困劳动力实现高质量就业脱贫

（一）主动上门提供精准招聘服务。

组织业务骨干赴当地培训就业指导师资力量，提升当地就业指导水平。准确摸清需求，广泛收集岗位，建立跨区域的岗位信息发布机制和共享机制。有序开展线上线下招聘活动，

帮助有意来深就业贫困劳动力和新成长劳动力实现转移就业。拍摄城市宣传片、招聘微视频等，直观展示城市概貌、企业情况、权益保障等深圳务工环境。广西百色、河池 11 933 名贫困劳动力在深圳新参加社保，转移就业规模稳步扩大。

（二）依托信息平台提供精准跟踪服务。

采取“项目＋政府购买服务”的模式，开展针对贫困劳动力的全方位、精细化、专业化的跟踪服务。市、区、街道三级公共就业服务机构工作联动，确定专人“一对一”帮扶，及时回应贫困劳动力在深务工需求。开发建设“贫困劳动力信息管理服务系统”，实现帮扶入库、稳岗就业、离深返乡的全过程闭环式管理。

（三）构筑梯次体系开展精准技能培训。

对有外出就业意愿但技能水平较低的贫困劳动力，推行订单培训，实现定向就业。向定点培训机构整建制购买就业技能培训项目，开展免费技能培训。依托招用企业开展岗前适应性培训和稳岗培训，增强归属感。2018 年，共举办 12 期育婴师家政培训班，培训贫困劳动力 350 人次。

（四）推进校校合作创新精准扶贫模式。

与广西现代职业技术学院、百色田东职业技术学校分别签订职业技能教育合作与帮扶框架协议。2016 年以来招收对口帮扶贫困生 1 139 人，补贴 9 481 万元，实现“培养一人、就业一人、脱贫一户”。在全国首创“新型学徒制”智力扶贫新模式，学生免费入读，企业每月发给 2 200 元，家庭脱贫进度提前 3 年。

九、坚持建设“人民满意的服务型人社”，作风行风持续向好

（一）统筹部署行风建设三年行动。

印发《深圳市人社系统行风建设三年行动方案》，明确工作总体目标和年度目标，细化工作任务，成立领导小组和 5 个专项工作组，聚焦窗口服务、政务审批、智慧人社的标准化、信息化、便利化建设，着力推出 21 项具体措施，彻底打通为民服务“最后一公里”。建立健全行风建设工作责任制，实行“一把手”负总责和分级负责相结合，实现行风建设与业务工作统一研究部署、统一组织实施、统一督促检查。

（二）大力加强实体服务大厅标准化建设。

深圳人才园服务大厅全力打造智能化、专业化、个性化“一站式”服务创新示范平台，138 项应进事项全部进驻大厅，实现“一门一网式”服务。全市社保服务网点逐步完成标识系统标准化改造，实现社保大厅名称标识、场所建设、设施配备的统一规范。全市人社服务大厅逐步完善自助服务区、政策宣传区、阅读区等便民服务区域。推行午间延时服务，实现人社窗口经办业务“全天候”服务。

（三）不断提升窗口管理服务水平。

采取随机抽查、专项检查、委托第三方机构监测、群众满意度评价等方式，定期对全局的服务窗口进行暗访和监测，及时发现窗口管理、人员作风等方面存在的问题，不断促进窗口管理服务水平优化提高。委托第三方专业机构，在全系统开展违规收受“红包”、礼金问题的专项整治行动，不断增强工作人员廉洁奉公的政治自觉和思想自觉。

（四）打造多渠道的人社宣传平台。

充分利用传统媒体与新兴媒介的优势，采取通俗易懂、灵活多样的形式，通过主题宣传周、宣传月等方式，加强对人社政策、政务服务流程的宣传解读。不断完善深圳人社微信服务菜单，上线更多便民服务功能，不定期对微信端“掌上办事”功能进行介绍和指引，进一步提高人社惠民政策、便民措施的知晓度、关注度。

深圳市人力资源和社会保障局

广西壮族自治区

2018年，在人力资源社会保障部和自治区党委、政府的决策部署下，广西人力资源社会保障部门坚持围绕中心，主动作为，开拓创新，狠抓落实，突出抓好就业、社会保障、人才队伍建设、人事制度改革、收入分配、劳动关系、人社扶贫、行风建设等工作重点，圆满完成全年各项目标任务，为促进广西经济社会发展、民生改善和维护社会稳定做出积极贡献。

一、就业局势保持总体稳定

全年全区累计实现城镇新增就业421 047人，完成年度国家下达目标任务30万人的140.35%、自治区下达目标任务35万人的120.30%；失业人员实现再就业101 357人，完成年度目标任务8万人的126.70%；就业困难人员实现就业39 933人，完成年度目标任务2万人的199.67%；农村劳动力新增转移就业747 410人次，完成年度目标任务52.3万人次的142.91%。年末城镇登记失业率2.34%，比目标控制数4.5%低2.16个百分点。

（一）高校毕业生就业工作取得显著成效。

出台《自治区党委办公厅、政府办公厅印发关于进一步引导和鼓励高校毕业生到基层工作的通知》《自治区人民政府办公厅关于进一步做好全区普通高校毕业生就业创业工作的通知》《广西壮族自治区人力资源和社会保障厅等9部门关于进一步落实高校毕业生就业创业扶持政策的通知》等政策，建立引导和鼓励高校毕业生到基层工作“下得去、留得住、干得好、流得动”的长效机制。招募“三支一扶”大学生847人，其中基层扶贫类737人，占全部岗位的87%，为历年之最。建立全区统一的就业见习信息系统服务平台，探索开发远程视频“一对一”就业指导服务，通过网上预约足不出户就可享受在线和个性化就业指导。举办线上线下招聘会391场，约3.4万家次用人单位提供超过60万个岗位。为2018届离校未就业高校毕业生48 926人提供实名登记服务，实现就业率95.52%。

（二）鼓励扶持农民工就业创业。

印发《广西壮族自治区人力资源和社会保障厅、财政厅关于开展农民工创业就业补贴工作的通知》，实施农民工创业奖补、带动就业奖补、企业及其他社会组织吸纳符合条件的农民工给予社会保险补贴三类奖补政策。分配下达农民工工作奖补资金1.97亿元，并实现奖补资金分配与工作绩效挂钩。保障创业园建设投入，推进农民工创业园建设，以点带面推动农民工创业就业。截至年底，38个农民工创业园已有入驻企业722家，其中农民工创办企业486家；提供就业岗位44 431个，吸纳农民工就业18 761人。

（三）大力推进职业技能培训工作。

全区人力资源社会保障部门组织职业技能培训21.65万人次，其中就业技能培训17.68万人次。出台专项职业能力开发和考核新政策，完成44个专项职业能力考核。扩大“北部湾职业培训券”试行范围，将柳州、贵港纳入试行城市。发放培训券资金480万元。深入推进企业新型学徒制试点工作，批准25家公司、约 2 200 人开展培训。加强公共实训基地建设，全区 19 个公共实训基地建设同步推进。

（四）加强就业信息服务，积极开展专项活动。

大力推进基层公共就业服务平台、数字就业建设。推广使用微信、手机客户端等移动媒介，推动各项公共就业创业服务从线下向线上拓展。通过广西公共就业服务平台为 7.4 万家企业提供网络招聘服务，发布 137.87 万个岗位招聘信息。印制《2018 年服务惠民用工信息手册》3.26 万册发放至各地，群众足不出户即可获得招聘信息和就业服务。积极开展就业服务专项活动，“就业援助月”帮助就业困难人员实现就业 4 695 人、享受政策 7 878 人，帮助零就业家庭至少一人实现就业 110 户、实现就业 117 人，帮助农村建档立卡贫困家庭劳动力实现就业 1 319 人；“春风行动”全区共组织 679 场专场招聘会，发放宣传材料 315.88 万份，为 67.27 万人提供公共就业创业服务；“民营企业招聘周”全区共召开现场招聘会 138 场，组织 4 342 家企业参加招聘活动，提供就业岗位 16.14 万个，初步签订就业（意向）协议 15 537 份。

二、社会保障不断加强

城镇职工基本养老保险、失业保险、医疗保险、工伤保险、生育保险参保人数分别为 825.88 万人、323.52 万人、5 136.69 万人、412.6 万人、366.2 万人，完成人力资源社会保障部布置任务的 104.01%、105.04%、106.79%、106.07%、110.97%。城乡居民养老保险参保人数 1 889.62 万人。五项社会保险总参保达到 8 954.5 万人次；基金总收入 1 987.25 亿元，总支出 1 670.53 亿元，历年滚存结余 1 752.48 亿元。社会保障卡持卡人数 4 033.56 万人，新增 688.67 万人，完成计划的 100.09%。

（一）社会保险制度政策进一步完善。

全区企业和机关事业单位退休人员基本养老金同步调整，248 万多名退休人员月人均增加 146.68 元。印发《关于建立广西壮族自治区城乡居民基本养老保险待遇确定和基础养老金正常调整机制的实施意见》《关于提高 2018 年广西壮族自治区城乡居民基本养老保险基础养老金最低标准的通知》，城乡居民基本养老保险基础养老金最低标准提高至 116 元/月，对 65 周岁及以上参保人员每人每月加发老年基础养老金 5 元，全区领取待遇人数约 616.88 万人。多渠道推动领取养老保险待遇资格认证，取消集中认证工作。《城乡居民基本养老保险申报缴纳管理规范》获得全国社会保险标准化技术委员会评审通过。

持续加大医疗保险领域改革力度。职工门诊特殊慢性病病种由原来的 21 种扩大到 29 种，统一了城镇职工与城乡居民门诊特殊慢性病病种。扩大医保个人账户使用范围，增强互助共济性，充分发挥个人账户的保障功能。有序推进医保支付方式改革，实施按病种付费病种 127 个。有序推进精神病住院医疗服务按床日及实施日间手术按病种结算工作。修改完善定点医药机构服务协议及 2018 年年度考评办法，将总额预算纳入服务协议管理。完成了 798 家定点医药机构服务协议签订工作。推进全区社会保障“一卡通”和跨省异地就医直接结算，截至年底，全区已有 2 519 家定点医疗机构、6 300 家定点零售药店实现了自治区内异地就医购药直接结算，所有符合条件的定点医疗机构、定点零售药店 100%纳入自治区内异地就医直接结算范围，数量位居全国前列；全区跨省定点医疗机构达 1 834 家，数量位居全国第一。全区通过广西异地就医结算平台结算自治区内异地医疗费用 486.44 万人次，结算金额 42.01 亿元；通过国家异地就医结算系统结算跨省住院医疗费用 2.46 万人次，结算金额 5.25 亿元。提升工伤保险待遇水平，全区符合条件人员伤残津贴和供养亲属抚恤金每人每月分别增加 163 元和 58 元，生活完全、大部分和部分不能自理的生活护理费分别调整到每人每月 2 567 元、2 053 元和 1 540 元。自治区人民政府印发《关于贯彻执行〈工伤保险条例〉进一步做好工伤保险工作的通知》，分别与相关部门联合印发《工伤预防费使用管理实施办法》和《关于做好事业单位参加工伤保险新旧政策衔接有关工作的通知》。

实施失业保险援企稳岗“护航行动”，进一步提高稳岗补贴政策实施的精准性，加大对企业帮困扶危的力度。全年全区发放稳岗补贴3.84亿元，惠及企业11 920家，帮助企业稳定职工就业131.44万人。实施失业保险支持企业职工技能提升“展翅行动”，技能提升补贴金额从1 000元至2 400元不等，累计发放技能提升补贴1 923.74万元，惠及企业职工11 341人次。稳妥推进去产能企业职工安置工作，顺利完成年度任务。加强失业动态监测工作，监测企业3 004家、19个行业门类、在岗职工约80万人。

统筹推进各项业务经办工作。顺利完成原南宁铁路局参加医疗保险的122 344人、参加工伤保险的60 967人社保业务移交工作。加快推进“多证合一、一照一码”社保登记制度改革。继续执行降费率政策减轻实体经济负担，从2018年5月1日起，参保企业基本养老、失业、基本医疗和生育保险单位缴费率分别调整为19%、0.5%、7%和0.5%。推进社保关系转移接续工作，完成28 689人次转移接续业务。完成4 484家养老保险参保单位和4 958家失业保险参保单位的整理工作，分别完成99.6%和99.9%的数据转换工作。

（二）风险防控进一步加强。

深入推进经办风险管理专项行动，完成了全区14个市及部分县级社保经办机构的检查验收工作。在人力资源社会保障部社保中心开展社保经办管理省级互查时，全区被检查的5个机构评估得分均在90分以上，符合部规定的达标要求。做好内部控制检查评估和社会保险费征缴稽核工作，印发《加强社会保险基金风险防控工作方案》，完成对自治区本级上年社会保险基金财务管理情况的检查。推进广西社保业务财务信息“一体化”系统建设，采用银社直联方式征收社保费和发放各项待遇，防范基金风险。推进机关事业单位养老保险清算，完成自治区本级1 171家参保单位机关事业单位养老保险准备期清算任务。完成《广西职业年金基金管理实施办法》起草工作。全面完成全区工伤保险内部控制专项检查，探索建立行政检查“十个一”标准。细化、量化了39项社会保险基金管理风险防控具体工作任务，积极推动政策、经办、信息、监督“四位一体”的风险防控体系建设，并取得全面取消“现金业务”“手工办理”“社银人工报盘”等阶段性成效。

（三）行政监管力度进一步加大。

签订社会保险基金安全管理责任书，全面实行基金安全管理“一把手”负责制。组织开展企业职工养老保险基金收支管理自治区随机抽查、整改检查发现问题回访复查，对区本级和14个设区市的抽查覆盖率达100%、对县（市、区）的抽查覆盖率达60.9%。组织开展扶贫领域机动式巡视发现问题专项整治行动，坚决查处和纠正重复参保和领取养老待遇人员死亡后其亲属或他人继续领取养老金的问题。认真做好涉嫌以伪造证明材料骗取养老金、电信网络诈骗城乡居民养老保险基金、从未失业却领取失业保险待遇等的查处和移送。持续做好历年来社会保险工作人员职务犯罪案件涉及基金损失等历史遗留问题的处理工作，追回损失953.62万元。

（四）认真抓好社会保险费征管职责划转工作。

积极协助税务部门筹备自治区人民政府召开的全区社会保险费和非税收入征管职责划转工作动员视频会，提请印发《关于做好社会保险费和非税收入征管职责划转工作的实施意见》和《交接工作方案》。加强与自治区税务局的沟通协调，共同研究解决划转工作的困难和问题。认真梳理人力资源社会保障、税务部门业务边界，形成“广西社会保险费征缴业务事项边界梳理表”，稳步推进社会保险费征管职责划转工作。

三、人才队伍建设取得良好成效

认真贯彻落实自治区党委人才工作领导小组部署要求，深入推进人才发展体制机制改革，认真抓好问题整改，专业技术人才和高技能人才队伍建设取得良好成效。截至年底，全区共有各类专业技术人才190万人、各类技能人才488.89万人，分别比上年增长10.4%、5.3%。

（一）制定出台人才政策。

聚焦优化营商环境和工业高质量发展大局，研究制定了《加强人力资源社会保障服务的若干措施》《国家海洋局第四海洋研究所人才引进政策》《事业单位特设岗位管理办法（试行）》《高校职称评审权下放工作实施方案》《关于进一步引导和鼓励高校毕业生到基层工作的通知》《关于落实事业单位人事管理领域“放管服”改革精简规范自治区本级事业单位新增人员手续的通知》《关于提高技术工人待遇的实施意见》《关于推行终身职业培训制度的实施意见》等多项改革政策措施，从人才待遇、落户、住房、医疗、子女入学、职称评审、精简招聘手续、奖励激励等多个方面作出明确规定，为各级各部门引进、培养、使用人才提供了政策支持。

（二）抓好专业技术人才队伍建设。

一是抓好人才培养、引进、使用。创新管理模式推进人才小高地建设，使之成为高层次人才集聚、培养的重要平台。组织区内564家企事业单位赴北京、广州等五地招聘重点领域急需紧缺高层次人才，接待应聘人数6 552人次，达成意向签约1 116人。开展广西博士后创新人才支持计划试点工作，招聘10名区外“双一流大学”博士进站开展研究工作。会同有关部门赴欧洲三国开展高层次人才政策和需求发布活动。组团参加2018中国海外人才交流大会暨第20届中国留学人员广州科技交流会。二是抓好重大人才项目建设。组织开展广西高层次人才认定工作，首批认定335人。做好国务院政府特殊津贴人选评选推荐工作，新增48人享受国务院政府特殊津贴。组织开展第七批特聘专家遴选工作，选聘包括2名院士、11名具有“国字号”人才在内共26人，实现柔性引进高层次人才的重大突破。做好第21批广西“十百千”人才工程第二层次人选选拔工作，共评出人选30名。

（三）抓好技能人才队伍建设。

一是持续强化技能扶贫。推进贫困地区职业技能培训全覆盖，抓好结对帮扶贫困家庭“两后生”培训，促进贫困人员实现就业。全年培训建档立卡贫困劳动力7.6万人。二是组织开展农民工技能大赛。举办广西第五届农民工技能大赛，针对新生代农民工就业的新形态和新领域，新增快递业务员、咖啡师、眼镜验光员、叉车司机、装饰镶贴工等项目，竞赛工种增加到20个。对未列入国家职业资格目录的竞赛工种颁发广西农民工技能大赛技能水平证书。全区参赛2.18万人，现场颁发初、中、高级职业资格证书或大赛技能水平证书1.28万本，带动岗位练兵20多万人。三是着力培养高技能人才。加强职业技能培训，全年培训18.89万人。组织参加第45届世界技能大赛全国选拔赛、第八届全国数控技能大赛和第二届全国智能制造应用技术技能大赛3个国家级一类竞赛和8个国家级二类竞赛，与相关厅局联合组织各类职业技能竞赛17个。各类竞赛项目取得历史性突破：荣获三项全国大赛“优秀组织奖”，广西机电技师学院、广西交通技师学院被确定为第45届世界技能大赛国家集训基地，3名选手入围国家集训队，23名选手摘取全国数控技能大赛奖项，9支参赛队获全国智能制造应用技术技能大赛二、三等奖。

（四）做好人才服务工作。

成功承办中国—东盟汇商聚智高峰论坛和2018年海内外高端人才创新创业成果展，组织区内223家企事业单位参加人才项目对接，达成合作意向100多项，促成52个高端人才项目签订落地意向协议。聚焦扶贫、产业转型升级开展高层次人才服务活动，成功承办第49批中国博士后科技服务团医疗人才扶贫百色老区行活动、梧州六堡茶产业转型升级专家服务活动、钦州“南向领雁”博士后挂职暨第58批中国博士后科技服务团服务活动、2018年第二届广西汽车产业转型升级问计专家暨国家“千人计划”和“双百人才工程”专家服务柳州行活动等，为用人单位引进和培养高精尖缺人才提供服务。

四、人事制度改革取得新进展

（一）推进人事管理制度改革。

一是进一步完善岗位管理制度。出台《事业单位特设岗位管理办法（试行）》，优化岗位结构管理。事业单位可以按专业技术岗位总量的5%～10%设置特设岗位，特设岗位由主管部门管理，不受岗位总量、结构比例限制，逐步解决人才引进和事业单位人员岗位不足问题。二是制定岗位聘用向基层倾斜政策。对于乡村教师、乡村医生等乡镇（不含县城所在地）事业单位专业技术人员，已取得中、高级职称的，可不受岗位结构比例限制，根据其取得的职称按规定程序聘用到相应岗位。乡村教师符合中、高级职称申报条件，且累计在乡村学校工作满5年、10年的，可直接对应申报中、副高级职称，通过评审的按程序聘用到本单位专业技术岗位十级或七级。三是积极探索深化事业单位人事制度改革的配套政策。出台《关于落实“放管服”改革精简事业单位增人手续的通知》，精简事业单位增人手续，强化事中事后监督。四是积极指导大化县开展事业单位管理岗位职员等级晋升制度试点工作。组建自治区县以下事业单位管理岗位职员等级晋升制度试点工作领导小组和领导小组办公室，会同自治区党委组织部，指导大化县制定试点工作方案。

（二）积极推进机构改革工作。

根据《广西壮族自治区机构改革方案》和自治区机构改革实施意见精神，自治区人力资源社会保障厅职责、机构和人员编制有所调整。公务员工资福利管理职责划入自治区党委组织部，军官转业安置职责划入退役军人事务厅，城镇职工和城乡居民基本医疗保险、生育保险职责划入医疗保障局，外国专家管理职责划入科学技术厅。自治区公务员局表彰奖励、评比达标表彰和具体办理、自治区人民政府行政任免有关事项职责划入人力资源社会保障厅。上述职责、机构和人员编制调整工作均已于2018年底前与相关单位完成交接。

五、收入分配制度逐步完善

（一）落实机关事业单位工资制度。

按照国家和自治区有关工作部署，落实各项机关事业单位收入分配政策，完成全区机关事业单位人员基本工资标准、离休人员离休费和艰苦边远地区津贴标准调整工作，配合相关部门落实与公务员分类管理相适应的配套政策，做好公务员职务与职级并行制度工资兑现工作，完善和规范改革性补贴有关政策。启动高校和科研院高层次人才薪酬制度改革试点工作，扩大公立医院薪酬制度改革试点工作实施范围。

（二）加强企业工资宏观调控和监督。

自2018年2月1日起，调整最低工资标准。新最低工资标准在原来基础上增长20%，一、二、三类地区分别达到每月1 680元、1 450元、1 300元。发布2018年企业工资指导线，基准线为7%，上线为11%，下线为2%。继续推进自治区国有企业负责人薪酬制度改革工作，起草国有企业工资决定机制实施意见，并由自治区人民政府印发。完成国家企业薪酬调查和自治区企业薪酬试调查工作。

六、劳动关系总体保持和谐稳定

积极防范劳动关系风险隐患，完善应急处置机制，加大劳动保障监察执法力度，及时化解突出矛盾，劳动关系保持总体和谐稳定。

（一）建设和谐劳动关系。

自治区人力资源社会保障厅联合总工会、企联、工商联、安监、工信、人行南宁中心支行6家单位，出台《劳动关系和谐单位认定办法（试行）》。各市、县按照办法认真组织开展工作，认定优秀劳动关系和谐单位 2 家、劳动关系和谐单位 78 家。2018 年全区企业劳动合同签订率 95.93％，比计划目标高 5.93％。

（二）劳动人事争议调解仲裁工作规范有序。

印发《关于进一步推进劳动人事争议仲裁与诉讼衔接机制建设的实施意见》，完善建立联席会议、信息共享、疑难复杂案件办案指导、联合培训等工作制度。印发《关于试行仲裁审理繁简分流公正高效处理劳动人事争议的通知》，创新开展快速仲裁庭审改革。与政法委、法院等 8 部门联合印发《关于进一步加强劳动人事争议调解仲裁完善多元处理机制的实施意见》，不断完善多主体、多方式、多层次的多元处理格局，有效处理劳动人事争议。组织开展“仲裁公开月”活动，通过“五公开”（公开仲裁办案场所、公开仲裁人员名单、公开仲裁法规制度、公开仲裁庭审现场、公开仲裁法律文书）提升仲裁公信力和树立仲裁部门形象，妥善处理仲裁案件，维护劳动人事关系的和谐发展。全年处理劳动人事案件 2.92 万件，涉及劳动者 3.06 万人，涉案金额 49 660.17 万元。其中，受理调解案件 1.30 万件，调解成功率 64.96％；仲裁立案受理 1.62 万件，仲裁结案率 94.46％。

（三）扎实开展治欠保支攻坚行动。

牵头和督促各相关部门出台政策文件 27 件，内容涵盖加强组织领导、工程建设领域欠薪源头治理、工资支付保障制度、工资支付诚信体系、依法处置欠薪案件、欠薪突发事件应急处置等，为全面治理拖欠农民工工资问题提供了政策和制度上的有力保障。以治理工程建设领域市场秩序特别是政府投资工程项目欠薪问题为重点，在全区范围内组织开展保障农民工工资支付工作专项整治攻坚行动，全区拖欠农民工工资案件、涉及金额、涉及人数实现三个大幅下降，与上年相比分别下降 83.77％、84.67％、87.15％，得到国家部际联席会议肯定，并在全国治欠保支工作电视电话会议上作了典型经验介绍。全区劳动保障监察机构办结劳动监察投诉举报案件 913 件；追发劳动者工资等待遇 1.52 亿元，涉及劳动者 1.21 万人，其中，追发农民工工资 1.5 亿元，涉及农民工 1.2 万人；日常巡视检查各类用工单位 5.18 万户。

七、人社扶贫工作精准性有效性不断增强

2018 年全区帮扶 44.77 万名农村建档立卡贫困劳动力实现就业。全区 419.14 万名符合条件的建档立卡贫困人口参加了城乡居民养老保险，参保率 100％；76.60 万名符合领取待遇条件的建档立卡贫困人员领取了养老金，发放率 100％。

（一）深入开展就业扶贫。

聚焦深度贫困地区、聚焦贫困人员，特别是以建档立卡贫困人员为重点，采取精准就业帮扶举措取得实效。出台吸纳贫困人员就业奖补政策，发放给 54 个贫困县农民工创业专项扶持资金 9 814 万元，20 个深度贫困县 4 903 万元。深化粤桂劳务协作，提供就业岗位 19.87 万个。建成贫困县农民工创业园 24 个，吸纳建档立卡贫困人员就业能力逐步增强。建立贫困劳动力信息库，多渠道开发就业岗位，精准对接就业需求。全区认定扶贫车间 1 160 个，吸纳贫困劳动力就业 1.29 万人；返乡创业带动就业 1.93 万人；公益性岗位安置 3.02 万人。举办“两后生”就业帮扶招聘会 12 场，654 家用人单位提供 3.05 万个岗位用工信息；开展“就业扶贫行动日”活动，全区举办就业扶贫专场招聘会 172 场，提供岗位 11.32 万个。对企业以“公司＋农户”经营模式带动贫困户脱贫给予补贴，减轻企业负担，稳定就业岗位。

（二）大力推进贫困地区职业技能培训。

通过精准掌握贫困劳动力信息，广泛组织动员贫困农村劳动力参加培训，促进实现转移就业。全年培训贫困人员 7.6 万人，培训后实现就业 45 268 人。持续抓好技工院校与贫困县结对帮扶贫困家庭“两后生”精准职业培训，帮助 14 598 名贫困家庭“两后生”参加职业培训，有 5 804 人已实现就业。围绕产业

发展、市场需求，重点开展项目制培训，优化技能培训方式方法，实行培训补贴政策，调动贫困人员参加培训积极性。贵港市结合贫困地区特点，推行“项目制”培训模式，帮助贫困人口提升就业技能。

（三）社保扶贫兜底保障能力进一步增强。

出台多个社保扶贫政策，不断提升社会保障能力和水平。对参加城乡居民基本养老保险的建档立卡未标注脱贫和脱贫后继续扶持两年人员等六类困难人员共 298.38 万人，由当地政府代缴养老保险费每人每年 100 元。全区 419.14 万名符合条件的建档立卡贫困人口参加了城乡居民养老保险，参保率 100%；117 万名符合领取待遇条件的参保人员领取了养老金，发放率 100%。创新出台医保扶贫政策，通过基本医保、大病保险和医疗救助、商业保险的方式，把建档立卡贫困人员的医疗费用报销比例提高到 90%以上，治疗门诊特殊慢性病报销比例提高 5%。进一步做好建档立卡贫困人口医疗费用“一站式”结算工作，积极探索解决贫困患者就医费用报销手续繁琐的办法。南宁市在全区首推医保个人账户“家庭共享”模式，在全国率先搭建统一的线上自由选购平台，允许个人账户资金为本人及家人购买商业健康保险和缴纳医保费。梧州市创新实施医保门诊特殊慢性病直接结算惠民模式，实现医保报销结算系统与定点医疗机构、药店在全市范围内互联互通、数据共享，患者通过处方共享平台就可以取药看病。

八、行风建设有序推进

全面梳理各项权力清单、服务清单、问题清单底数，进一步优化人力资源社会保障领域审批和公共服务事项流程，做到清权、减权、晒权、制权一体推进，有效提高了人民群众满意度。广西成为全国人力资源社会保障系统全部完成堵点疏解任务的 4 个省份之一。人力资源社会保障部 2018 年人力资源社会保障政策满意度调查结果显示，广西受访居民对人力资源社会保障政策总体满意度同比提升 7.2 分。

（一）社保“一门式”改革效果明显。

贺州、来宾、玉林等 13 个市已实现“一门式”服务，即全部按照“一窗受理，后台审核，限时办结，统一反馈”的模式办理，为群众提供一体化无差别的公共服务。“一门式”经办服务改革的做法得到人力资源社会保障部充分肯定，该项工作经验在全国人力资源社会保障系统行风建设工作会议上作先进典型发言。

（二）全区人社服务“一张网”初步成形。

大力推进信息化建设，努力实现“一网通办”，自治区本级和防城港市、贺州市、来宾市已上线运行社会保险经办管理信息系统，实现了业务财务、电子档案、线上线下、运维监管一体化。一是“不进门，网上办”，已有 82%的社会保险事项实现网上办理；二是“进一门，一窗办”，所有的事项在一个窗口均可完成办理；三是“简便事，自助办”，对于能够自助办理的事项，通过自助服务一体机、“广西人社服务”微信公众号、广西人社 12333 手机 App 等渠道，交由参保人自主办理，有效提升了经办管理服务水平。通过将自助服务一体机、村医通部署到基层乡村，实现区—市—县—乡—村五级覆盖，真正让群众办事就医不出村。该信息系统将于 2019 年在全区推广使用，实现全区社保业务一网通办。

（三）梳理清单和优化流程。

全面梳理现有依申请行政权力事项和公共服务事项，编制完成“一次性告知”“最多跑一次”“一次不用跑”3 张清单。全区人力资源社会保障系统取消证明事项 32 个；10 个办理量大的高频事项，全部实现群众办事“最多跑一次”。自治区本级有 6 个办事事项主项及其 9 个子项由原来需到场 1～2 次，优化为“一次不用跑”；有 19 个办事事项主项及其 30 个子项由原来到场 1～2 次，优化为“最多跑一次”，服务效能有较大提升。

（四）大力推进网上办事和基层公共服务建设。

加快全区人力资源社会保障系统统一的公

共服务平台建设，自治区本级行政许可事项和公共服务事项网上办理率达到80%以上。全区14 268个行政村已实现村级社保就业服务窗口全覆盖，基本实现“人社服务广覆盖，群众办事不出村”。初步建成广西人力资源社会保障数据共享平台并与自治区数据共享平台实现对接，上传到自治区证照库的证照信息数量为20 137 229条，共享人力资源社会保障数据35项，共计911 980 116条。截至年底，进驻自治区政务中心人力资源社会保障厅窗口、社保分中心的政务服务事项网上办理率均达到100%。

广西壮族自治区人力资源和社会保障厅

海 南 省

2018年，海南省人力资源社会保障部门深入贯彻落实党的十九大精神和习近平总书记在庆祝海南建省办经济特区30周年大会上的重要讲话及《中共中央　国务院关于支持海南全面深化改革开放的指导意见》文件精神，坚决落实省委、省政府决策部署，聚焦全面深化改革开放，紧盯美好新海南和自贸区（港）建设奋斗目标，认真贯彻落实全国人力资源社会保障工作会议精神和人力资源社会保障工作要点，坚持“民生为本、人才优先”工作主线和稳中求进工作总基调，实干担当、主动作为，各项年度目标任务稳步推进，人力资源社会保障事业发展取得了新成就。

一、聚焦重点群体，狠抓政策落实，就业形势稳中向好

始终把就业作为最大的民生从工作全局中突显出来，以聚焦重点群体、稳定就业岗位为重点，以提高就业质量为目标，不断完善就业创业政策体系，狠抓政策落实，实施更加积极、更具力度的扶持措施，就业局势总体保持稳中向好。全年全省城镇新增就业12.84万人，失业人员再就业3.41万人，就业困难人员实现就业1.21万人，农村劳动力转移就业14.06万人，农村贫困劳动力转移就业2.24万人，均完成年度任务。

（一）积极完善促进就业创业的政策体系。

先后出台《海南省就业补助资金管理办法》《关于进一步做好就业扶贫工作的九条措施》《关于大力促进贫困家庭劳动力就业的通知》《开展家庭服务专项培训试点工作方案》《关于做好生态移民搬迁就业创业和社会保险接续的若干措施》《关于做好社区戒毒社区康复人员就业扶持工作的通知》《海南省关于提高技术工人待遇若干措施》《海南省人民政府关于推行终身职业技能培训制度的实施意见》《海南省技能人才评价改革方案》《开发就业扶贫公益专岗的指导意见》《海南省关于做好当前和今后一个时期促进就业工作的若干措施》，政策体系更加配套，促进就业创业作用明显。

（二）统筹推进重点群体就业帮扶工作。

组织实施毕业生创业引领计划和就业见习计划，为24 757名毕业生进行了实名登记，并实施创业培训。开展精准扶贫专场招聘会、“就业援助月”和“春风行动”等就业服务活动。扎实开展零就业贫困家庭专项工作。指导各市县针对重点群体开展职业培训和就业帮扶工作。

（三）大力推动技能人才队伍建设。

完成2017年度技工院校教师职称评审。开展技工院校学生资助工作。组织参加第45届世界技能大赛全国选拔赛，会同有关部门组织实施全省职业院校技能大赛、全国交通运输行业职业技能大赛海南省选拔赛、全国农业行业职业技能大赛海南省选拔赛、国际旅游岛青年服务技能大赛等竞赛活动。配合人力资源社会保障部在海口、三亚和五指山市开展世界技能大赛先进事迹巡回报告会。鉴定考核技能人才60 601人。开展国家第14届高技能人才评选表彰推荐工作。印发《关于做好2018年海南省高技能人才培训基地建设

项目的通知》《关于以技工院校为平台开展企业新型学徒制试点工作实施方案》，推动相关工作。

（四）积极推进以创业带动就业工作。

认真实施创业引领计划，加强创业担保贷款扶持创业管理工作，扎实做好创建创业孵化基地及示范点工作。牵头组织海南省2018年创业大赛和第三届“中国创翼”创业创新大赛海南选拔赛。指导市县落实创业担保贷款扶持政策，开展年度创业培训机构认定。

二、大力推进改革，积极完善制度，社会保障水平不断提升

（一）继续推进社保领域改革。

印发《关于妥善解决我省华侨农场社保遗留问题的通知》《关于机关事业（试点）单位基本养老保险基金并账有关问题的通知》《海南省职业年金基金管理实施方案》。积极推动符合精神类疾病患者临床诊疗特点的医保支付方式改革，印发《关于开展精神类疾病按住院床日付费工作的通知》，从2018年8月1日起执行，截至12月底，全省共结算1 246人次。全面推进按病种付费工作，印发《关于全面实施基本医疗保险按病种付费工作的通知》，明确从2018年11月1日起，凡纳入全省各市县基本医疗保险协议管理的二、三级定点医疗机构均实行100个病种按病种付费，截至12月底，全省共结算5 120人次。印发《关于放开我省公立医疗机构牙脱色术等21项医疗服务项目价格的通知》，放开第二批公立医院医疗服务价格。

（二）大力加强社保制度建设。

修订《海南省城镇从业人员基本养老保险条例实施细则》，印发《关于特殊工种提前退休有关问题的通知》。深入推进异地就医结算工作，新增7家异地定点医疗机构，总共已达64家。出台文件将灵活就业人员、离休人员纳入跨省异地就医住院医疗费用直接结算人群范围，全年全省有44 808人的备案信息上传至国家异地就医结算系统（上传率100%），农民工和“双创”人员全部纳入备案范围。通过国家平台异地就医结算共26 601人，总医疗费用57 479.06万元。全力推进建筑等行业按项目参加工伤保险“同舟计划”，印发《海南省铁路、公路、水利、水运、能源、机场工程建设项目参加工伤保险工作实施方案的通知》，在全国率先将建筑业按项目参加工伤保险缴费费率降低50%，建筑等行业新开工项目参保率100%。

（三）适度提高社保待遇水平。

调整全省企业和机关事业单位退休人员养老金，月人均增加133.38元。将城乡居民基本养老保险基础养老金标准由每人每月145元提高至178元（国家统一提高18元，海南省自行提高15元）。推进社会保险阶段性降费率工作，印发《关于继续阶段性降低我省城镇从业人员基本养老保险、失业保险和工伤保险费率的通知》，基本养老保险继续执行19%的单位缴费比例，失业保险继续执行1%的总费率（单位0.5%，个人0.5%），工伤保险在用人单位（含建筑业按项目参加工伤保险）现行费率基础上下调50%。开展失业保险援企稳岗“护航行动”和失业保险技能提升“展翅行动”，全年共发放稳岗补贴1 351.36万元，惠及企业167家44 131人，为1 627人发放技能提升补贴241.12万元。印发《海南省失业人员职业培训和职业介绍补贴办法》，支持失业人员再就业。出台《关于保障国家谈判药品临床使用的通知》和《关于将17种抗癌药纳入我省现行基本医疗保险、工伤保险、生育保险药品目录乙类范围的通知》，将国家39种谈判药品和阿扎胞苷等17种药品纳入基本医疗保险支付范围，同时规定使用以上56种药品暂实行单独核算，不列入药占比统计范围。印发《生育保险医疗费用结算暂行办法》，从2018年2月1日起，全省城镇从业人员生育保险实行定额结算，产前检查费不再凭票报销。

（四）积极发挥社保救助功能。

2018年，共救助惠民病人3 805人次，医疗救助金额 856.4 万元。全省城乡医疗救助 37.88 万人次，其中，资助参加城镇居民基本医疗保险和新型农村合作医疗 32.77 万人次，大病救助、门诊救助 5.83 万人次，救助金额 14 339.28 万元。分配中央医疗救助补助资金 43 028 万元，省级医疗救助资金 3 600 万元。大力推进医疗救助一站式结算服务，全省县级医院和乡镇卫生院均已实现医疗救助“一站式”即时结算。全年共审批 46 例先天性心脏病患儿参加“冉冉朝阳·慈心之旅”救助先天性患儿项目。

（五）加强社保基金风险防范。

印发《关于进一步推进基本医疗保险智能监控工作的通知》，与定点医疗机构签订《海南省基本医疗保险定点医疗机构服务协议》，不断加强对定点医疗机构的监管，确保医保基金的安全。在全省组织开展专项核查工作，全年共核查部、省两级下发疑点重点信息 33 679 条，查实重复领取、死亡冒领等违规领取社保待遇 376 人，追回基金 615 万元。

2018 年，全省城镇从业人员基本养老保险参保人数 257.95 万人，基金总收入 326.07 亿元，基金总支出 267.85 亿元，累计结余 234.63 亿元；城乡居民基本养老保险参保人数 298.22 万人，基金总收入 35.44 亿元，基金总支出 18.06 亿元，累计结余 82.54 亿元；城镇从业人员基本医疗保险参保人数 225.72 万人，基金总收入 84.32 亿元，基金总支出 57.48 亿元，累计结余 124.95 亿元；城乡居民医疗保险参保人数 214.72 万人，基金总收入 14.09 亿元，基金总支出 12.91 亿元，累计结余 16.83 亿元；失业保险参保人数 173.44 万人，基金总收入 7.41 亿元，基金总支出 5.89 亿元，累计结余 36.61 亿元；工伤保险参保人数 152.90 万人，基金总收入 3.58 亿元，基金总支出 1.87 亿元，累计结余 18.14 亿元；生育保险参保人数 152.62 万人，基金总收入 4.99 亿元，基金总支出 5.91 亿元，累计结余 3.94 亿元。

三、围绕海南建设自由贸易区（港），持续改革强化人才政策

（一）多渠道招才引智。

贯彻落实省委《百万人才进海南行动计划》部署，先后开展海南大学硕博毕业生专场对接会、省内招才引智招聘月活动，11 月 10 日，在北京举办“聚四方之才”招聘会。印发《海南省引进人才配偶就业安置实施办法（试行）》，推动建立省级人才服务“一站式”平台。全年累计受理高层次人才认定 1 410 人次，办理留学回国人员认定 251 人，流动人员专业技术资格确认申报 35 人，博士后资助申报材料 7 人。全年新增技能人才 8 600 人。

（二）不断加强专业技术人才队伍建设。

印发《关于加快博鳌乐城国际医疗旅游先行区人才优先发展的实施意见》《关于开展基层教育卫生专业技术人才激励机制改革试点的实施意见》《海南省基层卫生系列高级专业技术资格评审条件》《关于贯彻落实职称制度改革实施意见的通知》，组织开展“515”人才工程第一、二层次人选选拔活动。首次组织开展 2017 年海南省“百人专项”专业评审活动。组织开展 2018 年度“特贴”专家和“省优”专家评审选拔推荐工作，向省政府报批 35 名“省优”专家人选，向人力资源社会保障部推荐 24 名“特贴”专家人选。完成卫生（基层）和中小学正高级等 16 个系列职称评审工作，共有 3 528 人取得高级专业技术资格。完成全省 6 批高层次人才认定工作，认定 1 512 名申报人，其中杰出人才 53 名、领军人才 331 名、拔尖人才 369 名、其他类人才 759 名。组织开展博士后工作站申报和各项专业技术人员资格考试。

（三）严格落实“放管服”改革要求。

印发《关于进一步加强全省人社系统行风建设提升服务质量和群众满意度工作方案》，推进“放管服”改革，将“高级专家延长离退休年龄审批”行政确认事项进驻省政务服务中心，将“跨统筹地区就医审批”行政许可事项

改为备案，将“劳动用工备案”下放至属地管辖。印发《关于做好工伤认定和劳动能力鉴定工作的通知》，自 2019 年 1 月 1 日起，将省本级参保的中央驻琼机关、省直机关（含参照公务员法管理单位）以外的企业事业单位、社会团体职工的工伤认定和劳动能力鉴定初次鉴定事项调整为属地办理。在社会保险经办工作中全面推行异地业务“不用跑”、证明材料“不用交”、表格信息“不用填”，全面取消社会保险待遇领取资格集中认证。推行落实政务信息整合共享工作，完成了人力资源社会保障业务专网向电子政务外网的迁移工作。完成社会保险经办“一张审批网”单点登录、社保缴费查询等接口的开发工作，实现单位和个人可通过“一张审批网”办理人力资源社会保障相关业务。大幅压缩网上审批大厅行政审批事项“承诺时限”，将企业年金方案备案、省属国有企业改制关闭破产职工安置方案审核、企业裁减人员制度报告、集体合同备案、职业技能鉴定机构设立审批 5 个审批事项的“承诺时限”共缩短 16 天。逐项落实人力资源社会保障部社会保险事业管理中心梳理的 19 类 35 项精简材料清单和 20 项堵点问题清单，已完成精简材料 31 项、疏解堵点问题 9 项（不含非社保部门职能项目）。开通了异地生育审批登记、基本医疗保险关系转入转出、伤残待遇申请等 18 项公共服务事项的“不见面经办”。积极推动人力资源社会保障部与省政府签署《共同推进海南省人力资源和社会保障事业改革与发展合作协议》。

四、持续深化人事制度改革，人事管理工作成效明显

（一）做好计划分配军转干部安置工作。

完成 1 026 名军转干部安置任务，安置进度质量走在全国前列。做好省直 1 068 名企业军转干部解困稳定和全省 28 372 名优抚对象的优待优抚工作。做好 483 名自主择业军转干部档案移交和退役金审定工作，为 2 343 名自主择业军转干部及时足额发放退役金 2.5 亿元。

（二）认真组织实施各项公务员考录培训工作。

全年确定录用 2 178 名公务员，70%为县级、乡镇公务员。完成中直机关考试录用公务员 2018 年度面试工作和 2019 年度笔试工作。组织 20 名公务员赴香港开展公务员管理专题培训。全年举办公务员各类培训班 13 期，培训 978 人。行政机关公务员在线学习应训 40 644 人，参训 40 156 人，完成 39 768 人，参训率为 98.80%，完成率为 97.84%，共完成 1 463 574 学时。

（三）加强机关和事业单位人事管理。

印发《关于深化基层事业单位人事制度改革的实施意见》，为基层事业单位招揽人才创造条件。起草内地国企事业单位专业技术和管理人员在海南兼职兼薪管理办法、事业单位聘用外籍人员暂行办法，不断提高人才待遇、畅通人才流动渠道。制定《关于进一步引导和鼓励高校毕业生到基层工作的实施意见》，建立健全高校毕业生到基层“招得来、留得住、用得好”长效机制。印发《关于调整我省中小学校专业技术岗位结构比例指导标准的通知》，推进中小学校教师职称制度改革。印发《事业单位公开招聘工作人员实施办法》《事业单位人员调动规定（试行）》，规范事业单位人员公开招聘和调动管理。完成 2018 年高校毕业生“三支一扶”计划招募工作，85 名“三支一扶”人员已正式上岗。

（四）稳步推进收入分配制度改革。

在海口、三亚和儋州三地开展试点，探索合理确定公立医院薪酬水平和绩效工资总量办法。落实调整艰苦边远地区津贴标准政策。发布全省 2018 年企业工资增长指导线。自 2018 年 12 月 1 日起，将最低工资标准提高 240 元，调整后一、二、三类地区月最低工资标准分别为 1 670 元、1 570 元、1 520 元，经省政府常务会议决定，自 2019 年起每年调整一次。印发《关于省直机关事业单位 2017 年带薪年休假有关问题的通知》和《关于省直机关事业单位严格执行带薪年休假制度有关问题的通知》，进一步加强对省直机关事业单位带薪年休假的规范管理。印发《关于进一步做好省级事业单位绩效工资管理工作的通知》，进一步完善绩效工资政策。按照国家部署，落实基本工资标准正常调整机制，及时兑现2018年机关事业单位工作人员基本工资调整待遇。

五、加强风险防控，加大维权力度，构建中国特色和谐劳动关系

（一）进一步健全劳动关系协调机制。

印发《关于开展工资集体协商“百日要约行动”的通知》，加强劳动关系协调机制建设。印发《关于推进构建和谐劳动关系综合试验区建设的指导意见》，合力推进和谐劳动关系综合试验区建设。

（二）加大拖欠农民工工资行为查处力度。

印发《保障农民工工资支付工作考核办法》《治欠保支三年行动计划实施方案（2017—2019）的通知》《治欠保支目标责任实施办法》《拖欠农民工工资“黑名单”管理实施细则》《治欠保支定期督查制度》《治欠保支工作问责办法》，联合省发改委等十二部门印发《2018年农民工工资支付情况专项检查活动实施方案》，出台《2018年度海南省保障农民工工资支付工作考核评分细则》和具有地方实践特色的“一拖九”共10项配套政策，全年检查用人单位8 395户，查处拖欠工资案件397件，涉及人数4 580人，涉及金额8 564万元。处置群体性突发事件40宗。与上年同期相比，查处案件数量、涉及人数、涉及金额、处置突发事件数量分别减少70%、84%、71%、86%。

（三）不断加强劳动人事争议处理效能建设。

印发《第一批海南省劳动人事争议调解仲裁制度目录清单》《关于加强劳动人事争议仲裁与诉讼衔接机制建设的实施意见》等文件，为依法调解仲裁提供程序保障。举办乡镇（街道）劳动争议调解综合示范工作及“要素式”办案现场会，全面加强乡镇（街道）劳动争议调解工作。全省仲裁机构共受理劳动人事争议案件5 294件，涉及劳动者5 229人，审结案件4 948件，涉案金额6 409.61万元。全省基层调解组织及仲裁机构案外调解争议案件1 964件，调解结案1 879件，涉及劳动者3 579人，涉案金额4 744.78万元。

六、抓党建促作风，抓经常打基础，公共服务能力明显提升

（一）深入推进全面从严治党。

严格落实主体责任，自觉扛起全面从严治党责任。通过持续深化巩固“两学一做”学习教育成果，深入组织学习习近平新时代中国特色社会主义思想，党员干部“四个意识”不断增强，“两个维护”更加坚决。

（二）深入开展专项活动。

开展“在建设海南自由贸易试验区和中国特色自由贸易港实践中勇当先锋、做好表率”专题活动，通过深入学习贯彻习近平总书记在庆祝海南建省办经济特区30周年大会上的重要讲话和《中共中央　国务院关于支持海南全面深化改革开放的指导意见》的精神，教育引导全省人力资源社会保障系统在实践中勇当先锋、做好表率，积极贡献人社力量。

（三）不断加强信息化建设。

积极推动“互联网＋人社”建设，实现通过网上业务大厅、海南人社手机App、自助一体机等方式进行人力资源社会保障业务的查询和办理，与中国移动公司建立了人社短信平台。加快推进第三代社保卡发放，在全国试点省份中率先完成第三代社保卡发放准备工作。实现电子社保卡上线运行，社保卡持卡人数达到735.58万人。完成城镇职工社会保险系统整合，实现全省职工社保信息的统一管理。

七、抓行风建设，提工作效能，全系统工作作风明显转变

在人力资源社会保障部部署全面推进人力资源社会保障系统行风建设工作后，厅党组随即制定实施方案，召开全省人力资源社会保障系统电视电话会议进行再动员再部署，按照

“正行风、树新风，打造群众满意的人社服务”要求，坚持突出问题导向，坚持从细处入手，坚持向实处发力，始终把行风建设责任牢牢扛在肩上、抓在手里、落到实处。

（一）周密部署，强力推进。

成立省行风建设工作协调小组，印发《关于进一步加强全省人社系统行风建设提升服务质量和群众满意度工作方案》，把行风建设纳入廉政建设目标责任，纳入领导班子考核指标，纳入干部职工奖惩评价体系。

（二）统一思想，提高素质。

积极开展行风建设大学习大讨论活动，教育引导干部职工深刻认识加强行风建设的必要性、紧迫性和战略性。将行风建设纳入各类培训计划，丰富培训课程，着力弥补服务群众的知识弱项、能力短板、经验盲区，提升系统干部特别是一线窗口人员作风水平。

（三）自查自纠，简政便民。

针对人力资源社会保障服务“长”（办事排队长、时间长）、“多”（跑腿多、材料多）、“缺”（管理、纪律、服务缺位，一次性告知责任履行不到位等）等问题，组织全省人力资源社会保障系统深入摸查、梳理服务事项和办理情况，进行自查自纠，认真查找问题、补上短板，力除烦苛之弊。以省厅权力清单为基础，积极开展“减证便民”行动。

（四）加强监管，接受监督。

对全省人力资源社会保障系统窗口单位进行明察暗访，摸清存在问题，制定整改措施。畅通投诉监督渠道，设置行风建设投诉举报热线电话，在12333服务热线、厅门户网站设置受理行风问题投诉举报的选项、栏目，在政务大厅、窗口服务单位以及基层便民服务点等公开场所显要位置张贴、公布举报电话、邮箱，接受群众监督。

八、积极发挥职能作用，人社扶贫工作成效明显

全省人力资源社会保障系统用足用活就业、社保两个职能抓手，着力抓好就业扶贫、社保扶贫、定点扶贫，做好责任、政策、工作“三落实”，取得了较好成效。

（一）加强组织领导，不断强化人社扶贫工作责任。

强化政治意识，认真落实人力资源社会保障部门脱贫攻坚责任，坚持将脱贫攻坚作为重大政治任务来完成，厅党组先后10次召开会议研究、2次专题部署人力资源社会保障扶贫工作，定期召集扶贫点驻村第一书记了解工作进展情况。厅领导全年20余次带队深入定点扶贫村和基层一线，检查指导扶贫工作，了解贫困群众疾苦，帮助解决扶贫工作难题。成立9个专项督导组强化督促检查，推动层层压实责任，促进各项政策落地落细落实。调剂53.06万元资助定点扶贫工作，实施扶贫项目9个，支持扶贫点完善基础设施，建设美丽乡村，改善生产生活条件。派出2名处级干部驻村帮扶，帮助16户、74人脱贫出列。坚持立行立改，认真落实国家考核评估发现问题的整改责任。组织开展“零就业贫困家庭就业帮扶专项行动”，全省共帮助3 768户零就业贫困家庭至少1名劳动力实现就业，就业率达到100%。为当年未脱贫的贫困家庭劳动力组织各类培训33 795人，开展专场招聘会等各类岗位对接活动338场。

（二）积极完善措施，全力推动人社扶贫政策落地见效。

着眼精准有效，大力开展技能培训扶贫。依托“技能脱贫千校行动”，集中开展针对性、精准化培训。组织各技工院校根据建档立卡贫困家庭劳动者的培训需求和就业意愿，采取订单培训、定岗培训、定向培训等模式，集中开展劳动预备制培训、就业技能培训、岗位技能提升培训，确保培训质量和就业效果。全省技工院校按规定落实国家助学金、免学费、免住宿费政策，吸纳建档立卡贫困学生746人。因地制宜，大力开展个性化、特色化培训，共组织农村劳动力培训班929个，覆盖黎锦制作、花梨木加工、挖掘机操作、中式面点工等126个工种，累计培训31 689人次。坚持多点施

策，积极开展多渠道、全方位就业扶贫。积极推动贫困劳动力转移就业，完成贫困家庭劳动力转移就业 22 355 人，其中，省内转移就业 21 065 人，跨省转移就业 1 290 人。积极开发各类扶贫公益性岗位，共开发护林、护路、管水、保洁、交通协管等公益性岗位 12 991 个，累计就业 11 701 人。努力发展扶贫车间和扶贫基地吸纳贫困劳动力就业，全省已认定扶贫车间 20 个、吸纳 415 人，认定就业扶贫基地 8 个、吸纳 2 023 人。深化社保扶贫，先后印发《关于加快实现贫困人员城乡居民基本养老保险应保尽保的通知》等 7 份社保扶贫文件，直接为 60 周岁以上（含）贫困人员发放城乡居民基本养老保险待遇；减轻贫困人员缴费负担，自 2018 年 1 月起，将最低缴费档次从 100 元提高至 200 元，同时规定市县政府按最低档次全额代缴保费；提高城乡居民基本养老保险待遇水平，基础养老金最低标准为 178 元。

（三）层层压实责任，积极改进作风，确保扶贫攻坚工作落实。

把人力资源社会保障系统行风建设融入脱贫攻坚全过程，成立扶贫领域作风问题专项治理工作组，制定具体实施方案，围绕就业创业、技能培训、社会保险、定点帮扶、派驻扶贫干部等任务，聚焦工作中存在的“四个意识”不强、责任落实不到位、工作措施不精准、资金管理使用不规范、工作作风不扎实以及形式主义、官僚主义等问题，先后派出 2 个检查组，加强对市县就业扶贫情况的督导检查，确保全省人力资源社会保障扶贫攻坚工作取得实效。

海南省人力资源和社会保障厅

重　庆　市

2018年是全面贯彻落实党的十九大精神的开局之年。面对错综复杂的国内外形势和艰巨繁重的工作任务，重庆市人力资源社会保障系统在市委、市政府坚强领导下，坚持以习近平新时代中国特色社会主义思想为指导，紧紧围绕习近平总书记对重庆提出的“两点”定位、“两地”“两高”目标和营造良好政治生态、做到“四个扎实”的重要指示要求，坚持稳中求进工作总基调，改革创新、务实奋进，全面完成了市委、市政府下达的目标任务，为重庆改革发展稳定大局贡献了力量。

一、政策、服务双管齐下，确保了就业局势总体稳定

积极应对形势发展变化，面对经济增速放缓、结构深度调整、中美经贸摩擦等多重影响，坚持把稳就业作为重大政治责任，着力完善落实积极就业政策，持续优化公共就业服务机制，全力稳住了就业“基本盘”。全年城镇新增就业70万人以上，超额完成目标任务；城镇登记失业率3.3%，比年度控制目标低0.7个百分点；调查失业率预计在4.8%左右，低于年度5.5%的控制目标。积极下好“先手棋”，制定出台了“稳就业”系列政策，重点从政策扶持密度、资金帮扶力度、城乡统筹深度等方面着力，努力从源头上防控规模失业风险。全年发放各类就业补贴资金14.5亿元，惠及33万人。其中，发放企业稳岗补贴4.4亿元，惠及1.7万户企业；发放技能提升补贴3 793万元，帮助2.2万名企业职工进一步提高了劳动技能。不断完善促进就业服务保障机制，充分发挥就业工作联席会的领导协调作用，加强企业用工监测、风险研判和政策储备。实施“就在山城”就业促进行动，建立高校毕业生实名制信息对接和定制服务机制，实名登记离校未就业毕业生2.3万人，“一对一”帮扶就业1.7万人，高校毕业生年底就业率94.4%。开展重点群体招聘对接，帮扶城镇登记失业人员就业27.8万人、困难人员就业13.2万人。实施“技能兴业”培训提升行动，新发布特色培训职业（工种）93个，培训17.7万人。切实加强创业服务和扶持，大力实施“渝创渝新”创业促进行动，开展创业培训6万余人，新发放扶持创业贷款33.5亿元，直接扶持创业2.9万户，带动就业13.9万人，新建农民工返乡创业园区10个，全年新增创业41.1万人。切实发挥市场引导就业作用，深入贯彻实施《人力资源市场暂行条例》，通过市场化手段帮助319万人次实现就业，协助信息产业企业招工39.1万人，支撑了重点产业发展。成功召开西部人力资源服务博览会，人力资源服务产业加快发展。

二、服务发展与保障民生统筹推进，进一步织密社保安全网

切实发挥社保的“稳定器”和“安全网”作用，统筹推进制度改革和体系完善。一是立足服务发展，继续实施社保阶段性降费政策。打好费率、费基组合拳，全年累计为企业减负170亿元，超年初目标任务20亿元。二是立足惠民生，切实发挥社保兜底保障作用。机关事业单位养老保险制度改革深入实施，122个

中央驻渝单位、3.6 万人完成数据采集和参保登记，职业年金启动全面征收，基本养老保险基金启动投资运营。加强与税务部门衔接，确定了社保征收管理机制改革过渡方案，确保了改革平稳推进。2018 年 7 月、9 月分别调整增加城镇职工、城乡居民基本养老待遇，惠及 734 万人。失业保险金标准从 1 050 元/月调整为 1 200 元/月，保障了 8.2 万名失业人员的基本生活。三是立足全覆盖可持续，抓好参保扩面和基金安全。将工程建设项目的流动就业农民工纳入工伤保险覆盖范围，城乡养老、医疗保险参保率保持在 95%以上，社保五险基金收入 1 898 亿元、支出 1 660 亿元。开展养老保险重点指标核查、经办机构内控检查，严厉打击欺诈骗保不法行为，确保基金平稳运行。

三、“放”“管”“服”有机结合，不断改革完善人才人事政策

紧紧围绕经济社会发展人才需求，在贯彻实施科教兴市和人才强市行动计划中找准职能定位，重点从“放”“管”“服”三方面发力推进人才人事领域改革。在“放”方面，从评价、激励等政策着力，切实为人才松绑。推进人才分类评价和职称制度改革，向高校、科研院所和国有企业等下放高、中级职称评审权，健全完善基层“定向评价、定向使用”机制，制定科技、大数据智能化等 10 个领域人才评价办法。出台优化人事管理促进高校发展 12 项政策，向高校下放岗位设置权、公开招聘权，提高专业技术高级岗位结构比例，支持高校“拉通”使用中、初级专业技术岗位。启动事业单位岗位周转制度试点，通过“固定岗位+周转岗位”，服务基层引才留才需求。实施事业单位岗位聘用能上能下改革试点，实现了“岗位能上能下、待遇能高能低、人员能进能出”，在市委改革办、市委宣传部开展的“我最喜欢的 10 项改革”评选中位列第六。在“管”方面，重点是加强人才引进培养，管好专业技术人才、职业技能人才队伍。牵头承办“2018 重庆国际人才创新创业洽谈会”，诺贝尔奖获得者爱德华·莫索尔和 50 位中外院士、13 位知名企业家莅临参会，签约引进博士以上高层次人才 268 人、创新创业项目 163 个，柔性引进院士 26 名，是本市迄今举办的规格最高、规模最大、影响最广的国际性人才交流盛会，得到了重庆市委、市政府充分肯定。开展各类引才活动 130 余场，引进紧缺优秀人才 6 523 人。大力培养高层次人才，启动实施乡村人才振兴工程，274 名回国人员、博士后、特殊人才通过职称评定“绿色通道”取得高级职称，新增享受国务院政府特殊津贴人员 54 人，新建国家级科研工作站 5 个、市级 35 个。推进终身职业培训制度，开展企业新型学徒制试点，新建国家级技能大师工作室 3 个、高技能人才培训基地 3 个，新增全国技术能手 4 人、高技能人才 2.2 万人，成功举办全国饭店行业职业技能竞赛面条专项决赛、火锅专项决赛暨“巴渝工匠杯”全国首届重庆小面职业技能大赛等活动，培养选拔了一批优秀的“巴渝工匠”。在“服”方面，重点是做细做深做实人才服务。完善市级高层次人才一站式服务平台功能，发放人才服务证 595 张，为人才提供服务 6 000 余人次。实施“万名专家服务基层行动计划”，先后组织 130 名专家团队到贫困基层一线服务。选派 34 名专业技术干部对口支援昌都。同时，还建立事业单位面试考官管理制度，安全组织人事考试 75 项（次），开展职业技能鉴定 32 万人次。

四、预防与治理双向发力，有力促进劳动关系和谐稳定

坚持防治并举，两端发力，加强风险排查，完善处置机制，劳动关系保持总体和谐稳定。着力加强源头预防。开展和谐劳动关系示范点、综合试验区建设，组建重庆市构建和谐劳动关系促进会，出台和谐劳动关系企业评价规范地方标准和评定管理办法，建立“AAA”级和谐劳动关系企业联合激励机制，累计评定和谐企业 3 219 户，新增国家级和谐劳动关系模范企业11户、园区2个。完善市级协调劳动关系三方委员会，三方组织实现区、县级全覆盖，乡镇基层覆盖率超过70%。落实劳动合同和集体协商制度，全市劳动合同签订率维持在95%以上，集体合同覆盖职工307.3万人。规范工资收入分配秩序，调整全市机关事业单位工作人员基本工资标准，进一步完善事业单位绩效工资政策，放宽高校、科研院所绩效工资总量范围，扩大公立医院薪酬制度改革试点到全市所有区县。强化国有企业负责人薪酬制度改革的监督检查，启动国有企业工资决定机制改革，引导国有企业合理确定职工工资水平。调整最低工资标准，第一档从1 500元/月提高到1 800元/月。着力加大对侵害劳动者权益行为的治理力度。健全劳动争议调解处理机制，开展百名仲裁员驻基层调解行动，仲裁机构调解案件成功率60.2%，较上年提高1.6个百分点。与市高级人民法院建立裁审衔接机制，立案受理劳动人事争议案件2.9万件，结案率92%。加强劳动保障监察执法，开展企业劳动保障守法诚信等级评价，强化违法行为失信惩戒制度，深化“双随机、一公开”机制，加大治欠保支工作力度，全面落实“两金三制”，农民工工资拖欠问题得到改善，全年发生案件275件，涉及人数1.17万人、金额2.26亿元，同比实现“三下降”，政府性投资工程项目基本无欠薪案件发生。

五、强技增收与兜底保障相统一，扎实推动人社扶贫工作取得新进展

对标对表中央和市委脱贫攻坚任务要求，成立人社扶贫领导小组，下设5个专项工作班子，加强人社扶贫工作统筹实施。聚焦贫困群众缺岗位、缺技能、缺保障等问题，按照就业扶贫增收入、技能扶贫强素质、社保扶贫保生活、人才人事扶贫促发展工作思路，“靶向”施策、精准扶贫。累计为贫困人员提供就业岗位31万余个，全年转移贫困人员到山东就业972人、山东帮扶重庆贫困人员就地就近就业2 720人，分别完成两省市协议目标任务的162%和272%，鲁渝劳务扶贫协作得到人力资源社会保障部领导的肯定性批示。组织2万余名贫困人员参加就业技能、特色工种及岗位适应性等各类培训，为贫困区县培训高层次紧缺人才1 200余名。为全市建档立卡贫困人员98.6万人代缴城乡居民养老保险费。2018年，全市人力资源社会保障系统共接受国家扶贫督查、巡视3次以及市级常态化督查，未发现重大问题。

六、问题导向与目标导向并重，全面加强系统行风建设

围绕“正行风、树新风，打造群众满意的人社服务”主题，扎实推进系统行风建设。坚持目标导向深化便民利民。调整、合并行政许可事项4项，精简“无谓”证明70项。编制“三级四同”公共服务事项目录清单39项，实现市、区县、乡镇街道三级同名称、同类型、同依据、同编码；编制办事指南90项，让群众办事有章可循、有标可依。51项行政审批和公共服务事项纳入“全渝通办”，其中95%的事项实现“一次不跑”或“只跑一次”。与公安、市场监管、卫生健康、民政等部门实现数据共享及业务协同，全年共享数据700余万次。建立便民惠企举措集中公布机制，制定并公布了人力资源社会保障支持民营经济发展16条措施，人力资源社会保障部门为民服务能力不断提升。坚持问题导向深入督查整改。对全市人力资源社会保障系统12大类单位、1 000余个机构、近5 000个窗口、1.3万名工作人员组织开展抽查暗访，通过“网上征、开会听、上门收、暗访查”共查找出大小行风问题394个，建立问题清单台账，逐项跟踪整改销号，已完成整改279个，正抓紧整改115个。启动窗口单位“百日攻坚”专项行动，开展服务意识等问题集中整治，在门户官网、12333电话热线开设举报投诉专门通道，及时接受群众意见建议。同时，加强行风建设正面引导，开展100名人力资源社会保障服务标兵评选、100个优质服务窗口评选和群众服务满意度100%评价“3个100”活动。通过系统性行风整治，全市人力资源社会保障系统公共服务质量、效率和群众满意度得到提升。

2018年是机构改革实施的第一年。作为涉改部门，重庆市人力资源社会保障局坚决贯彻落实市委、市政府决策部署，按照高效协同的总体要求，坚决服从大局，只讲落实、不讲条件，及时划出公务员管理、外国专家管理、军转干部安置、医疗生育保险、社保征缴“4+1”职能，全力支持新设单位组建，加快推进人员转隶等工作，确保了机构改革任务平稳有序推进，市级层面的改革基本完成。

重庆市人力资源和社会保障局

四　川　省

2018年，四川省人力资源社会保障系统坚持以习近平新时代中国特色社会主义思想为指导，坚决落实省委、省政府决策部署，坚持稳中求进工作总基调，坚持以人民为中心发展思想，把促发展与惠民生相结合，围绕中心、服务大局、开拓创新，各项工作取得明显成效。一年来，四川省人力资源社会保障厅多项工作受到部、省领导批示、肯定21次，在全国率先推进或创新开展特色性工作34项，主要做法在全国系统和全省会议上进行交流发言15次，承办全国系统和省委、省政府办公厅召开的专项会议6次，《人民日报》、《光明日报》、中央电视台、新华网等国家级主流媒体宣传报道四川省工作58次，在全国系统组织的群众满意度测评中得分超出全国平均分5.2分，位列第一方阵。

一、着力在“稳”字上下功夫，更高质量和更充分就业成效显著

坚持把就业作为经济发展的基本支撑、民生改善的坚实基础和社会稳定的“压舱石”，大力实施就业优先战略和更加积极的就业政策，主动应对中美贸易摩擦和经济深度调整带来的深刻影响，创新政策措施，统筹做好各类群体的就业创业工作，全省就业局势稳中向好、稳中有进、稳中提质。全年全省城镇新增就业107.09万人，再创历史新高，城镇登记失业率3.47%，控制在4.5%的目标以内，创近年来新低。

（一）返乡下乡就业有新突破。

省委领导反复强调农民工工作，指出农民工在外务工不是简单的谋生活求生存，而是进社会实践大学，学本领长见识，大多数农民工是人才、是工匠、是创业者、是生力军。省政府领导对农民工工作也多次批示，亲自研究部署。人力资源社会保障部门以促进返乡下乡就业创业为重点，真心实意架起连心桥、当好“娘家人”。分别在广东、浙江召开川籍农民工座谈会、见面会，省委书记等多位领导出席，给予充分肯定。省政府召开全省推进返乡下乡创业暨加强农民工服务保障工作会议，邀请返乡下乡优秀创业者代表参加会议，共商事业发展。省委办公厅、省政府办公厅出台促进返乡下乡创业22条措施和加强农民工服务保障16条措施等专门政策，在农民工公共服务享有、就业创业、促增收等方面给予重点保障、重点倾斜。全省人力资源社会保障部门狠抓落实，带着责任、带着感情，把工作做深做细做实，让广大农民工亲身感受到家乡党委、政府的关怀和温暖。全年全省新增农民工返乡创业6.2万人，带动（吸纳）就业22万人。

（二）重点群体就业有新亮点。

始终把大学生、失业人员、去产能企业职工等群体作为就业工作的重点，认真落实“稳就业”各项政策措施，不断提升就业创业和转岗能力。一是创新创业制度建设和平台建设持续推进。举办的第三届“中国创翼”四川选拔赛被授予全国优秀组织奖，成功举办首届四川省创博会，成功组织“天府杯”创业大赛、大学生创新创业峰会等系列活动，成功为大学生、灾区群众、失业人员等群体组织系列专场招聘会。累计建立338个大学生创业园区（孵

化基地），直接扶持1万余名大学生创新创业。二是大学生就业创业促进计划高效开展。在全国率先出台高校毕业生基层成长计划，积极推进能力提升、创业引领、校园精准服务、就业帮扶、权益保护五大行动，在全省高校毕业生总量再创新高的情况下，初次就业率达到88.67%，帮助5.8万名离校未就业高校毕业生实现就业创业，“9＋3”学生就业率达到98.61%，超额完成全年目标任务。三是其他群体就业扎实有力。组织开展“就业援助月”“春风行动”“民营企业招聘周”“护航行动”等专项活动，着力抓好城镇就业困难人员、去产能企业职工、农民工等重点群体就业创业，失业人员实现再就业31.6万人，就业困难人员实现就业11.1万人。

（三）职业技能培训有新加强。

推行终身职业技能培训制度，全面推广企业新型学徒制，大力开展岗前培训、在岗职工职业技能提升培训、创业培训和“青年劳动者技能培训行动”“农民工职业技能提升计划”等活动，着力提高劳动者素质和岗位匹配能力，全年参训达62万人。

二、着力在“扩”字上下功夫，多层次社保体系建设得到全面加强

坚持加快建设覆盖全民、城乡统筹、权责清晰、保障适度、可持续的多层次社保体系，持续深化社会保险制度改革，坚决兜住底线、织牢密网、健全机制，努力实现更好保障人民群众基本生活、促进更公平合理分享经济社会发展成果，充分发挥好社会保障“稳定器”“安全网”的重要作用。全年全省基本养老、失业、工伤保险参保人数分别达5 766万人、871万人、1 012万人，社会保障卡持卡人数7 246万人。

（一）社会保险制度改革更加深化。

一是深入实施全民参保计划，促进农民工、灵活就业人员、新业态从业人员等重点人群参保缴费，推动法定人员全覆盖，社保扩面力度不断强化、经办服务水平不断提升，在人力资源社会保障部测评中位列全国第三。二是继续抓好机关事业单位养老保险制度改革，完善企业职工基本养老保险政策，按国家要求对本省现行被征地农民养老保险参保缴费办法和城乡居民养老保险与企业职工养老保险衔接等政策进行了调整规范，出台“中人”养老待遇计发方案并稳妥开展兑现工作，在全国首批开展中央在川机关事业单位养老保险经办工作，在全国率先利用医保数据开展养老保险待遇领取资格认证工作，在全国率先开展以社保卡为载体的“一卡通”发放惠民惠农财政补贴资金试点工作。三是深入推进城乡居民医保制度整合，进一步规范城乡居民大病保险，扎实推进长期护理保险试点、生育保险和职工基本医疗保险合并实施试点，启动深化医保支付方式改革试点，深化异地就医结算工作，完成药品目录调整工作。四是大力实施工伤保险“同舟计划”，全省1.44万个在建、新开工项目参保率达100%。推进失业保险“护航行动”和“展翅行动”，发放技能提升补贴8 155万元，兑现稳岗补贴约10亿元。五是加大社保卡制发力度，在全国率先即发即用第三代社保卡，发放量占全国的81%，居全国首位，先后两次在全国系统会上作经验交流。

（二）社保待遇和降费减负更加有力。

一是继续上调机关企事业单位退休人员、城乡居民、失业人员和工伤人员的保险待遇标准，调整后全省企业、机关事业单位退休人员基本养老金月均分别达到2 065元、4 586元，城乡居民基础养老金最低提高到100元/月，失业保险金三个档次标准提高到1 424元/月、1 320元/月、1 240元/月，工伤保险月人均待遇水平提高至2 504元。二是认真落实阶段性降低社保费率政策，调整企业职工养老保险缴费基数下限，落实降低失业保险费率、工伤保险费率调整政策，增强企业发展能力，全年为企业减负61亿元。

（三）社保基金监管更加严密。

一是印发《关于进一步加强防范化解社会保险基金支付风险工作的通知》《关于建立社

会保险基金支付风险预警机制的通知》，对评判标准、工作内容和具体措施进行明确细化，按季度分析评估，防范化解社保基金支付风险的工作机制初步建立。二是启动社会保险基金委托投资运营和划转部分国有资本充实社保基金等相关工作，社保基金可持续发展能力进一步增强。三是启动欺诈骗保问题整治“三年行动计划”，推行基金智能监管，全面落实居民养老保险疑点信息专项核查、基本养老保险重复领取待遇和死亡冒领待遇核查整改工作，形成惩治欺诈骗保的高压态势，受到人力资源社会保障部领导的充分肯定。

三、着力在“活”字上下功夫，用人主体和各类人才的创新创造活力充分释放

持续深化人才人事制度改革，实行更加积极、更加开放、更加有效的人才政策，向用人主体放权、为人才松绑，充分释放和激发创新创造活力。全省专业技术人才总量达到344万人，其中具有高级职称的40万人；技能人才总量达到800万人，其中高技能人才149万人，均居西部首位。

（一）专业技术人才队伍建设持续加强。

一是职称制度改革实现突破。制定出台《关于分类推进人才评价机制改革的实施意见》《关于深化职称制度改革的实施意见》等系列政策，健全了评价体系，完善了评价标准，改进了评价方式，创新了评价机制，初步建立起以品德、能力和业绩为导向的评价标准体系和分类评价体系，这是本省自1986年建立专业技术职务聘任制30年来的首次重大改革，走在全国前列。二是事业单位工资收入分配激励稳步推进。出台《四川省扩大公立医院薪酬制度改革试点工作实施方案》《关于在全省事业单位深入推广采取灵活多样的分配形式引进紧缺或高层次人才改革举措的指导意见》，有效调动了事业单位人员的积极性。三是专业技术人才队伍量质齐升。包括非公有制组织在内的从业人员职称工作进一步加强，政策红利持续释放，人才队伍不断壮大，全省高级职称人数增长21%，创历史最大增幅。大力实施领军人才培养工程，评选产生第十二批省学术技术带头人610名、第十三批省有突出贡献优秀专家325名，评选推荐享受国务院政府特殊津贴候选人92名。在全国率先创新博士后管理服务模式，首次举办海外学子报国行活动，获批新建博士后科研工作站、创新实践基地34个，设站规模和在站人数均居全国前列。四是外专引智持续开展。军民融合人才智力引进试点有序推进，外国人来华工作和优秀外籍高校毕业生在川就业政策不断完善，推动了一批来川工作的留学人员通过绿色通道获得高级职称，落实了一批重大引智项目，引进了一批“高精尖缺”外籍专家，5名在川外国专家获省政府“天府友谊奖”。

（二）技能人才队伍建设持续强化。

一是政策体系加快完善。报请省政府办公厅印发《“天府工匠”培养工程实施方案》，提出用三年时间，实施高技能人才培养开发等六大工程，打造享誉全国的“天府工匠”，培养规模宏大的“技能川军”。出台《四川省技工院校教师职称评审办法》，首次设置正高级职称，实现历史性突破，拓展了技工院校教师职业发展通道。会同省委组织部等部门制定《四川省“天府万人计划”实施办法》及其配套文件，首次明确将高技能人才纳入天府领军人才范畴。二是技能人才队伍建设提质增效。全年新建技工院校13所，招生首次突破5万人，连续两年实现较快增长，受到人力资源社会保障部通报表扬。深入实施高技能人才振兴计划，全年新建国家级、省级高技能人才培训基地和技能大师工作室34个，新增高技能人才19万人，全省技能人才结构不断优化。三是技能成才氛围日渐浓厚。积极参加第45届世界技能大赛，10个项目16名选手入选国家集训队，4个国家集训基地获批，备赛成绩创历史最好，四川省选手包揽焊接和建筑金属构造2个项目集训前三名，将代表中国出征大赛。成功举办第二届“四川工匠杯”职业技能大赛，带动超过100万人次参加比赛，规模创历年之最。评定首批10名“天府工匠”，全年累计有72名高技能人才获得省级以上表彰，其中，1人荣膺中华技能大奖，17人获评全国技术能手。

（三）人事制度改革持续深化。

一是稳步推进省级机关和绵阳、内江两市公务员职务与职级并行制度试点，圆满高效完成对成功处置川航3U8633航班险情英雄机组及机长的表彰奖励工作，得到中央组织部和省领导的高度评价。二是深入落实《四川省扩大高等学校科研院所医疗卫生机构人事自主权十条政策》，在公开招聘、人员流动、岗位管理、职称评审、薪酬分配等关键环节的改革上取得有效突破，深得基层好评。三是制定出台《调整省政府序列事业单位新进人员人事管理权限的通知》《关于高等学校技师学院岗位设置管理有关问题的通知》《关于做好港澳居民在我省事业单位就业有关工作的通知》，进一步畅通人才流动和引进渠道，扩大事业单位人事自主权。四是在全国率先制定方案贯彻《人力资源市场暂行条例》，人力资源服务产业发展走在西部前列，受到人力资源社会保障部领导的高度评价。五是圆满完成全年人事考试工作，在全国率先开展区块链技术在人事考试中的应用研究。六是稳步做好军转干部解困和维稳工作，年度安置任务有序落实。

（四）落实机构改革坚决有力。

一是坚决落实机构改革部署要求。全厅上下自觉扛起政治责任、改革责任、工作责任，扎实稳妥做好转隶单位人员编制划转等工作，结合人力资源社会保障部门此次涉改量大面广范围宽的实际，在省直部门中创新组织召开转隶人员座谈会，确保机构改革工作推动稳步有序，切实做到了思想不乱、工作不断、队伍不散、干劲不减。二是坚持“瘦身”“健身”相结合。围绕实现优化协同高效，对职能职责进行全面梳理，对力量的摆布进行深入研究，确保改革后部门的职责更顺畅、机制更科学，推动机构改革的“物理组合”向工作质效提升的“化学反应”深刻转变。

四、着力在“和”字上下功夫，劳动关系保持总体和谐稳定

围绕构建规范有序、公正合理、互利共赢、和谐稳定的劳动关系，完善协商协调机制，统筹维护劳动者权益和企业发展，企业工资收入分配更加合理有序，劳动合同制度深入实施，治理水平全面提升，系统性、区域性风险有效防控。全年全省劳动合同签订率达94.7%，劳动人事争议仲裁结案率达97%。

（一）劳动关系处理协调能力再提升。

坚持共建共治共享，扎实开展国家级、省级构建和谐劳动关系综合试验区建设，形成1个国家级综合试验区和5个省级综合试验区同步推进的“1+5”模式。在21个市（州）全部建立协调劳动关系三方机制，13个市（州）成立协调劳动关系三方委员会。探索开展日常性集体协商机制试点，推动营造“有事好商量”的良好氛围。推进特殊工时制度改革试点，加强女职工、未成年工特殊劳动保护，切实维护劳动者安全和健康权益。有序推进职工安置工作，全年分流安置去产能企业职工1 870人，超额完成全年目标任务。

（二）劳动人事争议仲裁效能再加强。

制定出台《关于加强劳动人事争议仲裁与诉讼衔接机制建设的实施意见》《关于进一步加强全省劳动人事争议仲裁标准化建设工作的通知》，切实提高劳动人事争议调解仲裁效能，妥善处理矛盾纠纷，防范化解劳动关系领域风险，多项制度和做法在全国系统推广。全年全省仲裁机构共立案处理劳动人事争议4.17万件，涉及劳动者5.18万人，涉案金额13.14亿元。

（三）治欠保支工作力度再强化。

在全国创新开展将保障农民工工资支付工作纳入省政府对市（州）政府目标考核，建立治欠保支督查问责制度，建立治欠保支工作台账，实行“双随机”抽查，全面开展专项检查，拖欠农民工工资问题得到强力整治。严格执行通报约谈制度，对工作推进不力、落实不到位的地区政府负责人进行集中约谈。加强劳动保障诚信体系建设，扎实做好企业诚信等级评价、重大违法行为社会公布、拖欠农民工工资“黑名单”管理等工作。主动监察用人单位4万户，查办劳动保障监察案件1.4万件，为9.9万名劳动者追发工资待遇9.5亿元，欠薪人数、金额同比下降54%、36%，创近年来最大降幅纪录，全年未发生因欠薪引发的群体性事件和极端事件。

五、着力在“扶”字上下功夫，人社脱贫攻坚彰显更大作为

始终把脱贫攻坚作为最大的政治任务，充分发挥主力军作用，主动投入脱贫攻坚主战场，担当重任，走在前列，全力推动就业扶贫、技能扶贫、社保扶贫和人才人事扶贫。人力资源社会保障部先后在西昌召开全国社保扶贫推进会、全国就业扶贫暨推进就业扶贫提高劳务组织化程度座谈会，现场观摩了四川省人社扶贫工作成效，对“按需培训”等做法予以充分肯定。一年来，省人力资源社会保障厅主要做法在全国系统和全省会议上进行交流发言近10次。

（一）以“确保贫困家庭至少有一人就业”为目标，大力抓好就业扶贫。

准确把握人力资源社会保障部关于“增加就业是最有效、最直接的脱贫方式，长期稳定就业就能彻底改变家庭贫困面貌，有效解决贫困代际传递问题”的基本判断，持续抓好各项政策落实落地，推动实现“一人就业、全家脱贫”。一是抓精准识别。建立全省贫困劳动力实名制数据库，对贫困劳动力的基础信息、就业培训、转移就业、公益性岗位安置等情况，做到实时掌握、按季更新。二是抓政策带动。会同省财政厅印发《关于进一步加大就业扶贫政策支持力度助力脱贫攻坚的通知》，持续加大对贫困劳动力就业创业的政策支持；出台《深度贫困地区贫困劳动力技能培训全覆盖行动工作方案》《支持大小凉山地区彝族等贫困群众转移就业八条措施》，从鼓励企业吸纳、实行就业奖补、建设就业扶贫基地等方面促进贫困劳动力转移就业。三是抓对口帮扶。在全国创新选派45名人力资源社会保障干部到45个深度贫困县任职，专责人社扶贫工作；在全国创新遴选45家技工院校和职业培训机构，“一帮一”对口支持45个深度贫困县开展技能培训和就业服务工作；在对全省88个贫困县安排3亿元就业创业补助资金的基础上，为45个深度贫困县每县再增加200万元创业补助资金。四是抓转移就业。加强东西部劳务协作和省内对口帮扶，广泛开展就业扶贫专场招聘，劳务组织化程度不断提高。全年农村贫困劳动力转移就业规模达95.2万人，培训贫困劳动力16.8万人，公益性岗位安置11.7万人。

（二）以“促进贫困人口精准提升素质能力”为目标，大力抓好技能扶贫。

围绕帮扶更加精准、更有实效，突出发挥好职业院校对口帮扶作用，充分激发贫困人口脱贫奔康的内生动力，全力推动实现“培训一人、就业一人、脱贫一户”，受到人力资源社会保障部的充分肯定，在全国技能扶贫工作现场推进会上进行推广。一是促进校县联动。通过成立帮扶工作组，加大院校和地方政府的统筹协调，既连政策“天线”又接群众“地气”，“请上来”“走下去”相结合，做到第一时间摸清需求、第一时间制定方案、第一时间抓好落实，全力确保院校对口帮扶活动取得最大实效。二是建立健全清退机制。针对实际工作中出现的供需不匹配等问题，及时调整帮扶学校。比如，部分技工院校不能有效承接深度贫困县培训需求，则及时调整新增其他技工学校为承训机构。三是创设平台精准培训。创新组织“扶贫车间”和“扶贫专班”等活动开展精准技能培训，全力确保“包教包会包就业”。全年共举办培训班60余期，培训贫困劳动力5 000余人，涉及电工、汽车维修、挖掘机、美容美发、乡村旅游、学前教育等34个行业工种。

（三）以“确保贫困人口应保尽保”为目标，大力抓好社保扶贫。

认真落实社保扶贫相关政策，全力为贫困人口兜底线、补短板、促脱贫。实施“社保扶贫百日攻坚”行动，指导各地将代缴城乡居民养老保险费和医疗保险费的范围扩大至建档立卡未标注脱贫的贫困人口、低保对象、特困人员等困难群体，及时下拨代缴资金3.37亿元，督促各地积极落实代缴任务、依法依规做好代缴工作，切实减轻贫困人口参保缴费负担，实现县域内住院政策范围内医疗费用个人“零支付”或“微支付”。全省共代缴贫困人员城乡居民养老保险费298.4万人，60周岁以上享受城乡居民养老保险待遇保障214.05万人，两项共计512.45万人，政府代缴和待遇保障实现两个100％。

（四）以“促进贫困地区长期稳定脱贫”为目标，大力抓好人才人事扶贫。

实现贫困地区长期稳定脱贫，关键在于建设一支留得住、能战斗、带不走的本土人才队伍。为此，采取特别举措，促进贫困地区人才引得进、留得住。一是全面加强基层专技人才队伍建设。全面落实加强基层专技人才队伍建设18条政策，及时开展政策效果评估，通过降低招聘门槛、优化岗位管理、明确“三支一扶”等人员服务期满可直接考核招聘到乡镇事业单位等特殊措施，推动贫困县空编率持续下降，引导人才向基层和贫困地区流动。国家“三支一扶”领导小组办公室刊载了四川省做法，10余家主流媒体进行了宣传报道。二是深入实施人才振兴工程。牵头制定实施深度贫困地区人才振兴工程的意见，对人才培养、在职培训、人才招引、人才援助等作出系统安排，明确常年保持1 000名以上专家在贫困地区开展智力服务。计划通过实施人才振兴工程，到2020年为深度贫困县免费培养大学生1.1万人、开展在职培训13.7万人、完成人才招引和人才援助2.7万人。

六、着力在“服”字上下功夫，人民群众的获得感幸福感满意度大幅提升

深入推进人力资源社会保障系统行风建设，持续推动建设群众满意的人力资源社会保障公共服务体系，坚持治标与治本并举、建设与督查并重，增强服务意识，规范服务行为，优化服务供给，努力实现“就近办、网上办、一次办、马上办”，系统政风行风持续改善，群众满意度明显提升，在全国系统和全省测评排位中保持上升态势。四川省相关做法在全国人力资源社会保障系统行风建设电视电话会上作了专题发言，多家媒体进行了宣传报道。

（一）深入推进服务平台标准化，让群众“就近办、跑短路”。

制定出台全省基层平台试行标准，每年安排专项资金用于提升基层公共服务能力。根据地形地貌、人口分布和经济发展水平等特点，优化平台网点布局，在全国创新开展“四川人社事、最多跑一次”改革、“社银一体化”合作、综合柜员制、“双百”评选等工作，创新打造“城市10分钟＋农村5公里”等多种模式的人社服务圈。推动大量服务事项下沉乡村，实现窗口服务“向前移、就近办”。推进社银深度合作，变银行网点为“社保大厅”，让银行柜台成为“经办前台”。全省市县综合柜员制覆盖率分别为91％、63％，服务效率大幅提升，群众满意度综合得分分别提高了4.19分、4.42分，切实增强了群众的获得感幸福感。

（二）深入推进服务基础信息化，让群众“网上办、不跑路”。

将“互联网＋人社”作为建设群众满意的人力资源社会保障公共服务体系的重要支撑，加快推进“互联网＋人社”实践应用，印发《创新人社公共服务方式推行多样化便民服务措施》，建成全省统一的信息系统14个，实现核心业务数据省级集中。建成人力资源社会保障公共服务信息平台，大力拓展线上服务渠道，指导全省系统推行预约服务、延时服务、上门服务、代办服务、延伸服务、自助服务等便民措施，实现申报缴费、查询认证、生存验证等服务事项“应上尽上”。

（三）深入推进服务机制协同化，让群众“一次办、少跑路”。

全面梳理服务事项目录，砍证明、减材料、优流程、压时限，召开新闻发布会向社会

公开承诺“四川人社事、最多跑一次”，积极推进人力资源社会保障公共服务事项在省政府一体化政务平台上线运行，省本级实现“最多跑一次”服务事项达95.2%，省市县三级共上线201项，占省政府部门总量的36.6%，对接量、覆盖面、上线数均居省直各部门之首，做法向全省交流。全面推行“受办分离”的综合柜员制经办新模式，全省半数以上市州实现“一门进、一窗办”，服务效率普遍提升50%以上。

（四）深入推进服务行为专业化，让群众“马上办、温馨办”。

在全国创新开展“人社服务疏堵去痛解难”专项行动，从政策制定和业务经办两个层面，梳理群众办事“堵点、痛点、难点”问题41项，形成整改台账。对标人力资源社会保障部行风建设三年工作任务，印发加强行风建设工作方案，制定加强行风建设工作任务表（2018—2020年），以“清单制＋责任制”方式，明确8个方面的目标任务和41条具体措施。出台全省系统窗口服务规范、举报投诉闭环处理等制度，实施“服务能力提升计划”，分级培训窗口人员5.1万余人次。组织窗口作风明察暗访，开展政风行风满意度第三方测评。加强窗口人员考评管理，每年开展全省系统优质服务窗口、优秀服务标兵评选表彰。加强政策宣传解读，重点梳理回应群众普遍关心关注和反映高频的问题，提高群众知晓度认可度。

四川省人力资源和社会保障厅

成 都 市

2018年，成都市人力资源社会保障部门坚持以习近平新时代中国特色社会主义思想为指导，深入学习贯彻党的十九大精神和习近平总书记对四川及成都工作系列重要指示精神，全面落实党中央和省委、市委决策部署，按照人力资源社会保障工作“12347”总体思路，坚持“政治引领、人才优先、民生为本”，积极推进促发展、惠民生各项工作，为建设全面体现新发展理念的城市提供坚实的人力资源和社会保障支撑。

一、认真落实市委重大决策部署，助力城市高质量发展

（一）落实市委关于“构建现代化开放型产业体系”的决策部署，加大产业人才引进培育。

聚焦“5＋5＋1”重点产业领域人才需求，成功举办“独角兽”企业推介引才、重点企业进知名高校院所引才、“‘蓉漂’人才荟”青年人才招聘会等才智对接活动，全年引进急需紧缺专业技术人才3 000人。着眼推动实体经济发展，实施“技能成都”品牌打造计划，全年新增高技能人才建设项目51个，培养高技能人才9万余人。主动对接重点产业、重点企业需求，调整优化技工院校专业61个。10名选手入选第45届世界技能大赛国家集训队，参加第十届穗港澳蓉青年技能竞赛和第二届“四川工匠杯”职业技能大赛，金牌数、奖牌数、总成绩均列第一，为产业发展发掘储备一批高素质产业工人。落实“人才新政12条”，制定《成都市人才安居工程人才认定办法》《成都市人才安居工程人才评价办法》，落实人才安家补贴、企业引才补贴、人才落户政策，全方位助力企业引才留才。

（二）落实市委关于“优化拓展城市空间”的决策部署，主动服务“东进”战略和“三城一园”建设。

组织“东进”区域八区（市）县建立起就业创业“生态圈”合作机制，启动建立区域就业创业服务共同体，通过共建人力资源共享服务中心、强化就业创业政策支撑，促进“东进”区域人力资源共享和合理流动。组织专家人才带项目、带团队、带技术进“三城一园”，推动一批创新创业项目落地转化。探索在“三城一园”建立以员额总控、岗位聘用、聘期管理为核心的干部人事管理制度，激发园区干部活力。

（三）落实市委关于“推进人力资源协同”的决策部署，促进供需精准匹配。

对全市参保百人以上的5 468户企业和66个产业功能区及园区进行集中走访，全面掌握人力资源供需情况及存在的困难问题，研究制定4个方面20条对策措施。以企业、行业和产业功能区需求为导向，建设全市人才信息系统，编制发布《成都市人才开发指引（2018）》，建立产业功能区及园区人才协同信息库、新型人才工作站和“东进”区域人力资源共享服务中心，引导人才按需流动和高效配置。加快发展人力资源服务业，中国成都人力资源服务产业园入驻国内外知名人力资源机构186家，涵盖猎头、外包、招聘、培训测评等领域，初步形成较为完备的人力资源服务链。

（四）落实市委关于“构建开放发展新格局”的决策部署，加大海外引才引智力度。

成功举办海外高层次人才才智对接、海外

创新创业大赛、2018外籍人才招聘会等活动，持续实施外国人来华工作许可制度，为重点企业和高端人才开辟绿色通道，全年引进长期在蓉工作外国专家1 940人。承办“发展中国家就业体系设计与建设研修班”，搭建国际人才交流合作平台。成都市首次荣获“魅力中国——外籍人才眼中最具吸引力的中国城市”称号，并作为全国唯一城市代表在第十六届中国国际人才交流大会上作宣传推介。

（五）落实市委关于“推进城乡社区发展治理”的决策部署，构建完善专业化人才支撑体系。

贯彻全市社区发展治理大会精神，出台实施《成都市社区专职工作者管理办法》和《关于建立全市社区专职工作者职业化岗位薪酬体系的指导意见》，构建起社区工作人才职业化管理制度，解决社区专职工作者力量不够、薪酬待遇偏低、职业发展通道不畅等问题，吸引更多人才服务社区、扎根社区。

（六）落实市委关于“建设高素质专业化干部队伍”的要求，推动全市公务员转理念转方式转作风提能力。

着眼打造一支讲政治、懂城市、会经济、善治理的专业干部队伍，开展“城市总体规划”全覆盖培训，引导干部转变发展理念，准确理解把握新一轮总规修编的时代背景、重大意义，提升战略思维、规划素养和运用规划组织城市建设的能力。开展产业发展、乡村振兴、绿色发展等系列专题培训，提升推动高质量发展的思维能力和专业水平。健全以实绩为导向的公务员考核体系，改进考核方式方法，充分发挥考核对干部的激励鞭策作用，调动干部干事创业积极性。

二、持续保障和改善城市民生，助推生活品质全方位提升

（一）推动更高质量和更充分就业，持续提升劳动者收入水平。

着眼满足市民多层次就业需求，实施全民技能提升行动，建成成都职业培训网络学院，培训城乡劳动者11万人次。高校毕业生、返乡农民工等重点群体就业工作扎实推进，困难家庭高校毕业生100%就业。大力促进创业带动就业，全市返乡创业7 500余人、带动就业1.5万人、新增产值3.1亿元，打造简阳、邛崃国家级返乡创业示范园区。实施就业精准扶贫和援助帮扶，开展就业巡回服务680余场次，发放失业保险金22.17亿元、稳岗补贴6亿元，帮助2万余名贫困人口实现就业，“散乱污”企业本市户籍失业人员再就业率96%。加强就失业动态监测和预警研判，积极应对中美贸易摩擦稳就业。全年城镇新增就业27万人，零就业家庭动态清零，城镇登记失业率保持在4%以内。

（二）健全多层次社会保障体系，稳步提升保障水平。

坚持兜底线、织密网、建机制，深入实施全民参保计划，机关事业单位养老保险改革、社保征管职责划转、医保支付方式改革、长期照护保险试点等工作有序推进。落实阶段性降低社会保险费率政策，预计为企业减少用工成本70.3亿元。制定新经济新业态从业人员参加社会保险办法，在不增加企业负担的同时，增强就业吸引力、维护从业人员合法权益。被征地农民参加社会保险“应保尽保”取得突出成效。非城镇户籍从业人员参加社会保险制度进一步完善。健全重特大疾病医疗保险制度，将17种抗癌药纳入基金单行支付范围，药价最高降幅70%。建立公务员工伤保险制度，将全市公务员及参照公务员法管理事业单位、社会团体工作人员纳入保障范围。全年城镇职工五险参保达3 198.29万人次；城乡居民基本养老、基本医疗保险参保分别达354.8万人、850.78万人。机关、企事业单位月人均基本养老金增长5.25%，城乡居民基础养老金月人均增长22.5%；城乡居民基本医疗保险财政补助标准提高至500元；政策范围内城镇职工和城乡居民每人每年医保最高报销额度分别可达79.1万元和63.4万元。

（三）构建和谐劳动关系，维护企业和劳动者合法权益。

成立市协调劳动关系三方委员会，和谐劳动关系综合试验区建设和“五级联创”工程取得阶段性成效。推进“无欠薪”治理，出台实施农民工工资支付工作考核办法、欠薪应急周转金管理办法和拖欠工资“黑名单”管理办法。全市劳动合同、集体合同签订率分别达98%、96.5%，劳动监察、仲裁案件结案率分别达98%、90%，为9 100多名农民工追发工资（含工程款）1.4亿元。

（四）完善人力资源社会保障公共服务体系，群众办事更加方便快捷。

落实省委“一干多支”发展战略，联合成都平原经济区七市签署人力资源社会保障事业协同发展协议，推进区域公共服务共建共享。成都市被国家标准化委员会确定为公共就业创业服务标准化试点城市。成功创建“全国社会保险标准化先行城市”，建成“成都市社会保险现代治理体系”，窗口经办时限缩短67%。“互联网＋人社”工作作为全国优秀案例参加“数字中国建设峰会”展示。

三、落实全面从严治党要求，推动人社系统自身建设不断加强

（一）坚持把政治建设摆在首位，强化思想理论武装。

坚持以习近平新时代中国特色社会主义思想为指导，深入学习贯彻党的十九大精神、习近平总书记对四川及成都工作系列重要指示精神和省委、市委全会精神，引导全系统党员干部坚定“四个自信”，树牢“四个意识”，自觉做到“两个坚决维护”。严格落实市局党组中心组学习制度，全年组织中心组学习23次、局系统专题学习会15次、局领导班子成员授课辅导28场次。持续推进“两学一做”学习教育常态化制度化，深入开展“不忘初心、牢记使命”主题教育，进一步凝聚起干部职工学习新思想、践行新理念、实现新作为的政治自觉和思想共识。

（二）坚决贯彻“全面落实年”部署，以“钉钉子”精神抓落实。

按照市委“八个坚持”和“十条措施”要求，对表中央和省委、市委关于人力资源社会保障工作新要求新任务，研究确立2018年人力资源社会保障工作“12347”总体思路，梳理细化12大领域196项具体任务，实行台账式、项目化管理，挂图作战、按月督查，着力推动上级决策部署落地落实。扎实开展“大学习、大讨论、大调研”活动，市局班子成员带队深入区（市）县人力资源社会保障部门和具有代表性的社区、企业、重大项目开展调研，收集61个具体问题、42条建议意见，研究形成人力资源协同、全民技能提升、多层次社会保险体系建设、高品质公共服务创建等8个方面课题成果，部分已转化为政策意见出台。

（三）持续深入正风肃纪，整体推进系统党风政风行风建设。

巩固拓展落实“八项规定”成果，严格落实《深入贯彻落实中央八项规定精神进一步改进工作作风密切联系群众的实施细则》，严防“四风”反弹回潮。以中央巡视反馈问题整改为契机，深入开展不作为及“懒散拖”问题专项治理、“扶贫领域作风问题”专项整治，持续深化“微腐败”问题整治，切实解决发生在群众身边的不正之风和腐败问题。着眼建设“人民满意的人社公共服务示范城市”，全面加强人力资源社会保障系统行风建设，开展“正行风、树新风”专项行动，扎实推进“放管服”改革，全面梳理事项清单，优化简化服务流程，人力资源社会保障系统208项服务事项中96.6%可“最多跑一次”、83.7%可“网上办理”，实现了行政权力事项应放尽放、服务流程更加规范标准、窗口服务作风持续好转。

成都市人力资源和社会保障局

贵　州　省

2018年，贵州省人力资源社会保障系统牢记嘱托、感恩奋进，认真学习贯彻习近平新时代中国特色社会主义思想，按照中央和全省经济工作会议及全国人力资源社会保障工作会议要求，坚持“民生为本、人才优先”工作主线，改革创新、锐意进取，圆满完成了各项工作任务。

一、扎实抓好人社扶贫工作

（一）重点抓好就业扶贫。

认真落实省委领导同志关于人力资源社会保障部门要抓好就业扶贫和大力开展培训的指示要求，出台打赢人力资源社会保障扶贫攻坚战三年行动方案，通过选派76名干部赴全省各地挂职助推就业扶贫、统筹开展职业技能培训、加大东西部劳务协作、不断完善公共就业服务等方式，扎实推进各项积极就业政策落实落地。全年促进建档立卡贫困劳动力就业创业53.1万人；对有劳动能力的农民实行全员培训1 675.4万人次，开展农村劳动力规范化技能培训62.6万人，同比增长36%，培训后实现就业创业37.8万人，初次就业率60.35%，其中，完成建档立卡贫困劳动力全员培训49.6万人，同比增长91%，培训后实现就业创业33.1万人，初次就业率66.77%。赴东部对口帮扶城市建立省、市、县三级劳务协作站（点）137个，全省建立劳务公司580个，收集用工岗位46.2万个，有组织输出就业14.3万人，其中贫困劳动力6.7万人。2018年5月，国务院印发通报，贵州省就业扶贫任务完成较好得到表扬，当年中央对贵州的就业补助资金增长15%。

（二）大力促进社保扶贫。

2018年，分别于1月、10月两次提高城乡居民基础养老金，由原每人每月70元提高到88元，再由88元提高到93元。将六类疾病纳入重特大疾病保障范围，将高血压等26种门诊慢性疾病纳入统筹基金支付范围，减轻患者负担。对年满60周岁“无力缴纳城乡居民基本养老保险费而尚未享受待遇”的，由政府资助其参保。

（三）抓牢人才人事扶贫。

建立重点向脱贫攻坚一线倾斜的考核表彰机制，对在深度贫困地区所在乡镇工作的公务员年度考核优秀等次比例提高到30%，在省委组织的脱贫攻坚“七一”表彰大会上，1 000名优秀个人和500个先进党组织获得表彰。出台事业单位专业技术人员助力脱贫攻坚三年行动计划，组织451名专业技术人员开展创新创业，撬动项目资金20亿元，带动3万余人就业，其中带动建档立卡贫困户就业7 000余人。举办东西部对口帮扶城市人才帮扶工作洽谈会，410余名专技人才到场对接优质脱贫攻坚示范项目。组织实施2018年“万名专家服务基层活动”。

（四）狠抓党建引领扶贫。

坚持以“大党建”统领“大扶贫”工作思路，省人力资源社会保障厅党组成员定期赴脱贫攻坚一线调研、督促指导脱贫攻坚工作，全面加强驻村帮扶、劳务工作站（点）党建工作。在农民全员培训中开展感恩培训、政策培训，学习先进典型，引导广大群众感党恩、听党话、跟党走，学习“五步工作法”“八要素”“五个三”“五个体系”“五个坚持”，组织村干部到先进村参观学习，不断优化思维、方法和机制，提升能力本领，增强内生动力。

二、全力确保就业局势稳定

（一）积极抓好高校毕业生等重点群体就业创业工作。

通过发放求职创业补贴、落实高校毕业生创业优惠政策、加强就业创业服务、开展就业见习、实施“三支一扶”招募等计划，确保了2018届高校毕业生就业总体平稳，初次就业率接近90%。纳入2018年化解过剩产能计划分流安置职工155人已全部分流安置，至此累计指导377户化解过剩产能关停企业分流安置职工31 477人。2018年全省公益性岗位在岗人数6万人。全年全省实现城镇新增就业77.7万人，失业人员再就业14.5万人，就业困难人员就业7.8万人，城镇登记失业率3.16%，全面完成各项目标任务。

（二）扎实推进创业带动就业工作。

全省共认定创业孵化基地129家，其中，国家级创业孵化示范基地2家、省级创业孵化示范基地52家，带动就业13.6万人；创建农民工创业示范园（点）186家，带动就业22万人。新增发放创业担保贷款28.1亿元，扶持创业3.1万人，带动就业8万人。

（三）健全公共就业服务体系。

扩大基层公共就业服务平台，打通省、市、区县、乡镇（街道）、村（社区）五级就业服务网络。建成全省统一的业务经办系统，初步实现公共就业服务信息化全流程。建设贵州劳动力培训就业信息系统，个人信息入库2 686万条、单位数据入库112万条。建成“贵州就业帮”App，提供找工作、招员工、培训等11项服务。积极开展“就业援助月”“春风行动”“民营企业招聘周”等活动，着力为各类群体提供公共就业创业服务、职业技能培训等，促进就业创业。

三、深入推进社会保障体系建设

（一）社会保险覆盖面不断扩大。

截至年底，全省六项社会保险参保人数达4 422.2万人次。其中，城镇职工基本养老保险、城乡居民基本养老保险、基本医疗保险、失业保险、工伤保险、生育保险参保人数分别为639.8万人、1 802.7万人、1 040.5万人、257.3万人、355.8万人、326.2万人，全部超额完成年度目标。

（二）机关事业单位养老保险制度改革平稳推进。

这项改革于2017年在贵州省落地实施并正式进入经办阶段，2018年进一步出台驻外机构参保等相关文件，不断完善制度设计。截至12月底，参保缴费人数104.3万人，享受待遇人数39.7万人。在人力资源社会保障部开展的机关事业单位养老保险制度改革推进测评中，贵州省获84分，位列全国第四。

（三）完善企业职工基本养老金计发办法。

印发《贵州省完善企业职工基本养老金计发办法》，明确参加人员范围、缴费年限、计发办法，鼓励多缴多得，确保参保人权益。

（四）推进社保降费率减轻企业负担。

2018年继续不同幅度下调养老、失业、工伤、生育保险费率，自2015年来累计减征各项社会保险费99.3亿元。同时，加强监管，确保资金基金总体安全。

（五）不断提高保障水平。

调整142万余名企业和机关事业单位退休人员基本养老金，人均增加150元；连续第14年调整企业退休人员基本养老金，调整后月人均达2 532元。失业人员月人均领取失业保险金从每月1 176元提高到每月1 344元。异地就医直接结算范围不断扩大，与31个省份12 786家联网结算医疗机构实现跨省住院横向联通，跨省异地就医全国联网刷卡3万余人次、结算费用7亿余元。

四、不断加大人才队伍建设力度

（一）坚持规模引才有实效。

通过举办第六届中国贵州人才博览会、开展省校合作专项引才活动等，达成引才意向2.5万人次。突出高端引才，完成第四批“百千万人才工程”评审通过19人，全省百层次和千层次人才总量达108人，加上各类初级和中级人才，全年全省新增人才总量达30万人。

（二）新的职称政策落地实施。

2018年5月，省委办公厅和省政府办公厅印发《贵州省深化职称制度改革的实施意见》，全面完成了国家及省部署的职称改革工作任务，进一步完善了人才评价体制机制。组织开展职称评审和执业资格考试，4万余人取得相应职称。

（三）进一步破除人才流动障碍。

将“破除妨碍劳动力、人才社会性流动的体制机制弊端”纳入省委落实党的十九大报告重大改革内容，提出鼓励事业单位专业技术人员到体制外创业、建成城乡均等的公共就业服务标准化体系等多项改革举措，进一步破除壁垒，促进人才合理流动。

（四）研究形成有突破性的人才新政送审。

深入推进人才强省战略实施，对全国31个省份和20余个主要城市的引才政策措施进行全面梳理和系统比对，开展广泛调研，起草形成《关于推动高质量发展加大高层次人才引进工作力度的若干政策措施（送审稿）》，报省人才工作领导小组审议，提出了多项具有本省特色的创新举措。

五、深入推进人事制度和收入分配制度改革

（一）深化人事制度改革。

深入实施公务员招录到基层去、遴选从基层来的“两个80%”政策，2018年招录公务员近4 000人。继续推进事业单位人事制度“放管服”改革，建立与事业单位聘用制度和岗位管理制度相衔接、符合教师职业特点、统一的中小学教师职称（职务）制度，减少公开招聘、岗位设置、人员聘用等人事管理环节，加强贫困地区教育、卫生等事业单位人才队伍建设，为事业单位招聘2万余人。进一步加大人事考试违法违规行为打击力度，强化“人防＋技防”，不断净化考试环境。

（二）深化工资收入分配制度改革。

将公立医院薪酬制度改革试点范围由遵义和铜仁扩大到全省9个市（州），总结各地试点经验，形成公立医院薪酬制度改革实施意见的征求意见稿。调整提高艰苦边远地区津贴标准，出台易地交流干部和挂职干部交通保障政策，落实干部带薪休假制度，保障干部正常福利。落实机关事业单位工资两年一调政策。

六、积极构建和谐劳动关系

（一）完善制度体系。

打好治欠保支攻坚战，开展构建和谐劳动关系综合试验区试点，完善“1＋8”系列配套文件，形成专项整治、专项督查、诚信评价、争议仲裁、欠薪入刑、实名制管理、专用账户、网络平台监管等多层次、全方位的治欠保支工作格局，进一步完善“建专户、实名制、常态化、可监测”的农民工工资支付制度，推动制度落地见效。截至12月底，实行实名制管理工程项目5 183个，开设农民工工资专用账户项目697个，通过银行代发工资工程项目160个。保障农民工工资支付政府应急周转金制度实现全覆盖。

（二）以考核为抓手压实各级责任。

省政府办公厅印发保障农民工工资支付工作考核办法及实施细则和责任分解方案，开展考核工作，分管省领导及时对考核评为C级的两个地区负责人进行约谈。市（州）政府同步开展所辖地区治欠保支工作考核和问责约谈。省直相关行业主管部门将治欠保支工作纳入对下级业务部门、行业监管对象的考核内容。

（三）开展专项排查整改。

全年共开展4次建设工程项目落实治欠保支工作专项排查。对国务院督查期间交办的15件欠薪案件进行督查督办，全部核实处理

完毕。立案查处劳动保障违法案件 2 352 件，结案率 99.7%。为 4.96 万名劳动者追发待遇 6.7 亿元，其中，追发农民工工资 6.28 亿元，涉及农民工 4.5 万人。2018 年底顺利完成中央要求的“政府性工程无拖欠”目标。

（四）强化法律震慑作用。

会同公、检、法、司等部门，联动打击恶意欠薪行为。向司法机关移送劳动保障监察案件 284 件，其中，拒不支付劳动报酬案件 277 件，占 97.5%，公安机关立案 206 件。

七、加强人社系统行风建设

把加强行风建设作为推动工作的重要载体，前门推进“放管服”，优化简化办事流程，后门堵漏洞，看住老百姓的“养命钱”。全面梳理人力资源社会保障领域党风廉政建设风险点，将日常监督和专项督查相结合，着力发现和严肃查处人力资源社会保障领域腐败问题，认真抓好巡视整改和国务院大督查问题整改。开发完成全省统一的社保网上经办系统，实现 85%日常申报工作网上经办。办理量大的 10 个高频事项实现“最多跑一次”，全省 43 个经办机构实行“综合柜员制”，服务效能明显提升。加强对中央八项规定和省委十项规定执行情况检查，建立健全定期检查和不定期突击检查相结合的长效机制，建立专项检查和定期抽查相结合的常态化监督检查机制，对重要领域、关键岗位人员加大监督制约。省人力资源社会保障厅党组成员带队开展两轮明察暗访，发现问题并研究整改，及时对贵阳市南明区和大方县人力资源社会保障部门行风建设中出现的问题进行通报，发挥警示教育作用。

贵州省人力资源和社会保障厅

云 南 省

2018 年，云南省人力资源社会保障系统面对错综复杂的国内外形势，面对改革发展稳定的繁重任务，坚决贯彻党中央、国务院和人力资源社会保障部、省委省政府的决策部署，坚持稳中求进，突出改革创新，攻坚克难、砥砺奋进，对标一流、争先进位，全省就业创业工作成绩突出，覆盖城乡居民的社会保障体系不断完善，人才队伍建设进一步增强，人事管理科学化水平明显提升，和谐劳动关系不断创新发展，改革攻坚稳步推进，行业扶贫实效显著，行风及自身建设得到全面加强。

一、稳就业，着力筑牢民生保障之基

深入实施就业优先战略和积极就业政策，大力推进就业扶贫，突出抓好高校毕业生等重点群体就业，切实做好化解钢铁煤炭行业过剩产能中职工安置工作，确保了就业局势总体稳定。完善就业政策体系，根据省政府《关于进一步做好当前和今后一段时期就业创业工作的实施意见》，省人力资源社会保障厅会同有关部门制定印发了相关配套文件，并提出了具体措施。坚持把高校毕业生就业摆在就业工作首位，实施就业创业促进计划和能力提升、创业引领、校园精准服务、就业帮扶、权益保护五大行动，组织高校毕业生开展就业培训和就业见习各 1 万人以上，对困难高校毕业生开展“一对一”重点帮扶和援助，加强就业市场供需衔接，加大对小微企业新招用应届高校毕业生按规定给予社会保险补贴的政策落实力度。通过对全省 16 个州市的 19 个行业开展失业动态监测，适时掌握 901 户企业 5.74 万个岗位增员减员情况。通过全省就业失业登记管理系统，实时关注高校毕业生特别是离校未就业高校毕业生就业情况；发挥全省驻外劳务工作站作用，进一步加大对外出务工人员就业形势的调查；通过全省农村劳动力转移就业信息平台，掌握返乡农民工情况，做好精准服务、精准施策。提升基层公共就业创业服务能力，建设全省公共就业大数据中心，支持与其他部门相关数据库的共享互联，打造云南“智慧就业”，建设全省公共就业综合决策系统，实现岗位、人才智能化精准匹配，促进就业目标实现。全年城镇新增就业 51.92 万人，城镇失业人员再就业 14.89 万人，就业困难人员就业 12.23 万人，开发公益性岗位 5.86 万个，城镇登记失业人数 20.88 万人，城镇登记失业率 3.40%。农村劳动力转移培训 420.14 万人次，新增农村劳动力转移就业 315.17 万人次，新增农村劳动力省外转移就业 155.66 万人次。“贷免扶补”扶持创业 51 708 人，创业贷款扶持创业 53 036 人，发放创业担保贷款金额 107.87 亿元。

二、保基本，织密扎牢社保安全网

以深化社保制度改革为引领，不断健全完善基本养老保险制度，构建覆盖城乡的社会保障体系。企业退休人员养老金实现“14 连调”，第四次提高城乡居民基础养老金标准。2018 年全省基本养老保险、工伤保险、失业保险、生育保险参保人数达 3 993 万人次，同比增长 5.03%。社保扩面工作全面超额完成，基本养老保险参保 2 977.05 万人，完成计划数 2 842 万人的 104.75％，其中，城镇职工基本养老保险 616.07 万人，完成计划数 592 万人的 104.07％，城乡居民养老保险 2 360.98 万人，完成计划数 2 250 万人的 104.93％；失业保险参保 273.12 万人，完成计划数 265 万人的 103.06％；工伤保险参保 403.30 万人，完成计划数 385 万人的 104.75％；生育保险参保 339.52 万人，完成计划数 316 万人的 107.44％。建筑业新开工建设项目工伤保险参保率计划完成 90％，实际达到 100％。基金征缴收入规模进一步扩大，养老、工伤、失业、生育保险基金总收入 1 030.8 亿元，累计结余 1 572.8 亿元，基金持续能力进一步增强。

三、强支撑，不断推进人才队伍建设

制定出台《云南省千人计划“青年人才”专项实施细则（试行）》《云南省万人计划“青年拔尖人才”专项实施细则（试行）》等 4 个配套政策文件。与省委组织部一起举办了 2 期全省高层次专家省情研修班和首期云南省“千人计划”青年人才省情研修班。成功举办第三届云南国际人才交流会，引进海外高层次人才 486 人，促成 90 多项优秀人才智力项目落户云南。积极做好第 45 届世界技能大赛全国选拔参赛工作，移动机器人等 9 个项目、11 名选手成功入围国家集训队，入围项目、选手人数均实现新突破。新增高技能人才人数 61 713 人，完成计划数 5 万人的 123.43％。新增技师和高级技师人数 5 673 人，新增留学回国人数 242 人，新增引进省外高层次人才人数 1 125 人，人才队伍素质和结构进一步改善。

四、重规范，持续强化人事管理

研究出台《云南省公务员登记实施办法》，建立起全省统一、简便有效、权责明晰、范围清楚的公务员日常登记制度。认真执行县以下机关公务员职务与职级并行制度，并开展自查工作和实施情况督查工作。截至 2018 年 9 月 31 日，全省县以下机关公务员晋升职级 66 776 人，占县以下机关公务员总数的 30.3％，其中，晋升正处级 523 人，晋升副处级 18 464 人，晋升正科级 14 574 人，晋升副科级 32 976 人，晋升科员级 239 人。按照省委、省政府扶贫攻坚总体部署，不断完善考录工作，招录计划进一步向基层、深度贫困和艰苦边远地区倾斜，招录计划总数为 3 007 人，占到了四级联考招录计划总数的 79.87％。开展云南省第六届人民满意的公务员和人民满意的公务员集体评选表彰工作，评选出拟表彰对象各 10 名（个），记一等功的公务员和集体拟表彰对象各 20 名（个）。积极组织开展改革开放 40 年杰出贡献表彰人选推荐工作，向国家推荐拟表彰对象 5 名。全面推进人事考试规范化、标准化建设，顺利完成公务员招录、事业单位招聘、专业技术资格等各类考试 52 项、92 万余人、194 万科次，有力维护了人事考试的公平、公正。结合第三轮“三支一扶”计划，招募 609 人充实到基层贫困地区。开展了 2 轮全省机关事业单位“吃空饷”问题专项清理整治和国有企业“吃空饷”问题专项清理整治，建立了“吃空饷”问题专项整治月和情况通报长效机制。完善了全省机关事业单位津贴补贴和奖励政策。对全省机关事业单位省管领导干部个人收入情况进行了清理规范。兑现了调整机关事业单位工作人员基本工资和艰苦边远地区津贴及增加离休人员离休费政策。调整提高了最低工资标准，扎实推进国有企业负责人薪酬制度改革，启动了国有企业工资决定机制改革工作。事业单位管理岗位职员等级晋升制度试点、省级机关后勤社会化改革、计划军转干部安置、自主择业军转干部日常管理服务、企业军转干部解困维稳等各项工作全面完成。

五、促公平，合力构建和谐劳动关系

深入开展规范农民工劳动用工专项行动，创新劳动用工登记方式并实现全省网上备案，制定并实施了《云南省劳动关系和谐企业评价标准》，组织开展了劳动关系和谐企业园区创建活动，730多个“劳动关系和谐企业”脱颖而出。认真开展保障农民工工资支付情况专项检查，向社会公布89件重大欠薪违法案件，向公安机关移送涉嫌拒不支付劳动报酬罪案件37件。加大监察执法力度，主动监察用人单位3.24万户，办结劳动保障违法案件2 497件，帮助1.59万名劳动者追发工资等待遇1.57亿元。全年共处理各类劳动人事争议案件2.9万件，其中集体劳动争议案件324件，涉及劳动者8 939人，涉案金额7.5亿元。认真开展矛盾隐患的排查、化解和稳控工作，全年12333共提供咨询服务39.3万次，共办理信访事项8 733件、2.77万人次。

六、抓创新，不断深化人社领域改革

2018年，云南省委、省政府赋予人力资源社会保障部门重大改革任务15项，其中牵头12项、配合3项。省人力资源社会保障厅以高度的政治自觉、强烈的责任担当，严格按照省委、省政府的部署要求，注重将改革的力度、发展的速度、社会各方面可承受度有机结合起来，抓实改革思路确定、难点问题协调、改革方案质量、重大改革部署等关键环节，集中攻坚，推陈出新，先后在职称制度改革、人才分类评价、人才培养联动机制、提高技术工人待遇、推行终身职业技能培训、企业年金管理等方面取得了重大政策性突破，就业、社会保障、人事管理、人才队伍建设、工资收入分配、劳动关系等领域的一批具有基础性决定性作用的自主改革迈出重要步伐，为人力资源社会保障事业创新发展提供了助力、增添了动力、激发了活力。截至年末，除事权在国家的4项任务外（其中一项已按程序撤销），其余11项改革任务全部完成。

七、敢作为，全力抓好行业扶贫工作

决战脱贫攻坚，是当前全省最大的政治、最大的大局。人力资源社会保障部门肩负着就业扶贫、技能扶贫、社保扶贫、人事人才扶贫四大任务。全省人力资源社会保障系统坚持精准转移，确保贫困群众就业有岗位。着力“在供给端摸好底”。先后调动2.3万余人，全面摸清全省农村贫困劳动力资源现状，建立实名信息数据库，实现贫困劳动力实时动态监测。着力“在传输端接好线”。通过“政府市场两手抓、供给需求两对接、区域内外两协同、线上线下两互动”多措并举，打通贫困劳动力向二三产业转移、县内转移、省内转移、跨省转移、跨国转移“5条路径”。着力“在接收端找好位”。依托滇沪、滇粤东西部扶贫协作机制，采取定向招聘、定向转移，共输出20.2万名贫困劳动力到上海、广东就业。开发乡村公益服务岗位，按每人每月500元的标准给予岗位补贴，重点安置“无法离乡、无业可扶、无力脱贫”的贫困劳动力7.05万人。发放“贷免扶补”创业担保贷款2.3亿元，扶持2 436名贫困劳动力自主创业。坚持量身培训，确保贫困群众手中有技能。按照“培训一人、就业一人、脱贫一户”的思路，深入实施“技能扶贫行动”。一方面，加强与产业园区、招商引资企业和省外用工企业有效对接，强化订单、定向、定岗培训；另一方面，坚持“一户一策”，实施个性化培训，实现“一户一人、一人一技，一技促脱贫”。深入推进技能脱贫千校行动，依托全省34所技工院校，加大贫困群众技能培训力度，努力使每个有就读意愿的建档立卡贫困家庭“两后生”都能免费接受技工教育并推荐就业。全省共完成贫困劳动力职业培训174.97万人次。坚持社保兜底，积极做好为建档立卡未脱贫人员等困难群体代缴城乡居民养老保险费，实现符合条件的建档立卡贫困人口100%参保和60岁以上建档立卡贫困人口100%享受待遇。坚持人才兴业，确保贫困群众致富有门路。先后制定出台了人才扶贫行动计划等一系列政策举措，组织实施了云南省“千人计划”“万人计划”“边疆民族地区人才培养工程”“基层人才对口培养计划”等一揽子人才工程，引导人才向基层贫困地区流动，以人才引领产业发展，以产业带动群众脱贫致富。2018年共派出14个专家服务团、

6 429 人次科技人员到贫困地区开展决策咨询和项目论证 4 000 多次，开展智力帮扶和业务指导 8 300 多次，帮助培训基层专业技术骨干 3 万多人次、培育新型职业农民 1.6 万多人，进一步增强了贫困地区脱贫致富的内生动力。

八、提质量，扎实推动人社系统行风建设

省人力资源社会保障厅党组按照人力资源社会保障部的决策部署，进一步提高政治站位，以永远在路上的精神，扎实推动全省人力资源社会保障系统行风建设，优化服务，提升质量，着力打通便民利民惠民“最后一公里”，不断增强人民群众的获得感幸福感。结合人力资源社会保障部《关于进一步加强人社系统行风建设工作方案》，成立了以厅主要负责同志为组长的行风建设工作领导小组，下设监督组和领导小组办公室统筹抓落实。研究制定了落实行风建设具体工作方案，细化措施，明确职责，做好宣传引导，把行风建设各项任务落到实处。州（市）人力资源社会保障部门逐级成立行风办，层层传导压力，层层压实责任，主动作为，整体推进。聚焦“人社服务年”，以贯彻落实厅党组《关于全面提升人社服务质量的实施意见》为抓手，推动人力资源社会保障系统行风建设，提升人社服务质量。在全系统干部职工中组织开展了“立足职责找差距，结合岗位查问题，提质增效促跨越”大讨论，认真抓好“人社岗位大练兵”“人社政策大竞赛”“人社知识大讲堂”活动，广泛开展人社“十大优质服务集体”“十大优质服务明星”“十大业务能手”评选活动。按照“清单之外无事项”原则，梳理出厅内清单事项 316 项、“直接受理”事项 111 项、“马上办”事项 30 项、“最多跑一次”事项 59 项，并通过政府门户网站公示权责清单事项。主动取消待遇领取人关系证明、就业证明等证明材料事项 23 项，使企业、群众办理行政审批和公共服务事项更加“短平快”。修订完善人力资源社会保障系统行政许可事项《办事指南》和《业务手册》，对事项名称、设定依据等 12 项要素按照统一标准进行固化，实现了全省人力资源社会保障系统省、州、县三级行政审批事项标准化办理，确保企业和群众办事无差异、服务均等化。厅本级实现清单内事项网上可办率不低于 80%，办理量大的个人参保证明、居民养老保险参保缴费等 10 个高频事项实现“最多跑一次”。积极配合省政府推行“一部手机办事通”，全量提供人力资源社会保障数据。排查梳理疏通涉及社保、就业创业、人才服务等方面堵点问题 23 项。建立《全省人社系统行风举报投诉、意见建议收集处理机制》，在 12333 开设举报投诉专席，受理行风投诉 38 件，做到“事事有回音，件件有落实”。坚持实践、实干、实效，严格、严谨、严肃的要求，打造过硬人力资源社会保障队伍，通过加强培训、上派下挂、举办各类竞赛等有效形式，加大干部培养力度，举办各类培训班 26 期、培训 1 982 人次。制定出台厅干部管理暂行办法，严格干部管理，坚持严管与厚爱结合、激励与约束并重，探索建立正向激励机制和容错纠错机制，完善科学绩效管理机制，奖勤治庸、奖优罚劣，提振干部干事创业的工作激情。全系统干部队伍的精神面貌焕然一新，事业心责任感不断增强。

2018 年，40 项人力资源社会保障事业发展指标全部完成，创业担保、人社扶贫、职称改革等 5 项工作以及 7 个集体、5 名个人获得人力资源社会保障部和省委、省政府表彰表扬，“三支一扶”、养老保障、提高领军人才和技术工人待遇、流动党员管理、治理拖欠农民工工资、法治人社建设等 28 项工作在全国进行了交流或被人力资源社会保障部转发全国学习。人力资源社会保障领域的政策研究、法治建设、调研督查、信访维稳、信息宣传、政务公开、档案管理、老干部服务、机关后勤保障等工作也取得较好成绩，有力服务和助推了全省人力资源社会保障工作规范提升和改革创新。

云南省人力资源和社会保障厅

西藏自治区

2018 年，西藏自治区人力资源社会保障部门始终高举中国特色社会主义伟大旗帜，始终以习近平新时代中国特色社会主义思想为指导，全面贯彻党的十九大和十九届二中、三中全会精神及中央第六次西藏工作座谈会精神，在自治区党委、政府的坚强领导下，在人力资源社会保障部的有力指导下，坚持稳中求进、进中求好、补齐短板，以处理好“十三对”关系为根本方法，坚持“民生为本、人才优先”，惠民生与促发展相结合，立足新时期人力资源社会保障工作的新情况、新目标、新要求，各项工作稳步推进，取得了良好的工作成效。

一、就业局势保持持续稳定

（一）高校毕业生就业创业工作取得新突破。

面对高校毕业生市场就业压力持续加大的实际，坚持提前谋划、综合施策，成功打造了企业就业、公职岗位就业、区外就业、基层就业“多位一体”的综合就业平台。累计收集提供市场就业岗位约 7.9 万个，召开各类招聘会 243 场次，特别是区外就业实现了质的飞跃，中央国家机关和相关省市招录 260 名西藏籍高校毕业生到内地公职岗位就业，援藏省市提供就业援藏岗位 1.54 万个，实际招录 203 人到区外就业，高校毕业生面向区外就业的渠道更加畅通。首次创造性地实行高校毕业生就业实名制，实现了区、市（地）、县（区）、乡镇（街道）四级直连，每一名高校毕业生就业信息实现可查询、可联络、可追溯、可跟踪。同时，依托实名制信息系统，按属地层级，推行一名领导帮扶 1～2 名未就业高校毕业生，重点突出建档立卡贫困家庭和就业困难高校毕业生，组织实施“六个一”就业帮扶，全区 2 548 名有就业意愿的建档立卡贫困家庭毕业生全部实现稳定就业。更加注重宣传引导，综合运用各种媒体开展广泛宣传，播出刊发高校毕业生就业创业新闻宣传稿件 1 700 余篇次，网络点击量超过 250 余万次，形成了立体式的强大宣传态势。狠抓政策落地，共兑现高校毕业生就业创业补贴 6 658.44 万元，约为上年同期的 2 倍。高校毕业生就业形势更加趋于平稳，市场主导就业的格局逐步形成并不断巩固。

（二）自主创业催生新的增长点。

将大众创业、万众创新作为扩大就业的新动能、新引擎，以前所未有的力度推动“双创”工作，成功与中国移动拉萨分公司共同建设全区首家自治区创业孵化示范基地，与西藏大学、西藏职业技术学院、西藏藏医学院合作共建三个大学生创业孵化基地。进一步加大创业培训，全年共举办创业培训班 140 期，培训学员 3 025 人，成功创业 344 人，创业带动就业 1 114 人。特别是全区首次举办“中国创翼”创业创新大赛西藏赛区选拔赛，全区共有 50 个项目、300 余名创业者参加比赛，其中 3 个项目首次代表西藏参加全国总决赛，均取得良好成绩，1 个项目荣获大赛专项组三等奖，8 个项目在上海、广东首次举办的西藏第一届创业产品推介会上成功签约，总投资约 2 亿元，涵盖特色农产品、文创产品、电商平台等多个领域。创业带动就业人数成倍增长，逐步成为新的就业增长点。

（三）技能人才培养体系更加健全。

成功获批建设西藏技师学院，已经办理项目立项批复、选址意见书等前期手续，并启动了提前招生工作，该项目将填补西藏技工教育的空白，对于缓解全区高技能人才严重短缺的瓶颈制约具有十分重要的意义。启动实施终身职业技能培训工作，进一步深入推进全区职业技能培训工作，全年共举办职业技能培训班1 573期，培训3.3万人。全区技能人才达13.15万人，同比增长13.36％。

（四）公共就业服务更加完善。

以人力资源洽谈会为依托，为各类人才搭建更好的就业平台，成功举办了7期大型人力资源洽谈会，举办面向社会人员的招聘会195场次，进场招聘总人数达8.95万人。开展职业指导2.6万人，职业介绍5.36万人次，介绍成功1.64万人。全年实现失业人员再就业8 813人，就业困难人员实现就业6 950人。

二、社会保障体系更加健全

（一）社会保障惠及面不断扩大。

持续推进全民参保计划，进一步补充完善未入库人员信息，对全区全民参保登记问题数据追溯倒查，对各市（地）工作情况开展监督考核。开展社会保障“玉麦行”活动，推进边境地区农牧民参保人员精准扩面，补助7个边境县（区）社会化服务平台建设经费，加快推进基层社会保障公共服务平台建设，进一步细化边境地区各族群众社会保险工作措施，逐步向“全覆盖、无死角、零遗漏”的目标迈进。

（二）社会保障制度体系不断健全。

提高了城乡居民基本养老保险基础养老金标准，从2018年1月1日起，西藏自治区城乡居民基本养老保险基础养老金标准由月人均150元提高到月人均170元。完成了退休人员基本养老金调整工作。积极开展机关事业单位养老保险制度改革后退休人员养老保险待遇落地工作。贯彻落实企业职工基本养老保险基金中央调剂工作。积极完善企业职工基本养老保险制度。深入推进社会保险扶贫工作，将建档立卡贫困人员全部纳入政府代缴最低标准养老保险费的范围，并享受相应的政府补贴。全区工伤（亡）职工伤残津贴、供养亲属抚恤金、生活护理费待遇标准在现有基础上增长了17.86％；在全区全面推进铁路、公路、水利、能源、机场工程建设项目参加工伤保险工作。继续阶段性降低全区工伤保险、失业保险费率，惠及全区1.48万家企事业单位，累计减负1.2亿元。同时，放宽了职业技能补贴申领条件，加大了稳岗补贴支持力度，明确了失业人员在领取失业保险金期间参加医疗保险相关问题，完成了2017年全区企业稳岗补贴2 769.23万元审核工作，受益参保职工33 892人，完成75名企业职工13.95万元技能补贴兑现工作。

（三）积极推进社会保障信息化建设。

认真组织开展社保卡发卡和数据采集工作，共采集305万条制卡和全民参保登记数据。完成对社保信息系统的彻底改造升级，率先在省级层面实现综合柜员制。建设了社保费征收职责划转信息共享平台。

（四）基金监督工作不断加强。

扎实组织开展了2017年度就业补助资金管理使用情况专项检查、工伤保险内控制度检查和企业职工基本养老保险基金收支管理自查自纠工作。研究制定了《西藏自治区社会保险基金监督办法》和《要情报告工作规范》。率先开展了养老保险基金结余资金委托投资运营，首批20亿元委托投资资金顺利划转。

三、人才队伍建设更加科学

（一）积极推进深化职称制度改革工作。

出台深化职称制度改革的实施意见，聚焦职称制度体系、评价标准、评价机制等关键环节，破除“三唯”（唯学历、唯资历、唯论文），实现对不同地区、不同层次专业技术人员差别化评价。围绕职称制度改革，出台10项配套政策，加强职称评审管理服务，使改革政策相互衔接、补充完善，彰显集合效应。在工程、经济等11个职称系列增设正高级职称，打破了职业发展“天花板”。将高级职称评审权下放至各职称系列自治区行业主管部门，推进职称评审“放管服”改革，科学合理放权，调动用人单位的积极性主动性。畅通非公有制经济组织、社会组织、自由职业和国有企事业单位外聘专业技术人员职称申报渠道，拓宽了评价范围。公布在部分职称领域建立专业技术职业资格和职称对应关系，加强评价结果共享。

（二）持续深化高层次人才选拔培养使用。

联合自治区社科院完成了西藏特培实施9年来相关数据汇总统计分析，对实施成效和促进建议进行了系统总结和研究。不断强化高层次人才培养工作，选拔推荐了27名享受国务院政府特殊津贴专家人选、15名享受自治区人民政府特殊津贴专家人选。选派3名入选“百千万人才工程”国家级人选参加国情研修班。完成1 286人高级职称确认相关工作。对全区108名自治区学术技术带头人进行年度考核。首次在全区组织实施自治区专家服务基层行动计划，共开展专家服务基层项目8个。

（三）积极开展人才引进工作。

认真组织开展全区政府机关事业单位人才引进工作，共下达人才引进指标2 098个。完成了22名高层次人才引进调动手续的办理工作。

（四）加强人才信息系统建设。

完成了全区人事人才信息系统依托人力资源社会保障专网联网工作，目前正在进行网络试运行。

四、人事管理工作更加规范

（一）公务员综合管理工作不断强化。

审核批复了388家事业单位参照公务员法管理，组织开展了新批准参照公务员法管理工作人员1 639人过渡考试工作。完成了对全区编制、人事人才、财政供养信息系统数据比对。全面开展了行政机关公务员登记清理，为机构改革有序进行奠定了基础。

（二）人事考试工作有序开展。

首次启用全区教育考试视频巡查系统，形成“上下联动、左右互动”的联动机制。首次实现区内自主网上评卷，确保阅卷工作安全优质高效。首次运用警示动漫视频开展考前培训，强化考风考纪。全面高质量完成19项各类公开考录公务员、事业单位工作人员考试命题及12项、7.75万人次的考务组织工作。完成28项国家专业技术资格考试和1项区内职称政治考试考务组织工作，考试人数2.91万人、3.73万科次。

（三）公务员考核培训工作顺利开展。

完成了全区各级行政机关60 213人考核工作，考核率为99.58%。推进施行新的公务员年度考核奖励奖金标准。认真开展连续三年考核为优秀等次人员记三等功审批备案等工作。积极推进公务员“四类培训”和面向艰苦边远地区的“送教上门”工作。

（四）事业单位人事制度改革深入推进。

事业单位岗位设置工作进展顺利，批复640家事业单位首次岗位设置方案，核准岗位9 872个。完成了自治区农科院等94家事业单位岗位等级调整工作，调整岗位5 059个。事业单位公开招聘工作开展有序，共完成事业单位工作人员招聘189名。积极推进事业单位专业技术人员创新创业工作，印发《西藏自治区关于支持和鼓励事业单位专业技术人员创新创业的实施意见》，积极推进《西藏自治区基层农牧科技人员激励保障办法（试行）》制定出台。

（五）军转干部安置工作稳步实施。

接收安置军转干部、分配营职以下和专业技术军转干部75人，自主择业军转干部1 602人。共为全区自主择业军转干部按月发放退役金23.59亿元，积极开展企业军转干部解困帮扶工作，发放慰问金43万元，发放企业军转干部生活困难补助24万元。

五、工资收入分配制度更加完善

（一）薪酬制度改革有序推进。

研究制定了公立医院薪酬制度改革试点工作实施方案和指导意见，在西藏自治区人民医院等10家医院顺利启动改革试点工作。出台了《西藏自治区区管国有企业负责人基本年薪基数认定暂行办法》和《西藏自治区区管国有企业负责人薪酬管理监督检查办法（试行）》，先后发布了2015年度、2016年度区管国有企业负责人基本年薪基数，全区国有企业负责人薪酬制度改革工作取得实质性进展。启动国有企业工资决定机制改革，建立健全与劳动力市场基本适应、与国有企业经济效益和劳动生产率挂钩的工资决定和正常增长机制。

（二）积极开展工资福利相关工作。

会同自治区司法体制改革领导小组办公室、高级人民法院和人民检察院就自治区法官、检察官和司法辅助人员工资制度改革工作落实情况进行了调研，进一步调整完善了法官、检察官和司法辅助人员绩效考核奖金核定办法并组织实施。会同自治区党委统战部、财政厅等相关部门，从2018年1月起调整了驻寺干部特殊岗位津贴。及时安排部署调整机关事业单位基本工资标准工作，并按要求兑现了调标增资。

（三）合理调整全区最低工资标准。

结合自治区实际和当前经济形势，经自治区人民政府同意，自2018年1月1日起，将自治区最低工资标准调整为1 650元/月和16元/小时。

六、劳动关系领域更加和谐

（一）制度体系不断健全。

出台了保障农民工工资保证金制度、考核办法及督查办法，企业拖欠工资“黑名单”管理办法，农民工工资专用账户管理办法、第三方担保办法等10多项制度措施，初步建立了预防和解决拖欠工资问题长效机制。特别是把保障农民工工资支付工作纳入经济社会发展目标绩效考核评价体系、增加社会治安综合治理考核分值，首次对2017年度各市（地）政府（行署）进行综合考核，并首次实行约谈机制，以考核促责任压实、促工作落实。

（二）监督检查密度加大。

坚持以易发、频发劳动保障违法问题的行业和领域作为重点，扩大日常巡查和书面审查范围，先后开展专项整治和督查检查13次，深入7市（地）、61个县（区）的119家用人单位，对市政建设、公共建筑、大型民建、交通水利、餐饮住宿等30余个系列的大型用工领域进行专项督查，主动检查用人单位1.1万户次，集中清理欠薪案件400多件。全区各级劳动保障监察机构共查处拖欠工资案件1 809件，涉及劳动者近1.69万人，涉及资金3.2亿元。

（三）集中治理力度加强。

召开自治区解决企业拖欠工资问题联席会议，专题部署集中专项治理，集中处理拖欠农民工工资积案70件，涉及人数5 508人，涉案金额2.33亿元；集中督办处理那曲市农民工工资拖欠案件67件，涉及人数9 353人，涉案金额5.64亿元；首次公布拖欠劳动报酬典型案件6件、“黑名单”3件。

（四）劳动人事争议仲裁工作创新开展。

进一步打造数字化仲裁庭、信息化仲裁院，发挥信息化对调解仲裁工作的引领保障作用，切实提升案件处理效能，全区7市（地）调解仲裁办案系统全部进入试运行。受理劳动人事争议案件1 617件，涉及7 789人，涉案金额1.7亿元，结案1 587件，结案率98%。

七、人社扶贫工作扎实推进

（一）坚持就业与产业相结合，夯实脱贫根基。

充分依托产业基础和资源禀赋，将就业工作与产业发展“捆绑”推进，共建立309个有机青稞种植、牦牛育肥、旅游文化等就业扶贫产业基地，建立了80家扶贫专项劳务派遣机构，明确驻藏央企和自治区重点产业项目按10%的用工比例定向吸纳所在地贫困人口就业。三年来，累计组织14.8万名贫困人口依托产业实现转移就业，占全区脱贫总人口数的43.9%。大力推进返乡创业，对返乡创业的农牧民、高校毕业生在土地承包、经营场地、生活补贴方面给予政策支持，并给予最高30万元的返乡创业一次性启动资金支持，全区返乡创业人数 773 人，带动贫困人口就业 4 877 人。对零就业家庭和贫困家庭大学生实行“一对一”结对帮扶，有计划、有组织地安排到扶贫产业项目中就业，全区零就业家庭全部动态清零，100%的贫困家庭大学生实现稳定就业。

（二）坚持扶智与扶志相结合，增强内生动力。

建立贫困劳动力“一库六册”，即一个数据库和基本情况、就业意愿、创业方向、文化学历、职业经历、培训需求信息册，精准锁定培训对象，科学制定培训方案，累计整合下达培训补助资金 2.1 亿元，培训贫困农牧民 13.5 万人，占贫困人口总数的 22.9%。将就业观念的引导纳入技能培训内容、植入公共就业服务，培养 1 184 名农牧区脱贫致富带头人，用新变化、新典型带动树立新风气、新观念，深度扭转“靠天吃饭、安于贫困”的陈旧观念。

（三）坚持扩面与保障相结合，构建基本防线。

实施“社会保障阳光普照工程”和“社会保障边境行”活动，开展边境地区、艰苦边远地区社保精准扩面专项行动，实现应保尽保。区地县三级及时出台社保扶贫政策，将贫困人口纳入政府代缴城乡居民养老保险费范畴，8.84 万名贫困人口享受代缴政策。全区新开工项目工伤保险参保率达到 100%，失业保险基金支持脱贫攻坚政策全面推行，社保的兜底性保障作用有力发挥。

（四）坚持引才与留才相结合，打造人才“洼地”。

适当降低人才门槛，近三年新引进的人才、新录用的机关事业单位工作人员、新招募的西部志愿者和“三支一扶”人员 60%以上安排到贫困地区，对艰苦边远地区的干部职工按类区大幅提高生活补助标准和工龄补贴标准，贫困地区专技人员在职称考试中给予加分倾斜等，将贫困地区打造成了条件虽然艰苦，但待遇最高、政策最优、关注最多的人才“洼地”，边远贫困地区现有人才总量为 2016 年初的 1.37 倍。

（五）坚持定点与包干相结合，形成示范引领。

将海拔最高、条件最苦、贫困程度最深的地区作为人社扶贫联系点，全系统累计选派 316 名优秀后备干部开展定点扶贫驻村工作，1 100 名人力资源社会保障干部与贫困户结对包干，实施民生项目 386 个，累计帮助 4 700 余人实现脱贫，打造了人力资源社会保障定点扶贫的“示范区”。人力资源社会保障系统在全区脱贫攻坚成效考核中连续两年被评为“优秀”等次。

八、行风建设有效开展

在全区人力资源社会保障系统组织开展以“行风建设人人谈，转变作风为人民”为主题的行风建设大讨论活动 82 场次，1 500 余名人力资源社会保障系统干部职工参与讨论。组织开展行风建设自查自纠整改活动，共检查出行政规范、服务品质、工作效能、机制创新、作风端正、职业道德、业务素质 7 个方面 26 项问题，形成了窗口作风问题整改清单，制定了具体整改方案。先后开展 4 次集中明察暗访和满意度测评，服务对象对全区人力资源社会保障系统服务满意度较上年底提高了 13 个百分点。实施“网上服务大厅＋综合柜员制”经办服务，线上线下相结合，优化升级“网上服务大厅”，实现线上“一网通办”，进一步梳理 19 项 35 类社保经办事项，排除 20 个经办堵点问题，统一规范社保公共服务清单和业务流程，实现了“一项业务、一个号、一个窗口、一次性办结”。全面开展“优质服务窗口”创建活动，制定了《西藏人力资源和社会保障系统窗口服务行为规范》，以 20 项行为规范要求各级窗口服务经办人员，不断提升服务质量和水平，有力兑现了“便捷、优质、高效”的服务承诺。

西藏自治区人力资源和社会保障厅

陕 西 省

2018年，陕西省人力资源社会保障部门在省委、省政府的坚强领导下，深入学习习近平新时代中国特色社会主义思想，全面贯彻党的十九大精神，聚焦追赶超越定位，践行“五个扎实”要求，落实“五新”战略任务和发展“三个经济”的决策部署，坚持政治引领、高点定位、超前谋划、争创一流，深化改革创新，狠抓任务落实，工作质量和水平显著提升。

一、就业创业

全年全省城镇新增就业46.09万人，完成36万人目标任务的128%；城镇登记失业率3.21%，低于控制目标1.29个百分点；新建120个创贷信用乡村，完成目标任务40个的300%。当年中央拨付就业补助资金20.85亿元，位列全国第九。

（一）实施更加积极的就业政策。

全面加大“稳就业”支持力度，全力做好公共就业和人才服务工作。《人力资源市场暂行条例》出台后，在省级层面全国首家颁布实施《陕西省人力资源市场条例》。加强就业形势研判，开展企业用工和农民工回流监测工作，实施援企稳岗“护航行动”，全省稳岗补贴资金支出6.15亿元，位列全国第五。

（二）统筹抓好重点群体就业。

围绕高校毕业生就业工作，组织开展“筑梦未来、与你同行”主题宣传、高校毕业生就业服务月、民营企业招聘周等专项活动，全年开展招聘活动438场，提供岗位信息37.61万条。在西北大学等4所高校设立就业创业服务中心，发放求职创业补贴3 263万元，组织就业见习3.22万人。全年登记离校未就业应届毕业生8.15万人，已实现就业6.7万人，达到82.21%。统筹做好其他重点群体就业，出台退役军人就业扶持政策，扶持6.7万名就业困难人员实现就业，农民工转移就业624.5万人，安置去产能企业职工2 850人。

（三）鼓励创业带动就业。

全年新增认定省级创业孵化基地24个，省级返乡创业园区8个；新增发放创业担保贷款49.18亿元，直接扶持创业4.03万人，带动就业13.3万人。举办第三届“中国创翼”创业创新大赛陕西省选拔赛暨首届“丝路创星”大赛，被人力资源社会保障部评为“优秀组织奖”。促进创业带动就业的倍增效应进一步显现。

二、社会保障

截至2018年底，全省基本养老、失业、工伤保险参保人数分别达到2 733.48万人、372.35万人、528.03万人，均超额完成人力资源社会保障部下达的参保任务。

（一）认真落实社会保险政策。

制定印发中央驻陕单位参加机关事业单位养老保险、院士退休、养老保险关系转移接续、军队文职人员参保等10多个政策文件；落实企业职工基本养老保险基金中央调剂制度，净收益8.9亿元。陕西养老保险省级统筹做法在全国人力资源社会保障工作会上介绍经验。

（二）稳步提高社会保险待遇。

继续调整企业、机关事业单位退休人员基

本养老金，企业养老金待遇实现“14 连调”，月人均达 2 733 元，同步调整 6 大类 18 个群体社保待遇，惠及 362 万人。城乡居民基础养老金每人每月增加 23 元，月人均达到 134 元。适度提高了失业、工伤保险待遇。

（三）不断提升经办服务能力。

全面实施全民参保计划，扎实开展入户调查登记，强化数据分析，助推精准扩面。加大社保卡推广应用力度，开展电子社保卡应用试点。全面取消领取养老保险待遇资格集中认证，城镇企业职工养老保险证明事项办理打破地域限制，实现了全省通办。“陕西养老保险”手机 App 下载量超过 1 000 万人次，实现了跨省缴费，跨地区、跨国境认证。

（四）持续加强基金监管。

扎实开展社会保险经办风险管理专项行动，全面推行“双随机”交叉检查，风险防控体系进一步完善，基金运行安全平稳。推进社会保险基金保值增值，首批归集城乡居民养老保险个人账户基金 50 亿元，委托全国社保理事会投资运营。

三、人才队伍

（一）推动人才评价机制改革。

分类推进人才评价机制改革，明确细化六个重点领域人才评价办法；制定完善正高级经济师、中小学教师职称评审办法，将高级职称自主评审范围扩大到省级科研院所、大型企业、省级三甲医院等单位；突出品德、能力、业绩导向，有 62 人通过“绿色通道”晋升正高级职称。

（二）加强专业技术人才队伍建设。

积极争取人力资源社会保障部支持，设立西安交大“中国西部海外博士后创新示范中心”，为全国第三家、高校系统唯一一家。实施各类人才项目工程，65 人入选国务院政府特殊津贴专家，新设博士后科研工作站 10 家，累计设站总数全国第七、西部第一。组织开展校园系列招聘引才活动，面向全国 14 所 985 院校招聘硕士研究生以上学历 4 000 余人；与陕西省委组织部、西安市政府举办第三届丝绸之路青年学者论坛和第二届中国西安人力资源高峰论坛；组织专业技术人才开展“弘扬爱国奋斗精神、建功立业新时代”系列活动；配合组织实施赴美招才引智活动，新建海外引才工作站 1 个，取得了良好社会效果。

（三）加强高技能人才队伍建设。

大力弘扬劳模精神和工匠精神，出台提高技术工人待遇意见，新建 10 个省级高技能人才培训基地和 20 个省级技能大师工作室。举办第八届全国数控技能大赛陕西选拔赛，组建省级代表队，取得全国第四名的成绩。参与组织 2018 年全国技能大赛，被团中央、人力资源社会保障部评为“优秀组织奖”。

（四）深化人事制度改革。

进一步加强和改进基层事业单位公开招聘工作，畅通省市县三级高层次人才招聘渠道。提高基层事业单位专业技术岗位中、高级结构比例，将中、高级岗位向乡镇倾斜，稳定基层专业技术人员队伍。全省 9 个市（区）及省属事业单位参加全国联考，全年共公开招聘 1.9 万余人。全年安全有序组织各类人事考试 47 项，共计 52.3 万人。

（五）完善机关事业单位工资制度。

调增机关事业单位工作人员基本工资和离休费标准，完善省级机关工勤人员平时考核奖励。扩大公立医院薪酬制度改革试点范围，调整 48 个县区艰苦边远地区津贴标准。督促全省年休假制度落实，保证干部职工身心健康，维护干部职工合法权益。

（六）支持留学人员来陕创新创业。

入选国家级高层次留学人才资助支持项目 4 项，资助经费 165 万元。为西安交通大学、西北工业大学“千人计划”外专项目入选专家核销工薪补助、科研经费 915.2 万元。

四、劳动关系

（一）加强机制建设。

成立了由省政府领导任主任的陕西省协调劳动关系三方委员会，健全完善政府、工会、企业共同参与的三方协商协调机制。推荐西北工业集团等10户企业和咸阳高新产业开发区为“全国模范劳动关系和谐企业与工业园区”，全省表彰64户劳动关系和谐企业、9个工业园区和27家劳动关系工作先进单位。

（二）深化企业工资制度改革。

牵头制定改革国有企业工资决定机制的实施意见，增强国有企业发展活力。持续推进国有企业负责人薪酬制度改革，完善省属企业负责人薪酬信息披露办法，确定2018年度负责人基本年薪基数。制定发布2018年度企业工资指导线执行标准，研究确定最低工资标准和地区类别。

（三）大力推进治欠保支工作。

建立保障农民工工资支付考核制度，并对各市（区）2017年工作进行实地考核评比。加大欠薪失信联合惩戒和案件查处力度，依法依规向社会公布重大劳动保障违法案件112件，向公安机关移送涉嫌拒不支付劳动报酬犯罪案件127件，全年共办结欠薪案件1 740件，为2.35万名农民工追讨工资待遇2.19亿元，欠薪案件数、涉及人数、涉及金额同比实现“三下降”。

（四）扎实做好农民工服务工作。

开展第四次全省输入地农民工基本情况摸底调查，指导各市、县加强农民工综合服务平台建设，在有条件的乡镇建立农民工综合服务中心，为农民工提供培训、维权、职业介绍等全方位服务。

五、扶贫工作

省人力资源社会保障厅始终把助力脱贫作为重大政治责任，制定扶贫攻坚战三年行动实施方案，举全厅全系统之力坚决打赢人社扶贫攻坚战。全年贫困劳动力实现转移就业28.87万人，自主创业7 447人，免费培训14.84万人，完成调增后目标任务的156%、126%、251%。

（一）全力推进就业扶贫。

坚持就业、创业扶贫与产业扶贫相结合，技能培训与扶智、扶志相结合，实施就业扶贫“六项工程”。全省建设新社区工厂425家，新培育就业扶贫基地597家，较2017年增长48%和56%。修订完善公益性岗位开发管理办法，进一步拓展就地就近就业空间，新吸纳贫困劳动力3.64万人。先后2次在全国、1次在全省扶贫工作会议上介绍经验。

（二）统筹做好社保、人事人才扶贫。

为77.09万名建档立卡贫困人口、低保对象和特困人员等农村困难群体代缴社保费4 047.39万元。对贫困地区去产能企业下岗职工按每人3 000元标准给予原企业一次性转岗安置补贴。为贫困县区事业单位招聘工作人员7 000余人。进一步加大贫困县区专业技术人员职称评审政策支持，举办7期专家服务基层活动。确定26所技工院校为赋能工程实施基地，并与56个贫困县区结对帮扶，共招收建档立卡贫困家庭学生2 938人。

（三）深化苏陕劳务协作。

落实苏陕劳务协作框架协议，开展订单式、定向式和项目制培训263期，两省合作培训陕西籍贫困劳动力1.24万人，6 301人在江苏稳定就业。通过两省劳务协作，帮助9 307人在省内实现就业。

（四）做好“两联一包”精准帮扶。

切实发挥驻丹凤县扶贫工作团牵头作用，扎实做好阳阴村驻村帮扶工作，严格执行“两不愁三保障”标准和“577”退出程序，5个方面14项重点任务全部完成，全年脱贫退出40户149人。

六、党建工作

一是进一步加强领导班子和干部队伍建设。强化思想理论武装，落实组织领导责任，加强干部队伍建设，努力铸造忠诚干净担当的高素质人力资源社会保障干部队伍。二是加强基层党组织建设。落实全面从严治党责任，夯实基层党组织建设，紧抓党员干部政治教育，不断筑牢“不忘初心、牢记使命”的责任担当。三是加强党风廉政建设。压紧压实廉政责任，强化警示教育，加大执纪问责力度，始终保持对腐败和违纪问题零容忍态度。四是加强意识形态领域建设。落实领导责任，牢牢把握意识形态工作主动权。加强阵地管理，占领信息传播制高点，营造风清气正的网络环境。注重舆论引导，有效消除社会公众对不良信息的误读误解。五是加强精神文明建设。被全国总工会授予“模范职工之家”称号。

七、其他工作

一是进一步加强依法行政建设。坚持学法普法，严格依法决策，加强规范性文件监督管理，建成并上线运行人力资源社会保障政策法规数据库。落实法律顾问制度，推动法律顾问深度参与人社法治建设，提升依法行政能力。自觉接受人大监督、政协民主监督和社会监督，全年承办人大建议、政协提案 81 件。依法化解矛盾纠纷。健全劳动人事争议多元处理机制，全省共受理劳动人事争议案件 2.29 余万件，结案率 97.47%，居全国第二位。妥善处理行政复议案件 35 件，出庭应诉 41 次。及时修订信访应急工作预案，依法处置 5 人以上集访 51 批 556 人次，启动 2 级以上响应 6 次。二是全面深化“放管服”改革。落实省政府“三级四同”和“颗粒化”要求，借鉴浙江“最多跑一次”改革经验，分级分类分步梳理系统审批服务事项，形成了审批服务清单目录和办事指南。推进“互联网＋人社”建设，第一批网上办事事项和共享数据全部与省政务服务网实现对接。落实简化施工许可证办理程序行动方案，取消建筑业参加工伤保险开工前置审批。实施降低失业保险、工伤保险费率政策，为企业降低成本 13.5 亿元。将农民工工资保证金缴纳主体规定为建设单位，对在省内连续两年未拖欠农民工工资的不再收取保证金。印发《外国人来华工作许可办事指南》，进一步优化外国人来华工作许可审批工作流程，全年共办理 4 852 件次。

陕西省人力资源和社会保障厅

西 安 市

2018 年是西安发展极不平凡的一年，也是西安人力资源社会保障事业爬坡过坎的一年。在市委、市政府的坚强领导下，全市人力资源社会保障系统坚持以习近平新时代中国特色社会主义思想为指引，扎实贯彻落实习近平总书记来陕视察重要讲话和对西安工作系列重要指示批示精神，紧紧围绕中心、服务大局，全力以赴抓重点、补短板、强弱项、防风险，圆满完成了 120 项重点工作和 55 项改革任务，取得了可圈可点、可喜可贺的工作业绩，为西安市经济社会发展贡献了“人社智慧”和“人社力量”。

一、服务大局添光彩

市委、市政府深入贯彻落实中央和陕西省战略部署，创造性开展了“追赶超越奋进年”“营商环境提升年”“招商项目落地年”活动，实现了国家中心城市建设精彩开局。人力资源社会保障系统紧紧围绕中心、服务大局，坚持抓大事、谋长远，全力落实市委、市政府各项决策部署。

一是助力追赶超越发展。主动对标先进城市，跳出“城墙思维”，全方位推动人力资源社会保障工作弯道超车，《百万大学生留西安就业创业 5 年行动计划》反响空前，社保经办标准化建设走在全国前列，人力资源社会保障领域各项指标保持陕西省第一。

二是助力提升营商环境。深入贯彻落实习近平总书记在民营企业家座谈会上的重要讲话精神，出台《服务民营企业高质量发展 20 条措施》，继续执行阶段性降低社保费率政策，减轻企业负担 13 亿元。持续推动失业保险援企稳岗“护航行动”，为 3 201 家企业发放稳岗补贴 4.2 亿元，惠及 123.4 万名企业职工。

三是助力脱贫攻坚。全面深化苏陕劳务协作，压茬开展“春季攻势”“夏季会战”“秋季攻坚”“冬季决战”，扎实推进就业扶贫“六大工程”深入开展，全年新建信用乡村 10 个、就业扶贫基地 15 家、社区工厂 8 家，登记贫困劳动力转移就业 18 125 人，贫困劳动力技能培训 3 819 人，贫困劳动力创业 435 人，为 6 193 名贫困家庭学生发放助学金 1 238.6 万元。

二、稳定就业提质量

始终把“稳就业”作为重大政治责任，坚定不移实施就业优先战略，就业形势实现稳中有进、稳中提质。全市全年城镇新增就业 14.4 万人，城镇登记失业率 3.26%；农村劳动力转移就业 78.9 万人，西安市城镇新增就业总量和排名继续位列陕西省第一。

一是就业政策体系更加健全。2018 年 4 月，市政府出台《关于进一步加强就业创业工作的实施意见》，从实施就业优先战略、促进创业带动就业、抓好重点群体就业创业、贫困劳动力转移就业、深化教育培训、加强就业创业服务、加强组织实施 7 个方面提出 24 项措施。同时，出台《创业孵化基地（返乡创业园区）认定管理办法》等一系列含金量高、操作性强的积极就业政策，稳住了全市就业的基本盘。

二是就业创业平台更加完善。加大公共就业服务平台建设力度，全力推进大学生创业孵化基地建设“321”工程。全年新建创业孵化基地29家，成立西北首家创客学院。全力打造高水平的人力资源产业园区，全年新批准人力资源服务机构308家。2018年7月，西安市承办了第二届中国（西安）丝路经济带人力资源发展高峰会，13个省（区、市）人力资源社会保障部门、9个人力资源服务行业协会、11个国家级人力资源服务产业园和中智、北大纵横、诺姆四达、万宝盛华、领英、科锐国际、北京外企等300余家人力资源服务机构负责人近800人到会，共同探讨人力资源服务业发展创新之路。引进瑞士德科、科锐国际等一流人力资源公司落户西安，为各类人群就业创业提供了更多选择、更广阔空间。

三是全力推进百万大学生留西安就业创业。2018年1月，市委、市政府发布《百万大学生留西安就业创业5年行动计划》，提出通过7大措施、3项保障，用5年时间为西安发展留下至少100万名大学生就业创业。先后在11所高校组织巡回招聘活动，累计组织2 442家用人单位提供就业岗位73 347个；连续举办27场“万名学子看西安”系列活动，13所高校近2万名大学生走近西安、了解西安；与阿里巴巴联合举办2018年“创业大西安”创业大赛暨“一带一路”阿里巴巴诸神之战全球创客大赛，24个优秀创业项目脱颖而出；西安市政府评选表彰20名“2018西安创业明星”，宣传创业典型；组织为期1个月的大学生开学季系列活动，特别是9月13日以国宾礼仪隆重举办的2018西安大学生开学盛典活动，点燃了西安市就业创业热情。

四是持续做好重点群体就业。全面落实就业援助制度，通过开发就业岗位、提供用工信息、公益性岗位安置等措施，为就业困难人员提供有针对性的服务。先后开展了以“就业帮扶，真情相助，不让一个困难群众掉队”为主题的“就业援助月”专项活动，以“促进转移就业，支持返乡创业，助力增收脱贫”为主题的“春风行动”，以“精准服务促就业，汇聚人才助发展”为主题的“民营企业招聘周”活动，以“实名服务，精准到人，助力高校毕业生就业创业”为主题的2018年西安市高校毕业生就业服务月活动，为重点群体和各类就业困难人员提供平台促进就业。持续加强公益性岗位开发工作，通过公益性岗位等兜底40户零就业家庭人员实现就业，保持零就业家庭动态清零。

三、完善社保织密网

按照“兜底线、织密网、建机制”的要求和“量力而行、尽力而为”的原则，不断深化全民参保试点工作成果，稳步提高社会保障水平。

一是全民参保成果有效巩固。截至12月底，参加基本养老保险、城镇基本医疗保险、失业保险、工伤保险、生育保险人数分别为661.7万人、527.0万人、167.54万人、229.0万人、213.0万人。城乡居民基本养老保险、城镇基本医疗保险参保率分别达到99.8%、97.1%。第二代社保卡持卡人数突破485万人，借助支付宝平台推广电子社保卡，基本实现了“人人享有社会保障”的目标。

二是社保制度改革持续深入。统筹推进养老保险、工伤保险、失业保险制度改革。基本完成机关事业单位养老保险制度改革，26家单位建立企业年金计划，涉及职工1.1万人8.3亿元基金。完善被征地农民养老保险办法，工伤保险基金实现省级统筹，跨省异地就医直接结算医保费用3 308人5 129.8万元。

三是社保待遇水平稳步提升。连续第14次调整企业退休职工基本养老金，涉及78.27万名退休人员，增幅达到5%左右。将城乡居民基本养老保险基础养老金标准从每人每月145元提高到168元，涉及其中71万名60周岁以上老人。将被征地农民养老金标准由260元/月提高到460元/月，涉及4.6万多名被征地农民。将失业保险金标准从每人每月1 260元调整到1 512元。将工亡补助金标准从672 320元提高到727 920元，伤残津贴、护理费、供养亲属抚恤金等工伤待遇也作了调整。

四、引育人才强支撑

始终把人才资源作为第一资源，坚定不移

实施人才强市战略，2018年引进培养各类人才38.6万人，公开招聘事业单位工作人员3 552人，为西安发展提供了坚强的人才支撑。

一是人才新政增添活力。进一步深化并细化西安人才新政，出台《进一步加快人才汇聚若干政策》，在全国首创提出西安高校“留才奖”和西安高校毕业生“就业奖”，率先突破公务员招录的户籍限制，率先将技工院校高级工班、预备技师班毕业生纳入事业单位招聘范畴，不断打破人才工作的“隐形台阶”。

二是工作机制逐步健全。强化校企合作、政企合作，新建博士后创新基地8家、技能大师工作室10个、高技能人才培训基地10家，组织18所技工院校与比亚迪、吉利等知名企业签订联合办学协议，在全国重点高校、重点企业设立“招才引智工作站”21个，聘请“招才大使”“引才特使”129名，建立了辐射全国、覆盖全面的人才工作网。

三是赴外引才成效明显。2018年，组织西安地区重点单位和教育卫生事业单位先后在25座城市、33所知名重点高校组织开展了71场高层次、急需紧缺人才精准招聘和宣讲推介活动，提供就业、落户、创业一条龙服务，参加单位累计引进各类人才9 930人，“西引力”得到广泛传播。

四是尊才惜才氛围浓厚。隆重表彰“工匠之星”“创业明星”“最美农民工”和“西安友谊奖”获得者，邀请优秀人才代表出席市委、市政府组织的各类表彰、团拜活动，极大增强了各类人才的归属感、荣誉感。举办西安市首届万名技能人才专场招聘会，组织150多家用人单位提供1.2万多个技能岗位。

五、促进和谐防风险

牢固树立忧患意识和底线思维，深化工资收入分配制度改革，积极构建和谐劳动关系，有效化解了各类风险隐患。

一是工资收入分配格局更趋合理。圆满完成公立医院薪酬制度改革试点，不断深化国有企业负责人薪酬制度改革，及时发布人力资源市场部分职位工资指导价位，优劳优酬、多劳多得的价值取向进一步彰显。

二是和谐劳动关系基础更加稳固。成立西安市协调劳动关系三方委员会，积极开展劳动关系和谐企业（园区）创建活动。劳动人事争议仲裁派出庭实现全覆盖，调解仲裁劳动人事争议案件1.1万件，有效化解了矛盾和风险。

三是保障农民工工资支付工作更富成效。扎实开展“治欠保支三年行动计划”，常态化运行七部门“一厅式办公”，重拳打击恶意欠薪行为，共查处欠薪案件2 217件，向公安机关移送涉嫌拒不支付劳动报酬罪案件81件，将391户存在欠薪行为的企业纳入“黑名单”，为6 367名劳动者追讨工资7 544万元。

四是积极防范人事考试安全风险。健全考试制度，管住管好关键岗位、关键人员、关键环节，安全顺利组织了超过14万人次考试，人事考试公信力受到社会广泛认可。

六、转变作风优服务

紧紧围绕“正行风、树新风，打造群众满意的人社服务”目标，扎实践行“店小二”精神，持续推进“放管服”改革和行政效能革命，擦亮了人力资源社会保障服务的金字招牌。

一是简政放权取得新成效。全面取消领取社保待遇资格集中认证，稳妥下放高级职称评审权、高技能人才评审权、事业单位招聘权和工资审批权，有效激发了用人单位活力。

二是窗口作风展现新面貌。坚持“五制四公开三亮明”制度，持续开展窗口单位作风明察暗访，举一反三做好“问政时刻回头看”整改，大力推广“马上办、一次办、网上办”五星级服务模式，群众满意度明显提高。

三是“一网通办”实现新突破。成立工作专班，加压推动人力资源社会保障数据归集和政务服务事项上网上线，28个高频事项实现“一网通办”，便民利民举措在人力资源社会保障领域逐步兑现。

西安市人力资源和社会保障局

甘 肃 省

2018年，甘肃省各级人力资源社会保障部门认真学习贯彻习近平新时代中国特色社会主义思想和党的十九大精神，全面贯彻落实中央和省委、省政府决策部署，服从全省工作大局，紧盯脱贫攻坚任务，聚焦绿色发展崛起，深化改革创新支撑，坚持目标导向和问题导向，把高质量作为工作的主旋律，提高站位、突出重点、兜牢底线、强化保障，推动全省人力资源社会保障工作取得积极成效。

一、就业

全年全省城镇新增就业43.1万人，完成年度目标的107.8%，城镇登记失业率2.78%，低于4%的年度控制计划。高校毕业生就业率92.8%，高于85%的年度目标。

（一）高校毕业生重点群体就业。

2018年，甘肃生源应届高校毕业生共15.1万人（其中，省内院校甘肃生源毕业生10.6万人，省外院校甘肃生源回甘报到登记4.5万人）。制定印发了《2018年引导1万名普通高校毕业生到企业就业实施方案》，引导鼓励高校毕业生到基层就业。继续采取财政适当补贴、毕业生与企业双向对接的方式，引导1万名未就业高校毕业生到省内战略性产业新兴骨干企业和市州、县区各类企业就业。继续统筹实施“三支一扶”、特岗教师、西部计划等基层服务项目，共选拔招募6 488名高校毕业生到基层服务。加大困难毕业生就业援助力度，向符合条件的3.4万名省内普通高校应届毕业生在离校前每人发放了1 000元的求职创业补贴。同时对城乡低保家庭、零就业家庭、建档立卡贫困家庭的高校毕业生进行倾斜，共引导3.7万名高校毕业生到企业就业。

（二）稳定企业就业。

兜牢就业底线，统筹做好城镇就业困难人员、去产能企业分流职工就业帮扶工作，切实做好化解靖远煤电过剩产能企业分流安置822名职工的有关工作。继续实施阶段性降低社保费率政策，从2018年5月1日至2019年4月30日，全省养老保险继续执行19%的单位缴费比例，失业保险继续执行1%的缴费比例，符合条件的地区按规定下调工伤保险费率，可累计为企业减负12.8亿元。组织实施失业保险援企稳岗“护航行动”和失业保险支持提升职业技能“展翅行动”，为1 938户企业发放稳岗补贴1.5亿元，为7 479人次发放技能提升补贴1 239.8万元。为鼓励企业等各类经济组织创造岗位，积极吸纳建档立卡贫困家庭劳动力就业，制定了《关于鼓励企业等各类经济组织吸纳建档立卡贫困家庭劳动力就业的奖励办法》，从就业奖补、创业补助、社保补贴、培训补助4个方面提出11条具体政策措施。截至12月底，各市州、县区落实兑现奖补资金共计2 906.9万元，享受奖励政策的企业和经济组织共626家次，涉及吸纳的建档立卡贫困劳动力14 402人。

（三）创业带动就业。

认真落实国家出台的加强创业担保贷款的新措施，多渠道补充担保基金，进一步简化程序，降低反担保门槛，在有效防范风险的前提下，稳步扩大贷款规模，积极帮扶创业者解决融资难的问题。2018年省级创业带动就业扶持资金投入7 000万元，为7个省级返乡创业示范县、76个省级创业孵化示范基地、130多名返乡人员等落实创业补助。为2.6万名个人、185户小企业新发放创业担保贷款24.2亿元，吸纳带动就业5.6万人。积极组织参加第三届“中国创翼”创业创新大赛，各有1个创业项目获得全国三等奖和优秀项目奖。注重创业带动就业扶贫发展，认真贯彻落实《关于支持农民工等人员返乡创业的实施意见》，新认定7个省级农民工返乡创业示范县和30个省级农民工返乡创业示范基地。全省共建成17个国家级、15个省级农民工返乡创业试点县（示范县），建成省级农民工返乡创业示范基地60个，每年共给予省级农民工返乡创业示范县1 000万元的资金扶持，累计达到3 000万元。截至12月底，全省返乡创业农民工累计达21.96万余人，创办经营实体9.2万个；其中，当年新增返乡创业农民工3.6万人。

（四）就业扶贫。

报请省政府办公厅出台《甘肃省脱贫攻坚就业扶贫三年行动计划（2018—2020年）》《扶持发展扶贫车间促进建档立卡贫困劳动力转移就业的意见》等政策性文件，创新提出了鼓励扶持措施。制定了切实做好就业扶贫工作、东西部扶贫劳务协作三年行动规划（2018—2020年）、进一步提高建档立卡劳动力输转组织化程度、鼓励企业积极参与技能培训和吸纳建档立卡贫困家庭劳动力就业、规范精准扶贫劳动力培训台账和严格培训过程监管等一系列政策措施。实施精准动态管理，制定《精准脱贫劳动力培训和劳务输转到户到人工作方案》，深入推进“一户一策”，逐级建立就业扶贫“一库五名单”（即建立建档立卡贫困劳动力转移就业实名制登记数据库和精准扶贫劳动力培训、转移就业、自主创业、扶贫车间、公益性岗位安置五类人员名单），按月更新数据，即时掌握情况。全省建设扶贫车间754个，涵盖了农产品、服装、食品、特色手工艺品等生产加工及乡村旅游服务等多个行业，涌现出了像武山县的特色农产品加工扶贫车间、临夏特利强雨具加工扶贫车间，甘谷县腾达实业公司综合生产加工扶贫车间等众多典型，全省通过扶贫车间吸纳就业4.9万人。在扶贫车间就业的贫困劳动力年收入可达到2万元左右，探索出了一条帮助贫困劳动力稳定增收的有效途径。聚焦深度贫困地区，积极主动整合资源，挖掘潜力，全省开发乡村公益性岗位3.7万个，帮助建档立卡贫困劳动力实现就近就业。鼓励扶持农民工返乡创业，在资金和名额分配上适当向贫困地区予以倾斜。2018年就业资金增量部分1.8亿元全部用于贫困地区，并向深度贫困地区倾斜，对建档立卡零输转家庭进行兜底性安置；调整提高职业培训补贴标准，由原来的300～1 300元提高到600～1 900元，对深度贫困地区开展相关职业培训的，补助标准再上浮10%；新认定29个省级创业就业孵化示范基地（园区），其中17个分布在深度贫困县。健全工作推进机制，充分发挥转移就业专责组牵头抓总作用，制定《转移就业专责工作组工作方案》《进一步健全全省转移就业专责工作体系的意见》《精准扶贫劳动力培训和劳务输转政策清单》，建立月调度、周调度甚至日调度制度，督促市县建立相应的工作机制，凝聚推进落实合力。实行分片包抓、层层包抓，专门成立厅级领导任组长的7个包抓工作组，累计深入50个贫困县区、75个乡镇，持续跟踪督导，推进就业扶贫任务落实。

（五）富余劳动力输转就业。

深入贯彻全省统一部署，不断健全劳务服务体系，发挥劳务机构、中介组织及劳务经纪人和带头人作用，通过市场化方式有组织输转。组织开展“春风行动”和全国“就业扶贫日”活动，举办针对农村劳动力的各类就业服务，加大岗位开发推介力度。同时，通过鼓励企业吸纳就业、开发乡村公益性岗位、创办扶贫车间等举措，引导劳动力就地就近有组织输转就业。截至12月底，全省共输转城乡富余劳动力522.3万人，完成年计划500万人的

104.5%。其中有组织输转275.3万人，有组织输转率提升到52.7%；跨省就业人数192.2万人，省内就业人数330.1万人（包括就地就近就业154.7万人）。创劳务收入1 110.4亿元，完成年计划1 050亿元的105.8%，比上年增长7.9%。输转建档立卡贫困劳动力37.2万人，创劳务收入70.2亿元。不断深化劳务协作，加大东西部扶贫劳务协作力度，甘肃省人力资源社会保障厅与天津市人力资源社会保障局共同组建了甘津劳务联合办公室；定西、临夏、陇南、甘南等市州在对口帮扶地区建立了41个劳务工作站，累计签订劳务合作协议77份。建立了东西部扶贫技能培训和劳务输转需求库，向东部4省市定向有组织输转劳动力12 767人，其中建档立卡贫困劳动力5 312人，有输转意愿的贫困劳动力基本实现应转尽转。

（六）提升职业技能培训。

全省深入贯彻落实党的十九大关于开展大规模职业技能培训的总体要求，制定印发了《关于分解下达2018年全省职业技能培训计划的通知》，不断强化技能培训，全年共开展各类技能培训106万人。围绕“两不愁三保障”，在全省35个深度贫困县、17个插花型贫困县、58个特困县开展精准扶贫劳动力培训41.5万人，其中建档立卡贫困劳动力25.3万人。开展职业技能培训41.7万人，其中就业技能培训34.9万人，岗位技能提升培训2.3万人，创业培训4.5万人。开展职业技能鉴定20.4万人，获证19万人，获证率93%。新增高技能人才0.9万人，全省技能人才达到159.7万人，其中高技能人才37.7万人，占技能人才的24%。开展精准扶贫项目制培训工作，制定印发了《关于印发2018年精准扶贫省级示范性培训项目实施方案的通知》，要求因人因需开展培训，重点结合地方特色优势产业培育，围绕个人意愿和市场需求设立培训项目，量身定制“菜单”，对农业从业人员开展养殖、种植等实用技术培训，对居家妇女开展手工编织、农家乐经营等居家就业培训，对有创业意愿且具有一定基础的劳动力开展产业经营、商业营销等创业培训，对外出务工人员开展电工、电焊、汽修、家政服务等特色品牌技能培训。省人力资源社会保障厅在贫困县组织举办了90期农村技能和创业带头人示范性培训。采取“送培训下乡”和“培训大篷车”等方式上门开展培训，将培训班办到乡镇村社、田间地头。加大创业培训师资培养力度，全年举办了2期创业培训师资培训班，为全省14个市州培养输送了60名SYB创业培训讲师和90名网络创业培训讲师。截至12月底，各地组织开展省级示范性培训和配套班培训2.2万人。加强对产业技术工人的培训。全年全省新建成4个国家级技能大师工作室和10个省级技能大师工作室。联合省科技厅、省总工会等部门实施百万职工素质提升行动，全省14个市州、31个产业（系统）、33个大企业（集团）共开展500多项各类竞赛，活动参与人数达百万人次。积极选树先进典型，2 000多人获得“甘肃省技术标兵”，450多人获得“甘肃省优秀选手”，140多人获得“甘肃省服务明星”，2名同志分别获得“全国技术能手”和“技能人才培育突出个人”荣誉称号。

（七）就业援助。

按照“政府主导、政策扶持、属地管理”的原则，进一步健全完善就业困难人员就业援助制度。指导基层就业服务机构定期对辖区内就业困难人员进行调查摸底，建立健全登记台账和数据库，及时进行动态监测和就业援助。对“4050”人员、零就业家庭、去产能分流职工和残疾人等就业困难人员，按照不同类型制定相应的措施进行帮扶。对于通过市场渠道难以实现就业的，通过公益性岗位实施托底安置。在全省3 720个深度贫困村和“两州一县”其他村开发公益性岗位，完成计划指标3万个的123%。对企业吸纳和自谋职业、自主创业的就业困难人员，按规定优先给予社保补贴、税费减免、创业担保贷款等就业创业政策扶持。对于已实现就业的就业困难人员，加强定期回访，实施动态跟踪帮扶。全年失业人员实现再就业16.5万人，就业困难人员实现就业4.2万人。

（八）公共就业服务。

在全省组织开展了“就业服务月”“春风行动”“民营企业招聘周”等公共就业服务活动，帮助城乡劳动者就业创业。省人力资源市场共举办各类人才招聘会137场次，累计提供就业岗位42.7万个，达成意向性就业协议9.98万人。认真学习贯彻《人力资源市场暂行条例》，报请废止《甘肃省人才市场条例》。对全省失业动态监测企业样本进行了优化，涉及行业18个、职工66.9万人，全年未发生Ⅲ级以上失业预警警报。

二、人事人才

（一）专业技术人才队伍建设。

创新完善人才政策，报请省政府办公厅印发《关于经济技术类人才工作助推绿色生态产业发展的指导意见》，提出设立省长人才奖等特殊性政策措施。制定了鼓励支持专业技术人才创新创业若干措施，提高院士津贴标准和甘肃省领军人才考核奖励标准，设立高层次专业技术人才津贴。推荐36名专业技术人才和2名高技能人才为“政府特殊津贴专家”候选人、1名专业技术人才为国家“百千万人才工程”候选人。

（二）引进国外智力项目。

引进国外智力工作不断加强，组织完成了2018年度海外赤子为国服务行动计划和留学回国人员创业启动支持计划。配合省科技厅，建立甘肃省政府特聘科技专家制度，围绕全省特色产业、重点建设项目、重大科技攻关项目等人才需求，通过“柔性引进和使用”等方式凝聚人才。经省政府批准并印发《甘肃省人民政府关于授予王晓明等7名外国专家“敦煌奖”荣誉称号的决定》。截至10月31日，累计受理办结外国人来华工作许可业务400件、外国高端人才确认函26件。博士后科研流动（工作）站达到87家。积极推进博士后科研流动（工作）站新设站申报工作。

（三）事业单位人事制度改革。

深入贯彻实施《事业单位人事管理条例》，坚持以转换用人机制和搞活用人制度为核心，持续推进事业单位人事管理规范化，加强岗位管理和公开聘用。共为634家事业单位、符合岗位任职条件的5 562人认定了岗位等级、办理了聘用备案手续、兑现了岗位待遇，实现了岗变薪变。对132家省直事业单位岗位设置进行了调整。全省14个市州的321家事业单位下达正高级岗位372个。印发《关于省直事业单位报送2018年公开招聘人员计划的通知》，明确招聘条件设置，提出工作要求。省直事业单位发布招聘公告7期，计划招聘1 520人，其中，考核招聘博士研究生756人、医疗卫生类紧缺专业技术人员280人，考试招聘专业技术人员413人、管理人员71人，截至12月底，审批聘用633人。在做好省直事业单位公开招聘工作的同时，积极指导各地贯彻落实《关于进一步做好县级公立医院急需紧缺医学人才招聘培养工作的通知》，打通县级公立医院招聘急需紧缺医学人才绿色通道，全年为兰州等7个市州审核批复医学类紧缺专业招聘计划1 300余个。会同有关部门做好农村医学订单生聘用工作，累计聘用600余人，有效缓解了农村基层医疗卫生机构人才紧缺的问题。同时制定《关于开展人事人才扶贫工作指导意见》，在高校毕业生、机关事业单位招录、人才评价等方面完善落实倾斜支持政策，引导各类人才向贫困地区流动，服务脱贫攻坚。

（四）职称评审。

扎实推进人才评价机制改革，制定了进一步下放职称评审权、推进企事业单位自主评审、特殊人才特殊评价等9项配套政策，形成了全省深化职称改革“1＋9”政策体系。制定印发了《关于全省县以下基层单位高级职称单独分组单独评审的指导意见》，从学历、专业技术工作年限、论文、科研等方面提出了具体的倾斜政策，将甘南、临夏州属单位纳入基层职称评审范围。放宽了对基层和艰苦边远地区专业技术人员的职称评审标准和专业要求。按照全面建立职业农民制度的要求，同步推进乡土人才农民职称评审，已有2万多人获得职称，其中，正高38人、副高534人，是全国落实力度最大的省份之一。

三、工资收入分配

（一）工资制度改革。

深化国有企业工资总额决定机制改革工作，健全企业工资分配制度，省政府出台《关于改革国有企业工资决定机制的实施意见》，推进建立健全与劳动力市场基本适应、与国有企业经济效益和劳动生产率挂钩的工资决定和正常增长机制。发布了2018年度企业在岗职工工资指导线，上线、基准线、下线分别为14%、8%、4%。完成了机关事业单位工作人员艰苦边远地区津贴标准调整工作，从2017年1月起，一至五类区月人均增加80元，分别达到210元、350元、580元、1 050元、1 950元。建立完善符合卫生行业特点的薪酬制度和分配制度。会同省财政厅、省卫生计生委制定《甘肃省扩大公立医院薪酬制度改革试点工作实施意见》，明确了各级各部门的工作任务，提出了要求和完成时限。全省确定了22家公立医院开展试点改革，截至12月底，全省扩大公立医院薪酬制度改革试点工作基本完成，试点改革取得了成效。试点公立医院初步建立了以公益性为导向的考核评价机制和薪酬分配机制，逐步构筑了维护公益性、调动积极性、保障可持续性的运行新机制。

（二）城镇居民收入。

为了促进城镇居民增收工作，组织实施促进技能人才、科研人员、干部队伍三类重点群体增收实施办法。扩大公立医院薪酬改革试点，推进建立以公益性为导向的考核评价和薪酬分配机制，在现有水平基础上合理确定公立医院绩效工资总量，试点公立医院工作人员年人均收入高出当地事业单位工作人员年人均收入75%。全省城镇居民人均可支配收入同比增长7.9%，高于7%的目标任务。着力增加转移性收入，退休人员基本养老金平均增幅5.1%，月人均达到2 555元；居民基础养老金最低标准提高到103元；将失业保险金标准一次性提高至最低工资标准的90%，月人均达到1 391元；工伤保险月人均伤残津贴达到2 667元。

四、劳动关系

认真贯彻落实习近平总书记关于清欠农民工工资的重要指示批示精神和省委常委会议精神，加大劳动监察执法力度，强化源头治理，坚持标本兼治，共为2.32万名农民工追发工资3.5亿元，全省在建工程落实按月足额发放工资项目、农民工实名制管理项目、工资保证金制度项目、农民工工资专用账户管理项目覆盖率分别达到99.7%、99%、100%、99.2%，全部超额完成人力资源社会保障部下达的目标任务，全省未发生50人以上因欠薪引发的群体性事件和极端事件，农民工劳动报酬权益得到有效维护。2018年，全省受理劳动者投诉案件数同比下降66.7%，涉及农民工人数同比下降65.2%。健全治欠保支长效机制，省政府印发在全省开展创建“无欠薪”城市活动的指导意见和保障农民工工资支付工作问责办法，省联席会议制定了农民工欠薪突发事件应急处置预案、协调解决欠薪问题地方政府横向协作办法、保障农民工工资支付监控预警办法、建设领域农民工工资（劳务费）分账管理暂行办法，省人力资源社会保障厅制定了农民工工资保证金差异化缴存办法、农民工工资“黑名单”管理暂行办法实施细则和劳动保障监察跨区域案件协查办法。以工程建设领域、政府投资工程项目为重点，在全省集中组织开展农民工工资支付情况专项检查，排查隐患，限时办结。加强对重大劳动保障违法行为的惩戒，公布了26起重大劳动保障违法行为，并将8家企业列入拖欠农民工工资“黑名单”。推进落实《甘肃省2017年保障农民工工资支付工作问题整改方案》，22项整改任务全面完成。全面推进实施劳动合同制度和劳动用工备案制度，劳动合同签订率达到94.8%，劳动用工备案单位 8 344 户、涉及人数 55.3 万人。完善调解仲裁多元处理机制，依法公正及时处理争议、化解风险，仲裁结案率达到 95.4%。

五、社会保障

（一）社会保险参保扩面。

实施全民参保计划，持续扩大社会保险参保覆盖面，进一步巩固全民参保登记成果，印发了《关于进一步做好甘肃省全民参保登记再次入户调查工作的通知》，与公安厅协调比对全省全民参保登记数据信息，加强大数据应用和动态管理。全省城镇职工养老保险、失业保险、工伤保险分别参保 449.9 万人、168.1 万人、213.2 万人，分别为人力资源社会保障部下达任务的 101.6%、101.4%、109.8%；城乡居民养老保险参保 1 303 万人。大力推进“同舟计划”二期，将在各类工程建设项目中流动就业的农民工纳入工伤保险，加快推进铁路、公路、水运、水利、能源、机场等行业按施工项目参保。加大社保基金征收力度，全年基金收入 536.9 亿元，基金支出 461.8 亿元，累计结余 706.3 亿元。强化社保基金监督检查，严密防控基金运行风险，确保了基金总体平稳安全。

（二）社会保障制度改革。

报请省政府出台《甘肃省被征地农民参加基本养老保险实施办法》《甘肃省工伤保险实施办法》，进一步完善了被征地农民社会保障政策和工伤保险制度。全面实施机关事业单位养老保险制度，参保单位 2.3 万户，参保人数 108.7 万人，参保率 95.4%。完善灵活就业人员养老保险政策，将无雇工的个体工商户、未在用人单位参加基本养老保险的非全日制从业人员以及其他灵活就业的城乡居民纳入企业职工养老保险制度。完善城乡居民养老保险制度，推进建立激励约束有效、筹资权责清晰、保障水平适度的待遇确定和基础养老金正常增长机制。

（三）社会保障待遇调整。

完成全省城镇职工养老保险待遇调整工作，其中，涉及企业退休人员 122 万人，月人均增加养老金 136 元，增长 5.6%；涉及机关事业单位退休（职）人员 27.2 万人，月人均增加养老金 186 元，增长 4.11%。全省失业保险金发放标准最高达到 1 458 元/月，最低标准为 1 323 元/月，平均标准为 1 390 元/月。全省企事业单位工伤职工伤残津贴、生活护理费和工亡职工供养亲属抚恤金三项待遇按 5% 的比例继续提高，其中，伤残津贴月人均增加 126 元，调整后伤残津贴月人均水平达到 2 655 元，生活护理费和工亡职工供养亲属抚恤金同步调整。

六、综合基础工作

（一）公共服务能力建设。

深入推进全省人力资源社会保障系统“放管服”改革和行风建设，以“正行风、树新风，打造群众满意的人社服务”为目标，持续推进人力资源社会保障行风建设，公共服务水平得到提升。深化人力资源社会保障领域“放管服”改革，行政审批事项减少为 6 项，全部入驻省政府政务大厅实行集中受理、统一办结，共办结行政审批事项 276 件，限时办结率 100%。持续开展“减证便民”专项行动，实施“一窗办一网办简化办马上办”改革，确定了可实现网上办理的 66 项“最多跑一次”事项清单，省级层面 44 项依申请事项实现网上办理。人力资源社会保障部确定的清单内事项网上可办率、人力资源社会保障审批服务等对外事项进驻综合性实体服务大厅比例、人力资源社会保障审批服务等对外事项“一窗”分类受理比例、办事企业和群众提供材料减少率、“最多跑一次”高频事项数量 5 项指标，省级全部完成，分别达 97.8%、100%、100%、45%和 20 项。人力资源社会保障信息化建设积极推进，完成了与省政府统一的政务外网数据共享交换平台对接，行政审批事项和异地就医网上备案、社保关系转移等 48 项事项实现网上办理，办结率 95%。完成了“大就业”信息系统的升级改造。进一步完善社会保险信息系统，积极推进社保费信息共享平台建设，全省社保卡持卡人数2 020.4万人，完成人力资源社会保障部下达任务的108%。积极推进生物识别身份认证系统应用，完成全省300多万名城乡居民养老保险领取待遇人员、省直企业14万名职工养老保险领取待遇人员人脸建模，有效防范虚报冒领，降低基金支付风险。

（二）自身建设。

本着"全面认领、照单全收，举一反三、深刻反省"的态度，深刻查摆在中央扶贫考核指出的医疗机构"先诊疗、后付费"政策落实不到位中存在的问题，全面制定整改方案并推动落实，督促市县将医保基金60%的预付全部落实到位。始终盯紧打赢脱贫攻坚战、城乡居民就业、社会保障体系建设和农民工工资支付等底线性任务落实落地。坚决压实全面从严治党主体责任，党组书记与党组成员、党组成员与分管领域党支部书记层层签订全面从严治党目标责任书，在省厅系统内部开展了以"转作风抓落实"为主题的专项巡察，认真落实党支部书记述职评议制度。持续推动作风转变，制定《贯彻落实中央八项规定实施细则的办法》，进一步细化、量化有关规定，扎紧反"四风"制度笼子。坚决把全面从严治党责任落到实处。

甘肃省人力资源和社会保障厅

青 海 省

2018年，青海省人力资源社会保障工作深入贯彻党的十九大和省委十三届三次、四次全会精神及全国人力资源社会保障工作会议精神，牢牢把握以人民为中心的发展思想，紧紧围绕青海省委实施“五四战略”和推进“一优两高”战略部署，认真落实各项利民惠民政策，坚持目标导向、改革导向、问题导向，主动作为、攻坚克难，全省就业创业形势总体平稳，各项社会保险保障能力进一步提升，人事人才和收入分配工作有序推进，劳动关系总体向好，各类民生保障精准化精细化扎实推进，各项年度目标任务全面超额完成。

一、就业创业

全年全省实现城镇新增就业6.2万人，完成年度任务6万人的103.3%；农牧区劳动力转移就业113万人次，完成年度任务105万人次的107.6%；城乡劳动力技能培训9.46万人次，完成年度任务8.8万人次的107.5%；城镇登记失业率控制在3%以内，较年度目标任务低0.5个百分点，较全国水平低1个百分点。

（一）就业创业政策体系日臻完善。

结合国家当前和今后一个时期就业创业工作部署，制定出台《关于做好当前和今后一个时期促进就业工作的实施意见》《青海省公益性岗位开发管理办法》《青海省就业创业工作绩效考核暂行办法》等系列政策，进一步解决了就业政策扶持、就业绩效考核、公益性岗位开发、就业失业登记等就业政策不系统、碎片化的问题，新形势下的就业创业政策体系更加完善。

（二）突出重点群体精准施策。

在做好面上就业工作的同时，突出重点，做好高校毕业生、化解过剩产能企业职工、农民工、城镇就业困难人员等重点群体就业，采取政策引领、专项培训、就业见习、基层服务项目、困难学生帮扶等系列措施，就业创业渠道进一步拓宽。特别是实施高校毕业生就业创业促进计划，通过专项培训工程、就业创业指导、实名制管理、大中城市联合招聘高校毕业生等“7＋N”系列招聘活动，促进了高校毕业生多渠道实现就业。2018年，全省高校毕业生就业率达到89%，较年度目标任务高4个百分点。

（三）广泛开展技能培训。

印发《2018年全省城乡劳动力技能培训实施方案》，以贫困家庭、化解过剩产能企业职工、高校毕业生、新生代农民工等为重点，结合市场需求，实施技能脱贫攻坚、新型职业农牧民等10个重点培训项目，分层级分解任务、分类别实施培训，提高了培训实效。始终坚持以市场需求为导向，利用基层服务平台征集职业技能培训需求，并将有培训意愿的所有人员全部纳入培训计划，实施精准培训。制定出台《青海省推进终身职业技能培训制度的实施意见》，培训就业覆盖面、精准性、实效性进一步提高。

（四）为企业减负担增活力。

联合省财政厅印发了《关于全省继续执行阶段性降低社会保险费率的通知》，减轻企业和职工缴费负担3.18亿元。严格落实降低企业工伤保险费率政策，每年为企业减负4 055

万元。同时，大力实施失业保险援企稳岗“护航行动”、支持技能提升“展翅行动”，补贴资金9 908万元，惠及1 082户企业、23.69万名职工；完成了248人的去产能企业职工分流安置任务，守住了不发生规模性失业风险的底线。

（五）公共就业服务活动成效明显。

持续助推“大众创业、万众创新”，梯级推进创业型城市和创业孵化基地、创业园建设，本省推荐的“茶卡盐湖·真爱如盐民族文化旅游纪念品”创业项目获第三届“中国创翼”创业创新大赛专项组三等奖。大力发展经营性人力资源服务业，广泛开展“就业援助月”“春风行动”“重点项目重点企业和民营企业招聘周”“农村贫困残疾人就业帮扶活动”“金秋招聘月活动”“就业扶贫行动日”等大型公共就业和人才服务活动，全省累计举办各类专场招聘活动522场。梯级推进创业型城市和创业孵化基地、创业园建设，发放创业担保贷款4亿元，直接扶持创业2 035人，带动就业6 210人。

（六）大力实施就业扶贫。

坚持把脱贫攻坚当成人力资源社会保障工作的重大政治任务来抓，出台了打赢人力资源社会保障脱贫攻坚战三年行动“1＋3”方案。持续推进转移就业脱贫攻坚行动计划，广泛开展“送岗位、送培训、送政策、送服务”专项行动，打造“青海拉面”“枸杞采摘”等劳务品牌，鼓励劳务经纪人带领贫困劳动力就业，全省贫困劳动力转移就业1.88万人、技能培训7 112人次、自主创业131人，超额完成年度扶贫目标任务。

二、社会保障

按照国家和本省统一部署，提高了城乡居民医疗保险筹资标准、城乡居民基础养老金标准及企业退休人员、机关事业单位退休人员基本养老金标准，退休人员基本养老金水平位居全国前列。全面实施全民参保计划，基本建成全省全民参保登记基础信息库，各项社会保险覆盖面进一步扩大，社会保障“安全网”进一步织密扎牢，群众的获得感、幸福感、安全感不断增强。全省基本养老保险参保人数390.7万人，完成年度目标任务380万人的102.8%；基本医疗保险参保人数554.63万人，完成年度目标任务545.3万人的101.7%；失业保险参保人数42.27万人，完成年度目标任务42万人的100.6%；工伤保险参保人数69.23万人，完成年度目标任务66.1万人的104.7%；生育保险参保人数57.97万人，完成年度目标任务50.1万人的115.7%。

（一）养老保险。

制定出台《青海省关于建立城乡居民基本养老保险待遇确定和基础养老金正常调整机制的实施意见》《青海省贯彻落实国务院企业职工基本养老保险基金中央调剂制度的工作方案》，建立了城乡居民基本养老保险待遇确定和基础养老金正常调整机制，企业职工基本养老保险基金中央调剂工作全面启动，争取中央调剂金2.3亿元。推进民生实事工程，进一步增强人民群众的获得感。调整提高城乡居民基础养老金标准（每人每月由155元提高至175元），比国家标准高87元，位居全国前列，全省46.8万名60周岁以上符合条件的居民直接受益。调整提高企业和机关事业单位退休人员基本养老金标准，人均增加206元，调整后退休人员基本养老金水平在西北乃至全国继续保持领先位次。

（二）医疗保险。

完善了城乡居民基本医保省级统筹制度，筹资标准由人均680元提高到776元。深化医保支付方式改革，177个病种实现按病种付费。将省级职工医疗保险“三个目录”个人自付比例平均下调10%。在全省范围内实现城乡居民基本医保和大病保险委托商业保险公司一体经办，住院费用持卡实现省内外异地实时结算，跨省异地就医住院医疗费用结算范围进一步扩大。制定出台了医疗保险特殊药品使用管理政策，参保群众使用国家谈判的36种药品、药品目录中的4种抗肿瘤靶向药和国家谈判的17种抗癌药，享受医保住院政策，且门诊使用或零售药店购买特殊药品不设起付线，为参保群众打开了定点医药机构使用特殊药品“双通道”模式。

（三）工伤保险。

联合省交通厅、省水利厅等四部门出台《关于转发人力资源社会保障部等六部门关于铁路、公路、水运、水利、能源、机场工程建设项目参加工伤保险工作的通知》，启动实施“同舟计划”二期。组织住建、交通、水利、安监、工会、民航青海监管局等九部门召开建设项目参加工伤保险协调会，建立多部门联合督查、信息共享、调度通报工作机制，全面推动交通、水利、能源等行业领域按项目参加工伤保险工作。启动公务员参加工伤保险工作，持续推进建筑业按项目参加工伤保险，从制度上实现从业人员工伤保险全覆盖。联合省财政厅出台《青海省工伤保险基金省级统筹工作方案》，明确了工伤保险基金省级统筹的目标任务、实施步骤和时限要求，到2020年全面实行工伤保险“六统一”、基金统收统支的省级统筹。第九次调整提高工伤职工长期待遇，对2017年前发生工伤并鉴定为1～6级伤残的，部分生活自理障碍、大部分生活自理障碍、完全生活自理障碍的，分别调整为每人每月1 686元、2 248元、2 811元；人均按月领取的伤残津贴、生活护理费、抚恤金分别达到3 082元、1 994元、1 374元。

（四）社保基金监管和运营。

成立了“青海省职业年金基金管理及投资运营工作领导小组”，出台《青海省机关事业单位职业年金基金投资运营工作方案》《青海省职业年金基金管理暂行办法》，投资运营前期工作正式启动。制定出台《社会保险基金风险防控工作方案》及任务清单，基金风险防控体系更加健全。认真落实人力资源社会保障部《关于加强社会保险基金风险防控工作的意见》，全面取消了人工报盘、手工办理、现金业务。组织开展了养老保险重点指标专项核查，追回基金331.54万元，查处少报漏报保险费91.38万元。

三、人事人才

（一）公务员考录、事业单位招聘和表彰奖励。

落实《2018年全省公务员考录和事业单位人员招聘总体方案》，完成公务员、事业单位工作人员考录招聘5 410人，完成年度任务5 000人的108.2%。表彰人民满意的公务员集体10个、个人10名，组织开展了改革开放杰出贡献人选选拔推荐工作。

（二）人事制度改革。

制定出台《关于进一步深化全省事业单位人事制度改革的实施意见》《关于进一步加强和规范全省事业单位公开招聘工作的意见》《加强和规范全省事业单位岗位设置管理工作的意见》《关于支持和鼓励事业单位专业技术人员创新创业的实施意见》，事业单位人事制度改革加快推进，人事管理工作更加制度化、规范化。

（三）人才队伍建设。

深入实施人才强省战略，积极打造青海人才队伍品牌，启动首届“青海学者”选拔工作，省内5名高层次顶尖人才被省政府授予“青海学者”称号，221名高层次人才及10个创新创业团队入选青海省“高端创新人才千人计划”，省委、省政府授予省人力资源社会保障厅首届人才工作“伯乐奖”。依托万名专家基层服务行、海外赤子为国服务行动计划、博士后科技服务团（青海行）活动，组织开展5次人才智力援青活动，98名国内外高层次人才来青开展技术帮扶。深化职称制度改革，制定出台《青海省深化职称制度改革的实施意见》《青海省深化技工院校教师职称制度改革工作实施方案》，人才创新发展政策不断完善，全省专业技术人才总量达到15.35万人、高技能人才达到8.69万人。做好外专引智工作，引进境外技术管理人才项目、专家组织项目、示范推广项目35项，完成出国（境）培训项目42项，取得了较好的社会效益和经济效益。

四、劳动关系和收入分配

（一）完善劳动关系制度体系。

强化劳动合同备案管理工作，依法规范劳务派遣用工行为，维护被派遣劳动者的合法权益，全年企业劳动合同签订率93%，超过年度目标任务1个百分点。制定出台《关于进一步加强劳动人事争议调解仲裁完善多元处理机制的实施意见》《关于加强劳动人事争议仲裁与诉讼衔接机制建设的实施意见》，建立了劳动人事争议仲裁多元处理机制、劳动人事争议仲裁与诉讼衔接机制，促进了社会公平、正义。全年全省劳动人事争议仲裁结案率97.5%，超过年度目标任务2.5个百分点。贯彻《人力资源市场暂行条例》，开通启动“青海省流动人员人事档案转移管理平台”，深入开展人力资源市场秩序专项整治，促进了人力资源合理流动和优化配置。

（二）农民工工资清欠。

加大农民工工资清欠力度，制定出台《青海省保障农民工工资支付考核办法》《青海省2018年保障农民工工资支付工作考核细则》《青海省对严重拖欠农民工工资用人单位及其有关人员开展联合惩戒合作备忘录》等政策措施，与甘肃省劳动保障监察部门签订了《甘青两省劳动保障监察合作协议》，通过开展执法检查、专项督查、建立欠薪台账及“黑名单”、曝光典型案件、开展联合惩戒等系列举措，有效维护了农民工的劳动报酬权益，全省治欠保支大局稳定，《人民日报》《中国劳动保障报》对青海省治欠保支做法进行了报道。全年清欠农民工工资2.5亿元，清欠率98.5%，超过年度目标任务2.5个百分点。

（三）收入分配。

深化机关事业单位工资制度改革，稳妥调整机关事业单位基本工资标准，完善艰苦边远地区津贴增长机制，调整提高了全省法院检察院工作人员绩效考核奖金水平、机关事业单位遗属生活困难补助费标准，公立医院薪酬制度改革试点覆盖到各市州县级医院。调整了机关事业单位目标责任考核奖发放方式，严格落实国家相关政策要求，坚决禁止擅自发放津补贴等违规违纪行为。加强对企业工资分配的宏观指导，健全完善工资指导线、人力资源市场部分工种工资指导价位信息、行业人工成本信息、最低工资标准制度，深入推进国有企业负责人薪酬制度改革，启动国有企业工资决定机制改革，有效发挥了收入分配的激励导向作用。

五、人社扶贫

实施《青海省转移就业脱贫攻坚行动计划》，开展人力资源服务机构助力脱贫攻坚、技能脱贫攻坚、技能脱贫千校行动，与中国联通青海省分公司、北京诺信云网科技有限公司签署了《“大数据及互联网＋人社战略”合作协议》，创新就业扶贫方式，助力脱贫攻坚。积极鼓励贫困人口参加社会保险，贫困人员城乡居民养老保险参保率达到100%，为11.78万名重度和中轻度残疾贫困人口代缴城乡居民基本养老保险费893万余元。根据省扶贫开发部门动态调整的建档立卡贫困人口数字，将全省符合条件的建档立卡贫困人口100%纳入城乡居民基本医保范围，100%兑付医保待遇，4.23万人次享受住院医保待遇1.54亿元；贫困人口大病医保报销比例由80%提高到90%，全省基本医保＋大病医保＋城乡医疗救助实现“一站式”结算。推进工程建设领域按项目参加工伤保险，扩大农民工参加工伤保险覆盖面，防止因工伤残致贫返贫。落实贫困地区人事人才倾斜政策，积极引导和鼓励各类人才到贫困地区开展工作。召开全省人社扶贫工作会议，安排当前和今后一个时期人社扶贫工作，制定出台《打赢人社脱贫攻坚战三年行动实施方案》和就业、技能、社保脱贫攻坚3个配套方案，调整充实劳务协作扶贫、人力资源服务和失业保险基金支持脱贫攻坚等政策，人社扶贫政策体系更加完善。

六、行风建设

在全省人力资源社会保障系统开展了以

“正行风、树新风，打造群众满意的人社服务”为主题的行风建设专项行动，召开全省人力资源社会保障系统行风建设工作会议，制定印发《关于进一步加强人社系统行风建设工作实施方案》和《2018—2020年工作任务清单》，在全省开展3次全省窗口单位明察暗访、“回头看”和专项整治，工作人员服务意识、服务作风、服务效率有效提升。推进“放管服”改革，累计取消行政许可11项、下放3项、合并8项、改变管理方式8项。围绕“一网通办”目标，编制160项网上办理服务事项流程，依托“青海政务服务网”和厅门户网站，开设并完善了人力资源社会保障政务服务事项窗口。加大人力资源社会保障服务领域“堵点”疏解，全国百项“堵点”涉及人力资源社会保障领域27项，其中10项本省不存在，已解决16项（另1项需国家层面解决）。推进“互联网＋人社”工作，注册开通了“青海人社”“青海人社通”App，实现查询就业、社会保险、社会保障卡信息部分业务功能。启动“互联网＋就业”政务云平台项目、“互联网＋劳动关系”服务系统、全省社保公共服务平台、全民参保项目建设，发放社会保障卡536万张。启动省第三代社保卡、电子社保卡发放工作，社会保障开启信息化、数字化新征程。推进12333人力资源社会保障政策电话咨询服务，全年受理答复电话咨询15万人次；加强厅长信箱问题回复工作，搜集受理各类网络舆情、投诉信件1 135件，办结率96%。

七、自身建设

以习近平新时代中国特色社会主义思想统领党的政治、思想、组织、作风、纪律及制度建设，深入学习、宣传、贯彻党的十九大精神和省委十三届三次、四次全会精神，按照“一优两高”战略部署，大力弘扬新青海精神，持续推进“两学一做”学习教育常态化制度化，引导各级党组织和全体党员树牢“四个意识”、坚定“四个自信”、践行“两个维护”，争做习近平新时代中国特色社会主义思想的坚定信仰者和忠诚实践者。厅党组强化理论学习教育，召开厅党组学习会13次、党组中心组（扩大）学习会21次，学习教育的针对性实效性不断加强。将“四奔”大抓落实活动与集中整治形式主义、官僚主义工作紧密结合，强化担当、深入查摆，建立问题清单、责任清单，推动各项目标任务全面落实。落实基层组织生活制度，印发《关于开展党支部“堡垒指数”和党员“先锋指数”考评工作的通知》，落实“四有、一看、六查”，切实加强基层组织建设。学习贯彻党规党纪，制定《厅党组书记与省纪委驻厅纪检组组长相互交换意见制度（试行）》《厅机关纪委工作规则（试行）》《厅机关纪委委员职责分工》，运用监督执纪“四种形态”，约谈提醒9人次、任前廉政谈话23人次。制定《关于贯彻落实中央八项规定精神的具体措施》《关于从严控制外出开会和培训的通知》，加强监督检查，“三公”经费实际支出比预算低39.8%。积极营造干事创业的良好氛围，制定《干部任职谈话办法》《厅干部职工绩效考核办法》，调整干部83人次。加强干部能力建设，制定《人社系统2018年干部培训计划》，培训人力资源社会保障系统干部职工1 198人次。严格执行机构改革期间政治纪律、组织纪律、机构编制纪律、干部人事纪律、财经纪律和保密纪律，提前谋划、加强衔接，行政机关和事业单位改革工作稳步推进，确保了干部秩序不乱、工作不断、队伍不散、干劲不减。

青海省人力资源和社会保障厅

宁夏回族自治区

2018年，宁夏人力资源社会保障系统以习近平新时代中国特色社会主义思想为指引，全面贯彻党的十九大和自治区第十二次党代会精神，认真落实自治区党委、政府和人力资源社会保障部工作部署，坚持以人民为中心的发展思想，坚持“民生为本、人才优先”工作主线，坚持改革创新，全力惠民生促发展，圆满完成各项任务。

一、就业创业

坚持把稳就业促就业作为重大政治责任和首要任务，进一步落实和完善更加积极的就业政策，推动出台《关于进一步做好当前和今后一个时期促进就业工作的实施意见》《关于进一步推进就业扶贫工作若干意见》《关于推行终身职业技能培训制度的实施意见》等政策文件，着力抓好重点群体就业。全年城镇新增就业8.03万人，完成年度任务的107.1%；城镇登记失业率3.89%，均低于国家和自治区控制目标。

（一）创业带动就业。

新认定自治区级创业孵化示范基地8家，累计建成各类创业孵化园区181家。成功举办“中国创翼”青年创业创新大赛宁夏分赛和“创青春”等自治区级创业创新大赛，大力开展创业指导志愿服务专家团“宁夏行”“创业专家走进直播间”和宁夏籍人才返乡创业创新等系列创新服务活动，积极推广“创业培训＋基地见习、创业实训、创业项目”和“1＋X”创业培训模式，为创业者搭建平台。全年发放创业担保贷款9.58亿元，开展创业能力培训1.27万人，创造新岗位3.57万个，带动就业6.67万人，分别完成年度任务的127.7%、127%、178.5%、121.3%。

（二）重点群体就业。

深入实施高校毕业生就业创业促进计划和基层成长计划，统筹推进高校毕业生“三支一扶”、就业见习等基层服务项目，高校毕业生就业率达94.7%。深化与内蒙古、福建、江苏、浙江等省区的劳务协作，大力开发就地就近和跨区域转移就业岗位，农村劳动力转移就业78.08万人，实现工资收入90.29亿元。开发购买公益性岗位10 454个（自治区7 100个，市、县、区3 354个），帮助城乡困难人员就业，其中5 090个岗位专门用于安置建档立卡贫困家庭劳动力。积极开展就业援助行动和零就业家庭精准帮扶，城镇就业困难人员实现就业9 012人。银川市、中卫市和青铜峡市入选全国农民工市民化工作突出典型城市。

（三）援企稳岗。

大力实施援企稳岗“护航行动”和技能提升“展翅行动”，使用失业保险基金为1 370家企业26.19万名职工发放补贴6 962.20万元，为1 895名职工发放技能提升补贴325.9万元。通过降低社保缴费基数和费率，为2.36万家企业84.08万名职工和30.14万名灵活就业人员减负16.89亿元。全面完成贺兰山国家级自然保护区环境整治中44家退出关停企业3 988名职工、18家淘汰落后产能企业（项目）1 405名职工安置任务。

（四）职业技能培训。

全面开展“订单、定岗、定向”培训，实

行“先垫后补”资金补贴方式和“随时申报考核、随时鉴定发证”考核鉴定模式，全年开展岗位技能提升培训 1.4 万人、城乡劳动力就业技能培训 4.39 万人，分别完成年度任务的 140%、110%。组织参加第 45 届世界技能大赛全国选拔赛，在第八届全国数控大赛上荣获 2 个二等奖、3 个三等奖，在第二届智能制造应用技术大赛上荣获 1 个三等奖、1 个优胜奖。

（五）公共就业服务。

开发全区就业培训管理系统，建设“互联网＋”公共就业服务平台。与福建海峡人才市场、浙江省人才市场、江苏省人力资源市场签订人力资源开发交流合作协议，共享人才招聘供求信息。对全区 504 家企业 20.12 万个岗位进行失业动态监测。积极推行“创业培训＋担保贷款＋创新服务”三位一体帮扶机制，大力开展“春风行动”“民营企业招聘周”等公共就业服务专项活动，全年区市县联动组织各类招聘会 356 场次，5.2 万人达成就业意向。

二、社会保险

深入推进全民参保，大力实施建筑、水利等行业农民工参加工伤保险“同舟计划”，不断巩固拓展全民参保登记成果。全区基本养老、医疗、失业、工伤、生育保险参保分别达到 397.69 万人、626.24 万人、91.97 万人、93.32 万人、88.07 万人，分别完成全年任务的 102.5%、103.5%、103.3%、106%、112.9%；新开工工程建设项目工伤保险参保率 99.96%。

（一）养老保险。

机关事业单位养老保险“1＋6”政策全部出台，参保人员达 30.5 万人（在职职工 20.3 万人，退休人员 10.2 万人），完成全年目标任务的 101.7%。启动实施企业职工基本养老保险基金中央调剂制度和职业年金基金管理及投资运营工作。调整完善企业职工养老保险参保人员因病或非因工死亡丧葬补助费和抚恤金政策，建立了企业职工养老保险参保人员病残津贴制度、城乡居民养老保险待遇确定和基础养老金正常调整机制。实现企业退休人员养老金“14 连调”、机关事业单位退休人员养老金“3 连调”，月人均增加 162 元；第 5 次调整城乡居民基础养老金，月人均增加 23 元，基础养老金最低标准达到 143 元。21.1 万名被征地农民按新政策参加养老保险，参保率 100%。

（二）医疗保险。

指导督促各地加强总额预算管理，加大医保基金对门诊统筹、门诊大病及基层医疗机构的倾斜力度，配合卫生健康部门推进分级诊疗服务模式，引导慢性病、常见病患者在基层就医，减轻参保人员门诊医疗费用负担。制定新医保医用耗材目录，规范了支付政策和标准。全年城乡居民大病保险拨付资金 1.83 亿元，5 万余人次享受大病保险待遇，支付基金 1.99 亿元。会同相关部门实现健康扶贫医疗保障“一站式”结算，累计为 2.7 万人次建档立卡贫困患者支付大病保险费用 6 402.4 万元。

（三）社保基金监管。

落实基金决算管理和内控制度，开展社保风险防控专项行动和工伤保险内部控制专项检查，进一步规范养老保险待遇发放数据向银行传输方式，全自治区推行和实现基本养老保险待遇集中统一发放。出台社保领域失信联合惩戒措施，加大打击欺诈骗取社保基金力度，发现社保基金要情 108 起，追回社保费和违规基金 1 940.21 万元。

（四）社保经办。

签发宁夏首张电子社保卡，拓展社保卡综合应用、方便群众办理领取养老金等民生领域业务。累计发放社保卡 673.9 万张，覆盖全区 98.8%的户籍人口、92%的业务应用。进一步简化异地就医备案流程，完善优化资金结算机制，做好异地就医直接结算工作。与全国 14 458 家协议医疗机构实现联网结算，推进基本医疗保险和大病保险跨省异地就医“一单化”直接结算，全区累计完成跨省异地直接结算 20 080 人次，基金支付 2.7 亿元。

三、人才工作

全面贯彻落实自治区实施人才强区工程助推创新驱动发展战略意见，会同有关部门出台高层次人才优厚待遇实施办法、支持和鼓励事业单位专业技术人员创新创业实施细则、突出贡献人才和引进高层次人才职称评审办法和下放职称评审权限加强事中事后监管、分类推进人才评价机制改革、自治区全职引进全日制博士硕士经费补助实施办法，以及中青年人才赴区外深造经费补助实施办法、人才小高地建设实施办法等政策文件和配套措施，进一步激发和释放各类人才创新创业活力。

（一）职称制度改革。

首次在经济、统计等 7 个系列设置正高级职称，首次开展正高级会计师职称评审工作，分层分类修订完善各系列（专业）职称评审标准和条件，在全国率先设置全民健身体育教练员职称，将高级职称评审权下放本科院校、科研院所、三甲医院、大型骨干企业和地市，实现职称申报、审核、公示网上办理和职称信息网上查询。制定中专系列和工程系列通信与信息、土地管理、地质矿产、测绘专业技术职称评审条件，引入继续教育第三方评价机制，对高级职称评审全部设置业绩述职面试环节，引入专家现场评审。全区引进的 38 名高层次人才、28 名突出贡献人才直接评定为高级职称。

（二）重大人才工程。

组织选拔享受国务院政府特殊津贴专家和自治区第四批“国内引才 312 计划”、第五批“海外引才百人计划”和自治区青年拔尖人才培养工程等高层次人才 253 人。争取人力资源社会保障部海外赤子为国服务行动项目 1 个、高层次留学人才回国资助项目 1 个、留学人员回国创业启动支持项目 1 个、万名专家服务基层计划项目 2 个，新建国家级高技能人才培训基地 1 个、自治区级高技能人才培训基地 2 个、国家级技能大师工作室 2 个、自治区级技能大师工作室 5 个。

（三）人才智力引进。

启动实施自治区“百个人才小高地建设计划”“优秀在读博士研究生预引进计划”“中青年人才赴区外深造研修计划”，支持 7 名优秀在读博士研究生人才预引进项目。争取 6 项国家高级研修项目，新建 2 个博士后科研工作站。举办第二届中国“一带一路”人力资源高峰论坛。组织企事业单位到北京、上海等地高校招聘硕士以上高层次急需紧缺人才，已办理正式聘用手续 316 人。实施外国高端人才“一卡通”服务，办理外国人来宁工作许可证 233 件。

（四）人才培养培训。

大力实施专业技术人员知识更新工程，升级改造“宁夏专业技术人员继续教育在线”，开发 7 个类别 57 门精品公需课程，培训各类专业技术人员 4.7 万人次。新培养技能人才 5.9 万人，其中，高技能人才 4 275 人，技师和高级技师 849 人。开展“百名专家基层服务行”活动，实施基层服务项目 40 个。新认定国家级专家服务基地 1 个。

四、人事管理

鼓励和支持事业单位专业技术人员创新创业，有序推进工资收入分配制度改革，事业单位人事管理得到进一步规范和加强。建立公务员诚信档案。出台推动公务员职业道德建设工程 12 项措施，组织实施公务员素质能力提升工程，牵头培训公务员 1.9 万人次。将全区各级各类事业单位全部纳入“宁夏事业单位人事综合管理平台”，进一步完善机关事业单位公开招考招聘政策，“阳光招考”公务员 998 人，“阳光招聘”事业单位工作人员 5 529 人。深化“阳光安置”，完成 465 名军队转业干部安置任务。大力推行“阳光考试”，人事考试安全有效运行，组织 60 多项人事考试，27.4 万人参加。

五、收入分配

调整兑现机关事业单位艰苦边远地区津

贴，完成机关事业单位工作人员基本工资标准调整，以及区直事业单位绩效工资总量核增工作。深入推进公立医院薪酬制度改革，试点由28家扩大到55家，事业单位以增加知识价值为导向的收入分配机制得到更好体现。建立全区统一规范的企业薪酬调查和信息发布制度，发布了年度企业工资指导线。出台改革国有企业工资决定机制实施意见，组织开展国有企业负责人薪酬制度改革落实情况整改及“回头看”工作，国有企业负责人薪酬发放进一步规范。

六、劳动关系

（一）构建和谐劳动关系。

进一步健全完善协调劳动关系三方机制，坚持定期分析研判劳动关系形势，及时研究解决和化解劳动关系领域的突出矛盾和问题，积极防范劳动关系领域矛盾风险隐患。继续将构建和谐劳动关系纳入政府效能目标责任考核体系。联合自治区总工会、发展改革委等13个部门评选表彰了44家2018年自治区劳动关系和谐企业，并向国家推荐了4家全国模范劳动关系和谐企业和1个全国模范劳动关系和谐工业园区，在全社会营造了构建和谐劳动关系的浓厚氛围。全区企业劳动合同签订率达93.9%，集体合同签订率达93%以上。

（二）保障农民工工资支付。

推动出台保障农民工工资支付工作考核办法，大力实施治欠保支三年行动计划，对441个重点建设工程项目实施常态化监控预警，对15家拖欠农民工工资失信企业和17起重大劳动保障违法行为进行“媒体曝光”。全年检查用人单位1.1万户，处理劳动者举报投诉案件3 267件，督促用人单位与3.49万名劳动者补签劳动合同。拖欠农民工工资举报投诉案件数、涉及人数和金额连续三年实现大幅下降。

（三）劳动人事争议调解仲裁和信访。

出台加强劳动人事争议仲裁与诉讼衔接机制建设实施意见，开设农民工争议仲裁“绿色通道”，全区共受理劳动人事争议案件5 866件，结案5 747件，仲裁结案率达93%；各级调解组织受理劳动人事争议案件5 129件，调解成功率达70%，高于目标任务10个百分点。集中开展解决群众反映强烈的信访突出问题活动，中央巡视组移交的18件次信访件均按期办结，全系统受理来信来访5 330件次，办结率98%。

七、人社扶贫

立足职能职责，强化政治担当，聚焦群众所期所盼，把脱贫富民作为重要工作内容，扎实推进各项人社扶贫政策落实。

（一）就业扶贫。

提请自治区政府出台《关于进一步推进就业扶贫工作若干意见》等政策文件，协调福建省人力资源社会保障厅、财政厅、扶贫办出台4条针对性强、含金量高的闽宁劳务协作新政策，大力开展就业扶贫“百千万”行动，鼓励和引导建档立卡贫困劳动力就地就近和跨区域转移就业。全年新创建就业扶贫示范基地53个，发放支持建档立卡贫困人口创业担保贷款536笔4 035万元，宁夏户籍建档立卡贫困劳动力实现转移就业3.14万人，工资总收入4.07亿元。

（二）技能扶贫。

推动出台《关于打赢脱贫攻坚战三年行动职业技能培训工作计划》，对贫困劳动力认可度较高的挖掘机操作、刺绣品制作、宁夏特色小吃制作、手工编织、剪纸等18个职业（工种）实行专项职业能力考核，随时申报、随时考核发证。全年培训建档立卡家庭劳动力9 450人，超额完成全年培训建档立卡家庭劳动力不少于2 000人的目标任务。组织4.57万名建档立卡贫困劳动力参加鉴定考核，其中3.94万人取得职业资格证书或专项能力证书。

（三）社保扶贫。

坚持脱贫不脱政策，将实现贫困人口应保尽保纳入社保经办目标任务，进一步加大扩面参保力度，基本实现建档立卡贫困人员城乡居民养老、医疗保险应保尽保。建档立卡贫困人员参加基本养老保险 48.96 万人，其中未脱贫人员 17 万人，参保率 100%，超出年度下达任务 5 个百分点；参加医疗保险 82.8 万人，剔除参军、服刑等不属于参保范围人员后，参保率 100%。

（四）人才扶贫。

通过完善支持政策、给予专项人才项目支持等措施，帮助中南部山区 9 县加强人才队伍建设。全年组织开展“贫困地区专业技术人员继续教育专项培养培训计划”10 期，培训贫困地区专业技术人员 1 700 人。引进国外智力对贫困地区特色产业进行技术指导和扶持，支持经费 60 万元。

（五）定点扶贫。

在自治区人力资源社会保障厅定点帮扶的固原市西吉县田坪乡燕李村、赵坪村成功实施了“全赠半返”循环养羊产业扶贫模式，农民收入大幅增加；创新设计“返租代养”模式壮大村集体经济，将养殖户返给村集体的 40 只母羊，加上新购买的 160 只母羊作为村集体资产，按每只 150 元租金租给贫困户代养，既帮助缺乏资金的养殖户扩大养殖规模，增加规模收益，又使村集体每年稳定增加纯收入 3 万元，集体个人互惠双赢，促进农民脱贫致富，带动集体经济发展。截至 2018 年底，燕李村、赵坪村羊只滚动发展到 6 425 只，户均增收 3.36 万元。

八、行风建设

启动实施人力资源社会保障系统行风建设三年专项行动，推动解决 22 项群众办事堵点问题。大力推进行政审批制度改革，自治区人力资源社会保障厅本级行政职权、行政许可事项由 2012 年的 119 项、43 项分别压减为 87 项、5 项，非行政许可审批事项全部清零。积极推进“不见面、马上办”政务审批便民服务，全区人力资源社会保障系统 189 项政务服务事项有 160 项实现不见面、马上办，可不见面率 84.7%，其中厅本级达到 89%。积极推行综合柜员制，有 3 项许可事项实行多部门跨窗口套餐服务。社保参保登记、待遇资格认证等 13 项经办业务下沉至乡镇街道民生服务中心，实行全区通办。全自治区推行社保大数据与“互联网＋”技术认证社保待遇领取资格，54%的参保退休人员通过手机 App 实现养老待遇资格不见面认证，82%的参保单位实现网上申报社保业务。依托“互联网＋人社”，不断完善 12333 热线、手机 App、网上办事大厅等“六位一体”公共服务平台功能，12333 咨询服务热线来电总量 73.96 万次，其中，人工接听电话 24.94 万次，解答问题 40.4 万个。全系统深入学习贯彻新时代党的建设总要求，始终把党的政治建设摆在首位，大力实施“三强九严”工程，圆满完成“灯下黑”突出问题专项整治、违反中央八项规定精神专项治理、中央巡视反馈问题整改工作任务，确保了中央和自治区党委、政府决策部署在全区人力资源社会保障系统不折不扣贯彻落实。

宁夏回族自治区人力资源和社会保障厅

新疆维吾尔自治区

2018年，新疆维吾尔自治区人力资源社会保障部门坚持以习近平新时代中国特色社会主义思想为指导，全面贯彻落实党的十九大和十九届二中、三中全会精神，贯彻落实以习近平同志为核心的党中央治疆方略，特别是社会稳定和长治久安总目标，坚持以人民为中心发展思想和稳中求进工作总基调，紧紧围绕自治区党委“1＋3＋3＋改革开放”工作部署，按照年初政府工作报告中确定的工作任务，全面推进就业惠民、社保惠民工程，全力加强人事制度创新和人才队伍建设，积极构建和谐稳定劳动关系。

一、大力实施就业惠民工程

全年全区城镇新增就业47.58万人，城镇登记失业率为3.30％。区属普通应届高校毕业生年终就业率89.83％；城镇就业困难人员实现就业5.24万人，零就业家庭保持24小时动态清零。截至2018年10月底，农村富余劳动力转移就业282万人次，完成年度目标任务的103.89％。

（一）实施旅游产业带动就业三年规划。

通过住宿、餐饮、特色产品销售等旅游服务企业吸纳一批和旅游交通企业、旅游经营企业、旅游景区管理企业吸纳一批等“七个一批”渠道，3年实现旅游业新增就业10万人，已完成11 457人。

（二）多渠道促进农村富余劳动力就地就近转移就业和转移内地省市就业。

拓展就地就近转移就业新空间，因地制宜推行“卫星工厂”“民生坊”吸纳就业，扶持农村劳务合作组织带动就业，支持农业经济组织发展扩大就业，推动产业（工业）园区稳定就业，鼓励发展小微企业自主创业，组织短期季节性务工，多渠道多形式推动农村富余劳动力转移就业。有序扩大转移援疆和内地省市就业规模，整建制有组织转移援疆和内地省市就业25 378人，完成年度目标任务的110％。

（三）扎实推进高校毕业生就业。

印发《关于做好2018年高校毕业生就业创业工作的通知》《关于实施2018年高校毕业生就业创业促进计划的通知》《关于集中开展2018年高校毕业生就业指导活动的通知》，召开普通高校毕业生就业创业电视电话会议、“三支一扶”人员工作座谈会，实施五大行动计划，推进基层项目就业，进一步强化全方位跟踪服务，提供精准帮扶，引导和鼓励毕业生多渠道多形式到基层就业、到企业就业和自主创业。

（四）常态化帮扶就业困难人员实现就业。

实施就业困难人员“一对一”帮扶和零就业家庭24小时动态清零机制，做到工作责任、政策落实、资金投入、措施保障“四到位”，确保城镇零就业家庭成员至少有一人实现就业。

（五）稳步推进创业带动就业工作。

完善落实创业扶持政策，扩大扶持范围，拓宽创业空间，营造创业氛围，努力破解创业难题。推进创业载体建设，启动第三批创业型县（市）创建和第四批自治区级创业孵化示范基地建设工作，开展国家级创业孵化示范基地复评工作。加强创业服务能力建设，组织召开

2018年新疆创业服务联盟理事会议，启动创业服务网站建设，组织开展“创业服务地州行”、创客训练营、创业服务周活动，举办创业创新大赛，建立健全资源共享、整体联动、优质高效、服务创业的联动机制，发挥创业带动就业的倍增效应。新增创业9.46万人，带动就业20.41万人。创业已经成为带动就业新的增长方式。

（六）加强以就业为导向的职业技能培训。

制订并实施就业扶贫职业培训促进计划、旅游职业培训促进计划、新生代农民工培训计划、高技能人才培训计划、高校毕业生技能培训和创业培训计划等专项培训活动，提高重点群体就业能力。充分发挥企业培训主体作用，着力抓好纺织服装企业和南疆四地州部分劳动密集型企业岗前培训，培训补贴直补企业，提高培训的针对性和有效性。制定《关于进一步加强职业培训信息化管理的通知》，完善新疆职业培训信息管理系统，简化培训补贴申请材料，原先要求申请人提供身份证、就业创业证、职业资格证书等原件或复印件的，改由通过与就业系统、社保系统、鉴定系统等进行数据查询对比验证，实现“让信息多跑路，让群众少跑腿”，提高工作效率。全区共完成职业技能培训127.52万人次，完成年度目标任务的115.9%。

（七）推进公共就业服务信息化建设。

推进信息实名制管理，增加未就业新疆高校毕业生赴援疆省市培养和技能人才赴援疆省市培训信息管理模块，进行实名制动态管理。开发旅游产业带动就业信息系统，建立自治区农村劳动力培训就业管理服务系统，做到“转移一批、录入一批，到岗一批、录入一批”，实现有组织转移就业实名制动态管理。推进社保卡在就业领域的应用，初步实现22个深度贫困县贫困家庭劳动力就业社保“一卡通”。加大南疆四地州深度贫困村村级平台建设力度，全区已经建立村级就业和社会保障服务工作站8 138个，占全区行政村的85.1%，南疆四地州已建成村级就业和社会保障工作站4 422个，覆盖率达到75.7%。

二、以加强社会保障体系建设为突破口，深入实施社保惠民工程

全面推进全民参保，稳步推进社保扶贫，不断增强群众的获得感、幸福感。全区三项保险参保1 790.24万人次，比上年增加212.09万人次。新增发放社保卡161.95万张，完成年度目标任务的101.2%，累计发放1 901.95万张。

（一）全面推进全民参保计划实施。

提请自治区人民政府印发《关于全面实施全民参保计划的通知》，制定《2018年全民参保计划实施方案》，建立了政府目标责任考核机制。开展农村居民参保“春季行动”“企业参保百日攻坚”专项行动，实施建筑施工等高风险行业农民工参加工伤保险“同舟计划”（二期）。

（二）推进社会保险制度改革。

全面开展机关事业单位退休“中人”待遇测算工作，确保“中人”待遇准确发放。机关事业单位原试点参保人员逐步纳入法定制度。职业年金投资运营工作准备就绪。进一步完善基本养老保险自治区级统筹制度，规范企业职工基本养老保险缴费政策，积极落实企业职工基本养老保险基金中央调剂制度。印发《自治区被征地农民参加基本养老保险实施细则》和《关于建立城乡居民养老保险待遇确定和基础养老金正常调整机制的实施意见》。制定了工伤保险基金自治区调剂方案，明确了工作目标、步骤和具体措施。

（三）稳步提高社会保险待遇。

连续第14年调整企业退休人员基本养老金，连续第3年同步提高机关事业单位退休人员养老金水平，总体调整水平为上年退休人员月人均基本养老金的5.5%。城乡居民养老保险基础养老金最低标准由115元提高至140元。提高失业保险金标准，调整后月人均增加152元，增幅5%。提高工伤（亡）职工工伤保险待遇，1～4级工伤人员月人均工伤津贴

增加198元，增幅6.5%。

（四）继续阶段性降低社会保险费率。

企业职工基本养老保险单位缴费比例暂按19%执行，失业保险单位缴费比例暂按0.5%执行。在保持八类费率总体稳定的基础上，工伤保险基金累计结余可支付月数在18（含）至23个月的统筹地区，可以现行费率为基础下调20%；累计结余可支付月数在24个月（含）以上的统筹地区，可以现行费率为基础下调50%。调整统筹地区生育保险费率。全年为企业减少五项社会保险费支出31亿元。

（五）加强社保经办服务。

社保信息系统三版在乌鲁木齐市、昌吉州成功上线，业务—财务—档案一体化系统同步升级，系统中心端、待遇结算端运行平稳，参保人员待遇不受影响，标志着自治区社保经办工作迈上新台阶。稳步推开社保标准化建设和综合柜员制改革，不断提升社保公共服务能力水平。不断优化服务群众能力，全面取消领取社保待遇资格集中认证，积极推行异地居住人员远程自助认证。制定全区社保经办机构作风建设“1+8”整改方案，切实解决“办事难、办事慢，多头跑、来回跑”问题。深入推进兵地社会保险融合，建立沟通、协商、信息共享机制，医疗服务、监督、领取待遇资格认证实现统一、共享。

三、加强人才队伍建设，为实现社会稳定和长治久安集聚人才

（一）推进人才评价机制改革。

以自治区党委办公厅、自治区人民政府办公厅的名义印发了《关于进一步深化职称制度改革的实施意见》，坚持政治标准，强化政治标准。完善职称系列，健全层级设置，将自治区未设置正高级职称的系列（专业）均设置到正高级，下放评审权限。会同自治区教育厅印发了《关于全面下放高等院校职称评审权有关事项的通知》，向全区所有高等院校下放高校教师系列（含思政系列）高、中、初级教师职称评审权。印发了《关于向自治区人才管理改革试验区下放职称评审权自主开展职称评审工作的通知》，向乌鲁木齐高新技术产业开发区（新市区）、乌鲁木齐经济技术开发区（头屯河区）、喀什经济开发区、霍尔果斯经济开发区下放自治区各职称系列（专业）副高级及以下职称评审权和对应的继续教育权。在南疆地区、县级及以下基层工作的普通高校毕业生，首次申报评审职称（以考代评的专业除外）可提前一年。淡化论文数量要求，对职称外语和计算机应用能力考试不作统一要求。以自治区党委办公厅、自治区人民政府办公厅的名义印发了《自治区贯彻落实关于分类推进人才评价机制改革的指导意见实施方案》。坚持凭能力、实绩、贡献评价人才，建立以创新能力、质量、贡献、绩效为导向的科技人才评价体系，修订完善了自治区30个职称系列（64个专业）的评价标准。拟定《贯彻〈中共中央办公厅 国务院办公厅关于提高技术工人待遇的意见〉的实施意见》，已由自治区党委办公厅、自治区人民政府办公厅印发实施。研究制定《天山工匠实施细则》，明确实施条件、实施程序、经费管理和考核评估办法。拟定《关于深化高技能人才发展体制机制改革的实施意见》，已由自治区人民政府办公厅印发实施。研究制定《企业技能人才自主评价办法（试行）》，促进企业建立培训、考核、使用与待遇相结合的技能人才成长激励机制。

（二）进一步激发事业单位活力。

强化事业单位公益属性，有序推进事业单位人事制度改革。落实事业单位公开招聘、岗位设置管理向南疆四地州及基层一线倾斜政策，引导人才向艰苦边远地区和基层一线流动。下放事业单位公开招聘、岗位设置管理以及高级专家延聘过程审核权限，强化督导，确保下放事项在制度框架内有序运行。加快高层次人才密集事业单位收入分配机制试点改革，实行高层次人才兼职兼薪政策，支持高校、科研机构、职业（技工）院校、公立医院等有条件的单位实行年薪制、协议工资制、项目工资制等分配办法。

（三）大力选拔培养高层次优秀人才。

加大高层次人才选拔推荐力度。深入实施“友谊奖”“天山奖”评选表彰、享受政府特殊津贴专家选拔推荐等重大专项活动，评选推荐国家“友谊奖”人选1人、自治区“天山奖”人选6人，经国家批准，享受政府特殊津贴人选55人。积极开展第五批少数民族科技骨干特殊培养工作，选派400名少数民族科技骨干到区内外进行特殊培养和实际工作锻炼。实施专业技术人员知识更新工程，培训高层次专业技术人员500余人；指导行业主管厅局举办31期专业技术人员专业科目继续教育培训班，培训约7 500人。提请自治区人民政府印发《关于贯彻落实〈国务院办公厅关于改革完善博士后制度的意见〉的实施意见》，进一步规范博士后管理服务措施，提升博士后培养质量。全年招收博士后研究人员65人。

（四）加大急需紧缺人才引进力度。

提请自治区党委、自治区人民政府印发《新疆维吾尔自治区关于加强新形势下引进外国人才工作实施意见》。启动2018年高层次人才引进工程人选推荐申报评审工作。组织参加大连海创周、南京留交会等交流合作活动，承办“2018创业导师走进乌鲁木齐留创园”活动，吸引人才来疆创新创业。全年区级机关面向部分重点高校引进硕士研究生以上学历毕业生176人。开展2018年度自治区急需紧缺人才需求调查统计和2017年度总结评估工作。

四、以维护劳动者合法权益为抓手，积极构建和谐劳动关系

（一）完善劳动关系协调机制。

不断完善政府、工会、企业共同参与的协商协调机制，定期召开自治区构建和谐劳动关系三方例会，指导地县健全协调劳动关系三方机制，形成构建和谐劳动关系工作合力。推行集体协商和集体合同制度，印发《关于2018年继续在全区开展集体协商集中要约行动月活动的通知》，稳步推进集体协商。

（二）加强劳动人事争议调解仲裁。

落实国家关于加强专业性劳动争议调解工作的意见，为基层调解组织开展专业性劳动争议调解提供政策指导。加快劳动争议仲裁规范化、标准化、专业化、信息化建设。推进仲裁机构实体化建设，提高劳动人事争议调解仲裁案件处理效能。加强调解仲裁制度建设，会同自治区高级人民法院出台《加强劳动人事争议仲裁与诉讼衔接机制的实施意见》，进一步完善裁审衔接工作制度，统一了裁审受理范围和法律适用标准，实现裁审程序有效衔接。56%的争议通过调解得以化解，各级仲裁机构受理仲裁案件9 367起，同比下降6.5%，结案率95.9%。

（三）扎实开展劳动保障执法监察。

提请自治区人民政府印发《保障农民工工资支付工作考核实施办法》，将保障农民工工资支付工作纳入各级政府考核评价体系。大力推进劳动保障日常巡视检查、书面材料审查、专项执法检查和劳动者举报投诉专查，依法打击扰乱人力资源市场秩序、欠薪欠保、违反用工管理规定等违法行为。从各地2017年查处的拖欠劳动者报酬案件中，筛选整理22起典型案件，面向社会进行公布，警示和震慑有拖欠劳动者报酬倾向的用人单位自觉遵守劳动保障法律、法规，按时足额支付劳动者报酬。各级劳动保障监察机构查处举报投诉等案件2 600件，责令用人单位与3.5万人补签劳动合同，督促缴纳社会保险费377.6万元，为7.34万名劳动者追发工资待遇等8.63亿元。

五、为打赢脱贫攻坚战贡献人社力量

（一）实施就业扶贫。

认真聚焦对标，切实履行职责，实施南疆四地州22个深度贫困县3年10万人就业扶贫规划，确定“六个一批”转移渠道，全面实施就业扶贫工作，切实发挥就业在促进各民族交往交流交融、增进民族团结、转变生产生活方式、抵制宗教极端思想中的引领推动作用，使就业工作促进稳定的功能得到更大发挥，使稳

定红利在就业工作中得到更好体现，闯出了一条具有新疆特色的转移就业、稳定就业、持续就业的就业扶贫新路子。南疆四地州22个深度贫困县稳定转移建档立卡贫困家庭劳动力7.5万人，完成年度目标任务的187.5%。会同自治区教育厅、住建厅、公安厅出台解决南疆四地州疆内跨地区有组织转移就业劳动力在就业地住房保障、配偶随迁就业、子女就学和户籍落户等问题的政策，推动南疆转移就业劳动力在当地实现稳定就业、持续就业、长期就业。推进社保卡在就业领域的应用，提高就业扶贫精准化管理水平。

（二）持续强化技能扶贫。

制订实施南疆深度贫困地区技能扶贫行动计划，以县市为单位，根据岗位要求，分层分类开展就业技能培训。一是普遍开展基本劳动素质培训。研发《就业扶贫专项培训包》，设置感党恩教育、国语、法律常识、劳动纪律、安全生产、扶智扶志等8项培训内容，指导各地运用培训包对贫困劳动力开展基本劳动素质培训，提高就业适应能力。二是大力开展就业技能培训。坚持就业导向，积极开展订单式就业技能培训和以企业为主体的岗前培训。重点实施南疆四地州纺织服装企业和鞋业、玩具、假发、电子装配等劳动密集型企业岗前培训，培训补贴直补企业。三是对有创业意愿并具备创业条件的贫困劳动力，组织开展“创业+技能+就业国语”培训。帮助贫困家庭创办小商店、小饭馆、小作坊、小修理、小运输等小微创业和开办网店。四是实施技能脱贫千校行动。推进南北疆和援疆省市技工院校结对共建，深化产教融合、校企合作，全区93所技工院校中南疆生源学生已占在校生总数的65%，22个深度贫困县建档立卡贫困家庭子女占南疆生源学生的40%。

（三）全面开展社会保险扶贫。

全区建档立卡贫困人口基本养老保险参保率98.48%。突出做好22个深度贫困县建档立卡贫困人口参保工作，基本养老保险参保率99.22%，基本实现了人人参保、应保尽保。对贫困人员实行政府代缴城乡居民养老保险费政策。

（四）不断加强人事人才扶贫。

调整事业单位招聘政策，引导各类人才向贫困地区流动。每年定期从自治区农业、畜牧、林业、水利等部门选派专业技术人员，赴以南疆四地州为重点的基层一线开展工作，为贫困地区脱贫攻坚提供智力支持。坚持各类人才培养计划、职称评定政策向南疆四地州深度贫困地区倾斜。

六、坚定坚决贯彻落实人力资源社会保障部行风建设工作的部署要求

自治区各级人力资源社会保障部门高度重视行风建设工作，切实提高政治站位，统一思想，深刻认识加强系统行风建设的必要性、紧迫性和战略性，认真学习领会、准确把握全国人力资源社会保障系统行风建设电视电话会议精神，把行风建设作为当前和今后一个时期的重要任务，迅速行动、抓紧实施，把各项工作措施落小落细落实。对照《人力资源社会保障部办公厅关于印发人社系统加强行风建设工作任务表（2018—2020年）的通知》要求，8大类35项任务目标一环紧扣一环，有条不紊压茬推进。自治区本级人力资源社会保障部门清单内事项网上可办率达83%，98个市县级人力资源社会保障部门清单内事项网上可办率超过50%。103个县市级人力资源社会保障部门70%以上人力资源社会保障审批服务对外事项进驻综合性实体服务大厅，50%以上能够实现“一窗”分类受理。清单内事项网上可办率完成比例为93.3%，人力资源社会保障审批服务对外事项进驻综合性实体服务大厅和“一窗”分类受理完成比例为98%。

七、以实现“三不出”为目标，全力做好维护稳定各项工作

2018年，新疆维吾尔自治区人力资源社会保障厅选派98名“访惠聚”驻村工作队队员、17名深度贫困村第一书记、18名深度贫

困村高校扶贫工作队队员、22名南疆学前双语教育支教干部，按照贯穿“一条主线”、聚焦“一个总目标”、抓实“1＋2＋5目标任务”要求，全力夯实实现持续稳定、长期稳定、全面稳定的基层基础。按照“两个全覆盖”和“同吃同住同劳动同学习”要求，常态化开展民族团结一家亲和民族团结“结亲周”活动，全力抓好维稳值班、综合治理、平安建设、应急管理、安全生产、网络安全等工作，扎扎实实推进“一年稳住、两年巩固、三年基本常态、五年全面稳定”工作规划。

（一）加强工作指导。

自治区人力资源社会保障厅制定了《驻阿拉哈格镇工作队2018—2019年工作规划》《2018年持续接力开展“访民情惠民生聚民心”驻村工作计划》，印发了《2018年对塔什库尔干塔吉克自治县瓦窑本村等17个深度贫困村帮扶工作计划》《2018年“民族团结一家亲”和民族团结联谊活动实施方案》，切实加强指导，并积极协调解决“访惠聚”驻村工作队、深度贫困村第一书记、支教工作队工作中遇到的问题，为各种基层工作力量聚焦总目标、服务总目标、落实总目标夯实基础。

（二）不断完善“访惠聚”驻村、深度贫困村第一书记和支教干部关心关爱机制。

自治区人力资源社会保障厅坚持把关心关爱“访惠聚”驻村工作队队员、深度贫困村第一书记和支教干部作为一项重要政治任务抓紧抓实抓好。节假日期间积极组织走访慰问这些同志的家庭，帮助协调解决实际困难。

（三）组织开展好“民族团结一家亲”活动。

自治区人力资源社会保障厅坚持“规定动作做到位，自选动作有创新”，全厅统一组织开展“结亲周”活动8次，累计参与干部职工2 605人次、地厅级58人次、住户2 896户次，走访见面9 976户次；开展民族团结宣传教育活动1 758场次、联欢联谊活动512场次，为民办好事实事1 568件，进一步加强了民族团结、民族互信，增强了群众工作能力，改进了工作作风。

新疆维吾尔自治区人力资源和社会保障厅

新疆生产建设兵团

2018年，新疆生产建设兵团人力资源社会保障工作坚持以习近平新时代中国特色社会主义思想为指导，全面贯彻落实党的十九大精神、自治区第九次党代会和兵团第七次党代会及七届二次、三次全会精神，认真落实《中共中央 国务院关于新疆生产建设兵团深化改革的若干意见》和兵团党委深化改革的系列决策部署，坚持“围绕中心、服务大局”，改革创新、扎实奋进，工作任务如期完成。

一、认真学习领会习近平新时代中国特色社会主义思想，进一步增强“四个意识”、坚定“四个自信”

通过党组理论中心组、局长办公会、干部大会和支部会议等形式，认真学习贯彻习近平总书记关于人力资源社会保障工作的重要论述，中共中央、国务院关于新疆生产建设兵团深化改革的若干意见，自治区党委、兵团党委关于维护社会稳定、履行职责使命、全面深化改革的重大决策部署，把思想和行动统一到以习近平同志为核心的党中央重大决策部署和对兵团的定位要求上来。全年开展理论中心组学习11次，局领导讲党课6次，专题研讨会3次。通过理论学习，把学习贯彻习近平新时代中国特色社会主义思想同人力资源社会保障工作相结合，为实现新疆工作总目标、履行兵团职责使命、深化兵团改革、全面完成人力资源社会保障工作任务奠定了坚实的思想基础。

全局党员干部严守政治纪律和政治规矩，坚定不移保持绝对忠诚、坚定不移维护新疆社会稳定、坚定不移加强民族团结、坚定不移推进深化改革，坚决同“三股势力”“两面人”做斗争。打好维稳“组合拳”，积极开展“访惠聚”、民族团结一家亲、干部下沉、发声亮剑等活动，坚决把以习近平同志为核心的党中央治疆方略和对兵团的定位要求，自治区党委、兵团党委决策部署落到实处。严格落实“两个责任”和“一岗双责”，坚持党组统一领导，“一把手”负总责，认真落实局党风廉政建设党组主体责任、书记第一责任，把党风廉政建设与各项业务工作紧密结合，同部署、同落实、同检查、同考核。严格执行中央八项规定精神，制定下发局党风廉政建设工作要点，与各处（室）、事业单位签订党风廉政建设目标责任书。严格执行领导干部报告个人有关事项制度。坚持问题导向，严肃问题整改，对兵团党委团场综合配套改革专项巡视组指出的不足和问题，明确了整改措施、责任领导、责任单位和完成时限，及时得到整改，较好完成了各项改革任务。

二、坚决贯彻落实中央文件精神和自治区党委、兵团党委决策部署，较好完成兵团深化改革相关工作

一是紧紧围绕兵团党委关于深化兵团改革的部署安排，制定了《兵团人社局贯彻落实〈中共新疆生产建设兵团委员会关于加强“四个意识”发挥主体作用深化兵团改革的实施意见〉的分工方案》《兵团人社局推进团场综合配套改革重点工作分工方案》，细化工作措施，明确责任单位。

二是加强连队职工社会保险费征缴工作。截至2018年底，兵团团场连队职工社会保险费应缴人数31.89万人，签订社会保险费银行托收协议人数31.73万人，签订率99.53%，实缴人数31.5万人，缴费金额48.7亿元，征缴率98.8%。

三是配合有关部门组织实施中央专项工作。制定了《兵团子女纳入中央专项暂行办法》。按照“一人一档”的原则和建立全过程、全方位数据库的要求，立项建设中央专项人员信息管理系统。

四是会同兵团党委团改办，指导六师制定了《第六师五家渠市团场连队承包经营地非职工纳入职工队伍管理实施意见》，并提出了审核意见。

五是妥善处理国资国企改革中人员分流安置和劳动关系。制定印发了《关于做好师市国有企业和团办企业人员分流安置工作的意见》，分流安置工作进展顺利。全兵团累计处置企业2 750户，累计分流安置职工3万人。

六是认真梳理基干民兵队伍中灵活就业人员参保及享受补贴情况，加大社会保险补贴工作落实力度。2018年兵团基干民兵队伍中灵活就业人员共有2 048人，参加职工社会保险1 316人，享受补贴资金453.8万元；参加居民社会保险732人，享受补贴资金40.8万元。

七是推进兵地融合发展政策措施落实落地。全面实现参保人员疆内跨统筹地区住院医疗费用直接结算，兵团各统筹地区纳入国家异地就医结算系统的医疗机构数量由2家扩大到307家。

八是加强团场机关事业单位和连队职工实名制管理。制定印发了《兵团连队职工实名制管理办法（试行）》，完成了兵团连队职工实名制信息管理系统开发和连队职工信息填报工作。

九是制定团场连队“两委”成员退休及社保缴费政策。研究制定了《关于进一步明确团场原连队管理人员退休有关问题的意见》和《关于团场连队“两委”成员缴纳社会保险费有关问题的通知》，明确了连队“两委”成员退休及社会保险缴费有关政策。

十是研究团场连队职工招录办法。为加强兵团连队职工队伍建设，起草了《兵团全民所有制连队职工招录办法》，明确了招录对象、招录条件和招录程序。

三、切实贯彻落实中央文件精神和兵团党委决策部署，稳步推进向南发展工作落实

制定《兵团人社局贯彻落实〈中共新疆生产建设兵团委员会贯彻落实新疆生产建设兵团向南发展规划纲要的实施意见〉的分工方案》，细化了服务兵团向南发展的各项工作措施。

一是进一步提升就业服务能力。加大了公共实训基地和创业孵化园以及团场就业和社会保障服务设施建设向南疆师市倾斜力度。第一师公共实训基地建设主体基本完成，第二师公共实训基地建设已完工，第三师创业孵化园建设已进入内部装修阶段，第十四师创业孵化园建设已立项。2018年，南疆师市累计实现城镇新增就业3.2万人。

二是不断推动团场富余劳动力转移就业。依托南疆师市经济社会发展和产业结构调整，积极引导团场劳动力向城镇和二、三产业转移。2018年，南疆师市累计实现团场劳动力转移就业0.7万人。

三是加大对南疆师市政策倾斜力度。印发了《关于进一步做好南疆及艰苦边远团场事业单位公开招聘工作的通知》，优先招聘在新疆或兵团服务期满且考核合格的“三支一扶”人员、大学生连官、西部计划志愿者、南疆支教人员和自治区选调生、兵团选派生、留疆战士配偶及驻疆部队现役军人配偶或子女等。出台了《关于深化职称制度改革的实施意见》，推行专业技术人才服务南疆、服务基层经历与职称评审挂钩机制。在职称评审量化赋分、选拔享受政府特殊津贴人员等方面均向南疆倾斜。与国家同步建立了艰苦边远地区津贴标准调整机制。“三支一扶”计划由2017年的300人增加到2018年的500人。成立了兵团职业技师培训学院南疆分院。

四是不断推进南疆四地州深度贫困地区扶贫工作。印发《关于做好南疆四地州深度贫困地区就业扶贫工作的通知》，有序接收这些地区劳动力到南疆师市务工就业。全年接收建档立卡贫困劳动力务工就业5 645人，其中，企业稳定就业4 629人，季节性务工1 016人。

五是加大就业补助资金和减轻连队职工负担补助资金支持力度。修改完善了《新疆生产建设兵团减轻连队职工负担补助资金管理暂行办法》，制定了2018年减负资金分配方案，补助资金重点向南疆团场、边境团场和人均承包土地面积少、招录连队职工多、集聚人口多的团场倾斜。全年向南疆师市及托管团场分配就业补助资金26 484万元，占资金总量的31.2%。

六是统筹实施高校毕业生基层服务项目。印发了《关于统筹实施高校毕业生基层服务项目的意见》，将基层服务项目纳入兵团向南发展战略规划，明确将基层项目60%以上的计划名额用于支持南疆师团人才队伍建设。全年共选派1 752名高校毕业生（特岗教师801人，“三支一扶”计划332人，西部计划619人）到南疆师团工作。

四、发挥“专业”优势，扎实推进各项扶贫举措落地见效

一是不断完善政策措施。认真落实人力资源社会保障部《打赢人力资源社会保障扶贫攻坚战三年行动方案》，细化任务措施，推动兵团人社扶贫工作持续深入开展。

二是全力做好就业扶贫工作。将4 369名有劳动能力及就业意愿的贫困劳动力（占兵团建档立卡贫困劳动力的35.8%）全部录入兵团就业和职业培训扶贫信息管理模块，动态掌握其就业失业情况。进一步加大就业创业服务力度，努力扩大贫困人口就业规模，全年建档立卡贫困劳动力实现就业1 864人。加大劳务输出工作力度，依托对口援疆工作的开展，组织180名少数民族贫困劳动力到广东省东莞市企业就业。

三是持续推进技能扶贫工作。组织实施了“少数民族职工群众技能振兴计划”，以南疆师市集中连片特困地区贫困团场、少数民族聚居团场为重点，采用“技能+产业+就业”的精准扶贫帮困模式，开展有针对性的特色种植养殖、特色林果、食品加工、民族手工艺制作、电子商务等示范性实用技能培训，全年累计开展少数民族示范培训0.5万人次。

四是全力推进社会保险扶贫工作。自2018年1月1日起，将兵团城乡居民基本养老保险基础养老金标准由每人每月115元提高至每人每月140元。全面提高了贫困人员的基本医保、大病保险待遇水平。对建档立卡贫困人口、低保对象、特困人员精准识别，将贫困人员全部纳入基本养老、基本医疗保险和大病保险范围，截至12月底，兵团贫困人员基本养老保险、基本医疗保险参保人数分别为4.5万人、7.4万人，参保率达到100%。由财政代缴城乡居民基本养老保险费贫困人员3.2万人，代缴率99%，代缴金额324万元。

五是积极推进人才扶贫工作。强化高校毕业生“三支一扶”计划实施。2018年共选拔招募498名高校毕业生到兵团基层从事“三支一扶”工作，其中南疆团场307人，占比62%以上。加大“三支一扶”工作生活补贴专项资金分配向南疆团场的倾斜力度，资金分配总额3 534.6万元，其中南疆团场2 596万元，占比73.4%。全面落实贫困地区工资倾斜政策，及时调整了艰苦边远地区津贴标准，南疆五类区及六类区在职人员平均月增资额500～800元。继续实施面向南疆包括中小学在内的机关事业单位工资收入倾斜政策和高校毕业生到基层工作高定工资及乡镇工作补贴，稳定贫困地区工作人员队伍。全年为南疆师市考试录用公务员及参照公务员法管理机关（单位）工作人员1 151人，占当年兵团录用公务员总数的43.2%。

五、抓重点、补短板，持之以恒加强系统行风建设

认真落实人力资源社会保障部《关于进一步加强人社系统行风建设工作方案》，全面梳理权力清单、服务清单、问题清单，认真清除烦扰企业和职工群众的奇葩证明、循环证明、重复证明等，不断优化审批和公共服务事项。

一是高度重视，加强组织领导。成立了以局党组书记、局长为组长的行风建设领导小组，制定工作方案，设立了窗口建设专项组、“放管服”改革专项组、标准信息化专项组、监督组和办公室。召开了行风建设动员会，及时对行风建设工作进行动员部署。

二是健全完善有关制度规定。积极承接自治区行政授权，制定了相关事项的工作规范，第一批26项授权事项已全部承接到位，并全部分解到责任处室。持续深化行政审批改革，取消了医保“两定”机构行政审批，下放特殊工种、提前退休审批管理权限，行政审批项目已由2014年的19项减少到6项。印发了《兵团人力资源和社会保障局行政审批便民手册》，调整了权力清单和责任清单，新的清单共有权力事项79项，拟下放62项（含新承接的25项行政职能）。加强对规范性文件制定、清理和发布的管理，制定了《行政规范性文件制定程序和备案管理规定》，并完成了125件文件清理，废止23件、失效12件。全面取消社会保险待遇领取资格集中认证。全面梳理规范公共服务事项，编制了《兵团人力资源和社会保障局公共服务事项目录》，实现了“五证合一、一照一码”“三口合一”登记制度改革。进一步简化办事手续，取消了就业困难人员认定时需要提交的居住社区开具的无业证明材料，修订完善了《灵活就业核查通知书》《就业困难人员核查通知书》《公益性岗位人员核查通知书》等申请补贴的各类就业人员在岗核查通知书，进一步规范跨省异地就医直接结算工作。

三是加强行政执法。全面推开“双随机、一公开”监管，实现对业务工作的全程监察。建立了领导监督和群众监督、行政监督和执法监督、内部监督和外部监督相结合的执法监督体系。开通了12333服务监督电话，强化对政务服务的监督。

四是加强标准化信息化建设。加快推动“互联网＋人社”2020行动计划，实现了社会保险业务数据共享和网上办理，单位注册8 520个，占单位总数的80.8%；个人注册1.2万人，累计点击230.7万次。兵团15个统筹区的师直经办机构均配备了自助一体机，实现就业、社会保险、劳动监察等业务信息的查询办理和金融社会保障卡的自助缴费，基本实现兵团社会保障一卡通。

五是加强公共服务窗口建设。制定印发了《关于进一步加强社会保险经办窗口作风建设的通知》和《关于深入开展“解民忧　转作风”专项行动的通知》，对窗口单位行风建设工作进行安排部署。全面实行“五制”“四公开”“三亮明”制度，将各项政策制度、业务流程、服务规范、纪律要求等公开公示。为残疾人、老年人、孕妇等特殊群体开通“绿色通道”，提供便利快捷的服务。将窗口单位作风建设纳入日常管理和年度绩效考核，人力资源社会保障系统评比表彰活动向一线窗口单位和人员倾斜。整治窗口单位“不作为、慢作为、慵懒散”现象，采取“四不两直”形式，开展明察暗访，对发现的问题督促整改。以“一站式”办理为目标，积极推进综合柜员制，在社会保险经办服务大厅设立柜台受理区、自助服务区、等候休息区、咨询服务区等服务专区。加强经办人员业务培训，并对业务经办系统进行升级改造，基本实现“一窗受理、一窗通过、限时办理”。

六、围绕中心、狠抓落实，业务工作全面完成

一是就业目标任务基本完成。继续推动实施更加积极的就业政策，制定了《兵团贯彻落实〈国务院关于做好当前和今后一个时期促进

就业工作的若干意见〉的实施意见》，修改了《兵团就业补助资金管理办法》，出台了促进贫困劳动力就业等就业创业扶持政策，不断细化、延伸、拓展和完善就业创业扶持政策。统筹推进重点群体就业创业工作，扎实做好就业困难人员就业援助工作，着力推动团场劳动力向设施农业、设施畜牧业和二、三产业转移。制定了《关于提高技术工人待遇的实施意见》《兵团贯彻落实〈国务院关于推行终身职业技能培训制度的意见〉的实施意见》，统筹开展高技能人才培训、创业培训等各类培训工作，解决了长期以来机关、事业单位技术工人等级上升通道的问题，提高了工资待遇，激发了他们的工作积极性。2018 年，全兵团累计实现城镇新增就业 10.4 万人，实现新增人口就业 4.3 万人，援助就业困难人员就业 1.5 万人，实现团场劳动力转移就业 2.2 万人，城镇登记失业率控制在 3%以内，累计开展各类职业技能培训 10.6 万人次。

二是社会保障体系进一步健全，社会保障工作取得新进展。进一步完善了企业职工基本养老保险兵团级统筹，启动退休“中人”养老待遇计发工作。印发《关于贯彻落实〈企业年金办法〉有关问题的通知》，建立了企业年金统计报告制度。完成了 64.9 万名退休人员养老金调整工作。完善兵团城乡居民基本养老保险待遇确定和基础养老金调整机制。阶段性降低企业职工基本养老保险、失业保险和工伤保险费率，全年为企业减负 7.6 亿元。全面落实失业保险稳岗补贴政策。与自治区同步调整了工伤职工定期待遇。截至 2018 年底，职工基本养老、基本医疗、失业、工伤、生育保险参保人数分别达到 172 万人、251.8 万人、67 万人、80.2 万人、68 万人，五项保险基金征缴收入分别达到 78 亿元、37.6 亿元、2.8 亿元、2.5 亿元、1.4 亿元。

三是人事人才工作稳步推进。制定了《关于深化职称制度改革的实施意见》《关于改进兵团事业单位专业技术二级岗位聘任工作有关问题的通知》，构建兵地职称政策同行业同标准、同城同待遇的工作机制。2018 年面向内地高校毕业生公开招聘事业单位工作人员 2 651 名。制定了《关于统筹实施高校毕业生基层服务项目的意见》和《兵团高校毕业生基层服务项目人员工作生活补贴标准》，健全与在边疆基层贡献相匹配的工作生活补贴保障机制，促进了政策协调平衡，增强了团场基层对青年人才的吸引力。下放办理外国人来华工作许可相关证件的预审权。参加了第十六届中国国际人才交流大会，与法国、德国、日本、俄罗斯、哈萨克斯坦等国签订了合作协议。

四是公务员队伍建设进一步加强。制定优惠政策，吸引优秀“双一流”高校毕业生到兵团工作。组织兵团机关 18 个部门面向内地招考公务员、中央机关直属机构招考公务员面试、兵团面向内地高校毕业生和面向社会招考公务员、南疆团场机关和师市纪委监委面向内地高校毕业生招考公务员、兵团公安系统面向内地警官学校招考公务员等项公务员招考工作，录用公务员及参照公务员法管理机关（单位）工作人员 2 666 人。

五是工资收入分配制度进一步健全。深化兵团员额内法官检察官、司法辅助人员和司法行政人员工资制度改革工作。贯彻落实国家、兵团向艰苦边远地区倾斜的激励政策，印发了《关于调整艰苦边远地区津贴标准的通知》。向人力资源社会保障部、财政部报送了《关于调整新疆生产建设兵团人民警察值勤岗位津贴有关情况的请示》，参照自治区的做法，落实人民警察待遇。加强对连队“两委”成员报酬问题的研究，制定了《关于规范连队“两委”成员报酬的实施办法（试行）》，对推动团场综合配套改革起到积极作用。

六是劳动关系更加和谐。全面落实劳动合同制度和集体合同制度，解决涉及劳动用工、向南发展、人口聚集、分流安置、移民安置等工作落实过程中遇到的问题。认真落实《关于做好师市国有企业和团办企业人员分流安置工作的意见》，妥善处理已安置企业人员劳动关系。坚持半年一次劳动关系形势分析研判，开展和谐劳动关系创建活动考评和模范劳动关系和谐企业、工业园区表彰工作。做好劳动人事争议调解仲裁工作。强力开展治欠保支专项行动，共检查各类用人单位 1 317 户，基本实现了“两个明显下降”的任务目标，拖欠农民工工资问题高发多发的态势得到遏制。

新疆生产建设兵团人力资源和社会保障局

工作卷

人力资源和社会保障统计资料

（一）综　　合

表 1-1　　**国内生产总值增长及构成**

年份	国内生产总值	第一产业	第二产业	第三产业
一、绝对数（亿元）				
2000	100 280	14 717	45 665	39 898
2001	110 863	15 503	49 661	45 700
2002	121 717	16 190	54 106	51 422
2003	137 422	16 970	62 697	57 754
2004	161 840	20 904	74 287	66 649
2005	187 319	21 807	88 084	77 428
2006	219 439	23 317	104 362	91 760
2007	270 232	27 788	126 634	115 811
2008	319 516	32 753	149 957	136 806
2009	349 081	34 162	160 172	154 748
2010	413 030	39 363	191 630	182 038
2011	489 301	46 163	227 039	216 099
2012	540 367	50 902	244 643	244 822
2013	595 244	55 329	261 956	277 959
2014	643 974	58 344	277 572	308 059
2015	689 052	60 862	282 040	346 150
2016	743 586	63 673	296 548	383 365
2017	827 122	65 468	334 623	427 032
2018	900 309	64 734	366 001	469 575
二、比上年增长（%）				
2000	8.5	2.3	9.5	9.8
2001	8.3	2.6	8.5	10.3
2002	9.1	2.7	9.9	10.5
2003	10.0	2.4	12.7	9.5
2004	10.1	6.1	11.1	10.1
2005	11.4	5.1	12.1	12.4
2006	12.7	4.8	13.5	14.1
2007	14.2	3.5	15.1	16.1
2008	9.7	5.2	9.8	10.5
2009	9.4	4.0	10.3	9.6
2010	10.6	4.3	12.7	9.7
2011	9.5	4.2	10.7	9.5
2012	7.9	4.5	8.4	8.0
2013	7.8	3.8	8.0	8.3
2014	7.3	4.1	7.4	7.8
2015	6.9	3.9	6.2	8.2
2016	6.7	3.3	6.3	7.7
2017	6.9	3.9	6.1	8.0
2018	6.6	3.5	5.8	7.6

续表

年份	国内生产总值	第一产业	第二产业	第三产业
三、构成（%）				
2000	100.0	14.7	45.5	39.8
2001	100.0	14.0	44.8	41.2
2002	100.0	13.3	44.5	42.2
2003	100.0	12.3	45.6	42.0
2004	100.0	12.9	45.9	41.2
2005	100.0	11.6	47.0	41.3
2006	100.0	10.6	47.6	41.8
2007	100.0	10.3	46.9	42.9
2008	100.0	10.3	46.9	42.8
2009	100.0	9.8	45.9	44.3
2010	100.0	9.5	46.4	44.1
2011	100.0	9.4	46.4	44.2
2012	100.0	9.4	45.3	45.3
2013	100.0	9.3	44.0	46.7
2014	100.0	9.1	43.1	47.8
2015	100.0	8.8	40.9	50.2
2016	100.0	8.6	39.9	51.6
2017	100.0	7.9	40.5	51.6
2018	100.0	7.2	40.7	52.2

表 1-2　　全国分城乡就业人员年末人数及构成　　单位：万人

年份	就业人数			构成（%）		
	合计	城镇	乡村	合计	城镇	乡村
1998	70 637	21 616	49 021	100	30.6	69.4
1999	71 394	22 412	48 982	100	31.4	68.6
2000	72 085	23 151	48 934	100	32.1	67.9
2001	72 797	24 123	48 674	100	33.1	66.9
2002	73 280	25 159	48 121	100	34.3	65.7
2003	73 736	26 230	47 506	100	35.6	64.4
2004	74 264	27 293	46 971	100	36.8	63.2
2005	74 647	28 389	46 258	100	38.0	62.0
2006	74 978	29 630	45 348	100	39.5	60.5
2007	75 321	30 953	44 368	100	41.1	58.9
2008	75 564	32 103	43 461	100	42.5	57.5
2009	75 828	33 322	42 506	100	43.9	56.1
2010	76 105	34 687	41 418	100	45.6	54.4
2011	76 420	35 914	40 506	100	47.0	53.0
2012	76 704	37 102	39 602	100	48.4	51.6
2013	76 977	38 240	38 737	100	49.7	50.3
2014	77 253	39 310	37 943	100	50.9	49.1
2015	77 451	40 410	37 041	100	52.2	47.8
2016	77 603	41 428	36 175	100	53.4	46.6
2017	77 640	42 462	35 178	100	54.7	45.3
2018	77 586	43 419	34 167	100	56.0	44.0

注：1990 年及以后的数据根据劳动力调查、人口普查推算，2001 年及以后的数据根据第六次人口普查数据重新修订（下表同）。

表 1-3　　全国分产业就业人员年末人数及构成　　单位：万人

年份	就业人数				构成（%）			
	合计	第一产业	第二产业	第三产业	合计	第一产业	第二产业	第三产业
1998	70 637	35 177	16 600	18 860	100	49.8	23.5	26.7
1999	71 394	35 768	16 421	19 205	100	50.1	23.0	26.9
2000	72 085	36 043	16 219	19 823	100	50.0	22.5	27.5
2001	72 797	36 399	16 234	20 165	100	50.0	22.3	27.7
2002	73 280	36 640	15 682	20 958	100	50.0	21.4	28.6
2003	73 736	36 204	15 927	21 605	100	49.1	21.6	29.3
2004	74 264	34 830	16 709	22 725	100	46.9	22.5	30.6
2005	74 647	33 442	17 766	23 439	100	44.8	23.8	31.4
2006	74 978	31 941	18 894	24 143	100	42.6	25.2	32.2
2007	75 321	30 731	20 186	24 404	100	40.8	26.8	32.4
2008	75 564	29 923	20 553	25 087	100	39.6	27.2	33.2
2009	75 828	28 890	21 080	25 857	100	38.1	27.8	34.1
2010	76 105	27 931	21 842	26 332	100	36.7	28.7	34.6
2011	76 420	26 594	22 544	27 282	100	34.8	29.5	35.7
2012	76 704	25 773	23 241	27 690	100	33.6	30.3	36.1
2013	76 977	24 171	23 170	29 636	100	31.4	30.1	38.5
2014	77 253	22 790	23 099	31 364	100	29.5	29.9	40.6
2015	77 451	21 919	22 693	32 839	100	28.3	29.3	42.4
2016	77 603	21 496	22 350	33 757	100	27.7	28.8	43.5
2017	77 640	20 944	21 824	34 872	100	27.0	28.1	44.9
2018	77 586	20 258	21 390	35 938	100	26.1	27.6	46.3

表 1-4　　分登记注册类型城镇单位就业人员构成　　单位：万人

年份	合计	国有单位	集体单位	股份合作单位
1998	21 616	9 058	1 963	136
1999	22 412	8 572	1 712	144
2000	23 151	8 102	1 499	155
2001	24 123	7 640	1 291	153
2002	25 159	7 163	1 122	161
2003	26 230	6 876	1 000	173
2004	27 293	6 710	897	192
2005	28 389	6 488	810	188
2006	29 630	6 430	764	178
2007	30 953	6 424	718	170
2008	32 103	6 447	662	164
2009	33 322	6 420	618	160
2010	34 687	6 516	597	156
2011	35 914	6 704	603	149
2012	37 102	6 839	590	149
2013	38 240	6 365	566	108
2014	39 310	6 312	537	103
2015	40 410	6 208	481	92
2016	41 428	6 170	453	86
2017	42 462	6 064	406	77
2018	43 419	5 740	347	66

续表

年份	联营单位	有限责任公司	股份有限公司	私营企业
1998	48	484	410	973
1999	46	603	420	1 053
2000	42	687	457	1 268
2001	45	841	483	1 527
2002	45	1 083	538	1 999
2003	44	1 261	592	2 545
2004	44	1 436	625	2 994
2005	45	1 750	699	3 458
2006	45	1 920	741	3 954
2007	43	2 075	788	4 581
2008	43	2 194	840	5 124
2009	37	2 433	956	5 544
2010	36	2 613	1 024	6 071
2011	37	3 269	1 183	6 912
2012	39	3 787	1 243	7 557
2013	25	6 069	1 721	8 242
2014	22	6 315	1 751	9 857
2015	20	6 389	1 798	11 180
2016	18	6 381	1 824	12 083
2017	13	6 367	1 846	13 327
2018	12	6 570	1 875	13 952

年份	港澳台商投资单位	外商投资单位	个体	其他
1998	294	293	2 259	5 689
1999	306	306	2 414	6 817
2000	310	332	2 136	8 134
2001	326	345	2 131	9 299
2002	367	391	2 269	9 907
2003	409	454	2 377	10 338
2004	470	563	2 521	10 680
2005	557	688	2 778	10 749
2006	611	796	3 012	10 950
2007	680	903	3 310	11 038
2008	679	943	3 609	11 177
2009	721	978	4 245	10 960
2010	770	1 053	4 467	11 097
2011	932	1 217	5 227	9 362
2012	969	1 246	5 643	8 666
2013	1 397	1 566	6 142	5 747
2014	1 393	1 562	7 009	4 167
2015	1 344	1 446	7 800	3 368
2016	1 305	1 361	8 627	2 830
2017	1 290	1 291	9 348	2 143
2018	1 153	1 212	10 440	1 754

表 1-5　　分登记注册类型城镇单位就业人员年末人数　　单位：万人

年份	合计	在岗职工	国有单位	在岗职工
1998	12 696	12 337	9 058	8 809
1999	12 130	11 773	8 572	8 336
2000	11 612	11 259	8 102	7 878
2001	11 166	10 792	7 640	7 409
2002	10 985	10 558	7 163	6 924
2003	10 970	10 492	6 876	6 621
2004	11 099	10 576	6 710	6 438
2005	11 404	10 850	6 488	6 232
2006	11 713	11 160	6 430	6 170
2007	12 024	11 427	6 424	6 148
2008	12 193	11 515	6 447	6 126
2009	12 573	11 824	6 420	6 078
2010	13 052	12 251	6 516	6 145
2011	14 413	13 681	6 704	6 362
2012	15 236	14 403	6 839	6 467
2013	18 108	17 057	6 365	6 012
2014	18 278	17 212	6 312	5 956
2015	18 062	16 977	6 208	5 856
2016	17 888	16 768	6 170	5 811
2017	17 644	16 508	6 064	5 708
2018	17 258	16 070	5 740	5 389

年份	城镇集体单位	在岗职工	其他单位	在岗职工
1998	1 963	1 900	1 675	1 628
1999	1 712	1 652	1 846	1 785
2000	1 499	1 447	2 011	1 935
2001	1 291	1 241	2 235	2 142
2002	1 122	1 071	2 700	2 563
2003	1 000	951	3 094	2 920
2004	897	851	3 492	3 287
2005	810	769	4 106	3 849
2006	764	726	4 519	4 264
2007	718	684	4 882	4 595
2008	662	623	5 084	4 766
2009	618	578	5 535	5 168
2010	597	558	5 938	5 548
2011	603	562	7 106	6 757
2012	590	549	7 808	7 387
2013	566	522	11 177	10 523
2014	537	494	11 429	10 762
2015	481	444	11 373	10 677
2016	453	418	11 265	10 539
2017	406	374	11 174	10 426
2018	347	318	11 171	10 363

注：本表 2010 年及以后在岗职工人数包含单位使用的劳务派遣人员数。

表 1-6　分行业城镇单位在岗职工年末人数（1995—2002 年）　单位：万人

年份	合计	农、林、牧、渔业	采掘业	制造业	电力、煤气及水的生产和供应业	建筑业	地质勘查业、水利管理业	交通运输、仓储及邮电通信业
1995	14 908	660	914	5 439	257	1 053	134	824
1996	14 845	617	886	5 293	272	1 035	128	830
1997	14 668	612	851	5 083	282	1 004	128	824
1998	12 337	546	702	3 769	281	846	115	701
1999	11 773	519	650	3 496	283	778	110	682
2000	11 259	494	581	3 240	282	744	109	659
2001	10 792	458	544	3 010	284	733	104	629
2002	10 558	430	537	2 907	285	756	96	613

年份	批发和零售贸易、餐饮业	金融、保险业	房地产业	社会服务业	卫生、体育和社会福利业	教育、文化艺术和广播电影电视业	科学研究和综合技术服务业	国家机关、政党机关和社会团体	其他
1995	1 828	273	77	449	438	1 291	178	1 027	66
1996	1 807	288	82	458	451	1 345	176	1 075	103
1997	1 774	298	84	480	464	1 403	179	1 080	125
1998	1 256	301	89	451	469	1 451	168	1 084	108
1999	1 110	300	90	453	473	1 480	165	1 088	96
2000	977	294	93	457	476	1 500	164	1 091	99
2001	840	292	97	463	481	1 512	154	1 088	104
2002	733	287	107	483	480	1 517	151	1 056	120

表 1-7　　分行业城镇单位在岗职工年末人数（2003—2011 年）　　单位：万人

年份	合计	农、林、牧、渔业	采矿业	制造业	电力、燃气及水的生产和供应业	建筑业	交通运输、仓储和邮政业	信息传输、计算机服务和软件业	批发和零售业	住宿和餐饮业
2003	10 492	460	481	2 899	292	774	610	104	592	159
2004	10 576	438	491	2 960	294	778	598	111	551	163
2005	10 850	414	498	3 096	294	854	579	117	508	167
2006	11 161	402	518	3 250	296	910	579	125	486	170
2007	11 427	386	524	3 358	298	962	584	137	479	172
2008	11 515	362	526	3 329	297	971	583	144	487	178
2009	11 824	328	539	3 380	297	1 050	589	158	493	185
2010	12 251	328	546	3 519	299	1 133	582	168	506	191
2011	13 681	311	600	4 022	324	1 519	642	208	622	228

年份	金融业	房地产业	租赁和商务服务业	科学研究、技术服务和地质勘查业	水利、环境和公共设施管理业	居民服务和其他服务业	教育	卫生、社会保障和社会福利业	文化体育和娱乐业	公共管理和社会组织
2003	286	108	168	206	164	47	1 402	472	122	1 146
2004	287	120	176	208	165	47	1 425	477	118	1 170
2005	295	133	199	213	170	47	1 445	491	117	1 213
2006	300	140	215	220	176	50	1 466	506	117	1 235
2007	311	151	223	228	181	51	1 484	522	119	1 260
2008	326	157	247	240	179	50	1 491	536	119	1 292
2009	347	175	263	255	184	55	1 502	564	122	1 337
2010	370	195	281	273	193	56	1 527	595	124	1 365
2011	417	233	273	282	203	57	1 563	644	128	1 406

表 1-8　　分行业城镇单位在岗职工年末人数（2012—2018 年）　　单位：万人

年份	合计	农、林、牧、渔业	采矿业	制造业	电力、热力、燃气及水的生产和供应业	建筑业	批发和零售业	交通运输、仓储和邮政业	住宿和餐饮业	信息传输、软件业和信息技术服务业
2012	14 403	291	618	4 192	334	1 739	683	648	246	218
2013	17 057	256	622	5 166	389	2 513	854	816	282	319
2014	17 212	252	583	5 152	389	2 518	850	830	268	327
2015	16 977	240	534	4 980	382	2 416	843	823	256	340
2016	16 768	230	477	4 805	377	2 354	834	819	250	355
2017	16 508	219	443	4 553	367	2 284	805	812	240	385
2018	16 070	159	404	4 104	358	2 338	783	792	234	412

年份	金融业	房地产业	租赁和商务服务业	科学研究和技术服务	水利、环境和公共设施管理业	居民服务、修理和其他服务业	教育	卫生和社会工作	文化、体育和娱乐业	公共管理、社会保障和社会组织
2012	441	258	278	313	213	59	131	1 594	1 467	681
2013	447	352	399	368	226	69	138	1 623	1 491	727
2014	467	379	426	386	232	72	137	1 657	1 518	765
2015	478	394	450	389	233	70	140	1 665	1 550	794
2016	498	407	463	398	229	71	142	1 657	1 584	819
2017	501	419	495	400	230	73	143	1 656	1 632	850
2018	494	441	492	391	224	72	1 658	865	137	1 713

表 1–9　　分登记注册类型城镇单位在岗职工平均工资及增长情况　　单位：元

年份	平均工资				比上年增长
	合计	国有单位	城镇集体单位	其他单位	
1998	7 479	7 668	5 331	8 972	15.6
1999	8 346	8 543	5 774	9 829	11.6
2000	9 371	9 552	6 262	10 984	12.3
2001	10 870	11 178	6 867	12 140	16.0
2002	12 422	12 869	7 667	13 212	14.3
2003	14 040	14 577	8 678	14 574	13.0
2004	16 024	16 729	9 814	16 259	14.1
2005	18 364	19 313	11 283	18 244	14.6
2006	21 001	22 112	13 014	20 755	14.4
2007	24 932	26 620	15 595	24 058	18.7
2008	29 229	31 005	18 338	28 387	17.2
2009	32 736	35 053	20 958	31 319	12.0
2010	37 147	39 471	24 430	35 843	13.5
2011	42 452	44 695	29 261	41 449	14.3
2012	47 593	49 750	34 431	46 682	12.1
2013	52 388	54 225	39 669	51 972	10.1
2014	57 361	58 992	43 631	57 092	9.5
2015	63 241	67 415	47 638	61 611	10.3
2016	68 993	74 990	51 708	66 371	9.1
2017	76 121	84 043	56 762	72 459	10.3
2018	84 744	92 988	62 501	81 139	11.3

表 1-10　　城镇非私营单位在岗职工平均工资　　单位：元

年份	合计	企业				事业				机关	
		小计	国有	集体	其他	小计	国有	集体	其他	小计	国有
1998	7 479	7 405	7 644	5 264	8 970	7 620	7 689	6 206	10 858	7 740	7 746
1999	8 346	8 168	8 350	5 670	9 828	8 665	8 748	6 970	10 913	8 925	8 930
2000	9 371	9 189	9 324	6 144	10 985	9 634	9 749	7 388	10 560	10 020	10 025
2001	10 870	10 453	10 619	6 667	12 136	11 491	11 640	8 518	14 628	12 125	12 136
2002	12 422	11 873	12 109	7 426	13 206	13 246	13 438	9 399	15 568	14 005	14 020
2003	14 040	13 578	14 028	8 401	14 575	14 564	14 770	10 448	15 147	15 736	15 757
2004	16 024	15 559	16 336	9 513	16 255	16 489	16 690	11 773	17 335	17 869	17 887
2005	18 364	17 853	19 069	10 909	18 242	18 720	18 926	13 602	18 621	20 828	20 840
2006	21 001	20 555	22 246	12 547	20 756	21 259	21 466	15 887	20 668	23 360	23 370
2007	24 932	24 046	26 284	14 882	24 053	25 805	26 029	19 828	25 048	28 763	28 773
2008	29 229	28 359	30 780	17 616	28 388	29 758	30 004	22 682	28 205	33 869	33 878
2009	32 736	31 622	34 778	20 041	31 362	34 053	34 276	26 900	31 924	37 397	37 410
2010	37 147	36 256	39 938	23 338	35 891	38 411	38 626	31 260	36 661	40 512	40 561
2011	42 452	42 020	46 288	28 115	41 550	43 254	43 522	36 378	37 218	44 303	44 388
2012	47 593	47 284	51 698	33 274	46 780	48 426	48 683	41 400	43 097	48 513	48 608
2013	52 388	52 270	56 962	38 322	52 032	53 291	53 463	47 439	51 914	51 894	51 905
2014	57 361	57 359	62 236	42 036	57 164	58 125	58 304	52 246	56 344	55 939	55 962
2015	63 241	61 904	67 303	45 857	61 655	67 828	68 197	56 629	60 720	65 829	65 853
2016	68 993	66 580	71 533	49 100	66 437	76 216	76 655	63 818	66 278	75 124	75 172
2017	76 121	72 703	78 275	53 267	72 525	85 450	86 016	70 894	69 895	85 304	85 358
2018	84 744	81 065	85 237	57 188	81 209	94 688	95 019	81 606	92 998	94 259	94 329

年份	机关		民间非营利组织				其他			
	集体	其他	小计	国有	集体	其他	小计	国有	集体	其他
1998	6 675									
1999	7 827									
2000	8 718									
2001	8 960									
2002	9 302									
2003	9 742									
2004	12 101									
2005	15 365									
2006	17 897									
2007	21 803									
2008	25 298									
2009	30 394	26 434	29 529	49 985	24 868	26 439	24 249	38 003	16 991	21 532
2010	31 338	26 214	33 750	54 207	27 953	30 867	26 264	37 897	18 222	24 708
2011	39 612	30 197	37 015	57 700	29 235	34 741	30 663	42 019	24 550	28 505
2012	39 608	29 971	42 887	67 214	39 755	40 635	35 421	46 635	29 206	33 225
2013	41 020	47 424	46 849	67 401	43 004	44 792	44 167	58 328	35 120	38 828
2014	41 702	42 494	49 530	69 474	45 816	47 834	53 341	72 950	39 144	43 661
2015	49 879	50 654	53 477	60 775	53 823	52 414	58 923	64 220	43 570	57 340
2016	52 920	48 145	57 995	66 405	60 678	56 662	63 333	76 424	52 067	56 227
2017	59 609	53 159	71 802	101 446	59 121	70 038	69 569	86 467	52 717	59 385
2018	67 804	68 532	70 270	105 366	67 247	66 193	75 671	98 450	57 901	62 833

注：从 2009 年起新增列民间非营利组织和其他两个分类，以前年度民间非营利组织和其他单位按照登记注册情况列入了机关、事业和企业单位。

表 1-11　　分行业城镇单位在岗职工平均工资（1995—2002 年）　　单位：元

年份	合计	农、林、牧、渔业	采掘业	制造业	电力、煤气及水的生产和供应业	建筑业	地质勘查业、水利管理业	交通运输、仓储及邮电通信业
1995	5 500	3 522	5 757	5 169	7 843	5 785	5 962	6 948
1996	6 210	4 050	6 482	5 642	8 816	6 249	6 581	7 870
1997	6 470	4 311	6 833	5 933	9 649	6 655	7 160	8 600
1998	7 479	4 528	7 242	7 064	10 478	7 456	7 951	9 808
1999	8 346	4 832	7 521	7 794	11 513	7 982	8 821	10 991
2000	9 371	5 184	8 340	8 750	12 830	8 735	9 622	12 319
2001	10 870	5 741	9 586	9 774	14 590	9 484	10 957	14 167
2002	12 422	6 398	11 017	11 001	16 440	10 279	12 303	16 044

年份	批发和零售贸易、餐饮业	金融、保险业	房地产业	社会服务业	卫生、体育和社会福利业	教育、文化艺术和广播电影电视业	科学研究和综合技术服务业	国家机关、政党机关和社会团体	其他
1995	4 248	7 376	7 330	5 982	5 860	5 435	6 846	5 526	6 295
1996	4 661	8 406	8 337	6 778	6 790	6 144	8 048	6 340	7 184
1997	4 845	9 734	9 190	7 553	7 599	6 759	9 049	6 981	6 838
1998	5 865	10 633	10 302	8 333	8 493	7 474	10 241	7 773	8 481
1999	6 417	12 046	11 505	9 263	9 664	8 510	11 601	8 978	10 068
2000	7 190	13 478	12 616	10 339	10 930	9 482	13 620	10 043	11 098
2001	8 192	16 277	14 096	11 869	12 933	11 452	16 437	12 142	12 590
2002	9 398	19 135	15 501	13 499	14 795	13 290	19 113	13 975	14 215

注：本表为城镇非私营单位在岗职工平均工资。

表 1-12　　分行业城镇单位在岗职工平均工资（2003—2011 年）　　单位：元

年份	合计	农、林、牧、渔业	采矿业	制造业	电力、燃气及水的生产和供应业	建筑业	交通运输、仓储和邮政业	信息传输、计算机服务和软件业	批发和零售业	住宿和餐饮业
2003	14 040	6 969	13 682	12 496	18 752	11 478	15 973	32 244	10 939	11 083
2004	16 024	7 611	16 874	14 033	21 805	12 770	18 381	34 988	12 923	12 535
2005	18 364	8 309	20 626	15 757	25 073	14 338	21 352	40 558	15 241	13 857
2006	21 001	9 430	24 335	17 966	28 765	16 406	24 623	44 763	17 736	15 206
2007	24 932	11 086	28 377	20 884	33 809	18 758	28 434	49 225	20 888	17 041
2008	29 229	12 958	34 405	24 192	39 204	21 527	32 796	56 642	25 538	19 481
2009	32 736	14 911	38 224	26 599	42 668	24 625	36 224	59 919	29 031	21 193
2010	37 147	17 345	44 496	30 700	48 323	28 127	41 536	66 598	33 520	23 812
2011	42 452	20 393	52 569	36 494	53 723	32 657	47 646	70 619	40 295	27 847

年份	金融业	房地产业	租赁和商务服务业	科学研究、技术服务和地质勘查业	水利、环境和公共设施管理业	居民服务和其他服务业	教育	卫生、社会保障和社会福利业	文化体育和娱乐业	公共管理和社会组织
2003	22 457	17 182	16 501	20 636	12 095	12 900	14 399	16 352	17 268	15 533
2004	26 982	18 712	18 131	23 593	13 336	14 152	16 277	18 617	20 730	17 609
2005	32 228	20 581	20 992	27 434	14 753	16 642	18 470	21 048	22 885	20 505
2006	39 280	22 578	23 648	31 909	16 140	18 935	21 134	23 898	26 126	22 883
2007	49 435	26 425	26 965	38 879	19 064	21 550	26 162	28 258	30 662	28 171
2008	61 841	30 327	31 735	46 003	22 182	23 801	30 185	32 714	34 494	32 955
2009	70 265	32 591	34 318	50 866	24 551	25 704	35 042	36 380	38 319	36 268
2010	80 772	36 392	38 502	57 316	27 229	28 665	39 624	41 132	42 245	39 329
2011	91 364	43 345	45 900	65 238	30 750	33 713	43 907	47 258	48 711	43 214

表 1-13　　分行业城镇单位在岗职工平均工资（2012—2018 年）　　单位：元

年份	合计	农、林、牧、渔业	采矿业	制造业	电力、热力、燃气及水的生产和供应业	建筑业	批发和零售业	交通运输、仓储和邮政业	住宿和餐饮业	信息传输、软件业和信息技术服务业
2012	47 593	23 419	57 471	41 483	59 215	37 284	46 165	53 923	31 898	80 402
2013	52 388	26 557	60 787	46 290	68 552	42 839	50 264	58 869	34 990	91 404
2014	57 361	29 058	62 172	51 225	74 893	46 661	55 870	64 376	38 232	101 434
2015	63 241	32 971	59 920	55 192	80 528	49 767	60 449	69 772	41 773	112 935
2016	68 993	34 746	61 229	59 346	85 260	52 805	65 381	74 638	44 306	123 447
2017	76 121	38 139	70 300	64 402	91 749	56 384	71 640	81 332	47 456	134 278
2018	84 744	38 392	82 371	72 081	101 869	61 498	81 204	89 568	51 751	149 440

年份	金融业	房地产业	租赁和商务服务业	科学研究和技术服务	水利、环境和公共设施管理业	居民服务、修理和其他服务业	教育	卫生和社会工作	文化、体育和娱乐业	公共管理、社会保障和社会组织
2012	100 690	47 327	52 315	70 441	34 584	35 586	48 566	53 753	54 414	47 471
2013	112 330	51 887	62 260	77 921	38 595	38 888	52 882	59 371	60 486	50 723
2014	122 049	56 543	66 421	83 671	42 001	42 266	57 709	64 804	65 646	54 745
2015	132 788	61 381	71 410	90 786	47 046	45 524	68 090	73 444	74 301	64 431
2016	140 421	66 736	76 123	98 153	51 950	48 206	76 242	82 031	81 187	73 403
2017	150 426	70 608	80 925	109 595	56 698	51 464	85 472	91 838	88 974	83 321
2018	162 897	76 841	85 682	125 740	61 212	56 781	94 819	100 583	99 635	91 363

表 1-14　　分地区城镇单位就业人员在岗职工平均工资

（2018 年）　　单位：元

地区	合计	企业	事业
	在岗职工平均工资	在岗职工平均工资	在岗职工平均工资
全国	**84 744**	**81 065**	**94 688**
北京	149 843	144 950	188 895
天津	103 931	95 418	142 364
河北	71 633	70 137	75 675
山西	67 669	67 971	67 072
内蒙古	75 601	74 313	76 938
辽宁	69 093	68 449	72 141
吉林	70 309	69 236	71 807
黑龙江	65 397	61 748	71 939
上海	142 983	144 291	133 831
江苏	86 590	79 710	120 672
浙江	90 857	78 744	138 412
安徽	77 196	69 178	99 908
福建	76 266	69 939	101 857
江西	70 772	64 648	81 547
山东	75 125	68 854	93 398
河南	64 148	60 192	72 476
湖北	76 017	71 314	83 941
湖南	73 300	68 230	83 658
广东	89 826	84 821	114 680
广西	73 553	68 165	80 019
海南	77 672	72 570	88 223
重庆	81 764	73 112	107 774
四川	80 464	73 510	91 234
贵州	82 597	76 868	89 594
云南	80 525	65 317	103 013
西藏	119 947	104 647	133 725
陕西	74 993	75 416	75 219
甘肃	73 704	67 600	80 325
青海	86 908	81 226	91 811
宁夏	81 945	79 531	84 778
新疆	76 709	78 750	78 631

注：本表为城镇非私营单位在岗职工平均工资。

续表

地区	机关	民间非营利组织	其他
	在岗职工平均工资	在岗职工平均工资	在岗职工平均工资
全国	**94 259**	**70 270**	**75 671**
北京	154 604	107 959	53 069
天津	139 867	59 365	61 070
河北	69 134	52 583	53 275
山西	67 929	38 185	47 230
内蒙古	77 856	48 164	71 662
辽宁	68 906	40 857	56 972
吉林	73 401	49 333	50 425
黑龙江	73 562	61 246	79 354
上海	139 041	99 865	92 491
江苏	134 443	73 505	123 193
浙江	145 795	79 331	123 993
安徽	92 980	53 503	95 208
福建	107 169	60 605	68 285
江西	85 032	67 526	55 357
山东	87 942	57 204	62 246
河南	71 975	55 470	68 662
湖北	93 960	47 604	53 937
湖南	76 436	56 523	88 643
广东	119 919	63 009	72 634
广西	82 095	36 686	55 252
海南	87 894	48 061	62 532
重庆	103 622	53 895	62 872
四川	96 550	62 724	66 433
贵州	88 753	75 616	71 933
云南	107 768	52 865	56 326
西藏	120 582		
陕西	72 342	45 960	74 657
甘肃	81 369	48 268	71 160
青海	96 299	38 235	54 629
宁夏	85 920	49 443	92 683
新疆	73 838	38 465	40 526

表 1-15　　居民消费价格指数和商品零售价格指数

（以上年为 100）

年份	居民消费价格指数		商品零售价格指数	
		城镇		城镇
1998	99.2	99.4	97.4	97.4
1999	98.6	98.7	97.0	97.0
2000	100.4	100.8	98.5	98.5
2001	100.7	100.7	99.2	98.9
2002	99.2	99.0	98.7	98.5
2003	101.2	100.9	99.9	99.6
2004	103.9	103.3	102.8	102.1
2005	101.8	101.6	100.8	100.5
2006	101.5	101.5	101.0	100.9
2007	104.8	104.5	103.8	103.3
2008	105.9	105.6	105.9	105.5
2009	99.3	99.1	98.8	98.7
2010	103.3	103.2	103.1	102.8
2011	105.4	105.3	104.9	104.7
2012	102.6	102.7	102.0	101.9
2013	102.6	102.6	101.4	101.3
2014	102.0	102.1	101.0	101.0
2015	101.4	101.5	100.1	100.0
2016	102.0	102.1	100.7	100.7
2017	101.6	101.7	101.1	101.1
2018	102.1	102.1	101.9	101.9

表 1-16　　城乡居民收入及增长情况　　单位：元

年份	城镇居民人均可支配收入	农村居民人均纯收入	扣除物价因素比上年实际增长（%）	
			城镇居民人均可支配收入	农村居民人均纯收入
1998	5 425	2 162	5.8	4.3
1999	5 854	2 210	9.3	3.9
2000	6 280	2 253	6.4	2.0
2001	6 860	2 366	8.2	4.2
2002	7 703	2 476	13.4	4.8
2003	8 472	2 622	9.0	4.3
2004	9 422	2 936	7.7	6.8
2005	10 493	3 255	9.6	6.2
2006	11 760	3 587	10.4	7.4
2007	13 786	4 140	12.2	9.5
2008	15 781	4 761	8.4	8.0
2009	17 175	5 153	9.8	8.5
2010	19 109	5 919	7.8	10.9
2011	21 810	6 977	8.4	11.4
2012	24 565	7 917	9.6	10.7
2013	26 955	8 896	7.0	9.3
2014	28 844	9 892	6.8	9.2
2015	31 195	10 772	6.6	7.5
2016	33 616		5.6	
2017	36 396		6.5	
2018	39 251		5.6	

注：自 2016 年起，国家统计局不再推算农村居民人均纯收入。

（二）就业与失业

表 2-1　　分地区城镇非私营单位就业人员年末人数

（2018 年）　　单位：万人

地区	合计	企业	事业	机关	民间非营利组织	其他
全国	**17 258.2**	**12 423.9**	**3 198.4**	**1 516.0**	**55.3**	**64.5**
北京	819.3	662.5	102.7	38.3	9.7	6.1
天津	260.0	207.9	34.2	15.6	1.7	0.6
河北	550.3	308.9	162.2	78.5	0.6	0.2
山西	425.8	273.4	104.0	47.1	0.6	0.7
内蒙古	272.4	152.3	77.1	42.6	0.2	0.3
辽宁	501.6	342.4	108.6	45.9	2.9	1.8
吉林	279.3	168.9	79.1	29.9	0.7	0.6
黑龙江	392.7	266.1	87.2	37.0	0.3	2.0
上海	640.7	562.4	56.4	17.4	3.4	1.1
江苏	1 472.6	1 245.5	153.0	67.6	2.4	4.1
浙江	1 013.5	802.9	129.6	62.6	8.6	9.9
安徽	592.3	432.7	109.9	46.9	1.3	1.6
福建	705.4	572.9	87.7	41.9	1.9	1.0
江西	435.7	290.7	93.8	50.3	0.6	0.2
山东	1 129.0	820.1	211.7	92.8	1.9	2.5
河南	967.3	654.4	214.7	90.0	2.9	5.4
湖北	653.3	451.4	146.9	52.8	0.2	2.1
湖南	546.3	345.5	130.3	61.7	1.8	6.9
广东	1 994.1	1 666.2	211.3	107.6	5.6	3.4
广西	386.8	217.4	119.1	48.5	1.0	0.7
海南	99.6	60.6	23.9	12.2	1.4	1.5
重庆	391.2	290.4	70.1	29.0	0.9	0.9
四川	780.6	507.8	177.5	93.2	0.9	1.3
贵州	308.5	162.2	87.7	56.3	1.2	1.2
云南	427.0	265.3	104.6	56.1	0.8	0.1
西藏	36.9	9.9	10.3	16.7		
陕西	493.2	334.7	107.2	49.6	1.1	0.6
甘肃	246.7	133.6	72.6	40.4	0.03	0.1
青海	62.7	32.6	18.0	11.7	0.4	0.04
宁夏	68.0	37.6	20.7	9.5	0.1	0.1
新疆	305.2	144.6	86.3	66.3	0.5	7.6

表 2-2　　分地区城镇非私营单位在岗职工年末人数

（2018 年）　　单位：万人

地区	合计	企业	事业	机关	民间非营利组织	其他
全国	**16 069.5**	**11 505.1**	**3 023.2**	**1 431.6**	**50.7**	**58.9**
北京	762.1	614.5	97.8	35.7	8.3	5.7
天津	241.2	192.4	32.2	14.5	1.5	0.6
河北	507.9	278.8	153.6	74.8	0.5	0.2
山西	405.7	260.0	98.8	45.6	0.6	0.6
内蒙古	260.4	144.6	74.3	41.1	0.1	0.3
辽宁	469.4	318.4	102.9	43.6	2.7	1.7
吉林	264.8	160.2	74.6	28.8	0.7	0.6
黑龙江	345.9	228.4	81.6	33.8	0.2	1.9
上海	590.7	519.1	51.9	16.5	2.2	0.9
江苏	1 374.1	1 163.3	141.5	63.4	2.2	3.6
浙江	960.1	762.5	122.5	59.6	8.1	7.5
安徽	532.0	382.0	104.8	42.7	1.2	1.2
福建	646.9	523.2	81.7	39.3	1.8	0.9
江西	400.3	264.4	87.7	47.4	0.6	0.2
山东	1 065.4	767.0	204.4	89.7	1.8	2.4
河南	920.5	617.3	208.0	87.1	2.8	5.3
湖北	601.7	413.1	136.9	49.6	0.2	1.9
湖南	496.8	305.6	123.3	59.5	1.8	6.6
广东	1 911.2	1 592.5	205.2	105.0	5.4	3.2
广西	356.7	198.5	111.7	44.9	1.0	0.6
海南	95.3	57.8	23.1	11.6	1.4	1.5
重庆	356.6	261.6	65.6	27.7	0.8	0.9
四川	717.4	461.6	167.0	86.8	0.8	1.2
贵州	275.0	145.0	79.2	48.5	1.2	1.1
云南	378.8	232.1	95.3	50.5	0.7	0.1
西藏	34.6	8.6	9.8	16.2		
陕西	453.0	305.6	99.8	45.9	1.0	0.6
甘肃	225.9	120.9	67.7	37.2		0.1
青海	61.0	31.4	17.7	11.5	0.4	
宁夏	63.4	35.3	19.1	8.8	0.1	0.1
新疆	294.8	139.3	83.4	64.3	0.5	7.5

表 2-3　分地区城镇私营个体就业人员年末人数

（2018 年）　　单位：万人

地区	合计	私营企业就业人员	个体就业人员
全国	**24 391.9**	**13 951.6**	**10 440.3**
北京	750.3	710.1	40.2
天津	193.9	87.3	106.5
河北	638.5	227.9	410.6
山西	393.5	132.4	261.2
内蒙古	432.3	205.4	226.8
辽宁	548.5	251.9	296.7
吉林	425.5	182.8	242.8
黑龙江	412.4	65.5	346.9
上海	773.0	730.3	42.7
江苏	2 743.7	1 908.9	834.8
浙江	1 774.0	1 183.5	590.6
安徽	1 099.4	463.8	635.6
福建	1 326.0	567.7	758.3
江西	651.8	340.6	311.2
山东	970.2	503.2	467.0
河南	1 223.0	531.1	691.9
湖北	946.0	361.7	584.3
湖南	529.8	205.8	324.0
广东	3 774.5	2 783.1	991.4
广西	587.0	282.7	304.3
海南	176.6	102.9	73.7
重庆	1 028.6	760.6	268.0
四川	665.8	325.7	340.1
贵州	282.3	106.5	175.8
云南	479.9	259.6	220.3
西藏	99.4	55.2	44.2
陕西	675.3	257.4	417.9
甘肃	251.8	136.9	114.9
青海	97.1	32.0	65.1
宁夏	80.2	23.1	57.1
新疆	361.7	166.2	195.5

表 2-4　　全国城镇登记失业人数及登记失业率

年份	登记失业人数（万人）	登记失业率（%）
1997 年底	577	3.1
1998 年底	571	3.1
1999 年底	575	3.1
2000 年底	595	3.1
2001 年底	681	3.6
2002 年底	770	4.0
2003 年底	800	4.3
2004 年底	827	4.2
2005 年底	839	4.2
2006 年底	847	4.1
2007 年底	830	4.0
2008 年底	886	4.2
2009 年底	921	4.3
2010 年底	908	4.1
2011 年底	922	4.1
2012 年底	917	4.1
2013 年底	926	4.1
2014 年底	952	4.1
2015 年底	966	4.1
2016 年底	982	4.0
2017 年底	972	3.9
2018 年底	974	3.8

表 2-5　　分地区城镇登记失业人数及登记失业率

（2018 年）

地区	登记失业人数（万人）	登记失业率（%）
北京	7.9	1.4
天津	25.8	3.5
河北	38.0	3.3
山西	24.6	3.3
内蒙古	27.0	3.6
辽宁	44.4	3.9
吉林	26.8	3.5
黑龙江	39.4	4.0
上海	19.4	3.5
江苏	34.4	3.0
浙江	34.1	2.6
安徽	28.1	2.8
福建	17.3	3.7
江西	35.1	3.4
山东	46.5	3.4
河南	48.6	3.0
湖北	36.1	2.6
湖南	40.4	3.6
广东	36.6	2.4
广西	16.7	2.3
海南	5.5	2.3
重庆	13.1	3.0
四川	53.3	3.5
贵州	15.1	3.2
云南	20.9	3.4
西藏	2.1	2.8
陕西	24.1	3.2
甘肃	10.0	2.8
青海	4.6	3.0
宁夏	5.4	3.9
新疆	9.5	2.4
新疆兵团	3.7	2.5

表 2-6

分地区城镇登记失业基本情况

（2018 年）

单位：万人

地区	上年末结转登记失业人数	本年新登记的失业人数	女性	就业转失业人数	本年失业人员就业人数
北京	8.1	15.8	6.4	13.3	15.1
天津	26.0	7.4	3.4	5.9	7.6
河北	39.7	49.9	18.4	12.8	51.4
山西	26.5	20.2	8.6	2.8	22.2
内蒙古	27.1	21.5	9.7	4.8	21.2
辽宁	42.7	95.8	43.9	67.0	89.3
吉林	26.3	35.1	15.6	8.4	33.6
黑龙江	39.7	57.2	24.6	22.8	53.6
上海	22.1	33.6	14.0	20.4	36.2
江苏	34.7	156.8	73.3	107.6	155.1
浙江	33.8	48.7	23.0	26.8	44.4
安徽	27.3	23.1	11.7	5.7	23.6
福建	17.1	24.7	12.6	13.7	21.8
江西	32.3	30.5	13.4	4.3	27.7
山东	45.7	77.6	36.3	39.6	74.9
河南	40.7	42.4	14.7	8.2	31.1
湖北	37.1	57.0	26.5	12.2	47.1
湖南	44.5	31.6	14.4	9.0	34.8
广东	37.1	46.5	22.8	21.0	45.3
广西	14.7	13.7	7.4	4.1	10.6
海南	5.5	3.0	1.4	2.0	2.9
重庆	14.3	29.2	13.7	9.6	27.9
四川	55.8	56.6	27.4	28.6	56.7
贵州	14.9	13.4	5.8	3.2	13.3
云南	19.8	47.7	20.7	10.8	42.2
西藏	1.9	0.6	0.3	0.0	0.4
陕西	23.4	24.4	11.4	2.7	23.2
甘肃	9.6	22.8	11.0	7.4	22.4
青海	4.7	5.1	1.7	1.1	4.9
宁夏	5.1	8.0	4.3	3.4	7.7
新疆	10.0	34.5	16.8	7.3	34.5
新疆兵团	3.7	6.8	3.1	2.5	6.5

续表

地区	本年末登记失业人数	女性	长期失业者	登记失业率（%）
北京	7.9	3.2	0.2	1.4
天津	25.8	12.6	0.01	3.5
河北	38.0	16.3	1.8	3.3
山西	24.6	21.9	10.0	3.3
内蒙古	27.0	13.5	2.6	3.6
辽宁	44.4	20.8	8.2	3.9
吉林	26.8	11.0	1.8	3.5
黑龙江	39.4	17.1	1.3	4.0
上海	19.4	7.0	6.0	3.5
江苏	34.4	14.3	2.1	3.0
浙江	34.1	14.8	4.0	2.6
安徽	28.1	7.4	0.7	2.8
福建	17.3	8.1	1.3	3.7
江西	35.1	12.0	1.1	3.4
山东	46.5	20.6	2.9	3.4
河南	48.6	18.3	1.8	3.0
湖北	36.1	17.5	3.4	2.6
湖南	40.4	12.9	2.7	3.6
广东	36.6	17.0	1.7	2.4
广西	16.7	8.5	1.3	2.3
海南	5.5	2.6	0.2	2.3
重庆	13.1	7.1	0.5	3.0
四川	53.3	25.8	1.5	3.5
贵州	15.1	6.4	0.8	3.2
云南	20.9	8.9	2.7	3.4
西藏	2.1	1.1	0.4	2.8
陕西	24.1	8.0	2.1	3.2
甘肃	10.0	4.6	1.4	2.8
青海	4.6	1.7	0.5	3.0
宁夏	5.4	2.2	0.1	3.9
新疆	9.5	4.9	0.6	2.4
新疆兵团	3.7	1.8	0.2	2.5

（三）技工教育、职业培训与技能鉴定

表 3-1 历年技工院校综合情况

年份	技工院校个数（个）	招生人数（万人）	在校学生人数（万人）	毕业生人数（万人）	在职教职工人数（万人）
一、绝对数					
1998	4 362	59.5	181.3	69.5	29.0
1999	4 098	51.5	156.1	66.2	26.9
2000	3 792	50.4	140.1	64.6	24.0
2001	3 470	55.1	134.7	47.7	22.0
2002	3 075	73.3	153.0	45.4	20.3
2003	2 970	91.6	193.1	45.3	20.2
2004	2 884	109.7	234.4	53.5	20.4
2005	2 855	118.4	275.3	69.0	20.4
2006	2 880	134.8	320.8	86.4	21.5
2007	2 995	158.5	367.1	99.7	24.0
2008	3 075	161.4	397.5	109.0	24.7
2009	3 064	156.4	414.3	115.2	25.8
2010	2 998	158.6	421.0	121.3	26.5
2011	2 914	163.5	429.4	118.9	26.5
2012	2 892	156.8	422.8	120.2	26.7
2013	2 882	133.5	386.6	116.9	26.9
2014	2 818	124.4	339.0	106.8	26.5
2015	2 545	121.4	321.5	94.6	26.0
2016	2 526	127.2	323.2	93.1	26.5
2017	2 490	130.9	338.2	90.5	26.9
2018	2 379	128.5	341.6	90.3	26.7
二、比上年增长（%）					
1998	−0.8	−19.0	−6.1	−0.7	−6.5
1999	−6.1	−13.3	−13.9	−4.6	−7.1
2000	−7.5	−2.3	−10.2	−2.5	−11.0
2001	−8.5	9.4	−3.8	−26.1	−8.3
2002	−11.4	33.0	13.6	−4.9	−7.4
2003	−3.4	24.9	26.2	−0.2	−0.7
2004	−2.9	19.8	21.4	18.1	1.0
2005	−1.0	7.9	17.4	29.0	0.0
2006	0.9	13.9	16.5	25.2	5.4
2007	4.0	17.6	14.4	15.4	11.6
2008	2.7	1.8	8.3	9.3	2.9
2009	−0.4	−3.1	4.2	5.7	4.6
2010	−2.2	1.4	1.6	5.4	2.6
2011	−2.8	3.1	2.0	−2.0	0.0
2012	−0.8	−4.1	−1.5	1.1	0.8
2013	−0.3	−14.8	−8.6	−2.8	0.9
2014	−2.2	−6.8	−12.3	−8.6	−1.6
2015	−9.7	−2.4	−5.2	−11.4	−1.8
2016	−0.7	4.7	0.5	−1.6	1.8
2017	−1.4	2.9	4.7	−2.8	1.3
2018	−4.5	−1.8	1.0	−0.2	−0.7

续表

年份			兼职教师人数（万人）	培训社会人员人次数（万人次）	培训社会人员结业人数（万人）
	文化技术理论课教师（万人）	生产实习指导教师（万人）			
一、绝对数					
1998	11.0	3.8	2.7	165.1	
1999	11.2	3.8	2.9	149.1	144.6
2000	10.5	3.5	2.7	158.5	156.7
2001	10.0	3.4	2.6	151.7	163.9
2002	9.5	3.2	2.6	208.6	196.9
2003	9.6	3.4	3.0	226.9	223.7
2004	9.6	3.8	2.9	265.6	257.5
2005	9.7	3.8	3.2	273.3	270.1
2006	10.4	4.2	3.6	337.7	330.2
2007	11.2	5.0	3.8	380.7	369.8
2008	12.2	5.4	4.1	400.0	389.8
2009	12.5	6.0	4.3	484.1	382.9
2010	12.7	6.3	4.4	468.4	371.3
2011	12.9	6.3	4.3	527.5	416.1
2012	13.0	6.6	4.3	551.3	441.6
2013	13.4	6.5	4.1	525.3	397.1
2014	13.2	6.2	4.2	508.5	372.3
2015	13.2	6.0	4.1	476.6	378.9
2016	13.7	6.0	4.3	451.6	349.9
2017	14.0	5.9	4.4	456.4	326.1
2018	14.2	5.6	4.4	420.6	301.6
二、比上年增长（%）					
1998	−4.6	−4.0	0.8	20.0	
1999	1.9	−0.1	9.5	−9.7	16.5
2000	−6.9	−6.7	−6.3	6.3	8.4
2001	−4.9	−3.7	−4.1	−4.3	4.6
2002	−5.0	−6.8	−2.4	37.6	20.2
2003	1.5	7.3	17.4	37.6	20.2
2004	0.0	11.8	−3.3	17.1	15.1
2005	1.0	0.0	10.3	2.9	4.9
2006	7.2	10.5	12.5	23.6	22.3
2007	7.7	19.0	5.6	12.7	12.0
2008	8.9	8.0	7.9	5.1	5.4
2009	2.8	11.6	5.2	21.0	−1.8
2010	1.2	4.3	1.0	−3.2	−3.0
2011	1.8	−0.4	−1.7	12.6	12.1
2012	0.3	6.1	0.6	4.5	6.1
2013	3.4	−2.1	−5.7	−4.7	−10.1
2014	−1.3	−4.3	2.8	−3.2	−6.2
2015	−0.3	−4.2	−2.5	−6.3	1.8
2016	3.5	0.3	5.7	−5.2	−7.6
2017	2.6	−1.9	2.6	1.1	−6.8
2018	1.2	−4.1	−0.6	−7.9	−7.5

表 3-2　　分地区技工院校综合情况

（2018 年）　　单位：人

地区	技工院校个数（个）	职业培训定点培训机构数	在职教职工人数	女性	文化技术理论课教师	高级讲师	讲师	助理讲师
全国	**2 379**	**1 185**	**266 711**	**123 020**	**141 814**	**38 485**	**50 373**	**35 591**
北京	27	11	3 257	1 624	1 309	364	431	245
天津	21	20	2 233	1 022	960	296	337	254
河北	181	44	13 495	6 598	7 745	2 557	2 831	1 650
山西	84	42	9 003	4 722	4 175	1 117	1 448	1 075
内蒙古	58	37	7 995	4 268	4 212	1 468	1 601	787
辽宁	104	33	7 736	3 639	4 330	1 319	1 543	664
吉林	61	21	3 818	1 915	2 089	709	734	425
黑龙江	129	67	10 307	4 816	5 283	1 926	1 732	1 077
上海								
江苏	124	76	18 491	8 851	9 814	2 912	3 622	2 113
浙江	77	51	11 933	5 578	7 273	2 125	2 451	1 849
安徽	81	38	8 996	3 841	5 219	1 705	1 783	1 341
福建	62	23	4 732	2 272	2 474	689	626	440
江西	86	38	10 637	4 778	5 488	1 515	1 782	1 422
山东	181	102	29 388	12 863	16 842	4 581	6 684	4 456
河南	107	59	12 316	5 712	6 372	1 531	2 293	2 035
湖北	106	52	8 214	3 597	4 508	1 299	1 687	987
湖南	133	61	10 537	3 806	5 294	1 595	1 889	1 487
广东	162	58	30 397	13 954	14 876	2 617	5 639	4 271
广西	44	35	6 565	3 065	3 197	649	1 103	1 024
海南	11	6	1 657	681	998	246	372	256
重庆	54	25	4 704	2 171	2 021	454	700	636
四川	89	49	11 694	5 388	5 887	1 362	2 048	1 588
贵州	59	44	6 452	2 991	3 584	809	1 253	997
云南	34	25	4 888	2 040	3 267	1 067	1 063	936
陕西	135	42	10 886	4 773	4 573	1 174	1 460	1 212
甘肃	33	15	2 905	1 328	1 802	460	803	362
青海	12	12	910	432	453	152	153	105
宁夏	22	11	2 489	1 369	1 543	431	411	400
新疆	102	88	10 076	4 926	6 226	1 356	1 894	1 497

续表

地区	生产实习指导教师					技师、高级技师	一体化教师	兼职教师人数
		高级实习指导教师	一级实习指导教师	二级实习指导教师	三级实习指导教师			
全国	**56 244**	**7 624**	**11 258**	**9 026**	**4 693**	**17 600**	**77 287**	**43 872**
北京	442	85	81	69	22	141	861	1 342
天津	448	117	156	116	35	20	719	272
河北	2 594	415	564	371	160	847	2 836	1 858
山西	1 817	200	319	269	142	739	1 911	1 799
内蒙古	1 212	240	195	149	163	388	1 736	1 020
辽宁	1 017	115	222	160	42	345	1 285	1 340
吉林	799	116	132	89	55	310	1 164	591
黑龙江	1 827	294	307	210	106	629	2 622	1 194
上海								
江苏	4 559	595	797	688	305	1 495	6 427	3 084
浙江	2 518	334	524	488	287	792	4 329	1 808
安徽	1 526	200	199	178	179	608	2 725	1 613
福建	1 119	160	225	231	56	177	1 440	810
江西	2 338	204	461	406	279	703	2 605	1 850
山东	5 683	1 014	1 274	861	354	1 760	9 640	4 148
河南	3 180	496	795	561	192	992	4 302	2 135
湖北	1 913	476	381	243	106	498	1 589	1 094
湖南	3 306	475	1 038	727	316	746	3 794	2 215
广东	8 041	515	1 624	1 183	491	3 025	10 707	3 325
广西	1 551	154	256	265	169	595	1 323	665
海南	263	53	70	65	3	41	553	182
重庆	939	135	125	114	127	300	1 282	930
四川	2 267	235	305	392	203	720	2 898	1 646
贵州	1 379	193	204	258	209	425	1 916	1 493
云南	1 017	183	185	247	93	229	2 167	1 893
陕西	2 308	282	383	401	351	549	1 829	1 873
甘肃	413	62	80	48	37	116	566	601
青海	295	40	98	38	6	82	340	203
宁夏	243	57	41	45	24	37	731	578
新疆	1 230	179	217	154	181	291	2 990	2 310

续表

地区	招生人数	高级班学生	农业户口学生	在校学生人数	女生	高级班学生	毕业生人数	获得中级职业资格	获得高级职业资格
全国	**1 285 468**	**423 562**	**1 026 738**	**3 416 354**	**1 051 458**	**1 184 155**	**902 993**	**437 728**	**215 362**
北京	11 459	2 965	4 626	29 998	8 477	6 983	11 023	6 032	3 180
天津	6 945	1 569	5 592	21 530	5 650	3 295	5 083	3 207	1 534
河北	47 523	7 965	43 280	120 309	33 840	14 265	31 331	23 338	4 719
山西	27 461	5 476	22 111	89 907	27 710	23 901	32 499	21 950	5 358
内蒙古	6 145	704	4 471	15 805	3 765	2 524	6 438	2 390	792
辽宁	21 614	3 929	14 537	64 054	17 372	10 971	17 444	7 617	2 076
吉林	20 123	5 410	12 111	40 862	13 489	10 597	8 907	4 635	1 560
黑龙江	20 379	4 095	14 554	55 494	18 230	15 178	18 402	7 106	4 504
上海									
江苏	96 423	36 505	58 382	262 193	88 792	79 547	66 226	33 207	20 898
浙江	48 712	20 205	36 069	153 607	44 504	68 083	31 044	19 793	9 592
安徽	61 383	18 043	51 977	127 561	43 967	34 665	17 793	8 734	2 564
福建	37 794	6 885	26 804	80 832	27 707	12 119	19 219	12 380	3 291
江西	54 803	7 356	45 344	139 437	51 244	17 343	38 979	25 748	3 838
山东	135 184	50 748	117 019	329 897	99 340	132 690	96 351	27 596	26 159
河南	108 509	33 834	87 698	268 050	77 544	82 709	85 562	32 873	16 635
湖北	32 880	7 683	24 367	80 570	25 522	24 186	21 698	8 297	3 302
湖南	38 271	12 811	34 467	127 846	31 858	52 390	30 746	13 922	11 166
广东	190 560	90 418	152 720	542 661	161 794	267 516	161 351	71 520	50 854
广西	48 947	13 247	45 586	121 821	38 665	36 452	29 817	22 588	3 686
海南	8 661	2 415	5 967	24 106	5 456	8 298	5 813	1 489	314
重庆	34 571	10 930	25 343	89 261	31 609	29 004	21 141	13 485	3 907
四川	50 395	12 794	40 729	121 576	43 077	35 646	35 994	18 124	6 009
贵州	29 444	2 240	24 613	69 735	22 823	8 319	19 121	6 855	3 377
云南	44 454	29 660	40 285	144 709	40 446	93 782	26 628	9 164	10 967
陕西	55 471	26 039	46 792	166 413	55 041	88 208	30 095	16 265	12 314
甘肃	11 024	1 198	9 695	33 514	10 036	3 719	11 614	4 440	1 191
青海	557	271	378	2 466	539	1 414	700	280	103
宁夏	2 207	595	1 422	7 366	2 229	2 823	1 059	808	81
新疆	33 569	7 572	29 799	84 774	20 732	17 528	20 915	13 885	1 391

表 3-3

分地区技工院校培训情况

（2018 年）

单位：人

地区	招生院校个数（个）	培训社会人员数（人次）	按培训对象分组				就业人数	
			失业人员	劳动预备制人员	在职职工	农村劳动者		高级班学生
全国	**1 822**	**4 205 759**	**249 379**	**191 196**	**2 371 197**	**728 732**	**881 811**	**274 867**
北京	19	122 912	3 748	1 432	97 074	13 981	10 975	3 157
天津	21	28 837	1 102	3 980	17 154	1 990	4 942	1 519
河北	98	145 274	9 689	4 916	87 822	22 851	30 612	4 933
山西	54	163 176	7 668	686	120 507	23 083	31 257	7 954
内蒙古	38	49 307	4 235	1 289	26 112	6 313	6 291	1 087
辽宁	52	110 885	3 254	904	46 088	5 445	16 620	2 927
吉林	56	38 569	2 315	795	21 042	6 138	8 365	2 225
黑龙江	86	94 700	21 038	2 738	39 476	25 189	18 027	5 913
上海								
江苏	107	429 042	18 943	23 305	292 787	37 043	65 343	22 602
浙江	71	267 711	14 572	14 448	181 680	40 412	30 301	9 482
安徽	68	187 018	21 307	4 145	90 752	38 681	17 356	4 176
福建	45	133 868	10 502	5 804	79 320	24 730	19 007	3 713
江西	77	182 491	2 756	1 520	159 747	9 251	38 554	5 382
山东	160	380 363	24 808	23 743	210 036	55 984	94 649	38 409
河南	99	308 888	8 652	4 614	186 461	50 823	83 768	24 971
湖北	72	101 453	17 740	5 828	29 128	29 867	19 537	6 922
湖南	60	120 663	3 420	2 096	72 942	28 381	29 868	11 166
广东	150	251 388	7 532	16 207	158 633	28 782	159 051	65 638
广西	43	60 204	3 310	10 462	17 937	13 257	29 488	4 094
海南	11	29 935	1 413	662	22 948	4 324	5 528	1 573
重庆	41	103 039	7 347	2 045	53 798	13 558	20 524	5 017
四川	70	137 377	9 921	6 229	67 387	28 713	35 266	8 778
贵州	49	96 235	1 139	2 580	25 078	57 658	18 481	4 771
云南	34	251 327	34 969	32 191	41 538	72 897	26 150	12 017
陕西	122	115 180	1 959	2 088	79 868	14 632	28 859	11 971
甘肃	30	74 802	1 088	516	46 868	9 426	11 025	1 555
青海	4	31 815	342	1 410	19 167	8 962	697	424
宁夏	11	9 341	255	150	4 391	2 795	1 051	224
新疆	74	179 959	4 355	14 413	75 456	53 566	20 219	2 267

续表

地区	培训社会人员结业人数	按获取证书分组			
		初级职业资格	中级职业资格	高级职业资格	技师和高级技师资格
全国	**3 015 720**	**625 803**	**423 107**	**266 183**	**90 462**
北京	99 327	19 398	9 635	8 188	4 814
天津	20 994	4 001	8 424	8 119	235
河北	108 314	16 297	14 816	6 895	3 518
山西	160 915	7 664	7 881	6 988	1 894
内蒙古	30 840	3 700	10 276	1 171	536
辽宁	19 743	2 509	3 834	1 723	427
吉林	24 089	4 513	3 555	1 602	207
黑龙江	78 966	13 301	2 974	1 490	610
上海					
江苏	333 157	85 344	55 357	32 873	4 238
浙江	176 024	39 302	16 730	27 119	6 822
安徽	95 894	13 385	28 877	17 347	921
福建	54 578	12 229	11 123	9 536	515
江西	156 147	9 767	10 345	2 719	3 997
山东	231 716	72 289	37 183	20 433	8 248
河南	213 365	27 190	19 462	14 806	8 268
湖北	78 725	22 931	12 266	1 640	1 539
湖南	96 748	9 379	20 248	7 329	1 153
广东	165 560	27 117	28 336	19 956	2 264
广西	47 834	16 987	2 205	1 192	639
海南	27 348	629	1 262	140	2
重庆	100 800	22 895	14 387	4 680	3 246
四川	114 549	11 595	31 337	16 225	12 093
贵州	62 570	21 164	5 802	5 157	646
云南	213 942	97 623	42 522	35 438	19 665
陕西	80 508	18 687	7 600	4 647	832
甘肃	19 166	4 486	5 020	1 234	172
青海	21 488	2 775	804	547	0
宁夏	7 952	4 401	673	499	127
新疆	174 461	34 245	10 173	6 490	2 834

表 3-4　**分地区就业训练中心综合情况**

（2018 年）　　单位：人

地区	就业训练中心个数（个）	在职教职工人数	教师	兼职教师人数	培训人数	结业人数	就业人数
全国	**2 298**	**30 307**	**17 853**	**15 675**	**2 912 094**	**2 604 244**	**1 562 058**
北京	5	168	105	109	11 563	9 912	5 361
天津	16	127	37	105	10 720	10 720	5 631
河北	495	5 785	3 049	1 863	272 491	217 638	113 862
山西	62	749	168	355	40 925	34 288	11 050
内蒙古	55	261	146	196	22 984	22 579	17 887
辽宁	29	397	301	316	13 247	8 283	10 627
吉林	48	262	126	172	37 652	26 285	14 221
黑龙江	96	642	440	346	73 157	53 774	34 623
上海							
江苏	93	1 505	869	1 505	350 352	343 647	201 035
浙江	32	565	356	491	42 734	38 935	23 874
安徽	50	788	530	269	28 945	27 454	16 478
福建	7	42	29	51	57 398	56 738	3 471
江西	125	1 086	544	739	265 240	257 944	221 398
山东	345	4 711	3 050	2 229	241 641	215 177	152 331
河南	129	1 852	1 010	866	429 361	371 824	199 923
湖北	104	1 311	643	1 086	303 946	289 891	179 405
湖南	91	1 251	823	523	218 374	184 618	129 425
广东	92	1 844	868	1 000	147 239	114 949	35 482
广西	15	225	126	168	11 628	11 134	7 702
海南	4	1 020	779	77	10 335	8 514	493
重庆	16	61	22	123	6 382	6 382	1 950
四川	116	826	496	755	59 850	54 362	32 833
贵州	21	82	51	105	6 057	5 719	4 251
云南							
西藏							
陕西	150	2 499	1 609	1 042	104 583	99 552	54 360
甘肃	50	436	228	204	103 493	96 631	55 144
青海	10	102	21	52	1 175	1 175	1 005
宁夏	4	66	39	17	3 194	2 849	2 971
新疆	38	1 644	1 388	911	37 428	33 270	25 265

表 3-5　　分地区民办职业培训机构综合情况

（2018 年）　　单位：人

地区	民办职业培训机构个数（个）	在职教职工人数	教师	兼职教师人数	培训人数	结业人数	就业人数
全国	**21 565**	**319 978**	**195 394**	**121 108**	**12 296 354**	**10 564 779**	**7 157 706**
北京	333	5 363	3 111	2 505	307 223	249 330	121 611
天津	361	3 804	2 178	2 455	107 427	91 110	33 851
河北	970	12 673	7 740	4 245	505 017	472 089	450 700
山西	596	8 057	4 418	4 129	450 934	430 779	127 604
内蒙古	434	4 699	2 845	2 481	122 346	108 734	80 427
辽宁	787	7 458	4 385	3 738	188 656	155 793	80 921
吉林	491	5 066	3 291	2 092	181 601	166 196	93 745
黑龙江	566	4 241	2 984	1 505	88 613	81 313	31 552
上海	420	46 702	18 357	2 053	1 058 335	1 058 335	1 000 054
江苏	1 287	15 332	9 868	6 935	826 248	606 246	424 932
浙江	904	10 008	5 538	5 248	473 363	321 775	216 946
安徽	990	10 297	6 572	5 544	299 203	277 395	213 707
福建	398	4 623	2 810	2 241	190 118	144 137	110 008
江西	1 233	4 392	2 941	1 277	129 224	103 553	75 092
山东	1 715	16 654	10 122	6 062	595 586	536 859	385 634
河南	1 104	15 143	9 679	5 315	649 733	519 105	315 022
湖北	699	10 754	6 995	3 732	369 634	313 703	222 904
湖南	699	7 196	4 492	3 213	345 929	283 765	204 086
广东	1 390	16 177	9 184	5 780	719 301	537 665	333 243
广西	414	8 744	5 597	3 678	334 751	278 158	191 239
海南	4	151	135	23	3 340	3 080	3 066
重庆	586	8 301	4 281	2 701	1 035 242	845 628	768 452
四川	1 408	20 910	13 491	8 989	814 136	734 377	429 344
贵州	379	5 160	3 296	4 701	361 305	336 836	167 570
云南	805	28 315	21 030	11 322	901 926	787 712	381 674
西藏	107	1 187	699	358	49 735	41 632	17 661
陕西	775	9 720	8 571	4 819	392 793	346 054	198 885
甘肃	555	6 199	4 118	3 226	280 407	267 326	132 685
青海	230	2 930	1 705	1 083	77 037	72 728	50 830
宁夏	328	6 251	4 416	3 713	211 286	187 234	120 470
新疆	597	13 471	10 545	5 945	225 905	206 132	173 791

表 3-6　　分地区职业技能鉴定综合情况

（2018 年）

地区	年末职业技能鉴定机构数（个）	鉴定所数	鉴定站数	其他
全国	**8 912**	**4 781**	**3 792**	**339**
行业合计	**2 443**		**2 442**	**1**
地方合计	**6 451**	**4 781**	**1 350**	**320**
企业试点单位	**18**			**18**
北京	28	28		
天津	128	93	24	11
河北	12	12		
山西	76	63	13	
内蒙古	53		53	
辽宁	783	704	79	
吉林	72	56	16	
黑龙江	60	46	14	
上海	503	303	200	
江苏	630	336	5	289
浙江	102	20	82	
安徽	344	295	49	
福建	203	202	1	
江西	359	282	77	
山东	149	1	148	
河南	439	328	97	14
湖北	37	35	2	
湖南	91	79	12	
广东	423	423		
广西	330	330		
海南	34	30	4	
重庆	155	155		
四川	344	158	186	
贵州	148	142	6	
云南	251	192	59	
西藏	19	8	11	
陕西	218	113	105	
甘肃	36	36		
青海	78	33	44	1
宁夏	77	76	1	
新疆	219	172	42	5
新疆兵团	50	30	20	

续表

地区	年末考评人员人数（人）	本年鉴定考核人数（人）	初级	中级
全国	**251 135**	**11 349 052**	**3 939 496**	**4 034 728**
行业合计	**94 669**	**2 111 498**	**821 018**	**561 243**
地方合计	**140 224**	**9 007 709**	**3 035 725**	**3 387 425**
企业试点单位	**16 242**	**229 845**	**82 753**	**86 060**
北京	2 394	65 643	35 408	13 491
天津	3 179	51 875	6 528	12 362
河北	4 313	382 425	154 743	140 351
山西	3 954	312 211	117 717	88 481
内蒙古	6 708	134 177	37 874	51 214
辽宁	967	158 341	24 706	73 700
吉林	91	65 518	20 490	25 225
黑龙江	1 051	98 558	24 640	24 934
上海	1 551	350 334	157 376	90 038
江苏	1 525	902 345	151 174	457 376
浙江	1 577	552 455	144 733	161 149
安徽	9 073	376 192	122 189	143 860
福建	3 074	238 689	46 388	105 607
江西	6 702	200 759	35 563	120 328
山东	10 870	866 211	390 344	231 391
河南	20 018	489 243	177 348	159 406
湖北	1 336	228 605	65 753	96 742
湖南	434	354 850	116 863	168 735
广东	22 539	742 270	210 141	310 808
广西	5 244	323 199	192 033	114 002
海南	642	22 315	9 908	7 273
重庆	3 985	223 414	44 940	145 160
四川	4 713	540 735	102 671	230 200
贵州	2 519	192 039	92 274	69 893
云南	9 030	336 240	161 824	82 240
西藏	322	9 567	9 053	464
陕西	6 186	231 311	57 774	107 110
甘肃	231	204 530	117 014	78 313
青海	126	44 900	33 670	6 046
宁夏	2 953	71 289	48 814	15 814
新疆	1 341	203 854	112 012	40 423
新疆兵团	1 576	33 615	13 760	15 289

续表

地区				本年获取证书人数（人）	
	高级	技师	高级技师		初级
全国	**2 765 047**	**487 978**	**121 803**	**9 031 831**	**3 245 567**
行业合计	**597 602**	**101 953**	**29 682**	**1 523 099**	**535 170**
地方合计	**2 112 385**	**380 880**	**91 294**	**7 385 556**	**2 663 222**
企业试点单位	**55 060**	**5 145**	**827**	**123 176**	**47 175**
北京	9 032	6 317	1 395	54 789	34 018
天津	14 950	11 401	6 634	44 675	5 891
河北	62 084	18 528	6 719	333 124	140 952
山西	95 214	9 687	1 112	287 166	114 191
内蒙古	29 573	11 659	3 857	104 588	33 014
辽宁	36 119	19 081	4 735	122 643	20 472
吉林	15 233	3 520	1 050	46 379	15 822
黑龙江	39 406	8 748	830	89 431	23 516
上海	86 931	12 643	3 346	203 143	103 194
江苏	263 989	26 677	3 129	776 769	132 001
浙江	203 367	35 866	7 340	436 603	124 669
安徽	97 042	11 547	1 554	317 329	106 912
福建	69 822	14 645	2 227	183 592	39 484
江西	38 170	5 907	791	180 670	34 694
山东	201 316	32 824	10 336	732 460	366 162
河南	134 489	15 008	2 992	444 235	170 029
湖北	62 613	1 630	1 867	220 490	63 310
湖南	49 119	14 871	5 262	238 063	81 724
广东	147 806	59 796	13 719	445 885	154 968
广西	14 521	2 202	441	278 922	170 590
海南	4 159	885	90	13 979	8 444
重庆	23 582	6 598	3 134	191 247	41 319
四川	188 349	18 164	1 351	491 674	91 530
贵州	28 600	918	354	174 330	85 729
云南	82 198	8 465	1 513	299 116	154 989
西藏	50	0	0	8 810	8 305
陕西	61 065	4 698	664	186 747	47 164
甘肃	8 524	498	181	190 399	109 000
青海	3 678	830	676	35 662	27 456
宁夏	4 998	1 397	266	59 027	42 873
新疆	32 126	15 565	3 728	162 003	97 985
新疆兵团	4 260	305	1	31 606	12 815

续表

地区				
	中级	高级	技师	高级技师
全国	**3 333 132**	**2 099 864**	**277 673**	**75 595**
行业合计	**430 306**	**467 782**	**64 713**	**25 128**
地方合计	**2 861 384**	**1 600 846**	**210 192**	**49 912**
企业试点单位	**41 442**	**31 236**	**2 768**	**555**
北京	12 013	5 570	2 696	492
天津	11 768	11 610	10 124	5 282
河北	123 522	51 378	12 368	4 904
山西	83 724	83 875	4 647	729
内蒙古	46 420	17 099	5 519	2 536
辽宁	60 611	28 082	10 999	2 479
吉林	20 347	7 973	1 501	736
黑龙江	23 745	34 865	6 722	583
上海	56 217	39 237	3 393	1 102
江苏	412 729	212 215	17 641	2 183
浙江	139 611	150 064	19 132	3 127
安徽	120 938	82 988	5 989	502
福建	93 073	45 572	4 598	865
江西	112 382	29 451	3 659	484
山东	207 553	136 711	15 555	6 479
河南	149 926	111 804	10 579	1 897
湖北	94 534	59 273	1 562	1 811
湖南	112 356	32 648	9 225	2 110
广东	188 211	76 729	21 752	4 225
广西	93 592	12 403	1 953	384
海南	4 164	1 197	158	16
重庆	127 472	16 823	3 781	1 852
四川	207 605	175 165	16 273	1 101
贵州	61 261	26 373	668	299
云南	73 954	64 500	5 036	637
西藏	455	50	0	0
陕西	88 164	47 769	3 186	464
甘肃	73 025	7 962	295	117
青海	4 600	2 715	602	289
宁夏	11 879	3 426	671	178
新疆	30 843	21 497	9 630	2 048
新疆兵团	14 690	3 822	278	1

（四）劳动关系与监察

表 4-1　　历年劳动人事争议仲裁案件处理情况　　单位：件

项目	1998 年	1999 年	2000 年	2001 年	2002 年	2003 年
上期未结案件数	3 475	3 840	6 374	8 739	12 472	16 276
案件受理情况						
当期案件受理数	93 649	120 191	135 206	154 621	184 116	226 391
集体劳动争议案件数	6 767	9 043	8 247	9 847	11 024	10 823
劳动者申诉案件数	84 829	114 152	120 043	146 781	172 253	215 512
劳动者当事人数（人）	358 531	473 957	422 617	467 150	608 396	801 042
集体劳动争议劳动者当事人数	251 268	319 445	259 445	286 680	374 956	514 573
争议原因						
劳动报酬				45 172	59 144	76 774
社会保险				31 158	56 558	76 181
变更劳动合同	2 840	3 469	3 829	4 254	3 765	5 494
解除劳动合同	13 069	18 108	21 149	29 038	30 940	40 017
终止劳动合同	4 752	8 031	10 816	10 298	12 908	12 043
其他	9 515	8 626	12 549			
案件处理情况						
结案数	92 288	121 289	130 688	150 279	178 744	223 503
处理方式						
仲裁调解	31 483	39 550	41 877	42 933	50 925	67 765
仲裁裁决	25 389	34 712	54 142	77 250	77 340	95 774
其他方式	35 155	47 027	34 669	35 096	50 479	59 954
处理结果						
用人单位胜诉	11 937	15 674	13 699	31 544	27 017	34 272
劳动者胜诉	48 650	63 030	70 544	71 739	84 432	109 556
双方部分胜诉及其他	27 365	37 459	37 247	46 996	67 295	79 475
案外调解案件数				63 939	77 342	58 451

续表

项目	2004 年	2005 年	2006 年	2007 年	2008 年	2009 年
上期未结案件数	17 117	17 829	22 165	25 424	33 084	83 709
案件受理情况						
当期案件受理数	260 471	313 773	317 162	350 182	693 465	684 379
集体劳动争议案件数	19 241	16 217	13 977	12 784	21 880	13 779
劳动者申诉案件数	249 335	293 710	301 233	325 590	650 077	627 530
劳动者当事人数（人）	764 981	744 195	679 312	653 472	1 214 328	1 016 922
集体劳动争议劳动者当事人数	477 992	409 819	348 714	271 777	502 713	299 601
争议原因						
劳动报酬	85 132	103 183	103 887	108 953	225 061	247 330
社会保险	88 119	97 519	100 342	97 731		
变更劳动合同	4 465	7 567	3 456	4 695		
解除劳动合同	42 881	54 858	55 502	67 565	139 702	43 876
终止劳动合同	14 140	14 015	12 366	12 696		
案件处理情况						
结案数	258 678	306 027	310 780	340 030	622 719	689 714
处理方式						
仲裁调解	83 400	104 308	104 435	119 436	221 284	251 463
仲裁裁决	110 708	131 745	141 465	149 013	274 543	290 971
其他方式	64 550	69 974	64 880	71 581	126 892	147 280
处理结果						
用人单位胜诉	35 679	39 401	39 251	49 211	80 462	95 470
劳动者胜诉	123 268	145 352	146 028	156 955	276 793	255 119
双方部分胜诉及其他	94 041	121 274	125 501	133 864	265 464	339 125
案外调解案件数	70 840	93 561	130 321	151 902	237 283	185 598

续表

项目	2010 年	2011 年	2012 年	2013 年	2014 年	2015 年
上期未结案件数	77 926	42 308	36 151	34 478	31 796	39 580
案件受理情况						
当期案件受理数	600 865	589 244	641 202	665 760	715 163	813 859
集体劳动争议案件数	9 314	6 592	7 252	6 783	8 041	10 466
劳动者申诉案件数	558 853	568 768	620 849	641 932	690 418	784 229
劳动者当事人数（人）	815 121	779 490	882 487	888 430	997 807	1 159 687
集体劳动争议劳动者当事人数	211 755	174 785	231 894	218 521	267 165	341 588
争议原因						
劳动报酬	209 968	200 550	225 981	223 351	258 716	321 179
社会保险		149 944	159 649	165 665	160 961	158 002
变更劳动合同						
解除劳动合同	31 915	118 684	129 108	147 977	155 870	182 396
终止劳动合同						
案件处理情况						
结案数	634 041	592 823	643 292	669 062	711 044	812 461
处理方式						
仲裁调解	250 131	278 873	302 552	311 806	321 598	362 814
仲裁裁决	266 506	244 942	268 530	283 341	313 175	368 409
其他方式	117 404	69 008	72 210	73 915	76 271	81 238
处理结果						
用人单位胜诉	85 028	74 189	79 187	82 519	82 541	90 785
劳动者胜诉	229 448	195 680	213 453	217 551	250 284	287 544
双方部分胜诉及其他	319 565	322 954	350 652	368 992	378 219	434 132
案外调解案件数	163 997	194 338	212 937	215 595	227 447	258 114

续表

项目	2016 年	2017 年	2018 年
上期未结案件数	37 977	38 545	35 506
案件受理情况			
当期案件受理数	828 410	785 323	894 053
集体劳动争议案件数	9 745	7 513	8 699
劳动者申诉案件数	801 190	762 572	869 421
劳动者当事人数（人）	1 112 408	979 016	1 110 175
集体劳动争议劳动者当事人数	289 924	203 963	234 943
争议原因			
劳动报酬	345 685	331 463	380 751
社会保险	145 671	135 211	144 533
变更劳动合同			
解除劳动合同	188 642	169 456	195 063
终止劳动合同			
案件处理情况			
结案数	827 717	790 448	884 223
处理方式			
仲裁调解	389 109	390 278	458 353
仲裁裁决	366 742	336 073	357 666
其他方式	71 866	64 097	68 204
处理结果			
用人单位胜诉	92 405	89 928	93 823
劳动者胜诉	285 824	259 898	276 642
双方部分胜诉及其他	369 429	440 622	513 758
案外调解案件数	240 101	208 491	214 288

注：从 2011 年起，将解除和终止劳动合同两项合并统计，解除劳动合同数为解除、终止劳动合同数之和。

表 4-2　　分地区劳动人事争议仲裁案件处理情况

（2018 年）　　单位：件

地区	上期未结案件数	案件受理情况				
		当期案件受理数	集体劳动争议案件	劳动者申诉案件	劳动者当事人数（人）	集体劳动争议劳动者当事人数
全国	**35 506**	**894 053**	**8 699**	**869 421**	**1 110 175**	**234 943**
北京	4 649	95 321	811	94 170	95 321	15 189
天津	1 292	23 614	216	23 192	26 284	3 906
河北	343	19 312	107	18 824	22 458	2 009
山西	122	8 141	47	7 991	11 367	1 688
内蒙古	298	12 619	56	12 224	14 604	2 580
辽宁	745	33 274	224	33 095	39 753	7 157
吉林	201	10 128	32	7 787	12 055	1 189
黑龙江	81	23 326	9	23 187	23 613	142
上海	5 020	52 160	217	50 710	57 834	3 934
江苏	705	79 248	676	75 965	90 239	19 181
浙江	4 914	56 312	506	55 894	74 100	15 706
安徽	467	29 278	348	28 751	37 703	7 275
福建	1 210	24 859	477	24 065	39 152	13 330
江西	298	10 369	83	10 004	17 280	6 099
山东	1 359	63 094	279	62 650	77 016	7 356
河南	615	23 055	170	22 196	28 160	3 009
湖北	1 622	29 434	134	28 160	32 678	4 063
湖南	238	19 004	131	17 828	22 757	4 182
广东	6 971	119 475	3 149	117 098	204 174	85 910
广西	517	16 163	21	16 058	16 728	582
海南	186	5 294	15	5 229	5 452	523
重庆	1 070	29 194	46	28 345	29 407	1 618
四川	1 175	41 711	439	40 920	51 767	13 250
贵州	308	14 790	17	14 649	15 343	648
云南	91	15 661	145	15 551	15 661	5 085
西藏	35	730	17	729	1 413	572
陕西	112	15 422	111	13 412	17 864	2 496
甘肃	193	5 292	63	5 050	7 006	1 417
青海	47	1 220	10	1 217	1 777	404
宁夏	312	5 866	94	5 268	8 856	2 848
新疆	279	9 367	47	7 891	10 988	1 564
新疆兵团	31	1 320	2	1 311	1 365	31

续表

地区	案件受理情况			
	按争议类型分			
	劳动报酬	社会保险	其中：工伤保险	解除、终止劳动合同
全国	**380 751**	**144 533**	**89 895**	**195 063**
北京	62 365	1 522	787	480
天津	12 623	1 783	1 550	4 135
河北	6 493	5 715	3 033	3 197
山西	2 260	2 355	1 619	2 127
内蒙古	5 859	2 170	961	2 931
辽宁	18 089	3 963	2 563	5 476
吉林	3 189	1 291	650	837
黑龙江	9 872	2 842	2 799	1 025
上海	17 793	3 026	2 641	22 717
江苏	33 568	13 125	12 006	24 882
浙江	20 270	16 577	12 812	10 521
安徽	9 373	12 929	4 210	3 141
福建	10 892	4 434	3 622	4 771
江西	3 570	3 009	1 967	2 006
山东	28 859	6 375	5 224	16 218
河南	8 026	6 020	2 109	4 437
湖北	8 758	7 274	2 525	9 373
湖南	5 283	5 423	2 313	4 641
广东	50 584	11 467	9 160	39 135
广西	8 271	2 168	745	2 640
海南	1 604	98	60	886
重庆	10 391	4 897	4 094	7 344
四川	17 706	6 439	4 365	9 016
贵州	4 513	4 699	3 398	2 751
云南	5 458	4 351	1 330	2 661
西藏	476	94	73	59
陕西	4 740	3 884	806	4 729
甘肃	2 191	1 070	658	975
青海	582	203	159	288
宁夏	2 279	1 613	676	1 140
新疆	4 188	3 318	816	429
新疆兵团	626	399	164	95

续表

地区	案件处理情况							案外调解案件数
	结案数	处理方式			处理结果			
		仲裁调解	仲裁裁决	其他方式	用人单位胜诉	劳动者胜诉	双方部分胜诉及其他	
全国	**884 223**	**458 353**	**357 666**	**68 204**	**93 823**	**276 642**	**513 758**	**214 288**
北京	90 500	45 852	37 479	7 169	12 406	7 892	70 202	5 782
天津	23 276	13 758	9 518		2 505	7 718	13 053	2 152
河北	19 340	11 778	6 696	866	1 879	10 390	7 071	4 773
山西	8 165	5 191	2 742	232	642	4 380	3 143	2 202
内蒙古	12 690	6 570	5 282	838	1 075	5 810	5 805	2 275
辽宁	33 340	14 891	15 951	2 498	3 450	15 218	14 672	8 343
吉林	10 078	3 959	5 778	341	672	7 340	2 066	4 968
黑龙江	23 205	8 187	11 228	3 790	2 533	7 633	13 039	5 478
上海	53 642	26 765	22 888	3 989	11 431	7 560	34 651	5 578
江苏	79 326	45 013	23 496	10 817	7 790	29 711	41 825	22 224
浙江	56 826	32 952	12 369	11 505	3 238	17 262	36 326	7 411
安徽	28 844	17 658	9 949	1 237	4 408	13 384	11 052	13 890
福建	24 578	14 301	8 918	1 359	1 890	7 883	14 805	4 090
江西	10 236	5 116	4 377	743	1 117	4 147	4 972	3 059
山东	62 590	35 980	24 989	1 621	6 225	20 212	36 153	11 233
河南	23 049	11 949	9 753	1 347	1 846	11 074	10 129	8 548
湖北	29 474	16 909	11 449	1 116	2 701	8 995	17 778	5 011
湖南	18 829	9 352	8 155	1 322	993	12 564	5 272	12 911
广东	117 124	52 585	58 690	5 849	10 770	22 201	84 153	37 667
广西	15 756	5 826	8 472	1 458	2 425	5 394	7 937	4 900
海南	4 948	1 967	2 634	347	448	1 563	2 937	290
重庆	27 805	15 973	8 550	3 282	3 496	5 601	18 708	2 122
四川	41 599	22 033	17 180	2 386	4 046	15 165	22 388	17 622
贵州	14 556	6 715	7 298	543	1 360	5 273	7 923	3 164
云南	15 699	8 805	6 006	888	1 082	6 139	8 478	7 030
西藏	749	450	250	49	22	238	489	815
陕西	15 130	7 265	7 180	685	1 496	5 465	8 169	3 340
甘肃	5 368	2 664	2 471	233	695	2 459	2 214	1 571
青海	1 235	678	510	47	94	918	223	314
宁夏	5 747	2 902	2 318	527	332	2 791	2 624	1 605
新疆	9 266	3 849	4 487	930	673	3 860	4 733	2 992
新疆兵团	1 253	460	603	190	83	402	768	928

表 4-3　　**劳动保障监察情况**

（2018 年）

监察案件情况（件）	2018 年	监察执法效果情况	2018 年
结案数	139 213	**主动监察**	
案件分类		检查单位数（万户）	138
内部劳动保障规章制度	1 375	涉及劳动者人数（万人）	6 240
订立和解除劳动合同	9 676	投诉结案数（件）	109 344
女职工特殊劳动保护	71	举报结案数（件）	19 084
未成年工特殊劳动保护	192	审查用人单位报送的书面材料涉及用人单位数（万户）	199
工作时间和休息休假	6 585	补签劳动合同（万人）	106
支付工资和最低工资标准	86 397	**追发劳动者工资等待遇**	
参加社会保险和缴纳社会保险费	20 107	涉及劳动者人数（万人）	169
职业介绍	533	金额（亿元）	160
职业技能培训和职业技能考核	39	**督促缴纳社会保险费**	
其他	21 686	单位数（万户）	2
案件处理情况		金额（万元）	92 946
责令限期改正	67 923	督促办理社会保险登记单位数（户）	8 853
行政处理决定	6 353	取缔非法职业中介机构（户）	1 235
行政处罚决定	8 621	清退风险抵押金金额（万元）	1 781
警告	2 710	审查用人单位规章数（万件）	43
罚款	6 827	纠正用人单位违法规章数（万件）	4
其他行政处罚	100	向社会公布重大违法行为数（件）	2 923

（五）社会保障

表 5-1　　历年全国社会保险基金收支及累计结余　　单位：亿元

年份	合计	基本养老保险	失业保险	基本医疗保险	工伤保险	生育保险
基金收入						
1995	1 006.0	950.1	35.3	9.7	8.1	2.9
2000	2 644.9	2 278.5	160.4	170.0	24.8	11.2
2001	3 101.9	2 489.0	187.3	383.6	28.3	13.7
2002	4 048.7	3 171.5	215.6	607.8	32.0	21.8
2003	4 882.9	3 680.0	249.5	890.0	37.6	25.8
2004	5 780.3	4 258.4	290.8	1 140.5	58.3	32.1
2005	6 975.2	5 093.3	340.3	1 405.3	92.5	43.8
2006	8 643.2	6 309.8	402.4	1 747.1	121.8	62.1
2007	10 812.3	7 834.2	471.7	2 257.2	165.6	83.6
2008	13 696.1	9 740.2	585.1	3 040.4	216.7	113.7
2009	16 115.6	11 490.8	580.4	3 671.9	240.1	132.4
2010	19 276.1	13 872.9	649.8	4 308.9	284.9	159.6
2011	25 153.3	18 004.8	923.1	5 539.2	466.4	219.8
2012	30 738.8	21 830.2	1 138.9	6 938.7	526.7	304.2
2013	35 252.9	24 732.6	1 288.9	8 248.3	614.8	368.4
2014	39 827.7	27 619.9	1 379.8	9 687.2	694.8	446.1
2015	46 012.1	32 195.5	1 367.8	11 192.9	754.2	501.7
2016	53 562.7	37 990.8	1 228.9	13 084.3	736.9	521.9
2017	67 154.2	46 613.8	1 112.6	17 931.6	853.8	642.5
2018	79 254.7	55 005.3	1 171.1	21 384.2	913.0	781.1
基金支出						
1995	877.1	847.6	18.9	7.3	1.8	1.6
2000	2 385.6	2 115.5	123.4	124.5	13.8	8.3
2001	2 748.0	2 321.3	156.6	244.1	16.5	9.6
2002	3 471.5	2 842.9	186.6	409.4	19.9	12.8
2003	4 016.4	3 122.1	199.8	653.9	27.1	13.5
2004	4 627.4	3 502.1	211.3	862.2	33.3	18.8
2005	5 400.8	4 040.3	206.9	1 078.7	47.5	27.4
2006	6 477.4	4 896.7	198.0	1 276.7	68.5	37.5
2007	7 887.9	5 964.9	217.7	1 561.8	87.9	55.6

续表

年份	合计	基本养老保险	失业保险	基本医疗保险	工伤保险	生育保险
2008	9 925.1	7 389.6	253.5	2 083.6	126.9	71.5
2009	12 302.6	8 894.4	366.8	2 797.4	155.7	88.3
2010	15 018.9	10 755.3	423.3	3 538.1	192.4	109.9
2011	18 652.9	13 363.2	432.8	4 431.4	286.4	139.2
2012	23 331.3	16 711.5	450.6	5 543.6	406.3	219.3
2013	27 916.3	19 818.7	531.6	6 801.0	482.1	282.8
2014	33 002.7	23 325.8	614.7	8 133.6	560.5	368.1
2015	38 988.1	27 929.4	736.4	9 312.1	598.7	411.5
2016	46 888.4	34 004.3	976.1	10 767.1	610.3	530.6
2017	57 145.0	40 423.8	893.8	14 421.7	662.3	743.5
2018	67 792.5	47 550.4	915.3	17 822.5	742.0	762.4
累计结余						
1995	516.8	429.8	68.4	3.1	12.7	2.7
2000	1 327.5	947.1	195.9	109.8	57.9	16.8
2001	1 622.8	1 054.1	226.2	253.0	68.9	20.6
2002	2 423.4	1 608.0	253.8	450.7	81.1	29.7
2003	3 313.8	2 206.5	303.5	670.6	91.2	42.0
2004	4 493.4	2 975.0	385.8	957.9	118.6	55.9
2005	6 073.7	4 041.0	519.0	1 278.1	163.5	72.1
2006	8 255.9	5 488.9	724.8	1 752.4	192.9	96.9
2007	11 236.6	7 391.4	979.1	2 476.9	262.6	126.6
2008	15 225.6	9 931.0	1 310.1	3 431.7	384.6	168.2
2009	19 006.5	12 526.1	1 523.6	4 275.9	468.8	212.1
2010	23 407.5	15 787.8	1 749.8	5 047.1	561.4	261.4
2011	30 233.1	20 727.8	2 240.2	6 180.0	742.6	342.5
2012	38 106.6	26 243.5	2 929.0	7 644.5	861.9	427.6
2013	45 588.1	31 274.8	3 685.9	9 116.5	996.2	514.7
2014	52 462.3	35 644.5	4 451.5	10 644.8	1 128.8	592.7
2015	59 532.5	39 937.1	5 083.0	12 542.8	1 285.3	684.4
2016	66 349.7	43 965.2	5 333.3	14 964.3	1 410.9	675.9
2017	77 311.6	50 202.2	5 552.4	19 385.6	1 606.9	564.5
2018	89 775.1	58 151.6	5 817.0	23 439.9	1 784.9	581.7

注：

1. 从 2010 年起，基本养老保险中含城乡居民基本养老保险。

2. 工伤保险累计结存包括储备金。

表 5-2　　历年全国基本养老保险基金收支及累计结余　　单位：亿元

指标	1995 年	2000 年	2001 年	2002 年	2003 年	2004 年	2005 年	2006 年
一、基金收入	950.1	2 278.1	2 489.0	3 171.5	3 680.0	4 258.4	5 093.3	6 309.7
（一）城镇职工	950.1	2 278.1	2 489.0	3 171.5	3 680.0	4 258.4	5 093.3	6 309.7
1. 企业	950.1	2 088.3	2 235.1	2 783.6	3 209.4	3 728.5	4 491.7	5 632.5
2. 事业、机关		189.8	253.0	387.8	470.6	529.9	601.6	677.2
（二）城乡居民								
二、基金支出	847.6	2 115.5	2 321.3	2 842.9	3 122.1	3 502.1	4 040.3	4 896.7
（一）城镇职工	847.6	2 115.5	2 321.3	2 842.9	3 122.1	3 502.1	4 040.3	4 896.7
1. 企业	847.6	1 970.0	2 116.5	2 502.8	2 716.2	3 031.2	3 495.3	4 287.3
2. 事业、机关		145.4	204.4	340.1	405.9	470.9	545.0	609.4
（二）城乡居民								
三、累计结余	429.8	947.1	1 054.1	1 608.0	2 206.5	2 975.0	4 041.0	5 488.9
（一）城镇职工	429.8	947.1	1 054.1	1 608.0	2 206.5	2 975.0	4 041.0	5 488.9
1. 企业	429.8	761.0	818.6	1 243.5	1 764.8	2 499.3	3 506.7	4 869.1
2. 事业、机关		186.1	233.2	364.5	441.7	475.7	534.3	619.8
（二）城乡居民								

指标	2007 年	2008 年	2009 年	2010 年	2011 年	2012 年	2013 年	2014 年
一、基金收入	7 834.2	9 740.2	11 490.8	13 872.9	18 004.8	21 830.2	24 732.6	27 619.9
（一）城镇职工	7 834.2	9 740.2	11 490.8	13 419.5	16 894.7	20 001.0	22 680.4	25 309.7
1. 企业	7 010.6	8 800.1	10 420.6	12 218.4	15 484.8	18 363.0	20 848.7	23 305.4
2. 事业、机关	823.6	940.1	1 070.3	1 201.1	1 409.9	1 638.0	1 831.7	2 004.2
（二）城乡居民				453.4	1 110.1	1 829.2	2 052.3	2 310.2
二、基金支出	5 964.9	7 389.6	8 894.4	10 755.3	13 363.2	16 711.5	19 818.7	23 325.8
（一）城镇职工	5 964.9	7 389.6	8 894.4	10 554.9	12 764.9	15 561.8	18 470.4	21 754.7
1. 企业	5 153.6	6 507.6	7 886.6	9 409.9	11 425.7	14 008.5	16 741.5	19 847.2
2. 事业、机关	811.3	882.0	1 007.8	1 145.0	1 339.3	1 553.3	1 729.0	1 907.4
（二）城乡居民				200.4	598.3	1 149.7	1 348.3	1 571.2
三、累计结余	7 391.4	9 931.0	12 526.1	15 787.8	20 727.8	26 243.5	31 274.8	35 644.5
（一）城镇职工	7 391.4	9 931.0	12 526.1	15 365.3	19 496.6	23 941.3	28 269.2	31 800.0
1. 企业	6 758.2	9 241.0	11 774.3	14 547.2	18 608.1	22 968.0	27 192.3	30 626.3
2. 事业、机关	633.2	690.0	751.8	818.1	888.5	973.3	1 076.9	1 173.7
（二）城乡居民				422.5	1 231.2	2 302.2	3 005.7	3 844.6

续表

指标	2015 年	2016 年	2017 年	2018 年
一、基金收入	32 195.5	37 990.8	46 613.8	55 005.3
（一）城镇职工	29 340.9	35 057.5	43 309.6	51 167.6
1. 企业	26 613.2	28 692.6	32 929.8	37 392.1
2. 事业、机关	2 727.7	6 364.9	10 379.7	13 775.5
（二）城乡居民	2 854.6	2 933.3	3 304.2	3 837.7
二、基金支出	27 929.4	34 004.3	40 423.8	47 550.4
（一）城镇职工	25 812.7	31 853.8	38 051.5	44 644.9
1. 企业	23 140.9	25 865.1	28 541.1	31 500.6
2. 事业、机关	2 671.8	5 988.7	9 510.4	13 144.3
（二）城乡居民	2 116.7	2 150.5	2 372.2	2 905.5
三、累计结余	39 937.1	43 965.2	50 202.2	58 151.6
（一）城镇职工	35 344.8	38 580.0	43 884.6	50 901.3
1. 企业	34 115.2	36 970.3	41 385.2	47 761.2
2. 事业、机关	1 229.6	1 609.8	2 499.3	3 140.0
（二）城乡居民	4 592.3	5 385.2	6 317.6	7 250.3

注：从 2010 年起，基本养老保险中含城乡居民基本养老保险。

表 5-3　　历年全国参加城镇职工基本养老保险职工及离退休人员人数　单位：万人

年份	职工		离退休人员	
	合计	企业	合计	企业
1990	5 200.7	5 200.7	965.3	965.3
1991	5 653.7	5 653.7	1 086.6	1 086.6
1992	7 774.7	7 774.7	1 681.5	1 681.5
1993	8 008.2	8 008.2	1 839.4	1 839.4
1994	8 494.1	8 494.1	2 079.4	2 079.4
1995	8 737.8	8 737.8	2 241.2	2 241.2
1996	8 758.4	8 758.4	2 358.3	2 358.3
1997	8 670.9	8 670.9	2 533.0	2 533.0
1998	8 475.8	8 475.8	2 727.3	2 727.3
1999	9 501.8	8 859.2	2 983.6	2 863.8
2000	10 447.5	9 469.9	3 169.9	3 016.5
2001	10 801.9	9 733.0	3 380.6	3 171.3
2002	11 128.8	9 929.4	3 607.8	3 349.2
2003	11 646.5	10 324.5	3 860.2	3 556.9
2004	12 250.3	10 903.9	4 102.6	3 775.0
2005	13 120.4	11 710.6	4 367.5	4 005.2
2006	14 130.9	12 618.0	4 635.4	4 238.6
2007	15 183.2	13 690.6	4 953.7	4 544.0
2008	16 587.5	15 083.4	5 303.6	4 868.0
2009	17 743.0	16 219.0	5 806.9	5 348.0
2010	19 402.3	17 822.7	6 305.0	5 811.6
2011	21 565.0	19 970.0	6 826.2	6 314.0
2012	22 981.1	21 360.9	7 445.7	6 910.9
2013	24 177.3	22 564.7	8 041.0	7 484.8
2014	25 531.0	23 932.3	8 593.4	8 013.6
2015	26 219.2	24 586.8	9 141.9	8 536.5
2016	27 826.3	25 239.6	10 103.4	9 023.9
2017	29 267.6	25 856.3	11 025.7	9 460.4
2018	30 104.0	26 502.6	11 797.7	9 980.5

表 5-4　　历年全国基本养老保险待遇水平　　单位：元/月

年份	平均离退休费							
	全部离退休人员				统筹范围内离退休人员			
	合计	企业	机关	事业	合计	企业	机关	事业
1998	495	455	656	624	413	413	—	—
1999	548	495	746	723	503	494	721	725
2000	595	526	835	827	559	544	947	871
2001	643	548	1 018	944	576	556	940	894
2002	734	636	1 147	1 068	648	618	1 077	1 031
2003	784	663	1 277	1 173	674	640	1 124	1 091
2004	810	673	1 378	1 243	705	667	1 223	1 154
2005	889	734	1 534	1 369	758	716	1 257	1 208
2006	—	—	—	—	873	832	1 364	1 290
2007	—	—	—	—	1 002	947	1 711	1 576
2008	—	—	—	—	1 168	1 121	1 822	1 663
2009	—	—	—	—	1 294	1 246	1 959	1 816
2010	—	—	—	—	1 426	1 380	2 055	1 929
2011	—	—	—	—	1 574	1 528	2 241	2 105
2012	—	—	—	—	1 750	1 700	2 352	2 380
2013	—	—	—	—	1 917	1 869	2 587	2 544
2014	—	—	—	—	2 105	2 061	2 668	2 695
2015	—	—	—	—	2 318	2 251	3 251	3 240
2016	—	—	—	—	2 519	2 373	3 858	3 921
2017	—	—	—	—	2 719	2 500	4 204	
2018	—	—	—	—	2 936	2 607	4 796	

续表

年份	平均退休费							
	全部退休人员				统筹范围内退休人员			
	合计	企业	机关	事业	合计	企业	机关	事业
1998	528	442	606	603	—	—	—	—
1999	606	481	707	702	—	—	—	—
2000	655	512	788	805	—	—	—	—
2001	689	531	964	921	—	—	—	—
2002	706	615	1 095	1 014	627	599	1 022	1 009
2003	757	644	1 221	1 151	654	621	1 069	1 069
2004	782	653	1 328	1 220	683	646	1 162	1 129
2005	861	714	1 469	1 346	737	698	1 196	1 180
2006	—	—	—	—	853	815	1 294	1 262
2007	—	—	—	—	977	925	1 639	1 543
2008	—	—	—	—	1 145	1 100	1 740	1 628
2009	—	—	—	—	1 270	1 225	1 876	1 778
2010	—	—	—	—	1 405	1 362	1 982	1 895
2011	—	—	—	—	1 555	1 511	2 167	2 073
2012	—	—	—	—	1 733	1 686	2 271	2 347
2013	—	—	—	—	1 902	1 856	2 514	2 514
2014	—	—	—	—	2 091	2 050	2 592	2 665
2015	—	—	—	—	2 304	2 240	3 193	3 210
2016	—	—	—	—	2 508	2 362	3 846	3 911
2017	—	—	—	—	2 710	2 490	4 199	
2018	—	—	—	—	2 928	2 597	4 794	

注：2016 年各地启动机关事业单位养老保险制度，参保人群扩大，按政策规定参保人员范围重新界定，与往年略有不同。自 2017 年起，本表反映执行机关事业单位养老保险制度数据。

表 5-5　　历年分地区城镇职工基本养老保险参保人数　　单位：万人

地区	2001 年		2002 年		2003 年		2004 年		2005 年	
	合计	离退休人员	合计	离退休人员	合计	离退休人员	合计	离退休人员	合计	离退休人员
全国	**14 182.5**	**3 380.6**	**14 736.6**	**3 607.8**	**15 506.7**	**3 860.2**	**16 352.9**	**4 102.6**	**17 487.9**	**4 367.5**
中央机关										
北京	425.9	124.3	436.2	133.2	448.5	141.5	459.7	148.6	520.0	155.2
天津	281.4	85.2	296.0	91.4	283.3	97.6	298.1	102.9	308.3	107.7
河北	641.4	145.3	643.5	154.0	665.5	163.6	683.4	172.0	707.9	184.2
山西	365.6	81.8	361.8	85.4	364.4	88.1	376.7	93.3	383.4	98.2
内蒙古	290.6	65.3	292.9	70.8	300.9	72.6	318.8	82.0	338.9	86.1
辽宁	1 022.7	288.9	1 039.2	302.2	1 070.4	315.5	1 101.0	333.8	1 193.6	360.8
吉林	389.1	99.6	397.7	104.9	427.0	115.5	439.0	123.1	455.9	131.0
黑龙江	692.5	178.5	689.8	187.4	714.3	196.0	738.1	207.3	768.9	223.2
上海	683.5	239.9	699.8	246.9	715.6	254.6	770.9	265.3	830.0	290.7
江苏	888.1	212.7	1 063.5	252.9	1 135.2	271.4	1 214.1	288.8	1 345.6	307.9
浙江	610.4	125.1	701.1	132.6	801.2	144.2	888.0	152.4	962.3	160.9
安徽	432.7	98.5	432.3	102.8	456.6	113.6	463.9	118.8	471.7	124.8
福建	242.0	58.4	285.1	61.6	364.2	79.4	377.5	83.7	409.6	88.9
江西	328.8	78.2	339.8	82.6	355.9	93.4	371.8	99.9	387.4	105.5
山东	1 022.6	191.3	1 043.0	205.3	1 135.9	219.3	1 218.7	232.2	1 302.4	248.6
河南	736.6	141.9	757.8	161.5	751.1	171.0	781.1	181.1	814.0	194.2
湖北	612.1	137.7	628.8	147.2	732.4	177.9	780.5	195.4	804.0	206.4
湖南	603.4	148.0	616.5	157.7	636.2	167.5	691.7	185.4	718.6	195.2
广东	1 370.3	187.0	1 405.4	193.5	1 482.2	203.8	1 588.8	220.4	1 796.1	231.2
广西	248.9	58.7	257.2	63.5	264.8	66.3	279.3	70.2	288.6	73.3
海南	108.2	30.5	111.2	31.9	116.7	33.6	120.0	35.2	120.9	36.5
重庆	270.3	82.3	280.3	87.8	280.0	92.4	283.9	96.8	290.2	100.5
四川	578.9	169.4	589.2	178.1	605.5	187.5	668.0	202.7	793.4	230.7
贵州	159.0	42.4	168.9	44.9	168.0	48.0	174.9	50.0	183.7	51.7
云南	243.1	69.6	252.1	74.1	257.3	77.8	255.3	79.4	258.7	81.9
西藏	7.1	2.6	7.0	2.6	7.3	2.8	7.6	3.0	7.7	3.1
陕西	345.4	83.4	352.0	90.8	362.4	97.4	369.3	102.5	376.1	107.8
甘肃	188.4	45.3	188.0	48.1	192.0	51.2	194.5	53.5	197.3	55.1
青海	51.9	14.9	54.2	15.0	56.4	15.9	58.5	16.5	60.0	16.9
宁夏	57.9	13.2	59.0	13.7	60.7	14.3	62.5	15.2	67.5	16.1
新疆	258.4	77.6	262.1	79.6	269.3	83.0	294.8	87.3	302.1	89.0
中国人民银行	19.8	3.1	19.8	3.3	19.8	3.4	17.1	3.5	17.1	3.7
中国农业发展银行	5.4	0.2	5.5	0.3	5.6	0.4	5.8	0.4	5.7	0.5

续表

地区	2006 年		2007 年		2008 年		2009 年		2010 年	
	合计	离退休人员	合计	离退休人员	合计	离退休人员	合计	离退休人员	合计	离退休人员
全国	**18 766.3**	**4 635.4**	**20 136.9**	**4 953.7**	**21 891.1**	**5 303.6**	**23 549.9**	**5 806.9**	**25 707.3**	**6 305.0**
中央机关										
北京	603.6	160.9	671.0	171.2	757.2	180.1	826.7	188.2	981.3	195.5
天津	328.2	112.7	344.8	119.2	376.5	129.3	401.5	136.5	431.5	143.6
河北	747.5	196.0	795.6	210.2	862.5	222.7	919.5	238.0	988.4	259.5
山西	486.9	112.7	506.7	120.2	539.4	128.0	563.8	136.6	591.0	147.3
内蒙古	356.6	91.1	370.9	96.6	389.5	102.9	410.8	112.8	430.7	119.2
辽宁	1 248.8	383.0	1 299.7	408.1	1 406.2	429.9	1 457.4	449.4	1 496.9	472.7
吉林	480.2	138.9	501.7	147.8	525.3	155.4	554.3	171.1	599.5	206.6
黑龙江	801.0	236.5	826.8	253.0	857.8	276.0	920.3	333.7	952.2	363.0
上海	891.7	314.4	932.4	340.5	967.7	357.8	1 001.1	376.0	1 049.5	392.2
江苏	1 469.8	328.1	1 602.3	353.3	1 751.6	378.6	1 883.1	415.4	2 033.0	449.1
浙江	1 052.6	170.9	1 167.1	182.3	1 386.9	194.8	1 527.4	209.6	1 702.2	223.6
安徽	495.2	133.8	530.3	144.8	578.4	158.1	628.2	169.5	669.5	177.5
福建	456.1	93.6	512.8	98.1	557.2	102.6	585.9	108.1	635.5	113.5
江西	415.0	111.6	475.0	118.5	550.3	128.5	581.9	135.9	607.6	145.5
山东	1 368.0	261.7	1 457.1	282.2	1 565.9	305.0	1 661.0	326.0	1 773.0	345.1
河南	863.8	208.2	912.9	224.7	972.0	239.1	1 019.1	254.5	1 079.3	270.3
湖北	850.8	220.5	886.8	235.3	932.3	252.0	982.0	273.6	1 039.8	301.6
湖南	751.6	209.9	784.0	227.3	829.1	235.3	879.1	246.1	938.9	265.4
广东	1 972.3	243.5	2 226.8	257.2	2 444.3	273.0	2 716.4	294.2	3 215.2	339.6
广西	302.7	77.1	325.5	82.2	368.1	95.0	411.3	118.0	449.3	138.1
海南	132.0	38.0	141.7	39.7	156.2	42.0	168.1	43.2	180.8	45.4
重庆	317.3	107.9	344.8	112.7	406.1	130.7	492.8	176.5	584.4	192.5
四川	842.7	244.9	917.4	269.4	1 017.9	306.7	1 176.2	393.5	1 300.9	439.0
贵州	193.2	54.1	205.9	56.5	215.9	59.3	235.6	63.5	257.3	67.0
云南	267.4	83.8	279.4	87.6	293.7	89.3	306.5	90.2	317.4	92.3
西藏	7.6	3.1	8.1	3.0	8.5	3.1	9.2	3.1	9.9	3.2
陕西	391.5	111.4	408.1	117.4	433.4	124.4	458.8	131.0	550.4	150.3
甘肃	201.2	57.7	208.4	60.6	221.0	64.0	230.9	67.5	242.5	71.3
青海	62.5	17.4	65.2	18.0	68.3	18.6	71.3	19.3	74.4	20.0
宁夏	72.3	16.7	77.0	17.7	82.6	18.8	89.4	20.0	107.8	30.5
新疆	313.3	90.9	327.7	93.7	346.3	97.6	356.9	100.6	393.8	119.2
中国人民银行	17.2	3.9	17.3	4.1	17.5	4.2	17.5	4.4	17.7	4.6
中国农业发展银行	5.6	0.5	5.6	0.6	5.6	0.7	5.6	0.7	5.7	0.8

续表

地区	2011年		2012年		2013年		2014年		2015年	
	合计	离退休人员	合计	离退休人员	合计	离退休人员	合计	离退休人员	合计	离退休人员
全国	**28 391.3**	**6 826.2**	**30 426.8**	**7 445.7**	**32 218.4**	**8 041.0**	**34 124.4**	**8 593.4**	**35 361.2**	**9 141.9**
中央机关										
北京	1 089.4	201.2	1 206.4	210.7	1 311.3	220.0	1 392.6	228.9	1 424.2	236.7
天津	458.7	148.8	490.3	156.9	520.7	168.4	545.4	175.3	565.2	180.9
河北	1 059.8	285.3	1 125.6	312.3	1 194.7	335.1	1 262.0	353.6	1 320.5	368.5
山西	623.8	158.9	648.7	168.9	672.4	180.5	692.0	190.9	714.3	201.4
内蒙古	452.4	136.6	471.9	153.0	496.5	172.7	524.9	192.7	579.0	208.1
辽宁	1 556.6	486.5	1 609.2	510.4	1 729.5	557.8	1 769.2	601.9	1 780.2	640.5
吉林	617.5	221.1	632.2	234.6	655.2	248.4	676.7	261.1	693.6	273.7
黑龙江	981.0	380.0	1 013.0	401.6	1 062.1	422.2	1 090.1	443.4	1 118.0	471.1
上海	1 382.7	406.5	1 416.9	423.8	1 429.9	437.5	1 457.4	452.4	1 493.8	465.4
江苏	2 223.9	483.1	2 427.5	547.0	2 582.1	594.3	2 691.9	637.6	2 779.9	681.1
浙江	1 919.2	253.4	2 183.3	347.8	2 375.4	398.9	2 548.0	468.8	2 504.3	570.3
安徽	729.3	191.5	783.8	205.4	811.3	219.1	829.2	232.3	857.5	246.7
福建	695.1	118.2	756.5	125.5	812.8	133.2	848.3	140.2	883.7	147.1
江西	653.0	168.7	707.4	189.1	754.2	207.0	783.9	221.1	823.1	235.2
山东	1 907.1	373.1	2 063.2	416.3	2 259.6	459.2	2 370.2	511.5	2 477.5	554.4
河南	1 168.4	287.9	1 270.6	306.0	1 350.0	325.6	1 431.6	342.3	1 508.7	359.8
湖北	1 113.4	341.7	1 171.4	367.3	1 219.4	395.9	1 266.2	419.2	1 315.5	440.6
湖南	988.2	277.9	1 048.0	300.4	1 091.7	329.5	1 118.9	349.0	1 160.1	369.0
广东	3 800.7	372.6	4 034.1	390.2	4 183.0	421.3	4 809.5	445.9	5 086.5	473.3
广西	483.8	151.5	512.7	163.6	538.4	172.6	557.6	180.3	576.6	186.9
海南	199.9	47.8	214.2	52.5	231.5	57.1	242.3	59.9	249.8	62.0
重庆	647.6	220.1	716.9	247.0	773.1	275.4	825.5	293.3	849.3	304.9
四川	1 494.2	495.4	1 615.4	541.7	1 720.3	596.2	1 839.7	648.1	1 939.0	688.9
贵州	282.1	71.3	309.4	77.7	337.3	82.6	361.5	87.1	392.1	94.8
云南	342.8	104.2	364.5	110.7	384.3	115.7	397.9	118.7	412.9	121.8
西藏	11.2	3.2	13.3	3.5	14.0	3.5	15.2	3.7	16.2	3.8
陕西	588.6	155.5	643.5	177.1	685.0	191.9	716.5	200.3	751.7	207.5
甘肃	263.0	85.1	277.4	93.7	288.4	99.9	298.8	105.0	306.2	109.2
青海	81.5	25.2	86.0	26.2	90.3	27.6	94.6	28.8	100.1	30.1
宁夏	121.4	36.4	131.2	39.9	143.8	41.9	151.4	44.2	157.5	46.4
新疆	431.5	131.9	458.8	139.0	476.3	143.8	490.8	149.1	499.4	154.8
中国人民银行	17.8	4.8	17.9	5.0	18.0	5.2	18.0	5.5	18.1	5.8
中国农业发展银行	5.8	1.0	5.9	1.0	6.0	1.1	6.5	1.3	6.7	1.4

续表

地区	2016年		2017年		2018年	
	合计	离退休人员	合计	离退休人员	合计	离退休人员
全国	**37 929.7**	**10 103.4**	**40 293.3**	**11 025.7**	**41 901.6**	**11 797.7**
中央机关					55.6	24.4
北京	1 546.6	275.4	1 604.5	283.1	1 685.8	293.5
天津	639.0	208.6	655.0	213.8	683.2	221.0
河北	1 403.1	391.3	1 535.8	433.8	1 586.1	455.4
山西	760.2	216.6	798.7	243.0	837.6	262.2
内蒙古	655.0	236.5	694.3	257.1	733.5	284.6
辽宁	1 800.3	679.7	1 949.8	754.4	1 994.8	789.6
吉林	706.8	286.7	814.5	332.2	862.4	356.6
黑龙江	1 144.1	488.5	1 206.1	523.9	1 308.5	576.7
上海	1 527.1	476.3	1 548.2	489.2	1 573.4	502.0
江苏	2 861.5	724.2	3 034.5	796.1	3 225.6	871.2
浙江	2 506.9	663.9	2 712.4	747.5	2 883.4	806.8
安徽	892.2	257.9	1 077.0	322.9	1 141.7	342.9
福建	979.8	174.0	1 022.1	182.0	1 074.3	190.6
江西	957.3	284.6	1 005.2	307.7	1 052.8	333.1
山东	2 576.4	607.4	2 660.9	638.8	2 762.7	677.1
河南	1 848.4	450.3	1 897.6	460.0	2 006.5	486.4
湖北	1 355.0	458.0	1 546.6	526.1	1 601.6	554.1
湖南	1 186.7	362.9	1 279.3	422.7	1 402.4	454.5
广东	5 392.4	524.6	5 287.1	569.0	4 919.7	636.6
广西	751.9	240.7	777.8	251.9	825.9	260.3
海南	224.9	66.5	240.9	68.9	258.0	70.5
重庆	952.2	346.3	989.2	360.8	1 051.2	388.7
四川	2 157.6	777.8	2 335.1	816.0	2 543.7	881.6
贵州	423.6	99.6	588.2	141.3	639.8	149.7
云南	581.8	168.0	591.5	171.3	616.2	176.0
西藏	21.1	6.0	42.9	9.2	46.2	9.6
陕西	790.8	213.6	953.3	246.4	992.0	258.2
甘肃	315.0	114.1	429.8	141.6	454.7	155.4
青海	132.3	41.4	138.3	42.8	145.1	44.7
宁夏	189.3	57.8	205.2	60.2	216.1	63.6
新疆	625.0	196.5	646.4	204.3	695.3	211.0
中国人民银行	18.2	6.1	18.2	6.1	18.6	6.8
中国农业发展银行	6.9	1.6	6.9	1.6	7.4	2.1

表 5-6　　分地区城镇职工基本养老保险情况

（2018 年）　　单位：万人，亿元

地区	参保职工年末人数	企业	参保离退休人员年末人数	基金收支情况：基金收入	基金支出	累计结余
全国	**30 104.0**	**26 502.6**	**11 797.7**	**51 167.6**	**44 644.9**	**50 901.3**
中央机关	31.2		24.4	178.4	142.1	43.3
北京	1 392.2	1 332.7	293.5	2 553.9	1 519.2	5 298.2
天津	462.2	419.2	221.0	1 120.3	1 059.9	530.3
河北	1 130.7	910.6	455.4	2 125.7	2 020.3	870.4
山西	575.5	457.1	262.2	1 223.4	1 138.6	1 560.1
内蒙古	448.9	357.3	284.6	1 094.6	1 073.8	656.5
辽宁	1 205.2	1 080.4	789.6	2 343.6	2 714.7	309.6
吉林	505.8	423.0	356.6	1 055.4	940.3	504.2
黑龙江	731.7	629.6	576.7	1 630.2	1 793.1	−557.2
上海	1 071.4	1 007.4	502.0	2 808.9	2 584.1	2 242.3
江苏	2 354.4	2 186.2	871.2	3 923.2	3 401.0	4 695.5
浙江	2 076.6	1 924.4	806.8	3 011.8	2 870.5	3 796.8
安徽	798.8	688.0	342.9	2 005.6	1 732.7	1 681.5
福建	883.7	789.5	190.6	886.4	724.6	938.6
江西	719.7	621.2	333.1	1 169.8	1 004.0	820.1
山东	2 085.6	1 838.7	677.1	2 728.1	2 617.1	2 387.2
河南	1 520.1	1 266.3	486.4	1 901.8	1 816.0	1 197.4
湖北	1 047.5	919.9	554.1	1 941.7	1 996.1	743.4
湖南	947.9	769.9	454.5	2 129.2	1 610.2	1 657.5
广东	4 283.0	4 066.6	636.6	4 571.3	2 450.6	11 128.8
广西	565.5	453.3	260.3	1 248.9	1 126.8	693.2
海南	187.5	164.7	70.5	326.1	267.8	234.6
重庆	662.5	594.5	388.7	1 202.3	1 093.0	1 025.9
四川	1 662.1	1 469.6	881.6	2 884.2	2 532.1	3 686.8
贵州	490.1	385.8	149.7	799.3	636.6	781.9
云南	440.2	316.6	176.0	878.0	690.4	1 138.4
西藏	36.6	16.7	9.6	110.5	94.7	139.5
陕西	733.7	607.2	258.2	1 173.3	1 045.4	693.0
甘肃	299.3	211.5	155.4	552.6	508.2	458.1
青海	100.3	80.6	44.7	217.7	221.7	54.1
宁夏	152.5	132.4	63.6	268.8	240.1	250.0
新疆	484.3	381.6	211.0	1 041.7	920.2	1 203.3
中国人民银行	11.8		6.8	44.6	45.7	15.0
中国农业发展银行	5.3		2.1	15.9	13.3	22.5
中央调剂金账户				0.5		0.5

表 5-7　　历年全国养老金社会化发放人数　　单位：万人

年份	社会化发放人数	纳入社区管理的企业退休人员人数	纳入社区管理的企业退休人员比例（%）
2005	4 001.0	2 655.2	68.3
2006	4 232.0	2 832.8	68.8
2007	4 535.8	3 136.0	71.2
2008	4 829.1	3 461.0	73.2
2009	5 303.3	3 879.0	75.2
2010	5 805.8	4 344.0	76.2
2011	5 367.0	4 725.0	77.3
2012	6 865.5	5 328.0	78.3
2013	7 201.0	5 620.0	79.1
2014	8 093.2	6 038.0	80.2
2015	8 383.9	6 597.0	81.1
2016	8 620.5	7 086.0	82.0
2017	9 142.9	7 589.0	83.0
2018	9 693.2	8 045.3	83.0

注：社会化发放人数是指企业、企业化管理的事业单位及其他参保人员中的离退休人员。

表 5-8　　分地区养老金社会化发放人数

（2018 年）　　单位：万人

地区	社会化发放人数
全国	**9 693.2**
北京	258.8
天津	191.1
河北	289.5
山西	198.2
内蒙古	242.6
辽宁	699.0
吉林	315.5
黑龙江	501.4
上海	445.1
江苏	739.0
浙江	740.3
安徽	276.2
福建	128.9
江西	285.3
山东	560.7
河南	297.8
湖北	477.3
湖南	363.1
广东	542.6
广西	201.1
海南	59.0
重庆	351.3
四川	710.2
贵州	109.8
云南	126.3
西藏	3.8
陕西	203.9
甘肃	125.0
青海	33.7
宁夏	53.4
新疆	101.9
新疆兵团	61.3

注：社会化发放人数是指企业、企业化管理的事业单位及其他参保人员中的离退休人员。

表 5-9　　历年分地区城镇基本医疗保险参保人数　　单位：万人

地区	2001年		2002年		2003年		2004年		2005年	
	合计	退休人员	合计	退休人员	合计	退休人员	合计	退休人员	合计	退休人员
全国	**7 285.9**	**1 815.2**	**9 401.2**	**2 475.4**	**10 901.7**	**2 926.8**	**12 403.6**	**3 359.2**	**13 782.9**	**3 761.2**
北京	240.7	89.4	321.1	113.2	436.1	134.7	483.9	141.7	574.8	155.1
天津	139.6	46.8	250.2	103.8	254.7	108.5	263.0	104.8	299.1	118.3
河北	282.5	61.5	330.4	73.0	383.2	84.7	472.5	108.9	562.1	139.6
山西	157.3	34.4	216.7	49.5	245.5	51.3	295.5	63.9	324.9	73.0
内蒙古	196.9	45.5	221.7	54.2	252.3	66.1	274.2	78.1	292.0	86.0
辽宁	313.6	90.4	619.0	188.7	697.7	217.2	783.7	247.3	864.2	280.0
吉林	124.2	27.8	176.9	39.8	230.8	55.3	270.0	67.5	283.0	73.9
黑龙江	308.3	89.2	392.8	108.2	435.2	122.1	544.1	151.7	602.9	170.4
上海	680.5	238.9	694.8	245.9	709.6	250.6	714.1	260.9	728.6	275.9
江苏	456.0	113.5	690.9	183.2	815.0	227.6	976.7	261.6	1 124.1	303.0
浙江	352.7	100.0	423.4	117.0	510.3	139.5	569.2	150.3	639.6	163.1
安徽	232.8	53.6	273.4	65.6	318.2	79.8	362.2	97.7	387.1	112.7
福建	171.0	38.3	230.0	54.7	247.8	61.8	285.9	69.5	333.0	77.2
江西	71.6	12.2	106.6	22.7	188.2	45.7	250.4	65.8	276.7	75.0
山东	490.2	86.0	625.6	119.5	691.1	138.0	771.9	153.5	861.5	176.7
河南	460.3	94.8	537.4	115.2	567.9	126.9	590.0	136.8	641.5	154.1
湖北	255.4	54.5	338.1	80.6	416.6	110.1	466.8	132.5	502.0	147.2
湖南	351.6	83.7	398.1	108.3	423.5	116.1	477.0	133.9	503.4	146.6
广东	544.8	84.4	717.7	118.8	877.0	146.4	1 034.2	168.9	1 235.3	180.3
广西	150.1	33.4	201.8	54.1	235.0	66.1	272.2	77.8	285.9	82.3
海南	40.9	8.5	52.6	11.5	63.1	15.4	78.6	22.3	87.2	24.5
重庆	36.8	9.7	58.7	18.0	121.8	41.7	206.3	76.2	237.7	91.9
四川	437.6	128.3	480.6	150.1	531.2	173.8	587.6	196.5	647.0	220.2
贵州	31.1	6.9	94.6	26.6	134.1	38.2	152.6	44.0	180.5	51.5
云南	185.7	45.6	238.4	65.0	281.5	81.4	302.3	89.6	320.7	95.5
西藏					6.0	1.8	7.1	2.8	15.2	4.8
陕西	231.4	49.4	261.8	65.1	301.0	77.4	325.6	86.8	348.8	101.3
甘肃	109.9	23.6	124.1	26.0	146.0	32.8	165.8	40.6	176.6	46.2
青海	38.3	12.6	51.1	16.3	56.4	17.8	60.2	19.5	62.0	20.4
宁夏	17.2	4.0	36.8	10.1	48.1	12.7	55.6	14.6	64.5	17.2
新疆	177.0	48.1	235.7	70.6	276.7	85.3	304.4	93.2	321.1	97.5

续表

地区	2006年		2007年		2008年		2009年		2010年	
	合计	退休人员	合计	退休人员	合计	退休人员	合计	退休人员	合计	退休人员
全国	**15 731.9**	**4 151.5**	**22 311.4**	**4 600.0**	**31 821.7**	**5 007.9**	**40 147.0**	**5 526.9**	**43 262.9**	**5 943.5**
北京	679.5	163.9	929.4	172.9	1 017.1	182.4	1 083.9	191.8	1 207.3	215.1
天津	344.2	126.0	403.8	133.2	484.5	141.8	605.3	150.6	960.9	157.5
河北	615.9	158.6	746.3	183.9	1 083.1	199.5	1 421.1	219.7	1 518.1	238.0
山西	353.8	82.2	460.6	98.3	593.9	108.8	879.0	128.5	923.5	140.0
内蒙古	316.2	93.1	451.6	103.8	612.5	108.6	805.3	117.8	886.4	124.7
辽宁	959.3	307.4	1 200.2	346.5	1 507.5	386.5	1 895.6	444.5	2 056.2	464.1
吉林	376.3	101.2	767.2	118.2	937.4	131.8	1 242.8	147.4	1 333.8	179.9
黑龙江	708.2	192.9	826.7	202.3	1 056.3	216.0	1 544.3	256.5	1 560.8	278.4
上海	1 023.3	291.0	1 096.8	306.4	1 355.2	320.9	1 583.8	372.5	1 665.2	388.8
江苏	1 274.3	338.5	2 136.6	365.4	2 837.6	390.3	3 031.0	418.6	3 249.4	443.2
浙江	730.6	172.9	946.2	185.5	1 322.6	198.3	1 784.4	211.8	1 963.8	226.8
安徽	441.2	124.7	953.3	137.1	1 323.8	148.1	1 435.8	160.4	1 529.3	169.3
福建	370.1	85.2	477.4	91.0	796.5	101.4	1 137.2	114.7	1 200.6	120.7
江西	313.3	86.5	784.7	121.6	1 207.1	149.4	1 300.4	151.6	1 326.4	166.5
山东	996.1	199.9	1 292.3	227.8	1 847.0	256.2	2 540.2	287.8	2 770.6	316.7
河南	704.1	173.3	897.7	197.4	1 549.4	220.8	1 970.1	243.7	2 043.7	258.7
湖北	565.3	166.6	870.5	196.3	1 435.7	210.9	1 811.7	236.2	1 860.0	239.8
湖南	560.5	162.4	724.5	181.9	1 321.6	206.5	1 831.9	225.6	1 894.5	236.9
广东	1 421.1	197.9	2 281.6	218.0	3 551.8	240.3	4 568.5	259.4	5 043.2	314.5
广西	302.0	88.7	361.4	99.2	568.2	103.8	850.0	110.6	935.2	123.0
海南	91.0	25.6	155.3	29.9	249.7	34.0	283.8	41.5	323.3	43.2
重庆	257.5	97.4	327.5	104.7	550.6	115.1	769.5	120.8	830.8	125.6
四川	734.5	247.8	1 020.0	270.6	1 413.8	296.7	1 912.7	317.3	2 063.1	348.3
贵州	199.2	57.8	293.8	66.1	404.3	73.0	567.0	85.1	602.5	88.2
云南	331.5	98.8	400.3	101.8	618.2	103.6	762.5	118.3	820.5	121.4
西藏	16.5	5.0	19.2	5.8	32.4	5.3	36.0	6.4	38.6	6.6
陕西	377.1	111.4	459.3	123.2	717.3	132.8	890.0	145.2	947.2	151.2
甘肃	195.8	51.7	449.5	61.6	522.2	68.8	557.4	77.7	588.8	85.9
青海	64.5	22.0	95.8	23.0	93.6	24.5	104.8	24.6	140.3	25.2
宁夏	73.1	19.9	114.0	21.4	158.7	22.7	186.0	23.8	188.3	26.4
新疆	335.8	101.2	367.9	105.1	652.1	109.0	755.0	114.7	790.5	119.0

续表

地区	2011年		2012年		2013年		2014年		2015年	
	合计	退休人员	合计	退休人员	合计	退休人员	合计	退休人员	合计	退休人员
全国	**47 343.2**	**6 278.6**	**53 641.3**	**6 624.2**	**57 072.6**	**6 941.8**	**59 746.9**	**7 254.8**	**66 581.6**	**7 531.2**
北京	1 347.8	232.8	1 431.6	239.1	1 514.9	249.8	1 604.3	260.1	1 656.6	269.5
天津	972.8	162.5	981.3	168.9	1 001.5	177.3	1 023.6	183.6	1 054.1	190.4
河北	1 562.2	248.2	1 644.4	261.5	1 674.5	275.6	1 697.5	286.3	1 663.7	300.3
山西	1 005.1	150.8	1 055.9	157.2	1 086.3	166.9	1 101.2	175.5	1 113.8	179.4
内蒙古	907.3	124.3	967.7	132.4	986.2	134.5	998.1	138.6	1 008.1	141.4
辽宁	2 120.1	494.1	2 251.9	524.8	2 333.3	546.9	2 387.2	576.7	2 396.2	597.7
吉林	1 350.6	188.2	1 370.0	194.0	1 378.6	197.5	1 380.0	197.5	1 380.6	199.7
黑龙江	1 578.0	293.6	1 580.3	309.6	1 580.4	311.6	1 586.4	324.3	1 594.8	330.1
上海	1 591.8	404.1	1 638.6	421.5	1 650.5	438.4	1 678.5	453.2	1 719.2	465.8
江苏	3 500.5	470.9	3 608.8	508.9	3 427.6	543.6	3 797.5	577.0	4 014.3	610.8
浙江	2 244.1	243.3	2 806.8	277.1	4 121.1	299.5	4 847.6	324.1	4 964.1	353.7
安徽	1 612.9	181.9	1 660.0	191.5	1 660.8	203.3	1 756.4	211.9	1 737.6	221.1
福建	1 217.2	126.2	1 262.9	130.2	1 283.8	136.4	1 293.0	143.0	1 301.2	146.8
江西	1 329.7	170.9	1 438.6	180.4	1 476.6	189.8	1 494.2	197.7	1 530.4	201.3
山东	2 947.8	337.5	3 101.2	365.6	3 647.9	391.7	3 988.0	411.4	9 235.8	439.9
河南	2 122.3	272.2	2 222.2	293.2	2 297.2	313.4	2 340.0	327.2	2 344.9	336.6
湖北	1 932.5	254.6	1 960.3	264.7	1 960.6	280.7	1 968.0	286.9	1 972.1	296.3
湖南	1 941.2	242.9	2 341.9	248.8	2 316.2	257.5	2 300.7	261.8	2 662.3	267.1
广东	6 767.1	340.5	8 421.8	362.8	9 179.8	383.8	9 804.2	420.9	10 136.0	439.7
广西	981.3	128.8	1 011.5	133.6	1 031.0	137.8	1 067.3	143.8	1 077.6	148.8
海南	352.4	45.3	378.5	47.5	406.5	50.6	386.8	53.7	389.8	55.6
重庆	1 324.8	133.1	3 219.1	147.9	3 234.8	158.9	3 256.8	167.0	3 266.3	174.0
四川	2 248.4	366.0	2 383.8	381.8	2 486.0	394.5	2 576.5	407.5	2 650.7	418.8
贵州	629.0	93.3	648.3	96.3	672.1	98.1	687.1	99.9	955.5	105.2
云南	865.8	126.6	882.4	129.5	1 118.8	133.3	1 135.9	138.6	1 140.8	140.7
西藏	43.7	6.6	50.1	7.1	54.8	7.2	58.9	7.8	61.8	8.1
陕西	1 090.4	172.8	1 118.8	175.8	1 244.3	181.7	1 246.2	184.4	1 247.3	187.4
甘肃	590.8	88.2	616.5	87.7	622.8	90.2	630.6	96.2	635.0	99.8
青海	151.6	25.9	172.3	26.7	181.3	27.6	190.4	29.1	195.2	30.4
宁夏	188.8	27.1	561.8	28.5	565.5	29.5	578.6	31.0	584.8	32.2
新疆	825.2	125.2	851.9	129.6	877.1	134.3	885.1	138.2	891.0	142.6

续表

地区	2016年		2017年		2018年	
	合计	退休人员	合计	退休人员	合计	退休人员
全国	**74 391.6**	**7 811.6**	**117 681.4**	**8 034.3**	**134 458.6**	**8 373.3**
北京	1 708.8	277.8	1 771.4	286.2	2 018.1	296.9
天津	1 066.8	195.4	1 088.5	201.0	1 116.7	207.5
河北	6 672.1	306.2	6 883.1	312.4	6 914.3	324.7
山西	1 121.2	185.4	3 215.3	189.2	3 266.9	207.2
内蒙古	1 019.8	146.1	2 161.5	148.4	2 164.4	153.6
辽宁	2 376.0	612.9	2 277.5	608.4	3 968.8	622.8
吉林	1 380.9	204.8	1 380.9	207.6	2 607.3	209.9
黑龙江	1 599.9	354.0	2 892.6	350.6	2 908.6	358.2
上海	1 806.7	477.0	1 839.8	489.7	1 866.1	502.7
江苏	3 984.4	641.2	7 619.1	679.8	7 721.7	723.1
浙江	4 993.3	383.2	5 251.6	414.5	5 368.7	446.4
安徽	1 621.5	231.1	2 108.1	237.7	6 105.1	247.3
福建	1 297.9	150.2	3 768.6	155.1	3 804.7	161.0
江西	1 807.0	202.8	4 762.4	191.8	4 797.5	197.3
山东	9 188.8	465.6	9 295.7	486.3	9 437.1	512.0
河南	2 360.7	344.6	10 410.7	344.4	10 435.7	361.3
湖北	1 981.8	300.5	5 622.2	316.2	5 586.2	321.9
湖南	2 646.1	272.5	6 906.3	285.4	6 838.0	292.6
广东	10 150.2	460.6	10 365.1	479.1	10 615.8	505.3
广西	1 096.4	155.0	5 173.3	160.2	5 136.7	167.5
海南	387.2	57.1	419.5	60.4	915.4	62.9
重庆	3 259.3	179.5	3 248.5	184.9	3 265.3	192.4
四川	5 056.8	439.4	7 714.8	458.4	8 637.1	481.4
贵州	973.6	108.3	1 001.3	111.5	4 233.6	115.7
云南	1 163.6	144.5	4 463.8	147.3	4 520.9	150.3
西藏	65.4	8.6	69.9	9.1	342.7	9.8
陕西	1 248.0	188.5	1 251.0	190.5	3 885.9	197.6
甘肃	643.3	106.0	2 512.2	108.0	2 546.7	110.8
青海	196.7	31.8	549.0	32.8	555.3	34.2
宁夏	594.0	33.0	618.2	34.6	626.2	36.3
新疆	923.2	148.0	1 039.6	152.7	2 250.9	162.7

表 5-10　　分地区城镇基本医疗保险基本情况

（2018 年）

地区	年末参保人数（万人）	基金收支情况（亿元）		
		基金收入	基金支出	累计结余
全国	**134 458.6**	**21 384.2**	**17 822.5**	**23 439.9**
北京	2 018.1	1 320.7	1 077.7	852.5
天津	1 116.7	367.8	320.4	329.9
河北	6 914.3	838.5	739.5	889.8
山西	3 266.9	428.4	393.6	463.9
内蒙古	2 164.4	340.7	301.6	342.1
辽宁	3 968.8	659.3	614.1	563.0
吉林	2 607.3	304.8	262.8	355.0
黑龙江	2 908.6	461.2	395.1	493.3
上海	1 866.1	1 199.5	894.3	2 391.0
江苏	7 721.7	1 576.7	1 299.1	1 815.6
浙江	5 368.7	1 413.7	1 157.8	1 826.6
安徽	6 105.1	664.5	562.7	587.4
福建	3 804.7	537.9	455.1	713.8
江西	4 797.5	516.8	427.6	533.7
山东	9 437.1	1 531.4	1 253.7	1 257.0
河南	10 435.7	997.1	953.8	856.3
湖北	5 586.2	754.0	668.2	655.3
湖南	6 838.0	772.4	655.8	697.7
广东	10 615.8	1 798.4	1 440.7	2 832.6
广西	5 136.7	580.0	421.0	697.1
海南	915.4	124.0	87.6	158.5
重庆	3 265.3	516.8	444.2	384.2
四川	8 637.1	1 204.0	926.1	1 436.2
贵州	4 233.6	401.3	348.8	320.3
云南	4 520.9	574.8	477.5	528.8
西藏	342.7	60.7	37.8	92.7
陕西	3 885.9	515.8	437.8	446.7
甘肃	2 546.7	274.0	258.4	194.1
青海	555.3	113.4	81.8	121.5
宁夏	626.2	106.9	86.1	102.1
新疆	2 250.9	428.7	341.8	501.2

表 5-11 **分地区城镇职工基本医疗保险基本情况**

（2018 年）

地区	年末参保人数（万人）			基金收支情况（亿元）			
	合计	职工	退休人员	基金收入	基金支出	累计结余	统筹基金
全国	**31 680.8**	**23 307.5**	**8 373.3**	**13 537.8**	**10 706.6**	**18 749.8**	**11 466.3**
北京	1 628.9	1 332.0	296.9	1 209.0	974.7	805.9	804.6
天津	575.3	367.8	207.5	308.1	277.9	242.8	123.7
河北	1 030.2	705.6	324.7	416.9	334.1	688.5	419.0
山西	686.6	479.4	207.2	246.5	211.8	331.2	121.8
内蒙古	505.3	351.7	153.6	215.6	175.9	280.2	165.8
辽宁	1 567.9	945.1	622.8	492.6	460.0	439.2	219.7
吉林	576.0	366.1	209.9	175.5	148.5	273.0	182.5
黑龙江	856.2	498.0	358.2	308.3	268.6	360.3	177.9
上海	1 523.3	1 020.6	502.7	1 119.3	809.5	2 389.4	1 485.5
江苏	2 752.6	2 029.5	723.1	1 141.4	911.1	1 583.9	824.0
浙江	2 277.0	1 830.7	446.4	1 011.2	786.5	1 708.0	1 192.4
安徽	854.6	607.3	247.3	309.5	229.2	405.2	241.1
福建	853.1	692.0	161.0	325.0	249.4	610.2	267.2
江西	573.7	376.4	197.3	214.2	154.9	289.8	181.2
山东	2 072.1	1 560.1	512.0	873.4	720.2	933.6	764.9
河南	1 265.1	903.8	361.3	414.2	352.6	558.0	278.2
湖北	1 054.0	732.0	321.9	429.0	365.1	402.4	128.9
湖南	898.5	605.9	292.6	364.0	274.0	476.9	198.6
广东	4 170.7	3 665.4	505.3	1 345.6	997.6	2 455.4	1 728.9
广西	588.5	421.0	167.5	234.3	171.9	333.7	156.0
海南	225.7	162.9	62.9	78.9	52.0	124.9	116.7
重庆	678.3	485.9	192.4	288.7	271.0	235.2	45.8
四川	1 667.7	1 186.3	481.4	667.4	486.9	1 070.5	701.2
贵州	432.0	316.2	115.7	185.8	133.9	193.5	86.6
云南	506.9	356.6	150.3	289.3	219.1	369.3	176.4
西藏	43.9	34.1	9.8	37.6	19.1	81.7	61.0
陕西	674.4	476.8	197.6	290.3	207.2	382.6	191.9
甘肃	331.6	220.8	110.8	125.9	107.5	135.5	80.2
青海	99.4	65.3	34.2	72.9	52.5	99.7	38.3
宁夏	131.9	95.6	36.3	63.9	48.0	80.7	69.6
新疆	579.4	416.7	162.7	283.7	235.8	408.6	236.5

表 5-12　　分地区城乡居民基本医疗保险基本情况

（2018 年）

地区	年末参保居民人数（万人）	基金收支情况（亿元）		
		基金收入	基金支出	累计结余
全国	**102 777.8**	**7 846.4**	**7 115.9**	**4 690.1**
北京	389.2	111.7	103.0	46.6
天津	541.5	59.7	42.5	87.1
河北	5 884.1	421.7	405.4	201.3
山西	2 580.3	181.9	181.8	132.7
内蒙古	1 659.0	125.1	125.7	61.9
辽宁	2 400.9	166.7	154.1	123.9
吉林	2 031.4	129.3	114.2	82.0
黑龙江	2 052.3	152.9	126.4	133.0
上海	342.8	80.2	84.7	1.6
江苏	4 969.1	435.3	388.0	231.7
浙江	3 091.7	402.5	371.3	118.6
安徽	5 250.5	355.0	333.6	182.3
福建	2 951.7	213.0	205.7	103.6
江西	4 223.7	302.6	272.8	243.9
山东	7 364.9	658.0	533.5	323.3
河南	9 170.6	582.8	601.2	298.2
湖北	4 532.2	325.0	303.1	252.9
湖南	5 939.5	408.4	381.8	220.8
广东	6 445.1	452.9	443.1	377.2
广西	4 548.2	345.7	249.1	363.5
海南	689.7	45.1	35.5	33.5
重庆	2 587.0	228.1	173.2	149.0
四川	6 969.5	536.6	439.2	365.7
贵州	3 801.6	215.5	214.9	126.7
云南	4 014.0	285.5	258.4	159.5
西藏	298.8	23.1	18.7	11.0
陕西	3 211.5	225.5	230.6	64.2
甘肃	2 215.1	148.1	150.9	58.6
青海	455.9	40.6	29.3	21.8
宁夏	494.3	43.0	38.1	21.4
新疆	1 671.5	144.9	105.9	92.6

表 5-13　　历年分地区失业保险参保人数　　单位：万人

地区	2001 年		2002 年		2003 年		2004 年		2005 年	
	年末参保人数	年末领取失业保险金人数	年末参保人数	年末领取失业保险金人数	年末参保人数	年末领取失业保险金人数	年末参保人数	年末领取失业保险金人数	年末参保人数	年末领取失业保险金人数
全国	**10 355**	**312**	**10 182**	**440**	**10 373**	**415**	**10 584**	**419**	**10 648**	**362**
北京	287.2	5.5	299.6	4.8	306.6	5.2	308.2	3.8	357.5	3.5
天津	214.3	10.8	196.3	12.4	193.5	9.4	195.1	5.1	197.5	3.8
河北	513.2	7.3	488.6	7.2	484.2	8.3	479.0	11.0	461.2	13.3
山西	286.0	5.9	278.9	4.5	284.1	5.7	286.5	5.4	288.5	4.8
内蒙古	217.7	5.4	219.7	7.1	221.6	5.7	222.3	5.8	222.2	4.9
辽宁	656.7	20.3	591.2	82.2	622.2	67.0	616.2	81.7	607.7	46.5
吉林	283.8	13.2	284.0	15.6	292.9	16.2	282.2	12.2	199.4	7.5
黑龙江	532.6	12.5	466.0	19.6	479.0	12.6	475.8	9.7	459.6	10.3
上海	430.7	13.1	436.0	14.4	441.1	14.0	487.8	15.9	466.1	17.8
江苏	766.5	39.5	735.6	49.7	761.6	48.9	797.1	43.6	838.3	30.2
浙江	391.1	33.0	390.0	27.5	396.8	17.4	428.4	11.3	444.7	7.2
安徽	375.2	11.5	378.8	17.5	380.8	23.4	371.1	26.4	360.3	24.3
福建	239.6	9.6	249.5	11.1	266.4	10.0	266.4	9.5	266.6	8.6
江西	235.9	2.1	226.7	3.9	215.5	5.9	226.6	7.2	230.7	6.0
山东	700.2	20.5	701.2	30.1	719.1	30.1	747.5	30.6	771.1	32.2
河南	676.1	10.0	670.4	16.8	680.0	18.7	681.6	22.3	681.9	29.2
湖北	420.8	26.1	416.1	25.1	390.1	18.7	391.3	17.0	391.5	14.8
湖南	352.0	4.4	326.6	7.9	347.5	10.5	380.5	9.8	382.7	11.3
广东	819.5	21.2	890.2	26.2	954.1	25.9	1 005.8	23.4	1 099.1	20.4
广西	217.7	5.0	215.5	7.6	219.1	8.9	226.4	9.8	219.9	9.4
海南	56.1	0.7	60.2	1.7	57.7	1.8	57.9	2.1	56.7	2.0
重庆	210.0	7.7	205.3	9.1	199.5	8.1	193.4	9.2	188.2	6.4
四川	412.2	11.9	402.9	14.0	400.0	12.6	398.6	12.6	380.5	15.6
贵州	136.4	1.2	132.2	1.6	128.0	1.3	129.9	1.2	129.3	1.3
云南	190.7	3.6	183.2	4.6	183.0	6.6	173.2	10.5	180.3	9.1
西藏	6.3		7.1		7.1		6.7		6.7	
陕西	304.9	3.5	315.7	7.3	323.3	8.2	325.5	7.2	326.7	8.6
甘肃	162.7	1.1	161.0	2.7	162.1	3.8	161.0	4.3	160.0	5.4
青海	35.7	1.4	32.2	1.0	33.2	1.3	33.1	1.2	33.2	1.1
宁夏	34.7	0.7	35.7	0.8	36.3	1.0	36.4	1.2	37.2	1.2
新疆	188.2	3.9	185.2	5.7	186.5	7.4	192.4	7.7	202.4	5.6

续表

地区	2006年		2007年		2008年		2009年		2010年	
	年末参保人数	年末领取失业保险金人数	年末参保人数	年末领取失业保险金人数	年末参保人数	年末领取失业保险金人数	年末参保人数	年末领取失业保险金人数	年末参保人数	年末领取失业保险金人数
全国	**11 187**	**327**	**11 645**	**286**	**12 400**	**261**	**12 715**	**235**	**13 376**	**209**
北京	482.2	3.1	535.3	3.0	614.3	2.6	675.7	1.8	774.2	1.6
天津	216.7	3.6	221.5	3.3	232.5	3.2	239.2	3.1	246.1	3.5
河北	470.8	13.4	473.3	11.6	481.7	9.8	484.4	10.4	493.4	9.0
山西	296.0	5.2	299.0	6.0	312.2	7.3	293.3	6.1	305.7	4.6
内蒙古	223.5	5.0	223.7	4.7	225.5	3.1	229.7	2.5	230.9	2.1
辽宁	614.1	25.9	622.1	19.6	622.7	15.7	625.3	13.4	626.9	11.4
吉林	224.4	10.2	228.7	13.9	233.7	16.5	241.4	14.3	245.1	7.8
黑龙江	457.5	17.8	464.1	15.3	467.6	10.3	471.3	9.3	472.9	8.8
上海	476.4	18.5	491.5	14.9	511.8	14.0	523.5	14.6	556.2	11.6
江苏	901.1	22.7	968.5	21.2	1 052.2	21.5	1 079.1	19.7	1 153.8	19.7
浙江	504.4	6.5	584.7	6.3	731.1	6.3	784.5	5.5	875.0	5.8
安徽	362.6	17.9	364.5	14.1	373.1	12.8	377.8	10.5	384.0	7.8
福建	293.1	6.8	318.2	5.7	338.7	4.6	348.1	3.6	374.2	3.2
江西	241.0	4.9	251.5	5.3	266.3	3.4	275.5	3.4	265.3	8.2
山东	789.7	30.3	814.9	27.8	864.1	24.9	899.5	23.0	931.2	20.7
河南	682.8	28.0	682.9	21.6	683.4	18.4	690.2	16.7	696.7	14.7
湖北	395.5	12.0	405.7	8.9	422.9	7.4	440.3	7.0	469.7	6.4
湖南	386.3	10.2	389.0	8.6	390.1	8.3	392.0	8.3	399.5	6.9
广东	1 208.2	16.7	1 295.5	14.3	1 471.9	13.7	1 470.7	12.8	1 627.3	10.6
广西	222.3	8.1	223.8	7.2	234.6	8.0	237.0	7.6	238.4	6.2
海南	59.1	2.3	66.2	2.5	84.7	3.3	97.5	2.8	112.5	1.6
重庆	193.0	4.8	196.7	4.1	210.1	4.4	215.9	4.7	237.4	3.7
四川	400.0	16.3	418.2	11.3	436.9	12.2	463.5	10.0	464.7	9.1
贵州	131.1	1.5	134.5	1.4	141.4	1.3	144.6	1.1	152.5	1.2
云南	183.0	6.4	185.8	4.3	191.9	3.7	198.7	3.5	209.6	3.2
西藏	7.5		7.2	0.0	7.8	0.0	8.8	0.0	9.3	0.0
陕西	326.5	14.1	327.2	13.6	329.3	9.1	331.0	9.3	331.6	7.5
甘肃	160.5	7.5	161.8	7.1	162.6	5.6	164.1	3.7	164.2	2.4
青海	34.0	1.0	34.7	2.1	35.4	2.3	36.0	1.0	36.6	0.4
宁夏	38.3	1.2	40.1	1.5	44.4	1.4	44.9	1.1	47.6	1.0
新疆	205.4	4.8	213.6	4.7	224.8	6.1	231.8	4.9	242.9	8.3

续表

地区	2011 年		2012 年		2013 年		2014 年		2015 年	
	年末参保人数	年末领取失业保险金人数	年末参保人数	年末领取失业保险金人数	年末参保人数	年末领取失业保险金人数	年末参保人数	年末领取失业保险金人数	年末参保人数	年末领取失业保险金人数
全国	**14 317**	**197**	**15 225**	**204**	**16 417**	**197**	**17 043**	**207**	**17 326**	**227**
北京	881.0	2.0	1 006.7	2.3	1 025.1	2.4	1 057.1	3.0	1 082.3	3.4
天津	258.8	2.8	268.7	2.0	278.7	2.0	287.6	2.6	295.3	7.1
河北	498.7	8.4	501.7	7.9	505.0	7.1	508.7	7.1	511.0	8.0
山西	309.4	4.3	391.0	3.8	400.7	3.1	407.7	3.0	411.3	3.1
内蒙古	232.5	2.5	232.8	2.5	233.4	2.3	236.3	2.4	242.1	2.9
辽宁	632.3	9.7	660.7	7.4	663.2	7.6	664.3	8.5	665.3	9.7
吉林	247.2	5.1	251.5	4.6	258.8	6.0	258.7	2.2	261.2	2.2
黑龙江	474.5	7.1	476.2	7.7	477.4	7.1	478.4	4.8	312.8	3.7
上海	604.2	11.2	617.4	10.9	625.7	9.9	634.1	9.8	641.8	9.5
江苏	1 238.2	29.9	1 332.2	32.7	1 389.3	29.9	1 442.7	32.1	1 490.9	34.2
浙江	980.6	7.4	1 065.6	7.0	1 144.3	7.8	1 210.3	8.2	1 260.2	9.0
安徽	397.7	6.7	402.2	6.1	409.0	6.1	422.0	6.5	436.6	7.7
福建	430.9	3.6	459.1	4.6	496.7	4.2	524.1	4.5	546.3	5.0
江西	263.5	5.4	272.2	3.3	271.1	1.5	271.8	1.3	281.5	1.4
山东	964.9	19.8	1 009.8	19.1	1 089.6	17.8	1 154.3	19.9	1 203.8	21.6
河南	701.2	13.3	724.2	11.4	741.3	10.5	773.3	10.2	783.3	8.3
湖北	498.2	5.1	508.6	4.8	511.3	5.2	519.0	5.6	528.4	6.0
湖南	415.6	7.0	449.9	6.0	461.7	6.1	509.5	6.9	521.2	6.7
广东	1 875.4	10.5	2 008.7	9.8	2 702.2	8.8	2 840.2	10.9	2 930.1	13.9
广西	240.8	5.2	243.4	5.5	253.4	5.6	259.0	6.1	273.2	6.2
海南	126.0	1.8	139.5	1.8	150.8	2.1	157.5	2.0	164.8	2.0
重庆	268.6	2.9	323.5	2.8	389.7	3.4	439.1	2.8	439.5	3.5
四川	536.8	8.1	585.5	24.5	613.5	24.1	635.8	29.8	661.0	33.2
贵州	160.5	1.1	173.5	1.0	185.2	1.3	191.9	1.5	205.3	1.7
云南	216.8	3.3	224.7	3.8	232.5	4.5	236.9	5.3	243.3	5.9
西藏	9.6	0.0	10.6		11.0	0.002	12.5	0.004	11.4	0.01
陕西	332.2	4.5	339.1	3.5	339.7	3.2	344.3	2.9	347.7	3.0
甘肃	163.8	1.5	163.6	1.2	163.1	1.0	162.4	1.0	162.8	1.0
青海	37.3	0.6	37.9	0.7	38.5	0.5	39.3	0.4	40.1	0.4
宁夏	60.0	1.2	70.5	1.1	71.3	1.1	73.5	1.3	76.6	1.3
新疆	260.2	5.0	273.7	4.2	283.9	4.8	290.2	4.7	294.9	4.9

续表

地区	2016 年		2017 年		2018 年	
	年末参保人数	年末领取失业保险金人数	年末参保人数	年末领取失业保险金人数	年末参保人数	年末领取失业保险金人数
全国	**18 089**	**230**	**18 784**	**220**	**19 643**	**223**
北京	1 115.0	3.7	1 170.9	3.9	1 240.7	3.8
天津	302.5	7.4	311.3	8.4	323.4	6.9
河北	515.9	7.9	529.7	7.2	546.0	6.8
山西	415.2	3.0	420.6	3.0	431.1	2.9
内蒙古	241.1	3.0	247.1	2.5	255.5	2.5
辽宁	665.4	10.7	679.9	10.5	679.6	11.2
吉林	262.0	2.7	263.7	2.8	269.5	2.4
黑龙江	313.2	3.9	315.1	4.1	318.0	3.5
上海	947.3	10.5	961.8	11.1	977.2	10.8
江苏	1 538.1	34.0	1 583.0	32.1	1 671.3	30.4
浙江	1 317.0	9.0	1 380.9	8.9	1 478.4	13.0
安徽	448.5	8.8	472.4	8.1	505.5	7.5
福建	575.5	5.2	612.3	4.9	570.3	5.0
江西	282.6	1.6	286.3	1.7	288.0	1.7
山东	1 222.9	22.0	1 268.3	20.1	1 318.5	18.7
河南	788.1	7.6	805.6	7.5	819.9	7.2
湖北	541.9	6.9	561.3	6.4	590.8	6.1
湖南	537.5	7.0	563.7	6.8	584.2	5.9
广东	3 020.1	15.4	3 163.7	14.6	3 361.7	16.2
广西	283.7	5.9	302.1	5.4	323.5	5.5
海南	170.2	2.2	168.1	2.2	173.4	2.3
重庆	447.1	4.2	466.3	3.9	489.8	3.4
四川	702.0	29.8	776.7	27.4	875.1	33.2
贵州	218.1	2.4	235.7	2.2	257.3	2.3
云南	251.2	5.6	259.8	5.1	273.1	4.9
西藏	15.19	0.003	15.2	0.002	17.7	0.004
陕西	352.2	2.8	356.5	2.9	372.4	2.9
甘肃	164.3	1.1	165.4	0.9	168.3	1.0
青海	40.8	0.4	41.5	0.3	42.3	0.3
宁夏	95.6	1.3	88.5	1.2	92.0	1.2
新疆	298.7	4.5	310.8	4.0	328.8	3.4

表 5-14　　分地区失业保险基金情况

（2018 年）

单位：亿元

地区	基金收入	基金支出	累计结余
全国	**1 171.1**	**915.3**	**5 817.0**
北京	104.7	72.2	270.3
天津	27.0	36.2	82.2
河北	32.5	20.2	170.8
山西	26.6	11.8	193.3
内蒙古	21.2	9.9	139.7
辽宁	37.9	35.5	284.9
吉林	19.1	11.0	133.8
黑龙江	18.0	14.1	171.7
上海	96.8	123.4	143.2
江苏	100.0	102.1	438.5
浙江	81.6	59.1	434.5
安徽	28.8	22.9	122.4
福建	22.8	16.4	177.9
江西	13.5	4.0	86.6
山东	74.1	64.5	309.8
河南	36.3	20.7	204.0
湖北	31.2	21.2	188.5
湖南	24.8	14.7	142.9
广东	121.9	73.1	732.0
广西	23.3	16.3	141.0
海南	7.1	5.6	36.6
重庆	19.6	15.0	118.4
四川	104.3	80.8	438.8
贵州	15.5	10.7	85.0
云南	17.7	11.1	140.0
西藏	2.6	0.3	20.5
陕西	22.8	14.2	168.2
甘肃	10.7	5.7	88.2
青海	4.4	3.6	30.0
宁夏	5.5	3.0	38.8
新疆	19.1	16.2	84.4

表 5-15　　历年分地区工伤保险基本情况　　单位：万人

地区	2001 年		2002 年		2003 年		2004 年		2005 年	
	参保人数	享受待遇人数	参保人数	享受待遇人数	参保人数	享受待遇人数	参保人数	享受待遇人数	参保人数	享受待遇人数
全国	**4 345**	**19**	**4 406**	**27**	**4 575**	**33**	**6 845**	**52**	**8 478**	**65**
北京	204.7	0.1	221.1	0.7	242.9	1.2	258.9	2.5	303.9	3.0
天津							147.2	0.1	162.9	0.9
河北	163.1	0.8	146.7	0.4	145.7	0.4	273.9	0.9	361.4	1.3
山西	71.8	0.0	46.3	0.1	48.4	0.0	104.0	0.1	151.4	0.5
内蒙古	26.7	0.5	23.8	0.2	31.8	0.3	85.0	0.5	110.2	0.7
辽宁	390.6	5.0	390.5	6.0	345.8	7.3	404.2	8.2	474.6	9.1
吉林	30.7	1.1	36.6	1.5	37.1	1.2	114.3	3.1	136.7	2.2
黑龙江	104.4	0.1	119.0	0.9	130.9	1.1	202.7	4.3	257.5	3.8
上海							488.3	0.1	523.7	0.5
江苏	473.9	0.7	480.0	1.3	503.0	1.7	577.2	2.7	680.2	3.7
浙江	219.7	0.6	226.0	1.0	287.7	1.4	360.4	2.7	453.1	4.8
安徽	73.4	0.2	69.8	0.3	68.0	0.4	102.0	0.5	148.2	1.7
福建	159.0	0.2	170.7	0.3	172.3	0.6	205.4	0.8	239.1	1.3
江西	137.8	0.2	129.3	0.2	129.7	0.3	134.7	0.4	153.6	0.8
山东	285.5	0.6	277.7	1.1	281.8	1.5	476.7	4.7	578.7	5.7
河南	196.0	0.5	218.8	0.7	210.6	0.5	324.7	1.1	404.0	1.5
湖北	182.3	1.3	183.2	1.7	189.2	1.4	187.2	1.8	230.3	1.1
湖南					8.6	0.0	203.3	0.3	228.2	0.7
广东	990.1	5.2	1 049.9	8.0	1 120.0	9.7	1 215.1	11.3	1 605.1	12.9
广西	124.1	0.1	117.3	0.2	120.3	0.3	133.5	0.7	144.4	0.8
海南	69.5	0.0	68.9	0.1	68.2	0.1	64.5	0.1	68.9	0.1
重庆	25.0	0.1	29.7	0.1	26.5	0.2	122.6	0.4	154.1	1.2
四川	179.3	0.5	167.4	0.6	161.4	1.2	195.6	1.6	270.5	2.0
贵州	1.7	0.0	1.3	0.0	1.3	0.0	1.2	0.0	65.8	0.1
云南	97.3	0.6	89.0	0.9	84.1	1.2	150.9	1.1	166.9	1.2
西藏									1.9	
陕西	24.5	0.1	25.6	0.0	35.1	0.1	115.1	0.7	149.2	1.8
甘肃	9.5	0.0	8.7	0.0	8.0	0.0	42.0	0.1	70.1	0.4
青海	7.1	0.0	6.6	0.0	6.6	0.0	15.7	0.1	20.5	0.3
宁夏	11.4	0.0	16.0	0.0	15.2	0.1	19.1	0.3	23.5	0.3
新疆	86.3	0.1	86.0	0.1	94.6	0.5	119.5	0.7	139.1	0.9

续表

地区	2006年		2007年		2008年		2009年		2010年	
	参保人数	享受待遇人数	参保人数	享受待遇人数	参保人数	享受待遇人数	参保人数	享受待遇人数	参保人数	享受待遇人数
全国	**10 268**	**78**	**12 173**	**96**	**13 787**	**118**	**14 896**	**130**	**16 161**	**147**
北京	465.3	1.5	609.2	1.6	666.5	1.8	747.1	4.1	823.8	4.4
天津	209.7	1.7	257.2	2.3	274.9	2.7	292.2	3.1	304.5	4.1
河北	402.4	2.4	481.3	6.0	520.8	5.3	559.3	6.0	594.4	7.5
山西	201.4	3.3	229.1	3.9	261.0	4.6	280.7	4.3	292.4	4.9
内蒙古	131.6	0.8	163.6	1.3	185.4	1.4	199.1	1.6	207.5	1.8
辽宁	510.0	8.5	572.3	9.1	659.6	8.5	695.8	9.0	730.0	10.0
吉林	174.7	3.0	206.8	2.6	234.9	4.1	272.2	3.0	300.5	3.7
黑龙江	303.0	3.9	351.7	4.9	390.9	4.5	401.8	5.6	415.1	6.2
上海	817.7	0.7	884.4	0.9	950.4	1.2	934.0	1.3	961.0	1.7
江苏	812.7	5.6	921.0	6.6	1 056.6	8.4	1 118.1	9.3	1 205.5	9.8
浙江	603.9	7.4	1 002.9	11.2	1 261.8	16.9	1 331.1	18.0	1 475.1	20.2
安徽	200.2	2.0	248.7	2.2	292.9	2.9	320.6	3.9	351.1	4.4
福建	261.0	1.5	294.8	1.9	346.1	2.2	379.3	2.3	417.7	2.4
江西	207.9	1.5	251.3	1.7	313.6	2.0	340.2	1.9	371.7	2.7
山东	647.3	5.8	745.0	7.0	865.0	8.8	1 064.6	9.2	1 211.2	10.2
河南	421.0	1.7	448.3	2.6	500.2	3.1	521.0	3.2	551.7	3.0
湖北	275.5	1.5	327.5	2.0	360.9	2.4	410.7	2.7	444.0	3.1
湖南	280.1	2.0	342.4	2.6	403.5	3.9	472.1	5.3	516.0	7.4
广东	1 868.2	13.5	2 113.9	13.8	2 302.3	15.2	2 435.5	15.0	2 657.8	14.7
广西	161.1	0.8	182.4	0.9	204.9	1.1	221.7	1.2	235.7	1.4
海南	71.5	0.2	78.4	0.2	86.1	0.2	90.1	0.3	95.8	0.3
重庆	165.4	1.8	181.1	1.6	208.2	4.2	226.5	4.7	266.0	5.6
四川	304.9	2.3	397.3	3.2	464.6	4.6	515.8	6.1	583.8	6.0
贵州	90.5	0.6	110.5	0.9	129.0	1.1	143.3	1.4	162.2	1.9
云南	173.8	1.1	188.5	1.6	202.5	2.3	215.1	2.4	227.4	4.6
西藏	2.3	0.0	3.7	0.0	5.9	0.0	8.3		8.8	0.0
陕西	210.3	0.7	232.0	1.0	247.6	1.4	264.9	1.4	278.6	1.6
甘肃	86.3	0.3	98.2	0.4	108.9	0.8	119.7	0.8	130.1	1.1
青海	23.1	0.4	25.3	0.4	29.9	0.5	40.1	0.5	43.2	0.5
宁夏	24.2	0.3	30.5	0.1	37.5	0.2	42.4	0.2	48.9	0.3
新疆	161.3	1.2	194.1	1.4	214.5	1.6	232.3	1.9	249.3	2.0

续表

地区	2011 年		2012 年		2013 年		2014 年		2015 年	
	参保人数	享受待遇人数	参保人数	享受待遇人数	参保人数	享受待遇人数	参保人数	享受待遇人数	参保人数	享受待遇人数
全国	**17 696**	**163**	**19 010**	**191**	**19 917**	**195**	**20 639**	**198**	**21 432**	**202**
北京	862.4	4.7	897.2	4.8	920.3	4.8	961.0	5.0	1 020.1	4.7
天津	320.4	3.8	330.1	3.4	335.1	3.3	345.2	3.3	385.6	3.4
河北	640.4	8.6	694.8	9.1	737.0	10.5	778.7	10.4	809.7	9.6
山西	337.6	5.5	529.6	8.4	550.0	9.7	563.1	11.1	573.1	10.1
内蒙古	225.3	3.2	248.9	2.5	277.4	2.2	289.9	2.3	297.1	2.4
辽宁	779.1	11.3	819.1	14.0	856.7	13.2	903.1	13.2	918.6	13.8
吉林	331.6	3.3	359.4	4.2	392.1	5.3	415.6	4.6	435.6	11.3
黑龙江	450.0	8.2	470.6	6.8	493.1	7.2	505.5	6.3	512.0	6.5
上海	939.5	2.5	898.9	6.1	904.1	6.6	920.5	6.9	932.9	7.0
江苏	1 327.0	10.7	1 420.7	12.3	1 487.3	13.6	1 540.1	14.3	1 594.1	14.7
浙江	1 610.8	22.2	1 731.7	23.8	1 826.1	22.6	1 899.4	22.6	1 930.1	20.4
安徽	422.0	5.6	457.9	8.8	473.2	8.1	508.3	8.3	528.9	8.3
福建	496.9	2.8	540.9	3.4	607.5	3.5	627.3	3.9	691.0	3.9
江西	387.9	3.0	410.9	5.5	431.5	4.5	461.2	4.7	500.6	4.6
山东	1 276.1	10.8	1 339.6	11.9	1 371.9	11.2	1 421.5	11.8	1 473.5	11.1
河南	655.5	3.5	720.6	4.8	773.1	4.6	805.7	4.6	856.7	5.0
湖北	481.0	4.5	522.6	4.0	556.9	5.7	576.7	4.9	640.1	4.9
湖南	635.5	7.0	693.8	7.8	731.2	8.3	747.9	8.7	778.0	9.3
广东	2 847.8	15.4	2 962.8	16.7	3 057.3	16.7	3 092.6	17.1	3 122.7	16.8
广西	272.5	1.5	312.4	1.8	325.6	1.9	338.2	1.8	360.5	1.9
海南	104.0	0.3	119.5	0.4	123.4	0.3	126.1	0.3	131.5	0.3
重庆	337.1	6.2	374.9	8.0	406.8	8.0	426.1	8.1	428.5	7.5
四川	650.8	6.5	689.4	8.0	690.1	8.3	709.7	8.6	753.2	7.9
贵州	194.0	2.2	238.2	2.7	260.4	2.3	275.4	2.3	290.2	2.8
云南	243.4	3.6	295.3	4.0	334.3	4.4	341.7	4.0	368.1	4.3
西藏	11.8	0.0	14.2	0.1	14.8	0.0	24.3	0.1	26.9	0.1
陕西	326.8	1.9	350.4	2.2	378.1	3.0	404.0	2.9	427.3	3.0
甘肃	150.2	1.4	158.5	1.8	167.7	1.8	175.1	2.2	182.6	2.3
青海	45.6	0.5	49.2	0.6	52.3	0.6	54.7	0.6	58.0	0.5
宁夏	58.3	0.3	63.9	0.4	72.7	0.5	82.2	0.5	80.8	0.6
新疆	274.6	2.0	294.1	2.4	309.5	2.5	318.2	2.8	324.4	2.9

续表

地区	2016年		2017年		2018年	
	参保人数	享受待遇人数	参保人数	享受待遇人数	参保人数	享受待遇人数
全国	**21 889**	**196**	**22 724**	**193**	**23 874**	**199**
北京	1 060.2	4.6	1 117.9	4.4	1 187.0	4.4
天津	388.1	3.4	395.3	3.6	398.5	3.7
河北	840.0	9.8	860.7	10.0	880.3	10.3
山西	576.0	11.4	582.6	6.3	596.6	6.8
内蒙古	303.2	2.7	307.8	2.4	325.5	2.4
辽宁	886.6	13.8	862.1	13.8	841.1	13.7
吉林	440.7	4.9	441.4	5.1	441.4	3.9
黑龙江	522.2	6.5	519.1	6.2	520.1	6.9
上海	943.5	6.5	958.1	6.4	972.9	6.5
江苏	1 633.9	15.1	1 690.2	14.3	1 777.5	14.8
浙江	1 880.7	18.7	1 977.2	19.4	2 087.8	21.6
安徽	544.6	8.7	565.5	10.5	603.5	11.3
福建	733.8	4.2	798.7	4.3	853.9	4.7
江西	502.1	4.5	517.1	5.1	534.6	5.2
山东	1 510.9	11.1	1 569.1	11.1	1 633.0	11.4
河南	877.0	4.8	900.9	5.4	926.3	5.6
湖北	651.1	7.9	656.6	6.5	675.6	5.3
湖南	773.3	11.1	782.8	11.9	793.8	13.2
广东	3 246.2	14.5	3 402.0	14.5	3 592.5	14.5
广西	374.1	1.8	388.8	1.6	412.6	1.7
海南	137.4	0.3	141.4	0.4	152.9	0.4
重庆	454.9	7.0	504.6	6.7	577.1	6.4
四川	799.1	7.6	876.0	7.6	1 012.6	8.2
贵州	305.0	2.5	332.5	2.4	355.8	2.4
云南	372.8	3.7	383.7	4.4	403.3	4.3
西藏	26.9	0.1	33.4	0.1	35.7	0.1
陕西	441.6	3.0	459.3	2.8	528.0	3.1
甘肃	188.4	2.5	198.6	1.9	219.4	2.0
青海	59.8	0.5	64.9	0.5	69.2	0.5
宁夏	83.5	0.5	90.3	0.5	93.3	0.6
新疆	331.9	2.4	345.1	2.5	372.4	2.4

表 5-16 **分地区工伤保险基金情况**

（2018 年）

单位：亿元

地区	基金收入	基金支出	累计结余	储备金结存
全国	**913.0**	**742.0**	**1 784.9**	**294.2**
北京	40.2	36.5	52.0	30.6
天津	14.3	11.7	17.4	0.8
河北	54.2	44.5	45.1	5.6
山西	38.4	38.7	60.7	6.8
内蒙古	14.6	11.4	45.7	5.5
辽宁	38.1	32.7	45.5	14.2
吉林	13.0	11.6	39.5	3.9
黑龙江	24.9	26.1	30.8	
上海	31.7	34.6	65.3	11.1
江苏	80.9	66.9	163.8	39.8
浙江	66.4	55.8	104.3	15.4
安徽	24.0	20.6	52.1	1.8
福建	20.2	18.6	63.9	12.6
江西	24.6	15.7	51.9	3.3
山东	64.1	47.8	116.9	14.2
河南	29.7	25.5	70.2	12.8
湖北	26.7	17.4	56.3	3.0
湖南	55.9	35.2	89.4	7.9
广东	72.9	60.1	288.1	65.2
广西	16.0	6.9	49.4	4.8
海南	3.4	1.7	18.1	2.2
重庆	21.5	20.0	8.2	
四川	41.9	30.2	79.1	7.7
贵州	16.0	14.7	23.9	
云南	17.5	13.2	32.1	4.1
西藏	1.9	0.8	5.8	
陕西	21.8	14.4	40.8	8.6
甘肃	12.3	8.1	17.6	0.9
青海	4.8	2.8	10.3	3.8
宁夏	5.6	4.7	11.6	0.8
新疆	15.2	13.3	29.0	6.7

注：工伤保险累计结余中含储备金。

表 5-17 **分地区工伤认定情况**

（2018 年） 单位：人

地区	认定工伤人数	视同工伤人数	不予认定工伤人数	当期不予受理申请人数
全国	**1 090 275**	**10 416**	**17 920**	**6 048**
北京	20 967	390	186	38
天津	18 636	197	196	37
河北	53 149	652	998	82
山西	25 007	416	258	70
内蒙古	9 356	226	266	74
辽宁	29 693	499	407	124
吉林	9 317	243	82	32
黑龙江	14 689	340	127	71
上海	47 623	328	570	80
江苏	120 765	562	1 645	484
浙江	160 911	382	620	426
安徽	37 361	257	475	151
福建	35 611	233	370	93
江西	23 017	166	431	156
山东	62 354	674	828	202
河南	28 048	707	418	84
湖北	28 011	269	684	152
湖南	44 164	313	980	59
广东	145 343	1 101	3 789	1 461
广西	12 229	184	382	54
海南	3 190	72	83	42
重庆	35 613	152	863	1 453
四川	40 572	361	1 155	220
贵州	21 776	225	364	117
云南	16 050	317	589	64
西藏	735	30	29	10
陕西	19 119	349	211	61
甘肃	6 089	163	120	24
青海	2 877	53	93	7
宁夏	5 906	82	227	34
新疆	12 097	473	474	86
新疆兵团	2 125	58	84	20

表 5-18　　分地区劳动能力鉴定情况

（2018 年）　　单位：人

地区	申请鉴定人数						评定伤残等级人数				存在生活自理障碍人数
	小计	初次申请	再次申请	改变结论	复查申请	改变结论	小计	一至四级	五至六级	七至十级	
全国	**685 791**	**665 312**	**13 682**	**2 939**	**6 797**	**2 439**	**569 785**	**13 452**	**15 998**	**540 335**	**5 713**
北京	19 341	18 801	146	7	394	344	12 408	654	467	11 287	169
天津	9 045	8 761	134	37	150	34	8 468	130	238	8 100	82
河北	38 824	37 889	452	158	483	209	25 690	524	2 912	22 254	254
山西	17 006	16 541	306	119	159	115	16 158	1 407	960	13 791	338
内蒙古	6 466	6 006	243	73	217	92	5 754	241	289	5 224	109
辽宁	18 109	17 181	348	54	580	154	14 884	512	396	13 976	213
吉林	6 564	6 287	169	53	108	38	5 678	186	221	5 271	65
黑龙江	14 896	13 601	540	86	755	240	12 765	862	651	11 252	255
上海	39 973	39 148	698	118	127	68	35 888	218	288	35 382	110
江苏	85 349	84 209	814	42	326	61	76 337	786	1 073	74 478	569
浙江	98 494	96 259	2 141	507	94	51	87 100	554	1 205	85 341	339
安徽	22 999	22 315	544	154	140	49	18 023	294	391	17 338	163
福建	20 085	19 130	655	142	300	78	14 802	471	541	13 790	188
江西	12 863	12 104	587	154	172	104	11 880	457	669	10 754	262
山东	36 718	35 548	722	110	448	106	28 299	879	942	26 478	508
河南	18 210	17 625	389	114	196	62	12 781	428	501	11 852	231
湖北	15 037	13 665	605	163	767	66	12 709	319	360	12 030	231
湖南	20 085	19 585	393	89	107	28	15 843	458	355	15 030	127
广东	74 256	72 840	1 255	85	161	64	63 893	673	1 059	62 161	293
广西	5 206	5 115	87	24	4	1	3 826	107	138	3 581	54
海南	508	479	25	10	4	3	468	22	18	428	6
重庆	24 466	23 395	706	151	365	232	21 027	933	402	19 692	197
四川	31 791	30 605	874	212	312	63	22 558	755	644	21 159	360
贵州	15 370	15 031	239	54	100	32	13 970	341	339	13 290	126
云南	8 372	8 287	61	18	24	12	6 729	419	250	6 060	118
西藏	624	606	13	3	5	2	542	20	26	496	17
陕西	9 044	8 850	110	43	84	31	8 388	279	228	7 881	130
甘肃	3 566	3 416	81	27	69	37	3 195	177	136	2 882	49
青海	1 446	1 396	21	12	29	22	1 399	77	41	1 281	42
宁夏	5 496	5 344	95	23	57	17	3 424	126	86	3 212	38
新疆	4 250	4 006	213	89	31	13	3 772	113	118	3 541	51
新疆兵团	1 332	1 287	16	8	29	11	1 127	30	54	1 043	19

表 5-19　　历年分地区生育保险基本情况　　单位：万人，万人次

地区	2001 年		2002 年		2003 年		2004 年		2005 年	
	参保人数	享受待遇人次	参保人数	享受待遇人次	参保人数	享受待遇人次	参保人数	享受待遇人次	参保人数	享受待遇人次
全国	**3 455**	**24**	**3 488**	**28**	**3 655**	**36**	**4 384**	**46**	**5 408**	**62**
北京									226.1	1.1
天津									157.4	0.6
河北	131.5	0.8	95.4	0.7	94.1	0.4	114.1	0.4	215.9	0.8
山西	108.0	0.3	84.3	0.3	84.3	0.2	93.2	0.2	95.6	0.3
内蒙古	27.9	0.3	23.4	0.1	40.3	0.2	66.7	0.4	105.8	1.5
辽宁	227.8	1.2	216.1	1.2	199.1	1.5	215.9	2.1	220.1	2.7
吉林	24.0	0.1	32.7	0.1	34.0	0.1	35.1	0.2	35.3	0.8
黑龙江	68.2	0.2	153.2	1.2	167.5	2.7	187.3	3.5	156.6	2.9
上海	443.7	0.1	452.9	3.7	461.1	4.1	505.6	4.9	539.3	5.8
江苏	483.5	4.6	486.1	4.1	504.1	7.2	552.7	9.2	630.9	11.2
浙江	187.6	1.7	193.7	1.9	215.0	2.1	239.8	3.0	284.9	3.7
安徽	23.4	0.1	23.6	0.2	23.9	0.2	37.6	0.2	53.5	0.5
福建	118.2	0.9	123.7	1.0	139.4	1.4	146.5	1.7	161.8	2.1
江西	120.2	0.8	109.4	0.7	108.7	0.6	107.6	0.5	117.8	0.8
山东	331.8	3.4	322.8	3.8	336.5	4.1	390.8	4.7	461.2	5.5
河南	196.4	1.1	205.9	1.1	199.2	1.1	201.2	1.5	228.4	1.5
湖北	182.1	1.1	182.7	0.8	182.1	0.6	179.9	0.6	175.9	0.6
湖南	3.7	0.01	3.4	0.05	3.3	0.04	212.9	0.5	250.2	3.2
广东	250.1	2.4	258.7	2.5	330.8	3.0	376.7	3.6	419.4	4.2
广西	113.5	1.2	106.8	1.1	111.1	1.2	134.8	1.6	141.4	1.9
海南	10.8	0.1	23.2	0.2	28.4	0.2	31.7	0.4	34.9	0.5
重庆	23.6	0.2	19.9	0.1	16.5	0.1	12.9	0.03		
四川	178.1	1.6	166.4	1.2	165.1	1.3	187.4	1.4	212.5	1.4
贵州	1.1	0.002	0.9	0.01	0.9	0.0	2.3	0.01	52.1	0.0
云南	96.1	1.2	86.9	1.0	82.8	1.4	142.3	2.3	156.1	2.5
西藏										
陕西	4.6	0.1	5.4	0.1	14.6	0.1	36.2	0.2	43.1	0.8
甘肃	5.0	0.03	5.1	0.04	6.8	0.04	31.0	0.1	40.0	0.3
青海	6.6	0.1	4.3	0.05	5.2	0.1	5.8	0.1	6.5	0.1
宁夏	8.7	0.1	15.0	0.2	15.1	0.2	18.4	0.2	21.6	0.2
新疆	78.9	1.0	86.4	1.0	85.7	2.0	117.4	2.5	164.1	4.7

续表

地区	2006年		2007年		2008年		2009年		2010年	
	参保人数	享受待遇人次	参保人数	享受待遇人次	参保人数	享受待遇人次	参保人数	享受待遇人次	参保人数	享受待遇人次
全国	**6 459**	**108**	**7 775**	**113**	**9 254**	**140**	**10 876**	**174**	**12 336**	**211**
北京	263.3	6.7	290.6	9.8	324.1	11.8	346.8	12.8	372.2	12.6
天津	180.1	7.7	194.0	3.9	196.5	4.7	204.6	4.8	212.0	5.6
河北	264.2	1.7	338.5	2.5	408.5	5.2	489.9	6.7	561.5	5.2
山西	98.1	0.4	104.4	0.3	148.3	0.7	185.8	0.9	211.6	1.7
内蒙古	122.1	2.1	139.1	1.7	154.6	1.6	182.9	2.0	233.9	2.2
辽宁	378.7	4.9	423.0	13.2	460.2	11.7	531.2	13.5	593.0	13.5
吉林	117.7	0.6	173.6	1.6	227.9	2.5	289.9	4.6	310.5	5.6
黑龙江	172.7	3.1	216.8	3.1	241.9	3.2	270.0	3.3	290.1	3.4
上海	555.1	16.8	592.0	7.3	609.9	7.1	625.1	6.5	657.3	7.7
江苏	711.5	12.8	794.1	14.5	907.2	19.5	962.5	23.3	1 086.4	24.4
浙江	382.7	6.9	505.0	6.1	690.0	8.1	750.7	10.4	863.7	12.4
安徽	78.6	1.0	175.6	1.9	231.0	3.5	303.6	4.6	346.9	5.0
福建	173.5	2.0	250.4	2.7	273.9	3.2	317.8	4.5	374.4	4.9
江西	123.2	1.1	137.8	0.8	156.6	0.6	163.0	0.7	170.0	1.0
山东	488.8	10.0	563.3	8.2	638.0	10.3	703.0	14.4	774.1	18.0
河南	238.4	2.0	279.1	2.2	313.4	2.8	379.8	4.0	412.9	5.3
湖北	194.5	0.8	224.6	1.1	278.0	2.9	357.1	6.5	381.8	11.0
湖南	308.5	5.2	369.3	5.6	431.5	6.2	502.4	9.0	527.1	12.1
广东	464.8	4.8	659.1	6.6	1 011.2	9.7	1 586.3	12.5	2 038.5	24.3
广西	145.2	1.9	163.5	2.3	176.5	3.0	199.0	3.2	218.5	3.6
海南	40.6	0.7	66.7	0.8	79.8	1.1	85.0	1.2	92.6	1.5
重庆	96.8	0.6	116.9	2.2	141.6	2.6	155.5	3.7	175.7	4.9
四川	274.1	1.9	323.3	3.6	373.0	4.4	426.4	5.8	484.2	5.9
贵州	72.1	0.7	89.1	1.2	135.9	1.8	152.5	1.9	164.3	2.3
云南	159.5	2.6	165.1	2.2	168.4	2.6	181.1	2.8	210.2	4.0
西藏			9.4	0.0	12.4	0.1	14.2	0.2	14.8	0.3
陕西	86.3	0.5	120.9	0.9	147.6	1.6	164.4	2.1	180.1	2.4
甘肃	47.0	0.4	53.3	0.7	59.1	0.6	71.2	0.7	82.0	1.0
青海	7.2	0.2	6.2	0.2	6.3	0.1	6.3	0.1	6.4	0.1
宁夏	18.1	0.4	19.2	0.4	25.1	0.4	30.7	0.5	39.8	0.6
新疆	195.6	7.5	211.6	5.6	225.4	6.4	236.8	6.6	249.4	8.4

续表

地区	2011年		2012年		2013年		2014年		2015年	
	参保人数	享受待遇人次	参保人数	享受待遇人次	参保人数	享受待遇人次	参保人数	享受待遇人次	参保人数	享受待遇人次
全国	**13 892**	**265**	**15 429**	**353**	**16 392**	**522**	**17 039**	**613**	**17 771**	**642**
北京	395.3	14.9	844.7	27.9	883.2	41.1	915.6	53.2	941.6	52.8
天津	234.6	6.6	242.7	8.0	249.1	24.8	260.7	22.2	269.7	19.4
河北	593.1	5.5	634.8	9.7	667.6	15.7	684.0	22.5	713.0	18.5
山西	253.7	2.1	407.6	3.1	445.6	5.2	454.2	7.4	456.5	8.0
内蒙古	263.3	4.8	274.8	4.3	285.0	6.5	293.7	8.0	302.6	7.8
辽宁	664.7	15.1	713.9	19.4	752.3	25.9	783.9	28.5	789.3	29.6
吉林	335.9	6.7	350.4	9.4	365.9	11.2	367.0	14.0	367.5	14.0
黑龙江	350.1	3.6	353.1	4.2	355.1	6.9	356.1	7.8	357.1	6.4
上海	703.1	8.8	711.5	11.7	713.9	22.0	717.5	24.0	735.4	22.9
江苏	1 199.2	44.2	1 276.2	55.5	1 355.6	78.7	1 374.6	93.6	1 471.7	95.3
浙江	979.8	14.9	1 084.8	19.4	1 173.2	39.9	1 248.9	46.1	1 285.2	51.0
安徽	400.1	6.3	430.1	9.0	458.5	10.6	482.8	13.6	499.3	15.9
福建	451.9	5.7	484.3	8.2	539.6	12.1	556.7	12.8	598.3	14.0
江西	200.1	0.8	204.2	2.0	217.8	2.5	241.1	3.3	251.3	4.7
山东	857.8	19.7	919.0	19.9	974.4	47.1	1 046.5	56.2	1 111.3	48.1
河南	460.7	6.3	520.3	12.0	569.6	13.6	590.2	15.7	609.5	16.5
湖北	420.9	13.6	452.9	18.8	465.3	18.5	480.6	19.9	500.2	22.3
湖南	538.8	15.3	546.0	14.8	536.0	14.8	537.6	17.0	544.0	20.5
广东	2 339.7	32.6	2 484.9	40.1	2 711.6	45.0	2 801.3	50.8	3 081.8	67.0
广西	243.8	3.9	254.7	5.1	270.2	7.7	280.2	8.6	307.9	9.6
海南	100.7	2.2	116.0	3.2	120.2	4.0	122.0	3.8	127.1	4.7
重庆	216.6	5.4	253.5	8.2	280.4	10.2	347.5	12.5	354.3	18.3
四川	601.7	6.8	654.4	12.5	689.1	18.0	730.4	21.7	670.3	24.8
贵州	198.1	2.6	221.6	3.1	238.7	4.4	248.8	6.4	263.6	7.5
云南	216.5	3.5	239.2	4.6	270.9	11.2	279.3	13.2	289.8	12.0
西藏	16.1	0.3	18.2	0.4	20.7	0.5	22.8	0.5	23.8	0.7
陕西	211.6	2.8	223.7	3.1	240.3	4.3	250.8	5.3	265.3	6.4
甘肃	110.1	1.7	129.5	2.5	135.1	3.2	143.7	3.9	154.1	3.5
青海	6.7	0.2	33.8	0.3	42.8	1.7	45.8	3.4	48.0	5.0
宁夏	59.3	1.0	66.4	1.9	68.4	3.7	71.3	4.9	73.7	2.6
新疆	268.1	7.0	281.6	10.3	296.1	11.1	303.0	12.7	307.9	12.4

续表

地区	2016年		2017年		2018年	
	参保人数	享受待遇人次	参保人数	享受待遇人次	参保人数	享受待遇人次
全国	**18 451**	**914**	**19 300**	**1 113**	**20 434**	**1 089**
北京	981.0	51.9	1 035.2	68.6	1 104.0	61.4
天津	285.0	28.1	296.9	27.4	330.4	25.0
河北	710.3	33.8	737.8	36.3	774.2	31.4
山西	458.5	8.9	464.2	14.2	481.9	14.2
内蒙古	305.3	8.5	307.6	11.5	319.5	11.0
辽宁	790.1	31.7	782.4	44.2	777.8	40.5
吉林	367.8	17.1	370.1	17.1	370.3	15.3
黑龙江	358.0	9.4	355.1	8.9	350.2	8.4
上海	956.1	28.2	972.0	36.4	984.9	32.2
江苏	1 510.3	170.3	1 582.0	167.1	1 694.5	166.8
浙江	1 294.4	62.1	1 393.0	77.2	1 477.3	72.3
安徽	517.6	21.8	554.1	23.5	586.3	25.8
福建	625.8	20.9	634.5	27.5	651.9	24.0
江西	258.9	7.8	279.3	13.5	290.1	10.9
山东	1 139.1	73.4	1 186.6	90.9	1 235.4	81.6
河南	646.8	24.5	692.7	30.5	755.4	29.3
湖北	511.9	30.2	522.1	35.2	540.0	36.1
湖南	542.9	27.4	561.9	34.0	571.8	31.2
广东	3 161.9	117.8	3 300.9	169.6	3 495.3	189.3
广西	319.6	13.0	338.6	20.4	366.2	19.1
海南	136.5	6.0	140.3	8.8	152.6	7.0
重庆	365.7	24.3	411.3	26.6	439.5	26.9
四川	713.1	31.8	776.3	34.3	878.2	34.1
贵州	286.3	10.8	304.0	20.5	325.9	23.5
云南	295.9	16.2	307.9	22.2	339.5	17.3
西藏	24.9	0.9	29.1	1.4	32.4	2.0
陕西	283.4	9.1	328.7	12.6	401.9	14.3
甘肃	162.7	6.8	175.3	7.7	202.9	13.5
青海	49.7	3.7	50.0	3.8	58.1	4.0
宁夏	76.5	4.4	81.7	6.2	88.1	5.7
新疆	315.0	13.0	328.4	14.6	357.5	14.4

表 5-20

分地区生育保险基本情况

（2018 年）

地区	年末参保人数（万人）	基金收支情况（亿元）		
		基金收入	基金支出	累计结余
全国	**20 434.1**	**781.1**	**762.4**	**581.7**
北京	1 104.0	76.1	82.6	22.6
天津	330.4	12.1	18.0	4.8
河北	774.2	22.8	21.4	17.7
山西	481.9	11.5	10.0	21.1
内蒙古	319.5	10.6	8.3	20.7
辽宁	777.8	18.9	15.3	18.0
吉林	370.3	8.6	7.4	13.9
黑龙江	350.2	7.5	5.4	17.4
上海	984.9	88.9	64.9	66.1
江苏	1 694.5	78.1	76.3	29.2
浙江	1 477.3	62.1	69.6	29.1
安徽	586.3	12.3	11.5	12.4
福建	651.9	17.1	19.3	14.9
江西	290.1	9.4	9.5	7.5
山东	1 235.4	64.1	58.6	28.7
河南	755.4	24.7	24.1	27.8
湖北	540.0	17.6	18.4	22.7
湖南	571.8	16.2	14.7	25.5
广东	3 495.3	103.7	113.7	83.1
广西	366.2	13.4	14.4	12.7
海南	152.6	4.3	5.2	3.9
重庆	439.5			
四川	878.2	32.2	27.8	17.8
贵州	325.9	12.1	10.1	9.9
云南	339.5	14.0	14.6	3.8
西藏	32.4	2.2	1.8	3.0
陕西	401.9	10.3	10.4	12.9
甘肃	202.9	8.9	6.9	8.4
青海	58.1	2.5	2.7	3.1
宁夏	88.1	5.2	4.9	2.3
新疆	357.5	13.7	14.5	20.7

表 5-21 **分地区城乡居民基本养老保险情况**

（2018 年）

地区	参保人数（万人）	实际领取待遇人数（万人）	基金收支情况（亿元）		
			基金收入	基金支出	累计结余
全国	**52 391.7**	**15 898.1**	**3 837.7**	**2 905.5**	**7 250.3**
北京	209.0	88.9	55.9	47.3	155.8
天津	161.2	81.8	61.0	41.3	264.0
河北	3 511.6	1 024.1	194.8	146.5	339.4
山西	1 579.3	415.8	87.5	60.8	202.2
内蒙古	749.9	223.7	59.1	53.7	93.8
辽宁	1 040.8	406.6	71.7	67.5	73.8
吉林	684.3	251.7	41.6	34.1	62.3
黑龙江	896.8	294.9	53.1	42.3	80.9
上海	78.7	51.0	75.3	70.4	81.5
江苏	2 325.4	1 093.6	348.6	276.7	638.0
浙江	1 197.8	533.9	176.6	171.5	156.9
安徽	3 487.8	923.5	215.6	139.3	398.0
福建	1 525.6	466.3	103.6	82.0	165.5
江西	1 884.1	481.8	110.5	65.9	219.4
山东	4 551.9	1 512.4	437.5	274.2	985.8
河南	5 082.5	1 382.1	265.8	193.6	475.5
湖北	2 282.8	723.1	182.4	125.3	305.6
湖南	3 405.0	935.4	175.8	135.6	311.5
广东	2 661.1	850.7	215.8	201.9	416.7
广西	1 889.6	585.7	105.6	85.3	159.1
海南	298.2	75.7	35.4	18.1	82.5
重庆	1 119.6	367.4	77.4	61.6	132.7
四川	3 222.4	1 129.1	246.5	200.3	488.4
贵州	1 802.7	452.8	70.2	56.3	124.1
云南	2 361.0	533.8	104.7	74.5	262.0
西藏	165.9	3.6	8.4	5.2	25.3
陕西	1 741.7	500.0	115.5	86.1	222.6
甘肃	1 317.0	311.9	73.5	45.4	166.8
青海	245.6	46.5	17.5	11.3	39.3
宁夏	181.4	40.9	15.3	10.2	32.4
新疆	731.1	109.3	35.5	21.4	88.4